3rd
Edition
2024-2025

백광훈 편저

백광훈 통합 핵지총
형사소송법

 메가 공무원 × 경단기

박영사

2024~2025 대비 백광훈 통합 핵지총 OX 형사소송법 전면개정판

독자들의 호응에 힘입어 1년 1개월만에 **백광훈 통합 핵지총 OX** 형사소송법 전면개정판을 출간하게 되었습니다.

이번 개정판에도 최신 기출문제들 중에서 주목할 만한 지문들을 상당량 추가하였고, 최근 변화된 법령과 판시된 판례의 내용을 반영하였음은 물론입니다. 그 결과 본 교재는 2,930여 개의 지문을 수록하게 되어 보다 풍부한 내용을 갖추게 되었습니다.

출간을 도맡아 주신 도서출판 박영사의 임직원님들에게 감사를 드리며, 자신의 목표를 향하여 정진하고 있을 수험생 여러분에게 응원의 마음을 전합니다.

2024년 5월

백광훈

학습문의 | http://cafe.daum.net/jplpexam (백광훈형사법수험연구소)

2023~2024 대비 백광훈 통합 핵지총 OX 형사소송법 전면개정판

독자들의 호응에 힘입어 작년에 이어 올해도 **백광훈 통합 핵지총 OX** 형사소송법 전면개정판을 출간하게 되었습니다.

핵지총 OX 교재의 체제는 작년 판에서 거의 완성된 것이어서 이번 개정판에서는, ① 2021~2022년 시행된 각종 국가시험의 기출문제 중 기존 내용과 중복되지 않는 지문들의 수록, ② 최신판례들 중에서 학습이 필요한 내용의 문제화, ③ 최근 개정법령 내용의 반영, ④ 오탈자 등의 수정과 같은 내용적인 추가·수정작업에 역점을 두었습니다. 이러한 개정작업의 결과, 본서에는 총 2,420여 개의 지문이 수록되어 있음을 밝혀 둡니다.

본서의 내용에 관한 질문은 필자의 다음카페(백광훈형사법수험연구소)로 해 주시길 바랍니다.

끝으로 늘 애써 주시는 우리 카페 연구원님과 도서출판 박영사의 임직원님들에게 감사의 마음을, 지금 이 시간에도 나름의 목표하는 시험을 위해 최선을 다하고 있을 전국의 제자님들에게 격려와 응원의 마음을 지면을 빌려 기록해 둡니다.

2023년 4월

백광훈

학습문의 | http://cafe.daum.net/jplpexam (백광훈형사법수험연구소)

2022~2023 대비 백광훈 형사소송법 핵지총 OX 전면개정판

독자들의 호응에 힘입어 2022~2023년 시험 대비 형사소송법 핵지총 OX 전면개정판을 출간하게 되었습니다.

이번 전면개정판의 특징은 다음과 같습니다.

① 우선 필자가 가장 역점을 둔 부분은 핵지총 OX를 단순한 OX 문제집이 아니라 '기본서 회독의 연장'으로 만드는 것이었습니다. 즉, 종래의 핵지총 OX의 한 문제 한 문제를 원점에서 재검토하여 필자의 기본서 및 이론강의 내용 구성과 일치되도록 재배치하였습니다. 이러한 개정작업에 많은 시간이 소요되었으나, 이를 통해 앞으로 독자들은 핵지총 OX의 문제를 풀면서 자연스럽게 기본서의 회독 수를 늘리는 효과를 얻을 수 있을 것이라 기대합니다.

② 2020~2021년에 시행된 각종 국가시험의 기출문제 중 기본 내용과 중복되지 않는 지문들을 수록하였습니다.

③ 최신판례들 중에서 학습이 필요한 내용을 문제로 만들어 넣었습니다.

④ 최근 개정법령의 내용을 반영하였습니다.

⑤ 그동안 발견된 오탈자 등의 오류를 바로 잡았습니다.

이러한 전면적이고 대대적인 개정작업에 의하여 새로 탄생된 본서는 필자의 이론강의의 기본교재로 사용됨과 동시에 마무리특강교재로도 사용될 것입니다.

본서의 내용에 관한 질문은 필자의 다음카페(백광훈공무원수험연구소)로 해주시길 바랍니다.

끝으로 늘 수고해주시는 우리 카페의 연구원님과 도서출판 박영사의 임직원님들에게 감사를 드리고, 목표하는 시험을 위해 최선을 다하고 있을 전국의 제자님들에게 격려와 응원의 마음을 전합니다.

2022년 2월

백광훈

2020 대비 백광훈 형사소송법 핵지총 OX

독자들의 과분한 호응에 힘입어 형사소송법 핵지총 2020년 개정판을 출간하게 되었습니다.

이번 개정판에서는 최근의 법령 개정을 반영하는 것에 중점을 두어, 2019.12.31. 개정 형사소송법 및 개정 통신비밀보호법, 2020.3.24. 개정 통신비밀보호법의 내용을 반영하였습니다. 다만, 검·경 수사권 조정을 담은 2020.2.4. 개정 형사소송법은 아직 시행되기 전이라 참고하는 정도로 반영되었습니다. 더불어 그 동안 발견된 오탈자를 바로 잡았습니다 .

2020년 6월

백광훈

백광훈 형사소송법 핵지총 OX 2000

〈백광훈 형사소송법 핵지총 2000〉은 출제가 예상되는 중요지문을 최대한 반영하면서도 중복되는 지문을 최소화하여 효율성을 극대화한 핵심지문총정리집입니다.

본서는 필자가 2008년부터 2018년까지 시행된 국가직(7, 9급), 경찰(간부포함), 법원직의 형사소송법 기출문제의 지문들을 면밀히 분석한 결과물입니다. 이에 본서에는 향후에도 출제 가능한 지문들을 선별·정리되어 있습니다.

본서의 특징은 다음과 같습니다.

1 기출지문을 분석하여 최대한 반영하였습니다.

대부분의 시험에서 기출지문은 출제위원들이 중요하다고 생각하는 부분이므로 반복적으로 출제되는 경향이 있습니다. 최근 11년간의 법원, 검찰, 경찰직의 기출지문을 분석한 결과 출제되었던 지문이 그대로 다시 출제되거나, 다른 시험에서 출제된 지문이라도 역시 반복되어 출제되었습니다. 따라서 기출지문을 최대한 반영하여 중요한 부분을 위주로 시험에 대비할 수 있도록 하였습니다.

2 출제 유력한 최신판례를 지문화하였습니다.

모든 최신판례를 공부하는 것은 수험적으로 적합하지 않을 것입니다. 최신판례 중에서 최근에 실시된 시험에 등장한 판례를 최우선순위로 수록을 하였습니다. 출제되지 않았지만 출제가 예상되는 최신판례 역시 일부 포함시켰습니다.

3 백과사전식 지문나열을 피하고 출제유력지문을 위주로 수록하였습니다.

모든 시험의 기출지문을 모두 수록한다면 그 책에서 빠져나가는 지문은 거의 없을 수 있지만, 공부 시간이 늘어나고 빠른 합격은 요원해질 것입니다. 따라서 합격에 필요한 점수를 확보하면서 빠른 시간에 중요지문들을 검토할 수 있도록 중요한 기출지문을 위주로 수록하였습니다.

4 해설을 최소화하여 책의 분량을 줄였습니다.

해설이 풍부하고 충분하다면 이해하는 데 도움은 될 수 있지만, 시험이 다가올수록 책의 두께는 부담감을 가중시킵니다. 따라서 2000개의 지문을 빠르게 반복할 수 있도록 판례나 조문이 그대로 출제된 경우는 판례번호나 조문번호만을 기재하여 페이지를 줄였습니다. 틀린 지문이라도 장황하게 해설을 하지 않고, 틀린 부분만 간단히 언급하여 해설을 읽는 데 드는 시간을 최소화 하였습니다.

5 기출표시를 하였습니다.

기출지문이 언제 어느 시험에서 출제되었는지를 표기하여 수험생의 편의를 고려하였습니다. 다만, 여러 시험에서 출제된 지문의 경우 기출표시를 모두 하는 것은 불필요하고 책만 두꺼워질 수 있으므로 대표적인 기출표시만 하기도 하였습니다.

6 중복지문을 정리하여 효율성을 극대화하였습니다.

기출지문을 분석해보면, 판례나 조문의 문구를 조금씩 수정해서 틀린 지문으로 출제하는 경우가 많았습니다. 이런 지문들을 모두 수록 하는 경우 수험생의 입장에서 시간만 소비되고 효율성은 떨어지는 측면이 있습니다. 따라서 대표적인 기출지문을 수록하면서 비슷한 지문들은 삭제하고, 변형해서 출제될 수 있는 부분은 진하게 볼드체로 처리하여 대표지문만 숙지하면 어떤 변형된 출제에도 대응할 수 있도록 대비하였습니다.

7 당부의 말씀

어떤 과목이든 100점을 목표로 설정하여 공부 범위를 확장할 경우 합격에서 멀어지거나, 합격을 한다고 해도 수험기간이 길어지는 위험성이 있습니다. 본 교재는 시험에서 출제될만한 중요지문들을 선별해서 수록하였으므로, 반복해서 완벽히 숙지한다면 형사소송법 객관식에서 '합격하기에 충분한 고득점'을 확보할 수 있을 것이라고 생각합니다. 단지 OX를 확인하는 것에 그치는 것보다는 '단계별로 학습방법을 달리하는 것'이 필요할 것입니다. 본 교재를 1회독 하실 때는 조문과 판례를 확인하면서 완벽히 이해하면서 읽어주시고, 시 험 날이 다가올수록 확실히 아는 지문은 지우고 헷갈리는 부분만 남기면서 양을 줄이는 작업을 하신다면 점점 속도가 붙을 것입니다.

본서는 고득점 합격에 필요한 여러분의 무기가 될 수 있도록 최선을 다한 결과물입니다. 본 교재는 독자 여러분께서 밑줄을 긋고 색칠을 하고 삭제하고 추가하면서 보완을 한다면 더욱 완벽한 무기가 될 것입니다. 수험생활의 끝을 향하여 하루 하루 최선을 다하는 수험생 여러분께 합격의 영광이 함께 하기를 바랍니다.

2018년 10월

백광훈

이 책의 구성과 특징
OVERVIEW

01 핵심 기출지문 총망라!

대부분의 시험은 기출지문을 반복적으로 출제하는 경향이 있으므로, 16년간의 경찰직 · 국가직 · 법원직, 기타 시험의 기출지문을 최대한 수록하였습니다.

02 출제유력 판례 지문화!

가능한 최신판례를 기준으로 해설하였고, 최근에 출제되었거나 출제되지 않았지만 출제가 유력한 판례 또한 지문화하여 학습효과를 극대화하였습니다.

03 기본서와의 동기화!

기본서의 목차순서와 동기화한 문제구성으로써 쉬운 발췌독을 유도하였고, 기본서 학습과 기출문제 풀이를 병행할 수 있도록 구성하였습니다.

04 해설의 강약조절!

틀린 지문의 해설 시 틀린 부분만을 간단히 언급하여 독해 시간을 최소화하였고, 상세한 해설이 요구되는 기출지문은 그 하단에 해설+로 보강하였습니다.

05 상세한 기출표시!

해당 기출지문이 언제 어느 시험에서 출제되었는지를 표기하여 효율적인 학습을 도모하였고, 여러 시험에서 출제된 기출지문은 대표 기출표시만을 하였습니다.

06 최신 개정법령 및 판례 반영!

기존의 기출지문 및 그 해설에 가장 최근의 개정법령과 판례변경의 내용을 반영함으로써 내용적 정확성을 담보하였습니다.

이 책의 차례
CONTENTS

PART 03 수사와 공소

이 책의 차례
CONTENTS

2024 - 2025
백광훈
통합 핵지총 ○×
형사소송법

01

서론

CHAPTER 01 | 형사소송법의 기본개념

1 형사소송법의 의의와 성격

2 형사소송법의 법원과 적용범위

🔗 대표유형

자백의 보강법칙, 일사부재리의 원칙, 피해자의 재판절차진술권에 대해서는 헌법상 명문의 규정이 있다. [국가9급 11]

(○) 헌법 제12조 제7항, 제13조, 제27조 제5항

001 헌법은 피고인과 피의자의 기본적 인권의 보장을 위하여 형사절차에 관한 규정을 두고 있으며, 이러한 헌법의 규정은 「형사소송법」의 법원이 된다. [경찰승진 23]

001 (○) 형사소송에 관한 헌법의 규정들은 단순한 지침을 넘어 그 자체로서 형사절차를 지배하는 최고의 재판규범이라는 성격을 가지는데, 이를 헌법적 형사소송법이라고 한다.

002 '누구든지 체포 또는 구속을 당한 때에는 적부의 심사를 법원에 청구할 권리를 가진다'고 헌법 제12조에 명시적으로 규정되어 있다. [경찰채용 18]

002 (○) 헌법 제12조 제6항

003 '체포·구속·압수 또는 수색을 할 때에는 적법한 절차에 따라 검사의 신청에 의하여 법관이 발부한 영장을 제시하여야 한다. 다만, 현행범인인 경우와 장기 3년 이상의 형에 해당하는 죄를 범하고 도피 또는 증거인멸의 염려가 있을 때에는 사후에 영장을 청구할 수 있다'고 헌법 제12조에 명시적으로 규정되어 있다. [경찰채용 18]

003 (○) 헌법 제12조 제3항

004 '모든 국민은 고문을 받지 아니하며, 형사상 자기에게 불리한 진술을 강요 당하지 아니한다'고 헌법 제12조에 명시적으로 규정되어 있다. [경찰채용 18]

004 (○) 헌법 제12조 제2항

005 헌법은 최상위법으로 「형사소송법」의 법원이며, 검사의 영장청구권과 사 법경찰관의 검사에 대한 영장신청권이 헌법에 명시적으로 규정되어 있다. [경찰채용 19 2차 변형]

005 (×)

해설+ 헌법은 최상위법으로 형사소송법의 법원이며, 검사의 영장신청권은 헌법 제12조 제3항에 규정되어 있으나, 사법경찰관의 검사에 대한 영장신청권은 헌법에 명시적으로 규정되어 있지 않고, 형사소송법에 규정되어 있다.

006 실질적 의미의 「형사소송법」이란 내용과 명칭이 모두 「형사소송법」인 법 률을 말하며 형사절차의 가장 중요한 법원이 된다. [경찰채용 19 2차]

006 (×)

해설+ 실질적 의미의 형사소송법이란 명칭 여하를 불문하고 그 내용이 형사절차를 규정하는 법률 을 총칭한다.

007 실질적 의미의 「형사소송법」이란 그 실질적 내용이 형사절차를 규정한 법 률을 말하며, 「법원조직법」, 「소년법」, 「소송촉진 등에 관한 특례법」을 예 로 들 수 있다. [경찰승진 23]

007 (○)

해설+ 실질적 의미의 「형사소송법」은 광의의 「형사소송법」 개념으로, 그 명칭 여하를 불문하고 그 내용(실질)이 형사절차를 규정하고 있는 법률을 총칭하는데, 「법원조직법」, 「소년법」, 「소송촉진 등에 관한 특례법」 등을 그 예로 들 수 있다.

008 대법원규칙은 헌법상 명시적 근거 없이 대법원이 법원의 내부규율과 사무 처리의 통일을 위해 제정한 준칙에 불과하므로 형사절차의 법원이 될 수 없다. [경찰채용 19 2차]

008 (×)

해설+ 헌법 제108조에 의하여 대법원은 법률에 저촉되지 아니하는 범위 안에서 소송에 관한 절 차, 법원의 내부규율 및 사무처리에 관한 규칙을 제정할 수 있으므로, 형사소송규칙 등 대법원규칙 은 형사소송법의 법원이 된다.

009 헌법 제108조에 의하여 대법원은 소송에 관한 절차, 법원의 내부규율과 사무처리에 관한 규칙을 제정할 수 있으며, 형사절차의 기본적 구조나 피고인을 비롯한 소송관계자의 이해에 관한 사항을 제한 없이 규칙으로 제정할 수 있다. [경찰승진 23]

해설+ (출제의도를 고려하여 해설함) 헌법 제108조에 의하여 대법원은 '법률에 저촉되지 아니하는 범위' 안에서 소송에 관한 절차, 법원의 내부규율과 사무처리에 관한 규칙을 제정할 수 있다. 여기서 법률에 저촉되지 아니하는 범위에 관하여는 ㉠ 형사소송의 기본구조에 반하지 아니하는 이상 대법원규칙으로 제정할 수 있다는 견해(차/최), 형사소송법의 형성적 규칙으로 보아 형사소송규칙의 규율범위를 넓게 파악하는 견해(배/이/정/이) 등의 입장과, ㉡ 형사절차법정주의 원칙상 대법원규칙은 형사절차의 기본적 구조나 피의자·피고인을 비롯한 소송관계인의 이해에 영향을 미치지 아니하는 소송절차에 관한 순수한 기술적 사항만 규율할 수 있다는 입장(多: 신동운, 이/조, 정/백, 진계호 등)과 같은 학설이 대립하는데, 후자의 입장이 다수설이므로 이에 따르면 위 지문은 틀린 것이다.

보충 명시적인 판례 없이 학설만 대립하는 문제이므로, 엄밀히는 논쟁적인 지문이라 할 것이다.

009 (×)

010 재기수사의 명령이 있는 사건에 관하여 지방검찰청 검사가 다시 불기소처분을 하고자 하는 경우에는 미리 그 명령청의 장의 승인을 얻도록 한 「검찰사건사무규칙」의 규정은 법규적 효력을 가진 것이 아니다. [경찰채용 19 2차]

010 (○) 검찰사건사무규칙은 법무부령에 해당하고, 법무부령은 형사소송법의 법원이 아니다. 헌법재판소 1991.7.8, 91헌마42 참조.

011 「형사소송법」의 개정이 있는 경우 신법 시행 당시 법원에 계속 중인 사건뿐만 아니라 수사 중인 사건에도 신법을 적용한다. [국가9급 13]

011 (○) 형사소송법은 절차법으로서 죄형법정주의의 소급효금지 원칙이 적용되지 아니한다.

012 「형사소송법」의 개정이 있더라도 신법 시행 전에 구법에 의하여 행한 소송행위의 효력에는 영향을 미치지 아니한다. [국가9급 13]

012 (○) 소송경제의 관점에서 구법에 의한 소송행위의 효력도 부정되지 아니한다.

013 캐나다 시민권자인 피고인이 캐나다에서 위조사문서를 행사하였다는 내용으로 우리 법원에 기소된 경우, 외국인의 국외범이라도 우리나라에 재판권이 있다고 보아야 한다. [법원9급 12]

013 (×) '있다' → '없다' 재판권이 없다(대법원 2011.8.25, 2011도6507).

014 '구 국가안전기획부의 불법 녹음내용'과 '검사들이 ○○그룹으로부터 떡값 명목의 금품을 수수하였다'는 내용이 게재된 보도자료를 국회 법제사법위원회 개의 당일 국회 의원회관에서 기자들에게 배포한 행위는 면책특권의 대상이 되기 때문에 공소기각판결을 선고하여야 한다. [법원9급 12]

014 (○) 공소권이 없는 경우로서 제327조 제2호가 적용된다(대법원 2011.5.13, 2009도14442).

015 「형사소송법」은 대한민국의 재판권을 행사하는 법원에서 심판되는 사건에 대하여만 적용된다. [국가9급 13]

015 (○) 형사소송법의 장소적 적용범위는 형법의 장소적 적용범위와 일치한다.

016 국회의원의 면책특권에 속하는 행위에 대하여 공소를 제기한 경우, 법원은 면소판결을 하여야 한다. [국가9급 13]

016 (×) '면소판결' → '공소기각판결'(대법원 2011.5.13, 2009도14442)

017 미합중국 국적을 가진 미합중국 군대의 군속인 피고인이 범행 당시 10년 넘게 대한민국에 머물면서 한국인 아내와 결혼하여 가정을 마련하고 직장 생활을 하는 등 생활근거지를 대한민국에 두고 있었던 경우에도 미합중국 군대의 군속에 관한 형사재판권 관련 조항이 적용될 수 있다. [경찰채용 16]

017 (×) '있다' → '없다'

해설+ 한미 간 군대의 지위에 관한 행정협정(SOFA)에서 말하는 '통상적으로 대한민국에 거주하는 자'에 해당하므로, 피고인에게는 위 협정에서 정한 미합중국 군대의 군속에 관한 형사재판권 관련 조항이 적용될 수 없다(대법원 2006.5.11, 2005도798).

018 내국 법인의 대표자인 외국인이 내국 법인이 외국에 설립한 특수목적법인에 위탁해 둔 자금을 정해진 목적과 용도 외에 임의로 사용한 경우, 그 피해자는 외국에 설립된 특수목적법인이므로 그 외국인에 대해서는 우리나라 법원에 재판권이 없다. [경찰채용 19 2차]

018 (×)

해설+ 내국 법인의 대표자인 외국인이 내국 법인이 외국에 설립한 특수목적법인에 위탁해 둔 자금을 정해진 목적과 용도 외에 임의로 사용한 데 따른 횡령죄의 피해자는 당해 금전을 위탁한 내국 법인이다. 따라서 그 행위가 외국에서 이루어진 경우에도 행위지의 법률에 의하여 범죄를 구성하지 아니하거나 소추 또는 형의 집행을 면제할 경우가 아니라면 그 외국인에 대해서도 우리 형법이 적용되어(형법 제6조), 우리 법원에 재판권이 있다(대법원 2017.3.22, 2016도17465).

019 일반국민이 범한 특정 군사범죄와 그 밖의 일반범죄가 「형법」 제37조 전단의 경합범 관계에 있다고 보아 하나의 사건으로 기소된 경우, 특정 군사범죄에 대하여 전속적인 재판권을 가지는 군사법원은 그 밖의 일반범죄에 대하여도 재판권을 행사할 수 있다. [경찰채용 20 2차]

019 (×)

해설+ 특정 군사범죄에 대하여는 군사법원이 전속적인 재판권을 가지므로 일반법원은 이에 대하여 재판권을 행사할 수 없다. 반대로 그 밖의 일반범죄에 대하여 군사법원이 재판권을 행사하는 것도 허용될 수 없다(대법원 2016.6.16, 2016초기318 전원합의체).

3 형사소송법의 역사

CHAPTER 02 | 형사소송의 이념과 구조

1 형사소송의 지도이념

 대표유형

형사소송에 관한 절차법에서 소극적 진실주의의 요구를 외면한 채 범인필벌의 요구만을 앞세워 합리성과 정당성을 갖추지 못한 방법이나 절차에 의한 증거수집과 증거조사를 허용하는 것은 적법절차의 원칙 및 공정한 재판을 받을 권리에 위배된다. [국가9급 16]

(○) 헌법재판소 1996.12.26, 94헌바1

---

001 실체진실주의는 적법절차의 원칙과 신속한 재판의 원칙에 의하여 제약을 받는다. [경찰채용 19 1차]

001 (○)

> **해설+** 실체진실주의는, 실체진실의 발견은 적정한 절차에 의하여야 한다는 적법절차원칙과, 피의자·피고인의 이익보호와 소송경제의 실현을 위하여 신속한 재판에 의하여야 한다는 시간적 제약을 받는다. 따라서 실체진실주의, 적법절차원칙 및 신속한 재판의 원칙은 상호 긴장·갈등관계를 가진다.

---

002 형사재판의 증거법칙과 관련하여서는 소극적 진실주의가 헌법적으로 보장되어 있으므로, 피고인은 형사소송절차에서 검사에 대하여 무기대등의 원칙이 보장되는 절차를 향유할 헌법적 권리를 가진다. [국가9급 23]

002 (○)

> **해설+** 형사재판의 증거법칙과 관련하여서는 소극적 진실주의가 헌법적으로 보장되어 있다 할 것이다. 즉, 형사피고인으로서는 형사소송절차에서 단순한 처벌대상이 아니라 절차를 형성·유지하는 절차의 당사자로서의 지위를 향유하며 형사소송절차에서는 검사에 대하여 무기대등의 원칙이 보장되는 절차를 향유할 헌법적 권리를 가진다 할 것이다(헌법재판소 1996.12.26, 94헌바1).

---

003 적법절차의 원칙은 형사절차의 적법성뿐만 아니라 적정성도 보장해야 함을 의미한다. [국가7급 14]

003 (○) 헌법재판소 1993.7.29, 90헌바35

004 적법절차의 원칙은 공권력에 의한 국민의 생명·자유·재산의 침해는 반드시 합리적이고 정당한 법률에 의거해서 정당한 절차를 밟은 경우에만 유효하다는 원리이다.　　　　　　　　　　　　　　　　　　[국가7급 23]

004 (○)

> **해설+** 적법절차(due process of law)의 원칙은 공권력에 의한 국민의 생명·자유·재산의 침해는 반드시 합리적이고 정당한 법률에 의거해서 정당한 절차를 밟은 경우에만 유효하다는 원리이다(헌법재판소 2018.4.26, 2016헌바454).

005 적법절차란 법률이 정한 절차 및 그 실체적 내용이 모두 적정하여야 함을 말하는 것으로서 적정하다는 것은 공정하고 합리적이며 상당성이 있어 정의관념에 합치됨을 뜻한다.　　　　　　　　　　　　　　[경찰채용 19 1차]

005 (○)

> **해설+** 헌법 제12조 제3항 본문은 동조 제1항과 함께 적법절차원리의 일반조항에 해당하는 것으로서, 형사절차상의 영역에 한정되지 않고 입법, 행정 등 국가의 모든 공권력의 작용에는 절차상의 적법성뿐만 아니라 법률의 구체적 내용도 합리성과 정당성을 갖춘 실체적인 적법성이 있어야 하는 적법절차의 원칙을 헌법의 기본원리로 명시하고 있는 것이다(헌법재판소 1992.12.24, 92헌가8).

006 헌법 제12조 제1항 제2문과 동조 제3항에서 적법절차의 원칙을 규정한 것은 법관이 헌법과 법률을 적용함에 있어 국가형벌권보다 개인의 인권옹호에 우위를 두라는 취지이다.　　　　　　　　　　　　　[국가7급 14]

006 (○) 대법원 2003.11.11, 2003모402

007 형사소송에 있어서 경찰공무원은 당해 피고인에 대한 수사를 담당하였는지의 여부에 관계없이 그 피고인의 공판과정에서는 제3자라고 할 수 있으므로 수사담당 경찰공무원의 증인적격을 인정하더라도 적법절차의 원칙에 반한다고 할 수 없다.　　　　　　　　　　　　　[경찰채용 19 1차]

007 (○)

> **해설+** 형사소송구조상 경찰공무원은 당사자가 아닌 제3자의 지위에 있을 뿐만 아니라, 나아가 경찰공무원의 증언에 대하여 피고인 또는 변호인은 반대신문권을 보장받고 있다는 점에서, 이 사건 법률조항에 의하여 경찰공무원의 증인적격을 인정한다 하더라도 적법절차의 원칙에 반한다거나 그 근거조항인 위 법 조항이 합리적이고 정당한 법률이 아니라고 말할 수는 없다(헌법재판소 2001. 11.29, 2001헌바41).

008 「형사소송법」은 피고인에게 증거신청권과 증거보전청구권, 증거조사에 대한 의견진술권과 증거조사에 대한 이의신청권 등을 보장하고 있는데, 이는 형사소송절차에서 피고인에게 당사자로서의 지위를 인정하고 국가의 형벌권 행사에 대하여 적절하게 방어할 수 있는 수단과 기회를 제공함으로써 공정한 재판을 받을 권리를 실질적으로 보장하기 위한 것이다.

[경찰채용 21 2차]

008 (○) 대법원 2015.6.25, 2014도17252 전원합의체

009 「형사소송법」이 수사기관에서 작성된 조서 등 서면증거에 대하여 일정한 요건을 충족하는 경우에 그 증거능력을 인정하는 것은 실체적 진실발견의 이념과 소송경제의 요청을 고려하여 예외적으로 허용하는 것일 뿐이므로, 그 증거능력 인정요건에 관한 규정은 엄격하게 해석·적용하여야 한다.

[국가7급 22]

009 (○)

해설+ 헌법 제12조 제1항이 규정한 적법절차의 원칙과 헌법 제27조에 의하여 보장된 공정한 재판을 받을 권리를 구현하기 위하여 형사소송법은 공판중심주의와 구두변론주의 및 직접심리주의를 기본원칙으로 하고 있다. 따라서 형사소송법이 수사기관에서 작성된 조서 등 서면증거에 대하여 일정한 요건을 충족하는 경우에 증거능력을 인정하는 것은 실체적 진실발견의 이념과 소송경제의 요청을 고려하여 예외적으로 허용하는 것일 뿐이므로 증거능력 인정요건에 관한 규정은 엄격하게 해석·적용하여야 한다(대법원 2022.6.16, 2022도364).

010 검사가 법원에 의하여 증인으로 채택된 수감자를 그 증언에 이르기까지 거의 매일 검사실로 하루 종일 소환하여 피고인 측 변호인이 접근하는 것을 차단하고, 검찰에서의 진술을 번복하는 증언을 하지 않도록 회유·압박하는 한편, 때로는 검사실에서 그에게 편의를 제공하기도 한 행위만으로는 피고인의 공정한 재판을 받을 권리를 침해하였다고 할 수 없다.

[경찰승진 22]

010 (✕)

해설+ 검사이든 피고인이든 공평하게 증인에 접근할 수 있도록 기회가 보장되지 않으면 안 되며, 검사와 피고인 쌍방 중 어느 한편이 증인과의 접촉을 독점하거나 상대방의 접근을 차단하도록 허용한다면 이는 상대방의 공정한 재판을 받을 권리를 침해하는 것이 되고, 구속된 증인에 대한 편의제공 역시 그것이 일방 당사자인 검사에게만 허용된다면 그 증인과 검사와의 부당한 인간관계의 형성이나 회유의 수단 등으로 오용될 우려가 있고, 또 거꾸로 그러한 편의의 박탈가능성이 증인에게 심리적 압박수단으로 작용할 수도 있으므로 접근차단의 경우와 마찬가지로 공정한 재판을 해하는 역할을 할 수 있다(대법원 2002.10.8, 2001도3931).

011 헌법상 보장되는 '변호인의 조력을 받을 권리'는 변호인의 '충분한 조력'을 받을 권리를 의미하므로, 일정한 경우 피고인에게 국선변호인의 조력을 받을 권리를 보장하여야 할 국가의 의무에는 형사소송절차에서 단순히 국선변호인을 선정하여 주는 데 그치지 않고 한 걸음 더 나아가 피고인이 국선변호인의 실질적인 조력을 받을 수 있도록 필요한 업무 감독과 절차적 조치를 취할 책무까지 포함된다.

[국가9급 16]

011 (○) 대법원 2015.12.23, 2015도9951

012 범죄의 피의자로 입건된 사람들로 하여금 수사기관의 신문을 받으면서 자신의 신원을 밝히지 아니하고 지문채취에 불응하는 경우 벌금, 과료, 구류의 형사처벌을 받도록 하고 있는 구(舊) 경범죄처벌법 제1조 제42호 조항은 적법절차의 원칙에 위반된다.

[경찰채용 17 2차]

012 (×) '위반된다' → '위반되지 않는다'
적법절차의 원칙에 위반되지 않는다(헌법재판소 2004.9.23, 2002헌가17·18).

013 「경범죄 처벌법」 제3조 제1항 제34호의 지문채취 불응 시 처벌규정은 영장주의에 따른 강제처분을 규정한 것으로, 수사상 필요에 의하여 수사기관이 직접강제에 의하여 지문을 채취하려 하는 경우와 마찬가지로 법관에 의해 발부된 영장이 필요하다.

[경찰채용 23 1차]

013 (×)

해설+ 이 사건 법률조항에 의한 지문채취의 강요는 영장주의에 의하여야 할 강제처분이라 할 수 없다. 또한 수사상 필요에 의하여 수사기관이 직접강제에 의하여 지문을 채취하려 하는 경우에는 반드시 법관이 발부한 영장에 의하여야 하므로 영장주의원칙은 여전히 유지되고 있다고 할 수 있다(헌법재판소 2004.9.23, 2002헌가17·18).

014 경찰관에게 등을 보인 채 상의를 속옷과 함께 겨드랑이까지 올리고 하의를 속옷과 함께 무릎까지 내린 상태에서 3회에 걸쳐 앉았다 일어서게 하는 방법으로 실시한 신체수색은 헌법 제10조 및 제12조에 의하여 보장되는 청구인들의 인격권 및 신체의 자유를 침해한 것이다.

[경찰채용 17 2차]

014 (○) 헌법재판소 2002.7.18, 2000헌마327

015 헌법상 영장제도와 적법절차원칙의 규정취지에 비추어 볼 때, 형사재판 중인 피고인에 대하여 법원이 구속영장을 발부하는 경우에는 검사의 신청이 있어야 한다. [국가7급 14]

015 (×) '있어야 한다' → '있어야 하는 것은 아니다'

> **해설+** 법원이 피고인에 대하여 구속영장을 발부하는 경우에도 검사의 신청이 있어야 한다는 것이 그 규정의 취지는 아니다(대법원 1996.8.12, 96모46).

016 직접주의와 전문법칙의 예외를 규정한 「형사소송법」 제314조는 그 내용에 있어서 합리성과 정당성을 갖춘 적정한 것이어서 적법절차에 합치하는 법률규정이다. [국가7급 14]

016 (○) 헌법재판소 2005.12.22, 2004헌바45

017 대법원의 파기환송 판결에 의하여 사건을 환송받은 법원이 2월의 구속기간의 만료에 따라 구속기간을 갱신하는 것은 신체의 자유를 제한하는 것이므로 무죄추정원칙에 위배된다. [국가9급 15]

017 (×) '위배된다' → '위배되는 것이라고 할 수는 없다'

> **해설+** 무죄추정의 원칙에 위배되는 것이라고 할 수는 없다(대법원 2001.11.30, 2001도5225).

018 형사소송구조상 경찰공무원은 당사자가 아닌 제3자의 지위에 있고, 경찰공무원의 증언에 대하여 피고인 또는 변호인은 반대신문권을 보장받고 있으므로 수사담당 경찰공무원의 증인적격을 인정하더라도 적법절차의 원칙에 반하지 않는다. [국가7급 20]

018 (○) 헌법재판소 2001.11.29, 2001헌바41

019 신속한 재판을 받을 권리는 주로 피고인의 이익을 보호하기 위한 기본권이지만 동시에 실체적 진실발견, 소송경제 등의 공공의 이익에도 근거가 있다. [국가9급 15]

019 (○) 헌법재판소 1995.11.30, 92헌마44

020 형사피고인은 헌법에 의해 신속한 재판을 받을 권리를 보장받고 있다. [경찰채용 20 2차]

020 (○) 헌법 제27조 제3항

021 소송의 지연을 목적으로 함이 명백한 경우에 기피신청을 받은 법원 또는 법관이 이를 기각할 수 있도록 규정한 「형사소송법」 제20조 제1항은 헌법상 보장되는 공정한 재판을 받을 권리를 침해하였다고 할 수 없다.

[경찰채용 18]

021 (○) 헌법재판소 2006.7.27, 2005헌바58

022 「형사소송법」은 신속한 판결선고를 위해 1심에서는 공소가 제기된 날로부터 6월 이내에, 항소심 및 상고심에서는 항소 또는 상고가 제기된 날로부터 각 4월 이내에 판결을 선고하도록 규정하고 있다.

[경찰채용 11]

해설+ 형사소송법이 아닌 소송촉진 등에 관한 특례법(이하 '소촉법')의 내용이다. 소촉법 제21조 참조.

022 (✕) '형사소송법' → '소송촉진 등에 관한 특례법', '항소 또는 상고가 제기된 날로부터' → '기록을 송부받은 날로부터'

023 검사와 피고인 쌍방이 항소한 경우에 제1심 선고형기 경과 후 제2심 공판이 개정되었다면 이는 위법으로서 신속한 재판을 받을 권리를 박탈한 것이다.

[경찰채용 18] [경찰경채 23] [국가9급 22]

해설+ 위법이라 할 수 없고 신속한 재판을 받을 권리를 박탈한 것이라고 할 수 없다(대법원 1972. 5.23, 72도840).

023 (✕)

024 구속사건에 대해서는 법원이 구속기간 내에 재판을 하면 되는 것이고 구속만기 25일을 앞두고 제1회 공판이 있었다 하여 헌법에 정한 신속한 재판을 받을 권리를 침해하였다고 할 수 없다.

[경찰채용 18] [경찰경채 23 변형]

024 (○) 대법원 1990.6.12, 90도672

025 「형사소송법」의 규정에 따르면 검사는 수사의 신속한 종결을 위해 피의자가 체포 또는 구속된 날부터 30일 이내에 공소장을 제출하여야 한다.

[경찰채용 20 2차]

025 (✕) 형사소송법에는 공소장 제출기한에 관한 규정이 없다.

026 소송의 지연을 목적으로 함이 명백한 경우에 기피신청을 받은 법원 또는 법관이 이를 기각할 수 있도록 규정한 「형사소송법」 제20조 제1항은 헌법상 보장되는 공정한 재판을 받을 권리를 침해하였다고 할 수 없다.

[경찰채용 18 1차]

026 (○) 헌법재판소 2006.7.27, 2005헌바58

027 「형사소송법」은 신속한 재판을 받을 권리와 관련하여 공판심리의 현저한 지연을 공소기각의 결정사유로 명시하고 있다.　　　[경찰승진 22·23 변형]

> **해설+** 제328조 【공소기각의 결정】 ① 다음 경우에는 결정으로 공소를 기각하여야 한다.
> 1. 공소가 취소되었을 때
> 2. 피고인이 사망하거나 피고인인 법인이 존속하지 아니하게 되었을 때
> 3. 제12조 또는 제13조의 규정에 의하여 재판할 수 없는 때
> 4. 공소장에 기재된 사실이 진실하다 하더라도 범죄가 될 만한 사실이 포함되지 아니하는 때
> ② 전항의 결정에 대하여는 즉시항고를 할 수 있다.
>
> 제249조 【공소시효의 기간】 ② 공소가 제기된 범죄는 판결의 확정이 없이 공소를 제기한 때로부터 25년을 경과하면 공소시효가 완성한 것으로 간주한다.
>
> **보충** 공소시효 완성이 의제된 경우(제249조 제2항)를 제외하고는 소송지연을 이유로 형식재판으로써 소송을 종결시킬 수 없다.

027 (×) 「형사소송법」은 재판의 지연을 구제하기 위하여 면소판결사유나 공소기각재판사유 등에서 별도의 명문규정을 두고 있지 아니하다. 즉, 형사소송법은 공판심리의 현저한 지연을 공소기각의 결정사유로 명시하고 있지 아니하다.

2　형사소송의 기본구조

🔗 **대표유형**

헌법이 보장하는 공정한 재판을 받을 권리 속에는 원칙적으로 당사자주의와 구두변론주의가 보장되어 당사자가 공소사실에 대한 답변과 입증 및 반증하는 등 공격·방어권이 충분히 보장되는 재판을 받을 권리가 포함되어 있다.　　　[국가9급 16]

(○) 헌법재판소 1996.1.25, 95헌가5

🔗 **대표유형**

'법원은 심리의 경과에 비추어 상당하다고 인정할 때에는 공소사실 또는 적용법조의 추가 또는 변경을 요구하여야 한다'는 내용은 「형사소송법」의 규정 중 당사자주의 요소에 가깝다.　　　[국가7급 12]

(×) '당사자주의' → '직권주의' 공소장변경요구는 소송의 대상에 대한 법원의 직권행사로서 직권주의의 요소이다.

028 우리 「형사소송법」은 국가소추주의에 의한 탄핵주의 소송구조를 채택하고 있다.　　　[국가9급 10]

028 (○) 제246조

029 탄핵주의는 소송에서 주도적 지위를 법원에게 인정하는 직권주의 소송구조와 대립되는 개념이다. [국가9급 10]

> **해설+** 직권주의 소송구조와 대립되는 개념은 '당사자주의'이고, 탄핵주의 소송구조와 대립되는 개념은 직권주의가 아닌 규문주의이다.

029 (×) '탄핵주의 → '당사자주의

030 탄핵주의는 재판기관과 소추기관을 분리하여 소추기관의 공소제기에 의하여 법원이 절차를 개시하는 주의를 말한다. [국가9급 10·18] [국가9급개론 18]

030 (○)

031 소송의 스포츠화 또는 합법적 도박이 야기될 수 있다는 점은 당사자주의에 대한 비판이고, 사건의 심리가 국가기관의 자의적 판단이나 독단으로 흐를 수 있다는 점은 직권주의에 대한 비판이다. [국가9급 18] [국가9급개론 18]

031 (○) 통설의 태도이다.

032 증인에 대한 교호신문절차, 증거동의제도는 당사자주의적 요소이다. [국가9급 18] [국가9급개론 18]

032 (○) 통설의 태도이다.

033 피고인신문제도, 법원의 공소장변경요구의무, 공소장일본주의는 직권주의적 요소이다. [국가9급 18] [국가9급개론 18]

033 (×) 공소장일본주의는 당사자주의적 요소이다.

034 판례에 의하면 공소장변경제도는 형사소송법의 직권주의적 요소이다.

> **해설+** 형사소송법은 공소장변경제도를 인정하여, 검사는 법원의 허가를 얻어 공소사실의 동일성을 해하지 아니하는 한도에서 공소장에 기재한 공소사실 또는 적용법조의 추가·철회 또는 변경을 할 수 있고, 법원 역시 심리의 경과에 비추어 상당하다고 인정할 때에는 공소사실 또는 적용법조의 추가 또는 변경을 요구하여야 한다고 규정하고 있다(법 제298조 제1항, 제2항). 이러한 공소장변경제도는 실체적 진실발견이라는 형사소송이념을 실현하기 위한 직권주의적 요소로서 형사소송법이 절차법으로서 가지는 소송절차의 발전적·동적 성격과 소송경제의 이념 등을 반영하고 있는 것이므로, 이러한 점에서도 공소장일본주의의 적용은 공소제기 이후 공판절차가 진행된 단계에서는 필연적으로 일정한 한계를 가질 수밖에 없다(대법원 2009.10.22, 2009도7436 전원합의체).

> **보충** 통설에 의하면 공소장변경제도는 당사자주의적 요소이고, 법원의 공소장변경요구의무가 직권주의적 요소이다.

034 (○)

035 탄핵주의는 피고인도 소송주체로서의 지위를 가지는 소송구조이다.

[국가9급 10]

035 (○) 탄핵주의 중 특히 당사자주의에 의하면 피고인도 소송주체로서의 지위를 가지게 된다.

036 「형사소송법」은 그 해석상 소송절차의 전반에 걸쳐 기본적으로 직권주의 구조를 취하고 있고 당사자주의를 가미한 것으로 이해된다. [국가7급 10]

036 (✕) '직권주의' → '당사자주의', '당사자주의' → '직권주의'
판례는 우리 형사소송법이 기본적으로 당사자주의를, 보충적으로 직권주의를 채택한 것으로 본다(헌법재판소 1995.11.30, 92헌마44)

2024 - 2025
백광훈
통합 핵지총 ○×
형사소송법

소송주체와 소송행위

CHAPTER 01 | 소송의 주체

1 소송주체의 의의

2 법원

Ⅰ 법원의 의의와 종류

001 어느 재판에 대하여 어떠한 불복방법을 허용할 것인지의 여부는 원칙적으로 입법자의 형성의 자유에 속하는 사항이지만, 심급제도가 헌법이 규정하는 국민의 재판청구권을 보장하기 위한 하나의 수단임을 고려할 때 어느 재판에 대하여 심급제도를 통한 불복을 허용할 것인지의 여부는 입법정책에 달린 문제로 볼 수 없다. [국가7급 22]

001 (×)

해설+ 어느 재판에 대하여 심급제도를 통한 불복을 허용할 것인지의 여부 또는 어떤 불복방법을 허용할 것인지 등은 원칙적으로 입법자의 형성의 자유에 속하는 사항이고, 특히 형사사법절차에서 수사 또는 공소제기 및 유지를 담당하는 주체로서 피의자 또는 피고인과 대립적 지위에 있는 검사에게 어떤 재판에 대하여 어떤 절차를 통하여 어느 범위 내에서 불복방법을 허용할 것인가 하는 점은 더욱더 입법정책에 달린 문제이다(대법원 2006.12.18, 2006모646).

보충 검사의 체포영장 또는 구속영장 청구에 대한 지방법원판사의 재판은 제402조의 규정에 의하여 항고의 대상이 되는 '법원의 결정'에 해당하지 아니하고, 제416조 제1항의 규정에 의하여 준항고의 대상이 되는 '재판장 또는 수명법관의 구금 등에 관한 재판'에도 해당하지 아니한다는 판례이다.

Ⅱ 법원의 관할

🔗 대표유형

토지관할을 달리하는 수개의 제1심 법원들에 관련사건이 계속된 경우에 그 소속 고등법원이 같은 때에는 그 고등법원이, 그 소속 고등법원이 다른 때에는 대법원이 제1심 법원들의 공통되는 직근상급법원으로서 토지관할 병합심리 신청사건의 관할법원이 된다. [국가9급 17] [국가9급개론 17]

(○) 대법원 2006.12.5, 2006초기335 전원합의체

🔗 대표유형

피고인이 서울서부지방법원에서 형사단독사건으로 구속재판을 받다가 별개사건으로 서울북부지방법원에 형사단독사건으로 공판이 개시되었을 때, 위 두 사건의 병합심리를 신청하려면 서울고등법원에 병합심리신청서를 제출하여야 한다. [법원9급 08]

(○) 서울서부지법과 서울북부지법은 소속 고등법원이 같으므로, '서울고등법원에 심리신청서를 제출해야 한다(대법원 2006.12.5, 2006초기335 전원합의체).

002 사실발견을 위하여 필요하거나 긴급을 요하는 경우 법원은 관할구역 외에서 직무를 행하거나 사실소사에 필요한 처분을 할 수 있다. [국가7급 16]

002 (○) 제3조 제1항

003 「특정범죄 가중처벌 등에 관한 법률」 제5조의3 제1항(교통사고 후 도주)에 해당하는 사건은 단독판사 관할사건이다. [경찰채용 20 2차]

003 (○) 법원조직법 제32조 제1항 제3호 라목

해설+ 법원조직법 제32조 【합의부의 심판권】① 지방법원과 그 지원의 합의부는 다음의 사건을 제1심으로 심판한다.
1. 합의부에서 심판할 것으로 합의부가 결정한 사건
2. 민사사건에 관하여는 대법원규칙으로 정하는 사건
3. 사형, 무기 또는 단기 1년 이상의 징역 또는 금고에 해당하는 사건. 다만, 다음 각 목의 사건은 제외한다.
　가. 「형법」 제258조의2 제1항, 제331조, 제332조(제331조의 상습범으로 한정한다)와 그 각 미수죄, 제350조의2와 그 미수죄, 제363조에 해당하는 사건
　나. 「폭력행위 등 처벌에 관한 법률」 제2조 제3항 제2호·제3호, 제6조(제2조 제3항 제2호·제3호의 미수죄로 한정한다) 및 제9조에 해당하는 사건
　다. 「병역법」 위반사건
　라. 「특정범죄 가중처벌 등에 관한 법률」 제5조의3 제1항, 제5조의4 제5항 제1호·제3호 및 제5조의11에 해당하는 사건
　마. 「보건범죄 단속에 관한 특별조치법」 제5조에 해당하는 사건
　바. 「부정수표 단속법」 제5조에 해당하는 사건
　사. 「도로교통법」 제148조의2 제1항·제2항, 같은 조 제3항 제1호 및 제2호에 해당하는 사건
　아. 「중대재해 처벌 등에 관한 법률」 제6조 제1항·제3항 및 제10조 제1항에 해당하는 사건
4. 제3호의 사건과 동시에 심판할 공범사건
5. 지방법원판사에 대한 제척·기피사건
6. 다른 법률에 따라 지방법원 합의부의 권한에 속하는 사건

004 토지관할은 범죄지, 피고인의 주소, 거소 또는 현재지로 한다. [경찰채용 17 1차]

004 (○) 제4조 제1항

005 공소제기 당시 피고인의 현재지인 이상 범죄지 또는 주소지가 아니더라도 토지관할이 인정된다. [국가9급 14]

005 (○) 제4조 제1항

006 토지관할의 기준으로서 '현재지'는 공소제기 당시 피고인이 현재한 장소로서 임의에 의한 현재지뿐만 아니라 적법한 강제에 의한 현재지도 포함한다. [국가7급 16]

006 (○) 대법원 2011.12.22, 2011도12927

007 토지관할의 기준 사이에는 우열이 없으므로 하나의 피고사건에 관하여 수개의 법원이 동시에 토지관할을 가질 수 있고, 검사는 그중 어느 곳에서든지 공소제기를 할 수 있다. [경찰채용 20 2차]

007 (○)

> **해설+** 범죄지, 피고인의 주소, 거소 또는 현재지 중 어느 하나에 속하는 수개의 법원은 모두 토지관할권을 갖는다. "형사소송법 제4조 제1항은 토지관할을 범죄지, 피고인의 주소, 거소 또는 현재지로 하고 있으므로, 제1심 법원이 피고인의 현재지인 이상, 그 범죄지나 주소지가 아니더라도 그 판결에 토지관할 위반의 위법은 없다(대법원 1984.2.28, 83도3333)."

008 피고인의 주소지 관할법원과 현재지 관할법원이 다른 경우에 현재지 관할법원이 제1심으로 재판을 진행하여 판결을 선고하더라도 그 판결에 관할위반의 위법이 없다. [법원9급 11]

008 (○) 제4조 제1항 참조.

009 보증금몰수사건은 그 성질상 당해 형사본안 사건의 기록이 존재하는 법원 또는 그 기록을 보관하는 검찰청에 대응하는 법원의 토지관할에 속하고, 그 법원이 지방법원인 경우에 있어서 사물관할은 지방법원 단독판사에게 속하는 것이지 소송절차 계속 중에 보석허가결정 또는 그 취소결정 등을 본안 관할법원인 제1심 합의부 또는 항소심인 합의부에서 한 바 있었다고 하여 그러한 법원이 사물관할을 갖게 되는 것은 아니다. [국가7급 16 변형]

009 (○) 대법원 2002.5.17, 2001모53

010 수인이 공동으로 범한 죄 외에 수인이 동시에 동일장소에서 범한 죄도 「형사소송법」 제11조의 관련사건에 해당한다. [법원9급 11]

010 (○) 제11조

011 토지관할을 달리하는 수개의 관련사건이 각각 다른 법원에 계속된 때에는 공통되는 직근상급법원은 검사 또는 피고인의 신청에 의하여 결정으로 1개 법원으로 하여금 병합심리하게 할 수 있다. [경찰채용 17 1차]

011 (○) 제6조

012 「형사소송법」 제6조(토지관할을 달리하는 수개의 관련사건이 각각 다른 법원에 계속된 때에는 공통되는 직근상급법원은 검사 또는 피고인의 신청에 의하여 결정으로 1개법원으로 하여금 병합심리하게 할 수 있다)의 '각각 다른 법원'은 사물관할은 같으나 토지관할을 달리하는 동종, 동등의 법원을 말한다. [국가7급 20]

012 (○) 대법원 1990.5.23, 90초56

013 「형사소송법」 제6조는 "토지관할을 달리하는 수개의 관련사건이 각각 다른 법원에 계속된 때에는 공통되는 직근 상급법원은 검사 또는 피고인의 신청에 의하여 결정으로 1개 법원으로 하여금 병합심리하게 할 수 있다."고 규정하고 있는데, 여기서 말하는 '각각 다른 법원'이란 토지관할과 사물관할을 달리하는 법원을 의미한다. [군무원9급 21]

013 (×)

해설+ 형사소송법 제6조는 토지관할을 달리하는 수개의 관련사건이 각각 다른 법원에 계속된 때에는 공통되는 직근 상급법원은 검사 또는 피고인의 신청에 의하여 결정으로 1개 법원으로 하여금 병합심리하게 할 수 있다고 규정하고 있는데 여기서 말하는 "각각 다른 법원"이란 사물관할은 같으나 토지관할을 달리 하는 동종, 동등의 법원을 말하는 것이다(대법원 1990.5.23, 90초56).

014 수개의 관련사건의 토지관할이 다르더라도 동일법원에 계속된 이상 각 사건을 분리하여 관할권 있는 다른 법원에 이송하는 것은 허용되지 않는다. [법원9급 11]

014 (×) '허용되지 않는다' → '허용된다'

해설+ 사물관할이든 토지관할이든 병합심리 중 심리의 분리는 가능하다. 제7조 참조.

015 사물관할을 달리하는 수개의 관련사건이 각각 법원합의부와 단독판사에 계속된 때에는 합의부는 결정으로 단독판사에 속한 사건을 병합하여 심리할 수 있다.

[경찰채용 14] [법원9급 11]

015 (○) 제10조

016 합의부는 2개의 관련사건이 사물관할을 달리하는 경우에 결정으로 단독판사에게 속한 사건을 병합하여 심리할 수 있지만, 2개의 관련사건이 사물관할과 토지관할을 모두 달리하는 경우에는 병합하여 심리할 수 없다.

[변호사 22]

016 (×)

> **해설+** 사물관할을 달리하는 수개의 관련사건이 각각 법원합의부와 단독판사에 계속된 때에는 합의부는 결정으로 단독판사에 속한 사건을 병합하여 심리할 수 있고(법 제10조), 이는 법원합의부와 단독판사에 계속된 각 사건이 토지관할을 달리하는 경우에도 마찬가지이다(규칙 제4조 제1항).

> **보충** 규칙 제4조의2【항소사건의 병합심리】① 사물관할을 달리하는 수개의 관련항소사건이 각각 고등법원과 지방법원본원합의부에 계속된 때에는 고등법원은 결정으로 지방법원본원합의부에 계속한 사건을 병합하여 심리할 수 있다. 수개의 관련항소사건이 토지관할을 달리하는 경우에도 같다.

017 사건이 각각 창원지방법원 항소부와 부산고등법원에 계속된 경우 직근상급법원은 검사 또는 피고인의 신청이 있는 경우 결정으로 1개의 법원으로 하여금 병합심리하게 할 수 있다.

[법원9급 11 변형]

017 (×) '직근상급법원' → '부산고등법원', '검사 또는 피고인의 신청이 있는 경우' → 삭제

> **해설+** 창원지방법원 항소부와 부산고등법원은 심급은 같을지언정 사물관할이 서로 다르므로, 제6조에 해당하지 아니한다(대법원 1990.5.23, 90초56). 즉, 사물관할의 병합심리에 속하는 위 경우에는 부산고등법원의 직권에 의한 결정에 의한다.

018 단독판사가 상해사건을 심리하던 중 피해자의 사망으로 인하여 상해치사로 공소장이 변경된 경우에는 사건을 관할권 있는 합의부로 이송하여야 한다.

[법원9급 08]

018 (○) 단독판사의 합의부 이송은 필요적 이송이다(제8조 제2항).

019 관할위반을 결정함에 있어서 사물관할의 유무는 공소장에 기재된 공소사실을 기준으로 하고 공소장이 변경되면 변경된 공소사실에 의한다.

[소방간부 23]

019 (○)

> **해설+** 사물관할의 유무는 공소장에 기재된 공소사실을 기준으로 하되, 공소장이 변경되면 변경된 공소사실을 기준으로 판단한다. 예컨대 단독판사의 관할사건이 공소장변경에 의하여 합의부 관할사건으로 변경된 경우에 법원은, 결정으로 관할권이 있는 법원에 이송한다(제8조 제2항 참조).

020 항소심이 제1심의 공소기각판결이 잘못이라고 하여 파기하면서도 사건을 제1심법원에 환송하지 아니하고 본안에 들어가 심리한 후 피고인에게 유죄를 선고한 것은 「형사소송법」 제366조를 위반한 것이다. [경찰채용 20 2차]

020 (○)

해설+ 형사소송법 제366조는 "공소기각 또는 관할위반의 재판이 법률에 위반됨을 이유로 원심판결을 파기하는 때에는 판결로써 사건을 원심법원에 환송하여야 한다."라고 규정하고 있으므로, 원심으로서는 위와 같이 제1심의 공소기각판결이 법률에 위반된다고 판단한 이상 본안에 들어가 심리할 것이 아니라 제1심판결을 파기하고 사건을 제1심법원에 환송하여야 한다(대법원 1998.5.8, 98도631 등). 따라서 원심이 제1심의 공소기각판결이 잘못이라고 하여 파기하면서도 사건을 제1심법원에 환송하지 아니하고 본안에 들어가 심리한 후 피고인에게 유죄를 선고한 것은 형사소송법 제366조를 위반한 것이다(대법원 2020.1.30, 2019도15987).

021 단독판사 관할 피고사건의 항소사건이 지방법원 합의부에 계속 중일 때 그 변론종결 시까지 청구된 치료감호사건의 관할법원은 고등법원이고, 이때 피고사건의 관할법원도 고등법원이 된다. [국가9급 15]

021 (○) 대법원 2009.11.12, 2009도6946, 2009감도24

022 제1심 공판절차에서 합의부 관할사건이 공소장변경에 의하여 단독판사 관할사건으로 변경된 경우 사건을 단독판사에게 재배당하여야 한다. [국가9급 15]

022 (×) '재배당하여야 한다' → '재배당할 수 없다'(대법원 2013.4.25, 2013도1658)

023 고유관할사건 계속 중 고유관할 법원에 관련 사건이 계속된 이상 그 후 양 사건이 병합심리되지 아니한 채 고유사건에 대한 심리가 먼저 종결되었더라도 관련 사건에 대한 관할권은 유지된다. [국가9급 15]

023 (○) 대법원 2008.6.12, 2006도8568

024 관할위반을 선고한 재판이 확정된 사건에 관하여 다른 관할법원이 없는 때에는 피고인은 관계있는 제1심법원에 공통되는 직근 상급법원에 관할지정을 신청하여야 한다. [경찰채용 14]

024 (×) '피고인' → '검사' 관할지정의 청구는 검사만 할 수 있고, 이때 검사의 신청은 의무이다.

025 법원의 관할이 명확하지 않은 경우 검사, 피고인 또는 변호인은 관계있는 제1심법원에 공통되는 직근 상급법원에 관할지정을 신청하여야 한다.

[국가7급 20]

025 (×)

> **해설+** 검사는 법원의 관할이 명확하지 아니한 때에는 관계있는 제1심법원에 공통되는 바로 위의 상급법원에 관할지정을 신청하여야 하는데(제14조 제1호), 이는 피고인이나 변호인은 관할지정을 신청할 수 없음을 의미한다.

026 검사는 범죄의 성질, 지방의 민심, 소송의 상황 기타 사정으로 재판의 공평을 유지하기 어려운 염려가 있는 때에는 직근 상급법원에 관할이전을 신청하여야 한다. 피고인도 이 신청을 할 수 있다.

[경찰채용 15]

026 (○) 제15조

027 검사는 관할법원이 법률상의 이유 또는 특별한 사정으로 재판권을 행할 수 없는 때에는 직근 상급법원에 관할이전을 신청하여야 한다. 피고인도 이 신청을 할 수 있다.

[법원9급 08]

027 (○) 제15조

028 관할법원이 법률상의 이유 또는 특별한 사정으로 재판권을 행사할 수 없을 때에는 검사 또는 피고인은 직근 상급법원에 관할이전을 신청할 수 있다.

[해경승진 22]

028 (×) '신청할 수 있다' → '신청하여야 한다'

> **해설+** 제15조【관할이전의 신청】검사는 다음 경우에는 직근 상급법원에 관할이전을 신청하여야 한다. 피고인도 이 신청을 할 수 있다.
> 1. 관할법원이 법률상의 이유 또는 특별한 사정으로 재판권을 행할 수 없는 때
> 2. 범죄의 성질, 지방의 민심, 소송의 상황 기타 사정으로 재판의 공평을 유지하기 어려운 염려가 있는 때

029 　특정 지방법원의 판사 전원이 허위사실적시 명예훼손죄의 피해자가 됨으로써 재판을 하기 어렵게 된 경우에 피고인의 신청이 있으면 그 법원의 바로 위의 상급법원은 결정으로 사건을 다른 법원으로 이송해야 한다.

[군무원9급 23]

해설+ 　제15조【관할이전의 신청】검사는 다음 경우에는 직근 상급법원에 관할이전을 신청하여야 한다. 피고인도 이 신청을 할 수 있다.
1. 관할법원이 법률상의 이유 또는 특별한 사정으로 재판권을 행할 수 없는 때
2. 범죄의 성질, 지방의 민심, 소송의 상황 기타 사성으로 재판의 공평을 유지하기 이려운 염려가 있는 때

029 (×) 피고인의 관할이전신청이 있다고 무조건 직근 상급법원이 결정으로써 다른 법원으로 이송하여야 하는 것은 아니다. 관할이전 신청을 받은 직근 상급법원은 신청이 이유 있다고 인정하면 관할법원을 정하는 결정을 하고, 그렇지 아니하면 신청기각의 결정을 한다.

030 　동일사건이 사물관할을 달리하는 수개의 법원에 계속된 때에는 먼저 공소를 받은 법원이 심판한다.

[국가7급 20]

해설+ 　제12조【동일사건과 수개의 소송계속】동일사건이 사물관할을 달리하는 수개의 법원에 계속된 때에는 법원합의부가 심판한다.

030 (×)

031 　동일사건이 사물관할을 같이하는 수개의 법원에 계속된 때에는 먼저 공소를 받은 법원이 심판한다. 단, 각 법원에 공통되는 직근상급법원은 검사 또는 피고인의 신청이 없어도 결정으로 뒤에 공소를 받은 법원으로 하여금 심판하게 할 수 있다.

[경찰채용 17 1차]

031 (×) '신청이 없어도' → '신청에 의하여'
검사 또는 피고인의 신청에 의하여 결정으로 뒤에 공소를 받은 법원으로 하여금 심판하게 할 수 있다.

032 　동일사건이 사물관할을 달리 하는 수개의 법원에 계속된 때에는 법원합의부가 심판하고, 심판하지 않게 된 법원은 판결로써 공소를 기각하여야 한다.

[국가9급 17] [국가9급개론 17] [군무원9급 22]

해설+ 　제12조【동일사건과 수개의 소송계속】동일사건이 사물관할을 달리하는 수개의 법원에 계속된 때에는 법원합의부가 심판한다.
제328조【공소기각의 결정】① 다음 경우에는 결정으로 공소를 기각하여야 한다.
1. 공소가 취소 되었을 때
2. 피고인이 사망하거나 피고인인 법인이 존속하지 아니하게 되었을 때
3. 제12조 또는 제13조의 규정에 의하여 재판할 수 없는 때
4. 공소장에 기재된 사실이 진실하다 하더라도 범죄가 될 만한 사실이 포함되지 아니하는 때
② 전항의 결정에 대하여는 즉시항고를 할 수 있다.

032 (×) 심판하지 아니하게 된 법원은 결정으로 공소를 기각하여야 한다(제328조 제1항 제3호, 제12조).

033 동일한 사건에 대해 동일한 법원에 이중으로 공소가 제기된 때에는 법원으로서는 후소에 대해 공소기각의 결정을 하여야 한다.

[국가9급 18] [국가9급개론 18]

033 (×) '결정' → '판결'(제327조 3호)

034 피고인의 신청이 없으면 토지관할에 관하여 관할 위반의 선고를 하지 못하고, 관할 위반의 신청은 증거조사를 마치기 전에 하여야 한다.

[법원9급 15]

034 (×) '증거조사를 마치기 전' → '피고사건에 대한 진술 전'(제320조 제2항).

035 상고심에서 관할의 인정이 법률에 위반됨을 이유로 원심판결 또는 제1심판결을 파기하는 경우에는 판결로써 사건을 관할 있는 법원에 이송하여야 한다.

[법원9급 14]

035 (○) 제394조

036 합의부 관할사건에 대해 지방법원 지원 단독판사가 제1심으로 심판하고 그 항소사건을 그 지방법원 합의부가 심판한 경우, 상고법원은 원심판결과 제1심판결을 모두 파기하고 사건을 관할권 있는 그 지방법원 지원 합의부에 이송하는 판결을 해야 한다.

[군무원9급 23]

036 (○) 상고법원은 관할의 인정이 위법인 경우, 파기하고 판결로써 관할권 있는 법원에 이송하여야 한다(제394조).

> **해설+** 제394조【관할인정과 이송의 판결】관할의 인정이 법률에 위반됨을 이유로 원심판결 또는 제1심판결을 파기하는 경우에는 판결로써 사건을 관할 있는 법원에 이송하여야 한다.
>
> **보충** 지방법원과 그 지원의 합의부가 제1심으로 심판하여야 할 사건을 지방법원 지원 단독판사가 제1심으로 심판하고, 그 제1심 사건에 대한 항소심 사건을 지방법원 본원 합의부가 실체에 들어가 심판한 경우, 이는 관할권이 없음에도 이를 간과하고 실체판결을 한 것으로서 소송절차의 법령을 위반한 잘못을 저지른 것이라 할 것이고, 관할제도의 입법취지(관할획일의 원칙)와 그 위법의 중대성 등에 비추어 이는 판결에 영향을 미쳤음이 명백하다는 이유로 직권으로 원심판결 및 제1심판결을 파기하고, 사건을 관할권이 있는 지방법원 지원 합의부에 이송한다(대법원 1999.11.26, 99도4398).

037 지방법원과 그 지원의 합의부가 제1심으로 심판하여야 할 사건을 지방법원 지원 단독판사가 제1심으로 심판하고, 그 제1심 사건에 대한 항소심 사건을 지방법원 본원 합의부가 실체에 들어가 심판한 경우, 관할획일의 원칙과 그 위법의 중대성 등에 비추어 이는 판결에 영향을 미쳤음이 명백하므로, 상고심은 직권으로 원심판결 및 제1심판결을 파기하고 사건을 관할권이 있는 지방법원 지원 합의부로 이송하여야 한다. [법원9급 23]

037 (○)

해설+ 지방법원과 그 지원의 합의부가 제1심으로 심판하여야 할 사건을 지방법원 지원 단독판사가 제1심으로 심판하고, 그 제1심 사건에 대한 항소심 사건을 지방법원 본원 합의부가 실체에 들어가 심판한 경우, 이는 관할권이 없음에도 이를 간과하고 실체판결을 한 것으로서 소송절차의 법령을 위반한 잘못을 저지른 것이라 할 것이고, 관할제도의 입법취지(관할획일의 원칙)와 그 위법의 중대성 등에 비추어 이는 판결에 영향을 미쳤음이 명백하므로, 직권으로 원심판결 및 제1심판결을 파기하고 사건을 관할권이 있는 지방법원 지원 합의부에 이송한다(대법원 1999.11.26, 99도4398).

038 법원은 그 피고인이 그 관할구역 내에 현재하지 아니하는 경우에 특별한 사정이 있으면 결정으로 사건을 피고인의 현재지를 관할하는 동급 법원에 이송할 수 있다. [경찰채용 17 1차]

038 (○) 제8조 제1항

039 군사법원의 판결이 확정된 후 피고인에 대한 재판권이 더 이상 군사법원에 없게 된 경우에 군사법원의 판결에 대한 재심사건의 관할은 원판결을 한 군사법원과 같은 심급의 일반법원에 있다. [변호사 21]

039 (○) 대법원 2020.6.26, 2019 모3197

040 법원은 공소제기된 사건에 대하여 군사법원이 재판권을 가졌음이 판명된 때는 결정으로 사건을 재판권이 있는 같은 심급의 군사법원으로 이송하여야 한다. [국가9급 15]

040 (○) 제16조의2

041 우리나라 군인이 전시(戰時)에 범한 성폭력범죄의 처벌 등에 관한 특례법 제2조의 성폭력범죄에 대해서는 우리나라 군사법원이 재판권을 가진다.

[국가9급 23]

> **해설+** 군사법원법 제2조 【신분적 재판권】 ② 제1항에도 불구하고 법원은 다음 각 호에 해당하는 범죄 및 그 경합범 관계에 있는 죄에 대하여 재판권을 가진다. 다만, 전시·사변 또는 이에 준하는 국가비상사태 시에는 그러하지 아니하다.
> 1. 「군형법」 제1조 제1항부터 제3항까지에 규정된 사람이 범한 「성폭력범죄의 처벌 등에 관한 특례법」 제2조의 성폭력범죄 및 같은 법 제15조의2의 죄, 「아동·청소년의 성보호에 관한 법률」 제2조 제2호의 죄

041 (○) 군사법원법 개정(2021. 9.24. 개정, 2022.7.1. 시행)에도 불구하고, 군인 등의 성폭력범죄라 하더라도 전시 등 국가비상사태 시에는 군사법원법 제2조 제2항 단서에 의하여 군사법원이 재판권을 가진다.

Ⅲ 제척 · 기피 · 회피

 대표유형

제척원인은 「형사소송법」 제17조에 예시적으로 열거되어 있는 것으로서, 열거되어 있는 원인 이외의 경우에도 불공평한 재판을 할 염려가 있다면 제척원인이 된다.   [국가9급 21]

(×) 척원인은 제17조에 제한적으로 열거되어 있는 것으로, 열거되어 있는 원인 이외의 경우에는 제척원인이 되지 아니한다.

대표유형

환송판결 전의 원심에 관여한 재판관이 환송 후의 원심재판관으로 관여하였더라도 제척의 원인이 되지 않는다.   [경찰채용 17 2차]

(○) 대법원 1979.2.27, 78도3204

042 법관이 사건에 관하여 피고인의 변호인이었거나 또는 피고인 · 피해자의 대리인인 법무법인에서 퇴직한 날로부터 2년이 경과하지 않은 때에는 제척사유에 해당한다.   [군무원9급 22]

> **해설+** 제17조 【제척의 원인】 법관은 다음 경우에는 직무집행에서 제척된다.
> 1. 법관이 피해자인 때
> 2. 법관이 피고인 또는 피해자의 친족 또는 친족관계가 있었던 자인 때
> 3. 법관이 피고인 또는 피해자의 법정대리인, 후견감독인인 때
> 4. 법관이 사건에 관하여 증인, 감정인, 피해자의 대리인으로 된 때
> 5. 법관이 사건에 관하여 피고인의 대리인, 변호인, 보조인으로 된 때
> 6. 법관이 사건에 관하여 검사 또는 사법경찰관의 직무를 행한 때
> 7. 법관이 사건에 관하여 전심재판 또는 그 기초되는 조사, 심리에 관여한 때
> 8. 법관이 사건에 관하여 피고인의 변호인이거나 피고인·피해자의 대리인인 법무법인, 법무법인(유한), 법무조합, 법률사무소, 「외국법자문사법」 제2조 제9호에 따른 합작법무법인에서 퇴직한 날부터 2년이 지나지 아니한 때
> 9. 법관이 피고인인 법인·기관·단체에서 임원 또는 직원으로 퇴직한 날부터 2년이 지나지 아니한 때

042 (○) 제17조 제8호

043 공소제기 전에 검사의 청구에 의하여 증거보전절차상의 증인신문을 한 법관은 전심재판 또는 그 기초되는 조사·심리에 관여한 법관으로 보아야 하며, 이는 제척사유에 해당한다. [경찰채용 17 2차]

043 (×) '으로 보아야 하며' → '이라고 할 수 없고', '해당한다' → '해당하지 않는다'(대법원 1971.7.6, 71도974)

044 약식명령을 발부한 법관이 정식재판절차의 제1심판결에 관여하는 경우는 제척사유에 해당하지 않으나, 약식명령을 한 판사가 그에 대한 정식재판절차의 항소심판결에 관여하는 경우는 제척사유에 해당한다. [국가9급 16] [국가9급개론 18]

044 (○) 대법원 1985.4.23, 85도281

045 약식명령을 발부한 법관이 그 정식재판 절차의 항소심 공판에 관여한 바 있어도 후에 경질되어 그 판결에는 관여하지 아니한 경우는 전심재판에 관여한 법관이 불복이 신청된 당해 사건의 재판에 관여하였다고 할 수 없다. [경찰채용 18 2차]

045 (○)

해설+ 약식명령을 발부한 법관이 그 정식재판 절차의 항소심 판결에 관여함은 형사소송법 제17조 제7호, 제18조 제1항 제1호 소정의 법관이 사건에 관하여 전심재판 또는 그 기초되는 조사심리에 관여한 때에 해당하여 제척, 기피의 원인이 되나, 제척 또는 기피되는 재판은 불복이 신청된 당해 사건의 '판결절차'를 말하는 것이므로 약식명령을 발부한 법관이 그 정식재판 절차의 항소심 공판에 관여한 바 있어도 후에 경질되어 그 판결에는 관여하지 아니한 경우는 전심재판에 관여한 법관이 불복이 신청된 당해 사건의 재판에 관여하였다고 할 수 없다(대법원 1985.4.23, 85도281).

046 제1심판결에서 피고인에 대한 유죄의 증거로 사용된 증거를 조사한 판사(판결은 이후 다른 판사가 선고함)가 항소심 재판에 관여하는 경우는 제척사유에 해당한다. [국가7급 21 유사] [군무원9급 23]

046 (○)

해설+ 제1심판결에서 피고인에 대한 유죄의 증거로 사용된 증거를 조사한 판사는 형사소송법 제17조 제7호 소정의 전심재판의 기초가 되는 조사, 심리에 관여하였다 할 것이고, 그와 같이 전심재판의 기초가 되는 조사, 심리에 관여한 판사는 직무집행에서 제척되어 항소심 재판에 관여할 수 없다(대법원 1999.10.22, 99도3534).

047 재심청구대상인 확정판결에 관여한 법관이 재심개시결정에 의한 재심공판
절차에 관여한 때에는 제척사유에 해당하지 않는다.   [국가9급 11]

047 (○) 대법원 1964.6.22, 64모16

048 선거관리위원장으로서 공직선거법 위반 혐의 사실에 대하여 수사기관에
수사 의뢰를 한 법관이 당해 피고인에 대한 항소심에 관여하는 경우는 법
관의 제척사유에 해당한다.   [국가9급개론 17 변형] [법원9급 18]

048 (×) '해당한다' → '해당하지 않는다'(대법원 1999.4.13, 99도155)

049 수사단계에서 피고인에 대하여 구속영장을 발부한 법관이 항소심에 관여
하는 경우 법관의 제척사유에 해당한다.   [법원9급 18]

049 (×) '해당한다' → '해당하지 않는다'(대법원 1989.9.12, 89도612)

050 고발사실의 일부에 대한 재정신청사건에 관여하여 그 신청을 기각한 법관
이 공소가 제기된 그 나머지 부분에 대한 항소심 재판에서 주심판사로 관
여한 경우 「형사소송법」상의 제척원인인 '법관이 사건에 관하여 전심재판
에 관여한 때'에 해당한다.   [경찰채용 18 2차] [군무원9급 22 유사] [해경승진 23]

해설+ 법관이 고발사실의 일부에 대한 재정신청사건에 관여하여 그 신청을 기각한 것은 그 나머지
부분에 대한 사건에 있어 형사소송법 제17조 제7호에 정한 '법관이 사건에 관하여 전심재판 또는
그 기초되는 조사, 심리에 관여한 때'에 해당하지 않는다(대법원 2014.1.16, 2013도10316).

050 (×)

051 제1심 공판기일에서 증거조사를 하고 그 증거들이 제1심판결에서 유죄의
증거로 사용되었으나 판결은 그 이후 경질된 판사가 하였다면, 제1심에서 증
거조사를 한 판사가 항소심 재판을 하는 것은 제척사유에 해당하지 않는다.
                                                        [국가9급개론 17] [법원9급 18]

051 (×) '하지 않는다' → '한다' 전심재판의 기초가 되는 조사, 심리에 관여하였다 할 것이다(대법원 1999.10.22, 99도3534).

052 파기환송 전의 원심에 관여한 법관이 환송 후의 재판에 관여한 경우 법관
이 사건에 관하여 전심재판에 관여한 때에 해당하지 않는다.
                                                        [법원9급 13·18]

052 (○) 제17조에 위배된다고 볼 수 없다(대법원 1979.2.27, 78도3204).

053 통역인이 사건에 관하여 증인으로 증언한 때에는 직무집행에서 제척되나, 통역인이 피해자의 사실혼 배우자인 경우에는 통역인에게 제척사유가 있다고 할 수 없다.　[국가7급 23 유사] [국가9급개론 17]

053 (○)

해설+ 형사소송법 제17조 제2호는 '법관이 피고인 또는 피해자의 친족 또는 친족관계가 있었던 자인 때에는 직무집행에서 제척된다'고 규정하고 있고, 위 규정은 형사소송법 제25조 제1항에 의하여 통역인에게 준용되나, 사실혼관계에 있는 사람은 민법에서 정한 친족이라고 할 수 없어 형사소송법 제17조 제2호에서 말하는 친족에 해당하지 않으므로, 통역인이 피해자의 사실혼 배우자라고 하여도 통역인에게 형사소송법 제25조 제1항, 제17조 제2호에서 정한 제척사유가 있다고 할 수 없다(대법원 2011.4.14, 2010도13583).

054 통역인 甲이 피고사건의 제1심 공판기일에 증인으로 출석하여 진술한 뒤 같은 기일에 위 사건의 피해자로서 자신의 사실혼 배우자인 증인 乙의 진술을 통역한 경우, 甲이 통역한 乙의 증인신문조서는 위법수집증거가 아니다.　[군무원9급 23]

053 (×)

해설+ 형사소송법 제17조 제4호는 '법관이 사건에 관하여 증인, 감정인, 피해자의 대리인으로 된 때에는 직무집행에서 제척된다'고 규정하고 있고, 위 규정은 같은 법 제25조 제1항에 의하여 통역인에게 준용되므로, 통역인이 사건에 관하여 증인으로 증언한 때에는 직무집행에서 제척되고, 제척사유가 있는 통역인이 통역한 증인의 증인신문조서는 유죄 인정의 증거로 사용할 수 없다(대법원 2011.4.14, 2010도13583).

보충 통역인 甲이 피고인들에 대한 특정경제범죄 가중처벌 등에 관한 법률 위반(사기) 사건의 제1심 공판기일에 증인으로 출석하여 진술한 다음, 같은 기일에 위 사건의 피해자로서 자신의 사실혼 배우자인 증인 乙의 진술을 통역한 경우, 제척사유 있는 甲이 통역한 乙의 증인신문조서는 유죄 인정의 증거로 사용할 수 없는데도, 원심이 이를 증거로 삼은 것은 잘못이다.

055 제척사유가 있는 통역인이 통역한 증인의 증인신문조서는 유죄 인정의 증거로 사용할 수 없다.　[국가9급 16]

055 (○) 대법원 2011.4.14, 2010도13583

056 기피신청 사유로서 법관이 불공평한 재판을 할 염려가 있는 때라 함은 당사자가 불공평한 재판이 될지도 모른다고 추측할 만한 주관적인 사정이 있는 때를 말한다.　[경찰채용 15] [국가9급 23 변형]

056 (×) '주관적인 사정' → '객관적인 사정'(대법원 1996.2.9, 95모93)

057 어떠한 사유에 의했건 기피의 대상으로 하고 있는 법관이 이미 당해 구체
적 사건의 직무집행으로부터 배제되어 있다면 그 법관에 대한 피고인의 기
피신청은 부적법하다. [법원9급 23]

057 (O)

> **해설+** 형사소송절차에서 피고인에게 법관의 기피를 신청할 수 있도록 규정하고 있는 이유는 구체
> 적 사건을 담당한 법관에게 제척의 원인이 될 사유가 있거나 불공평한 재판을 할 염려가 있는 경우에
> 그러한 사유가 있는 법관을 당해 사건의 직무집행으로부터 배제시켜 피고인이 공정한 재판을 받을
> 수 있도록 보장하려는 데 있는 것이므로 어떠한 사유에 의했건 기피의 대상으로 하고 있는 법관이
> 이미 당해 구체적 사건의 직무집행으로부터 배제되어 있다면 그 법관에 대한 피고인의 기피신청은
> 부적법하다(대법원 1986.9.24, 86모48).

058 재판부가 당사자의 증거신청을 채택하지 않았다는 것만으로는 기피사유가
되지 않지만, 이미 행한 증거결정을 취소하였다는 것은 그 자체로서 기피
사유가 된다. [국가9급 23]

058 (×)

> **해설+** 재판부가 당사자의 증거신청을 채택하지 아니하거나 이미 한 증거결정을 취소하였다 하더
> 라도 그러한 사유만으로는 재판의 공평을 기대하기 어려운 객관적인 사정이 있다고 할 수 없다(대법원
> 1995.4.3, 95모10).

059 재판장이 피고인의 증인신문권의 본질적인 부분을 침해하였다고 볼 만한
소명자료가 없더라도, 재판장이 증인에 대한 피고인의 신문을 제지한 사실
이 있다는 것은 그 자체로서 기피사유가 된다. [국가9급 23]

059 (×)

> **해설+** 형사소송법 제299조 규정상 재판장이 피고인의 증인신문권의 본질적인 부분을 침해하였다
> 고 볼 만한 아무런 소명자료가 없다면, 재판장이 피고인의 증인에 대한 신문을 제지한 사실이 있다는
> 것만으로는 법관과 사건과의 관계상 불공평한 재판을 할 것이라는 의혹을 갖는 것이 합리적이라고
> 인정할 만한 객관적인 사정이 있는 경우에 해당한다고 볼 수 없다(대법원 1995.4.3, 95모10).

060 재판부가 형사소송법에 정한 기간 내에 재정신청사건의 결정을 하지 아니
하였다는 사유만으로는 기피사유가 되지 않는다. [국가9급 23]

060 (O)

> **해설+** 형사소송법 제18조 제2호의 "불공정한 재판을 할 염려가 있는 때"라 함은 통상인의 판단으
> 로서 법관과 사건과의 관계상 불공평한 재판을 할 것이라는 의혹을 갖는 것이 합리적이라고 인정할
> 만한 객관적인 사정이 있는 때를 말하는 것이므로 재판부가 당사자의 증거신청을 채택하지 아니하
> 였다거나 같은 법 제262조에 정한 기간 내에 재정신청사건의 결정을 하지 아니하였다는 사유만으
> 로는 재판의 공평을 기대하기 어려운 객관적인 사정이 있다 할 수 없다(대법원 1990.11.2, 90모44).

061 합의법원의 법관에 대한 기피는 당해법관에게 신청하고 수명법관, 수탁판사 또는 단독판사에 대한 기피는 그 법관의 소속법원에 신청하여야 한다.
[법원9급 08]

061 (×) '당해법관' → '소속법원', '소속법원' → '당해법관'(제19조)

062 기피신청에 대한 재판은 기피당한 법관의 소속법원 합의부에서 결정으로 하고 기피당한 법관은 그 결정에 관여하지 못한다. 다만, 기피당한 판사의 소속법원이 합의부를 구성하지 못하는 때에는 직근상급법원이 결정한다.
[국가9급개론 18] [법원9급 08]

062 (○) 제21조

063 「형사소송법」 제23조의 기피신청기각결정에 대한 즉시항고의 제기기간은 7일이다.
[경찰채용 18 변형]

063 (○) 제405조

064 기피신청을 기각한 결정에 대해서는 즉시항고를 할 수 있으나, 기피신청을 인용한 결정에 대해서는 즉시항고를 할 수 없다. [국가9급개론 18] [법원9급 08]

064 (○) 제23조 제1항

065 기피신청이 소송의 지연을 목적으로 함이 명백한 때에는 신청을 받은 법원 또는 법관은 결정으로 이를 기각한다. 위 기각결정에 대한 즉시항고는 재판의 집행을 정지하는 효력이 없다.
[경찰채용 17 2차]

065 (○) 제23조 제2항

066 소송지연만을 목적으로 한 기피신청은 그 신청 자체가 부적법한 것이므로 그러한 신청에 대하여는 기피당한 법관에 의하여 구성된 재판부가 스스로 이를 각하할 수 있다.
[경찰채용 18 2차]

066 (○) 대법원 1985.7.8, 85초29

067 기피사유는 신청한 날로부터 3일 이내에 서면으로 소명하여야 하고, 기피신청을 함에 있어서는 기피의 원인되는 사실을 구체적으로 명시하여야 한다.

[경찰채용 17 2차]

067 (○) 법 제19조 제1항·제2항, 규칙 제9조 제1항

068 법원사무관 등과 통역인에 대한 기피재판은, 소송지연의 목적이 명백하거나 관할위반의 경우를 제외하고, 그 소속법원이 결정으로 하여야 한다.

[국가9급개론 18] [법원9급 23 변형]

068 (○) 제25조 참조.

069 판결선고절차가 시작되어 재판장이 이유의 요지 상당 부분을 설명하는 중 그 공판에 참여한 법원사무관에 대한 기피신청과 동시에 선고절차의 정지를 요구하는 것은 선고절차의 중단 등 소송의 지연만을 목적으로 한 것으로 부적법하다.

[국가9급 14]

069 (○) 따라서 간이기각결정사유에 해당한다(대법원 1985.7.23, 85모19).

070 기피신청이 이유 있어 그 재판에 관여하지 못할 판사가 심판에 관여한 때에는 절대적 항소이유가 된다.

[국가9급 14]

070 (○) 제361조의5 제7호

071 제척사유 있는 법관은 스스로 회피해야 하고, 검사 또는 피고인도 기피신청을 할 수 있으며, 제척사유 있는 법관이 재판에 관여한 때에는 상소이유가 된다.

[경찰경채 23]

071 (○) 제척사유 있는 법관은 스스로 회피하여야 하고(제24조 제1항), 검사 또는 피고인도 기피신청을 할 수 있으며(제18조 제1항), 제척사유 있는 법관이 재판에 관여한 때에는 상소이유가 된다(제361조의5 제7호, 제383조 제1호).

해설+ 제24조【회피의 원인 등】① 법관이 제18조의 규정에 해당하는 사유가 있다고 사료한 때에는 회피하여야 한다.

제18조【기피의 원인과 신청권자】① 검사 또는 피고인은 다음 경우에 법관의 기피를 신청할 수 있다.
1. 법관이 전조 각 호의 사유에 해당되는 때
2. 법관이 불공평한 재판을 할 염려가 있는 때

제361조의5【항소이유】다음 사유가 있을 경우에는 원심판결에 대한 항소이유로 할 수 있다.
7. 법률상 그 재판에 관여하지 못할 판사가 그 사건의 심판에 관여한 때

제383조【상고이유】다음 사유가 있을 경우에는 원심판결에 대한 상고이유로 할 수 있다.
1. 판결에 영향을 미친 헌법·법률·명령 또는 규칙의 위반이 있는 때

072 법관에 대하여 기피신청이 있는 경우, 형사소송법 제22조에 따라 정지될 소송진행은 그 피고사건의 실체적 재판에의 도달을 목적으로 하는 본안의 소송절차를 말하고, 판결의 선고는 이에 해당하지 않는다. [국가7급 23]

072 (○)

> **해설+** 법관에게 불공평한 재판을 할 염려가 있다고 하여 기피신청이 있는 경우에 형사소송법 제22조에 의하여 정지될 소송진행은 그 피고사건의 실체적 재판에의 도달을 목적으로 하는 본안의 소송절차를 말하고 판결의 선고는 이에 해당하지 않는다(대법원 1987.5.28, 87모10).

---

3 검사

 대표유형

검사는 공익의 대표자로서 실체적 진실에 입각한 국가 형벌권의 실현을 위하여 공소제기와 유지를 할 의무뿐만 아니라 그 과정에서 피고인의 정당한 이익을 옹호하여야 할 의무를 진다. [국가9급 13]

(○) 검사의 객관의무(헌법재판소 1997.11.27, 94헌마60)

073 검사동일체원칙의 내용인 직무승계권과 직무이전권은 검찰총장, 검사장 및 지청장만 가지며, 법무부장관은 이를 가질 수 없다. [국가9급 15]

073 (○) 검찰청법 제7조의2

074 범죄의 피해자인 검사가 그 사건의 수사에 관여하거나, 압수·수색영장의 집행에 참여한 검사가 다시 수사에 관여하였다는 이유만으로 바로 그 수사가 위법하다거나 그에 따른 참고인이나 피의자의 진술에 임의성이 없다고 볼 수 없다. [법원9급 16]

074 (○) 대법원 2013.9.12, 2011도12918

075 영장청구권, 증거보전청구권, 수사상 증인신문청구권은 검사에게만 인정된다. [경찰경채 23]

075 (×) 증거보전청구권은 검사뿐만 아니라 피고인, 피의자 또는 변호인에게도 인정된다. 제184조 참조.

> **해설+** 제184조【증거보전의 청구와 그 절차】① 검사, 피고인, 피의자 또는 변호인은 미리 증거를 보전하지 아니하면 그 증거를 사용하기 곤란한 사정이 있는 때에는 제1회 공판기일 전이라도 판사에게 압수, 수색, 검증, 증인신문 또는 감정을 청구할 수 있다.

076 지방검찰청 검사장이 경찰서장이 아닌 경정 이하의 사법경찰관리의 직무 집행에 관한 부당한 행위를 이유로 임용권자에게 그 사법경찰관리의 교체 를 요구하면 임용권자는 정당한 사유가 없는 한 이에 응하여야 한다.

[국가9급 15]

076 (○) 검찰청법 제54조

077 검사가 수사 및 공판과정에서 피고인에게 유리한 증거를 발견한 경우 피고 인의 이익을 위하여 이를 법원에 제출할 의무가 있다. [국가9급 15]

077 (○) 검사의 객관의무(대법원 2002.2.22, 2001다23447)

078 공판개정 후 공소유지를 담당하는 검사가 교체된 때에는 공판절차를 갱신 하여야 한다. [국가9급]

078 (×) '갱신하여야 한다' → '갱 신할 필요가 없다'

4 피고인

I 피고인의 특정

🔗 **대표유형**

공판심리 도중에 성명모용 사실이 판명되면 검사는 공소장 정정절차에 의하여 피고인의 표 시를 모용자로 정정하면 된다. [국가9급 12]

(○) 대법원 1993.1.19, 92도2554

079 피의자가 타인의 성명을 모용함으로써 그 타인의 이름으로 공소가 제기된 경우에 공소제기의 효력은 모용자와 피모용자 모두에게 미친다.

[국가9급 18] [국가9급개론 18] [법원9급 08]

079 (×) '와 피모용자 모두 → 삭제 피모용자에게 공소의 효력이 미친 다고 할 수 없다(대법원 1993.1. 19, 92도2554).

080 피의자가 다른 사람의 성명을 모용한 탓으로 공소장에 피모용자가 피고인 으로 표시되었다면 이는 당사자의 표시상의 착오로 검사는 공소장변경의 절차를 밟아야 한다. [국가9급 18] [국가9급개론 18] [법원9급 08]

해설+ 피고인의 표시상의 착오를 정정하는 것이지 공소장을 변경하는 것이 아니다(대법원 1993. 1.19, 92도2554).

080 (×) '밟아야 한다' → '밟을 필 요가 없다'

081 피고인이 타인의 성명을 모용한 경우, 검사가 공소장의 피고인 표시를 정정함에 있어 공소장변경의 절차를 밟을 필요는 없지만 법원의 허가를 요한다.

[국가9급개론 23]

해설+ 피의자가 다른 사람의 성명을 모용한 탓으로 공소장에 피모용자가 피고인으로 표시되었다 하더라도 이는 당사자의 표시상의 착오일 뿐이고 검사는 모용자에 대하여 공소를 제기한 것이므로 모용자가 피고인이 되고 피모용자에게 공소의 효력이 미친다고 할 수 없고, 이와 같은 경우 검사는 공소장의 인적사항의 기재를 정정하여 피고인의 표시를 바로잡아야 하는 것인바, 이는 피고인의 표시상의 착오를 정정하는 것이지 공소장을 변경하는 것이 아니므로 형사소송법 제298조에 따른 공소장변경의 절차를 밟을 필요가 없고 법원의 허가도 필요로 하지 아니한다(대법원 1993.1.19, 92도2554).

082 검사가 공소장의 피고인 성명모용을 바로잡지 아니한 경우에는 공소제기의 방식이 「형사소송법」의 규정에 위반하여 무효이므로 법원은 공소기각의 판결을 선고하여야 한다.   [국가9급 18] [국가9급개론 18]

082 (○) 대법원 1993.1.19, 92도2554

083 성명모용자가 공판정에 출석한 경우, 검사에 의한 공소장정정 없이 실체재판을 받거나 약식명령에 대하여 정식재판을 청구하면 무죄를 선고하지 않고 공소기각의 판결을 해야 한다.   [국가9급 12 변형]

083 (○) 대법원 1993.1.19, 92도2554

084 피모용자가 약식명령을 송달받고, 그에 대해 정식재판을 청구하여 피모용자를 상대로 심리를 하는 과정에서 성명모용사실이 발각된 경우, 법원은 피모용자에 대해서는 재판 없이 절차에서 배제하면 족하다.   [군무원9급 23]

084 (×)

해설+ 피모용자가 약식명령에 대하여 정식재판을 청구하여 피모용자를 상대로 심리를 하는 과정에서 성명모용사실이 발각되어 검사가 공소장을 정정하는 등 사실상의 소송계속이 발생하고 형식상 또는 외관상 피고인의 지위를 갖게 된 경우에 법원으로서는 피모용자에게 적법한 공소의 제기가 없었음을 밝혀 주는 의미에서 형사소송법 제327조 제2호를 유추적용하여 공소기각의 판결을 함으로써 피모용자의 불안정한 지위를 명확히 해소해 주어야 하고, 피모용자가 정식재판을 청구하였다 하여도 모용자에게는 아직 약식명령의 송달이 없었다 할 것이어서 검사는 공소장에 기재된 피고인의 표시를 정정할 수 있으며, 법원은 이에 따라 약식명령의 피고인 표시를 경정할 수 있고, 본래의 약식명령정본과 함께 이 경정결정을 모용자에게 송달하면 이때에 약식명령의 적법한 송달이 있다고 볼 것이며, 이에 대하여 소정의 기간 내에 정식재판의 청구가 없으면 약식명령은 확정된다(대법원 1993.1.19, 92도2554).

085 피모용자가 약식명령에 대하여 정식재판을 청구함으로써 정식재판절차에서 성명모용사실이 판명된 경우와 같이 피모용자에게 사실상의 소송계속이 발생하고 형식상 또는 외관상 피고인의 지위를 갖게 된 경우 법원은 그에게 공소기각의 판결을 선고하여야 한다.　　　　　[국가9급 18] [국가9급개론 18]

085 (○) 대법원 1997.11.28, 97도2215

086 법원이 성명모용사실을 알지 못하여 외형상으로는 피모용자에 대해 유죄판결을 선고하거나 판결이 확정되어도 그 판결의 효력은 모용자에게만 미치고 피모용자에게는 미치지 않는다.　　　　　　　　　[국가9급개론 23]

086 (○) 판결확정 후 성명모용사실이 판명된 경우, 확정판결의 효력은 피모용자에게 미치지 아니하고 모용자에게만 미친다. 실무적으로는 규칙 제25조 제1항에 의한 판결경정의 결정으로 처리하고 있다.

087 인정신문단계에서 위장출석이 밝혀진 경우에는 부진정피고인을 퇴정시키고 진정피고인을 소환하여 절차를 진행하면 된다.　　　　　[국가9급 12]

087 (○) 사건에 대한 실질적인 심리가 행하여지지 않았기 때문에 위장 출석자에 대해 공소기각판결을 신고힐 필요는 없다.

088 사실심리에 들어간 이후 위장출석 사실이 밝혀진 경우에는 공소기각판결을 선고함으로써 부진정피고인에 대한 소송계속을 종결시키고 진정피고인에 대해 다시 공소를 제기하여 절차를 진행한다.　　　　　[국가9급 12]

088 (×) '다시 공소를 제기하여 절차를 진행한다' → '다시 공소를 제기할 필요가 없고 피고인을 소환하여 공판절차를 진행하면 된다'

▌ Ⅱ 무죄추정의 원리

> **🔗 대표유형**
>
> 형사재판의 유죄확정 전에 징계혐의 사실이 인정되어 징계처분을 하는 것은 무죄추정의 원칙에 반하지 않는다.　　　　　　　　　　[국가9급 14]

(○) 대법원 1986.6.10, 85누407

089 피고인은 유죄판결 확정 시까지 무죄로 추정된다.　[경찰간부 18] [국가9급 14]

089 (○) 형사소송법 제275조의2, 헌법 제27조 제4항

090 헌법과 「형사소송법」은 피고인에 대해서만 무죄추정을 규정하고 있으므로, 피의자에 대해서는 무죄추정이 적용되지 아니한다.　　　[경찰경채 23]

090 (×) 헌법 제27조 제4항과 형사소송법 제275조의2는 피고인만 규정하고 있으나, 피의자에게도 당연히 무죄추정이 인정된다는 것이 통설·판례이다.

091 헌법 제12조 제2항은 형사상 자기에게 불리한 진술을 강요당하지 아니한 다고 규정하고 있으나, 피고인 또는 피의자는 자기에게 유리한 내용이더라 도 그 진술을 거부할 수 있다. [국가9급 22]

092 「형사소송법」 제283조의2는 피고인은 진술하지 아니하거나 개개의 질문 에 대하여 진술을 거부할 수 있다고 규정하고 있을 뿐이며, 진술의 내용을 불이익한 진술에 제한하지 않고 있다. [경찰승진 23]

해설+ 헌법 제12조 ② 모든 국민은 고문을 받지 아니하며, 형사상 자기에게 불리한 진술을 강요당 하지 아니한다.

형사소송법 제244조의3【진술거부권 등의 고지】① 검사 또는 사법경찰관은 피의자를 신문하기 전에 다음 각 호의 사항을 알려 주어야 한다.
1. 일체의 진술을 하지 아니하거나 개개의 질문에 대하여 진술을 하지 아니할 수 있다는 것
2. 진술을 하지 아니하더라도 불이익을 받지 아니한다는 것
3. 진술을 거부할 권리를 포기하고 행한 진술은 법정에서 유죄의 증거로 사용될 수 있다는 것
4. 신문을 받을 때에는 변호인을 참여하게 하는 등 변호인의 조력을 받을 수 있다는 것

제283조의2【피고인의 진술거부권】① 피고인은 진술하지 아니하거나 개개의 질문에 대하여 진술을 거부할 수 있다.
② 재판장은 피고인에게 제1항과 같이 진술을 거부할 수 있음을 고지하여야 한다.

093 주취운전의 혐의자에게 음주측정에 응할 의무를 지우고 이에 불응한 사람 을 처벌하는 것은 형사상 불리한 '진술'을 강요하는 것에 해당한다. [경찰경채 23]

해설+ 헌법 제12조 제2항은 진술거부권을 보장하고 있으나, 여기서 "진술"이라 함은 생각이나 지식, 경험사실을 정신작용의 일환인 언어를 통하여 표출하는 것을 의미하는 데 반해, 도로교통법 제41조 제2항에 규정된 음주측정은 호흡측정기에 입을 대고 호흡을 불어 넣음으로써 신체의 물리적, 사실적 상태를 그대로 드러내는 행위에 불과하므로 이를 두고 "진술"이라 할 수 없고, 따라서 주취운 전의 혐의자에게 호흡측정기에 의한 주취 여부의 측정에 응할 것을 요구하고 이에 불응할 경우 처벌 한다고 하여도 이는 형사상 불리한 "진술"을 강요하는 것에 해당한다고 할 수 없으므로 헌법 제12조 제2항의 진술거부권조항에 위배되지 아니한다(대법원 1997.3.27, 96헌가11 전원합의체).

094 진술거부권은 형사절차의 피고인 또는 피의자에게 인정되는 권리이므로 피내사자나 참고인에게는 인정되지 않는다. [국가9급 22]

보충 다만, 진술거부권을 고지받을 형사소송법상 권리는 피고인·피의자가 가진다.

095 형사재판 절차에서 유죄의 확정판결을 받기 전이라면 징계혐의 사실은 인정될 수 없으며, 징계혐의사실을 인정하는 것은 무죄추정에 관한 대한민국 헌법 제27조 제4항과 「형사소송법」 제275조의2에 저촉된다.   [국가7급 21]

095 (×) 징계혐의 사실의 인정은 형사재판의 유죄확정 여부와는 무관한 것이므로 인정될 수 있다(대법원 1986.6.10, 85누407).

096 파기환송을 받은 법원이 구속을 계속할 사유가 있다고 판단하여 구속기간을 갱신하고 피고인을 계속 구속하는 것은 무죄추정의 원칙에 반하지 않는다.

[경찰간부 18] [국가9급 14]

096 (○) 대법원 2001.11.30, 2001도5225

097 공소장의 공소사실 첫머리에 피고인 특정을 위해 피고인이 전에 받은 소년 부송치처분을 기재한 것은 무죄추정의 원칙에 반한다.

[경찰간부 18] [국가9급 14]

097 (×) '반한다' → '반하지 않는다'

해설+ 헌법상의 형사피고인에 대한 무죄추정조항이나 평등조항에 위배되는 것도 아니다(대법원 1990.10.16, 90도1813).

098 형사사건으로 공소가 제기되었다는 사실 자체만으로 공무원에 대한 직위해제처분을 행하는 것은 무죄추정의 원칙에 반한다. 그러나 공소제기의 기초를 이루는 공무원의 비위사실을 토대로 구체적인 사정을 고려하여 직위해제처분을 내리는 것은 무죄추정의 원칙에 위배되지 않는다.

[경찰간부 18]

098 (○) 대법원 1999.9.17, 98두15412, 헌법재판소 2006.5.25, 2004헌바12

▌ Ⅲ 진술거부권

 대표유형

수사기관에 의한 진술거부권 고지대상이 되는 피의자 지위는 수사기관이 조사대상자에 대한 범죄혐의를 인정하여 수사를 개시하는 행위를 하기 이전에도 인정된다.   [법원9급 17]

(×) '도 인정된다' → '는 인정되지 않는다'

해설+ 피의자 지위는 수사기관이 조사대상자에 대한 범죄혐의를 인정하여 수사를 개시하는 행위를 한 때에 인정된다(대법원 2014.4.30, 2012도725).

099 진술거부권은 헌법이 보장하는 형사상 자기에 불리한 진술을 강요당하지 않는 자기부죄거부의 권리에 터 잡은 것이다. [법원9급 17]

099 (○) 대법원 2014.4.10, 2014 도1779

100 진술거부권이 보장되는 절차에서 진술거부권을 고지받을 권리가 헌법 제12조 제2항에 의하여 바로 도출된다고 할 수 없고, 이를 인정하기 위해서는 입법적 뒷받침이 필요하다. [법원9급 17]

100 (○) 대법원 2014.1.16, 2013 도5441

101 구속영장 발부에 의하여 적법하게 구금된 피의자가 피의자신문을 위한 출석요구에 응하지 아니하면서 수사기관 조사실에 출석을 거부할 경우, 수사기관이 구속영장의 효력에 의하여 피의자를 조사실로 구인할 수 있고, 이때 피의자를 신문하기 전에 진술거부권을 고지하여야 한다.

[경찰채용 18] [법원9급 14]

101 (○) 대법원 2013.7.1, 2013 모160

102 구속영장 발부에 의하여 적법하게 구금된 피의자가 피의자신문을 위한 출석요구에 응하지 아니하면서 수사기관 조사실에 출석을 거부한다면 수사기관은 그 구속영장의 효력에 의하여 피의자를 조사실로 구인할 수 있는데, 이 경우 피의자신문 절차도 강제수사의 한 방법으로 진행되어야 하므로 수사기관은 피의자를 신문하기 전에 진술거부권이 있음을 고지하여야 한다. [경찰채용 22 1차]

102 (×)

해설+ 구속상태에서 이루어지는 피의자신문도 임의수사라는 것이 판례이다. "구속영장 발부에 의하여 적법하게 구금된 피의자가 피의자신문을 위한 출석요구에 응하지 아니하면서 수사기관 조사실에 출석을 거부한다면 수사기관은 그 구속영장의 효력에 의하여 피의자를 조사실로 구인할 수 있다고 보아야 한다. 다만 이러한 경우에도 그 피의자신문 절차는 어디까지나 법 제199조 제1항 본문, 제200조의 규정에 따른 임의수사의 한 방법으로 진행되어야 하므로, 피의자는 헌법 제12조 제2항과 법 제244조의3에 따라 일체의 진술을 하지 아니하거나 개개의 질문에 대하여 진술을 거부할 수 있고, 수사기관은 피의자를 신문하기 전에 그와 같은 권리를 알려주어야 한다(대법원 2013. 7.1, 2013모160)."

103 피의자를 신문함에 있어서 피의자에게 미리 진술거부권을 고지하지 않은 때에는 그 피의자의 진술은 위법하게 수집된 증거로서 진술의 임의성이 인정되는 경우라도 증거능력이 부인되어야 한다. [법원9급 14·18·23 변형]

103 (○) 대법원 2011.11.10, 2010도8294

104 수사기관이 피의자를 신문함에 있어서 피의자에게 미리 진술거부권을 고지하지 않은 때에는 그 피의자의 진술은 임의로 진술한 것이 아니라고 의심할 만한 합리적인 이유가 있는 경우로서 증거능력이 인정되어야 한다. [해경승진 22]

104 (×)

> **해설+** 진술거부권 불고지에 의한 피의자신문 시 피의자의 진술의 증거능력을 부정하는 근거에 대하여 다수설은 임의성 의심진술로 자백배제법칙(제309조)을 적용하는 입장이고, 판례는 임의성이 인정된다 하더라도 위법수집증거배제법칙이 적용되는 위법수집증거(제308조의2)로 보는 입장이다. 판례의 입장에 따르면, 위 지문은 틀린 것이다.

> **보충** 형사소송법 제200조 제2항은 검사 또는 사법경찰관이 출석한 피의자의 진술을 들을 때에는 미리 피의자에 대하여 진술을 거부할 수 있음을 알려야 한다고 규정하고 있는바, 이러한 피의자의 진술거부권은 헌법이 보장하는 형사상 자기에 불리한 진술을 강요당하지 않는 자기부죄거부의 권리에 터 잡은 것이므로 수사기관이 피의자를 신문함에 있어서 피의자에게 미리 진술거부권을 고지하지 않은 때에는 그 피의자의 진술은 위법하게 수집된 증거로서 진술의 임의성이 인정되는 경우라도 증거능력이 부인되어야 한다(대법원 1992.6.23, 92도682).

105 진술거부권을 고지받지 않은 상태에서 임의로 자백을 하였다면, 이후 피고인이 변호인으로부터 충분한 조력을 받고 상당한 기간이 흘러 자발적으로 계속하여 동일한 내용의 자백을 하더라도 자백은 「형사소송법」 제308조의2에 따라 증거능력이 부정된다. [경찰채용 18] [국가7급 15]

105 (×) '부정된다' → '부정되지 않는다'
예외적으로 유죄 인정의 증거로 사용할 수 있는 2차적 증거에 해당한다(독수과실의 예외, 대법원 2009.3.12, 2008도11437).

106 진술거부권 고지에 관한 「형사소송법」 규정내용 및 진술거부권 고지가 갖는 실질적인 의미를 고려한다면 피의자 지위에 있지 아니한 자에 대하여는 진술거부권이 고지되지 아니하였더라도 진술의 증거능력을 부정할 것은 아니다. [경찰채용 15] [국가7급 15]

106 (○) 대법원 2011.11.10, 2011도8125

107 「형사소송법」상 진술거부권의 고지대상에는 피의자·피고인은 물론 피해자 및 피해자의 대리인, 피고인인 법인의 대표자도 포함된다. [경찰채용 21 1차]

107 (×)

> **해설+** 형사소송법상 진술거부권의 고지대상에는 피의자·피고인과 피고인인 법인의 대표자는 포함되나, 피해자 및 피해자의 대리인은 포함되지 아니한다.

108 피의자에게는 진술거부권과 자기에게 유리한 진술을 할 권리와 유리한 증거를 제출할 권리가 있지만, 수사기관에 대하여 진실만을 진술하여야 할 의무가 있는 것은 아니다. [경찰채용 21 1차]

108 (○) 대법원 2003.7.25, 2003 도1609

109 검사 또는 사법경찰관은 피의자신문 전에 진술거부권과 신문받을 때 변호인의 조력을 받을 수 있음을 고지해야 하나, 이러한 권리를 행사할 것인지의 여부에 대한 피의자의 답변을 반드시 조서에 기재할 필요는 없다. [경찰간부 23]

109 (×) 피의자신문 전 고지사항에 속하는 진술거부권 및 변호인조력권의 고지는 고지만으로는 불충분하고, 반드시 피의자의 답변을 조서에 기재하는 등의 확인절차를 밟아야 한다. 형사소송법 제244조의3 제2항 참조.

> **해설+** 제244조의3 【진술거부권 등의 고지】 ① 검사 또는 사법경찰관은 피의자를 신문하기 전에 다음 각 호의 사항을 알려 주어야 한다.
> 1. 일체의 진술을 하지 아니하거나 개개의 질문에 대하여 진술을 하지 아니할 수 있다는 것
> 2. 진술을 하지 아니하더라도 불이익을 받지 아니한다는 것
> 3. 진술을 거부할 권리를 포기하고 행한 진술은 법정에서 유죄의 증거로 사용될 수 있다는 것
> 4. 신문을 받을 때에는 변호인을 참여하게 하는 등 변호인의 조력을 받을 수 있다는 것
> ② 검사 또는 사법경찰관은 제1항에 따라 알려 준 때에는 피의자가 진술을 거부할 권리와 변호인의 조력을 받을 권리를 행사할 것인지의 여부를 질문하고, 이에 대한 피의자의 답변을 조서에 기재하여야 한다. 이 경우 피의자의 답변은 피의자로 하여금 자필로 기재하게 하거나 검사 또는 사법경찰관이 피의자의 답변을 기재한 부분에 기명날인 또는 서명하게 하여야 한다.

110 사법경찰관이 피의자를 신문하기 전에 피의자에게 진술거부권을 행사할 수 있음을 알려 주고 그 행사 여부를 질문하였다면 비록 진술거부권 행사 여부에 대한 피의자의 답변이 자필로 기재되어 있지 아니하더라도 사법경찰관 작성의 피의자신문조서는 특별한 사정이 없는 한 「형사소송법」 제312조 제3항에서 정한 '적법한 절차와 방식'에 따라 작성된 조서라 할 수 있다. [국가9급 22]

110 (×)

> **해설+** 헌법 제12조 제2항, 형사소송법 제244조의3 제1항, 제2항, 제312조 제3항에 비추어 보면, 비록 사법경찰관이 피의자에게 진술거부권을 행사할 수 있음을 알려 주고 그 행사 여부를 질문하였다 하더라도, 형사소송법 제244조의3 제2항에 규정한 방식에 위반하여 진술거부권 행사 여부에 대한 피의자의 답변이 자필로 기재되어 있지 아니하거나 그 답변 부분에 피의자의 기명날인 또는 서명이 되어 있지 아니한 사법경찰관 작성의 피의자신문조서는 특별한 사정이 없는 한 형사소송법 제312조 제3항에서 정한 '적법한 절차와 방식'에 따라 작성된 조서라 할 수 없으므로 그 증거능력을 인정할 수 없다(대법원 2013.3.28, 2010도3359).

111 사법경찰관이 피의자에게 진술거부권을 행사할 수 있음을 알려 주고 그 행사 여부를 질문하였다 하더라도, 진술거부권 행사 여부에 대한 피의자의 답변이 자필로 기재되어 있지 아니하거나 그 답변 부분에 피의자의 기명날인 또는 서명이 되어 있지 않은 사법경찰관 작성의 피의자신문조서는 「형사소송법」 제312조 제3항에 위반되어 그 증거능력을 인정할 수 없다.

[경찰채용 18 2차] [국가7급 15 유사]

111 (○) 대법원 2013.3.28, 2010도3359

112 진술거부권은 형사절차에서만 보장되는 것이 아니고 행정절차이거나 국회에서의 질문 등 어디에서나 그 진술이 자기에게 형사상 불리한 경우에는 묵비권을 가지고 이를 강요받지 아니할 국민의 기본권으로 보장된다.

[경찰간부 18]

112 (○) 헌법재판소 1990.8.27, 89헌가118(한정합헌)

113 진술거부권 행사도 진실발견을 적극적으로 숨기거나 법원을 오도하려는 시도에 기인한 경우 등 일정한 경우에는 양형의 가중조건으로 참작할 수 있다.

[국가7급 12] [법원9급 18]

113 (○) 대법원 2001.3.9, 2001도192

114 주취운전 혐의자에게 호흡측정기에 의한 주취여부의 측정에 응할 것을 요구하는 것은 헌법상 진술거부권 조항에 위배되지 않는다.　[국가7급 12]

114 (○) 헌법재판소 1997.3.27, 96헌가11

115 재판장은 공판준비기일에 출석한 피고인에게 진술을 거부할 수 있음을 알려주어야 한다.

[법원9급 18]

115 (○) 제266조의8 제6항

116 공판절차를 갱신하는 경우에는 피고인에게 진술거부권을 다시 고지할 필요는 없다. [법원9급 13·18]

116 (×) '없다' → '있다'

해설+ 공판절차를 갱신한 경우, 재판장은 피고인에게 진술거부권 등을 고지한 후 인정신문을 하여 피고임에 틀림없음을 확인하여야 한다(규칙 제144조 제1항 제1호).

117 검사가 당해 재판의 피고인에게 사법경찰관이 작성한 피고인에 대한 피의자신문조서의 진정성립 여부를 묻는 경우, 피고인은 진술거부권을 행사할 수 없다. [경찰채용 21 1차]

117 (×) 제283조의2 제1항에 따르면 피고인은 진술하지 아니하거나 개개의 질문에 대하여 진술을 거부할 수 있다.

118 도로교통법에서 운전자에게 교통사고의 신고의무를 규정하여 벌칙으로 강제하더라도 형사책임과 관련되는 사항에는 적용되지 아니하는 것으로 해석하는 한 진술거부권을 침해하는 것은 아니다. [국가9급 14]

118 (○) 헌법재판소 1990.8.27, 89헌가118(한정합헌)

119 만일 법률이 범법자에게 자기의 범죄사실을 반드시 신고하도록 명시하고 그 미신고를 처벌하는 벌칙을 규정하였다면 이는 헌법상 보장된 국민의 기본권인 진술거부권을 침해하는 것이 된다. [경찰채용 18 2차]

119 (○)

해설+ 진술거부권은 형사상 자기에게 불리한 내용의 진술을 강요당하지 아니하는 것이므로 고문 등 폭행에 의한 강요는 물론 법률로서도 진술을 강제할 수 없음을 의미한다. 그러므로 만일 법률이 범법자에게 자기의 범죄사실을 반드시 신고하도록 명시하고 그 미신고를 이유로 처벌하는 벌칙을 규정하는 것은 헌법상 보장된 국민의 기본권인 진술거부권을 침해하는 것이 된다(헌법재판소 1990. 8.27, 89헌가118). 구 새마을금고법 제85조 제2항 제9호(이하 '이 사건 처벌규정')는 "새마을금고나 새마을금고중앙회의 임직원 또는 청산인이 감독기관의 검사를 거부·방해 또는 기피하거나 해당 검사원의 질문에 거짓으로 진술한 경우 3년 이하의 징역이나 500만 원 이하의 벌금에 처한다."고 규정하고 있고, 위와 같은 질문을 하기 전에 진술거부권을 고지하여야 한다는 규정은 따로 두고 있지 않다. … 이 사건 처벌규정은 적어도 새마을금고의 임직원이 장차 특정경제범죄법에 규정된 죄로 처벌받을 수도 있는 사항에 관한 질문을 받고 거짓 진술을 한 경우에는 특별한 사정이 없는 한 적용되지 않는다고 해석하여야 한다. 이러한 경우까지 항상 이 사건 처벌규정으로 처벌될 수 있다고 본다면, 이는 실질적으로 장차 형사피의자나 피고인이 될 가능성이 있는 자로 하여금 수사기관 앞에서 자신의 형사책임을 자인하도록 강요하는 것과 다르지 않기 때문이다(대법원 2015.5.28, 2015도3136).

120 주취운전의 혐의자에게 호흡측정기에 의한 주취 여부의 측정에 응할 것을 요구하고 이에 불응할 경우에 처벌한다고 하여도 이를 형사상 불리한 진술을 비인간적으로 강요하는 것에 해당한다고 볼 수는 없다. [법원9급 17]

120 (○) 대법원 2009.9.24, 2009 도7924

▌Ⅳ 당사자능력과 소송능력

121 법인의 해산 또는 청산종결 등기 이전에 업무나 재산에 관한 위반행위가 있는 경우, 청산종결 등기가 된 이후 위반행위에 대한 수사가 개시되거나 공소가 제기되었다면 그에 따른 수사나 재판을 받는 일이 법인의 청산사무에 포함된다고 볼 수 없고, 따라서 청산종결 등기가 완료된 법인의 「형사소송법」상 당사자능력은 인정되지 아니한다. [국가7급 22]

121 (×)

> **해설+** 법인에 대한 청산종결 등기가 되었더라도 청산사무가 종결되지 않는 한 그 범위 내에서는 청산법인으로 존속한다. 법인의 해산 또는 청산종결 등기 이전에 업무나 재산에 관한 위반행위가 있는 경우에는 청산종결 등기가 된 이후 위반행위에 대한 수사가 개시되거나 공소가 제기되더라도 그에 따른 수사나 재판을 받는 일은 법인의 청산사무에 포함되므로, 그 사건이 종결될 때까지 법인의 청산사무는 종료되지 않고 형사소송법상 당사자능력도 그대로 존속한다(대법원 2021.6.30, 2018도14261).

> **보충** 법인해산의 경우, 당사자능력 소멸시점에 대하여 청산시설과 판결확정시설의 대립이 있으나, 판례는 사건이 종결되지 아니하는 한 당사자능력이 존속한다고 보아 판결확정시설을 취한다.

122 회사가 회사해산 및 청산등기 전에 업무 또는 재산에 관한 위반행위로 인하여 재산형에 해당하는 사건으로 공소제기된 것은 청산인의 현존사무 중에 포함되는 것이므로 비록 피고인회사의 청산종료의 등기가 경료되었다 하더라도 그 피고사건이 종결되기까지는 피고인회사의 청산사무는 종료되지 아니하고, 「형사소송법」상 당사자능력도 그대로 존속한다. [경찰채용 18 3차]

122 (○)

> **해설+** 회사가 이 사건에 있어서와 같이 회사해산 및 청산등기 전에 업무 또는 재산에 관한 위반행위로 인하여 재산형에 해당하는 사건으로 소추를 받는 것과 같은 것은 청산인의 현존사무(상법 제254조 제1항 제1호) 중에 포함되는 것이라 할 것이므로 비록 피고인회사의 청산종료의 등기가 경료되었다 하더라도 그 피고사건이 종결되기까지는 피고인회사의 청산사무는 종료되지 아니하고, 형사소송법상 당사자능력도 그대로 존속한다(대법원 1982.3.23, 81도1450).

60 PART 02 소송주체와 소송행위

5 변호인

Ⅰ 변호인의 선임·선정

🔗 **대표유형**

피고인 또는 피의자는 변호인을 선임할 수 있으며, 이 경우 피고인 또는 피의자는 제3자에게 선임권을 위임하여 그로 하여금 변호인을 선임하게 할 수 있다. [경찰채용 21 2차]

(×)

해설+ 형사소송에 있어서 변호인을 선임할 수 있는 자는 피고인 및 피의자와 형사소송법 제30조 제2항에 규정된 자에 한정되는 것이고, 피고인 및 피의자로부터 그 선임권을 위임받은 자가 피고인이나 피의자를 대리하여 변호인을 선임할 수는 없는 것이므로, 피고인이 법인인 경우에는 형사소송법 제27조 제1항 소정의 대표자가 피고인인 당해 법인을 대표하여 피고인을 위한 변호인을 선임하여야 하며, 대표자가 제3자에게 변호인 선임을 위임하여 제3자로 하여금 변호인을 선임하도록 할 수는 없다(대법원 1994.10.28, 94모25).

🔗 **대표유형**

필요적 변호사건에서 변호인이 없거나 출석하지 아니한 채 공판절차가 진행되었다면 그 절차에서의 소송행위 외에 다른 절차에서 적법하게 이루어진 소송행위까지 모두 무효로 된다. [법원9급 11]

(×) 다른 절차에서 적법하게 이루어진 소송행위까지 모두 무효로 된다고 볼 수는 없다(대법원 1999.4.23, 99도915).

123 형사소송에 있어서 변호인을 선임할 수 있는 자는 피고인 및 피의자와 「형사소송법」 제30조 제2항에 규정된 자에 한정되는 것이고, 피고인 및 피의자로부터 그 선임권을 위임받은 자가 피고인이나 피의자를 대리하여 변호인을 선임할 수는 없는 것이다. [경찰채용 12] [국가9급 18] [국가9급개론 18]

123 (○) 대법원 1994.10.28, 94 모25

124 피고인이 법인인 경우에는 대표자가 제3자에게 변호인 선임을 위임하여 제3자로 하여금 변호인을 선임하도록 할 수는 없다. [경찰채용 17 1차]

124 (○) 대법원 1994.10.28, 94 모25

125 변호인선임신고서의 제출 없이 그 변호인 명의로 정식재판청구서만 제출하고, 정식 재판청구기간 경과 후에 비로소 변호인선임신고서를 제출한 경우 정식재판청구는 효력이 없다. [국가9급 10]

125 (○) 대법원 2005.1.20, 2003 모429

126 수사단계에서의 변호인 선임은 제1심재판에도 효력이 유지된다. [국가7급 10]

126 (○) 제32조 제2항

127 공소제기 전의 변호인 선임은 제1심에서는 그 효력이 없다.

[경찰채용 17 1차]

127 (×) '그 효력이 없다' → '그 효력이 있다'

> **해설+** 공소제기 전의 변호인선임은 제1심에도 그 효력이 있다(제32조).

128 변호인은 변호사 중에서 선임하여야 한다. 단, 대법원 이외의 법원은 특별한 사정이 있으면 변호사 아닌 자를 변호인으로 선임함을 허가할 수 있다.

[경찰채용 17 1차]

128 (○) 제31조
상고심에는 변호사 아닌 자를 변호인으로 선임하지 못한다(제386조).

129 피고인들의 제1심 변호인에게 「변호사법」 제31조 제1호의 수임제한 규정을 위반한 위법이 있다면 피고인들 스스로 그 변호인을 선임한 경우라도 소송절차가 무효가 된다. [경찰채용 20 2차]

129 (×)

> **해설+** 피고인들의 제1심 변호인에게 변호사법 제31조 제1호의 수임제한 규정을 위반한 위법이 있다 하여도, 피고인들 스스로 위 변호사를 변호인으로 선임한 이 사건에 있어서 다른 특별한 사정이 없는 한 위와 같은 위법으로 인하여 변호인의 조력을 받을 피고인들의 권리가 침해되었다거나 그 소송절차가 무효로 된다고 볼 수는 없다(대법원 2009.2.26, 2008도9812).

130 변호인선임신고서는 특별한 사정이 없는 한 원본을 의미한다 할 것이므로 사본은 적법한 변호인선임신고서가 아니라고 할 것이다. [법원9급 12]

130 (○) 대법원 2005.1.20, 2003모429

131 하나의 사건에 관하여 한 변호인 선임은 동일 법원의 동일 피고인에 대하여 병합된 다른 사건에 관하여도 그 효력이 미친다. 그러나 피고인이나 변호인이 이와 다른 의사표시를 한 때에는 그러하지 아니하다. [법원승진 12]

131 (○) 규칙 제13조

132 변호인은 상소권이 있으므로 상소장은 제출할 수 있으나, 그 후의 소송행위에 관하여는 새로운 선임을 필요로 한다. [법원승진 12]

132 (○) 제341조 제1항, 제32조 제1항 참조.

133 재항고인이 제1심에서만 변호인선임신고서를 제출하고 항고심과 재항고심에서는 별도의 변호인선임신고서를 제출하지 않은 상태에서 재항고인의 제1심 변호인이 법정기간 내에 자신의 명의로 재항고장을 제출하였다면 재항고는 효력이 있다. [경찰채용 20 2차]

133 (×)

해설+ 재항고인이 제1심에서만 변호인선임신고서를 제출하고 원심과 재항고심에는 별도의 변호인선임신고서를 제출하지 않았는데, 재항고인의 제1심 변호인이 그 명의로 재항고장을 제출한 경우, 법정기간 내에 변호인선임신고서의 제출 없이 변호인 명의로 제출된 재항고장은 재항고의 효력이 없다(대법원 2017.7.27, 2017모1377).

134 대표변호인 수는 2인을 초과할 수 없다. [법원승진 12]

134 (×) '2인' → '3인'(제32조의 2 제3항)

135 1인의 피의자 또는 피고인은 변호인을 3인까지 선임할 수 있다. [경찰채용 15]

135 (×) '있다' → '있다는 제한규정은 없다'

해설+ 제32조의2 제3항에서 규정하는 대표변호인의 3인 제한만이 있을 뿐이다.

136 피고인 또는 피의자의 법정대리인, 배우자, 직계친족과 형제자매는 독립하여 변호인을 선임할 수 있다. [국가7급 12]

136 (○) 제30조

137 변호인이 수인인 경우에는 피고인, 피의자 또는 변호인의 신청에 의하여 재판장은 대표변호인을 지정할 수 있다. [국가7급 12]

137 (○) 제32조의2

138 수인의 변호인이 있는 때에는 재판장은 피고인 · 피의자 또는 변호인의 신청에 의하여 대표변호인을 지정할 수 있고 그 지정을 철회 또는 변경할 수 있으며, 신청이 없는 때에도 재판장은 직권으로 대표변호인을 지정할 수 있지만, 그 지정을 철회 또는 변경할 수는 없다. [법원9급 22]

해설+ 제32조의2 【대표변호인】 ① 수인의 변호인이 있는 때에는 재판장은 피고인·피의자 또는 변호인의 신청에 의하여 대표변호인을 지정할 수 있고 그 지정을 철회 또는 변경할 수 있다. ② 제1항의 신청이 없는 때에는 재판장은 직권으로 대표변호인을 지정할 수 있고 그 지정을 철회 또는 변경할 수 있다.

138 (×) 재판장은 대표변호인의 지정·철회·변경에 대하여 모두 직권에 의할 수 있다. 제32조의2 제2항 참조.

139 피의자에게 수인의 변호인이 있는 경우 검사는 피의자 또는 변호인의 신청이 없더라도 직권으로 대표변호인을 지정할 수 있다. [경찰채용 19 2차]

해설+ 제32조의2 【대표변호인】 ⑤ 제1항 내지 제4항의 규정은 피의자에게 수인의 변호인이 있는 때에 검사가 대표변호인을 지정하는 경우에 이를 준용한다.

139 (○) 제32조의2 제5항, 제2항

140 환송 전 원심에서의 변호인 선임은 파기환송 후에도 효력이 있다. [법원9급 16]

140 (○) 규칙 제158조

141 상고심의 환송 전 원심에서 선임된 변호인의 변호권은 사건이 환송된 뒤에는 항소심에서 다시 생긴다. [법원9급 13]

141 (○) 명문의 규정은 없지만 다수설의 태도이다.

142 피고인이 별건으로 구속되어 있거나 다른 형사사건에서 유죄로 확정되어 수형 중인 경우는 「형사소송법」 제33조 제1항 제1호에서 규정하는 '피고인이 구속된 때'에 해당하지 않는다. [법원9급 11]

142 (○) 대법원 2011.3.10, 2010도17353

143 형사소송법 제33조 제1항 제1호 소정의 '피고인이 구속된 때'라고 함은 피고인이 당해 형사사건에서 이미 구속되어 재판을 받고 있는 경우를 의미하므로, 불구속 피고인에 대하여 판결을 선고한 다음 법정구속을 한 경우, 구속되기 전까지도 위 규정이 적용된다. [군무원9급 21]

143 (×)

> **해설+** 형사소송법 제33조 제1항 제1호 소정의 '피고인이 구속된 때'라고 함은 피고인이 당해 형사사건에서 이미 구속되어 재판을 받고 있는 경우를 의미하는 것이므로, 불구속 피고인에 대하여 판결을 선고한 다음 법정구속을 하더라도 구속되기 이전까지는 위 규정이 적용된다고 볼 수 없다(대법원 2011.3.10, 2010도17353).

144 별건으로 구속되어 있거나 다른 형사사건에서 유죄로 확정되어 수형 중인 피고인에 대하여 국선변호인을 선정하지 아니하였다 하더라도 법원이 직권으로 변호인을 선정하여야 하는 「형사소송법」 제33조 제1항 제1호를 위반한 것이 아니다. [법원9급 18]

144 (○) 대법원 2009.5.28, 2009도579

145 변호인 없는 불구속 피고인에 대하여 국선변호인을 선정하지 않은 채 판결을 선고한 다음 법정구속을 하더라도 법원이 직권으로 변호인을 선정하여야 하는 「형사소송법」 제33조 제1항 제1호를 위반한 것이 아니다. [법원9급 13·18]

145 (○) 대법원 2011.3.10, 2010도17353

146 국선변호인에 관한 형사소송법 제33조 제1항 제5호에서 정한 '피고인이 심신장애가 있는 것으로 의심되는 때'란 진단서나 정신감정 등 객관적인 자료에 의하여 피고인의 심신장애 상태를 확신할 수 있거나 그러한 상태로 추단할 수 있는 근거가 있는 경우만을 의미한다. [국가7급 23]

146 (×)

> **해설+** 헌법상 변호인의 조력을 받을 권리와 형사소송법에 국선변호인 제도를 마련한 취지 등에 비추어 보면, 법원이 국선변호인을 반드시 선정해야 하는 사유로 형사소송법 제33조 제1항 제5호에서 정한 '피고인이 심신장애의 의심이 있는 때'란 진단서나 정신감정 등 객관적인 자료에 의하여 피고인의 심신장애 상태를 확신할 수 있거나 그러한 상태로 추단할 수 있는 근거가 있는 경우는 물론, 범행의 경위, 범행의 내용과 방법, 범행 전후 과정에서 보인 행동 등과 아울러 피고인의 연령·지능·교육 정도 등 소송기록과 소명자료에 드러난 제반 사정에 비추어 피고인의 의식상태나 사물에 대한 변별능력, 행위통제능력이 결여되거나 저하된 상태로 의심되어 피고인이 공판심리단계에서 효과적으로 방어권을 행사하지 못할 우려가 있다고 인정되는 경우를 포함한다(대법원 2019.9.26, 2019도8531).

147 법원은 피고인이 사형, 무기 또는 장기 3년 이상의 징역이나 금고에 해당하는 사건으로 기소된 때 직권으로 국선변호인을 선정하여야 한다.

[국가7급 11]

147 (×) '장기' → '단기'(제33조 제1항 제6호)

148 법원은 피고인이 빈곤을 이유로 변호인을 선임할 수 없는 경우에는 피고인의 명시적 의사에 반하지 아니하는 범위에서 변호인을 선정하여야 하며, 피고인의 나이·지능 및 교육 정도 등을 참작하여 권리보호를 위하여 필요하다고 인정하는 경우에는 피고인의 의사에 반하여도 변호인을 선정할 수 있다.

[경찰채용 21 2차]

148 (×)

해설+ 법원은 피고인이 빈곤이나 그 밖의 사유로 변호인을 선임할 수 없는 경우에 피고인이 청구하면 변호인을 선정하여야 하고(제33조 제2항), 법원은 피고인의 나이·지능 및 교육 정도 등을 참작하여 권리보호를 위하여 필요하다고 인정하면 피고인의 명시적 의사에 반하지 아니하는 범위에서 변호인을 선정하여야 한다(동조 제3항).

149 적법하게 체포된 피의자에 대하여 구속영장을 청구받은 판사는 필요하다고 인정되는 때에는 지체 없이 영장실질심사를 위하여 피의자를 심문할 수 있으며, 심문할 피의자에게 변호인이 없는 때에는 판사는 직권으로 변호인을 선정하여야 한다.

[경찰간부 23]

149 (×) 전단이 틀린 내용인데, 영장실질심사(구속전피의자심문)는 판사의 필요성 판단과 무관하게 필수적 절차이기 때문이다. 제201조의2 제1항 참조.

해설+ 제201조의2【구속영장 청구와 피의자 심문】① 제200조의2·제200조의3 또는 제212조에 따라 체포된 피의자에 대하여 구속영장을 청구받은 판사는 지체 없이 피의자를 심문하여야 한다. 이 경우 특별한 사정이 없는 한 구속영장이 청구된 날의 다음 날까지 심문하여야 한다.
② 제1항 외의 피의자에 대하여 구속영장을 청구받은 판사는 피의자가 죄를 범하였다고 의심할 만한 이유가 있는 경우에 구인을 위한 구속영장을 발부하여 피의자를 구인한 후 심문하여야 한다. 다만, 피의자가 도망하는 등의 사유로 심문할 수 없는 경우에는 그러하지 아니하다.

150 구속영장실질심사를 위하여 심문할 피의자에게 변호인이 없는 때에는 지방법원판사는 직권으로 변호인을 선정하여야 한다. 이 경우 변호인의 선정은 피의자에 대한 구속영장청구가 기각된 경우에도 제1심까지 효력이 있다.

[경찰간부 18] [국가9급 18] [국가9급개론 18] [법원9급 16]

150 (×) '도 → '는, '있다 → '없다

해설+ 변호인의 선정은 피의자에 대한 구속영장청구가 기각되어 효력이 소멸한 경우를 제외하고는 제1심까지 효력이 있다(제201조의2 제8항 후단).

151 구속영장실질심사를 위하여 심문할 피의자에게 변호인이 없는 때에는 지방법원판사는 직권으로 변호인을 선정하여야 한다. 이 경우 지방법원판사에 의한 변호인의 직권선정은 당해 구속 전 피의자심문까지만 효력이 있다. [경찰채용 18 2차]

151 (×) 제201조의2 제8항

> **해설+** 제201조의2【구속영장청구와 피의자심문】⑧ 심문할 피의자에게 변호인이 없는 때에는 지방법원판사는 직권으로 변호인을 선정하여야 한다. 이 경우 변호인의 선정은 <u>피의자에 대한 구속영장청구가 기각되어 효력이 소멸한 경우를 제외하고는 제1심까지 효력이 있다.</u>

152 구속된 피의자뿐만 아니라 체포된 피의자가 적부심사를 청구하는 경우에도 「형사소송법」 제33조의 국선변호인 선임사유에 해당하고 변호인이 없는 때에는 국선변호인을 선정하여야 한다. [법원9급 11]

152 (○) 구속적부심뿐만 아니라 체포적부심도 필요적 변호사건에 속한다. 제214조의2 제10항

> **해설+** 제214조의2【체포와 구속의 적부심사】⑩ 체포되거나 구속된 피의자에게 변호인이 없는 때에는 제33조를 준용한다.

153 법원은 체포된 피의자가 체포적부심사를 청구한 경우 구속적부심사 청구의 경우와는 달리 피의자에게 변호인이 없더라도 국선변호인을 선정할 필요가 없다. [해경승진 23]

153 (×) 제214조의2 제10항 참조

154 법원은 체포·구속적부심사에서 체포 또는 구속된 피의자에게 변호인이 없는 때에는 국선변호인을 선정하여야 하나, 심문 없이 기각결정하는 경우에는 국선변호인을 선정할 필요는 없다. [법원9급 18]

154 (×) 심문 없이 기각결정하는 경우에도 같다. 제214조의2 제10항 참조

155 공판절차가 아닌 재심개시결정 전의 절차에서 재심청구인이 국선변호인 선임청구를 할 수는 없다. [경찰채용 21 1차]

해설+ 제438조【재심의 심판】① 재심개시의 결정이 확정한 사건에 대하여는 제436조의 경우 외에는 법원은 그 심급에 따라 다시 심판을 하여야 한다.
② 다음 경우에는 제306조 제1항, 제328조 제1항 제2호의 규정은 전항의 심판에 적용하지 아니한다. 〈개정 2014.12.30.〉
1. 사망자 또는 회복할 수 없는 심신장애인을 위하여 재심의 청구가 있는 때
2. 유죄의 선고를 받은 자가 재심의 판결 전에 사망하거나 회복할 수 없는 심신장애인으로 된 때
③ 전항의 경우에는 피고인이 출정하지 아니하여도 심판을 할 수 있다. 단, 변호인이 출정하지 아니하면 개정하지 못한다.
④ 전2항의 경우에 재심을 청구한 자가 변호인을 선임하지 아니한 때에는 재판장은 직권으로 변호인을 선임하여야 한다.

보충 재심에서 필요적 변호사건이 적용되는 절차는 재심청구절차가 아니라 재심심판절차에서 정하는 일정한 경우이다(제438조 제3항·제4항).

156 변호인의 구속된 피고인과의 접견교통권에 관한 「형사소송법」 제34조는 형이 확정되어 집행 중에 있는 수형자에 대한 재심 개시의 여부를 결정하는 재심청구절차에도 그대로 적용된다. [국가7급 20]

해설+ 형사소송법 제34조는 "변호인 또는 변호인이 되려는 자는 신체구속을 당한 피고인 또는 피의자와 접견하고 서류 또는 물건을 수수할 수 있으며 의사로 하여금 진료하게 할 수 있다."고 규정하고 있는바, 이 규정은 형이 확정되어 집행 중에 있는 수형자에 대한 재심 개시의 여부를 결정하는 재심청구절차에는 그대로 적용될 수 없다(대법원 1998.4.28, 96다48831).

157 즉결심판을 받은 피고인이 정식재판청구를 함으로써 공판절차가 개시된 경우에는 통상의 공판절차와 마찬가지로 국선변호인의 선정에 관한 「형사소송법」 제283조의 규정이 적용된다. [국가7급 11]

158 항소법원이 국선변호인 선정 이후 병합된 사건에 관하여 국선변호인에게 소송기록 접수통지를 하지 아니함으로써 항소이유서 제출기회를 주지 않은 채 판결선고한 것은 위법이다. [경찰채용 12]

159 피고인이 빈곤으로 변호인을 선임하지 않고 국선변호인의 선정도 청구하지 않았다고 하여 법원이 국선변호인의 선정 없이 공판절차를 진행하는 것은 위법하다. [국가7급 11]

159 (×) '위법하다' → '위법이라고 할 수 없다'(대법원 1983.10.11, 83도2117)

160 피고인이 원심법원에 대하여 '자신이 지체(척추) 4급 장애인으로서 국민기초생활수급자에 해당한다.'는 소명자료를 첨부하여 서면으로 「형사소송법」 제33조 제2항에 정한 빈곤을 사유로 한 국선변호인 선정청구를 하였음에도, 원심이 국선변호인을 선정하지 아니한 채 공판심리를 진행한 것은 판결에 영향을 미친 위법이 있다. [국가9급 18] [국가9급개론 18] [법원승진 12]

160 (○) 대법원 2011.3.24, 2010도18103

161 피고인이 빈곤을 이유로 국선변호인 선정청구서를 제출했으나 청구이유를 뒷받침할 소명자료를 제시하지 않은 경우, 법원이 청구기각결정을 하고 고지한 후 변론을 진행했더라도 위법이라 할 수 없다. [군무원9급 23]

161 (○) 규칙 제17조의2

해설+ 규칙 제17조의2 【국선변호인 선정청구 사유의 소명】 법 제33조 제2항에 의하여 국선변호인 선정을 청구하는 경우 피고인은 소명자료를 제출하여야 한다. 다만, 기록에 의하여 그 사유가 소명되었다고 인정될 때에는 그러하지 아니하다.

162 피고인은 법원의 국선변호인 선정에 불복할 수 없다. [국가7급 11]

162 (○) 제403조 제1항 참조.

해설+ 법원의 국선변호인 선정결정은 판결 전 소송절차에 관한 결정에 속하고, 즉시항고 규정이 없으므로 불복할 수 없다.

163 피고인이 2급 시각장애인으로서, 점자자료가 아닌 경우에는 인쇄물 정보접근에 상당한 곤란을 겪는 수준이더라도 국선변호인 선정사유인 '농아자' 또는 '심신장애의 의심이 있는 때'에 해당하지 않으므로 국선변호인의 선정 없이 공판심리를 진행했다고 하여 위법하다고 할 수 없다. [경찰채용 15]

163 (×) '고 하여 위법하다고 할 수 없다' → '면 위법하다'

해설+ 명시적 의사에 반하지 아니하는 범위 안에서 국선변호인을 선정하여 방어권을 보장해 줄 필요가 있다(대법원 2010.4.29, 2010도881).

164 집행유예가 선고된 제1심판결에 대해 검사만이 양형부당을 이유로 항소하고 항소심에서 형을 선고하는 경우에는 공판심리 단계에서 국선변호인을 선정하는 것보다 판결선고 후 피고인을 법정구속한 뒤에 국선변호인을 선정하는 것이 바람직하다.　　　　　　　　　　　　[국가9급 17] [국가9급개론 17]

165 「형사소송법」 제33조 제1항이 정하는 필요적 변호사건이 아닌 경우에도 제1심법원이 피고인의 청구에 따라 또는 직권으로 국선변호인을 선정하여 공판을 진행하였다면, 항소법원이 특별한 사정변경 없이 국선변호인을 선정하지 않고 심리를 진행하는 것은 위법하다.　　　　　　　　　　[국가7급 22]

> **보충** 제1심에서 피고인의 청구 또는 직권으로 국선변호인이 선정되어 공판이 진행된 경우 항소법원은 특별한 사정변경이 없는 한 국선변호인을 선정하는 것이 바람직하다(대법원 2013.7.11, 2013도351 등).

> **보충** 필요적 국선사건이 아님에도 제1심이 국선변호인을 선정하여 준 후 피고인에게 징역 1년의 형을 선고하면서 법정구속을 하지 않았는데, 피고인이 항소장만을 제출한 다음 국선변호인 선정청구를 하지 않은 채 법정기간 내에 항소이유서를 제출하지 아니하자 원심이 피고인의 항소를 기각한 경우, 피고인의 권리보호를 위하여 법원이 재량으로 국선변호인 선정을 해 줄 필요는 없다고 보아 국선변호인 선정 없이 공판심리를 진행한 원심의 판단과 조치 및 절차는 정당하고, 피고인이 피해자들과의 합의를 전제로 감형만을 구하였던 이상 원심이 국선변호인을 선정하여 주지 않은 것이 피고인의 방어권을 침해하여 판결에 영향을 미쳤다고 보기도 어렵다(대법원 2013.5.9, 2013도1886).

> **보충** 피고인에 대하여 제1심법원이 집행유예를 선고하였으나 검사만이 양형부당을 이유로 항소한 경우, 항소심이 변호인이 선임되지 않은 피고인에 대하여 검사의 양형부당 항소를 받아들여 형을 선고하는 경우에는 판결 선고 후 피고인을 법정구속한 뒤에 비로소 국선변호인을 선정하는 것보다는, 피고인의 권리보호를 위해 판결 선고 전 공판심리 단계에서부터 형사소송법 제33조 제3항에 따라 피고인의 명시적 의사에 반하지 아니하는 범위 안에서 국선변호인을 선정해 주는 것이 바람직하다(대법원 2016.11.10, 2016도7622).

166 공동피고인 1인에 대한 유리한 변론이 다른 공동피고인에 대하여 불리한 결과를 초래하는 등 공동피고인 사이에 이해가 상반되는 경우 법원은 공동피고인들에 대하여 동일한 국선변호인을 선정할 수 없다.　　　　　　　[국가9급 18] [국가9급개론 18] [법원9급 17]

167　이해가 상반된 피고인들 중 어느 피고인이 법무법인을 변호인으로 선임하고, 법무법인이 담당변호사를 지정하였을 때, 법원이 담당변호사 중 1인 또는 수인을 다른 피고인을 위한 국선변호인으로 선정하는 것은 국선변호인의 조력을 받을 피고인의 권리를 침해하는 것이다.　　　　　　[법원9급 18]

167 (○) 대법원 2015.12.23, 2015도9951

168　필요적 변호사건의 공판절차가 사선변호인과 국선변호인이 모두 불출석한 채 개정되어 국선변호인 선정 취소 결정이 고지된 후 변호인 없이 피해자에 대한 증인신문 등 심리가 이루어진 경우, 그와 같은 위법한 공판절차에서 이루어진 피해자에 대한 증인신문 등 일체의 소송행위가 모두 무효라고 볼 수는 없다.　　　　　　[경찰채용 12]

해설+ 위법한 공판절차에서 이루어진 피해자에 대한 증인신문 등 일체의 소송행위는 모두 무효이다(대법원 1999.4.23, 99도915).

168 (×) '가 → '는', '무효라고 볼 수는 없다' → '무효이다'

169　강도살인 혐의로 기소된 피고인에 대한 제1심 공판절차가 변호인의 선임 또는 선정 없이 이루어졌다면, 그와 같은 공판절차에서 이루어진 증거조사와 피고인신문 등 일체의 소송행위는 모두 무효이다.　　　　　　[국가7급 22]

169 (○) 강도살인죄는 사형 또는 무기에 처하므로(형법 제338조) 필요적 변호사건에 해당한다(형사소송법 제33조 제1항 제6호). 예컨대 대법원 2011.9.8, 2011도6325 참조.

170　국선변호인은 정당한 사유가 있는 경우에 사임할 수 있으나, 그 경우에는 반드시 법원 또는 판사의 허가를 얻어야 한다.　　　　　　[법원9급 11]

170 (○) 규칙 제20조 참조.

171 검사는 성폭력범죄의 처벌 등에 관한 특례법상 성폭력범죄의 피해자에게 변호사가 없는 경우 국선변호사를 선정하여 형사절차에서 피해자의 권익을 보호할 수 있다. [국가9급 17] [국가9급개론 17]

해설+ 성폭법 제27조【성폭력범죄 피해자에 대한 변호사 선임의 특례】① 성폭력범죄의 피해자 및 그 법정대리인(이하 "피해자등"이라 한다)은 형사절차상 입을 수 있는 피해를 방어하고 법률적 조력을 보장하기 위하여 변호사를 선임할 수 있다.
② 제1항에 따른 변호사는 검사 또는 사법경찰관의 피해자등에 대한 조사에 참여하여 의견을 진술할 수 있다. 다만, 조사 도중에는 검사 또는 사법경찰관의 승인을 받아 의견을 진술할 수 있다.
③ 제1항에 따른 변호사는 피의자에 대한 구속 전 피의자심문, 증거보전절차, 공판준비기일 및 공판절차에 출석하여 의견을 진술할 수 있다. 이 경우 필요한 절차에 관한 구체적 사항은 대법원규칙으로 정한다.
④ 제1항에 따른 변호사는 증거보전 후 관계 서류나 증거물, 소송계속 중의 관계 서류나 증거물을 열람하거나 등사할 수 있다.
⑤ 제1항에 따른 변호사는 형사절차에서 피해자등의 대리가 허용될 수 있는 모든 소송행위에 대한 포괄적인 대리권을 가진다.
⑥ 검사는 피해자에게 변호사가 없는 경우 국선변호사를 선정하여 형사절차에서 피해자의 권익을 보호할 수 있다. 다만, 19세미만피해자등에게 변호사가 없는 경우에는 국선변호사를 선정하여야 한다. 〈개정 2023.7.11.〉

172 변호인이 피의자에게 진술거부권이 있음을 알려 주고 그 행사를 권고하는 것은 변호사로서의 의무에 위배되는 것이라고 할 수 없다. [해경승진 23]

173 변호인은 피고인으로 하여금 허위진술을 하도록 할 수는 없으나 피고인을 위한 적극적 변론으로 허위의 진술을 할 수는 있다. [군무원9급 22]

해설+ 변호사는 공공성을 지닌 법률 전문직으로서 독립하여 자유롭게 직무를 수행하여야 하고(변호사법 제2조), 직무를 수행하면서 진실을 은폐하거나 거짓 진술을 하여서는 아니 된다(같은 법 제24조 제2항). 따라서 형사변호인의 기본적인 임무가 피고인 또는 피의자를 보호하고 그의 이익을 대변하는 것이라고 하더라도, 그러한 이익은 법적으로 보호받을 가치가 있는 정당한 이익으로 제한되고, 변호인이 의뢰인의 요청에 따른 변론행위라는 명목으로 수사기관이나 법원에 대하여 적극적으로 허위의 진술을 하거나 피고인 또는 피의자로 하여금 허위진술을 하도록 하는 것은 허용되지 않는다(대법원 2012.8.30, 2012도6027).

Ⅱ 변호인의 권한

(○) 제266조의3, 제35조, 제94조

🔗 대표유형

변호인에게는 공소제기 후 검사가 보관하는 서류 등의 열람·등사권, 소송계속 중의 관계 서류 열람등사권, 보석청구권이 인정된다.　　　　　　　　　[국가9급 10]

---

174 피의자 또는 그 변호인은 검사 또는 사법경찰관이 수사 중인 사건에 관한 본인의 진술이 기재된 부분 및 본인이 제출한 서류의 전부 또는 일부에 대한 열람·복사를 신청할 수 있다.　　　　　　　　　[변호사 23]

174 (○) 검사와 사법경찰관의 상호협력과 일반적 수사준칙에 관한 규정(대통령령, 이하 '수사준칙') 제69조 제1항

> **해설+**　수사준칙 제69조【수사서류 등의 열람·복사】① 피의자, 사건관계인 또는 그 변호인은 검사 또는 사법경찰관이 수사 중인 사건에 관한 본인의 진술이 기재된 부분 및 본인이 제출한 서류의 전부 또는 일부에 대해 열람·복사를 신청할 수 있다.

175 「형사소송법」 제318조의 증거동의의 주체는 소송주체인 당사자라 할 것이지만, 변호인은 피고인의 명시한 의사에 반하지 않는 한 피고인을 대리하여 증거동의를 할 수 있다.　　　　　　　　　[경찰간부 18]

175 (○) 대법원 2005.4.28, 2004도4428

176 변호인은 독립하여 구속취소청구를 할 수도 있고, 피고인의 명시한 의사에 반하여 보석을 청구할 수도 있다.　　　　　　　　　[군무원9급 22]

176 (○) 구속취소청구와 보석청구는 피고인의 명시한 의사에 반하여도 행사할 수 있는 변호인의 독립대리권이다.

177 피고인이 상소권을 포기하면 상소권은 소멸하므로, 원심의 변호인은 피고인을 위하여 상소를 제기할 수 없다.　　　　　　　　　[국가9급 13]

177 (○) 변호인의 상소권은 독립대리권에 불과하다(대법원 1992.4.14, 92감도10).

178 변호인은 피고인의 명시한 의사에 반하지 않는 한 약식명령에 대한 정식재 판청구를 할 수 있고, 피고인의 동의를 얻으면 정식재판청구를 취하할 수 있다.

[군무원9급 22]

178 (○)

해설+ 약식명령에 대한 정식재판청구(및 상소제기)는 피고인의 명시한 의사에 반하지 아니하는 한 행사할 수 있는 독립대리권인 반면, 정식재판청구 취하(및 상소취하)는 피고인의 동의를 받아야만 행사할 수 있는 종속대리권이다.

참고 변호인의 권한

Ⅰ. 대리권
  1. 독립대리권
    (1) 의의: 본인의 의사에 반하여 행사할 수 있는 대리권을 말한다(제36조).
    (2) 종류
      ① 본인의 명시적 의사에 반하여도 행사할 수 있는 것: 구속취소의 청구(제93조), 보석의 청구(제94조), 증거보전의 청구(제184조 제1항), 공판기일변경신청(제270조 제1항), 증거조사에 대한 이의신청(제296조 제1항)
      ② 본인의 (명시적 의사에 반할 수 없으나) 묵시적 의사에 반하여 행사할 수 있는 것: 기피신청(제18조 제2항), 증거동의(判, 제318조 제1항)(通: 종속대리권), 상소제기(제341조 제1항)(=정식재판청구)
  2. 종속대리권
    (1) 의의: 본인의 의사에 반하여는 행사할 수 없는 대리권을 말한다.
    (2) 내용: 관할이전의 신청(제15조), 관할위반의 신청(제320조 제1항), 상소취하(제349조), 정식재판청구의 취하(제458조)
Ⅱ. 고유권
  1. 변호인만이 가지는 권리(협의의 고유권): 접견교통권(제34조), 피고인신문권(제296조의2 제1항), 상고심에서의 변론권(제387조)
  2. 피고인 또는 피의자와 중복하여 가지고 있는 권리: 서류·증거 열람·등사권(제35조, 제266조의3~4), 압수·수색·검증영장의 집행에의 참여(제121조, 제145조), 감정에의 참여(제176조 제1항), 증인신문에의 참여(제163조 제1항), 증거제출권·증인신문신청권(제294조), 증인신문권(제161조의2 제1항), 최종의견진술권(제303조)

179 변호인은 피고인의 동의를 얻어 상소를 취하할 수 있으므로, 변호인의 상 소취하에 피고인의 동의가 없다면 상소취하의 효력은 발생하지 아니한다.

[법원9급 16]

179 (○) 제351조, 제341조 종속대리권: 관할이전, 위반신청, 정식재판청구취하, 상소취하

180 변호인의 상소취하에 대한 피고인의 동의는 공판정에서는 구술로써 할 수 있지만, 피고인의 구술 동의는 명시적으로 이루어져야만 한다.

[법원9급 16]

180 (○) 대법원 2015.9.10, 2015 도7821, 법 제351조, 제341조, 제 352조 제1항 단서 및 규칙 제153 조 제2항

181 변호인은 피고인의 위임이 없더라도 소송계속 중의 관계 서류를 열람할 수도 있고 등사할 수도 있다. [군무원9급 22]

181 (○) 제35조 제1항 참조.

> **해설+** 제35조【서류·증거물의 열람·복사】① 피고인과 변호인은 소송계속 중의 관계 서류 또는 증거물을 열람하거나 복사할 수 있다.

182 변호인은 수사 중인 사건의 서류에 대하여 「공공기관의 정보공개에 관한 법률」에 따라 수사기관을 상대로 정보공개를 청구할 수 있다. [경찰승진 23]

182 (○) 수사서류에 대하여는 일부예외를 제외하고는 열람·등사 제도가 도입되어 있지 아니하므로, 변호인은 공공기관의 정보공개에 관한 법률 - 이하 정보공개법 - 에 의하여 수사기관에 대하여 정보공개를 청구할 수 있다(정보공개법 제4조 제1항, 제5조).

> **해설+** 정보공개법 제4조【적용 범위】① 정보의 공개에 관하여는 다른 법률에 특별한 규정이 있는 경우를 제외하고는 이 법에서 정하는 바에 따른다.
>
> 제5조【정보공개 청구권자】① 모든 국민은 정보의 공개를 청구할 권리를 가진다.
>
> 제9조【비공개 대상 정보】① 공공기관이 보유·관리하는 정보는 공개대상이 된다. 다만, 다음 각 호의 어느 하나에 해당하는 정보는 공개하지 아니할 수 있다.
> 4. 진행 중인 재판에 관련된 정보와 범죄의 예방, 수사, 공소의 제기 및 유지, 형의 집행, 교정(矯正), 보안처분에 관한 사항으로서 공개될 경우 그 직무수행을 현저히 곤란하게 하거나 형사피고인의 공정한 재판을 받을 권리를 침해한다고 인정할 만한 상당한 이유가 있는 정보

> **보충** 이에 대해서 수사기관이 공개하지 아니할 수도 있는데(비공개 대상 정보, 제9조 제1항 제4호), 이 경우 변호인은 이의신청(제18조)이나 행정심판(제19조), 행정소송(제20조)을 제기할 수 있고, 나아가 최후의 수단으로서 헌법소원을 제기할 수도 있다.

> **보충** 2007.6.1. 신설되어 2008.1.1.부터 시행된 형사소송법 제59조의2의 내용과 취지 등을 고려하면, 형사소송법 제59조의2는 재판이 확정된 사건의 소송기록, 즉 형사재판확정기록의 공개 여부나 공개범위, 불복절차 등에 관하여 「공공기관의 정보공개에 관한 법률」(이하 '정보공개법'이라 한다)과 달리 규정하고 있는 것으로 정보공개법 제4조 제1항에서 정한 '정보의 공개에 관하여 다른 법률에 특별한 규정이 있는 경우'에 해당한다. 따라서 형사재판확정기록의 공개에 관하여는 정보공개법에 의한 공개청구가 허용되지 않는다(대법원 2016.12.15, 2013두20882; 2017.3.15, 2014두7305 등). 따라서 형사재판확정기록에 관해서는 형사소송법 제59조의2에 따른 열람·등사신청이 허용되고 그 거부나 제한 등에 대한 불복은 준항고에 의하며, 형사재판확정기록이 아닌 불기소처분으로 종결된 기록(이하 '불기소기록'이라 한다)에 관해서는 정보공개법에 따른 정보공개청구가 허용되고 그 거부나 제한 등에 대한 불복은 항고소송절차에 의한다(대법원 2022.2.11, 2021모3175).

> **보충** 공소제기 이후에는 제266조의3에 의한 증거개시도 허용될 수 있다.

183 피고인의 법정대리인, 배우자, 직계친족, 형제자매는 피고인의 보조인이 될 수 있다. [법원9급 10]

183 (○) 제29조 제1항

> **해설+** 제29조【보조인】① 피고인 또는 피의자의 법정대리인, 배우자, 직계친족과 형제자매는 보조인이 될 수 있다.
> ② 보조인이 될 수 있는 자가 없거나 장애 등의 사유로 보조인으로서 역할을 할 수 없는 경우에는 피고인 또는 피의자와 신뢰관계 있는 자가 보조인이 될 수 있다.
> ③ 보조인이 되고자 하는 자는 심급별로 그 취지를 신고하여야 한다.
> ④ 보조인은 독립하여 피고인 또는 피의자의 명시한 의사에 반하지 아니하는 소송행위를 할 수 있다. 단, 법률에 다른 규정이 있는 때에는 예외로 한다.

CHAPTER 02 | 소송행위

1 소송행위의 의의와 종류

2 소송행위의 일반적 요소

> 🔗 **대표유형**
>
> 반의사불벌죄에 있어서 성인인 피해자가 교통사고로 인해 의식을 회복하지 못하여 처벌희
> 망 여부에 관한 의사표시를 할 수 있는 소송능력이 있다고 할 수 없는 경우, 피해자의 부모
> 가 피해자를 대리하여 처벌을 희망하지 아니한다는 의사를 표시하면 처벌할 수 없다.
>
> [국가7급 20]

(✕)

해설+ 피해자가 의식을 회복하지 못하고 있는 이상 피해자에게 반의사불벌죄에서 처벌희망 여부에 관한
의사표시를 할 수 있는 소송능력이 있다고 할 수 없고, 피해자의 아버지가 피해자를 대리하여 피고인에 대한
처벌을 희망하지 아니한다는 의사를 표시하는 것 역시 허용되지 아니할 뿐만 아니라 피해자가 성년인 이상
의사능력이 없다는 것만으로 피해자의 아버지가 당연히 법정대리인이 된다고 볼 수도 없으므로, 피해자의
아버지가 피고인에 대한 처벌을 희망하지 아니한다는 의사를 표시하였더라도 그것이 반의사불벌죄에서의
처벌희망 여부에 관한 피해자의 의사표시로서 소송법적으로 효력이 발생할 수는 없다(대법원 2013.9.26, 2012
도568).

보충 제26조가 적용되는 경우도 아니다.

> 🔗 **대표유형**
>
> 피고인에 대한 공시송달은 피고인의 주거, 사무소, 현재지를 알 수 없는 때에 한하여 이를
> 할 수 있으므로, 기록상 피고인의 집 전화번호 또는 휴대전화번호 등이 나타나 있는 경우에
> 는 위 전화번호로 연락하여 송달 받을 장소를 확인하여 보는 등의 시도를 해 보아야 하고,
> 그러한 조치를 취하지 아니한 채 이루어진 공시송달은 위법하다.
>
> [법원9급 12]

(○) 제63조 제1항, 대법원 2007.
7.12, 2006도3892

001 「형사소송법」에 대리에 관한 명문규정이 없더라도 소송행위의 대리는 허
용된다.

[국가7급 14]

001 (✕) '허용된다' → '허용되지
않는다'

> **해설+** 명문규정이 있는 것 외에는 소송행위의 대리를 허용치 않는다(대법원 1956.4.27, 4288형
> 재항10).

002 반의사불벌죄 사건에서 피해자인 청소년의 처벌희망 의사표시의 철회는 법정대리인의 동의가 있거나 법정대리인의 대리에 의하여야 효력이 있다.

[국가9급 15]

> **해설+** 단독으로 처벌을 희망하지 않는다는 의사표시 또는 처벌희망 의사표시의 철회를 할 수 있다 (대법원 2009.11.19, 2009도6058 전원합의체).

> **보충** 소송행위의 대리는 명문의 규정이 있어야만 가능하므로, 피해자의 법정대리인이 피해자를 대리하여 피고인에 대한 처벌을 희망하지 아니한다는 의사를 표시하는 것은 허용되지 아니한다(친고죄의 고소권자에 관한 법정대리인 규정－제225조－을 반의사불벌죄에 유추적용할 수 없음).

003 소송에 관한 서류는 공판의 개정 전에는 공익상의 필요 기타 상당한 이유가 없으면 공개하지 못한다.

[법원9급 11]

003 (○) 제47조

004 피고인이 즉결심판에 대하여 제출한 정식재판청구서에 피고인의 자필로 보이는 이름이 기재되어 있고 그 옆에 서명이 되어 있어 위 서류가 작성자 본인인 피고인의 진정한 의사에 따라 작성되었다는 것을 명백하게 확인할 수 있다면, 피고인의 인장이나 지장이 찍혀 있지 않다고 하더라도 해당 정식재판청구는 적법하다고 보아야 한다.

[국가7급 22]

004 (○)

> **해설+** 2017.12.12. 법률 제15164호로 형사소송법을 개정할 당시 제59조에서도 본인확인 방법으로 기명날인 외에 서명을 허용하였다. 피고인이 즉결심판에 대하여 제출한 정식재판청구서에 피고인의 자필로 보이는 이름이 기재되어 있고 그 옆에 서명이 되어 있어 위 서류가 작성자 본인인 피고인의 진정한 의사에 따라 작성되었다는 것을 명백하게 확인할 수 있으며 형사소송절차의 명확성과 안정성을 저해할 우려가 없으므로, 정식재판청구는 적법하다고 보아야 한다. 피고인의 인장이나 지장이 찍혀 있지 않다고 해서 이와 달리 볼 것이 아니다(대법원 2019.11.29, 2017모3458).

> **보충** 제59조 【비공무원의 서류】 공무원 아닌 자가 작성하는 서류에는 연월일을 기재하고 기명날인 또는 서명하여야 한다. 인장이 없으면 지장으로 한다.

005 약식명령에 대한 정식재판청구서에 청구인의 기명날인 또는 서명이 없다면 형사소송법 제59조(비공무원의 서류)를 위반한 것으로서 그 청구를 결정으로 기각하여야 한다. 그러나 정식재판의 청구를 접수하는 법원공무원이 청구인의 기명날인이나 서명이 없음에도 불구하고 이에 대한 보정을 구하지 아니하고 적법한 청구가 있는 것으로 오인하여 청구서를 접수한 경우에는 청구인의 귀책사유로 볼 수 없으므로 그 청구를 결정으로 기각할 수 없다.　　　　　　　　　　　　　　　　　　　　　　　　[법원9급 23]

005 (×)

> **해설+** 약식명령에 대한 정식재판의 청구는 서면으로 제출하여야 하고(형사소송법 제453조 제2항), 공무원 아닌 자가 작성하는 서류에는 연월일을 기재하고 기명날인(또는 서명)하여야 하는 것이므로(형사소송법 제59조), 정식재판청구서에 청구인의 기명날인(또는 서명)이 없는 경우에는 정식재판의 청구가 법령상의 방식을 위반한 것으로서 그 청구를 결정으로 기각하여야 하고, 이는 정식재판의 청구를 접수하는 법원공무원이 청구인의 기명날인이 없음에도 불구하고, 이에 대한 보정을 구하지 아니하고 적법한 청구가 있는 것으로 오인하여 청구서를 접수한 경우에도 마찬가지이다(대법원 2008.7.11, 2008모605).

006 공판기일의 소송절차에 관하여는 참여한 법원사무관 등이 공판조서를 작성하여야 한다.　　　　　　　　　　　　　　　　　　　　　　[법원9급 12]

006 (○) 제51조

007 검사, 피고인 또는 변호인은 공판조서의 기재에 대하여 변경을 청구하거나 이의를 제기할 수 있고, 이 경우 그 취지와 이에 대한 재판장의 의견을 기재한 조서를 당해 공판조서에 첨부하여야 한다.　　　　　　[법원9급 11]

007 (○) 제54조 제3항·제4항

008 검사, 피고인 또는 변호인이 공판조서의 기재에 대하여 변경을 청구하거나 이의를 제기하는 것은 허용되지 않는다.　　　　　　　　[법원9급 12]

008 (×) '하는 것은 허용되지 않는다' → '할 수 있다'(제54조)

009 법원은 검사, 피고인 또는 변호인의 신청이 있는 때에는 특별한 사정이 없는 한 공판정에서의 심리의 전부 또는 일부를 속기사로 하여금 속기하게 하거나 녹음장치 또는 영상녹화장치를 사용하여 녹음 또는 영상녹화하여야 한다.　　　　　　　　　　　　　　　　　　　　　　　　[법원9급 12]

009 (○) 지문에서의 신청에 의한 경우뿐만 아니라 직권에 의한 경우도 가능하다(제56조의2 제1항).

010 검사는 공판정에서의 심리의 전부 또는 일부를 속기사로 하여금 속기하게 하거나 녹음장치 또는 영상녹화장치를 사용하여 녹음 또는 영상녹화할 것을 신청할 수는 있고, 법원도 이를 직권으로 명할 수 있지만, 피고인은 이를 신청할 수 없다. [경찰채용 18 3차]

010 (×) 제56조의2 제1항

해설+ 제56조의2【공판정에서의 속기·녹음 및 영상녹화】① 법원은 검사, 피고인 또는 변호인의 신청이 있는 때에는 특별한 사정이 없는 한 공판정에서의 심리의 전부 또는 일부를 속기사로 하여금 속기하게 하거나 녹음장치 또는 영상녹화장치를 사용하여 녹음 또는 영상녹화(녹음이 포함된 것을 말한다)하여야 하며, 필요하다고 인정하는 때에는 직권으로 이를 명할 수 있다.

011 속기, 녹음 또는 영상녹화(녹음이 포함된 것)의 신청은 공판기일·공판준비기일을 열기 전까지 하여야 한다. [법원9급 12 변형]

011 (○) 규칙 제30조의2 제1항

012 법원은 검사, 피고인 또는 변호인의 신청이 있는 때에는 특별한 사정이 없는 한 공판정에서의 심리의 전부 또는 일부를 속기사로 하여금 속기하게 하거나 녹음장치 또는 영상녹화장치를 사용하여 녹음 또는 영상녹화(녹음이 포함된 것을 말함)하여야 하며, 필요하다고 인정하는 때에는 직권으로 이를 명할 수 있다. [법원승진 08·14]

012 (○) 제56조의2 제1항

013 법원은 속기록·녹음물 또는 영상녹화물을 기록에 철하여 공판조서와 함께 보관하여야 한다. [법원9급 12] [법원승진 14]

013 (×) '함께' → '별도로'
공판조서와 별도로 보관함이 원칙이다(제56조의2 제2항).

014 속기록, 녹음물, 영상녹화물 또는 녹취서는 전자적 형태로 이를 보관할 수 있으며, 재판이 확정되면 폐기한다. 다만, 속기록, 녹음물, 영상녹화물 또는 녹취서가 조서의 일부가 된 경우에는 그러하지 아니하다. [법원9급 12 변형]

014 (○) 규칙 제39조

015 공판기일 외의 증인신문조서를 작성한 때에는 진술자의 청구가 없더라도 이를 진술자에게 열람하게 하여 기재내용이 정확한지를 물어야 하고, 진술자가 조서에 대하여 추가, 삭제 또는 변경의 청구를 한 때에는 그 진술내용을 조서에 기재하여야 한다.

[국가7급 22]

> **해설+** **제52조【공판조서작성상의 특례】** 공판조서 및 공판기일 외의 증인신문조서에는 제48조 제3항 내지 제7항의 규정에 의하지 아니한다. 단, 진술자의 청구가 있는 때에는 그 진술에 관한 부분을 읽어 주고 증감변경의 청구가 있는 때에는 그 진술을 기재하여야 한다.
>
> **제48조【조서의 작성방법】** ③ 조서는 진술자에게 읽어 주거나 열람하게 하여 기재내용이 정확한지를 물어야 한다.
> ④ 진술자가 조서에 대하여 추가, 삭제 또는 변경의 청구를 한 때에는 그 진술내용을 조서에 기재하여야 한다.
>
> **보충** 다만, 진술자가 추가, 삭제 또는 변경의 청구를 한 때에는 그 진술내용으로 조서에 기재하여야 한다는 제48조 제4항은 이와 동일한 내용이 제52조 단서에도 규정되어 있으므로("진술자의 증감변경의 청구가 있는 때에는 그 진술을 기재하여야 한다."), 위 지문의 후단 부분은 틀린 것이 아니다(다만, 출제자가 이 부분을 고려하여 출제한 것인지는 확실치 아니함).

015 (×) 공판조서와 공판기일 외의 증인신문조서는 진술자에게 읽어 주거나 열람하게 하여 기재내용이 정확한지를 물어야 할 필요가 없다. 제52조 본문 및 제48조 제3항·제4항 참조.

016 피고인의 공판조서에 대한 열람 또는 등사청구에 법원이 불응하여 피고인의 열람 또는 등사청구권이 침해된 경우에는 그 공판조서를 유죄의 증거로 할 수 없을 뿐만 아니라 공판조서에 기재된 당해 피고인이나 증인의 진술도 증거로 할 수 없다.

[국가7급 09 변형] [법원9급 12·18] [법원승진 14]

016 (O) 대법원 2003.10.10, 2003도3282; 2012.12.27, 2011도15869

017 피고인의 공판조서 열람·등사의 청구에 법원이 응하지 아니한 것이 피고인의 방어권이나 변호인의 변호권을 본질적으로 침해한 정도에 이르지는 않은 경우 그 공판조서는 증거로 사용할 수 있다.

[국가9급 15]

017 (O) 대법원 2007.7.26, 2007도3906

018 피고인이 원하는 시기에 공판조서를 열람·등사하지 못하였다 하더라도 그 변론종결 이전에 이를 열람·등사한 경우에는 그 열람·등사가 늦어짐으로 인하여 피고인의 방어권 행사에 지장이 있었다는 등의 특별한 사정이 없는 한 그 공판조서를 유죄의 증거로 할 수 있다.

[국가7급 09 유사] [법원승진 13]

018 (O) 대법원 2007.7.26, 2007도3906

019 다음 회의 공판기일에 있어서는 전회의 공판심리에 관한 주요사항의 요지를 조서에 의하여 고지하여야 한다. 다만, 다음 회의 공판기일까지 전회의 공판조서가 정리되지 아니한 때에는 고지하지 아니한다. [법원9급 08]

019 (×) '고지하지 아니한다' → '조서에 의하지 아니하고 고지할 수 있다'(제54조 제2항)

020 공판조서는 각 공판기일 후 신속히 정리하여야 하고, 다음회의 공판기일에 있어서는 전회의 공판심리에 관한 주요사항의 요지를 조서에 의하여 고지하여야 하나, 다음 회의 공판기일까지 전회의 공판조서가 정리되지 아니한 때에는 조서에 의하지 아니하고 고지할 수 있다. [법원9급 11]

020 (○) 제54조 제1항·제2항

021 누구든지 권리구제, 학술연구 또는 공익적 목적으로 재판이 확정된 사건의 소송기록을 보관하고 있는 검찰청에 그 소송기록의 열람 또는 등사를 신청할 수 있다. [법원9급 08]

021 (○) 제59조의2 제1항

022 검사는 소송기록의 보존을 위하여 필요하다고 인정하는 경우에는 그 소송기록의 등본을 열람 또는 등사하게 할 수 있다. 다만, 원본의 열람 또는 등사가 필요한 경우에는 그러하지 아니하다. [법원9급 22]

022 (○) 제59조의2 제4항

해설+ 제59조의2 【재판확정기록의 열람·등사】④ 검사는 소송기록의 보존을 위하여 필요하다고 인정하는 경우에는 그 소송기록의 등본을 열람 또는 등사하게 할 수 있다. 다만, 원본의 열람 또는 등사가 필요한 경우에는 그러하지 아니하다.

023 검사는 소송기록의 공개로 인하여 공범관계에 있는 자 등의 증거인멸 또는 도주를 용이하게 하거나 관련 사건의 재판에 중대한 영향을 초래할 우려가 있는 경우에는 소송기록의 전부 또는 일부의 열람 또는 등사를 제한할 수 있다. 다만, 소송관계인이나 이해관계 있는 제3자가 열람 또는 등사에 관하여 정당한 사유가 있다고 인정되는 경우에는 그러하지 아니하다. [법원9급 22]

023 (○) 제59조의2 제2항 제4호

> **해설+** 제59조의2【재판확정기록의 열람·등사】② 검사는 다음 각 호의 어느 하나에 해당하는 경우에는 소송기록의 전부 또는 일부의 열람 또는 등사를 제한할 수 있다. 다만, 소송관계인이나 이해관계 있는 제3자가 열람 또는 등사에 관하여 정당한 사유가 있다고 인정되는 경우에는 그러하지 아니하다.
> 1. 심리가 비공개로 진행된 경우
> 2. 소송기록의 공개로 인하여 국가의 안전보장, 선량한 풍속, 공공의 질서유지 또는 공공복리를 현저히 해할 우려가 있는 경우
> 3. 소송기록의 공개로 인하여 사건관계인의 명예나 사생활의 비밀 또는 생명·신체의 안전이나 생활의 평온을 현저히 해할 우려가 있는 경우
> 4. 소송기록의 공개로 인하여 공범관계에 있는 자 등의 증거인멸 또는 도주를 용이하게 하거나 관련 사건의 재판에 중대한 영향을 초래할 우려가 있는 경우
> 5. 소송기록의 공개로 인하여 피고인의 개선이나 갱생에 현저한 지장을 초래할 우려가 있는 경우
> 6. 소송기록의 공개로 인하여 사건관계인의 영업비밀(「부정경쟁방지 및 영업비밀보호에 관한 법률」 제2조 제2호의 영업비밀을 말한다)이 현저하게 침해될 우려가 있는 경우
> 7. 소송기록의 공개에 대하여 당해 소송관계인이 동의하지 아니하는 경우

024 누구든지 권리구제·학술연구 또는 공익적 목적으로 재판이 확정된 사건의 소송기록을 보관하고 있는 검찰청에 그 소송기록의 열람 또는 등사를 신청할 수 있는데, 검사는 소송관계인이 동의하지 않는 경우에는 소송기록의 전부 또는 일부의 열람 또는 등사를 제한할 수 있다. [법원9급 18]

024 (○) 제59조의2 제1항·제2항 단서 제7호 참조

025 누구든지 판결이 확정된 사건의 판결서 또는 그 등본, 증거 목록 또는 그 등본, 그 밖에 검사나 피고인 또는 변호인이 법원에 제출한 서류·물건의 명칭·목록 또는 이에 해당하는 정보를 보관하는 법원에서 해당 판결서등을 열람 및 복사할 수 있다. [법원9급 22]

025 (○) 제59조의3 제1항

> **해설+** 제59조의3【확정 판결서등의 열람·복사】① 누구든지 판결이 확정된 사건의 판결서 또는 그 등본, 증거목록 또는 그 등본, 그 밖에 검사나 피고인 또는 변호인이 법원에 제출한 서류·물건의 명칭·목록 또는 이에 해당하는 정보(이하 "판결서등"이라 한다)를 보관하는 법원에서 해당 판결서등을 열람 및 복사(인터넷, 그 밖의 전산정보처리시스템을 통한 전자적 방법을 포함한다)할 수 있다. 다만, 다음 각 호의 어느 하나에 해당하는 경우에는 판결서등의 열람 및 복사를 제한할 수 있다.
> 1. 심리가 비공개로 진행된 경우
> 2. 「소년법」 제2조에 따른 소년에 관한 사건인 경우
> 3. 공범관계에 있는 자 등의 증거인멸 또는 도주를 용이하게 하거나 관련 사건의 재판에 중대한 영향을 초래할 우려가 있는 경우
> 4. 국가의 안전보장을 현저히 해할 우려가 명백하게 있는 경우
> 5. 제59조의2 제2항 제3호 또는 제6호의 사유가 있는 경우. 다만, 소송관계인의 신청이 있는 경우에 한정한다.

026 누구든지 판결이 확정된 사건의 판결서를 보관하는 법원에서 이를 열람 및 복사할 수 있다. 다만, 사건관계인의 사생활의 비밀을 현저히 해할 우려가 있는 경우에는 소송관계인의 신청이 있는 경우에 한하여 판결서의 열람 및 복사를 제한할 수 있다. [법원9급 18]

026 (○) 제59조의3 제1항 제5호, 제59조의2 제2항 제3호 참조.

027 공무원은 위 지문에 따른 열람 및 복사에 앞서 판결서에 기재된 성명 등 개인정보가 공개되지 아니하도록 대법원규칙으로 정하는 보호조치를 하여야 한다. [법원9급 18]

027 (○) 제59조의3 제2항 참조.

028 위 지문에 따른 개인정보 보호조치를 한 법원공무원은 고의 또는 과실로 인한 것이 아니면 열람 및 복사와 관련하여 민사상 형사상 책임을 지지 아니한다. [법원9급 18]

028 (×) '과실' → '중대한 과실' 제59조의3 제2항·제3항 참조.

029 법원사무관등이나 그 밖의 법원공무원은 확정 판결서등의 열람 및 복사에 앞서 판결서등에 기재된 성명 등 개인정보가 공개되지 아니하도록 대법원규칙으로 정하는 보호조치를 하여야 하며, 이때 개인정보 보호조치를 한 법원사무관등이나 그 밖의 법원공무원은 고의로 인한 것이 아니면 위 열람 및 복사와 관련하여 민사상·형사상 책임을 지지 아니한다. [법원9급 22]

029 (×) 법원공무원에게 중대한 과실이 있는 경우에도 민사상·형사상 책임을 지게 할 수 있다(제59조의3 제3항).

해설+ 제59조의3 【확정 판결서등의 열람·복사】 ② 법원사무관등이나 그 밖의 법원공무원은 제1항에 따른 열람 및 복사에 앞서 판결서등에 기재된 성명 등 개인정보가 공개되지 아니하도록 대법원규칙으로 정하는 보호조치를 하여야 한다.
③ 제2항에 따른 개인정보 보호조치를 한 법원사무관등이나 그 밖의 법원공무원은 고의 또는 중대한 과실로 인한 것이 아니면 제1항에 따른 열람 및 복사와 관련하여 민사상·형사상 책임을 지지 아니한다.

030 형사소송절차에서도 보충송달이 허용되나, 이 경우 피고인의 동거가족에게 서류가 교부되고 그 동거가족이 사리를 변별할 지능이 있더라도 피고인이 그 서류의 내용을 알지 못한 경우에는 송달의 효력이 없다.   [국가7급 23]

030 (×)

> **해설+** 형사소송절차에서도 형사소송법 제65조에 의하여 보충송달에 관한 민사소송법 제172조 제1항이 준용되므로, 피고인의 동거가족에게 서류가 교부되고 그 동거가족이 사리를 변식할 지능이 있는 이상 피고인이 그 서류의 내용을 알지 못한 경우에도 송달의 효력이 있고, 사리를 변식할 지능이 있다고 하기 위하여는 사법제도 일반이나 소송행위의 효력까지 이해할 필요는 없더라도 송달의 취지를 이해하고 영수한 서류를 수송달자에게 교부하는 것을 기대할 수 있는 정도의 능력이 있으면 족하다(대법원 2000.2.14, 99모225).

031 송달영수인의 신고는 '신체구속을 당한 자'에게는 적용되지 않는데, 신체구속을 당한 자라 함은 그 사건에서 신체를 구속당한 자를 가리키는 것이요, 다른 사건으로 신체구속을 당한 자는 여기에 해당되지 아니한다.

[법원9급 12 변형]

031 (○) 대법원 1976.11.10, 76모69

032 피고인이 원심 공판기일에 불출석하자, 검사가 피고인과 통화하여 피고인이 변호인으로 선임한 甲 변호사의 사무소로 송달을 원하고 있음을 확인하고 피고인의 주소를 甲 변호사 사무소로 기재한 주소보정서를 원심에 제출하였는데, 그 후 甲 변호사가 사임하고 새로이 乙 변호사가 변호인으로 선임된 사안에서, 원심이 피고인에 대한 공판기일 소환장 등을 甲 변호사 사무소로 발송하여 그 사무소 직원이 수령하였더라도 적법한 방법으로 피고인의 소환이 이루어졌다고 볼 수 없다.   [법원9급 21]

032 (○)

> **해설+** 검사가 피고인의 주소로서 보정한 甲 변호사 사무소는 피고인의 주소, 거소, 영업소 또는 사무소 등의 송달장소가 아니고, 피고인이 형사소송법 제60조에 따라 송달영수인과 연명하여 서면으로 신고한 송달영수인의 주소에도 해당하지 아니하며, 달리 그곳이 피고인에 대한 적법한 송달장소에 해당한다고 볼 자료가 없으므로, 원심이 피고인에 대한 공판기일소환장 등을 甲 변호사 사무소로 발송하여 그 사무소 직원이 수령하였더라도 형사소송법이 정한 적법한 방법으로 피고인의 소환이 이루어졌다고 볼 수 없다(대법원 2018.11.29, 2018도13377).

033 교도소 또는 구치소에 구속된 자에 대한 송달은 그 소장에게 송달하면 구속된 자에게 전달된 여부와 관계없이 효력이 생긴다.   [법원9급 16]

033 (○) 대법원 1992.3.10, 91도3272

034 교도소에 구속된 자에 대한 소송서류의 송달은 교도소장에게 송달하여 구속된 자에게 전달되어야 효력이 발생한다. [국가7급 14]

> **해설+** 그 소장에게 송달하면 구속된 자에게 전달된 여부와 관계없이 효력이 생기는 것이다(대법원 1995.1.12, 94도2687).

034 (×) '송달하여 구속된 자에게 전달되어야' → '송달하면'

035 재감자에 대한 약식명령의 송달을 교도소 등의 소장에게 하지 아니하고 수감되기 전의 종전 주·거소에다 하였다면 부적법하여 무효이다. [법원9급 11]

035 (○) 대법원 1995.6.14, 95모14

036 피고인이 구치소나 교도소 등에 수감 중에 있는 경우는, 법원이 수감 중인 피고인에 대하여 공소장 부본과 피고인소환장 등을 종전 주소지 등으로 송달한 경우는 물론 공시송달의 방법으로 송달하였더라도 이는 위법하다고 보아야 한다. [법원9급 23]

> **해설+** 피고인이 구치소나 교도소 등에 수감 중에 있는 경우는 형사소송법 제63조 제1항에 규정된 '피고인의 주거, 사무소, 현재지를 알 수 없는 때'나 '소송촉진 등에 관한 특례법' 제23조에 규정된 '피고인의 소재를 확인할 수 없는 경우'에 해당한다고 할 수 없으므로, 법원이 수감 중인 피고인에 대하여 공소장 부본과 피고인소환장 등을 종전 주소지 등으로 송달한 경우는 물론 공시송달의 방법으로 송달하였더라도 이는 위법하다고 보아야 한다. 따라서 법원은 주거, 사무소, 현재지 등 소재가 확인되지 않는 피고인에 대하여 공시송달을 할 때에는 검사에게 주소보정을 요구하거나 기타 필요한 조치를 취하여 피고인의 수감 여부를 확인할 필요가 있다(대법원 2013.6.27, 2013도2714).

036 (○)

037 송달명의인이 체포 또는 구속된 날 소송기록접수통지서 등의 송달서류가 송달명의인의 종전 주·거소에 송달되었다면 송달의 효력발생 여부는 체포 또는 구속된 시각과 송달된 시각의 선·후에 의하여 결정하되, 선·후 관계가 명백하지 않다면 송달의 효력은 발생하지 않는다. [국가7급 23]

> **해설+** 형사소송법 제65조, 민사소송법 제182조에 의하면 교도소·구치소 또는 국가경찰관서의 유치장에 수감된 사람에게 할 송달을 교도소·구치소 또는 국가경찰관서의 장에게 하지 아니하고 수감되기 전의 종전 주·거소에 하였다면 부적법하여 무효이고, 법원이 피고인의 수감사실을 모른 채 종전 주·거소에 송달하였다고 하여도 마찬가지로 송달의 효력은 발생하지 않는다. 그리고 송달명의인이 체포 또는 구속된 날 소송기록접수통지서 등의 송달서류가 송달명의인의 종전 주·거소에 송달되었다면 송달의 효력발생 여부는 체포 또는 구속된 시각과 송달된 시각의 선후에 의하여 결정하되, 선후관계가 명백하지 않다면 송달의 효력은 발생하지 않는 것으로 보아야 한다(대법원 2017.11.7, 2017모2162).

037 (○)

038 약식명령의 송달 자체가 부적법하더라도 당사자가 약식명령이 고지된 사실을 다른 방법으로 알았다면 그 송달의 효력이 발생한다. [법원9급 11·16]

> **해설+** 송달 자체가 부적법한 이상 당사자가 약식명령이 고지된 사실을 다른 방법으로 알았다고 하더라도 송달의 효력은 여전히 발생하지 않는다(대법원 1995.6.14, 95모14).

039 검사에 대한 송달은 서류를 소속 검찰청에 송부하여야 한다. [법원9급 17]

039 (○) 제62조

040 주거, 사무소 또는 송달영수인의 선임을 신고하여야 할 자가 그 신고를 하지 아니하는 때에는 법원사무관 등은 서류를 우체에 부치거나 기타 적당한 방법에 의하여 송달할 수 있고, 서류를 우체에 부친 경우에는 도달된 때에 송달된 것으로 간주한다. [법원9급 16]

040 (○) 제61조

041 피고인의 집 전화번호 또는 휴대 전화번호 등이 나타나 있는 경우에는 위 전화번호로 연락하여 송달받을 장소를 확인하여 보는 등의 시도를 해 본 이후에야 피고인에 대한 공시송달을 할 수 있다. [법원9급 11]

041 (○)

> **해설+** 항소한 피고인이 거주지 변경신고를 하지 아니한 상태에서, 기록에 나타난 피고인의 휴대 전화번호와 집전화번호로 연락하여 송달받을 장소를 확인해 보는 등의 조치를 취하지 아니한 채 곧바로 공시송달을 명하고 피고인의 진술 없이 판결을 한 원심의 조치는 형사소송법 제63조 제1항, 제365조에 위배된다(대법원 2007.7.12, 2006도3892).

042 기록에 피고인의 주민등록지 이외의 주소가 나타나 있고 피고인의 집 전화번호 또는 휴대전화번호 등이 나타나 있는 경우라도, 피고인이 재판이 계속 중인 사실을 알면서도 새로운 주소지 등을 법원에 신고하는 등 조치를 하지 않아 소환장이 송달불능되었다면, 법원이 곧바로 공시송달의 방법으로 송달하였다 하여 위법하다고 볼 수 없다. [법원9급 23]

042 (×)

> **해설+** 피고인이 재판이 계속 중인 사실을 알면서도 새로운 주소지 등을 법원에 신고하는 등 조치를 하지 않아 소환장이 송달불능되었더라도, 법원은 기록에 주민등록지 이외의 주소가 나타나 있고 피고인의 집 전화번호 또는 휴대전화번호 등이 나타나 있는 경우에는 위 주소지 및 전화번호로 연락하여 송달받을 장소를 확인하여 보는 등의 시도를 해 보아야 하고, 그러한 조치 없이 곧바로 공시송달 방법으로 송달하는 것은 형사소송법 제63조 제1항, 소송촉진 등에 관한 특례법 제23조에 위배되어 허용되지 아니하는데, 이처럼 허용되지 아니하는 잘못된 공시송달에 터 잡아 피고인의 진술 없이 공판이 진행되고 피고인이 출석하지 않은 기일에 판결이 선고된 경우에는, 피고인은 자기 또는 대리인이 책임질 수 없는 사유로 상소 제기기간 내에 상소를 하지 못한 것으로 봄이 타당하다(대법원 2022.5.26, 2022모439).

043 피고인이 재판권이 미치지 아니하는 장소에 있는 경우에 다른 방법으로 송달할 수 없는 때에도 공시송달을 할 수 있다. [법원9급 15]

043 (○) 제63조 제2항

044 공시송달은 법원이 명하는 때에 한하여 할 수 있다. [법원9급 12]

044 (○) 제64조 제1항

045 형사소송규칙에 따르면 법원은 공시송달의 사유가 있다고 인정한 때에는 직권 또는 검사의 청구에 따라 결정으로 공시송달을 명한다. [국가9급 23]

해설+ 규칙 제43조 【공시송달을 명하는 재판】법원은 공시송달의 사유가 있다고 인정한 때에는 직권으로 결정에 의하여 공시송달을 명한다.

045 (×) 공시송달의 명령은 법원의 직권에 의한다. 규칙 제43조 참조.

046 최초의 공시송달은 법원게시장에 공시를 한 날로부터 2주일을 경과하면 그 효력이 생기고, 제2회 이후의 송달은 공시를 한 날로부터 1주일을 경과하면 그 효력이 생긴다. [법원9급 17]

046 (×) '1주일' → '5일'(제64조 제4항)

047 공시송달의 방법에 의한 피고인의 소환이 부적법하여 피고인이 공판기일에 출석하지 않은 가운데 진행된 제1심의 절차가 위법하고 그에 따른 제1심판결이 파기되어야 한다면, 원심으로서는 다시 적법한 절차에 의하여 소송행위를 새로이 한 후 원심에서의 진술과 증거조사 등 심리 결과에 기초하여 다시 판결하여야 한다. [법원9급 15 변형]

047 (○) 대법원 2012.4.26, 2012도986

048 제1심이 위법한 공시송달로 피고인을 소환한 후 피고인의 출석 없이 증거조사 및 판결선고한 경우, 항소심은 적법한 절차에 의하여 소송행위를 새로이 한 후 항소심에서의 심리 결과에 기초하여 다시 판결한다. [국가9급 18] [법원9급 13]

048 (○) 대법원 2012.4.26, 2012도986; 2004.2.27, 2002도5800 항소심에서 다시 재판하는 것이다.

049 기간의 말일이 토요일 또는 공휴일에 해당하는 날은 기간에 산입하지 않는 것이 원칙이다. [국가7급 10]

049 (○) 제66조 제3항

3 소송행위의 가치판단과 소송조건

 대표유형

친고죄에서 고소의 추완은 부정된다. [국가7급 10]

(○) 대법원 1970.7.28, 70도942

050 반의사불벌죄에 있어서 처벌불원의 의사표시의 부존재는 법원이 직권으로 조사·판단하여야 한다. [법원9급 18]

050 (○) 대법원 2001.4.24, 2000 도3172

051 토지관할권은 당사자의 신청을 기다려 법원이 조사하는 상대적 소송조건 이다. [경찰채용 12]

051 (○) 제320조 제1항

052 기피신청을 받은 법관이 본안의 소송절차를 정지해야 함에도 그대로 소송을 진행해서 이루어진 소송행위는 그 후 기피신청에 대한 기각결정이 확정되었더라도 무효이다. [국가9급 15]

052 (○) 대법원 2012.10.11, 2012 도8544

053 법원에서 피고인이 국민참여재판을 원하는지에 관한 의사의 확인절차를 거치지 아니한 채 통상의 공판절차로 재판을 진행한 경우 그 공판절차에서 이루어진 소송행위는 유효하다. [국가9급 15]

053 (×) '유효하다' → '무효이다' 중대한 침해로서 그 절차는 위법하고 그 소송행위도 무효라고 보아야 한다(대법원 2013.1.31, 2012도 13896)

054 공소장에 검사의 기명날인 또는 서명이 누락된 경우에는 공소제기가 무효이며, 검사가 공소장에 기명날인 또는 서명을 추완하더라도 유효하게 될 수 없다. [국가9급 17·18] [국가9급개론 18]

054 (×) '없다' → '있다' 추완하는 등의 방법에 의하여 공소의 제기가 유효하게 될 수 있다(대법원 2012.9.27, 2010도17052).

055 공소장 기재의 방식에 관하여 피고인 측으로부터 아무런 이의가 제기되지 아니하였고 법원 역시 범죄사실의 실체를 파악하는 데 지장이 없다고 판단하여 그대로 공판절차를 진행한 결과 증거조사절차가 마무리되어 법관의 심증형성이 이루어진 단계에서는 더 이상 공소장일본주의 위배를 주장하여 이미 진행된 소송절차의 효력을 다툴 수는 없다. [국가9급 17 변형]

055 (○) 대법원 2009.10.22, 2009도7436 전원합의체

056 위 지문과 달리, 공소장 기재의 방식에 관하여 피고인 측으로부터 이의가 유효하게 제기되어 있는 이상 공판절차가 진행되어 법관의 심증형성의 단계에 이르렀다고 하여 공소장일본주의 위배의 하자가 치유된다고 볼 수 없다. [법원승진 14 변형]

056 (○) 대법원 2015.1.29, 2012도2957

057 공소장부본 송달 등의 절차 없이 검사가 공판기일에 공소장의 형식적 요건을 갖추지 못한 공소장변경허가신청서로 공소장을 갈음한다고 구두 진술한 것만으로는 유효한 공소제기가 있다고 할 수 없고, 피고인과 변호인이 그에 대해 이의를 제기하지 않았다 하더라도 그 하자는 치유되지 않는다. [국가9급 17]

057 (○) 대법원 2009.2.26, 2008도11813

058 본래 범의를 가지지 아니한 자에 대하여 수사기관이 사술이나 계략 등을 써서 범의를 유발케 하여 범죄인을 검거하는 함정수사는 위법하지만, 이러한 함정수사에 기한 공소제기까지 무효인 것은 아니다. [국가9급 17] [국가9급개론 18]

058 (×) '무효인 것은 아니다' → '무효이다'
법률의 규정에 위반하여 무효인 때에 해당한다(공소기각판결설, 대법원 2008.10.23, 2008도7362).

059 소송행위의 방식에서 고소와 고발, 변호인의 선임, 상소의 포기는 구두주의와 서면주의가 모두 적용된다. [국가7급 14]

해설+ 변호인 선임은 서면주의만 적용되고, 고소·고발과 상소의 포기는 서면주의와 구두주의가 모두 적용된다.

059 (×) '변호인의 선임' → 삭제

060 절차형성적 소송행위가 착오로 인하여 행하여진 경우, 그 행위가 무효로 되기 위하여는 착오가 행위자 또는 대리인이 책임질 수 없는 사유로 발생하였을 것이 요구된다. [국가7급 14]

060 (○) 대법원 1995.8.17, 95모49

061 소송행위로서 요구되는 본질적인 개념요소가 결여되어 소송행위로 성립되지 아니한 경우에는 소송행위가 성립되었으나 무효인 경우와는 달리 하자의 치유문제는 발생하지 않으나, 추후 당해 소송행위가 적법하게 이루어진 경우에는 그때부터 위 소송행위가 성립된 것으로 볼 수 있다. [국가9급 14]

061 (○) 대법원 2003.11.14, 2003도2735

062 상소기간 만료 후 상소권회복청구에 의하여 다시 상소를 제기한 경우는 보정적 추완에 해당한다. [국가9급 10]

062 (×) '보정적 추완' → '단순추완' 보정적 추완은 피보정소송행위의 존재가 전제되어야 한다.

063 변호인선임신고가 되지 아니한 상태에서 항소이유서를 제출하고 그 후 변호인선임계가 제출된 경우 보정적 추완이 인정된다. [국가9급 10]

해설+ 그 기간 전에 상소이유서를 제출하였다고 하더라도 변호인의 상소이유서로서의 효력이 없다(대법원 1969.10.4, 69모68).

063 (×) '인정된다' → '부정된다'

064 변호인선임서를 제출하지 않은 채 상고이유서만을 제출하고 상고이유서 제출기간이 지난 후에 변호인선임서를 제출하였다면 그 상고이유서는 적법·유효한 변호인의 상고이유서가 될 수 없다. [경찰간부 18] [법원9급 23 변형]

064 (○) 대법원 2015.2.26, 2014도12737

065 변호인선임신고서를 제출하지 아니한 변호인이 변호인 명의로 약식명령에 대하여 정식재판청구서를 제출하고 정식재판청구기간 경과 후에 비로소 변호인선임신고서를 제출한 경우, 위 정식재판청구서는 적법·유효한 정식재판청구로서의 효력이 없다. [국가7급 14] [국가9급 18]

065 (○) 대법원 2005.1.20, 2003모429

066 고소권자가 비친고죄로 고소한 사건이더라도 검사가 사건을 친고죄로 구성하여 공소를 제기하였다면, 공소장변경절차를 거쳐 공소사실이 비친고죄로 변경되지 아니하는 한, 법원으로서는 친고죄에서 소송조건이 되는 고소가 유효하게 존재하는지를 직권으로 조사·심리하여야 한다. [경찰채용 17 2차]

067 친고죄에서 피해자의 고소가 없거나 고소가 취소되었음에도 친고죄로 기소되었다가, 그 후 당초에 기소된 공소사실과 동일성이 인정되는 비친고죄로 공소장변경이 허용된 경우 그 공소제기의 흠은 치유되지 않는다.
[경찰간부 18] [법원9급 14]

068 공갈죄의 수단으로서 한 협박은 공갈죄에 흡수될 뿐 별도로 협박죄를 구성하지 않으므로, 그 범죄사실에 대한 피해자의 고소는 결국 공갈죄에 대한 것이라 할 것이어서, 그 후 고소가 취소되었다 하여 공갈죄로 처벌하는 데에 아무런 장애가 되지 아니하며, 검사가 공소를 제기할 당시에는 그 범죄사실을 협박죄로 구성하여 기소하였다 하더라도, 그 후 공판 중에 기본적 사실관계가 동일하여 공소사실을 공갈미수로 공소장변경이 허용된 이상 그 공소제기의 하자는 치유된다. [경찰간부 18]

069 친고죄로 기소된 후에 피해자의 고소가 취소되었다면, 당초에 기소된 공소사실과 동일성이 인정되는 범위 내에서 비친고죄의 공소사실로 공소장이 변경되었더라도 공소기각의 판결을 하여야 한다. [국가7급 22]

해설+ 친고죄에서 피해자의 고소가 없거나 고소가 취소되었음에도 친고죄로 기소되었다가 그 후 당초에 기소된 공소사실과 동일성이 인정되는 비친고죄로 공소장변경이 허용된 경우 그 공소제기의 흠은 치유되고, 친고죄로 기소된 후에 피해자의 고소가 취소되더라도 제1심이나 항소심에서 당초에 기소된 공소사실과 동일성이 인정되는 범위 내에서 다른 공소사실로 공소장을 변경할 수 있으며 이러한 경우 변경된 공소사실에 대하여 심리·판단하여야 한다(대법원 2011.5.13, 2011도2233).

070 친고죄로 기소된 후에 피해자의 고소가 취소되더라도 당초에 기소된 공소 사실과 동일성이 인정되는 범위 내에서 다른 공소사실(비친고죄)로 공소장 이 변경된 경우 애초 공소제기의 흠이 치유되므로, 법원은 변경된 공소사 실에 대하여 심리·판단하여야 한다. [법원9급 16]

070 (○) 공소사실의 추완이 인정 되는 경우이다(대법원 2011.5.13, 2011도2233).

071 친고죄에 대하여 고소 없이 공소가 제기된 경우에도 이후 피해자의 고소가 있었다면 공소의 제기는 적법·유효한 것으로 추완된다. [국가7급 14]

해설+ 기소 이후의 고소의 추완은 허용되지 아니한다(대법원 1982.9.14, 82도1504).

071 (×) '추완된다' → '추완되지 않 는다'

072 비친고죄로 공소제기되었다가 친고죄로 공소장이 변경된 경우에도 고소의 추완은 허용되지 않는다. [국가7급 14]

072 (○) 대법원 1982.9.14, 82 도1504

073 유효한 고소의 존재는 친고죄의 본질적 소송조건을 이루므로 고소의 추완 이 있는 경우 법원은 공소기각의 판결을 내려야 한다. [국가9급 10]

073 (○) 대법원 1982.9.14, 82 도1504

074 성명모용으로 인하여 피고인의 특정이 잘못되었거나 범행의 일시·장소 등의 기재에 사소한 오기가 발생한 경우에는 피고인의 방어권을 해하지 않 는 범위 내에서 공소장의 보정이 허용된다. [국가7급 14]

보충 공소장의 정정·보정: 법원의 허가 不要

074 (○) 대법원 1993.1.19, 92 도2554

075 반의사불벌죄에 있어서 처벌불원의 의사표시의 부존재는 소위 소극적 소 송조건으로서 직권조사사항이라 할 것이므로 당사자가 항소이유로 주장하 지 아니하였다고 하더라도 원심은 이를 직권으로 조사·판단하여야 한다. [경찰채용 18]

075 (○) 대법원 2009.12.10, 2009 도9939

076 피해자가 나이 어린 미성년자인 경우 그 법정대리인이 밝힌 처벌불원의 의사표시에 피해자 본인의 의사가 포함되어 있는지는 대상 사건의 유형 및 내용, 피해자의 나이, 합의의 실질적인 주체 및 내용, 합의 전후의 정황, 법정대리인 및 피해자의 태도 등을 종합적으로 고려하여 판단해야 하는 것인데, 해당 처벌불원의 의사표시의 존재 여부는 당사자가 항소이유로 주장하지 아니한 이상 항소심 법원이 이를 직권으로 조사 · 판단할 필요는 없다. [경찰승진 22]

076 (×)

해설+ 반의사불벌죄에서 처벌불원의 의사표시의 부존재는 소극적 소송조건으로서 직권조사사항이므로 당사자가 항소이유로 주장하지 아니하였더라도 항소심 법원은 이를 직권으로 조사 · 판단하여야 한다(대법원 2020.2.27, 2019도14000).

077 무죄의 제1심판결에 대하여 검사가 항소하였으나 공소기각의 판결사유가 있다고 인정될 경우, 항소심법원은 직권으로 제1심판결을 파기하고 공소기각판결을 선고하여야 한다. [국가9급 13] [군무원9급 23 변형]

077 (○) 소송조건의 흠결은 직권조사사항에 속하기 때문이다(대법원 1994.10.14, 94도1818).

078 교통사고로 인해 업무상 과실치상죄로 기소된 사안에서 피고인에게 업무상 주의의무 위반이 없다고 증명됨과 동시에 교통사고처리특례법이 규정한 자동차보험에 가입하였던 사실이 인정된다면 법원은 공소기각의 판결을 선고하여야 한다. [법원9급 12]

078 (○) 대법원 2004.11.26, 2004도4693
소송조건 흠결의 경합: 공 > 관 > 면 > 실

079 소송조건의 흠결이 확인되고 동시에 범죄사실 없음이 증명된 경우에는 원칙적으로 무죄판결이 아니라 형식재판을 하여야 한다. [군무원9급 22]

079 (○) 소송조건의 흠결을 이유로 형식재판을 먼저 하여야 한다.

보충 피고인이 신호를 위반하여 차량을 운행함으로써 사람을 상해에 이르게 한 교통사고로서 교통사고처리특례법 제3조 제1항, 제2항 단서 제1호의 사유가 있다고 하여 공소가 제기된 사안에 대하여, 공판절차에서의 심리 결과 피고인이 신호를 위반하여 차량을 운행한 사실이 없다는 점이 밝혀지게 되고, 한편 위 교통사고 당시 피고인이 운행하던 차량은 교통사고처리특례법 제4조 제1항 본문 소정의 자동차종합보험에 가입되어 있었으므로, 결국 교통사고처리특례법 제4조 제1항 본문에 따라 공소를 제기할 수 없음에도 불구하고 이에 위반하여 공소를 제기한 경우에 해당하고, 따라서 위 공소제기는 형사소송법 제327조 제2호 소정의 공소제기절차가 법률의 규정에 위반하여 무효인 때에 해당하는바, 이러한 경우 법원으로서는 위 교통사고에 대하여 피고인에게 아무런 업무상 주의의무 위반이 없다는 점이 증명되었다 하더라도 바로 무죄를 선고할 것이 아니라, 형사소송법 제327조의 규정에 의하여 소송조건의 흠결을 이유로 공소기각의 판결을 선고하여야 한다(대법원 2004.11.26, 2004도4693).

2024 - 2025
백광훈
통합 핵지총 ○×
형사소송법

PART

03

수사와 공소

CHAPTER 01 | 수사

1 수사의 의의와 구조

🔗 대표유형

검사는 부패범죄, 경제범죄 등 대통령령으로 정하는 중요 범죄, 경찰공무원 및 고위공직자 범죄수사처 소속 공무원이 범한 범죄, 위 범죄들 및 사법경찰관이 송치한 범죄와 관련하여 인지한 각 해당 범죄와 직접 관련성이 있는 범죄에 대하여 수사를 개시할 수 있다.
[국가9급 21 변형]

(○) 검찰청법 제4조 제1항 제1호

🔗 대표유형

검사 또는 사법경찰관은 피의자에게 출석요구를 하려는 경우 피의자와 조사의 일시·장소에 관하여 협의해야 하고, 이 경우 변호인이 있는 경우에는 변호인과도 협의해야 한다.
[경찰채용 21 1차]

(○) 수사준칙 제19조 제2항

🔗 대표유형

피의자 또는 변호인은 검사의 전문수사자문위원 지정에 대하여 관할 지방검찰청 검사장에게 이의를 제기할 수 있다.
[국가7급 10]

(×) '관할 지방검찰청 검사장' → '관할 고등검찰청검사장'(제245조의3 제3항)

🔗 대표유형

범의를 가진 자에 대하여 단순히 범행의 기회를 제공하거나 범행을 용이하게 하는 것에 불과한 수사방법이 경우에 따라 허용될 수 있음은 별론으로 하고, 본래 범의를 가지지 아니한 자에 대하여 수사기관이 사술이나 계략 등을 써서 범의를 유발케 하여 범죄인을 검거하는 함정수사는 위법하므로 이러한 함정수사에 기한 공소제기에 대해 법원은 공소기각결정을 선고해야 한다.
[국가7급 21]

(×) 공소기각결정이 아니라 공소기각판결을 내려야 한다는 것이 판례이다(대법원 2008.10.23, 2008도7362).

001 수사란 범죄혐의의 유무를 명백히 하여 공소를 제기·유지할 것인가의 여부를 결정하기 위하여 범인을 발견·확보하고 증거를 수집·보전하는 수사기관의 활동을 말한다.
[경찰채용 17 1차]

001 (○) 대법원 1999.12.7, 98도3329

002 검사와 사법경찰관은 수사를 할 때 물적 및 인적 증거를 기본으로 하여 객관적이고 신빙성 있는 증거를 발견하고 수집하기 위해 노력하여 실체적 진실을 발견하여야 한다. [경찰간부 23]

해설+ 수사준칙 제3조【수사의 기본원칙】① 검사와 사법경찰관은 모든 수사과정에서 헌법과 법률에 따라 보장되는 피의자와 그 밖의 피해자·참고인 등(이하 "사건관계인"이라 한다)의 권리를 보호하고, 적법한 절차에 따라야 한다.
② 검사와 사법경찰관은 예단(豫斷)이나 편견 없이 신속하게 수사해야 하고, 주어진 권한을 자의적으로 행사하거나 남용해서는 안 된다.
③ 검사와 사법경찰관은 수사를 할 때 다음 각 호의 사항에 유의하여 실체적 진실을 발견해야 한다.
1. 물적 증거를 기본으로 하여 객관적이고 신빙성 있는 증거를 발견하고 수집하기 위해 노력할 것
2. 과학수사 기법과 관련 지식·기술 및 자료를 충분히 활용하여 합리적으로 수사할 것
3. 수사과정에서 선입견을 갖지 말고, 근거 없는 추측을 배제하며, 사건관계인의 진술을 과신하지 않도록 주의할 것
④ 검사와 사법경찰관은 다른 사건의 수사를 통해 확보된 증거 또는 자료를 내세워 관련이 없는 사건에 대한 자백이나 진술을 강요해서는 안 된다.

003 검사와 사법경찰관은 수사 및 공소제기뿐만 아니라 공소유지에 관하여도 서로 협력하여야 한다. [경찰간부 23]

해설+ 형사소송법 제195조【검사와 사법경찰관의 관계 등】① 검사와 사법경찰관은 수사, 공소제기 및 공소유지에 관하여 서로 협력하여야 한다.

수사준칙 제6조【상호협력의 원칙】① 검사와 사법경찰관은 상호 존중해야 하며, 수사, 공소제기 및 공소유지와 관련하여 협력해야 한다.
② 검사와 사법경찰관은 수사와 공소제기 및 공소유지를 위해 필요한 경우 수사·기소·재판 관련 자료를 서로 요청할 수 있다.
③ 검사와 사법경찰관의 협의는 신속히 이루어져야 하며, 협의의 지연 등으로 수사 또는 관련 절차가 지연되어서는 안 된다.

004 검사의 수사개시는 예외적으로 인정되는데, 검사는 부패범죄, 경제범죄 등 대통령령으로 정하는 중요 범죄에 대해서는 수사를 개시할 수 있다. [경찰채용 23 2차]

해설+ 검찰청법 제4조【검사의 직무】① 검사는 공익의 대표자로서 다음 각 호의 직무와 권한이 있다.
1. 범죄수사, 공소의 제기 및 그 유지에 필요한 사항. 다만, 검사가 수사를 개시할 수 있는 범죄의 범위는 다음 각 목과 같다.
   가. 부패범죄, 경제범죄 등 대통령령으로 정하는 중요 범죄
   나. 경찰공무원(다른 법률에 따라 사법경찰관리의 직무를 행하는 자를 포함한다) 및 고위공직자범죄수사처 소속 공무원(「고위공직자범죄수사처 설치 및 운영에 관한 법률」에 따른 파견공무원을 포함한다)이 범한 범죄
   다. 가목·나목의 범죄 및 사법경찰관이 송치한 범죄와 관련하여 인지한 각 해당 범죄와 직접 관련성이 있는 범죄

005 사법경찰관이 송치한 범죄를 제외하고 검사는 자신이 수사개시한 범죄에 대하여는 공소를 제기할 수 없다. [소방간부 23]

> **해설+** 검찰청법 제4조【검사의 직무】② 검사는 자신이 수사개시한 범죄에 대하여는 공소를 제기할 수 없다. 다만, 사법경찰관이 송치한 범죄에 대하여는 그러하지 아니하다.

005 (○) 검찰청법 제4조 제2항 참조.

006 검사는 경찰공무원이 범한 범죄에 대하여 수사를 개시할 수 있다. [군무원9급 21]

> **해설+** 형사소송법 제196조【검사의 수사】① 검사는 범죄의 혐의가 있다고 사료하는 때에는 범인, 범죄사실과 증거를 수사한다.
>
> **검찰청법 제4조【검사의 직무】**① 검사는 공익의 대표자로서 다음 각 호의 직무와 권한이 있다.
> 1. 범죄수사, 공소의 제기 및 그 유지에 필요한 사항. 다만, 검사가 수사를 개시할 수 있는 범죄의 범위는 다음 각 목과 같다.
>   가. 부패범죄, 경제범죄 등 대통령령으로 정하는 중요 범죄
>   나. 경찰공무원(다른 법률에 따라 사법경찰관리의 직무를 행하는 자를 포함한다) 및 고위공직자범죄수사처 소속 공무원(「고위공직자범죄수사처 설치 및 운영에 관한 법률」에 따른 파견공무원을 포함한다)이 범한 범죄
>   다. 가목·나목의 범죄 및 사법경찰관이 송치한 범죄와 관련하여 인지한 각 해당 범죄와 직접 관련성이 있는 범죄

006 (○) 형사소송법 제196조, 검찰청법 제4조 제1항 제1호 단서 나목

007 일반 경찰공무원인 사법경찰관리는 검사의 수사지휘를 받지 않으며 1차적 수사종결권이 있는 반면, 검찰청 직원인 사법경찰관리는 검사에 대해 수사보조자로서의 지위를 갖는다. [소방간부 23]

> **해설+** 형사소송법 제195조【검사와 사법경찰관의 관계 등】① 검사와 사법경찰관은 수사, 공소제기 및 공소유지에 관하여 서로 협력하여야 한다.
>
> **제245조의5【사법경찰관의 사건송치 등】** 사법경찰관은 고소·고발 사건을 포함하여 범죄를 수사한 때에는 다음 각 호의 구분에 따른다.
> 1. 범죄의 혐의가 있다고 인정되는 경우에는 지체 없이 검사에게 사건을 송치하고, 관계 서류와 증거물을 검사에게 송부하여야 한다.
> 2. 그 밖의 경우에는 그 이유를 명시한 서면과 함께 관계 서류와 증거물을 지체 없이 검사에게 송부하여야 한다. 이 경우 검사는 송부받은 날부터 90일 이내에 사법경찰관에게 반환하여야 한다.
>
> **수사준칙 제51조【사법경찰관의 결정】**① 사법경찰관은 사건을 수사한 경우에는 다음 각 호의 구분에 따라 결정해야 한다.
> 1. 법원송치
> 2. 검찰송치
> 3. 불송치 (이하 중략)
>
> **형사소송법 제245조의9【검찰청 직원】**② 사법경찰관의 직무를 행하는 검찰청 직원은 검사의 지휘를 받아 수사하여야 한다.
> ③ 사법경찰리의 직무를 행하는 검찰청 직원은 검사 또는 사법경찰관의 직무를 행하는 검찰청 직원의 수사를 보조하여야 한다.

007 (○) 일반 경찰공무원인 사법경찰관리가 검사의 수사지휘를 받지 아니한다는 것은 형사소송법 제195조 제1항, 1차적 수사종결권이 있다는 것은 형사소송법 제245조의5 및 수사준칙 제51조, 검찰청 직원인 사법경찰관리가 검사에 대한 수사보조자로서의 지위를 갖는다는 것은 형사소송법 제245조의9 제2항·제3항 참조.

008 삼림, 해사, 전매, 세무, 군수사기관, 그 밖에 특별한 사항에 관하여 사법경찰관리의 직무를 행할 특별사법경찰관리와 그 직무의 범위는 법률로 정하며, 특별사법경찰관은 모든 수사에 관하여 검사의 지휘를 받는다.

[경찰승진 23] [국가7급 21 변형]

008 (○) 제245조의10 제1항·제2항 참조.

해설＋ 형사소송법 제245조의10 【특별사법경찰관리】 ① 삼림, 해사, 전매, 세무, 군수사기관, 그 밖에 특별한 사항에 관하여 사법경찰관리의 직무를 행할 특별사법경찰관리와 그 직무의 범위는 법률로 정한다.
② 특별사법경찰관은 모든 수사에 관하여 검사의 지휘를 받는다.

009 「공직선거법」상 각급선거관리위원회의 위원·직원은 선거범죄에 관하여 사법경찰관리의 직무를 행하는 특별사법경찰관리로서 선거범죄에 관하여 관계인에 대하여 질문·조사를 하거나 자료제출을 요구할 수 있다.

[소방간부 23]

009 (×)

해설＋ 선거관리위원회의 본질적 기능은 선거의 공정한 관리 등 행정기능이고, 그 효과적인 기능 수행과 집행의 실효성을 확보하기 위한 수단으로서 선거범죄조사권을 인정하고 있다. 심판대상조항에 의한 자료제출요구는 위와 같은 조사권의 일종으로서 행정조사에 해당하고, 선거범죄 혐의 유무를 명백히 하여 공소의 제기와 유지 여부를 결정하려는 목적으로 범인을 발견·확보하고 증거를 수집·보전하기 위한 수사기관의 활동인 수사와는 근본적으로 그 성격을 달리한다(헌법재판소 2019.9.26, 2016헌바381).

보충 공선법 제272조의2 【선거범죄의 조사등】 ① 각급선거관리위원회(읍·면·동선거관리위원회를 제외한다) 위원·직원은 선거범죄에 관하여 그 범죄의 혐의가 있다고 인정되거나, 후보자(경선후보자를 포함한다)·예비후보자·선거사무장·선거연락소장 또는 선거사무원이 제기한 그 범죄의 혐의가 있다는 소명이 이유 있다고 인정되는 경우 또는 현행범의 신고를 받은 경우에는 그 장소에 출입하여 관계인에 대하여 질문·조사를 하거나 관련 서류 기타 조사에 필요한 자료의 제출을 요구할 수 있다.

형사소송법 제245조의10 【특별사법경찰관리】 ① 삼림, 해사, 전매, 세무, 군수사기관, 그 밖에 특별한 사항에 관하여 사법경찰관리의 직무를 행할 특별사법경찰관리와 그 직무의 범위는 법률로 정한다.

010 검사는 '송치사건의 공소제기 여부 결정 또는 공소의 유지에 관하여 필요한 경우' 또는 '사법경찰관이 신청한 영장의 청구 여부 결정에 관하여 필요한 경우'에 사법경찰관에게 보완수사를 요구할 수 있다.

[경찰승진 22] [군무원9급 21 변형] [해경승진 23 변형]

010 (○) 제197조의2 제1항·제2항

해설+ **제197조의2 【보완수사요구】** ① 검사는 다음 각 호의 어느 하나에 해당하는 경우에 사법경찰관에게 보완수사를 요구할 수 있다.
1. 송치사건의 공소제기 여부 결정 또는 공소의 유지에 관하여 필요한 경우
2. 사법경찰관이 신청한 영장의 청구 여부 결정에 관하여 필요한 경우
　(→ 기소/영장은 보완수사 해 주세요)
② 사법경찰관은 제1항의 요구가 있는 때에는 정당한 이유가 없는 한 지체 없이 이를 이행하고, 그 결과를 검사에게 통보하여야 한다.
③ 검찰총장 또는 각급 검찰청 검사장은 사법경찰관이 정당한 이유 없이 제1항의 요구에 따르지 아니하는 때에는 권한 있는 사람에게 해당 사법경찰관의 직무배제 또는 징계를 요구할 수 있고, 그 징계절차는 「공무원 징계령」 또는 「경찰공무원 징계령」에 따른다.

011 검사는 사법경찰관이 사건을 송치하지 아니한 것이 위법 또는 부당한 때에는 그 이유를 문서로 명시하여 사법경찰관에게 보완수사를 요구할 수 있다.

[해경승진 23]

011 (×) 사법경찰관의 불송치결정에 대하여 검사는 재수사를 요청할 수 있는 것이지(제245조의8 제1항), 보완수사를 요구할 수 있는 것이 아니다.

해설+ **제245조의8 【재수사요청 등】** ① 검사는 제245조의5 제2호의 경우에 사법경찰관이 사건을 송치하지 아니한 것이 위법 또는 부당한 때에는 그 이유를 문서로 명시하여 사법경찰관에게 재수사를 요청할 수 있다.
② 사법경찰관은 제1항의 요청이 있는 때에는 사건을 재수사하여야 한다.

012 사법경찰관은 형사소송법 제197조의2 제1항에 따른 검사의 보완수사의 요구가 있는 때에는 정당한 이유가 없는 한 지체 없이 이를 이행하고, 그 결과를 검사에게 통보하여야 한다.

[경찰승진 22·23 변형]

012 (○) 제197조의2 제1항·제2항

013 형사소송법 제197조의2 제1항에 따른 보완수사의 요구를 받은 사법경찰관과 검사 사이에 형사소송법 제197조의2 제2항의 '정당한 이유의 유무'에 대하여 이견의 조정이 필요한 경우에 사법경찰관은 검사에 대하여 협의를 요청할 수 있다.

[경찰승진 22]

013 (○) 수사를 함에 있어서 검·경 간에 이견조정이나 협력 등이 필요한 경우, 상호협의를 요청할 수 있다(수사준칙 제8조 제1항 본문).

보충 여기서 더 나아가 검사의 보완수사요구에 대한 사법경찰관의 보완수사 이행 여부에 관한 정당한 이유의 유무에 대한 이견이 있을 때(동조 제2항)와 같은 경우 등에는, 해당 검사가 소속된 검찰청의 장과 해당 사법경찰관이 소속된 경찰관서(지방해양경찰관서를 포함한다)의 장의 협의에 따른다.

014 형사소송법 제197조의2 제2항에 따른 '정당한 이유의 유무'에 대하여 이견이 있어 협의를 요청받은 검사는 이에 응하지 않을 수 있으며, 이 경우에는 해당 검사가 소속된 검찰청의 장과 해당 사법경찰관이 소속된 경찰관서의 장의 협의에 따른다. [경찰승진 22]

014 (×)

해설+ 형사소송법 제197조의2 제1항에 따른 보완수사의 요구를 받은 사법경찰관과 검사 사이에 형사소송법 제197조의2 제2항의 '정당한 이유의 유무'에 대하여 이견의 조정이 필요한 경우에는 특별한 사정이 없는 한 상대방의 협의요청에 응해야 하고(수사준칙 제8조 제1항 단서), 이때 해당 검사와 사법경찰관의 협의에도 불구하고 이견이 해소되지 아니하는 경우에는 해당 검사가 소속된 검찰청의 장과 해당 사법경찰관이 소속된 경찰관서의 장의 협의에 따른다(동조 제2항).

보충 수사준칙 제8조【검사와 사법경찰관의 협의】① 검사와 사법경찰관은 수사와 사건의 송치, 송부 등에 관한 이견의 조정이나 협력 등이 필요한 경우 서로 협의를 요청할 수 있다. 이 경우 특별한 사정이 없으면 상대방의 협의요청에 응해야 한다. 〈개정 2023.10.17.〉
② 제1항에 따른 협의에도 불구하고 이견이 해소되지 않는 경우로서 다음 각 호의 어느 하나에 해당하는 경우에는 해당 검사가 소속된 검찰청의 장과 해당 사법경찰관이 소속된 경찰관서(지방해양경찰관서를 포함한다. 이하 같다)의 장의 협의에 따른다. 〈개정 2023.10.17.〉
1. 중요사건에 관하여 상호 의견을 제시·교환하는 것에 대해 이견이 있거나 제시·교환한 의견의 내용에 대해 이견이 있는 경우
2. 「형사소송법」(이하 "법"이라 한다) 제197조의2 제2항 및 제3항에 따른 정당한 이유의 유무에 대해 이견이 있는 경우
3. 법 제197조의4 제2항 단서에 따라 사법경찰관이 계속 수사할 수 있는지 여부나 사법경찰관이 계속 수사할 수 있는 경우 수사를 계속할 주체 또는 사건의 이송 여부 등에 대해 이견이 있는 경우
4. 법 제245조의8 제2항에 따른 재수사의 결과에 대해 이견이 있는 경우

015 사법경찰관은 피의자를 신문하기 전에 수사과정에서 법령위반, 인권침해 또는 현저한 수사권 남용이 있는 경우 '검사에게 구제를 신청할 수 있음'을 피의자에게 알려 주어야 하며, 이때 사법경찰관은 피의자로부터 고지 확인서를 받아 사건기록에 편철하여야 한다. [경찰간부 23] [군무원9급 21 변형]

015 (○) 형사소송법 제197조의3 제8항, 수사준칙 제47조 참조.

해설+ 형사소송법 제197조의3【시정조치요구 등】⑧ 사법경찰관은 피의자를 신문하기 전에 수사과정에서 법령위반, 인권침해 또는 현저한 수사권 남용이 있는 경우 검사에게 구제를 신청할 수 있음을 피의자에게 알려 주어야 한다.

수사준칙 제47조【구제신청 고지의 확인】 사법경찰관은 법 제197조의3 제8항에 따라 검사에게 구제를 신청할 수 있음을 피의자에게 알려 준 경우에는 피의자로부터 고지 확인서를 받아 사건기록에 편철한다. 다만, 피의자가 고지 확인서에 기명날인 또는 서명하는 것을 거부하는 경우에는 사법경찰관이 고지 확인서 끝부분에 그 사유를 적고 기명날인 또는 서명해야 한다.

016 사법경찰관리의 수사과정에서 현저한 수사권 남용이 의심되는 사실에 대하여, 「형사소송법」 제197조의3의 절차에 따라 사법경찰관으로부터 사건기록 등본을 송부받은 검사는 필요하다고 인정되는 경우 사법경찰관에게 시정조치를 요구할 수 있고, 그 이행 결과를 통보받은 후 시정조치 요구가 정당한 이유 없이 이행되지 않았다고 인정되는 경우에는 사법경찰관에게 사건을 송치할 것을 요구할 수 있다. [경찰채용 21 1차]

016 (○) 제197조의3 제3항·제5항

> **보충** 위법·부당수사에 대한 검사의 감독권 행사절차
> ① 검사의 사건기록 등본 송부요구 →
> ② 사경은 지체 없이(7일 내, 수사준칙 제45조 제2항) 송부 →
> ③ 검사는 필요시 시정조치 요구(등본송부일로부터 30일 이내 서면, 10일의 범위에서 1회 연장 可, 동조 제3항) →
> ④ 사경은 정당한 이유 없으면 지체 없이 이행 →
> ⑤ 불이행 시 검사는 사건송치 요구(서면, 동조 제5항) →
> ⑥ 사경은 사건송치(7일 내, 동조 제6항) →
> ⑦ 검찰총장 또는 각급 검사장은 해당 사경관리 징계요구 可

017 검사는 사법경찰관리의 수사과정에서 법령위반, 인권침해 또는 현저한 수사권 남용이 의심되는 사실의 신고가 있거나 그러한 사실을 인식하게 된 경우에는 즉시 사법경찰관에게 사건의 송치를 요구할 수 있고, 검사의 송치 요구를 받은 사법경찰관은 검사에게 사건을 송치하여야 한다. [경찰채용 21 2차]

017 (×)

> **해설+** 위법·부당수사의 신고가 있거나 인식한 경우 검사는 처음부터 사건송치를 요구할 수 있는 것은 아니고, 사건기록 등본 송부요구와 시정조치 요구에도 불구하고 사법경찰관이 정당한 이유 없이 이를 시정하지 않은 경우에 사건송치를 요구할 수 있는 것이다(제197조의3). "검사는 사법경찰관리의 수사과정에서 법령위반, 인권침해 또는 현저한 수사권 남용이 의심되는 사실의 신고가 있거나 그러한 사실을 인식하게 된 경우에는 사법경찰관에게 사건기록 등본의 송부를 요구할 수 있고, 검사의 송부 요구를 받은 사법경찰관은 지체 없이 검사에게 사건기록 등본을 송부하여야 한다(제197조의3 제1항·제2항)."

018 검사는 사법경찰관리의 수사과정에서 법령위반, 인권침해 또는 현저한 수사권 남용이 의심되는 사실의 신고가 있거나 그러한 사실을 인식하게 된 경우에는 사법경찰관에게 사건기록 등본의 송부를 요구할 수 있고, 송부를 받은 검사는 필요한 경우 사법경찰관에게 시정조치를 요구할 수 있으며, 검사는 시정조치 요구가 정당한 이유 없이 이행되지 않은 경우에 사법경찰관에게 보완수사를 요구하여야 한다. [경찰채용 20 2차]

018 (×) 시정조치요구가 정당한 이유 없이 이행되지 아니하였다고 인정되는 경우에는 보완수사를 요구하는 것이 아니라, 사건송치를 요구할 수 있다(제197조의3 제5항).

해설+ 제197조의3【시정조치 요구 등】① 검사는 사법경찰관리의 수사과정에서 법령위반, 인권침해 또는 현저한 수사권 남용이 의심되는 사실의 신고가 있거나 그러한 사실을 인식하게 된 경우에는 사법경찰관에게 사건기록 등본의 송부를 요구할 수 있다.
② 제1항의 송부 요구를 받은 사법경찰관은 지체 없이 검사에게 사건기록 등본을 송부하여야 한다.
③ 제2항의 송부를 받은 검사는 필요하다고 인정되는 경우에는 사법경찰관에게 시정조치를 요구할 수 있다.
④ 사법경찰관은 제3항의 시정조치 요구가 있는 때에는 정당한 이유가 없으면 지체 없이 이를 이행하고, 그 결과를 검사에게 통보하여야 한다.
⑤ 제4항의 통보를 받은 검사는 제3항에 따른 시정조치요구가 정당한 이유 없이 이행되지 않았다고 인정되는 경우에는 사법경찰관에게 사건을 송치할 것을 요구할 수 있다.
⑥ 제5항의 송치 요구를 받은 사법경찰관은 검사에게 사건을 송치하여야 한다.
⑦ 검찰총장 또는 각급 검찰청 검사장은 사법경찰관리의 수사과정에서 법령위반, 인권침해 또는 현저한 수사권 남용이 있었던 때에는 권한 있는 사람에게 해당 사법경찰관리의 징계를 요구할 수 있고, 그 징계 절차는 「공무원 징계령」 또는 「경찰공무원 징계령」에 따른다.
⑧ 사법경찰관은 피의자를 신문하기 전에 수사과정에서 법령위반, 인권침해 또는 현저한 수사권 남용이 있는 경우 검사에게 구제를 신청할 수 있음을 피의자에게 알려주어야 한다.

019 지방검찰청 검사장 또는 지청장은 불법체포·구속의 유무를 조사하기 위하여 검사로 하여금 매월 1회 이상 관할수사관서의 피의자의 체포·구속장소를 감찰하게 하여야 한다. [경찰채용 17 1차]

019 (○) 제198조의2 제1항

020 체포·구속장소의 감찰결과 피의자가 적법한 절차에 의하지 아니하고 체포 또는 구속된 것이라고 의심할 만한 상당한 이유가 있는 경우에 검사는 즉시 체포 또는 구속된 자를 석방하거나 사건을 검찰에 송치할 것을 명하여야 하는데, 이 송치요구에 따라 사법경찰관으로부터 송치받은 사건에 관하여 검사는 동일성을 해치지 아니하는 범위 내에서 수사할 수 있다. [경찰승진 23]

020 (○) 제196조 제2항, 제198조의2 제1항·제2항 참조

해설+ 제196조【검사의 수사】② 검사는 제197조의3 제6항, 제198조의2 제2항 및 제245조의7 제2항에 따라 사법경찰관으로부터 송치받은 사건에 관하여는 해당 사건과 동일성을 해치지 아니하는 범위 내에서 수사할 수 있다.
제198조의2【검사의 체포·구속장소감찰】① 지방검찰청 검사장 또는 지청장은 불법체포·구속의 유무를 조사하기 위하여 검사로 하여금 매월 1회 이상 관하수사관서의 피의자의 체포·구속장소를 감찰하게 하여야 한다. 감찰하는 검사는 체포 또는 구속된 자를 심문하고 관련서류를 조사하여야 한다.
② 검사는 적법한 절차에 의하지 아니하고 체포 또는 구속된 것이라고 의심할 만한 상당한 이유가 있는 경우에는 즉시 체포 또는 구속된 자를 석방하거나 사건을 검찰에 송치할 것을 명하여야 한다.

CHAPTER 01 수사 **103**

021 검사는 경찰청 소속 사법경찰관과 동일한 범죄사실을 수사하게 된 때에는 사법경찰관에게 사건을 송치할 것을 요구할 수 있다. [국가7급 21]

021 (○) 제197조의4 제1항

022 검사는 사법경찰관과 동일한 범죄사실을 수사하게 된 때에는 사법경찰관에게 사건을 송치할 것을 요구할 수 있고 그 요구를 받은 사법경찰관은 지체 없이 검사에게 사건을 송치하여야 하나, 검사가 영장을 청구하기 전에 범죄사실에 관하여 사법경찰관이 영장을 신청한 경우에는 해당 영장에 기재된 범죄사실을 계속 수사할 수 있다. [경찰채용 21 2차] [경찰간부 23]

022 (○) 제197조의4 제1항·제2항

023 검사가 경찰청 소속 사법경찰관이 신청한 영장을 정당한 이유 없이 판사에게 청구하지 아니한 경우 경찰청 소속 사법경찰관은 그 검사 소속의 지방검찰청 소재지를 관할하는 고등검찰청에 영장 청구 여부에 대한 심의를 신청할 수 있다. [국가7급 21]

023 (○) 제221조의5 제1항

024 검사가 사법경찰관이 신청한 영장을 정당한 이유 없이 판사에게 청구하지 아니한 경우 사법경찰관은 그 검사 소속의 지방검찰청에 영장 청구 여부에 대한 심의를 신청할 수 있으며, 각 지방검찰청은 이를 심의하기 위하여 영장심의위원회를 둔다. [경찰채용 21 2차]

024 (×)

해설+ 검사가 사법경찰관이 신청한 영장을 정당한 이유 없이 판사에게 청구하지 아니한 경우 사법경찰관은 그 검사 소속의 지방검찰청 소재지를 관할하는 고등검찰청에 영장 청구 여부에 대한 심의를 신청할 수 있고, 각 고등검찰청은 이를 심의하기 위하여 영장심의위원회를 둔다(제221조의5 제1항·제2항).

025 검사는 상당하다고 인정하는 때에는 전문수사자문위원의 지정을 취소할 수 있다. [국가7급 10]

025 (○) 제245조의3 제2항

026 검사는 전문수사자문위원이 제출한 서면이나 전문수사자문위원의 설명 또는 의견의 진술에 관하여 제1회 공판기일 전까지 피의자 또는 변호인에게 구술 또는 서면에 의한 의견진술의 기회를 주어야 한다. [국가7급 10]

026 (×) '제1회 공판기일 전까지'
→ 삭제
의견진술권 행사의 시한에 관한 규정은 없다(제245조의2 제3항).

027 검사는 공소제기 여부와 관련된 사실관계를 분명하게 하기 위하여 피의자 또는 변호인의 신청이 있는 경우에 한하여 전문수사자문위원을 지정하여 수사절차에 참여하게 하고 자문을 들을 수 있다. [국가7급 10]

027 (×) '피의자 또는 변호인의 신청이 있는 경우에 한하여' → '직권이나 피의자 또는 변호인의 신청에 의하여'(제245조의2 제1항)

028 전문수사자문위원은 전문적인 지식에 의한 설명 또는 의견을 기재한 서면을 제출하거나 전문적인 지식에 의하여 설명이나 의견을 진술할 수 있다. 이에 대해서 검사는 피의자 또는 변호인에게 구술 또는 서면에 의한 의견진술의 기회를 줄 수 있다. [국가7급 10]

028 (×) '줄 수 있다' → '주어야 한다'(제245조의2 제3항)

029 수사기관이 수사 중인 사건의 범죄혐의를 밝히기 위한 목적으로 합리적인 근거 없이 별개의 사건을 부당하게 수사하여서는 아니 된다. [경찰승진 23]

029 (○) 제198조 제4항 전단 참조

해설+ 제198조【준수사항】④ 수사기관은 수사 중인 사건의 범죄혐의를 밝히기 위한 목적으로 합리적인 근거 없이 별개의 사건을 부당하게 수사하여서는 아니 되고, 다른 사건의 수사를 통하여 확보된 증거 또는 자료를 내세워 관련 없는 사건에 대한 자백이나 진술을 강요하여서도 아니 된다.

030 수사기관은 다른 사건의 수사를 통해 확보된 증거 또는 자료를 내세워 관련 없는 사건에 대한 자백이나 진술을 강요하여서는 아니 된다. [경찰승진 23]

030 (○) 제198조 제4항 후단 참조

해설+ 제198조【준수사항】④ 수사기관은 수사 중인 사건의 범죄혐의를 밝히기 위한 목적으로 합리적인 근거 없이 별개의 사건을 부당하게 수사하여서는 아니 되고, 다른 사건의 수사를 통하여 확보된 증거 또는 자료를 내세워 관련 없는 사건에 대한 자백이나 진술을 강요하여서도 아니 된다.

031 고위공직자범죄수사처(이하 '수사처') 검사는 수사처장의 지휘 · 감독에 따르며, 수사처검사는 수사처수사관을 지휘 · 감독한다. [경찰경채 23]

031 (○) 공수처법 제20조 제2항

해설+ **공수처법 제20조【수사처검사의 직무와 권한】** ① 수사처검사는 제3조 제1항 각 호에 따른 수사와 공소의 제기 및 유지에 필요한 행위를 한다.
② 수사처검사는 처장의 지휘 · 감독에 따르며, 수사처수사관을 지휘 · 감독한다.
③ 수사처검사는 구체적 사건과 관련된 제2항에 따른 지휘 · 감독의 적법성 또는 정당성에 대하여 이견이 있을 때에는 이의를 제기할 수 있다.

032 고위공직자범죄수사처 수사관은 수사대상범죄가 고위공직자범죄 및 관련범죄로 한정되고, 고위공직자범죄수사처 검사의 지휘 · 감독을 받는다. [소방간부 23]

032 (○) 공수처법 제21조 참조.

해설+ **공수처법 제21조【수사처수사관의 직무】** ① 수사처수사관은 수사처검사의 지휘 · 감독을 받아 직무를 수행한다.
② 수사처수사관은 고위공직자범죄등에 대한 수사에 관하여 「형사소송법」 제197조 제1항에 따른 사법경찰관의 직무를 수행한다.

제2조【정의】 이 법에서 사용하는 용어의 정의는 다음과 같다.
3. "고위공직자범죄"란 고위공직자로 재직 중에 본인 또는 본인의 가족이 범한 다음 각 목의 어느 하나에 해당하는 죄를 말한다. 다만, 가족의 경우에는 고위공직자의 직무와 관련하여 범한 죄에 한정한다. (이하 중략)
4. "관련범죄"란 다음 각 목의 어느 하나에 해당하는 죄를 말한다.
　가. 고위공직자와 「형법」 제30조부터 제32조까지의 관계에 있는 자가 범한 제3호 각 목의 어느 하나에 해당하는 죄 (이하 중략)
5. "고위공직자범죄등"이란 제3호와 제4호의 죄를 말한다.

형사소송법 제197조【사법경찰관리】 ① 경무관, 총경, 경정, 경감, 경위는 사법경찰관으로서 범죄의 혐의가 있다고 사료하는 때에는 범인, 범죄사실과 증거를 수사한다.

033 친고죄에서 고소 없이 수사를 하고 공소제기 전에 고소를 받아 공소를 제기한 경우 공소제기의 절차가 법률의 규정에 위반되어 무효로서 공소기각 판결을 하여야 한다. [법원9급 22]

033 (×)

해설+ 법률에 의하여 고소나 고발이 있어야 논할 수 있는 죄에 있어서 고소 또는 고발은 이른바 소추조건에 불과하고 당해 범죄의 성립요건이나 수사의 조건은 아니므로, 위와 같은 범죄에 관하여 고소나 고발이 있기 전에 수사를 하였더라도, 그 수사가 장차 고소나 고발의 가능성이 없는 상태하에서 행해졌다는 등의 특단의 사정이 없는 한, 고소나 고발이 있기 전에 수사를 하였다는 이유만으로 그 수사가 위법하게 되는 것은 아니다(대법원 2011.3.10, 2008도7724).

034 공무원의 고발이 있어야 논할 수 있는 죄에 있어서 고발은 소추조건이지 수사의 조건은 아니다.

[국가7급 10]

034 (○) 대법원 1995.2.24, 94 도252

035 법률에 의하여 고소나 고발이 있어야 논할 수 있는 죄에 있어서 고소 또는 고발은 이른바 소추조건에 불과하고 당해 범죄의 성립요건이나 수사의 조건은 아니다.

[경찰채용 17 1차]

035 (○) 대법원 2011.3.10, 2008 도7724

036 범의를 가진 자에 대하여 단순히 범행의 기회를 제공하거나 범행을 용이하게 하는 것에 불과한 수사방법도 경우에 따라 허용될 수 있다.

[경찰채용 22 1차]

036 (○) 대법원 2008.10.23, 2008 도7362

037 경찰관들이 노래방 단속실적을 올리기 위하여 평소 손님들에게 도우미 알선영업을 해왔다는 자료나 첩보가 없음에도 노래방에 손님을 가장하고 들어가 도우미를 불러 줄 것을 재차 요구한 후 이를 단속하였다면 이는 위법한 함정수사에 해당한다.

[국가9급개론 18]

037 (○) 대법원 2008.10.23, 2008 도7362

038 물품반출 업무담당자 A가 물품을 밀반출하는 甲의 행위를 소속회사에 사전에 알리고 그 정확한 증거를 확보하기 위하여 甲의 밀반출행위를 묵인한 경우, 이는 함정수사에 해당하지 아니한다.

[경찰채용 22 2차]

038 (○) 대법원 1987.6.9, 87도 915

039 경찰관이 게임 결과물의 환전을 거절하는 피고인에게 적극적으로 환전을 요구하는 방식의 함정수사는 위법하지 않다.

해설+ 본래 범의를 가지지 아니한 사람에 대하여 수사기관이 사술이나 계략 등을 써서 범의를 유발하게 하여 범죄인을 검거하는 함정수사는 위법하고, 이러한 함정수사에 기한 공소제기는 그 절차가 법률의 규정에 위반하여 무효인 때에 해당한다(대법원 2005.10.28, 2005도1247; 2021. 7.29, 2017도16810).

039 (×)

040 수사기관과 직접 관련이 있는 유인자가 피유인자와의 개인적인 친밀관계를 이용하여 피유인자의 동정심이나 감정에 호소하거나, 금전적·심리적 압박이나 위협 등을 가하거나, 거절하기 힘든 유혹을 하거나, 또는 범행방법을 구체적으로 제시하고 범행에 사용될 금전까지 제공하는 등으로 과도하게 개입함으로써 피유인자로 하여금 범의를 일으키게 하는 것은, 위법한 함정수사에 해당하여 허용되지 않는다. [경찰채용 22 1차]

040 (○) 대법원 2020.7.9, 2020 도483

041 함정수사가 위법하다고 평가받는 경우, 공소기각설은 수사기관이 제공한 범죄의 동기나 기회를 일반인이 뿌리칠 수 없었다는 범죄인 개인의 특수한 상황으로 인하여 가벌적 위법성이 결여된다는 점을 논거로 하여 공소기각의 판결을 선고하여야 한다고 본다. [경찰채용 22 2차]

> **해설+** 가벌적 위법성이 결여된다는 것은 무죄판결설(신동운, 이창현)의 논거이다. 이외에 함정에 걸렸다는 이유만으로 위법성·책임이 조각되지 않는다는 유죄판결설(이재상)도 있다.

041 (×) 위법한 함정수사에 대하여 공소기각의 판결을 선고하여야 한다고 보는 견해는, 그 공소제기 절차가 법률의 규정에 위반하여 무효임을 논거로 한다(공소기각판결설, 다수설·판례, 대법원 2005. 10.28, 2005도1247).

042 위법한 함정수사에 기한 공소제기는 그 절차가 법률의 규정에 위반하여 무효인 때에 해당하므로 그 수사에 기하여 수집된 증거는 증거능력이 없으며, 따라서 법원은 「형사소송법」 제325조에 의하여 무죄판결을 선고해야 한다. [해경승진 23]

042 (×) 판례는 제327조 제2호에 해당한다고 보아 공소기각판결을 선고해야 한다는 입장이다(대법원 2005.10.28, 2005도1247).

043 수사기관이 이미 범행을 저지른 범인을 검거하기 위해 정보원을 이용하여 범인을 검거장소로 유인하여 체포하였더라도 이것은 함정수사에 해당하지 않는다. [국가7급 11]

043 (○) 대법원 2007.7.26, 2007 도4532

044 이미 마약류 관리에 관한 법률 위반죄를 범한 甲을 검거하기 위하여 수사기관이 정보원을 이용하여 그를 검거장소로 유인하여 검거한 것에 불과한 경우, 이는 위법한 함정수사에 해당하지 아니한다. [경찰채용 22 2차]

044 (○) 대법원 2007.7.26, 2007 도4532

045 수사기관이 피고인의 범죄사실을 인지하고도 피고인을 바로 체포하지 않고 추가 범행을 지켜보고 있다가 범죄사실이 많이 늘어난 뒤에야 피고인을 체포하였다는 사정만으로도 피고인에 대한 수사와 공소제기는 위법하다거나 함정수사에 해당한다고 할 수 있다. [경찰채용 17 1차]

045 (×) '있다' → '없다'(대법원 2007.6.29, 2007도3164)

046 경찰관이 취객을 상대로 한 이른바 부축빼기 절도범을 단속하기 위하여 공원 인도에 쓰러져 있는 취객 근처에서 감시하고 있다가 마침 피고인이 나타나 취객을 부축하여 10m 정도를 끌고 가 지갑을 뒤지자 현장에서 체포한 것은 위법한 함정수사가 아니다. [경찰간부 18]

046 (○) 대법원 2007.5.31, 2007도1903

047 수사기관과 직접적인 관련을 맺지 아니한 유인자가 피유인자를 상대로 수차례 반복적으로 범행을 부탁하여 피유인자의 범의가 유발되었다면 위법한 함정수사이다. [경찰간부 18] [국가9급개론 18]

047 (×) '위법한 함정수사이다' → '위법한 함정수사에 해당하지 아니하다'(대법원 2013.3.28, 2013도1473)

048 경찰관이 함정수사 과정에서 이미 이루어지고 있던 피고인의 다른 범행을 적발한 경우 이에 관한 공소제기는 법률의 규정에 위반하여 무효인 때에 해당한다.

048 (×)

해설+ 수사기관이 사술이나 계략 등을 써서 피고인의 범의를 유발한 것이 아니라 <u>이미 이루어지고 있던 범행을 적발한 것에 불과</u>하므로, 이에 관한 공소제기는 함정수사에 기한 것으로 볼 수 없다(대법원 2021.7.29, 2017도16810).

049 아동 · 청소년의 성보호에 관한 법률에 의하면 사법경찰관리는 아동 · 청소년을 대상으로 하는 디지털 성범죄에 대해 신분비공개수사는 가능하지만, 신분위장수사는 위법한 함정수사로서 허용되지 않는다.

[경찰채용 22 1차] [경찰승진 23 변형]

해설+ 아동 · 청소년의 성보호에 관한 법률 제25조의2 【아동 · 청소년대상 디지털 성범죄의 수사특례】 ① 사법경찰관리는 다음 각 호의 어느 하나에 해당하는 범죄(이하 "디지털 성범죄"라 한다)에 대하여 신분을 비공개하고 범죄현장(정보통신망을 포함한다) 또는 범인으로 추정되는 자들에게 접근하여 범죄행위의 증거 및 자료 등을 수집(이하 "신분비공개수사"라 한다)할 수 있다.
1. 제11조 및 제15조의2의 죄
2. 아동 · 청소년에 대한 「성폭력범죄의 처벌 등에 관한 특례법」 제14조 제2항 및 제3항의 죄
② 사법경찰관리는 디지털 성범죄를 계획 또는 실행하고 있거나 실행하였다고 의심할 만한 충분한 이유가 있고, 다른 방법으로는 그 범죄의 실행을 저지하거나 범인의 체포 또는 증거의 수집이 어려운 경우에 한정하여 수사 목적을 달성하기 위하여 부득이한 때에는 다음 각 호의 행위(이하 "신분위장수사"라 한다)를 할 수 있다.
1. 신분을 위장하기 위한 문서, 도화 및 전자기록 등의 작성, 변경 또는 행사
2. 위장 신분을 사용한 계약 · 거래
3. 아동 · 청소년성착취물 또는 「성폭력범죄의 처벌 등에 관한 특례법」 제14조 제2항의 촬영물 또는 복제물(복제물의 복제물을 포함한다)의 소지, 판매 또는 광고

(×) 아동 · 청소년대상 디지털 성범죄에 대하여 사법경찰관리는 신분비공개수사 및 신분위장수사를 할 수 있다[2021.3.23. 개정 아동 · 청소년의 성보호에 관한 법률(이하 '아청법') 제25조의2부터 제25조의9까지 신설].

050 「아동 · 청소년의 성보호에 관한 법률」의 아동 · 청소년대상 디지털 성범죄의 수사 특례에 따른 신분위장수사를 할 때에는 본래 범의를 가지지 않은 자에게 범의를 유발하는 행위를 하는 것이 허용된다. [국가7급 22]

해설+ 아동 · 청소년의 성보호에 관한 법률 시행령 제5조의2 【아동 · 청소년대상 디지털 성범죄의 수사 특례에 따른 사법경찰관리의 준수사항】 사법경찰관리는 법 제25조의2 제1항에 따른 신분비공개수사 또는 같은 조 제2항에 따른 신분위장수사를 할 때 다음 각 호의 사항을 준수해야 한다.
1. 수사 관계법령을 준수하고, 본래 범의(犯意)를 가지지 않은 자에게 범의를 유발하는 행위를 하지 않는 등 적법한 절차와 방식에 따라 수사할 것
2. 피해아동 · 청소년에게 추가피해가 발생하지 않도록 주의할 것
3. 법 제25조의2 제2항 제3호에 따른 행위를 하는 경우에는 피해아동 · 청소년이나 「성폭력방지 및 피해자보호 등에 관한 법률」 제2조 제3호의 성폭력피해자에 관한 자료가 유포되지 않도록 할 것

050 (×) 「아동 · 청소년의 성보호에 관한 법률」의 아동 · 청소년대상 디지털 성범죄의 수사 특례에 따른 신분위장수사를 할 때에도 본래 범의를 가지지 아니한 자에게 범의를 유발하는 행위를 하는 것은 허용되지 아니한다.

051 범죄의 인지는 실질적인 개념이므로 인지절차를 거치기 전에 범죄의 혐의가 있다고 보아 수사를 개시하는 행위를 한 때에 범죄를 인지한 것으로 보아야 하며, 그 뒤 범죄인지서를 작성하여 사건수리 절차를 밟은 때에 비로소 범죄를 인지하였다고 볼 것은 아니다. 　　　　　　　　[국가7급 21]

051 (○)

> **해설+** 범죄의 인지는 실질적인 개념이므로 검사가 범죄의 혐의가 있다고 보아 수사를 개시하는 행위를 한 때에는 이때에 범죄를 인지한 것으로 보아야 하며, 그 뒤 범죄인지서를 작성하여 사건수리 절차를 밟은 때에 비로소 범죄를 인지하였다고 볼 것이 아니다. 따라서 이러한 인지절차를 밟기 전에 수사를 하였다고 하더라도, 그 수사가 장차 인지의 가능성이 전혀 없는 상태 하에서 행해졌다는 등의 특별한 사정이 없는 한, 인지절차가 이루어지기 전에 수사를 하였다는 이유만으로 그 수사가 위법하다고 볼 수는 없고, 따라서 그 수사과정에서 작성된 피의자신문조서나 진술조서 등의 증거능력도 이를 부인할 수 없다(대법원 2001.10.26, 2000도2968).

Ⅰ 불심검문, 변사자 검시

🔗 대표유형

경찰관은 어떠한 죄를 범하였거나 범하려 하고 있다고 의심할 만한 상당한 이유가 있는 자를 정지시켜 질문할 수 있고, 질문하기 위하여 부근의 경찰관서에 동행할 것을 요구할 수 있다. 　　　　　　　　[국가9급 13]

(○) 경찰관 직무집행법(이하 '경직법') 제3조 제1항·제2항

052 경찰관은 정지시킨 장소에서 질문을 하는 것이 그 사람에게 불리하거나 교통에 방해된다고 인정될 때에는 질문을 하기 위하여 가까운 경찰서·지구대·파출소 또는 출장소로 동행할 것을 요구할 수 있다. 　　　　[경찰채용 16]

052 (○) 경직법 제3조 제2항

053 경찰관이 불심검문 대상자에의 해당 여부를 판단할 때에는 불심검문 당시의 구체적 상황은 물론 사전에 얻은 정보나 전문적 지식 등에 기초하여 불심검문 대상자인지를 객관적·합리적인 기준에 따라 판단하여, 반드시 불심검문 대상자에게 「형사소송법」상 체포나 구속에 이를 정도의 혐의가 있을 것을 요한다. 　　　　　　　　[경찰채용 19 1차] [경찰승진 22 유사]

053 (×)

> **해설+** 경찰관 직무집행법의 목적, 법 제1조 제1항, 제2항, 제3조 제1항, 제2항, 제3항, 제7항의 내용 및 체계 등을 종합하면, 경찰관이 법 제3조 제1항에 규정된 대상자 해당 여부를 판단할 때에는 불심검문 당시의 구체적 상황은 물론 사전에 얻은 정보나 전문적 지식 등에 기초하여 불심검문 대상자인지를 객관적·합리적인 기준에 따라 판단하여야 하나, 반드시 불심검문 대상자에게 형사소송법상 체포나 구속에 이를 정도의 혐의가 있을 것을 요한다고 할 수는 없다(대법원 2014.2.27, 2011도13999).

054 불심검문 대상자 해당 여부는 사전에 알려진 정보나 전문지식을 기초로 하는 것이 아니라 불심검문 당시의 구체적 상황을 기초로 판단하여야 한다.

[경찰간부 22]

> **해설+** 경찰관 직무집행법의 목적, 법 제1조 제1항, 제2항, 제3조 제1항, 제2항, 제3항, 제7항의 내용 및 체계 등을 종합하면, 경찰관이 법 제3조 제1항에 규정된 대상자 해당 여부를 판단할 때에는 불심검문 당시의 구체적 상황은 물론 사전에 얻은 정보나 전문적 지식 등에 기초하여 불심검문 대상자인지를 객관적·합리적인 기준에 따라 판단하여야 한다(대법원 2014.2.27, 2011도13999).

055 불심검문이 적법하기 위해서는 불심검문 대상자에게 「형사소송법」상 체포나 구속에 이를 정도의 혐의가 있어야 하는 것은 아니다.

[경찰간부 22]

055 (○)

> **해설+** 경찰관이 법 제3조 제1항에 규정된 대상자 해당 여부를 판단할 때에는 불심검문 당시의 구체적 상황은 물론 사전에 얻은 정보나 전문적 지식 등에 기초하여 불심검문 대상자인지를 객관적·합리적인 기준에 따라 판단하여야 하나, 반드시 불심검문 대상자에게 형사소송법상 체포나 구속에 이를 정도의 혐의가 있을 것을 요한다고 할 수는 없다(대법원 2014.2.27, 2011도13999).

056 경찰관이 불심검문을 위하여 질문하거나 동행을 요구할 경우 자신의 신분을 표시하는 증표를 제시하여야 하며, 동행의 경우에는 동행장소를 밝혀야 할 뿐만 아니라 변호인의 조력을 받을 권리가 있음을 고지하여야 한다.

[국가9급 13]

056 (○) 경직법 제3조 제4항·제5항

057 경찰관은 불심검문 시 임의동행에 앞서 당해인에 대해 진술거부권과 변호인의 조력을 받을 권리를 고지해야 한다.

[해경승진 23]

057 (×)

> **해설+** 불심검문 시 임의동행을 함에 있어 진술거부권을 고지하여야 하는 것은 아니다. 또한 변호인 조력권은 고지하여야 하나, 임의동행에 앞서 고지하여야 하는 것은 아니고, 동행요구에 따라 임의동행이 된 때에 고지하면 된다(다만, 출제자가 이 부분까지 신경을 쓴 것인지 확인할 수 없음). 즉, 질문을 위한 동행요구를 받고 경찰서에 임의동행한 자에게는 변호인의 조력을 받을 수 있는 권리가 있음을 알려서 변호인과의 접견교통권을 원활하게 행사할 수 있도록 하여야 한다. 경찰관은 동행한 사람의 가족이나 친지 등에게 동행한 경찰관의 신분, 동행장소, 동행목적과 이유를 알리거나, 본인으로 하여금 즉시 연락할 수 있는 기회를 주어야 하며, 변호인의 도움을 받을 권리가 있음을 알려야 한다.
>
> **경찰관 직무집행법 제3조 【불심검문】** ④ 경찰관은 제1항이나 제2항에 따라 질문을 하거나 동행을 요구할 경우 자신의 신분을 표시하는 증표를 제시하면서 소속과 성명을 밝히고 질문이나 동행의 목적과 이유를 설명하여야 하며, 동행을 요구하는 경우에는 동행장소를 밝혀야 한다.
> ⑤ 경찰관은 제2항에 따라 동행한 사람의 가족이나 친지 등에게 동행한 경찰관의 신분, 동행장소, 동행목적과 이유를 알리거나 본인으로 하여금 즉시 연락할 수 있는 기회를 주어야 하며, 변호인의 도움을 받을 권리가 있음을 알려야 한다.

058 경찰관은 동행요구를 거절하는 대상자를 동행할 수 없고, 동행요구에 응한 대상자라도 6시간을 초과하여 경찰관서에 머물게 할 수 없다. [국가9급 13]

058 (O) 경직법 제3조 제6항

059 경찰관 직무집행법 제3조 제6항이 임의동행한 경우 당해인을 6시간을 초과하여 경찰관서에 머물게 할 수 없다고 규정하고 있다고 하여 그 규정이 임의동행한 자를 6시간 동안 경찰관서에 구금하는 것을 허용하는 것은 아니다. [경찰채용 17 1차]

059 (O) 대법원 1997.8.22, 97도1240

060 「경찰관 직무집행법」 제3조 제6항에 의할 경우 불심검문 대상자를 임의동행한 경우 당해인을 6시간 동안 경찰관서에 머물게 할 수 있다. [경찰특공대 22]

060 (×)

해설+ 임의동행은 상대방의 동의 또는 승낙을 그 요건으로 하는 것이므로 경찰관으로부터 임의동행요구를 받은 경우 상대방은 이를 거절할 수 있을 뿐만 아니라 임의동행 후 언제든지 경찰관서에서 퇴거할 자유가 있다 할 것이고, 경찰관 직무집행법 제3조 제6항이 임의동행한 경우 당해인을 6시간을 초과하여 경찰관서에 머물게 할 수 없다고 규정하고 있다고 하여 그 규정이 임의동행한 자를 6시간 동안 경찰관서에 구금하는 것을 허용하는 것은 아니다(대법원 1997.8.22, 97도1240).

061 「경찰관 직무집행법」은 경찰관이 불심검문 대상자에 대하여 질문을 할 때 흉기 소지 여부를 조사할 수 있다고 규정하고 있을 뿐 흉기 이외의 소지품 검사에 대해서는 규정하고 있지 않다. [경찰간부 22]

061 (O)

해설+ 경찰관 직무집행법에 의하여 경찰관은 수상한 행동이나 그 밖의 주위 사정을 합리적으로 판단하여 볼 때 어떠한 죄를 범하였거나 범하려 하고 있다고 의심할 만한 상당한 이유가 있는 사람이나, 이미 행하여진 범죄나 행하여지려고 하는 범죄행위에 관한 사실을 안다고 인정되는 사람을 정지시켜 질문할 수 있고(동법 제3조 제1항), 질문을 할 때에 그 사람이 흉기를 가지고 있는지를 조사할 수 있다(동조 제3항). 따라서 흉기 이외의 소지품검사에 대해서는 규정하고 있지 않다.

경찰관 직무집행법 제3조 【불심검문】 ① 경찰관은 다음 각 호의 어느 하나에 해당하는 사람을 정지시켜 질문할 수 있다.
1. 수상한 행동이나 그 밖의 주위 사정을 합리적으로 판단하여 볼 때 어떠한 죄를 범하였거나 범하려 하고 있다고 의심할 만한 상당한 이유가 있는 사람
2. 이미 행하여진 범죄나 행하여지려고 하는 범죄행위에 관한 사실을 안다고 인정되는 사람
③ 경찰관은 제1항 각 호의 어느 하나에 해당하는 사람에게 질문을 할 때에 그 사람이 흉기를 가지고 있는지를 조사할 수 있다.

보충 이에 흉기 외 다른 소지품에 대한 검사가 가능한지와 관련하여 긍정설과 부정설의 대립이 있다(기본서 참조).

062 소지품검사는 불심검문에 수반하는 부수적 처분으로 범죄수사와 구별되는 수사의 단서이다. [국가9급 10]

062 (○) 불심검문에 수반하는 부수적 처분으로서 허용된다고 보는 것이 통설이며, 수사의 단서에 해당한다.

063 경찰관은 불심검문 시에 대상자의 의복이나 소지품의 외부를 손으로 만져 흉기의 소지 여부를 확인할 수 있고 상황에 따라서는 소지품의 개시를 요구할 수 있다. [해경승진 22]

해설+ 경직법의 조문에는 "흉기"만 규정하고 있고(동법 제3조 제3항) 기타 소지품에 대하여는 규정하고 있지 아니하나, 의복이나 소지품의 외부를 손으로 만져 흉기의 소지 여부를 확인할 수 있고 상황에 따라서는 소지품의 개시를 요구할 수 있다.

보충 다만, 흉기소지의 고도의 개연성이 없음에도, 일반 소지품 검사를 위하여 직접 내부를 뒤져보거나 강제적으로 소지품을 제시하게 하는 것은 허용되지 아니한다. 중범죄의 구체적인 혐의가 있다면 긴급체포절차에 의하여 체포를 하고, 체포현장에서의 영장 없는 압수·수색 규정(제216조 제1항 제2호)에 의하여 수색을 하는 것이 가능할 뿐이다.

063 (○)

064 경찰관은 불심검문을 위하여 질문을 할 때에는 흉기의 소지 여부를 조사할 수 있고, 동행을 요구할 때에는 경찰장구를 사용할 수 있다. [국가9급 13]

064 (×) '있다' → '없다'
경찰장구 사용은 강제수사에 해당하는 것으로서 긴급체포, 현행범 체포, 체포현장에서의 압수수색을 제외하고는 원칙적으로 법관이 발부한 영장이 있어야 가능하다.

065 변사자의 검시는 수사가 아닌 수사의 단서에 불과하다. [국가9급 10]

065 (○) 변사자 검시는 수사의 개시 또는 단서로서 수사 이전의 처분에 해당한다. 제222조 참조.

066 변사자는 수사의 단서로서 발견 즉시 수사가 개시된다. [경찰채용 20 2차]

066 (×) 변사자 검시는 수사의 일부분이 아니라 수사의 단서에 불과하므로, 검시를 통해 범죄의 혐의가 있다고 사료하여 이에 따른 행위를 외부적으로 행한 때에 수사가 개시된다.

067 변사자란 부자연한 사망으로서 그 사인이 분명하지 않은 자뿐만 아니라 범죄로 사망한 것이 명백한 자도 포함된다. [경찰채용 20 2차]

067 (×)

해설+ 형법 제163조의 변사자라 함은 부자연한 사망으로서 그 사인이 분명하지 않은 자를 의미하고 그 사인이 명백한 경우는 변사자라 할 수 없으므로, 범죄로 인하여 사망한 것이 명백한 자의 사체는 같은 법조 소정의 변사체검시방해죄의 객체가 될 수 없다(대법원 2003.6.27, 2003도1331).

068 변사자 또는 변사의 의심 있는 사체가 있는 때에는 그 소재지를 관할하는 사법경찰관이 검시하여야 한다. [해경승진 22]

068 (×) 변사자 검시의 주체는 지방검찰청 검사이다. 제222조 제1항 참조.

해설+ 제222조【변사자의 검시】① 변사자 또는 변사의 의심 있는 사체가 있는 때에는 그 소재지를 관할하는 지방검찰청 검사가 검시하여야 한다.

보충 검사는 사법경찰관에게 검시를 명할 수 있다(대행검시, 동조 제2항).

069 변사자 또는 변사의 의심있는 사체가 있는 때에는 그 소재지를 관할하는 지방검찰청 검사는 사법경찰관에게 검시를 명할 수 없으나, 검사와 사법경찰관은 변사자의 검시를 한 사건에 대하여 사건 종결 전에 수사할 사항 등에 관하여 상호 의견을 제시·교환하여야 한다. [경찰채용 20 2차]

069 (×) 검사는 사법경찰관에게 변사자 검시 및 검시 후 영장 없는 긴급검증을 명할 수 있다(대행검시, 제222조 제3항). 따라서 전단은 틀렸다. 후단은 수사준칙 제17조 제4항의 내용으로 옳다.

해설+ 형사소송법 제222조【변사자의 검시】① 변사자 또는 변사의 의심있는 사체가 있는 때에는 그 소재지를 관할하는 지방검찰청 검사가 검시하여야 한다.
② 전항의 검시로 범죄의 혐의를 인정하고 긴급을 요할 때에는 영장 없이 검증할 수 있다.
③ 검사는 사법경찰관에게 전2항의 처분을 명할 수 있다.

수사준칙 제17조【변사자의 검시 등】① 사법경찰관은 변사자 또는 변사한 것으로 의심되는 사체가 있으면 변사사건 발생사실을 검사에게 통보해야 한다.
② 검사는 법 제222조 제1항에 따라 검시를 했을 경우에는 검시조서를, 검증영장이나 같은 조 제2항에 따라 검증을 했을 경우에는 검증조서를 각각 작성하여 사법경찰관에게 송부해야 한다.
③ 사법경찰관은 법 제222조 제1항 및 제3항에 따라 검시를 했을 경우에는 검시조서를, 검증영장이나 같은 조 제2항 및 제3항에 따라 검증을 했을 경우에는 검증조서를 각각 작성하여 검사에게 송부해야 한다.
④ 검사와 사법경찰관은 법 제222조에 따라 변사자의 검시를 한 사건에 대해 사건 종결 전에 수사할 사항 등에 관하여 상호 의견을 제시·교환해야 한다.

070 변사자의 검시는 검증과 유사하므로 유족의 동의가 없으면 판사의 영장을 발부받아 검시를 하여야 한다. [해경승진 22]

> **해설+** 제222조【변사자의 검시】② 전항의 검시로 범죄의 혐의를 인정하고 긴급을 요할 때에는 영장 없이 검증할 수 있다.

> **보충** 나아가 변사자 검시 후 사체해부 등 검증처분은 수사개시 이후의 처분이므로 영장이 있어야 하나, 대상이 사체라는 특수성과 수사의 긴급성 때문에 영장주의의 예외가 인정된다(제222조 제2항 참조).

070 (×) 변사자의 검시는 변사자의 상황을 조사하는 것이므로, 수사의 단서에 불과하여 영장이 필요 없다.

071 변사체를 검시하는 검사 혹은 검사의 명을 받은 사법경찰관은 변사자의 검시 결과 범죄의 혐의가 인정되고 긴급을 요할 때에는 영장 없이 검증할 수 있다. [경찰채용 18 2차]

071 (○) 제222조 제2항·제3항

072 변사자 검시로 범죄의 혐의를 인정하고 긴급을 요할 때에는 검사는 영장 없이 검증할 수 있으며, 이 경우 검사는 사법경찰관에게 위 처분을 명할 수 있다. [경찰채용 20 2차]

> **해설+** 변사자 검시로 범죄의 혐의를 인정하고 긴급을 요할 때에는 영장 없이 검증할 수 있고, 검사는 이러한 검시 후 영장 없는 긴급검증도 사법경찰관에게 명하여 대행하게 할 수 있다(대행검시, 제222조 제2항·제3항).

072 (○)

073 「수사준칙」 제17조 제1항에 의하면 사법경찰관리는 변사자 또는 변사의 의심이 있으면 관할 지방검찰청 또는 지청의 검사에게 보고하고 지휘를 받아야 한다. 단 긴급을 요하는 경우 그러하지 아니하다. [해경승진 22]

> **해설+** 수사준칙 제17조【변사자의 검시 등】① 사법경찰관은 변사자 또는 변사한 것으로 의심되는 사체가 있으면 변사사건 발생사실을 검사에게 통보해야 한다.

> **참고** 위 지문은 종전의 대통령령(검사의 사법경찰관에 대한 수사지휘 및 사법경찰관리의 수사준칙에 관한 규정) 제51조의 사법경찰관리의 변사자의 검시에 관한 검사의 지휘 규정을 출제한 것으로 보인다. 이러한 변사자 검시에 관한 검사의 수사지휘 규정은 현재 존재하지 아니한다.

073 (×) 사법경찰관리의 변사자 검시에 관하여는 검사의 지휘를 요하지 아니한다. 즉, 사법경찰관은 변사자 또는 변사한 것으로 의심되는 사체가 있으면 변사사건 발생사실을 검사에게 통보하여야 한다(수사준칙 제17조 제1항).

074 자동차검문 중 경계검문은 불특정한 일반범죄의 예방과 검거를 목적으로 한 검문이다. [국가9급 10]

074 (○)

해설+ 자동차검문에는 여러 가지가 있는데, 경계검문은 사법경찰작용이라기보다는 이른바 보안경찰작용으로서 범죄의 예방 및 검거를 목적으로 한다.

Ⅱ 고소

 대표유형

고소조서는 반드시 독립된 조서일 필요가 없으므로 참고인으로 조사하는 과정에서 고소권자가 처벌을 희망하는 의사표시를 하고 그 의사표시가 참고인진술조서에 기재된 경우에도 고소는 유효하나, 다만 그러한 의사표시가 사법경찰관의 질문에 답하는 형식으로 이루어진 것은 유효하지 않다. [경찰간부 23]

(×)

해설+ 피해자는 2008.1.31. 수사기관에서 피해자로 조사받으면서 피고인이 이 부분 공소사실과 같이 위 피해자를 강제추행한 사실 등을 진술함과 아울러 피고인의 처벌을 요구하는 의사표시를 하였고 그 의사표시가 당시 작성된 진술조서에 기재되어 있음을 알 수 있으므로, 이 부분 공소사실에 관하여 적법한 고소가 있었다 할 것이고, 위 피해자의 의사표시가 경찰관의 질문에 답변하는 방식으로 이루어졌다 하여 달리 볼 것은 아니다(대법원 2009.7.9, 2009도3860).

 대표유형

고소의 주관적 불가분의 원칙을 규정한 「형사소송법」 제233조의 규정은 반의사불벌죄에도 준용된다. [법원9급 15]

(×) '준용된다' → '준용되지 않는다' 공범자 간에 불가분의 원칙을 적용하지 않는다(대법원 1994.4.26, 93도1689).

075 고소인은 범죄사실을 특정하여 신고하면 족하고 범인이 누구인지 나아가 범인 중 처벌을 구하는 자가 누구인지를 적시할 필요는 없다. [경찰채용 22 1차]

075 (○)

해설+ 고소는 범죄의 피해자 또는 그와 일정한 관계가 있는 고소권자가 수사기관에 대하여 범죄사실을 신고하여 범인의 처벌을 구하는 의사표시이므로, 고소인은 범죄사실을 특정하여 신고하면 족하고 범인이 누구인지 나아가 범인 중 처벌을 구하는 자가 누구인지를 적시할 필요도 없다(대법원 1996.3.12, 94도2423).

076 고소는 어떤 범죄사실 등이 구체적으로 특정되어야 하는데, 그 특정의 정도는 범인의 동일성을 식별할 수 있을 정도로 인식하면 족하고 범인의 성명이 불명 또는 오기가 있었다거나, 범행일시·장소·방법 등이 명확하지 않거나 틀리는 것이 있다고 하더라도 고소의 효력에는 영향이 없다.

[경찰간부 23] [해경승진 22 변형]

076 (○)

해설+ 고소는 범죄의 피해자등이 수사기관에 대하여 범죄사실을 신고하여 범인의 소추처벌을 구하는 의사표시이므로 그 범죄사실 등이 구체적으로 특정되어야 할 것이나, 그 특정의 정도는 고소인의 의사가 수사기관에 대하여 일정한 범죄사실을 지정·신고하여 범인의 소추처벌을 구하는 의사표시가 있었다고 볼 수 있을 정도면 그것으로 충분하고, 범인의 성명이 불명이거나 또는 오기가 있었다거나 범행의 일시·장소·방법 등이 명확하지 않거나 틀리는 것이 있다고 하더라도 그 효력에는 아무 영향이 없다(대법원 1984.10.23, 84도1704).

077 범행기간을 특정하고 있는 고소에 있어서는 그 기간 중의 어느 특정범죄에 대하여 범인의 처벌을 원치 않는 고소인의 의사가 있다고 볼 만한 특별한 사정이 없는 이상 그 고소는 특정한 기간 중에 저지른 모든 범죄에 대하여 범인의 처벌을 구하는 의사 표시라고 봄이 상당하다.

[경찰채용 12]

077 (○) 대법원 1988.10.25, 87도1114

078 범행 당시 고소능력이 없던 피해자가 그 후에 비로소 고소능력이 생겼다면 그 고소기간은 고소능력이 생긴 때로부터 기산하여야 한다.

[법원9급 17]

078 (○) 대법원 1995.5.9, 95도696

079 간음 목적 미성년자 약취 범행 당시 피해자가 11세 남짓한 초등학교 6학년생이었다면 미성년자로서 민법상 행위능력이 없는 사람이므로 고소능력이 없다.

[국가7급 15]

079 (×) '없다' → '있다'
고소능력은 민법상 행위능력과 달리 사실상 의사능력이 있으면 충분하다(대법원 2011.6.24, 2011도4451,2011전도76).

080 피해자가 경찰청 인터넷 홈페이지에 '피고인을 철저히 조사해 달라'는 취지의 민원을 접수하는 형태로 피고인에 대한 조사를 촉구하는 의사표시를 한 것은 「형사소송법」에 따른 적법한 고소로 볼 수 있다.

[경찰채용 17 1차] [경찰승진 23] [경찰특공대 22 변형]

080 (×) '있다' → '없다'
적법한 고소로 보기 어렵다(대법원 2012.2.23, 2010도9524).

081 고소인이 사건 당일 범죄사실을 신고하면서 현장에 출동한 경찰관에게 고소장을 교부하였다면, 그 후 경찰서에 도착하여 최종적으로 고소장을 접수시키지 아니하기로 결심하고 고소장을 반환받았더라도 고소의 효력이 발생된다.

[국가7급 20] [해경승진 22]

해설+ 비록 고소인이 사건 당일 간통의 범죄사실을 신고하면서 현장에 출동한 경찰관에게 고소장을 교부하였다고 하더라도, 송파경찰서에 도착하여 최종적으로 고소장을 접수시키지 아니하기로 결심하고 고소장을 반환받은 것이라면, 고소장이 수사기관에 적법하게 수리되어 고소의 효력이 발생되었다고 할 수 없다(나아가 고소인이 당시 피고인들에 대하여 처벌 불원의 의사를 표시히였나나 하더라도, 애초 적법한 고소가 없었던 이상, 그로부터 3개월이 지나 제기된 이 사건 고소가 재고소의 금지를 규정한 제232조 제2항에 위반된다고 볼 수도 없음)(대법원 2008.11.27, 2007도4977).

082 수사기관은 고소장에 범죄사실로 기재된 내용이 불명확하고 특정되어 있지 않은 경우에도 고소의 수리를 거부하거나 진정으로 접수하여 처리할 수는 없다.

[국가7급 23]

해설+ 검찰사건사무규칙 제224조【진정 등 수리】③ 검사는 고소 또는 고발사건으로 제출된 서류가 다음 각 호의 어느 하나에 해당하는 경우에는 이를 진정사건으로 수리할 수 있다.
1. 고소인 또는 고발인의 진술이나 고소장 또는 고발장의 내용이 불분명하거나 구체적 사실이 적시되어 있지 않은 경우

경찰수사규칙 제21조【고소·고발의 수리】① 사법경찰관리는 진정인·탄원인 등 민원인이 제출하는 서류가 고소·고발의 요건을 갖추었다고 판단하는 경우 이를 고소·고발로 수리한다.
② 사법경찰관리는 고소장 또는 고발장의 명칭으로 제출된 서류가 다음 각 호의 어느 하나에 해당하는 경우에는 이를 진정(陳情)으로 처리할 수 있다.
1. 고소인 또는 고발인의 진술이나 고소장 또는 고발장에 따른 내용이 불분명하거나 구체적 사실이 적시되어 있지 않은 경우
2. 피고소인 또는 피고발인에 대한 처벌을 희망하는 의사표시가 없거나 처벌을 희망하는 의사표시가 취소된 경우

보충 다만, 2023.11.1. 시행 수사준칙에 의하면, 고소 또는 고발이 있는 때에는 수사기관은 이를 수리하여야 한다. 따라서 개정 수사준칙에 의하면 위 지문은 옳은 것이다.

수사준칙 제16조의2【고소·고발 사건의 수리 등】① 검사 또는 사법경찰관이 고소 또는 고발을 받은 때에는 이를 수리해야 한다.
② 검사 또는 사법경찰관이 고소 또는 고발에 의하여 범죄를 수사할 때에는 고소 또는 고발을 수리한 날로부터 3개월 이내에 수사를 마쳐야 한다.

083 구 「컴퓨터프로그램 보호법」 제48조는 '프로그램저작권자 또는 프로그램 배타적발행권자' 등의 고소가 있어야 공소를 제기할 수 있다고 규정하고 있는데, 프로그램저작권이 명의신탁된 경우 제3자의 침해행위에 대한 고소권자는 명의신탁자이다. [경찰경채 23]

083 (×)

해설+ 구 컴퓨터프로그램 보호법(2009.4.22. 법률 제9625호 저작권법 부칙 제2조로 폐지, 이하 같다) 제48조는 '프로그램저작권자 또는 프로그램배타적발행권자' 등의 고소가 있어야 공소를 제기할 수 있다고 규정하고 있는데, 프로그램저작권이 명의신탁된 경우 대외적인 관계에서는 명의수탁자만이 프로그램저작권자이므로 제3자의 침해행위에 대한 구 컴퓨터프로그램 보호법 제48조에서 정한 고소 역시 명의수탁자만이 할 수 있다(대법원 2013.3.28, 2010도8467).

084 특정 캐릭터의 국내 상품화를 위하여 저작재산권자와 사이에 저작물의 이용허락계약을 체결한 사람은 저작재산권 침해에 관하여 독자적으로 고소할 수 있다. [경찰경채 23]

084 (×)

해설+ 피고인들에 대한 이 부분 공소는 피해자(저작재산권자)의 고소가 있어야 논할 사건이고, 저작재산권자와 사이에 국내 상품화 계약을 체결한 사람은 저작재산권침해행위에 대하여 독자적으로 고소할 수 있는 권한이 없어 고소권자에 의한 적법한 고소가 없는 사건이다(대법원 2006.12.22, 2005도4002).

085 고소의 주체가 되는 피해자에는 법인, 법인격 없는 사단이나 재단도 포함된다. [국가9급개론 18]

085 (○) 헌법재판소 1994.12.29, 94헌마82

086 「형사소송법」 제225조 제1항이 규정하는 피해자의 법정대리인은 피해자 본인의 고소권이 소멸하더라도 고소권을 행사할 수 있으나, 피해자 본인의 명시한 의사에 반하여 이를 행사할 수는 없다. [경찰승진 22] [경찰경채 23 변형]

086 (×)

해설+ 형사소송법 제225조 제1항이 규정한 법정대리인의 고소권은 무능력자의 보호를 위하여 법정대리인에게 주어진 고유권이므로, 법정대리인은 피해자의 고소권 소멸 여부에 관계없이 고소할 수 있고, 이러한 고소권은 피해자의 명시한 의사에 반하여도 행사할 수 있다(대법원 1999.12.24, 99도3784).

087 피해자의 법정대리인은 피해자 본인의 고소권이 소멸하더라도 고소권을 행사할 수 있다. [국가9급 14]

087 (○) 대법원 1987.6.9, 87도857

088 법정대리인의 고소권은 무능력자의 보호를 위하여 법정대리인에게 주어진 고유권이므로, 법정대리인은 피해자의 고소권 소멸 여부에 관계없이 고소할 수 있으나, 피해자의 명시한 의사에 반하여는 행사할 수 없다.

[경찰특공대 22] [변호사 21 변형·23 변형]

088 (×) 대법원 1999.12.24, 99도3784

089 법원이 선임한 부재자 재산관리인은 관리대상 재산에 관한 범죄행위에 대하여 법원으로부터 고소권 행사 허가를 받은 경우, 독립하여 고소권을 가지는 법정대리인에 해당한다. [경찰간부 23] [변호사 23]

089 (○)

해설+ 법원이 선임한 부재자 재산관리인이 그 관리대상인 부재자의 재산에 대한 범죄행위에 관하여 법원으로부터 고소권 행사에 관한 허가를 얻은 경우 부재자 재산관리인은 형사소송법 제225조 제1항에서 정한 법정대리인으로서 적법한 고소권자에 해당한다고 보아야 한다(대법원 2022.5.26, 2021도2488).

090 피해자의 법정대리인이 피의자이거나 법정대리인의 친족이 피의자인 때에는 피해자의 친족은 독립하여 고소할 수 있다. [경찰채용 17 1차]

090 (○) 제226조

091 피해자가 사망한 때에는 그 배우자, 직계친족 또는 형제자매는 피해자의 명시한 의사에 반하여 고소할 수 있다. [경찰채용 17 1차]

091 (×) '있다' → '없다' 피해자의 명시한 의사에 반하지 못한다(제225조 제2항).

092 폭행죄는 피해자의 명시한 의사에 반하여 공소를 제기할 수 없는 반의사불벌죄로서 처벌불원의 의사표시는 의사능력이 있는 피해자가 단독으로 할 수 있는 것이고, 피해자가 사망한 후 그 상속인이 피해자를 대신하여 처벌불원의 의사표시를 할 수는 없다. [경찰채용 17 2차·18 1차]

092 (○) 대법원 2010.5.27, 2010도2680

093 자동차 운전자인 피고인이 업무상 과실로 성년인 피해자에게 상해를 가하였다고 하여 교통사고처리특례법위반죄로 기소된 사안에서, 의식불명 상태에 있는 피해자의 아버지가 피고인에 대한 처벌을 희망하지 아니한다는 의사를 표시하였더라도 그 의사표시는 피해자의 의사표시로서의 소송법상 효력이 없다. [국가7급 22]

093 (○)

> **해설+** 피해자가 의식을 회복하지 못하고 있는 이상 피해자에게 반의사불벌죄에서 처벌희망 여부에 관한 의사표시를 할 수 있는 소송능력이 있다고 할 수 없고, 피해자의 아버지가 피해자를 대리하여 피고인에 대한 처벌을 희망하지 아니한다는 의사를 표시하는 것 역시 허용되지 아니할 뿐만 아니라(친고죄의 고소권자에 관한 법정대리인 규정-제225조-을 반의사불벌죄에 유추적용할 수 없음) 피해자가 성년인 이상 의사능력이 없다는 것만으로 피해자의 아버지가 당연히 법정대리인이 된다고 볼 수도 없으므로, 피해자의 아버지가 피고인에 대한 처벌을 희망하지 아니한다는 의사를 표시하였더라도 그것이 반의사불벌죄에서의 처벌희망 여부에 관한 피해자의 의사표시로서 소송법적으로 효력이 발생할 수는 없다(대법원 2013.9.26, 2012도568).

094 친고죄에 있어서의 고소는 고소권 있는 자가 수사기관에 대하여 범죄사실을 신고하고 범인의 처벌을 구하는 의사표시로서 서면뿐만 아니라 구술로도 할 수 있는 것이고, 다만 구술에 의한 고소를 받은 검사 또는 사법경찰관은 조서를 작성하여야 하지만 그 조서가 독립된 조서일 필요는 없다. [법원9급 17]

094 (○) 대법원 2011.6.24, 2011도4451,2011전도76

095 고소장에 명예훼손죄의 죄명을 붙이고 그 죄에 관한 사실을 적었으나 그 사실이 명예훼손죄를 구성하지 않고 모욕죄를 구성하는 경우 위 고소는 모욕죄에 대한 고소로서의 효력은 갖지 않는다. [경찰채용 18 1차] [해경승진 22 변형]

095 (×)

> **해설+** 고소가 어떠한 사항에 관한 것인가의 여부는 고소장에 붙인 죄명에 구애될 것이 아니라 고소의 내용에 의하여 결정하여야 할 것이므로 고소장에 명예훼손죄의 죄명을 붙이고 그 죄에 관한 사실을 적었으나 그 사실이 명예훼손죄를 구성하지 않고 모욕죄를 구성하는 경우에는 위 고소는 모욕죄에 대한 고소로서의 효력을 갖는다(대법원 1981.6.23, 81도1250).

096 수사기관이 고소권자를 증인 또는 피해자로서 신문하였는데 그중 범인의 처벌을 요구하는 고소권자의 의사표시가 조서에 기재된 경우 이를 적법한 고소로 볼 수 있다. [국가7급 15]

096 (○) 대법원 1985.3.12, 85도190

097 고소와 고발의 대리는 허용된다. [경찰채용 17 1차]

097 (×) '와 고발 → 삭제
고소의 대리는 허용되나(제236조),
고발의 대리는 허용되지 않는다(대
법원 1989.9.26, 88도1533).

098 「형사소송법」 상 고소의 대리는 허용되나, 고소취소의 대리는 허용되지 아니한다. [경찰채용 22 1차] [해경승진 23]

098 (×) 고소 또는 그 취소는 대리인으로 하여금 하게 할 수 있다(대리고소, 제236조).

099 대리인에 의한 고소의 경우 대리권이 정당한 고소권자에 의하여 수여되었음이 실질적으로 증명되면 충분하고 그 방식에 특별한 제한은 없다고 할 것이며, 한편 친고죄에 있어서의 고소는 고소권 있는 자가 수사기관에 대하여 범죄사실을 신고하고 범인의 처벌을 구하는 의사표시로서 서면뿐만 아니라 구술로도 할 수 있는 것이므로, 피해자로부터 고소를 위임받은 대리인은 수사기관에 구술에 의한 방식으로 고소를 제기할 수도 있다. [국가7급 15 변형]

099 (○) 대법원 2002.6.14, 2000도4595

100 「형사소송법」 제236조의 대리인에 의한 고소의 경우, 대리권이 정당한 고소권자에 의하여 수여되었음이 실질적으로 증명되면 충분하고 그 방식에 특별한 제한은 없지만, 고소를 할 때 반드시 위임장을 제출하거나 '대리'라는 표시를 하여야 한다. [경찰채용 18 1차] [경찰승진 23]

100 (×) '한다' → '하는 것은 아니다'

해설+ 형사소송법 제236조의 대리인에 의한 고소의 경우, 대리권이 정당한 고소권자에 의하여 수여되었음이 실질적으로 증명되면 충분하고, 그 방식에 특별한 제한은 없으므로, 고소를 할 때 반드시 위임장을 제출한다거나 '대리'라는 표시를 하여야 하는 것은 아니다(대법원 2001.9.4, 2001도3081).

101 반의사불벌죄의 피해자는 피의자나 피고인 및 그들의 변호인에게 자신을 대리하여 수사기관이나 법원에 자신의 처벌불원의사를 표시할 수 있는 권한을 수여할 수 없다. [국가9급 21]

101 (×) '없다' → '있다'(대법원 2017.9.7, 2017도8989)

102 고소할 수 있는 자가 수인인 경우에는 1인의 기간의 해태는 타인의 고소에 영향이 있다. [경찰채용 17 1차]

103 고소기간은 공범 중 1인을 안 때로부터 진행되므로, 상대적 친고죄의 공범 중 신분관계가 있는 자에 대한 고소기간은 그자를 알지 못하여도 신분관계가 없는 자를 안 때로부터 진행한다. [국가9급 14]

104 친고죄 피해자 A의 법정대리인 甲의 고소기간은 甲이 범인을 알게 된 날로부터 진행하고, A가 변호사 乙을 선임하여 乙이 고소를 제기한 경우에는 乙이 범인을 알게 된 날부터 고소기간이 기산된다. [경찰간부 23]

> **해설+** 친고죄 피해자 A의 법정대리인 甲의 고소기간은 甲이 범인을 알게 된 날로부터 진행하고 (아래 판례 1), A가 변호사 乙(대리인)을 선임하여 乙이 고소를 제기한 경우에는 A가 범인을 알게 된 날부터 고소기간이 기산된다(아래 판례 2).
>
> **판례 1** 형사소송법 제225조 제1항이 규정한 법정대리인의 고소권은 무능력자의 보호를 위하여 법정대리인에게 주어진 고유권이어서 피해자의 고소권 소멸 여부에 관계 없이 고소할 수 있는 것이며, 그 고소기간은 법정대리인 자신이 범인을 알게 된 날로부터 진행한다(대법원 1984.9.11, 84도1579).
>
> **판례 2** 형사소송법 제236조의 대리인에 의한 고소의 경우, 대리권이 정당한 고소권자에 의하여 수여되었음이 실질적으로 증명되면 충분하고, 그 방식에 특별한 제한은 없으므로, 고소를 할 때 반드시 위임장을 제출한다거나 '대리'라는 표시를 하여야 하는 것은 아니고, 또 고소기간은 대리고소인이 아니라 정당한 고소권자를 기준으로 고소권자가 범인을 알게 된 날부터 기산한다(대법원 2001.9.4, 2001도3081).

105 대리인에 의한 고소의 경우, 고소기간은 대리고소인이 아니라 정당한 고소권자를 기준으로 고소권자가 범인을 알게 된 날부터 기산한다. [법원9급 16]

106 자기 또는 배우자의 직계존속을 고소하지 못하지만, 형법 제298조의 강제추행죄의 경우에는 자기 또는 배우자의 직계존속을 고소할 수 있다. [법원9급 18]

107 변호사 甲이 친고죄의 피해자인 의뢰인 乙로부터 가해자인 A에 대한 고소 대리권을 수여받아 고소를 제기한 경우, 고소기간은 고소대리인인 甲이 범죄사실을 알게 된 날부터 기산한다. [변호사 21]

107 (×)

> **해설+** 「형사소송법」 제236조의 대리인에 의한 고소의 경우, 대리권이 정당한 고소권자에 의하여 수여되었음이 실질적으로 증명되면 충분하고, 그 방식에 특별한 제한은 없으므로, 고소를 할 때 반드시 위임장을 제출한다거나 '대리'라는 표시를 하여야 하는 것은 아니고, 또 고소기간은 대리고소인이 아니라 정당한 고소권자를 기준으로 고소권자가 범인을 알게 된 날부터 기산한다(대법원 2001.9.4, 2001도3081).

108 「형사소송법」 제230조 제1항 본문은 "친고죄에 대하여는 범인을 알게 된 날로부터 6월을 경과하면 고소하지 못한다."고 규정하고 있는 바, 여기서 범인을 알게 된다 함은 통상인의 입장에서 보아 고소권자가 고소를 할 수 있을 정도로 범죄사실과 범인을 아는 것을 의미하나, 범죄사실을 안다는 것이 고소권자가 친고죄에 해당하는 범죄의 피해가 있었다는 사실관계에 관하여 확정적인 인식이 있음을 말하는 것은 아니다. [경찰간부 18]

108 (×) '말하는 것은 아니다' → '말한다'(대법원 2010.7.15, 2010도4680)

109 친고죄에서 적법한 고소가 있었는지는 자유로운 증명의 대상이고, 일죄의 관계에 있는 범죄사실 일부에 대한 고소의 효력은 일죄 전부에 미친다. [국가7급 15]

109 (○) 대법원 2011.6.24, 2011도4451,2011전도76

110 과형상 일죄의 일부만이 친고죄인 경우 비친고죄에 대한 고소의 효력은 친고죄에 대하여 미치지 않는다. [국가7급 09]

110 (○) 과형상 일죄의 경우, 고소의 객관적 불가분의 원칙이 적용되려면, 피해자가 동일하고 모두 친고죄이어야 한다.

111 경합범의 관계에 있는 수개의 범죄사실 중 일부 범죄사실에 대한 고소의 효력은 그 이외의 범죄사실에 미친다. [국가7급 09]

111 (×) '미친다' → '미치지 않는다'
고소의 객관적 불가분의 원칙은 경합범에 대하여는 적용되지 아니한다.

112 「형사소송법」은 고소의 주관적 불가분의 원칙을 명문으로 규정하고 있다.

[국가7급 09]

112 (○) 제233조

113 A와 B가 2012.3.1. 함께 C를 강제추행하여 C가 A와 B를 성폭력범죄의 처벌 등에 관한 특례법 제4조 제2항의 특수강제추행죄로 고소하였는데, 검사가 A에 대하여 형법 제298조의 강제추행죄로 기소한 경우에, C가 B에 대한 고소를 취소하였다면 고소취소의 효력이 A에게도 미쳐 공소기각의 판결을 하여야 한다.

[법원9급 18]

해설+ 2013.6.19. 이후에는 개정형법이 적용되어 강제추행죄는 친고죄가 아니다.

113 (○) 범죄 당시에 강제추행죄는 친고죄였고, 친고죄의 공범 중 그 1인 또는 수인에 대한 고소 또는 그 취소는 다른 공범자에 대하여도 효력이 있으므로(제233조), 지문은 옳다.

114 절대적 친고죄의 공범 중 1인 또는 수인에 대한 고소 또는 그 취소는 다른 공범자에 대하여도 효력이 있다.

[경찰채용 18 1차] [법원9급 15]

114 (○) 제233조

115 甲이 자신의 친구 乙과 함께 다른 도시에 살고 있는 甲의 삼촌 A의 물건을 절취한 경우, A가 乙에 대해서만 고소를 하였다면, 그 고소의 효력은 甲에게도 미친다.

[경찰간부 22]

115 (×) 상대적 친고죄의 경우, 공범자 전원에게 당해 신분관계가 있는 경우를 제외하고는 주관적 불가분의 원칙이 적용되지 아니한다.

116 「형사소송법」이 고소취소의 시한과 재고소의 금지를 규정하고 반의사불벌죄에 위 규정을 준용하는 규정을 두면서도, 고소와 고소취소의 불가분에 관한 규정을 함에 있어서는 반의사불벌죄에 이를 준용하는 규정을 두지 아니한 것은 처벌을 희망하지 아니하는 의사표시나 처벌을 희망하는 의사표시의 철회에 관하여 친고죄와는 달리 공범자 간에 불가분의 원칙을 적용하지 아니하고자 함에 있다.

[법원9급 21]

116 (○) 대법원 1994.4.26, 93도1689

117 명예훼손죄의 피해자가 그 죄의 공범 甲, 乙 중 甲에 대하여 처벌을 희망하는 의사를 철회한 경우, 乙에 대하여도 처벌희망의사가 철회된 것으로 볼 수는 없다. [국가7급 22]

> **해설+** 형사소송법이 고소와 고소취소에 관한 규정을 하면서 제232조 제1항, 제2항에서 고소취소의 시한과 재고소의 금지를 규정하고 제3항에서는 반의사불벌죄에 제1항, 제2항의 규정을 준용하는 규정을 두면서도, 제233조에서 고소와 고소취소의 불가분에 관한 규정을 함에 있어서는 반의사불벌죄에 이를 준용하는 규정을 두지 아니한 것은 처벌을 희망하지 아니하는 의사표시나 처벌을 희망하는 의사표시의 철회에 관하여 친고죄와는 달리 공범자 간에 불가분의 원칙을 적용하지 아니하고자 함에 있다고 볼 것이지, 입법의 불비로 볼 것은 아니다(대법원 1994.4.26, 93도1689).

117 (○) 명예훼손죄는 반의사불벌죄이고, 반의사불벌죄에는 친고죄의 고소의 주관적 불가분의 원칙이 적용되지 아니하므로, 피해자의 甲에 대한 고소취소는 공범 乙에게 그 효력이 미치지 아니한다.

118 甲과 乙이 공모하여 A에 대하여 사실적시에 의한 명예훼손을 한 혐의로 공소제기 되었으나 A가 甲에 대하여만 처벌불원의 의사를 표시하였다면, 법원은 A의 이러한 의사에 기하여 乙에 대하여 공소기각판결을 선고해서는 안 된다. [경찰간부 22]

> **해설+** 제233조에서 고소와 고소취소의 불가분에 관한 규정을 함에 있어서는 반의사불벌죄에 이를 준용하는 규정을 두지 아니한 것은 처벌을 희망하지 아니하는 의사표시나 처벌을 희망하는 의사표시의 철회에 관하여 친고죄와는 달리 공범자간에 불가분의 원칙을 적용하지 아니하고자 함에 있다고 볼 것이지, 입법의 불비로 볼 것은 아니다(대법원 1994.4.26, 93도1689).

118 (○)

119 제1심 법원이 반의사불벌죄로 기소된 피고인에 대하여 소송촉진 등에 관한 특례법(이하 '소송촉진법') 제23조에 따라 피고인의 진술 없이 유죄를 선고하여 판결이 확정된 경우, 소송촉진법 제23조의2에 따라 제1심 법원에 재심을 청구하여 재심개시결정이 내려졌다면 피해자는 재심의 제1심 판결선고 전까지 처벌을 희망하는 의사표시를 철회할 수 있다. [법원9급 21]

119 (○) 대법원 2016.11.25, 2016도9470

120 고발에 있어서는 이른바 고소·고발 불가분의 원칙이 적용되지 아니하므로, 고발의 구비 여부는 양벌규정에 의하여 처벌받는 자연인인 행위자와 법인에 대하여 개별적으로 논하여야 한다. [법원9급 16]

120 (○) 대법원 2004.9.24, 2004도4066

121 공정거래위원회의 고발이 있어야 공소를 제기할 수 있는 독점규제 및 공정거래에 관한 법률 위반죄를 적용하여 위반행위자들 중 일부에 대하여 공정거래위원회가 고발을 하였다면 나머지 위반행위자에 대하여도 위 고발의 효력이 미친다. [경찰채용 21 1차]

121 (×)

> **해설+** 명문의 근거 규정이 없을 뿐만 아니라 소추요건이라는 성질상의 공통점 외에 그 고소·발의 주체와 제도적 취지 등이 상이함에도, 친고죄에 관한 고소의 주관적 불가분원칙을 규정하고 있는 「형사소송법」 제233조가 공정거래위원회의 고발에도 유추적용된다고 해석한다면 이는 공정거래위원회의 고발이 없는 행위자에 대해서까지 형사처벌의 범위를 확장하는 것으로서, 결국 피고인에게 불리하게 형벌법규의 문언을 유추해석한 경우에 해당하므로 죄형법정주의에 반하여 허용될 수 없다 (대법원 2010.9.30, 2008도4762).

122 피고인 A, B는 공동하여 공정거래위원회의 고발이 있어야 공소를 제기할 수 있는 독점규제 및 공정거래에 관한 법률위반의 범행을 저질렀는데, 공정거래위원회가 A만 고발하였다 하더라도, 고발대상에서 제외된 B에 대하여도 고발의 효력이 미치므로 법원은 B에 대하여 공소기각판결을 하여서는 아니 된다. [변호사 21]

122 (×)

> **해설+** 제233조의 주관적 불가분원칙은 친고죄의 고소에 적용될 뿐이고, 고발에는 적용되지 아니한다. "친고죄에 관한 고소의 주관적 불가분원칙을 규정하고 있는 「형사소송법」 제233조가 공정거래위원회의 고발에도 유추적용된다고 해석한다면 이는 공정거래위원회의 고발이 없는 행위자에 대해서까지 형사처벌의 범위를 확장하는 것으로서, 결국 피고인에게 불리하게 형벌법규의 문언을 유추해석한 경우에 해당하므로 죄형법정주의에 반하여 허용될 수 없다(대법원 2010.9.30, 2008도4762)."

123 절대적 친고죄의 경우 공범 중 일부에 대하여 이미 1심판결이 선고된 때에는 아직 1심판결 선고 전의 다른 공범자에 대하여 고소를 취소할 수 없다. [국가9급 08] [법원9급 18]

123 (○) 대법원 1985.11.12, 85도1940

124 고소취소는 수사기관 또는 법원에 대한 고소권자의 의사표시로서 서면 또는 구술로 할 수 있다. [국가7급 13]

124 (○) 제239조

125 고소의 취소나 처벌을 희망하는 의사표시의 철회는 수사기관 또는 법원에 대한 법률행위적 소송행위이므로 공소제기 전에는 고소사건을 담당하는 수사기관에, 공소제기 후에는 고소사건의 수소법원에 대하여 이루어져야 한다. [법원9급 14]

125 (○) 대법원 2012.2.23, 2011도17264

126 관련 민사사건에서 제1심판결 선고 전에 '이 사건과 관련하여 서로 상대방에 대하여 제기한 형사고소 사건의 일체를 모두 취하한다'는 내용이 포함된 조정이 성립되었다면, 조정성립 후 고소인이 제1심 법정에서 여전히 피고인의 처벌을 원한다는 취지로 진술하더라도 고소를 취소한 것으로 볼 수 있다. [경찰간부 23] [변호사 21 변형]

해설+ 관련 민사사건에서 '이 사건과 관련하여 서로 상대방에 대하여 제기한 형사고소 사건 일체를 모두 취하한다'는 내용이 포함된 조정이 성립된 것만으로는 고소취소나 처벌불원의 의사표시를 한 것으로 보기 어렵다(대법원 2004.3.25, 2003도8136).

126 (×)

127 고소를 한 피해자가 가해자에게 합의서를 작성하여 준 것만으로는 적법한 고소취소로 보기 어렵지만, '가해자와 원만히 합의하였으므로 피해자는 가해자를 상대로 이 사건과 관련한 어떠한 민·형사상의 책임도 묻지 아니한다.'는 취지의 합의서를 공소제기 이전 수사기관에 제출하였다면 고소취소의 효력이 있다. [경찰채용 21 1차]

127 (○) 대법원 2002.7.12, 2001도6777

128 고소인이 민·형사상의 아무런 이의를 제기하지 않는다는 합의서를 피고인에게 작성하여 준 것만으로는 고소가 적법하게 취소된 것으로 볼 수 없다. [법원9급 18]

128 (○) 대법원 1981.10.6, 81도1968

129 피고인과 고소인이 작성한 합의서가 제1심 법원에 제출된 경우에는 고소취소의 효력이 있고, 고소인이 제1심 법정에서 이를 번복하는 증언을 하더라도 그 고소취소의 효력에는 영향이 없다. [국가9급 22]

> **해설+** 피고인의 변호인에 의하여 고소인 명의의 합의서가 1979.11.8. 제1심 법원에 제출되었으나, 위 합의서는 고소인이 본건 고소사실 일체에 대하여 고소인 및 피고소인(피고인) 상호 간에 원만히 해결되었으므로 이후에 민·형사 간 어떠한 이의도 제기하지 아니할 것을 합의한다는 취지가 기재된 서면에 불과하고, 고소인은 1980.1.4. 제1심 법정에 나와 고소취소의 의사가 없다고 말함으로써 오히려 피고인에 대한 처벌희망의사를 유지하고 있으므로, 위 합의서로 고소취소의 효력이 발생할 수 없다.

129 (×) 고소인(강간피해자)과 피고인(가해자) 사이에 작성된, "상호 간에 원만히 해결되었으므로 이후에 민·형사 간 어떠한 이의도 제기하지 아니할 것을 합의한다"는 취지의 합의서가 제1심 법원에 제출되었으나 고소인이 제1심에서 고소취소의 의사가 없다고 증언하였다면 위 합의서의 제출로 고소취소의 효력이 발생하지 아니한다(대법원 1981.10.6, 81도1968).

130 고소인인 피해자가 작성한 합의서를 피고인의 변호인이 제1심 법원에 제출한 이후 고소인이 법정에 나와 고소취소의 의사가 없다고 말한 경우, 합의서가 고소인의 자유의사에 의하여 작성되었다면 고소취소의 효력이 발생하기 때문에 공소기각판결을 하여야 한다. [군무원9급 22]

> **해설+** 고소인(강간피해자)과 피고인(가해자) 사이에 작성된 "상호 간에 원만히 해결되었으므로 이후에 민·형사 간 어떠한 이의도 제기하지 아니할 것을 합의한다"는 취지의 합의서가 제1심 법원에 제출되었으나 고소인이 제1심에서 고소취소의 의사가 없다고 증언하였다면 위 합의서의 제출로 고소취소의 효력이 발생하지 아니한다(대법원 1981.10.6, 81도1968).

130 (×)

131 고소는 제1심판결 선고 전까지 취소할 수 있다. [법원9급 15]

131 (○) 제232조 제1항

132 상해죄로 기소되어 제1심에서 무죄가 선고된 후 항소심에 이르러 비로소 폭행죄로 공소장변경이 이루어진 경우, 항소심에서 피해자가 처벌을 희망하지 않는 의사를 표시하였다면 법원은 판결로써 공소기각을 하여야 한다. [국가7급 13]

132 (×) '하여야 한다' → '하지 않는다'
처벌을 희망하지 아니하는 의사의 명시는 제1심판결 선고 전까지 할 수 있다(대법원 1983.7.26, 83도1399; 1985.11.12, 85도1940).

133 항소심에서 공소장변경 또는 법원의 직권에 의하여 비친고죄를 친고죄로 인정한 경우, 항소심에서의 고소취소는 친고죄에 대한 고소취소로서의 효력이 없다. [법원9급 12·15 유사]

133 (○) 제1심판결 선고 이후에 해당하기 때문이다(대법원 1999.4.15, 96도1922 전원합의체).

134 항소심에서 종전 제1심 공소기각판결이 파기되고 사건이 제1심법원에 환송된 후 진행된 환송 후 제1심판결이 선고되기 전에 고소취소가 이루어진 경우, 공소기각판결을 할 수 없다. [군무원9급 22]

134 (×)

해설+ 형사소송법 제232조 제1항은 고소를 제1심판결 선고 전까지 취소할 수 있도록 규정하여 친고죄에서 고소취소의 시한을 한정하고 있다. 그런데 상소심에서 형사소송법 제366조 또는 제393조 등에 의하여 법률위반을 이유로 제1심 공소기각판결을 파기하고 사건을 제1심법원에 환송함에 따라 다시 제1심절차가 진행된 경우, 종전의 제1심판결은 이미 파기되어 효력을 상실하였으므로 환송 후의 제1심판결 선고 전에는 고소취소의 제한사유가 되는 제1심판결 선고가 없는 경우에 해당한다(환송 후 제1심판결 선고 전 고소가 취소되면 형사소송법 제327조 제5호에 의하여 판결로써 공소를 기각, 대법원 2011.8.25, 2009도9112).

135 고소는 제1심판결 선고 전까지 취소할 수 있지만, 항소심에서 공소장변경절차를 거치지 아니하고 법원이 직권으로 친고죄가 아닌 범죄를 친고죄로 인정한 경우, 항소심에서 고소인이 고소를 취소하였다면 친고죄에 대한 고소취소로서 효력을 갖는다. [경찰채용 21 1차]

135 (×)

해설+ 원래 고소의 대상이 된 피고소인이 행위가 친고죄에 해당할 경우 소송요건인 그 친고죄의 고소를 취소할 수 있는 시기를 언제까지로 한정하는가는 형사소송절차운영에 관한 입법정책상의 문제이기에 형사소송법의 그 규정은 국가형벌권의 행사가 피해자의 의사에 의하여 좌우되는 현상을 장기간 방치하지 않으려는 목적에서 고소취소의 시한을 획일적으로 제1심 판결 선고 시까지로 한정한 것이고, 따라서 그 규정을 현실적 심판의 대상이 된 공소사실이 친고죄로 된 당해 심급의 판결 선고 시까지 고소인이 고소를 취소할 수 있다는 의미로 볼 수는 없다 할 것이어서, 항소심에서 공소장의 변경에 의하여 또는 공소장변경절차를 거치지 아니하고 법원 직권에 의하여 친고죄가 아닌 범죄를 친고죄로 인정하였더라도 항소심을 제1심이라 할 수는 없는 것이므로, 항소심에 이르러 비로소 고소인이 고소를 취소하였다면 이는 친고죄에 대한 고소취소로서의 효력은 없다(대법원 1999.4.15, 96도1922 전원합의체).

136 항소심에 이르러 비로소 반의사불벌죄가 아닌 죄에서 반의사불벌죄로 공소장이 변경된 경우 그 처벌을 희망하는 의사표시를 철회할 수 있다. [경찰채용 18 1차] [법원9급 18]

136 (×) '있다' → '없다'
항소심인 제2심을 제1심으로 볼 수는 없다(대법원 1988.3.8, 85도2518).

137 항소심에 이르러 비로소 반의사불벌죄가 아닌 죄에서 반의사불벌죄로 공소장이 변경되었더라도, 항소심에서 피해자가 밝힌 처벌불원의사를 받아들여 피고인에 대한 폭행죄의 공소를 기각하는 것은 「형사소송법」 제232조 제3항 및 제1항의 처벌을 희망하는 의사표시의 철회가능시기에 관한 법리 오해의 위법이 있다. [경찰승진 22]

137 (○) 대법원 1988.3.8, 85도2518

138 「형사소송법」 제232조 제1항 및 제3항에 의하면, 반의사불벌죄에 있어서 처벌을 희망하는 의사표시의 철회는 제1심 판결선고 전까지 이를 할 수 있다고 규정하고 있는데, 항소심에 이르러 비로소 반의사불벌죄가 아닌 죄에서 반의사불벌죄로 공소장변경이 있었다면 항소심인 제2심을 제1심으로 볼 수 있다. [경찰채용 18 1차]

> **해설+** 형사소송법 제232조 제1항, 제3항의 취지는 국가형벌권의 행사가 피해자의 의사에 의하여 좌우되는 현상을 장기간 방치할 것이 아니라 제1심 판결선고 이전까지로 제한하자는데 그 목적이 있다 할 것이므로 비록 항소심에 이르러 비로소 반의사불벌죄가 아닌 죄에서 반의사불벌죄로 공소장변경이 있었다 하여 항소심인 제2심을 제1심으로 볼수는 없다(대법원 1988.3.8, 85도2518).

139 친고죄에서 고소는 제1심 판결 선고 전까지 취소할 수 있으므로, 상소심에서 제1심 공소기각판결을 파기하고 이 사건을 제1심 법원에 환송함에 따라 다시 제1심 절차가 진행된 때에는 환송 후의 제1심 판결 선고 전이라도 고소를 취소할 수 없다. [국가9급개론 21]

> **해설+** 형사소송법 제232조 제1항은 고소를 제1심 판결 선고 전까지 취소할 수 있도록 규정하여 친고죄에서 고소취소의 시한을 한정하고 있다. 그런데 상소심에서 형사소송법 제366조 또는 제393조 등에 의하여 법률 위반을 이유로 제1심 공소기각판결을 파기하고 사건을 제1심 법원에 환송함에 따라 다시 제1심 절차가 진행된 경우, 종전의 제1심 판결은 이미 파기되어 효력을 상실하였으므로 환송 후의 제1심 판결 선고 전에는 고소취소의 제한사유가 되는 제1심 판결 선고가 없는 경우에 해당한다. 뿐만 아니라 특히 간통죄 고소는 제1심 판결 선고 후 이혼소송이 취하된 경우 또는 피고인과 고소인이 다시 혼인한 경우에도 소급적으로 효력을 상실하게 되는 점까지 감안하면, 환송 후의 제1심 판결 선고 전에 간통죄의 고소가 취소되면 형사소송법 제327조 제5호에 의하여 판결로써 공소를 기각하여야 한다(대법원 2011.8.25, 2009도9112).

140 친고죄가 아닌 죄로 공소가 제기되어 제1심에서 친고죄가 아닌 죄의 유죄판결을 선고받은 경우, 제1심에서 친고죄의 범죄사실은 현실적 심판대상이 되지 아니하였으므로 그 판결을 친고죄에 대한 제1심 판결로 볼 수는 없고, 따라서 친고죄에 대한 제1심 판결은 없었다고 할 것이므로 그 사건의 항소심에서도 고소를 취소할 수 있다. [법원9급 21]

> **해설+** 원래 고소의 대상이 된 피고소인의 행위가 친고죄에 해당할 경우 소송요건인 그 친고죄의 고소를 취소할 수 있는 시기를 언제까지로 한정하는가는 형사소송절차운영에 관한 입법정책상의 문제이기에 형사소송법의 그 규정은 국가형벌권의 행사가 피해자의 의사에 의하여 좌우되는 현상을 장기간 방치하지 않으려는 목적에서 고소취소의 시한을 획일적으로 제1심 판결 선고 시까지로 한정한 것이고, 따라서 그 규정을 현실적 심판의 대상이 된 공소사실이 친고죄로 된 당해 심급의 판결 선고 시까지 고소인이 고소를 취소할 수 있다는 의미로 볼 수는 없다 할 것이어서, 항소심에서 공소장의 변경에 의하여 또는 공소장변경절차를 거치지 아니하고 법원 직권에 의하여 친고죄가 아닌 범죄를 친고죄로 인정하였더라도 항소심을 제1심이라 할 수는 없는 것이므로, 항소심에 이르러 비로소 고소인이 고소를 취소하였다면 이는 친고죄에 대한 고소취소로서의 효력은 없다(대법원 1999. 4.15, 96도1922 전원합의체).

141 甲이 제1심 법원에서 「소송촉진 등에 관한 특례법」에 따라 甲의 진술 없이 A에 대한 폭행죄로 유죄를 선고받고 확정된 후 적법하게 제1심 법원에 재심을 청구하여 재심개시결정이 내려졌다면 A는 그 재심의 제1심 판결 선고 전까지 처벌희망의사표시를 철회할 수 없으나, 甲이 재심을 청구하는 대신 항소권회복청구를 함으로써 항소심 재판을 받게 되었다면 그 항소심 절차에서는 처벌희망의사표시를 철회할 수 있다. [경찰간부 22]

해설+ 제1심 법원이 반의사불벌죄로 기소된 피고인에 대하여 소송촉진 등에 관한 특례법 제23조에 따라 피고인의 진술 없이 유죄를 선고하여 판결이 확정된 경우, ㉠ 만일 피고인이 책임을 질 수 없는 사유로 공판절차에 출석할 수 없었음을 이유로 소송촉진법 제23조의2에 따라 제1심 법원에 재심을 청구하여 재심개시결정이 내려졌다면 피해자는 재심의 제1심 판결 선고 전까지 처벌을 희망하는 의사표시를 철회할 수 있다. ㉡ 그러나 피고인이 제1심 법원에 소송촉진법 제23조의2에 따른 재심을 청구하는 대신 항소권회복청구를 함으로써 항소심 재판을 받게 되었다면 항소심을 제1심이라고 할 수 없는 이상 항소심절차에서는 처벌을 희망하는 의사표시를 철회할 수 없다(대법원 2016.11.25, 2016도9470).

142 제1심법원이 반의사불벌죄로 기소된 피고인에 대하여 소송촉진 등에 관한 특례법 제23조에 따라 피고인의 진술 없이 유죄를 선고하여 판결이 확정된 경우 피고인이 같은 법 제23조의2에 따른 재심청구를 한 경우에는 피해자는 재심의 제1심판결 선고 전까지 처벌을 희망하는 의사표시를 철회할 수 있다. [법원9급 18]

143 위 지문의 경우에, 피고인이 소송촉진 등에 관한 특례법 제23조의2에 따른 재심청구가 아니라 「형사소송법」 제345조에 의한 항소권회복청구를 하여 항소심 재판을 받게 된 경우에도 재심을 신청한 경우와의 형평성을 고려하여 항소심 판결이 선고되기 전까지는 피해자가 처벌을 희망하는 의사표시를 철회할 수 있다. [법원9급 18]

143 (×) '있다' → '없다'
항소심을 제1심이라고 할 수 없는 이상 항소심절차에서는 처벌을 희망하는 의사표시를 철회할 수 없다(대법원 2016.11.25, 2016도9470).

CHAPTER 01 수사 **133**

144 甲은 A가 빌린 돈을 갚지 않자 'A는 지난 수년간 직장 상사 모 씨와 불륜 관계를 유지하면서 모 씨의 도움으로 승진까지 하였다'는 내용의 유인물을 작성하여 직장 게시판에 게시하였다. 그 후 甲은 A를 비롯한 직장동료 10명과 회식을 하다가 A가 비아냥거리자 A에게 "개같은 년"이라고 말하였다. 만약 A가 甲을 모욕으로 고소하였다가 甲과 합의가 되어 '모욕에 대한 고소를 취소한다'는 합의서를 甲에게 작성하여 준 경우, 甲이 위 합의서를 자신의 모욕 사건에 대한 항소심이 진행되던 중에 제출하였다 하더라도, 검사가 모욕으로 공소제기하기 이전에 위와 같이 합의하였다면, 항소심 법원은 甲에 대해 공소기각판결을 선고할 수밖에 없다. [변호사 21]

해설+ 피고인이 甲의 명예를 훼손하고 甲을 모욕하였다는 내용으로 기소된 사안에서, 2011.4.27.자 합의서에 이 사건 공소사실에 관한 고소취소 및 처벌의사의 철회로 볼 내용이 있다 하더라도, 고소사건에 관한 이 사건 공소제기 후에 작성된 2011.4.27.자 합의서는 이 사건 공소가 제기되어 있는 제1심 법원에 제1심 판결 선고 전까지 제출되어야만 고소취소 및 처벌의사의 철회로서의 효력이 있다. … 공소제기 후에 피고인에 대한 다른 사건의 검찰 수사과정에서 피고인에 대한 이전의 모든 고소 등을 취소한다는 취지가 기재된 합의서가 작성되었으나 그것이 제1심 판결 선고 전에 법원에 제출되었다거나, 그밖에 甲이 고소를 취소하고 처벌의사를 철회하였다고 볼 만한 자료가 없는데도, 이와 달리 보아 공소를 기각한 원심판결에는 법리오해의 위법이 있다(대법원 2012.2.23, 2011도17264).

145 반의사불벌죄에 있어 처벌희망의 의사표시를 철회한 자는 다시 처벌희망의 의사를 표시할 수 없다. [법원9급 12]

146 고소권자의 의사를 존중하는 취지에서 고소권이 인정되므로 고소권자는 고소 전에 고소권을 포기할 수도 있다. [국가9급 10]

147 고소권은 고소 전에 포기될 수 없으므로, 비록 고소 전에 피해자가 처벌을 원치 않았다 하더라도 피해자가 고소장을 제출하여 처벌을 희망하는 의사를 분명히 표시한 후 그 고소를 취소한 바 없다면 피해자의 고소는 유효하다. [경찰채용 21 1차]

148 세무서장 등의 고발을 공소제기의 요건으로 하는 조세범 처벌법 위반사건에 대해 수사기관이 고발에 앞서 수사를 하고 구속영장을 발부받은 후 검찰의 요청에 따라 세무서장이 고발조치를 한 경우, 그 고발이 있은 후에 공소제기가 있었다면 공소제기의 절차가 법률의 규정에 위반하여 무효라고 할 수 없다. [국가9급 23]

148 (○)

> **해설+** 「조세범 처벌법」 제6조의 세무종사 공무원의 고발은 공소제기의 요건이고 수사개시의 요건은 아니므로 수사기관이 고발에 앞서 수사를 하고 피고인에 대한 구속영장을 발부받은 후 검찰의 요청에 따라 세무서장이 고발조치를 하였다고 하더라도 공소제기 전에 고발이 있은 이상 조세범 처벌법 위반사건 피고인에 대한 공소제기의 절차가 법률의 규정에 위반하여 무효라고 할 수 없다(대법원 1995.3.10, 94도3373).

149 세무공무원의 고발이 있는 조세범 처벌법 위반사건에 대하여 검사가 일단 불기소처분을 하였다가 이를 공소제기하는 경우 종전의 고발은 여전히 유효하다. [국가7급 10]

149 (○) 대법원 2009.10.29, 2009도6614

150 세무공무원 등의 고발에 따른 조세범 처벌법 위반죄 혐의에 대하여 검사가 불기소처분을 하였다가 나중에 공소를 제기하는 경우, 세무공무원 등의 새로운 고발이 있어야 한다. [경찰경채 23]

150 (×)

> **해설+** 검사의 불기소처분에는 확정재판에 있어서의 확정력과 같은 효력이 없어 일단 불기소처분을 한 후에도 공소시효가 완성되기 전이면 언제라도 공소를 제기할 수 있으므로, 세무공무원 등의 고발이 있어야 공소를 제기할 수 있는 조세범 처벌법 위반죄에 관하여 일단 불기소처분이 있었더라도 세무공무원 등이 종전에 한 고발은 여전히 유효하다. 따라서 나중에 공소를 제기함에 있어 세무공무원 등의 새로운 고발이 있어야 하는 것은 아니다(대법원 2009.10.29, 2009도6614).

151 전속고발사건에 있어서 수사기관이 고발에 앞서 수사를 하고 甲에 대한 구속영장을 발부받은 후 검찰의 요청에 따라 관계 공무원이 고발조치를 하였다고 하더라도 공소제기 전에 고발이 있은 이상 甲에 대한 공소제기의 절차가 법률의 규정에 위반하여 무효라고 할 수는 없다. [경찰채용 21 1차]

151 (○) 대법원 1995.3.10, 94도3373

152 공정거래위원회가 사업자에게 독점규제 및 공정거래에 관한 법률의 규정을 위반한 혐의가 있다고 인정하여 동법 제71조에 따라 사업자를 고발하였다면, 법원이 본안에 대하여 심판한 결과 위반되는 혐의 사실이 인정되지 아니하더라도 이러한 사정만으로는 그 고발을 기초로 이루어진 공소제기 등 형사절차의 효력에 영향을 미치지 아니한다. [경찰채용 21 1차]

153 세무공무원의 고발 없이 조세범칙사건의 공소가 제기된 후에 세무공무원이 그 고발을 하였다 하여도 그 공소제기절차의 무효가 치유된다고는 볼 수 없다. [경찰간부 18] [법원9급 23]

154 「형사소송법」은 형사소추권의 발동 여부를 사인(私人)인 피해자의 의사에 맡겨 장기간 불확정한 상태에 두어 생기는 폐단을 막기 위해서 친고죄에 대하여 고소기간을 범인을 알게 된 날부터 6월로 제한하고 있으며, 이는 소추조건인 고발에도 적용된다. [경찰채용 21 2차]

> **해설+** 형사소송법 제230조 제1항은 친고죄에 대하여 고소기간을 범인을 알게 된 날부터 6월로 제한하고 있다. 그 이유는 형사소추권의 발동 여부를 사인(私人)인 피해자의 의사에 맡겨 장기간 불확정한 상태에 두어 생기는 폐단을 막기 위해서이다. 반면 소추요건인 고발에 관하여 고발기간을 제한하지 않는 이유는 국가기관을 고발권자로 정하여 그러한 폐단이 생길 우려가 없고 피해자가 없는 범죄여서 범행을 바로 인지하기도 어렵기 때문이다(대법원 2018.5.17, 2017도14749 전원합의체).

155 사법경찰관이 고발을 받은 때에는 신속히 조사하여 관계서류와 증거물을 검사에게 송부하여야 한다. [경찰특공대 22]

> **해설+** 제238조【고소, 고발과 사법경찰관의 조치】사법경찰관이 고소 또는 고발을 받은 때에는 신속히 조사하여 관계서류와 증거물을 검사에게 송부하여야 한다.

156 범인이 수개의 범죄사실 중의 일부를 수사기관에 자진신고하였으나 그 동기가 투명치 않고 그 후 공범을 두둔하였다면 그 자수한 부분 범죄사실에 대하여 자수의 효력이 없다. [해경승진 22]

> **해설+** 범인이 수개의 범죄사실 중의 일부라도 수사기관에 자진신고한 이상, 그 동기가 투명치 않고 그 후 공범을 두둔하더라도 그 자수한 부분 범죄사실에 대하여는 자수의 효력이 있다(대법원 1969.7.22, 69도779).

157 일단 자수가 성립한 이상 자수의 효력은 확정적으로 발생하고 그 후에 범인이 번복하여 수사기관이나 법정에서 범행을 부인한다고 하더라도 일단 발생한 자수의 효력이 소멸하는 것은 아니다.
[해경승진 22]

157 (O)

> **해설+** 형법 제52조 제1항 소정의 자수란 범인이 자발적으로 자신의 범죄사실을 수사기관에 신고하여 그 소추를 구하는 의사표시를 함으로써 성립하는 것으로서 일단 자수가 성립한 이상 자수의 효력은 확정적으로 발생하고 그 후에 범인이 번복하여 수사기관이나 법정에서 범행을 부인한다고 하더라도 일단 발생한 자수의 효력이 소멸하는 것은 아니라고 할 것이다(대법원 1999.7.9, 99도1695).

158 범죄사실을 부인하거나 죄의 뉘우침이 없는 자수는 그 외형은 자수일지라도 법률상 형의 감경사유가 되는 진정한 자수라고는 할 수 없다.
[해경승진 22]

158 (O)

> **해설+** 형법 제52조 제1항 소정의 자수란 범인이 자발적으로 자신의 범죄사실을 수사기관에 신고하여 그 소추를 구하는 의사표시로서 이를 형의 감경사유로 삼는 주된 이유는 범인이 그 죄를 뉘우치고 있다는 점에 있으므로 범죄사실을 부인하거나 죄의 뉘우침이 없는 자수는 그 외형은 자수일지라도 법률상 형의 감경사유가 되는 진정한 자수라고는 할 수 없다(대법원 1994.10.14, 94도2130).

159 법률상의 형의 감경사유인 자수를 위하여는, 범인이 자기의 범행으로서 범죄성립요건을 갖춘 객관적 사실을 자발적으로 수사관서에 신고하여 그 처분에 맡기는 것뿐만 아니라 법적으로 그 요건을 완전히 갖춘 범죄행위라고 적극적으로 인식하고 있어야 한다.
[해경승진 22]

159 (×)

> **해설+** 법률상의 형의 감경사유가 되는 자수를 위하여는, 범인이 자기의 범행으로서 범죄성립요건을 갖춘 객관적 사실을 자발적으로 수사관서에 신고하여 그 처분에 맡기는 것으로 족하고, 더 나아가 법적으로 그 요건을 완전히 갖춘 범죄행위라고 적극적으로 인식하고 있을 필요까지는 없다(대법원 1995.6.30, 94도1017).

160 법인의 직원 또는 사용인이 위반행위를 하여 양벌규정에 의하여 법인이 처벌받는 경우, 법인에게 자수감경에 관한 「형법」 제52조 제1항의 규정은 법인의 이사, 기타 대표자, 직원, 사용자 등이 수사책임이 있는 관서에 자수한 경우에 적용된다.
[경찰특공대 22]

160 (×)

> **해설+** 법인의 직원 또는 사용인이 위반행위를 하여 양벌규정에 의하여 법인이 처벌받는 경우, 법인에게 자수감경에 관한 형법 제52조 제1항의 규정을 적용하기 위하여는 법인의 이사 기타 대표자가 수사책임이 있는 관서에 자수한 경우에 한하고, 그 위반행위를 한 직원 또는 사용인이 자수한 것만으로는 위 규정에 의하여 형을 감경할 수 없다(대법원 1995.7.25, 95도391).

3 임의수사

대표유형

형 집행장은 사형 또는 자유형을 집행하기 위하여 검사가 발부하는 것이며, 수형자를 대상으로 한다. 따라서 형 집행장은 영장에 해당하지 않는다. [법원9급 14]

(○) 제473조 참조. 영장에는 해당하지 않으나, 구속영장과 동일한 효력이 있다(제474조 제2항).

대표유형

검사 또는 사법경찰관은 피의자 또는 그 변호인의 신청이 있는 때에는 정당한 사유가 없는 한 변호인을 피의자신문에 참여하게 하여야 한다. [국가7급 12]

(○) 제243조의2 제1항

161 「형사소송법」에서 규정하고 있는 임의수사로는 피의자신문, 참고인조사, 공무소 등에 대한 사실조회, 감정·통역·번역의 위촉이 있다. [경찰간부 23]

161 (○) 제199조 제2항, 제200조, 221조 제1항·제2항 등 참조.

162 헌법 제12조 제3항에 규정된 영장주의는 구속의 개시시점뿐만 아니라 구속영장의 취소 또는 실효의 여부도 법관의 판단에 의하여 결정되어야 한다는 것을 의미한다. [국가9급 15]

162 (○) 헌법재판소 1992.12.24, 92헌가8

163 일반영장의 발부는 금지된다. 따라서 구속영장에 있어서는 범죄사실과 피의자는 물론 인치·구금할 장소가 특정되어야 하며, 압수·수색영장에 있어서는 압수수색의 대상이 특정되어야 한다. [법원9급 14]

163 (○) 제75조 제1항, 제114조 제1항, 제219조

164 마약류사범인 수형자에게 마약류반응검사를 위해 소변을 받아 제출하도록 하는 것은 법관의 영장을 필요로 하는 강제처분이므로, 구치소 등 교정시설 내에서 소변채취가 법관의 영장 없이 실시된 경우에는 영장주의원칙에 반한다. [경찰간부 23]

164 (×)

해설+ 헌법 제12조 제3항의 영장주의는 법관이 발부한 영장에 의하지 아니하고는 수사에 필요한 강제처분을 하지 못한다는 원칙으로 (수형자에게) 소변을 받아 제출하도록 한 것은 교도소의 안전과 질서유지를 위한 것으로 수사에 필요한 처분이 아닐 뿐만 아니라 검사대상자들의 협력이 필수적이어서 강제처분이라고 할 수도 없어 영장주의의 원칙이 적용되지 않는다(헌법재판소 2006.7.27, 2005헌마277 전원합의체).

165 수사기관의 임의동행 시 오로지 피의자의 자발적인 의사에 의하여 수사관서 등에의 동행이 이루어졌음이 객관적인 사정에 의하여 명백하게 입증된 경우에 한하여 그 적법성이 인정된다. [경찰채용 15]

165 (○) 대법원 2006.7.6, 2005도6810

166 수사기관이 수사의 필요상 피의자를 임의동행한 경우에도 조사 후 귀가시키지 아니하고 그의 의사에 반하여 경찰서 보호실 등에 계속 유치함으로써 신체의 자유를 속박하였다면 이는 구금에 해당한다. [경찰채용 15·20 2차]

166 (○) 대법원 1985.7.29, 85모16; 1997.6.13, 97도877

167 검사 또는 사법경찰관은 임의동행을 요구하는 경우 상대방에게 동행을 거부할 수 있다는 것과 동행하는 경우에도 언제든지 자유롭게 동행 과정에서 이탈하거나 동행 장소에서 퇴거할 수 있다는 것을 알려야 한다. [경찰채용 21 1차]

167 (○) 수사준칙 제20조

168 경찰관이 甲을 경찰서로 동행할 당시 甲에게 언제든지 동행을 거부할 수 있음을 고지한 다음 동행에 대한 동의를 구하였고, 이에 甲이 고개를 끄덕이며 동행의 의사표시를 하였으며, 동행 당시 경찰관에게 욕을 하거나 특별한 저항을 하지 않고서 동행에 순순히 응하였으며, 동행 당시 술에 취한 상태이긴 하였으나, 동행 후 경찰서에서 주취운전자정황진술보고서의 날인을 거부하고 "이번이 3번째 음주운전이다. 난 시청 직원이다. 1번만 봐 달라."라고 말한 경우, 甲에 대한 임의동행은 적법하다. [경찰채용 22 2차]

168 (○) 자발적인 의사에 의한 임의동행임을 인정한 사례이다.

해설+ 수사관이 동행에 앞서 피의자에게 동행을 거부할 수 있음을 알려 주었거나 동행한 피의자가 언제든지 자유로이 동행과정에서 이탈 또는 동행장소에서 퇴거할 수 있었음이 인정되는 등 오로지 피의자의 자발적인 의사에 의하여 수사관서 등에 동행이 이루어졌다는 것이 객관적인 사정에 의하여 명백하게 입증된 경우에 한하여, 동행의 적법성이 인정된다고 보는 것이 타당하다(대법원 2011.6.30, 2009도6717 등). 경찰관 공소외인은 피고인을 경찰서로 동행할 당시 피고인에게 언제든지 동행을 거부할 수 있음을 고지한 다음 동행에 대한 동의를 구하였고, 이에 피고인이 고개를 끄덕이며 동의의 의사표시를 하였던 점, 피고인은 동행 당시 경찰관에게 욕을 하거나 특별한 저항을 하지도 않고 동행에 순순히 응하였던 점, 비록 동행 당시 피고인이 술에 취한 상태이기는 하였으나, 동행 후 경찰서에서 주취운전자정황진술보고서의 날인을 거부하고 "이번이 3번째 음주운전이다. 난 시청 직원이다. 1번만 봐 달라."고 말하기도 하는 등 동행 전후 피고인의 언행에 비추어 피고인이 당시 경찰관의 임의동행 요구에 대하여 이에 따를 것인지 여부에 관한 판단을 할 정도의 의사능력은 충분히 있었던 것으로 보이는 점 등 그 판시와 같은 사정을 종합하여, 피고인에 대한 임의동행은 피고인의 자발적인 의사에 의하여 이루어진 것으로서 적법하다(대법원 2012.9.13, 2012도8890).

169 임의동행은 경찰관 직무집행법 제3조 제2항에 따른 행정경찰 목적의 경찰 활동으로 행하여지는 것 외에도 「형사소송법」 제199조 제1항에 따라 범죄 수사를 위하여 오로지 피의자의 자발적인 의사에 의하여 이루어진 경우에 도 가능하다. [국가7급 21]

169 (O)

해설+ 임의동행은 경찰관 직무집행법 제3조 제2항에 따른 행정경찰 목적의 경찰활동으로 행하여지는 것 외에도 「형사소송법」 제199조 제1항에 따라 범죄수사를 위하여 수사관이 동행에 앞서 피의자에게 동행을 거부할 수 있음을 알려 주었거나 동행한 피의자가 언제든지 자유로이 동행과정에서 이탈 또는 동행장소로부터 퇴거할 수 있었음이 인정되는 등 오로지 피의자의 자발적인 의사에 의하여 이루어진 경우에도 가능하다(대법원 2020.5.14, 2020도398).

170 즉결심판 피의자의 정당한 귀가요청을 거절한 채 다음 날 즉결심판법정이 열릴 때까지 피의자를 경찰서 보호실에 강제유치시키려고 함으로써 피의 자를 경찰서 내 즉결피의자 대기실에 10~20분 동안 있게 한 행위는 불법 한 감금행위에 해당한다. [경찰채용 18 2차]

170 (O)

해설+ 형사소송법이나 경찰관 직무집행법 등의 법률에 정하여진 구금 또는 보호유치 요건에 의하지 아니하고는 즉결심판 피의자라는 사유만으로 피의자를 구금, 유치할 수 있는 아무런 법률상 근거가 없고, 경찰 업무상 그러한 관행이나 지침이 있었다 하더라도 이로써 원칙적으로 금지되어 있는 인신구속을 행할 수 있는 근거로 할 수 없으므로, 즉결심판 피의자의 정당한 귀가요청을 거절한 채 다음 날 즉결심판법정이 열릴 때까지 피의자를 경찰서 보호실에 강제유치시키려고 함으로써 피의자를 경찰서 내 즉결피의자 대기실에 10-20분 동안 있게 한 행위는 형법 제124조 제1항의 불법감금죄에 해당하고, 이로 인하여 피의자를 보호실에 밀어넣으려는 과정에서 상해를 입게 하였다면 특정범죄가중처벌등에관한법률 제4조의2 제1항 위반죄에 해당한다(대법원 1997.6.13, 97도877).

171 전기통신의 감청은 현재 이루어지고 있는 전기통신의 내용을 지득·채록 하는 경우와 통신의 송·수신을 직접적으로 방해하는 경우를 의미하고, 전 자우편이 송신되어 이미 수신이 완료된 전기통신에 관하여 남아 있는 기록 이나 내용을 열어보는 등의 행위는 포함하지 않는다. [국가9급 17]

171 (O) 대법원 2013.11.28, 2010 도12244

172　「통신비밀보호법」이 규정하는 감청에는 실시간으로 전기통신의 내용을 지득·채록하는 행위, 통신의 송·수신을 직접적으로 방해하는 행위, 이미 수신이 완료된 전기통신에 관하여 남아 있는 기록이나 내용을 열어보는 행위 등이 포함된다.　　　　　　　　　　　　　　　　　　　　[국가9급개론 22]

172 (×)

해설+　통신비밀보호법 제2조 제3호 및 제7호에 의하면 같은 법상 '감청'은 전자적 방식에 의하여 모든 종류의 음향·문언·부호 또는 영상을 송신하거나 수신하는 전기통신에 대하여 당사자의 동의 없이 전자장치·기계장치 등을 사용하여 통신의 음향·문언·부호·영상을 청취·공독하여 그 <u>내용을 지득 또는 채록하거나 전기통신의 송·수신을 방해하는 것을 말한다.</u> 그런데 해당 규정의 문언이 송신하거나 수신하는 전기통신 행위를 감청의 대상으로 규정하고 있을 뿐 송·수신이 완료되어 보관 중인 전기통신 내용은 대상으로 규정하지 않은 점, 일반적으로 감청은 다른 사람의 대화나 통신 내용을 몰래 엿듣는 행위를 의미하는 점 등을 고려하여 보면, 통신비밀보호법상 '감청'이란 대상이 되는 전기통신의 송·수신과 동시에 이루어지는 경우만을 의미하고, <u>이미 수신이 완료된 전기통신의 내용을 지득하는 등의 행위는 포함되지 않는다</u>(대법원 2012.10.25, 2012도4644).

173　무전기와 같은 무선전화기를 이용한 통화는 통신비밀보호법 소정의 '타인 간의 대화'에 포함되지 않는다.　　　　　　　　　　　　　　[경찰채용 14]

173 (○) 대법원 2003.11.13, 2001도6213

174　통신제한조치허가서에 의하여 허가된 통신제한조치가 '전기통신 감청 및 우편물 검열'뿐인 경우, 그 후 연장결정서에 당초 허가내용에 없던 '대화녹음'이 기재되어 있다고 하더라도 이는 대화녹음의 적법한 근거가 되지 못한다.　　　　　　　　　　　　　　　　　　　　　　　　　[경찰승진 22]

174 (○) 대법원 1999.9.3, 99도2317

175　일정한 요건이 구비된 경우에는 검사에 대하여 각 피의자별 또는 각 피내사자별로 통신제한조치에 대한 허가를 신청하고, 검사는 법원에 대하여 그 허가를 청구할 수 있다.　　　　　　　　　　　　　　[경찰채용 21 2차]

175 (○) 통신비밀보호법(이하 '통비법') 제6조 제2항

176　통신기관 등은 통신제한조치허가서 또는 긴급감청서 등에 기재된 통신제한조치 대상자의 전화번호 등이 사실과 일치하지 않을 경우에는 그 집행을 거부할 수 있으며, 어떠한 경우에도 전기통신에 사용되는 비밀번호를 누설할 수 없다.　　　　　　　　　　　　　　　　　　　　　　　[국가9급 17]

176 (○) 통비법 제9조 제4항

177 통신제한조치는 범죄수사 또는 국가안전보장을 위하여 보충적인 수단으로 이용되어야 한다.

[국가9급 17]

177 (○) 통비법 제3조 제2항

178 통신제한조치는 「통신비밀보호법」 제5조의 범죄를 계획 또는 실행하고 있거나 실행하였다고 의심할 만한 충분한 이유가 있고, 다른 방법으로는 그 범죄의 실행을 저지하거나 범인의 체포 또는 증거수집이 어려운 경우에 한하여 허가할 수 있다.

[경찰채용 2019 1차]

178 (○) 통비법 제5조 제1항

179 검사는 형의 집행을 위하여 필요한 경우 「전기통신사업법」에 의한 전기통신사업자에게 통신사실 확인자료의 열람이나 제출을 요청할 수 있고, 이 경우에는 관할 지방법원(보통군사법원을 포함한다) 또는 지원의 허가를 받아야 한다.

[경찰승진 22]

179 (○) 통비법 제13조 제1항·제3항

해설+ 통신비밀보호법 제13조【범죄수사를 위한 통신사실 확인자료제공의 절차】① 검사 또는 사법경찰관은 수사 또는 형의 집행을 위하여 필요한 경우 전기통신사업법에 의한 전기통신사업자(이하 "전기통신사업자"라 한다)에게 통신사실 확인자료의 열람이나 제출(이하 "통신사실 확인자료제공"이라 한다)을 요청할 수 있다.
③ 제1항 및 제2항에 따라 통신사실 확인자료제공을 요청하는 경우에는 요청사유, 해당 가입자와의 연관성 및 필요한 자료의 범위를 기록한 서면으로 관할 지방법원(군사법원을 포함한다) 또는 지원의 허가를 받아야 한다. 다만, 관할 지방법원 또는 지원의 허가를 받을 수 없는 긴급한 사유가 있는 때에는 통신사실 확인자료제공을 요청한 후 지체 없이 그 허가를 받아 전기통신사업자에게 송부하여야 한다.
④ 제3항 단서에 따라 긴급한 사유로 통신사실 확인자료를 제공받았으나 지방법원 또는 지원의 허가를 받지 못한 경우에는 지체 없이 제공받은 통신사실 확인자료를 폐기하여야 한다.

180 공무원에게 금품을 제공한 혐의로 발부된 통신사실 확인자료제공 요청 허가서에 대상자로 기재되어 있는 피고인 甲이 피고인 乙의 뇌물수수 범행의 증뢰자라면, 위 허가서에 의하여 제공받은 甲과 乙의 통화내역을 乙의 수뢰사실의 증명을 위한 증거로 사용할 수 있다. [경찰채용 22 1차]

해설+ 통신비밀보호법은 통신제한조치의 집행으로 인하여 취득된 전기통신의 내용은 통신제한조치의 목적이 된 범죄나 이와 관련되는 범죄를 수사·소추하거나 그 범죄를 예방하기 위한 경우 등에 한정하여 사용할 수 있도록 규정하고(제12조 제1호), 통신사실 확인자료의 사용제한에 관하여 이 규정을 준용하도록 하고 있다(제13조의5). 따라서 통신사실 확인자료 제공요청에 의하여 취득한 통화내역 등 통신사실 확인자료를 범죄의 수사·소추를 위하여 사용하는 경우 대상 범죄는 통신사실 확인자료제공 요청의 목적이 된 범죄 및 이와 관련된 범죄에 한정되어야 한다. 여기서 통신사실확인자료 제공요청의 목적이 된 범죄와 관련된 범죄란 통신사실 확인자료제공 요청 허가서에 기재한 혐의사실과 객관적 관련성이 있고 자료제공 요청대상자와 피의자 사이에 인적 관련성이 있는 범죄를 의미한다. … 피의자와 사이의 인적 관련성은 통신사실 확인자료제공 요청 허가서에 기재된 대상자의 공동정범이나 교사범 등 공범이나 간접정범은 물론 필요적 공범 등에 대한 피고사건에 대해서도 인정될 수 있다(대법원 2017.1.25, 2016도13489).

보충 이 사건에서 증거로 제출된 통신사실 확인자료는 그 범행과 관련된 뇌물수수 등 범죄에 대한 포괄적인 수사를 하는 과정에서 취득한 점 등을 종합하여 보면, 이 사건 공소사실과 이 사건 통신사실 확인자료제공 요청 허가서에 기재된 혐의사실은 객관적 관련성이 인정된다고 할 것이고, 또한 그 허가서에 대상자로 기재된 피고인 1은 이 사건 피고인 2의 뇌물수수 범행의 증뢰자로서 필요적 공범에 해당하는 이상 인적 관련성도 있다고 할 것이다.

181 「통신비밀보호법」상 통신사실 확인자료제공 요청의 목적이 된 범죄와 관련된 범죄란 통신사실 확인자료제공 요청 허가서에 기재된 혐의사실과 객관적 관련성이 있고 자료제공 요청 대상자와 피의자 사이에 인적 관련성이 있는 범죄를 의미한다. [변호사 23]

182 검사, 사법경찰관 또는 정보수사기관의 장은 긴급통신제한조치의 집행을 종료한 때부터 36시간 이내에 법원의 허가를 받지 못한 경우에는 해당 조치를 즉시 중지하고 해당 조치로 취득한 자료를 폐기하여야 한다.

해설+ 통신비밀보호법 제8조 【긴급통신제한조치】 ⑤ 검사, 사법경찰관 또는 정보수사기관의 장은 긴급통신제한조치의 집행에 착수한 때부터 36시간 이내에 법원의 허가를 받지 못한 경우에는 해당 조치를 즉시 중지하고 해당 조치로 취득한 자료를 폐기하여야 한다. 〈개정 2022.12.27.〉

183 사법경찰관은 인터넷 회선을 통하여 송신·수신하는 전기통신을 대상으로 통신제한조치를 집행한 경우 그 전기통신의 보관 등을 하고자 하는 때에는 집행종료일부터 10일 이내에 보관 등이 필요한 전기통신을 선별하여 검사에게 보관 등의 승인을 신청하고, 검사는 신청일부터 10일 이내에 통신제한조치를 허가한 법원에 그 승인을 청구할 수 있다. [경찰채용 21 2차]

> **해설+** 통신비밀보호법 제12조의2 【범죄수사를 위하여 인터넷 회선에 대한 통신제한조치로 취득한 자료의 관리】② 사법경찰관은 인터넷 회선을 통하여 송신·수신하는 전기통신을 대상으로 제6조 또는 제8조(제5조 제1항의 요건에 해당하는 사람에 대한 긴급통신제한조치에 한정한다)에 따른 통신제한조치를 집행한 경우 그 전기통신의 보관등을 하고자 하는 때에는 집행종료일부터 14일 이내에 보관등이 필요한 전기통신을 선별하여 검사에게 보관등의 승인을 신청하고, 검사는 신청일부터 7일 이내에 통신제한조치를 허가한 법원에 그 승인을 청구할 수 있다.

183 (×) 통비법 제12조의2 제2항

184 사법경찰관은 인터넷 회선을 통하여 송신·수신하는 전기통신을 대상으로 통신제한조치를 집행한 후 그 전기통신의 보관등을 하고자 하는 때에는 집행종료일부터 14일 이내에 보관등이 필요한 전기통신을 선별하여 검사에게 보관등의 승인을 청구하고, 검사는 청구가 이유 있다고 인정하는 경우에는 보관등을 승인하여야 한다.

> **해설+** 통신비밀보호법 제12조의2 【범죄수사를 위하여 인터넷 회선에 대한 통신제한조치로 취득한 자료의 관리】② 사법경찰관은 인터넷 회선을 통하여 송신·수신하는 전기통신을 대상으로 제6조 또는 제8조(제5조 제1항의 요건에 해당하는 사람에 대한 긴급통신제한조치에 한정한다)에 따른 통신제한조치를 집행한 경우 그 전기통신의 보관등을 하고자 하는 때에는 집행종료일부터 14일 이내에 보관등이 필요한 전기통신을 선별하여 검사에게 보관등의 승인을 신청하고, 검사는 신청일부터 7일 이내에 통신제한조치를 허가한 법원에 그 승인을 청구할 수 있다.

184 (×) 사법경찰관은 검사에게 보관등의 승인을 청구하는 것이 아니라 신청하는 것이고, 검사도 법원에 보관등의 승인을 청구할 수 있을 뿐 그 보관등을 승인할 수 있는 권한은 없다(통비법 제12조의2 제2항).

185 사법경찰관은 통신제한조치를 집행한 사건에 관하여 검사로부터 공소를 제기하거나 제기하지 아니하는 처분(기소중지 또는 참고인중지 결정은 제외한다)의 통보를 받거나 검찰송치를 하지 아니하는 처분(수사중지 결정은 제외한다) 또는 내사사건에 관하여 입건하지 아니하는 처분을 한 때에는 그날부터 30일 이내에 감청의 대상이 된 전기통신의 가입자에게 통신제한조치를 집행한 사실과 집행기관 및 그 기간 등을 서면으로 통지하여야 한다.

[경찰채용 21 2차]

185 (○) 통비법 제9조의2 제2항

해설+ **통신비밀보호법 제9조의2【통신제한조치의 집행에 관한 통지】** ① 검사는 제6조 제1항 및 제8조 제1항에 따라 통신제한조치를 집행한 사건에 관하여 공소를 제기하거나, 공소의 제기 또는 입건을 하지 아니하는 처분(기소중지결정, 참고인중지결정을 제외한다)을 한 때에는 그 처분을 한 날부터 30일 이내에 우편물 검열의 경우에는 그 대상자에게, 감청의 경우에는 그 대상이 된 전기통신의 가입자에게 통신제한조치를 집행한 사실과 집행기관 및 그 기간 등을 서면으로 통지하여야 한다. (중략)
② 사법경찰관은 제6조 제1항 및 제8조 제1항에 따라 통신제한조치를 집행한 사건에 관하여 검사로부터 공소를 제기하거나 제기하지 아니하는 처분(기소중지 또는 참고인중지 결정은 제외한다)의 통보를 받거나 검찰송치를 하지 아니하는 처분(수사중지 결정은 제외한다) 또는 내사사건에 관하여 입건하지 아니하는 처분을 한 때에는 그날부터 30일 이내에 우편물 검열의 경우에는 그 대상자에게, 감청의 경우에는 그 대상이 된 전기통신의 가입자에게 통신제한조치를 집행한 사실과 집행기관 및 그 기간 등을 서면으로 통지하여야 한다.

186 수사기관은 감청의 실시를 종료하면 감청대상이 된 전기통신의 가입자에게 감청사실 등을 통지하여야 하지만, 통지로 인하여 수사에 방해될 우려가 있다고 인정할 때에는 그 사유가 해소될 때까지 통지를 유예할 수 있다.

[해경승진 23]

186 (×)

해설+ 통신제한조치 종료 시에는 30일 이내에 그 대상자에게 통신제한조치 집행사실·집행기관·집행기간 등을 서면으로 통지하여야 한다(통비법 제9조의2 제3항). 다만 통신제한조치 통지로 인하여 국가의 안전보장, 공공의 안녕질서를 위태롭게 할 현저할 우려가 있거나 사람의 생명·신체에 중대한 위험을 초래할 염려가 현저한 때에 한하여 그 사유해소 시까지 통신제한조치 집행사실 등 통지를 유예할 수 있다(통비법 제9조의2 제4항). 따라서 단지 수사에 방해가 될 우려가 있다는 사유 정도로는 통지유예사유가 될 수 없다.

통신비밀보호법 제9조의2【통신제한조치의 집행에 관한 통지】 ③ 정보수사기관의 장은 제7조 제1항 제1호 본문 및 제8조 제1항의 규정에 의한 통신제한조치를 종료한 날부터 30일 이내에 우편물 검열의 경우에는 그 대상자에게, 감청의 경우에는 그 대상이 된 전기통신의 가입자에게 통신제한조치를 집행한 사실과 집행기관 및 그 기간 등을 서면으로 통지하여야 한다.
④ 제1항 내지 제3항의 규정에 불구하고 다음 각 호의 1에 해당하는 사유가 있는 때에는 그 사유가 해소될 때까지 통지를 유예할 수 있다.
1. 통신제한조치를 통지할 경우 국가의 안전보장·공공의 안녕질서를 위태롭게 할 현저한 우려가 있는 때
2. 통신제한조치를 통지할 경우 사람의 생명·신체에 중대한 위험을 초래할 염려가 현저한 때

187 검사는 통신사실 확인자료제공을 받은 사건에 관하여 공소제기를 하지 아니하는 처분(기소중지·참고인중지 결정은 제외한다) 또는 입건을 하지 아니하는 처분을 한 경우, 그 처분을 한 날부터 1년이 경과한 때부터 30일 이내에 통신사실 확인자료제공을 받은 사실과 제공요청기관 및 그 기간 등을 통신사실 확인자료제공의 대상이 된 당사자에게 서면으로 통지하여야 한다. [국가7급 23]

해설+ 통신비밀보호법 제13조의3 【범죄수사를 위한 통신사실 확인자료제공의 통지】 ① 검사 또는 사법경찰관은 제13조에 따라 통신사실 확인자료제공을 받은 사건에 관하여 다음 각 호의 구분에 따라 정한 기간 내에 통신사실 확인자료제공을 받은 사실과 제공요청기관 및 그 기간 등을 통신사실 확인자료제공의 대상이 된 당사자에게 서면으로 통지하여야 한다.
1. 공소를 제기하거나, 공소제기·검찰송치를 하지 아니하는 처분(기소중지·참고인중지 또는 수사중지 결정은 제외한다) 또는 입건을 하지 아니하는 처분을 한 경우: <u>그 처분을 한 날부터 30일 이내</u> (중략)
2. 기소중지·참고인중지 또는 수사중지 결정을 한 경우: 그 결정을 한 날부터 1년(제6조 제8항 각 호의 어느 하나에 해당하는 범죄인 경우에는 3년)이 경과한 때부터 30일 이내 (중략)
3. 수사가 진행 중인 경우: 통신사실 확인자료제공을 받은 날부터 1년(제6조 제8항 각 호의 어느 하나에 해당하는 범죄인 경우에는 3년)이 경과한 때부터 30일 이내 (중략)

제13조 【범죄수사를 위한 통신사실 확인자료제공의 절차】 ① 검사 또는 사법경찰관은 수사 또는 형의 집행을 위하여 필요한 경우 전기통신사업법에 의한 전기통신사업자(이하 "전기통신사업자"라 한다)에게 통신사실 확인자료의 열람이나 제출(이하 "통신사실 확인자료제공"이라 한다)을 요청할 수 있다.

보충 위 지문에 나오는 '그 처분을 한 날부터 1년이 경과한 때부터 30일 이내'라는 기간은 기소중지·참고인중지 또는 수사중지 결정을 하는 경우(동조 제1항 제2호)와 수사가 진행 중인 경우(동조 제1항 제3호)에 해당한다.

188 통신제한조치의 기간은 3개월을 초과하지 못하나 허가요건이 존속하는 경우에는 3개월의 범위에서 통신제한조치기간의 연장을 청구할 수 있다. 다만 통신제한조치의 연장을 청구하는 경우에 통신제한조치의 총 연장기간은 1년(일정한 범죄의 경우는 3년)을 초과할 수 없다. [경찰채용 21 2차]

해설+ 통신제한조치의 기간은 <u>2개월</u>을 초과하지 못하고, 허가요건이 존속하는 경우에는 소명자료를 첨부하여 <u>2개월</u>의 범위에서 통신제한조치기간의 연장을 청구할 수 있다(통비법 제6조 제7항). 다만 통신제한조치의 연장을 청구하는 경우에 통신제한조치의 총 연장기간은 <u>1년(일정한 범죄의 경우는 3년)</u>을 초과할 수 없다(동조 제8항).

187 (×) 검사 또는 사법경찰관은 통신사실 확인자료제공을 받은 사건에 관하여 불입건, 사건불송치·불기소(수사중지·기소중지·참고인중지 제외), 공소제기 처분을 한 경우에는 처분일로부터 30일 이내에 통신사실 확인자료제공을 받은 사실, 제공요청기관, 제공기간 등을 통신사실 확인자료제공 대상 당사자에게 서면으로 통지하여야 한다(통비법 제13조의3 제1항 제1호).

188 (×)

189 범죄수사를 위한 통신제한조치의 기간은 2개월을 초과하지 못하고, 그 기간 중 통신제한조치의 목적이 달성되었을 경우에는 즉시 종료하여야 한다.

[해경승진 23]

해설+ 통신비밀보호법 제6조【범죄수사를 위한 통신제한조치의 허가절차】⑦ 통신제한조치의 기간은 2개월을 초과하지 못하고, 그 기간 중 통신제한조치의 목적이 달성되었을 경우에는 즉시 종료하여야 한다. 다만, 제5조 제1항의 허가요건이 존속하는 경우에는 소명자료를 첨부하여 제1항 또는 제2항에 따라 2개월의 범위에서 통신제한조치기간의 연장을 청구할 수 있다.

189 (○) 통비법 제6조 참조.

190 국가안보를 위한 통신제한조치에서 통신의 일방 또는 쌍방당사자가 내국인인 때에는 고등법원 수석판사의 허가를 받아야 한다. [해경승진(경장) 23]

해설+ 통신비밀보호법 제7조【국가안보를 위한 통신제한조치】① 대통령령이 정하는 정보수사기관의 장(이하 "정보수사기관의 장"이라 한다)은 국가안전 보장에 상당한 위험이 예상되는 경우 또는 「국민보호와 공공안전을 위한 테러방지법」 제2조 제6호의 대테러활동에 필요한 경우에 한하여 그 위해를 방지하기 위하여 이에 관한 정보수집이 특히 필요한 때에는 다음 각 호의 구분에 따라 통신제한조치를 할 수 있다.
1. 통신의 일방 또는 쌍방당사자가 내국인인 때에는 고등법원 수석판사의 허가를 받아야 한다. 다만, 군용전기통신법 제2조의 규성에 의한 군용전기통신(작전수행을 위한 전기통신에 한한다)에 대하여는 그러하지 아니하다.
2. 대한민국에 적대하는 국가, 반국가활동의 혐의가 있는 외국의 기관·단체와 외국인, 대한민국의 통치권이 사실상 미치지 아니하는 한반도 내의 집단이나 외국에 소재하는 그 산하단체의 구성원의 통신인 때 및 제1항 제1호 단서의 경우에는 서면으로 대통령의 승인을 얻어야 한다.

190 (○) 국가안보를 위한 통신제한조치의 경우, 통신의 일방 또는 쌍방당사자가 내국인인 때에는 고등법원 수석판사의 허가를 받아야 하고(통비법 제7조 제1항 제1호 본문), 이외의 경우에는 대통령의 승인을 얻어야 한다.

191 범인이 범행 후 피해자에게 전화를 걸어오자 피해자가 그 전화내용을 녹음한 경우, 그 녹음을 증거로 사용할 수 있다. [국가7급 11 변형]

191 (○) 그 녹음테이프가 피고인 모르게 녹음된 것이라 하여 이를 위법하게 수집된 증거라고 할 수 없다(대법원 1997.3.28, 97도240).

192 통신의 당사자 일방이 수사기관에 제출할 의도로 상대방의 동의 없이 전자장치나 기계장치를 사용하여 통신의 음향·문언·부호·영상을 청취하는 것은 「통신비밀보호법」이 정한 감청에 해당하지 아니한다. [국가9급개론 22]

192 (○) 대법원 2002.10.8, 2002도123

193 3인 간의 대화에 있어서 그중 한 사람이 대화를 녹음한 경우 이는 감청에 해당하지 않아 당해 녹음을 증거로 사용할 수 있으며, 이는 제3자가 전화통화 당사자 일방만의 동의를 받고 그 통화내용을 녹음한 경우에도 마찬가지이다. [경찰채용 14] [국가7급 11 변형]

193 (×)

> **해설+** 전단은 '타인 간의 대화'라고 할 수 없으므로, 통신비밀보호법 제3조 제1항에 위배된다고 볼 수 없어 맞는 내용이다(대법원 2006.10.12, 2006도4981). 그러나 후단은 그 상대방의 동의가 없었던 이상 통신비밀보호법 위반에 해당하므로, 이러한 불법감청에 의하여 녹음된 전화통화의 내용은 통신비밀보호법 제4조에 의하여 증거능력이 없어 틀린 내용이다(대법원 2010.10.14, 2010도9016).

194 수사기관이 甲으로부터 피고인의 폭력행위등처벌에관한법률위반(단체등의구성 활동) 범행에 대한 진술을 듣고 추가적인 정보를 확보할 목적으로, 구속수감되어 있던 甲에게 그의 압수된 휴대전화를 제공하여 피고인과 통화하고 위 범행에 관한 통화내용을 녹음하게 한 경우, 그 녹음 자체는 물론 이를 근거로 작성된 녹취록 첨부 수사보고는 설령 피고인의 증거동의가 있는 경우에도 이를 유죄의 증거로 사용할 수 없다. [경찰승진 22]

194 (○) 대법원 2010.10.14, 2010도9016

195 불법감청에 의하여 녹음된 전화통화의 내용은 통신비밀보호법에 의하여 증거능력이 없으나, 피고인이나 변호인이 이를 증거로 함에 동의한 때에는 예외적으로 증거능력이 인정된다. [국가7급 16]

195 (×) '는 예외적으로 증거능력이 인정된다' → '도 증거능력이 없다'
증거로 함에 동의하였다고 하더라도 달리 볼 것은 아니다(대법원 2010. 10.14, 2010도9016).

196 응급구호가 필요한 자살기도자를 영장 없이 24시간을 초과하지 아니하는 범위에서 경찰서에 설치되어 있는 보호실에 유치한 것은 위법한 강제수사가 아니다. [국가9급 18] [국가9급개론 18]

196 (○) 대법원 1994.3.11, 93도958

> **해설+** **경찰관 직무집행법 제4조 【보호조치 등】** ① 경찰관은 수상한 행동이나 그 밖의 주위 사정을 합리적으로 판단해 볼 때 다음 각 호의 어느 하나에 해당하는 것이 명백하고 응급구호가 필요하다고 믿을 만한 상당한 이유가 있는 사람(이하 "구호대상자"라 한다)을 발견하였을 때에는 보건의료기관이나 공공구호기관에 긴급구호를 요청하거나 경찰관서에 보호하는 등 적절한 조치를 할 수 있다.
> 1. 정신착란을 일으키거나 술에 취하여 자신 또는 다른 사람의 생명·신체·재산에 위해를 끼칠 우려가 있는 사람
> 2. 자살을 시도하는 사람
> 3. 미아, 병자, 부상자 등으로서 적당한 보호자가 없으며 응급구호가 필요하다고 인정되는 사람. 다만, 본인이 구호를 거절하는 경우는 제외한다.
> ③ 경찰관은 제1항의 조치를 하는 경우에 구호대상자가 휴대하고 있는 무기·흉기 등 위험을 일으킬 수 있는 것으로 인정되는 물건을 경찰관서에 임시로 영치(領置)하여 놓을 수 있다.
> ⑦ 제1항에 따라 구호대상자를 경찰관서에서 보호하는 기간은 24시간을 초과할 수 없고, 제3항에 따라 물건을 경찰관서에 임시로 영치하는 기간은 10일을 초과할 수 없다.

197 누구든지 자기의 얼굴 기타 모습을 함부로 촬영당하지 않을 자유를 가지므로, 수사기관이 범죄를 수사함에 있어 타인의 얼굴 기타 모습을 영장 없이 촬영하였다면, 그 촬영은 어떠한 경우라도 허용될 수 없다. [경찰채용 23 1차]

197 (×)

해설+ 누구든지 자기의 얼굴 기타 모습을 함부로 촬영당하지 않을 자유를 가지나 이러한 자유도 국가권력의 행사로부터 무제한으로 보호되는 것은 아니고 국가의 안전보장·질서유지·공공복리를 위하여 필요한 경우에는 상당한 제한이 따르는 것이고, 수사기관이 범죄를 수사함에 있어 현재 범행이 행하여지고 있거나 행하여진 직후이고, 증거보전의 필요성 및 긴급성이 있으며, 일반적으로 허용되는 상당한 방법에 의하여 촬영을 한 경우라면 위 촬영이 영장 없이 이루어졌다 하여 이를 위법하다고 단정할 수 없다(대법원 1999.9.3, 99도2317).

198 수사기관이 범죄를 수사함에 있어 현재 범행이 행하여지고 있거나 행하여진 직후이고, 증거보전의 필요성 및 긴급성이 있으며 일반적으로 허용되는 상당한 방법에 의하여 촬영을 한 경우에는, 그 촬영행위가 영장 없이 이루어졌다 하여 이를 위법하다고 할 수 없다. [경찰간부 23]

198 (○)

해설+ (일반음식점영업자인 피고인은 음향시설을 갖추고 손님이 춤을 추는 것을 허용하여 영업자가 지켜야 할 사항을 지키지 않았다는 이유로 식품위생법 위반으로 기소된 사건) 수사기관이 범죄를 수사하면서 불특정, 다수의 출입이 가능한 장소에 통상적인 방법으로 출입하여 아무런 물리력이나 강제력을 행사하지 않고 통상적인 방법으로 위법행위를 확인하는 것은 특별한 사정이 없는 한 임의수사의 한 방법으로서 허용되므로 영장 없이 이루어졌다고 하여 위법하다고 할 수 없다. 또한 수사기관이 범죄를 수사하면서 현재 범행이 행하여지고 있거나 행하여진 직후이고, 증거보전의 필요성 및 긴급성이 있으며, 일반적으로 허용되는 상당한 방법으로 촬영한 경우라면 위 촬영이 영장 없이 이루어졌다 하여 이를 위법하다고 할 수 없다(대법원 1999.9.3, 99도2317 참조). 경찰관들이 범죄 혐의가 포착된 상태에서 그에 관한 증거를 보전하기 위하여 불특정, 다수가 출입할 수 있는 이 사건 음식점에 통상적인 방법으로 출입하여 음식점 내에 있는 사람이라면 누구나 볼 수 있었던 손님들의 춤추는 모습을 확인하고 이를 촬영한 것은 영장 없이 이루어졌다 하여 위법하다고 볼 수 없다(촬영물의 증거능력 인정, 대법원 2023.7.13, 2019도7891).

199 수사기관이 범행 중 또는 직후에 증거보전의 필요성, 긴급성이 있어서 상당한 방법으로 사진을 촬영한 경우라면 영장 없는 사진촬영도 위법한 수사가 아니다. [국가9급 18] [국가9급개론 18]

199 (○) 대법원 2013.7.26, 2013도2511

200 무인장비에 의한 제한속도 위반차량의 단속과정에서 상당한 방법으로 차량의 차량번호등이 촬영된 사진은 위법하게 수집된 증거로 증거능력이 없다고 할 수 없다. [군무원9급 21]

200 (○)

> **해설+** 수사, 즉 범죄혐의의 유무를 명백히 하여 공소를 제기·유지할 것인가의 여부를 결정하기 위하여 범인을 발견·확보하고 증거를 수집·보전하는 수사기관의 활동은 수사 목적을 달성함에 필요한 경우에 한하여 사회통념상 상당하다고 인정되는 방법 등에 의하여 수행되어야 하는 것인바, 무인장비에 의한 제한속도 위반차량 단속은 이러한 수사활동의 일환으로서 도로에서의 위험을 방지하고 교통의 안전과 원활한 소통을 확보하기 위하여 도로교통법령에 따라 정해진 제한속도를 위반하여 차량을 주행하는 범죄가 현재 행하여지고 있고, 그 범죄의 성질·태양으로 보아 긴급하게 증거보전을 할 필요가 있는 상태에서 일반적으로 허용되는 한도를 넘지 않는 상당한 방법에 의한 것이라고 판단되므로, 이를 통하여 운전차량의 차량번호 등을 촬영한 사진을 두고 위법하게 수집된 증거로서 증거능력이 없다고 말할 수 없다(대법원 1999.12.7, 98도3329).

201 거짓말탐지기의 검사는 일정한 조건이 모두 충족되어 증거능력이 있는 경우에도 그 검사 결과는 검사를 받는 사람의 진술의 신빙성을 가늠하는 정황증거로서의 기능을 하는 데 그친다. [경찰채용 14]

201 (○) 대법원 1987.7.21, 87도968

202 거짓말탐지기 검사 결과는 항상 진실에 부합한다고 단정할 수 없다 하더라도 검사를 받는 사람의 진술의 신빙성을 가늠하는 정황증거로서 기능을 하므로, 그 검사 결과만으로 범행 당시의 상황이나 범행 이후 정황에 부합하는 진술의 신빙성을 부정할 수 있다. [국가7급 23]

202 (✕) 거짓말탐지기 검사 결과만으로 범행 당시의 상황이나 범행 이후 정황에 부합하는 진술의 신빙성을 부정할 수 없다.

> **판례** 거짓말탐지기 검사 결과가 항상 진실에 부합한다고 단정할 수 없을 뿐 아니라, 검사를 받는 사람의 진술의 신빙성을 가늠하는 정황증거로서 기능을 하는 데 그치므로, 그와 같은 검사 결과만으로 범행 당시의 상황이나 범행 이후 정황에 부합하는 공소외 1 진술의 신빙성을 부정할 수 없다(대법원 2017.1.25, 2016도15526).

203 검사가 피의자를 신문함에는 검찰청수사관 또는 서기관이나 서기를 참여하게 하여야 하고, 사법경찰관이 피의자를 신문함에는 사법경찰관리를 참여하게 하여야 한다. [경찰채용 19 1차]

203 (○) 제243조

> **해설+** 제243조【피의자신문과 참여자】검사가 피의자를 신문함에는 검찰청수사관 또는 서기관이나 서기를 참여하게 하여야 하고 사법경찰관이 피의자를 신문함에는 사법경찰관리를 참여하게 하여야 한다.

204 변호인에게 피의자신문 참여권을 인정하는 이유는 피의자 등이 가지는 '변호인의 조력을 받을 권리'를 충실하게 보장하기 위한 목적에서 비롯된 것이지, 그것이 변호인 자신의 기본권을 보장하기 위하여 인정되는 권리라고 볼 수는 없다. [경찰채용 18 2차]

204 (×) 변호인이 피의자신문에 자유롭게 참여할 수 있는 권리는 피의자가 가지는 변호인의 조력을 받을 권리를 실현하는 수단이므로 헌법상 기본권인 변호인의 변호권으로서 보호되어야 한다(헌법재판소 2017.11.30, 2016헌마503).

205 피의자신문에 대한 변호인의 참여권은 구속된 피의자의 방어권을 실질적으로 보장하기 위한 취지이므로 불구속 피의자의 피의자신문에 대해서는 정당한 사유가 있는 경우에만 변호인의 참여가 허용된다. [경찰채용 18 2차]

해설+ 제243조의2 【변호인의 참여 등】 ① 검사 또는 사법경찰관은 피의자 또는 그 변호인·법정대리인·배우자·직계친족·형제자매의 신청에 따라 변호인을 피의자와 접견하게 하거나 정당한 사유가 없는 한 피의자에 대한 신문에 참여하게 하여야 한다.

205 (×) 피의자신문에 대한 변호인의 참여권은 원칙적으로 모든 피의자에게 인정되는 것이고, 검사 또는 사법경찰관은 단지 정당한 사유가 있는 경우에만 제한할 수 있을 뿐이다(제243조의2 제1항).

206 피의자신문에 참여한 변호인은 신문 후 의견을 진술할 수 있는 것이 원칙이나, 신문 중이라도 검사 또는 사법경찰관의 승인을 얻어 의견을 진술할 수 있다. [국가7급 12]

206 (○) 제243조의2 제3항

207 신문에 참여한 변호인은 신문 후 의견을 진술할 수 있지만, 신문 중이라도 부당한 신문방법에 대하여 이의를 제기할 수 있다. [법원9급 14]

207 (○) 제243조의2 제3항

208 검사 또는 사법경찰관은 피의자에게 출석요구를 하려는 경우에는 피의자와 조사의 일시·장소에 관하여 협의해야 하고 변호인이 있는 때에는 변호인과도 협의해야 하나, 피의자 외의 사람에 대한 출석요구의 경우에는 협의를 요하지 아니한다. [경찰채용 21 2차]

해설+ 수사준칙 제19조 【출석요구】 ② 검사 또는 사법경찰관은 피의자에게 출석요구를 하려는 경우 피의자와 조사의 일시·장소에 관하여 협의해야 한다. 이 경우 변호인이 있는 경우에는 변호인과도 협의해야 한다.
⑥ 제1항부터 제5항까지의 규정은 피의자 외의 사람에 대한 출석요구의 경우에도 적용한다.

208 (×) 수사기관 출석요구 시 협의의무를 정한 내용으로, 이는 피의자·변호인뿐만 아니라 피의자 외의 사람에 대한 출석요구의 경우에도 동일하다(수사준칙 제19조 제6항).

209 검사 또는 사법경찰관은 피의자신문에 참여한 변호인이 피의자의 옆자리 등 실질적인 조력을 할 수 있는 위치에 앉도록 해야 하고, 정당한 사유가 없으면 피의자에 대한 법적인 조언 · 상담을 보장해야 하며, 피의자에 대한 신문이 아닌 단순 면담 등이라는 이유로 변호인의 참여 · 조력을 제한해서는 안 된다.

[경찰채용 21 2차]

209 (○) 수사준칙 제13조 제1항 · 제2항

210 검사 또는 사법경찰관은 피의자신문에 참여한 변호인이 피의자의 옆자리 등 실질적인 조력을 할 수 있는 위치에 앉도록 해야 하고, 정당한 사유가 없으면 피의자에 대한 법적인 조언 · 상담을 보장해야 하며, 법적인 조언 · 상담을 위한 변호인의 메모를 허용해야 한다.

[경찰승진 22] [소방간부 23]

210 (○) 수사준칙 제13조 제1항

> **해설+** 수사준칙 제13조【변호인의 피의자신문 참여 · 조력】① 검사 또는 사법경찰관은 피의자신문에 참여한 변호인이 피의자의 옆자리 등 실질적인 조력을 할 수 있는 위치에 앉도록 해야 하고, 정당한 사유가 없으면 피의자에 대한 법적인 조언·상담을 보장해야 하며, 법적인 조언·상담을 위한 변호인의 메모를 허용해야 한다.
> ② 검사 또는 사법경찰관은 피의자에 대한 신문이 아닌 단순 면담 등이라는 이유로 변호인의 참여 · 조력을 제한해서는 안 된다.
> ③ 제1항 및 제2항은 검사 또는 사법경찰관의 사건관계인에 대한 조사 · 면담 등의 경우에도 적용한다.

211 피의자신문에 참여한 변호인은 검사 또는 사법경찰관의 신문 후 조서를 열람하고 의견을 진술할 수 있으며, 신문 중이라도 부당한 신문방법에 대해서는 검사 또는 사법경찰관의 승인을 받아 이의를 제기할 수 있다.

[경찰채용 21 2차]

211 (×)

> **해설+** 제243조의2 제3항에 근거를 둔 내용으로서 구체적으로는 수사준칙에서 이를 정하고 있다. 즉, 피의자신문에 참여한 변호인은 검사 또는 사법경찰관의 신문 후 조서를 열람하고 의견을 진술할 수 있으며(수사준칙 제14조 제1항), 부당한 신문방법에 대해서는 신문 중이라도 이의를 제기할 수 있다(동조 제3항). 이때에는 검사 또는 사법경찰관의 승인을 받을 필요가 없다.

212 피의자신문에 참여한 변호인은 검사 또는 사법경찰관의 신문 후 조서를 열람하고 별도의 서면으로 의견을 제출할 수 있으며, 검사 또는 사법경찰관은 해당 서면을 사건기록에 편철한다. [경찰승진 22]

212 (○) 수사준칙 제14조 제1항

> **해설+** 수사준칙 제14조 【변호인의 의견진술】 ① 피의자신문에 참여한 변호인은 검사 또는 사법경찰관의 신문 후 조서를 열람하고 의견을 진술할 수 있다. 이 경우 변호인은 별도의 서면으로 의견을 제출할 수 있으며, 검사 또는 사법경찰관은 해당 서면을 사건기록에 편철한다.
> ② 피의자신문에 참여한 변호인은 신문 중이라도 검사 또는 사법경찰관의 승인을 받아 의견을 진술할 수 있다. 이 경우 검사 또는 사법경찰관은 정당한 사유가 있는 경우를 제외하고는 변호인이 의견진술 요청을 승인해야 한다.
> ③ 피의자신문에 참여한 변호인은 제2항에도 불구하고 부당한 신문방법에 대해서는 검사 또는 사법경찰관의 승인 없이 이의를 제기할 수 있다.
> ④ 검사 또는 사법경찰관은 제1항부터 제3항까지의 규정에 따른 의견진술 또는 이의제기가 있는 경우 해당 내용을 조서에 적어야 한다.

213 피의자신문에 참여한 변호인은 신문 후 의견을 진술할 수 있고, 부당한 신문방법에 대하여는 신문 중이더라도 이의를 제기하고 의견을 진술할 수 있다. 다만, 부당한 신문방법에 대한 신문 중의 이의제기는 검사 또는 사법경찰관의 승인을 얻어야 한다. [경찰채용 18 2차]

213 (✕) 부당한 신문방법에 대한 이의제기는 신문 중이라 하더라도 수사기관의 승인을 요하지 아니한다 (제243조의2 제3항).

> **해설+** 제243조의2 【변호인의 참여 등】 ③ 신문에 참여한 변호인은 신문 후 의견을 진술할 수 있다. 다만, 신문 중이라도 부당한 신문방법에 대하여 이의를 제기할 수 있고, 검사 또는 사법경찰관의 승인을 얻어 의견을 진술할 수 있다.

214 변호인의 의견이 기재된 피의자신문조서는 변호인에게 열람하게 한 후 변호인으로 하여금 그 조서에 기명날인 또는 서명하게 하여야 한다. [법원9급 14]

214 (○) 제243조의2 제4항

215 검사 또는 사법경찰관의 변호인참여 등에 관한 처분에 불복이 있으면, 그 직무집행지의 관할법원 또는 검사의 소속 검찰청에 대응한 법원에 그 처분의 취소 또는 변경을 청구할 수 있다. [법원9급 14]

215 (○) 제417조

216 신문에 참여한 변호인은 신문 중 의견을 진술할 수 있고, 이 경우 검사 또는 사법경찰관의 승인을 얻을 필요는 없다. [법원9급 13]

216 (×) '는 없다' → '가 있다' 신문 중 부당한 신문방법에 대한 이의제기는 가능하나, 의견진술에는 검사 또는 사법경찰관의 승인이 필요하다.

217 검사 또는 사법경찰관은 변호인의 신문참여 및 그 제한에 관한 사항을 피의자신문조서에 기재하여야 한다. [법원9급 13]

217 (○) 제243조의2 제5항

218 변호인의 피의자신문 참여에 관한 검사 등의 처분에 대하여 불복이 있으면 준항고할 수 있다. [국가7급 10]

218 (○) 제417조

219 검사의 구속영장 청구 전 피의자 대면조사에 있어 피의자는 검사의 출석 요구에 응할 의무가 없고, 피의자가 검사의 출석 요구에 동의한 때에 한하여 사법경찰관리는 피의자를 검찰청으로 호송하여야 한다. [경찰채용 18 1차] [법원9급 14]

219 (○) 대법원 2010.10.28, 2008도11999

220 피의자신문에 참여하고자 하는 변호인이 2인 이상인 때에는 피의자가 신문에 참여할 변호인 1인을 지정하고, 지정이 없는 경우에는 검사 또는 사법경찰관이 이를 지정할 수 있다. [경찰채용 17 1차] [국가7급 12]

220 (○) 제243조의2 제2항

221 검찰수사관이 피의자신문에 참여한 변호인에게 피의자 후방에 앉으라고 요구한 행위는 이를 정당화할 특별한 사정이 없는 한 변호인의 변호권을 침해하므로 헌법에 위배된다. [국가9급 18] [국가9급개론 18]

221 (○) 헌법재판소 2017.11.30, 2016헌마503

222 피의자신문에 참여한 변호인은 신문 중이라도 부당한 신문방법에 대하여 이의를 제기할 수 있고, 검사 또는 사법경찰관의 부당한 신문방법에 대한 이의제기는 고성, 폭언 등 그 방식이 부적절하거나 또는 합리적 근거 없이 반복적으로 이루어지는 등의 특별한 사정이 없는 한, 원칙적으로 변호인에게 인정된 권리의 행사에 해당하며, 신문을 방해하는 행위로는 볼 수 없다.

[경찰채용 20 2차]

222 (○)

해설+ 형사소송법 제243조의2 제1항은 검사 또는 사법경찰관은 피의자 또는 변호인 등이 신청할 경우 정당한 사유가 없는 한 변호인을 피의자신문에 참여하게 하여야 한다고 규정하고 있다. 여기에서 '정당한 사유'란 변호인이 피의자신문을 방해하거나 수사기밀을 누설할 염려가 있음이 객관적으로 명백한 경우 등을 말한다. 형사소송법 제243조의2 제3항 단서는 피의자신문에 참여한 변호인은 신문 중이라도 부당한 신문방법에 대하여 이의를 제기할 수 있다고 규정하고 있으므로, 검사 또는 사법경찰관의 부당한 신문방법에 대한 이의제기는 고성, 폭언 등 그 방식이 부적절하거나 또는 합리적 근거 없이 반복적으로 이루어지는 등의 특별한 사정이 없는 한, 원칙적으로 변호인에게 인정된 권리의 행사에 해당하며, 신문을 방해하는 행위로는 볼 수 없다. 따라서 검사 또는 사법경찰관이 그러한 특별한 사정 없이, 단지 변호인이 피의자신문 중에 부당한 신문방법에 대한 이의제기를 하였다는 이유만으로 변호인을 조사실에서 퇴거시키는 조치는 정당한 사유 없이 변호인의 피의자신문 참여권을 제한하는 것으로서 허용될 수 없다(대법원 2020.3.17, 2015모2357).

223 사법경찰관이 변호인 참여를 희망하는 피의자의 명시적 의사표시를 무시한 채 정당한 사유 없이 변호인을 불참시킨 가운데 피의자를 신문하여 작성한 조서는 「형사소송법」 제308조의2의 위법수집증거이자 제312조 제3항의 '적법한 절차와 방식'에도 반하는 증거이다.

[군무원9급 23]

223 (○)

해설+ 헌법 제12조 제1항, 제4항 본문, 형사소송법 제243조의2 제1항 및 그 입법목적 등에 비추어 보면, 피의자가 변호인의 참여를 원한다는 의사를 명백하게 표시하였음에도 수사기관이 정당한 사유 없이 변호인을 참여하게 하지 아니한 채 피의자를 신문하여 작성한 피의자신문조서는 형사소송법 제312조에 정한 '적법한 절차와 방식'에 위반된 증거일 뿐만 아니라, 형사소송법 제308조의2에서 정한 '적법한 절차에 따르지 아니하고 수집한 증거'에 해당하므로 이를 증거로 할 수 없다(대법원 2013.3.28, 2010도3359).

224 피의자가 변호인의 참여를 원한다는 의사를 명백하게 표시하였음에도 수사기관이 정당한 사유 없이 변호인을 참여하게 하지 아니한 채 피의자를 신문하여 작성한 피의자신문조서는 「형사소송법」 제312조에서 정한 '적법한 절차와 방식'에 위반된 증거일 뿐만 아니라, 「형사소송법」 제308조의2에서 정한 '적법한 절차에 따르지 아니하고 수집한 증거'에 해당하므로 이를 증거로 할 수 없다.

[경찰채용 16·17 1차] [법원9급 15]

224 (○) 대법원 2013.3.28, 2010도3359

225 피의자가 "변호인의 조력을 받을 권리를 행사할 것인가요"라는 사법경찰관의 물음에 "예"라고 답변하였음에도 사법경찰관이 변호인의 참여를 제한하여야 할 정당한 사유 없이 변호인이 참여하지 아니한 상태에서 계속하여 피의자를 상대로 신문을 행한 경우, 그 내용을 기재한 피의자신문조서는 적법한 절차에 따르지 않고 수집한 증거에 해당한다. [경찰채용 18 2차]

해설+ 헌법 제12조 제1항, 제4항 본문, 형사소송법 제243조의2 제1항 및 그 입법 목적 등에 비추어 보면, 피의자가 변호인의 참여를 원한다는 의사를 명백하게 표시하였음에도 수사기관이 정당한 사유 없이 변호인을 참여하게 하지 아니한 채 피의자를 신문하여 작성한 피의자신문조서는 형사소송법 제312조에 정한 '적법한 절차와 방식'에 위반된 증거일 뿐만 아니라, 형사소송법 제308조의2에서 정한 '적법한 절차에 따르지 아니하고 수집한 증거'에 해당하므로 이를 증거로 할 수 없다(대법원 2013.3.28, 2010도3359).

226 검사 또는 사법경찰관은 피의자의 연령·성별·국적 등의 사정을 고려하여 그 심리적 안정의 도모와 원활한 의사소통을 위하여 필요한 경우에는 직권 또는 피의자·법정대리인의 신청에 따라 피의자와 신뢰관계에 있는 자를 동석하게 하여야 한다. [경찰경채 23]

해설+ 제244조의5 【장애인 등 특별히 보호를 요하는 자에 대한 특칙】 검사 또는 사법경찰관은 피의자를 신문하는 경우 다음 각 호의 어느 하나에 해당하는 때에는 직권 또는 피의자·법정대리인의 신청에 따라 피의자와 신뢰관계에 있는 자를 동석하게 할 수 있다.
1. 피의자가 신체적 또는 정신적 장애로 사물을 변별하거나 의사를 결정·전달할 능력이 미약한 때
2. 피의자의 연령·성별·국적 등의 사정을 고려하여 그 심리적 안정의 도모와 원활한 의사소통을 위하여 필요한 경우

227 사법경찰관은 피의자를 신문할 시에 피의자가 정신적 장애로 의사를 전달할 능력이 미약하다면 법정대리인의 신청이 없더라도 피의자와의 신뢰관계 유무를 확인한 후 직권으로 신뢰관계에 있는 자를 동석하게 할 수 있다. [경찰간부 18]

228 피의자와 신뢰관계에 있는 자의 동석을 허락하는 경우에도 동석한 사람으로 하여금 피의자를 대신하여 진술하도록 하여서는 안 되며, 동석한 사람이 피의자를 대신하여 진술한 부분이 조서에 기재되어 있다면 그 부분은 피의자의 진술을 기재한 것이 아니라 동석한 사람의 진술을 기재한 조서에 해당하므로, 그 사람에 대한 진술조서로서의 증거능력을 취득하기 위한 요건을 충족하지 못하는 한 이를 유죄 인정의 증거로 사용할 수 없다. [경찰간부 18] [경찰채용 17 1차]

225 (○)

226 (×) 피의자신문 시 신뢰관계자 동석은 임의적 동석이다. 제244조의5 제2호 참조.

227 (○) 제244조의5

228 (○) 대법원 2009.6.23, 2009도1322

229 피의자를 신문하는 경우 피의자와 신뢰관계에 있는 자의 동석을 허락할 것인지는 원칙적으로 검사 또는 사법경찰관이 여러 사정을 고려하여 재량에 따라 판단할 수 있으나, 이를 허락하는 경우에도 동석한 사람으로 하여금 피의자를 대신하여 진술하도록 하여서는 안 된다. [경찰채용 20 2차]

229 (O) 대법원 2009.6.23, 2009도1322

230 피의자의 진술을 영상녹화하는 경우 피의자 또는 변호인의 동의를 받아야 영상녹화할 수 있고, 피의자가 아닌 자의 진술을 영상녹화하고자 할 때에는 미리 피의자가 아닌 자에게 영상녹화사실을 알려주어야 영상녹화할 수 있다. [경찰채용 17 1차·18 3차 유사]

230 (×) '피의자' → '피의자 아닌 자', '피의자 아닌 자' → '피의자'(제244조의2 제1항, 제221조 제1항)

231 피의자의 진술은 피의자 또는 변호인의 동의 없이도 영상을 녹화할 수 있으나, 다만 미리 영상녹화사실을 알려 주어야 하며 조사의 개시부터 종료까지의 전 과정 및 객관적 정황을 영상녹화해야 한다. [경찰간부 23] [국가7급 12 변형]

231 (O) 제244조의2 제1항

해설+ 제244조의2 【피의자진술의 영상녹화】 ① 피의자의 진술은 영상녹화할 수 있다. 이 경우 미리 영상녹화사실을 알려 주어야 하며, 조사의 개시부터 종료까지의 전 과정 및 객관적 정황을 영상녹화하여야 한다.

보충 형사소송법은 제244조의2 제1항에서 피의자의 진술을 영상녹화하는 경우 조사의 개시부터 종료까지의 전 과정 및 객관적 정황을 영상녹화하여야 한다고 규정하고 있고, 형사소송규칙은 제134조의2 제3항에서 영상녹화물은 조사가 개시된 시점부터 조사가 종료되어 피의자가 조서에 기명날인 또는 서명을 마치는 시점까지 전 과정이 영상녹화된 것으로서 피의자의 신문이 영상녹화되고 있다는 취지의 고지, 영상녹화를 시작하고 마친 시각 및 장소의 고지, 신문하는 검사와 참여한 자의 성명과 직급의 고지, 진술거부권·변호인의 참여를 요청할 수 있다는 점 등의 고지, 조사를 중단·재개하는 경우 중단이유와 중단시각, 중단 후 재개하는 시각, 조사를 종료하는 시각의 내용을 포함하는 것이어야 한다고 규정한다. 형사소송법 등에서 조사가 개시된 시점부터 조사가 종료되어 조서에 기명날인 또는 서명을 마치는 시점까지 조사 전 과정이 영상녹화되는 것을 요구하는 취지는 진술과정에서 연출이나 조작을 방지하고자 하는 데 있다. 여기서 조사가 개시된 시점부터 조사가 종료되어 조서에 기명날인 또는 서명을 마치는 시점까지라 함은 기명날인 또는 서명의 대상인 조서가 작성된 개별 조사에서의 시점을 의미하므로 수회의 조사가 이루어진 경우에도 최초의 조사부터 모든 조사과정을 빠짐없이 영상녹화하여야 한다고 볼 수 없고, 같은 날 이루어진 수회의 조사라 하더라도 특별한 사정이 없는 한 조사과정 전부를 영상녹화하여야 하는 것도 아니다(대법원 2022. 7.14, 2020도13957).

232 참고인의 경우는 동의를 얻어 영상녹화할 수 있으나, 피의자의 경우 고지를 하고 영상녹화할 수 있다. [국가9급 08]

232 (○) 제221조 제1항, 제244조의2 제1항

233 수사기관이 미성년자인 피의자의 진술을 영상녹화할 경우에는 「형사소송법」상 변호인의 동의를 얻어야 한다. [경찰채용 12]

233 (×) 「형사소송법」상 변호인의 동의를 얻어야 → '미리 영상녹화사실을 알려주어야'(제244조의2 제1항)

234 영상녹화가 완료된 이후 피의자가 영상녹화물의 내용에 대하여 이의를 진술하는 때에는 그 진술을 따로 영상녹화하여 첨부하여야 한다. [경찰채용 12]

234 (×) '그 진술을 따로 영상녹화하여 → '그 취지를 기재한 서면을' 이의진술을 따로 영상녹화할 필요는 없다(제244조의2 제3항).

235 수사기관은 피의자신문절차에서 피의자의 동의 없이도 피의자의 진술을 영상녹화할 수 있으며, 영상녹화물의 내용에 대해 피의자가 이의를 진술하는 경우 그 진술을 따로 영상녹화하여 첨부하여야 한다. [경찰채용 18 2차]

235 (×)

해설+ 수사기관은 피의자신문절차에서 피의자의 동의 없이 영상녹화사실을 사전고지한 후 피의자의 진술을 영상녹화할 수 있다(제244조의2 제1항). 다만, 영상녹화물의 내용에 대해 피의자가 이의를 진술한 경우에는 그 취지를 기재한 서면을 첨부하여야 한다(동조 제3항).

236 영상녹화가 완료된 때에는 피의자 또는 변호인 앞에서 지체 없이 그 원본을 봉인하고 피의자로 하여금 기명날인 또는 서명하게 하여야 한다. [국가9급 08]

236 (○) 제244조의2 제2항

237 검사 또는 사법경찰관은 피의자나 사건관계인에 대해 원칙적으로 오후 9시부터 오전 6시까지 사이에 심야조사를 해서는 안 되지만, 이미 작성된 조서의 열람을 위한 절차는 예외적으로 오후 9시부터 오전 6시까지 사이에 진행할 수 있다. [경찰승진 22]

해설+ 수사준칙 제21조【심야조사 제한】① 검사 또는 사법경찰관은 조사, 신문, 면담 등 그 명칭을 불문하고 피의자나 사건관계인에 대해 오후 9시부터 오전 6시까지 사이에 조사(이하 "심야조사"라 한다)를 해서는 안 된다. 다만, 이미 작성된 조서의 열람을 위한 절차는 '자정 이전까지 진행할 수 있다.
② 제1항에도 불구하고 다음 각 호의 어느 하나에 해당하는 경우에는 심야조사를 할 수 있다. 이 경우 심야조사의 사유를 조서에 명확하게 적어야 한다.
1. 피의자를 체포한 후 48시간 이내에 구속영장의 청구 또는 신청 여부를 판단하기 위해 불가피한 경우
2. 공소시효가 임박한 경우
3. 피의자나 사건관계인이 출국, 입원, 원거리 거주, 직업상 사유 등 재출석이 곤란한 구체적인 사유를 들어 심야조사를 요청한 경우(변호인이 심야조사에 동의하지 않는다는 의사를 명시한 경우는 제외한다)로서 해당 요청에 상당한 이유가 있다고 인정되는 경우
4. 그 밖에 사건의 성질 등을 고려할 때 심야조사가 불가피하다고 판단되는 경우 등 법무부장관, 경찰청장 또는 해양경찰청장이 정하는 경우로서 검사 또는 사법경찰관의 소속 기관의 장이 지정하는 인권보호 책임자의 허가 등을 받은 경우
(→ 영/시/청/기허 심야조사 돼)

238 검사 또는 사법경찰관은 피의자를 체포한 후 48시간 이내에 구속영장의 청구 또는 신청 여부를 판단하기 위해 불가피한 경우 오후 9시부터 오전 6시까지 사이에 심야조사를 할 수 있다. [경찰승진 22] [해경승진 23]

해설+ 체포 후 48시간 이내에 검사가 구속영장을 청구하지 않으면 석방하여야 하는데(형사소송법 제200조의2 제5항), 48시간 이내에 검사의 구속영장 청구 또는 사법경찰관의 구속영장 신청 여부를 판단하기 위해 불가피한 경우에는 예외적으로 심야조사가 가능하다(수사준칙 제21조 제2항 제1호).

237 (X) 심야조사는 원칙적으로 금지되나, 이미 작성된 조서의 열람을 위한 절차는 '자정 이전까지' 진행할 수 있다(수사준칙 제21조 제1항 단서).

238 (○)

239 검사 또는 사법경찰관은 사건의 성질 등을 고려할 때 심야조사가 불가피하다고 판단되는 경우 등 법무부장관, 경찰청장 또는 해양경찰청장이 정하는 경우로서 검사 또는 사법경찰관의 소속기관의 장이 지정하는 인권보호 책임자의 허가 등을 받은 때에는 오후 9시부터 오전 6시까지 사이에 심야조사를 할 수 있다. [경찰승진 22] [해경승진 23]

239 (○)

> **해설+** 심야조사가 가능한 예외적인 경우는 ㉠ 체포 후 48시간 이내에 구속영장의 청구 또는 신청 여부를 판단하기 위해 불가피한 경우, ㉡ 공소시효가 임박한 경우, ㉢ 피의자나 사건관계인이 재출석이 곤란한 구체적인 사유를 들어 심야조사를 요청한 경우(이때 변호인의 명시적 부동의가 있으면 심야조사 금지) 그리고 ㉣ 그밖에 사건의 성질 등을 고려할 때 심야조사가 불가피하다고 판단되는 경우 등 법무부장관, 경찰청장, 해양경찰청장이 정하는 경우 등 네 가지가 있다(영/시/청/기허 심야조사 돼). 마지막 ㉣의 경우에는 검사 또는 사법경찰관의 소속기관의 장이 지정하는 인권보호 책임자의 허가 등을 받아야 한다(수사준칙 제21조 제2항).

> **참고** 검사 또는 사법경찰관은 피의자나 사건관계인에 대한 조사를 마친 때부터 8시간 내에는 재조사가 금지되나, 역시 위 네 가지 경우에는 8시간 내 재조사가 가능하다(영/시/청/기 8시간 내 재조사 돼).

240 검사 또는 사법경찰관은 특별한 사정이 없으면 총조사시간 중 식사시간, 휴식시간 및 조서의 열람시간 등을 제외한 실제 조사시간이 12시간을 초과하지 않도록 해야 한다. [경찰채용 21 1차]

240 (×) 총조사시간은 12시간, 실제 조사시간은 8시간 이내로 한다.

> **해설+** 수사준칙 제22조 【장시간 조사 제한】② 검사 또는 사법경찰관은 특별한 사정이 없으면 총조사시간 중 식사시간, 휴식시간 및 조서의 열람시간 등을 제외한 실제 조사시간이 8시간을 초과하지 않도록 해야 한다.

241 검사 또는 사법경찰관은 조사, 신문, 면담 등 그 명칭을 불문하고 피의자나 사건관계인을 조사하는 경우에는 원칙적으로 대기시간, 휴식시간, 식사시간 등 모든 시간을 합산한 조사시간이 12시간을 초과하지 않도록 해야 한다. [경찰승진 22] [해경승진 23]

241 (○) 수사준칙 제22조 제1항

> **해설+** 수사준칙 제22조 【장시간 조사 제한】① 검사 또는 사법경찰관은 조사, 신문, 면담 등 그 명칭을 불문하고 피의자나 사건관계인을 조사하는 경우에는 대기시간, 휴식시간, 식사시간 등 모든 시간을 합산한 조사시간(이하 "총조사시간"이라 한다)이 12시간을 초과하지 않도록 해야 한다. 다만, 다음 각 호의 어느 하나에 해당하는 경우에는 예외로 한다.
> 1. 피의자나 사건관계인의 서면 요청에 따라 조서를 열람하는 경우
> 2. 제21조 제2항 각 호의 어느 하나에 해당하는 경우
> ② 검사 또는 사법경찰관은 특별한 사정이 없으면 총조사시간 중 식사시간, 휴식시간 및 조서의 열람시간 등을 제외한 실제 조사시간이 8시간을 초과하지 않도록 해야 한다.
> ③ 검사 또는 사법경찰관은 피의자나 사건관계인에 대한 조사를 마친 때부터 8시간이 지나기 전에는 다시 조사할 수 없다. 다만, 제1항 제2호에 해당하는 경우에는 예외로 한다.

242 검사 또는 사법경찰관은 조사, 신문, 면담 등 그 명칭을 불문하고 피의자에 대해 원칙적으로 오후 9시부터 오전 6시까지 사이에는 심야조사를 해서는 안 되며, 조서를 열람하거나 예외적으로 심야조사가 허용되는 경우를 제외하고는 총조사시간은 12시간을 초과하지 않아야 한다. [경찰간부 23]

243 검사 또는 사법경찰관은 조사에 상당한 시간이 소요되는 경우에는 특별한 사정이 없으면 피의자 또는 사건관계인에게 조사 도중에 최소한 2시간마다 10분 이상의 휴식시간을 주어야 한다. [경찰채용 21 1차]

해설+ 수사준칙 제23조【휴식시간 부여】① 검사 또는 사법경찰관은 조사에 상당한 시간이 소요되는 경우에는 특별한 사정이 없으면 피의자 또는 사건관계인에게 조사 도중에 최소한 2시간마다 10분 이상의 휴식시간을 주어야 한다.
② 검사 또는 사법경찰관은 조사 도중 피의자, 사건관계인 또는 그 변호인으로부터 휴식시간의 부여를 요청받았을 때에는 그때까지 조사에 소요된 시간, 피의자 또는 사건관계인의 건강상태 등을 고려해 적정하다고 판단될 경우 휴식시간을 주어야 한다.
③ 검사 또는 사법경찰관은 조사 중인 피의자 또는 사건관계인의 건강상태에 이상징후가 발견되면 의사의 진료를 받게 하거나 휴식하게 하는 등 필요한 조치를 해야 한다.

243 (O) 수사준칙 제23조 제1항

244 검사가 조사실에서 피의자를 신문할 때 도주, 자해 등의 위험이 없다면 교도관에게 피의자의 수갑 해제를 요청할 의무가 있고, 교도관은 이에 응하여야 한다. [국가7급 21]

보충 형사소송법 제417조는 검사 또는 사법경찰관의 '구금에 관한 처분'에 불복이 있으면 법원에 그 처분의 취소 또는 변경을 청구할 수 있다고 규정하고 있다. 검사 또는 사법경찰관이 보호장비 사용을 정당화할 예외적 사정이 존재하지 않음에도 구금된 피의자에 대한 교도관의 보호장비 사용을 용인한 채 그 해제를 요청하지 않는 경우에, 검사 및 사법경찰관의 이러한 조치를 형사소송법 제417조에서 정한 '구금에 관한 처분'으로 보지 않는다면 구금된 피의자로서는 이에 대하여 불복하여 침해된 권리를 구제받을 방법이 없게 된다. 따라서 검사 또는 사법경찰관이 구금된 피의자를 신문할 때 피의자 또는 변호인으로부터 보호장비를 해제해 달라는 요구를 받고도 거부한 조치는 형사소송법 제417조에서 정한 '구금에 관한 처분'에 해당한다고 보아야 한다(대법원 2020.3.17, 2015모2357).

244 (O)

245 검사 또는 사법경찰관은 피의자의 범죄수법, 범행동기, 피해자와의 관계, 언동 및 그 밖의 상황으로 보아 피해자가 피의자 또는 그 밖의 사람으로부터 생명·신체에 위해를 입거나 입을 염려가 있다고 인정되는 경우에는 피해자의 신청이 있는 때에 한하여 신변보호에 필요한 조치를 강구할 수 있다.

[경찰채용 21 2차]

해설+ 수사준칙 제15조【피해자 보호】② 검사 또는 사법경찰관은 피의자의 범죄수법, 범행동기, 피해자와의 관계, 언동 및 그 밖의 상황으로 보아 피해자가 피의자 또는 그 밖의 사람으로부터 생명·신체에 위해를 입거나 입을 염려가 있다고 인정되는 경우에는 <u>직권 또는 피해자의 신청에 따라</u> 신변보호에 필요한 조치를 강구해야 한다.

245 (×) 수사기관의 피해자 보호의무를 정한 내용으로, 수사기관의 직권으로도 가능하다.

246 피의자의 진술은 조서에 기재하여야 하며, 조서를 열람하게 하거나 읽어 들려 주는 과정에서 피의자가 이의를 제기하거나 의견을 진술한 때에는 이를 조서에 추가로 기재하여야 한다.

[경찰간부 23]

해설+ 제244조【피의자신문조서의 작성】① <u>피의자의 진술은 조서에 기재하여야 한다.</u>
② 제1항의 <u>조서는</u> 피의자에게 열람하게 하거나 읽어 들려 주어야 하며, 진술한 대로 기재되지 아니하였거나 사실과 다른 부분의 유무를 물어 피의자가 <u>증감 또는 변경의 청구 등 이의를 제기하거나 의견을 진술한 때에는 이를 조서에 추가로 기재하여야 한다.</u> 이 경우 피의자가 이의를 제기하였던 부분은 읽을 수 있도록 남겨 두어야 한다.

246 (○) 제244조 제1항·제2항 참조.

247 피의자가 피의자신문조서를 열람한 후 이의를 제기한 경우 이를 조서에 추가로 기재해야 하며, 이의를 제기하였던 부분은 부당한 심증형성의 기초가 되지 않도록 삭제하여야 한다.

[경찰채용 19 2차]

247 (×) 이의제기 부분은 읽을 수 있도록 남겨 두어야 한다(제244조 제2항 제2문).

CHAPTER 02 | 강제처분과 강제수사

1 체포와 구속

Ⅰ 체포

🔗 대표유형

(×)

수사기관이 영장에 의한 체포를 하고자 하는 경우 검사는 관할 지방법원판사에게 체포영장을 청구할 수 있고, 사법경찰관리는 검사의 승인을 얻어 관할 지방법원판사에게 체포영장을 청구할 수 있다. [경찰채용 18 2차]

해설+ 검사는 관할 지방법원판사에게 체포영장을 청구할 수 있으나, 사법경찰관은 검사에게 신청하여 검사의 청구로 관할 지방법원판사의 체포영장을 발부받아 피의자를 체포할 수 있을 뿐이다(제200조의2 제1항 본문).

제200조의2 【영장에 의한 체포】 ① 피의자가 죄를 범하였다고 의심할 만한 상당한 이유가 있고, 정당한 이유 없이 제200조의 규정에 의한 출석요구에 응하지 아니하거나 응하지 아니할 우려가 있는 때에는 검사는 관할 지방법원판사에게 청구하여 체포영장을 발부받아 피의자를 체포할 수 있고, 사법경찰관은 검사에게 신청하여 검사의 청구로 관할 지방법원판사의 체포영장을 발부받아 피의자를 체포할 수 있다. 다만, 다액 50만원 이하의 벌금, 구류 또는 과료에 해당하는 사건에 관하여는 피의자가 일정한 주거가 없는 경우 또는 정당한 이유 없이 제200조의 규정에 의한 출석요구에 응하지 아니한 경우에 한한다.

🔗 대표유형

(×) 제200조의4 제6항

사법경찰관이 긴급체포한 피의자에 대하여 구속영장을 신청하지 아니하고 석방한 경우에는 7일 이내에 검사에게 보고하여야 한다. [경찰승진 22]

해설+ 제200조의4 【긴급체포와 영장청구기간】 ⑥ 사법경찰관은 긴급체포한 피의자에 대하여 구속영장을 신청하지 아니하고 석방한 경우에는 즉시 검사에게 보고하여야 한다.

🔗 대표유형

(○) 대법원 2011.5.26, 2011도3682

현행범인은 누구든지 영장 없이 체포할 수 있는데, 현행범인으로 체포하기 위하여는 행위의 가벌성, 범죄의 현행성·시간적 접착성, 범인·범죄의 명백성 이외에 체포의 필요성, 즉 도망 또는 증거인멸의 염려가 있어야 하고, 이러한 요건을 갖추지 못한 현행범인 체포는 법적 근거에 의하지 아니한 영장 없는 체포로서 위법한 체포에 해당한다. [법원9급 14]

001 다액 50만 원 이하의 벌금, 구류 또는 과료에 해당하는 사건의 경우, 피의 자가 일정한 주거가 없는 때에 한하여 사법경찰관은 체포영장을 발부받아 피의자를 체포할 수 있다. [경찰채용 22 2차]

해설+ 경미사건 피의자에 대한 영장에 의한 체포는 ⊙ (출석요구에 응하지 아니할 우려가 있는 때) 일정한 주거가 없는 경우뿐만 아니라, ⊙ 정당한 이유 없이 출석요구에 응하지 아니한 경우에도 가능하다(제200조의2 제1항 단서).

002 피의자가 죄를 범하였다고 의심할 만한 상당한 이유가 있고 정당한 이유 없이 출석요구에 응하지 아니하거나 응하지 아니할 우려가 있는 때라고 하 더라도 명백히 체포의 필요가 없다고 인정되는 때에는 체포영장 청구를 받 은 지방법원판사는 체포영장의 청구를 기각하여야 한다. [경찰간부 23]

해설+ **제200조의2【영장에 의한 체포】**① 피의자가 죄를 범하였다고 의심할 만한 상당한 이유 가 있고, 정당한 이유 없이 제200조의 규정에 의한 출석요구에 응하지 아니하거나 응하지 아니할 우려가 있는 때에는 검사는 관할지방법원판사에게 청구하여 체포영장을 발부받아 피의자를 체포할 수 있고, 사법경찰관은 검사에게 신청하여 검사의 청구로 관할지방법원판사의 체포영장을 발부받아 피의자를 체포할 수 있다. 다만, 다액 50만원 이하의 벌금, 구류 또는 과료에 해당하는 사건에 관하 여는 피의자가 일정한 주거가 없는 경우 또는 정당한 이유 없이 제200조의 규정에 의한 출석요구에 응하지 아니한 경우에 한한다.
② 제1항의 청구를 받은 지방법원판사는 상당하다고 인정할 때에는 체포영장을 발부한다. 다만, 명백히 체포의 필요가 인정되지 아니하는 경우에는 그러하지 아니하다.

003 체포영장의 청구서에는 체포사유로서 도망이나 증거인멸의 우려가 있는 사유를 기재하여야 한다. [경찰간부 23]

해설+ **규칙 제95조【체포영장청구서의 기재사항】** 체포영장의 청구서에는 다음 각 호의 사항을 기재하여야 한다.
1. 피의자의 성명(분명하지 아니한 때에는 인상, 체격, 그 밖에 피의자를 특정할 수 있는 사항), 주민 등록번호 등, 직업, 주거
2. 피의자에게 변호인이 있는 때에는 그 성명
3. 죄명 및 범죄사실의 요지
4. 7일을 넘는 유효기간을 필요로 하는 때에는 그 취지 및 사유
5. 여러 통의 영장을 청구하는 때에는 그 취지 및 사유
6. 인치구금할 장소
7. 법 제200조의2 제1항에 규정한 체포의 사유
8. 동일한 범죄사실에 관하여 그 피의자에 대하여 전에 체포영장을 청구하였거나 발부받은 사실이 있는 때에는 다시 체포영장을 청구하는 취지 및 이유
9. 현재 수사 중인 다른 범죄사실에 관하여 그 피의자에 대하여 발부된 유효한 체포영장이 있는 경우에는 그 취지 및 그 범죄사실

001 (×)

002 (○) 영장에 의한 체포에 있 어서 체포의 필요성은 적극적 요건 은 아니나, 소극적 요건으로서는 기 능한다. 제200조의2 제2항 참조.

003 (×) 영장에 의한 체포의 사 유는 출석요구에 불응하거나 불응 할 우려이지 체포의 필요성, 즉 도 망이나 증거인멸의 우려가 아니다. 따라서 체포영장청구서의 기재사 항에도 법 제200조의2 제1항에 규정한 체포의 사유(출석요구에 응 하지 아니하거나 응하지 아니할 우 려가 있는 때)는 포함되나(규칙 제 95조 제7호), 도망이나 증거인멸의 우려가 있는 사유는 포함되지 아니 한다. 규칙 제95조 참조.

004 사법경찰관이 체포영장을 집행함에는 피의자에게 이를 제시하는 것으로 충분하고, 신속히 지정된 법원 기타 장소에 인치하여야 한다. [경찰승진 23]

해설+ 제85조 【구속영장집행의 절차】 ① 구속영장을 집행함에는 피고인에게 반드시 이를 제시하고 그 사본을 교부하여야 하며 신속히 지정된 법원 기타 장소에 인치하여야 한다.

제200조의6 【준용규정】 제75조, 제81조 제1항 본문 및 제3항, 제82조, 제83조, 제85조 제1항·제3항 및 제4항, 제86조, 제87조, 제89조부터 제91조까지, 제93조, 제101조 제4항 및 제102조 제2항 단서의 규정은 검사 또는 사법경찰관이 피의자를 체포하는 경우에 이를 준용한다. 이 경우 "구속"은 이를 "체포"로, "구속영장"은 이를 "체포영장"으로 본다.

004 (×) 영장을 제시하고 사본을 교부하여야 한다(제85조 제1항, 제200조의6).

005 체포영장을 집행하는 경우, 피의자에게 반드시 체포영장을 제시하고 그 사본을 교부하여야 하며 신속히 지정된 법원 기타 장소에 인치하여야 한다.
[경찰간부 23]

해설+ 제200조의6 【준용규정】 제75조, 제81조 제1항 본문 및 제3항, 제82조, 제83조, 제85조 제1항·제3항 및 제4항, 제86조, 제87조, 제89조부터 제91조까지, 제93조, 제101조 제4항 및 제102조 제2항 단서의 규정은 검사 또는 사법경찰관이 피의자를 체포하는 경우에 이를 준용한다. 이 경우 "구속"은 이를 "체포"로, "구속영장"은 이를 "체포영장"으로 본다.

제85조 【구속영장집행의 절차】 ① 구속영장을 집행함에는 피고인에게 반드시 이를 제시하고 그 사본을 교부하여야 하며 신속히 지정된 법원 기타 장소에 인치하여야 한다.

005 (○) 제200조의6, 제85조 제1항 참조.

006 영장을 집행함에 있어서는 원본을 제시하여야 하므로, 검사 또는 사법경찰관이 체포영장을 소지하지 아니하여 영장 원본을 제시할 수 없는 경우 급속을 요하는 경우라도 영장을 집행할 수 없다. [변호사 21]

해설+ 구속영장을 소지하지 아니한 경우에 급속을 요하는 때에는 피고인에 대하여 공소사실의 요지와 영장이 발부되었음을 고하고 집행할 수 있다(제85조 제3항). 제75조, 제81조 제1항 본문 및 제3항, 제82조, 제83조, 제85조 제1항·제3항 및 제4항, 제86조, 제87조, 제89조부터 제91조까지, 제93조, 제101조 제4항 및 제102조 제2항 단서의 규정은 검사 또는 사법경찰관이 피의자를 체포하는 경우에 이를 준용한다. 이 경우 "구속"은 이를 "체포"로, "구속영장"은 이를 "체포영장"으로 본다(제200조의6).

006 (×)

007 A가 체포영장의 제시 및 미란다원칙을 고지하려고 할 때, 만약 甲이 흉기를 꺼내 폭력으로 대항하여 甲을 실력으로 제압할 수밖에 없는 경우에는 A가 甲을 제압하고 지체 없이 체포영장을 제시하면서 미란다원칙을 고지할 수 있다. [변호사 21]

007 (○) 대법원 2008.10.9, 2008도3640

008 체포한 피의자를 구속하고자 할 때에는 체포한 때부터 48시간 이내에 「형사소송법」 제201조의 규정에 의하여 구속영장을 청구하여야 하고, 그 기간 내에 구속영장을 청구하지 아니하는 때에는 피의자를 즉시 석방하여야 한다.

[경찰채용 17 1차]

008 (○) 제200조의2 제5항

009 체포영장을 발부받은 후 피의자를 체포하지 아니한 경우 검사는 변호인이 있는 때에는 피의자의 변호인에게, 변호인이 없는 때에는 피의자 또는 피의자의 동거가족 중 피의자가 지정하는 자에게 지체 없이 그 사유를 서면으로 통지해야 한다.

[경찰승진 22] [경찰채용 18 2차]

009 (×) 체포영장을 발부받았음에도 피의자를 체포하지 아니하거나 체포한 피의자를 석방한 때에 검사는, 변호인 등이 아닌 영장을 발부한 법원에 지체 없이 그 사유를 서면으로 통지하여야 한다(제204조).

> **해설+** 제204조【영장발부와 법원에 대한 통지】체포영장 또는 구속영장의 발부를 받은 후 피의자를 체포 또는 구속하지 아니하거나 체포 또는 구속한 피의자를 석방한 때에는 지체 없이 검사는 영장을 발부한 법원에 그 사유를 서면으로 통지하여야 한다. 〈개정 1995.12.29.〉

010 체포영장 또는 구속영장의 발부를 받은 후 피의자를 체포 또는 구속하지 아니하거나 체포 또는 구속한 피의자를 석방한 때에는 지체 없이 검사는 영장을 발부한 법원에 그 사유를 서면으로 통지하여야 한다.

[법원9급 14]

010 (○) 제204조

011 「수사준칙」 제31조에 의하면, 사법경찰관은 동일한 범죄사실로 다시 체포영장을 신청하는 경우에 그 취지를 체포영장 신청서에 적어야 한다.

[경찰채용 22 2차]

011 (○) 수사준칙 제31조

> **해설+** 체포·구속영장의 재청구·재신청에 관하여는 수사준칙 제31조에서 규정하고 있는데, 원래 체포영장 청구서에 관하여는 형사소송법 제200조의2 제4항 및 형사소송규칙 제95조 제8호에서 같은 내용을 규정하고 있다.
>
> **수사준칙 제31조【체포·구속영장의 재청구·재신청】** 검사 또는 사법경찰관은 동일한 범죄사실로 다시 체포·구속영장을 청구하거나 신청하는 경우(체포·구속영장의 청구 또는 신청이 기각된 후 다시 체포·구속영장을 청구하거나 신청하는 경우와 이미 발부받은 체포·구속영장과 동일한 범죄사실로 다시 체포·구속영장을 청구하거나 신청하는 경우를 말한다)에는 그 취지를 체포·구속영장 청구서 또는 신청서에 적어야 한다.
>
> **형사소송법 제200조의2【영장에 의한 체포】** ④ 검사가 제1항의 청구를 함에 있어서 동일한 범죄사실에 관하여 그 피의자에 대하여 전에 체포영장을 청구하였거나 발부받은 사실이 있는 때에는 다시 체포영장을 청구하는 취지 및 이유를 기재하여야 한다.
>
> **형사소송규칙 제95조【체포영장 청구서의 기재사항】** 체포영장의 청구서에는 다음 각 호의 사항을 기재하여야 한다.
> 8. 동일한 범죄사실에 관하여 그 피의자에 대하여 전에 체포영장을 청구하였거나 발부받은 사실이 있는 때에는 다시 체포영장을 청구하는 취지 및 이유

012 「수사준칙」 제35조에 의하면 검사 또는 사법경찰관은 체포영장·구속영장의 유효기간 내에 영장의 집행에 착수하지 못한 경우, 반환사유 등을 적은 영장반환서에 해당 영장을 첨부하여 즉시 법원에 반환하여야 하고, 체포영장·구속영장이 여러 통 발부된 경우에는 모두 반환하여야 한다.

[경찰채용 22 2차 변형]

012 (○) 수사준칙 제35조 제1항·제2항

해설+ 수사준칙 제35조【체포·구속영장의 반환】① 검사 또는 사법경찰관은 체포·구속영장의 유효기간 내에 영장이 집행에 착수하지 못했거나, 그 밖의 사유로 영장의 집행이 불가능하거나 불필요하게 되었을 때에는 즉시 해당 영장을 법원에 반환해야 한다. 이 경우 체포·구속영장이 여러 통 발부된 경우에는 모두 반환해야 한다.
② 검사 또는 사법경찰관은 제1항에 따라 체포·구속영장을 반환하는 경우에는 반환사유 등을 적은 영장반환서에 해당 영장을 첨부하여 반환하고, 그 사본을 사건기록에 편철한다.
③ 제1항에 따라 사법경찰관이 체포·구속영장을 반환하는 경우에는 그 영장을 청구한 검사에게 반환하고, 검사는 사법경찰관이 반환한 영장을 법원에 반환한다.

형사소송법 제204조【영장발부와 법원에 대한 통지】체포영장 또는 구속영장의 발부를 받은 후 피의자를 체포 또는 구속하지 아니하거나 체포 또는 구속한 피의자를 석방한 때에는 지체 없이 검사는 영장을 발부한 법원에 그 사유를 서면으로 통지하여야 한다.

형사소송규칙 제96조의19【영장발부와 통지】① 법 제204조의 규정에 의한 통지는 다음 각 호의 1에 해당하는 사유가 발생한 경우에 이를 하여야 한다.
1. 피의자를 체포 또는 구속하지 아니하거나 못한 경우
③ 제1항 제1호에 해당하는 경우에는 체포영장 또는 구속영장의 원본을 첨부하여야 한다.

013 체포에 대하여는 헌법과 형사소송법이 정한 체포적부심사라는 구제절차가 존재함에도 불구하고, 체포적부심사절차를 거치지 않고 제기된 헌법소원 심판청구는 법률이 정한 구제절차를 거치지 않고 제기된 것으로서 보충성의 원칙에 반하여 부적법하다.

[법원9급 14]

013 (○) 헌법재판소 2010.11.16, 2010헌마291; 2010.9.30, 2008헌마628

014 피의자가 장기 3년 이상의 징역에 해당하는 죄를 범하였다고 의심할 만한 상당한 이유가 있고 체포영장을 받을 시간적 여유가 없는 때에는 영장 없이 체포할 수 있다.

[국가9급 13]

014 (○) 제200조의3 제1항

015 피의자에게 장기 3년 이상의 징역이나 금고에 해당하는 죄를 범하였다고 의심할 만한 상당한 이유가 있는 것만으로도 긴급체포할 수 있다.

[해경채용 23 2차]

해설+ 제200조의3【긴급체포】① 검사 또는 사법경찰관은 피의자가 사형·무기 또는 장기 3년 이상의 징역이나 금고에 해당하는 죄를 범하였다고 의심할 만한 상당한 이유가 있고, 다음 각 호의 어느 하나에 해당하는 사유가 있는 경우에 긴급을 요하여 지방법원판사의 체포영장을 받을 수 없는 때에는 그 사유를 알리고 영장 없이 피의자를 체포할 수 있다. 이 경우 긴급을 요한다 함은 피의자를 우연히 발견한 경우 등과 같이 체포영장을 받을 시간적 여유가 없는 때를 말한다.
1. 피의자가 증거를 인멸할 염려가 있는 때
2. 피의자가 도망하거나 도망할 우려가 있는 때

015 (×) 범죄의 중대성만으로는 안 되고, 긴급성 및 필요성의 요건 을 모두 갖추어야만 긴급체포를 할 수 있다. 제200조의3 제1항 참조.

016 사법경찰관이 기소중지된 피의자를 해당 수사관서가 위치하는 특별시·광역시·도 또는 특별자치도 외의 지역에서 긴급체포하였을 때에는 12시간 내에 검사에게 긴급체포의 승인을 요청해야 한다. [경찰채용 19 2차 변형]

해설+ 수사준칙 제27조【긴급체포】① 사법경찰관은 법 제200조의3 제2항에 따라 긴급체포 후 12시간 내에 검사에게 긴급체포의 승인을 요청해야 한다. 다만, 다음 각 호의 어느 하나에 해당하는 경우에는 긴급체포 후 24시간 이내에 긴급체포의 승인을 요청해야 한다.
1. 제51조 제1항 제4호 가목에 따른 피의자중지 또는 제52조 제1항 제3호에 따른 기소중지 결정이 된 피의자를 소속 경찰관서가 위치하는 특별시·광역시·특별자치시·도 또는 특별자치도 외의 지역에서 긴급체포한 경우
2. 「해양경비법」 제2조 제2호에 따른 경비수역에서 긴급체포한 경우

016 (×) ㉠ 원칙적으로 12시간 내이고, ㉡ 수사중지 결정 또는 기소중지 결정이 된 피의자를 소속 경찰서가 위치하는 특별시·광역시·특별자치시·도 또는 특별자치도 외의 지역에서 긴급체포한 경우에는, 긴급체포 후 24시간 이내에 긴급체포의 승인을 요청하여야 한다(수사준칙 제27조 제1항).

017 「수사준칙」에 의하면, 사법경찰관은 긴급체포 후 12시간 내에 검사에게 긴급체포의 승인을 요청해야 한다. 다만 수사중지 결정 또는 기소중지 결정이 된 피의자를 소속 경찰관서가 위치하는 특별시·특별자치시·도 또는 특별자치도 외의 지역이나 「연안관리법」 제2조 제2호 나목의 바다(현 「해양경비법」 제2조 제2호에 따른 경비수역)에서 긴급체포한 경우에는 긴급체포 후 24시간 이내에 긴급체포의 승인을 요청해야 한다. [경찰경채 23]

보충 「연안관리법」 제2조 제2호 나목의 바다에서 긴급체포한 경우는 2023.11.1. 시행 수사준칙에서 "「해양경비법」 제2조 제2호에 따른 경비수역에서 긴급체포한 경우"로 개정되었다.

017 (○) 수사준칙 제27조 제1항

018 사법경찰관이 피고인을 수사관서까지 동행한 것이 사실상의 강제연행, 즉 불법체포에 해당하더라도 불법체포로부터 6시간 상당이 경과한 후에 이루어진 긴급체포는 하자가 치유된 것으로 적법하다. [국가9급 11]

019 긴급체포는 영장주의원칙에 대한 예외인 만큼 요건을 갖추지 못한 긴급체포는 법적 근거에 의하지 아니한 영장 없는 체포로서 위법한 체포에 해당하는 것이고, 여기서 긴급체포의 요건을 갖추었는지 여부는 사후에 밝혀진 객관적 사정을 기초로 판단하여야 하고, 이에 관한 검사나 사법경찰관 등 수사주체의 판단에는 재량의 여지가 없다. [경찰채용 18 1차 유사] [법원9급 14]

020 긴급체포의 요건을 갖추었는지 여부에 관한 검사나 사법경찰관 등 수사주체의 판단에는 상당한 재량의 여지가 있다고 할 것이나, 요건의 충족 여부에 관한 검사나 사법경찰관의 판단이 경험칙에 비추어 현저히 합리성을 잃은 경우에는 그 체포는 위법한 체포이다. [국가9급 11]

021 긴급체포요건을 갖추었는지 여부는 체포 당시 상황과 사후에 밝혀진 사정을 종합적으로 판단함으로써 검사나 사법경찰관 등 수사주체의 판단에는 상당한 재량의 여지가 있다. [경찰승진 22 유사] [경찰채용 20 2차]

해설+ 긴급체포의 요건을 갖추었는지 여부는 사후에 밝혀진 사정을 기초로 판단하는 것이 아니라 체포 당시의 상황을 기초로 판단하여야 하고, 이에 관한 검사나 사법경찰관 등 수사주체의 판단에는 상당한 재량의 여지가 있다고 할 것이나, 긴급체포 당시의 상황으로 보아서도 그 요건의 충족 여부에 관한 검사나 사법경찰관의 판단이 경험칙에 비추어 현저히 합리성을 잃은 경우에는 그 체포는 위법한 체포라 할 것이다(대법원 2003.3.27, 2002모81; 2008.3.27, 2007도11400).

022 피의자가 마약투약을 하였다고 의심할 만한 상당한 이유가 있었더라도, 경찰관이 이미 피의자의 신원과 주거지 및 전화번호 등을 모두 파악하고 있었고 당시 증거가 급속하게 소멸될 상황도 아니었다면 긴급체포의 요건으로 미리 체포영장을 받을 시간적 여유가 없었던 경우에 해당하지 않는다.

[국가9급개론 17]

022 (○) 대법원 2016.10.13, 2016도5814

023 사법경찰관이 「형사소송법」 제200조의3(긴급체포)에 의하여 피의자를 긴급체포한 때에는 즉시 검사의 승인을 얻어야 한다.

[경찰채용 17 2차·18 1차] [국가9급 13]

023 (○) 제200조의3 제2항

024 검사는 사법경찰관의 긴급체포 승인 요청이 이유 없다고 인정하는 경우에는 지체 없이 사법경찰관에게 불승인 통보를 해야 하며, 이 경우 사법경찰관은 긴급체포된 피의자를 즉시 석방하고 그 석방 일시와 사유 등을 검사에게 통보해야 한다.

[경찰승진 23]

024 (○) 수사준칙 제27조 제4항 참조.

해설+ 수사준칙 제27조【긴급체포】④ 검사는 사법경찰관의 긴급체포 승인 요청이 이유 없다고 인정하는 경우에는 <u>지체 없이 사법경찰관에게 불승인 통보를 해야 한다</u>. 이 경우 <u>사법경찰관은 긴급체포된 피의자를 즉시 석방하고 그 석방 일시와 사유 등을 검사에게 통보해야 한다</u>.

025 사법경찰관은 피의자를 긴급체포한 경우 즉시 긴급체포서를 작성해야 하나, 검사가 피의자를 긴급체포한 경우에는 긴급체포서를 작성할 필요가 없다.

[경찰승진 22]

025 (×) 검사 또는 사법경찰관이 피의자를 긴급체포한 경우에는 즉시 긴급체포서를 작성하여야 한다 (제200조의3 제3항).

026 긴급체포서에는 범죄사실의 요지, 긴급체포의 사유 등을 기재하여야 한다.

[경찰채용 17 2차]

026 (○) 제200조의3 제4항

027 피의자를 긴급체포하는 때에는 영장 없이 타인의 주거에서 피의자를 수색하거나 체포현장에서 압수 · 수색 · 검증을 할 수 있다. [국가9급 13]

보충 2019.12.31. 개정 제216조 제1항 제1호에도 불구하고 이 지문은 여전히 맞는 지문이다.

027 (○) 제216조 제1항 제1호, 제216조 제1항 제2호

028 긴급체포된 자가 소유 · 소지 또는 보관하는 물건에 대하여 체포 후 24시간 이내에 영장 없이 압수할 수 있지만, 압수한 물건을 계속 압수할 필요가 있을 때에는 지체 없이 압수 후 48시간 이내에 압수영장을 청구하여야 한다. [국가9급 13]

028 (×) '체포 후' → '체포한 때부터', '압수 후' → '체포한 때부터' 압수수색영장의 청구는 "체포한 때부터" 48시간 이내에 하여야 한다 (제217조 제1항 · 제2항).

029 사법경찰관은 긴급체포된 자가 소유 · 소지 또는 보관하는 물건에 대하여 긴급히 압수할 필요가 있는 경우에는 체포한 때부터 48시간 이내에 한하여 영장 없이 압수 · 수색 또는 검증을 할 수 있다. [경찰승진 22]

해설+ 제217조【영장에 의하지 아니하는 강제처분】① 검사 또는 사법경찰관은 제200조의3(긴급체포)에 따라 체포된 자가 소유 · 소지 또는 보관하는 물건에 대하여 긴급히 압수할 필요가 있는 경우에는 체포한 때부터 24시간 이내에 한하여 영장 없이 압수 · 수색 또는 검증을 할 수 있다.

029 (×) 제217조 제1항

030 사법경찰관이 긴급체포한 피의자에 대하여 구속영장을 신청하지 아니하고 석방한 경우에는 즉시 검사에게 보고하여야 한다. [경찰채용 19 2차] [국가9급 09 변형]

해설+ 제200조의4【긴급체포와 영장청구기간】① 검사 또는 사법경찰관이 제200조의3의 규정에 의하여 피의자를 체포한 경우 피의자를 구속하고자 할 때에는 지체 없이 검사는 관할지방법원판사에게 구속영장을 청구하여야 하고, 사법경찰관은 검사에게 신청하여 검사의 청구로 관할지방법원판사에게 구속영장을 청구하여야 한다. 이 경우 구속영장은 피의자를 체포한 때부터 48시간 이내에 청구하여야 하며, 제200조의3 제3항에 따른 긴급체포서를 첨부하여야 한다.
② 제1항의 규정에 의하여 구속영장을 청구하지 아니하거나 발부받지 못한 때에는 피의자를 즉시 석방하여야 한다.
⑥ 사법경찰관은 긴급체포한 피의자에 대하여 구속영장을 신청하지 아니하고 석방한 경우에는 즉시 검사에게 보고하여야 한다.

참고 2020.2.4. 검 · 경 수사권 조정 형사소송법 개정 및 2020.10.7. 제정 대통령령(수사준칙)에도 불구하고, 사법경찰관이 구속영장을 신청하지 아니하고 체포한 피의자를 석방한 때에는 지체 없이 검사에게 석방사실을 통보하고, 긴급체포한 피의자를 석방한 때에는 즉시 검사에게 석방사실을 보고하여야 한다.

030 (○) 형사소송법 제200조의4 제6항, 수사준칙 제36조 제2항 제2호 참조.

031 검사의 구속영장 청구 전 피의자 대면조사는 긴급체포의 적법성을 의심할 만한 사유가 기록 기타 객관적 자료에 나타나고 피의자의 대면조사를 통해 그 여부의 판단이 가능할 것으로 보이는 예외적인 경우에 한하여 허용될 뿐, 긴급체포의 합당성이나 구속영장 청구에 필요한 사유를 보강하기 위한 목적으로 실시되어서는 아니 된다. [국가9급개론 17 변형]

031 (○) 대법원 2010.10.28, 2008 도11999

032 검사는 피의자를 긴급체포한 때부터 48시간 이내에 체포영장을 청구하여 야 하며, 체포영장 청구시 긴급체포서를 첨부하여야 한다. [국가9급 09]

> **해설+** 제200조의4【긴급체포와 영장청구기간】① 검사 또는 사법경찰관이 제200조의3의 규정에 의하여 피의자를 체포한 경우 피의자를 구속하고자 할 때에는 지체 없이 검사는 관할지방법원판사에게 구속영장을 청구하여야 하고, 사법경찰관은 검사에게 신청하여 검사의 청구로 관할지방법원판사에게 구속영장을 청구하여야 한다. 이 경우 구속영장은 피의자를 체포한 때부터 48시간 이내에 청구하여야 하며, 제200조의3 제3항에 따른 긴급체포서를 첨부하여야 한다.

032 (×) '체포' → '구속'
체포 시부터 48시간 이내에 청구 해야 하는 것은 '구속'영장이다(제 200조의4 제1항).

033 수사기관이 긴급체포된 자에 대하여 구속영장을 청구하지 아니하거나 발부받지 못한 때에는 피의자를 즉시 석방하여야 하고, 이 경우 석방된 자는 영장 없이는 동일한 범죄사실에 관하여 체포하지 못한다.
[경찰채용 18 1차 유사] [국가9급개론 17] [법원9급 14]

033 (○) 제200조의4 제2항·제 3항

034 긴급체포 후 구속영장을 발부받지 못하여 석방한 경우 동일한 범죄사실로 다시 긴급체포 할 수 없다. 그러나 체포영장을 다시 발부받은 경우 체포가 가능하다. [경찰채용 20 2차]

034 (○) 제200조의4 제3항 참조.

035 「형사소송법」 제200조의4 제3항은 영장 없이는 긴급체포 후 석방된 피의자를 동일한 범죄사실에 관하여 체포하지 못한다는 규정으로, 위와 같이 석방된 피의자는 법원으로부터 구속영장을 발부받아도 구속할 수 없다.

[경찰채용 18 1차] [국가9급 10 유사]

035 (×)

해설+ 형사소송법 제200조의4 제3항은 영장 없이는 긴급체포 후 석방된 피의자를 동일한 범죄사실에 관하여 체포하지 못한다는 규정으로, 위와 같이 석방된 피의자라도 법원으로부터 구속영장을 발부받아 구속할 수 있음은 물론이고, 같은 법 제208조 소정의 '구속되었다가 석방된 자'라 함은 구속영장에 의하여 구속되었다가 석방된 경우를 말하는 것이지, 긴급체포나 현행범으로 체포되었다가 사후영장 발부 전에 석방된 경우는 포함되지 않는다 할 것이므로, 피고인이 수사 당시 긴급체포되었다가 수사기관의 조치로 석방된 후 법원이 발부한 구속영장에 의하여 구속이 이루어진 경우 앞서 본 법조에 위배되는 위법한 구속이라고 볼 수 없다(대법원 2001.9.28, 2001도4291).

036 검사 또는 사법경찰관에 의하여 영장에 의하여 체포되었다가 석방된 자는 다른 중요한 증거를 발견한 경우를 제외하고는 동일한 범죄사실로 재차 체포하지 못한다.

[국가9급 23]

036 (×) 이 내용은 피의자구속 후 석방된 자에 대한 재구속 제한사유이다. 영장에 의한 체포 시에는 재체포 제한이 적용되지 아니한다.

해설+ 제208조【재구속의 제한】① 검사 또는 사법경찰관에 의하여 구속되었다가 석방된 자는 다른 중요한 증거를 발견한 경우를 제외하고는 동일한 범죄사실에 관하여 재차 구속하지 못한다.

037 국가보안법 위반죄로 공소보류 처분을 받은 피의자에 대해 공소보류가 취소된 때에는 동일한 범죄사실로 그 피의자를 다시 구속할 수 있다.

[군무원9급 23]

037 (○) 국가보안법 제20조 제4항 참조.

해설+ 국가보안법 제20조【공소보류】① 검사는 이 법의 죄를 범한 자에 대하여 형법 제51조의 사항을 참작하여 공소제기를 보류할 수 있다.
② 제1항에 의하여 공소보류를 받은 자가 공소의 제기 없이 2년을 경과한 때에는 소추할 수 없다.
③ 공소보류를 받은 자가 법무부장관이 정한 감시·보도에 관한 규칙에 위반한 때에는 공소보류를 취소할 수 있다.
④ 제3항에 의하여 공소보류가 취소된 경우에는 형사소송법 제208조의 규정에 불구하고 동일한 범죄사실로 재구속할 수 있다.

038 「형사소송법」 제208조(재구속의 제한)에서 말하는 '구속되었다가 석방된 자'의 범위에는 긴급체포나 현행범으로 체포되었다가 사후영장 발부 전에 석방된 경우도 포함된다.

[경찰채용 20 2차] [경찰승진 23]

038 (×)

해설+ 법 제208조 소정의 '구속되었다가 석방된 자'라 함은 구속영장에 의하여 구속되었다가 석방된 경우를 말하는 것이지, 긴급체포나 현행범으로 체포되었다가 사후영장 발부 전에 석방된 경우는 포함되지 않는다(대법원 2001.9.28, 2001도4291).

039 사법경찰관은 긴급체포한 피의자에 대하여 구속영장을 신청하지 아니하고 석방한 경우에는 즉시 검사에게 보고하여야 하고, 검사는 석방한 날부터 30일 이내에 서면으로 긴급체포 후 석방된 자의 인적사항, 긴급체포의 일시 · 장소와 긴급체포하게 된 구체적 이유 등을 법원에 통지하여야 한다.

[경찰채용 23 2차]

039 (○) 전단은 제200조의4 제6항, 후단은 동조 제4항 참조.

> 해설+ 제200조의4【긴급체포와 영장청구기간】④ 검사는 제1항에 따른 구속영장을 청구하지 아니하고 피의자를 석방한 경우에는 석방한 날부터 30일 이내에 서면으로 다음 각 호의 사항을 법원에 통지하여야 한다. 이 경우 긴급체포서의 사본을 첨부하여야 한다.
> 1. 긴급체포 후 석방된 자의 인적사항
> 2. 긴급체포의 일시·장소와 긴급체포하게 된 구체적 이유
> 3. 석방의 일시·장소 및 사유
> 4. 긴급체포 및 석방한 검사 또는 사법경찰관의 성명
> ⑤ 긴급체포 후 석방된 자 또는 그 변호인·법정대리인·배우자·직계친족·형제자매는 통지서 및 관련 서류를 열람하거나 등사할 수 있다.
> ⑥ 사법경찰관은 긴급체포한 피의자에 대하여 구속영장을 신청하지 아니하고 석방한 경우에는 즉시 검사에게 보고하여야 한다.

040 긴급체포 후 석방된 자 또는 그 변호인 · 법정대리인 · 배우자 · 직계친족 · 형제자매는 통지서 및 관련 서류를 열람하거나 등사할 수 있다.

[경찰채용 18 1차] [국가9급 10 유사] [국가9급개론 17]

040 (○) 제200조의4 제5항

041 긴급체포되어 조사를 받고 구속영장이 청구되지 아니하여 석방된 후 검사가 그 석방일로부터 30일 이내에 석방통지를 법원에 하지 아니하더라도, 긴급체포 당시의 상황과 경위, 긴급체포 후 조사과정 등에 특별한 위법이 없는 이상, 그 긴급체포에 의한 유치 중에 작성된 피의자신문조서가 위법하게 작성되었다고 볼 수는 없다.

[경찰채용 21 1차]

041 (○)

> 해설+ 기록에 의하면, 공소외 7이 2009.11.2. 22:00경 긴급체포되어 조사를 받고 구속영장이 청구되지 아니하여 2009.11.4. 20:10경 석방되었음에도 검사가 그로부터 30일 이내에 법 제200조의4에 따른 석방통지를 법원에 하지 아니한 사실을 알 수 있으나, 공소외 7에 대한 긴급체포 당시의 상황과 경위, 긴급체포 후 조사 과정 등에 특별한 위법이 있다고 볼 수 없는 이상, 단지 사후에 석방통지가 법에 따라 이루어지지 않았다는 사정만으로 그 긴급체포에 의한 유치 중에 작성된 공소외 7에 대한 피의자신문조서들의 작성이 소급하여 위법하게 된다고 볼 수는 없다(대법원 2014.8.26, 2011도6035).

042 검사는 긴급체포한 피의자를 구속영장 청구 없이 석방한 경우에는 석방한 날로부터 30일 이내에 긴급체포서 사본과 함께 법정기재사항이 기재된 서면으로 법원에 통지하여야 하고, 만약 사후에 석방통지가 법에 따라 이루어지지 않은 사정이 있다면 그와 같은 사정만으로도 긴급체포 중에 작성된 피의자신문조서의 증거능력은 소급하여 부정된다. [경찰채용 22 1차]

042 (×)

> **해설+** 전단은 형사소송법 제200조의4 제4항의 내용으로 맞다. 그러나 후단은 대법원 2014. 8.26, 2011도6035 판례에 근거하여 틀렸다.

043 현행범인 체포의 요건으로 '범죄의 실행행위를 종료한 직후'란 시간적으로나 장소적으로 보아 체포를 당하는 자가 방금 범죄를 실행한 범인이라는 점에 관한 죄증이 명백히 존재하는 것으로 인정되는 경우를 말한다. [국가7급 16]

043 (○) 대법원 2002.5.10, 2001도300

044 「형사소송법」 제211조의 '범죄의 실행의 즉후인 자'라 함은 범죄의 실행행위를 종료한 직후의 범인이라는 것이 체포하는 자의 입장에서 볼 때 명백한 경우를 일컫는 것이다. [경찰채용 16]

044 (○) 대법원 2007.4.13, 2007도1249

045 피고인의 행위가 구성요건에 해당하지 않아 사후적으로 무죄로 판단된다고 하더라도, 피고인이 소란을 피운 당시 상황에서는 객관적으로 보아 피고인이 현행범이라고 인정할 만한 충분한 이유가 있는 경우에는 피고인에 대한 현행범 체포는 적법하다. [국가9급 16]

045 (○) 대법원 2013.8.23, 2011도4763

046 피고인의 소란행위가 업무방해죄의 구성요건에 해당하지 않아 사후적으로 무죄로 판단된다고 하더라도, 피고인이 경찰관 앞에서 소란을 피운 당시 상황에서는 객관적으로 보아 피고인이 업무방해죄의 현행범이라고 인정할 만한 충분한 이유가 있었다면 경찰관들이 피고인을 현행범으로 체포하려고 한 행위는 적법하다.

[경찰채용 18 2차]

046 (○)

해설+ 현행범 체포의 적법성은 체포 당시의 구체적 상황을 기초로 객관적으로 판단하여야 하고, 사후에 범인으로 인정되었는지에 의할 것은 아니다. 따라서 비록 피고인이 식당 안에서 소리를 지르거나 양은그릇을 부딪치는 등의 소란행위가 업무방해죄의 구성요건에 해당하지 않아 사후적으로 무죄로 판단된다고 하더라도, 피고인이 상황을 설명해 달라거나 밖에서 얘기하자는 경찰관의 요구를 거부하고 경찰관 앞에서 소리를 지르고 양은그릇을 두드리면서 소란을 피운 당시 상황에서는 객관적으로 보아 피고인이 업무방해죄의 현행범이라고 인정할 만한 충분한 이유가 있으므로, 경찰관들이 피고인을 체포하려고 한 행위는 적법한 공무집행이라고 보아야 하고, 그 과정에서 피고인이 체포에 저항하며 피해자들을 폭행하거나 상해를 가한 것은 공무집행방해죄 등을 구성한다(대법원 2013.8.23, 2011도4763).

047 '범죄의 실행행위를 종료한 직후'라고 함은 범죄행위를 실행하여 끝마친 순간 또는 이에 아주 접착된 시간적 단계를 의미하는 것으로 해석되므로, 시간적으로나 장소적으로 보아 체포를 당하는 자가 방금 범죄를 실행한 범인이라는 점에 관한 죄증이 명백히 존재하는 것으로 인정된다면 현행범인으로 볼 수 있다.

[국가9급 16]

047 (○) 대법원 2007.4.13, 2007도1249

048 현행범인으로 체포하기 위하여는 행위의 가벌성, 범죄의 현행성·시간적 접착성, 범인·범죄의 명백성이 있으면 족하고, 도망 또는 증거인멸의 염려가 있어야 하는 것은 아니다.

[경찰채용 20 2차]

048 (×)

해설+ 현행범인은 누구든지 영장 없이 체포할 수 있다(제212조). "현행범인으로 체포하기 위하여는 행위의 가벌성, 범죄의 현행성과 시간적 접착성, 범인·범죄의 명백성 이외에 체포의 필요성, 즉 도망 또는 증거인멸의 염려가 있어야 한다. 이러한 요건을 갖추지 못한 현행범인 체포는 법적 근거에 의하지 아니한 영장 없는 체포로서 위법한 체포에 해당한다(대법원 2017.4.7, 2016도19907)."

보충 학설로는 체포의 필요성은 현행범인 체포의 요건으로 볼 수 없다는 소극설이 다수설이다.

049 영장에 의한 체포나 긴급체포를 위해서는 체포의 필요성, 즉 도망 또는 증거인멸의 염려가 있어야 하지만, 현행범 체포의 경우는 그러하지 아니하다.

[해경승진(경장) 23]

049 (×)

해설+ 현행범인은 누구든지 영장 없이 체포할 수 있다(형사소송법 제212조). 현행범인으로 체포하기 위하여는 행위의 가벌성, 범죄의 현행성과 시간적 접착성, 범인·범죄의 명백성 이외에 체포의 필요성, 즉 도망 또는 증거인멸의 염려가 있어야 한다. 이러한 요건을 갖추지 못한 현행범인 체포는 법적 근거에 의하지 아니한 영장 없는 체포로서 위법한 체포에 해당한다(대법원 2017.4.7, 2016도10007).

보충 (출제자는 신경을 쓰지 아니한 것 같지만) 영장에 의한 체포의 요건은 출석요구에 불응하거나 불응할 우려이고, 도주나 증거인멸의 염려는 이것이 명백히 없을 때 판사가 체포영장을 발부할 수 없게 하는 소극적 요건에 불과하다. 따라서 영장에 의한 체포 부분도 틀린 것이다. 다만, 여기서는 출제의도를 고려하여 현행범 체포에 관하여만 해설을 한 것이다.

050 현행범 체포의 적법성은 체포 당시의 구체적 상황을 기초로 주관적으로 판단하여야 하고, 사후에 범인으로 인정되었는지에 의할 것은 아니다.

[경찰채용 20 2차]

050 (×)

해설+ 공무집행방해죄는 공무원의 적법한 공무집행이 전제로 되는데, 추상적인 권한에 속하는 공무원의 어떠한 공무집행이 적법한지 여부는 행위 당시의 구체적 상황에 기하여 객관적·합리적으로 판단하여야 하고 사후적으로 순수한 객관적 기준에서 판단할 것은 아니다. 마찬가지로 현행범 체포의 적법성은 체포 당시의 구체적 상황을 기초로 객관적으로 판단하여야 하고, 사후에 범인으로 인정되었는지에 의할 것은 아니다(대법원 2013.8.23, 2011도4763).

051 甲과 乙이 주차문제로 다투던 중 乙이 112 신고를 하였고, 甲이 출동한 경찰관에게 폭행을 가하여 공무집행방해죄의 현행범으로 체포된 경우, 112에 신고를 한 것은 乙이었고, 甲이 현행범으로 체포되어 파출소에 도착한 이후에도 경찰관의 신분증 제시 요구에 20여 분 동안 응하지 아니하면서 인적사항을 밝히지 아니하였다면, 甲에게는 현행범 체포 당시에 도망 또는 증거인멸의 염려가 있었다고 할 수 있다.

[국가7급 21]

051 (○) 대법원 2018.3.29, 2017도21537

052 다액 100만원 이하의 벌금, 구류 또는 과료에 해당하는 죄의 현행범인은 주거가 분명하지 아니한 때에 한하여 현행범인으로 체포할 수 있다.

[경찰간부 18]

052 (×) '100만원' → '50만원' (제214조)

053 수사기관이 아닌 사인(私人)이 현행범인을 체포한 때에는 즉시 수사기관에 인도하여야 하며, 여기서 '즉시'란 '정당한 이유 없이 인도를 지연하거나 체포를 계속하는 등으로 불필요한 지체를 함이 없이'라는 의미이다.

[경찰간부 18] [국가7급 16]

054 현행범인은 누구든지 영장 없이 체포할 수 있고, 검사 또는 사법경찰관리가 아닌 자가 현행범인을 체포한 때에는 즉시 검사 등에게 인도하여야 하며, 이때 인도시점은 반드시 체포시점과 시간적으로 밀착된 시점이어야 한다.

[경찰채용 20 2차 변형·23 1차]

> **해설+** 현행범인은 누구든지 영장 없이 체포할 수 있고(형사소송법 제212조), 검사 또는 사법경찰관리 아닌 이가 현행범인을 체포한 때에는 즉시 검사 등에게 인도하여야 한다(형사소송법 제213조 제1항). 여기서 '즉시'라고 함은 반드시 체포시점과 시간적으로 밀착된 시점이어야 하는 것은 아니고, '정당한 이유 없이 인도를 지연하거나 체포를 계속하는 등으로 불필요한 지체를 함이 없이'라는 뜻으로 볼 것이다(대법원 2011.12.22, 2011도12927).

055 사인의 현행범 체포과정에서 일어날 수 있는 물리적 충돌이 적정한 한계를 벗어났는지 여부는 그 행위가 소극적인 방어행위인가 적극적인 공격행위인가에 따라 결정된다.

[경찰채용 23 1차]

> **해설+** 적정한 한계를 벗어나는 현행범인 체포행위는 그 부분에 관한 한 법령에 의한 행위로 될 수 없다고 할 것이나, 적정한 한계를 벗어나는 행위인가 여부는 결국 정당행위의 일반적 요건을 갖추었는지 여부에 따라 결정되어야 할 것이지 그 행위가 소극적인 방어행위인가 적극적인 공격행위인가에 따라 결정되어야 하는 것은 아니다(대법원 1999.1.26, 98도3029).

056 사법경찰관리가 현행범인을 체포하는 경우에는 반드시 범죄사실의 요지, 체포의 이유와 변호인을 선임할 수 있음을 말하고 변명할 기회를 주어야 한다.

[경찰채용 11]

057 수사기관이 현행범인을 직접 체포한 경우와는 달리 사인에 의해 체포된 현행범인을 인도받는 경우에는 피의자에 대하여 피의사실의 요지, 체포의 이유와 변호인을 선임할 수 있음을 말하고 변명할 기회를 주지 않아도 된다.

[국가7급 16]

057 (×) '주지 않아도 된다' → '주어야 한다'
피의사실의 요지, 체포의 이유와 변호인을 선임할 수 있음을 말하고 변명할 기회를 주어야 한다.

> **해설+** 제213조의2【준용규정】제87조, 제89조, 제90조, 제200조의2 제5항 및 제200조의5의 규정은 검사 또는 사법경찰관리가 현행범인을 체포하거나 현행범인을 인도받은 경우에 이를 준용한다.
> 제200조의5【체포와 피의사실 등의 고지】검사 또는 사법경찰관은 피의자를 체포하는 경우에는 피의사실의 요지, 체포의 이유와 변호인을 선임할 수 있음을 말하고 변명할 기회를 주어야 한다.

058 공장을 점거하여 농성 중이던 조합원들이 경찰과 부식반입문제를 협의하거나 기자회견장 촬영을 위해 공장 밖으로 나오자, 전투경찰대원들은 '고착관리'라는 명목으로 그 조합원들을 방패로 에워싸고 이동하지 못하게 한 사안에서, 위 조합원들이 어떠한 범죄행위를 목전에서 저지르려고 하는 등 긴급한 사정이 있는 경우가 아니라면, 위 전투경찰대원들의 행위는 「형사소송법」상 체포에 해당한다.

[경찰채용 23 1차]

058 (○)

> **해설+** ○○자동차 주식회사 △△공장을 점거하여 농성 중이던 □□□□노동조합 ○○자동차지부 조합원인 공소외 1 등이 2009.6.26. 경찰과 부식반입문제를 협의하거나 기자회견장 촬영을 위해 공장 밖으로 나오자, 전투경찰대원들은 '고착관리'라는 명목으로 위 공소외 1 등 6명의 조합원을 방패로 에워싸 이동하지 못하게 하였다. 위 조합원들이 어떠한 범죄행위를 목전에서 저지르려고 하거나 이들의 행위로 인하여 인명·신체에 위해를 미치거나 재산에 중대한 손해를 끼칠 우려 등 긴급한 사정이 있는 경우가 아닌데도 방패를 든 전투경찰대원들이 위 조합원들을 둘러싸고 이동하지 못하게 가둔 행위는 구 경찰관 직무집행법 제6조 제1항에 근거한 제지조치라고 볼 수 없고, 이는 형사소송법상 체포에 해당한다(대법원 2017.3.15, 2013도2168).

> **보충** 전투경찰대원들이 위 조합원들을 체포하는 과정에서 체포의 이유 등을 제대로 고지하지 않다가 30~40분이 지난 후 피고인 등의 항의를 받고 나서야 비로소 체포의 이유 등을 고지한 것은 형사소송법상 현행범인 체포의 적법한 절차를 준수한 것이 아니므로 적법한 공무집행이라고 볼 수 없다(위 판례).

059 경찰관이 시위에 참가한 6명의 조합원을 집회 및 시위에 관한 법률 위반 혐의로 현행범 체포 후 경찰서로 연행하였는데, 그 과정에서 체포의 이유를 설명하지 않다가 조합원들의 항의를 받고 1시간이 지난 후 그 이유를 설명한 것은 위법하다. [해경승진 22]

059 (○)

> **해설+** 검사 또는 사법경찰관리가 현행범인을 체포하는 경우에는 반드시 피의사실의 요지, 체포의 이유와 변호인을 선임할 수 있음을 말하고 변명할 기회를 주어야 한다(형사소송법 제213조의2, 제200조의5). 이와 같은 고지는 체포를 위한 실력행사에 들어가기 전에 미리 하는 것이 원칙이다. 그러나 달아나는 피의자를 쫓아가 붙들거나 폭력으로 대항하는 피의자를 실력으로 제압하는 경우에는 붙들거나 제압하는 과정에서 고지하거나, 그것이 여의치 않은 경우에는 일단 붙들거나 제압한 후에 지체 없이 고지하여야 한다. 전투경찰대원들이 위 조합원들을 체포하는 과정에서 체포의 이유 등을 제대로 고지하지 않다가 30~40분이 지난 후 피고인 등의 항의를 받고 나서야 비로소 체포의 이유 등을 고지한 것은 형사소송법상 현행범인 체포의 적법한 절차를 준수한 것이 아니므로 적법한 공무집행이라고 볼 수 없다(대법원 2017.3.15, 2013도2168).

> **보충** (따라서) 피고인이 위와 같은 위법한 공무집행에 항의하면서 공소사실과 같이 전투경찰대원들의 방패를 손으로 잡아당기거나 전투경찰대원들을 발로 차고 몸으로 밀었다고 하더라도 공무집행방해죄가 성립할 수 없다(위 판례).

060 전투경찰대원들이 공장에서 점거농성 중이던 조합원들을 체포하는 과정에서 체포의 이유 등을 제대로 고지하지 않다가 30~40분이 지난 후 체포된 조합원 등의 항의를 받고 나서야 비로소 체포의 이유 등을 고지한 것은 현행범 체포의 적법한 절차를 준수한 것이 아니므로 적법한 공무집행이라고 볼 수 없다. [국가7급 21]

060 (○) 대법원 2017.3.15, 2013도2168

061 검사 또는 사법경찰관은 피의자를 체포하거나 구속할 때에는 피의자에게 피의사실의 요지, 체포·구속의 이유와 변호인을 선임할 수 있음을 말하고, 변명할 기회를 주어야 하며, 진술거부권을 알려 주어야 한다. [소방간부 23]

061 (○) 수사준칙 제32조 제1항 참조.

> **해설+** 수사준칙 제32조【체포·구속영장 집행 시의 권리 고지】① 검사 또는 사법경찰관은 피의자를 체포하거나 구속할 때에는 법 제200조의5(법 제209조에서 준용하는 경우를 포함한다)에 따라 피의자에게 피의사실의 요지, 체포·구속의 이유와 변호인을 선임할 수 있음을 말하고, 변명할 기회를 주어야 하며, 진술거부권을 알려 주어야 한다.

062 검사나 사법경찰관이 피의자 체포 시에 알려 주어야 하는 체포의 이유 등을 체포를 위한 실력행사를 한 이후에 알려 주었더라도 반드시 위법하다고 볼 수는 없다. [군무원9급 23]

062 (○)

> **해설+** 사법경찰관 등이 체포영장을 소지하고 피의자를 체포하기 위해서는 체포영장을 피의자에게 제시하고(형사소송법 제200조의6, 제85조 제1항), 피의사실의 요지, 체포의 이유와 변호인을 선임할 수 있음을 말하고 변명할 기회를 주어야 한다(형사소송법 제200조의5). 이와 같은 체포영장의 제시나 고지 등은 체포를 위한 실력행사에 들어가기 이전에 미리 하여야 하는 것이 원칙이다. 그러나 달아나는 피의자를 쫓아가 붙들거나 폭력으로 대항하는 피의자를 실력으로 제압하는 경우에는 붙들거나 제압하는 과정에서 하거나, 그것이 여의치 않은 경우에는 일단 붙들거나 제압한 후에 지체 없이 하여야 한다(대법원 2017.9.21, 2017도10866).

063 검사 또는 사법경찰관리는 현행범인을 체포하거나 일반인이 체포한 현행범인을 인도받는 경우 「형사소송법」 제213조의2에 의하여 준용되는 제200조의5에 따라 피의자에 대하여 피의사실의 요지, 체포의 이유와 변호인을 선임할 수 있음을 말하고 변명할 기회를 주어야 하고, 이와 같은 고지는 체포를 위한 실력행사에 들어가기 전에 미리 하여야 하는 것이 원칙이지만, 달아나는 피의자를 쫓아가 붙들거나 폭력으로 대항하는 피의자를 실력으로 제압하는 경우에는 붙들거나 제압하는 과정에서 하거나 그것이 여의치 않은 경우에는 일단 붙들거나 제압한 후에 지체 없이 하면 된다. [국가9급 16 변형]

063 (○) 대법원 2012.2.9, 2011도7193

064 경찰관이 현행범인 체포요건을 갖추지 못하였는데도 실력으로 현행범인을 체포하려고 하였다면 적법한 공무집행이라고 할 수 없고, 현행범인 체포행위가 적법한 공무집행을 벗어나 불법인 것으로 볼 수밖에 없다면, 현행범이 체포를 면하려고 반항하는 과정에서 경찰관에게 상해를 가한 것은 불법체포로 인한 신체에 대한 현재의 부당한 침해에서 벗어나기 위한 행위로서 정당방위에 해당하여 위법성이 조각된다. [법원9급 14]

064 (○) 대법원 2011.5.26, 2011도3682

065 경찰관의 현행범인 체포경위 및 그에 관한 현행범인체포서와 범죄사실의 기재에 다소 차이가 있더라도, 그것이 논리와 경험칙상 장소적·시간적 동일성이 인정되는 범위 내라면 그 체포행위가 공무집행방해죄의 요건인 적법한 공무집행에 해당한다. [경찰채용 16]

065 (○) 대법원 2008.10.9, 2008도3640

066 경찰관들이 성폭력범죄 혐의에 대한 체포영장을 근거로 체포절차에 착수하였으나 피의자가 흥분하여 타고 있던 승용차를 출발시켜 경찰관들에게 상해를 입히는 범죄를 추가로 저지르자, 경찰관들이 그 승용차를 멈춘 후 저항하는 피의자를 별도 범죄인 특수공무집행방해치상의 현행범으로 적법하게 체포하였더라도, 집행완료에 이르지 못한 성폭력 범죄 체포영장은 사후에 그 피의자에게 제시하여야 한다. [경찰채용 23 2차]

해설+ 검사 또는 사법경찰관이 체포영장을 집행할 때에는 피의자에게 반드시 체포영장을 제시하여야 한다. 다만 체포영장을 소지하지 아니한 경우에 급속을 요하는 때에는 피의자에게 범죄사실의 요지와 영장이 발부되었음을 고하고 체포영장을 집행할 수 있다. 이 경우 집행을 완료한 후에는 <u>신속히 체포영장을 제시하여야 한다(형사소송법 제200조의6, 제85조 제1항, 제3항, 제4항)</u>. … 경찰관들이 체포영장을 근거로 체포절차에 착수하였으나 피고인이 흥분하며 타고 있던 승용차를 <u>출발시켜 경찰관들에게 상해를 입히는 범죄를 추가로 저지르자, 경찰관들이 위 승용차를 멈춘 후 저항하는 피고인을 별도 범죄인 특수공무집행방해치상의 현행범으로 체포한 경우, … 체포영장에 의한 체포절차가 착수된 단계에 불과하였고, 피고인에 대한 체포가 체포영장과 관련 없는 새로운 피의사실인 특수공무집행방해치상을 이유로 별도의 현행범 체포절차에 따라 진행된 이상, 집행 완료에 이르지 못한 체포영장을 사후에 피고인에게 제시할 필요는 없는 점을 고려하면 피고인에 대한 체포절차는 적법하다(대법원 2021.6.24, 2021도4648).

066 (×) 피고인에 대한 체포가 <u>체포영장과 관련 없는 새로운 피의사실인 특수공무집행방해치상을 이유로 별도의 현행범 체포절차에 따라 진행된 이상, 집행완료에 이르지 못한 체포영장을 사후에 피고인에게 제시할 필요는 없다.</u>

067 긴급을 요하여 체포영장을 제시하지 않은 채 체포영장에 기한 체포절차에 착수하였으나, 이에 피고인이 저항하면서 경찰관을 폭행하는 등 행위를 하여 특수공무집행방해의 현행범으로 체포한 후 체포영장을 별도로 제시하지 않은 것은 적법하지 않다.

067 (×) 대법원 2021.6.24, 2021도4648

068 사법경찰관은 현행범으로 체포한 피의자에 대하여 구속영장을 신청하지 아니하고 석방한 경우에는 즉시 검사에게 보고하여야 한다. [군무원9급 21]

해설+ 수사준칙 제36조 【피의자의 석방】 ① 검사 또는 사법경찰관은 법 제200조의2 제5항 또는 제200조의4 제2항에 따라 구속영장을 청구하거나 신청하지 않고 체포 또는 긴급체포한 피의자를 석방하려는 때에는 다음 각 호의 구분에 따른 사항을 적은 피의자 석방서를 작성해야 한다.
1. 체포한 피의자를 석방하려는 때: 체포 일시·장소, 체포 사유, 석방 일시·장소, 석방 사유 등
2. 긴급체포한 피의자를 석방하려는 때: 법 제200조의4 제4항 각 호의 사항
② 사법경찰관은 제1항에 따라 피의자를 석방한 경우 다음 각 호의 구분에 따라 처리한다.
1. 체포한 피의자를 석방한 때: 지체 없이 검사에게 석방사실을 통보하고, 그 통보서 사본을 사건기록에 편철한다.
2. 긴급체포한 피의자를 석방한 때: 법 제200조의4 제6항에 따라 즉시 검사에게 석방 사실을 보고하고, 그 보고서 사본을 사건기록에 편철한다.

보충 긴급체포한 피의자에 대하여 구속영장을 신청하지 아니하고 석방한 경우에는 즉시 검사에게 보고하여야 한다(형사소송법 제200조의4 제6항).

보충 사법경찰관이 현행범인을 석방했을 때에는 석방 후 지체 없이 검사에게 석방 사실을 통보해야 한다(수사준칙 제28조 제2항).

수사준칙 제28조 【현행범인 조사 및 석방】 ① 검사 또는 사법경찰관은 법 제212조 또는 제213조에 따라 현행범인을 체포하거나 체포된 현행범인을 인수했을 때에는 조사가 현저히 곤란하다고 인정되는 경우가 아니면 지체 없이 조사해야 하며, 조사 결과 계속 구금할 필요가 없다고 인정할 때에는 현행범인을 즉시 석방해야 한다.
② 검사 또는 사법경찰관은 제1항에 따라 현행범인을 석방했을 때에는 석방 일시와 사유 등을 적은 피의자 석방서를 작성해 사건기록에 편철한다. 이 경우 사법경찰관은 석방 후 지체 없이 검사에게 석방 사실을 통보해야 한다.

068 (×) 사법경찰관은 현행범으로 체포된 피의자에 대하여 구속영장을 신청하지 아니하고 석방한 때에는, 지체 없이 검사에게 석방사실을 통보하는 것(수사준칙 제28조 제2항 제2문, 제36조 제2항 제1호)이지 보고하는 것이 아니다.

069 사인이 현행범인을 체포하여 수사기관에 인도한 경우 수사기관이 그 피의자를 구속하고자 할 때에는 수사기관이 사인으로부터 현행범인을 인도받은 때로부터 48시간 이내에 구속영장을 청구하여야 한다. [국가7급 16]

069 (○) 대법원 2011.12.22, 2011도12927

▌Ⅱ 구속

 대표유형

피고인 구속기간은 2개월로 하되, 특히 구속을 계속할 필요가 있는 경우에는 심급마다 2개월 단위로 2차에 한하여 갱신할 수 있다. 다만 제1심은 피고인 또는 변호인이 신청한 증거의 조사 등으로 추가 심리가 필요한 부득이한 경우에는 3차에 한하여 갱신할 수 있다.
[법원9급 13] [경찰간부 18 변형]

(×) '제1심' → '상소심'(제92조 제2항)

대표유형

사법경찰관 A는 체포영장에 의하여 체포된 甲에게 구속의 필요성이 인정되어 체포된 다음 날 구속영장을 신청하였고, 검사 B의 구속영장 청구와 지방법원판사가 발부한 구속영장에 의해 甲이 구속된 경우, A는 구속영장에 의해 甲이 구속된 때로부터 10일 이내에 검사에게 甲을 인치하지 아니하면 석방하여야 한다. [변호사 21]

(×)

해설+ A는 체포영장에 의해 甲을 체포한 때로부터 10일 내에 검사에게 인치하지 아니하면 석방해야 하므로 (제202조), 사법경찰관의 구속기간의 기산일은 구속된 날이 아니라 체포된 날이 된다. 따라서 위 지문에서 '구속된 때로부터 10일 이내'라는 표현은 틀린 것이다. 또한 법원이 구속영장청구서, 수사 관계 서류 및 증거물을 접수한 날부터 구속영장을 발부하여 검찰청에 반환한 날까지의 기간은 위 10일에 산입하지 않아야 한다는 표현도 들어가야 정확한 지문이 된다(제201조의2 제7항).

---

070 다액 50만 원 이하의 벌금, 구류 또는 과료에 해당하는 사건에 관하여는 피고인이 일정한 주거가 없는 경우 외에는 구속할 수 없다. [법원9급 15]

070 (○) 제70조 제3항

해설+ 제70조【구속의 사유】① 법원은 피고인이 죄를 범하였다고 의심할 만한 상당한 이유가 있고 다음 각 호의 1에 해당하는 사유가 있는 경우에는 피고인을 구속할 수 있다.
1. 피고인이 일정한 주거가 없는 때
2. 피고인이 증거를 인멸할 염려가 있는 때
3. 피고인이 도망하거나 도망할 염려가 있는 때
② 법원은 제1항의 구속사유를 심사함에 있어서 범죄의 중대성, 재범의 위험성, 피해자 및 중요 참고인 등에 대한 위해우려 등을 고려하여야 한다.
③ 다액 50만원 이하의 벌금, 구류 또는 과료에 해당하는 사건에 관하여는 제1항 제1호의 경우를 제한 외에는 구속할 수 없다.

---

071 '범죄의 중대성, 재범의 위험성, 피해자 및 중요 참고인 등에 대한 위해우려 등'은 독립된 구속사유가 아니라 구속사유를 심사함에 있어서 필요적 고려사항이다. [국가9급 21]

071 (○) 제70조 제2항

---

072 법원은 구속의 사유를 판단함에 있어서 피해자에 대한 위해가능성도 고려하여야 한다. [국가7급 10]

072 (○) 법원은 제1항의 구속사유를 심사함에 있어서 범죄의 중대성, 재범의 위험성, 피해자 및 중요 참고인 등에 대한 위해우려 등을 고려하여야 한다(제70조 제2항).

---

073 수사기관의 청구에 의하여 발부하는 구속영장은 허가장으로서의 성질을 가지며, 법원이 직권으로 발부하는 영장은 명령장으로서의 성질을 가진다. [경찰간부 23]

073 (○) 헌법재판소 1997.3.27, 96헌바28 전원합의체

074 구속영장 발부에 의하여 적법하게 구금된 피의자가 피의자신문을 위한 출석요구에 응하지 아니하면서 수사기관 조사실에 출석을 거부하는 경우에도 수사기관은 구속영장의 효력에 의하여 피의자를 조사실로 구인할 수 없다.

[국가9급 21]

074 (×)

해설+ 형사소송법(이하 '법') 제70조 제1항 제1호, 제2호, 제3호, 제199조 제1항, 제200조, 제200조의2 제1항, 제201조 제1항의 취지와 내용에 비추어 보면, 수사기관이 관할 지방법원 판사가 발부한 구속영장에 의하여 피의자를 구속하는 경우, 그 구속영장은 기본적으로 장차 공판정에의 출석이나 형의 집행을 담보하기 위한 것이지만, 이와 함께 법 제202조, 제203조에서 정하는 구속기간의 범위 내에서 수사기관이 법 제200조, 제241조 내지 제244조의5에 규정된 피의자신문의 방식으로 구속된 피의자를 조사하는 등 적정한 방법으로 범죄를 수사하는 것도 예정하고 있다고 할 것이다. 따라서 구속영장 발부에 의하여 적법하게 구금된 피의자가 피의자신문을 위한 출석요구에 응하지 아니하면서 수사기관 조사실에 출석을 거부한다면 수사기관은 그 구속영장의 효력에 의하여 피의자를 조사실로 구인할 수 있다고 보아야 한다(대법원 2013.7.1, 2013모160).

075 영장에 의한 체포·긴급체포 또는 현행범 체포에 따라 체포된 피의자에 대하여 구속영장을 청구받은 판사는 구속의 사유를 판단하기 위해 필요하다고 인정하는 때에는 피의자를 심문할 수 있다.

[경찰경채 23]

075 (×) 구속 전 피의자심문은 판사의 필요성 판단과 관계없는 필수적 절차이다(제201조의2 제1항 제1문).

해설+ **제201조의2 【구속영장 청구와 피의자 심문】** ① 제200조의2·제200조의3 또는 제212조에 따라 체포된 피의자에 대하여 구속영장을 청구받은 판사는 지체 없이 피의자를 심문하여야 한다. 이 경우 특별한 사정이 없는 한 구속영장이 청구된 날의 다음 날까지 심문하여야 한다.
② 제1항 외의 피의자에 대하여 구속영장을 청구받은 판사는 피의자가 죄를 범하였다고 의심할 만한 이유가 있는 경우에 구인을 위한 구속영장을 발부하여 피의자를 구인한 후 심문하여야 한다. 다만, 피의자가 도망하는 등의 사유로 심문할 수 없는 경우에는 그러하지 아니하다.

076 판사는 피의자가 구속 전 피의자심문의 심문기일에의 출석을 거부하거나 질병 그 밖의 사유로 출석이 현저하게 곤란하고, 피의자를 심문법정에 인치할 수 없다고 인정되는 때에는 피의자의 출석 없이 심문절차를 진행할 수 있다.

[법원9급 23]

076 (○) 구속 전 피의자심문에 있어서 불출석심문의 경우이다(규칙 제96조의13 제1항).

해설+ **규칙 제96조의13 【피의자의 심문절차】** ① 판사는 피의자가 심문기일에의 출석을 거부하거나 질병 그 밖의 사유로 출석이 현저하게 곤란하고, 피의자를 심문법정에 인치할 수 없다고 인정되는 때에는 피의자의 출석 없이 심문절차를 진행할 수 있다.

077 피의자가 출석을 거부하거나 질병 기타 부득이한 사유로 법원에 출석할 수 없는 때에는 경찰서에서 피의자에 대한 구속 전 심문을 할 수 있다.

[경찰간부 22]

> **해설+** 규칙 제96조의15【심문장소】피의자의 심문은 법원청사 내에서 하여야 한다. 다만, 피의자가 출석을 거부하거나 질병 기타 부득이한 사유로 법원에 출석할 수 없는 때에는 경찰서, 구치소 기타 적당한 장소에서 심문할 수 있다.

077 (○) 구속 전 피의자심문의 장소는 원칙적으로 법원청사 내이나, 예외적으로 경찰서 등 적당한 장소에서도 가능하다.

078 변호인은 구속영장이 청구된 피의자에 대한 심문 시작 전에 피의자와 접견할 수 있다.

[국가7급 15]

078 (○) 규칙 제96조의20 제1항

079 검사와 피의자의 변호인은 구속 전 피의자 심문기일에 출석하여 의견을 진술하여야 한다.

[경찰채용 18 2차] [경찰특공대 22]

> **해설+** 제201조의2【구속영장 청구와 피의자 심문】① 제200조의2·제200조의3 또는 제212조에 따라 체포된 피의자에 대하여 구속영장을 청구받은 판사는 지체 없이 피의자를 심문하여야 한다. 이 경우 특별한 사정이 없는 한 구속영장이 청구된 날의 다음 날까지 심문하여야 한다.
> ② 제1항 외의 피의자에 대하여 구속영장을 청구받은 판사는 피의자가 죄를 범하였다고 의심할 만한 이유가 있는 경우에 구인을 위한 구속영장을 발부하여 피의자를 구인한 후 심문하여야 한다. 다만, 피의자가 도망하는 등의 사유로 심문할 수 없는 경우에는 그러하지 아니하다.
> ③ 판사는 제1항의 경우에는 즉시, 제2항의 경우에는 피의자를 인치한 후 즉시 검사, 피의자 및 변호인에게 심문기일과 장소를 통지하여야 한다. 이 경우 검사는 피의자가 체포되어 있는 때에는 심문기일에 피의자를 출석시켜야 한다.
> ④ 검사와 변호인은 제3항에 따른 심문기일에 출석하여 의견을 진술할 수 있다.
> ⑤ 판사는 제1항 또는 제2항에 따라 심문하는 때에는 공범의 분리심문이나 그 밖에 수사상의 비밀보호를 위하여 필요한 조치를 하여야 한다.
> ⑥ 제1항 또는 제2항에 따라 피의자를 심문하는 경우 법원사무관등은 심문의 요지 등을 조서로 작성하여야 한다.
> ⑦ 피의자심문을 하는 경우 법원이 구속영장청구서·수사 관계 서류 및 증거물을 접수한 날부터 구속영장을 발부하여 검찰청에 반환한 날까지의 기간은 제202조 및 제203조의 적용에 있어서 그 구속기간에 산입하지 아니한다.
> ⑧ 심문할 피의자에게 변호인이 없는 때에는 지방법원판사는 직권으로 변호인을 선정하여야 한다. 이 경우 변호인의 선정은 피의자에 대한 구속영장 청구가 기각되어 효력이 소멸한 경우를 제외하고는 제1심까지 효력이 있다.
> ⑨ 법원은 변호인의 사정이나 그 밖의 사유로 변호인 선정결정이 취소되어 변호인이 없게 된 때에는 직권으로 변호인을 다시 선정할 수 있다.
> ⑩ 제71조, 제71조의2, 제75조, 제81조부터 제83조까지, 제85조 제1항·제3항·제4항, 제86조, 제87조 제1항, 제89조부터 제91조까지 및 제200조의5는 제2항에 따라 구인을 하는 경우에 준용하고, 제48조, 제51조, 제53조, 제56조의2 및 제276조의2는 피의자에 대한 심문의 경우에 준용한다.

079 (×) '진술하여야 한다' → '진술할 수 있다'(제201조의2 제4항)

080 구속영장을 청구받은 판사는 검사, 피의자 및 변호인에게 심문기일과 장소를 통지하여야 하며, 검사와 변호인은 심문기일에 출석하여 의견을 진술할 수 있다. [경찰경채 23]

080 (○) 제201조의2 제3항·제4항 참조.

081 변호인은 구속영장이 청구된 피의자에 대한 심문 시작 전에 피의자와 접견할 수 있고, 피의자는 판사의 심문이 끝난 후에만 변호인에게 조력을 구할 수 있다. [경찰승진 22] [해경승진 23]

081 (X) 변호인은 구속영장이 청구된 피의자에 대한 심문 시작 전에 피의자와 접견할 수 있고(규칙 제96조의20 제1항), 피의자는 판사의 심문 도중에도 변호인에게 조력을 구할 수 있다(규칙 제96조의16 제4항).

해설+ 규칙 제96조의16 【심문기일의 절차】 ① 판사는 피의자에게 구속영장청구서에 기재된 범죄사실의 요지를 고지하고, 피의자에게 일체의 진술을 하지 아니하거나 개개의 질문에 대하여 진술을 거부할 수 있으며, 이익되는 사실을 진술할 수 있음을 알려 주어야 한다.
② 판사는 구속 여부를 판단하기 위하여 필요한 사항에 관하여 신속하고 간결하게 심문하여야 한다. 증거인멸 또는 도망의 염려를 판단하기 위하여 필요한 때에는 피의자의 경력, 가족관계나 교우관계 등 개인적인 사항에 관하여 심문할 수 있다.
③ 검사와 변호인은 판사의 심문이 끝난 후에 의견을 진술할 수 있다. 다만, 필요한 경우에는 심문 도중에도 판사의 허가를 얻어 의견을 진술할 수 있다.
④ 피의자는 판사의 심문 도중에도 변호인에게 조력을 구할 수 있다.
⑤ 판사는 구속 여부의 판단을 위하여 필요하다고 인정하는 때에는 심문장소에 출석한 피해자 그 밖의 제3자를 심문할 수 있다.
⑥ 구속영장이 청구된 피의자의 법정대리인, 배우자, 직계친족, 형제자매나 가족, 동거인 또는 고용주는 판사의 허가를 얻어 사건에 관한 의견을 진술할 수 있다.
⑦ 판사는 심문을 위하여 필요하다고 인정하는 경우에는 호송경찰관 기타의 자를 퇴실하게 하고 심문을 진행할 수 있다.

제96조의20 【변호인의 접견 등】 ① 변호인은 구속영장이 청구된 피의자에 대한 심문 시작 전에 피의자와 접견할 수 있다.
② 지방법원 판사는 심문할 피의자의 수, 사건의 성격 등을 고려하여 변호인과 피의자의 접견시간을 정할 수 있다.
③ 지방법원 판사는 검사 또는 사법경찰관에게 제1항의 접견에 필요한 조치를 요구할 수 있다.

082 구속 전 피의자심문제도와 관련하여 판사는 지정된 심문기일에 피의자를 심문할 수 없는 특별한 사정이 있는 경우에는 그 심문기일을 변경할 수 있으며, 법원은 변호인의 사정이나 그 밖의 사유로 변호인 선정결정이 취소되어 변호인이 없게 된 때에는 직권으로 변호인을 다시 선정할 수 있다. [경찰승진 22] [해경승진(경장) 23]

082 (○) 규칙 제96조의22, 법 제201조의2 제9항

해설+ 규칙 제96조의22 【심문기일의 변경】 판사는 지정된 심문기일에 피의자를 심문할 수 없는 특별한 사정이 있는 경우에는 그 심문기일을 변경할 수 있다.

법 제201조의2 【구속영장 청구와 피의자 심문】 ⑨ 법원은 변호인의 사정이나 그 밖의 사유로 변호인 선정결정이 취소되어 변호인이 없게 된 때에는 직권으로 변호인을 다시 선정할 수 있다.

083 이미 심문을 실시하여 구속영장의 청구를 기각한 피의자에 대하여 구속영장이 재청구되었으나 다시 심문할 필요 없이 구속영장의 재청구를 기각하여야 할 것이 명백한 때에는 심문결정을 할 필요가 없다. [법원승진 10]

083 (○) 법원실무의 입장이다. 법원실무제요 형사(1) 291면.

084 미체포된 피의자에 대하여 구속영장을 청구받은 판사는 피의자가 죄를 범하였다고 의심할 만한 이유가 있는 경우에 피의자가 도망하는 등의 사유로 심문할 수 없는 경우 외에는 피의자를 구인한 후 심문하여야 한다.

[경찰채용 15] [법원9급 18]

084 (○) 제201조의2 제2항

<u>해설+</u> 제201조의2【구속영장 청구와 피의자 심문】① 제200조의2·제200조의3 또는 제212조에 따라 체포된 피의자에 대하여 구속영장을 청구받은 판사는 지체 없이 피의자를 심문하여야 한다. 이 경우 특별한 사정이 없는 한 구속영장이 청구된 날의 다음 날까지 심문하여야 한다.
② 제1항 외의 피의자에 대하여 구속영장을 청구받은 판사는 피의자가 죄를 범하였다고 의심할 만한 이유가 있는 경우에 <u>구인을 위한 구속영장을 발부하여 피의자를 구인한 후</u> <u>심문하여야 한다.</u> 다만, 피의자가 도망하는 등의 사유로 심문할 수 없는 경우에는 그러하지 아니하다.

085 체포된 피의자 외의 피의자에 대한 (구속 전 피의자) 심문기일은 관계인에 대한 심문기일의 통지 및 그 출석에 소요되는 시간 등을 고려하여 피의자가 법원에 인치된 때로부터 가능한 한 빠른 일시로 지정하여야 한다.

[국가7급 15 변형] [해경승진 22]

085 (○) 규칙 제96조의12 제2항

<u>해설+</u> 규칙 제96조의12【심문기일의 지정, 통지】② 체포된 피의자 외의 피의자에 대한 심문기일은 관계인에 대한 심문기일의 통지 및 그 출석에 소요되는 시간 등을 고려하여 피의자가 법원에 인치된 때로부터 가능한 한 빠른 일시로 지정하여야 한다.
③ 심문기일의 통지는 서면 이외에 구술·전화·모사전송·전자우편·휴대전화 문자전송 그 밖에 적당한 방법으로 신속하게 하여야 한다. 이 경우 통지의 증명은 그 취지를 심문조서에 기재함으로써 할 수 있다.

086 (구속 전 피의자) 심문기일의 통지는 서면 이외에 구술·전화·모사전송·전자우편·휴대전화 문자전송 그밖에 적당한 방법으로 신속하게 하여야 한다. [해경승진 22]

086 (○) 규칙 제96조의12 제3항 참조.

087 구인한 피고인을 법원에 인치한 경우에 구금할 필요가 없다고 인정한 때에는 그 인치한 때로부터 48시간 내에 석방하여야 한다.

[경찰채용 18 1차] [법원9급 15·18]

087 (×) '48시간' → '24시간'(제71조)

해설+ **제70조【구속의 사유】** ① 법원은 피고인이 죄를 범하였다고 의심할 만한 상당한 이유가 있고 다음 각 호의 1에 해당하는 사유가 있는 경우에는 피고인을 구속할 수 있다.
1. 피고인이 일정한 주거가 없는 때
2. 피고인이 증거를 인멸할 염려가 있는 때
3. 피고인이 도망하거나 도망할 염려가 있는 때
② 법원은 제1항의 구속사유를 심사함에 있어서 범죄의 중대성, 재범의 위험성, 피해자 및 중요 참고인 등에 대한 위해우려 등을 고려하여야 한다.
③ 다액 50만원 이하의 벌금, 구류 또는 과료에 해당하는 사건에 관하여는 제1항 제1호의 경우를 제한 외에는 구속할 수 없다.

제71조【구인의 효력】 구인한 피고인을 법원에 인치한 경우에 구금할 필요가 없다고 인정한 때에는 그 인치한 때로부터 24시간 내에 석방하여야 한다.

제71조의2【구인 후의 유치】 법원은 인치받은 피고인을 유치할 필요가 있는 때에는 교도소·구치소 또는 경찰서 유치장에 유치할 수 있다. 이 경우 유치기간은 인치한 때부터 24시간을 초과할 수 없다.

088 영장실질심사와 적부심에 있어서 피의자에 대한 심문절차는 공개하지 아니하지만, 판사는 상당하다고 인정하는 경우에는 일반인의 방청을 허가할 수 있다.

[국가7급 15]

088 (×) '있다' → '없다'
수사단계이므로 비공개로 진행한다. 따라서 일반인의 방청을 허용할 수는 없고, 예외적으로 이해관계인의 방청을 허가할 수 있을 뿐이다(규칙 제96조의14).

해설+ **규칙 제96조의14【심문의 비공개】** 피의자에 대한 심문절차는 공개하지 아니한다. 다만, 판사는 상당하다고 인정하는 경우에는 피의자의 친족, 피해자 등 이해관계인의 방청을 허가할 수 있다.

089 피의자에 대한 구속 전 심문절차는 공개하지 아니하지만, 판사는 상당하다고 인정하는 경우 이해관계인의 방청을 허가할 수 있다. [경찰간부 22]

089 (○) 규칙 제96조의14

090 영장실질심사와 적부심에 있어서 검사와 변호인은 판사의 심문이 끝난 후에 의견을 진술할 수 있지만, 필요한 경우에는 심문 도중에도 판사의 허가를 얻어 의견을 진술할 수 있다. [국가7급 15]

090 (○) 규칙 제96조의16 제3항

091 판사는 구속 여부를 판단하기 위하여 필요한 사항에 관하여 신속하고 간결하게 심문하여야 하며, 피의자의 교우관계 등 개인적인 사항에 관하여 심문할 수는 없다. [경찰간부 22]

해설+ 규칙 제96조의16【심문기일의 절차】① 판사는 피의자에게 구속영장청구서에 기재된 범죄사실의 요지를 고지하고, 피의자에게 일체의 진술을 하지 아니하거나 개개의 질문에 대하여 진술을 거부할 수 있으며, 이익되는 사실을 진술할 수 있음을 알려주어야 한다.
② 판사는 <u>구속 여부를 판단하기 위하여 필요한 사항에 관하여 신속하고 간결하게 심문하여야 한다. 증거인멸 또는 도망의 염려를 판단하기 위하여 필요한 때에는 피의자의 경력, 가족관계나 교우관계 등 개인적인 사항에 관하여 심문할 수 있다.</u>

092 판사는 구속 여부의 판단을 위하여 필요하다고 인정하는 때에는 심문절차를 일시 중단하고 피해자 그 밖의 제3자가 의견을 진술하도록 할 수는 있으므로, 심문장소에 출석한 피해자 그 밖의 제3자를 심문할 수는 없다. [법원9급 23] [해경승진 22 변형]

해설+ 규칙 제96조의16【심문기일의 절차】⑤ 판사는 구속 여부의 판단을 위하여 필요하다고 인정하는 때에는 <u>심문장소에 출석한 피해자 그 밖의 제3자를 심문할 수 있다.</u>

093 구속영장이 청구되거나 구속된 피의자의 변호인은 구속영장 또는 그 청구서를 보관하고 있는 검사, 사법경찰관 또는 법원사무관 등에게 그 등본의 교부를 청구할 수 있다. [국가7급 09]

해설+ 규칙 제101조【체포·구속적부심청구권자의 체포·구속영장등본 교부청구등】<u>구속영장이 청구되거나 체포 또는 구속된 피의자, 그 변호인, 법정대리인, 배우자, 직계친족, 형제자매나 동거인 또는 고용주는</u> 긴급체포서, 현행범인체포서, 체포영장, 구속영장 또는 그 청구서를 보관하고 있는 검사, 사법경찰관 또는 법원사무관등에게 그 등본의 교부를 청구할 수 있다.

094 지방법원 판사가 구속기간의 연장을 허가하지 않는 결정을 하더라도 「형사소송법」 제402조 또는 제403조가 정하는 항고의 방법으로는 불복할 수 없으며, 다만, 「형사소송법」 제416조가 정하는 준항고의 대상이 될 뿐이다. [경찰채용 14 변형·23 2차]

해설+ 형사소송법 제402조, 제403조에서 말하는 법원은 형사소송법상의 수소법원만을 가리키므로, 같은 법 제205조 제1항 소정의 구속기간의 연장을 허가하지 아니하는 지방법원 판사의 결정에 대하여는 같은 법 제402조, 제403조가 정하는 항고의 방법으로는 불복할 수 없고, 나아가 그 지방법원 판사는 수소법원으로서의 재판장 또는 수명법관도 아니므로 그가 한 재판은 같은 법 <u>제416조가 정하는 준항고의 대상이 되지도 않는다</u>(대법원 1997.6.16, 97모1).

보충 긴급체포한 피의자에 대하여 구속영장을 신청하지 아니하고 <u>석방한 경우에는 즉시 검사에게 보고하여야 한다</u>(제200조의4 제6항).

095 지방법원 판사가 구속영장청구를 기각한 경우에 검사는 구속영장을 재청구하거나 「형사소송법」 제416조의 준항고를 통해 불복할 수 있다. [변호사 21]

> **보충** 검사로서는 구속사유를 인정할 수 있는 자료를 보강하여 추후 구속영장을 재청구하는 방법만 남아 있을 뿐이다.

095 (×) 제416조는 준항고의 대상을 재판장 또는 수명법관의 재판으로 정하고 있으므로, 지방법원 판사의 재판에 대하여는 준항고가 허용되지 아니한다.

096 구속영장을 집행함에는 피의자의 신청이 있는 때에 한하여 피의자에게 그 사본을 교부할 수 있다. [경찰채용 22 2차]

> **해설+** 제85조【구속영장 집행의 절차】① 구속영장을 집행함에는 피고인에게 반드시 이를 제시하고 그 사본을 교부하여야 하며 신속히 지정된 법원 기타 장소에 인치하여야 한다.
>
> 제209조【준용규정】 제70조 제2항, 제71조, 제75조, 제81조 제1항 본문·제3항, 제82조, 제83조, 제85조부터 제87조까지, 제89조부터 제91조까지, 제93조, 제101조 제1항, 제102조 제2항 본문(보석의 취소에 관한 부분은 제외한다) 및 제200조의5는 검사 또는 사법경찰관의 피의자 구속에 관하여 준용한다.

096 (×) 피의자의 신청 여부를 따지지 아니하고 영장을 제시하며, 그 사본을 교부하여야 한다. 2022. 2. 3. 개정 제85조 제1항, 제209조 참조.

097 피의자에 대한 구속영장의 제시와 집행이 그 발부 시로부터 정당한 사유 없이 지체되어 이루어졌다 하더라도 구속영장의 집행이 구속영장의 유효기간 내에 이루어졌다면 구속영장을 지체 없이 집행하지 않은 기간 동안의 체포 내지 구금 상태를 위법하다고 할 수는 없다.

> **해설+** 법관이 검사의 청구에 의하여 체포된 피의자의 구금을 위한 구속영장을 발부하면 검사와 사법경찰관리는 지체 없이 신속하게 구속영장을 집행하여야 한다. 피의자에 대한 구속영장의 제시와 집행이 그 발부 시로부터 정당한 사유 없이 시간이 지체되어 이루어졌다면, 구속영장이 그 유효기간 내에 집행되었다고 하더라도 위 기간 동안의 체포 내지 구금 상태는 위법하다(대법원 2021. 4. 29, 2020도16438).
>
> **보충** 사법경찰리가 현행범인 체포된 피의자에 대하여 구속영장 발부일로부터 만 3일이 경과하여 구속영장 원본 제시에 의한 구속영장을 집행한 사안에서, 사법경찰리의 피고인에 대한 구속영장 집행은 지체 없이 이루어졌다고 볼 수 없고, 구속영장이 주말인 토요일에 발부되어 담당경찰서의 송치담당자가 월요일 일과시간 중 이를 받아왔고 피고인에 대한 사건 담당자가 외근 수사 중이어서 화요일에 구속영장 원본 제시에 의한 집행을 한 사정은 구속영장 집행 지연에 대한 정당한 사유에 해당하지 않는다고 보아 구속영장의 집행이 정당한 사유 없이 지체된 기간 동안의 피고인에 대한 체포 내지 구금 상태는 위법하다고 판단한 사례이다(다만, 피고인에 대한 구속영장 집행이 위법하더라도 그로 인하여 피고인의 방어권, 변호권이 본질적으로 침해되어 원심판결의 정당성마저 인정하기 어렵다고 보여지는 정도에 이르지 않았다고 보아 피고인의 상고를 기각한 사례이기도 하다).

097 (×)

098 체포된 피의자에 대한 수사기관의 구속영장의 제시와 집행이 그 발부 시로부터 정당한 사유 없이 시간이 지체되어 이루어졌다 하더라도, 구속영장이 그 유효기간 내에 집행되었다면 위 기간 동안의 체포 내지 구금 상태를 위법하다고 할 수 없다. [경찰채용 22 1차] [법원9급 23]

098 (×)

> **해설+** 다만, 판결내용 자체가 아니고 피고인의 신병확보를 위한 구금 등의 처분에 관한 절차가 법령에 위반된 경우에는, 그 구금 등의 처분에 대하여 형사소송법 제417조에 따라 법원에 그 처분의 취소 또는 변경을 청구하는 것은 별론으로 하고 그로 인하여 피고인의 방어권, 변호권이 본질적으로 침해되고 판결의 정당성마저 인정하기 어렵다고 보이는 정도에 이르지 아니하는 한, 그 구금 등의 처분이 위법하다는 것만으로 판결결과에 영향이 있어 독립한 상고이유가 된다고 할 수 없다(대법원 1985.7.23, 85도1003; 1994.11.4, 94도129; 2002.7.12, 2002도1869; 2019.2.28, 2018도 19034 등). 그런데 이 사건 기록을 살펴보아도 상고이유에서 주장하는 바와 같은 구금의 집행절차 상의 법령위반이 피고인의 방어권이나 변호권을 본질적으로 침해하여 원심판결의 정당성마저 인정할 수 없게 한다거나 판결결과에 영향을 미쳤다고 보이지 아니하므로, 원심판결에 구금의 집행절차 상의 위법성 등에 관한 법리오해의 잘못이 있다는 취지의 상고이유 주장은 이유 없다(대법원 2021. 4.29, 2020도16438).

099 사법경찰관이 피의자를 구속한 때에는 10일 이내에 피의자를 검사에게 인치하지 아니하면 석방하여야 한다. [경찰채용 17 1차]

099 (○) 제202조

100 영장실질심사에 있어서 법원이 수사 관계 서류와 증거물을 접수한 때부터 결정 후 검찰청에 반환된 때까지의 기간은 구속기간에 산입하지 아니한다. [경찰채용 16]

100 (○) 제214조의2 제13항

101 긴급체포된 피의자를 구속 전 피의자심문을 하는 경우 구속기간은 구속영장 발부 시가 아닌 피의자를 체포한 날부터 기산하며, 법원이 구속영장청구서·수사 관계 서류 및 증거물을 접수한 날부터 구속영장을 발부하여 검찰청에 반환한 날까지의 기간은 구속기간에 산입하지 않는다. [국가9급 21]

101 (○) 제201조의2 제7항

102 긴급체포된 피의자에 대하여 구속영장이 발부된 경우에 구속기간은 피의자를 체포한 날부터 기산한다. [경찰채용 12]

102 (○) 제203조의2

103 현행범으로 체포된 피의자의 구속기간은 구속영장이 발부된 때로부터 기산한다. [국가9급 10]

103 (X) '구속영장이 발부된 때' → '피의자를 체포 또는 구인한 날' (제203조의2)

104 구속기간연장허가결정이 있는 경우에 그 연장기간은 구속기간이 만료된 날로부터 기산한다. [국가9급 10 변형·23]

해설+ 규칙 제98조【구속기간연장기간의 계산】구속기간연장허가결정이 있는 경우에 그 연장기간은 법 제203조의 규정에 의한 구속기간 만료 다음 날로부터 기산한다.

104 (X) 구속기간 만료 다음 날로부터 기산한다(규칙 제98조).

105 공소제기 후 법원이 피고인에 대하여 구속영장을 발부하는 경우에는 검사의 신청을 요하지 않는다. [국가7급 16]

105 (O) 대법원 1996.8.12, 96모46

106 피고인에 대하여 범죄사실의 요지, 구속의 이유와 변호인을 선임할 수 있음을 말하고 변명할 기회를 준 후가 아니면 구속할 수 없다. 다만, 피고인이 도망한 경우에는 그러하지 아니하다. [법원9급 15]

해설+ 제72조【구속과 이유의 고지】피고인에 대하여 범죄사실의 요지, 구속의 이유와 변호인을 선임할 수 있음을 말하고 변명할 기회를 준 후가 아니면 구속할 수 없다. 다만, 피고인이 도망한 경우에는 그러하지 아니하다.

106 (O) 제72조

107 법원이 피고인에 대하여 구속영장을 발부함에 있어 사전에 「형사소송법」 제72조의 규정에 따른 절차를 거치지 아니한 채 구속영장을 발부하였다면 그 구속영장 발부결정은 위법하고, 피고인이 변호인을 선정하여 공판절차에서 변명과 증거의 제출을 다하고 그의 변호 아래 판결을 선고받더라도 달라지지 아니한다. [경찰채용 14]

107 (X) '선고받더라도 달라지지 아니한다' → '선고받았다면 위법하다고 볼 것은 아니다'(대법원 2000. 11.10, 2000모134)

108 법원이 피고인 구속 시에 구속의 이유 등을 알려 주는 절차의 일부 또는 전부를 거치지 않고서 피고인에 대해 구속영장을 발부했다면, 그 발부결정은 사전청문절차 규정을 위반한 것으로 언제나 위법하다. [군무원9급 23]

108 (×)

> **해설+** 형사소송법 제72조는 "피고인에 대하여 범죄사실의 요지, 구속의 이유와 변호인을 선임할 수 있음을 말하고 변명할 기회를 준 후가 아니면 구속할 수 없다."고 규정하고 있는바, 이는 피고인을 구속함에 있어 법관에 의한 사전청문절차를 규정한 것으로서 구속영장을 집행함에 있어 집행기관이 취하여야 하는 절차가 아니라 구속영장을 발부함에 있어 수소법원 등 법관이 취하여야 하는 절차라 할 것이므로, 법원이 피고인에 대하여 구속영장을 발부함에 있어 사전에 위 규정에 따른 절차를 거치지 아니한 채 구속영장을 발부하였다면 그 발부결정은 위법하다고 할 것이나, 위 규정은 피고인의 절차적 권리를 보장하기 위한 규정이므로 이미 변호인을 선정하여 공판절차에서 변명과 증거의 제출을 다하고 그의 변호 아래 판결을 선고받은 경우 등과 같이 위 규정에서 정한 절차적 권리가 실질적으로 보장되었다고 볼 수 있는 경우에는, 이에 해당하는 절차의 전부 또는 일부를 거치지 아니한 채 구속영장을 발부하였다 하더라도 이러한 점만으로 그 발부결정이 위법하다고 볼 것은 아니다(대법원 2000.11.10, 2000모134).

> **보충** 긴급체포한 피의자에 대하여 구속영장을 신청하지 아니하고 석방한 경우에는 즉시 검사에게 보고하여야 한다(제200조의4 제6항).

109 「형사소송법」 제72조는 "피고인에 대하여 범죄사실의 요지, 구속의 이유와 변호인을 선임할 수 있음을 말하고 변명할 기회를 준 후가 아니면 구속할 수 없다"고 규정하고 있는데, 이는 구속영장을 집행함에 있어 집행기관이 취해야 하는 절차를 규정한 것이다. [국가9급 17]

109 (×) '집행함에 있어 집행기관이' → '발부함에 있어 법관이'(대법원 2000.11.10, 2000모134)

110 「형사소송법」 제88조는 "피고인을 구속한 때에는 즉시 공소사실의 요지와 변호인을 선임할 수 있음을 알려야 한다."고 규정하고 있는바, 이를 위반하였다면 구속영장의 효력이 상실된다. [경찰채용 14]

110 (×) '효력이 상실된다' → '효력에 어떠한 영향을 미치는 것은 아니다'(대법원 2000.11.10, 2000모134)

111 피고인 甲은 「형사소송법」 제72조에 정한 사전청문절차 없이 발부된 구속 영장에 기하여 구속되었다. 제1심 법원이 그 위법을 시정하기 위하여 구속 취소결정 후 적법한 청문절차를 밟아 甲에 대한 구속영장을 발부하였고, 甲이 이 청문절차부터 제1·2심의 소송절차에 이르기까지 변호인의 조력 을 받았다면, 법원은 甲에 대한 구속영장 발부와 집행에 관한 소송절차의 법령위반 등을 다투는 상고이유 주장은 받아들이지 않는다.

[경찰채용 20 2차]

> **해설+** 판결내용 자체가 아니고 다만 <u>피고인의 신병확보를 위한 구속 등 소송절차가 법령에 위반된 경우에는</u>, 그로 인하여 피고인의 방어권이나 변호인의 조력을 받을 권리가 본질적으로 침해되고 판결의 정당성마저 인정하기 어렵다고 보이는 정도에 이르지 않는 한, <u>그것 자체만으로는 판결에 영향을 미친 위법이라고 할 수 없다</u>(대법원 1985.7.23, 85도1003; 1994.11.4, 94도129 등). … (위 지문의 경우) 피고인에 대한 신체구금 과정에 피고인의 방어권이 본질적으로 침해되어 원심판결의 정당성마저 인정하기 어렵다고 볼 정도의 위법은 없다. 따라서 피고인에 대한 구속영장 발부와 집행에 관한 소송절차의 법령위반 등을 다투는 상고이유 주장은 받아들이지 않는다(대법원 2019. 2.28, 2018도19034).

112 불출석상태에서 징역형을 선고받고 항소한 피고인에 대하여 제1심법원이 소송기록이 항소심법원에 도달하기 전에 구속영장을 발부한 것은 위법하다.

[경찰채용 11]

112 (×) '위법' → '적법'(대법원 2007.7.10, 2007모460)

113 피고인을 구속한 때에는 변호인이 있는 경우에는 변호인에게, 변호인이 없는 경우에는 법정대리인, 배우자, 직계친족과 형제자매 중 피고인이 지정한 자에게 피고사건명, 구속일시·장소, 범죄사실의 요지, 구속의 이유와 변호인을 선임할 수 있는 취지를 알려야 한다. 통지는 지체 없이 서면으로 하여야 한다.

[경찰간부 18 변형] [경찰채용 15] [법원9급 16]

113 (○) 제87조 제1항·제2항

114 구속기간의 초일은 시간을 계산하지 않고 1일로 산정한다. [법원9급 16]

114 (○) 제66조 제1항 단서

115 구속기간의 말일이 공휴일 또는 토요일이면 구속기간에 산입하지 아니한다.

[법원승진 13]

115 (×) '산입하지 아니한다' → '산입한다'
기간의 말일이 공휴일 또는 토요일이라도 구속의 기간에 포함한다(제66조 제3항).

116 피고인의 구속기간은 원칙적으로 2개월이고, 이는 제1회 공판기일부터 기산한다.

[국가9급 10]

116 (×) '제1회 공판기일' → '공소제기된 날'(제92조 제1항, 제92조 제3항)

117 피고인에 대한 구속기간은 2개월이며, 공소제기 전의 체포·구속기간은 법원의 구속기간에 산입하지 아니하고 공소제기일을 기준으로 1심 구속기간을 계산한다.

[경찰채용 13]

117 (○) 제92조

118 법원의 구속기간은 2개월로 하며, 구속을 계속할 필요가 있는 경우에는 심급마다 2개월 단위로 2차에 한하여 결정으로 갱신할 수 있다. 다만, 상소심은 검사, 피고인 또는 변호인이 신청한 증거의 조사, 상소이유를 보충하는 서면의 제출 등으로 추가 심리가 필요한 부득이한 경우에는 3차에 한하여 갱신할 수 있다.

[법원9급 21]

118 (×) 상소심의 예외적 3차 갱신의 사유인 신청주체에 검사는 포함되어 있지 아니하다(제92조 제1항·제2항).

119 대법원의 파기환송 판결에 의하여 사건을 환송받은 법원은 「형사소송법」제92조 제1항에 따라 2월의 구속기간이 만료되면 특히 계속할 필요가 있는 경우에는 2차(대법원이 형사소송규칙 제57조 제2항에 의하여 구속기간을 갱신한 경우에는 1차)에 한하여 결정으로 구속기간을 갱신할 수 있다.

[법원9급 13]

119 (○) 대법원 2001.11.30, 2001도5225

120 기피신청으로 소송진행이 정지된 기간은 구속기간에 산입되지 아니한다.

[법원9급 16]

120 (○) 제92조 제3항

121 공소장의 변경으로 공판절차가 정지된 기간은 구속기간에 산입하지 아니한다.

[국가7급 10]

121 (○) 제92조 제3항 참조.

122 감정유치기간은 구속기간에 산입하지 않지만, 미결구금일수를 산입할 때에는 구속기간으로 간주한다.

[국가9급 10]

122 (○) 제172조 제8항, 제172조의2

123 피고인에 대한 구속기간(원칙적으로 2개월)에는 공소제기 전의 체포기간도 포함한다.

[법원9급 14]

123 (×) '도 포함한다' → '은 산입하지 아니한다'
공소제기 전의 체포·구인·구금기간은 제1항 및 제2항의 기간에 산입하지 아니한다(제92조 제3항).

124 기피신청으로 소송진행이 정지된 기간, 공소장의 변경이 피고인의 불이익을 증가할 염려가 있다고 인정되어 피고인으로 하여금 필요한 방어의 준비를 하게 하기 위하여 결정으로 공판절차를 정지한 기간, 공소제기 전의 체포·구인·구금기간은 법원의 구속기간에 산입하지 아니한다. [법원9급 21]

124 (○) 제92조 제3항

125 구속되었다가 공소제기 후 수소법원이 석방한 피고인은 다른 중요한 증거가 발견된 경우가 아니면 동일한 범죄사실에 관하여 재차 구속하지 못한다.

[법원9급 18]

125 (×) '구속하지 못한다' → '구속할 수 있다'

해설+ 형사소송법 제208조의 규정은 법원이 피고인을 구속하는 것까지를 제한하는 것이었다고는 할 수 없다(대법원 1969.5.27, 69도509).

126 구속의 효력은 원칙적으로 「형사소송법」 제75조 제1항의 방식에 따라 작성된 구속영장에 기재된 범죄사실에만 미치는 것이므로, 구속기간이 만료될 무렵에 종전 구속영장에 기재된 범죄사실과 다른 범죄사실로 피고인을 구속하였다는 사정만으로는 피고인에 대한 구속이 위법하다고 할 수 없다.

[경찰채용 14 변형·23 2차] [경찰간부 23 변형] [법원9급 18 변형]

126 (○) 구속영장의 효력범위에 관한 사건단위설에 의하여 이중구속의 적법성은 인정된다.

> **판례** 형사소송법 제75조 제1항은, "구속영장에는 피고인의 성명, 주거, 죄명, 공소사실의 요지, 인치구금할 장소, 발부연월일, 그 유효기간과 그 기간을 경과하면 집행에 착수하지 못하며 영장을 반환하여야 할 취지를 기재하고 재판장 또는 수명법관이 서명날인하여야 한다."고 규정하고 있는바, <u>구속의 효력은 원칙적으로 위 방식에 따라 작성된 구속영장에 기재된 범죄사실에만 미치는 것이므로, 구속기간이 만료될 무렵에 종전 구속영장에 기재된 범죄사실과 다른 범죄사실로 피고인을 구속하였다는 사정만으로는 피고인에 대한 구속이 위법하다고 할 수 없다</u>(대법원 2000.11.10, 2000모134).

Ⅲ 접견교통권

 대표유형

구속된 피고인의 변호인과의 접견교통권과 달리 변호인의 구속된 피고인과의 접견교통권은 헌법이 아니라 「형사소송법」에 의해 보장되는 권리이므로, 그 제한은 법령 또는 법원의 결정에 의해서만 가능하고 수사기관의 처분에 의해서는 할 수 없다. [국가7급 20]

(×)

해설+ 변호인의 구속된 피고인 또는 피의자와의 접견교통권은 피고인 또는 피의자 자신이 가지는 변호인과의 접견교통권과는 성질을 달리하는 것으로서 헌법상 보장된 권리라고는 할 수 없고, 형사소송법 제34조에 의하여 비로소 보장되는 권리라는 것은 과거의 판례이다(대법원 2002.5.6, 2000모112). 2019년 헌법재판소는 "변호인 되려는 자의 접견교통권은 피의자 등을 조력하기 위한 핵심적인 부분으로서 <u>피의자 등이 가지는 헌법상 기본권인 변호인 되려는 자와의 접견교통권과 표리의 관계에 있으므로, 변호인 되려는 자의 접견교통권도 역시 헌법상 기본권으로 보장되어야 한다</u>."고 판시하였다(헌법재판소 2019.2.28, 2015헌마1204). 따라서 변호인의 피고인과의 접견교통권은 법률에 의한 제한만 가능하고, 법원의 결정이나 수사기관의 처분에 의해서는 제한할 수 없다.

 대표유형

임의동행의 형식으로 수사기관에 연행된 피의자에게도 변호인 또는 변호인이 되려는 자와의 접견교통권이 인정되지만, 임의동행의 형식으로 연행된 피내사자의 경우에는 그러하지 아니하다. [국가7급 15]

(×) '에는 그러하지 아니하다' → '에도 이는 마찬가지이다'(대법원 1996.6.3, 96모18)

 대표유형

'변호인이 되려는 자'의 접견교통권은 피의자 등이 가지는 '변호인이 되려는 자'의 조력을 받을 권리가 실질적으로 확보되기 위하여 헌법상 기본권으로서 보장되어야 한다. [경찰채용 21 1차]

(○) 헌법재판소 2019.2.28, 2015헌마1204

127 불구속 피의자의 경우 변호인의 조력을 받을 권리는 우리 헌법에 나타난 법치국가원리, 적법절차원칙에서 인정되는 당연한 내용이다. [경찰채용 18 3차]

127 (○)

해설+ 우리 헌법은 변호인의 조력을 받을 권리가 불구속 피의자·피고인 모두에게 포괄적으로 인정되는지 여부에 관하여 명시적으로 규율하고 있지는 않지만, 불구속 피의자의 경우에도 변호인의 조력을 받을 권리는 우리 헌법에 나타난 법치국가원리, 적법절차원칙에서 인정되는 당연한 내용이고, 헌법 제12조 제4항도 이를 전제로 특히 신체구속을 당한 사람에 대하여 변호인의 조력을 받을 권리의 중요성을 강조하기 위하여 별도로 명시하고 있다(헌법재판소 2004.9.23, 2000헌마138 전원합의체).

헌법 제12조 ④ 누구든지 체포 또는 구속을 당한 때에는 즉시 변호인의 조력을 받을 권리를 가진다. 다만, 형사피고인이 스스로 변호인을 구할 수 없을 때에는 법률이 정하는 바에 의하여 국가가 변호인을 붙인다.

128 변호인의 조력을 받을 권리는 불구속 피의자·피고인 모두에게 포괄적으로 인정되는 권리이므로 신체 구속상태에 있지 아니한 자도 변호인의 조력을 받을 권리의 주체가 될 수 있다. [해경승진 22]

128 (○) 헌법재판소 2004.9.23, 2000헌마138

129 불구속 피의자나 피고인의 경우 「형사소송법」상 특별한 명문의 규정이 없으므로 스스로 선임한 변호인의 조력을 받기 위하여 수사절차의 개시부터 재판절차의 종료에 이르기까지 언제나 변호인을 옆에 두고 조언과 상담을 구하는 것이 허용되는 것은 아니다. [소방간부 23]

129 (×) 불구속 피의자나 피고인의 경우, 수사절차의 개시부터 재판절차의 종료까지 변호인을 옆에 두고 조언과 상담을 구하는 것은 특별한 명문의 규정이 없어도 언제나 가능하다.

판례 불구속 피의자나 피고인의 경우 형사소송법상 특별한 명문의 규정이 없더라도 스스로 선임한 변호인의 조력을 받기 위하여 변호인을 옆에 두고 조언과 상담을 구하는 것은 수사절차의 개시에서부터 재판절차의 종료에 이르기까지 언제나 가능하다. 따라서 불구속 피의자가 피의자신문 시 변호인을 대동하여 신문과정에서 조언과 상담을 구하는 것은 신문과정에서 필요할 때마다 퇴거하여 변호인으로부터 조언과 상담을 구하는 번거로움을 피하기 위한 것으로서 불구속 피의자가 피의자신문장소를 이탈하여 변호인의 조언과 상담을 구하는 것과 본질적으로 아무런 차이가 없다. 형사소송법 제243조는 피의자신문 시 의무적으로 참여하여야 하는 자를 규정하고 있을 뿐 적극적으로 위 조항에서 규정한 자 이외의 자의 참여나 입회를 배제하고 있는 것은 아니다. 따라서 불구속 피의자가 피의자신문 시 변호인의 조언과 상담을 원한다면, 위법한 조력의 우려가 있어 이를 제한하는 다른 규정이 있고 그가 이에 해당한다고 하지 않는 한 수사기관은 피의자의 위 요구를 거절할 수 없다(헌법재판소 2004.9.23, 2000헌마138).

130 어떤 사람이 변호인이 되려는 의사를 표시하였고 객관적으로 변호인이 될 가능성이 있다고 인정되는 경우에는 「형사소송법」 제34조 "변호인이 되려는 자"의 지위를 갖는다. [변호사 21]

130 (O) 대법원 2017.3.9, 2013도16162

131 변호인이 되려는 의사를 표시한 자가 객관적으로 변호인이 될 가능성이 있다고 인정되는데도, 「형사소송법」 제34조에서 정한 '변호인 또는 변호인이 되려는 자'가 아니라고 보아 신체구속을 당한 피고인 또는 피의자와 접견하지 못하도록 제한하여서는 아니 된다. [경찰채용 19 1차]

해설+ 형사소송법 제34조는 "변호인 또는 변호인이 되려는 자는 신체구속을 당한 피고인 또는 피의자와 접견하고 서류 또는 물건을 수수할 수 있으며 의사로 하여금 진료하게 할 수 있다."고 규정하고 있으므로, 변호인이 되려는 의사를 표시한 자가 객관적으로 변호인이 될 가능성이 있다고 인정되는데도, 형사소송법 제34조에서 정한 '변호인 또는 변호인이 되려는 자'가 아니라고 보아 신체구속을 당한 피고인 또는 피의자와 접견하지 못하도록 제한하여서는 아니 된다(대법원 2017. 3.9, 2013도16162).

131 (O)

132 변호인 선임에 관한 서면을 제출하지 않았지만 변호인이 되려는 의사를 표시하고 객관적으로 변호인이 될 가능성이 있는 경우에 이와 같이 변호인이 되려는 자에게도 피의자를 접견할 권한이 있기 때문에 수사기관이 정당한 이유 없이 접견을 거부해서는 안 된다. [변호사 23]

132 (O) 대법원 2017.3.9, 2013도16162

133 변호인과의 자유로운 접견은 신체구속을 당한 사람에게 보장된 변호인의 조력을 받을 권리의 가장 중요한 내용이어서 국가안전보장, 질서유지, 공공복리 등 어떠한 명분으로도 제한될 수 있는 성질의 것이 아니다. [법원9급 17]

133 (O) 헌법재판소 2011.5.26, 2009헌마341

134 변호인의 구속된 피고인 또는 피의자와의 접견교통권은 피고인 또는 피의자 자신이 가지는 변호인과의 접견교통권과는 성질을 달리하는 것으로서 헌법상 보장된 권리라고 할 수 없으므로, 수사기관의 처분 등에 의하여 이를 제한할 수 있으며 반드시 법령에 의하여서만 제한 가능한 것은 아니다.

[경찰채용 23 1차]

판례 피의자 등이 가지는 '변호인이 되려는 자'의 조력을 받을 권리가 실질적으로 확보되기 위해서는 '변호인이 되려는 자'의 접견교통권 역시 헌법상 기본권으로서 보장되어야 한다(헌법재판소 2019.2.28, 2015헌마1204 전원합의체).

134 (×) 변호인의 구속된 피고인 또는 피의자와의 접견교통권은 헌법상 보장된 권리로, 수사기관의 처분 등에 의하여 이를 제한할 수 없으며 반드시 법령에 의하여서만 제한 가능하다.

135 「형사소송법」제34조에 의한 변호인의 접견교통권은 법령에 의한 제한이 없는 한 수사기관의 처분은 물론 법원의 결정으로도 이를 제한할 수 없다.

[경찰채용 19 2차]

135 (○)

해설+ 접견교통권은 피고인 또는 피의자나 피내사자의 인권보장과 방어준비를 위하여 필수불가결한 권리이므로 법령에 의한 제한이 없는 한 수사기관의 처분은 물론 법원의 결정으로도 이를 제한할 수 없다(대법원 1996.6.3, 96모18).

136 변호인의 조력을 받을 권리가 침해되었다고 하기 위해서는 특정 시점에 접견이 불허됨으로써 피의자의 방어권 행사에 어느 정도는 불이익이 초래되었다고 인정할 수 있어야 한다.

[경찰채용 18 2차] [해경승진 23]

136 (○)

해설+ 변호인의 조력을 받을 권리를 보장하는 목적은 피의자 또는 피고인의 방어권 행사를 보장하기 위한 것이므로, 미결수용자 또는 변호인이 원하는 특정한 시점에 접견이 이루어지지 못하였다 하더라도 그것만으로 곧바로 변호인의 조력을 받을 권리가 침해되었다고 단정할 수는 없는 것이고, 변호인의 조력을 받을 권리가 침해되었다고 하기 위해서는 접견이 불허된 특정한 시점을 전후한 수사 또는 재판의 진행 경과에 비추어 보아, 그 시점에 접견이 불허됨으로써 피의자 또는 피고인의 방어권 행사에 어느 정도는 불이익이 초래되었다고 인정할 수 있어야만 하며, 그 시점을 전후한 변호인 접견의 상황이나 수사 또는 재판의 진행 과정에 비추어 미결수용자가 방어권을 행사하기 위해 변호인의 조력을 받을 기회가 충분히 보장되었다고 인정될 수 있는 경우에는, 비록 미결수용자 또는 그 상대방인 변호인이 원하는 특정 시점에는 접견이 이루어지지 못하였다 하더라도 변호인의 조력을 받을 권리가 침해되었다고 할 수 없다(헌법재판소 2011.5.26, 2009헌마341).

137 변호인의 조력을 받을 권리를 보장하는 목적은 피의자 또는 피고인의 방어권 행사를 보장하기 위한 것이므로, 변호인의 조력을 받을 기회가 충분히 보장되었다고 인정될 수 있는 경우에는 미결수용자 또는 변호인이 원하는 특정한 시점에 접견이 이루어지지 못하였다 하더라도 그것만으로 곧바로 변호인의 조력을 받을 권리가 침해되었다고 단정할 수는 없다. [경찰채용 23 1차]

137 (○) 헌법재판소 2011.5.26, 2009헌마341

138 변호인이 되려는 의사표시를 한 자가 객관적으로 변호인이 될 가능성이 있다면 신체구속을 당한 피고인과의 접견교통을 제한할 수 없다. [경찰간부 18]

138 (○) 대법원 2017.3.9, 2013도16162

139 신체구속을 당한 피고인이 범한 것으로 의심받고 있는 범죄행위에 해당 변호인이 공범으로 관련되어 있다 하더라도 그 변호인의 접견교통을 금지할 수 없다. [경찰간부 18] [국가7급 15]

139 (○) 대법원 2007.1.31, 2006모656

140 구속된 피고인에 대한 변호인이 여러 명인 경우, 변호인의 접견교통권 행사가 그 한계를 일탈한 것인지의 여부는 해당 변호인을 기준으로 하여 개별적으로 판단하여야 한다. [국가9급 23]

140 (○)

해설+ 변호인의 접견교통의 상대방인 신체구속을 당한 사람이 그 변호인을 자신의 범죄행위에 공범으로 가담시키려고 하였다는 등의 사정만으로 그 변호인의 신체구속을 당한 사람과의 접견교통을 금지하는 것이 정당화될 수는 없다. 이러한 법리는 신체구속을 당한 사람의 변호인이 1명이 아니라 여러 명이라고 하여 달라질 수 없고, <u>어느 변호인의 접견교통권의 행사가 그 한계를 일탈한 것인지의 여부는 해당 변호인을 기준으로 하여 개별적으로 판단하여야 할 것이다</u>(대법원 2007.1.31, 2006모657).

141 변호인과 구속피의자와의 접견에는 교도관이 참여하지 못하며 그 내용을 청취 또는 녹취할 수 없지만, 보이는 거리에서 관찰할 수 있다. [국가7급 15]

141 (○) 형의 집행 및 수용자의 처우에 관한 법률 제84조

142 구치소장이 「형의 집행 및 수용자의 처우에 관한 법률 및 그 시행규칙」의 규정에 따라 변호인 접견실에 영상녹화, 음성수신, 확대기능 등이 없는 CCTV를 설치하여 미결수용자와 변호인 간의 접견을 관찰하였다 하더라도 이를 통해 대화내용을 알게 되는 것이 불가능하였다면 변호인의 조력을 받을 권리를 침해한 것이라고 할 수 없다. [해경승진(경위) 22]

> **해설+** 형집행법은 전자장비에 따라 계호하는 경우에는 피계호자의 인권이 침해되지 아니하도록 유의하여야 한다고 명시하고(제94조 제3항), 전자장비의 종류·설치장소·사용방법 및 녹화기록물의 관리 등에 관하여 필요한 사항은 법무부령으로 정하도록 하였다(제94조 제4항). … 이 사건 변호인접견실에 설치된 CCTV는 영상만 실시간으로 촬영할 뿐 영상녹화기능이나 음성수신기능이 활성화되어 있지 않고, 확대기능이 없으며 촬영영상도 19인치 크기의 모니터에 16개로 분할되어 나타나므로 미결수용자의 표정이나 입 모양 등을 통하여 대화내용을 알게 되는 것은 불가능하다. 따라서 교도관이 CCTV를 통해 미결수용자와 변호인 간의 접견을 관찰하더라도 접견내용의 비밀이 침해되거나 접견교통에 방해가 되지 아니한다. 따라서 이 사건 CCTV 관찰행위는 청구인의 변호인의 조력을 받을 권리를 침해하지 아니한다(헌법재판소 2016.4.28, 2015헌마243).

143 변호인이 피의자를 접견할 때 국가정보원 직원이 승낙 없이 사진촬영을 한 것은 접견교통권 침해에 해당한다. [법원9급 1/]

143 (○) 대법원 2003.1.10, 2002다56628

144 법령에 의한 제한이 없는 한 변호인의 구속피의자에 대한 접견이 접견신청일이 경과하도록 이루어지지 아니한 것은 실질적으로 접견불허가처분이 있는 것과 동일시된다. [경찰채용 17 2차]

144 (○) 대법원 1990.2.13, 89모37

145 검사 또는 사법경찰관이 피의자에 대한 신문에 변호인의 참여를 제한하거나 퇴거시킨 경우 그 이후 공판절차에서 변호인의 피의자신문에 대한 참여권이 침해되었다는 이유를 들어 그 피의자신문조서의 증거능력을 다툴 수 있으므로 위 제한이나 퇴거처분을 준항고로 다툴 수 없다. [법원9급 17]

145 (×) '없다' → '있다'
피의자신문 시 변호인의 참여 등에 관한 처분에 대하여 불복이 있으면 준항고로 다툴 수 있다(제417조).

146 피의자가 구속되어 국가안전기획부에서 조사를 받다가 변호인의 접견신청이 불허되어 이에 대한 준항고를 제기 중에 검찰로 송치되어 검사가 피의자를 신문하여 제1회 피의자신문조서를 작성한 후 준항고절차에서 위 접견불허처분이 취소되어 접견이 허용된 경우에는 검사의 피의자에 대한 위 제1회 피의자신문은 변호인의 접견교통을 침해한 상황에서 시행된 것이다.

[경찰채용 19 1차]

146 (○) 대법원 1990.9.25, 90도1586

147 교도관이 변호인 접견이 종료된 뒤 변호인과 미결수용자가 지켜보는 가운데 미결수용자와 변호인 간에 주고받는 서류를 확인하여 그 제목을 소송관계처리부에 기재하여 등재한 행위는 이를 통해 내용에 대한 검열이 이루어질 수 없었다 하더라도 침해의 최소성 요건을 갖추지 못하였으므로 변호인의 조력을 받을 권리를 침해한다.

[해경승진(경위) 22]

147 (×)

해설+ 서류확인 및 등재행위는 구금시설의 안전과 질서를 유지하고, 금지물품이 외부로부터 반입 또는 외부로 반출되는 것을 차단하기 위한 것으로서 그 목적이 정당하고, 변호인 접견 시 수수된 서류에 소송서류 외에 제3자 앞으로 보내는 서신과 같은 서류가 포함되어 있는지 또는 금지물품이 서류 속에 숨겨져 있는지 여부를 확인하고 이를 기록하는 것은 위 목적달성에 적절한 수단이다. 서류확인 및 등재는 변호인 접견이 종료된 뒤 이루어지고, 교도관은 변호인과 미결수용자가 지켜보는 가운데 서류를 확인하여 그 제목 등을 소송관계처리부에 기재하여 등재하므로 내용에 대한 검열이 이루어질 수도 없는 점에 비추어 보면 침해의 최소성 요건을 갖추었고, 달성하고자 하는 공익과 제한되는 청구인의 사익 간에 불균형이 발생한다고 볼 수 없으므로 법익의 균형성도 갖추었다. 따라서 이 사건 서류확인 및 등재행위는 청구인의 변호인의 조력을 받을 권리를 침해한다고 할 수 없다(헌법재판소 2016.4.28, 2015헌마243).

148 교도관이 미결수용자와 변호인 간에 주고받는 서류내용의 검열 없이 금지물품 차단 등을 위해 서류를 확인하고, 소송관계서류처리부에 그 제목을 기재하여 등재한 행위는 접견당사자의 소송수행에 관한 개인정보자기결정권 제한이므로, 이러한 행위는 그 자체로 변호인의 접견교통권을 침해한 것이다.

[경찰채용 18 2차]

148 (×)

해설+ 교도관은 수수한 서류의 내용을 확인하거나 검열을 하는 것이 아니라 단지 소송 서류인지 여부만을 확인하고 있고 등재하는 내용도 서류의 제목에 불과하여 내용적 정보가 아니라 소송서류와 관련된 외형적이고 형식적인 사항들로서 개인의 인격과 밀접하게 연관된 민감한 정보라고 보기도 어렵다고 할 것이므로, 이는 구금시설의 안전과 질서를 유지하기 위하여 필요한 범위 내의 제한이다. … 따라서 이 사건 서류 확인 및 등재행위는 변호인조력권 및 개인정보자기결정권을 침해하지 아니한다(헌법재판소 2016.4.28, 2015헌마243).

149 교도관이 미결수용자와 변호인 간에 주고받는 서류를 확인하고, 소송관계 서류처리부에 그 제목을 기재하여 등재한 행위는 미결수용자의 변호인접견교통권이나 개인정보자기결정권을 침해하지 아니한다. [경찰채용 17 2차]

149 (○) 헌법재판소 2016.4.28, 2015헌마243

150 변호인이 피의자에 대한 접견신청을 하였을 때 피의자가 변호인의 조력을 받을 권리의 의미와 범위를 정확히 이해하면서 이성적 판단에 따라 자발적으로 그 권리를 포기한 경우라도 수사기관이 접견을 허용하지 않는다면 변호인의 접견교통권을 침해하는 것이다. [경찰채용 19 2차]

150 (×)

해설+ 변호인의 접견교통권은 피의자 등이 변호인의 조력을 받을 권리를 실현하기 위한 것으로서, 피의자 등이 헌법 제12조 제4항에서 보장한 기본권의 의미와 범위를 정확히 이해하면서도 이성적 판단에 따라 자발적으로 그 권리를 포기한 경우까지 피의자 등의 의사에 반하여 변호인의 접견이 강제될 수 있는 것은 아니다(대법원 2018.12.27, 2016다266736).

151 법원은 일정한 경우에 직권 또는 검사의 청구에 의하여 구속된 피고인과 변호인(변호인이 되려는 자 포함) 이외의 타인과의 접견을 금할 수 있다. [법원9급 17]

151 (○) 제91조

152 법원은 도망하거나 또는 죄증을 인멸할 염려가 있다고 인정할 만한 상당한 이유가 있는 때에는 직권 또는 검사의 청구에 의하여 결정으로 구속된 피고인과 비변호인과의 접견을 금지할 수 있고, 서류나 그 밖의 물건(의류·양식·의료품 포함)을 수수하지 못하게 하거나 검열 또는 압수할 수 있다. [해경승진(경장) 23]

152 (×) 의류·양식·의료품의 수수를 금지하거나 압수할 수는 없다 (제91조 단서).

해설+ 제91조【변호인 아닌 자와의 접견·교통】법원은 도망하거나 범죄의 증거를 인멸할 염려가 있다고 인정할 만한 상당한 이유가 있는 때에는 직권 또는 검사의 청구에 의하여 결정으로 구속된 피고인과 제34조에 규정한 외의 타인과의 접견을 금지할 수 있고, 서류나 그 밖의 물건을 수수하지 못하게 하거나 검열 또는 압수할 수 있다. 다만, 의류·양식·의료품은 수수를 금지하거나 압수할 수 없다.

🔗 **대표유형**

체포된 피의자에 대하여 구속영장을 청구받은 판사는 지체 없이 피의자를 심문하여야 하고 이 경우 특별한 사정이 없는 한 구속영장이 청구된 날의 다음 날까지 심문하여야 하는데 이는 체포영장에 의한 체포이건 긴급체포이건 아니면 현행범 체포이건 모두 마찬가지이다.

[법원승진 11]

(○) 제201조의2 제1항

🔗 **대표유형**

체포 · 구속적부심사에 있어서 청구를 받은 법원은 청구서가 접수된 때로부터 48시간 이내에 체포 또는 구속된 피의자를 심문하고 수사 관계 서류와 증거물을 조사하여 그 청구가 이유 있다고 인정한 때에는 결정으로 체포 또는 구속된 피의자의 석방을 명하여야 하며, 석방결정은 그 결정서의 등본이 검찰청에 송달된 때에 효력을 발생한다. 심사청구 후 피의자에 대하여 공소제기가 있는 경우에도 또한 같다.

[국가9급개론 18] [법원9급 11]

(○) 제214조의2 제4항, 제42조 참조.

153 체포영장에 의하여 체포된 피의자만이 체포적부심사를 청구할 수 있다.

[국가9급 11]

153 (×) '있다' → '있는 것은 아니다'
영장에 의하지 아니하고 체포된 피의자 등에게도 명문규정으로써 적부심사청구권이 인정된다.

154 긴급체포 등 체포영장에 의하지 아니하고 체포된 피의자의 경우에도 체포 · 구속적부심사를 청구할 권리를 가진다.

[경찰채용 17 2차]

154 (○) 2007년 개정에 의하여 영장요건이 삭제되었다. 제214조의2 제1항 참조.

155 체포 또는 구속된 피의자의 단순한 동거인이나 고용주는 적부심사를 청구할 수 없다.

[법원9급 13]

155 (×) '없다' → '있다'(제214조의2 제1항)

156 체포 · 구속적부심사청구 후 검사의 공소제기가 있더라도 법원은 석방결정을 내릴 수 있다.

[경찰채용 12] [경찰간부 18 유사]

156 (○) 제214조의2 제4항

157 구속적부심사청구 후 검사가 피의자를 기소한 경우, 법원은 심문 없이 결정으로 청구를 기각하여야 하며 피고인은 수소법원에 보석을 청구할 수 있다.

[해경승진 23]

> **해설+** **제214조의2【체포와 구속의 적부심사】** ④ 제1항의 청구를 받은 법원은 청구서가 접수된 때부터 48시간 이내에 체포되거나 구속된 피의자를 심문하고 수사 관계 서류와 증거물을 조사하여 그 청구가 이유 없다고 인정한 경우에는 결정으로 기각하고, 이유 있다고 인정한 경우에는 결정으로 체포되거나 구속된 피의자의 석방을 명하여야 한다. <u>심사청구 후 피의자에 대하여 공소제기가 있는 경우에도 또한 같다.</u>

157 (×) 전격기소(피의자의 체포·구속적부심사청구 후 검사가 공소를 제기하거나 법원이 석방결정을 하고 나서 그 결정서 등본이 검찰청에 송달되기 전에 검사가 공소를 제기한 것) 시에도 적부심절차는 유지된다. 제214조의2 제4항 제2문 참조.

---

158 체포구속적부심사의 청구에 대한 법원의 석방결정은 피의자에 대한 공소제기가 있는 경우에도 그 효력이 유지된다.

[국가9급 10]

158 (○) 제214조의2 제4항 제2문 참조.

---

159 체포된 피의자는 관할법원에 체포의 적부심사를 청구할 수 있으며, 청구를 받은 법원은 심사청구 후 피의자에 대하여 공소제기가 있는 경우에도 청구가 이유 있다고 인정한 때에는 결정으로 피의자의 석방을 명하여야 한다.

[경찰채용 19 2차]

159 (○) 제214조의2 제1항·제4항 참조.

> **해설+** **제214조의2【체포와 구속의 적부심사】** ① 체포되거나 구속된 피의자 또는 그 변호인, 법정대리인, 배우자, 직계친족, 형제자매나 가족, 동거인 또는 고용주는 관할법원에 체포 또는 구속의 <u>적부심사(適否審査)</u>를 청구할 수 있다.
> ④ 제1항의 청구를 받은 법원은 청구서가 접수된 때부터 48시간 이내에 체포되거나 구속된 피의자를 심문하고 수사 관계 서류와 증거물을 조사하여 그 청구가 이유 없다고 인정한 경우에는 결정으로 기각하고, 이유 있다고 인정한 경우에는 결정으로 체포되거나 구속된 피의자의 석방을 명하여야 한다. <u>심사 청구 후 피의자에 대하여 공소제기가 있는 경우에도 또한 같다.</u>

---

160 변호인은 영장실질심사 또는 구속적부심사를 위하여 제출된 구속영장청구서 및 그에 첨부된 고소·고발장, 피의자의 진술을 기재한 서류와 피의자가 제출한 서류를 열람할 수 있다.

[국가7급 09]

160 (○) 규칙 제96조의21 제1항, 제104조의2

161 구속 전 피의자심문에 참여할 변호인과 체포 · 구속적부심사를 청구한 피의자의 변호인은 지방법원판사에게 제출된 구속영장청구서 및 그에 첨부된 고소 · 고발장, 피의자의 진술을 기재한 서류와 피의자가 제출한 서류를 열람 · 등사할 수 있다.

[소방간부 23]

> **해설+** 규칙 제96조의21【구속영장청구서 및 소명자료의 열람】① 피의자심문에 참여할 변호인은 지방법원판사에게 제출된 구속영장청구서 및 그에 첨부된 고소·고발장, 피의자의 진술을 기재한 서류와 피의자가 제출한 서류를 열람할 수 있다.
> 제104조의2【준용규정】제96조의21의 규정은 체포·구속의 적부심사를 청구한 피의자의 변호인에게 이를 준용한다.

161 (×) 열람은 가능하나 등사는 불가하다. 규칙 제96조의21 제1항, 제104조의2 참조.

162 구속 전 피의자심문이나 체포 · 구속적부심사에 참여할 변호인은 지방법원판사에게 제출된 구속영장청구서 및 그에 첨부된 고소 · 고발장, 피의자의 진술을 기재한 서류와 피의자가 제출한 서류를 열람할 수 있으나, 지방법원판사는 구속영장청구서를 제외하고는 위 서류의 전부 또는 일부의 열람을 제한할 수 있다.

[경찰간부 22 변형]

> **해설+** 규칙 제96조의21【구속영장청구서 및 소명자료의 열람】① 피의자심문에 참여할 변호인은 지방법원판사에게 제출된 구속영장청구서 및 그에 첨부된 고소·고발장, 피의자의 진술을 기재한 서류와 피의자가 제출한 서류를 열람할 수 있다.
> ② 검사는 증거인멸 또는 피의자나 공범관계에 있는 자가 도망할 염려가 있는 등 수사에 방해가 될 염려가 있는 때에는 지방법원판사에게 제1항에 규정된 서류(구속영장청구서는 제외한다)의 열람 제한에 관한 의견을 제출할 수 있고, 지방법원판사는 검사의 의견이 상당하다고 인정하는 때에는 그 전부 또는 일부의 열람을 제한할 수 있다.
> ③ 지방법원판사는 제1항의 열람에 관하여 그 일시, 장소를 지정할 수 있다.
> 제104조의2【준용규정】제96조의21의 규정은 체포·구속의 적부심사를 청구한 피의자의 변호인에게 이를 준용한다.

162 (○) 구속 전 피의자심문 및 적부심사에 참여하는 변호인에게는 일정한 서류에 대한 열람권이 부여된다(규칙 제96조의21 제1항)(학설에서는 열람권뿐만 아니라 등사권도 부여된다는 주장이 있음). 이에 검사는 증거인멸이나 도망의 염려 등 수사방해의 염려가 있으면 구속영장청구서를 제외한 나머지 서류에 대한 열람제한의견을 제출할 수 있고, 지방법원판사는 검사의 의견이 상당하면 열람을 제한할 수 있다(동조 제2항).

163 고소로 시작된 형사피의사건의 구속적부심절차에서 피구속자의 변호를 맡은 변호인에게는 수사기록 중 고소장과 피의자신문조서를 열람 · 등사할 권리가 인정된다.

[경찰간부 18]

163 (○) 헌법재판소 2003.3.27, 2000헌마474

164 헌법재판소는 구속적부심의 변호인의 피구속자에 대한 고소장 및 피의자 신문조서의 열람 · 등사신청을 수사기관이 거부한 것이 변호인이 가지는 피의자 조력권 및 알 권리를 침해한 위헌의 잘못이 있다고 판단했다.

[법원9급 10]

164 (○) 헌법재판소 2003.3.27, 2000헌마474

165 체포영장 또는 구속영장을 발부한 법관이라 하더라도 체포 · 구속적부심사의 심문 · 조사 · 결정에 관여할 수 있다. [법원9급 12]

165 (×) '있다' → '없다'(원칙적 부정, 제214조의2 제12항 본문)

해설+ 제214조의2【체포와 구속의 적부심사】⑫ 체포영장이나 구속영장을 발부한 법관은 제4항부터 제6항까지의 심문 · 조사 · 결정에 관여할 수 없다. 다만, 체포영장이나 구속영장을 발부한 법관 외에는 심문 · 조사 · 결정을 할 판사가 없는 경우에는 그러하지 아니하다.

166 체포영장 또는 구속영장을 발부한 법관은 체포 · 구속적부심사 청구된 피의자의 석방 여부를 결정하기 위한 심문 · 조사 · 결정에 관여하지 못하고 이는 체포영장 또는 구속영장을 발부한 법관 외에는 심문 · 조사 · 결정을 할 판사가 없는 경우에도 마찬가지이다. [경찰간부 18] [국가9급개론 18]

166 (×) '마찬가지이다' → '그러하지 아니하다'(제214조의2 제2항 단서).

167 체포 또는 구속의 적부심사청구를 받은 법원은 청구서가 접수된 때부터 24시간 이내에 체포되거나 구속된 피의자를 심문하여야 한다. [경찰특공대 22]

167 (×) 48시간 이내이다(제214조의2 제4항).

해설+ 제214조의2【체포와 구속의 적부심사】④ 제1항의 청구를 받은 법원은 청구서가 접수된 때부터 48시간 이내에 체포되거나 구속된 피의자를 심문하고 수사 관계 서류와 증거물을 조사하여 그 청구가 이유 없다고 인정한 경우에는 결정으로 기각하고, 이유 있다고 인정한 경우에는 결정으로 체포되거나 구속된 피의자의 석방을 명하여야 한다. 심사청구 후 피의자에 대하여 공소제기가 있는 경우에도 또한 같다.

168 체포 · 구속적부심사의 청구를 받은 법원은 청구서가 접수된 때부터 48시간 이내에 체포 또는 구속된 피의자를 심문하고 수사 관계 서류와 증거물을 조사하여야 한다. [경찰채용 15]

168 (○) 제214조의2 제4항

169 체포 · 구속적부심사의 심문기일에 출석한 검사 · 변호인은 법원의 심문이 끝난 후에 피의자를 심문할 수 있다. [경찰채용 15] [법원9급 18]

169 (×) '있다' → '없다'
검사와 변호인은 피의자신문권이 아닌 의견진술권만이 있을 뿐이다 (규칙 제105조 제1항, 법 제214조의2 제4항).

170 체포 · 구속적부심사에 있어서 공범 또는 공동피의자의 순차청구가 수사방해의 목적이 명백한 때에는 법원은 심문 없이 결정으로 청구를 기각할 수 있다. [경찰간부 18] [국가9급개론 18]

170 (○) 제214조의2 제3항

해설+ 제214조의2 【체포와 구속의 적부심사】 ③ 법원은 제1항에 따른 청구가 다음 각 호의 어느 하나에 해당하는 때에는 제4항에 따른 심문 없이 결정으로 청구를 기각할 수 있다.
1. 청구권자 아닌 사람이 청구하거나 동일한 체포영장 또는 구속영장의 발부에 대하여 재청구한 때
2. 공범이나 공동피의자의 순차청구(順次請求)가 수사방해를 목적으로 하고 있음이 명백한 때

171 체포 · 구속적부심사에 있어서 동일한 체포영장 또는 구속영장의 발부에 대하여 재청구한 때에는 심문 없이 결정으로 청구를 기각할 수 있다. [법원9급 13]

171 (○) 제214조의2 제3항 제1호

정리 적부심 간이기각: 권/재/순

172 법원은 체포 또는 구속된 피의자에 대한 심문이 종료된 때로부터 24시간 이내에 체포 · 구속적부심사청구에 대한 결정을 하여야 한다. [경찰채용 14]

172 (○) 규칙 제106조

해설+ 규칙 제106조 【결정의 기한】 체포 또는 구속의 적부심사청구에 대한 결정은 체포 또는 구속된 피의자에 대한 심문이 종료된 때로부터 24시간 이내에 이를 하여야 한다.

173 구속된 피의자로부터 구속적부심사의 청구를 받은 법원이 피의자의 출석을 보증할 만한 보증금의 납입을 조건으로 하여 석방결정을 하는 경우에 주거의 제한, 법원 또는 검사가 지정하는 일시·장소에 출석할 의무 기타 적당한 조건을 부가할 수 있다. [경찰채용 17 2차]

173 (O) 제214조의2 제5항·제6항

> **해설+** **제214조의2 【체포와 구속의 적부심사】** ⑤ 법원은 구속된 피의자(심사청구 후 공소제기된 사람을 포함한다)에 대하여 피의자의 출석을 보증할 만한 보증금의 납입을 조건으로 하여 결정으로 제4항의 석방을 명할 수 있다. 다만, 다음 각 호에 해당하는 경우에는 그러하지 아니하다.
> 1. 범죄의 증거를 인멸할 염려가 있다고 믿을 만한 충분한 이유가 있는 때
> 2. 피해자, 당해 사건의 재판에 필요한 사실을 알고 있다고 인정되는 사람 또는 그 친족의 생명·신체나 재산에 해를 가하거나 가할 염려가 있다고 믿을 만한 충분한 이유가 있는 때
> ⑥ 제5항의 석방결정을 하는 경우에는 주거의 제한, 법원 또는 검사가 지정하는 일시·장소에 출석할 의무, 그 밖의 적당한 조건을 부가할 수 있다.
> ⑦ 제5항에 따라 보증금 납입을 조건으로 석방을 하는 경우에는 제99조와 제100조를 준용한다.
> ⑧ 제3항과 제4항의 결정에 대해서는 항고할 수 없다.
>
> **제99조 【보석조건의 결정 시 고려사항】** ① 법원은 제98조의 조건을 정할 때 다음 각 호의 사항을 고려하여야 한다.
> 1. 범죄의 성질 및 죄상(罪狀)
> 2. 증거의 증명력
> 3. 피고인의 전과(前科)·성격·환경 및 자산
> 4. 피해자에 대한 배상 등 범행 후의 정황에 관련된 사항
> ② 법원은 피고인의 자금능력 또는 자산 정도로는 이행할 수 없는 조건을 정할 수 없다.
>
> **제100조 【보석집행의 절차】** ① 제98조 제1호·제2호·제5호·제7호 및 제8호의 조건은 이를 이행한 후가 아니면 보석허가결정을 집행하지 못하며, 법원은 필요하다고 인정하는 때에는 다른 조건에 관하여도 그 이행 이후 보석허가결정을 집행하도록 정할 수 있다.
> ② 법원은 보석청구자 이외의 자에게 보증금의 납입을 허가할 수 있다.
> ③ 법원은 유가증권 또는 피고인 외의 자가 제출한 보증서로써 보증금에 갈음함을 허가할 수 있다.
> ④ 전항의 보증서에는 보증금액을 언제든지 납입할 것을 기재하여야 한다.
> ⑤ 법원은 보석허가결정에 따라 석방된 피고인이 보석조건을 준수하는 데 필요한 범위 안에서 관공서나 그 밖의 공사단체에 대하여 적절한 조치를 취할 것을 요구할 수 있다.

174 보증금납입조건부 피의자석방제도는 구속적부심사의 청구가 있을 때에만 허용되며, 법원의 직권에 의하여 석방을 명할 수 있을 뿐인 직권보석이다. [법원9급 11]

174 (O) 제214조의2 제5항 본문

175 구속된 피의자로부터 구속적부심사의 청구를 받은 법원이 보증금납입조건부 피의자석방결정을 내린 경우, 보증금이 납입된 후에야 피의자를 석방할 수 있다. [변호사 23]

175 (O) 보증금을 납입한 후가 아니면 피의자보석결정을 집행하지 못한다(제214조의2 제7항, 제100조 제1항 전단).

> **보충** 다만, 법원은 유가증권 또는 피의자 외의 자가 제출한 보증서로써 보증금에 갈음함을 허가할 수 있다(제214조의2 제7항, 제100조 제3항). 이 보증서에는 보증금액을 언제든지 납입할 것을 기재하여야 한다(제100조 제4항).

176 법원은 구속된 피의자에 대하여 보증금의 납입을 조건으로 석방을 명할 수 있고, 이 경우 구속적부심사 청구인 이외의 자에게 보증금의 납입을 허가할 수 있다.　　　　　　　　　　　　　　　[국가9급개론 18] [법원9급 13]

176 (○) 제214조의2 제5항·제7항, 제100조 제2항

177 현행법상 체포된 피의자에 대하여는 보증금납입조건부 석방결정이 허용되지 않는다는 것이 판례의 입장이다.　　[경찰채용 13] [경찰간부 18] [국가9급개론 18]

177 (○) 대법원 1997.8.27, 97모21

178 보증금납입조건부 피의자석방제도는 체포된 피의자가 아니라 구속된 피의자의 보석청구로 보증금의 납입을 조건으로 석방하는 제도이다. [경찰채용 15]

> **해설+** 구속피의자의 보석청구권은 인정되지 아니한다. 다만, 구속적부심을 청구한 경우에 법관의 재량으로 석방을 명할 수 있을 뿐이다(제214조의2 제5항).

178 (×) '보석청구로' → 삭제

179 보증금 납입을 조건으로 석방된 피의자가 동일한 범죄사실에 관하여 형의 선고를 받고 그 판결이 확정된 후, 집행하기 위한 소환을 받고 정당한 이유 없이 출석하지 아니하거나 도망한 때에는 검사의 결정으로 보증금의 전부 또는 일부를 몰수하여야 한다.　　　　　　　　　　　　　　　　[국가7급 23]

> **해설+** **제214조의4【보증금의 몰수】**② 법원은 제214조의2 제5항에 따라 석방된 자가 동일한 범죄사실에 관하여 형의 선고를 받고 그 판결이 확정된 후, 집행하기 위한 소환을 받고 정당한 이유 없이 출석하지 아니하거나 도망한 때에는 직권 또는 검사의 청구에 의하여 결정으로 보증금의 전부 또는 일부를 몰수하여야 한다.

179 (×) 검사는 결정권이 아닌 청구권만 있을 뿐이고, 법원의 결정에 의한다. 제214조의4 제2항 참조.

180 법원은 체포·구속적부심사청구가 있는 경우 피의자의 출석을 보증할 만한 보증금의 납입을 조건으로 석방을 명할 수 있다.　　　　　　[경찰채용 12]

180 (×) '체포' → 삭제
구속된 피의자에 대하여 석방을 명할 수 있다(제214조의2 제5항).

181 체포·구속적부심사청구에 대한 기각결정에 대하여는 3일 이내에 항고할 수 있다.　　　　　　　　　　　　　　　　　　　　[경찰채용 17 2차]

181 (×) '있다' → '없다'
항고하지 못한다(제214조의2 제8항).

182 체포 · 구속적부심사에 관한 법원의 결정에 대하여는 기각결정과 석방결정을 불문하고 항고가 허용되지 않는다. [법원9급 18]

182 (○) 제214조의2 제8항

183 체포의 적부심사는 구속의 적부심사와 달리 국선변호인에 관한 규정이 준용되지 않으므로 체포된 피의자가 심신장애의 의심이 있는 경우에도 법원은 원칙적으로 국선변호인을 선정하지 않고 심사를 진행할 수 있다. [해경승진 22]

183 (×) 제214조의2 제10항 참조.

> **해설+** 제214조의2【체포와 구속의 적부심사】⑩ 체포되거나 구속된 피의자에게 변호인이 없는 때에는 제33조(국선변호인)를 준용한다.

184 법원이 구속된 피의자에 대하여 피의자의 출석을 보증할 만한 보증금 납입을 조건으로 석방결정을 한 때에는 「형사소송법」 제402조에 따른 항고를 할 수 없다. [변호사 23]

184 (×)

> **해설+** 형사소송법 제402조의 규정에 의하면, 법원의 결정에 대하여 불복이 있으면 항고를 할 수 있으나 다만 같은 법에 특별한 규정이 있는 경우에는 예외로 하도록 되어 있는바, 체포 또는 구속적부심사절차에서의 법원의 결정에 대한 항고 허용 여부에 관하여 같은 법 제214조의2 제7항은 제2항과 제3항의 기각결정 및 석방결정에 대하여 항고하지 못하는 것으로 규정하고 있을 뿐이고 제4항에 의한 석방결정에 대하여 항고하지 못한다는 규정은 없을 뿐만 아니라, … 기소 후 보석결정에 대하여 항고가 인정되는 점에 비추어 그 보석결정과 성질 및 내용이 유사한 기소 전 보증금 납입 조건부 석방결정에 대하여도 항고할 수 있도록 하는 것이 균형에 맞는 측면도 있다 할 것이므로, 같은 법 제214조의2 제4항의 석방결정에 대하여는 피의자나 검사가 그 취소의 실익이 있는 한 같은 법 제402조에 의하여 항고할 수 있다(대법원 1997.8.27, 97모21).

185 구속적부심사에 있어서 법원의 보증금납입조건부 석방결정에 대하여 검사는 항고할 수 없다. [국가7급 15]

185 (×) '없다' → '있다'
피의자보석결정에 대해서는 검사든 피의자든 보통항고가 가능하다 (대법원 1997.8.27, 97모21).

186 구속적부심문조서는 특히 신용할 만한 정황에 의하여 작성된 문서라고 할 것이므로 특별한 사정이 없는 한, 피고인이 증거로 함에 부동의하더라도 당연히 그 증거능력이 인정된다. [법원9급 11]

186 (○) 대법원 2004.1.16, 2003도5693

187 체포 · 구속적부심사결정에 의하여 석방된 피의자가 도망하거나 죄증을 인멸하는 경우를 제외하고는 동일한 범죄사실에 관하여 재차 체포 또는 구속하지 못한다.　　　　　　　　　　　[경찰채용 17 2차] [국가7급 15·23 변형] [국가9급 23]

187 (○) 제214조의3 제1항

해설+　제214조의3 【재체포 및 재구속의 제한】 ① 제214조의2 제4항에 따른 체포 또는 구속 적부심사결정에 의하여 석방된 피의자가 도망하거나 범죄의 증거를 인멸하는 경우를 제외하고는 동일한 범죄사실로 재차 체포하거나 구속할 수 없다.

188 보증금 납입을 조건으로 석방된 피의자가 주거의 제한이나 그 밖에 법원이 정한 조건을 위반한 때에는 동일한 범죄사실로 재차 체포하거나 구속할 수 있다.　　　　　　　　　　　　　　　　　　[국가9급 23]

188 (○) 구속적부심에서 보증금 납입조건부 피의자석방결정에 의하여 석방된 피의자에 대한 재구속 사유로, 제214조의2 제2항 제4호에 해당한다.

해설+　제214조의3 【재체포 및 재구속의 제한】 ② 제214조의2 제5항에 따라 석방된 피의자에게 다음 각 호의 어느 하나에 해당하는 사유가 있는 경우를 제외하고는 동일한 범죄사실로 재차 체포하거나 구속할 수 없다.
1. 도망한 때
2. 도망하거나 범죄의 증거를 인멸할 염려가 있다고 믿을 만한 충분한 이유가 있는 때
3. 출석요구를 받고 정당한 이유 없이 출석하지 아니한 때
4. 주거의 제한이나 그 밖에 법원이 정한 조건을 위반한 때

189 보증금 납입을 조건으로 석방된 피의자가 피해자, 당해 사건의 재판에 필요한 사실을 알고 있다고 인정되는 자 또는 그 친족의 생명 · 신체 · 재산에 해를 가하거나 가할 염려가 있다고 믿을 만한 충분한 이유가 있는 때에는 동일한 범죄사실로 재차 체포하거나 구속할 수 있다.　　　[국가9급 23]

189 (×) 피고인 보석에 대한 보석취소사유이지, 보증금납입조건부 피의자석방의 재구속사유는 아니다.

해설+　제102조 【보석조건의 변경과 취소 등】 ① 법원은 직권 또는 제94조에 규정된 자의 신청에 따라 결정으로 피고인의 보석조건을 변경하거나 일정 기간 동안 당해 조건의 이행을 유예할 수 있다.
② 법원은 피고인이 다음 각 호의 어느 하나에 해당하는 경우에는 직권 또는 검사의 청구에 따라 결정으로 보석 또는 구속의 집행정지를 취소할 수 있다. 다만, 제101조 제4항에 따른 구속영장의 집행정지는 그 회기 중 취소하지 못한다.
1. 도망한 때
2. 도망하거나 죄증을 인멸할 염려가 있다고 믿을 만한 충분한 이유가 있는 때
3. 소환을 받고 정당한 사유 없이 출석하지 아니한 때
4. 피해자, 당해 사건의 재판에 필요한 사실을 알고 있다고 인정되는 자 또는 그 친족의 생명·신체·재산에 해를 가하거나 가할 염려가 있다고 믿을 만한 충분한 이유가 있는 때
5. 법원이 정한 조건을 위반한 때
③ 법원은 피고인이 정당한 사유 없이 보석조건을 위반한 경우에는 결정으로 피고인에 대하여 1천만원 이하의 과태료를 부과하거나 20일 이내의 감치에 처할 수 있다.
④ 제3항의 결정에 대하여는 즉시항고를 할 수 있다.

V 보석

대표유형

「형사소송법」은 필요적 보석을 원칙으로 하고 있으며, 필요적 보석은 청구보석과 직권보석 모두 인정된다. [국가9급 10]

(×) '과 직권보석 모두' → '에만'
제95조, 제96조 참조.
필요적 보석은 청구보석에만 인정되고, 임의적 보석은 청구보석과 직권보석 모두에 인정된다.

대표유형

보석이 취소된 경우 보증금 납입을 포함한 모든 보석조건은 즉시 그 효력을 상실한다. [국가7급 21]

(×) 보석이 취소된 경우, 보증금 납입 및 담보제공조건을 제외한 다른 보석조건이 실효되는 것이다.

190 피고인이 집행유예기간 중에 있을 때에는 보석을 허가할 수 없다. [법원9급 10·18]

190 (×) '없다' → '있다'
보석을 허가한 것이 위법이라고 할 수 없다(대법원 1990.4.18, 90모22).

191 필요적 보석의 제외사유에 해당하는 경우, 법원은 보석을 허가할 수 없다. [군무원9급 23]

해설+ 제96조 【임의적 보석】 법원은 제95조의 규정에 불구하고 상당한 이유가 있는 때에는 직권 또는 제94조에 규정한 자의 청구에 의하여 결정으로 보석을 허가할 수 있다.

191 (×) 필요적 보석의 제외사유에 해당하는 경우에는 보석을 허가하지 아니할 수 있는 것이지, 보석을 허가할 수 없는 것은 아니다. 임의적 보석에 관하여는 제96조 참조.

192 법원이 집행유예기간 중에 있는 피고인의 보석을 허가한 경우, 이러한 법원의 결정은 누범과 상습범을 필요적 보석의 제외사유로 규정한 「형사소송법」 제95조 제2호의 취지에 반하여 위법이라고 할 수 없다. [경찰채용 19 1차]

해설+ 피고인이 집행유예의 기간 중에 있어 집행유예의 결격자라고 하여 보석을 허가할 수 없는 것은 아니고 형사소송법 제95조는 그 제1 내지 5호 이외의 경우에는 필요적으로 보석을 허가하여야 한다는 것이지 여기에 해당하는 경우에는 보석을 허가하지 아니할 것을 규정한 것이 아니므로 집행유예기간 중에 있는 피고인의 보석을 허가한 것이 누범과 상습범에 대하여는 보석을 허가하지 아니할 수 있다는 형사소송법 제95조 제2호의 취지에 위배되어 위법하다고 할 수 없다(대법원 1990. 4.18, 90모22).

192 (○)

193 피고인이 누범에 해당하는 경우, 필요적 보석의 제외사유에 해당한다.

[군무원9급 21]

193 (○) 제95조 제2호

> 해설+ 제95조【필요적 보석】보석의 청구가 있는 때에는 다음 이외의 경우에는 보석을 허가하여
> 야 한다.
> 1. 피고인이 사형, 무기 또는 장기 10년이 넘는 징역이나 금고에 해당하는 죄를 범한 때
> 2. 피고인이 누범에 해당하거나 상습범인 죄를 범한 때
> 3. 피고인이 죄증을 인멸하거나 인멸할 염려가 있다고 믿을 만한 충분한 이유가 있는 때
> 4. 피고인이 도망하거나 도망할 염려가 있다고 믿을 만한 충분한 이유가 있는 때
> 5. 피고인의 주거가 분명하지 아니한 때
> 6. 피고인이 피해자, 당해 사건의 재판에 필요한 사실을 알고 있다고 인정되는 자 또는 그 친족의
>   생명·신체나 재산에 해를 가하거나 가할 염려가 있다고 믿을 만한 충분한 이유가 있는 때

194 피고인이 사형·무기 또는 장기 10년이 넘는 징역이나 금고에 해당하는 때
에도 상당한 이유가 있는 경우에는 법원이 직권 또는 보석청구권자의 청구
에 의하여 보석을 허가할 수 있다. [국가9급개론 18] [법원9급 10]

194 (○) 제95조, 제96조

195 피고인, 피고인의 변호인·법정대리인·배우자·직계친족·형제자매·가족·
동거인 또는 고용주는 법원에 구속된 피고인의 보석을 청구할 수 있다.

[국가7급 12] [국가9급개론 18]

195 (○) 제94조 참조.

196 피의자, 피의자의 변호인·법정대리인·배우자·직계친족·형제자매·가
족·동거인 또는 고용주는 구속된 피의자의 보석을 법원에 청구할 수 있다.

[국가9급 23]

196 (×) 피의자보석청구제도는 없
다. 제94조의 피고인보석청구 조
항에서 피고인을 피의자로 바꿔서
틀린 지문으로 출제한 것이다.

> 해설+ 제94조【보석의 청구】피고인, 피고인의 변호인·법정대리인·배우자·직계친족·형제자
> 매·가족·동거인 또는 고용주는 법원에 구속된 피고인의 보석을 청구할 수 있다.

> 보충 피의자보석이 가능한 유일한 경우에는 구속적부심에서 법원이 직권으로 보증금납입조건부
> 석방결정을 하는 경우인데(제214조의2 제5항), 이 경우도 피의자보석을 청구할 수 있는 것은 아니다.

> 보충 제214조의2【체포와 구속의 적부심사】⑤ 법원은 구속된 피의자(심사청구 후 공소제기된
> 사람을 포함한다)에 대하여 피의자의 출석을 보증할 만한 보증금의 납입을 조건으로 하여 결정으로
> 제4항의 석방을 명할 수 있다.

197 심문기일을 정한 법원은 즉시 검사, 피고인, 보석청구인 및 피고인을 구금하고 있는 관서의 장에게 심문기일과 장소를 통지하여야 한다.

[해경승진(경위) 22]

해설+ 규칙 제54조의2【보석의 심리】② 제1항의 규정에 의하여 심문기일을 정한 법원은 즉시 검사, 변호인, 보석청구인 및 피고인을 구금하고 있는 관서의 장에게 심문기일과 장소를 통지하여야 하고, 피고인을 구금하고 있는 관서의 장은 위 심문기일에 피고인을 출석시켜야 한다.

197 (○) 규칙 제54조의2 제2항 참조.

198 재판장은 보석에 관한 결정을 하기 전에 검사의 의견을 물어야 한다.

[법원9급 17]

정리 검사 의견 필요적 청취: 집/보/구/간/개

198 (○) 제97조 제1항

199 재판장은 보석에 관한 결정을 하기 전에 검사의 의견을 물어야 하나, 급속을 요하는 경우에는 그러하지 아니하다.

[법원9급 11 변형]

199 (✕) 재판장은 보석에 관한 결정을 하기 전에 검사의 의견을 물어야 하고, 급속을 요하는 경우에도 마찬가지이다. 제97조 제1항·제2항 참조.

200 검사의 의견청취절차는 보석에 관한 결정의 본질적 부분이므로 이를 거치지 아니한 보석허가결정은 절차상의 하자로 인하여 취소되어야 한다.

[법원9급 17]

200 (✕) '본질적 부분이므로' → '본질적 부분이 아니므로', '취소되어야 한다' → '취소할 수는 없다' (대법원 1997.11.27, 97모88)

201 법원이 검사의 의견을 듣지 아니한 채 보석에 관한 결정을 하였다면 절차상의 하자가 있어 그 결정을 취소할 수 있다.

[군무원9급 23]

해설+ (원래 당해 결정이 적정한 경우라는 말이 들어 있어야 올바른 출제일 것이나, 출제의도를 고려하여 해설함) 검사의 의견청취의 절차는 보석에 관한 결정의 본질적 부분이 되는 것은 아니므로, 설사 법원이 검사의 의견을 듣지 아니한 채 보석에 관한 결정을 하였다고 하더라도 그 결정이 적정한 이상, 절차상의 하자만을 들어 그 결정을 취소할 수는 없다(대법원 1997.11.27, 97모88).

201 (✕)

202 보석의 청구를 받은 법원은 24시간 이내에 심문기일을 정하여 구속된 피고인을 심문하여야 하고, 특별한 사정이 없는 한 보석의 청구를 받은 날부터 7일 이내에 그에 관한 결정을 하여야 한다. [해경승진(경장) 23]

해설+ 규칙 제54조의2【보석의 심리】① 보석의 청구를 받은 법원은 지체 없이 심문기일을 정하여 구속된 피고인을 심문하여야 한다. 다만, 다음 각 호의 어느 하나에 해당하는 때에는 그러하지 아니하다.

1. 법 제94조에 규정된 청구권자 이외의 사람이 보석을 청구한 때
2. 동일한 피고인에 대하여 중복하여 보석을 청구하거나 재청구한 때
3. 공판준비 또는 공판기일에 피고인에게 그 이익되는 사실을 진술할 기회를 준 때
4. 이미 제출한 자료만으로 보석을 허가하거나 불허가할 것이 명백한 때

제55조【보석 등의 결정기한】법원은 특별한 사정이 없는 한 보석 또는 구속취소의 청구를 받은 날부터 7일 이내에 그에 관한 결정을 하여야 한다.

202 (×) 보석청구를 받은 법원의 심문기일 지정은 24시간 이내가 아니라 지체없이 이루어져야 한다(규칙 제54조의2). 보석청구에 관한 결정의 기한은 7일이다(규칙 제55조).

203 법원은 특별한 사정이 없는 한 보석의 청구를 받은 날부터 7일 이내에 그에 관한 결정을 하여야 한다. [국가9급 15] [법원9급 17]

203 (○) 규칙 제55조

204 상소기간 중 또는 상소 중의 사건에 관하여 보석에 대한 결정은 소송기록이 원심법원에 있는 때에는 원심법원이 하여야 한다. [법원9급 17]

204 (○) 제105조

205 법원은 보석의 조건을 정함에 있어서 범죄의 성질 및 죄상(罪狀), 증거의 증명력, 피고인의 전과·성격·환경 및 자산, 피해자에 대한 배상 등 범행 후의 정황에 관련된 사항을 고려하여야 한다. [경찰채용 13]

205 (○) 제99조 제1항

206 법원은 유가증권 또는 피고인 외의 자가 제출한 보증서로써 보증금에 갈음함을 허가할 수 있다. [경찰채용 13] [국가9급개론 18]

206 (○) 제100조 제3항

207 법원은 보석허가결정을 집행한 후에 서약서, 보증금 약정서, 출석보증서, 피해액 공탁, 보증금 납입과 같은 보석조건을 이행하도록 정할 수 있다.

[국가7급 09]

207 (×) '집행한 후' → '집행하기 전'(제100조 제1항 전단)

208 「형사소송법」제98조 제1호(피고인 본인의 서약서), 제2호(피고인 본인의 보증금 약정서), 제5호(피고인 이외의 자의 출석보증서), 제7호(피해자의 권리회복에 필요한 금원의 공탁이나 담보제공), 제8호(보증금 납부 또는 담보제공)의 보석조건을 이행한 후가 아니면 보석허가결정을 집행하지 못한다.

[해경승진 22]

208 (○) 선이행조건이다. 제100조 제1항 참조.

> **보충** 후이행조건은 선이행조건으로 변경할 수 있으나, 선이행조건은 후이행조건으로 변경할 수 없다(동조 동항 후문).

> **해설+** 제100조【보석집행의 절차】① 제98조 제1호·제2호·제5호·제7호 및 제8호의 조건은 이를 이행한 후가 아니면 보석허가결정을 집행하지 못하며, 법원은 필요하다고 인정하는 때에는 다른 조건에 관하여도 그 이행 이후 보석허가결정을 집행하도록 정할 수 있다.
>
> 제98조【보석의 조건】 법원은 보석을 허가하는 경우에는 필요하고 상당한 범위 안에서 다음 각호의 조건 중 하나 이상의 조건을 정하여야 한다.
> 1. 법원이 지정하는 일시·장소에 출석하고 증거를 인멸하지 아니하겠다는 서약서를 제출할 것
> 2. 법원이 정하는 보증금에 해당하는 금액을 납입할 것을 약속하는 약정서를 제출할 것
> 3. 법원이 지정하는 장소로 주거를 제한하고 주거를 변경할 필요가 있는 경우에는 법원의 허가를 받는 등 도주를 방지하기 위하여 행하는 조치를 받아들일 것
> 4. 피해자, 당해 사건의 재판에 필요한 사실을 알고 있다고 인정되는 사람 또는 그 친족의 생명·신체·재산에 해를 가하는 행위를 하지 아니하고 주거·직장 등 그 주변에 접근하지 아니할 것
> 5. 피고인 아닌 자가 작성한 출석보증서를 제출할 것
> 6. 법원의 허가 없이 외국으로 출국하지 아니할 것을 서약할 것
> 7. 법원이 지정하는 방법으로 피해자의 권리회복에 필요한 금전을 공탁하거나 그에 상당하는 담보를 제공할 것
> 8. 피고인이나 법원이 지정하는 자가 보증금을 납입하거나 담보를 제공할 것
> 9. 그 밖에 피고인의 출석을 보증하기 위하여 법원이 정하는 적당한 조건을 이행할 것

209 법원의 보석허가결정에 대하여 검사는 즉시항고를 할 수 없다. [국가9급 10]

209 (○)

> **해설+** 보석허가결정에 대하여 검사가 즉시항고를 할 수 있도록 한 규정에 대하여 위헌결정을 하였으므로(헌법재판소 1993.12.23, 93헌가2), 법원의 보석허가결정에 대하여 검사가 즉시항고를 할 수는 없다.

210 검사가 보통항고의 방법으로 보석허가결정에 대하여 불복하는 것은 허용되지 아니한다. [국가7급 12]

해설+ 법원의 보석에 관한 결정(보석청구기각결정·보석허가결정·보석취소결정)에 대하여는 보통항고가 가능하다(제403조 제2항).

210 (×) '허용되지 아니한다' → '허용된다'

211 법원은 보석허가결정 이후에 피고인의 보석조건을 변경할 수는 있으나, 일정 기간 동안 당해 조건의 이행을 유예할 수는 없다. [해경승진(경위) 22]

해설+ 제102조 【보석조건의 변경과 취소 등】 ① 법원은 직권 또는 제94조에 규정된 자의 신청에 따라 결정으로 피고인의 보석조건을 변경하거나 일정 기간 동안 당해 조건의 이행을 유예할 수 있다.

211 (×) 제102조 제1항 참조.

212 법원은 직권 또는 검사의 신청에 따라 결정으로 피고인의 보석조건을 변경하거나 일정 기간 동안 당해 조건의 이행을 유예할 수 있다. [국가7급 09]

212 (×) '검사' → '제94조에 규정된 자'
신청권자는 보석청구권자(피/변/법배직형/가동고)이다. 따라서 검사는 신청권자가 아니다.

213 법원은 피고인이 정당한 사유 없이 보석조건을 위반한 경우에는 결정으로 피고인에 대하여 1천만 원 이하의 과태료를 부과하거나 20일 이내의 감치에 처할 수 있다. 이와 같은 결정에 대하여는 즉시항고를 할 수 있다.
[경찰채용 13] [국가9급 15]

213 (○) 제102조 제3항·제4항

214 법원은 피고인 이외의 자가 작성한 출석보증서를 제출할 것을 조건으로 한 보석허가 결정에 따라 석방된 피고인이 정당한 사유 없이 기일에 불출석하는 경우에는 결정으로 그 출석보증인에 대하여 과태료를 부과하거나 감치에 처할 수 있다. [경찰채용 14]

214 (×) 과태료 부과는 가능하지만 감치에 처할 수는 없다. 제100조의2 제1항 참조.
보석조건 위반의 제재 중 감치는 피고인에 대한 것이므로, 제3자인 출석보증인을 감치에 처할 수는 없다.

215 구속영장의 효력이 소멸한 때에는 보석조건은 즉시 그 효력을 상실한다.

[국가7급 12] [법원9급 18]

215 (○) 제104조의2 제1항

216 보석은 무죄나 면소의 재판이 확정된 때에는 효력을 상실하지만 자유형이 확정된 경우에는 효력이 상실되지 않는다. [국가9급 10]

216 (×) '확정' → '선고', '상실되지 않는다' → '상실된다'

해설+ 보석조건의 실효사유에는 구속의 실효와 보석의 취소(단, 법 제98조 제8호의 보석조건은 예외)가 있는데, 위 문제는 구속의 실효에 의한 것이다. 그런데 구속의 실효는 무죄나 면소의 재판이 확정된 경우가 아니라 선고된 경우이어야 하고, 자유형이 확정된 경우에는 구속이 실효됨에 따라 보석도 효력이 상실된다는 점에서 두 곳이 틀린 것이다. 제104조의2 참조.

217 검사는 보증금납입조건부 피의자석방결정과 보석허가결정에 대해서 항고할 수 있다. [국가7급 21]

217 (○)

해설+ 판례는, 제214조의2 제8항에서는 동조 제3항(간이기각)·제4항(기각·석방)의 결정에 대해서만 항고불가규정을 두고 있으므로, 동조 제5항의 보증금납입조건부 피의자석방결정에 대해서는 검사와 피의자 모두 항고할 수 있다는 입장이다(대법원 1997.8.27, 97모21). 또한 보석허가결정에 대해서는 제403조 제2항에 의하여 역시 보통항고를 할 수 있다.

218 범죄사실과 관련하여 피고인에 대한 새로운 중요한 증거가 발견된 경우 법원은 보석을 취소할 수 있다. [국가9급 15]

218 (×) '있다' → '없다' 피고인에 대한 새로운 중요한 증거가 발견된 경우가 보석취소사유가 되는 것은 아니다(제102조 제2항).

219 보석취소의 결정이 있는 때에는 새로운 구속영장을 발부하여 피고인을 재구금하여야 한다. [법원9급 10·18]

219 (×) '구속영장을 발부하여' → '그 취소결정의 등본 또는 기간을 정한 구속집행정지결정의 등본에 의하여'(규칙 제56조 제1항)

220 보석허가결정의 취소는 그 취소결정을 고지하거나 결정법원에 대응하는 검찰청 검사에게 결정서를 교부 또는 송달함으로써 즉시 집행할 수 있는 것이고, 그 결정등본이 피고인에게 송달되어야 집행할 수 있는 것은 아니다.

[경찰채용 19 1차]

220 (○)

> **해설+** 보석허가결정의 취소는 그 취소결정을 고지하거나 결정법원에 대응하는 검찰청 검사에게 결정서를 교부 또는 송달함으로써 즉시 집행할 수 있는 것이고 그 결정등본이 피고인에게 송달(또는 고지)되어야 집행할 수 있는 것은 아니다(대법원 1983.4.21, 83모19).

221 법원은 보석취소 후에 별도로 보증금몰수결정을 할 수도 있다.

[경찰채용 19 1차]

221 (○)

> **해설+** 보석보증금을 몰수하려면 반드시 보석취소와 동시에 하여야만 가능한 것이 아니라 보석취소 후에 별도로 보증금몰수결정을 할 수 있다(대법원 2001.5.29, 2000모22).

222 보석으로 석방된 피고인이 재판 중 법원의 소환에 불응한 경우 법원은 직권 또는 검사의 청구에 따라 결정으로 보증금의 전부 또는 일부를 몰수하여야 한다.

[국가9급개론 18]

222 (×) '하여야 한다' → '할 수 있다' 제102조 제2항 제3호, 제103조 제1항 참조.

223 법원은 보석을 취소하는 때에는 직권 또는 검사의 청구에 따라 보증금 또는 담보의 전부를 몰취하는 결정을 하여야 한다.

[법원9급 11 변형]

223 (×) '하여야 한다' → '할 수 있다'
임의적 몰취이다(제103조 제1항).

224 보증금 몰수사건은 지방법원 단독판사의 관할이지만 소송절차 계속 중에 보석허가결정이나 그 취소결정을 본안 관할법원인 제1심 합의부가 한 경우 당해 합의부가 사물관할을 갖는다.

[국가9급 15]

224 (×) '갖는다' → '갖지 않는다'(대법원 2002.5.17, 2001모53)

225 구속 또는 보석을 취소하거나 구속영장의 효력이 소멸된 때에는 몰취하지 아니한 보증금 또는 담보를 청구한 날로부터 7일 이내에 환부하여야 한다.

[경찰채용 13]

225 (○) 제104조

226 보석취소결정을 비롯하여 고등법원이 한 최초 결정이 제1심 법원이 하였더라면 보통항고가 인정되는 결정인 경우에는 이에 대한 재항고와 관련한 집행정지의 효력은 인정되지 않는다. [국가7급 21]

226 (○)

> **해설+** 고등법원이 한 보석취소결정에 대하여는 집행정지의 효력을 인정할 수 없다. … 제1심 법원이 한 보석취소결정에 대하여 불복이 있으면 보통항고를 할 수 있고(형사소송법 제102조 제2항, 제402조, 제403조 제2항), 보통항고에는 재판의 집행을 정지하는 효력이 없다(형사소송법 제409조). 이는 결정과 동시에 집행력을 인정함으로써 석방되었던 피고인의 신병을 신속히 확보하려는 것으로, 단해 보석취소결정이 제1심 절차에서 이루어지는지 항소심 절차에서 이루어지는지 여부에 따라 그 취지가 달라진다고 볼 수 없다. … 형사소송법 제415조는 "고등법원의 결정에 대하여는 재판에 영향을 미친 헌법·법률·명령 또는 규칙의 위반이 있음을 이유로 하는 때에 한하여 대법원에 즉시항고를 할 수 있다."라고 규정하고 있다. 이는 재항고이유를 제한함과 동시에 재항고 제기기간을 즉시항고 제기기간 내로 정함으로써 재항고심의 심리부담을 경감하고 항소심 재판절차의 조속한 안정을 위한 것으로, 형사소송법 제415조가 고등법원의 결정에 대한 재항고를 즉시항고로 규정하고 있다고 하여 당연히 즉시항고가 가지는 집행정지의 효력이 인정된다고 볼 수는 없다. 만약 고등법원의 결정에 대하여 일률적으로 집행정지의 효력을 인정하면, 보석허가, 구속집행정지 등 제1심 법원이 결정하였다면 신속한 집행이 이루어질 사안에서 고등법원이 결정하였다는 이유만으로 피고인을 신속히 석방하지 못하게 되는 등 부당한 결과가 발생하게 되고, 나아가 항소심 재판절차의 조속한 안정을 보장하고자 한 형사소송법 제415조의 입법목적을 달성할 수 없게 된다(대법원 2020.10.29, 2020모633).

Ⅵ 구속집행정지

227 헌법 제44조에 의하여 국회로부터 구속된 국회의원에 대한 석방요구가 있으면 법원은 반드시 구속집행정지결정을 하여야 한다. [법원9급 10]

227 (×) '반드시 구속집행정지결정을 하여야 한다' → '구속영장의 집행이 정지된다' 제101조 제4항 참조.

> **보충** 따라서 이 경우 법원의 결정은 요하지 아니한다.

228 법원은 상당한 이유가 있는 때에는 결정으로 구속된 피고인을 친족·보호단체 기타 적당한 자에게 부탁하거나 피고인의 주거를 제한하여 구속의 집행을 정지할 수 있고, 이때 급속을 요하는 경우를 제외하고는 검사의 의견을 물어야 한다. [경찰채용 20 2차]

228 (○) 제101조 제1항·제2항 참조.

> **해설+** 제101조 【구속의 집행정지】 ① 법원은 상당한 이유가 있는 때에는 결정으로 구속된 피고인을 친족·보호단체 기타 적당한 자에게 부탁하거나 피고인의 주거를 제한하여 구속의 집행을 정지할 수 있다.
> ② 전항의 결정을 함에는 검사의 의견을 물어야 한다. 단, 급속을 요하는 경우에는 그러하지 아니하다.

229 법원은 「형사소송법」 제101조 제4항에 따라 구속영장의 집행이 정지된 국회의원이 소환을 받고도 정당한 사유 없이 출석하지 아니한 때에는 그 회기 중이라도 구속영장의 집행정지를 취소할 수 있다.　　　　　　　　[경찰채용 20 2차]

해설+ **제101조【구속의 집행정지】** ④ 헌법 제44조에 의하여 구속된 국회의원에 대한 석방요구가 있으면 당연히 구속영장의 집행이 정지된다.
⑤ 전항의 석방요구의 통고를 받은 검찰총장은 즉시 석방을 지휘하고 그 사유를 수소법원에 통지하여야 한다.

제102조【보석조건의 변경과 취소 등】 ② 법원은 피고인이 다음 각 호의 어느 하나에 해당하는 경우에는 직권 또는 검사의 청구에 따라 결정으로 보석 또는 구속의 집행정지를 취소할 수 있다. 다만, 제101조 제4항에 따른 구속영장의 집행정지는 그 회기 중 취소하지 못한다.
1. 도망한 때
2. 도망하거나 죄증을 인멸할 염려가 있다고 믿을 만한 충분한 이유가 있는 때
3. 소환을 받고 정당한 사유 없이 출석하지 아니한 때
4. 피해자, 당해 사건의 재판에 필요한 사실을 알고 있다고 인정되는 자 또는 그 친족의 생명·신체·재산에 해를 가하거나 가할 염려가 있다고 믿을 만한 충분한 이유가 있는 때
5. 법원이 정한 조건을 위반한 때

229 (×) 국회의 석방요구에 의하여 구속영장 집행이 정지된 국회의원의 경우, 구속집행정지취소사유가 있어도 그 회기 중에는 취소하지 못한다(제102조 제2항 단서).

230 검사는 법원의 구속집행정지결정에 관하여 즉시항고를 할 수 없다.
　　　　　　　　[법원9급 18]

230 (○) 헌법재판소 2012.6.27, 2011헌가36

Ⅶ 구속의 실효

🔗 **대표유형**

무죄, 면소, 형의 면제, 형의 선고유예, 형의 집행유예, 공소기각 또는 벌금이나 과료를 과하는 판결이 선고된 때에는 구속영장은 효력을 잃는다.　　　[법원9급 14·18]

(○) 제331조

231 구속의 사유가 없거나 소멸된 때에는 법원은 직권 또는 검사, 피고인, 변호인과 제30조 제2항에 규정한 자의 청구에 의하여 결정으로 구속을 취소하여야 한다.　　　　　　　　[경찰채용 15]

231 (○) 제93조

232 구속의 사유가 없거나 소멸된 때에는 피고인, 피고인의 변호인·법정대리인·배우자·직계친족·형제자매·가족·동거인 또는 고용주는 법원에 구속된 피고인의 구속취소를 청구할 수 있다.　　　[국가7급 20]

해설+ 구속의 사유가 없거나 소멸된 때에는 법원은 직권 또는 검사, 피고인, 변호인과 제30조 제2항에 규정한 자(법정대리인, 배우자, 직계친족과 형제자매)의 청구에 의하여 결정으로 구속을 취소하여야 한다(제93조). 따라서 가족·동거인·고용주는 구속취소청구권자에 포함되지 아니한다.

232 (×)

233 구속을 취소하는 결정에 대하여는 검사는 즉시항고를 할 수 없다.

[법원9급 10]

234 형의 집행유예 판결이 선고된 때에는 구속영장은 즉시 효력을 잃는다.

[법원9급 15]

2 압수 · 수색 · 검증 · 감정

Ⅰ 압수 · 수색

🔗 대표유형

영장 발부의 사유로 된 범죄 혐의사실과 무관한 별개의 증거를 압수하였을 경우 이는 원칙적으로 유죄 인정의 증거로 사용할 수 없다. 그러나 압수 · 수색의 목적이 된 범죄나 이와 관련된 범죄의 경우에는 그 압수 · 수색의 결과를 유죄의 증거로 사용할 수 있다. [법원9급 21]

(○) 대법원 2017.12.5, 2017도13458; 2020.2.13, 2019도14341, 2019전도130

🔗 대표유형

수사기관의 압수 · 수색은 법관이 발부한 압수 · 수색영장에 의하여야 하는 것이 원칙이고, 그 영장에는 피의자의 성명, 압수할 물건, 수색할 장소 · 신체 · 물건과 압수 · 수색의 사유 등이 특정되어야 하며, 피의자 아닌 자의 신체 또는 물건은 압수할 물건이 있음을 인정할 수 있는 경우에 한하여 수색할 수 있다. [경찰채용 19 2차]

(○) 수사기관의 압수 · 수색은 법관이 발부한 압수수색영장에 의하여야 하는 것이 원칙이고, 그 영장에는 피의자의 성명, 압수할 물건, 수색할 장소 · 신체 · 물건과 압수수색의 사유 등이 특정되어야 한다(대법원 2017.9.7, 2015도10648). 후단은 제219조, 제109조 제2항 참조.

(○)

🔗 대표유형

피해자 등 제3자가 피의자의 소유 · 관리에 속하는 정보저장매체를 영장에 의하지 않고 임의제출한 경우에는 특별한 사정이 없는 한 피의자에게도 참여권을 보장하고 압수한 전자정보 목록을 교부하는 등 피의자의 절차적 권리를 보장하기 위한 적절한 조치가 이루어져야 한다. [소방간부 23 변형] [변호사 23]

해설+ 피해자 등 제3자가 피의자의 소유 · 관리에 속하는 정보저장매체를 영장에 의하지 않고 임의제출한 경우에는 실질적 피압수 · 수색 당사자인 피의자가 수사기관으로 하여금 그 전자정보 전부를 무제한 탐색하는 데 동의한 것으로 보기 어려울 뿐만 아니라 피의자 스스로 임의제출한 경우 피의자의 참여권 등이 보장되어야 하는 것과 견주어 보더라도 특별한 사정이 없는 한 형사소송법 제219조, 제121조, 제129조에 따라 피의자에게 참여권을 보장하고 압수한 전자정보 목록을 교부하는 등 피의자의 절차적 권리를 보장하기 위한 적절한 조치가 이루어져야 한다(대법원 2022.1.27, 2021도11170).

(×) '인정된다' → '부정된다'

대표유형

운전 중 교통사고를 내고 의식을 잃은 채 병원 응급실로 호송되자, 출동한 경찰관이 영장 없이 의사로 하여금 채혈을 하도록 한 경우, 위 혈액을 이용한 혈중알코올농도에 관한 감정서 등의 증거능력은 인정된다. [국가9급 12]

해설+ "영장 없이"라는 표현은 사전영장·사후영장 모두 발부받지 아니하였다는 뜻으로 출제된 문제이다. 이러한 판단은 해당 문제의 구성과 맥락을 보고 하여야 한다. 위 혈액과 감정서 모두 위법수집증거에 해당한다(대법원 2011.5.13, 2009도10871).

235 공소제기 후 법원이 공판정 외에서 압수·수색을 하는 경우에도 영장 발부가 필요하고, 이는 검사가 청구하여야 한다. [경찰채용 13]

235 (×) '검사가 청구하여야' → '법원의 직권으로 발부' 법원의 공판정 외 압수·수색은 영장 발부를 요하나(제113조), 이는 검사의 청구 없이 직권으로 발부하는 것이다.

236 수사기관과 법원은 압수할 물건을 지정하여 소유자 등에게 제출을 명할 수 있다. [경찰채용 11]

236 (×) '수사기관' → 삭제 법원은 제출명령권이 있으나(제106조 제2항), 수사기관에게는 인정되지 아니한다.

237 우편물 통관검사절차에서 이루어지는 우편물의 개봉, 시료채취, 성분분석 등의 검사는 행정조사의 성격을 가지는 것이라 하더라도 수사기관의 강제처분의 성격도 함께 가지므로 압수·수색영장 없이 이루어졌다면 원칙적으로 위법하다. [법원9급 16]

237 (×) '위법하다' → '위법하다고 볼 수 없다'(대법원 2013.9.26, 2013도7718)

238 「마약류 불법거래 방지에 관한 특례법」 제4조 제1항에 따른 조치의 일환으로 특정한 수출입물품을 개봉하여 검사하고 그 내용물의 점유를 취득한 행위는 수출입물품에 대한 적정한 통관 등을 목적으로 하는 조사로서 사전 또는 사후에 영장을 받아야 한다. [소방간부 23]

238 (×)

해설+ 마약류 불법거래 방지에 관한 특례법 제4조 제1항에 따른 조치의 일환으로 특정한 수출입물품을 개봉하여 검사하고 그 내용물의 점유를 취득한 행위는 위에서 본 수출입물품에 대한 적정한 통관 등을 목적으로 조사를 하는 경우와는 달리, 범죄수사인 압수 또는 수색에 해당하여 사전 또는 사후에 영장을 받아야 한다(대법원 2017.7.18, 2014도8719).

239 법원은 필요한 때에는 피고사건과 관계가 있다고 인정할 수 있는 것에 한정하여 우체물 또는 「통신비밀보호법」 제2조 제3호에 따른 전기통신에 관한 것으로서 체신관서, 그 밖의 관련 기관 등이 소지 또는 보관하는 물건의 제출을 명하거나 압수를 할 수 있다. [법원9급 10 변형]

239 (○) 제107조 제1항

240 공무원 또는 공무원이었던 자가 소지 또는 보관하는 물건은 본인 또는 그 해당 공무소가 직무상의 비밀에 관한 것임을 신고한 때에는 그 소속공무소 또는 당해 감독관공서의 승낙 없이는 압수하지 못하나, 소속공무소 또는 당해 감독관공서는 국가의 중대한 이익을 해하는 경우를 제외하고는 승낙을 거부하지 못한다. [국가9급 17]

240 (○) 제111조, 제219조

241 검사는 범죄수사에 필요한 때에는 피의자가 죄를 범하였다고 의심할 만한 정황이 있고 해당 사건과 관계가 있다고 인정할 수 있는 것에 한정하여 지방법원판사에게 청구하여 발부받은 영장에 의하여 압수·수색을 할 수 있다. [국가9급 17]

241 (○) 제215조 제1항

242 압수·수색영장에 압수할 물건을 '압수장소에 보관 중인 물건'이라고 기재하고 있는 것을 '압수장소에 현존하는 물건'으로 해석할 수는 없다. [경찰간부 18]

242 (○) 대법원 2009.3.12. 2008도763

243 영장 발부의 사유로 된 범죄사실과 별개의 증거를 압수하였을 경우 이는 원칙적으로 유죄 인정의 증거로 사용할 수 없으나, 예외적으로 그 범죄사실과 객관적·인적 관련성이 있는 때에는 사용할 수 있다. 이때 객관적 관련성은 압수·수색영장에 기재된 혐의사실의 내용과 수사의 대상, 수사 경위 등을 종합하여 혐의 사실과 구체적·개별적 연관관계가 있는 경우뿐만 아니라 단순히 동종 또는 유사 범행인 경우도 인정된다. [경찰채용 20 2차]

243 (×)

> **해설+** 형사소송법 제215조 제1항은 "검사는 범죄수사에 필요한 때에는 피의자가 죄를 범하였다고 의심할 만한 정황이 있고 해당 사건과 관계가 있다고 인정할 수 있는 것에 한정하여 지방법원판사에게 청구하여 발부받은 영장에 의하여 압수, 수색 또는 검증을 할 수 있다."라고 정하고 있다. 따라서 영장 발부의 사유로 된 범죄 혐의사실과 무관한 별개의 증거를 압수하였을 경우 이는 원칙적으로 유죄 인정의 증거로 사용할 수 없다. 그러나 압수·수색의 목적이 된 범죄나 이와 관련된 범죄의 경우에는 그 압수·수색의 결과를 유죄의 증거로 사용할 수 있다. 압수·수색영장의 범죄 혐의사실과 관계있는 범죄라는 것은 압수·수색영장에 기재한 혐의사실과 객관적 관련성이 있고 압수·수색영장 대상자와 피의자 사이에 인적 관련성이 있는 범죄를 의미한다. 그중 혐의사실과의 객관적 관련성은 압수·수색영장에 기재된 혐의사실 자체 또는 그와 기본적 사실관계가 동일한 범행과 직접 관련되어 있는 경우는 물론 범행 동기와 경위, 범행 수단과 방법, 범행 시간과 장소 등을 증명하기 위한 간접증거나 정황증거 등으로 사용될 수 있는 경우에도 인정될 수 있다. 이러한 객관적 관련성은 압수·수색영장에 기재된 혐의사실의 내용과 수사의 대상, 수사 경위 등을 종합하여 구체적·개별적 연관관계가 있는 경우에만 인정된다고 보아야 하고, 혐의사실과 단순히 동종 또는 유사 범행이라는 사유만으로 객관적 관련성이 있다고 할 것은 아니다(대법원 2020.2.13, 2019도14341).

244 압수·수색영장의 범죄 혐의사실과 관계있는 범죄라는 것은 압수·수색영장에 기재한 혐의사실과 객관적 관련성이 있고 압수·수색영장 대상자와 피의자 사이에 인적 관련성이 있는 범죄를 의미한다. 그중 객관적 관련성은 압수·수색영장에 기재된 혐의사실의 내용과 수사의 대상, 수사 경위 등을 종합하여 구체적·개별적 연관관계가 있는 경우에만 인정되고, 혐의사실과 단순히 동종 또는 유사 범행이라는 사유만으로 관련성이 있다고 할 것은 아니다. [법원9급 22]

244 (○) 대법원 2017.12.5, 2017도13458

245 압수·수색영장에 기재된 혐의사실과의 객관적 관련성은 압수·수색영장에 기재된 혐의사실 자체 또는 그와 기본적 사실관계가 동일한 범행과 직접 관련되어 있는 경우는 물론 범행 동기와 경위 등을 증명하기 위한 간접증거나 정황증거 등으로 사용될 수 있는 경우에도 인정될 수 있다. [변호사 22]

245 (○) 대법원 2017.12.5, 2017도13458

246 압수 · 수색영장에 기재한 혐의사실과 범죄와의 객관적 관련성은 압수 · 수색영장에 기재된 혐의사실의 내용과 수사의 대상, 수사 경위 등을 종합하여 구체적 · 개별적 연관관계가 있는 경우에는 인정되지만, 혐의사실과 단순히 동종 또는 유사 범행이라는 사유만으로 관련성이 있다고 할 것은 아니다.

[경찰채용 19 1차]

> **해설+** 압수 · 수색영장의 범죄 혐의사실과 관계있는 범죄라는 것은 압수 · 수색영장에 기재한 혐의사실과 객관적 관련성이 있고 압수 · 수색영장 대상자와 피의자 사이에 인적 관련성이 있는 범죄를 의미한다. 그중 혐의사실과의 객관적 관련성은 압수 · 수색영장에 기재된 혐의사실 자체 또는 그와 기본적 사실관계가 동일한 범행과 직접 관련되어 있는 경우는 물론 범행 동기와 경위, 범행 수단과 방법, 범행 시간과 장소 등을 증명하기 위한 간접증거나 정황증거 등으로 사용될 수 있는 경우에도 인정될 수 있다. 그 관련성은 압수 · 수색영장에 기재된 혐의사실의 내용과 수사의 대상, 수사 경위 등을 종합하여 구체적·개별적 연관관계가 있는 경우에만 인정되고, 혐의사실과 단순히 동종 또는 유사 범행이라는 사유만으로 관련성이 있다고 할 것은 아니다(대법원 2017.12.5, 2017도13458).

247 압수 · 수색영장의 범죄 혐의사실과 관계있는 범죄라는 것은 압수 · 수색영장에 기재한 혐의사실과 객관적 관련성이 있을 뿐 아니라, 압수 · 수색영장 대상자와 피의자 사이에 인적 관련성이 있는 범죄를 의미하는데, 이때 피의자와 사이의 인적 관련성은 압수 · 수색영장에 기재된 대상자의 공동정범이나 교사범 등 공범이나 간접정범은 물론 필요적 공범 등에 대한 피고사건에 대해서도 인정될 수 있다.

[경찰채용 19 1차 유사] [변호사 22]

247 (○) 대법원 2017.12.5, 2017도13458; 2021.7.29, 2020도14654

248 압수 · 수색영장의 집행과정에서 피압수자의 지위가 참고인에서 피의자로 전환될 수 있는 증거가 발견되었더라도 그 증거가 압수 · 수색영장에 기재된 범죄사실과 객관적으로 관련되어 있다면 이는 압수 · 수색영장의 집행범위 내에 있으므로 다시 피압수자에 대하여 영장을 발부받을 필요는 없다.

[경찰간부 23]

248 (○)

> **해설+** 검찰은 1차 압수 · 수색영장의 집행과정에서 압수목록 교부서를 작성하여 공소외 1에게 교부하였고, 공소외 1은 이미징(imaging) 등 참관 여부 확인서와 임의제출 동의서를 작성하여 교부하는 등 공소외 1의 참여권이 충분히 보장되었다. 또한 압수 · 수색영장의 집행과정에서 피압수자의 지위가 참고인에서 피의자로 전환될 수 있는 증거가 발견되었더라도 그 증거가 압수 · 수색영장에 기재된 범죄사실과 객관적으로 관련되어 있다면 이는 압수 · 수색영장의 집행범위 내에 있다. 따라서 다시 공소외 1에 대하여 영장을 발부받고 헌법상 변호인의 조력을 받을 권리를 고지하거나 압수 · 수색과정에 참여할 의사를 확인해야 한다고 보기 어렵다(대법원 2017.12.5, 2017도13458).

249 (아동 · 청소년 이용 음란물 제작 · 배포 · 소지 등으로 기소된) 피의자의 동생이 피의자로 기재된 압수 · 수색영장으로 피의자 소유의 정보저장매체를 압수한 영장집행은 적법하다.

249 (×)

해설+ 법관이 압수·수색영장을 발부하면서 '압수할 물건'을 특정하기 위하여 기재한 문언은 엄격하게 해석하여야 하고, 함부로 피압수자 등에게 불리한 내용으로 확장 또는 유추 해석하여서는 안된다(대법원 2009.3.12, 2008도763 등). 따라서 피고인이 아닌 사람을 피의자로 하여 발부된 이 사건 영장을 집행하면서 피고인 소유의 이 사건 휴대전화 등을 압수한 것은 위법하다(대법원 2021.7.29, 2020도14654).

250 수사기관이 전자정보에 대한 압수 · 수색영장을 집행할 때에는 원칙적으로 영장 발부의 사유인 혐의사실과 관련된 부분만을 문서 출력물로 수집하거나 수사기관이 휴대한 저장매체에 해당 파일을 복사하는 방식으로 이루어져야 한다. [국가9급 12]

250 (○) 제106조 제3항

해설+ 제106조【압수】① 법원은 필요한 때에는 피고사건과 관계가 있다고 인정할 수 있는 것에 한정하여 증거물 또는 몰수할 것으로 사료하는 물건을 압수할 수 있다. 단, 법률에 다른 규정이 있는 때에는 예외로 한다.
② 법원은 압수할 물건을 지정하여 소유자, 소지자 또는 보관자에게 제출을 명할 수 있다.
③ 법원은 압수의 목적물이 컴퓨터용디스크, 그 밖에 이와 비슷한 정보저장매체(이하 이 항에서 "정보저장매체등"이라 한다)인 경우에는 기억된 정보의 범위를 정하여 출력하거나 복제하여 제출받아야 한다. 다만, 범위를 정하여 출력 또는 복제하는 방법이 불가능하거나 압수의 목적을 달성하기에 현저히 곤란하다고 인정되는 때에는 정보저장매체등을 압수할 수 있다.
④ 법원은 제3항에 따라 정보를 제공받은 경우 「개인정보 보호법」 제2조 제3호에 따른 정보주체에게 해당 사실을 지체 없이 알려야 한다.

251 전자정보에 대한 압수 · 수색영장을 집행할 때에는 원칙적으로 영장 발부의 사유인 혐의사실과 관련된 부분만을 문서 출력물로 수집하거나 수사기관이 휴대한 저장매체에 해당 파일을 복사하는 방식으로 이루어져야 하지만, 집행현장 사정상 이러한 방식에 의한 집행이 현저히 곤란한 부득이한 사정이 존재하는 경우에는 영장에의 기재 여부와 상관없이 저장매체 자체를 직접 혹은 하드카피나 이미징 등 형태로 수사기관 사무실 등 외부로 반출하여 해당 파일을 압수 · 수색할 수 있다. [경찰승진 23]

251 (×)

해설+ 전자정보에 대한 압수·수색영장의 집행에 있어서는 원칙적으로 영장 발부의 사유로 된 혐의사실과 관련된 부분만을 문서 출력물로 수집하거나 수사기관이 휴대한 저장매체에 해당 파일을 복사하는 방식으로 이루어져야 하고, 집행현장의 사정상 위와 같은 방식에 의한 집행이 불가능하거나 현저히 곤란한 부득이한 사정이 있더라도 그와 같은 경우에 그 저장매체 자체를 직접 또는 하드카피나 이미징 등 형태로 수사기관 사무실 등 외부로 반출하여 해당 파일을 압수·수색할 수 있도록 영장에 기재되어 있고 실제 그와 같은 사정이 발생한 때에 한하여 예외적으로 허용될 수 있을 뿐이다(대법원 2011.5.26, 2009모1190; 2014.2.27, 2013도12155 등).

252 전자정보에 대한 압수·수색영장을 집행할 때에는 원칙적으로 저장매체 자체를 수사기관 사무실 등으로 옮겨 혐의사실과 관련된 부분만을 문서로 출력하거나 해당 파일을 복사하는 방식으로 이루어져야 한다.

[경찰채용 17 2차]

252 (×) '원칙적' → '예외적' 원칙적으로 영장 발부의 사유로 된 혐의사실과 관련된 부분만을 문서 출력물로 수집하거나 수사기관이 휴대한 저장매체에 해당 파일을 복사하는 방식으로 이루어져야 한다 (대법원 2014.2.27, 2013도12155).

253 수사기관 사무실 등으로 반출된 저장매체 또는 복제본에서 혐의사실 관련성에 대한 구분 없이 임의로 저장된 전자정보를 문서로 출력하거나 파일로 복제하는 행위는 원칙적으로 영장주의 원칙에 반하는 위법한 압수가 된다.

[국가7급 16]

253 (○) 대법원 2015.7.16, 2011 모1839 전원합의체

254 압수·수색영장에 기재된 피의자와 무관한 타인의 범죄사실에 관한 녹음 파일을 압수한 경우, 이 녹음파일은 적법한 절차에 따르지 아니하고 수집한 증거로서 이를 증거로 사용할 수 없다.

[경찰채용 15]

254 (○) 대법원 2014.1.16, 2013 도7101

255 수사기관이 전자정보에 대한 압수·수색이 종료되기 전에 혐의사실과 관련된 전자정보를 적법하게 탐색하는 과정에서 별도 범죄혐의와 관련된 전자정보를 우연히 발견한 경우, 대법원은 '우연한 육안발견 원칙(plain view doctrine)'에 의해 별도의 영장 없이 우연히 발견한 별도 범죄혐의와 관련된 전자정보를 압수·수색할 수 있다고 판시하였다. [경찰채용 23 2차] [경찰간부 18 변형]

255 (×)

해설+ 만약 전자정보에 대한 압수·수색이 종료되기 전에 범죄혐의사실과 관련된 전자정보를 적법하게 탐색하는 과정에서 별도의 범죄혐의와 관련된 전자정보를 우연히 발견한 경우라면, 수사기관은 더 이상의 추가탐색을 중단하고 법원으로부터 별도의 범죄혐의에 대한 압수·수색영장을 발부받은 경우에 한하여 그러한 정보에 대하여도 적법하게 압수·수색을 할 수 있다. 따라서 임의제출된 정보저장매체에서 압수의 대상이 되는 전자정보의 범위를 넘어서는 전자정보에 대해 수사기관이 영장 없이 압수·수색하여 취득한 증거는 위법수집증거에 해당하고, 사후에 법원으로부터 영장이 발부되었다거나 피고인이나 변호인이 이를 증거로 함에 동의하였다고 하여 그 위법성이 치유되는 것도 아니다(대법원 2021.11.18, 2016도348 전원합의체).

참고 위 지문에서 언급된 '우연한 육안발견 원칙(plain view doctrine)'이라 함은 과거 미국의 판례에서 나타난 것으로, 수사기관이 적법한 압수·수색을 하는 과정에서 관련성이 명백한 물건을 육안으로 발견한 경우 영장 없이 압수·수색할 수 있다는 이론이다. 특히 디지털증거에 대한 압수·수색 절차에서 이를 적용할 수 있을지가 문제되나, 헌법상 영장주의의 예외를 인정하기 위하여는 명시적인 법률적 근거가 필요하다는 점에서 우리의 학계와 대법원은 이를 받아들이지 아니하는 것으로 보인다.

256 법관이 압수·수색영장을 발부하면서 '압수할 물건'을 특정하기 위하여 기재한 문언은 이를 엄격하게 해석하여야 하므로, 압수·수색영장의 범죄사실과 기본적 사실관계가 동일한 범행 또는 동종·유사의 범행과 관련된다고 의심할 만한 상당한 이유가 있는 물건까지 압수하였다면 위법한 압수에 해당한다.

[변호사 21]

256 (×)

해설+ 헌법과 형사소송법이 구현하고자 하는 적법절차와 영장주의의 정신에 비추어 볼 때, 법관이 압수수색영장을 발부하면서 '압수할 물건'을 특정하기 위하여 기재한 문언은 이를 엄격하게 해석하여야 하고, 함부로 피압수자 등에게 불리한 내용으로 확장 또는 유추해석하는 것은 허용될 수 없다. 그러나 압수의 대상을 압수수색영장의 범죄사실 자체와 직접적으로 연관된 물건에 한정할 것은 아니고, 압수수색영장의 범죄사실과 기본적 사실관계가 동일한 범행 또는 동종·유사의 범행과 관련된다고 의심할 만한 상당한 이유가 있는 범위 내에서는 압수를 실시할 수 있다(대법원 2018.10.1, 2018도6252).

257 피고인 A의 2018.5.6.경 피해자 甲(여, 10세)에 대하여 저지른 간음유인미수 및 성폭력범죄의 처벌 등에 관한 특례법 위반(통신매체이용음란) 범행과 관련하여 수사기관이 A 소유의 휴대전화를 긴급체포현장에서 적법하게 압수하였는데, 위 휴대전화에 대한 디지털정보분석 결과 A가 2017.12.경부터 2018.4.경까지 사이에 저지른 피해자 乙(여, 12세), 丙(여, 10세), 丁(여, 9세)에 대한 간음유인 및 간음유인미수, 미성년자의제강간, 성폭력범죄의 처벌 등에 관한 특례법 위반(13세 미만 미성년자강간), 성폭력범죄의 처벌 등에 관한 특례법 위반(통신매체이용음란) 등 범행에 관한 추가 자료들이 획득되었다. 이러한 추가자료들의 증거능력은 인정된다.

257 (○)

해설+ 위 휴대전화는 피고인이 긴급체포되는 현장에서 적법하게 압수되었고, 형사소송법 제217조 제2항에 의해 발부된 법원의 사후 압수·수색·검증영장(이하 '압수·수색영장')에 기하여 압수 상태가 계속 유지되었으며, 압수·수색영장에는 범죄사실란에 甲에 대한 간음유인미수 및 통신매체이용음란의 점만이 명시되었으나, 법원은 계속 압수·수색·검증이 필요한 사유로서 영장 범죄사실에 관한 혐의의 상당성 외에도 추가 여죄수사의 필요성을 포함시킨 점, 압수·수색영장에 기재된 혐의사실은 미성년자인 甲에 대하여 간음행위를 하기 위한 중간과정 내지 그 수단으로 평가되는 행위에 관한 것이고 나아가 피고인은 형법 제305조의2 등에 따라 상습범으로 처벌될 가능성이 완전히 배제되지 아니한 상태였으므로, 추가 자료들로 밝혀지게 된 乙, 丙, 丁에 대한 범행은 압수·수색영장에 기재된 혐의사실과 기본적 사실관계가 동일한 범행에 직접 관련되어 있는 경우라고 볼 수 있으며, 실제로 2017.12.경부터 2018.4.경까지 사이에 저질러진 추가 범행들은, 압수·수색영장에 기재된 혐의사실의 일시인 2018.5.7.과 시간적으로 근접할 뿐만 아니라, 피고인이 자신의 성적 욕망을 해소하기 위하여 미성년자인 피해자들을 대상으로 저지른 일련의 성범죄로서 범행 동기, 범행 대상, 범행의 수단과 방법이 공통되는 점, 추가 자료들은 압수·수색영장의 범죄사실 중 간음유인죄의 '간음할 목적'이나 성폭력처벌법 위반(통신매체이용음란)죄의 '자기 또는 다른 사람의 성적 욕망을 유발하거나 만족시킬 목적'을 뒷받침하는 간접증거로 사용될 수 있었고, 피고인이 영장 범죄사실과 같은 범행을 저지른 수법 및 준비과정, 계획 등에 관한 정황증거에 해당할 뿐 아니라, 영장 범죄사실 자체에 대한 피고인 진술의 신빙성을 판단할 수 있는 자료로도 사용될 수 있었던 점 등을 종합하면, 추가 자료들로 인하여 밝혀진 피고인의 乙, 丙, 丁에 대한 범행은 압수·수색영장의 범죄사실과 단순히 동종 또는 유사 범행인 것을 넘어서 이와 구체적·개별적 연관관계가 있는 경우로서 객관적·인적 관련성을 모두 갖추었으므로 추가 자료들은 위법하게 수집된 증거에 해당하지 않으므로 압수·수색영장의 범죄사실뿐 아니라 추가 범행들에 관한 증거로 사용할 수 있다(대법원 2020. 2.13, 2019도14341,2019전도130).

258 피고인 A가 2014.12.11. 피해자 甲을 상대로 저지른 성폭력범죄의 처벌 등에 관한 특례법 위반(카메라등이용촬영) 범행(이하 '2014년 범행')에 대하여 甲이 즉시 피해 사실을 경찰에 신고하면서 A의 집에서 가지고 나온 A 소유의 휴대전화 2대에 A가 촬영한 동영상과 사진이 저장되어 있다는 취지로 말하고 이를 범행의 증거물로 임의제출하였는데, 경찰이 이를 압수한 다음 그 안에 저장된 전자정보를 탐색하다가 甲을 촬영한 휴대전화가 아닌 다른 휴대전화에서 A가 2013.12.경 피해자 乙, 丙을 상대로 저지른 같은 법 위반(카메라등이용촬영) 범행(이하 '2013년 범행')을 발견하고 그에 관한 동영상·사진 등을 영장 없이 복제한 CD를 증거로 제출하였다. 위 CD는 피고인 A의 2013년 범행을 입증하는 증거로서의 증거능력이 인정된다.

258 (×)

> **해설+** 甲은 경찰에 피고인의 휴대전화를 증거물로 제출할 당시 그 안에 수록된 전자정보의 제출 범위를 명확히 밝히지 않았고, 담당 경찰관들도 제출자로부터 그에 관한 확인절차를 거치지 않은 이상 휴대전화에 담긴 전자정보의 제출 범위에 관한 제출자의 의사가 명확하지 않거나 이를 알 수 없는 경우에 해당하므로, 휴대전화에 담긴 전자정보 중 임의제출을 통해 적법하게 압수된 범위는 임의제출 및 압수의 동기가 된 피고인의 2014년 범행 자체와 구체적·개별적 연관관계가 있는 전자정보로 제한적으로 해석하는 것이 타당하고, 이에 비추어 볼 때 범죄발생 시점 사이에 상당한 간격이 있고 피해자 및 범행에 이용한 휴대전화도 전혀 다른 피고인의 2013년 범행에 관한 동영상은 임의제출에 따른 압수의 동기가 된 범죄혐의사실(2014년 범행)과 구체적·개별적 연관관계 있는 전자정보로 보기 어려워 수사기관이 사전영장 없이 이를 취득한 이상 증거능력이 없고, 사후에 압수·수색영장을 받아 압수절차가 진행되었더라도 달리 볼 수 없다(피고인의 2013년 범행은 무죄, 대법원 2021.11.18, 2016도348 전원합의체).

259 압수영장에 기재된 메트암페타민(이하 '필로폰') 투약 혐의사실은 피고인이 2018.5.23. 시간불상경 부산 이하 불상지에서 필로폰 불상량을 불상의 방법으로 투약하였다는 것인데, 공소사실 중 필로폰 투약의 점은 피고인이 2018.6.21.경부터 같은 달 25.경까지 사이에 부산 이하 불상지에서 필로폰 불상량을 불상의 방법으로 투약하였다는 것이다. 그렇다면 압수영장 기재 혐의사실과 이 부분 공소사실 사이에는 연관성이 있다.

259 (×)

> **해설+** 마약류 투약 범죄는 그 범행일자가 다를 경우 별개의 범죄로 보아야 하고, 이 사건 압수영장 기재 혐의사실과 이 부분 공소사실은 그 범행 장소, 투약방법, 투약량도 모두 구체적으로 특정되어 있지 않아 어떠한 객관적인 관련성이 있는지 알 수 없다. 이 사건 압수영장 기재 혐의사실과 이 부분 공소사실이 동종 범죄라는 사정만으로 객관적 관련성이 있다고 할 수 없다. 경찰은 제보자의 진술을 토대로 이 사건 압수영장 기재 혐의사실을 특정하였는데, 이 사건 압수영장이 발부된 후 약 1달이 지난 2018.6.25.에야 이 사건 압수영장을 집행하여 피고인의 소변을 압수하였으나 그때는 필로폰 투약자의 소변에서 마약류 등이 검출될 수 있는 기간이 지난 뒤였고, 별도의 압수·수색영장으로 압수한 피고인의 모발에서 마약류 등이 검출되지 않자 결국 압수된 피고인의 소변에서 필로폰 양성반응이 나온 점을 근거로 이 부분 공소사실과 같이 기소하였다. 이 사건 압수영장 기재 혐의사실의 내용과 수사의 대상, 수사 경위 등을 종합하여 보면, 이 부분 공소사실과 같은 필로폰 투약의 점은 경찰이 이 사건 압수영장을 발부받을 당시 전혀 예견할 수 없었던 혐의사실이었던 것으로 보이므로, 이 사건 압수영장 기재 혐의사실과 이 부분 공소사실 사이에 연관성이 있다고 보기 어렵다(위법수집증거로 본 사건, 대법원 2019.10.17, 2019도6775).

260 필로폰 투약의 혐의사실로 발부된 압수 · 수색영장에 따라 피고인의 소변, 모발을 압수하였고, 그에 대한 감정 결과 혐의사실과 수개월의 기간이 경과한 후의 다른 필로폰 투약사실이 밝혀져 압수물에 의하여 밝혀진 필로폰 투약사실로 공소가 제기된 경우, 압수 · 수색영장에 의하여 압수된 피고인의 소변 및 모발과 그에 대한 감정 결과 등은 증거로 사용할 수 없다.

> **해설+** 필로폰 투약의 혐의사실로 발부된 압수 · 수색영장에 따라 피고인의 소변, 모발을 압수하였고, 그에 대한 감정 결과 혐의사실과 다른 필로폰 투약사실이 밝혀져 압수물에 의하여 밝혀진 필로폰 투약사실로 공소가 제기된 경우, 법원이 압수 · 수색영장을 발부하면서 '압수 · 수색을 필요로 하는 사유'로 "필로폰 사범의 특성상 '피고인이 이전 소지하고 있던 필로폰을 투약하였을 가능성 또한 배제할 수 없어' 피고인의 필로폰 투약 여부를 확인 가능한 소변과 모발을 확보하고자 한다."라고 기재하고, '압수할 물건'으로 피고인의 소변뿐만 아니라 모발을 함께 기재한 것은 영장 집행일 무렵의 필로폰 투약 범행뿐만 아니라 그 이전의 투약 여부까지 확인하기 위한 것으로 볼 수 있는 점 등을 고려하면, 압수 · 수색영장에 의하여 압수한 피고인의 소변 및 모발과 그에 대한 감정 결과 등은 압수 · 수색영장 기재 혐의사실의 정황증거 내지 간접증거로 사용될 수 있는 경우에 해당하여 객관적 관련성이 인정된다. … 이 사건 각 압수 · 수색영장의 기재 내용, 마약류 범죄의 특성과 피고인에게 다수의 동종 범죄전력이 있는 점(피고인은 총 3회 동종 범행전력이 있고, 그중 2회는 징역형을, 1회는 징역형의 집행유예를 선고받았다)을 고려하면, 이 사건 각 압수 · 수색영장에 따라 압수된 피고인의 소변 및 모발에 대한 감정 결과에 의하여 피고인이 위 각 압수 · 수색영장 집행일 무렵뿐만 아니라 그 이전에도 반복적 · 계속적으로 필로폰을 투약해온 사실이 증명되면 이 사건 각 압수 · 수색영장 기재 혐의사실 일시 무렵에도 유사한 방법으로 필로폰을 투약하였을 개연성이 매우 높다고 할 것이므로, 비록 소변에서 '각 압수 · 수색영장 기재 필로폰 투약과 관련된 필로폰이 검출될 수 있는 기간이 경과된 이후에 영장이 집행'되어 압수된 소변으로 혐의사실을 직접 증명할 수는 없다고 하더라도, 유효기간 내에 집행된 위 각 압수 · 수색영장에 따라 압수된 피고인의 소변 및 모발 등은 적어도 위 각 압수 · 수색영장 기재 혐의사실을 증명하는 유력한 정황증거 내지 간접증거로 사용될 수 있는 경우에 해당한다고 보아야 한다. 나아가 이 사건 각 압수 · 수색영장 기재 혐의사실에 대한 공소가 제기되지 않았다거나 이 사건 공소사실이 위 각 압수 · 수색영장 발부 이후의 범행이라는 사정만으로 객관적 관련성을 부정할 것은 아니다(원심이 원용하고 있는 대법원 2019.10.17, 2019도6775 판결은 압수 · 수색영장의 '압수 · 수색을 필요로 하는 사유'의 기재 내용, 압수 · 수색영장의 집행 결과 등 수사의 경위에서 이 사건과 사실관계를 달리하므로, 이 사건에 그대로 적용하기에는 적절하지 않다)(대법원 2021.8.26, 2021도2205).

260 (×) 형사소송법 제215조 제1항의 '해당 사건과 관계가 있다고 인정할 수 있는 것은 압수 · 수색영장의 범죄 혐의사실과 관련되고 이를 증명할 수 있는 최소한의 가치가 있는 것으로서 압수 · 수색영장의 범죄 혐의사실과 객관적 관련성이 인정되고 압수 · 수색영장 대상자와 피의자 사이에 인적 관련성이 있는 경우를 의미한다. 그중 혐의사실과의 객관적 관련성은 압수 · 수색영장에 기재된 혐의사실 자체 또는 그와 기본적 사실관계가 동일한 범행과 직접 관련되어 있는 경우는 물론 범행 동기와 경위, 범행 수단과 방법, 범행 시간과 장소 등을 증명하기 위한 간접증거나 정황증거 등으로 사용될 수 있는 경우에도 인정될 수 있다(대법원 2021.8.26, 2021도2205).

261 필로폰 교부의 혐의사실로 발부된 압수·수색영장에 따라 피의자의 소변, 모발을 압수하였고 그에 대한 감정 결과 필로폰 투약사실이 밝혀져 필로폰 투약에 대한 공소가 제기된 경우, 압수·수색영장에 의하여 압수한 피고인의 소변 및 모발과 그에 대한 감정 결과 등은 증거로 사용할 수 있다.

261 (○)

> **해설+** ㉠ 법원이 압수할 물건으로 피고인의 소변뿐만 아니라 모발을 함께 기재하여 압수영장을 발부한 것은 영장 집행일 무렵의 필로폰 투약 범행뿐만 아니라 그 이전의 투약 여부까지 확인하기 위한 것으로 볼 수 있고, 피고인이 혐의사실인 필로폰 교부 일시 무렵 내지 그 이후 반복적으로 필로폰을 투약한 사실이 증명되면 필로폰 교부 당시에도 필로폰을 소지하고 있었거나 석어도 필로폰을 구할 수 있었다는 사실의 증명에 도움이 된다고 볼 수 있으므로, 압수한 피고인의 소변 및 모발은 압수영장의 혐의사실 증명을 위한 간접증거 내지 정황증거로 사용될 수 있는 경우에 해당하고, ㉡ 법원이 영장의 '압수·수색·검증을 필요로 하는 사유'로 "필로폰 사범의 특성상 '피고인이 이전 소지하고 있던 필로폰을 투약하였을 가능성 또한 배제할 수 없어' 필로폰 투약 여부를 확인 가능한 소변과 모발을 확보하고자 한다."라고 기재하고 있는 점 등에 비추어 볼 때 이 부분 공소사실이 이 사건 압수영장 발부 이후의 범행이라고 하더라도 영장 발부 당시 전혀 예상할 수 없었던 범행이라고 볼 수도 없으므로, 압수·수색영장에 따라 압수한 피고인의 소변 및 모발과 그에 대한 감정 결과 등은 위 압수·수색영장의 혐의사실과 객관적·인적 관련성을 모두 갖추어 투약의 공소사실의 증거로 사용할 수 있다(대법원 2021.7.29, 2021도3756).

262 압수·수색영장의 집행과정에서 별건 범죄혐의와 관련된 증거를 우연히 발견하여 압수한 경우에는 별건 범죄혐의에 대해 별도의 압수·수색영장을 발부받지 않았다 하더라도 위법한 압수·수색에 해당하지 않는다.

[국가9급 21]

262 (×)

> **해설+** 전자정보에 대한 압수·수색이 종료되기 전에 혐의사실과 관련된 전자정보를 적법하게 탐색하는 과정에서 별도의 범죄혐의와 관련된 전자정보를 우연히 발견한 경우라면, 수사기관은 더 이상의 추가 탐색을 중단하고 법원에서 별도의 범죄혐의에 대한 압수·수색영장을 발부받은 경우에 한하여 그러한 정보에 대하여도 적법하게 압수·수색을 할 수 있다(대법원 2015.7.16, 2011모1839 전원합의체).

263 검사가 압수·수색영장의 효력이 상실되었음에도 다시 그 영장에 기하여 피의자의 주거에 대한 압수·수색을 실시하여 증거물 또는 몰수할 것으로 사료되는 물건을 압수한 경우 압수 자체가 위법하게 됨은 별론으로 하더라도 몰수의 효력에는 영향을 미치지 않는다.

[경찰채용 19 2차]

263 (○) 대법원 2003.5.30, 2003도705

264 전자정보에 대한 압수 · 수색영장을 집행할 때, 특별한 사정에 의해 저장매체 자체를 수사기관 사무실 등으로 옮겼다 하더라도, 범죄 혐의 관련성에 대한 구분 없이 저장된 전자정보 중 임의로 문서출력 혹은 파일복사를 하는 행위는 원칙적으로 영장주의에 반하는 위법한 집행이다. [법원9급 16]

264 (○) 대법원 2011.5.26, 2009모1190

265 집행현장 사정상 출력이나 파일복사와 같은 방식에 의한 집행이 불가능하거나 현저히 곤란한 부득이한 사정이 존재하더라도 저장매체 자체를 직접 혹은 하드카피나 이미징 등 형태로 수사기관 사무실 등 외부로 반출하여 해당 파일을 압수 · 수색할 수 있도록 영장에 기재되어 있고 실제 그와 같은 사정이 발생한 때에 한하여 위 방법이 예외적으로 허용될 수 있을 뿐이다. [경찰특공대 22]

265 (○)

해설+ 전자정보에 대한 압수·수색영장을 집행할 때에는 원칙적으로 영장 발부의 사유인 혐의사실과 관련된 부분만을 문서 출력물로 수집하거나 수사기관이 휴대한 저장매체에 해당 파일을 복사하는 방식으로 이루어져야 하고, 집행현장 사정상 위와 같은 방식에 의한 집행이 불가능하거나 현저히 곤란한 부득이한 사정이 존재하더라도 저장매체 자체를 직접 혹은 하드카피나 이미징 등 형태로 수사기관 사무실 등 외부로 반출하여 해당 파일을 압수·수색할 수 있도록 영장에 기재되어 있고 실제 그와 같은 사정이 발생한 때에 한하여 위 방법이 예외적으로 허용될 수 있을 뿐이다(대법원 2011.5.26, 2009모1190).

266 검사가 폐수무단방류 혐의가 인정된다는 이유로 피의자들의 공장부지, 건물, 기계류 일체 및 폐수운반차량 7대에 대하여 한 압수처분은 수사상의 필요에서 행하는 압수의 본래의 취지를 넘는 것으로 상당성이 없을 뿐만 아니라, 수사상의 필요와 그로 인한 개인의 재산권 침해의 정도를 비교형량해 보면 비례성의 원칙에 위배되어 위법하다. [경찰채용 15]

266 (○) 대법원 2004.3.23, 2003모126

267 수사기관이 네트워크 카메라 등을 설치 · 이용하여 피의자의 행동과 피의자가 본 태블릿 개인용 컴퓨터(PC) 화면내용을 촬영한 것은 일반적으로 허용되는 상당한 방법에 의한 것이므로 영장 없이 이루어져도 정당한 것이다. [소방간부 23]

267 (×)

해설+ 수사기관이 2013.11.2. 네트워크 카메라 등을 설치·이용하여 피고인의 행동과 피고인이 본 태블릿 개인용 컴퓨터(PC) 화면내용을 촬영한 것은 수사의 비례성·상당성 원칙과 영장주의 등을 위반한 것이므로 그로 인해 취득한 영상물 등의 증거는 증거능력이 없다. 또한 위 촬영은 일반적으로 허용되는 상당한 방법에 의한 것이 아니므로 영장 없이 이루어져 위법하다(대법원 2017.11.29, 2017도9747).

268 수사기관이 압수·수색에 착수하면서 그 장소의 관리책임자에게 영장을 제시하였다면 물건을 소지하고 있는 다른 사람으로부터 이를 압수하고자 하는 때에도 그 사람에게 따로 영장을 제시하여야 하는 것은 아니다.

[국가9급 17]

268 (×) '하는 것은 아니다' → '한다'(대법원 2009.3.12, 2008도763)

269 압수·수색영장을 집행하는 수사기관은 원칙적으로 피압수자로 하여금 법관이 발부한 영장에 의한 압수·수색이라는 사실을 확인함과 동시에 「형사소송법」이 압수·수색영장에 필요적으로 기재하도록 정한 사항이나 그와 일체를 이루는 사항을 충분히 알 수 있도록 압수·수색영장을 제시하여야 한다.

[경찰채용 21 1차]

269 (○) 대법원 2017.9.21, 2015도12400

270 수사기관이 휴대전화 등을 압수할 당시 압수당한 피의자가 수사관에게 압수·수색영장의 내용을 보여 달라고 요구하였으나 수사관이 영장의 겉표지만 보여 주고 내용은 확인시켜 주지 않았더라도, 그 후 변호인이 피의자 조사에 참여하면서 영장을 확인하였다면 압수처분은 위법하지 아니하다.

[변호사 21]

270 (×)

해설+ 수사기관이 재항고인의 휴대전화 등을 압수할 당시 재항고인에게 압수·수색영장을 제시하였는데 재항고인이 영장의 구체적인 확인을 요구하였으나 수사기관이 영장의 범죄사실 기재 부분을 보여주지 않았고, 그 후 재항고인의 변호인이 재항고인에 대한 조사에 참여하면서 영장을 확인한 경우, 수사기관이 위 압수처분 당시 재항고인으로부터 영장 내용의 구체적인 확인을 요구받았음에도 압수·수색영장의 내용을 보여주지 않았던 것으로 보이므로 형사소송법 제219조, 제118조에 따른 적법한 압수·수색영장의 제시라고 인정하기 어렵다(대법원 2020.4.16, 2019모3526).

271 피압수자에게 영장의 표지인 첫 페이지와 피압수자의 혐의사실 부분만을 보여주고 나머지 부분을 확인하지 못하게 한 것은 압수·수색영장의 필요적 기재사항이나 그와 일체를 이루는 사항을 충분히 알 수 있도록 제시한 것이라 할 수 없다.

[경찰채용 19 1차]

271 (○)

해설+ 사법경찰관이 압수·수색영장의 피압수자에게 압수·수색영장을 제시함에 있어 표지에 해당하는 첫 페이지와 피압수자의 혐의사실이 기재된 부분만을 보여 주고, 나머지 압수·수색영장의 기재 내용(압수·수색·검증할 물건, 압수·수색·검증할 장소, 압수·수색·검증을 필요로 하는 사유, 압수 대상 및 방법의 제한 등 필요적 기재 사항 및 그와 일체를 이루는 일부 기각 취지 부분 등)을 확인하지 못하게 한 사안에서, 위와 같은 압수·수색영장의 제시는 피압수자로 하여금 그 내용을 충분히 알 수 있도록 제시한 것으로 보기 어려워 위법하고, 이로 인해 취득한 증거는 위법수집증거로서 증거능력이 없다(대법원 2017.9.21, 2015도12400).

272 수사기관이 압수·수색영장을 집행하면서 압수·수색대상 기관에 팩스로 영장 사본을 송신하기만 하였을 뿐 영장 원본을 제시하거나 압수조서와 압수물 목록을 작성하여 피압수·수색 당사자에게 교부하지도 않았다면 그 압수·수색은 위법하다. [국가9급 21]

272 (○) 대법원 2017.9.7, 2015도10648

273 피고인이 발송한 이메일에 대한 압수·수색영장을 집행하면서 수사기관이 甲 회사에 팩스로 영장 사본을 송신하였다면, 비록 영장 원본을 제시하거나 압수조서와 압수물 목록을 작성하여 피압수·수색 당사자에게 교부하지 않았더라도, 이 같은 방법으로 압수된 피고인의 이메일은 위법수집증거의 증거능력을 인정할 수 있는 예외적인 경우에 해당하므로 증거능력이 부정되지 않는다.

> **비교** 수사기관의 압수·수색은 법관이 발부한 압수·수색영장에 의하여야 하는 것이 원칙이고, 영장의 원본은 처분을 받는 자에게 반드시 제시되어야 하므로, 금융계좌추적용 압수·수색영장의 집행에 있어서도 수사기관이 금융기관으로부터 금융거래자료를 수신하기에 앞서 금융기관에 영장 원본을 사전에 제시하지 않았다면 원칙적으로 적법한 집행 방법이라고 볼 수는 없다. 다만 수사기관이 금융기관에 금융실명거래 및 비밀보장에 관한 법률(이하 '금융실명법') 제4조 제2항에 따라서 금융거래정보에 대하여 영장 사본을 첨부하여 그 제공을 요구한 결과 금융기관으로부터 회신받은 금융거래자료가 해당 영장의 집행 대상과 범위에 포함되어 있고, 이러한 모사전송 내지 전자적 송수신 방식의 금융거래정보 제공요구 및 자료 회신의 전 과정이 해당 금융기관의 자발적 협조의사에 따른 것이며, 그 자료 중 범죄혐의사실과 관련된 금융거래를 선별하는 절차를 거친 후 최종적으로 영장 원본을 제시하고 위와 같이 선별된 금융거래자료에 대한 압수절차가 집행된 경우로서, 그 과정이 금융실명법에서 정한 방식에 따라 이루어지고 달리 적법절차와 영장주의 원칙을 잠탈하기 위한 의도에서 이루어진 것이라고 볼 만한 사정이 없어, 이러한 일련의 과정을 전체적으로 '하나의 영장에 기하여 적시에 원본을 제시하고 이를 토대로 압수·수색하는 것으로 평가할 수 있는 경우에 한하여, 예외적으로 영장의 적법한 집행 방법에 해당한다고 볼 수 있다(대법원 2022.1.27, 2021도11170).

273 (×) 수사기관이 甲 주식회사에서 압수수색영장을 집행하면서 甲 회사에 팩스로 영장 사본을 송신하기만 하고 영장 원본을 제시하거나 압수조서와 압수물 목록을 작성하여 피압수·수색 당사자에게 교부하지도 않은 채 피고인의 이메일을 압수한 후 이를 증거로 제출한 경우, 위와 같은 방법으로 압수된 이메일은 증거능력이 없다(대법원 2017.9.7, 2015도10648).

274 피처분자가 현장에 없거나 현장에서 그를 발견할 수 없는 경우 등 영장제시가 현실적으로 불가능한 경우에는 영장을 제시하지 아니한 채 압수·수색을 하더라도 위법하다고 볼 수 없다. [경찰간부 18] [국가9급 17]

274 (○) 대법원 2015.1.22, 2014도10978 전원합의체

275 압수·수색영장은 원칙적으로 처분을 받는 자에게 반드시 제시하고, 처분을 받는 자가 피의자인 경우에는 그 사본을 교부해야 하는데, 이는 준항고 등 피압수자의 불복신청의 기회를 실질적으로 보장하기 위한 것이다.

[경찰채용 23 2차]

> **해설+** **제118조【영장의 제시와 사본교부】** 압수·수색영장은 처분을 받는 자에게 반드시 제시하여야 하고, 처분을 받는 자가 피고인인 경우에는 그 사본을 교부하여야 한다. 다만, 처분을 받는 자가 현장에 없는 등 영장의 제시나 그 사본의 교부가 현실적으로 불가능한 경우 또는 처분을 받는 지기 영상의 제시나 사본의 교부를 거부한 때에는 예외로 한다.
> **제219조【준용규정】** 제106조, 제107조, 제109조 내지 제112조, 제114조, 제115조 제1항 본문, 제2항, 제118조부터 제132조까지, 제134조, 제135조, 제140조, 제141조, 제333조 제2항, 제486조의 규정은 검사 또는 사법경찰관의 본장의 규정에 의한 압수, 수색 또는 검증에 준용한다. 단, 사법경찰관이 제130조, 제132조 및 제134조에 따른 처분을 함에는 검사의 지휘를 받아야 한다.

275 (○) 제118조, 제219조 참조.

276 사법경찰관이 피의자에 대하여 압수·수색영장을 집행할 경우, 피의자에게 영장의 원본을 제시하면 족하고 영장의 사본을 교부할 필요는 없다.

[국가7급 22]

276 (✕) (압수·수색영장의 집행에 있어서도) 영장을 제시하고 '피처분자가 피의자인 경우'에는 영장 사본을 교부하여야 한다. 제219조, 제118조 참조.

277 압수·수색영장은 처분을 받는 자에게 반드시 제시하여야 하고, 처분을 받는 자가 피의자가 아니라 제3자인 경우에도 그 사본을 교부하여야 한다.

[소방간부 23]

> **해설+** **제118조【영장의 제시와 사본교부】** 압수·수색영장은 처분을 받는 자에게 반드시 제시하여야 하고, 처분을 받는 자가 피고인인 경우에는 그 사본을 교부하여야 한다. 다만, 처분을 받는 자가 현장에 없는 등 영장의 제시나 그 사본의 교부가 현실적으로 불가능한 경우 또는 처분을 받는 자가 영장의 제시나 사본의 교부를 거부한 때에는 예외로 한다.

277 (✕) 처분을 받는 자가 피고인·피의자인 경우에 한하여 그 사본을 교부하여야 한다(제118조 참조).

278 압수·수색영장은 처분을 받는 자에게 반드시 제시하여야 하나, 처분을 받는 자가 현장에 없는 등 영장의 제시나 그 사본의 교부가 현실적으로 불가능한 경우 또는 처분을 받는 자가 영장의 제시나 사본의 교부를 거부한 때에는 예외로 한다.

[법원9급 23]

278 (○) 제118조 단서 참조.

279 압수 · 수색영장을 소지하지 아니한 경우에 급속을 요하는 때에는 피의자에 대하여 공소사실의 요지와 영장이 발부되었음을 고지하고 집행할 수 있다.

[경찰채용 23 2차]

비교 체포 · 구속영장을 소지하지 아니한 경우에 급속을 요하는 때에는 피고인에 대하여 공소사실의 요지와 영장이 발부되었음을 고하고 집행할 수 있다.

보충 **제85조【구속영장집행의 절차】** ③ 구속영장을 소지하지 아니한 경우에 급속을 요하는 때에는 피고인에 대하여 공소사실의 요지와 영장이 발부되었음을 고하고 집행할 수 있다.
④ 전항의 집행을 완료한 후에는 신속히 구속영장을 제시하고 그 사본을 교부하여야 한다.

제200조의6【준용규정】 제75조, 제81조 제1항 본문 및 제3항, 제82조, 제83조, 제85조 제1항 · 제3항 및 제4항, 제86조, 제87조, 제89조부터 제91조까지, 제93조, 제101조 제4항 및 제102조 제2항 단서의 규정은 검사 또는 사법경찰관이 피의자를 체포하는 경우에 이를 준용한다. 이 경우 "구속"은 이를 "체포"로, "구속영장"은 이를 "체포영장"으로 본다.

제201조의2【구속영장 청구와 피의자 심문】 ② 제1항 외의 피의자에 대하여 구속영장을 청구받은 판사는 피의자가 죄를 범하였다고 의심할 만한 이유가 있는 경우에 구인을 위한 구속영장을 발부하여 피의자를 구인한 후 심문하여야 한다. 다만, 피의자가 도망하는 등의 사유로 심문할 수 없는 경우에는 그러하지 아니하다.
⑩ 제71조, 제71조의2, 제75조, 제81조부터 제83조까지, 제85조 제1항 · 제3항 · 제4항, 제86조, 제87조 제1항, 제89조부터 제91조까지 및 제200조의5는 제2항에 따라 구인을 하는 경우에 준용하고, 제48조, 제51조, 제53조, 제56조의2 및 제276조의2는 피의자에 대한 심문의 경우에 준용한다.

제209조【준용규정】 제70조 제2항, 제71조, 제75조, 제81조 제1항 본문 · 제3항, 제82조, 제83조, 제85조부터 제87조까지, 제89조부터 제91조까지, 제93조, 제101조 제1항, 제102조 제2항 본문(보석의 취소에 관한 부분은 제외한다) 및 제200조의5는 검사 또는 사법경찰관의 피의자 구속에 관하여 준용한다.

279 (×) 압수 · 수색영장을 소지하지 아니한 경우에 급속을 요하는 때라도 피의자에 대하여 공소사실의 요지와 영장이 발부되었음을 고지하고 집행할 수 없다.

280 압수 · 수색영장은 사전에 제시하여야 하나, 급속을 요하는 때에는 범죄사실의 요지와 영장이 발부되었음을 고하고 집행할 수 있다. 이 경우에 집행을 완료한 후에는 신속히 압수 · 수색영장을 제시하여야 한다. [경찰채용 11]

비교 체포영장 · 구속영장 집행 시에는 영장 미소지 상태에서의 긴급집행이 가능하나, 압수 · 수색영장은 그러하지 아니하다.

280 (×) '있다' → '없다'
압수 · 수색영장은 처분을 받는 자에게 반드시 제시하여야 한다(제118조).

281 압수 · 수색영장을 집행함에는 검사, 피고인 또는 변호인이 참여하지 아니한다는 의사를 명시한 때 또는 급속을 요하는 때가 아니면 미리 집행의 일시와 장소를 검사, 피고인 또는 변호인에게 통지하여야 한다. [법원9급 12]

281 (○) 제122조

282 검사, 피고인, 변호인은 압수·수색영장의 집행에 참여할 수 있다. 따라서 압수·수색영장 집행 시에 미리 집행일시와 장소를 참여권자에게 통지하는 것이 원칙이다. [경찰채용 13]

282 (○) 제121조, 제122조

283 압수·수색영장의 집행에 참여할 수 있는 당사자의 권리는 급속을 요하는 때에는 제한될 수 있다. [경찰채용 11]

283 (○) 물참의시 명시 또는 급속을 요하는 때에는 통지를 생략할 수 있다. 제122조 참조.

284 압수·수색영장 집행사실을 미리 알려 주면 증거물을 은닉할 염려 등이 있어 압수·수색의 실효를 거두기 어려울 경우, 피의자 또는 변호인에 대한 사전통지를 생략하더라도 적법하다. [군무원9급 22]

284 (○) 제122조 단서 참조.

해설+ **제121조【영장집행과 당사자의 참여】** 검사, 피고인 또는 변호인은 압수·수색영장의 집행에 참여할 수 있다.

제122조【영장집행과 참여권자에의 통지】 압수·수색영장을 집행함에는 미리 집행의 일시와 장소를 전조에 규정한 자에게 통지하여야 한다. 단, 전조에 규정한 자가 참여하지 아니한다는 의사를 명시한 때 또는 급속을 요하는 때에는 예외로 한다.

보충 피의자 또는 변호인은 압수·수색영장의 집행에 참여할 수 있고(형사소송법 제219조, 제121조), 압수·수색영장을 집행함에는 원칙적으로 미리 집행의 일시와 장소를 피의자 등에게 통지하여야 하나(형사소송법 제122조 본문), '급속을 요하는 때'에는 위와 같은 통지를 생략할 수 있다(형사소송법 제122조 단서). 여기서 '급속을 요하는 때'라고 함은 압수·수색영장 집행사실을 미리 알려 주면 증거물을 은닉할 염려 등이 있어 압수·수색의 실효를 거두기 어려울 경우라고 해석함이 옳고, 그와 같이 합리적인 해석이 가능하므로 형사소송법 제122조 단서가 명확성의 원칙 등에 반하여 위헌이라고 볼 수 없다(대법원 2012.10.11, 2012도7455).

285 경찰이 영장에 의해 압수된 피고인의 휴대전화를 탐색하던 중 영장에 기재된 범죄사실이 기록된 파일을 발견하여 이를 별도의 저장매체에 복제·출력한 경우, 이러한 탐색·복제·출력의 과정에서 피고인에게 참여의 기회를 부여하지 않았어도 사후에 그 파일에 대한 압수·수색영장을 발부받아 절차가 진행되었다면 적법하게 수집된 증거이다.　[경찰채용 23 2차]

285 (×)

> **해설+** 압수의 대상이 되는 전자정보와 그렇지 않은 전자정보가 혼재된 정보저장매체나 그 복제본을 압수·수색한 수사기관이 정보저장매체 등을 수사기관 사무실 등으로 옮겨 이를 탐색·복제·출력하는 경우, 그와 같은 일련의 과정에서 형사소송법 제219조, 제121조에서 규정하는 피압수·수색당사자(이하 '피압수자')나 변호인에게 참여의 기회를 보장하고 압수된 전자정보의 파일 명세가 특정된 압수목록을 작성·교부하여야 하며 범죄혐의사실과 무관한 전자정보의 임의적인 복제 등을 막기 위한 적절한 조치를 취하는 등 영장주의원칙과 적법절차를 준수하여야 한다. 만약 그러한 조치가 취해지지 않았다면 피압수자 측이 참여하지 아니한다는 의사를 명시적으로 표시하였거나 절차 위반행위가 이루어진 과정의 성질과 내용 등에 비추어 피압수자 측에 절차참여를 보장한 취지가 실질적으로 침해되었다고 볼 수 없을 정도에 해당한다는 등의 특별한 사정이 없는 이상 압수·수색이 적법하다고 평가할 수 없고, 비록 수사기관이 정보저장매체 또는 복제본에서 범죄혐의사실과 관련된 전자정보만을 복제·출력하였다 하더라도 달리 볼 것은 아니다. 따라서 수사기관이 피압수자 측에 참여의 기회를 보장하거나 압수한 전자정보 목록을 교부하지 않는 등 영장주의원칙과 적법절차를 준수하지 않은 위법한 압수·수색과정을 통하여 취득한 증거는 위법수집증거에 해당하고, 사후에 법원으로부터 영장이 발부되었다거나 피고인이나 변호인이 이를 증거로 함에 동의하였다고 하여 위법성이 치유되는 것도 아니다(대법원 2022.7.28, 2022도2960).

286 피압수자가 수사기관에 압수·수색영장의 집행에 참여하지 않는다는 의사를 명시하였다고 하더라도, 특별한 사정이 없는 한 그 변호인에게는 미리 집행의 일시와 장소를 통지하는 등으로 압수·수색영장의 집행에 참여할 기회를 별도로 보장하여야 한다.　[경찰채용 21 1차] [국가7급 22 유사] [변호사 23 변형]

286 (○)

> **해설+** 형사소송법 제219조, 제121조가 규정한 변호인의 참여권은 피압수자의 보호를 위하여 변호인에게 주어진 고유권이다. 따라서 설령 피압수자가 수사기관에 압수·수색영장의 집행에 참여하지 않는다는 의사를 명시하였다고 하더라도, 특별한 사정이 없는 한 그 변호인에게는 형사소송법 제219조, 제122조에 따라 미리 집행의 일시와 장소를 통지하는 등으로 압수·수색영장의 집행에 참여할 기회를 별도로 보장하여야 한다(대법원 2020.11.26, 2020도10729).

287 저장매체에 대한 압수·수색 과정에서 압수의 목적을 달성하기에 현저히 곤란한 예외적인 사정이 인정되어 전자정보가 담긴 저장매체 등을 수사기관 사무실 등으로 옮겨 복제·탐색·출력하는 경우에도 피압수자나 변호인에게 참여 기회를 보장하여야 하는데, 이는 수사기관이 저장매체 등에서 혐의사실과 관련된 전자정보만을 복제·출력하는 경우에도 마찬가지이다.　[경찰채용 21 1차]

287 (○) 대법원 2020.11.26, 2020도10729

288 전자정보가 담긴 저장매체 또는 복제본을 수사기관 사무실 등으로 옮겨 이를 복제 · 탐색 · 출력하는 경우, 피압수자 측에 절차 참여를 보장한 취지가 실질적으로 침해되었다면 수사기관이 저장매체 또는 복제본에서 혐의사실과 관련된 전자정보만을 복제 · 출력하였더라도 그 압수 · 수색은 위법하다.

[경찰채용 17 2차]

288 (○) 대법원 2015.7.16, 2011 모1839 전원합의체

289 수사기관이 피의자 참여하에 정보저장매체에 기억된 정보 중에서 키워드 또는 확장자 검색 등을 통해 범죄 혐의사실과 관련 있는 정보를 선별한 다음 정보저장매체와 동일하게 비트열 방식으로 복제하여 생성한 파일을 제출받아 압수한 경우, 수사기관에서 위와 같이 압수된 파일을 탐색 · 복제 · 출력하는 과정에서도 피의자 등에게 참여의 기회를 보장하여야 한다. [변호사 21]

289 (×)

> **해설+** 수사기관이 정보저장매체에 기억된 정보 중에서 키워드 또는 확장자 검색 등을 통해 범죄 혐의사실과 관련 있는 정보를 선별한 다음 정보저장매체와 동일하게 비트열 방식으로 복제하여 생성한 파일(이하 '이미지 파일')을 제출받아 압수하였다면 이로써 압수의 목적물에 대한 압수 · 수색 절차는 종료된 것이므로, 수사기관이 수사기관 사무실에서 위와 같이 압수된 이미지 파일을 탐색 · 복세 · 출력하는 과정에서도 피의사 등에 참여의 기회를 보장하여야 하는 것은 아니다(대법원 2018.2.8, 2017도13263).

290 수사기관이 정보저장매체에 기억된 정보 중에서 키워드 또는 확장자 검색 등을 통해 범죄 혐의사실과 관련 있는 정보를 선별한 다음 정보저장매체와 동일하게 비트열 방식으로 복제하여 생성한 파일(이하 '이미지 파일')을 제출받아 압수하였다면, 그 이후 수사기관 사무실에서 위와 같이 압수된 이미지 파일을 탐색 · 복제 · 출력하는 모든 과정에서도 피의자 등에게 참여의 기회를 보장하여야 한다.

[경찰승진 22]

290 (×) 대법원 2018.2.8, 2017 도13263

291 수사기관이 정보저장매체에 기억된 정보 중에서 범죄 혐의사실과 관련 있는 정보를 선별한 다음, 선별한 파일을 복제하여 생성한 파일을 제출받아 적법하게 압수하였다면 수사기관 사무실에서 위와 같이 압수된 이미지 파일을 탐색 · 복제 · 출력하는 과정에서 피의자 등에게 참여의 기회를 보장하여야 하는 것은 아니다.

[국가9급 21]

291 (○) 대법원 2018.2.8, 2017 도13263

292 수사기관이 甲을 피의자로 하여 발부받은 압수·수색영장에 기하여 인터넷서비스업체인 A주식회사를 상대로 A주식회사의 본사 서버에 저장되어 있는 甲의 전자정보인 SNS 대화내용 등에 대하여 압수·수색을 실시한 경우, 수사기관은 압수·수색과정에서 甲에게 참여권을 보장하여야 한다.

[국가7급 22]

판례 수사기관이 준항고인을 피의자로 하여 발부받은 압수·수색영장에 기하여 인터넷서비스업체인 甲 주식회사를 상대로 甲 회사의 본사 서버에 저장되어 있는 준항고인의 전자정보인 카카오톡 대화내용 등에 대하여 압수·수색을 실시하였는데, 준항고인은 수사기관이 압수·수색과정에서 참여권을 보장하지 않는 등의 위법이 있다는 이유로 압수·수색의 취소를 청구한 경우, 수사기관이 압수·수색영장을 집행할 때 처분의 상대방인 甲 회사에 영장을 팩스로 송부하였을 뿐 영장 원본을 제시하지 않은 점, 甲 회사는 서버에서 일정 기간의 준항고인의 카카오톡 대화내용을 모두 추출한 다음 그중에서 압수·수색영장의 범죄사실과 관련된 정보만을 분리하여 추출할 수 없어 그 기간의 모든 대화내용을 수사기관에 이메일로 전달하였는데, 여기에는 준항고인이 자신의 부모, 친구 등과 나눈 일상적 대화 등 혐의사실과 관련 없는 내용이 포함되어 있는 점, 수사기관은 압수·수색과정에서 준항고인에게 미리 집행의 일시와 장소를 통지하지 않았고, 甲 회사로부터 준항고인의 카카오톡 대화내용을 취득한 뒤 전자정보를 탐색·출력하는 과정에서도 준항고인에게 참여기회를 부여하지 않았으며, 혐의사실과 관련된 부분을 선별하지 않고 그 일체를 출력하여 증거물로 압수하였고, 압수·수색영장 집행 이후 甲 회사와 준항고인에게 압수한 전자정보 목록을 교부하지 않은 점 등 제반 사정에 비추어 볼 때, … 그 과정에서 압수·수색영장의 원본을 제시하지 않은 위법, 수사기관이 甲 회사로부터 입수한 전자정보에서 범죄 혐의사실과 관련된 부분의 선별 없이 그 일체를 출력하여 증거물로 압수한 위법, 그 과정에서 서비스이용자로서 실질적 피압수자이자 피의자인 준항고인에게 참여권을 보장하지 않은 위법과 압수한 전자정보 목록을 교부하지 않은 위법을 종합하면, 압수·수색에서 나타난 위법이 압수·수색절차 전체를 위법하게 할 정도로 중대하다고 보아 압수·수색을 취소한 원심의 결론을 수긍할 수 있다(동 판례).

292 (○) 압수·수색영장의 원본을 제시하지 않은 위법, 수사기관이 카카오로부터 입수한 전자정보에서 범죄 혐의사실과 관련된 부분의 선별 없이 그 일체를 출력하여 증거물로 압수한 위법, 그 과정에서 서비스이용자로서 실질적 피압수자이자 피의자인 준항고인에게 참여권을 보장하지 않은 위법과 압수한 전자정보 목록을 교부하지 않은 위법을 종합하면, 이 사건 압수·수색에서 나타난 위법이 압수·수색절차 전체를 위법하게 할 정도로 중대하다(대법원 2022.5.31, 2016모587).

293 수사기관이 범죄 혐의사실과 관련 있는 정보를 선별하여 압수한 후에도 그와 관련이 없는 나머지 정보를 삭제·폐기·반환하지 아니한 채 그대로 보관하고 있다면, 범죄 혐의사실과 관련이 없는 부분에 대하여는 압수의 대상이 되는 전자정보의 범위를 넘어서는 전자정보를 영장 없이 압수·수색하여 취득한 것이어서 위법하고, 사후에 압수·수색영장이 발부되었다거나 피고인이나 변호인이 이를 증거로 함에 동의하였다고 하여 그 위법성이 치유된다고 볼 수 없다.

[경찰채용 22 2차·23 2차 변형]

293 (○)

해설+ 법원은 압수·수색영장의 집행에 관하여 범죄 혐의사실과 관련 있는 전자정보의 탐색·복제·출력이 완료된 때에는 지체 없이 영장 기재 범죄 혐의사실과 관련이 없는 나머지 전자정보에 대해 삭제·폐기 또는 피압수자 등에게 반환할 것을 정할 수 있다. 수사기관이 범죄 혐의사실과 관련 있는 정보를 선별하여 압수한 후에도 그와 관련이 없는 나머지 정보를 삭제·폐기·반환하지 아니한 채 그대로 보관하고 있다면 범죄 혐의사실과 관련이 없는 부분에 대하여는 압수의 대상이 되는 전자정보의 범위를 넘어서는 전자정보를 영장 없이 압수·수색하여 취득한 것이어서 위법하고, 사후에 법원으로부터 압수·수색영장이 발부되었다거나 피고인이나 변호인이 이를 증거로 함에 동의하였다고 하여 그 위법성이 치유된다고 볼 수 없다(대법원 2022.1.14, 2021모1586).

294 영장에 수색할 장소를 특정하도록 한 취지에 비추어 보면, 수색장소에 있는 정보처리장치를 이용하여 정보통신망으로 연결된 원격지의 저장매체에서 수색장소에 있는 정보처리장치로 전자정보를 내려받아 이를 압수하는 것은 압수·수색영장에서 허용한 집행의 장소적 범위를 위법하게 확대하는 것이다.   [경찰채용 19 2차]

해설+ 수사기관이 인터넷서비스이용자인 피의자를 상대로 피의자의 컴퓨터 등 정보처리장치 내에 저장되어 있는 이메일 등 전자정보를 압수·수색하는 것은 전자정보의 소유자 내지 소지자를 상대로 해당 전자정보를 압수·수색하는 대물적 강제처분으로 형사소송법의 해석상 허용된다. 나아가 압수·수색할 전자정보가 압수·수색영장에 기재된 수색장소에 있는 컴퓨터 등 정보처리장치 내에 있지 아니하고 그 정보처리장치와 정보통신망으로 연결되어 제3자가 관리하는 원격지의 서버 등 저장매체에 저장되어 있는 경우에도, 수사기관이 피의자의 이메일 계정에 대한 접근권한에 갈음하여 발부받은 영장에 따라 영장 기재 수색장소에 있는 컴퓨터 등 정보처리장치를 이용하여 적법하게 취득한 피의자의 이메일 계정 아이디와 비밀번호를 입력하는 등 피의자가 접근하는 통상적인 방법에 따라 원격지의 저장매체에 접속하고 그곳에 저장되어 있는 피의자의 이메일 관련 전자정보를 수색장소의 정보처리장치로 내려받거나 그 화면에 현출시키는 것 역시 피의자의 소유에 속하거나 소지하는 전자정보를 대상으로 이루어지는 것이므로 그 전자정보에 대한 압수·수색을 위와 달리 볼 필요가 없다(대법원 2017.11.29, 2017도9747).

비교 압수·수색영장에 적힌 '압수할 물건'에 컴퓨터 등 정보처리장치 저장 전자정보만 기재되어 있다면 컴퓨터 등 정보처리장치를 이용하여 원격지 서버 저장 전자정보를 압수할 수는 없다. 압수·수색영장에 적힌 '압수할 물건'에 원격지 서버 저장 전자정보가 기재되어 있지 않은 이상 '압수할 물건'은 컴퓨터 하드디스크 및 외부 저장매체에 저장된 전자정보에 한정되므로 경찰이 압수한 불법촬영물은 위법수집증거에 해당하고, 이를 이용하여 수집한 다른 증거도 위법수집증거에 기한 2차적 증거에 해당하여 증거능력이 없다(대법원 2022.6.30, 2022도1452).

295 압수·수색할 전자정보가 영장에 기재된 수색장소에 있는 컴퓨터에 있지 않고 그 컴퓨터와 정보통신망으로 연결되어 제3자가 관리하는 원격지의 서버에 저장되어 있는 경우, 영장에 기재된 수색장소의 컴퓨터를 이용하여 원격지의 저장매체에 접속하는 것은 피의자가 접근하는 통상적인 방법에 따라 한 것이라도 허용된 집행의 장소적 범위를 벗어난 것으로 위법하다.   [변호사 22]

해설+ 법원이 발부한 압수·수색영장에 압수·수색·검증할 물건으로 '피고인이 북한 대남공작조직 225국과 간첩 통신수단으로 사용한 중국 인터넷서비스제공자인 공소외 1 회사와 공소외 2 회사가 제공하는 이메일서비스의 총 10개 계정 중 국가보안법 위반 혐의와 관련해 개설시점부터 2015. 11.24.까지 사이의 이메일 계정, 받은 편지함 등 각종 편지함, 임시 보관함 등 각종 보관함(스팸·휴지통, 주소록 등 기타 내용 포함), 이메일과 연결된 드라이브 내 각종 문서함(휴지통·캘린더 등 기타 내용 포함)에 송·수신이 완료되어 저장되어 있는 내용과 동 내용을 출력한 출력물, 동 내용을 저장한 저장매체(메일 헤더가 기록된 원본내용 포함)'가 기재되어 있으므로, 위 압수·수색은 영장주의 위반이 아니다(대법원 2017.11.29, 2017도9747).

296 압수 · 수색할 전자정보가 영장에 기재된 수색장소에 있는 정보처리장치에 있지 않고 그 정보처리장치와 정보통신망으로 연결되어 제3자가 관리하고 있는 원격지의 저장매체에 저장되어 있는 경우, 수사기관이 압수 · 수색영장에 기재되어 있는 압수할 물건을 적법한 절차와 집행방법에 따라 수색장소의 정보처리장치를 이용하여 원격지의 저장매체에 접속하였다 하더라도 이와 같은 압수 · 수색은 「형사소송법」에 위반된다. [국가9급개론 21]

296 (×) 대법원 2017.11.29, 2017 도9747

297 피의자의 컴퓨터 내에 저장되어 있는 이메일 등 전자정보를 압수 · 수색하는 것은 전자정보의 소유자 내지 소지자를 상대로 해당 전자정보를 압수 · 수색하는 대물적 강제처분으로 「형사소송법」의 해석상 허용된다.
[경찰채용 19 2차]

297 (○) 대법원 2017.11.29, 2017 도9747

298 피의자의 이메일 계정에 대한 접근권한에 갈음하여 발부받은 압수 · 수색영장의 효력은 대한민국의 사법관할권이 미치지 아니하는 해외 이메일서비스제공자의 해외 서버 및 그 해외 서버에 소재하는 저장매체 속 피의자의 전자정보에 대하여까지 미치지는 않는다. [경찰채용 19 1차] [경찰승진 23]

298 (×)

해설+ 피의자의 이메일 계정에 대한 접근권한에 갈음하여 발부받은 압수 · 수색영장에 따라 원격지의 저장매체에 적법하게 접속하여 내려받거나 현출된 전자정보를 대상으로 하여 범죄 혐의사실과 관련된 부분에 대하여 압수 · 수색하는 것은, 압수 · 수색영장의 집행을 원활하고 적정하게 행하기 위하여 필요한 최소한도의 범위 내에서 이루어지며 그 수단과 목적에 비추어 사회통념상 타당하다고 인정되는 대물적 강제처분 행위로서 허용되며, 형사소송법 제120조 제1항에서 정한 압수 · 수색영장의 집행에 필요한 처분에 해당한다. 그리고 이러한 법리는 원격지의 저장매체가 국외에 있는 경우라 하더라도 그 사정만으로 달리 볼 것은 아니다(대법원 2017.11.29, 2017도9747).

299 수사기관이 피의자의 이메일 계정에 대한 접근권한에 갈음하여 발부받은 압수 · 수색영장에 따라, 원격지의 저장매체에 적법하게 접속하여 내려받거나 현출된 전자정보를 대상으로 하여 범죄 혐의사실과 관련된 부분에 대하여 압수 · 수색하는 것은 특별한 사정이 없는 한 허용되지만, 원격지 저장매체가 국외에 있는 경우에는 허용되지 않는다. [경찰채용 23 2차]

299 (×) 대법원 2017.11.29, 2017 도9747

300 법원이 발부한 압수·수색영장에는 '압수할 물건'이 '여성의 신체를 몰래 촬영한 것으로 판단되는 사진, 동영상 파일이 저장된 컴퓨터 하드디스크 및 외부 저장매체'로 되어 있는데, 사법경찰관 P는 위 압수·수색영장으로 압수한 휴대전화가 구글계정에 로그인되어 있는 상태를 이용하여 구글클라우드에서 불법촬영물을 다운로드 받는 방식으로 압수하였다. P의 압수는 영장주의 위반이 아니다.

300 (×)

해설+ 압수할 전자정보가 저장된 저장매체로서 압수·영장에 기재된 수색장소에 있는 컴퓨터, 하드디스크, 휴대전화와 같은 컴퓨터 등 정보처리장치와 수색장소에 있지는 않으나 컴퓨터 등 정보처리장치와 정보통신망으로 연결된 원격지의 서버 등 저장매체(이하 '원격지 서버')는 소재지, 관리자, 저장공간의 용량 측면에서 서로 구별된다. 원격지 서버에 저장된 전자정보를 압수·수색하기 위해서는 컴퓨터 등 정보처리장치를 이용하여 정보통신망을 통해 원격지 서버에 접속하고 그곳에 저장되어 있는 전자정보를 컴퓨터 등 정보처리장치로 내려받거나 화면에 현출시키는 절차가 필요하므로, 컴퓨터 등 정보처리장치 자체에 저장된 전자정보와 비교하여 압수·수색의 방식에 차이가 있다. 원격지 서버에 저장되어 있는 전자정보와 컴퓨터 등 정보처리장치에 저장되어 있는 전자정보는 그 내용이나 질이 다르므로 압수·수색으로 얻을 수 있는 전자정보의 범위와 그로 인한 기본권 침해 정도도 다르다. 따라서 수사기관이 압수·수색영장에 적힌 '수색할 장소'에 있는 컴퓨터 등 정보처리장치에 저장된 전자정보 외에 원격지 서버에 저장된 전자정보를 압수·수색하기 위해서는 압수·수색영장에 적힌 '압수할 물건'에 별도로 원격지 서버 저장 전자정보가 특정되어 있어야 한다. 압수·수색영장에 적힌 '압수할 물건'에 컴퓨터 등 정보처리장치 저장 전자정보만 기재되어 있다면 컴퓨터 등 정보처리장치를 이용하여 원격지 서버 저장 전자정보를 압수할 수는 없다. 압수·수색영장에 적힌 '압수할 물건'에 원격지 서버 저장 전자정보가 기재되어 있지 않은 이상 '압수할 물건'은 컴퓨터 하드디스크 및 외부 저장매체에 저장된 전자정보에 한정되므로 경찰이 압수한 불법촬영물은 위법수집증거에 해당하고, 이를 이용하여 수집한 다른 증거도 위법수집증거에 기한 2차적 증거에 해당하여 증거능력이 없다(대법원 2022.6.30, 2022도1452).

301 수사기관이 압수·수색영장에 적힌 '수색할 장소'에 있는 컴퓨터 등 정보처리장치에 저장된 전자정보 외에 원격지클라우드에 저장된 전자정보를 압수·수색하기 위해서는 압수·수색영장에 적힌 '압수할 물건'에 별도로 원격지클라우드 저장 전자정보가 특정되어 있어야 한다.

[경찰채용 23 2차] [국가9급 23]

301 (○)

해설+ 수사기관이 압수·수색영장에 적힌 '수색할 장소'에 있는 컴퓨터 등 정보처리장치에 저장된 전자정보 외에 원격지 서버에 저장된 전자정보를 압수·수색하기 위해서는 압수·수색영장에 적힌 '압수할 물건'에 별도로 원격지 서버 저장 전자정보가 특정되어 있어야 한다. 압수·수색영장에 적힌 '압수할 물건'에 컴퓨터 등 정보처리장치 저장 전자정보만 기재되어 있다면 컴퓨터 등 정보처리장치를 이용하여 원격지 서버 저장 전자정보를 압수할 수는 없다(대법원 2022.6.30, 2020모735).

302 압수·수색영장에 적힌 '압수할 물건'에 컴퓨터 등 정보처리장치 저장 전자정보만 기재되어 있고 별도로 원격지 서버 저장의 전자정보가 특정되어 있지 않았다 하더라도, 영장에 기재된 해당 컴퓨터 등 정보처리장치를 이용하여 로그인되어 있는 상태의 원격지 서버 저장 전자정보를 압수한 경우는 영장주의원칙에 반하지 않는다. [경찰간부 23]

302 (×) 대법원 2022.6.30, 2022도1452

303 수사기관이 압수·수색영장으로 압수한 휴대전화가 클라우드 서버에 로그인되어 있는 상태를 이용하여 클라우드 서버에서 불법촬영물을 다운로드받아 압수한 경우, 압수·수색영장에 적힌 '압수할 물건'에 원격지 서버 저장 전자정보가 기재되어 있지 않았다면 압수한 불법촬영물은 유죄의 증거로 사용할 수 없다. [변호사 23]

303 (○) 대법원 2022.6.30, 2022도1452

304 사법경찰관은 피의사실이 중대하고 범죄혐의가 명백함에도 불구하고 피의자가 장시간의 설득에도 소변의 임의제출을 거부하면서 영장집행에 저항하여 다른 방법으로 수사 목적을 달성하기 곤란하다고 판단한 때에는, '압수·수색영장의 집행에 필요한 처분'으로 필요최소한의 한도 내에서 피의자를 강제로 인근 병원으로 데리고 가서 의사로 하여금 피의자의 신체에서 소변을 채취하는 것이 허용된다. [경찰채용 21 2차]

304 (○) 대법원 2018.7.12, 2018도6219

305 압수·수색의 방법으로 소변을 채취하는 경우 압수대상물인 피의자의 소변을 확보하기 위한 수사기관의 노력에도 불구하고, 피의자가 소변 채취에 적합한 인근 병원 등으로 이동하는 것에 저항하는 등 임의동행을 기대할 수 없는 사정이 있는 때에는, 수사기관으로서는 소변 채취에 적합한 장소로 피의자를 데려가기 위해서 필요최소한의 유형력을 행사하는 것이 허용된다. [국가9급 21]

305 (○) 대법원 2018.7.12, 2018도6219

306 도박 기타 풍속을 해하는 행위에 상용된다고 인정하는 장소에서 압수·수색영장을 집행함에는 압수·수색영장 야간집행의 제한을 받지 아니한다. 여관, 음식점 기타 야간에 공중이 출입할 수 있는 장소에서의 압수·수색영장 집행의 경우도 마찬가지이나 이때는 공개한 시간 내에 한한다.

[법원9급 10]

306 (○) 제126조

307 여자의 신체에 대하여 수색할 때에는 성년의 여자를 참여하게 하여야 한다. 일출 전, 일몰 후에는 압수·수색영장에 야간집행을 할 수 있는 기재가 없으면 그 영장을 집행하기 위하여 타인의 주거, 간수자 있는 가옥, 건조물, 항공기 또는 선차(船車) 내에 들어가지 못한다.

[법원9급 10]

307 (○) 제124조, 제125조

308 여자의 신체에 대하여 수색할 때에는 의사와 성년 여자를 참여하게 하여야 한다.

[국가9급 22]

보충 여자의 신체를 검사하는 경우에는 의사나 성년 여자를 참여하게 하여야 한다(제141조 제3항).

308 (×) '의사와' → 삭제 여자의 신체에 대하여 수색할 때에는 성년의 여자를 참여하게 하여야 한다(제124조).

309 압수물 목록은 피압수자 등이 압수물에 대한 환부·가환부 신청을 하거나 압수처분에 대한 준항고를 하는 등 권리행사절차를 밟는 가장 기초적인 자료가 되므로, 이러한 권리행사에 지장이 없도록 압수 직후 현장에서 바로 작성하여 교부해야 하는 것이 원칙이다.

[경찰채용 11]

309 (○) 대법원 2009.3.12, 2008도763

310 수사기관이 정보저장매체에 기억된 정보의 압수 직후 현장에서 작성하여 교부하는 압수된 정보의 상세목록에는 정보의 파일명세가 특정되어 있어야 하고, 수사기관은 이를 출력한 서면을 교부하거나 전자파일 형태로 복사해 주거나 이메일을 전송하는 등의 방식으로도 할 수 있다. [경찰채용 18 2차]

310 (○)

> **해설+** 형사소송법 제219조, 제121조에 의하면, 수사기관이 압수·수색영장을 집행할 때 피의자 또는 변호인은 그 집행에 참여할 수 있다. 압수의 목적물이 컴퓨터용디스크 그 밖에 이와 비슷한 정보저장매체인 경우에는 영장 발부의 사유로 된 범죄 혐의사실과 관련 있는 정보의 범위를 정하여 출력하거나 복제하여 이를 제출받아야 하고, 피의자나 변호인에게 참여의 기회를 보장하여야 한다. 만약 그러한 조치를 취하지 않았다면 이는 형사소송법에 정한 영장주의 원칙과 적법절차를 준수하지 않은 것이다. 수사기관이 정보저장매체에 기억된 정보 중에서 키워드 또는 확장자 검색 등을 통해 범죄 혐의사실과 관련 있는 정보를 선별한 다음 정보저장매체와 동일하게 비트열 방식으로 복제하여 생성한 파일(이하 '이미지 파일')을 제출받아 압수하였다면 이로써 압수의 목적물에 대한 압수·수색 절차는 종료된 것이므로, 수사기관이 수사기관 사무실에서 위와 같이 압수된 이미지 파일을 탐색·복제·출력하는 과정에서도 피의자 등에게 참여의 기회를 보장하여야 하는 것은 아니다. 압수물 목록은 피압수자 등이 압수처분에 대한 준항고를 하는 등 권리행사절차를 밟는 가장 기초적인 자료가 되므로, 수사기관은 이러한 권리행사에 지장이 없도록 압수 직후 현장에서 압수물 목록을 바로 작성하여 교부해야 하는 것이 원칙이다. 이러한 압수물 목록 교부 취지에 비추어 볼 때, 압수된 정보의 상세목록에는 정보의 파일 명세가 특정되어 있어야 하고, 수사기관은 이를 출력한 서면을 교부하거나 전자파일 형태로 복사해 주거나 이메일을 전송하는 등의 방식으로도 할 수 있다(대법원 2018.2.8, 2017도13263).

311 압수물 목록 교부 취지에 비추어 볼 때, 압수된 정보의 상세 목록에는 정보의 파일 명세가 특정되어 있어야 하고, 수사기관은 이를 출력한 서면을 교부하거나 전자파일 형태로 복사해 주거나 이메일을 전송하는 등의 방식으로도 할 수 있다. [경찰간부 23 변형] [국가7급 21]

311 (○) 대법원 2018.2.8, 2017도13263

312 수사기관이 2022.9.12. 甲을 성폭력범죄의 처벌 등에 관한 특례법 위반(카메라등이용촬영)의 현행범으로 체포하면서 휴대전화를 임의제출받은 후 피의자신문과정에서 甲과 함께 휴대전화를 탐색하던 중 2022.6.경의 동일한 범행에 관한 영상을 발견하고 그 영상을 甲에게 제시하였으며 甲이 해당 영상을 언제, 어디에서 촬영한 것인지 쉽게 알아보고 그에 관해 구체적으로 진술하였던 경우에 甲에게 전자정보의 파일 명세가 특정된 압수목록이 작성·교부되지 않았더라도 甲의 절차상 권리가 실질적으로 침해되었다고 볼 수 없다. [변호사 23]

312 (○)

해설+ 수사기관이 휴대전화를 임의제출받은 후 피의자신문과정에서 피의자와 함께 휴대전화를 탐색하던 중 그 이전의 동일한 범행에 관한 영상을 발견하고 그 영상을 피의자에게 제시하였으며 피의자가 해당 영상을 언제, 어디에서 촬영한 것인지 쉽게 알아보고 그에 관해 구체적으로 진술하였던 경우에는 피의자가 위 휴대전화의 압수과정에 참여하였다고 볼 수 있으므로, 피의자에게 전자정보의 파일 명세가 특정된 압수목록이 작성·교부되지 않았더라도 피의자의 절차상 권리가 실질적으로 침해되었다고 보기도 어렵다.

보충 다른 범행에 관한 영상은 임의제출에 따른 압수의 동기가 된 범행의 동기와 경위, 범행수단과 방법 등을 증명하기 위한 간접증거나 정황증거 등으로 사용될 수 있으므로 구체적·개별적 연관관계가 인정되어 관련성이 있는 증거에 해당하고, 경찰이 1회 피의자신문 당시 휴대전화를 피고인과 함께 탐색하는 과정에서 다른 범행에 관한 영상을 발견하였으므로 피고인이 휴대전화의 탐색과정에 참여하였다고 볼 수 있으며, 경찰은 같은 날 곧바로 진행된 2회 피의자신문에서 이 사건 사진을 피고인에게 제시하였고, 5장에 불과한 이 사건 사진은 모두 동일한 일시, 장소에서 촬영된 다른 범행에 관한 영상을 출력한 것임을 육안으로 쉽게 알 수 있으므로, 비록 피고인에게 전자정보의 파일 명세가 특정된 압수목록이 작성·교부되지 않았더라도 절차 위반행위가 이루어진 과정의 성질과 내용 등에 비추어 피고인의 절차상 권리가 실질적으로 침해되었다고 보기도 어렵다(대법원 2022.1.13, 2016도9596).

보충 피고인이 휴대전화로 성명 불상 피해자들의 신체를 그 의사에 반하여 촬영하거나(이하 '1〜7번 범행'이라고 한다), 짧은 치마를 입고 횡단보도 앞에서 신호를 기다리던 피해자의 다리를 몰래 촬영하여(이하 '8번 범행'이라고 한다) 성폭력범죄의 처벌 등에 관한 특례법 위반(카메라등이용촬영)으로 기소되었는데, 8번 범행 피해자의 신고를 받고 출동한 경찰관이 현장에서 피고인으로부터 임의제출받아 압수한 휴대전화를 사무실에서 탐색하는 과정에서 1〜7번 범행의 영상을 발견한 경우, 1〜7번 범행에 관한 동영상은 촬영기간이 8번 범행 일시와 가깝고, 8번 범행과 마찬가지로 버스정류장 등 공공장소에서 촬영되어 임의제출의 동기가 된 8번 범죄혐의사실과 관련성 있는 증거인 점, 경찰관은 임의제출받은 휴대전화를 피고인이 있는 자리에서 살펴보고 8번 범행이 아닌 영상을 발견하였으므로 피고인이 탐색에 참여하였다고 볼 수 있는 점, 경찰관이 피의자신문 시 1〜7번 범행 영상을 제시하자 피고인은 그 영상이 언제 어디에서 찍은 것인지 쉽게 알아보고 그에 관해 구체적으로 진술하였으므로, 비록 피고인에게 압수된 전자정보가 특정된 목록이 교부되지 않았더라도 절차 위반행위가 이루어진 과정의 성질과 내용 등에 비추어 절차상 권리가 실질적으로 침해되었다고 보기 어려운 점 등을 종합하면, 1〜7번 범행으로 촬영한 영상의 출력물과 파일 복사본을 담은 시디(CD)는 임의제출에 의해 적법하게 압수된 전자정보에서 생성된 것으로서 증거능력이 인정된다(대법원 2022.2.17, 2019도4938).

313 甲이 A 소유 모텔 객실에 위장형 카메라를 몰래 설치해 불법촬영을 하였
는데 이후 甲의 범행을 인지한 수사기관이 A로부터 임의제출 형식으로 위
카메라를 압수한 경우, 카메라의 메모리카드에 사실상 대부분 압수의 대상
이 되는 전자정보만이 저장되어 있어 해당 전자정보인 불법촬영 동영상을
탐색·출력하는 과정에서 위 임의제출에 따른 통상의 압수절차 외에 별도
의 조치가 따로 요구되는 것은 아니므로, 甲에게 참여의 기회를 보장하지
않고 전자정보 압수목록을 작성·교부하지 않았다는 점만으로 곧바로 위
임의제출물의 증거능력을 부정할 수 없다.   [변호사 23]

313 (○) 대법원 2021.11.25, 2019
도7342

314 증거물을 압수하였을 때에는 압수조서 및 압수목록을 작성하여야 하지만,
수색한 결과 증거물이 없는 경우에는 그 취지의 증명서를 교부할 필요는
없다.   [국가9급개론 21]

314 (×)

해설+ 검증, 압수 또는 수색에 관하여는 조서를 작성하여야 하고(제49조 제1항), 압수한 경우에는
목록을 작성하여 소유자, 소지자, 보관자 기타 이에 준할 자에게 교부하여야 하며(제129조), <u>수색한
경우에 증거물 또는 몰취할 물건이 없는 때에는 그 취지의 증명서를 교부하여야 한다(제128조).</u>

315 체포영장의 집행을 위하여 타인의 주거를 수색하는 경우 별도로 영장을 발
부받기 어려운 긴급한 사정이 있는지 여부를 구별하지 않고 피의자가 그
장소에 소재할 개연성만 소명되면 수색영장 없이 피의자 수색을 할 수 있
도록 허용하는 규정은 영장주의에 위반된다.   [경찰채용 19 2차 변형]

315 (○) 구 형사소송법 제216조
제1항 제1호에 대해서는 헌법재판
소의 헌법불합치결정이 내려진 바
있다(헌법재판소 2018.4.26, 2016
헌가7).

해설+ 헌법 제16조의 영장주의에 대해서도 그 예외를 인정하되, 이는 ㉠ 그 장소에 범죄혐의 등을
입증할 자료나 피의자가 존재할 개연성이 소명되고, ㉡ 사전에 영장을 발부받기 어려운 긴급한 사정
이 있는 경우에만 제한적으로 허용될 수 있다고 보는 것이 타당하다. 심판대상조항은 체포영장을
<u>발부받아 피의자를 체포하는 경우에 필요한 때에는 영장 없이 타인의 주거 등 내에서 피의자 수사를
할 수 있다고 규정함으로써, 앞서 본 바와 같이 별도로 영장을 발부받기 어려운 긴급한 사정이 있는
지 여부를 구별하지 아니하고 피의자가 소재할 개연성만 소명되면 영장 없이 타인의 주거 등을 수색
할 수 있도록 허용하고 있다. 이는 체포영장이 발부된 피의자가 타인의 주거 등에 소재할 개연성은
소명되나, 수색에 앞서 영장을 발부받기 어려운 긴급한 사정이 인정되지 않는 경우에도 영장 없이
피의자 수색을 할 수 있다는 것이므로, 위에서 본 헌법 제16조의 영장주의 예외 요건을 벗어나는
것으로서 영장주의에 위반된다(</u>헌법재판소 2018.4.26, 2015헌바370,2016헌가7).

316 수사기관이 체포영장을 집행하는 경우 필요한 때에는 영장 없이 타인의 주거에서 피의자 수색을 할 수 있다는 규정은 헌법상 영장주의에 위반되지 않는다. [경찰채용 18 2차]

316 (×) 헌법재판소 2018.4.26, 2015헌바370,2016헌가7

317 검사 또는 사법경찰관은 제200조의2(영장에 의한 체포) 제200조의3(긴급체포)·제201조(구속) 또는 제212조(현행범인의 체포)의 규정에 의하여 피의자를 체포 또는 구속하는 경우에 필요한 때에는 영장 없이 타인의 주거나 타인이 간수하는 가옥, 건조물, 항공기, 선차 내에서의 피의자 수사를 할 수 있다. [국가9급 18] [국가9급개론 18] [법원9급 17]

317 (×) 제210조 제1항 제1호

> **보충** 이 지문에는 2019.12.31. 개정에 의하여 제216조 제1항 제1호 단서의 내용이 추가되어야 한다. "다만, 제200조의2 또는 제201조에 따라 피의자를 체포 또는 구속하는 경우의 피의자 수색은 미리 수색영장을 발부받기 어려운 긴급한 사정이 있는 때에 한정한다(헌법재판소 2018.4.26, 2015헌바370)."

318 검사 또는 사법경찰관이 피의자를 영장에 의하여 체포하는 경우에 필요한 때에는 영장 없이 타인의 주거나 타인이 간수하는 가옥, 건조물, 항공기, 선차 안에서의 피의자 수색이 허용된다. [경찰채용 22 1차]

318 (×) 피의자에 대한 체포영장에 의한 체포와 구속의 경우, 수색영장 없는 피의자 수색은 미리 수색영장을 발부받기 어려운 긴급한 사정이 있는 때에만 가능하다(2019.12.31. 개정 제216조 제1항 제1호).

> **해설+** 제216조【영장에 의하지 아니한 강제처분】① 검사 또는 사법경찰관은 제200조의2·제200조의3·제201조 또는 제212조의 규정에 의하여 피의자를 체포 또는 구속하는 경우에 필요한 때에는 영장 없이 다음 처분을 할 수 있다.
> 1. 타인의 주거나 타인이 간수하는 가옥, 건조물, 항공기, 선차 내에서의 피의자 수색. 다만, 제200조의2 또는 제201조에 따라 피의자를 체포 또는 구속하는 경우의 피의자 수색은 미리 수색영장을 발부받기 어려운 긴급한 사정이 있는 때에 한정한다.

319 체포영장이나 구속영장 집행을 위하여 영장 없이 타인의 주거 등을 수색하는 경우에는 사전에 수색영장을 발부받기 어려운 긴급한 사정이 있어야 한다. [경찰경채 23]

319 (○) 피의자를 영장에 의한 체포 또는 구속하는 경우의 영장 없는 피의자 수색은, 미리 수색영장을 발부받기 어려운 긴급한 사정이 있는 때에 한하여 할 수 있다. 제216조 제1항 제1호 단서 참조.

[320-1~4] 2019.12.31. 개정 전 구 「형사소송법」 제216조 제1항은 "검사 또는 사법경찰관은 제200조의2(영장에 의한 체포) · 제200조의3(긴급체포) · 제201조(구속) 또는 제212조(현행범인의 체포)의 규정에 의하여 피의자를 체포 또는 구속하는 경우에 필요한 때에는 영장 없이 다음 처분을 할 수 있다."라고 규정하면서 제1호에서 "타인의 주거나 타인이 간수하는 가옥, 건조물, 항공기, 선차 내에서의 피의자 수사"를 규정하고 있었다.

헌법재판소는 2018.4.26. 선고 2015헌바370,2016헌가7(병합) 결정에서, 위 제216조 제1항 제1호 중 제200조의2에 관한 부분(이하 '구법 조항')은 체포영장이 발부된 피의자가 타인의 주거 등에 소재할 개연성은 소명되나, 수색에 앞서 영장을 발부받기 어려운 긴급한 사정이 인정되지 않는 경우에도 영장 없이 피의자 수색을 할 수 있다는 것이므로, 헌법 제16조의 영장주의 예외 요건을 벗어나는 것으로서 영장주의에 위반된다고 판단하였다. 나아가 구법 조항에 대하여 단순위헌결정을 하여 그 효력을 즉시 상실시킨다면, 수색영장 없이 타인의 주거 등을 수색하여 피의자를 체포할 긴급한 필요가 있는 경우에도 이를 허용할 법률적 근거가 사라지게 되는 법적 공백상태가 발생하게 된다는 이유로 헌법불합치를 선언하면서, 구법 조항은 2020.3.31.을 시한으로 입법자가 개정할 때까지 계속 적용된다고 결정하였다(이하 '이 사건 헌법불합치결정').

이 사건 헌법불합치결정에 따라 2019.12.31. 개정된 「형사소송법」은 제216조 제1항 제1호 중 '피의자 수사'를 '피의자 수색'으로 개정하면서 단서에 "제200조의2 또는 제201조에 따라 피의자를 체포 또는 구속하는 경우의 피의자 수색은 미리 수색영장을 발부받기 어려운 긴급한 사정이 있는 때에 한정한다."라는 부분을 추가하였으나, 부칙은 소급적용에 관하여 아무런 규정을 두고 있지 않다.

320-1 헌법불합치결정 당시 구법 제216조 제1항 제1호의 위헌 여부가 쟁점이 되어 법원이 계속 중인 사건에 대해서는 구법 제216조 제1항 제1호가 적용되는 것이 아니라 위헌성이 제거된 개정법 제216조 제1항 제1호가 적용된다.

320-1 (○)

해설+ 어떤 법률조항에 대하여 헌법재판소가 헌법불합치결정을 하여 입법자에게 그 법률조항을 합헌적으로 개정 또는 폐지하는 임무를 입법자의 형성 재량에 맡긴 이상, 개선입법의 소급적용 여부와 소급적용 범위는 원칙적으로 입법자의 재량에 달린 것이다. 그러나 구법 조항에 대한 이 사건 헌법불합치결정의 취지나 위헌심판의 구체적 규범통제 실효성 보장이라는 측면을 고려할 때, 적어도 이 사건 헌법불합치결정을 하게 된 당해 사건 및 이 사건 헌법불합치결정 당시에 구법 조항의 위헌 여부가 쟁점이 되어 법원에 계속 중인 사건에 대하여는 이 사건 헌법불합치결정의 소급효가 미친다고 해야 하므로, 비록 현행 형사소송법 부칙에 소급적용에 관한 경과조치를 두고 있지 않더라도 이들 사건에 대하여는 구법 조항을 그대로 적용할 수는 없고, 위헌성이 제거된 현행 형사소송법의 규정을 적용하여야 한다(대법원 2011.9.29, 2008두18885 등; 2021.5.27, 2018도13458).

320-2 헌법재판소가 구「형사소송법」제216조 제1항 제1호 중 제200조의2에 관한 부분에 대해 헌법불합치결정을 하면서 계속 적용을 명한 부분의 효력은 '수색영장 없이 타인의 주거 등을 수색하여 피의자를 체포할 긴급한 필요가 없는 경우'까지 미치지 않는다.

320-2 (○)

> **해설+** 헌법재판소가 구법 조항의 위헌성을 확인하였음에도 불구하고 일정 시한까지 계속 적용을 명한 것은 구법 조항에 근거하여 수색영장 없이 타인의 주거 등을 수색하여 피의자를 체포할 긴급한 필요가 있는 경우에는 이를 허용할 필요성이 있었기 때문이다. 따라서 <u>구법 조항 가운데 그 해석상 '수색영장 없이 타인의 수거 등을 수색하여 피의자를 체포할 긴급한 필요가 없는 경우'</u> 부분은 영장주의에 위반되는 것으로서 개선입법 시행 전까지 적용중지 상태에 있었다고 보아야 한다(대법원 2021.5.27, 2018도13458).

320-3 체포영장이 발부된 피의자를 체포하기 위하여 건조물을 수색하기에 앞서 수색영장을 발부받기 어려운 긴급한 사정이 있었다고 볼 수 없음에도 수색영장 없이 경찰이 건조물을 수색한 행위는 적법한 공무집행에 해당한다.

320-3 (×)

> **해설+** 구법 조항이 헌법재판소법 제47조의 소급효가 인정되는 형벌조항은 아니지만, 기존의 법리에 따라, 이 사건 헌법불합치결정을 하게 된 당해 사건인 이 사건 및 이 사건 헌법불합치결정 당시 구법 조항의 위헌 여부가 쟁점이 되어 법원에 계속 중인 사건에 대하여는 위헌성이 제거된 현행 형사소송법의 규정이 적용되어야 한다. 따라서 이 사건 건조물을 수색하기에 앞서 수색영장을 발부받기 어려운 긴급한 사정이 있었다고 볼 수 없음에도 수색영장 없이 경찰이 이 사건 건조물을 수색한 행위는 적법한 공무집행에 해당하지 아니한다(대법원 2021.5.27, 2018도13458).

320-4 입법자가 구「형사소송법」제216조 제1항 제1호 중 제200조의2에 관한 부분에 대한 헌법불합치결정에 따라 위 법률조항을 개정하면서 부칙에 위헌성이 제거된 개정 조항이 소급적용에 관한 경과규정을 두지 않은 경우, 개정 조항이 (소급)적용될 수는 없다.

320-4 (×) 위헌성이 제거된 개정 제216조 제1항 제1호가 (소급)적용된다(대법원 2021.5.27, 2018도13458).

321 검사가 피의자를 적법하게 체포하는 경우 그 체포현장에서 영장 없이 압수·수색을 할 수 있고, 이때 압수한 물건을 계속 압수할 필요가 있는 경우에는 늦어도 피의자를 체포한 때로부터 48시간 이내에 압수·수색영장을 청구하여야 한다. [국가9급 17·18] [국가9급개론 18]

321 (○) 제216조 제1항 제2호, 제217조 제2항

322 검사 또는 사법경찰관은 제200조의2(영장에 의한 체포), 제200조의3(긴급체포), 제201조(구속) 또는 제212조(현행범인의 체포)의 규정에 의하여 피의자를 체포 또는 구속하는 경우에 필요한 때에는 영장 없이 체포현장에서의 압수, 수색, 검증을 할 수 있고, 검사 또는 사법경찰관은 이에 따라 압수한 물건을 계속 압수할 필요가 있는 경우에는 지체 없이 압수수색영장을 청구하여야 하며, 이 경우 압수수색영장의 청구는 체포한 때부터 24시간 이내에 하여야 한다. [법원9급 17]

322 (×) '24시간' → '48시간' 지체 없이 사후영장을 청구하되, 체포한 때부터 24시간이 아닌 48시간 이내에 하여야 한다(제217조 제2항).

323 검사 또는 사법경찰관이 체포현장에서 영장 없이 압수·수색을 한 경우 체포와의 시간적 접착성이 인정되면 계속 압수할 필요가 있는 경우에도 사후에 별도로 압수·수색영장을 받지 않아도 된다. [법원9급 15]

323 (×) '압수·수색영장을 받지 않아도 된다' → '지체 없이 압수·수색영장을 청구하여야 하고, 이 경우 체포한 때부터 48시간 이내에 하여야 한다' 제216조 제1항 제2호, 제217조 제2항 참조.

324 음란물유포의 범죄혐의를 이유로 압수·수색영장을 발부받은 사법경찰관이 피의자의 주거지를 수색하는 과정에서 대마를 발견하자 피의자를 마약류관리에관한법률위반죄의 현행범으로 체포하면서 대마를 압수하고 그 다음 날 피의자를 석방하면서 압수한 대마에 대해 사후 압수·수색영장을 발부받았다면 적법하다. [국가9급개론 17] [법원9급 18]

324 (○) 대법원 2009.5.14, 2008도10914

325 피의자를 긴급체포하는 경우에 필요한 때에는 영장 없이 체포 현장에서 압수·수색을 할 수 있고, 이에 따라 압수한 물건을 계속 압수할 필요가 있는 경우에는 지체 없이 압수·수색영장을 청구하여야 하며, 청구한 압수·수색영장을 발부받지 못한 때에는 압수한 물건을 즉시 반환하여야 하는바, 이를 위반하여 압수·수색영장을 발부받지 아니하고도 즉시 반환하지 아니한 압수물은 피고인이나 변호인이 이를 증거로 함에 동의하지 않는 한 유죄 인정의 증거로 사용할 수 없다. [경찰채용 21 1차]

325 (×)

> **해설+** 형사소송법 제216조 제1항 제2호, 제217조 제2항, 제3항은 사법경찰관은 형사소송법 제200조의3(긴급체포)의 규정에 의하여 피의자를 체포하는 경우에 필요한 때에는 영장 없이 체포현장에서 압수·수색을 할 수 있고, 압수한 물건을 계속 압수할 필요가 있는 경우에는 지체 없이 압수수색영장을 청구하여야 하며, 청구한 압수수색영장을 발부받지 못한 때에는 압수한 물건을 즉시 반환하여야 한다고 규정하고 있는바, 형사소송법 제217조 제2항, 제3항에 위반하여 압수수색영장을 청구하여 이를 발부받지 아니하고도 즉시 반환하지 아니한 압수물은 이를 유죄 인정의 증거로 사용할 수 없는 것이고, 헌법과 형사소송법이 선언한 영장주의의 중요성에 비추어 볼 때 피고인이나 변호인이 이를 증거로 함에 동의하였다고 하더라도 달리 볼 것은 아니다(대법원 2009.12.24, 2009도11401).

326 범행 중 또는 범행 직후의 범죄 장소에서 긴급을 요하여 법원판사의 영장을 받을 수 없는 때에는 영장 없이 압수, 수색 또는 검증을 할 수 있다. 이 경우에는 사후에 지체 없이 영장을 받아야 한다. [법원9급 17]

326 (○) 제216조 제3항

327 범행 중 또는 범행 직후의 범죄장소에서 영장 없이 압수 · 수색 또는 검증을 할 수 있도록 규정한 「형사소송법」 제216조 제3항의 요건 중 어느 하나라도 갖추지 못한 경우 압수 · 수색 또는 검증은 잠정적으로 위법하지만, 이에 대하여 사후에 법원으로부터 영장을 발부받게 되면 그 위법성은 소급하여 치유될 수 있다. [경찰경채 23 유사] [국가7급 21]

327 (×)

해설+ 수사에 관한 강제처분은 형사소송법에 특별한 규정이 없으면 하지 못하고(형사소송법 제199조 제1항 단서), 사법경찰관이 범죄수사에 필요한 때에는 검사에게 신청하여 검사의 청구로 지방법원판사가 발부한 영장에 의하여 압수 · 수색 또는 검증을 할 수 있으며(형사소송법 제215조 제2항), 다만 범행 중 또는 범행직후의 범죄장소에서 긴급을 요하여 법원판사의 영장을 받을 수 없는 때에는 영장 없이 압수, 수색 또는 검증을 할 수 있으나, 이 경우에는 사후에 지체 없이 영장을 받아야 한다(형사소송법 제216조 제3항). 형사소송법 제216조 제3항의 요건 중 어느 하나라도 갖추지 못한 경우 그러한 압수 · 수색 또는 검증은 위법하고, 이에 대하여 사후에 법원으로부터 영장을 발부받았다고 하여 그 위법성이 치유되는 것은 아니다(대법원 2012.2.9, 2009도14884 참조). 예컨대, 형사소송법 제216조 제3항이 정한 '긴급을 요하여 법원 판사의 영장을 받을 수 없는 때'의 요건을 갖추지 못하였음에도 영장 없이 압수 · 수색을 한 경우에는 사후영장을 발부받았다 하더라도 그 위법이 치유될 수 없다(대법원 2017.11.29, 2014도16080).

보충 제216조【영장에 의하지 아니한 강제처분】 ③ 범행 중 또는 범행 직후의 범죄장소에서 긴급을 요하여 법원판사의 영장을 받을 수 없는 때에는 영장 없이 압수, 수색 또는 검증을 할 수 있다. 이 경우에는 사후에 지체 없이 영장을 받아야 한다.

328 범행 직후의 범죄 장소에서 수사상 필요가 있는 때에는 긴급한 경우가 아니더라도 수사기관은 영장 없이 압수 · 수색 또는 검증을 할 수 있으나, 사후에 지체 없이 영장을 받아야 한다. [경찰승진 22]

328 (×) 대법원 2017.11.29, 2014도16080

329 "범행 중 또는 범행 직후의 범죄 장소에서 긴급을 요하여 법원판사의 영장을 받을 수 없는 때에는 영장 없이 압수 · 수색 또는 검증을 할 수 있다. 이 경우에는 사후에 지체 없이 영장을 받아야 한다."고 규정하고 있는 「형사소송법」 제216조 제3항의 요건 중 어느 하나라도 갖추지 못한 경우에 그러한 압수 · 수색 또는 검증은 위법하며, 이에 대하여 사후에 법원으로부터 영장을 발부받았다고 하여 그 위법성이 치유되지 아니한다. [경찰채용 21 1차] [소방간부 23 변형]

329 (○) 대법원 2017.11.29, 2014도16080

330 경찰관이 음주운전자를 단속하면서 주취운전이라는 범죄행위로 체포·구속하지 아니한 경우에도 필요하다면 그 음주운전자의 차량열쇠는 영장 없이 압수할 수 있다.

[국가9급 15]

330 (○) 그 차량열쇠는 범행 중 또는 범행 직후의 범죄 장소에서의 압수로서 형사소송법 제216조 제3항에 의하여 영장 없이 이를 압수할 수 있다(대법원 1998.5.8, 97다54482).

331 의식불명인 甲에 대하여 영장을 발부받을 시간적 여유가 없는 상황에서 甲에게서 술냄새가 강하게 나는 등 준현행범인의 요건이 갖추어져 있고 교통사고 발생 시각으로부터 범행 직후라고 볼 수 있는 시간 내라면, 사법경찰관은 의료인으로 하여금 의학적인 방법에 따라 필요최소한의 한도 내에서 甲의 혈액을 채취하게 한 후 그 혈액을 영장 없이 압수할 수 있다.

[경찰채용 21 2차]

331 (○) 대법원 2012.11.15, 2011도15258
다만, 이후 지체 없이 사후영장을 받아야 한다(제216조 제3항 단서).

332 甲의 법정대리인인 부모가 병원 응급실에 있는 경우 사법경찰관은 부모의 동의를 받아 의료인으로 하여금 의료용 기구로 의학적인 방법에 따라 필요최소한의 한도 내에서 甲의 혈액을 채취하게 한 후 그 혈액을 압수할 수 있으며, 이 경우 사후영장도 요하지 않는다.

[경찰채용 21 2차 변형]

해설+ 음주운전과 관련한 도로교통법 위반죄의 범죄수사를 위하여 미성년자인 피의자의 혈액채취가 필요한 경우에도 피의자에게 의사능력이 있다면 피의자 본인만이 혈액채취에 관한 유효한 동의를 할 수 있고, 피의자에게 의사능력이 없는 경우에도 명문의 규정이 없는 이상 법정대리인이 피의자를 대리하여 동의할 수는 없다(대법원 2014.11.13, 2013도1228). 또한 만약 제216조 제3항에 의하여 혈액을 압수한 경우라도 지체 없이 사후영장을 받아야 한다.

332 (×)

333 음주운전 중 교통사고를 당하여 의식불명 상태에 빠져 병원에 후송된 피의자에 대해 사법경찰관이 수사의 목적으로 피의자의 가족으로부터 동의를 받고 의료진에게 요청하여 피의자의 혈액을 채취하였으나 사후 압수·수색영장을 발부받지 않은 경우 적법하다.

[국가9급개론 17]

333 (×) '적법하다' → '위법하다'
사법경찰관이 사후에 압수·수색영장을 발부받지 않았으므로 혈액의 채취는 위법하다. 아울러 가족으로부터 받은 채혈동의는 무효이다(대법원 2016.12.27, 2014두46850).

334 　검사 또는 사법경찰관은 제200조의3(긴급체포)에 따라 체포된 자가 소유·소지 또는 보관하는 물건에 대하여 긴급히 압수할 필요가 있는 경우에는 체포한 때부터 24시간 이내에 한하여 영장 없이 압수, 수색 또는 검증을 할 수 있다. 　　　　　　　　　　　　　　　　　　　　　　　　　　　[법원9급 17]

334 (○) 제217조 제1항

335 　경찰관이 이른바 전화사기죄 범행의 혐의자를 긴급체포하면서 그가 보관하고 있던 다른 사람의 주민등록증, 운전면허증 등을 압수한 경우, 이는 「형사소송법」 제217조 제1항에서 규정한 해당 범죄사실의 수사에 필요한 범위 내의 압수가 아니므로, 이를 위 혐의자의 점유이탈물횡령죄 범행에 대한 유죄의 증거로 사용할 수 없다. 　　　　　　　　　　　　　　　[경찰채용 13]

335 (×) '압수가 아니므로' → '압수이므로', '없다' → '있다'
제217조 제1항에서 규정한 해당 범죄사실의 수사에 필요한 범위 내의 압수로서 적법하므로, 증거로 인정된다(대법원 2008.7.10, 2008도2245).

336 　사법경찰관은 2017.3.1. 10:00 보이스피싱 혐의로 피의자를 긴급체포하고 그 다음 날인 3.2. 09:00 피의자가 보관하고 있던 다른 사람의 주민등록증을 발견하고 압수한 다음, 그것을 계속 압수할 필요가 있다고 판단하여 곧바로 검사에게 사후영장 청구를 신청하였고 검사는 같은 날 11:00 사후영장을 청구한 경우 사법경찰관의 압수·수색은 적법하다. 　　　　[국가9급개론 17]

336 (○) 제217조 제1항·제2항

337 　사법경찰관은 긴급체포된 자가 소유·소지 또는 보관하는 물건에 대하여 긴급히 압수할 필요가 있는 경우에는 체포한 때부터 24시간 이내에 한하여 영장 없이 압수·수색 또는 검증을 할 수 있으며, 이 경우 압수·수색 또는 검증은 체포현장이 아닌 장소에서도 할 수 있다. 　　　　　[경찰채용 21 2차]

337 (○) 대법원 2017.9.12, 2017도10309

338 　교도관이 재소자가 맡긴 비망록을 수사기관에 임의로 제출한 경우, 그 비망록의 증거사용에 대하여 재소자의 사생활의 비밀 기타 인격적 법익이 침해되는 등의 특별한 사정이 없는 한 반드시 그 재소자의 동의를 받아야 하는 것은 아니다. 　　　　　　　　　　　　　　　　　　　　[경찰간부 18]

338 (○) 대법원 2008.5.15, 2008도1097

339 사법경찰관이 현행범 체포의 현장에서 소지자로부터 임의로 제출받은 물건을 영장 없이 압수하고 사후에 압수·수색영장을 발부받지 않았다면 적법하다. [국가9급개론 17]

340 검사나 사법경찰관은 현행범 체포 현장이나 범죄 장소에서 소지자 등이 임의로 제출하는 물건을 영장 없이 압수할 수 있으나, 이 경우 사후에 영장을 받아야 한다. [경찰채용 19 2차]

> **해설+** 형사소송법 제218조에 의하면 검사 또는 사법경찰관은 피의자 등이 유류한 물건이나 소유자·소지자 또는 보관자가 임의로 제출한 물건은 영장 없이 압수할 수 있으므로, 현행범 체포 현장이나 범죄 장소에서도 소지자 등이 임의로 제출하는 물건은 위 조항에 의하여 영장 없이 압수할 수 있고, 이 경우에는 검사나 사법경찰관이 사후에 영장을 받을 필요가 없다(대법원 2016.2.18, 2015도13726).

341 사법경찰관이 절도죄의 피의자 A를 현행범으로 체포하면서 A로부터 절도를 위하여 소지하고 있던 드라이버를 임의제출받은 경우 사법경찰관은 「형사소송법」 제216조 제1항 제2호 및 같은 법 제217조 제2항에 따라서 사후에 압수영장을 발부받아야 한다. [경찰간부 22]

> **해설+** 형사소송법 제218조에 의하면 검사 또는 사법경찰관은 피의자 등이 유류한 물건이나 소유자·소지자 또는 보관자가 임의로 제출한 물건은 영장 없이 압수할 수 있으므로, 현행범 체포 현장이나 범죄 장소에서도 소지자 등이 임의로 제출하는 물건은 위 조항에 의하여 영장 없이 압수할 수 있고, 이 경우에는 검사나 사법경찰관이 사후에 영장을 받을 필요가 없다(대법원 2016.2.18, 2015도13726).

342 간호사가 병원이나 담당 의사를 대리하여 甲의 혈액을 사법경찰관에게 임의로 제출할 수 있는 권한이 없다고 볼 특별한 사정이 없는 이상, 사법경찰관은 간호사가 진료 목적으로 채혈해 둔 甲의 혈액 중 일부를 주취운전 여부에 대한 감정의 목적으로 임의로 제출받아 압수할 수 있다. [경찰채용 21 2차]

343 교통사고로 의식을 잃어 응급실에 실려 온 운전자에게서 담당의사가 응급 수술을 목적으로 이미 채취한 혈액 중 일부를 주취운전 여부의 감정을 목적으로 출동한 경찰관이 담당의사로부터 임의로 제출받아 이를 압수한 경우, 담당의사에게 혈액제출권한이 없었다고 볼 특별한 사정이 없는 한 사후영장을 받지 않아도 이러한 압수는 위법하지 않다. [경찰채용 18 2차]

343 (O)

> **해설+** 형사소송법 및 기타 법령상 의료인이 진료 목적으로 채혈한 혈액을 수사기관이 수사 목적으로 압수하는 절차에 관하여 특별한 절차적 제한을 두고 있지 않으므로, 의료인이 진료 목적으로 채혈한 환자의 혈액을 수사기관에 임의로 제출하였다면 그 혈액의 증거사용에 대하여도 환자의 사생활의 비밀 기타 인격적 법익이 침해되는 등의 특별한 사정이 없는 한 반드시 그 환자의 동의를 받아야 하는 것이 아니고, 따라서 경찰관이 간호사로부터 진료 목적으로 이미 채혈되어 있던 피고인의 혈액 중 일부를 주취운전 여부에 대한 감정을 목적으로 임의로 제출받아 이를 압수한 경우, 당시 간호사가 위 혈액의 소지자 겸 보관자인 병원 또는 담당의사를 대리하여 혈액을 경찰관에게 임의로 제출할 수 있는 권한이 없었다고 볼 특별한 사정이 없는 이상, 그 압수절차가 피고인 또는 피고인의 가족의 동의 및 영장 없이 행하여졌다고 하더라도 이에 적법절차를 위반한 위법이 있다고 할 수 없다(대법원 1999.9.3, 98도968).

344 甲은 휴대전화기를 이용하여 A에게 공포심을 유발하는 글을 반복적으로 도달하게 한 혐의로 정보통신망이용촉진및정보보호등에관한법률위반죄로 기소되었다. 검사는 乙이 甲의 부탁을 받고 甲의 휴대전화기를 보관하고 있다는 사실을 알고 乙에게 부탁하여 甲의 휴대전화기를 임의제출받았다. 한편 A는 B의 휴대전화기에 "甲으로부터 수차례 협박 문자메시지를 받았다"는 내용의 문자메시지를 발송하였다. 甲의 휴대전화기는 甲의 승낙이나 영장 없이 위법하게 수집된 증거로서 증거능력이 부정된다. [국가9급 17]

344 (X) '부정된다' → '부정되지 아니한다'
검사가 보관자인 乙이 임의로 제출한 휴대전화기를 압수한 것은 적법하므로(제218조), 휴대전화기의 증거능력은 부정되지 아니한다.

345 「형사소송법」 제218조 규정을 위반하여 소유자, 소지자 또는 보관자가 아닌 자로부터 제출받은 물건을 영장 없이 압수한 경우, 그 '압수물' 및 '압수물을 찍은 사진'은 피고인이나 변호인이 이를 증거로 함에 동의하였다고 하더라도 이를 유죄 인정의 증거로 사용할 수 없다. [국가7급 12]

345 (O) 대법원 2010.1.28, 2009도10092

346 甲은 드라이버로 문을 열고 A의 집에 절도 목적으로 침입하였고, 순찰 중 이던 경찰관 P는 A의 신고를 받고 즉시 현장에 출동하여 A 소유의 금 목 걸이를 훔쳐서 A의 집에서 나오던 甲을 발견하고 적법하게 현행범으로 체 포하면서 甲을 경찰차에 태우려고 하였다. 이에 甲은 친구 집에서 나온 것 이라고 하면서 P의 체포에 저항하였고, 그 과정에서 P를 때려 2주간의 치 료를 요하는 상해를 가하였다. 이에 검사는 甲을 절도, 공무집행방해와 상 해로 기소하였다. 甲이 현행범으로 체포되면서 그가 소지하고 있던 위 드 라이버를 임의로 제출하였다고 하더라도, 그로부터 48시간 이내에 영장을 받아야 계속 압수할 수 있고, 영장을 발부받지 못하였을 때에는 즉시 이를 반환하여야 한다. [변호사 21]

346 (×)

> **해설+** 형사소송법 제218조에 의하면 검사 또는 사법경찰관은 피의자 등이 유류한 물건이나 소유자· 소지자 또는 보관자가 임의로 제출한 물건은 영장 없이 압수할 수 있으므로, <u>현행범 체포 현장이나 범죄 장소에서도 소지자 등이 임의로 제출하는 물건은 위 조항에 의하여 영장 없이 압수할 수 있고, 이 경우에는 검사나 사법경찰관이 사후에 영장을 받을 필요가 없다</u>(대법원 2016.2.18, 2015도 13726).

347 검사나 사법경찰관에게는 현행범 체포 현장에서 소지자 등이 임의로 제출 하는 물건을 「형사소송법」 제218조에 의하여 영장 없이 압수하는 것이 허 용되는데, 이후 검사나 사법경찰관이 압수한 물건을 계속 압수할 필요가 있는 경우에는 지체 없이 영장을 청구하여야 한다. [경찰채용 21 1차]

347 (×)

> **해설+** 형사소송법 제218조에 의하면 검사 또는 사법경찰관은 피의자 등이 유류한 물건이나 소유자· 소지자 또는 보관자가 임의로 제출한 물건은 영장 없이 압수할 수 있으므로, 현행범 체포 현장이나 범죄 장소에서도 소지자 등이 임의로 제출하는 물건은 위 조항에 의하여 영장 없이 압수할 수 있고, <u>이 경우에는 검사나 사법경찰관이 사후에 영장을 받을 필요가 없다</u>(대법원 2016.2.18, 2015도 13726).

348 피의자가 자기 소유의 휴대전화를 임의제출하면서 클라우드 등 제3자가 관리하는 원격지에 저장되어 있는 전자정보를 수사기관에게 제출한다는 의사로 수사기관에 클라우드 등에 접속하기 위한 자신의 아이디와 비밀번 호를 임의로 제공한 경우, 위 클라우드 등에 저장된 전자정보를 임의제출 하는 것으로 볼 수 있다. [경찰채용 23 1차] [경찰채용 23 2차]

348 (○)

> **해설+** 피의자가 휴대전화를 임의제출하면서 휴대전화에 저장된 전자정보가 아닌 클라우드 등 제 3자가 관리하는 원격지에 저장되어 있는 전자정보를 수사기관에 제출한다는 의사로 수사기관에게 <u>클라우드 등에 접속하기 위한 아이디와 비밀번호를 임의로 제공하였다면 위 클라우드 등에 저장된 전자정보를 임의제출하는 것으로 볼 수 있다</u>(대법원 2021.7.29, 2020도14654).

349 유류물의 경우 영장 없이 압수하였더라도 영장주의를 위반한 잘못이 있다 할 수 없고, 압수 후 압수조서의 작성 및 압수 목록의 작성·교부절차가 제대로 이행되지 아니한 잘못이 있다 하더라도, 그것이 적법절차의 실질적인 내용을 침해하는 경우에 해당하는 것은 아니다.　　[국가7급 21]

349 (○)

해설+ 이 사건 강판조각은 형사소송법 제218조에 규정된 유류물에, 이 사건 차량에서 탈거 또는 채취된 이 사건 보강용 강판과 페인트는 위 차량의 보관자가 감정을 위하여 임의로 제출한 물건에 각 해당함을 알 수 있다. 따라서 이 사건 강판조각과 보강용 강판 및 차량에서 채취된 페인트는 형사소송법 제218조에 의하여 영장 없이 압수할 수 있으므로 위 각 증거의 수집 과정에 영장주의를 위반한 잘못이 있다 할 수 없고, 나아가 이 사건 공소사실과 위 각 증거와의 관련성 및 그 내용 기타 이 사건 수사의 개시 및 진행 과정 등에 비추어, 비록 상고이유의 주장처럼 위 각 증거의 압수 후 압수조서의 작성 및 압수목록의 작성·교부절차가 제대로 이행되지 아니한 잘못이 있다 하더라도, 그것이 적법절차의 실질적인 내용을 침해하는 경우에 해당한다거나 앞서 본 위법수집증거의 배제법칙에 비추어 그 증거능력의 배제가 요구되는 경우에 해당한다고 볼 수는 없다(대법원 2011. 5.26, 2011도1902).

350 「형사소송법」 제218조에 의하여 영장 없이 압수할 수 있는 유류물의 압수 후 압수조서의 작성 및 압수목록의 작성·교부절차가 제대로 이행되지 아니한 잘못이 있더라도 이는 위법수집증거의 배제법칙에 비추어 증거능력의 배제가 요구되는 경우에 해당한다고 볼 수는 없다.　　[경찰채용 23 2차]

350 (○)

해설+ 이 사건 사고일인 2008.11.11.부터 3개월 가까이 경과한 2009.2.2. 이 사건 사고가 발생한 대전차 방호벽의 안쪽 벽면에 부착된 철제구조물에서 발견된 강판조각은 … 형사소송법 제218조에 규정된 유류물에 해당하므로 형사소송법 제218조에 의하여 영장 없이 압수할 수 있으므로 위 각 증거의 수집과정에 영장주의를 위반한 잘못이 있다 할 수 없고, 나아가 … 압수 후 압수조서의 작성 및 압수목록의 작성·교부절차가 제대로 이행되지 아니한 잘못이 있다 하더라도, 그것이 적법절차의 실질적인 내용을 침해하는 경우에 해당한다거나 위법수집증거의 배제법칙에 비추어 그 증거능력의 배제가 요구되는 경우에 해당한다고 볼 수는 없다(대법원 2011.5.26, 2011도1902).

351 전자정보에 대한 압수·수색영장의 집행의 방식은 정보저장매체에 해당하는 임의제출물의 압수에는 동일하게 적용될 수 없다.

해설+ 수사기관의 전자정보에 대한 압수·수색은 원칙적으로 영장 발부의 사유로 된 범죄혐의사실과 관련된 부분만을 문서 출력물로 수집하거나 수사기관이 휴대한 정보저장매체에 해당 파일을 복제하는 방식으로 이루어져야 하고, 정보저장매체 자체를 직접 반출하거나 저장매체에 들어 있는 전자파일 전부를 하드카피나 이미징 등 형태(이하 '복제본')로 수사기관 사무실 등 외부로 반출하는 방식으로 압수·수색하는 것은 현장의 사정이나 전자정보의 대량성으로 인하여 관련 정보 획득에 긴 시간이 소요되거나 전문 인력에 의한 기술적 조치가 필요한 경우 등 범위를 정하여 출력 또는 복제하는 방법이 불가능하거나 압수의 목적을 달성하기에 현저히 곤란하다고 인정되는 때에 한하여 예외적으로 허용될 수 있을 뿐이다. 위와 같은 법리는 정보저장매체에 해당하는 임의제출물의 압수(형사소송법 제218조)에도 마찬가지로 적용된다. 임의제출물의 압수는 압수물에 대한 수사기관의 점유 취득이 제출자의 의사에 따라 이루어진다는 점에서 차이가 있을 뿐 범죄혐의를 전제로 한 수사 목적이나 압수의 효력은 영장에 의한 경우와 동일하기 때문이다. 따라서 수사기관은 특정 범죄혐의와 관련하여 전자정보가 수록된 정보저장매체를 임의제출받아 그 안에 저장된 전자정보를 압수하는 경우 그 동기가 된 범죄혐의사실과 관련된 전자정보의 출력물 등을 임의제출받아 압수하는 것이 원칙이다. 다만 현장의 사정이나 전자정보의 대량성과 탐색의 어려움 등의 이유로 범위를 정하여 출력 또는 복제하는 방법이 불가능하거나 압수의 목적을 달성하기에 현저히 곤란하다고 인정되는 때에 한하여 예외적으로 정보저장매체 자체나 복제본을 임의제출받아 압수할 수 있다(대법원 2021. 11.18, 2016도348 전원합의체).

352 임의제출물의 압수는 압수물에 대한 수사기관의 점유취득이 제출자의 의사에 따라 이루어지므로, 임의제출된 정보저장매체에서 압수의 대상이 되는 전자정보의 범위를 초과하여 수사기관이 임의로 전자정보를 탐색·복제·출력하는 것은 원칙적으로 위법한 압수·수색에 해당한다고 할 수 없다.

[경찰채용 22 1차]

해설+ 수사기관이 제출자의 의사를 쉽게 확인할 수 있음에도 이를 확인하지 않은 채 특정 범죄혐의사실과 관련된 전자정보와 그렇지 않은 전자정보가 혼재된 정보저장매체를 임의제출받은 경우, 그 정보저장매체에 저장된 전자정보 전부가 임의제출되어 압수된 것으로 취급할 수는 없다. 전자정보를 압수하고자 하는 수사기관이 정보저장매체와 거기에 저장된 전자정보를 임의제출의 방식으로 압수할 때, 제출자의 구체적인 제출 범위에 관한 의사를 제대로 확인하지 않는 등의 사유로 인해 임의제출자의 의사에 따른 전자정보 압수의 대상과 범위가 명확하지 않거나 이를 알 수 없는 경우에는 임의제출에 따른 압수의 동기가 된 범죄혐의사실과 관련되고 이를 증명할 수 있는 최소한의 가치가 있는 전자정보에 한하여 압수의 대상이 된다. 이때 범죄혐의사실과 관련된 전자정보에는 범죄혐의사실 그 자체 또는 그와 기본적 사실관계가 동일한 범행과 직접 관련되어 있는 것은 물론 범행 동기와 경위, 범행 수단과 방법, 범행 시간과 장소 등을 증명하기 위한 간접증거나 정황증거 등으로 사용될 수 있는 것도 포함될 수 있다. 다만 그 관련성은 임의제출에 따른 압수의 동기가 된 범죄혐의사실의 내용과 수사의 대상, 수사의 경위, 임의제출의 과정 등을 종합하여 구체적·개별적 연관관계가 있는 경우에만 인정되고, 범죄혐의사실과 단순히 동종 또는 유사 범행이라는 사유만으로 관련성이 있다고 할 것은 아니다(대법원 2021.11.18, 2016도348 전원합의체).

264 PART 03 수사와 공소

353 전자정보를 압수하고자 하는 수사기관이 정보저장매체와 거기에 저장된 전자정보를 임의제출의 방식으로 압수할 때, 제출자의 구체적인 제출범위에 관한 의사를 제대로 확인하지 않는 등의 사유로 인해 임의제출자의 의사에 따른 전자정보 압수의 대상과 범위가 명확하지 않거나 이를 알 수 없는 경우에는 임의제출에 따른 압수의 동기가 된 범죄혐의사실과 관련되고 이를 증명할 수 있는 최소한의 가치가 있는 전자정보에 한하여 압수의 대상이 된다.

353 (○) 대법원 2021.11.18, 2016도348 전원합의체

354 피의자가 소유·관리하는 정보저장매체를 피의자 아닌 피해자 등 제3자가 임의제출하는 경우에는, 그 임의제출 및 그에 따른 수사기관의 압수가 적법하므로 임의제출의 동기가 된 범죄혐의사실과 구체적·개별적 연관관계가 있는 전자정보에 한하여 압수의 대상이 되는 것으로 더욱 제한적으로 해석하여야 할 필요는 없다.

354 (×)

> **해설+** 피의자가 소유·관리하는 정보저장매체를 피의자 아닌 피해자 등 제3자가 임의제출하는 경우에는, 그 임의제출 및 그에 따른 수사기관의 압수가 적법하더라도 임의제출의 동기가 된 범죄혐의사실과 구체적·개별적 연관관계가 있는 전자정보에 한하여 압수의 대상이 되는 것으로 더욱 제한적으로 해석하여야 한다. 피의자 개인이 소유·관리하는 정보저장매체에는 그의 사생활의 비밀과 자유, 정보에 대한 자기결정권 등 인격적 법익에 관한 모든 것이 저장되어 있어 제한 없이 압수·수색이 허용될 경우 피의자의 인격적 법익이 현저히 침해될 우려가 있기 때문이다(대법원 2021.11.18, 2016도348 전원합의체).

355 피의자 소유 정보저장매체를 제3자가 보관하고 있던 중 이를 수사기관에 임의제출하면서 그곳에 저장된 모든 전자정보를 일괄하여 임의제출한다는 의사를 밝힌 경우에도 특별한 사정이 없는 한 수사기관은 범죄혐의사실과 관련된 전자정보에 한정하여 영장 없이 적법하게 압수할 수 있다.

[국가9급 22] [해경승진 23]

355 (○)

> **해설+** 임의제출에 따른 압수의 동기가 된 범죄혐의사실과 관련되고 이를 증명할 수 있는 최소한의 가치가 있는 전자정보에 한하여 압수의 대상이 된다(대법원 2021.11.18, 2016도348 전원합의체).

356 수사기관이 제출자의 의사를 쉽게 확인할 수 있음에도 이를 확인하지 않은 채 특정 범죄혐의사실과 관련된 전자정보와 그렇지 않은 전자정보가 혼재된 정보저장매체를 임의제출받은 경우, 그 정보저장매체에 저장된 전자정보 전부가 임의제출되어 압수된 것으로 취급할 수는 없다.

356 (○) 대법원 2021.11.18, 2016도348 전원합의체

357 범죄혐의사실과 관련된 전자정보인지를 판단할 때는 범죄혐의사실의 내용과 성격, 임의제출의 과정 등을 토대로 구체적·개별적 연관관계를 살펴볼 필요가 있는데, 휴대전화인 스마트폰을 이용한 불법촬영 범죄의 경우 그 안에 저장되어 있는 같은 유형의 전자정보에서 발견되는 간접증거나 정황증거는 범죄혐의사실과 구체적·개별적 연관관계가 인정될 수 없다.

357 (×)

> **해설+** 카메라의 기능과 정보저장매체의 기능을 함께 갖춘 휴대전화인 스마트폰을 이용한 불법촬영 범죄와 같이 범죄의 속성상 해당 범행의 상습성이 의심되거나 성적 기호 내지 경향성의 발현에 따른 일련의 범행의 일환으로 이루어진 것으로 의심되고, 범행의 직접증거가 스마트폰 안에 이미지 파일이나 동영상 파일의 형태로 남아 있을 개연성이 있는 경우에는 그 안에 저장되어 있는 같은 유형의 전자정보에서 그와 관련한 유력한 간접증거나 정황증거가 발견될 가능성이 높다는 점에서 이러한 간접증거나 정황증거는 범죄혐의사실과 구체적·개별적 연관관계를 인정할 수 있다(대법원 2021.11.18, 2016도348 전원합의체).

> **보충** 이처럼 범죄의 대상이 된 피해자의 인격권을 현저히 침해하는 성격의 전자정보를 담고 있는 불법촬영물은 범죄행위로 인해 생성된 것으로서 몰수의 대상이기도 하므로 임의제출된 휴대전화에서 해당 전자정보를 신속히 압수·수색하여 불법촬영물의 유통 가능성을 적시에 차단함으로써 피해자를 보호할 필요성이 크다. 나아가 이와 같은 경우에는 간접증거나 정황증거이면서 몰수의 대상이자 압수·수색의 대상인 전자정보의 유형이 이미지 파일 내지 동영상 파일 등으로 비교적 명확하게 특정되어 그와 무관한 사적 전자정보 전반의 압수·수색으로 이어질 가능성이 적어 상대적으로 폭넓게 관련성을 인정할 여지가 많다는 점에서도 그러하다.

358 수사기관이 임의제출된 정보저장매체에서 범죄혐의사실이 아닌 별도의 범죄혐의와 관련된 전자정보를 우연히 발견한 경우, 당해 정보저장매체에 대한 임의제출에 기한 압수·수색이 종료되기 전이라면 별도의 영장을 발부받지 않고 이를 적법하게 압수·수색할 수 있으나 임의제출에 의한 압수·수색이 종료되었던 경우에는 별도의 범죄혐의에 대한 압수·수색영장을 발부받아야 이를 적법하게 압수할 수 있다. [국가9급 22]

358 (×) 임의제출에 기한 압수·수색이 종료되기 전이라 하더라도 별도의 영장을 발부받아야 한다.

> **해설+** 임의제출된 정보저장매체에서 압수의 대상이 되는 전자정보의 범위를 초과하여 수사기관이 임의로 전자정보를 탐색·복제·출력하는 것은 원칙적으로 위법한 압수·수색에 해당하므로 허용될 수 없다. 만약 전자정보에 대한 압수·수색이 종료되기 전에 범죄혐의사실과 관련된 전자정보를 적법하게 탐색하는 과정에서 별도의 범죄혐의와 관련된 전자정보를 우연히 발견한 경우라면, 수사기관은 더 이상의 추가 탐색을 중단하고 법원으로부터 별도의 범죄혐의에 대한 압수·수색영장을 발부받은 경우에 한하여 그러한 정보에 대하여도 적법하게 압수·수색을 할 수 있다. 따라서 임의제출된 정보저장매체에서 압수의 대상이 되는 전자정보의 범위를 넘어서는 전자정보에 대해 수사기관이 영장 없이 압수·수색하여 취득한 증거는 위법수집증거에 해당하고, 사후에 법원으로부터 영장이 발부되었다거나 피고인이나 변호인이 이를 증거로 함에 동의하였다고 하여 그 위법성이 치유되는 것도 아니다(대법원 2021.11.18, 2016도348 전원합의체).

359 임의제출된 정보저장매체에서 압수의 대상이 되는 전자정보의 범위를 넘어서는 전자정보에 대해 수사기관이 영장 없이 압수·수색하여 취득한 증거는 위법수집증거에 해당하나, 이에 대해 사후에 법원으로부터 영장이 발부되었다면 1차적 증거와의 인과관계가 단절되므로 증거능력이 부여된다.

359 (×)

해설+ 임의제출된 정보저장매체에서 압수의 대상이 되는 전자정보의 범위를 초과하여 수사기관이 임의로 전자정보를 탐색·복제·출력하는 것은 원칙적으로 위법한 압수·수색에 해당하므로 허용될 수 없다. 만약 전자정보에 대한 압수·수색이 종료되기 전에 범죄혐의사실과 관련된 전자정보를 적법하게 탐색하는 과정에서 별도의 범죄혐의와 관련된 전자정보를 우연히 발견한 경우라면, 수사기관은 더 이상의 추가 탐색을 중단하고 법원으로부터 별도의 범죄혐의에 대한 압수·수색영장을 발부받은 경우에 한하여 그러한 정보에 대하여도 적법하게 압수·수색을 할 수 있다. 따라서 임의제출된 정보저장매체에서 압수의 대상이 되는 전자정보의 범위를 넘어서는 전자정보에 대해 수사기관이 영장 없이 압수·수색하여 취득한 증거는 위법수집증거에 해당하고, 사후에 법원으로부터 영장이 발부되었다거나 피고인이나 변호인이 이를 증거로 함에 동의하였다고 하여 그 위법성이 치유되는 것도 아니다(대법원 2021.11.18, 2016도348 전원합의체).

360 임의제출된 정보저장매체에서 압수의 대상이 되는 전자정보의 범위를 넘어서는 전자정보에 대해 수사기관이 영장 없이 압수·수색하여 취득한 증거는 위법수집증거에 해당하고, 사후에 법원으로부터 영장이 발부되었거나 피고인이나 변호인이 이를 증거로 함에 동의한 경우라도 그 위법성이 치유되는 것도 아니다. [국가9급 22 유사] [법원9급 22]

360 (○) 대법원 2021.11.18, 2016도348

361 압수의 대상이 되는 전자정보와 그렇지 않은 전자정보가 혼재된 정보저장 매체나 복제본을 임의제출받은 수사기관이 정보저장매체 등을 수사기관 사무실 등으로 옮겨 탐색·복제·출력하는 일련의 과정에서, 피압수자나 그 변호인의 참여의 기회를 보장하고 범죄혐의사실과 무관한 전자정보의 임의적인 복제 등을 막기 위한 적절한 조치를 취하지 않은 경우에 압수· 수색은 원칙적으로 적법하지 않지만, 이때 정보저장매체 또는 복제본에서 범죄혐의사실과 관련된 전자정보만을 복제·출력하였다면 경미한 위법에 불과하므로 전체적으로 압수·수색은 적법하다고 평가받을 수 있다.

해설+ 압수의 대상이 되는 전자정보와 그렇지 않은 전자정보가 혼재된 정보저장매체나 그 복제본을 임의제출받은 수사기관이 그 정보저장매체 등을 수사기관 사무실 등으로 옮겨 이를 탐색·복제·출력하는 경우, 그와 같은 일련의 과정에서 형사소송법 제219조, 제121조에서 규정하는 피압수·수색 당사자(이하 '피압수자')나 그 변호인에게 참여의 기회를 보장하고 압수된 전자정보의 파일 명세가 특정된 압수목록을 작성·교부하여야 하며 범죄혐의사실과 무관한 전자정보의 임의적인 복제 등을 막기 위한 적절한 조치를 취하는 등 영장주의 원칙과 적법절차를 준수하여야 한다. 만약 그러한 조치가 취해지지 않았다면 피압수자 측이 참여하지 아니한다는 의사를 명시적으로 표시하였거나 임의제출의 취지와 경과 또는 그 절차 위반행위가 이루어진 과정의 성질과 내용 등에 비추어 피압수자 측에 절차 참여를 보장한 취지가 실질적으로 침해되었다고 볼 수 없을 정도에 해당한다는 등의 특별한 사정이 없는 이상 압수·수색이 적법하다고 평가할 수 없고, 비록 수사기관이 정보저장매체 또는 복제본에서 범죄혐의사실과 관련된 전자정보만을 복제·출력하였다 하더라도 달리 볼 것은 아니다 (대법원 2021.11.18, 2016도348 전원합의체).

보충 나아가 피해자 등 제3자가 피의자의 소유·관리에 속하는 정보저장매체를 영장에 의하지 않고 임의제출한 경우에는 실질적 피압수자인 피의자가 수사기관으로 하여금 그 전자정보 전부를 무제한 탐색하는 데 동의한 것으로 보기 어려울 뿐만 아니라 피의자 스스로 임의제출한 경우 피의자의 참여권 등이 보장되어야 하는 것과 견주어 보더라도 특별한 사정이 없는 한 형사소송법 제219조, 제121조, 제129조에 따라 피의자에게 참여권을 보장하고 압수한 전자정보 목록을 교부하는 등 피의자의 절차적 권리를 보장하기 위한 적절한 조치가 이루어져야 한다.

362 압수의 대상이 되는 전자정보와 그렇지 않은 전자정보가 혼재된 정보저장 매체나 복제본을 임의제출받은 수사기관이 정보저장매체 등을 수사기관 사무실 등으로 옮겨 탐색·복제·출력하는 일련의 과정에서, 범죄혐의사 실과 무관한 전자정보의 임의적인 복제 등을 막기 위한 적절한 조치를 취하지 않은 경우, 압수·수색은 원칙적으로 적법하다고 평가할 수 없다.

362 (○) 대법원 2021.11.18, 2016 도348 전원합의체

363 정보저장매체를 임의제출받아 이를 탐색·복제·출력하는 경우, 압수·수색 당시 또는 이와 시간적으로 근접한 시기까지 해당 정보저장매체를 현실적으로 지배·관리하지는 아니하였더라도 그곳에 저장되어 있는 개별 전자정보의 생성·이용 등에 관여한 자에 대하여서는 압수·수색절차에 대한 참여권을 보장해 주어야 한다.　　　　　　　　[국가9급 22]

363 (×)

해설+ 피해자 등 제3자가 피의자의 소유·관리에 속하는 정보저장매체를 영장에 의하지 않고 임의제출한 경우에는 실질적 피압수·수색 당사자(이하 '피압수자')인 피의자가 수사기관으로 하여금 그 전자정보 전부를 무제한 탐색하는 데 동의한 것으로 보기 어려울 뿐만 아니라 피의자 스스로 임의제출한 경우 피의자의 참여권 등이 보장되어야 하는 것과 견주어 보더라도 특별한 사정이 없는 한 형사소송법 제219조, 제121조, 제129조에 따라 피의자에게 참여권을 보장하고 압수한 전자정보 목록을 교부하는 등 피의자의 절차적 권리를 보장하기 위한 적절한 조치가 이루어져야 한다. 이와 같이 정보저장매체를 임의제출한 피압수자에 더하여 임의제출자 아닌 피의자에게도 참여권이 보장되어야 하는 '피의자의 소유·관리에 속하는 정보저장매체'란, 피의자가 압수·수색 당시 또는 이와 시간적으로 근접한 시기까지 해당 정보저장매체를 현실적으로 지배·관리하면서 그 정보저장매체 내 전자정보 전반에 관한 전속적인 관리처분권을 보유·행사하고, 달리 이를 자신의 의사에 따라 제3자에게 양도하거나 포기하지 아니한 경우로써, 피의자를 그 정보저장매체에 저장된 전자정보에 대하여 실질적인 피압수자로 평가할 수 있는 경우를 말하는 것이다. 이에 해당하는지 여부는 민사법상 권리의 귀속에 따른 법률적·사후적 판단이 아니라 압수·수색 당시 외형적·객관적으로 인식 가능한 사실상의 상태를 기준으로 판단하여야 한다. 이러한 정보저장매체의 외형적·객관적 지배·관리 등 상태와 별도로 단지 피의자나 그 밖의 제3자가 과거 그 정보저장매체의 이용 내지 개별 전자정보의 생성·이용 등에 관여한 사실이 있다거나 그 과정에서 생성된 전자정보에 의해 식별되는 정보주체에 해당한다는 사정만으로 그들을 실질적으로 압수·수색을 받는 당사자로 취급하여야 하는 것은 아니다(대법원 2022.1.27, 2021도11170).

364 정보저장매체를 임의제출한 피압수자와 임의제출자 아닌 피의자에게도 참여권이 보장되어야 하는 '피의자 소유·관리에 속하는 정보저장매체'에 해당하는지 여부는 압수·수색 당시 외형적·객관적으로 인식 가능한 사실상의 상태를 기준으로 판단하는 것이 아니라 민사법상 권리의 귀속에 따른 법률적·사후적 판단을 기준으로 판단하여야 한다.　　[경찰간부 23] [변호사 23]

364 (×)

해설+ 정보저장매체를 임의제출한 피압수자에 더하여 임의제출자 아닌 피의자에게도 참여권이 보장되어야 하는 '피의자의 소유·관리에 속하는 정보저장매체'란, … 피의자를 그 정보저장매체에 저장된 전자정보에 대하여 실질적인 피압수자로 평가할 수 있는 경우를 말하는 것으로서 이에 해당하는지 여부는 민사법상 권리의 귀속에 따른 법률적·사후적 판단이 아니라 압수·수색 당시 외형적·객관적으로 인식 가능한 사실상의 상태를 기준으로 판단하여야 한다(대법원 2022.1.27, 2021도11170).

365 수사기관이 임의제출받은 정보저장매체가 대부분 임의제출에 따른 적법한 압수의 대상이 되는 전자정보만이 저장되어 있어서 그렇지 않은 전자정보와 혼재될 여지가 거의 없는 경우라 하더라도, 전자정보인 이상 소지 · 보관자의 임의제출에 따른 통상의 압수절차 외에 피압수자에게 참여의 기회를 보장하지 않았고 전자정보 압수목록을 작성 · 교부하지 않았다면 곧바로 증거능력을 인정할 수 없다. [경찰간부 23]

> **해설+** (위장형 카메라 등 특수한 정보저장매체의 경우에 관한 판례의 법리임) 수사기관이 임의제출받은 정보저장매체가 그 기능과 속성상 임의제출에 따른 적법한 압수의 대상이 되는 전자정보와 그렇지 않은 전자정보가 혼재될 여지가 거의 없어 사실상 대부분 압수의 대상이 되는 전자정보만이 저장되어 있는 경우에는 소지·보관자의 임의제출에 따른 통상의 압수절차 외에 피압수자에게 참여의 기회를 보장하지 않고 전자정보 압수목록을 작성·교부하지 않았다는 점만으로 곧바로 증거능력을 부정할 것은 아니다(대법원 2021.11.25, 2019도7342).

> **보충** 임의제출된 이 사건 각 위장형 카메라 및 그 메모리카드에 저장된 전자정보처럼 오직 불법촬영을 목적으로 방실 내 나체나 성행위 모습을 촬영할 수 있는 벽 등에 은밀히 설치되고, 촬영대상 목표물의 동작이 감지될 때에만 카메라가 작동하여 촬영이 이루어지는 등, 그 설치목적과 장소, 방법, 기능, 작동원리상 소유자의 사생활의 비밀 기타 인격적 법익의 관점에서 그 소지·보관자의 임의제출에 따른 적법한 압수의 대상이 되는 전자정보와 구별되는 별도의 보호가치 있는 전자정보의 혼재가능성을 상정하기 어려운 경우에는 위 소지·보관자의 임의제출에 따른 통상의 압수절차 외에 별도의 조치가 따로 요구된다고 보기는 어렵다. 따라서 피고인 내지 변호인에게 참여의 기회를 보장하지 않고 전자정보 압수목록을 작성·교부하지 않았다는 점만으로 곧바로 증거능력을 부정할 것은 아니다. 따라서 수사기관이 이 사건 각 위장형 카메라에 저장된 205호, 308호, 507호에서 각 촬영된 영상은 그 증거능력이 인정된다(위 판례).

366 수색한 경우에 증거물 또는 몰수할 물건이 없는 때에는 그 취지의 증명서를 교부하여야 한다. 압수한 경우에는 목록을 작성하여 소유자, 소지자, 보관자 기타 이에 준할 자에게 교부하여야 한다. 운반 또는 보관에 불편한 압수물에 관하여는 간수자를 두거나 소유자 또는 적당한 자의 승낙을 얻어 보관하게 할 수 있다. 위험발생의 염려가 있는 압수물은 폐기할 수 있다. [법원9급 10]

367 법령상 생산·제조·소지·소유 또는 유통이 금지된 압수물로서 부패의 염려가 있거나 보관하기 어려운 압수물은 소유자 등 권한 있는 자의 동의를 받아 폐기할 수 있다. [경찰채용 15 변형] [해경승진 23]

해설+ 제130조【압수물의 보관과 폐기】③ 법령상 생산·제조·소지·소유 또는 유통이 금지된 압수물로서 부패의 염려가 있거나 보관하기 어려운 압수물은 소유자 등 권한 있는 자의 동의를 받아 폐기할 수 있다.

보충 형사소송법은 "몰수하여야 할 압수물로서 멸실, 파손, 부패 또는 현저한 가치 감소의 염려가 있거나 보관하기 어려운 압수물은 매각하여 대가를 보관할 수 있다."라고 규정하면서(제132조 제1항), "법령상 생산·제조·소지·소유 또는 유통이 금지된 압수물로서 부패의 염려가 있거나 보관하기 어려운 압수물은 소유자 등 권한 있는 자의 동의를 받아 폐기할 수 있다."라고 규정하고 있다(제130조 제3항). 따라서 부패의 염려가 있거나 보관하기 어려운 압수물이라 하더라도 법령상 생산·제조·소지·소유 또는 유통이 금지되어 있고, 권한 있는 자의 동의를 받지 못하는 한 이를 폐기할 수 없고, 만약 그러한 요건이 갖추어지지 않았음에도 폐기하였다면 이는 위법하다(대법원 2022.1.14, 2019다282197).

368 몰수하여야 할 압수물로서 멸실·파손·부패 또는 현저한 가치 감소의 염려가 있거나 보관하기 어려운 압수물은 매각하여 대가를 보관할 수 있다. [경찰채용 12 변형]

369 환부하여야 할 압수물 중 환부를 받을 자가 누구인지 알 수 없거나 그 소재가 불명한 경우로서 그 압수물의 멸실·파손·부패 또는 현저한 가치 감소의 염려가 있거나 보관하기 어려운 압수물은 매각하여 대가를 보관할 수 있다. [경찰채용 12]

370 「형사소송법」 제133조 제1항의 '증거에 공할 압수물'에는 증거물로서의 성격과 몰수할 것으로 사료되는 물건으로서의 성격을 가진 압수물이 포함되어 있다고 해석함이 상당하다. [법원9급 17]

367 (O) 제130조 제3항 참조.

368 (O) 제132조 제1항

369 (O) 제132조 제2항

370 (O) 대법원 1998.4.16, 97모25

371 증거에 공할 압수물을 가환부할 것인지의 여부는 범죄의 태양, 경중, 압수물의 증거로서의 가치, 압수물의 은닉, 인멸, 훼손될 위험, 수사나 공판수행상의 지장 유무, 압수에 의하여 받는 피압수자 등의 불이익의 정도 등 여러 사정을 검토하여 종합적으로 판단하여야 할 것이다.　　　[경찰채용 16]

371 (○) 대법원 1994.8.18, 94모42

372 가환부의 대상은 증거로 사용될 압수물에 한하므로, 몰수의 대상이 되는 물건은 비록 임의적 몰수의 대상에 해당하는 물건이라도 이를 가환부할 수 없다.　　　[경찰채용 11]

372 (×) '없다' → '있다'
형법 제48조에 해당하는 물건에 대하여는 이를 몰수할 것인지는 법원의 재량에 맡겨진 것이므로 가환부할 수 있다(대법원 1998.4.16, 97모25).

373 피고사건 종결 전이라도 증거에만 공할 목적으로 압수한 물건으로서 그 소유자 또는 소지자가 계속 사용하여야 할 물건은 사진촬영 기타 원형보존의 조치를 취하고 신속히 환부하여야 한다.　　　[경찰채용 11·18 변형] [군무원9급 22]

> **해설+** 제133조【압수물의 환부, 가환부】② 증거에만 공할 목적으로 압수한 물건으로서 그 소유자 또는 소지자가 계속 사용하여야 할 물건은 사진촬영 기타 원형보존의 조치를 취하고 신속히 <u>가환부하여야 한다</u>.

373 (×) 환부는 압수를 계속할 필요가 없을 때에 하는 것이다. 위 지문에서는 가환부로 바뀌어야 한다. 제133조 제2항 참조.

374 압수를 계속할 필요가 없다고 인정되는 압수물은 피고사건 종결 전이라도 결정으로 환부하여야 하고, 증거에 공할 압수물은 소유자, 소지자, 보관자 또는 제출인의 청구에 의하여 가환부할 수 있다.　　　[법원9급 10 변형·17]

374 (○) 제133조 제1항

375 세관이 시계행상이 소지한 외국산 시계를 관세장물 혐의로 압수했으나 검사가 관세 포탈품인지를 확인할 수 없어 그 사건에 대해 기소중지한 경우에는 압수를 계속할 필요가 없다.　　　[법원9급 13]

375 (○) 대법원 1988.12.14, 88모55

376 피압수자 등 환부를 받을 자가 압수 후 그 소유권을 포기하는 등에 의하여 실체법상 권리를 상실하더라도 그 때문에 압수물을 환부하여야 하는 수사기관의 의무에 어떠한 영향을 미칠 수 없다. [경찰채용 12]

376 (○) 대법원 1996.8.16, 94모51 전원합의체

377 피압수자 등 환부를 받을 자가 압수 후 그 소유권을 포기하더라도 그 때문에 압수물을 환부하여야 하는 수사기관의 의무에 어떠한 영향을 미칠 수 없으나 만약 그가 수사기관에 대하여 「형사소송법」상의 환부청구권을 포기한다는 의사표시를 하였다면 수사기관은 환부의무를 면하게 된다. [법원9급 17]

377 (X) '면하게 된다' → '면제 된다고 볼 수는 없다'

해설+ 형사소송법상의 환부청구권을 포기한다는 의사표시를 하더라도 그 효력이 없어 그에 의하여 수사기관의 필요적 환부의무가 면제된다고 볼 수는 없다(대법원 1996.8.16, 94모51 전원합의체).

378 외국산 물품을 관세장물의 혐의가 있다고 보아 압수하였다 하더라도 그것이 언제, 누구에 의하여 관세포탈된 물건인지 알 수 없어 기소중지 처분을 한 경우에는 그 압수물은 관세장물이라고 단정할 수 없으므로 이를 국고에 귀속시킬 수 없으나, 압수는 계속할 필요가 있다. [경찰채용 20 2차]

378 (X)

해설+ 그 압수물은 관세장물이라고 단정할 수 없어 이를 국고에 귀속시킬 수 없을 뿐만 아니라 압수를 더 이상 계속할 필요도 없다(대법원 1996.8.16, 94모51 전원합의체).

379 종국재판에서 압수물에 대하여 몰수 또는 피해자환부의 선고가 없는 때에는 압수를 해제한 것으로 간주한다. [법원9급 15]

379 (○) 제332조

380 압수한 장물은 피해자에게 환부할 이유가 명백한 때에는 피고사건의 종결 전이라도 피해자에게 환부할 수 있다. [국가9급 14]

380 (○) 제134조 참조.

381 압수한 장물은 압수를 계속할 필요가 없다고 인정되는 경우 피해자의 청구가 있는 때에는 공소제기 전이라도 피해자에게 환부하여야 한다.

[경찰간부 22]

> **보충** 위 지문에서 압수장물이 아니라 압수물로, 피해자의 청구가 아니라 소유자·소지자·보관자·제출인의 청구로 바꾼다면 맞는 지문이 된다(제218조의2 제1항).

> **보충** 제133조 【압수물의 환부, 가환부】 ① 압수를 계속할 필요가 없다고 인정되는 압수물은 피고사건 종결 전이라도 결정으로 환부하여야 하고 증거에 공할 압수물은 소유자, 소지자, 보관자 또는 제출인의 청구에 의하여 가환부할 수 있다.
> ② 증거에만 공할 목적으로 압수한 물건으로서 그 소유자 또는 소지자가 계속 사용하여야 할 물건은 사진촬영 기타 원형보존의 조치를 취하고 신속히 가환부하여야 한다.

> 제134조 【압수장물의 피해자환부】 압수한 장물은 피해자에게 환부할 이유가 명백한 때에는 피고사건의 종결 전이라도 결정으로 피해자에게 환부할 수 있다.

> 제219조 【준용규정】 제106조, 제107조, 제109조 내지 제112조, 제114조, 제115조 제1항 본문, 제2항, 제118조부터 제132조까지, 제134조, 제135조, 제140조, 제141조, 제333조 제2항, 제486조의 규정은 검사 또는 사법경찰관의 본장의 규정에 의한 압수, 수색 또는 검증에 준용한다. 단, 사법경찰관이 제130조, 제132조 및 제134조에 따른 처분을 함에는 검사의 지휘를 받아야 한다.

> **정리** 환부절차의 간단한 정리

㉠ 압수물의 환부	법원의 공판 중에는 필요적 환부결정(제133조 제1항)
㉡ 압수장물의 환부	법원의 공판 중 또는 수사기관의 수사 중에는 임의적 환부결정(제134조, 제219조)
㉢ 공소제기 전 수사기관의 압수물의 환부·가환부	소유자·소지자·보관자·제출인의 청구 시 필요적 환부·가환부 (제218조의2 제1항)

381 (×) 압수한 장물은 피해자에게 환부할 이유가 명백한 때에는 피고사건의 종결 전이라도 결정으로 피해자에게 환부할 수 있다(제134조, 압수장물의 피해자환부). 이는 검사 또는 사법경찰관의 압수에도 마찬가지이므로(제219조, 단 사경의 위탁보관·폐기처분·대가보관·가환부·환부·압수장물피해자환부는 검사의 지휘 要, 동조 단서), '공소제기 전 수사기관이 판단하여 압수한 장물을 피해자에게 환부할 이유가 명백한 때에는 '결정으로 피해자에게 환부할 수 있다.' 요컨대, 압수장물의 환부절차는 '임의적 환부결정'에 의한다.

382 압수한 장물로서 피해자에게 환부할 이유가 명백한 것은 판결로써 피해자에게 환부하는 선고를 하여야 한다.

[경찰채용 18 1차]

382 (○) 제333조 제4항

383 수소법원이 종국재판의 선고 시에 가환부한 장물에 대하여 별단의 선고를 하지 아니한 때에는 환부의 선고가 있는 것으로 간주된다.

[경찰채용 11]

383 (○) 제333조 제3항

384 검사는 증거에 사용할 압수물에 대하여 가환부 청구가 있는 경우, 이를 거부할 수 있는 특별한 사정이 없는 한 가환부에 응하여야 한다.

[국가7급 21]

384 (○)

해설+ 형사소송법 제218조의2 제1항은 '검사는 사본을 확보한 경우 등 압수를 계속할 필요가 없다고 인정되는 압수물 및 증거에 사용할 압수물에 대하여 공소제기 전이라도 소유자, 소지자, 보관자 또는 제출인의 청구가 있는 때에는 환부 또는 가환부하여야 한다'고 규정하고 있다. 따라서 검사는 증거에 사용할 압수물에 대하여 가환부의 청구가 있는 경우 가환부를 거부할 수 있는 특별한 사정이 없는 한 가환부에 응하여야 한다. 그리고 그러한 특별한 사정이 있는지는 범죄의 태양, 경중, 몰수 대상인지 여부, 압수물의 증거로서의 가치, 압수물의 은닉·인멸·훼손될 위험, 수사나 공판수행상의 지장 유무, 압수에 의하여 받는 피압수자 등의 불이익의 정도 등 여러 사정을 검토하여 종합적으로 판단하여야 한다(대법원 2017.9.29, 2017모236).

385 검사는 사본을 확보한 경우 등 압수를 계속할 필요가 없다고 인정되는 압수물 및 증거에 사용할 압수물에 대하여 공소제기 전이라도 소유자, 소지자, 보관자 또는 제출인의 청구가 있는 때에는 환부 또는 가환부할 수 있다.

[경찰채용 12·18 1차]

385 (×) 환부 또는 가환부하여야 한다(제218조의2 제1항).

386 소유자 등의 환부 또는 가환부 청구에 대해 검사가 이를 거부하는 경우, 신청인은 해당 검사의 소속 검찰청에 대응한 법원에 압수물의 환부 또는 가환부 결정을 청구할 수 있다.

[경찰간부 22]

386 (○) 제218조의2 제2항

387 범인으로부터 압수한 물품에 대하여 몰수의 선고가 없어 그 압수가 해제된 것으로 간주된다고 하더라도 공범자에 대한 범죄수사를 위하여 여전히 그 물품의 압수가 필요하다면 검사는 그 압수 해제된 물품을 다시 압수할 수 있다.

[경찰채용 15]

387 (○) 대법원 1997.1.9, 96모34

388 수사단계에서 소유권을 포기한 압수물에 대하여 형사재판에서 몰수형이 선고되지 않은 경우, 피압수자는 국가에 대하여 민사소송으로 그 반환을 청구할 수 있다.

[경찰채용 15]

388 (○) 대법원 2000.12.22, 2000다27725

389 피고인 이외 제3자의 소유에 속하는 압수물에 대하여 몰수를 선고한 판결이 있는 경우, 그 판결의 효력은 유죄판결을 받은 피고인에 대하여 미치는 것뿐만 아니라 제3자의 소유권에도 영향을 미친다.　　　[국가7급 21]

389 (×) 그 물건을 소지하지 못하게 하는 데 그치고, 그 사건에서 재판을 받지 아니한 제3자의 소유권에 어떤 영향을 미치는 것은 아니다(대법원 2017.9.29, 2017모236).

390 검사가 가환부 처분을 할 경우에는 미리 피해자, 피의자 또는 변호인에게 통지해야 한다.　　　[경찰간부 22]

> **해설+** 제135조【압수물처분과 당사자에의 통지】전3조의 결정을 함에는 검사, 피해자, 피고인 또는 변호인에게 미리 통지하여야 한다.
>
> 제219조【준용규정】제106조, 제107조, 제109조 내지 제112조, 제114조, 제115조 제1항 본문, 제2항, 제118조부터 제132조까지, 제134조, 제135조, 제140조, 제141조, 제333조 제2항, 제486조의 규정은 검사 또는 사법경찰관의 본장의 규정에 의한 압수, 수색 또는 검증에 준용한다. 단, 사법경찰관이 제130조, 제132조 및 제134조에 따른 처분을 함에는 검사의 지휘를 받아야 한다.

390 (○) 법원은 대가보관·가환부·환부·압수장물 피해자환부를 함에는 검사, 피해자, 피고인 또는 변호인에게 미리 통지하여야 한다(제135조). 이는 당해인의 의견진술의 기회를 보장하기 위함이다. 제135조의 규정은 검사·사법경찰관의 압수물 처리에 관해서도 그대로 준용된다(제219조).

391 사법경찰관은 압수물을 피압수자에게 환부하기에 앞서 피해자뿐만 아니라 피의자에게도 통지하여야 한다.　　　[경찰채용 16]

391 (○) 피해자, 피의자 또는 변호인이 통지대상이다(제135조, 제219조).

Ⅱ 검증 · 감정

🔗 대표유형

검사 또는 사법경찰관은 검증을 함에 있어 신체의 검사, 사체의 해부, 분묘의 발굴, 물건의 파괴 기타 필요한 처분을 할 수 있으며, 특히 사체의 해부 또는 분묘의 발굴을 하는 때에는 예(禮)에 어긋나지 아니하도록 주의하고 미리 유족에게 통지하여야 한다.　　　[경찰경채 23]

(○) 제140조, 제141조 참조.

> **해설+** 제140조【검증과 필요한 처분】검증을 함에는 신체의 검사, 사체의 해부, 분묘의 발굴, 물건의 파괴 기타 필요한 처분을 할 수 있다.
>
> 제141조【신체검사에 관한 주의】① 신체의 검사에 관하여는 검사를 받는 사람의 성별, 나이, 건강상태, 그 밖의 사정을 고려하여 그 사람의 건강과 명예를 해하지 아니하도록 주의하여야 한다.
> ② 피고인 아닌 사람의 신체검사는 증거가 될 만한 흔적을 확인할 수 있는 현저한 사유가 있는 경우에만 할 수 있다.
> ③ 여자의 신체를 검사하는 경우에는 의사나 성년 여자를 참여하게 하여야 한다.
> ④ 시체의 해부 또는 분묘의 발굴을 하는 때에는 예(禮)에 어긋나지 아니하도록 주의하고 미리 유족에게 통지하여야 한다.

감정유치기간은 미결구금일수의 산입에 있어서 이를 구속으로 간주하여 산입한다.

[법원9급 11]

(○) 제221조의3 제2항, 제172조
제8항

392 신체의 검사에 관하여는 검사를 받는 사람의 성별, 나이, 건강상태, 그 밖
의 사정을 고려하여 그 사람의 건강과 명예를 해하지 아니하도록 주의하여
야 하고, 여자의 신체를 검사하는 경우에는 의사나 성년의 여자를 참여하
게 하여야 한다.

[경찰경채 23]

392 (○) 제140조, 제141조 참조.

> **해설+** 제140조【검증과 필요한 처분】검증을 함에는 신체의 검사, 사체의 해부, 분묘의 발굴,
> 물건의 파괴 기타 필요한 처분을 할 수 있다.
>
> 제141조【신체검사에 관한 주의】① 신체의 검사에 관하여는 검사를 받는 사람의 성별, 나이, 건강
> 상태, 그 밖의 사정을 고려하여 그 사람의 건강과 명예를 해하지 아니하도록 주의하여야 한다.
> ② 피고인 아닌 사람의 신체검사는 증거가 될 만한 흔적을 확인할 수 있는 현저한 사유가 있는
> 경우에만 할 수 있다.
> ③ 여자의 신체를 검사하는 경우에는 의사나 성년 여자를 참여하게 하여야 한다.
> ④ 시체의 해부 또는 분묘의 발굴을 하는 때에는 예(禮)에 어긋나지 아니하도록 주의하고 미리 유족
> 에게 통지하여야 한다.

393 피고인이 아닌 사람의 신체검사는 증거가 될 만한 흔적을 확인할 수 있는
단순한 사유가 있는 것만으로도 할 수 있다.

[해경채용 23 2차]

393 (×) 피고인 아닌 사람의 신
체검사는 증거가 될 만한 흔적을
확인할 수 있는 현저한 사유가 있는
경우에 한한다(제141조 제2항).

394 물건·장소는 물론 사람의 신체·사체도 검증의 대상이 되며, 신체의 내부
도 검증의 대상이 될 수 있다.

[소방간부 23]

394 (○) 체내검증, 체내물의 강
제채취, 연하물의 강제배출과 같은
체내검사도 신체검사로서 검증에
해당한다. 제140조, 제141조 제1항
참조.

395 일몰 전에 검증을 착수하였더라도 일몰이 되면 중단해야 한다.

[해경채용 23 2차]

395 (×) 제143조 제2항 참조.

> **해설+** 제143조【시각의 제한】② 일몰 전에 검증에 착수한 때에는 일몰 후라도 검증을 계속할
> 수 있다.

396 혈액의 채취 또는 검사과정에서 인위적인 조작이나 관계자의 잘못이 개입되는 등 혈액채취에 의한 검사결과를 믿지 못할 특별한 사정이 없는 한, 혈액검사에 의한 음주측정치가 호흡측정기에 의한 음주측정치보다 측정 당시의 혈중알코올농도에 더 근접한 음주측정치라고 보는 것이 경험칙에 부합한다.

[경찰채용 11·23 2차 변형]

396 (○) 대법원 2004.2.13, 2003도6905

397 음주운전에 대한 수사과정에서 음주운전 혐의가 있는 운전자에 대하여 「도로교통법」에 따른 호흡측정이 이루어진 경우 과학적이고 중립적인 호흡측정 수치가 도출되었다 하여도 그 결과에 오류가 있다고 인정할 만한 객관적이고 합리적인 사정이 있는 경우라면 추가로 음주측정을 할 필요성이 있으므로, 경찰관이 혐의를 제대로 밝히기 위해 혈액채취에 의한 측정 방법으로 재측정하는 것을 위법하다 할 수 없고 운전자는 이에 따라야 할 의무가 있다.

[경찰채용 23 1차]

397 (×)

> **해설+** 음주운전에 대한 수사과정에서 음주운전 혐의가 있는 운전자에 대하여 구 도로교통법 제44조 제2항에 따른 호흡측정이 이루어진 경우에는 그에 따라 과학적이고 중립적인 호흡측정 수치가 도출된 이상 다시 음주측정을 할 필요성은 사라졌으므로 운전자의 불복이 없는 한 다시 음주측정을 하는 것은 원칙적으로 허용되지 아니한다. 그러나 운전자의 태도와 외관, 운전행태 등에서 드러나는 주취 정도, 운전자가 마신 술의 종류와 양, 운전자가 사고를 야기하였다면 경위와 피해 정도, 목격자들의 진술 등 호흡측정 당시의 구체적 상황에 비추어 호흡측정기의 오작동 등으로 인하여 호흡측정 결과에 오류가 있다고 인정할 만한 객관적이고 합리적인 사정이 있는 경우라면 그러한 호흡측정 수치를 얻은 것만으로는 수사의 목적을 달성하였다고 할 수 없어 추가로 음주측정을 할 필요성이 있으므로, 경찰관이 음주운전 혐의를 제대로 밝히기 위하여 운전자의 자발적인 동의를 얻어 혈액 채취에 의한 측정의 방법으로 다시 음주측정을 하는 것을 위법하다고 볼 수는 없다. 이 경우 운전자가 일단 호흡측정에 응한 이상 재차 음주측정에 응할 의무까지 당연히 있다고 할 수는 없으므로, 운전자의 혈액 채취에 대한 동의의 임의성을 담보하기 위하여는 경찰관이 미리 운전자에게 혈액 채취를 거부할 수 있음을 알려 주었거나 운전자가 언제든지 자유로이 혈액 채취에 응하지 아니할 수 있었음이 인정되는 등 운전자의 자발적인 의사에 의하여 혈액 채취가 이루어졌다는 것이 객관적인 사정에 의하여 명백한 경우에 한하여 혈액 채취에 의한 측정의 적법성이 인정된다(대법원 2015.7.9, 2014도16051).

398 운전자의 신체 이상 등의 사유로 호흡측정기에 의한 측정이 불가능 내지 심히 곤란하거나 운전자가 처음부터 호흡측정기에 의한 측정의 방법을 불신하면서 혈액채취에 의한 측정을 요구하는 경우 등에는 호흡측정기에 의한 측정의 절차를 생략하고 바로 혈액채취에 의한 측정으로 나아가야 할 것이고, 이와 같은 경우라면 호흡측정기에 의한 측정에 불응한 행위를 음주측정 불응으로 볼 수 없다.

[경찰채용 11]

398 (○) 대법원 2002.10.25, 2002도4220

278 PART 03 수사와 공소

399 특별한 이유 없이 호흡측정기에 의한 측정에 불응하는 운전자에게 경찰공무원이 혈액채취에 의한 측정방법이 있음을 고지하고 그 선택 여부를 물어야 할 의무가 있다고는 할 수 없다. [경찰채용 11·18 2차]

399 (○) 대법원 2002.10.25, 2002도4220

400 경찰관이 음주운전 단속 시 운전자의 요구에 따라 곧바로 채혈을 실시하지 않은 채 호흡측정기에 의한 음주측정을 하고 1시간 12분이 경과한 후에야 채혈을 하였다는 사정만으로도 위 행위가 법령에 위배되거나 객관적 정당성을 상실한 것으로 운전자가 음주운전 단속과정에서 받을 수 있는 권익이 현저하게 침해되었다고 단정할 수 있다. [경찰채용 11]

400 (×) '단정할 수 있다' → '단정하기 어렵다'

해설+ 법령에 위배된다거나 객관적 정당성을 상실하여 운전자가 음주운전 단속과정에서 받을 수 있는 권익이 현저하게 침해되었다고 단정하기 어렵다(대법원 2008.4.24, 2006다32132).

401 운전자가 음주측정요구를 받을 당시에 술에 취한 상태에 있었다고 인정할 만한 상당한 이유가 있음에도 정당한 이유 없이 이에 불응하여 음주측정불응죄가 인정되었다면, 운전자가 다시 스스로 경찰공무원에게 혈액채취의 방법에 의한 음주측정을 요구하여 그 결과 음주운전으로 처벌할 수 없는 혈중알콜농도 수치가 나왔더라도 음주측정거부죄가 성립한다. [경찰채용 18 2차]

401 (○)

해설+ 음주측정요구를 받을 당시에 술에 취한 상태에 있었다고 인정할 만한 상당한 이유가 있다고 보아 음주측정불응죄가 인정되는 이상, 그 후 스스로 경찰공무원에게 혈액채취의 방법에 의한 음주측정을 요구하고 그 결과 음주운전으로 처벌할 수 없는 혈중알콜농도 수치가 나왔다고 하더라도 음주측정불응죄의 성립에 영향이 없다(대법원 2004.10.15, 2004도4789).

402 수사상 감정유치란 피의자의 정신 또는 신체를 감정하기 위하여 일정 기간 동안 병원 기타 적당한 장소에 피의자를 유치하는 강제처분으로서 이미 구속 중인 피의자나 피의자 아닌 제3자에 대해서는 허용되지 아니한다.

> **해설+** 피의자는 구속·불구속을 불문하고 감정유치가 허용되고(따라서 위 지문은 틀림)(제221조의3, 제172조 제3항), 구속 중인 피의자에 대하여 감정유치가 집행된 경우 미결구금일수로는 산입되나(제172조 제8항), 구속기간에서는 구속집행정지로 간주한다(제172조의2 제1항). 다만, 피의자가 아닌 제3자는 감정유치의 대상이 아니다.

> **보충** 신체검사는 피의자가 아닌 제3자도 대상이 될 수 있고(제141조 제2항), 피고인은 수소법원에 의한 감정유치가 가능하므로(제172조 제3항) 수사상 감정유치의 대상이 될 수 없다.

> **보충** 제221조의3 【감정의 위촉과 감정유치의 청구】① 검사는 제221조의 규정에 의하여 감정을 위촉하는 경우에 제172조 제3항의 유치처분이 필요할 때에는 판사에게 이를 청구하여야 한다. ② 판사는 제1항의 청구가 상당하다고 인정할 때에는 유치처분을 하여야 한다. 제172조 및 제172조의2의 규정은 이 경우에 준용한다.

제221조 【제3자의 출석요구 등】② 검사 또는 사법경찰관은 수사에 필요한 때에는 감정·통역 또는 번역을 위촉할 수 있다.

제172조 【법원 외의 감정】① 법원은 필요한 때에는 감정인으로 하여금 법원 외에서 감정하게 할수 있다.
② 전항의 경우에는 감정을 요하는 물건을 감정인에게 교부할 수 있다.
③ 피고인의 정신 또는 신체에 관한 감정에 필요한 때에는 법원은 기간을 정하여 병원 기타 적당한장소에 피고인을 유치하게 할 수 있고 감정이 완료되면 즉시 유치를 해제하여야 한다.
④ 전항의 유치를 함에는 감정유치장을 발부하여야 한다.
⑤ 제3항의 유치를 함에 있어서 필요한 때에는 법원은 직권 또는 피고인을 수용할 병원 기타 장소의관리자의 신청에 의하여 사법경찰관리에게 피고인의 간수를 명할 수 있다.
⑥ 법원은 필요한 때에는 유치기간을 연장하거나 단축할 수 있다.
⑦ 구속에 관한 규정은 이 법률에 특별한 규정이 없는 경우에는 제3항의 유치에 관하여 이를 준용한다. 단, 보석에 관한 규정은 그러하지 아니하다.
⑧ 제3항의 유치는 미결구금일수의 산입에 있어서는 이를 구속으로 간주한다.

제172조의2 【감정유치와 구속】① 구속 중인 피고인에 대하여 감정유치장이 집행되었을 때에는피고인이 유치되어 있는 기간 구속은 그 집행이 정지된 것으로 간주한다.
② 전항의 경우에 전조 제3항의 유치처분이 취소되거나 유치기간이 만료된 때에는 구속의 집행정지가 취소된 것으로 간주한다.

403 구속 중인 피고인에 대하여 감정유치장이 집행되었을 때에는 피고인이 유치되어 있는 기간 구속은 그 집행이 정지된 것으로 간주한다. [법원9급 11]

403 (○) 제221조의3 제2항, 제172조의2 제1항

280 PART 03 수사와 공소

404 불구속 피고인에 대하여 감정유치장을 발부하여 구속할 때에는 범죄사실의 요지와 변호인을 선임할 수 있음을 알려주어야 한다. [법원9급 11]

404 (○) 제221조의3 제2항, 제172조 제7항

405 불구속 상태에서 감정유치장에 의하여 유치된 피고인은 보석을 청구할 수 있다. [법원9급 11]

405 (×) '있다' → '없다'

> **해설+** 구속에 관한 규정은 이 법률에 특별한 규정이 없는 경우에는 제3항의 유치에 관하여 이를 준용한다. 단, 보석에 관한 규정은 그러하지 아니하다(제221조의3 제2항, 제172조 제7항).

3 수사상의 증거보전

🔗 대표유형

증거보전의 청구는 공소제기의 전후를 가리지 아니하나 제1회 공판기일 전에 한하여 할 수 있다. [법원9급 11]

(○) 대법원 1984.3.29, 84모15

🔗 대표유형

공동피고인과 피고인이 뇌물을 주고 받은 사이로 필요적 공범관계에 있다면 검사는 수사단계에서 피고인에 대한 증거를 미리 보전하기 위하여 필요한 경우라도 판사에게 공동피고인을 증인으로 신문할 것을 청구할 수 없다. [경찰채용 18 1차]

(×) '없다' → '있다'(대법원 1988. 11.8, 86도1646)

406 증거보전을 청구할 수 있는 처분은 피의자신문 · 증인신문 · 감정 · 검증과 압수 · 수색에 한한다. [법원9급 11]

406 (×) '피의자신문' → 삭제(제184조 제1항)
증거보전절차에서 피의자신문 또는 피고인신문을 청구할 수는 없다 (대법원 1979.6.12, 79도792).

407 피고인, 피의자 또는 변호인은 증거보전청구를 할 수 있지만, 검사는 청구할 수 없다. [국가7급 15]

407 (×) '없다' → '있다'
증거보전은 피고인 · 피의자 · 변호인뿐만 아니라 검사도 청구할 수 있다(제184조 제1항).

408 형사입건 되기 전의 자는 피의자가 아니므로 증거보전을 청구할 수 없다.

[해경승진 22]

408 (○)

해설+ 형사소송법 제184조에 의한 증거보전은 피고인 또는 피의자가 형사입건도 되기 전에 청구할 수는 없고 또 피의자신문에 해당하는 사항을 증거보전의 방법으로 청구할 수 없다(대법원 1979. 6.12, 79도792).

409 증거보전의 청구는 반드시 판사에게 하여야 하며 공소제기 후에도 수소법원에 하는 것이 아니다.

[법원9급 11]

409 (○) 제184조 참조.

410 증거보전은 제1심 제1회 공판기일 전에 한하여 허용되는 것이므로 재심청구사건에서는 증거보전절차는 허용되지 않는다. [경찰채용 17 2차] [국가7급 15]

410 (○) 대법원 1984.3.29, 84모15

411 증거보전을 청구할 때에는 구술 또는 서면으로 그 사유를 소명하여야 한다.

[경찰채용 17 2차] [국가9급 13]

411 (×) '구술' → 삭제
증거보전청구를 함에는 '서면'으로 그 사유를 소명하여야 한다(제184조 제3항).

412 「형사소송법」 제221조의2의 증인신문청구를 하려면 증인의 진술로서 증명할 대상인 피의사실이 존재해야 하는데, 피의사실은 수사기관 내심의 혐의만으로는 존재한다고 할 수 없고, 고소·고발 또는 자수를 받는 등 수사의 대상으로 삼고 있음을 외부로 표현한 때에 비로소 그 존재를 인정할 수 있다.

[경찰채용 23 2차]

412 (○)

해설+ 형사소송법 제221조의2 제2항에 의한 검사의 증인신문청구는 수사단계에서의 피의자 이외의 자의 진술이 범죄의 증명에 없어서는 안될 것으로 인정되는 경우에 공소유지를 위하여 이를 보전하려는 데 그 목적이 있으므로 이 증인신문청구를 하려면 증인의 진술로서 증명할 대상인 피의사실이 존재하여야 하고, 피의사실은 수사기관이 어떤 자에 대하여 내심으로 혐의를 품고 있는 정도의 상태만으로는 존재한다고 할 수 없고 고소, 고발 또는 자수를 받거나 또는 수사기관 스스로 범죄의 혐의가 있다고 보아 수사를 개시하는 범죄의 인지 등 수사의 대상으로 삼고 있음을 외부적으로 표현한 때에 비로소 그 존재를 인정할 수 있다(대법원 1989.6.20, 89도648).

413 「형사소송법」제221조의2(증인신문의 청구)에 의한 증인신문절차에서는 피고인·피의자 또는 변호인의 참여가 필요적 요건이므로 피고인·피의자나 변호인이 증인신문절차에 참여하지 아니하였다면 위법이다. [국가9급 23]

413 (×)

> **해설+** 판사는 증인신문청구에 따라 증인신문기일을 정한 때에는 피고인·피의자 또는 변호인에게 이를 통지하여 증인신문에 참여할 수 있도록 하여야 한다(2007년 개정 법 제221조의2 제5항, 규칙 제112조). 다만, 통지받은 피의자·피고인 또는 변호인의 출석이 증인신문의 요건이 되는 것은 아니므로, 통지받은 피의자·피고인 또는 변호인이 증인신문절차에 출석하지 아니하여도 증인신문절차를 신행할 수 있나.

> **참고** 2007년 개정 전 법에 의하면 '특별히 수사에 지장이 있다고 인정되는 경우를 제외하고는' 참여하게 하여야 한다고 규정하여 참여권이 배제될 여지가 있었다(그래서 2007년 개정에서 제외사유를 삭제함). 다만, 2007년 개정 전 법에 의한 판례도 결론적으로는 위 지문과 같은 점을 지적하고 있다. "같은 법 제221조의2 제5항은 판사는 수사에 지장이 없다고 인정할 때에는 피고인·피의자 또는 변호인을 증인신문에 참여하게 할 수 있다고 규정하고 있어, 그 제5항에 의한 증인신문절차에 있어서는 피고인·피의자나 그 변호인의 참여는 필요적 요건이 아니므로 그들에게 참여의 기회가 부여되지 아니하였다 하여 이것만 가지고 위법이라고 할 수는 없다(대법원 1992.9.22, 92도1751)."

414 증거보전은 제1회 공판기일 전에 한하여 할 수 있는데, 제1회 공판기일 전인 이상 공소제기의 전후는 불문한다. [경찰채용 14]

414 (○) 제184조 제1항 참조.

415 피고인뿐만 아니라 피의자도 제1회 공판기일 전에 한하여 판사에게 증거보전을 청구할 수 있고, 청구기각의 결정에 대하여는 3일 이내에 항고할 수 있다. [경찰채용 18] [국가9급 13]

415 (○) 제184조 제4항

416 증거보전의 청구를 기각하는 결정에 대하여는 불복할 수 없다. [경찰채용 14]

416 (×) '불복할 수 없다' → '3일 이내에 항고할 수 있다'(제184조 제4항)

417 증거보전의 방법으로 피고인신문이나 피의자신문을 청구할 수 없지만, 공범자 또는 공동피고인을 증인으로 신문할 것을 청구할 수 있다. [국가7급 15] [국가9급 18]

417 (○) 대법원 1988.11.8, 86도1646

418 증거보전절차에서 피의자와 변호인에게 일시와 장소를 미리 통지하지 아니하여 참여기회를 주지 않은 때에는 증인신문조서의 증거능력이 인정되지 않는다. [국가7급 15]

418 (O) 대법원 1992.2.28, 91도2337

419 제1회 공판기일 전에 「형사소송법」 제184조에 의한 증거보전절차에서 증인신문을 하면서, 위 증인신문의 일시와 장소를 피의자 및 변호인에게 미리 통지하지 아니하여 증인신문에 참여할 수 있는 기회를 주지 아니하였고, 또 변호인이 제1심 공판기일에 위 증인신문조서의 증거조사에 관하여 이의신청을 하였다면, 위 증인신문조서는 증거능력이 없다 할 것이고, 그 증인이 후에 법정에서 그 조서의 진정성립을 인정한다 하여 다시 그 증거능력을 취득한다고 볼 수도 없다. [경찰채용 17 2차]

419 (O) 대법원 1992.2.28, 91도2337

420 판사가 「형사소송법」 제184조에 의한 증거보전절차로 증인신문을 하는 경우에 동법 제163조의 참여의 기회를 주지 아니한 경우라도 피고인과 변호인이 증인신문조서를 증거로 할 수 있음에 동의하여 별다른 이의 없이 적법하게 증거조사를 거친 경우에는 위 증인신문조서는 증인신문절차가 위법하였는지의 여부에 관계없이 증거능력이 부여된다. [경찰채용 12] [국가9급 18] [변호사 23 변형]

420 (O) 대법원 1988.11.8, 86도1646

421 증거보전의 처분을 한 후에 그 처분에 관한 서류 및 증거물은 처분을 한 판사가 소속하는 법원에 보관한다. [법원9급 11]

421 (O) 제185조

422 증거보전절차에서 작성된 조서는 당연히 증거능력이 인정된다. [경찰채용 14]

422 (O) 제311조 참조.

423 증거보전은 물론 증인신문의 청구를 받은 판사도 그 처분에 관하여 법원 또는 재판장과 동일한 권한이 있다. [경찰채용 14]

423 (O) 제184조 제2항, 제221조의2 제4항 참조.

424 「형사소송법」 제221조의2의 증인신문에 관한 서류는 증인신문을 한 법원이 보관하므로, 공소제기 이전에도 피의자 또는 변호인은 판사의 허가를 얻어 서류와 증거물을 열람 또는 등사할 수 있다. [경찰채용 23 2차]

해설+ 제221조의2【증인신문의 청구】⑥ 판사는 제1항의 청구에 의한 증인신문을 한 때에는 지체 없이 이에 관한 서류를 검사에게 송부하여야 한다.

424 (×) 제221조의2의 증인신문에 관한 서류는 판사가 지체 없이 검사에게 송부하고, 이에 대한 열람 또는 등사가 불가능하다.

425 검사는 증인신문 청구권을 가지나, 증거보전 청구권은 가지고 있지 않다. [경찰채용 14]

425 (×) '있지 않다' → '있다' 양자 모두 할 수 있다. 제184조 제1항, 제221조의2 제1항 참조.

426 증거보전(제184조) 청구를 기각하는 결정에 대하여는 항고할 수 없으나, 증인신문(제221조의2) 청구를 기각하는 결정에 대하여는 불복할 수 있다. [경찰채용 12]

426 (×) '없으나' → '있으나', '있다' → '없다'
증거보전청구의 기각결정에 대해서만 항고가 가능하다. 제184조 제4항 참조.

427 압수에 관한 증거보전의 청구는 압수할 물건의 소재지를 관할하는 지방법원판사에게 하여야 한다. [경찰승진 22] [해경승진 23]

해설+ 규칙 제91조【증거보전처분을 하여야 할 법관】① 증거보전의 청구는 다음 지역을 관할하는 지방법원판사에게 하여야 한다.
1. 압수에 관하여는 압수할 물건의 소재지
2. 수색 또는 검증에 관하여는 수색 또는 검증할 장소, 신체 또는 물건의 소재지
3. 증인신문에 관하여는 증인의 주거지 또는 현재지
4. 감정에 관하여는 감정대상의 소재지 또는 현재지
② 감정의 청구는 제1항 제4호의 규정에 불구하고 감정함에 편리한 지방법원판사에게 할 수 있다.

427 (○) 증거보전청구는 수소법원이 아닌 관할 지방법원판사에게 하는 것이고, 여기서 관할은 피의자의 소재지가 아닌 해당 증거의 소재지 또는 증인의 주거지·현재지 등의 관할을 말한다(규칙 제91조 제1항 제1호).

CHAPTER 03 | 수사의 종결

1 사법경찰관과 검사의 수사종결

> **🔗 대표유형**
>
> 경찰청 소속 사법경찰관이 고소·고발 사건을 포함하여 범죄를 수사한 때에 범죄혐의가 인정되지 않을 경우에는 그 이유를 명시한 서면만을 검사에게 송부하면 된다. [국가7급 21]

> **🔗 대표유형**
>
> 친고죄 사건에 관하여 고소가 취소된 경우 불기소결정의 주문은 '혐의없음'이다.
> [경찰간부 18]

(×) 이유를 명시한 서면과 함께 관계 서류와 증거물을 지체 없이 검사에게 송부하여야 한다. 이 경우 검사는 송부받은 날부터 90일 이내에 사법경찰관에게 반환하여야 한다(제245조의5 제2호).

(×) '혐의없음' → '공소권없음'(검찰사건사무규칙 제115조 제3항 제4호 차목)

---

001 사법경찰관이 범죄를 수사하여 범죄의 혐의가 있다고 인정되는 경우에는 지체 없이 검사에게 사건을 송치하고 관계 서류와 증거물을 검사에게 송부하여야 하고, <u>그 밖의 경우에는 그 이유를 명시한 서면과 함께 관계 서류와 증거물을 지체 없이 검사에게 송부하여야 한다. 후자의 경우 검사는 관계 서류와 증거물을 사법경찰관에게 반환할 필요가 없다.</u>
[경찰채용 21 2차·23 2차 변형]

001 (×) 사법경찰관이 범죄를 수사하여 범죄의 혐의가 있다고 인정되는 경우에는 지체 없이 검사에게 사건을 송치하고 관계 서류와 증거물을 검사에게 송부하여야 하고, 그 밖의 경우에는 그 이유를 명시한 서면과 함께 관계 서류와 증거물을 지체 없이 검사에게 송부하여야 하며, 후자의 경우 검사는 관계 서류와 증거물을 송부받은 날부터 90일 이내에 사법경찰관에게 반환하여야 한다(제245조의5).

해설+ **제245조의5【사법경찰관의 사건송치 등】** 사법경찰관은 고소·고발 사건을 포함하여 범죄를 수사한 때에는 다음 각 호의 구분에 따른다.
1. 범죄의 혐의가 있다고 인정되는 경우에는 지체 없이 검사에게 사건을 송치하고, 관계 서류와 증거물을 검사에게 송부하여야 한다.
2. 그 밖의 경우에는 그 이유를 명시한 서면과 함께 관계 서류와 증거물을 지체 없이 검사에게 송부하여야 한다. 이 경우 검사는 송부받은 날부터 90일 이내에 사법경찰관에게 반환하여야 한다.

제245조의6【고소인 등에 대한 송부통지】 사법경찰관은 제245조의5 제2호의 경우에는 그 송부한 날부터 7일 이내에 서면으로 고소인·고발인·피해자 또는 그 법정대리인(피해자가 사망한 경우에는 그 배우자·직계친족·형제자매를 포함한다)에게 사건을 검사에게 송치하지 아니하는 취지와 그 이유를 통지하여야 한다.

제245조의7【고소인 등의 이의신청】 ① 제245조의6의 통지를 받은 사람(고발인을 제외한다)은 해당 사법경찰관의 소속 관서의 장에게 이의를 신청할 수 있다. 〈개정 2022.5.9.〉
② 사법경찰관은 제1항의 신청이 있는 때에는 지체 없이 검사에게 사건을 송치하고 관계 서류와 증거물을 송부하여야 하며, 처리결과와 그 이유를 제1항의 신청인에게 통지하여야 한다.

제245조의8【재수사요청 등】 ① 검사는 제245조의5 제2호의 경우에 사법경찰관이 사건을 송치하지 아니한 것이 위법 또는 부당한 때에는 그 이유를 문서로 명시하여 사법경찰관에게 재수사를 요청할 수 있다.
② 사법경찰관은 제1항의 요청이 있는 때에는 사건을 재수사하여야 한다.

002 위 지문의 밑줄 친 경우, 사법경찰관이 사건을 검사에게 송치하지 아니한 것이 위법 또는 부당한 때에는 검사는 그 이유를 문서로 명시하여 사법경찰관에게 재수사를 요청할 수 있고, 검사가 재수사를 요청한 경우 사법경찰관은 사건을 재수사하여야 한다.

[경찰채용 21 2차]

002 (○) 제245조의8

003 검사는 송치사건의 공소제기 여부 결정 또는 공소의 유지에 관하여 필요한 경우 사법경찰관에게 재수사를 요청할 수 있다.

[국가9급개론 22]

003 (×)

> **해설+** 검사는 송치사건의 공소제기 여부 결정 또는 공소의 유지에 관하여 필요한 경우나 사법경찰관이 신청한 영장의 청구 여부 결정에 관하여 필요한 경우 사법경찰관에게 (재수사를 요청하는 것이 아니라) 보완수사를 요구할 수 있다(제197조의2). 재수사요청은 사법경찰관이 사건을 송치하지 아니한 것이 위법 또는 부당한 때 그 이유를 문서로 명시하여 사법경찰관에게 하는 제도이다(제245조의8 제1항).

004 검사는 사법경찰관이 사건을 송치하지 아니한 것이 위법 또는 부당한 때에는 그 이유를 문서로 명시하여 재수사를 요청할 수 있는데, 사법경찰관은 재수사 후 기소의견으로 사건을 검찰에 송치하거나 재차 불송치 결정을 할 수 있다.

[경찰채용 23 2차]

004 (○) 사법경찰관의 사건불송치가 위법 또는 부당한 때에 검사는 재수사를 요청할 수 있다(형사소송법 제245조의8 제1항·제2항, 수사준칙 제64조 제1항).

> **해설+** 형사소송법 제245조의8【재수사요청 등】① 검사는 제245조의5 제2호의 경우에 사법경찰관이 사건을 송치하지 아니한 것이 위법 또는 부당한 때에는 그 이유를 문서로 명시하여 사법경찰관에게 재수사를 요청할 수 있다.
> ② 사법경찰관은 제1항의 요청이 있는 때에는 사건을 재수사하여야 한다.
>
> 수사준칙 제64조【재수사 결과의 처리】① 사법경찰관은 법 제245조의8 제2항에 따라 재수사를 한 경우 다음 각 호의 구분에 따라 처리한다.
> 1. 범죄의 혐의가 있다고 인정되는 경우: 법 제245조의5 제1호에 따라 검사에게 사건을 송치하고 관계 서류와 증거물을 송부
> 2. 기존의 불송치 결정을 유지하는 경우: 재수사 결과서에 그 내용과 이유를 구체적으로 적어 검사에게 통보

> **보충** 2023 입법예고 수사준칙에서는 수사준칙 제64조 제2항 이하를 아래와 같이 개정하였다 (2023.11.1. 시행).
>
> **2023 입법예고 수사준칙 제64조【재수사 결과의 처리】** ② 검사는 사법경찰관이 제1항 제2호에 따라 재수사 결과를 통보한 사건에 대하여 다시 재수사를 요청하거나 송치요구를 할 수 없다. 다만, 사법경찰관이 사건을 송치하지 않은 위법 또는 부당이 시정되지 않아 검사가 사건을 송치받아 수사할 필요가 있는 다음 각 호의 경우에는 법 제197조의3에 따라 사건송치를 요구할 수 있다.
> 1. 관련 법령 또는 법리에 위반된 경우
> 2. 범죄 혐의의 유무를 명확히 하기 위해 재수사요청한 사항에 관하여 그 이행이 이루어지지 않은 경우(다만, 불송치 결정의 유지에 영향을 미치지 않음이 명백한 경우는 제외한다)
> 3. 송부받은 관계 서류 및 증거물과 재수사 결과만으로도 범죄 혐의가 명백히 인정되는 경우
> 4. 공소시효 또는 형사소추의 요건을 판단하는 데 오류가 있는 경우
> ③ 검사는 전항 단서의 송치요구 여부를 판단하기 위하여 필요한 경우에는 사법경찰관에게 관계 서류와 증거물의 송부를 요청할 수 있다. 이 경우 요청을 받은 사법경찰관은 이에 협력해야 한다.
> ④ 검사는 재수사 결과를 통보받은 날(전항에 따라 관계 서류와 증거물의 송부를 요청한 경우 이를 송부받은 날)부터 30일 이내에 제2항 단서의 송치요구를 하여야 하고, 그 기간 내에 송치요구를 하지 않을 경우에는 송부받은 관계 서류와 증거물을 사법경찰관에게 반환해야 한다.

005 「수사준칙」에 의하면, 검사의 재수사 요청에 따른 사법경찰관의 재수사에도 불구하고 관련 법리에 위반되거나 송부받은 관계 서류 및 증거물과 재수사 결과만으로도 공소제기를 할 수 있을 정도로 명백히 채증법칙에 위반되거나 공소시효 또는 형사소추의 요건을 판단하는 데 오류가 있어 사건을 송치하지 않은 위법 또는 부당이 시정되지 않은 경우, 검사는 재수사 결과를 통보받은 날부터 60일 이내에 사건송치를 요구할 수 있다. [경찰경채 23]

005 (×) 60일이 아닌 30일이다 (수사준칙 제64조 제2항 단서).

해설+ 수사준칙 제64조 【재수사 결과의 처리】② 검사는 사법경찰관이 제1항 제2호에 따라 재수사 결과를 통보한 사건에 대해서 다시 재수사를 요청을 하거나 송치요구를 할 수 없다. 다만, 사법경찰관의 재수사에도 불구하고 관련 법리에 위반되거나 송부받은 관계 서류 및 증거물과 재수사 결과만으로도 공소제기를 할 수 있을 정도로 명백히 채증법칙에 위반되거나 공소시효 또는 형사소추의 요건을 판단하는 데 오류가 있어 사건을 송치하지 않은 위법 또는 부당이 시정되지 않은 경우에는 재수사 결과를 통보받은 날부터 30일 이내에 법 제197조의3에 따라 사건송치를 요구할 수 있다.

2023 입법예고 수사준칙 제64조 【재수사 결과의 처리】② 검사는 사법경찰관이 제1항 제2호에 따라 재수사 결과를 통보한 사건에 대하여 다시 재수사를 요청하거나 송치요구를 할 수 없다. 다만, 사법경찰관이 사건을 송치하지 않은 위법 또는 부당이 시정되지 않아 검사가 사건을 송치받아 수사할 필요가 있는 다음 각 호의 경우에는 법 제197조의3에 따라 사건송치를 요구할 수 있다.
1. 관련 법령 또는 법리에 위반된 경우
2. 범죄 혐의의 유무를 명확히 하기 위해 재수사요청한 사항에 관하여 그 이행이 이루어지지 않은 경우(다만, 불송치 결정의 유지에 영향을 미치지 않음이 명백한 경우는 제외한다)
3. 송부받은 관계 서류 및 증거물과 재수사 결과만으로도 범죄 혐의가 명백히 인정되는 경우
4. 공소시효 또는 형사소추의 요건을 판단하는 데 오류가 있는 경우
③ 검사는 전항 단서의 송치요구 여부를 판단하기 위하여 필요한 경우에는 사법경찰관에게 관계 서류와 증거물의 송부를 요청할 수 있다. 이 경우 요청을 받은 사법경찰관은 이에 협력해야 한다.
④ 검사는 재수사 결과를 통보받은 날(전항에 따라 관계 서류와 증거물의 송부를 요청한 경우 이를 송부받은 날)부터 30일 이내에 제2항 단서의 송치요구를 하여야 하고, 그 기간 내에 송치요구를 하지 않을 경우에는 송부받은 관계 서류와 증거물을 사법경찰관에게 반환해야 한다.

006 검사는 사법경찰관의 불송치 결정이 위법 또는 부당한 경우에는 관계 서류와 증거물을 송부받은 날로부터 90일 이내에 재수사를 요청할 수 있는데, 만약 불송치 결정에 영향을 줄 수 있는 명백히 새로운 증거 또는 사실이 발견된 경우에는 90일이 지난 후에도 재수사를 요청할 수 있다.

[경찰채용 22 1차]

> **해설+** **수사준칙 제62조【사법경찰관의 사건불송치】** ① 사법경찰관은 법 제245조의5 제2호 및 이 영 제51조 제1항 제3호에 따라 불송치 결정을 하는 경우 불송치의 이유를 적은 불송치 결정서와 함께 압수물 총목록, 기록목록 등 관계 서류와 증거물을 검사에게 송부해야 한다.
> ② 제1항의 경우 영상녹화물의 송부 및 새로운 증거물 등의 추가 송부에 관하여는 제58조 제2항 및 제3항을 준용한다.
>
> **제63조【재수사요청의 절차 등】** ① 검사는 법 제245조의8에 따라 사법경찰관에게 재수사를 요청하려는 경우에는 법 제245조의5제2호에 따라 관계 서류와 증거물을 송부받은 날부터 90일 이내에 해야 한다. 다만, 다음 각 호의 어느 하나에 해당하는 경우에는 관계 서류와 증거물을 송부받은 날부터 90일이 지난 후에도 재수사를 요청할 수 있다.
> 1. 불송치 결정에 영향을 줄 수 있는 명백히 새로운 증거 또는 사실이 발견된 경우
> 2. 증거 등의 허위, 위조 또는 변조를 인정할 만한 상당한 정황이 있는 경우
> ② 검사는 제1항에 따라 재수사를 요청할 때에는 그 내용과 이유를 구체적으로 적은 서면으로 해야 한다. 이 경우 법 제245조의5제2호에 따라 송부받은 관계 서류와 증거물을 사법경찰관에게 반환해야 한다.
> ③ 검사는 법 제245조의8에 따라 재수사를 요청한 경우 그 사실을 고소인등에게 통지해야 한다.
> ④ 사법경찰관은 법 제245조의8제1항에 따른 재수사의 요청이 접수된 날부터 3개월 이내에 재수사를 마쳐야 한다.

006 (○) 사법경찰관의 불송치결정에 대한 검사의 재수사요청은 원칙적으로 관계 서류와 증거물을 송부받은 날부터 90일 이내에 하여야 하나, 예외적인 경우에는 90일이 지난 후에도 할 수 있다. 수사준칙 제63조 제1항 참조.

007 사법경찰관이 검찰송치 결정을 한 경우에는 그 내용을 고소인·고발인·피해자 또는 그 법정대리인(피해자가 사망한 경우에는 그 배우자·직계친족·형제자매를 포함한다)과 피의자에게 통지해야 한다. [경찰채용 21 1차]

> **보충** 위와 같은 통지는 피의자에게도 하여야 한다.
> **수사준칙 제53조【수사 결과의 통지】** ① 검사 또는 사법경찰관은 제51조 또는 제52조에 따른 결정을 한 경우에는 그 내용을 고소인·고발인·피해자 또는 그 법정대리인(피해자가 사망한 경우에는 그 배우자·직계친족·형제자매를 포함한다. 이하 "고소인등"이라 한다)과 피의자에게 통지해야 한다. 다만, 다음 각 호의 어느 하나에 해당하는 경우에는 고소인등에게만 통지한다.
> 1. 제51조 제1항 제4호 가목에 따른 피의자중지 결정 또는 제52조 제1항 제3호에 따른 기소중지 결정을 한 경우
> 2. 제51조 제1항 제5호 또는 제52조 제1항 제7호에 따른 이송(법 제256조에 따른 송치는 제외한다) 결정을 한 경우로서 검사 또는 사법경찰관이 해당 피의자에 대해 출석요구 또는 제16조 제1항 각 호의 어느 하나에 해당하는 행위를 하지 않은 경우

007 (○) 수사준칙 제53조 제1항

008 사법경찰관은 고소·고발 사건을 포함하여 범죄를 수사한 때에는 범죄의 혐의가 있다고 인정되는 경우를 제외한 그 밖의 경우에는 그 이유를 명시한 서면과 함께 관계 서류와 증거물을 지체 없이 검사에게 송부하여야 하고, 그 송부한 날부터 7일 이내에 서면으로 고소인·고발인·피해자 또는 그 법정대리인(피해자가 사망한 경우에는 그 배우자·직계친족·형제자매를 포함한다)에게 사건을 검사에게 송치하지 아니하는 취지와 그 이유를 통지하여야 한다. [경찰경채 23 변형] [경찰승진 22]

009 사법경찰관으로부터 불송치결정(형사소송법 제245조의5 제2호)의 통지(형사소송법 제245조의6)를 받은 고소인·고발인·피해자 또는 그 법정대리인은 해당 사법경찰관의 소속 관서의 장에게 이의를 신청할 수 있고, 사법경찰관은 그러한 신청이 있는 때에는 지체 없이 검사에게 사건을 송치하고 관계 서류와 증거물을 송부하여야 하며, 처리결과와 그 이유를 신청인에게 통지하여야 한다. [국가7급 23] [군무원9급 23 변형]

009 (×) 이의신청권의 주체에서 고발인이 제외되었다(2022.5.9. 개정 제245조의7 제1항).

> **해설+** 제245조의5 【사법경찰관의 사건송치 등】 사법경찰관은 고소·고발 사건을 포함하여 범죄를 수사한 때에는 다음 각 호의 구분에 따른다.
> 1. 범죄의 혐의가 있다고 인정되는 경우에는 지체 없이 검사에게 사건을 송치하고, 관계 서류와 증거물을 검사에게 송부하여야 한다.
> 2. 그 밖의 경우에는 그 이유를 명시한 서면과 함께 관계 서류와 증거물을 지체 없이 검사에게 송부하여야 한다. 이 경우 검사는 송부받은 날부터 90일 이내에 사법경찰관에게 반환하여야 한다.
>
> 제245조의6 【고소인 등에 대한 송부통지】 사법경찰관은 제245조의5 제2호의 경우에는 그 송부한 날부터 7일 이내에 서면으로 고소인·고발인·피해자 또는 그 법정대리인(피해자가 사망한 경우에는 그 배우자·직계친족·형제자매를 포함한다)에게 사건을 검사에게 송치하지 아니하는 취지와 그 이유를 통지하여야 한다.
>
> 제245조의7 【고소인 등의 이의신청】 ① 제245조의6의 통지를 받은 사람(고발인을 제외한다)은 해당 사법경찰관의 소속 관서의 장에게 이의를 신청할 수 있다.
> ② 사법경찰관은 제1항의 신청이 있는 때에는 지체 없이 검사에게 사건을 송치하고 관계 서류와 증거물을 송부하여야 하며, 처리결과와 그 이유를 제1항의 신청인에게 통지하여야 한다.

010 사법경찰관으로부터 사건을 검사에게 송치하지 아니하는 취지와 그 이유를 통지받은 사람은 통지를 받은 날로부터 30일 이내에 해당 사법경찰관의 소속 관서의 장에게 이의를 신청하여야 한다. [경찰승진 22]

010 (×)

> **해설+** 사법경찰관으로부터 사건을 검사에게 송치하지 아니하는 취지와 그 이유를 통지받은 사람(고발인을 제외한다)은 해당 사법경찰관의 소속 관서의 장에게 이의를 신청할 수 있다(제245조의7 제1항). 즉, 기간제한이 없다.

011 수사준칙 제53조 및 제54조에 의하면 사법경찰관은 수사종결 후 그 내용을 고소인등과 피의자에게 통지해야 하는데, 특히 수사중지 결정 통지를 받은 사람은 해당 사법경찰관이 소속된 경찰관서의 장에게 이의를 제기할 수 있다. [경찰채용 22 1차]

011 (×) 수사준칙 제54조 제1항

> **해설+** 수사준칙 제54조 【수사중지 결정에 대한 이의제기 등】 ① 제53조에 따라 사법경찰관으로부터 제51조 제1항 제4호에 따른 수사중지 결정의 통지를 받은 사람은 <u>해당 사법경찰관이 소속된 바로 위 상급경찰관서의 장</u>에게 이의를 제기할 수 있다.

012 사법경찰관의 불송치 통지를 받은 고소인·고발인·피해자 또는 그 법정대리인은 해당 사법경찰관의 소속 관서의 장에게 이의를 신청할 수 있고, 이의신청이 있는 경우 사법경찰관은 지체 없이 검사에게 사건을 송치하고 관계 서류와 증거물을 송부하여야 하며, 처리결과와 그 이유를 신청인에게 통지하여야 한다. [경찰채용 22 1차 변형] [경찰경채 23] [경찰간부 23 변형]

012 (×) 2022.5.9. 형사소송법 개정에 의하여 <u>고발인</u>은 사법경찰관의 불송치 통지에 대한 이의신청을 할 수 있는 주체에서 <u>제외되었다</u>(제245조의7 제1항).

> **해설+** 제245조의7 【고소인 등의 이의신청】 ① 제245조의6의 통지를 받은 사람(고발인을 제외한다)은 해당 사법경찰관의 소속 관서의 장에게 이의를 신청할 수 있다.
> ② 사법경찰관은 제1항의 신청이 있는 때에는 지체 없이 검사에게 사건을 송치하고 관계 서류와 증거물을 송부하여야 하며, 처리결과와 그 이유를 제1항의 신청인에게 통지하여야 한다.

013 사법경찰관이 범죄를 수사한 후 범죄의 혐의가 있다고 인정되는 경우에는 지체 없이 검사에게 사건을 송치하고, 검사는 송치사건의 공소제기 여부 결정 또는 공소의 유지에 관하여 필요한 경우 사법경찰관에게 보완수사를 요구할 수 있으며, 특별히 직접 보완수사를 할 필요성이 인정되는 경우에는 예외적으로 직접 보완수사를 할 수 있다. [경찰채용 21 1차]

013 (×) 개정 수사준칙에 따르면, 검사가 직접 보완수사를 하거나 사법경찰관에게 보완수사를 요구하는 것이 원칙이다(수사준칙 제59조 제1항 본문).

> **해설+** 수사준칙 제59조 【보완수사요구의 대상과 범위】 ① 검사는 사법경찰관으로부터 송치받은 사건에 대해 보완수사가 필요하다고 인정하는 경우에는 <u>직접 보완수사를 하거나</u> 법 제197조의2 제1항 제1호에 따라 <u>사법경찰관에게 보완수사를 요구할 수 있다</u>. 다만, 송치사건의 공소제기 여부 결정에 필요한 경우로서 다음 각 호의 어느 하나에 해당하는 경우에는 특별히 사법경찰관에게 보완수사를 요구할 필요가 있다고 인정되는 경우를 제외하고는 검사가 직접 보완수사를 하는 것을 원칙으로 한다.
> 1. 사건을 수리한 날(이미 보완수사요구가 있었던 사건의 경우 보완수사 이행 결과를 통보받은 날을 말한다)부터 1개월이 경과한 경우
> 2. 사건이 송치된 이후 검사가 해당 피의자 및 피의사실에 대해 상당한 정도의 보완수사를 한 경우
> 3. 법 제197조의3 제5항, 제197조의4 제1항 또는 제198조의2 제2항에 따라 사법경찰관으로부터 사건을 송치받은 경우
> 4. 제7조 또는 제8조에 따라 검사와 사법경찰관이 사건송치 전에 수사할 사항, 증거수집의 대상 및 법령의 적용 등에 대해 협의를 마치고 송치한 경우

014 사법경찰관은 수사결과에 따라 범죄의 혐의가 있다고 인정되는 경우에는 지체 없이 검사에게 사건을 송치하고 관계 서류와 증거물을 검사에게 송부하여야 하는데, 이때 보완수사가 필요하다고 인정되는 경우에도 검사는 직접 보완수사할 수 없으며 사법경찰관에 대한 보완수사요구만 가능하다.

[경찰채용 22 1차]

해설+ **형사소송법 제245조의5 【사법경찰관의 사건송치 등】** 사법경찰관은 고소·고발 사건을 포함하여 범죄를 수사한 때에는 다음 각 호의 구분에 따른다.

1. 범죄의 혐의가 있다고 인정되는 경우에는 지체 없이 검사에게 사건을 송치하고, 관계 서류와 증거물을 검사에게 송부하여야 한다.
2. 그 밖의 경우에는 그 이유를 명시한 서면과 함께 관계 서류와 증거물을 지체 없이 검사에게 송부하여야 한다. 이 경우 검사는 송부받은 날부터 90일 이내에 사법경찰관에게 반환하여야 한다.

수사준칙 제59조 【보완수사요구의 대상과 범위】 ① 검사는 사법경찰관으로부터 송치받은 사건에 대해 보완수사가 필요하다고 인정하는 경우에는 직접 보완수사를 하거나 법 제197조의2 제1항 제1호에 따라 사법경찰관에게 보완수사를 요구할 수 있다. 다만, 송치사건의 공소제기 여부 결정에 필요한 경우로서 다음 각 호의 어느 하나에 해당하는 경우에는 특별히 사법경찰관에게 보완수사를 요구할 필요가 있다고 인정되는 경우를 제외하고는 검사가 직접 보완수사를 하는 것을 원칙으로 한다. 〈개정 2023.10.17.〉

1. 사건을 수리한 날(이미 보완수사요구가 있었던 사건의 경우 보완수사 이행 결과를 통보받은 날을 말한다)부터 1개월이 경과한 경우
2. 사건이 송치된 이후 검사가 해당 피의자 및 피의사실에 대해 상당한 정도의 보완수사를 한 경우
3. 법 제197조의3 제5항, 제197조의4 제1항 또는 제198조의2 제2항에 따라 사법경찰관으로부터 사건을 송치받은 경우
4. 제7조 또는 제8조에 따라 검사와 사법경찰관이 사건송치 전에 수사할 사항, 증거수집의 대상 및 법령의 적용 등에 대해 협의를 마치고 송치한 경우

015 검사는 사법경찰관으로부터 송치받은 사건에 대해 보완수사가 필요하다고 인정하는 경우에는 특별히 직접 보완수사를 할 필요가 있다고 인정되는 경우를 제외하고는 사법경찰관에게 보완수사를 요구하는 것을 원칙으로 한다.

[소방간부 23]

해설+ **수사준칙 제59조 【보완수사요구의 대상과 범위】** ① 검사는 사법경찰관으로부터 송치받은 사건에 대해 보완수사가 필요하다고 인정하는 경우 직접 보완수사하거나 법 제197조의2 제1항 제1호에 따라 사법경찰관에게 보완수사를 요구할 수 있다. 다만, 법 제197조의2 제1항 제1호 전단의 경우로서 다음 각 호의 어느 하나에 해당하는 때에는 특별히 사법경찰관에게 보완수사를 요구할 필요가 있다고 인정되는 경우를 제외하고는 검사가 직접 보완수사를 하는 것을 원칙으로 한다. 〈개정 2023.10.17〉

1. 사건을 수리한 날(이미 보완수사요구가 있었던 사건의 경우 보완수사 이행 결과를 통보받은 날)로부터 1개월이 경과한 경우
2. 사건이 송치된 이후 검사에 의하여 해당 피의자 및 피의사실에 대해 상당한 정도의 보완수사가 이루어진 경우
3. 법 제197조의3제5항, 제197조의4제1항, 제198조의2제2항에 따라 사법경찰관으로부터 송치받은 경우
4. 제7조 또는 제8조에 따라 검사와 사법경찰관이 사건 송치 전에 수사할 사항, 증거수집의 대상, 법령의 적용 등에 관하여 협의를 마치고 송치한 경우

016 사법경찰관이 범죄를 수사한 후 범죄의 혐의가 인정되지 않아 불송치 결정을 하는 경우, 사법경찰관은 그 이유를 명시한 서면과 함께 관계 서류와 증거물을 지체 없이 검사에게 송부해야 하며, 검사는 송부받은 날로부터 60일 이내에 사법경찰관에게 그 서류 등을 반환하여야 한다.

[경찰채용 21 1차]

016 (×) '60일' → '90일'(제245조의5 제2호)

017 사법경찰관은 범죄혐의가 인정되지 않는다고 판단하는 경우 검사에게 사건을 송치할 필요는 없으나, 불송치 결정서와 함께 압수물 총목록, 기록목록 등 관계 서류와 증거물을 검사에게 송부하여야 한다. [경찰간부 23]

017 (○) 형사소송법 제245조의5 제2호, 수사준칙 제62조

해설+ **제245조의5【사법경찰관의 사건송치 등】** 사법경찰관은 고소·고발 사건을 포함하여 범죄를 수사한 때에는 다음 각 호의 구분에 따른다.
1. 범죄의 혐의가 있다고 인정되는 경우에는 지체 없이 검사에게 사건을 송치하고, 관계 서류와 증거물을 검사에게 송부하여야 한다.
2. 그 밖의 경우에는 그 이유를 명시한 서면과 함께 관계 서류와 증거물을 지체 없이 검사에게 송부하여야 한다. 이 경우 검사는 송부받은 날부터 90일 이내에 사법경찰관에게 반환하여야 한다.

수사준칙 제62조【사법경찰관이 사건불송치】 ① 사법경찰관은 법 제245조의5 제2호 및 이 영 제51조 제1항 제3호에 따라 불송치 결정을 하는 경우 불송치의 이유를 적은 불송치 결정서와 함께 압수물 총목록, 기록목록 등 관계 서류와 증거물을 검사에게 송부해야 한다.

018 고소장 제출 후 고소인이 출석요구에 불응하거나 소재불명 되어 고소사실에 대한 진술을 청취할 수 없는 경우 불기소결정의 주문은 '각하'이다.

[경찰간부 18]

018 (○) 검찰사건사무규칙 제115조 제3항 제5호 마목

019 고소장의 기재만으로는 고소사실이 불분명함에도 고소장 제출 후 고소인이 출석요구에 불응하거나 소재불명이 되어 고소사실에 대한 진술을 청취할 수 없는 경우는 불기소처분 중 각하사유에 해당한다. [해경승진 23]

> **해설+** 검찰사건사무규칙 제115조 【불기소결정】 ③ 불기소결정의 주문은 다음과 같이 한다.
> 5. 각하
> 　가. 고소 또는 고발이 있는 사건에 관하여 고소인 또는 고발인의 진술이나 고소장 또는 고발장에 의하여 제2호부터 제4호까지의 규정에 따른 사유에 해당함이 명백한 경우
> 　나. 법 제224조, 제232조 제2항 또는 제235조에 위반한 고소·고발의 경우
> 　다. 같은 사건에 관하여 검사의 불기소결정이 있는 경우(새로이 중요한 증거가 발견되어 고소인, 고발인 또는 피해자가 그 사유를 소명한 경우는 제외한다)
> 　라. 법 제223조, 제225조부터 제228조까지의 규정에 따른 고소권자가 아닌 자가 고소한 경우
> 　마. <u>고소인 또는 고발인이 고소·고발장을 제출한 후 출석요구나 자료제출 등 혐의확인을 위한 수사기관의 요청에 불응하거나 소재불명이 되는 등 고소·고발사실에 대한 수사를 개시·진행할 자료가 없는 경우</u>
> 　바. 고발이 진위 여부가 불분명한 언론보도나 인터넷 등 정보통신망의 게시물, 익명의 제보, 고발 내용과 직접적인 관련이 없는 제3자로부터의 전문(전문)이나 풍문 또는 고발인의 추측만을 근거로 한 경우 등으로서 수사를 개시할 만한 구체적인 사유나 정황이 충분하지 않은 경우
> 　사. 고소·고발사건(진정 또는 신고를 단서로 수사개시된 사건을 포함한다)의 사안의 경중 및 경위, 피해회복 및 처벌의사 여부, 고소인·고발인·피해자와 피고소인·피고발인·피의자와의 관계, 분쟁의 종국적 해결 여부 등을 고려할 때 수사 또는 소추에 관한 공공의 이익이 없거나 극히 적은 경우로서 수사를 개시·진행할 필요성이 인정되지 않는 경우

019 (○) 고소 또는 고발사건에 관하여 고소인 또는 고발인의 진술이나 고소장 또는 고발장에 의하여 혐의없음, 죄가안됨, 공소권없음의 사유에 해당함이 명백한 경우에 행하는 처분이 '각하'이다. 각하사유에는 이외에도 <u>고소인 또는 고발인이 고소·고발장을 제출한 후 출석요구나 자료제출 등 혐의확인을 위한 수사기관의 요청에 불응하거나 소재불명이 되는 등 고소·고발사실에 대한 수사를 개시·진행할 자료가 없는 경우가 있다</u>(검찰사건사무규칙 제115조 제3항 제5호 마목).

---

020 고소사건에서 동일사건에 관하여 이미 검사의 불기소처분이 있는 경우 불기소결정의 주문은 '공소권없음'이다. [경찰간부 18]

020 (×) '공소권없음' → '각하' (검찰사건사무규칙 제115조 제3항 제5호 다목)

---

021 피의자가 형사미성년자인 경우 불기소결정의 주문은 '죄가안됨'이다. [경찰간부 18]

021 (○) 검찰사건사무규칙 제115조 제3항 제3호

---

022 수사 중 피의자가 사망한 경우 불기소결정의 주문은 '공소권없음'이다. [경찰간부 18]

022 (○) 검찰사건사무규칙 제115조 제3항 제4호 타목

---

023 친고죄 사건에 관하여 고소가 취소된 경우 불기소결정의 주문은 '혐의없음'이다. [경찰간부 18]

023 (×) '혐의없음' → '공소권없음'(검찰사건사무규칙 제115조 제3항 제4호 차목)

024 사법경찰관은 사건을 수사한 경우에는 혐의없음, 죄가안됨, 공소권없음, 각하와 같은 불송치 결정을 할 수 있지만 기소유예는 할 수 없다. [경찰채용 22 1차]

해설+ 수사준칙 제51조 【사법경찰관의 결정】① 사법경찰관은 사건을 수사한 경우에는 다음 각 호의 구분에 따라 결정해야 한다.
1. 법원송치
2. 검찰송치
3. 불송치
   가. 혐의없음
       1) 범죄인정안됨
       2) 증거불충분
   나. 죄가안됨
   다. 공소권없음
   라. 각하
4. 수사중지
   가. 피의자중지
   나. 참고인중지
5. 이송
② 사법경찰관은 하나의 사건 중 피의자가 여러 사람이거나 피의사실이 여러 개인 경우로서 분리하여 결정할 필요가 있는 경우 그중 일부에 대해 제1항 각 호의 결정을 할 수 있다.
③ 사법경찰관은 제1항 제3호 나목 또는 다목에 해당하는 사건이 다음 각 호의 어느 하나에 해당하는 경우에는 해당 사건을 검사에게 이송한다.
1. 「형법」 제10조 제1항에 따라 벌할 수 없는 경우
2. 기소되어 사실심 계속 중인 사건과 포괄일죄를 구성하는 관계에 있거나 「형법」 제40조에 따른 상상적 경합관계에 있는 경우
④ 사법경찰관은 제1항 제4호에 따른 수사중지 결정을 한 경우 7일 이내에 사건기록을 검사에게 송부해야 한다. 이 경우 검사는 사건기록을 송부받은 날부터 30일 이내에 반환해야 하며, 그 기간 내에 법 제197조의3에 따라 시정조치 요구를 할 수 있다.
⑤ 사법경찰관은 제4항 전단에 따라 검사에게 사건기록을 송부한 후 피의자 등의 소재를 발견한 경우에는 소재 발견 및 수사 재개 사실을 검사에게 통보해야 한다. 이 경우 통보를 받은 검사는 지체 없이 사법경찰관에게 사건기록을 반환해야 한다.

제52조 【검사의 결정】 ① 검사는 사법경찰관으로부터 사건을 송치받거나 직접 수사한 경우에는 다음 각 호의 구분에 따라 결정해야 한다.
1. 공소제기
2. 불기소
   가. 기소유예
   나. 혐의없음
       1) 범죄인정안됨
       2) 증거불충분
   다. 죄가안됨
   라. 공소권없음
   마. 각하
3. 기소중지
4. 참고인중지
5. 보완수사요구
6. 공소보류
7. 이송
8. 소년보호사건 송치
9. 가정보호사건 송치
10. 성매매보호사건 송치
11. 아동보호사건 송치
② 검사는 하나의 사건 중 피의자가 여러 사람이거나 피의사실이 여러 개인 경우로서 분리하여 결정할 필요가 있는 경우 그중 일부에 대해 제1항 각 호의 결정을 할 수 있다.

024 (○) 2020.2.4. 검·경 수사권 조정에 의하여 사법경찰관에게도 1차적 수사종결권이 부여되었다. 다만, 공소제기와 기소유예를 포함한 불기소처분 등과 같은 최종적 수사종결권은 검사에게 부여되어 있다.

025 사법경찰관은 사건을 수사한 경우에는 피의자중지, 참고인중지와 같은 수사중지결정을 할 수 있으며, 이 경우 7일 이내에 사건기록을 검사에게 송부해야 한다.   [경찰승진 23]

025 (○) 수사준칙 제51조 제1항 제4호·제4항 참조.

> **해설+** 수사준칙 제51조【사법경찰관의 결정】① 사법경찰관은 사건을 수사한 경우에는 다음 각 호의 구분에 따라 결정해야 한다.
> 4. 수사중지
>   가. 피의자중지
>   나. 참고인중지
> ④ 사법경찰관은 제1항 제4호에 따른 수사중지 결정을 한 경우 7일 이내에 사건기록을 검사에게 송부해야 한다. 이 경우 검사는 사건기록을 송부받은 날부터 30일 이내에 반환해야 하며, 그 기간 내에 법 제197조의3에 따라 시정조치요구를 할 수 있다.

026 사법경찰관은 피의자중지 결정 후 그 내용을 고소인·고발인·피해자 또는 그 법정대리인(피해자가 사망한 경우에는 그 배우자·직계친족·형제자매를 포함한다)에게 통지해야 한다.   [경찰승진 23]

026 (○) 수사준칙 제53조 제1항

> **주의** 이 경우 통지대상에는 피의자가 포함되지 아니한다.

수사준칙 제53조【수사 결과의 통지】① 검사 또는 사법경찰관은 제51조 또는 제52조에 따른 결정을 한 경우에는 그 내용을 고소인·고발인·피해자 또는 그 법정대리인(피해자가 사망한 경우에는 그 배우자·직계친족·형제자매를 포함한다. 이하 "고소인등"이라 한다)과 피의자에게 통지해야 한다. 다만, 다음 각 호의 어느 하나에 해당하는 경우에는 고소인등에게만 통지한다. 〈개정 2023. 10.17.〉
1. 제51조 제1항 제4호 가목에 따른 피의자중지 결정 또는 제52조 제1항 제3호에 따른 기소중지 결정을 한 경우
2. 제51조 제1항 제5호 또는 제52조 제1항 제7호에 따른 이송(법 제256조에 따른 송치는 제외한다) 결정을 한 경우로서 검사 또는 사법경찰관이 해당 피의자에 대해 출석요구 또는 제16조 제1항 각 호의 어느 하나에 해당하는 행위를 하지 않은 경우

027 사법경찰관으로부터 수사중지 결정의 통지를 받은 사람은 해당 사법경찰관이 소속된 바로 위 상급경찰관서의 장에게 이의를 제기할 수 있다.   [경찰승진 23]

027 (○) 수사준칙 제54조 제1항

> **해설+** 수사준칙 제54조【수사중지 결정에 대한 이의제기 등】① 제53조에 따라 사법경찰관으로부터 제51조 제1항 제4호에 따른 수사중지 결정의 통지를 받은 사람은 해당 사법경찰관이 소속된 바로 위 상급경찰관서의 장에게 이의를 제기할 수 있다.
> ② 제1항에 따른 이의제기의 절차·방법 및 처리 등에 관하여 필요한 사항은 경찰청장 또는 해양경찰청장이 정한다.

> **보충** 형사소송법 제245조의7 제1항에 따르면 사법경찰관의 불송치 결정의 통지를 받은 사람(고발인은 제외)은 해당 사법경찰관의 소속 관서의 장에게 이의를 신청할 수 있다.

028 사법경찰관으로부터 수사중지 결정의 통지를 받은 사람은 해당 수사중지 결정이 법령에 위반되는 경우에 한하여 검사에게 「형사소송법」 제197조의3 제1항에 따른 신고를 할 수 있다. [경찰승진 23]

> **해설+** 수사준칙 제54조【수사중지 결정에 대한 이의제기 등】③ 제1항에 따른 통지를 받은 사람은 해당 수사중지 결정이 법령위반, 인권침해 또는 현저한 수사권 남용이라고 의심되는 경우 검사에게 법 제197조의3 제1항에 따른 신고를 할 수 있다.
> ④ 사법경찰관은 제53조에 따라 고소인 등에게 제51조 제1항 제4호에 따른 수사중지 결정의 통지를 할 때에는 제3항에 따라 신고할 수 있다는 사실을 함께 고지해야 한다.

028 (×) 법령위반 외에도 인권침해 또는 현저한 수사권 남용이라고 의심되는 경우에도 검사에게 신고할 수 있다(수사준칙 제54조 제3항).

029 사법경찰관이 사건을 수사한 결과, 불송치 결정 중 죄가안됨에 해당하여 형법 제10조 제1항에 따라 피의자를 벌할 수 없는 경우에는 해당 사건을 검사에게 이송한다. [경찰채용 22 1차]

> **해설+** 수사준칙 제51조【사법경찰관의 결정】① 사법경찰관은 사건을 수사한 경우에는 다음 각 호의 구분에 따라 결정해야 한다.
> 3. 불송치
> 　나. 죄가안됨
> 　다. 공소권없음
> ③ 사법경찰관은 제1항 제3호나목 또는 다목에 해당하는 사건이 다음 각 호의 어느 하나에 해당하는 경우에는 해당 사건을 검사에게 이송한다.
> 1. 「형법」 제10조 제1항에 따라 벌할 수 없는 경우
> 2. 기소되어 사실심 계속 중인 사건과 포괄일죄를 구성하는 관계에 있거나 「형법」 제40조에 따른 상상적 경합관계에 있는 경우

029 (○) 심신상실(형법 제10조 제1항)에 의하여 죄가안됨 불송치 결정(수사준칙 제51조 제1항 제3호 나목)을 하는 경우에 사법경찰관은 해당 사건을 검사에게 이송하여야 한다(수사준칙 제51조 제3항 제1호).

030 검사는 고소 또는 고발 있는 사건에 관하여 공소제기, 불기소, 공소취소 또는 타관송치의 처분을 한 때에는 그 처분한 날로부터 7일 이내에 서면으로 고소인 또는 고발인에게 그 취지를 통지하여야 한다. [국가9급 17]

030 (○) 제258조 제1항

031 고소인에 대한 불기소처분의 통지는 필요적이지만 고발인에 대한 경우는 임의적이다. [국가9급 09]

031 (×) '임의적' → '필요적' 제258조 제1항 참조.
불기소처분의 통지는 고소인 및 고발인에 대한 것 모두 필요적이다.

032 검사가 불기소 또는 타관송치의 처분을 한 때에는 피의자에게 즉시 그 취지를 통지하여야 한다. [국가9급 09·17]

032 (○) 제258조 제2항

033 검사는 범죄로 인한 피해자 또는 그 법정대리인의 신청이 있는 때에는 당해 사건의 공소제기 여부, 공판의 일시 · 장소, 재판결과, 피의자 · 피고인의 구속 · 석방 등 구금에 관한 사실 등을 신속하게 통지하여야 한다. [국가9급 17]

033 (○) 제259조의2

034 법원은 범죄로 인한 피해자의 신청이 있는 때에는 당해 사건의 공소제기 여부, 공판의 일시 · 장소, 재판결과, 피의자 · 피고인의 구속 · 석방 등 구금에 관한 사실 등을 신속하게 통지하여야 한다. [법원9급 16]

034 (×) '법원' → '검사'(제259조의2)

035 고소를 하지 않은 피해자라고 하더라도 검사의 불기소처분에 대하여 항고할 수 있다. [국가9급 09] [국가9급개론 18]

035 (×) '있다' → '없다' 제260조 제1항·제2항 참조.

> 해설+ 검사의 불기소처분에 대한 검찰청법 소정의 항고 및 재항고는 그 피의사건의 고소인 또는 고발인만이 할 수 있을 뿐이다(헌법재판소 2010.6.24, 2008헌마716).

036 검사의 불기소처분에 불복이 있는 고소인 또는 고발인은 그 검사가 속하는 지방검찰청 또는 지청을 거쳐 서면으로 관할 고등검찰청 검사장에게 항고할 수 있는데 이 경우 지방검찰청 또는 지청의 검사는 항고가 이유 있다고 인정하는 때에는 그 처분을 경정하여야 한다. [법원9급 10]

036 (○) 검찰청법 제10조

037 헌법소원의 보충성에 따라 고소인은 검사의 불기소처분에 대하여 재정신청을 거쳐 헌법재판소에 헌법소원을 청구할 수 있다. [경찰채용 12]

037 (×) '있다' → '없다'

> 해설+ 재정신청에 대한 고등법원의 결정은 법원의 재판에 속하며, 법원의 재판에 대하여는 헌법소원을 청구할 수 없다(헌법재판소법 제68조 제1항).

038 고소한 피해자는 검사의 불기소처분에 대하여는 헌법소원을 청구할 수 없으나, 고소하지 아니한 피해자는 헌법소원을 청구할 수 있다.

[국가9급 17 변형]

038 (○) 고소한 피해자는 검찰항고를 거쳐 재정신청을 제기하여야 하고, 일단 재정신청을 거친 이후에는 헌법소원을 청구하지 못한다(헌법재판소 2008.11.27, 2008헌마399).

039 고소한 피해자는 불기소처분의 취소를 구하는 헌법소원심판을 청구할 수 있으나, 고소하지 아니한 피해자 또는 고발인은 헌법소원심판을 청구할 수 없다.

[해경승진 23]

039 (×)

해설+ 고소한 피해자는 재정신청을 할 수 있으므로 헌법소원심판을 청구할 수 없다. 고발인은 검사의 불기소처분으로 인하여 자기의 기본권이 침해당한 자가 아니므로 역시 헌법소원심판을 청구할 수 없다. 다만, 고소하지 아니한 피해자는 재정신청을 할 수 없으므로 헌법소원심판을 청구할 수 있다.

판례 불기소처분에 대하여 인정되는 검찰청법 제10조 제1항 및 제3항에 의한 항고 및 재항고의 구제절차는 고소인 또는 고발인이 청구할 수 있도록 규정되어 있으므로, 범죄피해자로서 고소한 사실이 없는 청구인은 검찰청법에 의한 항고 및 재항고의 구제절차를 거칠 필요 없이 불기소처분에 대하여 바로 헌법소원심판을 청구할 수 있다(헌법재판소 1998.8.27, 97헌마79).

040 검사의 불기소처분에 의해 기본권을 침해받은 자는 헌법소원을 제기할 수 있으므로 고소하지 않은 피해자 및 기소유예 처분을 받은 피의자는 헌법소원을 제기할 수 있으나, 고발인은 특별한 사정이 없는 한 자기관련성이 없으므로 헌법소원심판을 청구할 수 없다.

[경찰간부 23]

040 (○)

해설+ 검사의 불기소처분에 대하여 고소하지 아니한 피해자(헌법재판소 2008.11.27, 2008헌마399·400)와 기소유예처분을 받은 피의자(헌법재판소 1989.10.27, 89헌마56)는 헌법소원심판을 청구할 수 있다. 다만, 고소인은 재정신청이 가능하다는 점에서, 고발인은 자기관련성이 인정되지 않는다는 점에서 헌법소원을 제기할 수 없다.

041 검사의 불기소처분에 대한 헌법소원에 있어서 그 대상이 된 범죄에 대하여 공소시효가 완성되었더라도 헌법소원을 제기할 수 있다. [경찰간부 23]

041 (×)

해설+ 검사의 불기소처분에 대한 헌법소원심판청구 후에 그 불기소처분의 대상이 된 피의사실에 대하여 공소시효가 완성된 경우에는 그 불기소처분에 대한 헌법소원심판청구는 권리보호의 이익이 없어 부적법하다(헌법재판소 1992.7.23, 92헌마103).

042 고발인은 범죄피해자가 아니므로 '범죄피해자의 재판절차진술권' 침해 등을 이유로 하는 헌법소원을 청구할 수 없다. [국가9급 17 변형]

042 (○) 헌법재판소 2013.10.24, 2012헌마41

043 검사는 불기소처분한 사건을 재수사하여 공소제기할 수 있다. [국가9급 09]

해설+ 불기소처분은 확정판결과 같은 확정력·기판력이 없으므로 검사가 불기소처분했던 사건을 재수사하여 공소제기할 수 있다(통설).

043 (○)

2 공소제기 후의 수사

🔗 대표유형

수사기관이 공판기일에 피고인에게 유리한 증언을 한 증인을 다시 참고인으로 조사하여 작성한 참고인진술조서는 그 증거능력이 없다. [국가9급 13]

(○) 대법원 2000.6.15, 99도1108 전원합의체; 2012.6.14, 2012도534

044 공소제기 후 피고인의 구속은 수소법원의 독자적 판단에 의하며, 검사는 수소법원에 불구속 피고인에 대한 구속영장을 청구할 권한이 없다. [국가9급 13]

044 (○) 공소제기된 후에는 법원의 독자적 판단에 의하여 구속한다 (제73조).

045 공소제기된 피고인의 구속상태를 계속 유지할 것인지 여부에 관한 판단은 전적으로 당해 수소법원의 전권에 속한다. [해경승진 22]

045 (○)

해설+ 피고인 구속 및 구속상태 유지에 관한 판단은 수소법원의 전권에 속한다. 따라서 피고인 구속에 있어서 검사의 영장청구를 요하지 아니하며, 피고인 보석에 있어서 검사의 의견청취절차는 본질적 부분이 되지 아니한다.

판례 공소제기된 피고인의 구속상태를 계속 유지할 것인지 여부에 관한 판단은 전적으로 당해 수소법원의 전권에 속하는 것이다. 법원이 보석에 관한 결정을 함에 있어 검사의 의견을 듣도록 한 형사소송법 제97조 제1항의 규정은 검사에게 구속 계속의 필요성에 관한 이유와 자료를 법원에 제출할 수 있는 기회를 부여하고 법원으로 하여금 그 제출된 자료 등을 참고하게 하여 결정의 적정을 기하려는 것을 목적으로 하는 것일 뿐만 아니라 위 규정에 따른 검사의 의견 또한 법원에 대하여 구속력을 가지는 것이 아니라고 할 것이다. 따라서 검사의 의견청취의 절차는 보석에 관한 결정의 본질적 부분이 되는 것은 아니므로, 설사 법원이 검사의 의견을 듣지 아니한 채 보석에 관한 결정을 하였다고 하더라도 그 결정이 적정한 이상, 절차상의 하자만을 들어 그 결정을 취소할 수는 없다(대법원 1997.11.27, 97모88).

046 불구속으로 기소된 피고인이 도망하거나 증거인멸의 염려가 있는 경우 검사는 지방법원판사에게 구속영장을 청구하여 발부받아 피고인을 구속할 수 있다. [국가9급 21]

046 (×)

해설+ 일단 공소제기된 후에는 피고사건에 관하여 검사로서는 피고인을 구속할 수 없고, 구속영장을 청구할 수도 없으며, 단지 수소법원의 직권발동을 촉구할 수 있을 뿐이다(통설).

047 공소제기 후에도 수사기관은 피고사건에 관하여 수소법원이 아닌 지방법원 판사로부터 구속영장을 발부받아 피고인을 구속할 수 있다. [해경승진 22]

047 (×) 공판절차의 반대당사자에 불과한 검사는 피고인을 구속할 수 없고, 피고인에 대한 구속영장을 청구할 수도 없다.

048 검사가 공소제기 후 피고사건에 관하여 수소법원 이외의 지방법원 판사에게 청구하여 발부받은 영장에 의하여 압수수색을 하여 수집한 증거도 유죄의 증거로 할 수 있다. [국가9급 17] [법원9급 18]

048 (×) '있다' → '없다'(대법원 2011.4.28, 2009도10412)

049 형사소송법 제215조는 검사가 압수·수색영장을 청구할 수 있는 시기를 공소제기 전으로 한정하고 있지 않지만, 그럼에도 일단 공소가 제기된 후에는 피고사건에 관하여 검사로서는 형사소송법 제215조에 의하여 압수·수색을 할 수 없다. [경찰승진 23 변형] [변호사 22]

049 (○) 대법원 2011.4.28, 2009도10412

050 피고인에 대한 수소법원의 구속영장을 집행하는 경우 필요한 때에도 수사기관은 그 집행현장에서 영장 없이는 압수·수색·검증을 할 수 없다. [국가9급 13·21]

050 (×) 검사 또는 사법경찰관이 피고인에 대한 구속영장을 집행하는 경우에 필요한 때에는 영장 없이 집행현장에서 압수·수색·검증을 할 수 있다(제216조 제2항).

051 검사가 공소제기 후에 피고인을 피의자로 신문하여 작성한 진술조서는 그 증거능력이 없다. [국가9급 11 변형·13]

051 (×) '없다' → '없다고 할 수 없다'

해설+ 공소제기 후 피고인신문은 임의수사로서 적법하다(대법원 1984.9. 25, 84도1646).

052 제1심에서 피고인에 대하여 무죄판결이 선고되어 검사가 항소한 후, 수사기관이 항소심 공판기일에 증인으로 신청하여 신문할 수 있는 사람을 특별한 사정 없이 미리 수사기관에 소환하여 작성한 진술조서나 피의자신문조서는 피고인이 증거로 삼는 데 동의하지 않는 한 증거능력이 없지만, 참고인 등이 나중에 법정에 증인으로 출석하여 위 진술조서 등의 진정성립을 인정하고 피고인 측에 반대신문의 기회까지 충분히 부여되었다면 하자가 치유되었다고 할 것이므로 위 진술조서 등의 증거능력을 인정할 수 있다.

[경찰채용 23 1차 변형] [국가7급 21] [법원9급 21] [변호사 23 변형]

해설+ 제1심에서 피고인에 대하여 무죄판결이 선고되어 검사가 항소한 후, 수사기관이 항소심 공판기일에 증인으로 신청하여 신문할 수 있는 사람을 특별한 사정 없이 미리 수사기관에 소환하여 작성한 진술조서는 피고인이 증거로 할 수 있음에 동의하지 않는 한 증거능력이 없다. 검사가 공소를 제기한 후 참고인을 소환하여 피고인에게 불리한 진술을 기재한 진술조서를 작성하여 이를 공판절차에 증거로 제출할 수 있게 한다면, 피고인과 대등한 당사자의 지위에 있는 검사가 수사기관으로서의 권한을 이용하여 일방적으로 법정 밖에서 유리한 증거를 만들 수 있게 하는 것이므로 당사자주의·공판중심주의·직접심리주의에 반하고 피고인의 공정한 재판을 받을 권리를 침해하기 때문이다. 위 참고인이 나중에 법정에 증인으로 출석하여 위 진술조서의 성립의 진정을 인정하고 피고인 측에 반대신문의 기회가 부여된다 하더라도 위 진술조서의 증거능력을 인정할 수 없음은 마찬가지이다(대법원 2019.11.28, 2013도6825).

053 제1심에서 피고인에 대하여 무죄판결이 선고되어 검사가 항소한 후, 수사기관이 항소심 공판기일에 증인으로 신청하여 신문할 수 있는 사람을 특별한 사정 없이 미리 수사기관에 소환하여 작성한 진술조서는 피고인이 증거로 할 수 있음에 동의하지 않는 한 증거능력이 없다. [경찰승진 22]

053 (○) 대법원 2019.11.28, 2013도6825

302 PART 03 수사와 공소

CHAPTER 04 | 공소의 제기

1 공소와 공소권이론

001 검사의 기소편의주의에 의한 재량권 행사에 따라 공소를 제기하였다고 하여 공소권을 남용한 경우에 해당한다고 할 수 없다. [법원9급 17]

001 (○) 대법원 1990.9.25, 90도1613

002 불법구금 또는 구금장소의 임의적 변경등 위법사유가 있는 상태에서 공소가 제기된 경우, 공소제기의 절차가 법률의 규정을 위반하여 무효인 때에 해당하므로 공소기각판결을 선고해야 한다. [군무원9급 23]

002 (×)

해설+ 공소기각의 판결을 할 경우 중 형사소송법 제327조 제2호에 규정된 공소제기의 절차가 법률의 규정에 의하여 무효인 때라 함은 무권한자에 의하여 공소가 제기되거나 공소제기의 소송조건이 결여되거나 또는 공소장의 현저한 방식위반이 있는 경우를 가리키는 것인바, 불법구금, 구금장소의 임의적 변경 등의 위법사유가 있다고 하더라도 그 위법한 절차에 의하여 수집된 증거를 배제할 이유는 될지언정 공소제기의 절차 자체가 위법하여 무효인 경우에 해당한다고 볼 수 없다(대법원 1996.5.14, 96도561).

003 공소제기된 사건에 대하여 불법연행, 불법구금 또는 구금장소의 임의적 변경의 위법사유가 있으면 그 위법한 절차에 의하여 수집된 증거가 배제되는 것은 물론, 공소제기의 절차 자체가 위법하여 무효인 경우에 해당한다. [국가9급 23]

003 (×)

해설+ 공소기각의 판결을 할 경우 중 형사소송법 제327조 제2호에 규정된 공소제기의 절차가 법률의 규정에 의하여 무효인 때라 함은 무권한자에 의하여 공소가 제기되거나 공소제기의 소송조건이 결여되거나 또는 공소장의 현저한 방식위반이 있는 경우를 가리키는 것인바, 불법구금, 구금장소의 임의적 변경 등의 위법사유가 있다고 하더라도 그 위법한 절차에 의하여 수집된 증거를 배제할 이유는 될지언정 공소제기의 절차 자체가 위법하여 무효인 경우에 해당한다고 볼 수 없다(대법원 1996.5.14, 96도561).

004 공소제기 전 불법구금의 위법사유가 있다고 하더라도 그 위법한 절차에 의하여 수집된 증거를 배제할 이유는 될지언정 공소제기의 절차 자체가 위법하여 무효인 경우에 해당한다고 볼 수 없다. [법원9급 17]

004 (○) 대법원 1996.5.14, 96도561

005 검사가 종전에 기소유예처분을 한 피의사실에 대하여 이를 번복할 만한 사정변경이 없었음에도 4년 여가 지난 시점에 다시 기소하였고, 검사가 공소권을 자의적으로 행사하여 소추재량권을 현저히 일탈하였다고 볼 수 있다면, 공소기각의 판결을 하여야 한다. [국가7급 22]

005 (○)

> **해설+** 피고인이 중국에 거주하는 甲과 공모하여, 탈북자들의 북한 거주 가족에 대한 송금의뢰 등 중국으로 송금을 원하는 사람들로부터 피고인 등 명의의 계좌로 입금받은 돈을 甲이 지정·관리·사용하는 계좌로 재송금하는 방법으로 무등록 외국환업무를 영위하여 외국환거래법 위반으로 기소된 경우, 검사는 종전에 기소유예 처분을 하였다가 4년 여가 지난 시점에 다시 기소하였고, 종전 피의사실과 공소사실 사이에 이를 번복할 만한 사정변경이 없는 점 등 여러 사정을 종합하면, 위 공소제기는 검사가 공소권을 자의적으로 행사한 것으로서 소추재량권을 현저히 일탈하였다고 보아 공소를 기각한 원심판결은 정당하다(대법원 2021.10.14, 2016도14772).

2 공소제기의 기본원칙

🔗 대표유형

항소심의 파기환송·파기이송 후의 절차 및 재심절차에서는 제1심판결 선고 전일지라도 공소취소를 할 수 없다. [법원9급 14]

(○) 통설의 태도이다.
재심소송절차에 대한 판례는 대법원 1976.12.28, 76도3203 참조.

🔗 대표유형

고소한 자가 검사로부터 공소를 제기하지 아니한다는 통지를 받은 때에 그 검사 소속의 지방검찰청 소재지를 관할하는 고등법원에 그 당부에 관한 재정을 신청하려면 검찰청법 제10조에 따른 항고를 거쳐야 한다. [경찰간부 18]

(○) 제260조 제2항 참조.

🔗 대표유형

공소의 취소는 제1심판결의 선고 전까지 할 수 있으나, 재정신청사건에 대한 법원의 공소제기결정에 따라 검사가 공소를 제기한 때에는 제1심판결의 선고 전이라고 하여도 검사는 공소를 취소할 수 없다. [법원9급 21]

(○) 법원의 종국판결이 검사의 공소취소로 인하여 그 효력이 상실하게 되는 것을 방지하려는 취지에서 공소취소는 제1심판결의 선고 전까지만 허용된다. 다만, 재정결정에 따른 검사의 공소제기 후에는 공소취소를 할 수 없다(제264조의2).

304 PART 03 수사와 공소

재정신청에 대한 공소제기결정에 대하여는 검사는 물론 공소제기결정의 대상이 된 피의자도 불복할 수 없다. 그러나 공소를 제기한 검사는 통상의 공판절차에서와 마찬가지로 권한을 행사하고 피고인의 이익을 위해서 공소취소도 할 수 있다. [경찰채용 19 1차]

(×) 공소제기결정에 대하여는 불복할 수 없고, 검사는 공소취소도 할 수 없다(제264조의2).

해설+ 제264조의2【공소취소의 제한】검사는 제262조 제2항 제2호의 결정에 따라 공소를 제기한 때에는 이를 취소할 수 없다.

제262조【심리와 결정】① 법원은 재정신청서를 송부받은 때에는 송부받은 날부터 10일 이내에 피의자에게 그 사실을 통지하여야 한다.
② 법원은 재정신청서를 송부받은 날부터 3개월 이내에 항고의 절차에 준하여 다음 각 호의 구분에 따라 결정한다. 이 경우 필요한 때에는 증거를 조사할 수 있다.
1. 신청이 법률상의 방식에 위배되거나 이유 없는 때에는 신청을 기각한다.
2. 신청이 이유 있는 때에는 사건에 대한 공소제기를 결정한다.

006 검사가 절도죄에 관하여 일단 기소유예의 처분을 한 것을 그 후 다시 재기하여 기소하였다 하여도 기소의 효력에 아무런 영향이 없는 것이고, 법원이 그 기소사실에 대하여 유죄판결을 선고하였다 하여 그것이 일사부재리의 원칙에 반하는 것은 아니다. [경찰특공대 22 변형] [국가7급 21]

006 (○) 대법원 1983.12.27, 83도2686, 83감도456

007 「가정폭력처벌법」제37조 제1항 제1호의 불처분결정이 확정된 후에 검사가 동일한 범죄사실에 대하여 다시 공소를 제기하였다거나 법원이 이에 대하여 유죄판결을 선고하였더라도 이중처벌금지의 원칙 내지 일사부재리의 원칙에 위배된다고 할 수 없다. [군무원9급 22]

007 (○)

해설+ 가정폭력범죄의 처벌 등에 관한 특례법(이하 '가정폭력처벌법'이라고 한다)에 규정된 가정보호사건의 조사·심리는 검사의 관여 없이 가정법원이 직권으로 진행하는 형사처벌의 특례에 따른 절차로서, 검사는 친고죄에서의 고소 등 공소제기의 요건이 갖추어지지 아니한 경우에도 가정보호사건으로 처리할 수 있고(가정폭력처벌법 제9조), 법원은 보호처분을 받은 가정폭력행위자가 보호처분을 이행하지 아니하거나 집행에 따르지 아니하면 직권으로 또는 청구에 의하여 보호처분을 취소할 수 있는 등(가정폭력처벌법 제46조) 당사자주의와 대심적 구조를 전제로 하는 형사소송절차와는 내용과 성질을 달리하여 형사소송절차와 동일하다고 보기 어려우므로, 가정폭력처벌법에 따른 보호처분의 결정 또는 불처분결정에 확정된 형사판결에 준하는 효력을 인정할 수 없다(대법원 2017.8.23, 2016도5423).

008 공소취소는 소송조건의 흠결이 판명되는 등 무용한 절차의 진행을 피하기 위한 경우뿐 아니라 증거불충분으로 공소유지가 곤란한 경우에도 할 수 있다. [법원9급 13]

008 (○) 학설상 ⑦ 공소제기 부적법, ⓒ 소송계속 중 소송조건 흠결, ⓒ 공소유지 불가능, ② 가벌성 희박 등의 경우에 공소취소가 가능하다.

009 공소취소사유는 법률상 제한이 없다. 공소제기 후에 변경된 사정으로 불기소처분을 하는 것이 상당하다고 인정되는 경우이면 된다. 따라서 증거불충분이나 소송조건의 결여 등 어떤 사유로도 공소취소는 가능하다.

[법원9급 13·14]

009 (○) 공소취소의 사유에는 법률상 제한이 없다.

010 공소취소는 이유를 기재한 서면으로 하여야 하나, 공판정에서는 구술로써 할 수 있다.

[법원9급 13]

010 (○) 제255조 제2항 참조.

011 검사는 공판정에서는 구술로 공소취소를 할 수 있으나, 제1심판결이 선고된 후에는 공소취소를 할 수 없다.

[법원9급 15]

011 (○) 제255조

012 약식명령이 고지된 후 정식재판의 청구에 의하여 공판절차가 개시된 경우에는 공소취소를 할 수 없다.

[법원9급 14]

012 (×) '없다' → '있다'

> **해설+** 약식명령도 발부 후에는 공소취소가 허용되지 아니하나, 정식재판청구로 공판절차가 개시되면 공소취소가 가능하다(통설).

013 재심개시의 결정이 확정된 사건에 대하여 법원은 그 심급에 따라 다시 심판하여야 하나, 공소의 취소는 제1심판결의 선고 전까지 할 수 있는바 공소사실에 대하여는 이미 오래전에 제1심판결이 선고되고 동 판결이 확정되어 이에 대한 재심소송절차가 진행 중에 있으므로 이 재심절차 중에 있어서의 공소취소는 할 수 없는 것이다.

[법원9급 21]

013 (○) 대법원 1976.12.28, 76도3203

014 실체적 경합관계에 있는 수개의 공소사실 중 어느 한 공소사실을 전부 철회하거나 그 공소사실의 소추대상에서 피고인을 완전히 제외하는 검사의 공소장변경신청이 있는 경우 이것이 그 부분의 소송을 취소하는 취지가 명백하다면 공소취소신청이라는 형식을 갖추지 아니하였더라도 이를 공소취소로 보아 공소기각을 하여야 한다.

[법원9급 14]

014 (○) 여기서 공소기각은 결정을 의미한다(대법원 1992.4.24, 91도1438).

015 실체적 경합관계에 있는 수개의 공소사실 중 어느 한 공소사실을 전부 철회하는 검사의 공소장변경신청이 있는 경우에 이것이 그 부분의 공소를 취소하는 취지가 명백하더라도 이를 공소취소로 보아 공소기각을 할 수는 없다. [법원9급 13]

015 (×) '없다' → '있다'

> **해설+** 공소를 취소하는 취지가 명백하다면 공소취소신청이라는 형식을 갖추지 아니하였더라도 이를 공소취소로 보아 공소기각결정을 하여야 한다(대법원 1992.4.24, 91도1438).

016 공소취소에 의한 공소기각결정이 확정된 때에는 나중에 그 범죄사실에 대한 다른 중요한 증거가 발견된 경우에 한하여만 다시 공소를 제기할 수 있다. [법원9급 16]

016 (○) 제329조

017 공소취소에 의한 공소기각의 결정이 확정되거나 공소사실을 철회하는 공소장변경이 허가된 때에는 그 후 그 범죄사실에 대한 다른 중요한 증거를 발견한 경우가 아닌 한 다시 공소를 제기할 수 없다. [소방간부 23]

017 (×)

> **해설+** 공소취소에 의한 공소기각의 결정이 확정된 경우에는 다른 중요한 증거를 발견한 경우에 한하여 다시 공소를 제기할 수 있다(제329조). 다만, 공소사실을 철회하는 공소장변경이 허가된 경우에는 위와 같은 재기소 제한은 적용되지 아니한다.

> **보충** 물론 동일법원에 동일사건을 이중기소한 것에 해당된다면 공소기각판결사유에 해당한다(제327조 제3호).

> 제329조【공소취소와 재기소】공소취소에 의한 공소기각의 결정이 확정된 때에는 공소취소 후 그 범죄사실에 대한 다른 중요한 증거를 발견한 경우에 한하여 다시 공소를 제기할 수 있다.

018 공소가 취소된 경우 법원은 결정으로 공소를 기각하여야 하고, 공소기각결정이 확정된 후에는 공소취소 후 다른 중요한 증거를 발견한 경우에도 다시 공소를 제기할 수 없다. [법원9급 15]

018 (×) '없다' → '있다'

> **해설+** 제329조【공소취소와 재기소】공소취소에 의한 공소기각의 결정이 확정된 때에는 공소취소 후 그 범죄사실에 대한 다른 중요한 증거를 발견한 경우에 한하여 다시 공소를 제기할 수 있다.

019 공소취소에 의한 공소기각의 결정이 확정된 때에는 공소취소 후 그 범죄사실에 대한 다른 중요한 증거를 발견한 경우에 한하여 다시 공소를 제기할 수 있으나, 범죄의 태양, 수단, 피해의 정도, 범죄로 얻은 이익 등 범죄사실의 내용을 추가 변경하여 재기소하는 경우에는 변경된 범죄사실에 대하여 다른 중요한 증거가 발견되지 않아도 재기소할 수 있다. [법원9급 21]

> **해설+** 형사소송법 제329조는 공소취소에 의한 공소기각의 결정이 확정된 때에는 공소취소 후 그 범죄사실에 대한 다른 중요한 증거를 발견한 경우에 한하여 다시 공소를 제기할 수 있다고 규정하고 있는바, 이는 단순일죄인 범죄사실에 대하여 공소가 제기되었다가 공소취소에 의한 공소기각결정이 확정된 후 다시 종전 범죄사실 그대로 재기소하는 경우뿐만 아니라 <u>범죄의 태양, 수단, 피해의 정도, 범죄로 얻은 이익 등 범죄사실의 내용을 추가 변경하여 재기소하는</u> 경우에도 마찬가지로 적용된다. 따라서 단순일죄인 범죄사실에 대하여 공소취소로 인한 공소기각결정이 확정된 후에 종전의 범죄사실을 변경하여 재기소하기 위하여는 변경된 범죄사실에 대한 <u>다른 중요한 증거가 발견되어야 한다</u>(대법원 2009.8.20, 2008도9634).

020 재정신청은 검사가 협의의 불기소처분을 하는 경우뿐만 아니라 기소유예처분을 하는 때에도 허용된다. [법원9급 17]

020 (○) 대법원 1992.4.24, 86모58
재정신청의 대상은 불기소처분이다.

021 검사가 진정사건을 내사종결처리한 경우, 이 내사종결처리는 재정신청의 대상이 되지 아니한다. [국가7급 11]

021 (○) 대법원 1991.11.5, 91모68

022 검사의 불기소처분은 물론 진정사건에 대한 입건 전 조사(내사) 종결처분도 재정신청의 대상이 된다. [국가9급 23]

022 (×) <u>검사의 내사종결·공소제기·공소취소</u>는 모두 불기소처분이 아니므로, 재정신청의 대상이 되지 아니한다.

023 2007.6.1. 「형사소송법」 개정으로, 고소·고발인이 대상범죄 제한 없이 모든 범죄에 대하여 재정신청을 할 수 있게 되었다. [법원승진 10]

023 (×) '고발' → 삭제

> **해설+** 고소권자로서 고소하는 경우에는 재정신청의 대상범죄에 제한이 없으나, 고발하는 경우에는 재정신청의 대상범죄가 한정된다. 제260조 제1항 참조.

024 재정신청의 신청권자는 불기소처분의 통지를 받은 고소인 또는 고발인인데 고소인은 모든 범죄에 대해, 고발인은 「형법」 제123조부터 제126조까지의 죄에 대해서만 재정신청이 가능하다. [경찰채용 19 1차]

> **해설+** 제260조【재정신청】① 고소권자로서 고소를 한 자(「형법」 제123조부터 제126조까지의 죄에 대하여는 고발을 한 자를 포함한다)는 검사로부터 공소를 제기하지 아니한다는 통지를 받은 때에는 그 검사 소속의 지방검찰청 소재지를 관할하는 고등법원(이하 "관할 고등법원"이라 한다)에 그 당부에 관한 재정을 신청할 수 있다. 다만, 「형법」 제126조의 죄에 대하여는 피공표자의 명시한 의사에 반하여 재정을 신청할 수 없다.

025 재정신청의 관할법원은 불기소처분을 한 검사 소속의 지방검찰청 소재지를 관할하는 지방법원 합의부이다. [해경승진 23]

> **해설+** 제260조【재정신청】① 고소권자로서 고소를 한 자(「형법」 제123조부터 제126조까지의 죄에 대하여는 고발을 한 자를 포함한다. 이하 이 조에서 같다)는 검사로부터 공소를 제기하지 아니한다는 통지를 받은 때에는 그 검사 소속의 지방검찰청 소재지를 관할하는 고등법원(이하 "관할 고등법원"이라 한다)에 그 당부에 관한 재정을 신청할 수 있다. 다만, 「형법」 제126조의 죄에 대하여는 피공표자의 명시한 의사에 반하여 재정을 신청할 수 없다.

026 항고기각결정을 통지받은 날 또는 항고전치주의의 예외 적용을 받는 경우에는 그 사유(공소시효만료 30일 사유 제외)가 발생한 날로부터 10일 이내에 지방검찰청검사장 또는 지청장에게 재정신청서를 제출하여야 한다. [법원9급 12]

027 구금 중인 고소인이 재정신청서를 재정신청기간 내에 교도소장에게 제출하였다면, 재정신청서가 이 기간 내에 불기소처분을 한 검사가 소속한 지방검찰청의 검사장 또는 지청장에게 도달하지 아니하였더라도 재정신청서의 제출은 적법하다. [국가7급 11] [법원9급 10]

028 구금 중인 고소인이 재정신청서를 재정신청이 허용되는 기간 내에 교도소 장에게 제출하였다면, 재정신청서가 이 기간 내에 불기소처분을 한 검사가 소속한 지방검찰청 검사장 또는 지청장에게 도달하지 않았더라도 적법한 재정신청서의 제출이라고 할 수 있다. [경찰승진 22] [변호사 23]

028 (×)

> **해설+** 재정신청서에 대하여는 형사소송법에 제344조 제1항과 같은 특례규정이 없으므로 재정신 청서는 같은 법 제260조 제2항이 정하는 기간 안에 불기소처분을 한 검사가 소속한 지방검찰청의 검사장 또는 지청장에게 도달하여야 하고, 설령 구금 중인 고소인이 재정신청서를 그 기간 안에 교도소장 또는 그 직무를 대리하는 사람에게 제출하였다 하더라도 재정신청서가 위의 기간 안에 불기소처분을 한 검사가 소속한 지방검찰청의 검사장 또는 지청장에게 도달하지 아니한 이상 이를 적법한 재정신청서의 제출이라고 할 수 없다(대법원 1998.12.14, 98모127).

029 검찰항고 전치주의를 채택하였으나, 항고신청 후 항고에 대한 처분이 행하 여지지 않고 3개월이 경과한 경우 등에는 곧바로 재정신청을 할 수 있다. [법원승진 10]

029 (○) 제260조 제2항 제2호 참조.

030 검사가 공소시효 만료일 30일 전까지 공소를 제기하지 아니하는 경우에는 항고전치주의의 예외가 인정되어 검찰항고를 거치지 않고 곧바로 재정신 청을 할 수 있으므로, 공소시효 만료일 전날까지 재정신청서를 제출할 수 있다. [경찰채용 12·14] [국가9급 14] [법원9급 12]

030 (○) 제260조 제2항 제3호· 제3항

> **정리** 검찰항고전치주의의 예외: 재/3/시

031 재정신청기간이 경과된 후에 재정신청보충서를 제출하면서 재정신청의 대 상을 추가한 경우, 그 추가부분에 대한 재정신청은 부적법하다. [국가7급 11]

031 (○) 대법원 1997.4.22, 97 모30

032 재정신청은 대리인에 의하여 할 수 있으며 공동신청권자 중 1인의 신청은 그 전원을 위하여 효력을 발생한다. [경찰채용 14]

032 (○) 제264조 제1항 참조.

033 항고전치주의가 적용되는 경우, 재정신청서를 제출받은 지방검찰청검사장 또는 지청장은 재정신청서를 제출받은 날부터 7일 이내에 재정신청서 · 의견서 · 수사 관계 서류 및 증거물을 관할 고등검찰청을 경유하여 관할 고등법원에 송부하여야 한다. [법원9급 12]

033 (○) 제261조

034 법원은 재정신청서를 송부받은 날부터 10일 이내에 피의자 및 재정신청인에게 그 사실을 통지하여야 한다. [법원9급 12]

034 (○) 법 제262조 제1항, 규칙 제120조

035 법원은 재정신청서를 송부받은 때에는 송부받은 날부터 7일 이내에 피의자에게 그 사실을 통지하여야 하고, 재정신청서를 송부받은 날부터 3개월 이내에 항고의 절차에 준하여 결정한다. [국가9급 23] [법원9급 21 변형]

> **해설+** 제262조【심리와 결정】① 법원은 재정신청서를 송부받은 때에는 송부받은 날부터 10일 이내에 피의자에게 그 사실을 통지하여야 한다.
> ② 법원은 재정신청서를 송부받은 날부터 3개월 이내에 항고의 절차에 준하여 다음 각 호의 구분에 따라 결정한다. 이 경우 필요한 때에는 증거를 조사할 수 있다.
> 1. 신청이 법률상의 방식에 위배되거나 이유 없는 때에는 신청을 기각한다.
> 2. 신청이 이유 있는 때에는 사건에 대한 공소제기를 결정한다.

035 (×) 법원은 재정신청서를 송부받은 때에는 송부받은 날부터 10일 이내에 피의자에게 그 사실을 통지하여야 하고, 재정신청서를 송부받은 날부터 3개월 이내에 항고의 절차에 준하여 결정한다.

036 법원이 재정신청서를 송부받은 날부터 10일 이내에 피의자에게 그 사실을 통지하지 않았는데 재정신청이 이유 있다고 보아 공소제기결정을 하였고 그에 따라 공소가 제기되어 본안사건의 절차가 개시되었다면, 피고인은 본안사건에서 그와 같은 잘못을 다툴 수 있다.

> **해설+** 법원이 재정신청서를 송부받았음에도 송부받은 날부터 10일 내에 피의자에게 그 사실을 통지하지 아니한 채 공소제기결정을 하였더라도, 그에 따른 공소가 제기되어 본안사건의 절차가 개시된 후에는 본안사건에서 위와 같은 잘못을 다툴 수 없다(대법원 2017.3.9, 2013도 16162).

036 (×)

037 고등법원의 재정신청 심리기간은 3개월 이내이며, 심리에 필요한 때에는 증거조사를 할 수 있다. [법원승진 10]

037 (○) 제262조 제2항 참조.

038 재정신청사건의 심리 중에는 관련 서류 및 증거물을 열람 또는 등사할 수 없다. 다만, 법원은 「형사소송법」 제262조 제2항 후단의 증거조사과정에서 작성된 서류의 전부 또는 일부의 열람 또는 등사를 허가할 수 있다.

[법원9급 10·17]

038 (○) 제262조의2

039 재정신청이 있으면 그에 따른 재정결정이 확정될 때까지 공소시효의 진행이 정지된다.

[법원9급 17]

039 (○) 제262조의4 제1항

040 재정신청은 취소할 수 있는데 관할 고등법원에 서면으로 하여야 하며 다만, 기록이 관할 고등법원에 송부되기 전에는 그 기록이 있는 검찰청 검사장 또는 지청장에게 하여야 한다.

[법원9급 10]

040 (○) 규칙 제121조 제1항

041 재정신청인은 법원의 심리가 개시된 이후에는 재정신청을 취소할 수 없다.

[국가7급 12]

041 (×) '없다' → '있다'

해설+ 재정결정 전에는 언제든지 취소할 수 있다. 다만, 취소 후에는 다시 재정신청을 할 수 없다. 제264조 제2항 참조.

042 재정신청이 있으면 재정결정이 확정될 때까지 공소시효의 진행이 정지되며, 공소제기결정이 있는 때에는 공소시효에 관하여 그 결정이 있는 날에 공소가 제기된 것으로 본다.

[국가9급 18]

042 (○) 제262조의4 제1항·제2항

043 고등법원은 재정신청서를 송부받은 날부터 3개월 이내에 항고의 절차에 준하여 기각 또는 공소제기의 결정을 하여야 하고, 필요한 때에는 증거를 조사할 수 있다.

[국가9급 17]

043 (○) 제262조 제2항

044 불기소처분이 위법·부당할지라도 불기소처분 당시에 공소시효가 완성되어 공소권이 없는 경우에는 위 불기소처분에 대한 재정신청은 허용되지 않는다. [경찰채용 12]

044 (○) 대법원 1990.7.16, 90모34

045 재소자인 재정신청인이 재정신청 기각결정에 불복하여 재항고를 제기하는 경우, 그 제기기간 내에 교도소장이나 구치소장 또는 그 직무를 대리하는 사람에게 재항고장을 제출한 때에 재항고를 한 것으로 간주한다. [국가9급 23]

045 (×)

해설+ 재정신청 기각결정에 대한 재항고나 그 재항고 기각결정에 대한 즉시항고로서의 재항고에 대한 법정기간의 준수 여부는 도달주의원칙에 따라 재항고장이나 즉시항고장이 법원에 도달한 시점을 기준으로 판단하여야 하고, 거기에 재소자 피고인 특칙은 준용되지 아니한다(대법원 2015.7.16, 2013모2347 전원합의체).

046 재정신청인이 교도소에 수감되어 있는 경우 재정신청 기각결정에 대한 재항고의 법정기간 준수 여부는 재항고장을 교도소장에게 제출한 시점을 기준으로 판단하여야 한다. [국가9급 17]

046 (×) '교도소장에게 제출한 시점' → '법원에 도달한 시점'

해설+ 도달주의 원칙에 따라 재항고장이나 즉시항고장이 법원에 도달한 시점을 기준으로 판단하여야 한다(대법원 2015.7.16, 2013모2347 전원합의체).

047 재정신청에 대한 기각결정에 대해서는 법령위반을 이유로 대법원에 즉시항고할 수 있다. 단 법정기간의 준수 여부는 도달주의 원칙에 따라 재항고장이 법원에 도달한 시점을 기준으로 하고, 재소자특칙은 준용되지 않는다. [경찰채용 19 1차]

047 (○)

해설+ 재정신청 기각결정에 대한 재항고나 그 재항고 기각결정에 대한 즉시항고로서의 재항고에 대한 법정기간의 준수 여부는 도달주의 원칙에 따라 재항고장이나 즉시항고장이 법원에 도달한 시점을 기준으로 판단하여야 하고, 거기에 재소자 피고인 특칙은 준용되지 아니한다(대법원 2015.7.16, 2013모2347 전원합의체).

048 교도소 또는 구치소에 있는 피고인이 제출하는 상소장에 대하여 상소의 제기기간 내에 교도소장이나 구치소장 또는 그 직무를 대리하는 사람에게 이를 제출한 때에 상소의 제기기간 내에 상소한 것으로 간주하는 형사소송법 제344조 제1항의 특칙은 재정신청 기각결정에 대한 재항고의 경우에는 적용되지 않는다. [법원9급 22]

048 (○) 대법원 2015.7.16, 2013 모2347 전원합의체

049 검사의 무혐의 불기소처분이 위법하더라도 법원이 기소유예를 할 만한 사건이라고 인정하는 경우에는 재정신청을 기각할 수 있다. [국가7급 11]

049 (○) 대법원 1985.7.29, 85 모16

050 법원은 재정신청이 법률상의 방식에 위배되거나 이유 없는 때에는 신청을 기각한다. 기각결정에 대하여는 즉시항고를 할 수 있다. 한편 신청이 이유 있는 때에는 사건에 대한 공소제기를 결정한다. 이 결정에 대하여는 불복할 수 없다. [경찰간부 18]

050 (○) 제262조 제4항

051 재정신청을 기각하는 결정이 확정된 사건에 대해서 다른 중요한 증거를 발견한 경우를 제외하고 소추할 수 없다. [국가9급 14]

051 (○) 제262조 제4항

052 검사는 재정신청의 기각결정이 확정된 사건에 대하여는 다른 중요한 증거를 발견한 경우라도 법원의 허가를 받아 소추하여야 한다. [국가7급 12]

052 (×) '허가를 받아' → 삭제 법원의 허가는 필요하지 아니하다. 제262조 제4항 참조.

053 검사는 재정신청에 대한 법원의 공소제기결정에 대하여 불복할 수 있다. [국가9급 14] [법원9급 17]

053 (×) '있다' → '없다' 법원의 공소제기결정에 대하여는 불복할 수 없다(제262조).

054 공소제기결정에 따른 재정결정서를 송부받은 관할 지방검찰청 검사장 또는 지청장은 지체 없이 담당 검사를 지정하고 지정받은 검사는 공소를 제기하여야 한다. [국가9급 14]

054 (○) 제262조 제6항

055 재정신청사건에 대한 법원의 공소제기결정에 따라 검사가 공소를 제기한 때에는 공소취소를 할 수 없다. [경찰채용 12]

055 (○) 공소제기 후 공소취소는 금지되어 있다. 제264조의2 참조.

056 법원의 공소제기결정에 따라 검사가 공소를 제기한 경우, 공판과정에서 무죄가 예상된다면 검사는 피고인의 이익을 위하여 공소를 취소할 수 있다. [경찰채용 18 2차] [해경승진 22]

056 (×)

해설+ 제264조의2【공소취소의 제한】 검사는 제262조 제2항 제2호의 결정(법원의 공소제기결정)에 따라 공소를 제기한 때에는 이를 취소할 수 없다.

057 고등법원의 공소제기결정에는 공소제기를 강제하는 효과가 있어 검사와 피의자는 이에 대하여 불복할 수 없으며, 공소시효에 관하여는 공소제기결정이 있는 날에 공소가 제기된 것으로 본다. [경찰채용 12]

057 (○) 제262조 제4항, 제262조의4 제2항 참조.

058 (재정신청에 대한) 고등법원의 공소제기결정에 따라 공소가 제기된 때에는 공소사실의 동일성이 인정되더라도 검사는 공소장변경을 할 수 없다. [군무원9급 22]

058 (×) 재정결정에 의한 공판절차에서의 공소장변경은 가능하다.

판례 형사소송법 제262조 제1항 제2호의 심판에 부하는 결정(현 제262조 제2항 제2호의 공소제기결정)이 있는 때에는 그 사건에 대하여 공소의 제기가 있는 것으로 간주되므로 그 후에는 통상의 공판절차에서와 마찬가지로 기본적인 사실관계가 동일한 한 공소사실 및 적용법조의 변경이 가능하다(대법원 1989.3.14, 88도2428).

059 법원은 재정신청의 기각결정을 하거나 재정신청인이 신청을 취소한 경우에는 결정으로 재정신청인에게 신청절차에 따른 비용의 전부 또는 일부를 부담하게 할 수 있다. [경찰간부 18] [국가9급 17]

059 (O) 제262조의3 제1항

060 법원이 재정신청인에게 신청절차에 의하여 생긴 비용의 전부 또는 일부를 부담하게 하는 결정을 내린 경우, 재정신청인은 이에 불복할 수 없다. [국가7급 12]

060 (×) '없다' → '있다'

> **해설+** 소송비용부담결정에 대해서는 즉시항고가 가능하다. 제262조의3 제3항 참조.

061 법원은 직권 또는 피의자의 신청에 따라 재정신청인에게 피의자가 재정신청절차에서 부담하였거나 부담할 변호인선임료 등 비용의 전부 또는 일부의 지급을 명할 수 있다. [해경승진 23]

061 (O) 제262조의3 참조.

> **해설+** 제262조의3 【비용부담 등】 ② 법원은 직권 또는 피의자의 신청에 따라 재정신청인에게 피의자가 재정신청절차에서 부담하였거나 부담할 변호인선임료 등 비용의 전부 또는 일부의 지급을 명할 수 있다.

3 공소제기의 방식

◢ 🔗 **대표유형**

"피고인은 2000.11.2.경부터 2001.7.2.경까지 사이에 인천 이하 불상지에서 향정 신성의 약품인 메스암페타민 불상량을 불상의 방법으로 수 회 투약하였다."는 공소사실의 경우, 투약량은 물론 투약방법을 불상으로 기재하면서 그 투약의 일시와 장소마저 위와 같이 기재한 것만으로는 「형사소송법」 제254조 제4항의 요건에 맞는 구체적 사실의 기재라고 볼 수 없으므로, 이 부분 공소는 그 공소사실이 특정되었다고 할 수 없다. [국가9급 16]

(O) 대법원 2002.9.27, 2002도3194

◢ 🔗 **대표유형**

공소장일본주의에 위배된 공소제기라고 인정되는 때에는 그 절차가 법률의 규정을 위반하여 무효인 때에 해당하는 것으로 보아 공소기각의 판결을 선고하는 것이 원칙이다. [법원승진 14]

(O) 대법원 2009.10.22, 2009도7436 전원합의체

062 공소장 제출이 없으면 공소제기가 불성립한 경우이므로 법원은 아무런 조치를 취하지 않는다. 다만 추후 공소장이 제출되면 그때부터 공소제기는 성립한다. [국가7급 11 변형]

062 (O) 대법원 2003.11.14, 2003도2735

063 검사 A는 공소사실의 일부가 되는 범죄일람표를 컴퓨터 프로그램을 통하여 열어보거나 출력할 수 있는 전자적 형태의 문서로 작성한 후, <u>종이문서로 출력하여 제출하지 아니하고 전자적 형태의 문서가 저장된 저장매체 자체를 서면인 공소장에 첨부하여 제출하였다.</u> 서면인 공소장에 기재된 부분에 한하여 공소가 제기된 것으로 볼 수 있을 뿐이다. [경찰채용 18]

063 (○) 대법원 2016.12.15, 2015도3682

064 전자적 형태의 문서의 양이 방대하여 위 밑줄 친 부분과 같은 방식의 공소제기를 허용해야 할 현실적인 필요가 있다거나 피고인과 변호인이 이의를 제기하지 않고 변론에 응하였다고 한다면 달리 볼 수 있다. [경찰채용 18]

064 (×) '있다' → '없다'

> **해설+** 이는 공소사실에 포함시켜야 할 범행내용이나 피해목록이 방대하여 전자문서나 CD 등 저장매체를 이용한 공소제기를 허용해야 할 현실적인 필요가 있다거나 피고인과 변호인이 이의를 제기하지 않고 변론에 응하였다고 하여 달리 볼 수 없다(대법원 2016.12.15, 2015도3682).

065 검사가 전자문서나 저장매체를 이용하여 공소를 제기한 경우, 법원은 저장매체에 저장된 전자문서 부분을 제외하고 서면인 공소장에 기재된 부분만으로 공소사실을 판단하여야 하고, 그 기재 내용만으로는 공소사실이 특정되지 않은 부분이 있다면 검사에게 특정을 요구하고, 검사가 특정하지 않는다면 그 부분에 대해서는 공소를 기각할 수밖에 없다. [경찰채용 18]

065 (○) 대법원 2017.2.15, 2016도19027

066 공소장에 검사의 간인이 없다면, 그 공소장의 형식과 내용이 연속된 것으로 일체성이 인정되고 동일한 검사가 작성하였다고 인정되더라도 공소기각의 판결을 하여야 한다. [국가9급 23] [법원9급 22 변형]

066 (×)

> **해설+** 공무원이 작성하는 서류에는 간인하거나 이에 준하는 조치를 하여야 한다(형사소송법 제57조 제2항). … (다만) 공소장에 검사의 간인이 없더라도 그 공소장의 형식과 내용이 연속된 것으로 일체성이 인정되고 동일한 검사가 작성하였다고 인정되는 한 그 공소장을 형사소송법 제57조 제2항에 위반되어 효력이 없는 서류라고 할 수 없다. 이러한 공소장 제출에 의한 공소제기는 그 절차가 법률의 규정에 위반하여 무효인 때(형사소송법 제327조 제2호)에 해당한다고 할 수 없다(대법원 2021.12.30, 2019도16259).

CHAPTER 04 공소의 제기 **317**

067 공소제기는 공소장이 법원에 도달한 때 그 효력이 발생하고 통상의 경우 법원직원이 공소장에 접수인을 찍은 날짜가 공소제기일로 추정된다.

[경찰채용 13]

067 (○) 대법원 2002.4.12, 2002도690

068 법원은 공소사실의 기재가 오해를 불러일으키거나 명료하지 못한 경우에는 먼저 검사에게 석명을 구하고, 검사가 이를 명확하게 하지 않은 때에 공소사실의 불특정을 이유로 공소를 기각함이 상당하므로 이에 이르지 않고 바로 공소기각의 판결을 하는 것은 위법이다. [국가7급 23] [법원9급 18 변형]

068 (○)

> **해설+** 공소장에 피고인인 계주가 조직한 낙찰계의 조직일자, 구좌·계금과 계원들에게 분배하여야 할 계금이 특정되어 있고 피해자인 계원들의 성명과, 피해자별 피해액만이 명확하지 아니한 경우에는, 법원은 검사에게 석명을 구하여 만약 이를 명확하게 하지 아니한 경우에 공소사실의 불특정을 이유로 공소기각을 할 것이고 이에 이르지 않고 바로 공소기각의 판결을 하였음은 심리미진의 위법이 있다(대법원 1983.6.14, 83도293).

069 공소장에 기재된 적용법조에 오기·누락이 있거나 적용법조에 해당하는 구성요건이 충족되지 않을 경우 법원은 공소사실의 동일성이 인정되는 범위 내로서 피고인의 방어에 실질적인 불이익을 주지 않는 한도에서 공소장변경의 절차를 거침이 없이 직권으로 공소장 기재와 다른 법조를 적용할 수 있다.

[국가9급 18] [법원9급 18]

069 (○) 제254조 제3항, 대법원 2015.11.12, 2015도12372

070 법원은 공소사실의 동일성이 인정되는 범위 내에서 피고인의 방어에 실질적인 불이익을 주는 것이 아니라면, 공소장변경 없이 직권으로 공동정범으로 기소된 범죄사실을 방조사실로 인정할 수 있다.

[경찰채용 19 1차]

070 (○) 대법원 2001.11.9, 2001도4792

071 「형사소송법」제254조 제3항은 공소장에 동항 소정의 사항들을 필요적으로 기재하도록 한 규정에 불과하고 그 이외의 사항의 기재를 금지하고 있는 규정이 아니므로, 공소시효가 완성된 범죄사실을 공소범죄사실 이외의 사실로 기재한 공소장은 위 규정에 위배된다고 볼 수 없다. [국가9급 23]

해설+ 형사소송법 제254조 제3항은 공소장에 동항 소정의 사항들을 필요적으로 기재하도록 한 규정에 불과하고 그 이외의 사항의 기재를 금지하고 있는 규정이 아니므로 공소시효가 완성된 범죄사실을 공소범죄사실 이외의 사실로 기재한 공소장이 위 형사소송법 제254조 제3항의 규정에 위배된다고 본 수 없다(대법원 1983.11.8, 83도1979).

보충 여죄의 기재가 공소장일본주의(규칙 제118조 제2항)와 충돌할 여지가 있음에도 불구하고, 판례는 위와 같이 위법하지 아니하다고 보는 입장이다.

072 공소사실의 일부가 다소 불명확하게 적시되어 있다면 함께 적시된 다른 사항들에 의하여 공소사실을 특정할 수 있는 경우에도 그 공소제기는 효력이 없다. [경찰채용 14]

073 공소사실이 특정되지 아니한 부분이 있다면, 법원은 검사에게 석명을 구하여 특정을 요구하여야 하고, 그럼에도 검사가 이를 특정하지 않는다면 그 부분에 대해서는 공소를 기각할 수밖에 없다. [법원9급 21]

074 공소장의 기재가 불명확한 경우 법원은 검사에게 공소사실 특정에 관하여 별도의 석명을 구함이 없이 공소사실의 불특정을 이유로 공소를 기각할 수 있다. [법원9급 16]

075 공소의 제기에 있어서 현저한 방식위반이 있는 경우에는 이러한 절차위배의 공소제기에 대하여 피고인과 변호인이 이의를 제기하지 아니하고 변론에 응하였다고 하여도 그 하자가 치유되지 아니한다. [경찰채용 14]

076 검사가 피고인을 필로폰 판매행위로 공소제기한 후 필로폰 매매알선행위를 예비적으로 추가하는 내용의 공소장변경허가신청을 하였으나 불허되자 그 자리에서 이 공소장변경허가신청서를 공소장에 갈음하는 것으로 구두진술하고 피고인과 변호인이 이에 대하여 이의를 제기하지 않은 경우에는 하자의 치유가 인정된다. [국가9급 22]

076 (×)

> **해설+** 형사소송법이 공소의 제기에 관하여 서면주의와 엄격한 요식행위를 채용한 것은 공소의 제기에 의해서 법원의 심판이 개시되므로 심판을 구하는 대상을 명확하게 하고 피고인의 방어권을 보장하기 위한 것이다. 따라서 위와 같은 엄격한 형식과 절차에 따른 공소장의 제출은 공소제기라는 소송행위가 성립하기 위한 본질적 요소라고 할 것이므로, 공소의 제기에 현저한 방식위반이 있는 경우에는 공소제기의 절차가 법률의 규정에 위반하여 무효인 경우에 해당하고, 위와 같은 절차위배의 공소제기에 대하여 피고인과 변호인이 이의를 제기하지 아니하고 변론에 응하였다고 하여 그 하자가 치유되지는 않는다. 검사가 공판기일에서 피고인 등이 특정되어 있지 않은 공소장변경허가신청서를 공소장에 갈음하는 것으로 구두진술하고 피고인과 변호인이 이의를 제기하지 않은 경우, 이를 적법한 공소제기로 볼 수 없다(대법원 2009.2.26, 2008도11813).

077 검사가 제출한 공소장변경허가신청서에 신청을 허가하여 달라는 취지의 문구만이 기재되어 있을 뿐 피고인의 성명 기타 피고인을 특정할 수 있는 사항, 적용법조 등이 기재되어 있지 않고 피고인 또는 변호인에게 송달되지도 않았다면, 검사가 공판기일에서 공소장변경허가신청서로 공소장을 갈음한다는 구두진술을 하고 피고인과 변호인이 이의를 제기하지 아니하고 변론에 응하였더라도 그 공소제기의 절차는 법률의 규정에 위반하여 무효이므로 법원은 그 공소사실에 대하여 공소기각판결을 선고하여야 한다. [경찰채용 21 2차]

077 (○) 대법원 2009.2.26, 2008도11813

078 공소장에의 공소사실 기재는 범죄의 일시는 이중기소나 시효에 저촉되지 않을 정도로, 장소는 토지관할을 가늠할 수 있을 정도로, 방법에 있어서는 범죄구성요건을 밝히는 정도로 기재하면 족하다. [법원9급 18]

078 (○) 대법원 1989.6.13, 89도112; 1992.9.14, 92도1532; 1998.5.29, 97도1126

079 공소사실의 기재는 범죄의 일시, 장소와 방법을 명시하여 사실을 특정할 수 있도록 하여야 하는데, 만약 공소사실이 특정되지 않았다면 공소장에 기재된 사실에 의하더라도 범죄가 될 만한 사실이 포함되지 아니하는 때에 해당하므로 공소기각의 결정을 하여야 한다. [법원승진 14]

079 (×) '결정' → '판결'
공소사실이 특정되지 않은 경우에는 제327조 제2호에 의하여 공소기각판결을 한다.

080 저작재산권 침해행위에 관한 공소사실의 특정은 침해대상인 저작물 및 침해방법의 종류, 형태 등 침해행위의 내용이 명확하게 기재되어 있다 하더라도 그 저작물의 저작재산권자가 누구인지 특정되어 있지 않다면 공소사실이 특정되었다고 볼 수 없다. [경찰채용 20 2차]

080 (×)

> **해설+** 구 저작권법 제136조 제1항은 '저작재산권을 복제·공연·공중송신·전시·배포·대여·2차적 저작물 작성의 방법으로 침해'한 행위를 처벌대상으로 규정하고 있다. 그런데 저작재산권은 특허권 등과 달리 권리의 발생에 반드시 등록을 필요로 하지 않기 때문에 등록번호 등으로 특정할 수 없는 경우가 많고, 지적재산권자가 같더라도 지각물별로 각 별개의 죄가 성립하는 점, 그리고 2006. 12.28. 법률 제8101호로 전부 개정된 구 저작권법이 영리를 위하여 상습적으로 한 저작재산권 침해행위를 비친고죄로 개정한 점 등을 고려해 보면, 저작재산권 침해행위에 관한 공소사실의 특정은 침해대상인 저작물 및 침해방법의 종류, 형태 등 침해행위의 내용이 명확하게 기재되어 있어 피고인의 방어권 행사에 지장이 없는 정도이면 되고, 각 저작물의 저작재산권자가 누구인지 특정되어 있지 않다고 하여 공소사실이 특정되지 않았다고 볼 것은 아니다(대법원 2016.12.15, 2014도1196).

081 업무상과실치상 공소사실 중 그 일부 피해자에 대해 치료기간이 미상이라고 기재된 경우라도 공소사실은 모두 특정되어 있는 것이다. [해경승진 22]

081 (○)

> **해설+** 업무상과실치상 공소사실 중 그 일부 피해자에 대하여 치료기간이 미상이라고 기재하고 있다고 하더라도 공소사실의 기재는 범죄의 시일, 장소와 방법을 명시하여 사실을 특정할 수 있도록 하면 되는 것이고 치상의 경우 그 치료기간은 필요적 기재사항이라고 할 수는 없는 것이니 위의 공소사실은 모두 특정되어 있다 할 것이다(대법원 1984.3.13, 83도3006).

082 유가증권 변조 여부가 문제된 사건에서 그 변조된 유가증권이 압수되어 현존하고 있다면 범행장소와 방법이 "서울 불상지", "불상의 방법으로 수취인의 기재를 삭제"와 같이 개괄적으로 기재되었더라도 그 공소제기는 위법하지 아니하다. [경찰채용 20 2차]

082 (○) 대법원 2008.3.27, 2007도11000

083 문서위조죄는 피고인들이 그 범행을 자백하지 아니한 이상 언제 어디에서 문서를 위조한 것인지 알기가 어려우며 그 범죄일시를 일정한 시점으로 특정하기 곤란하여 부득이하게 개괄적으로 표시할 수밖에 없으므로 유가증권 위조의 점에 관한 공소사실의 범죄일시를 '2000. 초경부터 2003. 3.경 사이에'로 비교적 장기간으로 기재하였다고 하여 공소사실이 불특정된 것으로 볼 수 없다. [경찰경채 23]

083 (○) 대법원 2006.6.2, 2006도48

084 사기죄에 있어서 여러 사람의 피해자에 대하여 따로 기망행위를 하여 각각 재물을 편취한 경우, 포괄1죄가 되는 것이 아니라 피해자별로 1개씩의 죄가 성립하는 것으로 보아야 할 것이고, 이러한 경우 그 공소사실은 각 피해자와 피해자별 피해액을 특정할 수 있도록 기재하여야 할 것이다. [국가9급 16 변형]

084 (○) 대법원 1996.2.13, 95도2121

085 수인의 피해자에 대하여 각 별로 기망행위를 하여 각각 재물을 편취한 사기죄에 있어서 '일정한 기간 사이에 성명불상의 고객들에게 1일 평균 매상액 상당을 판매하여 그 대금 상당액을 편취하였다'고 기재한 때는 공소사실이 특정되었다. [국가9급 15]

> **해설+** 각 죄가 성립하여 각 죄에 대한 특정이 이루어져야 하므로, 특정이 이루어졌다고 볼 수 없다(대법원 2007.6.29, 2007도2076).

085 (×) '되었다' → '되지 않았다'

086 마약의 투약시기, 투약량과 투약방법 등의 공소사실이 특정되지 아니하여 피고인의 방어권 행사에 지장을 초래할 위험성이 큰 경우 무죄판결을 해야 한다. [법원9급 13]

> **해설+** 공소제기의 절차가 법률의 규정에 위반하여 무효라고 할 것이므로, 공소기각판결(제327조 제2호)을 하여야 한다(대법원 2010.10.14, 2010도9835).

086 (×) '무죄판결' → '공소기각판결'

087 마약류 관리에 관한 법률 위반사건에서 범행일시를 모발감정 결과에 기초하여 투약 가능기간을 역으로 추정한 '2010.11.경'으로, 투약장소를 시(市)와 구(區)까지 기재한 때는 공소사실이 특정되었다. [국가9급 15]

> **해설+** 마약류 투약범죄의 특성 등에 비추어 공소사실이 특정되었다고 보기 어려우므로, 공소를 기각한다(대법원 2012.4.26, 2011도11817).

087 (×) '특정되었다' → '특정되지 않았다'

088 각 세금계산서마다 하나의 죄가 성립하는 구 조세범처벌법상 무거래 세금계산서 교부죄에 있어서 세금계산서의 총 매수와 그 공급가액의 합계액만을 기재한 때는 공소사실이 특정되었다. [국가9급 15]

> **해설+** 각 죄가 성립하여 각 죄에 대한 특정이 이루어져야 하므로, 특정이 이루어졌다고 볼 수 없다(대법원 2007.6.29, 2007도2076).

088 (×) '되었다' → '되지 않았다'

089 「조세범 처벌법」 제11조의2 제4항의 무거래 세금계산서 교부죄는 각 세금계산서마다 하나의 죄가 성립하므로, 세금계산서마다 그 공급가액이 공소장에 기재되어야 개개의 범죄사실이 구체적으로 특정되었다고 볼 수 있고, 세금계산서의 총매수와 그 공급가액의 합계액이 기재되어 있다고 하여 공소사실이 특정되었다고 볼 수 없다.

[경찰경채 23]

089 (○) 대법원 2006.10.26, 2006도5147

090 포괄일죄에 있어서 그 일죄의 일부를 구성하는 개개의 행위에 대하여 구체적으로 특정하지 아니하더라도 그 전체 범행의 시기와 종기, 범행방법, 범행횟수 또는 피해액의 합계 및 피해자나 상대방을 명시하면 이로써 그 범죄사실은 특정되는 것이다.

[국가7급 11] [국가9급 18]

090 (○) 대법원 2009.7.23, 2008도5930

091 포괄일죄의 경우 전체 범행의 시기와 종기, 범행방법, 범행횟수, 피해액의 합계 등을 명시함은 물론, 그것을 구성하는 개개의 행위를 구체적으로 특정하여야 한다.

[국가9급 09]

091 (×) '한다' → '하는 것은 아니다'

해설+ 전체 범행의 시기와 종기, 범행방법, 범행회수 또는 피해액의 합계 및 피해자나 상대방 등을 명시하면 이로써 그 범죄사실은 특정된다 할 것이다(대법원 1983.1.18, 82도2572).

092 甲이 한 개의 강도범행을 하는 기회에 수명의 피해자에게 각각 폭행을 가하여 각 상해를 입힌 사실에 대하여 포괄일죄로 기소된 경우 법원은 공소장변경 없이 피해자별로 수개의 강도상해죄의 실체적 경합범으로 처벌할 수 있다.

[국가9급 22]

092 (○)

해설+ 강도가 한 개의 강도범행을 하는 기회에 수명의 피해자에게 각 폭행을 가하여 각 상해를 입힌 경우에는 각 피해자별로 수개의 강도상해죄가 성립하며 이들은 실체적 경합범의 관계에 있다. 법원이 동일한 범죄사실을 가지고 포괄일죄로 보지 아니하고 실체적 경합관계에 있는 수죄로 인정하였다고 하더라도 이는 다만 죄수에 관한 법률적 평가를 달리한 것에 불과할 뿐이지 소추대상인 공소사실과 다른 사실을 인정한 것도 아니고 또 피고인의 방어권 행사에 실질적으로 불이익을 초래할 우려도 없으므로 불고불리의 원칙에 위반되는 것이 아니다(대법원 1987.5.26, 87도527).

093 변호사법 위반사건에서 '2006.12.14.경부터 2007.2.15.경까지 2회에 걸쳐 합계 5,000만 원을 받았다'고 기재한 때는 공소사실이 특정되었다.

[국가9급 15]

093 (○) 대법원 2008.12.24, 2008도9414

094 포괄일죄와 같이 공소범죄의 특성에 비추어 개괄적인 기재가 불가피한 경우에는 사실상 피고인의 방어권 행사에 지장을 가져오는 경우에도 구체적인 기재가 있는 공소장이라고 할 수 있다. [국가7급 21]

> **해설+** ⓘ 포괄일죄에 있어서는 그 일죄의 일부를 구성하는 개개의 행위에 대하여 구체적으로 특정되지 아니하더라도 그 전체 범행의 시기와 종기, 범행방법, 피해자나 상대방, 범행횟수나 피해액의 합계 등을 명시하면 이로써 그 범죄사실은 특정되는 것이라고 할 것이고, 상습사기와 같이 공소범죄의 특성상 개괄적 기재가 불가피한 경우 개별적 사기 범행의 피해자가 특정되지 아니하였다고 하더라도 기본적 사실관계에 차이가 없고 피고인의 방어권 행사에 지장을 주지 않는다면 그 공소내용이 특정되지 않았다고 할 수 없는 것이나(대법원 1999.11.12, 99도2934; 2005.3.24, 2004도8661 등), ⓛ 비록 공소범죄의 특성에 비추어 개괄적인 기재가 불가피한 경우가 있다 하더라도, 사실상 피고인의 방어권 행사에 지장을 가져오는 경우에는 형사소송법 제254조 제4항에서 정하고 있는 구체적인 범죄사실의 기재가 있는 공소장이라고 할 수 없다(대법원 2000.11.24, 2000도2119; 2007.8.23, 2006도5041).

095 甲이 "2017.10.10.부터 2017.10.12.까지 태국 국적 마사지사 등 6명을 고용하고 인터넷사이트에 성매매 광고를 한 후, 광고를 보고 연락하는 불특정 다수의 남성 손님에게 대금 10만 원을 받고 종업원인 위 태국 국적 여성과 성교행위를 하도록 하여 성매매를 알선하였다."는 내용으로 기소된 사안에서 포괄일죄에 대하여 일죄의 일부를 구성하는 개개의 행위로서 구체적인 성매수자, 범행횟수 등이 기재되지 않았다면 甲에 대한 공소사실이 특정되었다고 볼 수 없다. [경찰경채 23]

> **판례** 동일 죄명에 해당하는 수개의 행위를 단일하고 계속된 범의하에 일정 기간 계속하여 행하고 그 피해법익도 동일한 경우에는 이들 각 행위를 통틀어 포괄일죄로 처단하여야 할 것이다. 이 사건 공소사실 기재 범행은 피고인이 2017.10.10.부터 2017.10.12.까지 자신이 운영하던 성매매업소에서 성매매 광고를 보고 방문한 손님들에게 대금 10만 원을 받고 종업원인 태국 국적 여성 6명과의 성매매를 알선하였다는 것으로서 모두 동일한 죄명과 법조에 해당하는 것으로 단일하고 계속된 범의하에 시간적으로 근접하여 동일한 장소에서 동일한 방법으로 이루어졌고 피해법익 역시 동일하여 포괄하여 일죄에 해당할 뿐, 실체적 경합관계에 있다고 보기 어렵다. 나아가 원심이 공소를 기각한 이 부분 공소사실에는 범행의 시기와 종기, 범행의 장소, 고용한 성매매 여성의 수가 특정되어 있고, 성매매 광고를 보고 연락한 불특정 다수의 남성 손님들에게 10만 원의 성매매 대금을 받고 성매매를 알선하였다는 내용으로 성매매알선의 방법 또한 특정되어 있다. 한편 구체적인 성매수자, 범행횟수 등이 기재되지 않았더라도 법원에 대하여 심판의 대상을 한정하고 피고인에게 방어의 범위를 특정함으로써 방어권 행사를 쉽게 하는 데에 지장이 없는 이상 공소사실이 특정되지 않았다고 볼 것은 아니다. 이러한 사정들을 앞서 본 포괄일죄의 공소사실 특정에 관한 법리에 비추어 살펴보면, 이 부분 공소사실은 특정되었다고 볼 수 있다(대법원 2023.6.29, 2020도3626).

096 공모공동정범에 있어 실행정범의 인적사항이 적시되지 아니하고 범행일시나 장소가 명백히 표시되지 아니하였으나 그 공모관계, 실행정범의 실행행위가 모두 표시되어 있는 경우라면 공소사실이 특정된 것으로 볼 수 있다.

[경찰채용 14]

096 (○) 대법원 1997.7.8, 97도632

097 방조범의 공소사실을 기재함에 있어서 그 전제가 되는 정범의 범죄구성을 충족하는 구체적 사실을 기재할 필요는 없다.

[법원9급 16]

097 (×) '기재할 필요는 없다' → '기재하여야 한다'(대법원 2001.12.28, 2001도5158)

098 교사범과 방조범의 공소사실에는 교사 또는 방조사실만을 기재하면 족하며, 정범의 범죄구성요건을 충족하는 구체적 사실까지 기재할 필요는 없다.

[경찰채용 14]

098 (×) '기재할 필요는 없다' → '기재하여야 한다'

해설+ 공범종속성원칙에 의하여 공범은 정범의 성립에 종속하므로 공범의 공소사실을 특정하려면 정범의 범죄사실이 특정되어야 한다(대법원 2001.12.28, 2001도5158).

099 검사는 공소장에 수개의 범죄사실과 적용법조를 심판의 순서를 정하거나 또는 정하지 않고 기재할 수 있다.

[국가9급 14]

099 (○) 제254조 제5항

100 검사가 공소제기를 함에 있어 범죄사실의 동일성이 인정되지 않더라도 수개의 범죄 사실과 적용법조를 예비적 또는 택일적으로 기재할 수 있다.

[국가7급 11]

100 (○) 대법원 1966.3.24, 65도114 전원합의체

101 공소제기 후에는 공소사실의 동일성이 인정되더라도 공소장의 공소사실과 적용법조를 예비적·택일적으로 변경할 수 없다.

[국가9급 14]

101 (×) '없다' → '있다'

해설+ 공소제기 시뿐만 아니라 공소장변경 시에도 예비적·택일적으로 변경할 수 있다.

102 예비적 · 택일적 기재의 경우 법원이 공소사실 모두에 대해 무죄를 선고하는 때에는 판결이유에서 모두 판단해야 한다. [국가9급 14]

102 (○)

> **해설+** 주위적·예비적 모두, 택일적 모두에 대하여 판단하여야 한다(대법원 2006.12.22, 2004도7232).

103 동일한 사실관계에 대하여 서로 양립할 수 없는 적용법조의 적용을 주위적 · 예비적으로 구하는 경우, 예비적 공소사실만 유죄로 인정되고 그 부분에 대하여 피고인만 상소하였다면 예비적 공소사실만 상소심의 심판의 대상에 포함되고 주위적 공소사실은 상소심의 심판대상에 포함되지 않는다. [경찰채용 21 2차]

103 (×)

> **해설+** 원래 주위적·예비적 공소사실의 일부에 대한 상소제기의 효력은 나머지 공소사실 부분에 대하여도 미치는 것이고, 동일한 사실관계에 대하여 서로 양립할 수 없는 적용법조의 적용을 주위적·예비적으로 구하는 경우에는 예비적 공소사실만 유죄로 인정되고 그 부분에 대하여 피고인만 상소하였다고 하더라도 주위적 공소사실까지 함께 상소심의 심판대상에 포함된다(대법원 2006.5.25, 2006도1146).

104 항소심은 택일적 기재의 경우 하나의 사실을 유죄로 인정한 원심판결을 파기하고 다른 사실을 유죄로 할 수 있다. [국가9급 14]

104 (○) 모두가 현실적 심판대상이기 때문이다(대법원 1975.6.24, 70도2660).

105 체포 또는 구속된 후 석방된 피고인에 대한 공소제기 시 공소장에 기존의 구속영장 기타 구속에 관한 서류를 첨부하는 것은 공소장일본주의의 위반이다. [법원9급 14]

105 (×) '위반이다' → '위반이 아니다'
구속에 관한 서류를 각 첨부하여야 한다(규칙 제118조 제1항).

106 공소장일본주의가 위반된 경우 피고인 측으로부터 이의가 유효하게 제기되어 있는 이상 공판절차가 진행되어 법관의 심증형성의 단계에 이르렀다고 하여 공소장일본주의 위배의 하자가 치유된다고 볼 수 없다. [법원승진 14]

106 (○) 하자가 치유되려면 이의제기가 없고 심증형성단계에 이르러야 한다(대법원 2015.1.29, 2012도2957).

107 공소장일본주의에 위배된 공소제기라고 인정되는 때에는, 피고인 측의 이의 여부, 공판절차의 진행 정도 등과 무관하게 그 하자의 치유는 인정되지 않으므로, 공소기각의 판결을 선고하여야 한다. [법원9급 21]

107 (×)

> **해설+** 공소장일본주의에 위배된 공소제기라고 인정되는 때에는 그 절차가 법률의 규정을 위반하여 무효인 때에 해당하는 것으로 보아 공소기각의 판결을 선고하는 것이 원칙이다. 그러나 공소장 기재의 방식에 관하여 피고인 측으로부터 아무런 이의가 제기되지 아니하였고 법원 역시 범죄사실의 실체를 파악하는 데 지장이 없다고 판단하여 그대로 공판절차를 진행한 결과 증거조사절차가 마무리되어 법관의 심증형성이 이루어진 단계에서는 소송절차의 동적 안정성 및 소송경제의 이념 등에 비추어 볼 때 이제는 더 이상 공소장일본주의 위배를 주장하여 이미 진행된 소송절차의 효력을 다툴 수는 없다고 보아야 한다(대법원 2009.10.22, 2009도7436 전원합의체).

108 법관의 심증형성이 이루어진 단계에서는 더 이상 공소장일본주의 위배를 주장하여 이미 진행된 소송절차의 효력을 다툴 수는 없다고 보아야 한다. [국가7급 11] [법원9급 18]

108 (○) 대법원 2009.10.22, 2009도7436 전원합의체

109 공판절차 갱신 후의 절차나 파기환송 후의 절차에는 공소장일본주의가 적용되기 어렵다. [국가9급 09]

109 (○) 다수의견 중 보충의견(대법원 2009.10.22, 2009도7436 전원합의체)

110 공소사실 기재 중 일부분이 피고인들이 국가공무원법 제66조 제1항의 '공무 외의 일을 위한 집단행위'에 이르게 된 동기와 경위 등을 명확히 하기 위한 것으로 보일 경우, 그와 같은 기재가 법원에 예단이 생기게 할 수 있는 사유를 적시하여 공소장일본주의에 위배된다고 볼 수는 없다. [법원9급 13]

110 (○) 대법원 2012.4.19, 2010도6388 전원합의체

111 살인, 방화 등의 경우 범죄의 직접적인 동기 또는 공소범죄사실과 밀접불가분의 관계가 있는 동기를 공소사실에 기재하는 것이 공소장일본주의 위반이 아님은 명백하고, 설사 범죄의 직접적인 동기가 아닌 경우에도 동기의 기재는 공소장의 효력에 영향을 미치지 않는다. [국가9급 11]

111 (○) 대법원 2009.10.22, 2009도7436 전원합의체

112 공소장에 누범이나 상습범을 구성하지 않는 전과사실을 기재하였다 하더라도 그 공소장 기재는 적법하다. [법원9급 13]

> **해설+** 전과사실이나 소년부송치처분을 받은 사실 등은 피고인을 특정할 수 있는 사항으로, 공소장일본주의의 위배가 아니다(대법원 1990.10.16, 90도1813).

112 (○)

113 약식절차나 즉결심판절차에 있어서는 공소장일본주의가 적용되지 않는다. [국가9급 16]

113 (○) 약식명령은 대법원 2007. 7.26, 2007도3906, 즉결심판은 즉심법 제4조 참조.

114 검사가 약식명령의 청구와 동시에 증거서류 및 증거물을 법원에 제출하였다면 공소장일본주의의 위반이라고 할 수 없다. [국가9급 10]

114 (○) 대법원 2007.7.26, 2007도3906

115 약식명령의 청구와 동시에 증거서류 및 증거물이 법원에 제출되었다 하여 공소장일본주의를 위반하였다 할 수 없고, 그 후 약식명령에 대한 정식재판청구가 제기되었음에도 법원이 증거서류 및 증거물을 검사에게 반환하지 않고 보관하고 있다고 하여 그 이전에 이미 적법하게 제기된 공소제기의 절차가 위법하게 된다고 할 수도 없다. [국가7급 14] [법원9급 13]

115 (○) 대법원 2007.7.26, 2007도3906

4 공소제기의 효과

🔗 대표유형

법원의 심판범위는 공소장에 기재된 공소사실에 제한되며, 공소사실과 동일성이 인정되는 사실도 공소장변경에 의하여 비로소 법원의 현실적인 심판의 대상이 된다. [경찰채용 12]

(○) 대법원 1991.5.28, 90도1977

🔗 대표유형

하나의 행위가 여러 범죄의 구성요건을 동시에 충족하는 경우 공소제기권자는 자의적으로 공소권을 행사하여 소추재량을 현저히 벗어났다는 등의 특별한 사정이 없는 한, 증명의 난이 등 여러 사정을 고려하여 그중 일부 범죄에 관해서만 공소를 제기할 수도 있다. [국가7급 21]

(○) 대법원 2017.12.5, 2017도13458

116 공소제기에 의해 사건은 법원에 계속되고, 공소시효의 진행이 정지되며 법원은 검사가 공소제기한 사건에 한하여 심판하여야 한다. [경찰채용 15]

116 (○) 제253조 제1항과 불고불리의 원칙상 타당하다.

117 공소가 제기되면 동일사건에 대해 다시 공소를 제기할 수 없으므로 동일사건이 수개의 법원에 계속된 때에는 공소기각의 판결을 해야 한다. [경찰채용 15]

117 (✕) '판결' → '결정' 공소기각결정을 한다. 제328조 제1항 제3호 참조.

118 공소는 검사가 피고인으로 지정한 자뿐만 아니라 다른 공범자에게도 그 효력이 미친다. [법원9급 13·16]

118 (✕) '미친다' → '미치지 않는다'(제248조 제1항)

119 공소는 검사가 피고인으로 지정한 사람 외의 다른 사람에게는 그 효력이 미치지 않으나, 공소제기로 인한 공소시효정지의 효력은 다른 공범자에게도 미친다. [국가9급 11]

119 (○) 제248조 제1항, 제253조 제2항

120 공소는 검사가 피고인으로 지정한 사람 외의 다른 사람에게는 효력이 미치지 않는다. 따라서 공범 중 1인에 대하여 공소가 제기되더라도 다른 공범자들에 대해서는 공소시효 정지의 효력이 미치지 않는다. [법원9급 21]

120 (✕)

해설+ 공소는 검사가 피고인으로 지정한 사람 외의 다른 사람에게는 효력이 미치지 않으나 형사소송법 제253조 제1항, 제2항에 의하면 공소시효는 공소의 제기로 진행이 정지되고, 공범의 1인에 대한 공소시효의 정지는 다른 공범자에 대하여 효력이 미친다(대법원 1999.3.9, 98도4621).

121 공소제기 후에 진범인이 발견되어도 공소제기의 효력은 진범인에게 미치지 아니하며, 공범 중 1인에 대한 공소제기가 있어도 다른 공범자에 대하여는 그 효력이 미치지 않는다. 다만 공소제기로 인한 공소시효정지의 효력은 다른 공범자에게도 미친다. [경찰채용 12·15]

121 (○) 제248조 제1항, 제253조 제2항

122 공소장에는 甲이 피고인으로 기재되어 있음에도 불구하고 乙이 출석하여 재판을 받은 경우에 甲은 형식적 피고인, 乙은 검사가 지정한 피고인 이외의 자가 소송에 관여한 실질적 피고인이 되며, 이 경우에도 공소제기의 효력은 甲에게만 미친다. [경찰채용 12]

> **해설+** 공소장에 기재된 자와 다른 자가 위장출석하여 재판을 받은 경우, 공소제기의 효력은 공소장에 기재된 자에게만 미친다(통설).

123 범죄사실의 일부에 대한 공소는 그 전부에 효력이 미친다. [국가9급 11]

> **해설+** 한 개의 범죄의 불가분적 취급은 형사소송법의 기본원칙이므로, 명문규정은 없으나 당연히 인정된다.

124 하나의 행위가 부작위범인 직무유기죄와 작위범인 허위공문서작성·행사죄의 구성요건을 동시에 충족하는 경우, 공소제기권자는 재량에 의하여 작위범인 허위공문서작성·행사죄로 공소를 제기하지 않고 부작위범인 직무유기죄로만 공소를 제기할 수 있다. [법원9급 14]

125 하나의 행위가 직무유기죄와 범인도피죄의 구성요건을 동시에 충족하는 경우, 그중 직무유기죄에 대하여만 공소제기하는 것은 허용되지 않는다. [국가9급 11]

> **해설+** 공소제기권자는 재량에 의하여 작위범인 범인도피죄로 공소를 제기하지 않고 부작위범인 직무유기죄로만 공소를 제기할 수도 있다(대법원 1999.11.26, 99도1904).

126 강간죄에 대하여 고소취소가 있는 경우에 그 수단인 폭행만을 분리하여 공소제기하였다면 이는 범죄로 되지 아니하는 경우에 해당하므로, 무죄를 선고하여야 한다. [법원9급 14]

> **해설+** 강간죄가 구법상 친고죄이었던 때의 판례는 공소기각판결을 내려야 한다고 판시하였으나(대법원 2002.5.16, 2002도51 전원합의체), 강간죄가 비친고죄가 된 현행법상으로는 폭행의 공소제기에 아무런 위법사유가 없고(따라서 폭행죄로 유죄판결 가능) 이후 공소장변경이 이루어졌다면, 강간에 대하여도 실체재판(유죄)이 가능하다.

---

122 (×) '형식적 피고인' → '실질적 피고인', '실질적 피고인' → '형식적 피고인'

123 (○)

124 (○) 대법원 2008.2.14, 2005도4202

125 (×) '허용되지 않는다' → '허용된다'

126 (×) '무죄' → '공소기각판결 또는 유죄판결'

127 강간죄에 대하여 고소가 없는 경우, 그 수단인 폭행·협박만으로 공소제기 하였다면 수소법원은 공소장변경에 의하여 강간죄에 대한 실체판결을 선고할 수 있다. [국가9급 11]

128 검사가 일단 상습사기죄(A)로 공소를 제기한 후 판결선고 전에 그 공소의 효력이 미치는 사기행위 일부를 별개의 독립된 상습사기죄(B)로 공소를 제기한 경우, B의 범행이 A의 범행 이후에 이루어진 것이라면 이중기소에 해당되지 않는다. [국가7급 20]

> **해설+** 상습범에 있어서 공소제기의 효력은 공소가 제기된 범죄사실과 동일성이 인정되는 범죄사실 전체에 미치는 것이며, 또한 공소제기의 효력이 미치는 시적 범위는 사실심리의 가능성이 있는 최후의 시점인 판결선고시를 기준으로 삼아야 할 것이므로, 검사가 일단 상습사기죄로 공소제기한 후 그 공소의 효력이 미치는 위 기준시까지의 사기행위 일부를 별개의 독립된 상습사기죄로 공소제기를 함은 비록 그 공소사실이 먼저 공소제기를 한 상습사기의 범행 이후에 이루어진 사기 범행을 내용으로 한 것일지라도 공소가 제기된 동일사건에 대한 이중기소에 해당되어 허용될 수 없다(대법원 1999.11.26, 99도3929,99감도97).

129 상습범에 있어서 공소제기의 효력은 공소가 제기된 범죄사실과 동일성이 인정되는 범죄사실 전체에 미치는데, 이 경우 공소제기의 효력이 미치는 시적 범위는 검사의 공소제기 시를 기준으로 삼아야 한다. [해경승진 23]

> **판례** 상습범에 있어서 공소제기의 효력은 공소가 제기된 범죄사실과 동일성이 인정되는 범죄사실 전체에 미치는 것이며, 또한 공소제기의 효력이 미치는 시적 범위는 사실심리의 가능성이 있는 <u>최후의 시점인 판결선고 시를 기준으로 삼아야 할 것이므로</u>, 검사가 일단 상습사기죄로 공소제기한 후 그 공소의 효력이 미치는 위 기준시까지의 사기행위 일부를 별개의 독립된 상습사기죄로 공소제기를 함은 비록 그 공소사실이 먼저 공소제기를 한 상습사기의 범행 이후에 이루어진 사기 범행을 내용으로 한 것일지라도 공소가 제기된 동일사건에 대한 이중기소에 해당되어 허용될 수 없다(대법원 1999.11.26, 99도3929,99감도97).

130 제1상습사기범죄에 대하여 약식명령이 발령된 후 다시 행해진 제2상습사기범죄에 대하여 기소되었으나 종전의 약식명령에 대하여 정식재판청구권 회복의 결정이 내려진 경우, 제2상습사기범죄에 대한 공소제기는 이중기소에 해당한다. [소방간부 23]

판례 이중기소의 경우 공소기각판결을 하도록 규정한 형사소송법 제327조 제3호의 취지는 동일사건에 대하여 피고인으로 하여금 이중위험을 받지 아니하게 하고 법원이 2개의 실체판결을 하지 아니하도록 함에 있는 것이고(대법원 1996.10.11, 96도1698), 상습범에 있어서 공소제기의 효력은 공소가 제기된 범죄사실과 동일성이 인정되는 범죄사실 전체에 미치는 것이며, 또한 공소제기의 효력이 미치는 시적 범위는 사실심리의 가능성이 있는 최후의 시점인 판결선고 시를 기준으로 삼아야 할 것이므로, 검사가 일단 상습사기죄로 공소제기한 후 그 공소의 효력이 미치는 위 기준시까지의 사기행위 일부를 별개의 독립된 상습사기죄로 공소제기를 하는 것은 비록 그 공소사실이 먼저 공소제기를 한 상습사기의 범행 이후에 이루어진 사기 범행을 내용으로 한 것일지라도 공소가 제기된 동일사건에 대한 이중기소에 해당되어 허용될 수 없는 것이다(대법원 2001.7.24, 2001도2196 참조). 따라서 제1상습사기범죄에 대하여 약식명령이 발령된 후 다시 행해진 제2상습사기범죄에 대하여 기소되었으나 종전의 약식명령에 대하여 정식재판청구권 회복의 결정이 내려진 경우, 제2상습사기범죄에 대한 공소제기는 이중기소에 해당한다(대법원 2004.8.20, 2004도3331).

130 (○) 검사가 일단 상습사기죄로 공소제기한 후 그 공소의 효력이 미치는 위 기준시까지의 사기행위 일부를 별개의 독립된 상습사기죄로 공소제기하는 것은, 동일사건에 대한 이중기소에 해당되어 허용될 수 없다.

131 검사가 단순일죄를 먼저 기소한 후 포괄일죄인 상습범행을 추가기소하였는데 심리 과정에서 전후 기소된 범죄사실이 상습범의 포괄일죄를 구성하는 것으로 밝혀진 경우에는 공소기각판결을 내릴 필요는 없고 기소된 범죄사실 전부에 대하여 실체판단을 할 수 있다. [국가7급 09]

해설+ 공소기각판결을 내리는 것이 원칙이나, 예외적으로 석명을 거치거나 거침이 없이 공소장변경으로 의제할 수 있다(대법원 1999.11.26, 99도3929, 99감도97). 위 경우, 검사에게 석명을 구한 후 공소장변경으로 의제 가능하다.

131 (○)

132 검사가 수개의 협박 범행을 먼저 기소하고 다시 별개의 협박 범행을 추가로 기소하였는데 이를 병합하여 심리하는 과정에서 전후에 기소된 각각의 범행이 모두 포괄하여 하나의 협박죄를 구성하는 것으로 밝혀졌다면, 비록 협박죄의 포괄일죄로 공소장을 변경하는 절차가 없었다거나 추가로 공소장을 제출한 것이 포괄일죄를 구성하는 행위로서 기존의 공소장에 누락된 것을 추가·보충하는 취지의 것이라는 석명절차를 거치지 아니하였더라도, 법원은 전후에 기소된 범죄사실 전부에 대하여 실체 판단을 할 수 있고, 추가기소된 부분에 대하여 공소기각판결을 할 필요는 없다. [국가7급 21]

132 (○) 대법원 2007.8.23, 2007도2595

5 공소시효

🔗 대표유형

장기 10년 미만의 징역 또는 금고에 해당하는 범죄의 공소시효기간은 7년이다.

[경찰채용 18]

(○) 제249조 제1항 제4호

🔗 대표유형

공소장변경절차에 의하여 공소사실이 변경됨에 따라 그 법정형에 차이가 있는 경우에는 변경 전의 공소사실에 대한 법정형이 공소시효기간의 기준이 된다.

[법원9급 14]

(✕) '변경 전' → '변경된'
변경된 공소사실에 대한 법정형이 공소시효기간의 기준이 된다(대법원 2001.8.24, 2001도2902).

133 공소시효가 완성된 경우에는 소추권없음을 이유로 공소기각의 판결을 하여야 한다.

[국가9급 09] [법원9급 15]

해설+ 공소기각의 판결이 아닌 면소판결을 하여야 하는 사유에 해당한다. 제326조 제3호 참조.

133 (✕) '공소기각의 판결' → '면소판결'

134 법정형이 사형에 해당하는 범죄의 공소시효는 25년이다. [국가9급 09]

134 (○) 제249조 제1항 참조.

135 사람을 살해한 범죄(종범은 제외한다)로 사형에 해당하는 범죄는 「형사소송법」 제249조 제1항 제1호에 따라 25년의 경과로 공소시효가 완성된다.

[경찰경채 23]

해설+ 제253조의2【공소시효의 적용 배제】사람을 살해한 범죄(종범은 제외한다)로 사형에 해당하는 범죄에 대하여는 제249조부터 제253조까지에 규정된 공소시효를 적용하지 아니한다.

135 (✕) 살인범죄로 사형에 해당하는 범죄로서 종범을 제외한 범죄에 대하여는 공소시효가 폐지되어 있다(제253조의2).

136 2015년에 개정된 「형사소송법」에 따르면, 사람을 살해한 범죄(종범을 포함한다) 로사 형에 해당하는 범죄에 대하여는 「형사소송법」 제249조부터 제253조까지에 규정된 공소시효를 적용하지 아니한다. 이때 위 개정내용은 개정 「형사소송법」 부칙에 따라 개정법 시행 전에 범한 범죄로 공소시효가 완성된 범죄에 대하여도 적용된다.

[경찰채용 15] [국가9급 18]

136 (✕) '포함한다' → '제외한다', '적용된다' → '적용되지 않는다', 부진정소급효만 인정된다. 제253조의2, 부칙 제2조 참조.

137 사형에 해당하는 범죄에는 25년의 경과로, 무기징역 또는 무기금고에 해당하는 범죄에는 15년의 경과로, 장기 10년 이상의 징역 또는 금고에 해당하는 범죄에는 10년의 경과로 각 공소시효가 완성된다. [법원9급 10]

137 (○) 제249조 제1항

138 공소가 제기되었으나 판결이 확정되지 않고 25년을 경과한 때에는 공소시효가 완성된 것으로 간주한다. [경찰채용 13] [법원9급 18]

138 (○) 제249조 제2항

해설+ 단, 제253조 제4항에 의하면, 피고인이 형사처분을 면할 목적으로 국외에 있는 경우, 그 기간 동안 제249조 제2항에 따른 기간의 진행은 정지된다.

제253조 【시효의 정지와 효력】④ 피고인이 형사처분을 면할 목적으로 국외에 있는 경우 그 기간 동안 제249조 제2항에 따른 기간의 진행은 정지된다.

139 공소시효의 결정기준은 2개 이상의 형을 병과할 범죄에는 중한 형이고, 형법에 의하여 형을 가중할 경우에는 가중한 형이다. [경찰채용 15]

139 (✕) '가중한' → '가중하지 아니한' 제250조, 제251조 참조.

140 특별법에 의하여 형을 감경하는 경우 공소시효기간은 감경하지 아니한 형을 기준으로 한다. [경찰채용 12]

140 (✕) '감경하지 아니한' → '감경한'

해설+ 형사소송법 제251조는 형법 이외의 법률에 의하여 형을 가중, 감경할 경우에는 적용되지 않는다(대법원 1973.3.13, 72도2976).

141 범죄 후 법률의 개정에 의하여 법정형이 가벼워진 경우, 형법 제1조 제2항에 의하여 당해 범죄사실에 적용될 가벼운 법정형이 공소시효기간의 기준이 된다. [국가7급 11]

141 (○) 대법원 1987.12.22, 87도84

142 공소장변경이 있는 경우에 공소시효의 완성 여부는 당초의 공소제기가 있었던 시점을 기준으로 판단할 것이고 공소장변경시를 기준으로 삼을 것은 아니다. [법원9급 14·18]

142 (○) 대법원 1992.4.24, 91도3150

143 시효는 범죄행위가 종료한 때로부터 진행하는데, 공범에는 최종행위가 종료한 때로부터 전 공범에 대한 시효기간을 기산한다. [법원9급 10]

143 (○) 제252조

144 결과적 가중범의 경우 기본범죄행위가 종료되더라도 중한 결과가 발생하여야 공소시효가 진행된다. [국가9급 18]

144 (○) 대법원 1994.3.22, 94도35

145 미수범의 범죄행위는 행위를 종료하지 못하였거나 결과가 발생하지 아니하여 더 이상 범죄가 진행될 수 없는 때에 종료하고, 그때부터 미수범의 공소시효가 진행한다. [경찰채용 18 2차] [군무원9급 23]

145 (○) 대법원 2017.7.11, 2016도14820

146 포괄일죄의 공소시효는 최종의 범죄행위가 종료한 때로부터 신행한나. [법원9급 14·18]

146 (○) 대법원 2012.9.13, 2010도17418

147 공무원이 동일한 사안에 관한 일련의 직무집행 과정에서 단일하고 계속된 범의로 일정 기간 계속하여 저지른 직권남용행위에 대하여는 그 상대방이 여러 명이라면 각 행위별로 공소시효의 완성 여부를 판단해야 한다.

147 (×)

해설+ 직권남용권리행사방해죄는 국가기능의 공정한 행사라는 국가적 법익을 보호하는 데 주된 목적이 있으므로, 공무원이 동일한 사안에 관한 일련의 직무집행 과정에서 단일하고 계속된 범의로 일정 기간 계속하여 저지른 직권남용행위에 대하여는 설령 그 상대방이 여러 명이더라도 포괄일죄가 성립할 수 있다. … 피고인(기무사령관)의 관련 행위(온라인 여론조작 활동 지시 또는 불법 신원조회 활동 지시)는 동일한 사안에 관한 일련의 직무집행 과정에서 단일하고 계속된 범의로 일정 기간 계속하여 저지른 직권남용행위에 해당하므로 그 전체 범행에 대하여 포괄하여 하나의 직권남용죄가 성립한다. 따라서 직권남용행위의 상대방별로 별개의 죄가 성립함을 전제로 일부 상대방에 대한 범행에 대하여 별도로 공소시효가 완성되었다고 판단한 원심판결에는 직권남용죄의 죄수에 관한 법리를 오해한 잘못이 있다(대법원 2021.9.9, 2021도2030).

148 범죄단체조직죄는 범죄를 목적으로 하는 단체를 구성한 때로부터 공소시효가 진행된다. [국가9급 12]

148 (○) 대법원 2009.6.11, 2009 도1274

149 정보통신망을 이용한 명예훼손의 경우 게재행위만으로 범죄가 성립하고 종료하므로 그때부터 공소시효를 기산해야 하고, 게시물이 삭제된 시점을 범죄의 종료시기로 보아서 그때부터 공소시효를 기산해야 하는 것은 아니다. [국가9급 17]

149 (○) 대법원 2007.10.25, 2006 도346

150 업무상 배임죄는 회사의 대표이사가 법령이나 정관에 위배되어 법률상 무효인 계약을 체결한 시점으로부터 공소시효가 진행된다. [국가9급 12]

해설+ 피고인에 대한 업무상배임죄는 피고인이 의도한 배임행위가 모두 실행된 때로서 최종적으로 주식매수선택권이 행사되고 그에 따라 신주가 발행된 시점에 종료되었다고 보아야 한다(대법원 2011.11.24, 2010도11394)

150 (×) '계약을 체결한 시점' → '신주가 발행된 시점'

151 강제집행면탈죄는 허위채무부담 내용의 채무변제계약 공정증서를 작성한 후 이에 기하여 채권압류 및 추심명령을 받은 때로부터 공소시효가 진행된다. [국가9급 12]

151 (○) 대법원 2009.5.28, 2009 도875

152 무고죄에 있어서 그 신고된 범죄사실이 이미 공소시효가 완성된 것이어서 무고죄가 성립하지 아니하는 경우에 해당하는지 여부는 그 신고시를 기준으로 하여 판단하여야 한다. [경찰채용 21 1차]

152 (○) 대법원 2008.3.27, 2007 도11153

153 당내경선운동에 관한 「공직선거법」 위반죄에 대한 공소시효의 기산일은 당내경선의 투표일이다. [경찰채용 20 2차]

153 (×)

> **해설+** 공직선거법 제268조 제1항 본문은 "이 법에 규정한 죄의 공소시효는 당해 선거일 후 6개월 (선거일 후에 행하여진 범죄는 그 행위가 있는 날부터 6개월)을 경과함으로써 완성한다."라고 규정하고 있다. 여기서 말하는 '당해 선거일'이란 그 선거범죄와 직접 관련된 공직선거의 투표일을 의미한다. 이는 선거범죄가 당내경선운동에 관한 공직선거법 위반죄인 경우에도 마찬가지이므로, 그 선거범죄에 대한 공소시효의 기산일은 당내경선의 투표일이 아니라 그 선거범죄와 직접 관련된 공직선거의 투표일이다(대법원 2019.10.31, 2019도8815).

154 상상적 경합의 관계에 있는 범죄 중 한 개의 공소시효가 완성된 경우에는 다른 범죄의 공소시효까지 완성된 것으로 본다. [경찰채용 18] [국가7급 11]

154 (×) '본다' → '볼 수 없다'

> **해설+** 변호사법 위반죄의 공소시효가 완성되었다고 하여 그 죄와 상상적 경합관계에 있는 사기죄의 공소시효까지 완성되는 것은 아니다(대법원 2006.12.8, 2006도6356).

155 공무원이 취급하는 사건에 관하여 청탁 또는 알선을 할 의사와 능력이 없음에도 청탁 또는 알선을 한다고 기망하여 금품을 교부받은 경우에 성립하는 사기죄와 변호사법 위반죄는 변호사법 위반죄의 공소시효가 완성되었다면 그 죄와 상상적 경합관계에 있는 사기죄의 공소시효도 완성된다. [경찰채용 18 1차] [국가7급 23 변형]

155 (×)

> **해설+** 1개의 행위가 여러 개의 죄에 해당하는 경우 형법 제40조는 이를 과형상 일죄로 처벌한다는 것에 지나지 아니하고, 공소시효를 적용함에 있어서는 각 죄마다 따로 따져야 할 것인바, 공무원이 취급하는 사건에 관하여 청탁 또는 알선을 할 의사와 능력이 없음에도 청탁 또는 알선을 한다고 기망하여 금품을 교부받은 경우에 성립하는 사기죄와 변호사법 위반죄는 상상적 경합의 관계에 있으므로, 변호사법 위반죄의 공소시효가 완성되었다고 하여 그 죄와 상상적 경합관계에 있는 사기죄의 공소시효까지 완성되는 것은 아니다(대법원 2006.12.8, 2006도6356).

156 허위사실이 기재된 귀화허가신청서를 담당공무원에게 제출한 위계에 의한 공무집행방해죄의 공소시효는 이를 담당하는 행정청의 구체적인 직무집행을 저지하거나 현실적으로 곤란하게 하는 데 이르렀는지의 여부와 상관없이 허위사실이 기재된 귀화허가신청서를 제출하여 접수한 때부터 진행한다. [경찰채용 20 2차]

156 (×)

> **해설+** 피고인이 허위사실이 기재된 귀화허가신청서를 담당공무원에게 제출하여 그에 따라 귀화허가업무를 담당하는 행정청이 그릇된 행위나 처분을 하여야만 위계에 의한 공무집행방해죄가 기수 및 종료에 이른다고 할 것이고, 한편 단지 허위사실이 기재된 귀화허가신청서를 제출하여 접수되게 한 사정만으로는 구체적인 직무집행을 저지하거나 현실적으로 곤란하게 하는 데까지 이르렀다고 단정할 수 없다(대법원 2017.4.27, 2017도2583).

157 시효는 공소의 제기로 진행이 정지되고 공소기각 또는 관할위반의 재판이 확정된 때로부터 진행한다. [법원9급 14]

> **보충** 공/관 확정 시까지 시효정지

157 (○) 제253조 제1항 참조.

158 우리 「형사소송법」은 공소시효에 관하여는 시효의 중단제도만을 인정하고 있다. [경찰채용 13]

> **해설+** 공소시효의 정지는 인정하나 중단은 인정하지 아니한다.

158 (×) '만을 인정하고 있다' → '를 인정하지 않는다'

159 피고인의 신병이 확보되기 전에 공소가 제기되었다고 하더라도 그러한 사정만으로 공소제기가 부적법한 것이 아니고, 공소가 제기되면 「형사소송법」 제253조 제1항에 따라 공소시효의 진행이 정지된다. [경찰채용 21 1차]

159 (○) 대법원 2017.1.25, 2016도15526

160 범인이 형사처분을 면할 목적으로 국외에 있는 경우 그 기간 동안 공소시효는 정지된다. [법원9급 11]

160 (○) 제253조 제3항 참조.

161 범인이 형사처분을 면할 목적으로 국외에 있는 경우 그 기간 동안 공소시효가 정지되는데, 이때 형사처분을 면할 목적은 국외 체류의 유일한 목적으로 되는 것에 한정되지 않고 범인이 가지는 여러 국외 체류 목적 중에 포함되어 있으면 족하다. [경찰채용 18] [법원9급 15]

161 (○) 대법원 2014.4.24, 2013도9162

162 국내에서 범죄를 범한 사람이 중국으로 출국하여 체류하다가 그곳에서 징역형을 받아 복역한 기간 동안에는 공소시효의 진행이 정지되지 않는다. [국가9급 12]

162 (○) 대법원 2008.12.11, 2008도4101

163 피고인이 당해 사건으로 처벌받을 가능성이 있음을 인지하지 못하였으나, 다른 고소 사건과 관련하여 형사처분을 면할 목적으로 국외에 있은 경우 당해 사건의 형사처분을 면할 목적으로 국외에 있었다고 보아야 한다.

[법원9급 17]

163 (×) '보아야 한다' → '볼 수 없다'
형사처분을 면할 목적으로 국외에 있었다고 볼 수 없다(대법원 2014. 4.24, 2013도9162).

164 범인이 형사처벌을 면할 목적으로 국외에 있는 기간, 아동대상 성범죄의 경우 피해아동이 성년이 되기까지의 기간, 대통령의 재직기간은 공소시효가 정지되는 기간에 해당하고 고소권자가 고소할 수 없는 불가항력적인 사유가 있었던 기간은 공소시효가 정지되는 기간에 해당하지 않는다. [법원9급 13 변형]

164 (○) 고소할 수 없는 불가항력의 사유가 있을 경우에 고소기간은 그 사유가 없어진 날로부터 기산하나, 이는 공소시효 정지와는 무관하다.

165 공범의 1인으로 기소된 자가 구성요건에 해당하는 위법행위를 공동으로 하였다고 인정되기는 하나 책임조각을 이유로 무죄로 되는 경우와는 달리 범죄의 증명이 없다는 이유로 공범 중 1인이 무죄의 확정판결을 선고받은 경우에는 그를 공범이라고 할 수 없어 그에 대하여 제기된 공소로써는 진범에 대한 공소시효정지의 효력이 없다고 해석함이 상당하다.

[경찰채용 18] [법원승진 14]

165 (○) 대법원 1999.3.9, 98도4621

166 공범 중 1인에 대한 공소제기로 공소시효가 정지될 경우 그 공소시효정지의 효력은 다른 공범자에 대하여도 미치고 당해 사건의 재판이 확정된 때로부터 진행한다. 이때 뇌물공여죄와 뇌물수수죄 사이와 같은 대향범 관계에 있는 자는 여기의 공범에 포함되지 않는다. [경찰채용 15]

166 (○) 대법원 2015.2.12, 2012도4842

167 공범의 1인으로 기소된 자가 책임조각을 이유로 무죄로 되거나 범죄의 증명이 없다는 이유로 공범 중 1인이 무죄의 확정판결을 선고받은 경우에는 그를 공범이라고 할 수 없으므로 그에 대하여 제기된 공소로써는 진범에 대한 공소시효 정지의 효력이 인정되지 않는다. [경찰채용 13] [국가7급 16]

167 (×) '책임조각을 이유로 무죄로 되거나' → 삭제(대법원 1999. 3.9, 98도4621)

168 공범 중 1인에 대해 약식명령이 확정된 후 그에 대한 정식재판청구권 회복 결정이 있었다면 그 사이의 기간 동안에는 특별한 사정이 없는 한 다른 공범자에 대한 공소시효가 정지된다. [국가9급 17]

168 (×) '정지된다' → '정지함이 없이 계속 진행한다'

> **해설+** 다른 공범자에 대한 공소시효는 정지함이 없이 계속 진행한다(대법원 2012.3.29, 2011도15137).

169 공범 중 1인에 대한 공소의 제기로 다른 공범자에 대한 공소시효의 진행이 정지되더라도 공소가 제기된 공범 중 1인에 대한 재판이 확정되면, 그 재판의 결과가 공소기각 또는 관할위반인 경우뿐만 아니라 유죄, 무죄, 면소인 경우에도 그 재판이 확정된 때로부터 다시 공소시효가 진행되지만, 약식명령이 확정된 때에는 그러하지 아니하다. [경찰승진 22]

169 (×)

> **해설+** 공범 중 1인에 대한 공소의 제기로 다른 공범자에 대한 공소시효의 진행이 정지되더라도 공소가 제기된 공범 중 1인에 대한 재판이 확정되면, 그 재판의 결과가 형사소송법 제253조 제1항이 규정한 공소기각 또는 관할위반인 경우뿐 아니라 유죄, 무죄, 면소인 경우에도 그 재판이 확정된 때로부터 다시 공소시효가 진행된다고 볼 것이고, 이는 약식명령이 확정된 때에도 마찬가지라고 할 것이다(대법원 2012.3.29, 2011도15137).

170 피고인과 공범관계에 있는 자가 같은 범죄사실로 공소제기가 된 후 대법원에서 상고기각됨으로써 유죄판결이 확정되었다면, 공범자인 피고인에 대하여도 그 공범관계에 있는 자가 공소제기된 때부터 그 재판이 확정된 때까지의 기간 동안은 공소시효의 진행이 정지된다. [경찰승진 22]

170 (○) 대법원 1995.1.20, 94도2752

171 형법상 내란의 죄, 외환의 죄 등 일정한 헌정질서 파괴범죄는 「형사소송법」상의 공소시효 규정이 적용되지 아니한다. [법원9급 18]

171 (○) 헌정질서 파괴범죄의 공소시효 등에 관한 특례법 제3조

172 아동·청소년대상 성범죄의 공소시효는 해당 성범죄로 피해를 당한 아동·청소년이 성년에 달한 날부터 진행한다. [경찰채용 15]

172 (○) 아청법 제20조 제1항, 성폭법 제21조 제1항

173 공소시효가 적용되는 미성년자 또는 아동·청소년에 대한 성폭력범죄는 해당 성폭력범죄로 피해를 당한 미성년자 등이 성년에 달한 날부터 공소시효가 진행된다. [경찰경채 23] [경찰특공대 22 변형]

> **해설+** 성폭력처벌법 제21조【공소시효에 관한 특례】① 미성년자에 대한 성폭력범죄의 공소시효는 「형사소송법」 제252조 제1항 및 「군사법원법」 제294조 제1항에도 불구하고 해당 성폭력범죄로 피해를 당한 미성년자가 성년에 달한 날부터 진행한다.
>
> 청소년성보호법 제20조【공소시효에 관한 특례】① 아동·청소년대상 성범죄의 공소시효는 「형사소송법」 제252조 제1항에도 불구하고 해당 성범죄로 피해를 당한 아동·청소년이 성년에 달한 날부터 진행한다.

174 아동·청소년에 대한 강간·강제추행의 죄는 디엔에이(DNA) 증거 등 그 죄를 증명할 수 있는 과학적인 증거가 있는 때에는 공소시효가 10년 연장된다. [경찰채용 15]

175 공소시효를 정지·연장·배제하는 내용의 특례조항을 신설하면서 소급적용에 관한 명시적인 경과규정을 두지 아니한 경우에도 그 조항을 소급하여 적용할 수 있다고 볼 것인지에 관하여는 이를 해결할 보편타당한 일반원칙이 존재한다. [경찰채용 16]

176 구 「수산업협동조합법」 제178조 제5항 본문은 "제1항 내지 제4항에 규정된 죄의 공소시효는 해당 선거일 후 6월(선거일 후에 행하여진 죄는 그 행위가 있는 날부터 6월)을 경과함으로써 완성한다."라고 규정하고 있는데, 여기서 선거일까지 발생한 범죄의 공소시효 기산일인 '선거일 후'는 '선거일 다음 날'이 아니라 '선거일 당일'을 의미한다. [경찰채용 21 1차]

> **해설+** 구 수산업협동조합법(2010.4.12. 법률 제10245호로 개정되기 전의 것, 이하 '수산업협동조합법'이라 한다) 제178조 제5항 본문은 "제1항 내지 제4항에 규정된 죄의 공소시효는 해당 선거일 후 6월(선거일 후에 행하여진 죄는 그 행위가 있는 날부터 6월)을 경과함으로써 완성한다."고 규정함으로써, 수산업협동조합법에 규정된 선거범죄 중 선거일까지 발생한 범죄에 대하여는 '선거일 후'부터, 선거일 후에 발생한 범죄에 대하여는 '그 행위가 있었던 날' 즉, 범죄행위 종료일부터 각 공소시효가 진행되도록 하고 있다. 여기서 선거일까지 발생한 범죄의 공소시효 기산일인 '선거일 후'는 '선거일 당일'이 아니라 '선거일 다음 날'을 의미한다고 해석하는 것이 우선 위 조항의 문언에 부합한다(대법원 2012.10.11, 2011도17404).
>
> **보충** 시효의 기산일에 관한 예외적 판례이므로 주의를 요한다.

177 2014.1.14. 법률 제12232호로 개정되기 전의 군형법(이하 '구 군형법') 제94조는 '정치관여'라는 표제 아래 "정치단체에 가입하거나 연설, 문서 또는 그 밖의 방법으로 정치적 의견을 공표하거나 그 밖의 정치운동을 한 자는 2년 이하의 금고에 처한다."라고 규정하였다. 그런데 2014.1.14. 법률 제12232호로 개정된 군형법(이하 '개정 군형법') 제94조 제1항에서는 동일한 행위를 한 사람을 5년 이하의 징역과 5년 이하의 자격정지에 처한다고 규정하고, 제2항에서는 "제1항에 규정된 죄에 대한 공소시효의 기간은 군사법원법 제291조 제1항에도 불구하고 10년으로 한다."라고 규정하였다. 이 경우 위 개정 군형법 제94조 제2항에 따른 10년의 공소시효기간은 구 군형법 시행 시에 행해진 정치관여 범죄에도 소급적용된다.

보충 원심은 위와 같은 취지에서 구 군형법 시행 당시에 행해진 공소사실에 대하여 개정 군형법 제94조 제2항이 아닌 군사법원법 제291조 제1항에서 정한 공소시효기간(5년)에 따라 그 공소시효가 완성되었다고 보아 이유에서 면소로 판단하였고, 대법원은 위와 같은 원심의 판단을 수긍한 사례이다.

177 (×) 군형법상 정치관여죄는 2014.1.14.자 법률개정을 통해 구성요건이 세분화되고 법정형이 높아짐으로써 그 실질이 달라졌다고 평가할 수 있고, 공소시효기간에 관한 특례규정인 개정 군형법 제94조 제2항은 개정 군형법상의 정치관여죄에 대하여 규정하고 있음이 분명하다. 따라서 개정 군형법 제94조 제2항에 따른 10년의 공소시효기간은 개정 군형법 시행 후에 행해진 정치관여 범죄에만 적용된다 (대법원 2021.9.9, 2019도5371).

178 횡령으로 인한 특정범죄 가중처벌 등에 관한 법률 위반(국고등손실)죄는 「형법」상 횡령죄 내지 업무상횡령죄에 대한 가중규정으로서 신분관계로 인한 형의 가중이 있는 것이고, 회계관계직원 내지 업무상 보관자라는 신분 없는 피고인이 위 죄의 범행에 방조범으로 가담하였다면 공소시효기간의 기준이 되는 법정형은 「형법」상 단순 횡령방조죄의 법정형에 의하여야 한다.   [국가7급 22]

178 (○)

해설+ 횡령으로 인한 특정범죄가중법 위반(국고등손실)죄는 회계관계직원의 지위에 의하여 형법상 횡령죄 내지 업무상횡령죄보다 가중처벌되는 부진정신분범인데, 피고인은 회계관계직원이라는 신분이 없는 비신분범이므로, 특정범죄가중법 위반(국고등손실) 범행에 공범으로 가담한 경우 공소시효기간의 기준이 되는 법정형은 단순 횡령방조죄의 법정형에 의해야 한다(대법원 2020.11.5, 2019도12284).

2024 - 2025
백광훈
통합 핵지총 ○×
형사소송법

04

공판

CHAPTER 01 | 공판절차

1 공판절차의 기본원칙

> **대표유형**
>
> 공개금지사유가 없음에도 불구하고 재판의 심리에 관한 공개를 금지하기로 결정하였다면 그 절차에 따라 이루어진 증인의 증언은 증거능력이 없다. [국가9급 17]

(○) 대법원 2005.10.28, 2005 도5854

> **대표유형**
>
> 소년에 대한 형사사건에 관하여는 소년법에 특별한 규정이 없으면 일반 형사사건의 예에 따르므로, 소년에 대한 형사사건의 재판의 심리와 판결도 원칙적으로 공개하여야 한다. [국가9급 17 변형]

(○) 소년법 제48조, 헌법 제109 조, 법원조직법 제57조 제1항

001 공판중심주의를 구체적으로 실현하는 방법이라고 할 수 있는 것으로 공판준비절차, 증거개시제도, 구두변론주의, 증거재판주의가 있다. [국가7급 10 변형]

001 (×) '증거재판주의' → 삭제

> **해설+** 증거재판주의는 사실인정의 합리성을 도모함으로써 형벌권의 적정한 실현이라는 형사소송의 목적을 달성하기 위한 것이다.

002 공개주의는 검사의 공소제기절차에는 적용되지 않으므로 공소제기 전까지 피고인이 공소제기의 여부나 그 내용을 알 수 없었다고 하더라도 공개주의에 위반되지 않는다. [국가7급 14] [국가9급 18]

002 (○) 헌법 제109조는 검사의 공소제기절차에는 적용될 여지가 없다(대법원 2008.12.24, 2006 도1427).

003 소년보호사건의 심리는 공개하지 않음이 원칙이다. [국가9급 14 변형]

003 (○)

> **정리** 소년보호사건은 비공개주의가 원칙이고, 소년형사사건은 공개주의가 원칙이다(소년법 제24조 제2항).

004 공개주의에 따라 재판의 심리와 판결은 공개해야 하나, 국가의 안전보장·안녕질서 또는 선량한 풍속을 해할 우려가 있는 때에는 결정으로 재판의 심리와 판결을 공개하지 아니할 수 있다. [경찰채용 12]

004 (×) '판결' → 삭제
심리는 비공개가 가능, 판결의 선고는 공개. 헌법 제109조, 법원조직법 제57조 제1항 참조.

005 헌법 제109조, 법원조직법 제57조 제1항에서 정한 공개금지사유가 없음에도 불구하고 재판의 심리에 관한 공개를 금지하기로 결정하였다면 그러한 공개금지결정은 피고인의 공개재판을 받을 권리를 침해한 것으로서 그 증인신문절차에 의하여 이루어진 증인의 증언은 증거능력이 없고, 변호인의 반대신문권이 보장되었더라도 달리 볼 수는 없다. [경찰채용 18]

005 (○) 대법원 2015.10.29, 2014도5939

006 법원은 피해자를 증인으로 신문하는 경우 피해자 등의 신청에 따라 피해자의 사생활의 비밀이나 신변보호를 위해 결정으로 심리를 공개하지 않을 수 있다. [경찰채용 18] [국가9급 14]

006 (○) 제294조의3 제1항

007 법원은 피해자를 증인으로 신문하는 경우, 당해 피해자·법정대리인 또는 검사의 신청에 따라 피해자의 사생활의 비밀이나 신변보호를 위하여 필요하다고 인정되는 때에도 피고인의 동의가 없으면 심리를 비공개로 할 수 없다. [국가7급 23]

007 (×) 피해자 증인신문 시 비공개 심리결정에는 피고인의 동의를 요하지 아니한다(형사소송법 제294조의3 제1항).

해설+ 제294조의3 【피해자 진술의 비공개】 ① 법원은 범죄로 인한 피해자를 증인으로 신문하는 경우 당해 피해자·법정대리인 또는 검사의 신청에 따라 피해자의 사생활의 비밀이나 신변보호를 위하여 필요하다고 인정하는 때에는 결정으로 심리를 공개하지 아니할 수 있다.

008 재판장은 증인 또는 감정인이 피고인 또는 어떤 재정인의 면전에서 충분한 진술을 할 수 없다고 인정한 때에는 그를 퇴정하게 하고 진술하게 할 수 있다. [국가9급 14]

008 (○) 다만, 추후 피고인의 반대신문 기회를 보장하여야 한다. 제297조 제1항 참조.

009 공개금지사유가 없었음에도 공개금지결정에 따라 비공개로 진행된 증인신문절차에서의 증인의 증언도 변호인의 반대신문권이 보장되었다면 증거능력이 인정된다. [국가9급 15]

> **해설+** 피고인의 공개재판을 받을 권리(기본권)를 침해한 것이므로, 변호인의 반대신문권이 보장되었더라도 이는 위법수집증거에 해당한다(대법원 2013.7.26, 2013도2511).

010 법원의 증인신문절차 공개금지결정이 피고인의 공개재판을 받을 권리를 침해하는 경우, 그 절차에 의하여 이루어진 증인의 증언은 변호인의 반대신문권이 보장되지 않는 한 증거능력이 없다. [경찰채용 21 1차]

> **해설+** 헌법 제27조 제3항 후문, 제109조와 법원조직법 제57조 제1항, 제2항의 취지에 비추어 보면, 헌법 제109조, 법원조직법 제57조 제1항에서 정한 공개금지사유가 없음에도 불구하고 재판의 심리에 관한 공개를 금지하기로 결정하였다면 그러한 공개금지결정은 피고인의 공개재판을 받을 권리를 침해한 것으로서 그 절차에 의하여 이루어진 증인의 증언은 증거능력이 없고, 변호인의 반대신문권이 보장되었더라도 달리 볼 수 없으며, 이러한 법리는 공개금지결정의 선고가 없는 등으로 공개금지결정의 사유를 알 수 없는 경우에도 마찬가지이다(대법원 2013.7.26, 2013도2511).

011 공개금지사유가 없음에도 불구하고 재판의 심리에 관한 공개를 금지하기로 결정한 경우, 그 절차에 의하여 이루어진 증인의 증언은 증거능력이 없지만 변호인의 반대신문권이 보장되었다면 증거능력이 있다. [국가7급 22] [변호사 21 변형]

> **해설+** 헌법 제109조, 법원조직법 제57조 제1항이 정한 공개금지사유가 없음에도 불구하고 재판의 심리에 관한 공개를 금지하기로 결정하였다면 그러한 공개금지결정은 피고인의 공개재판을 받을 권리를 침해한 것으로서 그 절차에 의하여 이루어진 증인의 증언은 증거능력이 없다고 할 것이고, 변호인의 반대신문권이 보장되었더라도 달리 볼 수 없으며, 이러한 법리는 공개금지결정의 선고가 없는 등으로 공개금지결정의 사유를 알 수 없는 경우에도 마찬가지라 할 것이다(대법원 2015.10. 29, 2014도5939).

012 「법원조직법」제57조 제1항에서 정한 공개금지사유가 없음에도 불구하고 재판의 심리에 관한 공개를 금지하기로 결정하였다면, 그 절차에 의하여 이루어진 증인의 증언은 증거능력이 없고, 변호인의 반대신문권이 보장되었더라도 달리 볼 수 없으며, 이러한 법리는 공개금지결정의 선고가 없는 등으로 공개금지결정의 사유를 알 수 없는 경우에도 마찬가지이다.

[법원9급 23]

012 (○)

해설+ 법원조직법 제57조 제1항에서 정한 공개금지사유가 없음에도 불구하고 재판의 심리에 관한 공개를 금지하기로 결정하였다면 그러한 공개금지결정은 피고인의 공개재판을 받을 권리를 침해한 것으로서 그 절차에 의하여 이루어진 증인의 증언은 증거능력이 없고, 변호인의 반대신문권이 보장되었더라도 달리 볼 수 없으며, 이러한 법리는 공개금지결정의 선고가 없는 등으로 공개금지결정의 사유를 알 수 없는 경우에도 마찬가지이다(대법원 2013.7.26, 2013도2511).

법원조직법 제57조【재판의 공개】① 재판의 심리와 판결은 공개한다. 다만, 심리는 국가의 안전보장, 안녕질서 또는 선량한 풍속을 해칠 우려가 있는 경우에는 결정으로 공개하지 아니할 수 있다. ② 제1항 단서의 결정은 이유를 밝혀 선고한다.

013 공개주의란 모든 국민이 참관하는 것을 의미하는 것이 아니므로 재판장은 법정질서를 유지하기 위해 필요하다고 판단될 때 방청인의 수를 제한할 수도 있고, 특정인에 대하여 퇴정을 명할 수도 있다. [국가7급 14]

013 (○) 법정 방청 및 촬영 등에 관한 규칙 제2조, 법원조직법 제58조 제2항

014 공판의 공개에 관한 규정을 위반한 경우는 절대적 항소이유에 해당한다. [국가9급 17]

014 (○) 제361조의5 제9호

015 누구든지 법정 안에서는 재판장의 허가 없이 녹화, 촬영, 중계방송 등의 행위를 하지 못한다. [국가9급 17]

015 (○) 법원조직법 제59조

016 피고인이 동의하지 않더라도 재판장이 공공의 이익을 위해 상당하다고 인정하는 경우 법정 촬영을 허가할 수 있다. [국가9급 14]

016 (○) 법정 방청 및 촬영 등에 관한 규칙 제4조

017 증인신문에서의 교호신문제도는 「형사소송법」에 규정된 구두변론주의의 제도적 표현의 하나이다. [경찰채용 12]

018 검사, 피고인 또는 변호인은 공판절차상 재판장의 처분이 법령에 위반하거나 상당하지 아니한 때에는 이를 이유로 이의신청을 할 수 있다. [국가9급 23]

해설+ 법 제304조【재판장의 처분에 대한 이의】① 검사, 피고인 또는 변호인은 재판장의 처분에 대하여 이의신청을 할 수 있다.
② 전항의 이의신청이 있는 때에는 법원은 결정을 하여야 한다.

규칙 제136조【재판장의 처분에 대한 이의신청의 사유】 법 제304조 제1항의 규정에 의한 이의신청은 법령의 위반이 있음을 이유로 하여서만 이를 할 수 있다.

보충 재판장의 처분에 대하여 이의신청이 있는 때에는 수소법원이 즉시 결정하여야 한다(법 제304조 제2항, 규칙 제138조). 한편, 재판장의 소송지휘권 행사가 아니라 법원의 소송지휘권 행사에 대하여는 항고 및 이의신청이 허용되지 아니한다(제403조).

비교 증거조사에 관한 이의신청은 법령의 위반 또는 상당하지 아니함을 이유로 하여 할 수 있다. 다만, 증거신청에 대한 법원의 증거결정에 대한 이의신청은 법령위반사유에 대하여만 가능하다.
법 제295조【증거신청에 대한 결정】 법원은 제294조 및 제294조의2의 증거신청에 대하여 결정을 하여야 하며 직권으로 증거조사를 할 수 있다.
제296조【증거조사에 대한 이의신청】 ① 검사, 피고인 또는 변호인은 증거조사에 관하여 이의신청을 할 수 있다.
② 법원은 전항의 신청에 대하여 결정을 하여야 한다.
규칙 제135조의2【증거조사에 관한 이의신청의 사유】 법 제296조 제1항의 규정에 의한 이의신청은 법령의 위반이 있거나 상당하지 아니함을 이유로 하여 이를 할 수 있다. 다만, 법 제295조의 규정에 의한 결정에 대한 이의신청은 법령의 위반이 있음을 이유로 하여서만 이를 할 수 있다.

019 실질적 직접심리주의에 따라 법관의 면전에서 직접 조사한 증거만을 재판의 기초로 삼을 수 있고, 증명 대상이 되는 사실과 가장 가까운 원본증거를 재판의 기초로 삼아야 하며, 원본증거의 대체물 사용은 원칙적으로 허용되어서는 안된다. [경찰채용 12]

020 공판기일의 심리는 집중되어야 하고, 심리에 2일 이상이 필요한 경우에는 부득이한 사정이 없는 한 매일 계속 개정하여야 한다.

[경찰채용 12] [법원승진 09]

021 심리에 2일 이상이 필요한 경우에는 부득이한 사정이 없는 한 매일 계속 개정하여야 한다. 재판장은 부득이한 사정으로 매일 계속 개정하지 못하는 경우에도 특별한 사정이 없는 한 전회의 공판기일부터 14일 이내로 다음 공판기일을 지정하여야 한다. [경찰채용 18 1차]

021 (○) 제267조의2 제2항·제4항

2 공판심리의 범위

 대표유형

공소장변경이 있는 경우에 공소시효의 완성 여부는 공소장변경 시를 기준으로 삼는다. [법원9급 16]

(×) '공소장변경 시' → '공소제기가 있었던 시점'
공소장변경이 있는 경우에 공소시효의 완성 여부는 당초의 공소제기가 있었던 시점을 기준으로 판단할 것이다(대법원 1982.5.25, 82도535).

022 법원은 공소장의 내용을 보다 명확히 하기 위한 목적으로 사소한 오류를 바로잡기 위하여는 공소장변경의 절차를 거칠 필요 없이 정정하여 범죄사실을 인정할 수 있다. [국가7급 20]

022 (○) 대법원 1986.9.23, 86도1547

023 검사는 법원의 허가를 얻어 공소장에 기재한 공소사실 또는 적용법조의 추가, 철회 또는 변경을 할 수 있다. [경찰채용 15]

023 (○) 제298조 제1항 본문

024 공소장에 기재된 수개의 공소사실이 경합범 관계에 있어서 동일성이 인정되지 않는 경우에 그 일부 사실을 철회하는 때에는 공소장변경절차에 따라야 한다. [법원승진 10]

024 (×) '공소장변경절차에 따라야' → '공소취소를 하여야'

해설+ 공소사실의 동일성이 인정되지 않는 경우에 그 일부 사실을 철회하는 것은 공소취소이다.

025 공소장에 기재된 수개의 공소사실이 서로 동일성이 없고 실체적 경합관계에 있는 경우에 그 일부를 소추대상에서 철회하려면 공소장변경의 방식에 의할 것이 아니라 공소의 일부 취소절차에 의하여야 한다. [소방간부 23]

025 (○) 대법원 1992.4.24, 91도1438

026 공소사실의 예비적 기재는 공소사실의 동일성이 인정되지 않는 경우에도 허용되므로, 원래의 횡령의 공소사실과 예비적으로 추가한 사기의 공소사실 사이에 그 동일성이 있다고 보기 어렵다고 하여도 공소장을 변경할 수 있다. [국가7급 21]

026 (×)

> **해설+** 공소장변경 시에는 공소사실의 동일성이 인정되는 범위 내에서만 예비적·택일적 기재가 가능하다. "피고인이 공소외인으로부터 피해자를 위한 합의금을 교부받아 보관 중 이를 횡령하였다는 원래의 공소사실과 피고인이 피해자를 기망하여 위임장 사본을 편취하였다는 예비적으로 추가한 공소사실 사이에 동일성이 있다고 보기 어렵다. 공소사실의 동일성이 인정되지 않는 등의 사유로 공소장변경허가결정에 위법사유가 있는 경우에는 공소장변경 허가를 한 법원이 스스로 이를 취소할 수 있다(대법원 2001.3.27, 2001도116)."

027 공소사실의 동일성 여부는 사실의 동일성이 갖는 기능을 염두에 두고 피고인의 행위와 그 사회적인 사실관계를 기본으로 하여야 하므로, 규범적 요소를 고려해서는 안 된다. [법원9급 16]

027 (×) '고려해서는 안 된다' → '고려에 넣어 판단하여야 한다'

> **해설+** 이러한 판례의 입장을 '수정된 기본적 사실동일설'이라 한다(대법원 1996.6.28, 95도1270).

028 금품을 강취하면서 피해자에게 상해를 입힌 후 그 장물을 분배한 경우, 장물취득죄의 공소사실과 강도상해죄의 공소사실 사이의 동일성이 인정된다. [법원승진 12]

028 (×) '인정' → '부정'

> **해설+** 범죄사실의 내용이나 행위가 별개이고, 행위의 태양이나 피해법익도 다르고 죄질에도 현저한 차이가 있다(대법원 1994.3.22, 93도2080 전원합의체).

029 포괄일죄에서는 공소장변경을 통한 종전 공소사실의 철회 및 새로운 공소사실의 추가가 가능한 점에 비추어 그 공소장변경 허가 여부를 결정할 때는 변경된 공소사실이 전체적으로 포괄일죄의 범주 내에 있는지 여부를 따지기보다는 포괄일죄를 구성하는 개개 공소사실별로 종전 것과의 동일성 여부에 초점을 맞추어야 한다. [경찰채용 12·21 1차]

029 (×)

> **해설+** 포괄일죄에서는 공소장변경을 통한 종전 공소사실의 철회 및 새로운 공소사실의 추가가 가능한 점에 비추어 그 공소장변경 허가 여부를 결정할 때는 포괄일죄를 구성하는 개개 공소사실별로 종전 것과의 동일성 여부를 따지기보다는 변경된 공소사실이 전체적으로 포괄일죄의 범주 내에 있는지 여부, 즉 단일하고 계속된 범의하에 동종의 범행을 반복하여 행하고 그 피해법익도 동일한 경우에 해당한다고 볼 수 있는지 여부에 초점을 맞추어야 한다(대법원 2006.4.27, 2006도514; 2018.10.25, 2018도9810).

030 약식명령에 대하여 피고인만 정식재판을 청구한 사건에서 법정형에 유기징역형만 있는 범죄로 공소장을 변경하는 것은 공소사실의 동일성이 인정되더라도 허용될 수 없다. [국가9급 21]

030 (×)

해설+ 약식명령에 대하여 피고인만이 정식재판을 청구하였는데, 검사가 당초 사문서위조 및 위조사문서행사의 공소사실로 공소제기하였다가 제1심에서 사서명위조 및 위조사서명행사의 공소사실을 예비적으로 추가하는 내용의 공소장변경을 신청한 경우, 불이익변경금지 원칙 등을 이유로 공소장변경을 불허한 것에는 위법이 있다(대법원 2013.2.28, 2011도14986).

031 참고인에 대하여 허위진술을 하여 달라고 요구하면서 이에 불응하면 어떠한 위해를 가할 듯한 태세를 보여 외포케 하여 참고인을 협박하였다는 공소사실과 위와 같이 협박하여 겁을 먹은 참고인으로 하여금 허위로 진술케 함으로써 수사기관에 검거되어 신병이 확보된 채 조사를 받고 있던 자를 증거불충분으로 풀려나게 하여 도피케 하였다는 공소사실은 공소사실의 동일성이 인정된다. [국가9급 16] [법원승진 12]

031 (○) 기본적 사실관계가 동일하여 공소사실의 동일성이 있다고 할 것이다(대법원 1987.2.10, 85도897).

032 검사가 공소사실 중 임차권 양도계약 중개수수료 교부자를 甲에서 乙로 변경하는 공소장변경 신청을 하였을 경우, 피고인이 공소사실 기재 일시 및 장소에서 위 계약을 중개한 후 법정 수수료 상한을 초과한 중개수수료를 교부받았다는 사실에 변함이 없다 해도 공소사실의 동일성이 인정되지 않으므로 공소장변경이 허용되지 않는다. [경찰채용 15]

032 (×) '공소사실의 동일성이 인정되지 않으므로 공소장변경이 허용되지 않는다' → '공소사실의 동일성이 인정되어 공소장변경이 허용된다'(대법원 2010.6.24, 2009도9593).

보충 그와 같이 공소장을 변경하더라도 피고인이 공소사실 기재 일시 장소에서 위 계약을 중개한 후 법정 수수료 상한을 초과한 중개수수료를 교부받았다는 사실에는 변함이 없으므로, 공소사실의 동일성이 인정된다(위 판례).

033 '피고인은 피해자들로부터 차용금 명목으로 합계 24억 7,100만 원을 교부 받아 이를 편취하였다'는 공소사실과 '피고인은 피해자들로부터 투자금 명목으로 2007.11.27. 1억 3,000만원을 교부받은 것을 비롯하여 그때부터 2008.7.31.경까지 당심 별지 [범죄일람표(투자금산정서)] 기재와 같이 47회에 걸쳐 합계 2,458,389,426원을 교부받아 이를 편취하였다'는 공소사실 사이 에는 동일성이 인정된다. [법원9급 22]

> **해설＋** 위 변경 전후의 공소사실은 모두 투자 권유를 통한 피고인의 일련의 편취행위를 대상으로 하는 것으로서, 단지 변경 후 공소사실은 변경 전 공소사실의 범죄 일시 등을 수정·특정하면서 편취 금액에 약간의 수정을 가하고 '차용금'을 '투자금'으로 정정한 것일 뿐, 당초의 공소사실 외에 별도로 이루어진 편취행위를 새로 공소사실에 추가하는 취지로 변경한 것은 아니라 할 것이므로, 위 변경 전후의 공소사실은 서로 양립 가능한 것이 아닌데다가 위 변경 후 공소사실은 그 기초가 되는 사회적 사실관계에 있어서 전체적으로 변경 전 공소사실의 사실관계에 포함되어, 위 공소장변경 전후의 공소사실은 상호 동일성이 인정된다고 할 것이다(대법원 2011.4.14, 2011도769).

034 거래처로부터 수금한 돈을 보관하던 중 횡령하였다는 공소사실과 그 돈의 수금권한이 없는데도 있는 것처럼 가장하고 수금하여 이를 편취하였다는 공소사실은 공소사실의 동일성이 인정된다. [국가9급 16]

035 흉기를 휴대하고 다방에 모여 강도예비를 하였다는 공소사실과 정당한 이유 없이 폭력범죄에 공용될 우려가 있는 흉기를 휴대하고 있었다는 폭력행위 등 처벌에 관한 법률 제7조에 규정한 죄의 공소사실은 공소사실의 동일성이 인정된다. [국가9급 16]

036 친고죄인 저작권위반혐의로 기소된 사건의 항소심에서 공소사실 중 피해자만을 바꾸는 공소장변경은 허용된다. [국가9급 09]

033 (○)

034 (○) 제약회사 직원의 약국 의 약품 판매대금 수금 사건(대법원 1984.2.28, 83도3074).

035 (○) 대법원 1987.1.20, 86 도2396

036 (○) 공소장변경 전후의 공소 사실은 상호 동일성을 인정할 수 있다(대법원 2008.2.28, 2007도 8705).

037 甲이 乙의 기념전시회에 참석한 손님들에게 乙이 공사대금을 주지 않는다는 취지로 소리를 치며 소란을 피워 업무방해죄로 유죄판결을 받아 판결이 확정된 후 다시 명예훼손죄로 기소된 경우, 양 죄는 죄질 및 피해법익을 달리하므로 전자의 확정판결의 기판력은 후자의 공소사실에 대하여 영향력을 미치지 아니한다. [국가7급 14]

> **보충** 업무방해와 명예훼손의 상상적 경합에 해당하므로 공소사실의 동일성이 인정되어 확정판결의 기판력이 미친다(대법원 2007.2.23, 2005도10233).

037 (×) '미치지 아니한다' → '미친다'

038 과실로 교통사고를 발생시켰다는 교통사고처리 특례법 위반죄의 공소사실과 고의로 교통사고를 낸 뒤 보험금을 청구하여 수령하거나 미수에 그쳤다는 사기 및 사기미수의 공소사실은 공소사실의 동일성이 인정된다. [국가9급 16]

> **해설+** 행위태양과 피해자가 서로 다르므로, 위 각 교통사고처리 특례법 위반죄와 사기 및 사기미수죄는 그 기본적 사실관계가 동일하다고 볼 수 없다(대법원 2010.2.25, 2009도14263).

038 (×) '인정된다' → '인정되지 않는다'

039 검사가 사기 범행을 기소하였다가 항소심에서 범죄단체 조직·가입·활동죄를 추가하는 내용의 공소장변경허가신청을 한 것에 대하여 항소심이 이를 허가하였다면, 항소심의 이러한 허가는 적법하다.

> **해설+** 실체적 경합범 관계에 있는 이 사건 공소사실과 범죄단체 공소사실은 범행일시, 행위태양, 공모관계 등 범죄사실의 내용이 다르고, 그 죄질에도 현저한 차이가 있다. 따라서 위 두 공소사실은 동일성이 없으므로, 공소장변경절차에 의하여 이 사건 공소사실에 위 범죄단체 공소사실을 추가하는 취지의 공소장변경은 허가될 수 없다(판결에 영향을 미친 소송절차의 법령위반으로서 상고이유에 해당하므로 원심판결 파기, 대법원 2020.12.24, 2020도10814).

039 (×)

040 경범죄처벌법상 범칙금이 납부된 범칙행위와 같은 시간과 장소에서 이루어진 행위라 하더라도 범칙행위의 동일성을 벗어난 형사범죄행위에 대하여는 범칙금의 납부에 따라 발생하는 일사부재리의 효력이 미치지 아니한다. [국가7급 13]

040 (○) 대법원 2012.9.13, 2012도6612

041 큰소리로 떠들거나 노래를 불러 이웃을 시끄럽게 한 경범죄처벌법위반죄의 공소사실과, 같은 시각·장소에서 노점상 자리 문제로 다투던 중 흉기로 피해자의 다리 부위를 찔렀다는 폭력행위등처벌에관한법률위반(집단·흉기등상해)죄의 공소사실 사이의 동일성 인정된다. [법원승진 12]

042 피해자와 말다툼하다가 발로 피해자의 배, 가슴 부위를 수회 차서 흉부좌상등을 가하였다는 상해의 공소사실과, 곧이어 부엌 뒤에 있는 창고에서 위험한 물건인 전지 가위를 가지고 와 피해자에게 들이대며 '너 오늘 죽여버리겠다.'고 말하여 피해자를 협박하였다는 폭력행위등처벌에관한법률위반(집단·흉기등협박)죄의 공소사실 사이의 동일성이 인정된다. [법원승진 12]

해설+ 범죄사실의 내용이나 행위태양이 다를 뿐만 아니라 죄질에도 현저한 차이가 있어 기본적인 사실관계가 동일하지 않으므로 공소사실의 동일성을 인정할 수 없다(대법원 2008.12.11, 2008도3656).

043 확정된 판결의 공소사실과 공소제기된 공소사실 간에 그 일시만 달리하는 사안에서 사안의 성질상 두 개의 공소사실이 양립할 수 있다고 볼 사정이 있는 경우에는 기본적 사실은 동일하다고 할 수 없다. [국가7급 14]

정리 양립할 수 있다면 동일성이 없고, 양립할 수 없다면 동일성이 있다(대법원 2007.5.10, 2007도1048).

044 공소제기된 범죄사실과 추가로 발견된 범죄사실 사이에 그 범죄사실들과 동일성이 인정되는 또 다른 범죄사실에 대한 유죄의 확정판결이 있는 때에는, 추가로 발견된 확정판결 후의 범죄사실은 공소제기된 범죄사실과 분단되어 동일성이 없는 별개의 범죄가 된다. 따라서 이때 검사는 공소장변경절차에 의하여 확정판결 후의 범죄사실을 공소사실로 추가할 수는 없고 별개의 독립된 범죄로 공소를 제기하여야 한다. [경찰채용 19 2차] [법원9급 10]

해설+ 포괄일죄인 영업범에서 공소제기의 효력은 공소가 제기된 범죄사실과 동일성이 인정되는 범죄사실의 전체에 미치므로, 공판심리 중에 그 범죄사실과 동일성이 인정되는 범죄사실이 추가로 발견된 경우에 검사는 공소장변경절차에 의하여 그 범죄사실을 공소사실로 추가할 수 있다. 그러나 공소제기된 범죄사실과 추가로 발견된 범죄사실 사이에 그 범죄사실들과 동일성이 인정되는 또 다른 범죄사실에 대한 유죄의 확정판결이 있는 때에는, 추가로 발견된 확정판결 후의 범죄사실은 공소제기된 범죄사실과 분단되어 동일성이 없는 별개의 범죄가 된다. 따라서 이때 검사는 공소장변경절차에 의하여 확정판결 후의 범죄사실을 공소사실로 추가할 수는 없고 별개의 독립된 범죄로 공소를 제기하여야 한다(대법원 2017.4.28, 2016도21342).

045 포괄일죄인 영업범에서 공소제기된 범죄사실과 공판심리 중에 추가로 발견된 범죄사실 사이에 그 범죄사실들과 동일성이 인정되는 또 다른 범죄사실에 대한 유죄의 확정판결이 있더라도 추가로 발견된 범죄사실을 공소장변경절차에 의하여 공소사실로 추가할 수 있다. [국가9급 23]

045 (×)

해설+ 포괄일죄인 영업범에서 공소제기의 효력은 공소가 제기된 범죄사실과 동일성이 인정되는 범죄사실의 전체에 미치므로, 공판심리 중에 그 범죄사실과 동일성이 인정되는 범죄사실이 추가로 발견된 경우에 검사는 공소장변경절차에 의하여 그 범죄사실을 공소사실로 추가할 수 있다. 그러나 공소제기된 범죄사실과 추가로 발견된 범죄사실 사이에 그 범죄사실들과 동일성이 인정되는 또 다른 범죄사실에 대한 유죄의 확정판결이 있는 때에는, 추가로 발견된 확정판결 후의 범죄사실은 공소제기된 범죄사실과 분단되어 동일성이 없는 별개의 범죄가 된다. 따라서 이때 검사는 공소장변경절차에 의하여 확정판결 후의 범죄사실을 공소사실로 추가할 수는 없고 별개의 독립된 범죄로 공소를 제기하여야 한다(대법원 2017.4.28, 2016도21342).

046 공소제기된 장물취득의 점과 실제로 인정되는 장물보관의 범죄사실 사이에는 법적 평가에 차이가 있을 뿐 공소사실의 동일성이 인정되는 범위 내에 있으나 공소사실의 변경이 없는 한 법원이 직권으로 장물보관의 범죄사실을 유죄로 인정하여야 하는 것은 아니다. [소방간부 23]

046 (×)

해설+ 공소제기된 장물취득의 점과 실제로 인정되는 장물보관의 범죄사실 사이에는 법적 평가에 차이가 있을 뿐 공소사실의 동일성이 인정되는 범위 내에 있으므로 따로 공소사실의 변경이 없더라도 법원이 직권으로 장물보관의 범죄사실을 유죄로 인정하여야 한다(대법원 2003.5.13, 2003도1366).

047 일반법과 특별법의 동일한 구성요건에 모두 해당하는 범죄사실에 대하여 검사가 형이 가벼운 일반법을 적용하여 기소하였다면 법원은 공소장변경 없이 특별법을 적용하여 처벌할 수 있다. [국가9급 11]

047 (×) '있다' → '없다'
방어권 행사에 실질적인 불이익을 초래한다(대법원 2007.12.27, 2007도4749).

048 검사가 공소장에 적용법조를 단순음주운전 처벌규정으로 기재하였다고 하더라도 공소사실에 피고인이 음주운전 금지의무를 2회 이상 위반한 사실을 기재하였다면, 법원은 공소장변경 없이 직권으로 2회 이상 음주운전 금지의무를 위반하고 다시 음주운전을 한 운전자를 가중처벌하는 규정을 적용하여 피고인을 처벌할 수 있다. [경찰채용 19 2차]

048 (×)

해설+ 검사가 피고인을 도로교통법 위반(음주운전)으로 기소하면서 공소사실을 '술에 취한 상태에서의 운전금지의무를 2회 이상 위반한 사람으로서 다시 혈중알코올농도 0.132%의 술에 취한 상태로 자동차를 운전하였다'고 기재하고, 적용법조를 '도로교통법 제148조의2 제2항 제2호, 제44조 제1항'으로 기재한 사안에서, 법원이 공소장변경 없이 직권으로 그보다 형이 무거운 '도로교통법 제148조의2 제1항 제1호, 제44조 제1항'을 적용하여 처벌하는 것은 불고불리 원칙에 반하여 피고인의 방어권 행사에 실질적인 불이익을 초래한다(대법원 2019.6.13, 2019도4608).

049 정당의 공직자 후보추천과 관련하여 '금품을 수수하였다'는 공소사실에 대하여, 법원이 공소장변경절차를 거치지 아니하고 직권으로 '금원을 대여함으로써 금융이익 상당의 재산상 이익을 수수하였다'는 범죄사실을 유죄로 인정한 것은 범죄행위의 내용 내지 태양이 서로 달라 그에 대응할 피고인들의 방어행위 역시 달라질 수밖에 없으므로, 피고인들의 방어권 행사에 실질적인 불이익을 초래한 것으로 위법하다.   [법원승진 10]

049 (○) 대법원 2009.6.11, 2008도11042

050 군인인 피고인이 군 관련 납품업자에게 토지를 고가에 매도하여 '실거래금액으로 신고한 540,000,000원과의 차액인 155,150,000원을 뇌물로 수수하였다'고 공소제기되었다. 그런데 법원은 공소장변경 없이 '농지취득자격증명을 필요로 하여 본등기를 경료할 수 없는 토지를 처분하여 현금화하는 재산상 이익을 취득하여 뇌물로 수수하였다'라는 범죄사실을 유죄로 인정하였다. 법원의 소송절차는 적법하다.

050 (×)

> **해설+** 법원이 공소장의 변경 없이 직권으로 공소장에 기재된 공소사실과 다른 범죄사실을 인정하기 위해서는 공소사실의 동일성이 인정되는 범위 내이어야 할뿐더러 피고인의 방어권 행사에 실질적인 불이익을 초래할 염려가 없어야 한다. 원심이 직권으로 인정한 위 '본등기를 경료할 수 없는 토지를 처분하여 현금화하는 재산상 이익을 취득하여 뇌물로 수수하였다'는 부분의 범죄사실은 공소사실에 포함된 내용이 아니고, 공소제기된 '차액 155,150,000원의 수수'와 원심이 인정한 '본등기를 경료할 수 없는 토지를 처분하여 현금화하는 재산상 이익의 취득'은 그 범죄행위의 내용 내지 태양이 서로 달라서 그에 대응할 피고인의 방어행위 역시 달라질 수밖에 없으므로, 원심의 조치는 피고인의 방어권 행사에 실질적인 불이익을 초래한 것으로 위법하다(대법원 2021.6.24, 2021도3791).

051 법원의 심판대상인 과실의 내용이 피고인이 횡단보도 앞에서 횡단보행자가 있는지 여부를 잘 살피지 아니하고 또 신호에 따라 정차하지 아니하고 시속 50킬로미터로 진행한 과실이라면 보조 제동장치나 조향장치를 조작하지 아니하였다는 과실은 전자와 그 내용을 달리하여 피고인의 방어권 행사에 불이익을 초래할 염려가 있는 경우이므로 공소장의 변경절차를 밟지 아니한 이상, 법원의 현실적 심판의 대상이 될 수 없다.   [법원9급 12]

051 (○) 대법원 1989.10.10, 88도1691

052 피고인의 방어권 행사에 실질적인 불이익을 초래할 염려가 없는 경우에는 공소사실과 기본적 사실이 동일한 범위 내에서 법원이 공소장변경 절차를 거치지 아니하고 다르게 인정하였다 할지라도 불고불리의 원칙에 위반되지 않는다.   [국가9급 12·13]

052 (○) 소위 사실기재설의 내용이다(대법원 2006.6.15, 2006도1667).

358 PART 04 공판

053 법원은 공소사실의 동일성이 인정되는 범위 내에서 피고인의 방어권 행사에 실질적 불이익을 초래할 염려가 없는 경우에만 공소장변경 없이 직권으로 공소장에 기재된 공소사실과 다른 범죄사실을 인정할 수 있다.

[법원9급 15]

053 (○) 대법원 2001.2.9, 2000도5358

054 검사가 단순사기의 공소사실에 형법 제347조 제1항을 적용하여 기소한 경우에는 비록 상습성이 인정된다고 하더라도 공소장의 변경 없이는 법원이 상습사기로 인정하여 처벌할 수는 없다.

[경찰채용 16]

054 (○) 구성요건이 달라져 더 중하게 되는 경우에는 공소장변경 절차를 거쳐야 한다(대법원 1989.6.13, 89도582).

055 검사가 형법 제307조 제1항의 사실적시 명예훼손죄로 기소한 공소사실에 대하여 법원이 공소장의 변경 없이 그보다 형이 중한 형법 제307조 제2항의 허위사실적시 명예훼손죄를 인정하는 것은 피고인의 방어권 행사에 불이익을 주는 것으로서 허용될 수 없다.

[경찰채용 16]

055 (○) 대법원 2001.11.27, 2001도5008

056 미성년자 약취 후 재물을 요구하였으나 취득하지는 못한 범인을 '미성년자 약취 후 재물취득 미수'에 의한 특정범죄가중처벌등에관한법률 위반죄로 공소제기하였는데, 법원이 공소장변경 없이 '미성년자 약취 후 재물요구 기수'에 의한 같은 법 위반죄로 인정하여 미수감경을 배제하는 것은 피고인의 방어권 행사에 실질적인 불이익을 초래하는 것이다.

[경찰채용 12]

056 (○) 대법원 2008.7.10, 2008도3747

057 강간치상의 공소사실을 강제추행치상으로 인정하고자 하는 경우 법원이 범죄를 인정함에 있어서 공소장변경이 필요하다.

[국가7급 10]

057 (○) 필요(강추필)(대법원 1968.9.29, 68도776)

058 공소사실인 강제추행에는 위력에 의한 추행이 포함되어 있다고 볼 수 없으므로 피고인이 피해자를 추행한 사실 자체는 부인하지 않고 있다고 하더라도 공소장변경 없이 위력에 의한 추행을 유죄로 인정하는 것은 위법하다.

[경찰채용 19 2차]

058 (×)

> **해설+** 피고인이 피해자를 추행한 사실 자체는 부인하지 않고 있고, 이 사건 공소사실인 강제추행에는 '위력에 의한' 추행이 포함되어 있다고 볼 수 있으므로, 공소장변경 없이 위력에 의한 추행을 유죄로 인정하더라도 피고인의 방어권 행사에 불이익이 없다는 이유로, 공소장변경 없이 피고인이 위력으로 피해자를 추행한 사실을 유죄로 인정할 수 있다(대법원 2013.12.12, 2013도12803).

059 공소장에 약 4개월간의 치료를 요하는 상해라고 적시된 것을 약 8개월의 치료를 요하는 것으로 인정하는 경우에는 공소장변경을 요하지 않는다.

[경찰채용 13]

059 (○) 상해 정도의 차이에 불과한 경우에는 공소장변경을 요하지 아니한다(대법원 1984.10.23, 84도1803).

060 (공소장변경이 없는 경우) 히로뽕투약죄 기수의 공소사실을 히로뽕투약죄 미수로 인정할 수 있다.

[경찰채용 14] [국가9급 18]

060 (○) 기수에서 미수는 공소장변경 없이도 인정할 수 있다.

> **보충** 히로뽕 투약 미수 사건의 경우에는 법원의 축소사실 인정의무도 있다. "히로뽕투약죄의 기수범으로 기소된 공소사실에 대하여 실행행위에 착수한 사실은 인정되나 기수에 이른 사실은 인정되지 않는 경우, 마약류의 심각한 폐해와 마약사범의 급속한 증가현상에 비추어 볼 때 히로뽕 투약의 경우 그 미수범도 기수범에 못지않게 그 사안이 중대하다고 할 것이어서 공소장이 변경되지 않았다는 이유로 이를 처벌하지 않으면 현저히 정의와 형평에 반한다고 여겨지므로, 심리의 경과에 비추어 그 미수의 범죄사실을 인정한다고 하여 피고인의 방어권 행사에 실질적인 불이익을 초래할 염려가 있다고 보이지 않는다면 법원은 공소사실에 포함된 히로뽕 투약 미수의 범죄사실을 유죄로 인정하여야 한다(대법원 1999.11.9, 99도3674)"

061 사기죄에 있어서 기소된 공소사실의 재산상 피해자와 공소장 기재의 피해자가 다른 경우에는 공소장변경을 요하지 않는다.

[경찰채용 13]

061 (○) 대법원 2002.8.23, 2001도6876

062 기소된 공소사실의 재산상의 피해자와 공소장 기재의 피해자가 다른 것이 판명된 경우에는 공소사실에 있어서 동일성을 해하지 아니하고 피고인의 방어권 행사에 실질적 불이익을 주지 아니하는 한 공소장변경 절차 없이 직권으로 공소장 기재의 사기 피해자와 다른 실제의 피해자를 적시하여 이를 유죄로 인정하여야 한다.

[경찰간부 18]

062 (○) 대법원 2017.6.19, 2013도564

063 허위사실적시에 의한 명예훼손죄의 공소사실을 단순명예훼손죄로 인정하고자 하는 경우 법원이 범죄를 인정함에 있어서 공소장변경이 필요하다.

[국가7급 10·15]

063 (×) '필요하다' → '필요 없다'

> **해설+** 공소장변경절차 없이도 같은 조 제1항의 사실적시에 의한 명예훼손죄로 인정할 수 있다(대법원 1993.9.24, 93도1732; 2008.11.13, 2006도7915).

064 상습절도의 공소사실을 절도죄로 인정하고자 하는 경우 법원이 범죄를 인정함에 있어서 공소장변경이 필요하다. [국가7급 10]

064 (×) '필요하다' → '필요 없다'

> **해설+** 법원은 공소장변경의 절차 없이도 절도죄의 공소사실에 관하여 심리판단할 수 있다(대법원 1984.2.28, 84도34).

065 강간치상죄를 강간죄로, 폭행치사죄를 폭행죄로, 수뢰후부정처사죄를 뇌물수수죄로 변경하는 경우에는 공소장변경을 할 필요가 없다. [국가9급 11]

065 (○) 대법원 1980.7.8, 80도1227; 1999.11.9, 99도2530 등

066 (강제추행죄가 친고죄임을 전제함) 공소제기된 강제추행치상죄가 입증되지 아니하고 강제추행죄만 입증되는 경우에 법원은 공소장변경절차를 거치지 아니하고 강제추행의 공소사실에 관하여 심리·판단할 수 있고, 그때 그 강제추행죄에 대한 고소를 취소한 사실이 인정됨에도 강제추행치상죄의 증명이 없다 하여 무죄의 선고를 할 것은 아니다. [법원9급 12]

066 (○) 대법원 1999.4.15, 96도1922 전원합의체

067 강간치상죄로 공소가 제기된 경우 준강제추행죄는 강간치상죄의 공소사실과 동일성이 인정되고 공소제기된 범죄사실에 포함되어 충분히 심리되었다고 하더라도 적용법조가 달라 별도의 공소장변경절차 없이 준강제추행죄를 인정할 수 없다. [국가7급 12] [국가9급 09·11]

067 (×) '없다' → '있다'(대법원 2008.5.29, 2007도7260)(강준불)

068 법원이 공소장변경 없이 공소장에 기재된 공소사실과 다른 범죄사실을 인정할 수 있는 경우에 그 범죄사실을 인정하지 않더라도 위법은 아니다.

[국가7급 11]

068 (○) 축소사실의 인정은 원칙적 재량, 예외적 의무이고, 이 지문은 원칙적 재량을 표현한 것이다 (대법원 2009.5.14, 2007도616).

069 공무원이 취급하는 사건에 관하여 청탁 또는 알선을 할 의사와 능력이 없음에도 청탁 또는 알선을 한다고 기망하고 금품을 교부받아 사기죄와 변호사법 제111조 위반죄가 성립하고 두 죄가 상상적 경합관계에 있는 경우, 그중 어느 한 죄로만 공소가 제기되었음에도 법원이 공소장변경절차를 거치지 아니하고 다른 죄로 바꾸어 인정하거나 다른 죄를 추가로 인정하는 것은 불고불리 원칙에 위배된다.

[국가7급 21]

069 (○)

해설+ 상상적 경합관계에 있는 두 죄 중 어느 한 죄로만 공소가 제기된 경우, 법원은 공소장변경절차를 거치지 아니하고 다른 죄로 바꾸어 인정하거나 다른 죄를 추가로 인정할 수 없다. 이는 피고인의 방어권에 실질적 불이익을 주기 때문이다. "피고인이 공무원이 취급하는 사건에 관하여 청탁 또는 알선을 할 의사와 능력이 없음에도 청탁 또는 알선을 한다고 기망하고 이에 속은 피해자로부터 이른바 청탁자금 명목으로 금품을 받았다면 이러한 피고인의 행위는 형법 제347조 제1항의 사기죄와 변호사법 제111조 위반죄에 각 해당하고 위 두 죄는 상상적 경합의 관계에 있는 것이지만(대법원 2006.1.27, 2005도8704 등), 그렇다고 하여 그중 어느 한 죄로만 공소가 제기된 경우에 법원이 공소장변경절차를 거치지 아니하고 다른 죄로 바꾸어 인정하거나 다른 죄를 추가로 인정하는 것은 불고불리의 원칙에 위배된다고 할 것이다(대법원 2007.5.10, 2007도2372)."

070 기수의 공소사실을 미수로 인정하는 경우와는 달리 미수의 공소사실을 예비로 인정하려면 공소장변경이 필요하다.

[국가7급 15]

070 (○) 대법원 1983.4.12, 82도2939

071 공소장변경 없이 비지정문화재수출미수죄로 기소된 공소사실을 비지정문화재수출예비·음모죄로 인정할 수 없다.

[경찰채용 15]

071 (○) 대법원 1999.11.26, 99도2461

072 (공소장변경이 없는 경우) 관세포탈 미수의 공소사실을 관세포탈 예비로 심판할 수 없다.

[경찰채용 14]

072 (○) 대법원 1983.4.12, 82도2939

073 (공소장변경이 없는 경우) 장물보관죄의 공소사실을 업무상과실장물보관죄로 의율할 수 없다. [경찰채용 14]

> **보충** 고의범 → 과실범: 공소장변경 필요(대법원 1984.2.28, 83도3334)

073 (○)

074 공소가 제기된 살인죄의 범죄사실에 대하여는 그 증명이 없으나 폭행치사죄의 증명이 있는 경우, 살인죄의 구성요건이 반드시 폭행치사 사실을 포함한다고 할 수 없으므로, 검사의 공소장변경 없이 이를 폭행치사죄로 처단할 수는 없다. [경찰채용 21 1차]

074 (○) 대법원 2001.6.29, 2001도1091

075 폭행치상죄를 폭행죄로, 명예훼손죄를 모욕죄로 바꾸려면 축소사실의 인정이므로 공소장변경 없이 심리할 수 있다. [법원승진 10]

075 (×) '있다' → '없다' 대법원 1971.1.12, 70도2216(사불/상필); 1972.5.31, 70도1859(명모필)

076 (공소장변경이 없는 경우) 특수강도의 공소사실을 특수공갈죄로 처단할 수 없다. [경찰채용 14]

> **보충** 강도상해교사 → 공갈교사: 공소장변경 필요(강공필)(대법원 1968.9.19, 68도995 전원합의체)

076 (○)

077 횡령죄와 배임죄는 다 같이 신임관계를 기본으로 하고 있는 같은 죄질의 재산범죄로서 그 형벌에 있어서도 경중의 차이가 없으나, 범행의 방법이 다른바 배임죄로 기소된 공소사실에 대하여 공소장변경 없이 횡령죄를 적용하여 처벌함은 위법하다. [법원9급 12]

077 (×) '처벌함은 위법하다' → '처벌할 수 있다'(대법원 1999.11.26, 99도2651)

078 횡령죄와 배임죄는 다 같이 신임관계를 기본으로 하고 있는 재산범죄로서 그에 대한 형벌에서도 경중의 차이가 없으나 엄연히 구성요건을 달리하는 별개의 범죄이므로 횡령죄로 기소된 공소사실에 대하여 공소장변경 없이 배임죄를 적용하여 처벌할 수는 없다. [경찰채용 19 2차]

078 (×)

> **해설+** 횡령죄와 배임죄는 다 같이 신임관계를 기본으로 하고 있는 같은 죄질의 재산범죄로서 그에 대한 형벌에서도 경중의 차이가 없고 동일한 범죄사실에 대하여 단지 법률적용만을 달리하는 경우에 해당하므로, 특별한 사정이 없는 한 법원은 횡령죄로 기소된 공소사실에 대하여 공소장변경 없이도 배임죄를 적용하여 처벌할 수 있다(대법원 2015.10.29, 2013도9481).

079 피고인의 방어권 행사에 실질적 불이익을 줄 우려가 없다면 법원은 단독범으로 기소된 사건을 공소장변경 없이 공동정범으로 인정할 수 있다. [국가9급 09]

079 (○) 대법원 1999.7.23, 99도1911

080 甲이 乙로부터 금품을 받은 단독범으로 기소된 것을 종전 적용법조에 형법 제30조를 추가하여 乙과 공동정범으로 변경한 경우, 공소장변경 전후의 공소사실 사이에는 동일성이 인정된다. [국가7급 14]

080 (○)

> **해설+** 종전 적용법조에 형법 제30조만을 추가하여 후원인과의 공동정범으로 변경한 것에 불과하여, 공소사실의 동일성이 인정된다고 할 것이다(대법원 2009.1.30, 2008도8138).

081 히로뽕 제조의 공동정범의 공소사실에 대하여 피고인이 이를 부인하고 자신은 방조범에 해당한다고 이미 진술하고 있고 심리도중에 방조사실에 대하여 수차례 언급을 하였더라도 공동정범을 방조범으로 인정하기 위해서는 공소장변경을 하여야 한다. [국가9급 11]

081 (×) '공소장변경을 하여야 한다' → '공소장변경이 요구되지 않는다'

> **해설+** 방어에 실질적인 불이익을 주는 것이라고는 볼 수 없다(대법원 1982.6.8, 82도884).

082 법원은 공소사실의 동일성이 인정되는 범위 내에서 피고인의 방어에 실질적인 불이익을 주는 것이 아니라면, 공소장변경 없이 직권으로 공동정범으로 기소된 범죄사실을 방조사실로 인정할 수 있다. [경찰채용 19 1차]

082 (○) 대법원 2001.11.9, 2001도4792

083 포괄일죄로 기소한 것을 법원이 공소장변경 없이 실체적 경합관계에 있는 수죄로 인정하는 것은 불고불리의 원칙에 반한다. [국가7급 11] [국가9급 18]

> **해설+** 죄수평가만 변경하는 경우에는 공소장변경을 요하지 아니한다(대법원 2005.10.28, 2005도5996).

083 (×) '반한다' → '반하지 않는다'

084 공소사실의 동일성이 인정되는 범위 내의 사실에 대하여 법원은 검사의 공소장 기재 적용법조에 구애됨이 없이 직권으로 법률을 적용할 수 있다. [법원9급 16]

> **보충** 심지어 적용법조 미기재의 경우에도 공소제기는 유효하다(대법원 1976.11.23, 75도363).

084 (○)

085 공소장변경절차 없이도 법원이 심리·판단할 수 있는 죄가 한 개가 아니라 여러 개인 경우, 법원으로서는 그중 어느 하나를 임의로 선택할 수 있고, 검사에게 공소사실 및 적용법조에 관한 석명을 구하여 공소장을 보완하게 한 다음 이에 따라 심리·판단하여야 하는 것은 아니다. [국가7급 21]

> **보충** 헌법재판소의 위헌결정으로 실효된 폭력행위등처벌에관한법률 제3조 제2항 중 '야간에 흉기 기타 위험한 물건을 휴대하여 형법 제283조 제1항(협박)의 죄를 범한 자' 부분을 적용하여 기소된 공소사실에 관하여 폭력행위등처벌에관한법률 제2조 제2항, 형법 제283조 제1항 위반죄(야간협박)만 성립할 수 있다고 판단한 후 형사소송법 제327조 제6호에 의하여 이 부분 공소를 기각한 원심판결을, 위 공소사실 중에는 폭력행위등처벌에관한법률 제3조 제1항, 형법 제283조 제1항 위반죄(흉기휴대협박) 등 다른 죄의 공소사실이 포함되어 있으므로, 검사에게 공소사실 및 적용법조에 관한 석명을 구한 후 보완된 공소사실에 대하여 심리·판단하였어야 한다는 이유로 파기한 사례이다(동 판례).

085 (×) 공소장변경절차 없이도 법원이 심리·판단할 수 있는 죄가 한 개가 아니라 여러 개인 경우에는, 법원으로서는 그중 어느 하나를 임의로 선택할 수 있는 것이 아니라 검사에게 공소사실 및 적용법조에 관한 석명을 구하여 공소장을 보완하게 한 다음 이에 따라 심리·판단하여야 할 것이다(대법원 2005. 7.8, 2005도279).

086 공소장변경절차 없이도 법원이 심리·판단할 수 있는 죄가 한 개가 아니라 여러 개인 경우로서 피고인의 방어권 행사에 실질적인 불이익이 없는 경우에, 법원으로서는 그중 어느 하나를 임의로 선택하여 심리·판단할 수 있다. [변호사 22]

> **해설+** 공소장변경절차 없이도 법원이 심리·판단할 수 있는 죄가 한 개가 아니라 여러 개인 경우에는, 법원으로서는 그중 어느 하나를 임의로 선택할 수 있는 것이 아니라 검사에게 공소사실 및 적용법조에 관한 석명을 구하여 공소장을 보완하게 한 다음 이에 따라 심리·판단하여야 할 것이다 (대법원 2005.7.8, 2005도279).

086 (×)

087 검사가 제1심이나 항소심에서 상상적 경합의 관계에 있는 수죄 가운데 당초 공소를 제기하지 아니한 공소사실을 추가하는 내용의 공소장변경신청을 하는 경우, 법원은 공소사실의 동일성을 해하지 아니함이 명백하므로 그 공소장변경을 허가하여 추가된 공소사실에 대하여 심리·판단하여야 한다. 　　　　　　　　　　　　　　　　　　　　　　　　　　[국가7급 23]

087 (○)

　해설+ 검사가 제1심이나 항소심에서 상상적 경합의 관계에 있는 수죄 가운데 당초 공소를 제기하지 아니한 공소사실을 추가하는 내용의 공소장변경신청을 하는 경우 법원은 공소사실의 동일성을 해하지 아니함이 명백하므로 그 공소장변경을 허가하여 추가된 공소사실에 대하여 심리판단하여야 하는 것이다(대법원 1990.1.25, 89도1317).

088 검사가 공소장의 변경을 하고자 하는 때에는 그 취지를 기재한 공소장변경허가신청서를 법원에 제출하여야 한다. 　　　　　　　　　　　[경찰채용 15]

088 (○) 규칙 제142조 제1항

089 검사가 공소장변경허가신청서를 제출하지 않고 공소사실에 대한 검사의 의견을 기재한 서면을 제출하였더라도 이를 곧바로 공소장변경허가신청서를 제출한 것이라고 볼 수는 없다. 　　　　　　　　　　　　　　　　　　　[소방간부 23]

089 (○)

　해설+ 검사는 법원의 허가를 얻어 공소장에 기재한 공소사실 또는 적용법조의 추가·철회 또는 변경을 할 수 있다. 이 경우에 법원은 공소사실의 동일성을 해하지 아니하는 한도에서 허가하여야 한다(형사소송법 제298조 제1항). 검사가 형사소송법 제298조 제1항에 따라 공소장에 기재한 공소사실 또는 적용법조의 추가·철회 또는 변경을 하고자 하는 때에는 그 취지를 기재한 공소장변경허가신청서를 법원에 제출하여야 하고, 다만 피고인이 재정하는 공판정에서는 피고인에게 이익이 되거나 피고인이 동의하는 경우 구술에 의한 공소장변경을 허가할 수 있다(형사소송규칙 제142조 제1항, 제5항). 따라서 검사가 공소장변경허가신청서를 제출하지 않고 공소사실에 대한 검사의 의견을 기재한 서면을 제출하였더라도 이를 곧바로 공소장변경허가신청서를 제출한 것이라고 볼 수는 없다(대법원 2022.1.13, 2021도13108).

090 법원은 피고인이 재정하는 공판정에서는 피고인에게 이익이 되거나 피고인이 동의하는 경우 구술에 의한 공소장변경을 허가할 수 있다. 　　　　　　　　　　　　　　　　　　　　　　　　　　[국가7급 15]

090 (○) 규칙 제142조 제5항 참조.

091 검사가 제출한 공소장변경허가신청서 부본을 즉시 피고인에게 송달하지 않은 채 법원이 공판절차를 진행한 조치는 절차상의 법령위반에 해당하나, 그러한 경우에도 피고인의 방어권이나 변호인의 변호권 등이 본질적으로 침해되었다고 볼 정도에 이르지 않는 한 그것만으로 판결에 영향을 미친 위법이라고 할 수 없다. [국가9급 23]

091 (○)

> **해설+** 검사의 서면에 의한 공소장변경허가신청이 있는데도 법원이 피고인 또는 변호인에게 공소장변경허가신청서 부본을 송달·교부하지 않은 채 공소장변경을 허가하고 공소장변경허가신청서에 기재된 공소사실에 관하여 유죄판결을 하였다면, 공소장변경허가신청서 부본을 송달·교부하지 않은 법원의 잘못은 판결에 영향을 미친 법령 위반에 해당한다. 다만 공소장변경 내용이 피고인의 방어권과 변호인의 변호권 행사에 지장이 없는 것이거나 피고인과 변호인이 공판기일에서 변경된 공소사실에 대하여 충분히 변론할 기회를 부여받는 등 <u>피고인의 방어권이나 변호인의 변호권이 본질적으로 침해되지 않았다고 볼 만한 특별한 사정이 있다면 판결에 영향을 미친 법령 위반이라고 할 수 없다</u>(대법원 2021.6.30, 2019도7217).

092 공소장변경의 신청이 있을 때에는 법원은 그 사유를 신속히 피고인 또는 변호인에게 고지하여야 하므로, 변호인 이외에 피고인에게 별도로 고지하시 않았다 하더라도 위법이 아니다. [국가9급 12]

092 (○) 제298조 제3항, 대법원 2001.4.24, 2001도1052; 2013.7.12, 2013도5165

093 법원은 검사의 공소장변경허가신청이 있는 경우 피고인과 변호인 모두에게 공소장변경허가신청서 부본을 송달하여야 한다. [법원9급 21]

093 (×) 피고인과 변호인 모두에게 송달할 필요는 없다.

> **해설+** 규칙 제142조 【공소장의 변경】 ③ 법원은 제2항(공소장변경허가신청서)의 부본을 피고인 또는 변호인에게 즉시 송달하여야 한다.

094 적법한 변론종결 후 검사가 변론재개신청과 함께 공소장변경신청을 한 경우, 법원이 반드시 변론을 재개하여 공소장변경을 허가하여야 하는 것은 아니다. [국가7급 09] [법원9급 12]

094 (○) 대법원 2010.4.29, 2007도6553

095 공판심리 종결 후에 검사가 공소장변경 허가를 신청한 경우 법원은 공소장변경을 허가하지 않을 수 있다. [국가7급 11]

095 (○) 대법원 2007.6.29, 2007도984

096 검사의 공소장변경신청이 있으면 법원은 공소사실의 동일성을 해하지 않는 범위에서 이를 허가하여야 하며, 신청이 적법한 경우 법원의 허가는 의무적이다. [국가9급 11·18]

096 (○) 제298조 제1항

097 법원은 검사의 공소장변경신청이 공소사실의 동일성을 해하지 않는 범위라고 하더라도 공소장의 변경을 허가하지 않을 수 있다. [경찰채용 15]

해설+ 검사의 공소장변경신청이 공소사실의 동일성을 해하지 아니하는 한 법원은 이를 허가하여야 한다(대법원 1999.4.13, 99도375).

097 (×) '허가하지 않을 수 있다' → '허가하여야 한다'

098 공소사실이 적법하게 변경된 경우, 변경된 공소사실뿐만 아니라 당초의 공소사실에 대하여도 형식적 또는 실체적 판단을 해야 한다. [국가9급 13]

해설+ 법원은 불고불리의 원칙상 변경된 공소사실에 대하여만 실체적 심판을 하여야 하고, 당초의 공소사실에 대하여는 실체적 판단을 하여서는 아니 된다.

098 (×) '당초의 공소사실' → 삭제

099 공소장변경이 피고인의 불이익을 증가시킬 염려가 있다고 인정한 때에는 법원은 직권 또는 피고인이나 변호인의 청구에 의하여 결정으로 필요한 기간 공판절차를 정지할 수 있다. [국가7급 11] [국가9급 11]

099 (○) 제298조 제4항 참조.

100 법원은 공소장변경이 피고인의 불이익을 증가할 염려가 있다고 인정한 때에는 직권 또는 피고인이나 변호인의 청구에 의하여 피고인으로 하여금 필요한 방어의 준비를 하게 하기 위하여 결정으로 필요한 기간 공판절차를 정지할 수 있고, 이 정지된 기간은 피고인의 구속기간에 산입한다. [국가7급 20]

해설+ 법원은 공소사실 또는 적용법조의 추가, 철회 또는 변경이 피고인의 불이익을 증가할 염려가 있다고 인정한 때에는 직권 또는 피고인이나 변호인의 청구에 의하여 피고인으로 하여금 필요한 방어의 준비를 하게 하기 위하여 결정으로 필요한 기간 공판절차를 정지할 수 있으나(제298조 제4항), 이 정지된 기간은 피고인의 구속기간에 산입하지 아니한다(제92조 제3항).

100 (×)

101 법원이 검사에게 공소장의 변경을 요구할 것인지의 여부는 법원의 재량에 속하는 것이므로, 법원이 검사에게 공소장의 변경을 요구하지 아니하였다 하여 위법하다고 할 수 없다. [경찰채용 15]

101 (○) 대법원 1997.8.22, 97도1516

102 공소장변경허가결정에 대하여 항고하여 다툼으로써 불복할 수 있다. [국가7급 09]

102 (✕) '있다' → '없다'
판결 전의 소송절차에 관한 결정 (대법원 1987.3.28, 87모17)

103 공소사실의 동일성이 인정됨에도 불구하고 법원이 공소장변경을 허가하지 않은 경우에도 검사는 이에 대하여 항고하여 다툴 수 없다. [법원9급 22]

103 (○)

해설+ 판결 전의 소송절차에 관한 결정에 대하여는 특히 즉시항고를 할 수 있는 경우 외에는 항고를 하지 못하는 것인바, 소송사실 또는 적용법조의 추가, 철회 또는 변경의 허가에 관한 결정은 판결 전의 소송절차에 관한 결정이라 할 것이므로, 그 결정을 함에 있어서 저지른 위법이 판결에 영향을 미친 경우에 한하여 그 판결에 대하여 상소를 하여 다툼으로써 불복하는 외에는 당사자가 이에 대하여 독립하여 상소할 수 없다(대법원 1987.3.28, 87모17).

104 항소심에서 공소장변경을 허가하고 변경된 공소사실에 관하여 심리를 하였더라도 변경된 공소사실에 대하여 제1심과 마찬가지로 무죄를 선고하였을 것임이 분명한 경우에도 공소장변경을 허가하지 아니한 위법은 판결 결과에 영향을 미친 것이다. [국가9급 12]

104 (✕) '미친 것이다' → '미치지 않는다'
공소장변경을 허가하지 않은 것은 판결결과에 영향을 미치지 않았다 (대법원 1999.5.14, 98도1438).

105 법원이 공소장변경을 허가한 후에는 공소사실과 동일성이 인정되지 않는 등의 사유로 공소장변경이 위법하다고 인정한 경우라도 그 허가결정을 취소할 수 없다. [국가9급 11]

105 (✕) '없다' → '있다'

해설+ 공소장변경허가결정에 위법사유가 있는 경우에는 공소장변경 허가를 한 법원이 스스로 이를 취소할 수 있다(대법원 2001.3.27, 2001도116).

106 공소사실의 동일성이 인정되지 않는 등의 사유로 공소장변경허가결정에 위법사유가 있는 경우에는 공소장변경 허가를 한 법원이 스스로 이를 취소할 수 있다.

[국가7급 09]

106 (O) 대법원 1989.1.24, 87도1978

107 법원이 피고인에 대한 상표법 위반의 공소사실을 부정경쟁방지 및 영업비밀보호에 관한 법률 위반으로 공소장변경을 요구하지 아니하거나, 직권으로 위 부정경쟁방지 및 영업비밀보호에 관한 법률 위반죄의 성립 여부를 판단하지 않은 것은 위법하지 않다.

[경찰채용 15]

> **보충** 상표법 위반 → 부정경쟁방지법 위반: 공소장변경 필요
> **보충** 법원의 공소장변경요구는 의무가 아니라 재량이다.

107 (O) 대법원 2011.1.13, 2010도5994

108 공소장의 변경은 제1심에서만 허용되므로, 항소심에서는 허용되지 않는다.

[법원9급 16]

108 (×) '허용되지 않는다' → '허용된다'
항소심절차에서도 이를 할 수 있다 (대법원 1995.12.5, 94도1520).

109 공소장에 택일적으로 공소사실이 기재된 경우, 항소심은 제1심에서 유죄로 인정한 공소사실을 파기하고 다른 공소사실을 유죄로 인정할 수 있다.

[국가9급 13]

> **해설+** 예비적·택일적 공소사실 모두 법원의 심판대상에 속한다(대법원 2006.5.25, 2006도1146).

109 (O)

110 상고심에서는 공소장변경을 할 수 없지만, 상고심에서 파기환송된 사건에 대한 항소심에서는 공소장변경을 할 수 있다.

[국가7급 15] [국가9급 18]

110 (O) 대법원 2004.7.22, 2003도8153

111 피고인의 상고에 의하여 상고심에서 원심판결을 파기하고 사건을 항소심에 환송한 경우에도 공소사실의 동일성이 인정되면 공소장변경을 허용하여 이를 심판대상으로 삼을 수 있으므로, 환송 후 원심이 검사의 공소장변경신청을 허가하고 공소장변경을 이유로 직권으로 제1심판결을 파기한 후 다시 판결할 수 있다. [변호사 22]

111 (○)

> **해설+** 현행법상 형사항소심의 구조가 사후심으로서의 성격만을 가지는 것은 아니므로, 피고인의 상고에 의하여 상고심에서 원심판결을 파기하고 사건을 항소심에 환송한 경우에도 공소사실의 동일성이 인정되면 공소장변경을 허용하여 이를 심판대상으로 삼을 수 있는바(대법원 1969.3.18, 68도1772; 2001.3.9, 2001도192 등), 환송 후 원심이 검사의 공소장변경신청을 허가하고 공소장변경을 이유로 직권으로 제1심판결을 파기한 후 다시 판결한 조치는 옳고, 거기에 환송 후 항소심의 구조와 공소장변경 허가에 관한 법리를 오해한 위법이 있다고 할 수 없다(대법원 2004.7.22, 2003도8153).

112 재심심판절차에서는 특별한 사정이 없는 한 재심대상사건과 별개의 공소사실을 추가하는 내용의 공소장변경을 하거나 일반절차로 진행 중인 별개의 형사사건을 병합하여 심리할 수 없다. [경찰채용 21 1차 변형] [국가9급 23]

112 (○)

> **해설+** 재심의 취지와 특성, 형사소송법의 이익재심원칙과 재심심판절차에 관한 특칙 등에 비추어 보면, 재심심판절차에서는 특별한 사성이 없는 한 검사가 재심대상사건과 별개의 공소사실올 추가하는 내용으로 공소장을 변경하는 것은 허용되지 않고, 재심대상사건에 일반 절차로 진행 중인 별개의 형사사건을 병합하여 심리하는 것도 허용되지 않는다(대법원 2019.6.20, 2018도20698 전원합의체).

113 재심심판절차에서도 재심대상사건과 별개의 공소사실을 추가하는 내용으로 공소장을 변경할 수 있고, 재심대상사건에 일반절차로 진행 중인 별개의 형사사건을 병합하여 심리할 수 있다. [법원9급 22]

113 (×)

> **해설+** 재심심판절차에서는 특별한 사정이 없는 한 검사가 재심대상사건과 별개의 공소사실을 추가하는 내용으로 공소장을 변경하는 것은 허용되지 않고 일반절차로 진행 중인 별개의 형사사건을 병합하여 심리하는 것도 허용되지 않는다(대법원 2019.6.20, 2018도20698 전원합의체).

114 제1심판결에 대한 재심심판절차에서 검사는 공소취소를 할 수도 있고 별개의 공소사실을 추가하는 공소장변경을 할 수도 있다. [군무원9급 22]

114 (×)

> **해설+** 공소제기된 범죄사실과 추가로 발견된 범죄사실 사이에 그 범죄사실들과 동일성이 인정되는 또 다른 범죄사실에 대한 유죄의 확정판결이 있는 때에는, 추가로 발견된 확정판결 후의 범죄사실은 공소제기된 범죄사실과 분단되어 동일성이 없는 별개의 범죄가 된다. 따라서 이때 검사는 공소장 변경절차에 의하여 확정판결 후의 범죄사실을 공소사실로 추가할 수는 없고 별개의 독립된 범죄로 공소를 제기하여야 한다(대법원 2000.3.10, 99도2744; 2000.6.9, 2000도1411 등).

대표유형

재판장은 직권 또는 검사, 피고인이나 변호인의 신청에 의하여 공판기일을 변경할 수 있으며, 공판기일변경신청을 기각한 명령은 즉시 송달하여야 한다. [법원9급 11]

(×) '즉시 송달하여야 한다' → '송달하지 아니한다'

해설+ 공판기일의 지정은 명령이고, 공판기일변경신청에 대한 기각명령은 지정된 공판기일을 유지하는 것이므로, 당해 기각명령은 송달하지 아니한다(제270조 제1항·제2항).

대표유형

공판준비기일에 피고인의 출석은 필수적인 요건이 아니다. [국가7급 21]

(○)

해설+ 공판준비기일에는 검사 및 변호인이 출석하여야 한다(제266조의8 제1항). 즉, 피고인의 출석은 공판준비기일의 필수적 요건이 아니다. 다만, 법원은 필요하다고 인정하는 때에는 피고인을 소환할 수 있으며, 피고인은 법원의 소환이 없는 때에도 공판준비기일에 출석할 수 있다(동조 제5항).

115 법원은 공소의 제기가 있는 때에는 제1회 공판기일 전 5일까지 공소장의 부본을 피고인 또는 변호인에게 송달하여야 한다.
[국가9급 18] [국가9급개론 18] [법원9급 11]

115 (○) 절차적 공판준비 중 공소장부본의 송달에 관한 제266조의 내용이다.

116 법원은 공소의 제기가 있는 때에는 지체 없이 공소장부본을 피고인 또는 변호인에게 제1회 공판기일 전 7일까지 송달하여야 한다. [경찰채용 11]

116 (×) '7일' → '5일'
공소장부본은 제1회 공판기일 전 5일까지 송달하여야 한다(제266조 단서).

117 법원이 피고인에 대한 공소장부본이 송달되지 않아서 공시송달의 방법으로 피고인을 소환하였고 피고인이 출석하지 않은 상태에서 피고인의 진술 없이 공판절차를 진행하고 판결을 선고한 경우, 판결을 선고하기까지 공소장부본을 송달하지 않았다면 이는 소송절차에 관한 법령위반으로 무효이다. [국가7급 20]

117 (○)

해설+ 형사소송법 제266조는 "법원은 공소의 제기가 있는 때에는 지체 없이 공소장의 부본을 피고인 또는 변호인에게 송달하여야 한다. 단, 제1회 공판기일 전 5일까지 송달하여야 한다."고 규정하고 있으므로, 제1심이 공소장부본을 피고인 또는 변호인에게 송달하지 아니한 채 공판절차를 진행하였다면 이는 소송절차에 관한 법령을 위반한 경우에 해당한다(대법원 2014.4.24, 2013도9498).

118 제1심이 공소장부본을 피고인 또는 변호인에게 송달하지 아니한 채 공판절차를 진행하였다면 이는 소송절차에 관한 법령을 위반한 경우에 해당한다.

[경찰채용 15] [국가9급 18]

118 (○) 대법원 2014.4.24, 2013도9498

119 제1심이 공소장부본을 피고인 또는 변호인에게 송달하지 아니한 채 공판절차를 진행한 경우 피고인이 제1심 법정에서 이의함이 없이 공소사실에 관하여 충분히 진술할 기회를 부여받았다고 하더라도 방어권의 침해로서 판결에 영향을 미친 위법에 해당한다. [경찰채용 15] [국가9급 15·18]

119 (×) '해당한다' → '해당하지 않는다'

해설+ 제1심 법정에서 이의함이 없이 공소사실에 관하여 충분히 진술할 기회를 부여받았다면 판결에 영향을 미친 위법이 있다고 할 수 없다(대법원 2014.4.24, 2013도9498).

120 피고인 또는 변호인은 공소장부본을 송달받은 날부터 7일 이내에 공소사실에 대한 인정 여부, 공판준비절차에 관한 의견 등을 기재한 의견서를 법원에 제출하여야 한다. 다만, 피고인이 진술을 거부하는 경우에는 그 취지를 기재한 의견서를 제출할 수 있다. [법원9급 11]

120 (○) 의견서 제출에 관한 설명이다. 제266조의2 제1항 참조.

121 재판장은 공판기일을 정해야 하며, 직권이나 검사, 피고인 또는 변호인의 신청에 의하여 공판기일을 변경할 수 있다. 공판기일변경신청에는 공판기일의 변경을 필요로 하는 사유와 그 사유가 계속되리라 예상되는 기간을 명시하여야 하며, 진단서 기타 자료로 이를 소명하여야 한다. [경찰채용 11]

121 (○) 법 제267조 제1항, 제270조, 규칙 제125조 참조.

122 재판장은 직권 또는 검사, 피고인이나 변호인의 신청에 의하여 공판기일을 변경할 수 있다. [국가9급 13]

122 (○) 제270조

123 재판장은 피고인의 신청에 의하여 공판기일을 변경할 수 있다.

[군무원9급 21] [국가9급 13 변형]

123 (○)

> **해설+** 재판장은 직권 또는 검사, 피고인이나 변호인의 신청에 의하여 공판기일을 변경할 수 있다(형사소송법 제270조 제1항).
>
> **보충** 위 신청을 기각함에는 결정으로 하여야 한다(동조 제2항).

124 공판기일은 검사, 변호인과 보조인에게 통지하여야 하며, 공판기일에는 피고인, 대표자 또는 대리인을 소환하여야 한다.

[경찰채용 11]

124 (○) 제267조 제2항·제3항 참조.

125 공판기일에는 피고인을 소환하여야 하는데, 법원의 구내에 있는 피고인에 대하여 공판기일을 통지한 때에는 소환장 송달의 효력이 있다. [법원9급 10]

125 (○) 제268조 참조.

126 제1회 공판기일은 소환장의 송달 후 5일 이상의 유예기간을 두어야 한다.

[법원승진 09]

126 (○) 제269조 제1항 참조.

127 피고인에 대한 공판기일 소환은 「형사소송법」이 정한 소환장의 송달 또는 이와 동일한 효력이 있는 방법에 의하여야 하고, 그 밖의 방법에 의한 사실상의 기일의 고지 또는 통지 등은 적법한 피고인 소환이라고 할 수 없다.

[국가7급 22]

127 (○)

> **해설+** 형사소송법은 피고인을 소환함에 있어서는 법률이 정한 방식에 따라 작성된 소환장을 송달하여야 한다고 정하면서(제73조, 제74조, 제76조 제1항), 다만 피고인이 기일에 출석한다는 서면을 제출하거나 출석한 피고인에 대하여 차회기일을 정하여 출석을 명한 때, 구금된 피고인에 대하여 교도관을 통하여 소환통지를 한 때, 법원의 구내에 있는 피고인에 대하여 공판기일을 통지한 때 등에는 소환장의 송달과 동일한 효력을 인정하고 있다(제76조 제2항 내지 제5항, 제268조). … 피고인에 대한 공판기일 소환은 형사소송법이 정한 소환장의 송달 또는 이와 동일한 효력이 있는 방법에 의하여야 하고, 그 밖의 방법에 의한 사실상의 기일의 고지 또는 통지 등은 적법한 피고인 소환이라고 할 수 없다(대법원 2018.11.29, 2018도13377).

128 법원은 검사, 피고인 또는 변호인의 신청에 의하여 공판준비에 필요하다고 인정한 때에는 공판기일 전이라도 피고인 또는 증인을 신문할 수 있고 검증, 감정 또는 번역을 명할 수 있다. [법원9급 11]

128 (○)

> **해설+** 실체적 공판준비에 해당하는 공판기일 전 증거조사에 관한 내용이다. 이때 공판기일 전은 제1회 공판기일 이후의 공판기일 전을 말한다(제273조 제1항).

129 법원은 검사, 피고인 또는 변호인의 신청에 의하여 공판준비에 필요하다고 인정하는 경우에는 공판기일 전에 피고인 또는 증인을 신문할 수 있으며, 검사, 피고인 또는 변호인은 공판기일 전에 서류나 물건을 증거로 법원에 제출할 수 있다. [경찰채용 11] [법원9급 15 유사]

129 (○) 제273조 제1항, 제274조 참조.

130 법원은 직권 또는 검사, 피고인이나 변호인의 신청에 의하여 공무소 또는 공사단체에 조회하여 필요한 사항의 보고 또는 그 보관서류의 송부를 요구할 수 있다. [국가9급개론 17]

130 (○) 제272조 제1항

131 법원은 피고인의 신청이 있는 경우, 공무소 또는 공사단체에 조회하여 필요한 사항의 보고 또는 그 보관서류의 송부를 요구하여야 한다. [국가9급개론 17 변형] [군무원9급 21]

131 (×)

> **해설+** 법원은 직권 또는 검사, 피고인이나 변호인의 신청에 의하여 공무소 또는 공사단체에 조회하여 필요한 사항의 보고 또는 그 보관서류의 송부를 <u>요구할 수 있다</u>(제272조 제1항).

132 재판장은 효율적이고 집중적인 심리를 위하여 사건을 공판준비절차에 부칠 수 있다. [법원9급 15]

132 (○) 공판준비절차는 임의적이다. 제266조의5 제1항 참조.

133 재판장은 효율적이고 집중적인 심리를 위하여 사건을 공판준비절차에 부칠 수 있으며, 피고인이 국민참여재판을 원하는 의사를 표시한 경우에는 법원이 배제결정을 하는 때를 제외하고는 사건을 공판준비절차에 부쳐야 한다. [국가9급 17]

133 (○) 형사소송법 제266조의5 제1항, 국민의 형사재판 참여에 관한 법률(이하 '국참법') 제36조 제1항

134 공판준비절차는 통상의 재판에서는 임의적 절차이지만, 국민참여재판에서는 필수적인 절차이다. [국가7급 09·14]

134 (○) 형사소송법 제266조의5 제1항, 국참법 제36조 제1항

135 국민참여재판과 달리 통상 공판절차에 있어서 공판준비절차에 부칠 것인지 여부는 재판장의 재량에 속한다. [경찰채용 15]

135 (○) 형사소송법 제266조의5 제1항, 국참법 제36조 제1항

136 검사, 피고인, 변호인은 법원에 대하여 공판준비기일의 지정을 신청할 수 있으며, 이 신청에 관한 법원의 결정에 대하여는 불복할 수 없다. [국가7급 14] [법원9급 10·12]

136 (○) 제266조의7 제2항 참조.

보충 공판기일의 지정은 신청할 수 없으나, 공판준비기일의 지정은 신청할 수 있다.

137 법원은 검사, 피고인 또는 변호인의 의견을 들어 공판준비기일을 지정할 수 있으며, 검사, 피고인이 공판준비기일의 지정을 신청할 수는 없다. [군무원9급 21 변형·23]

137 (×) 검사, 피고인 또는 변호인은 공판준비기일 지정 신청권이 있다(제266조의7 제2항).

해설+ 제266조의7【공판준비기일】① 법원은 검사, 피고인 또는 변호인의 의견을 들어 공판준비기일을 지정할 수 있다.
② 검사, 피고인 또는 변호인은 법원에 대하여 공판준비기일의 지정을 신청할 수 있다. 이 경우 당해 신청에 관한 법원의 결정에 대하여는 불복할 수 없다.

138 공판준비기일의 지정 신청에 관한 법원의 결정에 대해서는 항고할 수 있다.

[국가9급 21]

138 (×)

> **해설+** **제266조의7【공판준비기일】** ② 검사, 피고인 또는 변호인은 법원에 대하여 공판준비기일의 지정을 신청할 수 있다. 이 경우 당해 신청에 관한 법원의 결정에 대하여는 불복할 수 없다.

139 재판장은 효율적이고 집중적인 심리를 위하여 사건을 공판준비절차에 부칠 수 있는데, 공판준비절차는 주장 및 입증계획 등을 서면으로 준비하게 하거나 공판준비기일을 열어 진행한다.

[경찰채용 15] [법원9급 10]

139 (○) 제266조의5

140 공판준비기일은 공개한다. 다만, 공개하면 절차의 진행이 방해될 우려가 있는 때에는 공개하지 아니할 수 있다.

[법원9급 12] [법원승진 09]

140 (○) 제266조의7 제4항

141 공판준비기일은 검사, 피고인, 변호인의 신청에 따라 법원이 결정한 경우에 한하여 공개할 수 있다.

[국가7급 21]

141 (×) 공판준비기일은 원칙적으로 공개한다.

> **해설+** **제266조의7【공판준비기일】** ④ 공판준비기일은 공개한다. 다만, 공개하면 절차의 진행이 방해될 우려가 있는 때에는 공개하지 아니할 수 있다.

142 공판준비절차는 수소법원이 주재하며, 합의사건의 경우 합의부원으로 하여금 공판준비기일을 진행하게 할 수 있다.

[국가9급 09]

142 (○) 제266조의7 제3항

143 법원은 합의부원으로 하여금 공판준비기일을 진행하게 할 수 있고, 이 경우 수탁판사는 공판준비기일에 관하여 법원 또는 재판장과 동일한 권한이 있다.

[국가7급 21]

143 (×) 수탁판사가 아니라 수명법관이다(제266조의7 제3항).

144 공판준비기일에는 검사 및 변호인은 물론 피고인이 반드시 출석하여야 한다. [법원9급 12·23 변형]

> **해설+** 제266조의8【검사 및 변호인 등의 출석】① 공판준비기일에는 검사 및 변호인이 출석하여야 한다.

144 (×) '피고인' → 삭제

145 공판준비기일에는 검사 및 변호인이 출석하여야 하고, 법원은 공판준비기일이 지정된 사건에 관하여 변호인이 없는 때에는 직권으로 변호인을 선정하여야 한다. [국가9급 09] [법원9급 10·15]

> **정리** 필요적 변호사건: 영/적/준/재/즉/참재

145 (○) 제266조의8 제1항·제4항

146 검사와 변호인은 공판준비기일에 출석하여야 하나, 피고인은 법원이 필요하다고 인정하여 소환한 때에 한하여 출석할 수 있고 법원의 소환이 없는 때에는 공판준비기일에 출석할 수 없다. [국가9급 17]

146 (×) '없다' → '있다'(제266조의8 제5항)

147 공판준비기일에는 검사 및 변호인이 출석하여야 하고, 법원은 검사 및 변호인에게 공판준비기일을 통지하여야 하며 필요하다고 인정하는 때에는 피고인에게도 공판준비기일을 통지할 수 있다. [법원승진 09]

147 (×) '통지할 수 있다' → '통지하여야 한다'(제266조의8 제1항·제3항)

148 공판준비기일에 법원은 필요하다고 인정하는 경우 피고인을 소환할 수 있으며, 피고인은 법원의 소환이 없는 때에도 출석할 수 있다. [국가7급 14]

148 (○) 피고인을 소환할 수 있고, 소환이 없는 때에도 출석권은 가진다. 제266조의8 제5항 참조.

149 피고인의 출석 없이도 공판준비기일을 개정할 수 있기 때문에 법원의 소환 없이 공판준비기일에 출석한 피고인에게는 재판장은 진술거부권을 고지할 의무는 없다. [변호사 21]

> **해설+** 제266조의8【검사 및 변호인 등의 출석】⑤ 법원은 필요하다고 인정하는 때에는 피고인을 소환할 수 있으며, 피고인은 법원의 소환이 없는 때에도 공판준비기일에 출석할 수 있다.
> ⑥ 재판장은 출석한 피고인에게 진술을 거부할 수 있음을 알려주어야 한다.

149 (×)

150 법원은 필요하다고 인정하는 때에는 피고인을 소환할 수 있으며, 피고인은 법원의 소환이 없는 때에도 공판준비기일에 출석할 수 있고, 재판장은 출석한 피고인에게 진술을 거부할 수 있음을 알려주어야 한다. [법원9급 10]

150 (○) 제266조의8 제5항·제6항

151 법원은 공판준비절차에서 공소사실 또는 적용법조의 추가·철회 또는 변경을 허가할 수 있다. [국가9급 17]

151 (○) 제266조의9 제1항 제2호

152 법원은 공판준비절차에서 증거신청, 증거채부결정뿐만 아니라 필요하다고 인정하는 경우 증거조사를 할 수 있다. [법원9급 23]

152 (×) 증거신청, 증거채부결정은 가능하나(제266조의9 제5호~제8호), 증거조사는 할 수 없다.

해설+ **제266조의9【공판준비에 관한 사항】** ① 법원은 공판준비절차에서 다음 행위를 할 수 있다.
1. 공소사실 또는 적용법조를 명확하게 하는 행위
2. 공소사실 또는 적용법조의 추가·철회 또는 변경을 허가하는 행위
3. 공소사실과 관련하여 주장할 내용을 명확히 하여 사건의 쟁점을 정리하는 행위
4. 계산이 어렵거나 그 밖에 복잡한 내용에 관하여 설명하도록 하는 행위
5. 증거신청을 하도록 하는 행위
6. 신청된 증거와 관련하여 입증취지 및 내용 등을 명확하게 하는 행위
7. 증거신청에 관한 의견을 확인하는 행위
8. 증거채부(採否)의 결정을 하는 행위
9. 증거조사의 순서 및 방법을 정하는 행위
10. 서류등의 열람 또는 등사와 관련된 신청의 당부를 결정하는 행위
11. 공판기일을 지정 또는 변경하는 행위
12. 그 밖에 공판절차의 진행에 필요한 사항을 정하는 행위

153 공판준비기일에 신청하지 못한 증거는 그 신청으로 인하여 소송을 현저히 지연시키지 아니하거나 중대한 과실 없이 공판준비기일에 제출하지 못하는 등 부득이한 사유를 소명한 경우에 한하여 공판기일에 증거로 신청할 수 있다. [법원9급 15·17]

153 (○) 제266조의13 제1항

154 공판준비기일에 당사자가 신청하지 못한 증거에 대해서는 소송이 현저히 지연되지 않는 경우에 한하여 법원이 공판기일에 직권으로 증거조사를 할 수 있다. [국가7급 14]

> **해설+** 제266조의13 제1항과 달리 동조 제2항은 그러한 제한 없이 법원이 직권으로 증거를 조사할 수 있다고 규정한다.

154 (×) '한하여' → 삭제

155 공판준비기일에 신청하지 못한 증거라도 공판기일에 법원이 직권으로 증거조사를 할 수 있다. [국가7급 09]

155 (○) 제266조의13 제2항

156 법원은 공판준비기일을 종료하는 때에는 검사, 피고인 또는 변호인에게 쟁점 및 증거에 관한 정리결과를 고지하고, 이에 대한 이의의 유무를 확인하여야 하며 쟁점 및 증거에 관한 정리결과를 공판준비기일조서에 기재하여야 한다. [국가7급 23 변형] [법원승진 09]

156 (○) 제266조의10 제1항·제2항

157 법원은 검사·변호인 또는 소환받은 피고인이 출석하지 아니한 때에는 공판준비절차를 종결하여야 한다. 다만, 공판의 준비를 계속하여야 할 상당한 이유가 있는 때에는 그러하지 아니하다. [법원승진 14] [해경승진 23 변형]

157 (○) 제266조의12

158 법원은 공판준비기일을 종료하는 때에는 검사, 피고인 또는 변호인에게 쟁점 및 증거에 관한 정리결과를 고지하고, 이에 대한 이의의 유무를 확인하여야 한다. [국가7급 08]

158 (○) 제266조의10 제1항

159 법원은 쟁점 및 증거의 정리를 위하여 필요한 경우라도 제1회 공판기일 후에는 사건을 공판준비절차에 부칠 수 없다. [경찰채용 15] [법원9급 15]

159 (×) '라도' → '에는', '에는' → '에도', '없다' → '있다'(제266조의15)
기일 간 공판준비절차에 관한 지문이다.

160 공판준비절차는 제1회 공판기일 전에 한하여 인정된다.   [국가9급 09]

> **해설+** 제1회 공판기일 후에도 사건을 공판준비절차에 부칠 수 있다(제266조의15 전단).

160 (×) '한하여 인정된다' → '한하여 인정되는 것은 아니다'

161 재판장이 형사공판절차에서 변호인의 중복되고 상당하지 아니한 신문에 대하여 제한을 명하는 것은 현저하게 부당하거나 부적절한 경우가 아닌 한 재판장의 소송지휘권에 속하는 것으로서 위법이 아니다.   [국가9급 15]

161 (○) 대법원 2008.3.27, 2007도11116

4   증거개시

🔗 **대표유형**

피고인과 변호인은 소송계속 중의 관계 서류 또는 증거물을 열람하거나 복사할 수 있다.   [법원9급 17]

(○) 제35조 제1항

🔗 **대표유형**

「형사소송법」은 검사가 수사서류의 열람·등사에 관한 법원의 허용결정을 지체 없이 이행하지 아니하는 때에는 해당 증인 및 서류 등에 대한 증거신청을 할 수 없도록 규정하고 있으며, 이는 검사가 그와 같은 불이익을 감수하고 법원의 열람·등사 결정을 따르지 않을 수도 있다는 것을 의미한다.   [국가7급 15] [국가9급 18] [국가9급개론 18]

(×) '따르지 않을 수노 있나' → '따라야 한다'(헌법재판소 2010.6.24, 2009헌마257)

162 피의자 또는 그 변호인은 검사 또는 사법경찰관이 수사 중인 사건에 관한 본인의 진술이 기재된 부분 및 본인이 제출한 서류의 전부 또는 일부에 대한 열람·복사를 신청할 수 있다.   [변호사 23]

> **해설+** 수사준칙 제69조【수사서류 등의 열람·복사】① 피의자, 사건관계인 또는 그 변호인은 검사 또는 사법경찰관이 수사 중인 사건에 관한 본인의 진술이 기재된 부분 및 본인이 제출한 서류의 전부 또는 일부에 대해 열람·복사를 신청할 수 있다.

162 (○) 수사준칙 제69조 제1항

163 변호인의 수사기록에 대한 열람·등사권도 헌법상의 기본권으로 보호되지만, 기본권제한의 일반적 법률유보조항인 국가안전보장·질서유지 또는 공공복리를 위하여 제한될 수 있다.   [국가7급 09]

163 (○) 헌법재판소 1997.11.27, 94헌마60

164 구속적부심사건 피의자의 변호인은 지방법원 판사에게 제출된 구속영장청구서 및 그에 첨부된 고소장을 열람 및 복사할 수 있다. [법원9급 17]

> **해설+** 열람할 수 있을 뿐 복사는 인정되지 아니한다(규칙 제96조의21 제1항, 제104조의2).

164 (×) '및 복사' → 삭제

165 증거개시제도는 공판절차의 효율적 진행을 위하여 마련된 제도로서 증거개시 신청은 공판준비절차에서만 허용된다. [국가7급 15]

> **해설+** 공소제기 후에도 허용되고, 제1회 공판기일 후에도 허용된다.

165 (×) '공판준비절차에서만 허용된다' → '공판준비절차에서만 허용되는 것은 아니다'

166 변호인이 없는 피고인은 공소제기 후 검사가 보관하고 있는 서류 등의 열람·등사를 신청할 수 있으며, 증거보전처분에 관한 서류 등의 열람·등사는 기소 전의 피의자도 신청할 수 있다. [국가7급 15]

166 (○) 제266조의3 제1항, 제185조 참조.

167 피고인 또는 변호인은 검사에게 공소제기된 사건에 관한 서류 또는 물건(이하 "서류 등")의 목록과 공소사실의 인정 또는 양형에 영향을 미칠 수 있는 다음 서류 등의 열람·등사 또는 서면의 교부를 신청할 수 있다. [경찰채용 12 변형]

167 (○) 제266조의3 제1항 본문

168 피고인 또는 변호인은 검사에게 공소제기된 사건에 관한 서류 또는 물건의 목록을 열람·등사 또는 서면의 교부를 신청할 수 있다. 다만, 피고인에게 변호인이 있는 경우에는 피고인은 열람만을 신청할 수 있다. [경찰채용 13] [법원9급 17]

168 (○) 제266조의3 제1항

169 피고인에게 변호인이 있는 경우, 피고인은 검사가 증거로 신청할 서류 등 공소사실의 인정 또는 양형에 영향을 미칠 수 있는 서류의 등사 또는 서면의 교부를 검사에게 신청할 수 없다. [국가7급 22]

해설+ 제266조의3 【공소제기 후 검사가 보관하고 있는 서류 등의 열람·등사】 ① 피고인 또는 변호인은 검사에게 공소제기된 사건에 관한 서류 또는 물건(이하 "서류등"이라 한다)의 목록과 공소사실의 인정 또는 양형에 영향을 미칠 수 있는 다음 서류등의 열람·등사 또는 서면의 교부를 신청할 수 있다. 다만, 피고인에게 변호인이 있는 경우에는 피고인은 열람만을 신청할 수 있다.
1. 검사가 증거로 신청할 서류등
2. 검사가 증인으로 신청할 사람의 성명·사건과의 관계 등을 기재한 서면 또는 그 사람이 공판기일 전에 행한 진술을 기재한 서류등
3. 제1호 또는 제2호의 서면 또는 서류등의 증명력과 관련된 서류등
4. 피고인 또는 변호인이 행한 법률상·사실상 주장과 관련된 서류등(관련 형사재판확정기록, 불기소처분기록 등을 포함한다)

169 (○) 피고인에게 변호인이 있는 경우, 피고인은 검사가 증거로 신청할 서류 등 공소사실의 인정 또는 양형에 영향을 미칠 수 있는 서류의 열람만 신청할 수 있다.

---

170 검사의 증거개시 범위에는 피고인 또는 변호인이 행한 법률상·사실상 주장과 관련된 서류 및 형사재판 확정기록, 불기소처분기록 등도 포함되며, 피고인에게 변호인이 있는 경우에도 피고인은 열람·등사 또는 서면의 교부를 신청할 수 있다. [경찰채용 12]

170 (×) '있다' → '없다'
다만, 피고인에게 변호인이 있는 경우에는 피고인은 열람만을 신청할 수 있다(제266조의3 제1항 단서).

---

171 검찰청이 보관하고 있는 불기소결정서는 수사기관 내부의 의사결정과정 또는 검토과정에 관한 문서로서, 이를 공개하면 수사에 관한 직무의 수행을 현저히 곤란하게 하므로 변호인의 열람·지정에 의한 공개의 대상이 될 수 없다. [국가9급 18]

해설+ 수사기관 내부의 의사결정과정 또는 검토과정에 있는 사항에 관한 문서도 아니고, 그 공개로써 수사에 관한 직무의 수행을 현저하게 곤란하게 하는 것도 아니므로, 변호인의 열람·지정에 의한 공개의 대상이 된다(대법원 2012.5.24, 2012도1284).

171 (×)

---

172 피고인 또는 변호인이 검사에 대하여 열람·등사를 신청할 수 있는 서류 중에 불기소처분기록은 제외된다. [법원승진 13]

172 (×) '제외' → '포함'
불기소처분기록 등을 포함한다. 제266조의3 제1항 참조.

173 피의자 또는 그 변호인은 검사 또는 사법경찰관이 수사 중인 사건에 관한 본인의 진술이 기재된 부분 및 본인이 제출한 서류의 전부 또는 일부에 대한 열람·복사를 신청할 수 있다. [변호사 23]

해설+ 수사준칙 제69조 【수사서류 등의 열람·복사】 ① 피의자, 사건관계인 또는 그 변호인은 검사 또는 사법경찰관이 수사 중인 사건에 관한 본인의 진술이 기재된 부분 및 본인이 제출한 서류의 전부 또는 일부에 대해 열람·복사를 신청할 수 있다.

173 (○) 수사준칙 제69조 제1항

174 검사는 국가안보, 증인보호의 필요성, 증거인멸의 염려, 관련 사건의 수사에 장애를 가져올 것으로 예상되는 구체적인 사유 등 열람·등사 또는 서면의 교부를 허용하지 아니할 상당한 이유가 있다고 인정하는 때에는 열람·등사 또는 서면의 교부를 거부하거나 그 범위를 제한할 수 있다. 이 경우에도 서류 등의 목록에 대하여는 열람 또는 등사를 거부할 수 없다. [경찰채용 13] [국가9급 18] [국가9급개론 18]

174 (○) 제266조의3 제2항·제5항

175 검사는 국가안보 등 열람·등사 또는 서면의 교부를 허용하지 아니할 상당한 이유가 있다고 인정하는 때에는 공소제기된 사건에 관한 서류 또는 물건의 목록에 대하여 피고인이 신청한 열람 또는 등사를 거부할 수 있다. [국가7급 22]

해설+ 제266조의3 【공소제기 후 검사가 보관하고 있는 서류 등의 열람·등사】 ② 검사는 국가안보, 증인보호의 필요성, 증거인멸의 염려, 관련 사건의 수사에 장애를 가져올 것으로 예상되는 구체적인 사유 등 열람·등사 또는 서면의 교부를 허용하지 아니할 상당한 이유가 있다고 인정하는 때에는 열람·등사 또는 서면의 교부를 거부하거나 그 범위를 제한할 수 있다.
⑤ 검사는 제2항에도 불구하고 서류등의 목록에 대하여는 열람 또는 등사를 거부할 수 없다.

175 (✕) 검사가 피고인 측의 열람·등사·서면교부 신청을 거부하거나 그 범위를 제한할 때에도 서류 등의 목록에 대한 열람·등사를 거부할 수는 없다. 제266조의3 제5항 참조.

176 검사는 국가안보, 증거인멸의 염려, 관련 사건의 수사에 장애를 가져올 것으로 예상되는 구체적 사유 등 열람·등사를 허용하지 아니할 상당한 이유가 있다고 인정하는 때에는 열람·등사를 거절할 수 있다. [법원9급 10]

176 (○) 제266조의3 제2항

177 검사·사법경찰관리와 그밖에 직무상 수사에 관계있는 자는 수사과정에서 수사와 관련하여 작성하거나 취득한 서류 또는 물건에 대한 목록을 빠짐없이 작성하여야 하며, 검사는 피해자 및 증인보호의 필요성이 있는 경우를 제외하고는 공소제기된 사건에 관한 서류 등의 목록에 대해서는 열람 또는 등사를 거부할 수 없다. [경찰채용 21 1차]

177 (×) 제198조 제3항, 제266조의3 제2항·제5항

해설+ 후단에서 검사는 피해자 및 증인보호의 필요성이 있는 경우라 할지라도, 서류등의 목록에 대하여는 열람 또는 등사를 거부할 수 없다(제266조의3 제5항). 전단은 제198조 제3항 참조.

제198조 【준수사항】 ③ 검사·사법경찰관리와 그밖에 직무상 수사에 관계있는 자는 수사과정에서 수사와 관련하여 작성하거나 취득한 서류 또는 물건에 대한 목록을 빠짐없이 작성하여야 한다. 〈신설 2011.7.18.〉

제266조의3 【공소제기 후 검사가 보관하고 있는 서류 등의 열람·등사】 ② 검사는 국가안보, 증인보호의 필요성, 증거인멸의 염려, 관련 사건이 수사에 장애를 가져올 것으로 예상되는 구체적인 사유 등 열람·등사 또는 서면의 교부를 허용하지 아니할 상당한 이유가 있다고 인정하는 때에는 열람·등사 또는 서면의 교부를 거부하거나 그 범위를 제한할 수 있다.
⑤ 검사는 제2항에도 불구하고 서류등의 목록에 대하여는 열람 또는 등사를 거부할 수 없다.

178 변호인이 공소제기된 사건에 관한 서류 또는 물건의 목록에 대한 열람·등사를 신청한 경우 검사는 국가안보 또는 증인보호의 필요성이 있다고 인정하는 때에는 그 열람·등사를 거부할 수 있다. [국가7급 09]

178 (×) '있다' → '없다'
서류등의 목록에 대하여는 열람 또는 등사를 거부할 수 없다(제266조의3 제5항).

179 검사는 열람·등사 또는 서면의 교부를 거부하거나 그 범위를 제한하는 때에는 신청을 받은 때로부터 24시간 이내에 그 이유를 서면으로 통지하여야 한다. [경찰채용 12 변형] [해경승진 23]

179 (×) '24시간 이내' → '지체 없이'

> **해설+** 제266조의3【공소제기 후 검사가 보관하고 있는 서류 등의 열람·등사】③ 검사는 열람·등사 또는 서면의 교부를 거부하거나 그 범위를 제한하는 때에는 지체 없이 그 이유를 서면으로 통지하여야 한다.

> **보충** 증거개시에서 24시간 이내는 아니고, 48시간 이내가 나오는 경우가 있다. 즉, 피고인 또는 변호인은 검사가 증거개시신청을 받은 때부터 48시간 이내에 열람·등사·서면교부 거부·제한의 이유를 서면으로 통지하지 아니하는 때에는 법원에 그 서류 등의 열람·등사·서면교부 허용을 신청할 수 있다(제266조의3 제4항).

> **정리** ㉠ 검사가 열람·등사·서면교부 거부·제한 시에는 지체 없이 그 이유를 서면으로 통지(제266조의3 제3항)
> ㉡ 검사가 피고인·변호인에게 증거개시 거부·제한사유를 48시간 이내 통지하지 아니하는 때에는 피고인·변호인은 법원에 허용신청(제266조의3 제4항)

> **해설+** 제266조의3【공소제기 후 검사가 보관하고 있는 서류 등의 열람·등사】① 피고인 또는 변호인은 검사에게 공소제기된 사건에 관한 서류 또는 물건(이하 "서류등"이라 한다)의 목록과 공소사실의 인정 또는 양형에 영향을 미칠 수 있는 다음 서류등의 열람·등사 또는 서면의 교부를 신청할 수 있다. 다만, 피고인에게 변호인이 있는 경우에는 피고인은 열람만을 신청할 수 있다.
> ③ 검사는 열람·등사 또는 서면의 교부를 거부하거나 그 범위를 제한하는 때에는 지체 없이 그 이유를 서면으로 통지하여야 한다.
> ④ 피고인 또는 변호인은 검사가 제1항의 신청을 받은 때부터 48시간 이내에 제3항의 통지를 하지 아니하는 때에는 제266조의4 제1항의 신청을 할 수 있다.
> 제266조의4【법원의 열람·등사에 관한 결정】① 피고인 또는 변호인은 검사가 서류등의 열람·등사 또는 서면의 교부를 거부하거나 그 범위를 제한한 때에는 법원에 그 서류등의 열람·등사 또는 서면의 교부를 허용하도록 할 것을 신청할 수 있다.

180 검사는 공소사실의 인정 또는 양형에 영향을 미칠 수 있는 서류 등의 열람·등사 또는 서면의 교부를 거부하거나 그 범위를 제한하는 때에는 지체 없이 피고인 또는 변호인에게 그 이유를 서면 또는 구두의 방법으로 통지하여야 한다. [국가7급 20]

180 (×) 제266조의3 제3항

181 피고인 또는 변호인이 공소제기 후 검사가 보관하고 있는 서류 등에 대하여 검사에게 그 열람·등사 또는 서면의 교부를 신청하였으나, 검사가 증인보호의 필요성 등의 이유를 들어 그 범위를 제한한 경우에도, 피고인 또는 변호인은 법원에 그 서류 등의 열람·등사 또는 서면의 교부를 허용하도록 할 것을 신청할 수 있다. [경찰채용 13] [국가9급 18] [국가9급개론 18] [법원9급 10]

181 (○) 제266조의4 제1항

182 「형사소송법」은 검사의 열람·등사 거부처분에 대한 법원의 열람·등사 허용결정에 대하여 검사의 즉시항고등 불복절차를 별도로 규정하고 있다.

[국가7급 15]

182 (×) '있다' → '있지 않다'

> **해설+** 법원의 열람·등사 허용결정에 대한 보통항고를 규정한 별도의 명문규정은 없다.

183 법원의 증거개시에 관한 결정에 대하여는 집행정지의 효력이 있는 즉시항고를 할 수 있다.

[경찰채용 14]

183 (×) '있다' → '없다'

> **해설+** 즉시항고와 보통항고 모두 할 수 없다(대법원 2013.1.24, 2012모1393).

184 검사, 피고인 또는 변호인이 열람·등사 또는 서면의 교부에 관한 법원의 결정을 지체 없이 이행하지 아니하는 때에도 해당 증인 및 서류 등에 대한 증거신청을 할 수 있다.

[경찰채용 12] [국가9급 18] [국가9급개론 18]

184 (×) '있다' → '없다'
제266조의4 제5항, 제266조의11
제4항 참조.

185 「형사소송법」 제266조의4 제5항은 검사가 수사서류의 열람·등사에 관한 법원의 허용결정을 지체 없이 이행하지 아니하는 때에는 해당 증인 및 서류 등에 대한 증거신청을 할 수 없도록 규정하고 있다. 이는 검사가 그와 같은 불이익을 감수하기만 하면 법원의 열람·등사 결정을 따르지 않을 수도 있다는 의미이다.

[경찰채용 13]

185 (×) '의미이다' → '의미는 아니다'

> **해설+** 법치국가와 권력분립의 원칙상 검사로서는 당연히 법원의 그러한 결정에 지체 없이 따라야 할 것이다(헌법재판소 2010.6.24, 2009헌마257).

186 피고인 또는 변호인이 공판기일이나 공판준비절차에서 현장부재·심신상실 또는 심신미약의 주장을 한 때에 검사는 피고인 또는 변호인에게 증거로 신청할 서류 등의 열람·등사 또는 서면의 교부를 요구할 수 있다.

[경찰채용 14]

186 (○) 제266조의11 제1항 참조.

187 피고인이 공판준비절차에서 현장부재의 주장을 한 경우, 검사는 피고인에게 증거로 신청할 서류와 그 서류의 증명력에 관련된 서류의 교부를 요구할 수 있다. [국가7급 22]

187 (○) 제266조의11 제1항 참조.

> **해설+** 제266조의11【피고인 또는 변호인이 보관하고 있는 서류등의 열람·등사】① 검사는 피고인 또는 변호인이 공판기일 또는 공판준비절차에서 현장부재·심신상실 또는 심신미약 등 법률상·사실상의 주장을 한 때에는 피고인 또는 변호인에게 다음 서류등의 열람·등사 또는 서면의 교부를 요구할 수 있다.
> 1. 피고인 또는 변호인이 증거로 신청할 서류등
> 2. 피고인 또는 변호인이 증인으로 신청할 사람의 성명, 사건과의 관계 등을 기재한 서면
> 3. 제1호의 서류등 또는 제2호의 서면의 증명력과 관련된 서류등
> 4. 피고인 또는 변호인이 행한 법률상·사실상의 주장과 관련된 서류등

5 공판정의 심리

 대표유형

피고인과 변호인이 재판장의 허가 없이 퇴정하더라도 필요적 변호사건에서는 피고인과 변호인의 재정 없이 심리·판결할 수 없다. [국가7급 11]

(×) '없다' → '있다'

> **해설+** 피고인 측의 방어권의 남용 내지 변호권의 포기로 볼 수밖에 없는 것이므로 수소법원으로서는 제330조에 의하여 피고인이나 변호인의 재정 없이도 심리판결할 수 있다(대법원 1991.6.28, 91도865).

대표유형

피고인이 출석하지 아니하면 개정하지 못하는 경우에는 구속된 피고인이 정당한 사유 없이 공판정 출석을 거부하고, 교도관에 의한 인치가 불가능하거나 현저히 곤란하다고 인정되는 때에도 피고인의 출석 없이 공판절차를 진행하였다면 위법하다. [국가9급 21]

(×)

> **해설+** 제277조의2【피고인의 출석거부와 공판절차】① 피고인이 출석하지 아니하면 개정하지 못하는 경우에 구속된 피고인이 정당한 사유 없이 출석을 거부하고, 교도관에 의한 인치가 불가능하거나 현저히 곤란하다고 인정되는 때에는 피고인의 출석 없이 공판절차를 진행할 수 있다.

188 검사가 공판기일의 통지를 2회 이상 받고 출석하지 아니하거나 판결만을 선고하는 때에는 검사의 출석 없이도 개정할 수 있다. [법원9급 15]

188 (○) 검사가 2회 이상 불출석한 경우와 판결선고기일에는 불출석재판이 가능하다. 제278조 참조.

189 피고인의 귀책사유에 의하지 않고 공판기일에 피고인이 출석하지 못한 경우에는 피고인이 출석하지 아니한 대로 그 진술 없이 판결할 수 없다.

[경찰채용 15]

189 (○) 피고인이 공판기일에 출석하지 아니한 때에는 특별한 규정이 없으면 개정하지 못한다(제276조 본문).

190 피고인이 공판기일에 출석하지 아니한 가운데 제1심의 절차가 진행되었다면 위법한 공판절차에서 이루어진 소송행위로서 효력이 없다.

[경찰채용 15] [국가9급 18]

190 (○) 대법원 2014.4.24, 2013도9498

191 (위 지문에서) 항소심은 피고인 또는 변호인에게 공소장부본을 송달하고 적법한 절차에 의하여 소송행위를 새로이 한 후 항소심에서의 진술과 증거조사 등 심리결과에 기초하여 다시 판결하여야 한다.

[경찰채용 15]

191 (○) 대법원 2014.4.24, 2013도9498

192 피고인이 법인인 경우에는 법인의 대표자 또는 특별대리인이 출석하여야 하고 그의 출석 없이는 개정할 수 없음이 원칙이나, 실무자 등 대리인을 출석시켜 개정할 수도 있다.

[법원9급 15]

192 (○) 제27조 제1항, 제28조 제1항, 제276조 참조.

193 장기 3년 이하의 징역 또는 금고, 다액 500만 원을 초과하는 벌금 또는 구류에 해당하는 사건에서 피고인의 불출석허가신청으로 법원이 이를 허가하고 판결을 선고하는 때는 피고인의 출석 없이 개정할 수 있다.

[국가9급 18] [법원9급 08] [법원승진 11]

193 (×) '있다' → '없다'
인정신문기일·판결선고기일에는 출석을 요한다. 제277조 제3호 참조.

194 장기 3년 이하의 징역 또는 금고, 다액 500만 원을 초과하는 벌금 또는 구류에 해당하는 사건에서 피고인의 불출석허가신청이 있고 법원이 피고인의 불출석이 그의 권리를 보호함에 지장이 없다고 인정하여 이를 허가한 사건에서는 인정신문기일도 판결을 선고하는 공판기일을 제외하고는 피고인의 출석 없이 공판절차를 진행할 수 있다.

[법원승진 09]

194 (×) '있다' → '없다'

해설+ 판결선고기일뿐만 아니라 인정신문기일도 불출석허용기일에서 제외되므로, 틀린 지문이다. 제284조에 의한 인정신문절차나 판결을 선고하는 공판기일에는 출석하여야 한다. 제277조 제3호 참조.

195 다액 500만 원 이하의 벌금, 구류 또는 과료에 해당하는 사건에서는 인정 신문 시에도 피고인의 출석은 공판개정 요건이 아니다. [국가9급 09]

195 (×) '구류' → 삭제

> **해설+** 다액 500만 원 이하의 벌금 또는 과료만 피고인의 출석이 공판개정 요건이 아닌 경우에 해당하고, 구류는 이에 해당하지 아니한다(제277조 제1호).

196 다액 500만원 이하의 벌금 또는 과료에 해당하는 사건에서 법원이 피고인 을 소환하는 경우, 피고인을 대신하여 대리인이 출석할 수 있다.

[국가9급 18 변형] [군무원9급 22]

196 (○) 경미한 사건과 피고인에게 유리한 재판을 하는 경우에는 피고인의 불출석재판 및 대리인 출석이 가능하다. 지문은 경미한 사건에 해당한다(제277조 제1호).

> **예외** 피고인에게 유리한 재판임에도 대리인 출석이 허용되지 아니하는 경우 : 의사무능력·질병 이고 무죄·형면제의 재판이 명백한 경우(제306조 제4항)

> **해설+** 제277조 【경미사건 등과 피고인의 불출석】 다음 각 호의 어느 하나에 해당하는 사건에 관하여는 피고인의 출석을 요하지 아니한다. 이 경우 피고인은 대리인을 출석하게 할 수 있다.
> 1. 다액 500만원 이하의 벌금 또는 과료에 해당하는 사건
> 2. 공소기각 또는 면소의 재판을 할 것이 명백한 사건
> 3. 장기 3년 이하의 징역 또는 금고, 다액 500만원을 초과하는 벌금 또는 구류에 해당하는 사건에서 피고인의 불출석허가신청이 있고 법원이 피고인의 불출석이 그의 권리를 보호함에 지장이 없다고 인정하여 이를 허가한 사건. 다만, 제284조에 따른 절차를 진행하거나 판결을 선고하는 공판기일에는 출석하여야 한다.
> 4. 제453조 제1항에 따라 피고인만이 정식재판의 청구를 하여 판결을 선고하는 사건

> **비교** 피고인의 의사무능력(제306조 제1항) 또는 질병(동조 제2항)으로 인하여 출정할 수 없는 경우에는 무죄, 면소, 형의 면제 또는 공소기각의 재판을 할 것이 명백한 때에도 피고인의 불출석재판이 가능하다(동조 제4항). 이 또한 피고인에게 유리한 재판을 하는 경우이다. 이 중에서 공소기각·면소의 재판을 할 것이 명백한 경우에는 대리인 출석도 가능하다(제277조 제2호). 다만, 무죄·형면제의 재판을 할 것이 명백한 경우에는 명문의 규정이 없으므로, 대리인 출석은 허용되지 아니한다.

> **해설+** 제306조 【공판절차의 정지】 ① 피고인이 사물의 변별 또는 의사의 결정을 할 능력이 없는 상태에 있는 때에는 법원은 검사와 변호인의 의견을 들어서 결정으로 그 상태가 계속하는 기간 공판절차를 정지하여야 한다.
> ② 피고인이 질병으로 인하여 출정할 수 없는 때에는 법원은 검사와 변호인의 의견을 들어서 결정으로 출정할 수 있을 때까지 공판절차를 정지하여야 한다.
> ③ 전2항의 규정에 의하여 공판절차를 정지함에는 의사의 의견을 들어야 한다.
> ④ 피고사건에 대하여 무죄, 면소, 형의 면제 또는 공소기각의 재판을 할 것으로 명백한 때에는 제1항, 제2항의 사유 있는 경우에도 피고인의 출정 없이 재판할 수 있다.

> **정리** ㉠ 경미사건, 유리한 재판의 경우에는 피고인의 불출석재판 및 대리인 출석 가능
> ㉡ 의사무능력·질병＋무죄·형면제 명백＝대리인 출석 불가

197 피고인의 출석은 공판개정의 요건이나, 공소기각 또는 면소의 재판을 할 것이 명백한 사건에 관하여는 피고인의 출석을 요하지 않는다.

[경찰채용 13]

197 (○) 제276조, 제277조 제2호

198 공소기각 또는 면소의 재판을 할 것이 명백한 사건인 경우에 피고인은 대리인을 출석하게 할 수 있다. [국가9급 09] [법원9급 18]

198 (○) 제277조 참조.

199 피고인이 질병으로 인하여 출정할 수 없는 경우에도 피고사건에 관하여 무죄 · 면소 · 공소기각의 재판을 할 것이 명백한 경우에는 공판심리를 정지하지 아니하고 피고인의 출정 없이 재판할 수 있다. 다만, 유죄판결의 일종인 형 면제의 판결을 하는 경우에 위와 같은 불출석개정은 허용되지 아니한다.

[경찰채용 15]

199 (×) '허용되지 아니한다' → '허용된다'(제306조 제4항)

200 피고인이 재판장의 퇴정명령에 의하여 출석하지 않은 때는 증거동의가 의제되지 아니한다는 것이 통설적 견해이다. [법원9급 10]

주의 판례는 이와 달리 방어권남용설에 의하여 증거동의 의제를 인정한다.

200 (○) 피고인의 귀책사유를 인정할 수 없으므로 증거동의가 의제되지 않는다고 보는 것이 통설이다.

201 피고인이 출석하지 아니하면 개정하지 못하는 경우에 구속된 피고인이 정당한 사유 없이 출석을 거부하고, 교도관에 의한 인치가 불가능하거나 현저히 곤란하다고 인정되는 때는 피고인의 출석 없이 개정할 수 있다.

[법원9급 08] [법원승진 11]

201 (○) 제277조의2 제1항 참조.

202 피고인이 출석하지 아니하면 개정하지 못하는 경우에도 구속된 피고인이 정당한 사유 없이 출석을 거부한다면, 교도관에 의한 인치가 불가능하거나 현저히 곤란한 사정이 없다고 하여도, 출석한 검사와 변호인의 동의가 있는 이상 피고인의 출석 없이 공판절차를 진행할 수 있다. [법원9급 15·18]

202 (×) '없다고 하여도' → '인정되는 때에'(제277조의2 제1항)

203 피고인이 출석하지 아니하면 개정하지 못하는 경우에 구속된 피고인이 정당한 사유 없이 출석을 거부하고, 교도관에 의한 인치가 불가능하거나 현저히 곤란하다고 인정되는 때에는 피고인의 출석 없이 공판절차를 진행할 수 있다. 이 경우에는 출석한 검사 및 변호인의 의견을 들어야 한다.

[법원9급 22]

해설+ 제277조의2【피고인의 출석거부와 공판절차】① 피고인이 출석하지 아니하면 개정하지 못하는 경우에 구속된 피고인이 정당한 사유 없이 출석을 거부하고, 교도관에 의한 인치가 불가능하거나 현저히 곤란하다고 인정되는 때에는 피고인의 출석 없이 공판절차를 진행할 수 있다.
② 제1항의 규정에 의하여 공판절차를 진행할 경우에는 출석한 검사 및 변호인의 의견을 들어야 한다.

203 (○) 제277조의2 제1항·제2항 참조.

204 사형, 무기 또는 장기 10년이 넘는 징역이나 금고에 해당하는 사건을 제외하고, 제1심 공판절차에서 피고인에 대한 송달불능보고서가 접수된 후 6월이 경과하도록 피고인의 소재를 확인할 수 없으면 2회 공시송달 후 궐석재판을 진행할 수 있다.

[국가9급 18]

204 (○) 소촉법 제23조

205 피고인 주소지에 피고인이 거주하지 아니한다는 이유로 구속영장이 여러 차례에 걸쳐 집행불능되어 반환된 바 있었다면 이를 소송촉진 등에 관한 특례법이 정한 '송달불능보고서의 접수'로 볼 수 있다.

[법원9급 16]

205 (×) '있다' → '없다'(대법원 2014.10.16, 2014모1557)

206 소재탐지불능보고서의 경우는 경찰관이 직접 송달주소를 방문하여 거주자나 인근 주민 등에 대한 탐문 등의 방법으로 피고인의 소재 여부를 확인하므로 송달불능보고서보다 더 정확하게 피고인의 소재 여부를 확인할 수 있기 때문에 송달불능보고서와 동일한 기능을 한다고 볼 수 있으므로, 소재탐지불능보고서의 접수는 소송촉진 등에 관한 특례법이 정한 '송달불능보고서의 접수'로 볼 수 있다.

[국가7급 23]

206 (○)

해설+ 소송촉진 등에 관한 특례법 제23조와 같은 법 시행규칙 제19조 제1항에 의하면, 피고인의 소재를 확인하기 위하여 필요한 조치를 취하였음에도 불구하고 피고인에 대한 송달불능보고서가 접수된 때로부터 6월이 경과하도록 피고인의 소재가 확인되지 아니한 때에 비로소 공시송달의 방법에 의하도록 하고 있는데, 피고인 주소지에 피고인이 거주하지 아니한다는 이유로 구속영장이 여러 차례에 걸쳐 집행불능되어 반환된 바 있었다고 하더라도 이를 소송촉진 등에 관한 특례법이 정한 '송달불능보고서의 접수'로 볼 수는 없다. 반면에 소재탐지불능보고서의 경우는 경찰관이 직접 송달주소를 방문하여 거주자나 인근 주민 등에 대한 탐문 등의 방법으로 피고인의 소재 여부를 확인하므로 송달불능보고서보다 더 정확하게 피고인의 소재 여부를 확인할 수 있기 때문에 송달불능보고서와 동일한 기능을 한다고 볼 수 있으므로 소재탐지불능보고서의 접수는 소송촉진 등에 관한 특례법이 정한 '송달불능보고서의 접수'로 볼 수 있다(대법원 2014.10.16, 2014모1557).

207 항소심에서 적법한 공판기일 소환장을 받고도 피고인이 공판기일에 출정하지 아니한 때에는 다시 기일을 정하여야 하고, 피고인이 정당한 사유 없이 다시 정한 기일에 출정하지 아니한 때에는 피고인의 진술 없이 판결할 수 있다. [국가7급 11] [국가9급 18] [법원9급 10] [법원승진 11]

보충 이는 약식명령에 대하여 정식재판을 청구한 피고인의 경우에도 같다(제458조 제2항).

207 (○) 항소심에서는 2회 연속 불출석 시에 불출석재판이 가능하다(제365조).

208 항소심에서 피고인이 제1회 공판기일에는 소환장을 적법하게 송달받고도 불출석하였다가 제2회 공판기일에는 출석하였으나, 제3회 공판기일에 소환장을 적법하게 송달받고도 다시 불출석하였다면, 피고인의 출석 없이 제3회 공판기일을 개정할 수 있다. [법원9급 18]

208 (×) '있다' → '없다'
2회 연속으로 정당한 이유 없이 출정하지 아니한 경우에 해당하여야 한다(대법원 2006.2.23, 2005도9291).

209 피고인이 제1심에서 도로교통법 위반(음주운전)죄로 유죄판결을 받고 항소한 후 항소심 제1회, 제2회 공판기일에 출석하였고, 제3회 공판기일에 변호인만이 출석하고 피고인은 건강상 이유를 들어 출석하지 않았으나, 제4회 공판기일에 변호인과 함께 출석하자 원심은 변론을 종결하고 제5회 공판기일인 선고기일을 지정하여 고지하였는데, 피고인과 변호인이 모두 제5회 공판기일에 출석하지 아니하자 항소심이 피고인의 출석 없이 공판기일을 개정하여 피고인의 항소를 기각하는 판결을 선고한 것은 적법하다. [법원9급 22]

209 (×)

해설+ 피고인이 고지된 선고기일인 제5회 공판기일에 출석하지 않았더라도 제4회 공판기일에 출석한 이상 2회 연속으로 정당한 이유 없이 출정하지 않은 경우에 해당하지 않아 형사소송법 제365조 제2항에 따라 제5회 공판기일을 개정할 수 없다. 따라서 피고인의 출석 없이 제5회 공판기일을 개정하여 판결을 선고한 원심의 조치에 소송절차에 관한 형사소송법 제365조에 반하여 판결에 영향을 미친 잘못이 있다(대법원 2019.10.31, 2019도5426).

210 피고인이 항소심 제1회, 제2회 공판기일에는 출석하였으나 제3회 공판기일에는 건강상 이유로 불출석하였고, 제4회 공판기일에는 변호인과 함께 출석하였으나 다시 제5회 공판기일인 선고기일에 불출석한 경우, 피고인이 2회 연속으로 정당한 이유 없이 출정하지 않은 경우에 해당하므로 항소심 법원은 제5회 공판기일을 개정하여 판결을 선고할 수 있다. [국가7급 22]

210 (×)

해설+ 피고인이 고지된 선고기일인 제5회 공판기일에 출석하지 않았더라도 제4회 공판기일에 출석한 이상 2회 연속으로 정당한 이유 없이 출정하지 않은 경우에 해당하지 않아 형사소송법 제365조 제2항에 따라 제5회 공판기일을 개정할 수 없다. 그런데도 피고인의 출석 없이 제5회 공판기일을 개정하여 판결을 선고한 원심의 조치에는 소송절차에 관한 형사소송법 제365조에 반하여 판결에 영향을 미친 잘못이 있다(대법원 2019.10.31, 2019도5426).

보충 항소심에서도 피고인의 출석 없이는 개정하지 못하는 것이 원칙이다(형사소송법 제370조, 제276조). 다만 피고인이 항소심 공판기일에 출정하지 않아 다시 기일을 정하였는데도 정당한 사유 없이 그 기일에도 출정하지 않은 때에는 피고인의 진술 없이 판결할 수 있다(형사소송법 제365조). 이와 같이 피고인이 불출석한 상태에서 그 진술 없이 판결할 수 있기 위해서는 피고인이 적법한 공판기일 통지를 받고서도 2회 연속으로 정당한 이유 없이 출정하지 않은 경우에 해당하여야 한다(위 판례).

211 항소심에서도 피고인이 불출석한 상태에서 그 진술 없이 판결하기 위해서는 피고인이 적법한 공판기일 통지를 받고서도 2회 연속으로 정당한 이유 없이 출정하지 않은 경우에 해당하여야 하는데, 이때 '적법한 공판기일 통지'란 소환장의 송달(형사소송법 제76조) 및 소환장 송달의 의제(형사소송법 제268조)의 경우에 한정된다. [법원9급 23]

211 (×) 피고인 불출석재판 진행이 가능한 경우인 항소심에서의 2회 연속 불출석 조항(법 제365조)에서 "다시 기일을 정하였는데도"의 의미에는 소환장 송달, 소환장 송달의 의제뿐만 아니라 공판기일변경명령 송달의 경우도 포함된다.

해설+ 항소심에서도 피고인의 출석 없이 개정하지 못하는 것이 원칙이지만(형사소송법 제370조, 제276조), 피고인이 항소심 공판기일에 출정하지 않아 다시 기일을 정하였는데도 정당한 사유 없이 그 기일에도 출정하지 않은 때에는 피고인의 진술 없이 판결할 수 있다(형사소송법 제365조). 이와 같이 피고인이 불출석한 상태에서 그 진술 없이 판결하기 위해서는 피고인이 적법한 공판기일 통지를 받고서도 2회 연속으로 정당한 이유 없이 출정하지 않은 경우에 해당하여야 한다. 이때 '적법한 공판기일 통지'란 소환장의 송달(형사소송법 제76조) 및 소환장 송달의 의제(형사소송법 제268조)의 경우에 한정되는 것이 아니라 적어도 피고인의 이름·죄명·출석일시·출석장소가 명시된 공판기일 변경명령을 송달받은 경우(형사소송법 제270조)도 포함된다(대법원 2022.11.10, 2022도7940).

보충 제76조【소환장의 송달】① 소환장은 송달하여야 한다.
② 피고인이 기일에 출석한다는 서면을 제출하거나 출석한 피고인에 대하여 차회기일을 정하여 출석을 명한 때에는 소환장의 송달과 동일한 효력이 있다.
③ 전항의 출석을 명한 때에는 그 요지를 조서에 기재하여야 한다.
④ 구금된 피고인에 대하여는 교도관에게 통지하여 소환한다.
⑤ 피고인이 교도관으로부터 소환통지를 받은 때에는 소환장의 송달과 동일한 효력이 있다.

제268조【소환장 송달의 의제】법원의 구내에 있는 피고인에 대하여 공판기일을 통지한 때에는 소환장 송달의 효력이 있다.

제270조【공판기일의 변경】① 재판장은 직권 또는 검사, 피고인이나 변호인의 신청에 의하여 공판기일을 변경할 수 있다.
② 공판기일 변경신청을 기각한 명령은 송달하지 아니한다.

212 약식명령에 대해 정식재판을 청구한 피고인이 정식재판절차의 공판기일에 2회 이상 출석하지 아니한 때는 피고인의 출석 없이 개정할 수 있다.

[법원9급 08] [법원승진 11]

> **보충** 위 지문의 의미는 2회 연속 불출석으로 새길 것

212 (○) 제458조, 제365조 참조.

213 약식명령에 대하여 피고인만이 정식재판의 청구를 하여 판결을 선고하는 사건에 관하여는 피고인의 출석을 요하지 아니한다.

[국가9급 15] [법원승진 09]

213 (○) 제277조 제4호 참조.

214 피고인의 출정 없이 증거조사를 할 수 있는 경우 피고인이 출정하지 아니한 때에는, 피고인의 대리인 또는 변호인이 출정하여도 피고인이 증거로 함에 동의한 것으로 간주한다.

[법원9급 10] [변호사 23 변형]

> **보충** 증거동의의 의제: ㉠ 피고인의 불출석재판(단, 대리인·변호인 출석 시 예외), ㉡ 간이공판절차(단, 검사·피고인·변호인 이의 시 예외).

214 (×) '간주한다' → '간주되지 않는다'
피고인의 불출석재판 시에는 증거동의가 의제되나, 대리인·변호인이 출정한 때에는 예외로 한다. 제318조 제2항 참조.

215 국선변호인이 선정된 사건에 관하여는 원칙적으로 변호인 없이 개정하지 못한다.

[국가9급 14]

215 (○) 제282조

216 필요적 변호사건과 국선변호사건에 있어서는 변호인 없이 개정하지 못한다.

[국가9급 09]

216 (○) 제282조 참조.

217 「형사소송법」 제282조에 규정된 필요적 변호사건에 해당하는 사건에서 제 1심의 공판절차가 변호인 없이 이루어진 경우, 그와 같은 위법한 공판절차에서 이루어진 소송행위는 무효이므로 항소심은 소송행위를 새로이 함이 없이 위법한 제1심판결을 파기하고 사건을 제1심법원으로 환송하여야 한다.

[국가7급 23]

217 (×)

해설+ 형사소송법 제282조에 규정된 필요적 변호사건에 해당하는 사건에서 제1심의 공판절차가 변호인 없이 이루어진 경우, 그와 같은 위법한 공판절차에서 이루어진 소송행위는 무효이므로, 이러한 경우에는 항소심으로서는 변호인이 있는 상태에서 소송행위를 새로이 한 후 위법한 제1심판결을 파기하고, 항소심에서의 진술 및 증거조사 등 심리결과에 기하여 다시 판결하여야 한다(대법원 1995.4.25, 94도2347).

218 필요적 변호사건임에도 불구하고 제1심의 공판절차가 변호인 없이 이루어진 경우라도 항소심에서 변호인을 선임하였다면 제1심의 증거조사는 무효가 되지 않는다.

[해경승진 23]

218 (×)

해설+ 형사소송법 제282조에 규정된 필요적 변호사건에 해당하는 사건에서 제1심의 공판절차가 변호인 없이 이루어진 경우, 그와 같은 위법한 공판절차에서 이루어진 소송행위는 무효이므로, 이러한 경우에는 항소심으로서는 변호인이 있는 상태에서 소송행위를 새로이 한 후 위법한 제1심판결을 파기하고, 항소심에서의 진술 및 증거조사 등 심리결과에 기하여 다시 판결하여야 한다(대법원 1995.4.25, 94도2347).

219 필요적 변호사건에서 변호인 없이 개정하여 심리를 진행한 다음 무죄판결을 한 경우, 이는 소송절차의 법령위반에 해당하므로 당해 판결은 무효이다.

[국가9급 23]

219 (×)

해설+ 필요적 변호사건에서 변호인 없이 개정하여 심리를 진행하고 판결한 것은 소송절차의 법령위반에 해당하지만 피고인의 이익을 위하여 만들어진 필요적 변호의 규정 때문에 피고인에게 불리한 결과를 가져오게 할 수는 없으므로 그와 같은 법령위반은 무죄판결에 영향을 미친 것으로는 되지 아니한다(대법원 2003.3.25, 2002도5748).

220 변호인이 출정하지 아니한 가운데 재심피고인이 재심의 판결 전에 회복할 수 없는 심신장애자로 된 때는 피고인의 출석 없이 개정할 수 있다.

[법원9급 08] [법원승진 11]

220 (×) '있다' → '없다'

해설+ 재심피고인이 재심의 판결 전에 회복할 수 없는 심신장애인으로 된 경우, 변호인이 출정하였다면 피고인의 출정 없이 개정하여 심판할 수 있으나, 변호인이 출정하지 않았다면 피고인의 출정 없이 개정하여 심판할 수 없다. 제277조의2 제1항, 제438조 제2항 제2호·제3항 참조.

221 필요적 변호사건에서 변호인이 없음에도 불구하고 법원이 공판기일을 개정하여 심리를 진행하였다면 그 공판절차에서 이루어진 소송행위는 무효이다. [국가9급 14]

221 (○) 대법원 1999.4.23, 99도915

222 국선변호인이 선정된 사건에서 변호인이 출석 없이는 판결을 선고할 수 없다. [국가9급 14]

222 (×) '는 → '도, '없다 → '있다 판결만을 선고하는 경우에는 예외이다(제282조 단서).

223 법원은 검사, 피고인 또는 변호인의 신청이 있는 경우에는 전문심리위원을 지정하여 소송절차에 참여하게 하여야 한다. [국가7급 20]

223 (×)

해설+ 제279조의2【전문심리위원의 참여】① 법원은 소송관계를 분명하게 하거나 소송절차를 원활하게 진행하기 위하여 필요한 경우에는 직권으로 또는 검사, 피고인 또는 변호인의 신청에 의하여 결정으로 전문심리위원을 지정하여 공판준비 및 공판기일 등 소송절차에 참여하게 할 수 있다.

224 전문심리위원은 공판기일에 한하여 재판장의 허가를 받아 피고인 또는 변호인, 증인 또는 감정인 등 소송관계인에게 소송관계를 분명하게 하기 위하여 필요한 사항에 관하여 의견을 진술하거나 직접 질문할 수 있지만 재판의 합의에 참여하는 것은 허용되지 않는다. [국가9급 23]

224 (×) 전문심리위원은 공판준비 및 공판기일 등 소송절차에 참여하게 할 수 있다.

해설+ 제279조의2【전문심리위원의 참여】① 법원은 소송관계를 분명하게 하거나 소송절차를 원활하게 진행하기 위하여 필요한 경우에는 직권으로 또는 검사, 피고인 또는 변호인의 신청에 의하여 결정으로 전문심리위원을 지정하여 공판준비 및 공판기일 등 소송절차에 참여하게 할 수 있다.
② 전문심리위원은 전문적인 지식에 의한 설명 또는 의견을 기재한 서면을 제출하거나 기일에 전문적인 지식에 의하여 설명이나 의견을 진술할 수 있다. 다만, 재판의 합의에는 참여할 수 없다.
③ 전문심리위원은 기일에 재판장의 허가를 받아 피고인 또는 변호인, 증인 또는 감정인 등 소송관계인에게 소송관계를 분명하게 하기 위하여 필요한 사항에 관하여 직접 질문할 수 있다.

225 전문심리위원은 기일에 재판장의 허가를 받아 피고인 또는 변호인, 증인 또는 감정인 등 소송관계인에게 소송관계를 분명하게 하기 위하여 필요한 사항에 관하여 직접 질문할 수 있다. [법원9급 13]

225 (○) 제279조의2 제3항 참조.

226 법원은 소송관계를 분명하게 하기 위해 직권 또는 검사, 피고인 또는 변호인의 신청으로 전문심리위원을 지정하여 소송절차에 참여하게 할 수 있으며, 이러한 전문심리위원은 재판장의 허가를 받으면 피고인, 변호인, 증인 등 소송관계인에게 필요한 사항에 관하여 직접 질문할 수 있다. [국가9급 21]

226 (○) 제279조의2 제1항·제3항

227 법원은 전문심리위원에 관한 규정들을 지켜야 하고, 이를 준수함에 있어서도 전문심리위원과 관련된 절차진행 등에 관한 사항을 당사자에게 적절한 방법으로 적시에 통지하여 당사자의 참여기회가 실질적으로 보장될 수 있도록 세심한 배려를 하여야 한다. [국가7급 20 변형] [국가9급 23]

227 (○)

> **해설+** 형사재판의 담당 법원은 전문심리위원에 관한 위 각각의 규정들을 지켜야 하고 이를 준수함에 있어서도 적법절차원칙을 특별히 강조하고 있는 헌법 제12조 제1항을 고려하여 전문심리위원과 관련된 절차진행 등에 관한 사항을 당사자에게 적절한 방법으로 적시에 통지하여 당사자의 참여기회가 실질적으로 보장될 수 있도록 세심한 배려를 하여야 한다(대법원 2019.5.30, 2018도19051).

228 법원은 전문심리위원이 제출한 서면이나 전문심리위원의 설명 또는 의견의 진술에 관하여 검사, 피고인 또는 변호인에게 구술 또는 서면에 의한 의견진술의 기회를 주어야 한다. [국가9급 23]

228 (○) 제279조의2 제4항

> **해설+** 제279조의2 【전문심리위원의 참여】 ④ 법원은 제2항에 따라 전문심리위원이 제출한 서면이나 전문심리위원의 설명 또는 의견의 진술에 관하여 검사, 피고인 또는 변호인에게 구술 또는 서면에 의한 의견진술의 기회를 주어야 한다.

229 제척 또는 기피 신청이 있는 전문심리위원은 그 신청에 관한 결정이 확정될 때까지 그 신청이 있는 사건의 소송절차에 참여할 수 없다. 이 경우 전문심리위원은 해당 제척 또는 기피 신청에 대하여 의견을 진술할 수 있다. [국가9급 23]

229 (○) 제279조의5 제2항

> **해설+** 제279조의5 【전문심리위원의 제척 및 기피】 ① 제17조부터 제20조까지 및 제23조는 전문심리위원에게 준용한다.
> ② 제척 또는 기피 신청이 있는 전문심리위원은 그 신청에 관한 결정이 확정될 때까지 그 신청이 있는 사건의 소송절차에 참여할 수 없다. 이 경우 전문심리위원은 해당 제척 또는 기피 신청에 대하여 의견을 진술할 수 있다.

230 법원은 검사와 피고인 또는 변호인이 합의하여 전문심리위원의 참여결정을 취소할 것을 신청한 때에는 그 결정을 취소하여야 한다.

[국가7급 20] [법원9급 13]

230 (○) 제279조의3 제2항 참조.

231 재판장은 소송관계인이 진술 또는 신문이 중복된 사항이거나 그 소송에 관계없는 사항인 때에는 소송관계인의 본질적인 권리를 해하지 않는 범위 안에서 이를 제한할 수 있다.

[국가9급 13]

231 (○) 불필요한 변론등의 제한에 관한 내용이다(제299조).

232 항소심 재판장은 검사 또는 변호인이 피고인 신문을 실시하는 경우에도 제1심의 피고인신문과 중복되거나 항소이유의 당부를 판단하는 데 필요 없다고 인정하는 때에는 그 신문의 전부 또는 일부를 제한할 수 있다.

[법원9급 21]

232 (○) 규칙 제156조의6 제2항

233 항소심 재판장이 피고인신문을 하겠다는 의사를 표시한 변호인에게 일체의 피고인신문을 허용하지 않는 것은 변호인의 피고인신문권에 관한 본질적 권리를 해하는 것에 해당하지 않는다.

[법원9급 21]

233 (×)

해설+ 형사소송법 제370조, 제296조의2 제1항 본문은 "검사 또는 변호인은 증거조사 종료 후에 순차로 피고인에게 공소사실 및 정상에 관하여 필요한 사항을 신문할 수 있다."라고 규정하고 있으므로, 변호인의 피고인신문권은 변호인의 소송법상 권리이다. 한편 재판장은 검사 또는 변호인이 항소심에서 피고인신문을 실시하는 경우 제1심의 피고인신문과 중복되거나 항소이유의 당부를 판단하는 데 필요 없다고 인정하는 때에는 그 신문의 전부 또는 일부를 제한할 수 있으나(형사소송규칙 제156조의6 제2항) 변호인의 본질적 권리를 해할 수는 없다(형사소송법 제370조, 제299조 참조). 따라서 재판장은 변호인이 피고인을 신문하겠다는 의사를 표시한 때에는 피고인을 신문할 수 있도록 조치하여야 하고, 변호인이 피고인을 신문하겠다는 의사를 표시하였음에도 변호인에게 일체의 피고인신문을 허용하지 않은 것은 변호인의 피고인신문권에 관한 본질적 권리를 해하는 것으로서 소송절차의 법령위반에 해당한다(대법원 2020.12.24, 2020도10778).

234 재판장은 검사, 피고인 또는 변호인에게 사실상의 사항에 관한 입증을 촉구할 수는 있으나, 법률상의 사항에 관한 석명을 구할 수는 없다.

[국가9급 13]

234 (×) '없다' → '있다'
사실상과 법률상의 사항에 관하여 석명을 구하거나 입증을 촉구할 수 있다(규칙 제141조 제1항).

235 피고인이 적법하게 지정·고지된 공판기일에 출석하지 아니한 상태에서 다시 새로운 기일을 지정·고지한 경우 출석하지 아니한 당사자에게 기일 고지의 효력이 미치지 아니하므로, 당사자에게 별도로 새로운 기일의 통지를 하여야 한다. [군무원 21]

> **해설+** 법원은 피고인이 공판기일에 출정하지 아니하여 다시 기일을 정하였음에도 그 기일마저 정당한 사유 없이 출정하지 아니한 경우 피고인의 진술 없이 판결을 선고할 수 있는 것이고, 일단 적법하게 판결 선고를 위한 공판기일이 지정·고지된 이상 그 기일에 당사자가 출석하지 아니한 상태에서 다시 새로운 기일이 지정·고지되었다 하여도 그와 같은 기일 고지는 출석하지 아니한 당사자에게 효력이 미치는 만큼 그 기일을 해태한 당사자에게 별도로 새로운 기일의 통지를 하여야 하는 것은 아니다(대법원 2000.9.26, 2000도2879).

235 (×) 피고인이 판결선고를 위한 공판기일에 출석하지 아니하여 법원이 다시 기일을 정하는 경우, 그 기일고지의 효력이 출석하지 아니한 당사자에게 미치므로, 그 기일을 해태한 당사자에게 새로운 기일의 통지를 하여야 할 필요는 없다.

---

6 공판기일의 절차

> **🔗 대표유형**
>
> 검사·피고인 또는 변호인은 특별한 사정이 없는 한 필요한 증거를 일괄하여 신청하여야 한다. 또한 서류나 물건의 일부에 대한 증거신청을 함에 있어서는 증거로 할 부분을 특정하여 명시해야 한다. [법원9급 11]

(○) 규칙 제132조, 제132조의2 제3항

> **🔗 대표유형**
>
> 증거조사에 대한 이의신청은 법령의 위반이 있거나 상당하지 아니함을 이유로 하여 이를 할 수 있다. [경찰채용 14 변형] [국가7급 15]

(○) 규칙 제135조의2 참조.

236 공판기일 진행 절차는 (진술거부권 등의 고지) → (인정신문) → (검사의 모두진술) → (피고인의 모두진술) → (증거조사) → (피고인신문) 순서로 진행된다(피고인, 검사가 모두 출석하여 정상적으로 재판이 진행되는 것을 전제로 한다). [법원9급 16 변형]

236 (○) 제244조의3(진술거부권 등의 고지) → 제284조(인정신문) → 제285조(검사의 모두진술) → 제286조(피고인의 모두진술) → 제290조(증거조사) → 제296조의2 (피고인신문)

237 공판기일에 검사는 공소장에 의하여 공소사실·죄명 및 적용법조를 낭독하여야 한다. 다만 재판장은 필요하다고 인정하는 때에는 검사에게 공소장의 낭독 또는 공소요지의 진술을 생략하도록 할 수 있다. [국가9급 21]

> **해설+** 제285조 【검사의 모두진술】 검사는 공소장에 의하여 공소사실·죄명 및 적용법조를 낭독하여야 한다. 다만, 재판장은 필요하다고 인정하는 때에는 검사에게 공소의 요지를 진술하게 할 수 있다.

237 (×) 검사의 모두진술 자체를 생략할 수는 없다.

238 피고인은 모두진술 단계에서는 현장부재의 주장을 할 수 없다. [국가7급 22]

> **해설+** 제286조 【피고인의 모두진술】 ① 피고인은 검사의 모두진술이 끝난 뒤에 공소사실의 인정 여부를 진술하여야 한다. 다만, 피고인이 진술거부권을 행사하는 경우에는 그러하지 아니하다. ② 피고인 및 변호인은 이익이 되는 사실 등을 진술할 수 있다.

> **보충** 피고인 및 변호인은 공판의 피고인의 모두진술 단계뿐만 아니라 공판의 모든 단계에서 이익되는 사실을 진술할 수 있다.

238 (×) 피고인은 모두진술 단계에서 이익이 되는 진술을 할 수 있으므로, 현장부재의 주장을 할 수 있다.

239 증거신청은 검사가 먼저 한 후에 피고인 또는 변호인이 한다. [법원9급 11]

239 (○) 규칙 제133조 참조.

240 법원은 검사나 피고인·변호인이 고의로 증거를 뒤늦게 신청함으로써 공판의 완결을 지연하는 것으로 인정할 때에는 직권으로 증거신청을 각하할 수 있다. [경찰채용 15] [국가7급 09]

240 (○) 제294조 제2항

241 검사, 피고인 또는 변호인이 고의로 증거를 뒤늦게 신청함으로써 공판의 완결을 지연하는 것으로 인정되는 때에도 상대방의 신청이 없는 한 법원이 직권으로 증거신청을 각하할 수 없다. [국가9급 21]

> **해설+** 제294조 【당사자의 증거신청】 ② 법원은 검사, 피고인 또는 변호인이 고의로 증거를 뒤늦게 신청함으로써 공판의 완결을 지연하는 것으로 인정할 때에는 직권 또는 상대방의 신청에 따라 결정으로 이를 각하할 수 있다.

241 (×) 제294조 제2항

242 법원은 증거결정을 함에 있어서 필요하다고 인정할 때에는 그 증거에 대한 검사, 피고인 또는 변호인의 의견을 들어야 한다. [경찰승진 22]

> **해설+** 제134조 【증거결정의 절차】 ① 법원은 증거결정을 함에 있어서 필요하다고 인정할 때에는 그 증거에 대한 검사, 피고인 또는 변호인의 의견을 들을 수 있다.

242 (×) 규칙 제134조 제1항

243 법원은 서류 또는 물건이 증거로 제출된 경우에 이에 관한 증거결정을 함에 있어서는 제출한 자로 하여금 그 서류 또는 물건을 상대방에게 제시하게 하여 상대방으로 하여금 그 서류 또는 물건의 증거능력 유무에 관한 의견을 진술하게 하여야 한다. [국가9급 22]

> **보충** 이때 증거동의도 행하여질 수 있다.

243 (○) 규칙 제134조 제2항

244 당사자의 증거신청에 대한 채택 여부는 법원의 재량이므로 법원은 피고인이나 변호인이 신청한 증거에 대하여 불필요하다고 인정한 때에는 이를 조사하지 않을 수 있다. [국가7급 15]

244 (○) 대법원 2014.2.27, 2013도12155

245 증거신청 시 그 입증취지를 명시하여 개별적으로 하지 않았음에도 증거동의를 거쳐 법원이 증거로 채택하는 결정을 하였다면 그 결정이 취소되지 않는 이상 단순히 입증취지를 명시하여 개별적으로 신청하지 않았다는 이유만을 내세워 그 증거에 대한 조사가 위법하다고 할 수 없다. [국가7급 21]

> **해설+** 형사소송규칙 제132조의2 제2항, 제132조의3 제1항이 증거신청은 그 입증취지를 명시하여 개별적으로 하도록 한 취지는 증거능력이 없거나 불필요한 증거에 대한 증거신청을 효율적으로 가려내고 쟁점을 명확히 하며 상대의 반박준비 기회를 보장하기 위한 것으로, 입증취지의 명시 등은 증거신청의 요건이지 증거조사의 적법요건은 아닌바, 증거동의를 거쳐 법원이 증거로 채택하는 결정을 하였다면 그 결정이 취소되지 않는 이상 단순히 입증취지를 명시하여 개별적으로 신청하지 않았다는 이유만을 내세워 그 증거에 대한 조사가 위법하다고 할 수는 없다(대법원 2009.10.29, 2009도5945).

245 (○)

246 피고인이 철회한 증인을 법원이 직권으로 신문하고 이를 채증하더라도 위법이 아니다. [경찰채용 16]

246 (○) 대법원 1983.7.12, 82도3216

247 법원은 증거신청을 기각·각하하거나, 증거신청에 대한 결정을 보류하는 경우, 증거신청인으로부터 당해 증거서류 또는 증거물을 제출받아서는 아니된다. [법원9급 11]

247 (○) 증거불채택 시에는 제출을 금지토록 한다(규칙 제134조 제4항).

248　법원은 검사가 신청한 증거나 피고인 또는 변호인이 신청한 증거에 앞서 직권으로 채택한 증거에 대하여 먼저 증거조사를 할 수 있다.

[경찰채용 15]

248 (○) 제291조의2 참조.

249　검사, 피고인 또는 변호인의 신청에 따라 증거서류를 조사하는 때에는 신청인이 이를 낭독하여야 하고, 재판장이 법원사무관 등으로 하여금 이를 낭독하게 할 수는 없다.

[법원9급 08 변형] [법원승진 13]

249 (×) '없다' → '있다' (제292조 제1항·제4항)

250　증거서류를 조사하는 때에는 낭독 또는 내용고지의 방법으로 하여야 하고, 증거서류를 제시하여 열람하게 하는 방법으로 조사하여서는 안 된다.

[법원승진 13]

250 (×) '조사하여서는 안 된다' → '조사할 수 있다'(제292조 제5항)

251　증거물인 서면을 조사하기 위해서는 증거서류의 조사방식인 낭독, 내용고지 또는 열람의 절차와 증거물의 조사방식인 제시의 절차가 함께 이루어져야 한다.

[국가9급 15·17]

251 (○) 대법원 2013.7.26, 2013도2511

252　컴퓨터용 디스크에 기억된 문자정보를 증거자료로 하는 경우에는 읽을 수 있도록 출력하여 인증한 등본을 낼 수 있다.

[경찰채용 15]

252 (○) 규칙 제134조의7

253　컴퓨터디스크 등에 기억된 문자정보를 증거로 하는 경우에 증거조사를 신청한 당사자는 법원이 명하거나 상대방이 요구한 때에는 컴퓨터디스크 등에 입력한 사람과 입력한 일시, 출력한 사람과 출력한 일시를 밝혀야 한다.

[경찰채용 15]

253 (○) 규칙 제134조의7 참조.

254 법원은 공판준비 또는 공판기일에서 봉인을 해체하고 영상녹화물의 전부 또는 일부를 재생하는 방법으로 조사하여야 한다. 이때 영상녹화물은 그 재생과 조사에 필요한 전자적 설비를 갖춘 법정 외의 장소에서 이를 재생할 수 없다. [경찰채용 18]

254 (×) '없다' → '있다'(규칙 제134조의4 제1항·제3항)

255 「형사소송법」 제312조(검사 또는 사법경찰관의 조서 등) 및 제313조(진술서 등)에 따라 증거로 할 수 있는 피고인 또는 피고인 아닌 자의 진술을 기재한 조서 또는 서류가 피고인의 자백진술을 내용으로 하는 경우에는 범죄사실에 관한 다른 증거보다 먼저 이를 조사하여야 한다. [법원9급 11]

255 (×) '먼저' → '나중에' 자백진술 내용의 증거는 예단을 배제하기 위하여 다른 증거를 조사한 후에 이를 조사하여야 한다(규칙 제135조).

256 증거조사에 대한 이의신청은 개개의 행위, 처분 또는 결정 시마다 즉시 하여야 한다. [국가7급 14]

256 (○) 규칙 제137조 참조.

257 이의신청에 대한 결정에 의하여 판단이 된 사항에 대해서는 다시 이의신청을 할 수는 없으나, 항고는 허용된다. [경찰채용 14] [국가7급 14]

해설+ 판결 전 소송절차에 관한 결정에 해당하고 즉시항고규정도 없으므로, 이에 대하여는 항고할 수 없다. 제403조 제1항, 규칙 제140조 참조.

257 (×) '허용된다' → '허용되지 않는다'

258 시기에 늦은 이의신청, 소송지연만을 목적으로 하는 것임이 명백한 이의신청은 결정으로 이를 기각하여야 한다. 따라서 중요한 사항을 대상으로 하고 있는 경우라 할지라도 시기에 늦은 경우에는 기각결정을 하여야 한다. [경찰채용 14]

258 (×) '기각결정을 하여야 한다' → '기각하여서는 아니 된다'(규칙 제139조 제1항)

259 법원의 증거신청에 관한 결정에 대한 이의신청은 법령의 위반이 있음을 이유로 하여서만 이를 할 수 있다. [국가7급 14]

259 (○) 법 제295조, 규칙 제135조의2 참조.

260 법원의 증거결정에 대해서는 법령위반이 있음을 이유로 해서 준항고 할 수 있다. [국가9급 22]

260 (×)

> **해설+** 수소법원의 결정에 대하여는 항고할 수 있고, 판결 전 소송절차에 관한 결정에 대하여는 즉시항고할 수 있는 경우를 제외하고는 항고할 수 없다. 법원의 증거결정에 대하여는 법령위반이 있음을 이유로 하여 이의신청할 수 있으나(규칙 제135조), 항고나 준항고는 할 수 없다.

261 당사자는 증거신청에 대한 법원의 결정이 상당하지 아니한 때에는 이의신청을 할 수 있다. [경찰채용 15]

261 (×) '있다' → '없다'

> **해설+** 법령의 위반이 있음을 이유로 하여야만 이를 할 수 있다. 법 제295조, 규칙 제135조의2 참조.

262 당사자의 증거신청에 대한 법원의 채택 여부의 결정은 판결 전의 소송절차에 관한 결정으로서 이의신청을 하는 외에는 달리 불복할 수 있는 방법이 없고, 그로 말미암아 사실을 오인하여 판결에 영향을 미치기에 이른 경우에도 이를 이유로 상소를 할 수 없다. [경찰채용 21 2차]

262 (×)

> **해설+** 당사자의 증거신청에 대한 법원의 채택 여부의 결정은 판결 전의 소송절차에 관한 결정으로서 이의신청을 하는 외에는 달리 불복할 수 있는 방법이 없고, 다만 그로 말미암아 사실을 오인하여 판결에 영향을 미치기에 이른 경우에만 이를 상소의 이유로 삼을 수 있을 뿐이다(대법원 1990.6.8, 90도646).

263 증거조사를 마친 증거가 증거능력이 없음을 이유로 한 이의신청을 이유 있다고 인정할 경우에는 그 증거의 증거조사를 다시 하여야 한다는 취지의 결정을 하여야 한다. [경찰채용 14]

263 (×) '증거조사를 다시 하여야 한다는 취지의 결정' → '증거배제결정' 규칙 제139조 제4항 참조.

264 검사 또는 변호인이 항소심에서 피고인신문을 실시하는 경우 재판장은 제1심의 피고인신문과 중복되거나 항소이유의 당부를 판단하는 데 필요 없다고 인정하는 때에는 그 신문의 전부 또는 일부를 제한할 수 있으므로, 변호인이 피고인을 신문하겠다는 의사를 표시하였음에도 변호인에게 일체의 피고인신문을 허용하지 않았다고 하여 소송절차의 법령위반이 있다고 할 수 없다. [경찰채용 21 2차]

264 (×)

> **해설+** 형사소송법 제370조, 제296조의2 제1항 본문은 "검사 또는 변호인은 증거조사 종료 후에 순차로 피고인에게 공소사실 및 정상에 관하여 필요한 사항을 신문할 수 있다."라고 규정하고 있으므로, 변호인의 피고인신문권은 변호인의 소송법상 권리이다. 재판장은 검사 또는 변호인이 항소심에서 피고인신문을 실시하는 경우 제1심의 피고인신문과 중복되거나 항소이유의 당부를 판단하는 데 필요 없다고 인정하는 때에는 그 신문의 전부 또는 일부를 제한할 수 있으나(형사소송규칙 제156조의6 제2항) 변호인의 본질적 권리를 해할 수는 없다(형사소송법 제370조, 제299조 참조). 따라서 재판장은 변호인이 피고인을 신문하겠다는 의사를 표시한 때에는 피고인을 신문할 수 있도록 조치하여야 하고, 변호인이 피고인을 신문하겠다는 의사를 표시하였음에도 변호인에게 일체의 피고인신문을 허용하지 않은 것은 변호인의 피고인신문권에 관한 본질적 권리를 해하는 것으로서 소송절차의 법령위반에 해당한다(대법원 2020.12.24, 2020도10778).

> **보충** 이 경우 재판장이 변호인의 피고인신문 요청을 불허한 것은 소송지휘권의 한계를 넘어 변호인의 변호권을 침해한 것이다.

265 항소심 공판기일에 증거조사가 종료되자 변호인이 피고인을 신문하겠다는 의사를 표시하였으나, 재판장이 일체의 피고인 신문을 불허하고 변호인에게 주장할 내용을 변론요지서로 제출할 것을 명령하면서 변론을 종결한 것은 위법하다. [국가9급 21]

265 (○)

> **해설+** 형사소송법 제370조, 제296조의2 제1항 본문은 "검사 또는 변호인은 증거조사 종료 후에 순차로 피고인에게 공소사실 및 정상에 관하여 필요한 사항을 신문할 수 있다."라고 규정하고 있으므로, 변호인의 피고인신문권은 변호인의 소송법상 권리이다. 재판장은 검사 또는 변호인이 항소심에서 피고인신문을 실시하는 경우 제1심의 피고인신문과 중복되거나 항소이유의 당부를 판단하는 데 필요 없다고 인정하는 때에는 그 신문의 전부 또는 일부를 제한할 수 있으나(형사소송규칙 제156조의6 제2항) 변호인의 본질적 권리를 해할 수는 없다(형사소송법 제370조, 제299조 참조). 따라서 재판장은 변호인이 피고인을 신문하겠다는 의사를 표시한 때에는 피고인을 신문할 수 있도록 조치하여야 하고, 변호인이 피고인을 신문하겠다는 의사를 표시하였음에도 변호인에게 일체의 피고인신문을 허용하지 않은 것은 변호인의 피고인신문권에 관한 본질적 권리를 해하는 것으로서 소송절차의 법령위반에 해당한다(대법원 2020.12.24, 2020도10778).

266 재판장은 검사의 의견을 들은 후 피고인과 변호인에게 최종의 의견을 진술할 기회를 주어야 한다'고 헌법 제12조에 명시적으로 규정되어 있다. [경찰채용 18]

266 (×) 제303조 참조.

267 공판기일에 재판장이 피고인신문과 증거조사가 종료되었음을 선언한 후 검사에게 의견진술의 기회를 주었는데 검사가 양형에 관한 의견진술을 하지 않았다면 이로써 판결에 영향을 미친 법률위반이 있는 경우에 해당한다.

[법원9급 11]

267 (×) '해당한다' → '해당하지 않는다'(대법원 2001.11.30, 2001도5225)

268 검사의 출석 없이 개정한 경우에는 공소장의 기재사항에 의하여 검사의 의견진술이 있는 것으로 간주한다.

[법원9급 11]

268 (○) 제302조, 제278조 참조.

269 재판장은 필요하다고 인정하는 경우 검사, 피고인 또는 변호인의 본질적인 권리를 해치지 아니하는 범위 내에서 증거조사 후 검사의 의견진술과 피고인의 최후진술의 시간을 제한할 수 있다.

[법원9급 11]

269 (○) 규칙 제145조 참조.

270 피고인과 변호인에게 최종의견진술의 기회를 주지 않은 채 심리를 마치고 판결을 선고한 것은 위법이고 이는 판결에 영향을 미친 법률위반이 있는 경우에 해당한다.

[법원9급 11] [법원승진 13]

270 (○) 대법원 1975.11.11, 75도1010

271 법원이 피고인에게는 최종의견을 진술할 기회를 주었으나 변호인에게는 최종의견 진술의 기회를 주지 않고 변론을 종결한 다음 판결을 선고하였다고 하더라도, 이를 소송절차의 법령위반에 해당한다고 할 수는 없다.

[국가7급 22]

271 (×)

해설+ 형사소송법 제303조는 "재판장은 검사의 의견을 들은 후 피고인과 변호인에게 최종의 의견을 진술할 기회를 주어야 한다."라고 정하고 있으므로, 최종의견 진술의 기회는 피고인과 변호인 모두에게 주어져야 한다. 이러한 최종의견 진술의 기회는 피고인과 변호인의 소송법상 권리로서 피고인과 변호인이 사실관계의 다툼이나 유리한 양형사유를 주장할 수 있는 마지막 기회이므로, 피고인이나 변호인에게 최종의견 진술의 기회를 주지 아니한 채 변론을 종결하고 판결을 선고하는 것은 소송절차의 법령위반에 해당한다(대법원 2018.3.29, 2018도327).

7 증인신문 · 감정과 검증

▲ 🔗 **대표유형**

甲과 乙이 별개의 범죄사실로 기소되고 다만 병합심리되고 있던 공동피고인에 불과한 경우에는 甲은 乙에 대한 관계에서는 증인의 지위에 있음에 불과하므로 선서 없이 한 甲의 법정진술을 乙에 대한 범죄사실을 인정하는 증거로 쓸 수는 없다.　　　[경찰채용 12·18]

(○) 대법원 1982.9.14, 82도1000

▲ 🔗 **대표유형**

법원은 범죄로 인한 피해자 또는 그 법정대리인(피해자가 사망한 경우에는 배우자 · 직계존속 · 형제자매를 포함한다. 이하 "피해자 등")의 신청이 있는 때에는 특별한 사유가 없는 한 그 피해자 등을 증인으로 신문하여야 한다.　　　[경찰채용 15] [법원9급 16]

(○) 제294조의2 제1항 본문

272　특별한 지식에 의하여 알게 된 과거의 사실을 진술하는 자를 감정증인이라고 하며, 그에 대해서는 감정이 아닌 증인에 관한 규정에 따라 신문한다.　　　[경찰채용 14]

272 (○) 제179조 참조.

273　당해 사건에서 압수 · 수색을 집행한 검찰수사관은 증인적격이 인정된다.　　　[국가9급개론 18]

273 (○) 검찰수사관은 소송의 당사자가 아니므로 제3자로서 증인적격이 인정된다(조사자증언).

274　피고인의 배우자는 증인적격이 인정된다.　　　[국가9급개론 18]

274 (○) 증언거부권은 있으나, 증인적격이 부정되는 것은 아니다(대법원 1983.9.13, 83도823).

275　공무원 또는 공무원이었던 자가 그 직무에 관하여 알게 된 사실에 관하여 본인 또는 당해 공무소가 직무상 비밀에 속한 사항임을 신고한 때에는 그 소속공무소 또는 감독관공서의 승낙 없이는 증인으로 신문하지 못한다.　　　[법원9급 14]

274 (○) 소위 증언거부권자에 해당한다(제147조 제1항).

276 공범인 공동피고인은 당해 소송절차에서는 피고인의 지위에 있으므로 다른 공동피고인에 대한 공소사실에 관하여 증인이 될 수 없으나, 소송절차가 분리되어 피고인의 지위에서 벗어나게 되면 다른 공동피고인에 대한 공소사실에 관하여 증인이 될 수 있다. [경찰채용 12] [국가7급 09]

276 (○) 대법원 2012.12.13, 2010도10028

277 甲이 이미 유죄의 확정판결을 받은 경우에는 甲은 판결이 확정되지 않은 공범 乙에 대한 피고사건에서 증언을 거부할 수 없는데, 이는 유죄판결이 확정된 증인 甲이 乙에 대한 피고사건에서 증언할 당시 앞으로 재심을 청구할 예정이라고 하여도 이를 이유로 증인 甲에게 증언거부권이 인정되지는 않는다. [경찰채용 12·18] [국가9급개론 18]

277 (○) 대법원 2011.11.24, 2011도11994

278 공범인 공동피고인은 당해 소송절차에서 분리되어 피고인의 지위에서 벗어나게 되면 다른 공동피고인에 대한 공소사실에 관하여 증인이 될 수 있지만 대향범인 공동피고인의 경우에는 증인이 될 수 없다. [국가7급 15·20] [국가9급 15]

278 (×)

해설+ 피고인의 지위에 있는 공동피고인은 다른 공동피고인에 대한 공소사실에 관하여 증인이 될 수 없으나, 소송절차가 분리되어 피고인의 지위에서 벗어나게 되면 다른 공동피고인에 대한 공소사실에 관하여 증인이 될 수 있고, 이는 대향범인 공동피고인의 경우에도 다르지 않다(대법원 2012.3.29, 2009도11249).

279 피고인들이 증 · 수뢰사건으로 기소되어 공동피고인으로 함께 재판을 받으면서 서로 뇌물을 주고받은 사실이 없다고 다투던 중, 증 · 수뢰의 상대방인 공동피고인에 대한 사건이 변론분리되어 뇌물공여 또는 뇌물수수의 증인으로 채택된 경우, 그 증인에게는 증언거부권이 인정되지 않는다. [경찰채용 18 2차]

279 (×)

해설+ 피고인의 지위에 있는 공동피고인은 다른 공동피고인에 대한 공소사실에 관하여 증인이 될 수 없으나, 소송절차가 분리되어 피고인의 지위에서 벗어나게 되면 다른 공동피고인에 대한 공소사실에 관하여 증인이 될 수 있고, 이는 대향범인 공동피고인의 경우에도 다르지 않다. 다만, 이러한 경우에도 자신의 범행과 관련된 부분에 대해서는 증언거부권이 있다(대법원 2012.3.29, 2009도11249).

280 피고인과 별개의 범죄사실로 기소되어 병합심리 중인 공동피고인은 피고인의 범죄사실에 관하여는 증인의 지위에 있다. [경찰채용 18] [국가7급 15]

280 (O) 대법원 1982.9.14, 82도1000

281 피고인과는 별개의 범죄사실로 기소되고 다만 병합심리된 것뿐인 공동피고인이 증인선서를 하였다면 그가 한 공판정에서의 진술을 피고인에 대한 공소범죄 사실을 인정하는 증거로 사용할 수 있다. [경찰채용 14]

281 (O) 대법원 1982.9.14, 82도1000

282 공범이 아닌 공동피고인은 피고인의 범죄사실에 관하여는 증인의 지위에 있으므로 선서 없이 한 공동피고인의 법정진술은 피고인에 대한 공소사실을 인정하는 증거로 삼을 수 없다. [국가7급 10]

282 (O) 대법원 1982.9.14, 82도1000

283 상호 간 폭행죄로 기소되어 병합심리 중인 공동피고인은 다른 피고인과의 관계에서는 증인의 지위가 인정되므로, 선서 없이 한 공동피고인의 법정진술을 다른 피고인의 공소범죄 사실을 인정하는 증거로 할 수 없다. [경찰채용 19 1차]

283 (O)

해설+ 피고인과 별개의 범죄사실로 기소되어 병합심리 중인 공동피고인은 피고인의 범죄사실에 관하여는 증인의 지위에 있다 할 것이므로 선서 없이 한 공동피고인의 법정진술은 피고인의 공소범죄사실을 인정하는 증거로 할 수 없다(대법원 1982.9.14, 82도1000).

284 증인에 대한 강제처분으로서 소환, 동행명령, 과태료 부과, 구인 등이 가능하지만 소송비용부담 및 구금은 불가능하다. [국가9급 10]

284 (X) '불가능' → '가능'
소송비용부담 및 감치(=유치장에 구금)도 가능하다. 제151조 제1항·제2항 참조.

285 증인에 대한 감치재판절차를 개시한 후 감치결정 전에 그 증인이 증언을 하거나 그 밖에 감치에 처하는 것이 상당하지 아니하다고 인정되는 때에는 법원은 불처벌결정을 하여야 하며, 이에 대하여는 불복할 수 있다.

[경찰승진 22]

285 (×)

해설+ 증인에 대한 감치재판절차를 개시한 후 감치결정 전에 그 증인이 증언을 하거나 그 밖에 감치에 처하는 것이 상당하지 아니하다고 인정되는 때에는 법원은 불처벌결정을 하여야 하고(규칙 제68조의4 제2항), 이에 대하여는 불복할 수 없다(동조 제3항).

보충 감치결정에 대하여는 즉시항고가 가능하나, 감치재판개시결정 및 불처벌결정에 대하여는 불복할 수 없다.

286 형사공판절차에서 증인의 구인은 증인이 정당한 사유 없이 소환에 불응하거나 법원에 출석해 있는 증인이 정당한 사유 없이 동행 명령에 따른 동행을 거부하는 때에 한하여 허용된다.

[경찰채용 21 2차]

286 (○)

해설+ 형사공판절차에서 증인의 구인은 증인이 정당한 사유 없이 소환에 불응하거나(법 제152조), 법원에 출석해 있는 증인이 정당한 사유 없이 동행명령에 따른 동행을 거부하는 때(법 제166조 제2항)에 한하여 허용되므로, 원심 재판과정에서 증인소환장을 송달받은 적이 없고 법원에 출석하지도 아니한 공소 외 1을 구인하여 달라는 검사의 신청을 기각한 원심의 조치는 정당하다(대법원 2008.9.25, 2008도6985).

287 증인이 법원의 구내에 있는 때에는 소환함이 없이 신문할 수 있다.

[군무원9급 22]

287 (○) 제154조 참조.

해설+ 제154조【구내증인의 소환】 증인이 법원의 구내에 있는 때에는 소환함이 없이 신문할 수 있다.

288 재판과정에서 증인소환장을 송달받은 적이 없고 법원에 출석하지도 아니한 공소외인을 구인하여 달라는 검사의 신청을 기각한 법원의 조치는 정당하다.

[경찰채용 21 1차]

288 (○) 대법원 2008.9.25, 2008도6985

289 법원은 특정범죄신고자 등 보호법이 직접 적용되거나 준용되는 사건의 증인에 대하여 증인 소환장이 송달되지 아니한 경우에는 공무소 등에 대한 조회의 방법으로 직권 또는 검사, 피고인, 변호인의 신청에 따라 소재탐지를 할 수도 있다.

[법원9급 21]

289 (○)

> **해설+** 모든 국민은 법정에 출석하여 증언할 의무를 부담한다. 법원은 소환장을 송달받은 증인이 정당한 사유 없이 출석하지 아니한 경우에 당해 불출석으로 인한 소송비용을 증인이 부담하도록 명하고, 500만 원 이하의 과태료를 부과할 수 있으며(법 제151조 제1항 전문), 정당한 사유 없이 소환에 응하지 아니하는 경우에는 구인할 수 있다(법 제152조). 또한 법원은 증인 소환장이 송달되지 아니한 경우에는 공무소 등에 대한 조회의 방법으로 직권 또는 검사, 피고인, 변호인의 신청에 따라 소재탐지를 할 수도 있다(법 제272조 제1항 참조). 이는 '특정범죄신고자 등 보호법'이 직접 적용되거나 준용되는 사건에 대해서도 마찬가지이다(대법원 2020.12.10, 2020도2623).

> **보충** (이 판례의 또다른 논점 – 핵심증인에 대한 증인채택결정 취소의 적법성) 형사소송법이 증인의 법정출석을 강제할 수 있는 권한을 법원에 부여한 취지는, 다른 증거나 증인의 진술에 비추어 굳이 추가 증인신문을 할 필요가 없다는 등 특별한 사정이 없는 한 사건의 실체를 규명하는 데 가장 직접적이고 핵심적인 증인으로 하여금 공개된 법정에 출석하여 선서 후 증언하도록 하고, 법원은 출석한 증인의 진술을 토대로 형성된 유죄·무죄의 심증에 따라 사건의 실체를 규명하도록 하기 위함이다. 따라서 다른 증거나 증인의 진술에 비추어 굳이 추가 증거조사를 할 필요가 없다는 등 특별한 사정이 없고, 소재탐지나 구인장 발부가 불가능한 것이 아님에도 불구하고, 불출석한 핵심증인에 대하여 소재탐지나 구인장 발부 없이 증인채택결정을 취소하는 것은 법원의 재량을 벗어나는 것으로서 위법하다(위 판례).

290 다른 증거나 증인의 진술에 비추어 굳이 추가 증거조사를 할 필요가 없다는 등 특별한 사정이 없고, 소재탐지나 구인장 발부가 불가능한 것이 아님에도 불구하고, 불출석한 핵심증인에 대하여 소재탐지나 구인장 발부 없이 증인채택결정을 취소하는 것은 법원의 재량을 벗어나는 것으로서 위법하다.

[경찰채용 21 1차] [국가9급 23]

290 (○)

> **해설+** 형사소송법이 증인의 법정출석을 강제할 수 있는 권한을 법원에 부여한 취지는, 다른 증거나 증인의 진술에 비추어 굳이 추가 증인신문을 할 필요가 없다는 등 특별한 사정이 없는 한 사건의 실체를 규명하는 데 가장 직접적이고 핵심적인 증인으로 하여금 공개된 법정에 출석하여 선서 후 증언하도록 하고, 법원은 출석한 증인의 진술을 토대로 형성된 유죄·무죄의 심증에 따라 사건의 실체를 규명하도록 하기 위함이다. 따라서 다른 증거나 증인의 진술에 비추어 굳이 추가 증거조사를 할 필요가 없다는 등 특별한 사정이 없고, 소재탐지나 구인장 발부가 불가능한 것이 아님에도 불구하고, 불출석한 핵심증인에 대하여 소재탐지나 구인장 발부 없이 증인채택결정을 취소하는 것은 법원의 재량을 벗어나는 것으로서 위법하다(대법원 2020.12.10, 2020도2623).

291 「형사소송법」이 증인의 법정출석을 강제할 수 있는 권한을 법원에 부여한 취지는, 특별한 사정이 없는 한 사건의 실체를 규명하는 데 가장 직접적이고 핵심적인 증인으로 하여금 공개된 법정에 출석하여 선서 후 증언하도록 하고, 법원은 출석한 증인의 진술을 토대로 형성된 유·무죄의 심증에 따라 사건의 실체를 규명하도록 하기 위함이다.　　[국가7급 23]

291 (○)

　해설+ 형사소송법이 증인의 법정출석을 강제할 수 있는 권한을 법원에 부여한 취지는, 다른 증거나 증인의 진술에 비추어 굳이 추가 증인신문을 할 필요가 없다는 등 특별한 사정이 없는 한 사건의 실체를 규명하는 데 가장 직접적이고 핵심적인 증인으로 하여금 공개된 법정에 출석하여 선서 후 증언하도록 하고, 법원은 출석한 증인의 진술을 토대로 형성된 유죄·무죄의 심증에 따라 사건의 실체를 규명하도록 하기 위함이다(대법원 2020.12.10, 2020도2623).

292 증인선서는 재판장이 증인으로 하여금 선서서를 낭독하고 기명날인 또는 서명하게 한다. 만약 증인이 낭독을 할 수 없거나 서명을 하지 못하는 때에는 법원사무관등이 그 낭독 또는 서명을 대행한다.　　[법원9급 16]

292 (○) 제157조 제3항 참조.

293 증인이 16세 미만의 자 또는 선서의 취지를 이해하지 못하는 자에 해당한 때에는 선서하게 하지 아니하고 신문하여야 한다.　　[법원9급 16 변형]

293 (○) 제159조

294 증인에게는 원칙적으로 신문 전에 선서를 하게 하여야 하나, 16세 미만의 선서무능력자에 대하여는 선서하게 하지 아니하고 신문하여야 한다.
　　[경찰채용 13] [국가9급 10]

294 (○) 제156조, 제159조 제1호

295 19세 미만의 자나 선서의 취지를 이해하지 못하는 증인에 대하여는 선서하게 하지 아니하고 신문하여야 한다.　　[법원9급 21]

295 (×)

　해설+ 16세 미만의 자나 선서의 취지를 이해하지 못하는 자에 대하여는 선서하게 하지 아니하고 신문하여야 한다(제159조).

296 법원은 증인이 정당한 이유 없이 선서나 증언을 거부한 때에 결정으로 과태료를 부과할 수 있으며, 이 결정에 대하여는 즉시항고를 할 수 있다.

[국가7급 11]

296 (○) 제161조

297 16세 미만의 자인 증인에게 선서케 하고 신문한 경우 그 선서는 무효가 되므로 위증죄는 성립하지 않으며, 증언 자체의 효력도 부정된다. [경찰경채 23]

297 (×) 선서무능력자에 대하여 선서케 하고 신문한 경우라 할지라도 그 선서만이 무효가 되고 그 증언의 효력에 관하여는 영향이 없고 유효하다(대법원 1957.3.8, 4290형상23).

298 선서무능력자에게 선서를 시키고 증언하게 하더라도 선서와 증언의 효력은 인정되지 않는다. [국가7급 11]

> **해설+** 선서무능력자에 대하야 선서케 하고 신문한 경우라 할지라도 그 선서만이 무효가 되고 그 증언의 효력에 관하여는 영향이 없고 유효하다(대법원 1957.3.8, 4290형상23).

298 (×) '증언' → 삭제

299 선서무능력자가 선서를 하고 증언을 한 경우, 그 선서는 무효가 되고 이후의 증인신문도 무효로 되어 증언 자체의 효력이 부정된다. [경찰채용 19 1차]

> **해설+** 선서무능력자에 대하야 선서케 하고 신문한 경우라 할지라도 그 선서만이 무효가 되고 그 증언의 효력에 관하여는 영향이 없고 유효하다(대법원 1957.3.8, 4290형상23).

299 (×)

300 유아의 증언능력 유무는 단지 연령만에 의할 것이 아니라 그의 지적 수준에 따라 개별적이고 구체적으로 결정되어야 한다. [국가9급 14]

300 (○) 대법원 1991.5.10, 91도579

301 사고 당시 10세 남짓한 초등학교 5학년생으로서 비록 선서무능력자라 하여도 그 증언 내지 진술의 전후사정으로 보아 의사판단능력이 있다고 인정된다면 증언능력이 있다고 할 것이다. [경찰채용 14]

301 (○) 대법원 1984.9.25, 84도619

302 누구든지 자기나 친족 또는 친족관계가 있었던 자가 형사소추 또는 공소제기를 당하거나 유죄판결을 받을 사실이 발로될 염려 있는 증언을 거부할 수 있으며 이 경우 증언을 거부하는 자는 거부사유를 소명하지 않아도 된다. [법원9급 21]

302 (×) 제148조 제1호

> **보충** 2020.12.8. 개정(2021.12.9. 시행)되어 표현이 다소 달라졌다.
>
> **제148조【근친자의 형사책임과 증언 거부】** 누구든지 자기나 다음 각 호의 어느 하나에 해당하는 자가 형사소추(刑事訴追) 또는 공소제기를 당하거나 유죄판결을 받을 사실이 드러날 염려가 있는 증언을 거부할 수 있다.
> 1. 친족이거나 친족이었던 사람
> 2. 법정대리인, 후견감독인

303 누구든지 자기나 친족 또는 친족관계가 있었던 자, 법정대리인, 후견감독인 등의 관계있는 자가 형사소추 또는 공소제기를 당하거나 유죄판결을 받을 사실이 발로될 염려 있는 증언을 거부할 수 있다. [법원승진 11]

303 (○) 제148조 참조.

304 변호사가 업무상 위탁을 받은 관계로 알게 된 사실로서 타인의 비밀에 관한 것에 대해 증언을 거부하는 경우에는 거부사유를 소명하여야 한다. [국가9급 23]

304 (○) 제150조

> **해설+** **제149조【업무상비밀과 증언거부】** 변호사, 변리사, 공증인, 공인회계사, 세무사, 대서업자, 의사, 한의사, 치과의사, 약사, 약종상, 조산사, 간호사, 종교의 직에 있는 자 또는 이러한 직에 있던 자가 그 업무상 위탁을 받은 관계로 알게 된 사실로서 타인의 비밀에 관한 것은 증언을 거부할 수 있다. 단, 본인의 승낙이 있거나 중대한 공익상 필요 있는 때에는 예외로 한다.
> **제150조【증언거부사유의 소명】** 증언을 거부하는 자는 거부사유를 소명하여야 한다.

305 변호사, 변리사, 공증인, 공인회계사, 세무사, 대서업자, 의사, 한의사, 치과의사, 약사, 약종상, 조산사, 간호사, 종교의 직에 있는 자 또는 이러한 직에 있던 자가 그 업무상 위탁을 받은 관계로 알게 된 사실로서 타인의 비밀에 관한 것은 증언을 거부할 수 있다. 단, 본인의 승낙이 있거나 중대한 공익상 필요 있는 때에는 예외로 한다. [법원9급 23]

305 (○) 제149조 참조.

> **해설+** **제149조【업무상비밀과 증언거부】** 변호사, 변리사, 공증인, 공인회계사, 세무사, 대서업자, 의사, 한의사, 치과의사, 약사, 약종상, 조산사, 간호사, 종교의 직에 있는 자 또는 이러한 직에 있던 자가 그 업무상 위탁을 받은 관계로 알게 된 사실로서 타인의 비밀에 관한 것은 증언을 거부할 수 있다. 단, 본인의 승낙이 있거나 중대한 공익상 필요 있는 때에는 예외로 한다.

306 변호사는 그 업무상 위탁을 받아 소지 또는 보관하는 물건으로 타인의 비밀에 관한 것은 압수를 거부할 수 있고, 그 업무상 위탁을 받은 관계로 알게 된 사실로서 타인의 비밀에 관한 것은 증언을 거부할 수 있다.

[소방간부 23]

306 (○) 제112조, 제149조 참조.

> **해설+** **제112조【업무상비밀과 압수】** 변호사, 변리사, 공증인, 공인회계사, 세무사, 대서업자, 의사, 한의사, 치과의사, 약사, 약종상, 조산사, 간호사, 종교의 직에 있는 자 또는 이러한 직에 있던 자가 그 업무상 위탁을 받아 소지 또는 보관하는 물건으로 타인의 비밀에 관한 것은 압수를 거부할 수 있다. 단, 그 타인의 승낙이 있거나 중대한 공익상 필요가 있는 때에는 예외로 한다.
> **제149조【업무상비밀과 증언거부】** 변호사, 변리사, 공증인, 공인회계사, 세무사, 대서업자, 의사, 한의사, 치과의사, 약사, 약종상, 조산사, 간호사, 종교의 직에 있는 자 또는 이러한 직에 있던 자가 그 업무상 위탁을 받은 관계로 알게 된 사실로서 타인의 비밀에 관한 것은 증언을 거부할 수 있다. 단, 본인의 승낙이 있거나 중대한 공익상 필요 있는 때에는 예외로 한다.

307 범행을 하지 아니한 자가 범인으로 공소제기가 되어 피고인의 지위에서 범행사실을 허위자백하고 나아가 공범에 대한 증인의 자격에서 증언을 하면서 그 공범과 함께 범행하였다고 허위의 진술을 한 경우, 그 증언은 자신에 대한 유죄판결의 우려를 증대시키는 것이므로 증언거부권의 대상이 된다.

[경찰채용 21 2차]

307 (○) 대법원 2012.12.13, 2010도10028

308 증언거부권자에게 증언거부권을 고지하지 아니하고 증언하게 한 경우, 증인이 침묵하지 아니하고 진술한 것이 자신의 진정한 의사에 의한 것이 아니라면, 그 진술은 위증죄의 구성요건으로 규정한 '법률에 의하여 선서한 증인'의 진술이 아니므로 그 진술내용이 허위라 하더라도 위증죄로 처벌할 수 없다.

[경찰채용 18 2차]

308 (○)

> **해설+** 증언거부권을 고지하지 아니하고 증언하게 하였다면, 그 진술은 형법 제152조 제1항이 위증죄의 구성요건으로 규정한 '법률에 의하여 선서한 증인'의 진술이 아니므로 설사 그 진술 내용이 허위라 하더라도 위증죄로 처벌할 수 없는 것이 원칙이다. 다만 증언거부권 제도는 증인에게 증언의무의 이행을 거절할 수 있는 권리를 부여한 것이고, 형사소송법상 증언거부권의 고지 제도는 증인에게 그러한 권리의 존재를 확인시켜 침묵할 것인지 아니면 진술할 것인지에 관하여 심사숙고할 기회를 부여함으로써 침묵할 수 있는 권리를 보장하기 위한 것임을 감안할 때, 재판장이 신문 전에 증인에게 증언거부권을 고지하지 않은 경우에도 당해 사건에서 증언 당시 증인이 처한 구체적인 상황, 증언거부사유의 내용, 증인이 증언거부사유 또는 증언거부권의 존재를 이미 알고 있었는지 여부, 증언거부권을 고지받았더라도 허위진술을 하였을 것이라고 볼 만한 정황이 있는지 등을 전체적·종합적으로 고려하여 증인이 침묵하지 아니하고 진술한 것이 자신의 진정한 의사에 의한 것인지 여부를 기준으로 위증죄의 성립 여부를 판단하여야 한다(대법원 2012.12.13, 2010도10028).

309 재판장은 선서할 증인에 대하여 선서 후 신문 전에 위증의 벌을 경고하여야 한다. [군무원9급 22]

> **해설+** 제158조【선서한 증인에 대한 경고】재판장은 선서할 증인에 대하여 <u>선서 전에 위증의 벌을</u> 경고하여야 한다.
>
> **보충** 형사소송법은 증인신문에 관하여 진지하고도 엄숙한 절차 규정을 두어 증인에게 진실의무를 부과함과 동시에 이를 어길 때에는 위증의 벌을 받는다는 것을 명확하고 충분하게 인식할 수 있도록 하고, 재판장으로 하여금 재판진행과정에서 이러한 절차 규정을 엄격하게 준수하게 함으로써 위승의 방시 빛 궁극석으로는 형사소송의 이념을 실현할 것을 도모하고 있다. 즉, 재판장은 증인이 선서무능력자에 해당하지 아니하는 한 신문 전에 선서하게 하여야 하며(제156조, 제159조), 선서할 증인에 대하여 선서 전에 위증의 벌을 경고하여야 하고(제158조), 증인으로 하여금 기립하여 엄숙하게 "양심에 따라 숨김과 보탬이 없이 사실 그대로 말하고 만일 거짓말이 있으면 위증의 벌을 받기로 맹서합니다"라고 기재된 선서서를 원칙적으로 직접 낭독하고 기명날인 또는 서명하는 방식으로 선서하도록 하고 있다(제157조)(대법원 2010.1.21, 2008도942 전원합의체).

309 (×) 위증의 벌을 경고하는 것은 선서 후가 아니라 선서 전이다(제158조).

310 증인이 자기나 친족 또는 이러한 관계에 있었던 사람, 증인의 후견인 또는 증인의 후견을 받는 사람 등 어느 한 사람과 현저한 이해관계가 있는 사항에 관하여 신문을 받을 때에는 선서를 거부할 수 있다. [법원9급 14]

310 (×) '있다' → '없다' 형사소송법에서는 제159조의 선서 무능력자 이외에는 선서 사제를 서부할 수 없다.

311 甲이 이미 유죄판결을 받아 확정된 후 별건으로 기소된 공범 乙에 대한 피고사건의 증인으로 출석하여 증언한 경우 甲에게는 증언거부권이 없으므로 사전에 증언거부권을 고지 받지 못하였더라도 증인신문절차는 위법이 아니다. [국가9급 15]

311 (○) 대법원 2011.11.24, 2011도11994

312 형사소송법 제148조의 '형사소추 또는 공소제기를 당하거나'에서의 '형사소추'는 증인이 이미 저지른 범죄사실에 대한 것만을 의미하는 것은 아니므로, 증인의 증언에 의하여 비로소 범죄가 성립하는 경우도 증언거부권 고지(형사소송법 제160조)의 대상이 된다. [경찰승진 22 변형] [국가9급 23]

> **해설+** 형사소송법 제148조에서 '형사소추'는 증인이 이미 저지른 범죄사실에 대한 것을 의미한다고 할 것이므로, 증인의 증언에 의하여 비로소 범죄가 성립하는 경우에는 형사소송법 제160조, 제148조 소정의 증언거부권 고지대상이 된다고 할 수 없다(대법원 2011.12.8, 2010도2816).

312 (×)

313 증언거부사유인 '형사소추·공소제기 당할 염려'에는 증인이 이미 저지른 범죄사실에 대한 경우뿐만 아니라 증인의 증언에 의하여 비로소 범죄가 성립하는 경우도 포함된다. [법원9급 23]

313 (×)

> **해설+** 형사소송법 제148조에서 '형사소추'는 증인이 <u>이미 저지른 범죄사실에 대한 것을 의미한다</u>고 할 것이므로, <u>증인의 증언에 의하여 비로소 범죄가 성립하는 경우에는 형사소송법 제160조, 제148조 소정의 증언거부권 고지대상이 된다고 할 수 없다</u>(대법원 2011.12.8, 2010도2816).

314 자신에 대한 유죄판결이 확정된 증인이 공범에 대한 피고사건에서 증언할 당시 앞으로 재심을 청구할 예정이라면, 이를 이유로 증인에게는 「형사소송법」 제148조에 의한 증언거부권이 인정된다.

[경찰채용 21 1차] [국가9급 16] [법원9급 17]

314 (×)

> **해설+** 자신에 대한 유죄판결이 확정된 증인이 공범에 대한 피고사건에서 증언할 당시 앞으로 재심을 청구할 예정이라고 하여도, 이를 이유로 증인에게 형사소송법 제148조에 의한 증언거부권이 인정되지는 않는다(대법원 2011.11.24, 2011도11994).

315 이미 유죄의 확정판결을 받은 피고인은 공범의 형사사건에서 그 범행에 대한 증언을 거부할 수 없을 뿐만 아니라 나아가 사실대로 증언하여야 하나, 만약 피고인이 자신의 형사사건에서 시종일관 그 범행을 부인하였다면 피고인에게 사실대로 진술할 것을 기대할 가능성이 없다고 볼 수 있다.

[법원9급 21]

315 (×)

> **해설+** <u>이미 유죄의 확정판결을 받은 피고인</u>은 공범의 형사사건에서 그 범행에 대한 증언을 거부할 수 없을 뿐만 아니라 나아가 사실대로 증언하여야 하고, <u>설사 피고인이 자신의 형사사건에서 시종일관 그 범행을 부인하였다 하더라도</u> 이러한 사정은 위증죄에 관한 양형참작사유로 볼 수 있음은 별론으로 하고 이를 이유로 피고인에게 사실대로 진술할 것을 기대할 가능성이 없다고 볼 수는 없다(대법원 2008.10.23, 2005도10101).

316 증인신문을 함에 있어서 증언거부권 있음을 설명하지 아니한 경우라면 증인이 선서하고 증언하였다고 하여도 그 증언의 효력에 관하여는 영향이 있어 무효라고 해석하여야 한다. [법원9급 21] [변호사 23]

316 (×)

> **해설+** <u>증인신문에 당하야 증언거부권 있음을 설명하지 아니한 경우라 할지라도 증인이 선서하고 증언한 이상 그 증언의 효력에 관하여는 역시 영향이 없고 유효하다고 해석함이 타당하다</u>(대법원 1957.3.8, 4290형상23).

317 재판장은 증언거부권이 있는 자에게는 신문 전에 증언거부권을 고지하여야 하며, 선서한 증인에게 증언거부권을 고지하지 않고 신문한 경우에도 증언의 증거능력은 인정된다. [경찰채용 18 2차]

317 (○) 대법원 1957.3.8, 4290형상23

318 재판장이 신문 전에 증인에게 증언거부권을 고지하지 않은 경우에도 증인이 침묵하지 아니하고 진술한 것이 자신의 진정한 의사에 의한 것인지 여부를 기준으로 위증죄의 성립 여부를 판단하여야 한다. [국가9급 14]

보충 사실상 장애가 있었으면 무죄, 없었으면 위증죄(대법원 2010.1.21, 2008도942 전원합의체)

318 (○)

319 증언거부권을 고지받을 권리가 형사상 자기에게 불리한 진술을 강요당하지 아니함을 규정한 대한민국 헌법 제12조 제2항에 의하여 바로 국민의 기본권으로 보장받아야 한다고 볼 수는 없고, 증언거부권의 고지를 규정한 「형사소송법」 제160조 규정이 국회에서의 증언·감정 등에 관한 법률에도 유추 적용되는 것으로 인정할 근거는 없다. [국가7급 21]

해설+ 형사소송법 제160조는 '증인이 제148조, 제149조에 해당하는 경우에는 재판장은 신문 전에 증언을 거부할 수 있음을 설명하여야 한다'고 규정하고 있음에 반해, '국회에서의 증언·감정 등에 관한 법률'은 위와 같은 증언거부권의 고지에 관한 규정을 두고 있지 아니한데, 증언거부권을 고지받을 권리가 형사상 자기에게 불리한 진술을 강요당하지 아니함을 규정한 헌법 제12조 제2항에 의하여 바로 국민의 기본권으로 보장받아야 한다고 볼 수는 없고, 증언거부권의 고지를 규정한 형사소송법 제160조 규정이 '국회에서의 증언·감정 등에 관한 법률'에도 유추 적용되는 것으로 인정할 근거가 없다(대법원 2012.10.25, 2009도13197).

319 (○)

320 피고인이 철회한 증인을 법원이 직권신문하고 이를 채증하는 것은 위법하다. [국가9급 21]

해설+ 증인은 법원이 직권에 의하여 신문할 수도 있고 증거의 채부는 법원의 직권에 속하는 것이므로 피고인이 철회한 증인을 법원이 직권신문하고 이를 채증하더라도 위법이 아니다(대법원 1983.7.12, 82도3216).

320 (×)

321 원칙적으로 증거의 채부는 법원의 재량에 의하여 판단할 것이지만, 형사사건의 실체를 규명하는 데 가장 직접적이고 핵심적인 증거는 법정에서 증거조사를 하기 곤란하거나 부적절한 경우 또는 다른 증거에 비추어 굳이 추가 증거조사를 할 필요가 없다는 등 특별한 사정이 없는 한 공개된 법정에서 그 증거방법에 가장 적합한 방식으로 증거조사를 해야 한다. [경찰승진 23]

> **해설+** 원칙적으로 증거의 채부는 법원의 재량에 의하여 판단할 것이지만, 형사사건의 실체를 규명하는 데 가장 직접적이고 핵심적인 증거는 법정에서 증거조사를 하기 곤란하거나 부적절한 경우 또는 다른 증거에 비추어 굳이 추가 증거조사를 할 필요가 없다는 등 특별한 사정이 없는 한 공개된 법정에서 그 증거방법에 가장 적합한 방식으로 증거조사를 하고, 이를 통해 형성된 유죄·무죄의 심증에 따라 사건의 실체를 규명하는 것이 형사사건을 처리하는 법원이 마땅히 취하여야 할 조치이고, 그것이 우리 형사소송법이 채택한 증거재판주의, 공판중심주의 및 그 요소인 실질적 직접심리주의의 정신에도 부합한다고 할 것이다(대법원 2019.11.28, 2015도12742).

322 피고인이 신청한 증인에 대하여 재판장이 먼저 신문하였다고 하여 이를 잘못이라 할 수 없다. [경찰승진 22]

322 (○) 대법원 1971.9.28, 71도1496

323 증인채택 결정을 취소하는 것은 법원의 재량이므로 제보자가 특정범죄신고자 등 보호법에 따라 보호되는 범죄신고자 등에 해당한다는 이유로 제보자에 대한 소재탐지나 구인장 발부 없이 제보자에 대한 증인채택 결정을 취소한 것은 위법하다고 할 수 없다. [경찰채용 21 2차]

323 (×)

> **해설+** 모든 국민은 법정에 출석하여 증언할 의무를 부담한다. 법원은 소환장을 송달받은 증인이 정당한 사유 없이 출석하지 아니한 경우에 당해 불출석으로 인한 소송비용을 증인이 부담하도록 명하고, 500만 원 이하의 과태료를 부과할 수 있으며(법 제151조 제1항 전문), 정당한 사유 없이 소환에 응하지 아니하는 경우에는 구인할 수 있다(법 제152조). 또한 법원은 증인 소환장이 송달되지 아니한 경우에는 공무소 등에 대한 조회의 방법으로 직권 또는 검사, 피고인, 변호인의 신청에 따라 소재탐지를 할 수도 있다(법 제272조 제1항 참조). 이는 '특정범죄신고자 등 보호법'이 직접 적용되거나 준용되는 사건에 대해서도 마찬가지이다. … 형사소송법이 증인의 법정 출석을 강제할 수 있는 권한을 법원에 부여한 취지는, 다른 증거나 증인의 진술에 비추어 굳이 추가 증인신문을 할 필요가 없다는 등 특별한 사정이 없는 한 사건의 실체를 규명하는 데 가장 직접적이고 핵심적인 증인으로 하여금 공개된 법정에 출석하여 선서 후 증언하도록 하고, 법원은 출석한 증인의 진술을 토대로 형성된 유죄·무죄의 심증에 따라 사건의 실체를 규명하도록 하기 위함이다. 따라서 다른 증거나 증인의 진술에 비추어 굳이 추가 증거조사를 할 필요가 없다는 등 특별한 사정이 없고, 소재탐지나 구인장 발부가 불가능한 것이 아님에도 불구하고, 불출석한 핵심 증인에 대하여 소재탐지나 구인장 발부 없이 증인채택 결정을 취소하는 것은 법원의 재량을 벗어나는 것으로서 위법하다(대법원 2020.12.10, 2020도2623).

324 증인이 들을 수 없는 때에는 서면으로 묻고, 말할 수 없는 때에는 서면으로 답하게 할 수 있다. [국가9급개론 21]

324 (○) 규칙 제73조

325 증인의 기억이 명백하지 않은 사항에 관하여 기억을 환기시켜야 할 필요가 있을 때에는 제시하는 서류의 내용이 증인의 진술에 부당한 영향을 미치지 않도록 하는 범위 내에서 재판장의 허가를 얻어 서류를 제시하면서 증인을 신문할 수 있다. [국가9급 15]

325 (○) 규칙 제83조

326 「형사소송법」 제297조의 규정에 따라 재판장은 증인이 피고인의 면전에서 충분한 진술을 할 수 없다고 인정한 때에는 피고인을 퇴정하게 하고 증인신문을 진행함으로써 피고인의 직접적인 증인대면을 제한할 수 있고, 반대신문권도 배제할 수 있다. [경찰채용 14]

326 (×) '있다' → '없다'
이러한 경우에도 피고인의 반대신문권을 배제하는 것은 허용되지 않는다(대법원 2012.2.23, 2011도15608).

327 피해자들을 증인으로 신문함에 있어서 증인들이 피고인의 면전에서 충분한 진술을 할 수 없다고 인정하여 피고인의 퇴정을 명하고 증인신문을 진행한 경우, 피고인의 변호인이 증인신문과정에 참여하였고, 피고인을 입정하게 하고 법원사무관등으로 하여금 진술의 요지를 고지하게 한 다음 변호인을 통하여 반대신문의 기회를 부여하였다면, 피고인의 반대신문권을 침해한 위법은 인정되지 않는다. [국가7급 22]

327 (○) 대법원 2012.2.23, 2011도15608

328 증인이 피고인의 면전에서 충분한 진술을 할 수 없다고 인정될 때에는 재판장은 피고인을 퇴정하게 하고 진술시킬 수 있다. 그러나 이때에도 증인신문이 종료한 때에는 재판장은 피고인을 입정시켜서 법원사무관등으로 하여금 진술의 요지를 알려 주게 하여야 한다. [법원9급 16]

328 (○) 이 경우 피고인의 직접적 증인대면이 제한된다. 단, 반대신문의 기회는 보장되어야 한다(제297조).

329 재판장은 증인이 피고인의 면전에서 충분한 진술을 할 수 없다고 인정한 때에는 피고인을 퇴정하게 할 수 있으나, 피고인이 재정인의 앞에서 충분한 진술을 할 수 없다고 인정한 때에는 그 재정인을 퇴정하게 할 수 없다.

[국가9급 13]

> **해설+** 규칙 제140조의3 【재정인의 퇴정】 재판장은 피고인이 어떤 재정인의 앞에서 충분한 진술을 할 수 없다고 인정한 때에는 그 재정인을 퇴정하게 하고 진술하게 할 수 있다.

330 법원이 「형사소송법」 제297조에 따라 변호인이 없는 피고인을 일시퇴정하게 하고 증인신문을 한 경우, 추후 피고인에게 실질적인 반대신문의 기회를 부여하지 않았다면 그 증인의 법정진술은 증거능력이 인정되지 않는다.

[국가7급 11]

330 (○)

> **보충** 다만, 차회기일에 이의제기가 없으면 책문권 포기로써 그 하자는 치유된다(대법원 2010. 1.14, 2009도9344).

331 「형사소송법」 제297조에 따라 변호인이 없는 피고인을 일시퇴정하게 하고 증인신문을 한 다음 피고인에게 실질적인 반대신문의 기회를 부여하지 아니한 채 이루어진 증인의 법정진술은 위법한 증거로서 증거능력이 없다고 볼 여지가 있으나, 그 다음 공판기일에서 재판장이 증인신문 결과 등을 공판조서(증인신문조서)에 의하여 고지하였는데 피고인이 '변경할 점과 이의할 점이 없다'고 진술하였다면 실질적인 반대신문의 기회를 부여받지 못한 하자가 치유되었다고 볼 수 있다.

[경찰채용 13·15]

331 (○) 책문권 포기의사를 명시함으로써 실질적인 반대신문의 기회를 부여받지 못한 하자가 치유된 것이다(대법원 2010.1.14, 2009 도9344; 2012.7.26, 2012도2937).

332 특별한 사정이 존재하지 아니하는 이상 피고인에게 실질적 반대신문권의 기회가 부여되지 아니한 채 이루어진 증인의 법정진술은 위법한 증거로서 증거능력을 인정하기 어렵지만, 피고인의 책문권 포기로 그 하자가 치유될 수 있고, 이 경우 피고인의 책문권 포기의 의사는 명시적인 것이어야 한다.

[경찰채용 23 1차]

332 (○)

> **해설+** 피고인에게 불리한 증거인 증인이 주신문의 경우와 달리 반대신문에 대하여는 답변을 하지 아니하는 등 진술내용의 모순이나 불합리를 그 증인신문과정에서 드러내어 이를 탄핵하는 것이 사실상 곤란하였고, 그것이 피고인 또는 변호인에게 책임 있는 사유에 기인한 것이 아닌 경우라면, 관계 법령의 규정 혹은 증인의 특성 기타 공판절차의 특수성에 비추어 이를 정당화할 수 있는 특별한 사정이 존재하지 아니하는 이상, 이와 같이 실질적 반대신문권의 기회가 부여되지 아니한 채 이루어진 증인의 법정진술은 위법한 증거로서 증거능력을 인정하기 어렵다. 이 경우 피고인의 책문권 포기로 그 하자가 치유될 수 있으나, 책문권 포기의 의사는 명시적인 것이어야 한다(대법원 2022.3.17, 2016도17054).

333 실질적인 반대신문의 기회를 부여받지 못한 하자는 책문권 포기로 치유될 수 있으며, 이때 책문권 포기의 의사는 반드시 명시적인 것일 필요는 없다.

[법원9급 23]

333 (×) 반대신문권이 배제된 하자를 치유하기 위한 책문권 포기 의사는 명시적이어야 한다.

> **판례** 형사소송법은 제161조의2에서 피고인의 반대신문권을 포함한 교호신문제도를 규정하는 한편, 제310조의2에서 법관의 면전에서 진술되지 아니하고 피고인에 의한 반대신문의 기회가 부여되지 아니한 진술에 대하여는 원칙적으로 그 증거능력을 부여하지 아니함으로써, 형사재판에서 증거는 법관의 면전에서 진술·심리되어야 한다는 직접주의와 피고인에게 불리한 증거에 대하여 반대신문할 수 있는 권리를 원칙적으로 보장하고 있는데, 이러한 반대신문권이 보장은 피고인에게 불리한 주된 증거의 증명력을 탄핵할 수 있는 기회가 보장되어야 한다는 점에서 형식적·절차적인 것이 아니라 실질적·효과적인 것이어야 한다. 따라서 피고인에게 불리한 증거인 증인이 주신문의 경우와 달리 반대신문에 대하여는 답변을 하지 아니하는 등 진술내용의 모순이나 불합리를 그 증인신문과정에서 드러내어 이를 탄핵하는 것이 사실상 곤란하였고, 그것이 피고인 또는 변호인에게 책임 있는 사유에 기인한 것이 아닌 경우라면, 관계 법령의 규정 혹은 증인의 특성 기타 공판절차의 특수성에 비추어 이를 정당화할 수 있는 특별한 사정이 존재하지 아니하는 이상, 이와 같이 실질적 반대신문권의 기회가 부여되지 아니한 채 이루어진 증인의 법정진술은 위법한 증거로서 증거능력을 인정하기 어렵다. 이 경우 피고인의 책문권 포기로 그 하자가 치유될 수 있으나, 책문권 포기의 의사는 '명시적'인 것이어야 한다(대법원 2022.3.17, 2016도17054).

334 변호인이 신청한 증인은 검사, 변호인, 재판장의 순으로 신문하며, 합의부원은 당해 증인을 신문할 수 없다.

[국가9급개론 21]

334 (×)

해설+ 증인은 신청한 검사, 변호인 또는 피고인이 먼저 이를 신문하고 다음에 다른 검사, 변호인 또는 피고인이 신문하고(제161조의2 제1항), 이 다음 재판장이 신문한다(동조 제2항). 합의부원은 재판장에게 고하고 신문할 수 있다(동조 제5항).

335 증언의 증명력을 다투기 위하여 필요한 사항에 관한 신문은 반대신문에서는 허용되나, 주신문에서는 금지된다.

[국가9급 14]

335 (×) '금지된다' → '허용된다' 탄핵신문은 주신문·반대신문 모두에서 가능하다(규칙 제77조 제1항).

336 증인신문에서는 반대신문뿐만 아니라 주신문에서도 진술의 증명력을 다투기 위한 신문을 할 수 있지만, 피고인신문에서는 반대신문이 아닌 주신문에서 진술의 증명력을 다투기 위한 신문을 할 수 없다.

[경찰채용 13]

336 (×) '없다' → '있다' 피고인신문의 방식도 증인신문의 방식에 의한다. 교호신문의 주신문에서도 탄핵신문이 가능하다(규칙 제77조 제1항).

337 증인이 주신문을 하는 자에 대하여 적의 또는 반감을 보인 경우에는 주신문에서도 유도신문이 가능하다. [국가9급 14]

337 (O) 규칙 제75조 제2항 제3호

338 검사가 증인에게 주신문을 하면서 유도신문을 하였으나 그 다음 공판기일에서 재판장이 증인신문 결과 등을 각 공판조서(증인신문조서)에 의하여 고지하였음에도 피고인과 변호인이 이의제기를 하지 않았다면 주신문의 하자는 치유된다. [국가9급 15]

338 (O) 대법원 2012.7.26, 2012도2937

339 반대신문을 하는 때에는 주신문과 달리 유도신문을 할 수 없다. [국가7급 12]

339 (×) '없다' → '있다'

해설+ 규칙 제76조【반대신문】② 반대신문에 있어서 필요할 때에는 유도신문을 할 수 있다.

340 반대신문자는 주신문자의 동의하에 주신문에 나타나지 아니한 새로운 사항에 관하여 신문할 수 있다. [국가7급 12]

340 (×) '주신문자의 동의' → '재판장의 허가'(규칙 제76조 제4항)

341 재주신문의 기회에 반대신문에 나타나지 아니한 새로운 사항에 관하여 신문하고자 할 때에는 재판장의 허가를 받아야 한다. [국가7급 12]

341 (O) 규칙 제78조 제3항 참조.

342 검사, 피고인 또는 변호인은 주신문, 반대신문 및 재주신문이 끝난 후에도 재판장의 허가를 얻어 다시 증인신문할 수 있다. [경찰채용 13]

342 (O) 규칙 제79조

343 간이공판절차에 있어서는 교호신문의 방식에 의하지 않고 신문할 수 있다. [경찰채용 13]

343 (O) 제297조의2

344 간이공판절차에서의 증인신문은 증거조사의 간이화라는 취지에 따라 교호 신문방식으로 진행해야 한다. [경찰채용 19 1차]

344 (×)

> **해설+** 간이공판절차에서는 증인신문의 방식(제161조의2)이 적용되지 아니하므로(제297조의2), 교호신문방식에 의하지 아니하고 신문할 수 있다.

345 간이공판절차에서는 증인신문의 방식, 증거조사의 시기와 방식, 증인신문 시 피고인의 퇴정 등에 관한 형사소송법의 규정이 적용되지 아니하며 법원이 상당하다고 인정하는 방법으로 증거조사를 할 수 있다. [군무원9급 21]

345 (○)

> **해설+** 간이공판절차의 결정이 있는 사건에 대하여는 제161조의2(증인신문의 방식), 제290조 내지 제293조(증거조사의 시기·순서, 증거서류·증거물등에 대한 조사방식, 증거조사 결과와 피고인의 의견), 제297조(피고인등의 퇴정)의 규정을 적용하지 아니하며 법원이 상당하다고 인정하는 방법으로 증거조사를 할 수 있다(제297조의2).

346 간이공판절차의 결정이 있는 사건에 대하여는 형사소송법 제161조의2(증인신문의 방식), 제290조 내지 제293조(증거조사의 시기와 방식, 증거조사 결과와 피고인의 의견), 제297조(증인신문 시의 피고인 등의 퇴정)의 규정을 적용하지 아니한다. [국가7급 23]

346 (○) 제297조의2 참조.

> **해설+** **제297조의2【간이공판절차에서의 증거조사】** 제286조의2의 결정이 있는 사건에 대하여는 제161조의2, 제290조 내지 제293조, 제297조의 규정을 적용하지 아니하며 법원이 상당하다고 인정하는 방법으로 증거조사를 할 수 있다.
>
> **비교** 이에 비하여 공소장변경, 증인의 선서, 당사자의 증거조사참여권·증거신청권 및 증거조사 이의신청권, 무죄판결·공소기각·관할위반판결 등은 간이공판절차에서도 적용되는 제도들이다.

347 재판장은 당사자의 증인신문 도중이라도 증인을 신문할 수 있지만, 당사자의 신문순서를 변경할 수는 없다. [국가7급 12]

347 (×) '없다' → '있다'(제161조의2 제3항)

348 법원이 공판기일에 증인을 채택하여 다음 공판기일에 증인신문을 하기로 피고인에게 고지하였는데 그 다음 공판기일에 증인은 출석하였으나 피고인이 정당한 사유 없이 출석하지 아니한 경우, 그 사건이 「형사소송법」 제277조 본문에 규정된 다액 500만 원 이하의 벌금 또는 과료에 해당하거나 공소기각 또는 면소의 재판을 할 것이 명백한 사건이 아니어서 같은 법 제276조의 규정에 의하여 공판기일을 연기할 수밖에 없더라도, 이미 출석하여 있는 증인에 대하여 공판기일 외의 신문으로서 증인신문을 하고 다음 공판기일에 그 증인신문조서에 대한 서증조사를 하는 것은 증거조사절차로서 적법하다. [법원9급 21]

348 (○) 대법원 2000.10.13. 2000도3265

349 법원이 공판기일에 증인을 채택하여 다음 공판기일에 증인신문을 하기로 피고인에 고지하였으나 피고인이 정당한 사유 없이 출석하지 아니한 경우에도 이미 출석하여 있는 증인에 대하여 공판기일 외의 신문으로서 증인신문을 하고 다음 공판기일에 그 증인신문조서에 대한 서증을 하는 것은 적법하다. [경찰채용 13]

349 (○) 이미 출석하여 있는 증인에 대하여 공판기일 외의 신문으로써 증인신문을 하고 다음 공판기일에 그 증인신문조서에 대한 서증조사를 하는 것은 증거조사절차로서 적법하다(대법원 2000.10.13. 2000도3265).

350 비디오 등 중계장치에 의한 중계시설 또는 차폐시설을 통하여 증인을 신문하는 경우에도 증인의 보호를 위하여 필요하다고 인정되면 증인신문을 공개하지 않을 수 있다. [법원승진 13]

350 (○) 아동대상범죄 등의 피해아동 등 피해자를 위한 규정이다. 규칙 제84조의6 제1항 참조.

351 법원에서 비디오 등 중계장치에 의한 중계시설을 통하여 범죄피해자를 증인으로 신문할 때, 중계장치를 통하여 증인이 피고인을 대면하거나 피고인이 증인을 대면하는 것이 증인의 보호를 위하여 상당하지 않다고 인정되는 경우 재판장은 검사, 변호인의 의견을 들어 증인 또는 피고인이 상대방을 영상으로 인식할 수 있는 장치의 작동을 중지시킬 수 있다. [경찰채용 21 1차]

351 (○) 규칙 제84조의5 제1항 참조.

352 법원은 범죄의 성질, 증인의 연령, 피고인과의 관계, 그 밖의 사정으로 인하여 피고인 등과 대면하여 진술하면 심리적인 부담으로 정신의 평온을 현저하게 잃을 우려가 있다고 인정되는 사람을 증인으로 신문하는 경우 상당하다고 인정되는 때에는 검사와 피고인 또는 변호인의 의견을 들어 차폐시설 등을 설치하고 신문할 수 있다. [경찰채용 15·18]

제165조의2 제1호·제2호에서는 아동학대·아동성폭력 피해자에 대하여 증인신문하는 경우를 규정하고 있다(대법원 2015.5.28, 2014도18006).

353 법원은 범죄의 성질, 증인의 나이, 심신의 상태, 피고인과의 관계, 그 밖의 사정으로 인하여 피고인 등과 대면하여 진술할 경우 심리적인 부담으로 정신의 평온을 현저하게 잃을 우려가 있다고 인정되는 사람을 증인으로 신문하는 경우 상당하다고 인정되는 때에는 검사와 피고인 또는 변호인의 의견을 들어 가림시설 등을 설치하고 신문할 수 있다. [군무원9급 22]

353 (○) 제165조2 제1항 제3호 참조.

해설+ 제165조의2【비디오 등 중계장치 등에 의한 증인신문】① 법원은 다음 각 호의 어느 하나에 해당하는 사람을 증인으로 신문하는 경우 상당하다고 인정할 때에는 검사와 피고인 또는 변호인의 의견을 들어 비디오 등 중계장치에 의한 중계시설을 통하여 신문하거나 가림시설 등을 설치하고 신문할 수 있다.
1. 「아동복지법」 제71조 제1항 제1호·제1호의2·제2호·제3호에 해당하는 죄의 피해자
2. 「아동·청소년의 성보호에 관한 법률」 제7조, 제8조, 제11조부터 제15조까지 및 제17조 제1항의 규정에 해당하는 죄의 대상이 되는 아동·청소년 또는 피해자
3. 범죄의 성질, 증인의 나이, 심신의 상태, 피고인과의 관계, 그 밖의 사정으로 인하여 피고인 등과 대면하여 진술할 경우 심리적인 부담으로 정신의 평온을 현저하게 잃을 우려가 있다고 인정되는 사람

354 차폐시설 등을 설치할 경우 법원은 피고인뿐만 아니라 검사, 변호인에 대하여도 차폐시설 등을 설치하는 방식으로 증인신문을 할 수 있다. 그러나 방청인에 대하여까지 차폐시설 등을 설치하는 방식으로 증인신문을 할 수는 없다. [경찰채용 15]

354 (×) '없다' → '있다'

해설+ 형사소송법 제165조의2 제3호도 대상을 '피고인 등'이라고 규정하고 있으므로, 법원은 형사소송법 제165조의2 제3호의 요건이 충족될 경우 피고인뿐만 아니라 검사, 변호인, 방청인 등에 대하여도 차폐시설 등을 설치하는 방식으로 증인신문을 할 수 있다(대법원 2015.5.28, 2014도18006).

CHAPTER 01 공판절차 **427**

355 법원은 「형사소송법」 제165조의2 제3호의 요건이 충족될 경우 피고인뿐만 아니라 검사, 변호인, 방청인 등에 대하여도 차폐시설 등을 설치하는 방식으로 증인신문을 할 수 있으며, 이는 「형사소송규칙」 제84조의9에서 피고인과 증인 사이의 차폐시설 설치만을 규정하고 있다고 하여 달리 볼 것이 아니다. [국가7급 22]

[국가7급 22]

해설+ **법 제165조의2【비디오 등 중계장치 등에 의한 증인신문】** ① 법원은 다음 각 호의 어느 하나에 해당하는 사람을 증인으로 신문하는 경우 상당하다고 인정할 때에는 검사와 피고인 또는 변호인의 의견을 들어 비디오 등 중계장치에 의한 중계시설을 통하여 신문하거나 가림시설 등을 설치하고 신문할 수 있다.
1. 「아동복지법」 제71조 제1항 제1호·제1호의2·제2호·제3호에 해당하는 죄의 피해자
2. 「아동·청소년의 성보호에 관한 법률」 제7조, 제8조, 제11조부터 제15조까지 및 제17조 제1항의 규정에 해당하는 죄의 대상이 되는 아동·청소년 또는 피해자
3. 범죄의 성질, 증인의 나이, 심신의 상태, 피고인과의 관계, 그 밖의 사정으로 인하여 피고인 등과 대면하여 진술할 경우 심리적인 부담으로 정신의 평온을 현저하게 잃을 우려가 있다고 인정되는 사람

규칙 제84조의9【차폐시설 등】 ① 법원은 법 제165조의2 제1항에 따라 차폐시설을 설치함에 있어 피고인과 증인이 서로의 모습을 볼 수 없도록 필요한 조치를 취하여야 한다.
② 법 제165조의2 제1항에 따라 비디오 등 중계장치에 의한 중계시설을 통하여 증인신문을 할 때 중계장치를 통하여 증인이 피고인을 대면하거나 피고인이 증인을 대면하는 것이 증인의 보호를 위하여 상당하지 않다고 인정되는 경우 재판장은 검사, 변호인의 의견을 들어 증인 또는 피고인이 상대방을 영상으로 인식할 수 있는 장치의 작동을 중지시킬 수 있다.

356 피고인뿐만 아니라 변호인에 대해서도 차폐시설을 설치하는 방식으로 증인신문이 이루어지는 경우 피고인과 변호인 모두 증인이 증언하는 모습이나 태도 등을 관찰할 수 없게 되어 그 한도에서 반대신문권이 제한될 수 있으므로, 변호인에 대한 차폐시설의 설치는 이미 인적사항에 관하여 비밀조치가 취해진 증인이 변호인을 대면하여 진술함으로써 자신의 신분이 노출되는 것에 대하여 심한 심리적인 부담을 느끼는 등의 특별한 사정이 있는 경우에 예외적으로 허용될 수 있을 뿐이다. [경찰채용 15]

[경찰채용 15]

357 법원은 증인이 멀리 떨어진 곳 또는 교통이 불편한 곳에 살고 있거나 건강상태 등 그 밖의 사정으로 말미암아 법정에 직접 출석하기 어렵다고 인정하는 때에는 검사와 피고인 또는 변호인의 의견을 들어 비디오 등 중계장치에 의한 중계시설을 통하여 신문할 수 있다. [법원9급 22]

[법원9급 22]

해설+ **제165조의2【비디오 등 중계장치 등에 의한 증인신문】** ② 법원은 증인이 멀리 떨어진 곳 또는 교통이 불편한 곳에 살고 있거나 건강상태 등 그 밖의 사정으로 말미암아 법정에 직접 출석하기 어렵다고 인정하는 때에는 검사와 피고인 또는 변호인의 의견을 들어 비디오 등 중계장치에 의한 중계시설을 통하여 신문할 수 있다.

355 (○) 형사소송법 제165조의2 제3호도 대상을 '피고인 등'이라고 규정하고 있으므로, 법원은 형사소송법 제165조의2 제3호의 요건이 충족될 경우 피고인뿐만 아니라 검사, 변호인, 방청인 등에 대하여도 차폐시설 등을 설치하는 방식으로 증인신문을 할 수 있으며, 이는 형사소송규칙 제84조의9에서 피고인과 증인 사이의 차폐시설 설치만을 규정하고 있다고 하여 달리 볼 것이 아니다(대법원 2015.5.28, 2014도18006).

356 (○) 대법원 2015.5.28, 2014도18006

357 (○) 2021.8.17. 신설 제165조의2 제2항

358 교통사고로 사망한 사람의 부모는 교통사고처리특례법의 보호법익인 생명의 주체가 아니므로 헌법상 재판절차 진술권이 보장되는 형사피해자의 범주에 속하지 아니 한다. [경찰채용 14]

358 (×) '속하지 아니한다' → '속한다'(헌법재판소 1997.2.20, 96헌마76)

359 범죄피해자가 사망한 경우에는 그 배우자·직계친족·형제자매에게 재판절차진술권이 인정된다. [국가7급 09]

359 (○) 제294조의2 제1항

360 피해자를 법정에서 증인으로 신문하는 경우뿐만 아니라 수사과정에서 참고인으로 조사하는 과정에서도 직권 또는 피해자의 신청에 따라 변호사 자격이 없는 자라도 동석하게 할 수 있다. [국가7급 10]

360 (○) 제163조의2 제1항, 제221조 제3항 참조.

361 소송계속 중인 사건의 피해자는 소송기록의 열람 또는 등사를 재판장에게 신청할 수 있다. [경찰채용 15] [법원9급 17]

361 (○) 제294조의4 제1항

362 소송계속 중인 사건에 있어 피해자의 소송기록의 열람, 등사신청에 관한 재판장의 허가결정과 허가조건에 대해서는 불복할 수 있다. [경찰채용 15] [국가7급 10]

362 (×) '있다' → '없다'(제294조의4 제6항)

363 소송계속 중인 사건의 피해자 등의 소송기록의 열람 또는 등사 청구에 대하여 재판장은 피해자 등의 권리구제를 위하여 필요하다고 인정하거나 그 밖의 정당한 사유가 있는 경우 범죄의 성질, 심리의 상황, 그 밖의 사정을 고려하여 사용목적을 제한하거나 적당하다고 인정하는 조건을 붙여 허가할 수 있고, 피해자 등은 이에 대하여 불복할 수 없다. [법원9급 11]

363 (○) 제294조의4 제1항·제3항·제6항 참조.

364 소송계속 중인 사건의 피해자의 소송기록 등사신청에 대하여 지방법원 단독판사가 사용목적을 제한하여 등사를 허가하였다면, 피해자는 그 결정에 불복하여 지방법원 본원합의부에 항고할 수 있다. [경찰채용 21 1차]

364 (×)

해설+ 소송계속 중인 사건의 피해자의 소송기록 등사신청에 대하여 재판장(위 지문에서는 지방법원 단독판사)은 사용목적을 제한하여 등사를 허가할 수 있으나, 피해자는 그 재판에 대하여 불복할 수 없다(제294조의4 제4항·제6항).

365 법원은 범죄로 인한 피해자를 증인으로 신문하는 경우 당해 피해자·법정대리인 또는 검사의 신청에 따라 피해자의 사생활의 비밀이나 신변보호를 위하여 필요하다고 인정하는 때에는 결정으로 심리를 공개하지 아니할 수 있다. [경찰채용 15] [국가7급 09] [국가9급 10]

365 (○) 제294조의3 제1항

366 범죄로 인한 피해자를 증인으로 신문하는 때에, 법원은 사생활의 비밀이나 신변보호를 위하여 필요하다고 인정되는 경우 결정으로 심리를 공개하지 않을 수 있다. 이때 이유를 붙여 고지해야만 한다. [국가9급개론 18] [법원9급 16]

366 (○) 제294조의3 제1항·제2항 참조.

367 피해자로서 증인신문의 신청인이 출석통지를 받고도 정당한 이유 없이 출석하지 아니한 때에는 그 신청을 철회한 것으로 본다. [경찰채용 14]

367 (○) 제294조의2 제4항 참조.

368 성폭력범죄의 처벌 등에 관한 특례법 제30조 제1항에 따라 촬영한 영상물에 수록된 피해자의 진술에 대해서는 증거로 사용할 수 있는 특례가 마련되어 있다.

[국가9급개론 18]

> **보충** 성폭력처벌법 제30조의2【영상녹화물의 증거능력 특례】① 제30조 제1항에 따라 19세미만피해자등의 진술이 영상녹화된 영상녹화물은 같은 조 제4항부터 제6항까지에서 정한 절차와 방식에 따라 영상녹화된 것으로서 다음 각 호의 어느 하나의 경우에 증거로 할 수 있다.
> 1. 증거보전기일, 공판준비기일 또는 공판기일에 그 내용에 대하여 피의자, 피고인 또는 변호인이 피해자를 신문할 수 있었던 경우. 다만, 증거보전기일에서의 신문의 경우 법원이 피의자ㅏ 피고인의 방어권이 보장된 상태에서 피해자에 대한 반대신문이 충분히 이루어졌다고 인정하는 경우로 한정한다.
> 2. 19세미만피해자등이 다음 각 목의 어느 하나에 해당하는 사유로 공판준비기일 또는 공판기일에 출석하여 진술할 수 없는 경우. 다만, 영상녹화된 진술 및 영상녹화가 특별히 신빙(信憑)할 수 있는 상태에서 이루어졌음이 증명된 경우로 한정한다.
>   가. 사망
>   나. 외국거주
>   다. 신체적, 정신적 질병·장애
>   라. 소재불명
>   마. 그 밖에 이에 준하는 경우
> ② 법원은 제1항 제2호에 따라 증거능력이 있는 영상녹화물을 유죄의 증거로 할지를 결정할 때에는 피고인과의 관계, 범행의 내용, 피해자의 나이, 심신의 상태, 피해자가 증언으로 인하여 겪을 수 있는 심리적 외상, 영상녹화물에 수록된 19세미만피해자등의 진술내용 및 진술태도 등을 고려하여야 한다. 이 경우 법원은 전문심리위원 또는 제33소에 따른 전문가의 의견을 들어야 한다.

368 (○)성폭법 제30조의2 참조.

369 법원은 피해자를 증인으로 신문하는 경우 동일한 범죄사실에서 신청인의 수가 다수인 때에는 증인으로 신문할 자의 수를 제한할 수 있다.

[국가7급 09] [법원9급 16]

369 (○) 제294조의2 제3항

370 범죄피해자가 13세 미만이거나 신체적·정신적 장애로 사물변별·의사결정 능력이 미약한 경우에 재판에 지장을 초래할 우려가 있는 등 부득이한 경우가 아닌 한 피해자와 신뢰관계 있는 자를 동석하게 하여야 한다.

[국가9급 09 변형]

370 (○) 이는 법원의 의무이므로 신청에 의하는 것이 아니다. 또한 제221조 제3항에 의하여 수사에도 그대로 준용된다(제163조의2 제2항).

371 법원은 범죄로 인한 피해자가 13세 미만이거나 신체적 또는 정신적 장애로 사물을 변별하거나 의사를 결정할 능력이 미약한 경우에 재판에 지장을 초래할 우려가 있는 등 부득이한 경우가 아닌 한 피해자와 신뢰관계에 있는 자를 동석하게 하여야 한다. [경찰채용 20 2차]

371 (○) 제163조의2 제2항 참조.

> **해설+** 제163조의2 【신뢰관계에 있는 자의 동석】 ② 법원은 범죄로 인한 피해자가 13세 미만이거나 신체적 또는 정신적 장애로 사물을 변별하거나 의사를 결정할 능력이 미약한 경우에 재판에 지장을 초래할 우려가 있는 등 부득이한 경우가 아닌 한 피해자와 신뢰관계에 있는 자를 동석하게 하여야 한다.

372 검사 또는 사법경찰관은 피의자가 신체적 또는 정신적 장애로 사물을 변별하거나 의사를 결정·전달할 능력이 미약한 때에는 신뢰관계에 있는 자를 동석하게 하여야 하며, 이때 신뢰관계인이 동석하지 않은 상태로 행한 진술은 임의성이 인정되더라도 유죄 인정의 증거로 사용할 수 없다. [해경승진 23]

372 (×) 피의자신문 시 신뢰관계자 동석은 임의적 동석이다(제244조의5).

> **해설+** 제244조의5 【장애인 등 특별히 보호를 요하는 자에 대한 특칙】 검사 또는 사법경찰관은 피의자를 신문하는 경우 다음 각 호의 어느 하나에 해당하는 때에는 직권 또는 피의자·법정대리인의 신청에 따라 피의자와 신뢰관계에 있는 자를 동석하게 할 수 있다.
> 1. 피의자가 신체적 또는 정신적 장애로 사물을 변별하거나 의사를 결정·전달할 능력이 미약한 때
> 2. 피의자의 연령·성별·국적 등의 사정을 고려하여 그 심리적 안정의 도모와 원활한 의사소통을 위하여 필요한 경우

373 「형사소송법」 제163조의2 제1항 또는 제2항에 따라 동석한 자는 법원·소송관계인의 신문 또는 증인의 진술을 방해하거나 그 진술의 내용에 부당한 영향을 미칠 수 있는 행위를 하여서는 아니 되며, 재판장은 동석한 자가 부당하게 재판의 진행을 방해하는 때에는 그 행위의 중지를 명할 수 있으나, 동석 자체를 중지시킬 수는 없다. [경찰채용 20 2차]

373 (×) 경우에 따라 동석 자체를 중지시킬 수 있다(규칙 제84조의3 제3항).

> **해설+** 규칙 제84조의3 【신뢰관계에 있는 사람의 동석】 ③ 재판장은 법 제163조의2 제1항 또는 제2항에 따라 동석한 자가 부당하게 재판의 진행을 방해하는 때에는 동석을 중지시킬 수 있다.

374 법원은 피해자를 신문하는 경우 피해의 정도 및 결과는 물론, 피고인의 처벌에 관한 의견, 그 밖에 당해 사건에 관한 의견을 진술할 기회를 주어야 한다. [국가9급 09]

374 (○) 제294조의2 제2항 참조.

375 법원은 동일한 범죄사실에서 의견진술에 관한 증인신문을 신청한 피해자가 여러 명인 경우에는 모두에게 진술할 기회를 제공하여야 한다. [국가7급 23]

해설+ 제294조의2【피해자등의 진술권】③ 법원은 동일한 범죄사실에서 제1항의 규정에 의한 신청인이 여러 명인 경우에는 진술할 자의 수를 제한할 수 있다.

376 법원은 직권 또는 피해자나 그 법정대리인의 신청에 따라 피해자를 공판기일에 출석하게 하여 피해 정도 및 결과, 피고인의 처벌에 관한 의견 등 범죄사실의 인정에 해당하지 않는 사항에 관하여 증인신문에 의하지 아니하고 의견을 진술하게 할 수 있다. [국가7급 15 변형] [법원9급 16]

376 (○) 규칙 제134조의10 제1항

377 법원은 피해자의 이익을 위하여 필요한 경우 직권으로 판결공시의 취지를 선고할 수 있다. [법원9급 11]

377 (×) '직권으로' → '피해자의 청구가 있는 경우에 한하여'(형법 제58조 제1항)

378 법정에서는 국어를 사용한다. 국어 아닌 문자 또는 부호는 번역하게 하여야 한다. [법원9급 13]

378 (○) 법원조직법 제62조 제1항, 형사소송법 제182조 참조.

379 법원은 피해자의 신청이 있는 때에는 피해자가 이미 당해 사건에 관하여 공판절차에서 충분히 진술하여 다시 진술할 필요가 없다고 인정되는 경우에도 증인으로 신문하여야 한다. [국가7급 23]

379 (×) 제294조의2 제1항 제2호 참조.

해설+ 제294조의2【피해자등의 진술권】① 법원은 범죄로 인한 피해자 또는 그 법정대리인(피해자가 사망한 경우에는 배우자·직계친족·형제자매를 포함한다. 이하 이 조에서 "피해자등"이라 한다)의 신청이 있는 때에는 그 피해자등을 증인으로 신문하여야 한다. 다만, 다음 각 호의 어느 하나에 해당하는 경우에는 그러하지 아니하다.
1. 삭제 〈2007.6.1.〉
2. 피해자등 이미 당해 사건에 관하여 공판절차에서 충분히 진술하여 다시 진술할 필요가 없다고 인정되는 경우
3. 피해자등의 진술로 인하여 공판절차가 현저하게 지연될 우려가 있는 경우

380 법원은 범죄로 인한 피해자 또는 그 법정대리인(피해자가 사망한 경우에는 배우자·직계친족·형제자매를 포함)의 신청이 있는 때에는 신청인의 진술로 인하여 공판절차가 현저하게 지연될 우려가 있는 경우라 하더라도 최소 한 번 이상 그 피해자를 증인으로 신문하여야 한다. [경찰승진 23]

> **해설+** 제294조의2 【피해자등의 진술권】 ① 법원은 범죄로 인한 피해자 또는 그 법정대리인(피해자가 사망한 경우에는 배우자·직계친족·형제자매를 포함한다. 이하 이 조에서 "피해자등"이라 한다)의 신청이 있는 때에는 그 피해자등을 증인으로 신문하여야 한다. 다만, 다음 각 호의 어느 하나에 해당하는 경우에는 그러하지 아니하다.
> 3. 피해자등의 진술로 인하여 공판절차가 현저하게 지연될 우려가 있는 경우

380 (×) 피해자 등의 진술로 인하여 공판절차가 현저하게 지연될 우려가 있는 경우에는 피해자 등의 신청이 있는 때에도 그 피해자 등을 증인으로 신문하지 아니할 수 있다(제294조의2 제1항 제3호).

---

8 공판절차의 특칙

I 간이공판절차

> **🔗 대표유형**
>
> 제1심 관할사건인 때에는 사형·무기 또는 단기 1년 이상의 징역에 해당하는 사건에 대하여도 간이공판절차를 할 수 있다. [법원9급 15]

(○) 제286조의2

> **🔗 대표유형**
>
> 간이공판절차 개시결정이 있는 경우 전문법칙이 적용되는 증거에 대하여 동의가 있는 것으로 간주되므로 피고인 또는 변호인은 이를 증거로 함에 이의를 제기할 수 없다. [국가9급 21]

(×) 제318조의3

> **해설+** 제318조의3 【간이공판절차에서의 증거능력에 관한 특례】 제286조의2의 결정이 있는 사건의 증거에 관하여는 제310조의2, 제312조 내지 제314조 및 제316조의 규정에 의한 증거에 대하여 제318조 제1항의 동의가 있는 것으로 간주한다. 단, 검사, 피고인 또는 변호인이 증거로 함에 이의가 있는 때에는 그러하지 아니하다.

381 간이공판절차는 단독판사의 관할사건에 대하여만 가능하며, 합의부 관할사건에 대하여는 간이공판절차의 결정을 할 수 없다.

[경찰채용 13] [법원9급 13]

381 (×) '없다' → '있다'
1심 관할사건의 경우, 단독사건은 물론 합의부 관할사건에 대하여도 간이공판절차를 할 수 있다.

382 피고인이 공판정에서 공소사실에 대하여 자백한 때에는 법원은 그 공소사실에 한하여 간이공판절차에 의하여 심판할 것을 결정할 수 있다.

[국가9급 10]

382 (○) 제286조의2 참조.

383 간이공판절차에서 요구되는 자백은 피고인이 공판기일에 공판정에서 할 것을 요하며, 이때 자백은 모두진술 단계에서 하여야 한다. [국가7급 23]

> **해설+** 제286조의2 【간이공판절차의 결정】 피고인이 공판정에서 공소사실에 대하여 자백한 때에는 법원은 그 공소사실에 한하여 간이공판절차에 의하여 심판할 것을 결정할 수 있다.
>
> 제287조 【재판장의 쟁점정리 및 검사·변호인의 증거관계 등에 대한 진술】 ① 재판장은 피고인의 모두진술이 끝난 다음에 피고인 또는 변호인에게 쟁점의 정리를 위하여 필요한 질문을 할 수 있다.

383 (×) 간이공판절차에서 요구되는 자백은 피고인이 공판기일에 공판정에서 할 것을 요하지만, 간이공판절차를 위한 피고인자백의 최종가능시점에 대하여 명문의 규정은 없다. 학설로는 피고인모두진술시설, 변론종결시설, 피고인신문종결시설이 대립하고 피고인모두진술시설이 법원실무의 태도이다.

384 간이공판절차는 피고인이 공판정에서 공소사실에 대하여 자백하는 때에 한하여 허용되므로, 피고인이 법정에서 공소장에 기재된 사실 전부를 인정하였다면 이에 대해 책임조각사유를 주장하는 경우에도 간이공판절차를 진행할 수 있다. [국가7급 22]

> **해설+** 피고인이 법정에서 "공소사실은 모두 사실과 다름없다."고 하면서 술에 만취되어 기억이 없다는 취지로 진술한 경우에, 피고인이 음주상태로 운전하다가 교통사고를 내었고, 또한, 사고 후에 도주까지 하였다고 하더라도 피고인이 술에 만취되어 사고 사실을 몰랐다고 범의를 부인힘과 동시에 그 범행 당시 심신상실 또는 심신미약의 상태에 있었다는 주장으로서 형사소송법 제323조 제2항에 정하여진 법률상 범죄의 성립을 조각하거나 형의 감면의 이유가 되는 사실의 진술에 해당하므로 피고인은 적어도 공소사실을 부인하거나 심신상실의 책임조각사유를 주장하고 있는 것으로 볼 여지가 충분하므로 간이공판절차에 의하여 심판할 대상에 해당하지 아니한다(대법원 2004.7.9, 2004도2116).

384 (×)

385 피고인은 검사의 모두진술이 끝난 뒤에, 진술거부권을 행사하는 경우를 제외하고, 공소사실의 인정 여부를 진술해야 하며, 만일 이 단계에서 피고인이 자백하면 간이공판절차로 이행하는 계기가 된다. [국가9급 22]

385 (○) 제286조 제1항, 제286조의2

386 피고인의 출석 없이 개정할 수 있는 사건에 대하여 법원이 피고인의 출석 없이 개정하는 경우 피고인이 수사기관에서 자백하였다면 간이공판절차에 의하여 심판할 수 있다. [법원9급 17]

386 (×) '수사기관' → '공판정(제286조의2)

387 피고인이 공판준비절차에서 공소사실에 대하여 자백한 경우 간이공판절차
가 허용된다. [경찰채용 14·18]

> **해설+** 자백은 공판정에서 하여야 한다. 수사절차나 공판준비절차에서의 자백으로는 간이공판절차를 개시할 수 없다.

387 (×) '허용된다' → '허용되지 않는다'

388 간이공판절차의 요건으로서 피고인의 '자백'은 공소장 기재사실을 인정하
고 나아가 위법성이나 책임조각사유가 되는 사실을 진술하지 아니하는 것
으로 충분하고 명시적으로 유죄를 자인하는 진술이 있어야 하는 것은 아
니다. [경찰채용 13·18]

388 (○) 대법원 1987.8.18, 87
도1269

389 간이공판절차 결정의 요건인 공소사실의 자백은 명시적으로 유죄를 자인
하는 진술이 있어야 한다. [군무원9급 21]

> **해설+** 형사소송법 제286조의2(간이공판절차의 결정) 소정의 '자백'은 공소장 기재 사실을 인정하고 나아가 위법성이나 책임의 조각사유가 되는 사실을 진술하지 아니하는 것으로 충분하고, 명시적으로 유죄임을 자인하는 진술을 말하는 것이 아니다(대법원 1981.11.24, 81도2422).

389 (×)

390 피고인이 명시적으로 유죄를 자인하는 진술을 하지는 않았으나, 공소장 기
재사실을 인정하고 나아가 위법성이나 책임조각사유가 되는 사실을 진술
하지 않은 경우는 「형사소송법」 제286조의2가 규정하는 간이공판절차의
결정의 요건인 공소사실의 자백에 해당한다. [변호사 21]

390 (○) 대법원 1981.11.24, 81
도2422

391 피고인이 공소사실에 대하여 검사가 신문을 할 때에는 공소사실을 모두 사
실과 다름 없다고 진술하였으나 변호인이 신문을 할 때에는 범의나 공소사
실을 부인하였다면 그 공소사실은 간이공판절차에 의할 수 없다.
[경찰채용 18] [법원9급 14]

391 (○) 대법원 1998.2.27, 97
도3421

392 피고인 甲이 제1심 재판의 모두진술에서 공소사실을 인정함에 따라 법원은 간이 공판절차에 의하여 심판할 것을 결정하였다. 만약 甲이 법정에서 "공소사실은 모두 사실과 다름없다"고 하면서 술에 만취되어 기억이 없다는 취지로 진술한 경우라면 간이공판절차에 의하여 심판할 대상에 해당되지 않는다. [국가9급개론 17]

392 (O) 대법원 2004.7.9, 2004도2116

393 피고인이 공소사실은 모두 사실과 다름없다고 하면서 당시 심신상실의 상태에 있었다고 진술한 경우에 법원은 간이공판절차에 의하여 심판할 수 있다. [법원9급 17]

393 (×) '있다' → '없다'(대법원 2004.7.9, 2004도2116)

394 피고인이 공판정에서 자백하는 경우 그 자백의 신빙성이 없다고 인정되더라도 법원은 간이공판절차에 의하여 심판할 수 있다. [법원9급 17]

394 (×) '있다' → '없다'(제286조의3)

395 과형상 일죄나 포괄적 일죄 또는 예비적·택일적으로 기재된 공소사실 중 일부에 대하여 자백하고 나머지를 부인하는 경우에는 자백 부분만 특정하여 간이공판절차로 심리하는 것은 부적합하다. [법원9급 14]

395 (O) 소송법상 불가분사건의 일부에 대하여 간이공판절차를 개시하면, 그 절차가 복잡하게 되어 간이공판절차를 인정하는 취지에 반한다.

396 피고인이 공판정에서 자백하더라도 간이공판절차의 개시 여부는 법원의 재량사항이다. [법원9급 15]

396 (O) 제286조의2

397 간이공판절차 개시결정은 판결 전 소송절차에 관한 결정이므로 항고할 수 없고, 간이공판절차의 요건을 구비하지 못하였음에도 불구하고 간이공판절차에 의하여 심판한 경우에는 판결 자체에 대해 상소할 수 있다. [국가9급 17]

397 (O) 제403조

398 간이공판절차에서는 증거능력의 제한이 완화되고, 증거조사방식이 간이화된다. [국가9급 10]

398 (O) 제318조의3, 제297조의2 참조.

399 간이공판절차에서는 전문증거의 증거능력제한이 완화된다. [법원9급 15]

399 (○) 증거동의 의제, 제318조의3

400 간이공판절차에 있어서는 통상의 절차에서 적용되는 전문법칙이 적용되지 않는다. 따라서 일정한 전문증거의 경우 검사, 피고인 또는 변호인이 증거로 함에 이의를 하지 않으면 동의가 있는 것으로 간주한다. [법원9급 16]

400 (○) 제318조의3

401 간이공판절차에서 검사가 작성한 피의자신문조서는 피고인이나 그의 변호인의 이의가 없는 한 증거동의가 있는 것으로 간주된다. [국가9급 17]

401 (○) 제318조의3

402 피고인이 공판정에서 공소사실에 대하여 자백하여 간이공판절차의 결정이 내려진 경우라 할지라도 변호인이 전문증거에 대하여 이의를 제기하였다면 증거동의의 효력이 의제되지 아니한다. [경찰채용 16]

402 (○) 제318조의3 단서

403 X건설회사의 공동대표인 甲과 乙은 공무원 A에게 뇌물을 제공하여 관급공사를 수주하기로 공모한 다음 A에게 시가 2,000만 원 상당의 자동차와 현금 2,000만 원을 공여하였는데, 다만 자동차에 대한 등록명의는 X건설회사 앞으로 하였다. 한편 乙은 위 회사 주차장에서 주차 시비가 붙은 B를 폭행하였고, 甲은 이를 목격하였다. 甲은 뇌물공여죄로, 乙은 뇌물공여죄 및 폭행죄로, A는 뇌물수수죄로 각 기소되어 함께 재판받고 있다. 甲이 제1심 공판절차의 피고인신문과정에서 '乙이 B를 폭행한 것을 보았다'고 진술하였다면, 위와 같은 甲의 법정진술은 乙의 폭행에 관한 유죄의 증거로 쓸 수 있다. [변호사 21]

403 (×)

해설+ 甲은 乙의 폭행죄와 관련하여서는 공범 아닌 공동피고인으로서 제3자이므로 증인적격이 인정된다. 따라서 甲에 대하여는 선서와 적법한 증인신문이 필요한 것이고, 甲이 제1심 공판절차의 피고인신문과정에서 '乙이 B를 폭행한 것을 보았다'고 진술하였다 하더라도, 甲의 법정진술은 乙의 폭행죄에 대한 유죄의 증거로 삼을 수 없다. 판례도 다음과 같다. "피고인과는 별개의 범죄사실로 기소되고 다만 병합심리된 것뿐인 공동피고인은 피고인에 대한 관계에서는 증인의 지위에 있음에 불과하므로 선서 없이 한 그 공동피고인의 피고인으로서 한 공판정에서의 진술을 피고인에 대한 공소범죄 사실을 인정하는 증거로 쓸 수 없다(대법원 1979.3.27, 78도1031)."

404 만약 법원이 절도 공소사실에 대하여 간이공판절차에 의하여 심판할 것을 결정하였다면, 사법경찰관 작성의 A에 대한 참고인 진술조서는 甲이 증거로 함에 동의한 것으로 간주되므로 甲이 이를 증거로 함에 이의를 제기하더라도 甲에 대한 유죄의 증거로 쓸 수 있다. [변호사 21]

404 (×)

> **해설+** 제318조의3【간이공판절차에서의 증거능력에 관한 특례】제286조의2의 결정이 있는 사건의 증거에 관하여는 제310조의2, 제312조 내지 제314조 및 제316조의 규정에 의한 증거에 대하여 제318조 제1항의 동의가 있는 것으로 간주한다. 단, 검사, 피고인 또는 변호인이 증거로 함에 이의가 있는 때에는 그러하지 아니하다.

405 법원이 간이공판절차에 의하여 심판할 것으로 결정한 사건에 대하여는 법원은 상당하다고 인정하는 방법으로 증거조사를 할 수 있다. [경찰채용 13] [국가9급 14]

405 (○) 제297조의2

406 간이공판절차 개시는 피고인의 공소사실에 대한 자백을 전제로 하므로 검사는 간이공판절차가 개시된 이후에는 공소장을 변경할 수 없다. [국가7급 21]

406 (×)

> **해설+** 증거조사방식(제297조의2)이나 증거능력(제318조의3)에 대한 예외가 있는 외에는 공판절차의 일반규정이 그대로 적용된다. 따라서 간이공판절차에서도 공소장변경은 가능하다.

407 간이공판절차에서는 피고인 또는 그의 변호인이 증거신청을 하거나 증거조사에 대해 이의신청을 할 수 없다. [국가9급 17]

407 (×) '없다' → '있다'

> **해설+** 간이공판절차에서도 당사자의 증거신청권(제294조)과 증거조사에 대한 이의신청권(제296조)은 인정된다.

408 간이공판절차에서는 자백의 보강법칙이 적용되지 않는다. [법원9급 15]

408 (×) '적용되지 않는다' → '적용된다'

> **해설+** 간이공판절차에서는 증거조사에 관한 특칙(제297조의2) 및 증거동의 간주(제318조의3) 이외에는 공판절차의 일반규정이 그대로 적용된다.

409 피고인의 자백 이외에 다른 보강증거가 없더라도 간이공판절차에서 유죄를 인정할 수 있다. [국가9급 14]

> **해설+** 간이공판절차에서 증거능력이 완화되는 것은 전문법칙에 한한다. 따라서 자백보강법칙은 그대로 적용된다.

409 (×) '있다' → '없다'
헌법 제12조 제7항, 형사소송법 제310조

410 간이공판절차에 있어서는 임의성 없는 자백에 관한 「형사소송법」 제309조나 보강증거 없는 자백에 관한 같은 법 제310조가 적용되지 않는다. [법원9급 12]

> **해설+** 간이공판절차에서는 증거조사에 관한 특칙(제297조의2) 및 증거동의의 간주(제318조의3) 이외에는 공판절차의 일반규정이 그대로 적용된다.

410 (×) '적용되지 않는다' → '적용된다'

411 간이공판절차에 있어서는 통상절차에서 요구되는 엄격한 증거조사 방식이 대폭 간략화되고 상당하다고 인정되는 방법으로 증거조사를 할 수 있으므로, 증인신문을 함에 있어서도 교호(交互)신문 방식에 의할 필요가 없다. [법원승진 10]

411 (○) 제297조의2에 의한 제161조의2의 배제

412 간이공판절차의 결정이 있는 사건에 대하여 법원은 엄격한 증거조사의 방식에 의하지 않고 상당하다고 인정하는 방식으로 증거조사를 할 수 있으나, 증거조사의 종료 시에 피고인에게 증거조사결과에 대한 의견을 묻고 필요한 증거조사를 신청할 수 있음을 고지하여야 한다. [법원9급 13]

412 (×) '고지하여야 한다' → '고지하여야 하는 것은 아니다'
간이공판절차에서는 증거조사 종료 시 피고인에게 증거조사 결과에 대한 의견을 묻고 증거조사를 신청할 수 있음을 고지하는 절차(제293조)가 배제된다(제297조의2).

413 간이공판절차에서의 '상당한 방법'의 증거조사로 증거방법을 표시하고 증거조사내용을 '증거조사함'이라는 파란색 스탬프를 찍었을 뿐 입증취지와 의견을 기재하지 않았다면 상당한 방법의 증거조사라고 인정할 수 없다. [법원9급 14]

413 (×) '없다' → '있다'(대법원 1980.4.22, 80도333)

414 법원은 간이공판절차의 결정을 한 사건에 대하여 피고인의 자백이 신빙할 수 없다고 인정되는 때에는 검사의 의견을 들어 그 결정을 취소하여야 한다.

[국가9급 14] [법원9급 13]

414 (○) 제286조의3 참조.

415 법원이 간이공판절차의 개시결정을 할 때에는 검사의 의견을 들을 필요가 없으나 그 결정을 취소할 때에는 검사의 의견을 들어야 한다. [국가7급 15]

415 (○) 제286조의2, 제286조의3 참조.

416 간이공판절차의 결정이 취소된 때에는 공판절차를 갱신하여야 한다. 다만 검사·피고인 또는 변호인이 이의가 없는 때에는 갱신을 필요로 하지 않는다. 이때 이의 없다는 의사표시는 적극적이며 명시적이어야 한다.

[법원9급 14·17 변형]

416 (○) 제301조의2

417 제1심에서 적법하게 간이공판절차에 의하여 상당하다고 인정되는 방법으로 증거조사를 한 이상, 항소심에 이르러 범행을 부인한다고 하더라도 제1심에서 이미 증거능력이 있던 증거는 증거능력이 그대로 유지되므로 다시 증거조사할 필요가 없다.

[법원9급 16]

417 (○) 대법원 1998.2.27, 97도3421

418 피고인이 제1심법원에서 공소사실에 대하여 자백하여 제1심법원이 이에 대하여 간이공판절차에 의하여 심판할 것을 결정하고, 이에 따라 상당하다고 인정하는 방법으로 증거조사를 한 이상, 항소심에 이르러 범행을 부인하였다고 하더라도 제1심법원에서 증거로 할 수 있었던 증거는 항소법원에서도 증거로 할 수 있는 것이므로 제1심법원에서 이미 증거능력이 있었던 증거는 항소심에서도 증거능력이 그대로 유지되어 다시 증거조사를 할 필요가 없다.

[경찰채용 13]

418 (○) 대법원 1998.2.27, 97도3421

Ⅱ 공판절차의 정지와 갱신

🔗 대표유형

'공소장의 변경이 피고인의 불이익을 증가할 염려가 있다고 인정된 때'는 공판절차를 정지하여야 한다. [법원승진 11 변형]

(×) '정지하여야 한다' → '정지할 수 있다'(제298조 제4항)
이 경우가 유일한 임의적 정지로, 공판절차의 정지 여부는 법원의 재량에 달려 있는 것이다.

419 공판절차의 정지는 주로 피고인의 방어권을 보호하기 위한 제도이다. [국가9급 10]

419 (○)

420 공판절차의 정지는 법원의 결정으로 한다. [국가9급 10]

420 (○) 제298조 제4항

421 피고인이 사물의 변별 또는 의사결정능력이 없는 상태인 때에는 법원은 검사나 변호인의 의견을 들어 결정으로 소송절차를 정지하여야 한다. [국가7급 10]

421 (○) 제306조 제1항 참조.

422 '피고인이 질병으로 인하여 출정할 수 없는 때', '피고인이 사물의 변별 또는 의사의 결정을 할 능력이 없는 상태에 있는 때'는 공판절차를 정지하여야 한다. [법원승진 11 변형]

422 (○) 제306조 제2항 참조.

423 피고인이 사물을 변별하거나 의사를 결정할 능력이 없더라도, 피고사건에 대하여 무죄, 면소, 형의 면제 또는 공소기각의 재판을 할 것으로 명백한 때에는 피고인의 출정 없이 재판할 수 있다. [법원9급 15]

423 (○) 피고인에게 유리한 사건의 경우, 공판절차를 정지하지 아니하고 재판할 수 있다. 제306조 제4항 참조.

424 피고인이 질병으로 인하여 출정할 수 없는 때에는 법원은 검사와 변호인의 의견을 들어서 결정으로 출정할 수 있을 때까지 공판절차를 정지하여야 한다. 이 경우 공판절차를 정지하기 전에 의사의 의견을 들어야 한다. [법원9급 15]

424 (○) 제306조 제2항·제3항 참조.

425 피고인이 질병으로 출정할 수 없더라도 형의 면제 또는 공소기각의 재판을 할 것이 명백한 경우에는 피고인의 출정 없이 재판할 수 있다. [국가7급 10]

425 (○) 제277조 제2호 참조.

426 '법관에 대한 기피신청이 있는 경우로서, 소송의 지연을 목적으로 함이 명백하거나 기피시유에 관한 규정에 위배된 것이 아닌 경우로서 급속을 요하지 아니한 때'는 소송진행을 정지하여야 한다. [법원승진 11 변형]

426 (○) 제22조 참조.

427 법원은 공소사실 또는 적용법조의 추가, 철회 또는 변경이 피고인의 불이익이 증가할 염려가 있다고 인정한 때에는 직권 또는 피고인이나 변호인의 청구에 의하여 피고인으로 하여금 필요한 방어의 준비를 하게 하기 위하여 결정으로 필요한 기간 공판절차를 정지할 수 있다. [법원9급 15 변형]

427 (○) 제298조 제4항

428 병합심리신청, 재심청구의 경합, 위헌법률심판의 제청은 공판절차의 정지사유에 해당한다. [국가7급 14 변형]

428 (○) 형사소송규칙 제7조, 제169조, 헌법재판소법 제42조 제1항 참조.

429 공판개정 후 판사의 경질이 있는 때에는 공판절차를 갱신하여야 한다. 단, 판결만을 선고하는 경우에는 예외로 한다. [경찰채용 14]

429 (○) 제301조 참조.

430 판사가 경질되었음에도 공판절차를 갱신하지 않으면 절대적 항소이유가 된다. [법원9급 12]

430 (○) 법률상 그 재판에 관여하지 못할 판사가 그 사건의 심판에 관여한 때(제361조의5 제7호)

431 피고인이 사물을 변별하거나 의사를 결정할 능력이 없어 공판절차가 정지되었다가, 그 정지사유가 소멸한 후에 공판절차를 다시 진행하는 경우에는 공판절차를 갱신하여야 한다. [법원9급 15]

431 (○) 규칙 제143조, 법 제306조 참조.

432 국민참여재판에서 공판절차가 개시된 후 새로 참여하는 배심원 또는 예비배심원이 있는 때에는 공판절차를 갱신하여야 한다. [경찰채용 14]

432 (○) 국참법 제45조 제1항 참조.

433 법관의 경질, 간이공판절차의 취소, 공판절차 개시 후 새로운 배심원의 참여는 모두 공판절차의 정지사유에 해당한다. [국가7급 14 변형]

433 (×) '정지사유' → '갱신사유' 모두 공판절차의 정지사유가 아닌 갱신사유이다. 형사소송법 제301조, 제301조의2, 국참법 제45조 제1항 참조.

Ⅲ 변론의 병합 · 분리 · 재개

 대표유형

변론병합의 신청이 있는 경우에 변론을 병합하느냐의 여부는 법원의 재량에 속한다.
[경찰채용 11]

(○) 대법원 1987.6.23, 87도706

434 검사가 다수인의 집합에 의하여 구성되는 집합범이나 2인 이상이 공동하여 죄를 범한 공범의 관계에 있는 피고인들에 대하여 여러 개의 사건으로 나누어 공소를 제기한 경우에, 법원이 변론을 병합하지 아니하였다고 하여 형사소송절차에서의 구두변론주의와 직접심리주의에 위반한 것이라고 볼 수 없다. [국가7급 23] [법원9급 11]

434 (○) 대법원 1990.6.22, 90도764

435 동일한 피고인에 대하여 각각 별도로 2개 이상의 사건이 공소제기되었을 경우 반드시 병합심리하여 동시에 판결을 선고하여야 한다.
[경찰채용 11] [국가7급 23 변형]

435 (×) '선고하여야 한다' → '선고하여야만 되는 것은 아니다'(대법원 2005.12.8, 2004도5529)

436 종결한 변론을 재개하느냐의 여부는 법원의 전권에 속한다. [경찰채용 11]

436 (○) 대법원 1983.12.13, 83도2279

437 법원이 적법하게 공판의 심리를 종결한 뒤에 이르러 검사가 공소장변경신청을 하였다 하여 반드시 공판의 심리를 재개하여 공소장변경을 허가하여야 하는 것은 아니다. [법원9급 11]

437 (○) 대법원 1986.10.14, 86도1691

438 판결선고기일에 변론을 재개하고 바로 검사의 공소장변경허가신청을 허가하여 변경된 공소사실에 대하여 심리를 하고 이에 출석한 피고인과 피고인의 변호인이 별다른 이의를 제기하지 아니한 채 달리 신청할 증거가 없다고 진술함에 따라 피고인 및 피고인의 변호인에게 최종 의견진술의 기회를 부여한 다음 다시 변론을 종결하고, 같은 날 판결을 선고하였다고 하여, 피고인의 방어권을 제약하여 법률에 의한 재판 받을 권리를 침해하였다고 할 수는 없다. [법원9급 11]

438 (○) 대법원 1996.4.9, 96도173

Ⅳ 국민참여재판

🔗 대표유형

피고인의 국민참여재판 불희망 의사를 확인하였다고 하더라도, 국민참여재판 안내서 등을 피고인에게 교부하거나 사전에 송달하는 등의 국민참여재판절차에 관한 충분한 안내를 하지 않았거나 그 희망 여부에 관한 상당한 숙고시간을 부여하지 않았다면, 그 의사의 확인절차를 적법하게 거쳤다고 볼 수는 없다. [국가9급 21]

(○)

해설+ 제1심법원이 국민참여재판 대상사건의 피고인에게 국민참여재판을 원하는지 확인하지 아니한 채 통상의 공판절차에 따라 재판을 진행하였는데, 원심법원이 제1회 공판기일에 피고인과 변호인이 이에 대하여 이의가 없다고 진술하자 같은 날 변론을 종결한 후 제2회 공판기일에 피고인의 항소를 기각하는 판결을 선고한 경우, 원심이 피고인에게 국민의 형사재판 참여에 관한 법률 제8조 제1항, 국민의 형사재판 참여에 관한 규칙 제3조 제1항에 준하여 사전에 국민참여재판절차 등에 관한 충분한 안내와 그 희망 여부에 관하여 숙고할 수 있는 상당한 시간을 부여함이 없이 단지 피고인과 변호인이 제1심에서 통상의 공판절차에 따라 재판을 받은 것에 대하여 이의가 없다고 진술한 사실만으로 제1심의 공판절차상 하자가 모두 치유되어 그에 따른 판결이 적법하게 된다고 볼 수 없는데도, 제1심의 공판절차상 하자가 원심에서 적법하게 치유되었음을 전제로 피고인의 항소를 기각한 원심판결에는 법리오해의 위법이 있다(대법원 2012.4.26, 2012도1225).

🔗 대표유형

국민참여재판에서는 피고인이 법정에서 자백하는 경우에도 간이공판절차 규정을 적용하지 아니한다. [경찰채용 18·19 1차 유사] [국가9급 17]

(○) 국민참여재판에는 「형사소송법」 제286조의2(간이공판절차)를 적용하지 아니한다(국참법 제43조).

439 국민참여재판을 받을 권리는 헌법 제27조 제1항에서 규정한 재판을 받을 권리의 보호범위에 속한다. [국가9급 16]

439 (×) '속한다' → '속한다고 볼 수 없다'(헌법재판소 2015.7.30, 2014헌바447)

440 2012.7.1. 이후 기소된 사건 중 법원조직법 제32조 제1항(제2호 및 제5호는 제외한다)에 따른 합의부 관할 사건은 모두 국민참여재판의 대상사건이 될 수 있다.

[법원9급 14]

440 (○) 합의부 관할사건으로서 2012.7.1. 개정 국참법 시행 당시 공소제기된 사건은 국민참여재판이 가능하다. 국참법 제5조 제1항 참조.

441 국민참여재판에서 공소사실의 일부 철회 또는 변경으로 인하여 대상사건에 해당하지 아니하게 된 경우, 법원은 절차를 정지하고 결정으로 당해 사건을 지방법원 본원 합의부로 하여금 국민참여재판에 의하지 아니하고 심판하게 하여야 한다.

[국가9급 17]

441 (×) '하여야 한다' → '할 수 있다'(국참법 제6조 제1항)

442 법원은 공소사실의 일부 철회 또는 변경으로 인하여 대상사건에 해당하지 아니하게 된 경우에도 국민의 형사재판 참여에 관한 법률에 따른 재판을 계속 진행한다.

[국가7급 12] [법원승진 10]

442 (○) 다만, 부적당하다고 인정하는 때에는 지방법원 본원 합의부의 통상재판절차에 의할 수 있다(국참법 제6조 제1항 단서).

443 법원은 국민참여재판 대상사건의 피고인에 대하여 국민참여재판을 원하는지 여부에 관한 의사를 서면 등의 방법으로 반드시 확인하여야 한다.

[법원9급 14·15]

443 (○) 국참법 제8조 제1항

444 국민참여재판의 대상사건이라도 법원이 국민참여재판을 하지 아니하기로 하는 배제결정을 할 때에는 국민참여재판을 하지 아니하지만, 피고인이 국민참여재판을 원하지 아니하더라도 법원이 국민참여재판을 할 필요가 있다고 판단할 때에는 국민참여재판으로 진행할 수 있다.

[법원9급 14]

444 (×) '있다' → '없다' 국민참여재판 실시는 피고인의 희망의사가 있어야만 가능하다(국참법 제5조 제2항, 제8조 제1항).

445 피고인이 국민참여재판을 원하지 아니하거나 법원의 배제결정이 있는 경우는 국민참여재판을 하지 아니한다.   [군무원9급 21]

445 (○)

> **해설+** 국민의 형사재판 참여에 관한 법률(이하 '법'이라 한다)에 따라 시행되는 국민참여재판은 사법의 민주적 정당성과 신뢰를 높이기 위하여 도입한 제도로서(법 제1조), 누구든지 법으로 정하는 바에 따라 국민참여재판을 받을 권리를 가지므로(법 제3조), 법과 그 규칙에서 국민참여재판의 대상으로 정하는 사건은 국민참여재판의 절차에 따라 진행하는 것이 원칙이다(법 제5조 제1항). 다만, 피고인이 국민참여재판을 원하지 아니하거나 법 제9조 제1항 각 호의 사유가 있어 법원이 배제결정을 하는 경우에는 예외적으로 국민참여재판을 하지 아니한다(법 제5조 제2항)(대법원 2016.3.16, 2015모2898).

446 국민참여재판은 피고인의 신청에 의하여 개시되는 것이 원칙이나, 국민의 형사재판 참여에 관한 법률이 정하는 일정한 요건을 갖춘 경우에는 직권에 의하여 국민참여재판에 회부할 것으로 결정할 수 있다.   [법원승진 12]

446 (×) '있다' → '없다'(국참법 제5조 제2항)

447 피고인이 국민참여재판을 원하는 의사를 표시한 경우 지방법원 지원 합의부가 배제결정을 하지 아니하는 경우에는 국민참여재판절차 회부결정을 하여 사건을 지방법원 본원 합의부로 이송하여야 한다.   [법원승진 09]

447 (○) 국참법 제10조 제1항

448 피고인은 공소장부본을 송달받은 날로부터 7일 이내에 국민참여재판을 원하는지 여부에 관한 의사가 기재된 서면을 제출하여야 한다. 피고인이 위 서면을 제출하지 아니한 때에는 국민참여재판 대상사건에 관하여는 국민참여재판을 원하는 것으로 본다.   [법원9급 11]

448 (×) '원하는 것으로 본다' → '원하지 아니하는 것으로 본다' (국참법 제8조 제2항·제3항)

449 피고인이 공소장부본을 송달받은 날부터 7일 이내에 의사확인서를 제출하지 아니한 경우에도 제1회 공판기일이 열리기 전까지는 국민참여재판 신청을 할 수 있다.   [법원9급 16] [법원승진 10]

449 (○) 의사의 번복이 가능하다 (대법원 2009.10.23, 2009모1032).

450 공소장부본을 송달받은 날부터 7일 이내에 의사확인서를 제출하지 아니한 피고인도 제1회 공판기일이 열리기 전까지는 국민참여재판 신청을 할 수 있고, 법원은 그 의사를 확인하여 국민참여재판으로 진행할 수 있다.

[국가9급 16]

450 (○) 대법원 2009.10.23, 2009 모1032

451 법원이 피고인에게 국민참여재판을 원하는지에 관하여 의사를 확인하는 절차를 거치지 아니한 채 통상의 공판절차로 재판을 진행하였다면, 이는 피고인의 국민참여재판을 받을 권리에 대한 중대한 침해로서 그 절차는 위법하고 이러한 위법한 공판절차에서 이루어진 소송행위도 무효이다.

[법원9급 16]

451 (○) 대법원 2012.4.26, 2012 도1225

452 국민참여재판 대상사건의 피고인이 국민참여재판을 신청하였으나 법원이 이에 대한 배제결정을 하지 않은 채, 통상의 공판절차로 진행하더라도 위법하다고 할 수 없으므로, 위 통상의 공판절차에서 이루어진 소송행위는 유효하다.

[국가7급 12]

452 (×) '위법하다고 할 수 없으므로' → '위법하고', '유효하다' → '무효이다'
절차도 위법하고 그 절차에서 행하여진 소송행위도 무효이다(대법원 2013.1.31, 2012도13896).

453 피고인이 제1심법원에 국민참여재판을 신청하였음에도 불구하고 제1심법원이 이에 대한 배제결정도 하지 않은 채 통상의 공판절차로 재판을 진행한 경우, 이러한 제1심법원의 소송절차상의 하자는 직권조사사유에 해당하므로 피고인이 이러한 점을 항소사유로 삼고 있지 않다 하더라도 항소심법원은 직권으로 제1심판결을 파기하여야 한다. [경찰채용 19 1차]

453 (○)

해설+ 제1심법원이 피고인의 강간치상사건에 대하여 공소장부본 송달일로부터 7일이 경과하기 전에 제1회 공판기일을 진행하면서 국민참여재판 신청의사를 확인하지 않고, 그 이후 도착한 피고인의 국민참여재판 신청에 대해 배제결정도 하지 않은 채 통상의 공판절차로 재판을 진행한 경우, 이와 같이 위법한 공판절차에서 이루어진 소송행위는 무효라고 보아야 한다. 이러한 제1심법원의 소송절차상의 하자는 직권조사사유에 해당하므로, 원심법원으로서는 비록 피고인이 이러한 점을 항소사유로 삼고 있지 않다 하더라도 이를 살펴 직권으로 제1심판결을 파기하였어야 함에도 불구하고 원심법원은 이러한 제1심판결의 위법에 대하여 아무런 심리, 판단을 하지 아니한 채 피고인의 항소를 기각하고 말았으니, 이러한 원심법원의 판단에도 국민참여재판을 받을 권리 및 소송절차상의 하자에 관한 법리를 오해하여 판결에 영향을 미친 위법이 있다. 원심판결과 제1심판결을 모두 파기하고 사건을 제1심법원에 환송한다(대법원 2011.9.8, 2011도7106).

454 제1심법원이 국민참여재판 대상사건임을 간과하여 이에 관한 피고인의 의사를 확인하지 아니한 채 통상의 공판절차로 재판을 진행하여 항소된 경우, 항소심에서 제1심 공판절차상의 그러한 하자가 치유될 수는 없다.

[법원9급 16]

454 (×) '치유될 수는 없다' → '치유될 수 있다'(대법원 2012.4.26, 2012도1225)

455 법원이 국민참여재판 대상사건을 피고인의 의사에 따라 국민참여재판으로 진행함에 있어서는 별도의 국민참여재판 개시결정을 하여야 한다.

[국가9급 21]

455 (×)

해설+ 국민의 형사재판 참여에 관한 법률에 의하면 제1심 법원이 국민참여재판 대상사건을 피고인의 의사에 따라 국민참여재판으로 진행함에 있어 별도의 국민참여재판 개시결정을 할 필요는 없고, 그에 관한 이의가 있어 제1심 법원이 국민참여재판으로 진행하기로 하는 결정에 이른 경우 이는 판결 전의 소송절차에 관한 결정에 해당하며, 그에 대하여 특별히 즉시항고를 허용하는 규정이 없으므로 위 결정에 대하여는 항고할 수 없다. 따라서 국민참여재판으로 진행하기로 하는 제1심 법원의 결정에 대한 항고는 항고의 제기가 법률상의 방식을 위반한 때에 해당하여 위 결정을 한 법원이 항고를 기각하여야 하고, 위 결정을 한 법원이 항고기각의 결정을 하지 아니한 때에는 항고법원은 결정으로 항고를 기각하여야 한다(대법원 2009.10.23, 2009모1032).

456 국민참여재판으로 진행하기로 하는 제1심 법원의 결정에 대하여는 항고할 수 없다.

[국가7급 12]

456 (○) 항고할 수 없고, 만약 항고하였다면 이에 대하여는 항고기각결정을 내린다(대법원 2009.10.23, 2009모1032).

457 국민참여재판에서는 반드시 공판준비절차를 거쳐야 한다. [법원9급 17]

457 (○) 국참법 제36조 제1항

458 법원은 피고인이 국민참여재판을 원하는 의사를 표시한 경우에 사건을 공판준비절차에 부쳐야 한다. 다만, 공판준비절차에 부치기 전에 배제결정이 있는 때에는 그러하지 아니하다.

[법원9급 11] [법원승진 12]

458 (○) 국참법 제13조 제1항, 제36조 제1항

459 배심원은 공판준비기일에는 참여하지 아니한다. [국가7급 09]

459 (○) 국참법 제37조 제4항

460 재판장은 피고인이 국민참여재판을 원하는 의사를 표시한 경우에는 공판준비기일을 지정해야 하며, 배심원은 이 공판준비기일에 참여할 수 있다.

[국가7급 11]

460 (×) '참여할 수 있다' → '참여하지 아니한다'(국참법 제37조 제4항)

461 국민참여재판에 관하여 변호인이 없는 때에는 법원은 직권으로 변호인을 선정하여야 한다.

[법원9급 16]

461 (○) 국참법 제7조

462 법원은 공소제기 후부터 공판준비기일이 종결된 날까지 국민참여재판 배제결정을 할 수 있다.

[법원승진 10 변형]

462 (×) '종결된 날' → '종결된 다음 날'(국참법 제9조 제1항)

463 공범관계에 있는 피고인들 중 일부가 국민참여재판을 원하지 아니하여 국민참여재판의 진행에 어려움이 있다고 인정되는 경우에는 배제결정을 할 수 있다.

[국가7급 12]

463 (○) 국참법 제9조 제1항 참조.

464 법원은 공소제기 후부터 공판준비기일이 종결된 다음 날까지 국민참여재판으로 진행하는 것이 적절하지 아니하다고 인정되는 경우에는 국민참여재판을 하지 아니하기로 하는 결정을 할 수 있다. 그런데 이에 대해서 검사는 즉시항고 할 수 있다.

[경찰채용 15·18] [법원9급 08]

464 (○) 국참법 제9조 제1항·제3항 참조.

465 법정형이 사형·무기징역 또는 무기금고에 해당하는 대상사건에 대한 국민참여재판에는 9인의 배심원이 참여하고, 그 외의 대상사건에 대한 국민참여재판에는 7인의 배심원이 참여한다. 다만, 법원은 피고인 또는 변호인이 공판준비절차에서 공소사실의 주요내용을 인정한 때에는 5인의 배심원이 참여하게 할 수 있다.

[법원9급 11]

465 (○) 국참법 제13조 제1항

466 배심원은 만 20세 이상의 대한민국 국민 중에서 선정되고, 파산선고를 받고 복권되지 않은 사람도 배심원이 될 수 있다. [법원9급 15]

> **해설+** 파산선고를 받고 복권되지 아니한 사람은 배심원으로 선정될 수 없다(국참법 제17조 제2호).

466 (×) '도→은, '있다' → '없다'

467 파산선고를 받고 복권되지 아니한 만 20세의 사람은 국민참여재판의 배심원으로 선정될 수 있다. [경찰채용 21 1차]

> **해설+** 파산선고를 받고 복권되지 아니한 만 20세의 사람은 국참법 제17조 제2호에 따라 국민참여재판의 배심원으로 선정될 수 없다(결격사유).

467 (×)

468 징역 10년의 실형을 선고받고 그 집행이 종료된 후 5년이 경과한 자는 국민참여재판의 배심원으로 선정될 수 있다. [경찰채용 21 1차]

> **해설+** 국참법 제17조 제3호에 의하면, 금고 이상의 실형을 선고받고 그 집행이 종료(종료된 것으로 보는 경우를 포함한다)되거나 집행이 면제된 후 5년을 경과하시 아니한 사람이 결격사유자에 해당하므로, 징역 10년의 실형을 선고받고 그 집행이 종료된 후 5년이 경과한 자는 국민참여재판의 배심원으로 선정될 수 있다.

468 (○)

469 만 20세 이상의 대한민국 국민이라 할지라도 금고 이상의 형의 집행유예를 선고받고 그 기간이 완료된 날부터 2년이 경과하지 아니한 사람은 배심원으로 선정될 수 없다. [경찰채용 15·16]

469 (○) 결격사유(국참법 제17조 제4호)

470 법원은 지방자치단체의 장은 물론 지방의회의원 역시 배심원으로 선정하여서는 아니 된다. [경찰채용 16]

470 (○) 국참법 제18조 제2호

471 경찰공무원은 자신과 관련 없는 사건에 대하여는 국민참여재판의 배심원으로 선정될 수 있다. [경찰채용 21 1차 변형] [경찰승진 23]

> **해설+** 국민의 형사재판 참여에 관한 법률 제18조【직업 등에 따른 제외사유】 다음 각 호의 어느 하나에 해당하는 사람을 배심원으로 선정하여서는 아니 된다.
> 1. 대통령
> 2. 국회의원·지방자치단체의 장 및 지방의회의원
> 3. 입법부·사법부·행정부·헌법재판소·중앙선거관리위원회·감사원의 정무직 공무원
> 4. 법관·검사
> 5. 변호사·법무사
> 6. 법원·검찰 공무원
> 7. 경찰·교정·보호관찰 공무원
> 8. 군인·군무원·소방공무원 또는 「예비군법」에 따라 동원되거나 교육훈련의무를 이행 중인 예비군

472 피해자의 이혼한 배우자는 국민참여재판의 배심원으로 선정될 수 있다. [경찰채용 21 1차]

> **해설+** 피해자의 이혼한 배우자는 국참법 제19조 제2호에 따라 국민참여재판의 배심원으로 선정될 수 없다(제척사유).

473 피성년후견인 또는 피한정후견인, 파산자로서 복권되지 아니한 사람, 금고 이상의 형의 선고유예를 받고 그 선고유예기간 중에 있는 사람, 법원의 판결에 의하여 자격이 상실 또는 정지된 사람, 만 70세 이상의 사람, 법령에 따라 체포 또는 구금되어 있는 사람은 모두 국민의 형사재판 참여에 관한 법률 제17조에서 규정하고 있는 배심원 자격의 결격사유에 해당한다. [경찰채용 12 변형]

474 법원은 과거 5년 이내에 배심원 후보자로서 선정기일에 출석한 사람에 대하여는 직권 또는 신청에 따라 배심원 직무의 수행을 면제할 수 있다. [경찰채용 12]

---

471 (×) 자신과의 관련성 유무를 묻지 아니하고 경찰공무원은 국민참여재판의 배심원으로 선정될 수 없다(직업적 제외사유, 국참법 제18조 제7호).

472 (×)

473 (×) '만 70세 이상의 사람, 법령에 따라 체포 또는 구금되어 있는 사람' → (결격사유가 아닌 면제사유이므로) 삭제(국참법 제17조)

474 (○) 국참법 제20조 참조.

475 법원은 검사·피고인 또는 변호인에게 배심원 선정기일을 통지하여야 한다. 선정기일에는 검사·피고인·변호인이 출석하여야 한다. [경찰채용 12]

475 (×) '피고인' → 삭제
배심원 선정기일에 출석의무를 지는 자는 검사와 변호인이다(국참법 제27조 제2항).

476 배심원이 9인인 경우 검사와 변호인은 각자 3인의 범위 내에서 배심원후보자에 대하여 이유를 제시하지 아니하는 기피신청을 할 수 있다. [국가9급 17]

476 (○) 무이유부기피신청(국참법 제30조 제1항)

477 검사와 변호인이 적법한 절차에 따라 배심원후보자에 대하여 무이유부기피신청을 하였다면 법원은 당해 배심원후보자를 배심원으로 선정할 수 없다. [경찰채용 16] [법원승진 11]

477 (○) 국참법 제30조 제2항

478 국민의 형사재판 참여에 관한 법률 제42조 제2항은 재판장의 공판기일에서의 최초 설명의무를 규정하고 있는데, 원칙적으로 설명의 대상에 검사가 아직 공소장에 의하여 낭독하지 아니한 공소사실 등은 포함된다고 볼 수 없다. [국가9급 16]

478 (○) 대법원 2014.11.13, 2014도8377

479 법원은 국민참여재판으로 진행하는 것이 적당하지 아니하다고 인정하는 때에는 결정으로 당해 사건을 지방법원 본원 합의부가 국민참여재판에 의하지 아니하고 심판하게 할 수 있다. 이러한 결정에 대하여는 불복할 수 없으며, 결정 전에 행한 소송행위는 결정 이후 그 효력이 소급적으로 소멸한다. [경찰채용 15]

479 (×) '결정 이후 그 효력이 소급적으로 소멸한다' → '그 결정 이후에도 그 효력에 영향이 없다'
통상절차 회부결정 전에 행한 소송행위의 효력에는 영향이 없다(국참법 제6조 제4항).

480 국민참여재판에서는 법원의 직권에 의한 증거조사가 허용되지 않는다. [국가7급 14]

480 (×) '허용되지 않는다' → '허용된다'

해설+ 국참법에는 이와 관련한 특별한 규정이 없으므로 형사소송법의 규정을 적용한다.

481 배심원 또는 예비배심원은 법원의 증거능력에 관한 심리에 관여할 수 없으며, 공판절차가 개시된 후 새로 재판에 참여하는 배심원 또는 예비배심원이 있는 때에는 공판절차를 갱신하여야 한다.

[국가9급 11·16] [법원9급 11·17] [법원승진 10]

481 (○) 국참법 제44조, 제45조

482 국민참여재판에서 배심원은 사실의 인정, 법령의 적용 및 형의 양정에 관한 의견을 제시할 권한은 있으나, 법원의 증거능력에 관한 심리에 관여할 수는 없다.

[국가9급 21]

482 (○) 국참법 제12조 제1항, 제44조

483 법원은 일정한 경우 직권 또는 검사·피고인·변호인의 신청에 따라 배심원 또는 예비배심원을 해임하는 결정을 할 수 있다. 이 결정에 대하여는 불복할 수 없다.

[경찰채용 12]

483 (○) 국참법 제32조 참조.

484 배심원이 법정에서 폭언 또는 그 밖의 부당한 언행을 하여 공판절차의 진행을 방해하였다는 이유로 검사의 신청에 따라 법원으로부터 배심원 해임 결정을 받았다면 변호인은 이에 불복할 수 없다.

[경찰채용 16]

484 (○) 국참법 제32조 제1항·제3항

485 배심원들 사이에 유·무죄에 관하여 전원의 의견이 일치하지 아니하는 때에는 평결을 하기 전에 심리에 관여한 판사의 의견을 들은 다음 다수결의 방법으로 유·무죄의 평결을 한다.

[법원9급 15]

485 (○) 국참법 제46조 제3항

486 배심원의 평결은 전원의 의견이 일치하여야 하므로 전원의 의견이 일치하지 않는 경우에는 새로이 배심원단을 구성한 후 공판절차를 진행한다.

[경찰채용 19 1차]

486 (×) 국참법 제46조 제3항 참조.

해설+ 국민의 형사재판 참여에 관한 법률 제46조【재판장의 설명·평의·평결·토의 등】③ 배심원은 유·무죄에 관하여 전원의 의견이 일치하지 아니하는 때에는 평결을 하기 전에 심리에 관여한 판사의 의견을 들어야 한다. 이 경우 유·무죄의 평결은 다수결의 방법으로 한다. 심리에 관여한 판사는 평의에 참석하여 의견을 진술한 경우에도 평결에는 참여할 수 없다.

487 배심원은 다수결의 방법으로 유·무죄의 평결을 내릴 수 있다. [국가7급 09]

487 (○) 국참법 제46조 제3항

488 심리에 관여한 배심원은 유·무죄에 관하여 평의하고 평결이 유죄인 경우 양형에 관하여 토의하고 그에 관한 의견을 개진하며, 평의 및 양형에 관한 토의에는 심리에 관여한 판사가 참여할 수 없다. [국가9급 17]

488 (×) '없다' → '있다'
심리관여판사는 평의·양형토의에 참여할 수 있다(국참법 제46조 제2항·제3항·제4항).

489 배심원의 평결과 의견은 법원을 기속하지 아니한다. [법원9급 17]

489 (○) 국참법 제46조 제5항

490 판결서에는 배심원이 재판에 참여하였다는 취지를 기재하여야 하고, 배심원의 의견을 기재할 수 있다. [경찰채용 17 1차]

490 (○) 국참법 제49조 제1항

491 배심원의 평결결과와 다른 판결을 선고하는 때에는 판결서에 그 이유를 기재하여야 한다. [법원9급 17]

491 (○) 국참법 제49조 제2항

492 배심원의 평결과 양형에 관한 의견은 법원을 기속하지 않으므로, 재판장은 판결선고 시 피고인에게 배심원의 평결결과를 고지하거나 평결결과와 다른 판결을 선고하는 이유를 설명할 필요가 없다. [법원9급 23]

492 (×) 국참법 제48조 제4항 참조.

해설+ 국민의 형사재판 참여에 관한 법률 제48조【판결선고기일】④ 재판장은 판결선고 시 피고인에게 배심원의 평결결과를 고지하여야 하며, 배심원의 평결결과와 다른 판결을 선고하는 때에는 피고인에게 그 이유를 설명하여야 한다.

CHAPTER 02 | 증거

1 증거법 일반

 대표유형

간접증거는 요증사실을 추측 · 인정하게 하는 각종의 정황에 관한 사실을 증명하는 증거이다.

[국가9급 08]

(○) 간접증거에 대한 설명으로 옳은 내용이다.

001 유죄의 심증은 반드시 직접증거에 의하여 형성되어야만 하는 것은 아니고 경험칙과 논리법칙에 위반되지 아니하는 한 간접증거에 의하여 형성될 수 있다.

[국가9급 08·18]

001 (○) 대법원 2004.9.13, 2004 도3163; 2015.5.14, 2015도119

002 증거능력이 없는 증거는 유죄의 직접적인 증거로 삼을 수 없으나, 구성요건 사실을 추인하게 하는 간접사실이나 구성요건 사실을 입증하는 직접증거의 증명력을 보강하는 보조사실의 인정자료로는 사용할 수 있다.

[경찰채용 22 1차]

002 (×)

해설+ 증거능력이 없는 증거는 구성요건 사실을 추인하게 하는 간접사실이나 구성요건 사실을 입증하는 직접증거의 증명력을 보강하는 보조사실의 인정자료로 사용할 수 없다(대법원 2007. 11.15, 2007도3061 전원합의체).

003 구성요건에 해당하는 사실은 엄격한 증명에 의하여 이를 인정하여야 하고, 증거능력이 없는 증거는 구성요건사실을 추인하게 하는 간접사실이나 구성요건사실을 입증하는 직접증거의 증명력을 보강하는 보조사실의 인정자료로도 사용할 수 없다.

[경찰경채 23]

003 (○) 대법원 2008.12.11, 2008 도7112

2 증명의 기본원칙

I 증거재판주의

🔗 대표유형

범죄구성요건에 해당하는 사실을 증명하기 위한 근거가 되는 과학적인 연구 결과는 적법한 증거조사를 거친 증거능력 있는 증거에 의하여 엄격한 증명으로 증명되어야 한다.

[국가7급 20]

(○) 대법원 2010.2.11, 2009도2338

🔗 대표유형

친고죄에서 적법한 고소가 있었는지 여부, 「형사소송법」 제312조 제4항에서 '특히 신빙할 수 있는 상태', 합동범에 있어서의 공모나 모의는 엄격한 증명의 대상이 아니다.

[경찰채용 16 변형]

(×) '합동범에 있어서의 공모나 모의' → 삭제
공모나 모의는 그 '범죄될 사실'이라 할 것이므로 이를 인정하기 위하여는 엄격한 증명에 의한다(대법원 2001.12.11, 2001도4013).

004 형사재판에 있어 유죄로 인정하기 위한 심증형성의 정도는 합리적인 의심을 할 여지가 없을 정도여야 하나, 이는 모든 가능한 의심을 배제할 정도에 이를 것까지 요구하는 것은 아니다.

[국가9급 12·18]

004 (○) 대법원 2011.2.24, 2010도14262

005 유죄로 인정하기 위한 심증형성의 정도는 합리적인 의심을 할 여지가 없을 정도여야 하며, 단순히 관념적인 의심이나 추상적인 가능성에 기초한 의심은 합리적인 의심이라고 할 수 없다.

[국가9급 09]

005 (○) 대법원 2004.6.25, 2004도2221

006 합리적 의심이라 함은 피고인에게 불리한 정황을 사실인정과 관련하여 파악한 이성적 추론에 그 근거를 두어야 하는 것이므로 단순히 관념적인 의심이나 추상적인 가능성에 기초한 의심은 합리적 의심에 포함된다고 할 수 없다.

[국가9급 12]

006 (×) '불리한' → '유리한'(대법원 2011.2.24, 2010도14262)

007 「형사소송법」 제150조 증언거부사유의 소명, 제184조 제3항 증거보전청구 사유의 소명, 제221조의2 제3항 증인신문청구사유의 소명은 증명의 정도에 이르지 않더라도 입증이 허용된다. [경찰채용 22 1차]

> **해설+** 소명(疏明)은 증명과 달리 법관이 어떤 사실의 존부에 관하여 확신은 얻지 못하지만, 사실의 존부를 추측할 수 있게 하는 정도(그럴 수도 있겠다)의 심증을 갖도록 하는 것을 말한다. 소명의 대상은 특별히 법률에 정해져 있다.
> **예** 기피사유(제19조 제2항), 국선변호인선정청구사유(청구국선 피고인의 소명자료 제출, 규칙 제17조의2), 증거보전청구사유(제184조 제3항), 공판준비기일종료 후 실권효저지사유(제266조의13 제1항), 증인신문청구사유(제221조의2 제3항), 증언거부사유(제150조), 상소권회복청구사유(제346조 제2항), 정식재판청구권회복청구사유(제458조 제2항, 제364조 제2항)

007 (○)

008 검사는 체포영장의 유효기간을 연장할 필요가 있다고 인정하는 때에는 그 사유를 증명하여 다시 체포영장을 청구하여야 하지만, 그 증명은 자유로운 증명으로 족하다. [국가7급 21]

> **보충** 증명이란 법관이 어떤 사실의 존부에 관하여 증거에 의하여 확신을 얻는 것을 말하며, 소명이란 법관이 어떤 사실의 존부에 관하여 확신을 얻지는 못하지만, 사실의 존부를 추측할 수 있게 하는 정도의 심증을 갖도록 하는 것을 말한다.

008 (×) 검사는 체포영장의 유효기간을 연장할 필요가 있다고 인정하는 때에는 그 사유를 소명하여 다시 체포영장을 청구하여야 한다(규칙 제96조의4). 즉, 체포나 구속의 사유인 '피의자가 죄를 범하였다고 의심할 만한 상당한 이유'는 소명(疏明)의 대상이지 증명의 대상이 아니다.

009 엄격한 증명이란 법률상 증거능력 있고 적법한 증거조사를 거친 증거에 의한 증명을 말한다. [법원9급 15]

009 (○)

010 범죄사실의 인정은 법관으로 하여금 합리적인 의심을 할 여지가 없을 정도의 확신을 가지게 하는 증명력이 있는 엄격한 증거에 의하여야 하고, 법관은 검사의 증명이 위와 같은 확신을 가지게 하는 정도에 이르지 못한 경우에는 피고인의 이익으로 판단하여야 한다. [국가7급 16] [법원9급 15 변형]

010 (○) 대법원 2012.6.28, 2012도231; 2011.4.28, 2010도14487

011 구성요건 사실은 엄격한 증명에 의하여 인정하여야 하고, 증거능력이 없는 증거는 구성요건 사실을 추인하게 하는 간접사실이나 구성요건 사실을 입증하는 직접증거의 증명력을 보강하는 보조사실의 인정자료로서도 허용되지 아니한다. [국가9급 17]

011 (○) 대법원 2015.1.22, 2014도10978 전원합의체

012 구성요건에 해당하는 사실은 엄격한 증명에 의하여 이를 인정하여야 하지 만, 증거능력이 없는 증거는 구성요건 사실을 추인하게 하는 간접사실이나 구성요건 사실을 입증하는 직접증거의 증명력을 보강하는 보조사실의 인 정자료로는 사용할 수 있다. [경찰승진 22]

> **해설+** 구성요건에 해당하는 사실은 엄격한 증명에 의하여 이를 인정하여야 하고, 증거능력이 없 는 증거는 구성요건 사실을 추인하게 하는 간접사실이나 구성요건 사실을 입증하는 직접증거의 증 명력을 보강하는 보조사실의 인정자료로서도 허용되지 아니한다(대법원 2006.12.8, 2006도6356).

012 (×)

013 「형법」 제307조 제2항 허위사실 적시 명예훼손죄에서 허위사실의 인식과 달리 허위사실 자체는 엄격한 증명의 대상이 된다. [경찰채용 22 1차]

> **해설+** 사람의 사회적 평가를 떨어뜨리는 사실이 적시되었다는 점, 그 적시된 사실이 객관적으로 진실에 부합하지 아니하여 허위일 뿐만 아니라 그 적시된 사실이 허위라는 것을 피고인이 인식하고 서 이를 적시하였다는 점은 모두 검사가 엄격하게 증명하여야 한다(대법원 2010.11.25, 2009도 12132; 2014.9.4, 2012도13718 등).

013 (×)

014 목적과 용도를 정하여 위탁한 금전을 수탁자가 임의로 소비하면 횡령죄를 구성할 수 있으나, 이 경우 피해자가 목적과 용도를 정하여 금전을 위탁한 사실 및 그 목적과 용도가 무엇인지는 엄격한 증명의 대상이 된다. [법원9급 15]

014 (○) 객관적 구성요건요소는 엄격한 증명의 대상이라고 보아야 한다(대법원 2013. 11.14, 2013도 8121).

015 횡령죄에서 목적과 용도를 정하여 금전을 위탁한 사실 및 그 목적과 용도 가 무엇인지는 엄격한 증명의 대상이 되나, 횡령한 재물의 가액이 「특정경 제범죄 가중처벌 등에 관한 법률」의 적용기준이 되는 하한 금액을 초과한 다는 점은 엄격한 증명을 요하지 않는다. [경찰채용 19 2차]

> **해설+** 횡령한 재물의 가액이 특정경제범죄법의 적용기준이 되는 하한 금액을 초과한다는 점도 다른 구성요건요소와 마찬가지로 엄격한 증거에 의하여 증명되어야 한다(대법원 2017.5.30, 2016 도9027).

015 (×)

016 업무상횡령죄에서 불법영득의사를 실현하는 행위로서의 횡령행위가 있다는 점은 엄격한 증명의 대상이 된다.
[국가9급 16 변형]

016 (○) 대법원 2001.9.4, 2000도1743

017 공모공동정범에서 공모관계를 인정하기 위해서는 엄격한 증명이 요구되나, 「특정범죄 가중처벌 등에 관한 법률」 제5조의9 제1항 위반죄의 '보복의 목적'이 행위자에게 있었다는 점은 엄격한 증명을 요하지 아니한다.
[경찰채용 19 2차]

017 (×)

해설+ 특정범죄 가중처벌 등에 관한 법률 제5조의9 제1항 위반의 죄의 행위자에게 보복의 목적이 있었다는 점 또한 검사가 증명하여야 하고 그러한 증명은 법관으로 하여금 합리적인 의심을 할 여지가 없을 정도의 확신을 생기게 하는 엄격한 증명에 의하여야 한다(대법원 2014.9.26, 2014도9030).

018 공동정범에 있어 공모관계를 인정하기 위해서는 엄격한 증명이 요구되지만, 피고인이 범죄의 주관적 요소인 공모관계를 부인하는 경우에는 사물의 성질상 이와 상당한 관련성이 있는 간접사실 또는 정황사실을 증명하는 방법으로 이를 증명할 수밖에 없다.
[경찰채용 23 1차]

018 (○)

해설+ 비록 전체의 모의과정이 없더라도 여러 사람 사이에 순차적으로 또는 암묵적으로 의사의 결합이 이루어지면 공모관계가 성립한다. 이러한 공모관계를 인정하기 위해서는 엄격한 증명이 요구되지만, 피고인이 범죄의 주관적 요소인 공모관계를 부인하는 경우에는 사물의 성질상 이와 상당한 관련성이 있는 간접사실 또는 정황사실을 증명하는 방법으로 이를 증명할 수밖에 없다(대법원 2018.4.19, 2017도14322 전원합의체).

019 뇌물수수죄에서 공무원의 직무에 관하여 수수하였다는 범의를 인정하기 위해서는 엄격한 증명이 요구되나, 내란선동죄에서 국헌문란의 목적은 범죄 성립을 위하여 고의 외에 요구되는 초과주관적 위법요소로서 엄격한 증명을 요하지 아니한다.
[경찰채용 19 2차]

019 (×) 내란선동죄에서 국헌문란의 목적은 엄격한 증명을 요한다(대법원 2015.1.22, 2014도10978).

020 상습범가중에 있어서 상습성은 엄격한 증명을 요하는 대상이다.
[국가9급 08]

020 (○) 형량은 피고인의 이익에 중대한 영향을 미치는 사항이므로 엄격한 증명을 요한다. 상습성은 형벌가중사유에 해당한다.

021 법원은 전과조회서가 변론종결 후에 회보되었다 하더라도 변론재개 없이 전과조회서에 기재된 누범전과의 사실을 근거로 형을 가중할 수 있다.

[경찰채용 22 2차]

해설+ 누범전과나 상습범가중에 있어서의 상습성과 같은 형의 가중사유인 사실은 범죄사실 자체는 아니지만 범죄사실과 같이 중요하므로, 범죄사실에 준하여 엄격한 증명의 대상이 된다. "사실심 변론종결 후 검사나 피해자 등에 의해 피고인에게 불리한 새로운 양형조건에 관한 자료가 법원에 제출되었다면, 사실심 법원으로서는 변론을 재개하여 그 양형자료에 대하여 피고인에게 의견진술 기회를 주는 등 필요한 양형심리절차를 거침으로써 피고인이 방어권을 실질적으로 보장해야 한다(대법원 2021.9.30, 2021도5777)."

021 (×)

022 몰수·추징의 대상이 되는지 여부나 추징액의 인정은 엄격한 증명의 대상이 된다.

[경찰채용 18 1차] [국가9급 16 변형]

022 (×) '된다' → '아니다'
범죄구성요건 사실에 관한 것이 아니어서 엄격한 증명은 필요 없다(대법원 2006.4.7, 2005도9858 전원합의체).

023 몰수는 부가형이자 형벌이므로 몰수의 대상 여부는 엄격한 증명의 대상이나, 추징은 형벌이 아니므로 추징의 대상, 추징액의 인정은 자유로운 증명의 대상이다.

[경찰채용 20 2차]

023 (×) 몰수, 추징의 대상이 되는지 여부나 추징액의 인정은 엄격한 증명을 필요로 하지 아니한다(대법원 2015.4.23, 2015도1233).

024 「형법」 제6조 단서에 따라 '행위지의 법률에 의하여 범죄를 구성'하는가 여부는 법원의 직권조사사항이므로 증명의 대상이 될 수 없다. [경찰채용 23 1차]

해설+ 형법 제6조 본문에 의하여 외국인이 대한민국 영역 외에서 대한민국 국민에 대하여 범죄를 저지른 경우 우리 형법이 적용되지만, 같은 조 단서에 의하여 행위지 법률에 의하여 범죄를 구성하지 아니하거나 소추 또는 형의 집행을 면제할 경우에는 우리 형법을 적용하여 처벌할 수 없고, 이 경우 행위지 법률에 의하여 범죄를 구성하는지는 엄격한 증명에 의하여 검사가 이를 증명하여야 한다(대법원 2011.8.25, 2011도6507).

024 (×)

025 형법 제6조 단서에서 정한 '외국법규의 존재'와 관련하여 행위지의 법률에 의하여 범죄를 구성하는지 여부는 엄격한 증명의 대상이 된다.

[경찰채용 18 1차] [국가9급 16 변형]

025 (○) 대법원 2011.8.25, 2011도6507

026 대한민국 영역 외에서 대한민국 국민에 대하여 범죄를 저지른 외국인에 대하여 우리나라 「형법」을 적용하여 처벌함에 있어 행위지의 법률에 의하여 범죄를 구성하는지는 엄격한 증명을 요하나, 몰수 또는 추징의 대상이 되는지 여부나 추징액의 인정은 엄격한 증명을 요하지 아니한다.

[경찰채용 19 2차]

026 (○) 대법원 2006.4.7, 2005 도9858

027 출입국사범 사건에서 지방출입국 · 외국인관서의 장의 적법한 고발이 있었는지 여부가 문제되는 경우에 법원은 증거조사의 방법이나 증거능력의 제한을 받지 아니하고 제반 사정을 종합하여 적당하다고 인정되는 방법에 의하여 자유로운 증명으로 그 고발 유무를 판단하면 된다.   [경찰채용 23 1차]

027 (○)

> **해설＋** 출입국사범 사건에서 지방출입국 · 외국인관서의 장의 적법한 고발이 있었는지 여부가 문제되는 경우에 법원은 증거조사의 방법이나 증거능력의 제한을 받지 아니하고 제반 사정을 종합하여 적당하다고 인정되는 방법에 의하여 <u>자유로운 증명으로 그 고발 유무를 판단하면 된다</u>(대법원 2021.10.28, 2021도404).

028 위드마크 공식의 경우 그 적용을 위한 자료로 섭취한 알코올의 양, 음주시각, 체중 등의 전제사실은 엄격한 증명의 대상이다.   [법원승진 12]

028 (○) 대법원 2008.8.21, 2008 도5531

029 법원은 범죄의 구성요건이나 법률상 규정된 형의 가중 · 감면의 사유가 되는 경우를 제외하고는, 법률이 규정한 증거로서의 자격이나 증거조사방식에 구애됨이 없이 상당한 방법으로 조사하여 양형의 조건이 되는 사항을 인정할 수 있다.   [국가7급 15]

029 (○) 대법원 2010.4.29, 2010 도750

030 수소법원이 심판에 필요한 자료의 수집 · 조사 등의 업무를 담당하는 법원 소속 조사관에게 양형의 조건이 되는 사항을 수집 · 조사하여 제출하게 하고, 이를 피고인에 대한 정상관계사실과 함께 참작하여 형을 선고하는 것은 위법하다.   [법원9급 13]

030 (✕) '위법하다' → '위법하지 않다'
조사관에 의한 양형조사가 현행법상 위법이라거나 양형조사가 위법하게 행하여졌다고 볼 수 없다(대법원 2010.4.29, 2010도750).

031 친고죄에 있어서의 고소의 존부는 소송법적 사실로서 자유로운 증명으로 족하다. [경찰채용 12]

031 (○) 대법원 2011.6.24, 2011 도4451,2011전도76

032 증거능력이 없는 수사보고서를 피해자들의 처벌희망 의사표시 철회의 효력 여부를 판단하는 증서도 사용할 수 있다. [경찰간부 22]

032 (○)

> **해설+** 반의사불벌죄에서 피고인 또는 피의자의 처벌을 희망하지 않는다는 의사표시 또는 처벌희망 의사표시 철회의 유무나 그 효력 여부에 관한 사실은 엄격한 증명의 대상이 아니라 증거능력이 없는 증거나 법률이 규정한 증거조사방법을 거치바 아니한 증거에 의한 증명, 이른바 자유로운 증명의 대상이다. 원심이 증거능력이 없는 이 사건 각 수사보고서를 피해자들의 처벌희망 의사표시 철회의 효력 여부를 판단하는 증거로 사용한 것 자체는 위와 같은 법리에 따른 것으로서 정당하다(대법원 2010.10.14, 2010도5610,2010전도31).

033 교통사고로 인하여 업무상과실치상죄 또는 중과실치상죄를 범한 운전자에 대하여 피해자의 명시한 의사에 반하여 공소를 제기할 수 있도록 하고 있는 교통사고처리 특례법 제3조 제2항 단서의 각 호에서 규정한 신호위반 등의 예외사유는 같은 법 제3조 제1항 위반죄의 구성요건요소에 해당하므로 엄격한 증명을 필요로 한다. [국가7급 21]

033 (✕) 교통사고처리특례법 제3 조 제2항 단서의 각 호에서 규정한 신호위반 등의 예외사유는 같은 법 제3조 제1항 위반죄의 구성요건요 소가 아니라 그 공소제기의 조건에 관한 사유이다(대법원 2007.4.12, 2006도4322).

034 자백의 임의성은 조서의 형식과 내용, 진술자의 신분·학력·지능 등 여러 사정을 종합하여 자유로운 심증으로 판단할 수 있다. [국가9급 14]

034 (○) 대법원 2011.2.24, 2010 도14720

035 '특히 신빙할 수 있는 상태'는 증거능력의 요건에 해당하므로 검사가 그 존재에 대하여 구체적으로 주장·증명하여야 하지만 이는 소송상의 사실에 관한 것이므로 엄격한 증명을 요하지 아니하고 자유로운 증명으로 족하다. [경찰채용 18 1차] [법원9급 13]

035 (○) 대법원 1995.12.26, 95 도234

Ⅱ 거증책임

자백의 임의성에 다툼이 있을 때에는 피고인이 그 임의성이 없음을 증명하는 것이 아니라 검사가 그 임의성의 의문점을 없애는 증명을 하여야 하고, 그 임의성의 의문점을 없애는 증명을 하지 못한 경우에는 그 진술증거는 증거능력이 부정된다.　　　　　　[국가7급 16 변형]

(○) 거증책임은 원칙적으로 검사가 부담한다(대법원 2015.9.10, 2012도9879).

036 민사재판에서의 입증책임분배의 원칙은 형사재판에도 동일하게 적용되므로, 피고인은 자신에게 유리한 사항을 입증할 책임을 진다.　　　[경찰승진 23]

036 (×)

해설+ 민사재판에서의 입증책임분배의 원칙은 형사재판에도 동일하게 적용되지 아니하므로, 형사재판의 거증책임은 원칙적으로 검사에게 있다.

판례 형사재판에 있어서 공소가 제기된 범죄사실에 대한 입증책임은 검사에 있고, 유죄의 인정은 법관으로 하여금 합리적인 의심을 할 여지가 없을 정도로 공소사실이 진실한 것이라는 확신을 가지게 하는 증명력을 가진 증거에 의하여야 하므로, 그와 같은 증거가 없다면 설령 피고인에게 유죄의 의심이 간다 하더라도 피고인의 이익으로 판단할 수밖에 없으며, 민사재판이었더라면 입증책임을 지게 되었을 피고인이 그 쟁점이 된 사항에 대하여 자신에게 유리한 입증을 하지 못하고 있다 하여 위와 같은 원칙이 달리 적용되는 것은 아니다(대법원 2003.12.26, 2003도5255).

037 피고인이나 그 변호인이 검사 작성의 당해 피고인에 대한 피의자신문조서의 임의성을 인정하는 진술을 하였다가 이를 번복하는 경우에는 검사가 아니라 피고인이 그 임의성의 의문점을 없애는 증명을 하여야 한다.

[경찰채용 22 1차]

037 (×)

해설+ 임의성 없는 진술의 증거능력을 부정하는 취지는, 허위진술을 유발 또는 강요할 위험성이 있는 상태하에서 행하여진 진술은 그 자체가 실체적 진실에 부합하지 아니하여 오판을 일으킬 소지가 있을 뿐만 아니라 그 진위를 떠나서 진술자의 기본적 인권을 침해하는 위법·부당한 압박이 가하여지는 것을 사전에 막기 위한 것이므로, 그 임의성에 다툼이 있을 때에는 그 임의성을 의심할 만한 합리적이고 구체적인 사실을 피고인이 증명할 것이 아니고 검사가 그 임의성의 의문점을 없애는 증명을 하여야 하고, 검사가 그 임의성의 의문점을 없애는 증명을 하지 못한 경우에는 그 진술증거는 증거능력이 부정된다(대법원 2015.9.10, 2012도9879).

038 자백의 임의성에 다툼이 있을 때에는 그 임의성을 의심할 만한 합리적이고 구체적인 사실이 없음을 검사가 입증하여야 한다.　　　[국가9급 08]

038 (○) 대법원 2000.1.21, 99도4940

039 임의성 없는 진술은 증거능력이 부정되나, 그 임의성에 다툼이 있을 때에는 임의성을 의심할 만한 합리적이고 구체적인 사실을 피고인이 입증하여야 한다. [법원9급 15]

(×) 임의성의 의문점을 없애는 증명, 즉 임의성을 의심할 만한 합리적·구체적 사실이 없음을 검사가 증명하여야 한다(대법원 2006. 1.26, 2004도517; 1998.4.10, 97도3234).

040 검사 작성의 당해 피고인에 대한 피의자신문조서에 기재된 진술의 임의성에 다툼이 있을 때에는 그 임의성을 의심할 만한 합리적이고 구체적인 사실을 피고인이 증명할 것이 아니라 검사가 그 임의성의 의문점을 없애는 증명을 하여야 하고, 검사가 그 임의성의 의문점을 없애는 증명을 하지 못한 경우에는 그 조서는 유죄 인정의 증거로 사용할 수 없는데, 이러한 법리는 피고인이나 그 변호인이 검사 작성의 당해 피고인에 대한 피의자신문조서의 임의성을 인정하는 진술을 하였다가 이를 번복하는 경우에도 마찬가지로 적용되어야 한다. [법원9급 14]

040 (○) 대법원 2008.7.10, 2007도7760

041 피고인이나 그 변호인이 검사 작성의 당해 피고인에 대한 피의자신문조서의 임의성을 인정하는 진술을 하였다가 이를 번복하는 경우에, 증거조사를 마친 조서의 임의성을 다투는 주장이 받아들여지게 되면, 그 조서는 증거배제결정을 통하여 유죄 인정의 자료에서 제외되어야 한다. [경찰채용 22 1차]

041 (○)

해설+ 검사 작성의 당해 피고인에 대한 피의자신문조서에 기재된 진술의 임의성에 다툼이 있을 때에는 그 임의성을 의심할 만한 합리적이고 구체적인 사실을 피고인이 증명할 것이 아니라 검사가 그 임의성의 의문점을 없애는 증명을 하여야 하고, 검사가 그 임의성의 의문점을 없애는 증명을 하지 못한 경우에는 그 조서는 유죄 인정의 증거로 사용할 수 없는데, 이러한 법리는 피고인이나 그 변호인이 검사 작성의 당해 피고인에 대한 피의자신문조서의 임의성을 인정하는 진술을 하였다가 이를 번복하는 경우에도 마찬가지로 적용되어야 한다. 따라서 증거조사를 마친 조서의 임의성을 다투는 주장이 받아들여지게 되면, 그 조서는 형사소송규칙의 증거배제결정을 통하여 유죄 인정의 자료에서 제외하여야 한다(대법원 2008.7.10, 2007도7760).

042 참고인에 대한 검찰진술조서가 강압상태 또는 강압수사로 인한 정신적 강압상태가 계속된 상태에서 작성된 것으로 의심되어 그 임의성을 의심할 만한 사정이 있는데도 검사가 그 임의성의 의문점을 없애는 증명을 하지 못하였다면 유죄의 증거로 사용할 수 없다. [국가9급 14] [법원9급 16 변형]

042 (○) 대법원 2006.11.23, 2004도7900

043 피고인이 범행현장부재(alibi)를 주장한 경우, 알리바이의 부존재에 대하여 검사가 거증책임을 지는 것이 아니라 알리바이 존재에 대한 거증책임을 피고인이 부담한다.　　　　　　　　　　　　　　　　　　　　　[국가7급 14 변형]

043 (×) '피고인' → '검사'
알리바이 부존재의 증명을 검사가 하여야 한다.

044 「예비군법」 제15조 제9항 제1호에서 정한 정당한 사유가 없다는 사실은 범죄구성요건이므로 검사가 증명하여야 하지만, 양심적 예비군훈련 거부를 주장하는 피고인은 자신의 예비군훈련 거부가 그에 따라 행동하지 않고서는 인격적 존재가치가 파멸되고 말 것이라는 절박하고 구체적인 양심에 따른 것이며 그 양심이 깊고 확고하며 진실한 것이라는 사실의 존재를 수긍할 만한 소명자료를 제시하고, 검사는 제시된 자료의 신빙성을 탄핵하는 방법으로 진정한 양심의 부존재를 증명할 수 있다.
　　　　　　　　　　　　　　　　　　　　[경찰채용 22 1차] [변호사 23 변형]

044 (○)

> **해설+** 병역법 제88조 제1항은 국방의 의무를 실현하기 위하여 현역입영 또는 소집통지서를 받고도 정당한 사유 없이 이에 응하지 않은 사람을 처벌함으로써 입영기피를 억제하고 병력구성을 확보하기 위한 규정이다. … 정당한 사유가 없다는 사실은 범죄구성요건이므로 검사가 증명하여야 한다. 다만 진정한 양심의 부존재를 증명한다는 것은 마치 특정되지 않은 기간과 공간에서 구체화되지 않은 사실의 부존재를 증명하는 것과 유사하다. 위와 같은 불명확한 사실의 부존재를 증명하는 것은 사회통념상 불가능한 반면 그 존재를 주장·증명하는 것이 좀 더 쉬우므로, 이러한 사정은 검사가 증명책임을 다하였는지를 판단할 때 고려하여야 한다. 따라서 양심적 병역거부를 주장하는 피고인은 자신의 병역거부가 그에 따라 행동하지 않고서는 인격적 존재가치가 파멸되고 말 것이라는 절박하고 구체적인 양심에 따른 것이며 그 양심이 깊고 확고하며 진실한 것이라는 사실의 존재를 수긍할 만한 소명자료를 제시하고, 검사는 제시된 자료의 신빙성을 탄핵하는 방법으로 진정한 양심의 부존재를 증명할 수 있다. 이때 병역거부자가 제시해야 할 소명자료는 적어도 검사가 그에 기초하여 정당한 사유가 없다는 것을 증명하는 것이 가능할 정도로 구체성을 갖추어야 한다(대법원 2018. 11.1, 2016도10912 전원합의체; 2021.2.4, 2020도3439).

045 진정한 양심과 같은 불명확한 사실의 부존재를 증명하는 것은 사회통념상 불가능한 반면 그 존재를 증명하는 것은 좀 더 쉬우므로, 예비군법위반사건에서 양심상의 이유로 예비군훈련 거부의 정당성을 주장하는 피고인은 자신의 양심이 깊고 확고하며 진실하여 '정당한 사유'에 해당한다는 점을 증명하여야 한다.　　　　　　　　　　　　　　　　　　　　[국가7급 23]

045 (×) 피고인은 양심의 존재를 증명하는 것이 아니라 소명하는 것이다.

> **보충** 이에 검사는 이를 탄핵하는 방법으로 진정한 양심의 부존재를 엄격하게 증명하여야 한다.

> **보충** 불명확한 사실의 부존재를 증명하는 것은 사회통념상 불가능한 반면 그 존재를 주장·증명하는 것이 좀 더 쉬우므로, 이러한 사정은 검사가 증명책임을 다하였는지를 판단할 때 고려하여야 한다. 따라서 양심상의 이유로 예비군훈련 거부를 주장하는 피고인은 자신의 예비군훈련 거부가 그에 따라 행동하지 않고서는 인격적 존재가치가 파멸되고 말 것이라는 절박하고 구체적인 양심에 따른 것이며 그 양심이 깊고 확고하며 진실한 것이라는 사실의 존재를 수긍할 만한 소명자료를 제시하고, 검사는 제시된 자료의 신빙성을 탄핵하는 방법으로 진정한 양심의 부존재를 증명할 수 있다(대법원 2021.1.28, 2018도4708).

046 진정한 양심에 따른 병역거부는 「병역법」 제88조 제1항에서 정한 '정당한 사유'에 해당하며, 정당한 사유가 없다는 사실은 범죄구성요건이므로 검사가 증명하여야 한다.

[경찰경채 23]

해설+ 양심에 따른 병역거부, 이른바 양심적 병역거부는 종교적·윤리적·도덕적·철학적 또는 이와 유사한 동기에서 형성된 양심상 결정을 이유로 집총이나 군사훈련을 수반하는 병역의무의 이행을 거부하는 행위를 말한다. 양심적 병역거부자에게 병역의무의 이행을 일률적으로 강제하고 그 불이행에 대하여 형사처벌 등 제재를 하는 것은 양심의 자유를 비롯한 헌법상 기본권 보장체계와 전체 법질서에 비추어 타당하지 않을 뿐만 아니라 소수자에 대한 관용과 포용이라는 자유민주주의 정신에도 위배된다. 따라서 진정한 양심에 따른 병역거부라면, 이는 병역법 제88조 제1항의 '정당한 사유'에 해당한다고 보아야 한다. … 정당한 사유가 없다는 사실은 범죄구성요건이므로 검사가 증명하여야 한다(대법원 2021.1.28, 2018도4708).

047 법위반에 대한 정당한 사유가 없다는 사실은 범죄구성요건이므로 검사가 증명해야 하는데, 다만 진정한 양심의 부존재와 같은 사실을 증명하는 것은 사회통념상 불가능한 반면 그 존재를 주장·증명하는 것이 좀 더 쉬우므로, 이러한 사정은 검사가 증명책임을 다하였는지 판단할 때 고려해야 한다.

[경찰채용 23 2차]

047

해설+ 병역법 제88조 제1항은 국방의 의무를 실현하기 위하여 현역입영 또는 소집통지서를 받고도 정당한 사유 없이 이에 응하지 않은 사람을 처벌함으로써 입영기피를 억제하고 병력구성을 확보하기 위한 규정이다. 위 조항에 따르면 정당한 사유가 있는 경우에는 피고인을 벌할 수 없는데, 여기에서 정당한 사유는 구성요건해당성을 조각하는 사유이다. … 정당한 사유가 없다는 사실은 범죄구성요건이므로 검사가 증명하여야 한다. 다만 진정한 양심의 부존재를 증명한다는 것은 마치 특정되지 않은 기간과 공간에서 구체화되지 않은 사실의 부존재를 증명하는 것과 유사하다. 위와 같은 불명확한 사실의 부존재를 증명하는 것은 사회통념상 불가능한 반면 그 존재를 주장·증명하는 것이 좀 더 쉬우므로, 이러한 사정은 검사가 증명책임을 다하였는지를 판단할 때 고려하여야 한다. 따라서 양심적 병역거부를 주장하는 피고인은 자신의 병역거부가 그에 따라 행동하지 않고서는 인격적 존재가치가 파멸되고 말 것이라는 절박하고 구체적인 양심에 따른 것이며 그 양심이 깊고 확고하며 진실한 것이라는 사실의 존재를 수긍할 만한 소명자료를 제시하고, 검사는 제시된 자료의 신빙성을 탄핵하는 방법으로 진정한 양심의 부존재를 증명할 수 있다. 이때 병역거부자가 제시해야 할 소명자료는 적어도 검사가 그에 기초하여 정당한 사유가 없다는 것을 증명하는 것이 가능할 정도로 구체성을 갖추어야 한다(대법원 2018.11.1, 2016도10912 전원합의체).

048 「공직선거법」상 허위사실공표죄에서 공표된 사실이 실제로 존재한다고 주장하는 자는 그러한 사실의 존재를 수긍할 만한 소명자료를 제시할 부담을 지고, 이때 제시하여야 할 소명자료는 적어도 허위성에 관한 검사의 증명활동이 현실적으로 가능할 정도의 구체성은 갖추어야 한다. [경찰채용 23 2차]

048 (○)

> **해설+** 근거가 박약한 의혹의 제기를 광범위하게 허용할 경우, 비록 나중에 그 의혹이 사실무근으로 밝혀지더라도 잠시나마 후보자의 명예가 훼손됨은 물론, 임박한 선거에서 유권자들의 선택을 오도하는 중대한 결과가 야기되고, 이는 오히려 공익에 현저히 반하는 결과가 된다. … 허위사실공표죄에서 의혹을 받을 일을 한 사실이 없다고 주장하는 사람에 대하여, 의혹을 받을 사실이 존재한다고 적극적으로 주장하는 자는, 그러한 사실의 존재를 수긍할 만한 소명자료를 제시할 부담을 지고, 검사는 제시된 그 자료의 신빙성을 탄핵하는 방법으로 허위성의 증명을 할 수 있다. 이때 제시하여야 할 소명자료는 위 법리에 비추어 단순히 소문을 제시하는 것만으로는 부족하고, 적어도 허위성에 관한 검사의 증명활동이 현실적으로 가능할 정도의 구체성은 갖추어야 하며, 이러한 소명자료의 제시가 없거나 제시된 소명자료의 신빙성이 탄핵된 때에는 허위사실 공표의 책임을 져야 한다(대법원 2018.9.28, 2018도10447).

049 「공직선거법」상 허위사실공표죄에서 의혹을 받을 사실이 존재한다고 적극적으로 주장하는 피고인은 그러한 사실의 존재를 수긍할 만한 소명자료를 제시할 부담을 지고, 검사는 제시된 그 자료의 신빙성을 탄핵하는 방법으로 허위성을 증명할 수 있다. [국가7급 23]

049 (○) 허위사실공표죄의 피고인은 의혹을 받은 사실의 존재를 소명하여야 한다.

> **보충** 이에 검사는 이를 탄핵하는 방법으로 허위성을 엄격하게 증명하여야 한다.

> **보충** 공직선거법 제250조 제2항 소정의 허위사실공표죄가 성립하기 위하여는 검사가 공표된 사실이 허위라는 점을 적극적으로 증명할 것이 필요하고, 공표한 사실이 진실이라는 증명이 없다는 것만으로는 위 죄가 성립할 수 없다. 이와 관련하여 그 증명책임의 부담을 결정함에 있어 어느 사실이 적극적으로 존재한다는 것의 증명은 물론이고 어느 사실의 부존재 사실의 증명이라도 특정 기간과 장소에서의 특정 행위의 부존재 사실에 관한 것이라면 여전히 적극적 당사자인 검사가 그를 합리적 의심의 여지가 없이 증명할 의무를 부담한다(대법원 2003.11.28, 2003도5279; 2004.2.26, 99도5190; 2006.11.10, 2005도6375 등 참조). … 허위사실공표죄에 있어서 의혹을 받을 일을 한 사실이 없다고 주장하는 사람에 대하여 의혹을 받을 사실이 존재한다고 적극적으로 주장하는 자는 그러한 사실의 존재를 수긍할 만한 소명자료를 제시할 부담을 지고, 검사는 제시된 그 자료의 신빙성을 탄핵하는 방법으로 허위성의 증명을 할 수 있다. 이때 제시하여야 할 소명자료는 위 법리에 비추어 단순히 소문을 제시하는 것만으로는 부족하고 적어도 허위성에 관한 검사의 증명활동이 현실적으로 가능할 정도의 구체성은 갖추어야 하며, 이러한 소명자료의 제시가 없거나 제시된 소명자료의 신빙성이 탄핵된 때에는 허위사실 공표로서의 책임을 져야 한다(대법원 2011.12.22, 2008도11847).

050 검사는 형벌권의 존부와 범위에 관해서 거증책임을 지므로 공연히 사실을 적시하여 사람의 명예를 훼손한 행위가 진실한 사실로서 오로지 공공의 이익에 관한 때에 해당하지 않는다는 점에 대해서도 검사가 거증책임을 진다. [국가9급 17]

050 (×) '검사' → '행위자'(대법원 2004.5.28, 2004도1497)

051 형법 제310조의 "형법 제307조 제1항의 행위가 진실한 사실로서 오로지 공공의 이익에 관한 때에는 벌하지 아니한다."는 규정과 관련하여 피고인이 주장하는 사실이 진실로서 오로지 공공의 이익에 해당하는지 여부의 입증은 자유로운 증명의 대상이면서 거증책임이 검사에게 있다.

[경찰채용 18 1차] [국가7급 14]

051 (×) '검사' → '피고인'
진실한 사실로서 오로지 공공의 이익에 관한 때에 해당된다는 점을 행위자가 증명하여야 하는 것이다 (대법원 1996.10.25, 95도1473)

052 공연성은 명예훼손죄의 구성요건으로서, 특정 소수에 대한 사실적시의 경우 공연성이 부정되는 유력한 사정이 될 수 있으므로 전파될 가능성에 관하여는 검사에게 증명의 책임이 있음이 원칙이나, 전파될 가능성은 특정되지 않은 기간과 공간에서 아직 구체화되지 않은 사실이므로 그 증명의 정도는 자유로운 증명으로 족하다.

[경찰채용 23 2차]

052 (×)

해설+ 공연성은 명예훼손죄의 구성요건으로서, 특정 소수에 대한 사실적시의 경우 공연성이 부정되는 유력한 사정이 될 수 있으므로, 전파될 가능성에 관하여는 검사의 엄격한 증명이 필요하다(대법원 2020.11.19, 2020도5813 전원합의체).

053 「성폭력범죄의 처벌 등에 관한 특례법」 제7조 제1항에서 정하는 13세 미만의 미성년자에 대한 강간죄의 성립이 인정되려면, 피고인이 피해자가 13세 미만의 미성년자임을 알면서 그를 강간했다는 사실이 검사에 의하여 입증되어야 한다.

[경찰승진 23]

053 (○)

해설+ 형사재판에서 공소가 제기된 범죄의 구성요건을 이루는 사실은 그것이 주관적 요건이든 객관적 요건이든 그 입증책임이 검사에게 있으므로, 구 성폭력범죄의 처벌 및 피해자보호 등에 관한 법률 제8조의2 제1항에서 정하는 범죄의 성립이 인정되려면, 피고인이 피해자가 13세 미만의 여자임을 알면서 그를 강간하였다는 사실이 검사에 의하여 입증되어야 한다(대법원 2012.8.30, 2012도7377).

보충 피해자는 만 12세 6개월인 중학교 1학년생으로 만 13세가 되기까지 6개월 정도 남은 상황이었는데, 피고인은 피해자가 '중학교 1학년이라서 14살이다'라고 하였고(피해자 또한 수사기관에서 "피고인에게 14세라고 말하였다"고 진술하였음) 피해자는 키 약 155cm, 몸무게 약 50kg 정도로 중학교 1학년생으로서는 오히려 큰 편에 속하는 체격이었으며 모텔로 들어갈 때 모텔 관리자로부터 특별한 제지를 받은 바 없었던 것으로 보인다. … 제반 사정에 비추어 피고인이 범행 당시 이를 미필적으로라도 인식하고 있었다는 것이 합리적 의심의 여지 없이 증명되었다고 단정할 수 없다. 그런데 원심은 "피해자가 13세 미만의 여자인 이상 그 당시의 객관적인 정황에 비추어 피고인이 피해자가 13세 미만의 여자라는 사실을 인식하였더라면 강간행위로 나아가지 아니하였으리라고 인정할 만한 합리적인 근거를 찾을 수 없다면" 13세 미만의 미성년자에 대한 강간죄에 관한 미필적 고의가 인정될 수 있다는 법리에 따라 유죄를 인정하였다. 이러한 원심의 판단에는 형사재판의 증명책임에 관한 법리를 오해하는 등의 위법이 있다(위 판례).

대표유형

피고인의 수사기관에서나 제1심 법정에서의 자백이 항소심에서의 법정진술과 다른 경우 그 자백의 증명력 내지 신빙성이 의심스럽다고 할 것이고, 같은 사람의 검찰에서의 진술과 법정에서의 증언이 다를 경우 검찰에서의 진술을 믿고서 범죄사실을 인정하는 것은 자유심증주의의 한계를 벗어나는 것이다.   [경찰채용 21 2차]

(×)

해설+ 피고인의 제1심 법정에서의 자백이 항소심에서의 법정진술과 다르다는 사유만으로는 그 자백의 증명력 내지 신빙성이 의심스럽다고 할 수는 없는 것이다(대법원 2010.7.22, 2009도1151). 또한 국회의원인 피고인이 甲 주식회사 대표이사 乙에게서 3차례에 걸쳐 불법정치자금을 수수하였다는 내용으로 기소되었는데, 乙이 검찰의 소환 조사에서는 자금을 조성하여 피고인에게 정치자금으로 제공하였다고 진술하였다가, 제1심 법정에서는 이를 번복하여 자금 조성 사실은 시인하면서도 피고인에게 정치자금으로 제공한 사실을 부인하고 자금의 사용처를 달리 진술한 경우 자금 사용처에 관한 乙의 검찰진술의 신빙성이 인정되므로, 乙의 검찰진술 등을 종합하여 공소사실을 모두 유죄로 인정한 원심판단에는 자유심증주의의 한계를 벗어나는 등의 잘못이 없다(대법원 2015.8.20, 2013도11650 전원합의체).

대표유형

검찰에서의 피고인의 자백이 법정진술과 다르다거나 피고인에게 지나치게 불리한 내용이라는 사유만으로는 그 자백의 신빙성이 의심스럽다고 할 수는 없다.
                    [경찰채용 19 1차] [경찰경채 23 변형] [경찰승진 22]

(○) 대법원 1985.7.9, 85도826;
2010.7.22, 2009도1151

054 증거의 취사와 이를 근거로 한 사실의 인정은 그것이 경험칙에 위배된다는 등의 특단의 사정이 없는 한 사실심 법원의 전권에 속한다.   [국가9급 09]

054 (○) 대법원 2010.1.28, 2006다79650

055 경찰에서의 진술조서의 기재와 당해 사건의 공판정에서의 같은 사람의 증인으로서의 진술이 상반되는 경우, 반드시 공판정에서의 증언에 따라야 한다는 법칙은 없고 그중 어느 것을 채용하여 사실인정의 자료로 할 것인가는 오로지 사실심법원의 자유심증에 속하는 것이다.   [경찰채용 23 2차]

055 (○) 대법원 1987.6.9, 87도691,87감도63

056 '성추행 피해자가 추행 즉시 행위자에게 항의하지 않은 사정'이나 '피해 신고 시 성폭력이 아닌 다른 피해 사실을 먼저 진술한 사정'만으로 곧바로 피해자 진술의 신빙성을 부정할 것은 아니고, 가해자와의 관계와 피해자의 구체적 상황을 모두 살펴 판단하여야 한다. [경찰채용 23 2차]

056 (○)

> **해설+** '성추행 피해자가 추행 즉시 행위자에게 항의하지 않은 사정'이나 '피해 신고 시 성폭력이 아닌 다른 피해 사실을 먼저 진술한 사정'만으로 곧바로 피해자 진술의 신빙성을 부정할 것이 아니고, 가해자와의 관계와 피해자의 구체적 상황을 모두 살펴 판단하여야 한다(대법원 2020.9.24, 2020 도7869).

057 간접증거가 개별적으로 완전한 증명력을 가지지 못한다면 종합적으로 고찰하여 증명력이 있는 것으로 판단되더라도 그에 의하여 범죄사실을 인정할 수 없다. [국가9급 08·18]

057 (×) '더라도' → '면', '없다' → '있다'(대법원 2015.5.14, 2015도 119)

058 형사재판에 있어 심증형성은 간접증거에 의할 수도 있으며, 간접증거는 개별적, 고립적으로 평가해서는 안 되고 모든 관점에서 빠짐없이 상호 관련시켜 종합적으로 평가하고 치밀하고 모순 없는 논증을 거쳐야 한다. [국가9급 12 변형]

058 (○) 대법원 2009.3.12, 2008 도8486

059 간접증거에 의하여 주요사실의 전제가 되는 수개의 간접사실을 인정할 때에는 하나 하나의 간접사실 사이에 모순, 저촉이 없어야 할 정도까지는 요구되지 않으며 전체적으로 고찰하여 유죄의 심증을 형성할 수 있으면 충분하다. [국가9급 18]

059 (×) 하나하나의 간접사실 사이에 모순, 저촉이 없어야 하는 것은 물론 간접사실이 논리와 경험칙, 과학법칙에 의하여 뒷받침되어야 한다(대법원 2011.5.26, 2011 도1902).

060 간접증거만으로 유죄를 인정하는 경우에는 여러 간접사실로 보아 피고인이 범행한 것으로 보기에 충분할 만큼 압도적으로 우월한 증명이 있어야 한다.

[경찰채용 22 1차]

060 (○)

해설+ 살인죄와 같이 법정형이 무거운 범죄의 경우에도 직접증거 없이 간접증거만으로도 유죄를 인정할 수 있으나, 그 경우에도 주요사실의 전제가 되는 간접사실의 인정은 합리적 의심을 허용하지 않을 정도의 증명이 있어야 하고, 그 하나하나의 간접사실이 상호 모순, 저촉이 없어야 함은 물론 논리와 경험칙, 과학법칙에 의하여 뒷받침되어야 한다. 그러므로 유죄의 인정은 범행 동기, 범행수단의 선택, 범행에 이르는 과정, 범행 전후 피고인의 태도 등 여러 간접사실로 보아 피고인이 범행한 것으로 보기에 충분할 만큼 압도적으로 우월한 증명이 있어야 하고, 피고인이 고의적으로 범행한 것이라고 보기에 의심스러운 사정이 병존하고 증거관계 및 경험법칙상 고의적 범행이 아닐 여지를 확실하게 배제할 수 없다면 유죄로 인정할 수 없다. 피고인은 무죄로 추정된다는 것이 헌법상의 원칙이고, 그 추정의 번복은 직접증거가 존재할 경우에 버금가는 정도가 되어야 한다(대법원 2017. 5.30, 2017도1549).

061 피고인에 대한 범죄의 증명이 없게 된 경우에는 피해품인 압수물의 존재만으로 그 유죄의 증거가 될 수 없다.

[법원9급 13]

061 (○)

보충 승객인 피고인이 운전사가 가스를 주입하기 위해 운전석을 잠시 비운 틈에 운전석 옆 돈주머니에 있던 돈 7,000원 중 3,000원만을 꺼내 훔치고, 훔친 돈을 운전사가 돌아올 때까지 손에 들고 있었다는 증언내용은 경험칙에 비추어 수긍하기 어렵다(대법원 1984.3.27, 83도3067,83감도513).

062 증거보전절차에서의 진술에 대하여 법원이 사유가 있어 그것을 믿지 않더라도 자유심증주의의 남용이라고 할 수 없다.

[국가7급 11]

062 (○) 대법원 1980.4.8, 79도2125

063 동일인의 검찰에서의 진술과 법정에서의 증언이 다를 경우 법원은 검찰에서의 진술이 위법하게 이루어진 것이 아닌 한 이를 믿고 범죄사실을 인정할 수 있다.

[국가7급 11]

063 (○) 대법원 1988.6.28, 88도740

064 강간죄에서 공소사실을 인정할 증거로 사실상 피해자의 진술이 유일하고 피고인의 진술은 경험칙상 합리성이 없고 그 자체로 모순되어 믿을 수 없는 경우, 이러한 사정은 법관의 자유판단의 대상이 되지 않는다.

[경찰채용 20 2차]

064 (×)

> **해설+** 강간죄에서 공소사실을 인정할 증거로 사실상 피해자의 진술이 유일한 경우에 피고인의 진술이 경험칙상 합리성이 없고 그 자체로 모순되어 믿을 수 없다고 하여 그것이 공소사실을 인정하는 직접증거가 되는 것은 아니지만, 이러한 사정은 법관의 자유판단에 따라 피해자 진술의 신빙성을 뒷받침하거나 직접증거인 피해자 진술과 결합하여 공소사실을 뒷받침하는 간접정황이 될 수 있다 (대법원 2018.10.25, 2018도7709).

065 검사가 공판기일에 증인으로 신청하여 신문할 사람을 특별한 사정 없이 미리 수사기관에 소환하여 면담하는 절차를 거친 후 증인이 법정에서 피고인에게 불리한 내용의 진술을 한 경우, 이를 증거로 인정하는 데에 있어서 검사의 증인에 대한 회유나 압박 등이 없었다는 사정을 별도로 증명할 필요는 없다.

065 (×)

> **해설+** 검사가 증인신문 전 면담 과정에서 증인에 대한 회유나 압박, 답변 유도나 암시 등으로 증인의 법정진술에 영향을 미치지 않았다는 점이 담보되어야 증인의 법정진술을 신빙할 수 있다고 할 것이다. 검사가 증인신문 준비 등 필요에 따라 증인을 사전 면담할 수 있다고 하더라도 법원이나 피고인의 관여 없이 일방적으로 사전 면담하는 과정에서 증인이 훈련되거나 유도되어 법정에서 왜곡된 진술을 할 가능성도 배제할 수 없기 때문이다. 증인에 대한 회유나 압박 등이 없었다는 사정은 검사가 증인의 법정진술이나 면담과정을 기록한 자료 등으로 사전 면담 시점, 이유와 방법, 구체적 내용 등을 밝힘으로써 증명하여야 한다(대법원 2021.6.10, 2020도15891).

066 검사가 공판기일에 증인으로 신청하여 신문할 사람을 특별한 사정 없이 미리 수사기관에 소환하여 면담하는 절차를 거친 후에 그 사람이 증인으로 소환되어 법정에서 피고인에게 불리한 내용의 진술을 한 경우, 검사가 증인신문 전 면담과정에서 증인에 대한 회유나 압박, 답변유도나 암시 등으로 증인의 법정진술에 영향을 미치지 않았다는 점이 담보되어야 증인의 법정진술을 신빙할 수 있다.

[국가7급 23]

066 (○) 대법원 2021.6.10, 2020 도15891

067 개별적, 구체적인 사건에서 성폭행 등의 피해자가 처하여 있는 특별한 사정을 충분히 고려하지 않은 채 피해자 진술의 증명력을 가볍게 배척하는 것은 정의와 형평의 이념에 입각하여 논리와 경험의 법칙에 따른 증거판단이라고 볼 수 없다.

> **해설+** [증인진술의 신빙성을 부정한 제1심의 판단을 항소심이 뒤집을 수 있는 경우] 형사소송법이 채택하고 있는 실질적 직접심리주의의 정신에 비추어, 항소심으로서는 ㉠ 제1심 증인이 한 진술의 신빙성 유무에 대한 제1심의 판단이 항소심의 판단과 다르다는 이유만으로 이에 대한 제1심의 판단을 함부로 뒤집어서는 아니되나, ㉡ 제1심 증인이 한 진술의 신빙성 유무에 대한 제1심의 판단이 명백하게 잘못되었다고 볼 특별한 사정이 있거나, 제1심 증거조사 결과와 항소심 변론종결 시까지 추가로 이루어진 증거조사 결과를 종합하면 제1심 증인이 한 진술의 신빙성 유무에 대한 제1심의 판단을 그대로 유지하는 것이 현저히 부당하다고 인정되는 예외적인 경우에는 그러하지 아니하다 (대법원 2021.6.10, 2021도2726).

> **보충** 피해자의 항의 태도만으로 피해자의 성격을 속단하여 피해자 진술의 신빙성을 배척한 원심 판결은 개별적, 구체적인 사건에서 성범죄 피해자가 처하여 있는 특별한 사정을 충분히 고려하지 않은 채 피해자 진술의 증명력을 가볍게 배척하는 것으로 논리와 경험의 법칙에 따른 증거판단이라고 보기 어렵다.

068 법원은 피고인이 작성한 진술조서에 기재된 내용의 전부를 믿거나 믿지 않아야 하며, 그중 일부만을 믿을 수는 없다. [국가9급 09]

069 조서의 내용에 대한 증명력은 전체적으로 고찰되어야 하므로, 진술조서의 기재 중 일부분을 믿고 다른 부분을 믿지 아니한다면 곧바로 부당하다고 평가되어야 한다. [경찰승진 22]

070 공동피고인 중 1인이 다른 공동피고인들과 공동하여 범행을 하였다고 자백한 경우, 법원은 자유심증주의의 원칙상 자백한 피고인 자신의 범행에 관한 부분만을 취신하고 다른 공동피고인들이 범행에 관여하였다는 부분은 배척할 수 있다. [국가7급 20]

---

067 (○) 성폭행이나 성희롱 사건의 피해자가 피해사실을 알리고 문제를 삼는 과정에서 오히려 피해자가 부정적인 여론이나 불이익한 처우 및 신분 노출의 피해 등을 입기도 하여 온 점 등에 비추어 보면, 성폭행 피해자의 대처 양상은 피해자의 성정이나 가해자와의 관계 및 구체적인 상황에 따라 다르게 나타날 수밖에 없다(대법원 2021.3.11, 2020도15259).

068 (✕) '없다' → '있다'(대법원 1980.3.11, 80도145)

069 (✕) 진술조서의 기재 중 일부분을 믿고 다른 부분을 믿지 아니한다고 하여도 그것이 곧 부당하다고 할 수 없다(대법원 1980.3.11, 80도145).

070 (○) 대법원 1995.12.8, 95도2043

071 공동피고인 중 1인이 다른 공동피고인들과 공동하여 범행을 하였다고 자백한 경우 그 자백을 전부 믿어 공동피고인들 전부에 대하여 유죄를 인정하거나 그 전부를 배척하여야만 하는 것은 아니다. [국가9급 15]

071 (○) 대법원 1995.12.8, 95도2043

072 상해진단서는 특별한 사정이 없는 한 피해자의 진술과 더불어 피고인의 상해사실에 대한 유력한 증거가 되며, 합리적인 근거 없이 그 증명력을 함부로 배척할 수는 없다. [국가9급 15]

072 (○) 대법원 2011.1.27, 2010도12728

073 유전자검사나 혈액형검사 등 과학적 증거방법은 그 전제로 하는 사실이 모두 진실임이 입증되고 그 추론의 방법이 과학적으로 정당하여 오류의 가능성이 전무하거나 무시할 정도로 극소한 것으로 인정되는 경우에는 법관이 사실인정을 함에 있어 상당한 정도로 구속력을 가진다. [국가9급 21]

073 (○) 대법원 2009.3.12, 2008도8486

074 유전자검사 결과 주사기에서 마약성분과 함께 피고인의 혈흔이 확인됨으로써 피고인이 필로폰을 투약한 사정이 적극적으로 증명되는 경우, 반증의 여지가 있는 소변 및 모발검사에서 마약성분이 검출되지 않았다는 소극적 사정에 관한 증거만으로 이를 쉽사리 뒤집을 수 없다. [경찰승진 22]

074 (○)

해설+ 유전자검사나 혈액형검사 등 과학적 증거방법은 그 전제로 하는 사실이 모두 진실임이 입증되고 그 추론의 방법이 과학적으로 정당하여 오류의 가능성이 전무하거나 무시할 정도로 극소한 것으로 인정되는 경우에는 법관이 사실인정을 함에 있어 상당한 정도로 구속력을 가지므로, 비록 사실의 인정이 사실심의 전권이라 하더라도 <u>아무런 합리적 근거 없이 함부로 이를 배척하는 것은 자유심증주의의 한계를 벗어나는 것으로서 허용될 수 없다.</u> 과학적 증거방법이 당해 범죄에 관한 적극적 사실과 이에 반하는 소극적 사실 모두에 존재하는 경우에는 각 증거방법에 의한 분석결과에 발생할 수 있는 오류가능성 및 그 정도, 그 증거방법에 의하여 증명되는 사실의 내용 등을 종합적으로 고려하여 범죄의 유무 등을 판단하여야 하고, 여러 가지 변수로 인하여 반증의 여지가 있는 소극적 사실에 관한 증거로써 과학적 증거방법에 의하여 증명되는 적극적 사실을 쉽사리 뒤집어서는 안 된다. … 유전자검사 결과 주사기에서 마약성분과 함께 피고인의 혈흔이 확인됨으로써 피고인이 필로폰을 투약한 사정이 적극적으로 증명되는 경우, 반증의 여지가 있는 소변 및 모발검사에서 마약성분이 검출되지 않았다는 소극적 사정에 관한 증거만으로 이를 쉽사리 뒤집을 수 없다(대법원 2009. 3.12, 2008도8486).

075 전문 감정인이 공인된 표준 검사기법으로 분석한 후 법원에 제출한 과학적 증거는 모든 과정에서 시료의 동일성이 인정되고 인위적인 조작·훼손·첨가가 없었음이 담보되었다면, 각 단계에서 시료에 대한 정확한 인수·인계 절차를 확인할 수 있는 기록이 유지되지 않았다 하더라도 사실인정에 있어서 상당한 정도로 구속력을 가진다. [국가9급 21]

075 (×)

해설+ 과학적 증거방법이 사실인정에 있어서 상당한 정도로 구속력을 갖기 위해서는 감정인이 전문적인 지식·기술·경험을 가지고 공인된 표준 검사기법으로 분석한 후 법원에 제출하였다는 것만으로는 부족하고, 시료의 채취·보관·분석 등 모든 과정에서 시료의 동일성이 인정되고 인위적인 조작·훼손·첨가가 없었음이 담보되어야 하며 각 단계에서 시료에 대한 정확한 인수·인계 절차를 확인할 수 있는 기록이 유지되어야 한다(대법원 2018.2.8, 2017도14222).

076 범인식별절차와 관련하여, 용의자 한 사람을 단독으로 목격자와 대질시키거나 용의자의 사진 한 장만을 목격자에게 제시하여 범인 여부를 확인하게 하는 방식은 부가적인 사정이 없는 한 그 신빙성이 높다고 보아야 한다. [경찰채용 15]

076 (×) '높다' → '낮다'(대법원 2009.6.11, 2008도12111)

077 형사재판에 있어서 이와 관련된 다른 형사사건의 확정판결에서 인정된 사실은 특별한 사정이 없는 한 유력한 증거자료가 되는 것이나, 당해 형사재판에서 제출된 다른 증거 내용에 비추어 관련 형사사건의 확정판결에서의 사실판단을 그대로 채택하기 어렵다고 인정될 경우에는 이를 배척할 수 있다. [경찰채용 23 2차 변형] [국가9급 15 변형]

077 (○) 대법원 2012.6.14, 2011도15653

078 동일한 사실관계에 관하여 이미 확정된 형사판결이 인정한 사실은 유력한 증거자료가 되므로, 그 형사재판의 사실판단을 채용하기 어렵다고 인정되는 특별한 사정이 없는 한 이와 배치되는 사실은 인정할 수 없다. [경찰승진 22]

078 (○) 대법원 2009.12.24, 2009도11349

079 항소법원이 제1심에서 채용된 증거의 신빙성에 의문이 있는 경우 이미 증거조사를 거친 동일한 증거라도 그 증거의 신빙성에 대하여 더 심리하여 본 후 그 채부를 판단하여야 한다. [국가9급 15]

079 (○) 대법원 1996.12.6, 96도2461

080 제1심의 피해자에 대한 증인신문조서 기재 자체에 의하여 피해자의 진술을 믿기 어려운 사정이 보이는 경우에 항소심이 그 증인을 다시 신문하여 보지도 아니하고 제1심의 증인신문조서의 기재만에 의하여 직접 증인을 신문한 제1심과 다르게 그 증언을 믿을 수 있다고 판단한 것은 심히 부당하다. [국가7급 11 변형]

080 (○) 대법원 1991.10.22, 91도1672

081 증명력이 있는 것으로 인정되는 증거를 합리적인 근거가 없는 의심을 일으켜 이를 배척하는 것은 자유심증주의의 한계를 벗어나는 것으로 허용되지 않는다. [국가9급 12]

081 (○) 대법원 2011.2.24, 2010도14262

3 자백배제법칙

> **🔗 대표유형**
>
> 피고인이 경찰에서 가혹행위 등으로 인하여 임의성 없는 자백을 하고 그 후 검찰이나 법정에서도 임의성 없는 심리상태가 계속되어 동일한 내용의 자백을 하였다면, 검찰에서의 자백은 임의성 없는 자백이라고 보아야 하지만 공개된 법정에서의 자백은 그러하지 아니하다. [경찰승진 22]

(×)

해설+ 임의성 없는 진술의 증거능력을 부정하는 취지는, 허위진술을 유발 또는 강요할 위험성이 있는 상태하에서 행하여진 진술은 그 자체가 실체적 진실에 부합하지 아니하여 오판을 일으킬 소지가 있을 뿐만 아니라 그 진위를 떠나서 진술자의 기본적 인권을 침해하는 위법·부당한 압박이 가하여지는 것을 사전에 막기 위한 것이므로, 그 임의성에 다툼이 있을 때에는 그 임의성을 의심할 만한 합리적이고 구체적인 사실을 피고인이 증명할 것이 아니고 검사가 그 임의성의 의문점을 없애는 증명을 하여야 하고, 검사가 그 임의성의 의문점을 없애는 증명을 하지 못한 경우에는 그 진술증거는 증거능력이 부정된다. 나아가 피고인이 경찰에서 가혹행위 등으로 인하여 임의성 없는 자백을 하고 그 후 <u>검찰이나 법정에서도 임의성 없는 심리상태가 계속되어 동일한 내용의 자백을 하였다면 각 자백도 임의성 없는 자백</u>이라고 보아야 한다(대법원 2015.9.10, 2012도9879).

일정한 증거가 발견되면 피의자가 자백하겠다고 한 약속이 검사의 강요나 위계에 의하여 이루어졌다거나 불기소나 경한 죄의 소추 등의 이익과 교환조건으로 된 것으로 인정되지 않는다면 이와 같은 약속하에 된 자백이라 하여 곧 임의성 없는 자백이라고 단정할 수는 없다. [경찰채용 18 1차] [국가7급 16 변형] [국가9급 14]

(○) 대법원 1983.9.13, 83도712

082 자백은 일단 자백하였다가 이를 번복 내지 취소하더라도 그 효력이 없어지는 것은 아니기에, 피고인이 항소이유서에 '돈이 급해 지어서는 안될 죄를 지었습니다.', '진심으로 뉘우치고 있습니다.'라고 기재하였고 항소심 공판기일에 그 항소이유서를 진술하였다면, 이어진 검사의 신문에 범죄사실을 부인하였고 수사단계에서도 일관되게 범죄사실을 부인하여 온 사정이 있다고 하더라도 피고인이 자백한 것으로 볼 수 있다. [경찰채용 23 2차]

082 (×)

> **해설+** 피고인이 제출한 항소이유서에 '피고인은 돈이 급해 지어서는 안될 죄를 지었습니다.', '진심으로 뉘우치고 있습니다.'라고 기재되어 있고 피고인은 항소심 제2회 공판기일에 위 항소이유서를 진술하였으나, 곧 이어서 있은 검사와 재판장 및 변호인의 각 심문에 대하여 피고인은 범죄사실을 부인하였고, 수사단계에서도 일관되게 그와 같이 범죄사실을 부인하여 온 점에 비추어 볼 때, 위와 같이 추상적인 항소이유서의 기재만을 가지고 범죄사실을 자백한 것으로 볼 수 없다(대법원 1999.11.12, 99도3341).

083 「형사소송법」 제309조는 "피고인의 자백이 고문, 폭행, 협박, 신체구속의 부당한 장기화 또는 기망 기타의 방법으로 임의로 진술한 것이 아니라고 의심할 만한 이유가 있을 때에는 이를 유죄의 증거로 하지 못한다"고 규정하고 있는데, 위 법조에서 규정된 피고인의 진술의 자유를 침해하는 위법사유는 원칙적으로 예시사유로 보아야 한다. [경찰채용 18 1차]

083 (○) 대법원 1985.2.26, 82도2413

084 「형사소송법」 제309조 소정의 사유로 임의성이 없다고 의심할 만한 이유가 있는 자백은 그 인과관계의 존재가 추정되는 것이므로 이를 유죄의 증거로 하려면 적극적으로 그 인과관계가 존재하지 아니하는 것이 인정되어야 할 것이다. [경찰채용 23 2차]

084 (○) 대법원 1984.11.27, 84도2252

085 검사가 피고인들에게 공소사실 그대로의 사실 유·무를 묻자, 피고인들이 동시에 "예, 있습니다", "예, 그랬습니다"라고 답을 하였으나, 재판장의 물음에서는 다시 부동산전매업을 도와주는 모집책이 아니고 단순한 고객일 뿐이라고 진술하면서 범행을 부인하였다면 피고인들이 공모하여 기망 내지 편취하였다는 내용까지 자백한 것이라고 볼 수 없다.

[경찰간부 16] [해경승진 22]

085 (○) 대법원 1984.4.10, 84도141

086 피고인이 검사 이전 수사기관에서 고문 등 가혹행위로 인하여 임의성 없는 자백을 하고 그 후 검사 조사단계에서도 임의성 없는 심리상태가 계속되어 동일한 내용의 자백을 하였다면, 검사 조사단계에서 고문 등 자백 강요행위가 없었다고 하여도 검사 앞에서의 자백도 임의성 없는 자백이라고 보아야 한다.

[경찰채용 13]

086 (○) 대법원 2011.10.27, 2009도1603

087 피고인이 수사기관에서 가혹행위 등으로 인하여 임의성 없는 자백을 하고, 그 후 법정에서도 임의성 없는 심리상태가 계속되어 동일한 내용의 자백을 하였다면 법정에서의 자백도 임의성 없는 자백이라고 보아야 한다.

[경찰채용 18 1차] [국가9급 15]

087 (○) 대법원 2012.11.29, 2010도3029

088 자백하면 가벼운 형으로 처벌받게 해주겠다는 각서를 작성해주고 얻은 진술을 기재한 피의자신문조서는 증거능력이 인정된다. [국가9급 09]

해설+ 위 자백은 기망에 의하여 임의로 진술한 것이 아니라고 의심할 만한 이유가 있는 때에 해당하여 형사소송법 제309조의 규정에 따라 증거로 할 수 없다(대법원 1985.12.10, 85도2182,85감도313).

088 (×) '인정' → '부정'

089 피고인의 자백이 임의성이 없다고 의심할 만한 사유가 있다면, 비록 그 임의성을 의심하게 된 사유와 자백과의 사이에 인과관계가 없는 것이 명백하더라도 자백의 임의성은 부정된다. [국가9급 14]

089 (×) '더라도' → '면', '부정' → '인정'
인과관계가 존재하지 않는 것이 명백하여 그 자백의 임의성이 있는 것임이 인정된다(대법원 1984.11.27, 84도2252)

090 피고인의 자백이 기망에 의하여 임의성이 없다고 의심할 만한 사유가 있다면 그 사유와 자백 사이에 인과관계가 없는 것이 명백한 경우라고 하더라도 그 자백의 임의성은 인정되지 아니한다. [경찰채용 14] [국가9급 14]

> **해설+** 자백배제법칙을 적용하기 위해서 임의성 의심사유와 자백 사이에 인과관계가 필요하다는 것이 판례의 입장이다. 따라서 "인과관계가 존재하지 않은 것이 명백한 때에는 그 자백은 임의성이 있는 것으로 인정된다(대법원 1984.11.27, 84도2252)."

090 (×) '인정되지 아니한다' → '인정된다'

091 임의성이 의심되는 자백은 피고인이 증거동의를 하더라도 유죄의 증거로는 사용할 수 없으나, 탄핵증거로는 사용할 수 있다. [경찰채용 20 2차]

091 (×) 임의성이 의심되는 자백은 피고인이 증거동의를 하더라도 유죄의 증거로 사용할 수 없고, 탄핵증거로도 사용할 수 없다.

092 임의성이 인정되지 아니하여 증거능력이 없는 진술증거는 피고인이 증거로 함에 동의하더라도 증거로 삼을 수 없으나, 임의성이 의심되는 자백은 피고인의 법정에서의 진술을 탄핵하기 위한 반대증거로는 사용할 수 있다. [경찰채용 22 1차]

092 (×) 탄핵증거로 사용될 수 있는 것은, 증거능력이 없는 전문증거로서 임의로 진술 내지 작성된 것이 아니라고 의심할 만한 사정이 없는 증거이다. 따라서 임의성이 의심되는 자백은 탄핵증거로 사용할 수 없다.

093 피고인의 수사기관 및 제1심 법정에서의 자백과 항소심에서의 법정진술이 다른 경우에는 그 자백의 증명력 내지 신빙성이 의심스럽다고 할 것이다. [군무원9급 22]

093 (×)

> **해설+** 피고인의 제1심법정에서의 자백이 항소심에서의 법정진술과 다르다는 사유만으로는 그 자백의 증명력 내지 신빙성이 의심스럽다고 할 수는 없는 것이고, 자백의 신빙성 유무를 판단함에 있어서는 자백의 진술내용 자체가 객관적으로 합리성을 띠고 있는지, 자백의 동기나 이유가 무엇이며, 자백에 이르게 된 경위는 어떠한지 그리고 자백 이외의 정황증거 중 자백과 저촉되거나 모순되는 것이 없는지 하는 점 등을 고려하여 피고인의 자백에 형사소송법 제309조 소정의 사유 또는 자백의 동기나 과정에 합리적인 의심을 갖게 할 상황이 있었는지를 판단하여야 한다(대법원 2001. 9.28, 2001도4091).

4 위법수집증거배제법칙

헌법과 형사소송법이 정한 절차에 따르지 아니하고 수집한 증거는 원칙적으로 유죄 인정의 증거로 삼을 수 없지만, 형식적으로 보아 정해진 절차에 따르지 아니하고 수집한 증거라는 이유만을 내세워 획일적으로 그 증거의 증거능력을 부정할 수 없다. [국가7급 09]

(○) 대법원 2007.11.15, 2007도 3061 전원합의체

진술거부권을 고지하지 아니하고 받은 자백도 진술의 임의성이 인정되는 경우에는 증거능력이 인정된다. [경찰채용 20 2차]

(×)

해설+ 형사소송법이 보장하는 피의자의 진술거부권은 헌법이 보장하는 형사상 자기에게 불리한 진술을 강요당하지 않는 자기부죄거부의 권리에 터 잡은 것이므로, 수사기관이 피의자를 신문함에 있어서 피의자에게 미리 진술거부권을 고지하지 않은 때에는 그 피의자의 진술은 <u>위법하게 수집된 증거로서 진술의 임의성이 인정되는 경우라도 증거능력이 부인되어야 한다</u>(대법원 2009.8.20, 2008도8213).

---

094 헌법과 형사소송법이 정한 절차에 따르지 아니하고 수집된 증거는 기본적 인권보장을 위해 마련된 적법한 절차에 따르지 않은 것으로서 원칙적으로 유죄 인정의 증거로 삼을 수 없다. [법원9급 15]

094 (○) 대법원 2009.12.24, 2009 도11401

---

095 형식적으로 보아 헌법과 「형사소송법」이 정한 절차에 따르지 아니하고 수집한 증거라고 한다면, 위반의 내용 및 정도 등을 고려하지 않고 일률적으로 그 증거의 증거능력을 부정하더라도, 헌법과 「형사소송법」이 형사소송 절차를 통하여 달성하려는 실체적 진실 규명을 통한 정당한 형벌권의 실현이라는 중요한 목표에 어긋난다고 할 수 없다. [경찰승진 23]

095 (×)

해설+ 법이 정한 절차에 따르지 아니하고 수집한 압수물의 증거능력 인정 여부를 최종적으로 판단함에 있어서는, 실체적 진실 규명을 통한 정당한 형벌권의 실현도 헌법과 형사소송법이 형사소송 절차를 통하여 달성하려는 중요한 목표이자 이념이므로, <u>형식적으로 보아 정해진 절차에 따르지 아니하고 수집한 증거라는 이유만을 내세워 획일적으로 그 증거의 증거능력을 부정하는 것 역시 헌법과 형사소송법이 형사소송에 관한 절차 조항을 마련한 취지에 맞는다고 볼 수 없다</u>(대법원 2007.11.15, 2007도3061 전원합의체).

096 위법수집증거배제법칙은 수사기관의 위법수사에 대한 사전억제장치로 볼 수 있다. [국가9급 10]

> **해설+** 위법수사로 획득한 증거의 증거능력을 부정함으로써 위법수사 자체를 할 수 없게 만들어 적법절차의 원칙이 실질적으로 실현될 수 있게 하는 데에 위법수집증거배제법칙의 의의가 있다.

096 (○)

---

097 영장주의에 위반하여 수집한 증거물에 대하여는 비록 헌법과 형사소송법이 정한 절차에 따르지 아니한 위법성이 있더라도 물건 자체의 성질이나 형상에 변경을 가져오지 않으므로 그 증거능력이 인정된다. [국가7급 09]

097 (×) '인정된다' → '부정된다' (대법원 2007.11.15, 2007도3061 전원합의체)

---

098 위법수집증거배제법칙은 진술증거와 비진술증거 모두에 적용된다. [국가9급 18]

098 (○) 대법원 2007.11.15, 2007도3061 전원합의체

---

099 영장주의에 위반하여 수집된 증거는 증거능력이 부정된다. [국가9급 10]

099 (○) 영장주의 위반은 헌법에 대한 중대한 위반에 속한다(대법원 2014.1.16, 2013도7101)

---

100 마약투약 혐의를 받고 있던 甲이 임의동행 거부의사를 표시하였는데도 경찰관들이 甲을 영장 없이 강제로 연행한 상태에서 마약투약 여부의 확인을 위한 채뇨절차가 이루어진 경우, 그와 같은 채뇨에 의하여 수집된 '소변검사시인서'는 유죄 인정의 증거로 사용할 수 없다. [경찰경채 23]

> **해설+** 마약투약 혐의를 받고 있던 피고인이 임의동행을 거부하겠다는 의사를 표시하였는데도 경찰관들이 피고인을 영장 없이 강제로 연행한 상태에서 마약투약 여부의 확인을 위한 1차 채뇨절차가 이루어진 경우, 피고인을 강제로 연행한 조치는 위법한 체포에 해당하고, 위법한 체포상태에서 이루어진 채뇨요구 또한 위법하므로 그에 의하여 수집된 '소변검사시인서'는 유죄 인정의 증거로 삼을 수 없다(대법원 2013.3.14, 2012도13611).
> **[또 다른 논점]** 다만, 그 후 피고인의 소변 등 채취에 관한 압수영장에 기하여 2차 채뇨절차가 이루어지고 그 결과를 분석한 소변감정서 등이 증거로 제출된 경우, 소변감정서 등의 증거능력은 인정된다(위 판례).

100 (○)

101 위법한 긴급체포는 영장주의에 위배되는 중대한 것이니 그 체포에 의한 유 치 중에 작성된 피의자신문조서는 위법하게 수집된 증거로서 특별한 사정 이 없는 한 이를 유죄의 증거로 할 수 없다. [국가7급 09]

101 (○) 대법원 2008.3.27, 2007 도11400

102 위법한 체포 상태에서 음주측정요구가 이루어진 경우, 음주측정요구를 위 한 위법한 체포와 그에 이은 음주측정요구는 주취운전이라는 범죄행위에 대한 증거수집을 위하여 연속하여 이루어진 것으로서 그 일련의 과정을 전 체적으로 보아 위법한 음주측정요구가 있었던 것으로 볼 수밖에 없다. [변호사 21]

102 (○) 대법원 2006.11.9, 2004 도8404

103 체포의 이유와 변호인 선임권의 고지 등 적법한 절차를 무시한 채 이루어 진 강제연행은 전형적인 위법한 체포에 해당하고, 위법한 체포 상태에서 이루어진 음주측정요구는 주취운전의 범죄행위에 대한 증거수집을 목적으 로 한 일련의 과정에서 이루어진 것이므로, 그 측정 결과는 「형사소송법」 제308조의2에 의하여 원칙적으로 증거능력을 인정할 수 없다. [경찰채용 19 1차]

103 (○) 대법원 2013.3.14, 2012 도13611

104 수사기관이 영장 없이 범죄수사를 목적으로 금융회사로부터 획득한 「금융 실명거래 및 비밀보장에 관한 법률」 제4조 제1항의 '거래정보등'은 원칙적 으로 「형사소송법」 제308조의2에서 정하는 '적법한 절차에 따르지 아니하 고 수집한 증거'에 해당하여 유죄의 증거로 삼을 수 없다. [경찰채용 20 2차]

104 (○) 대법원 2013.3.28, 2012 도13607

105 수사기관이 피의자를 신문함에 있어서 피의자에게 미리 진술거부권을 고 지하지 않은 때에는 그 피의자의 진술은 위법하게 수집된 증거로서 진술의 임의성이 인정되는 경우라도 증거능력이 부인되어야 한다. [경찰채용 15] [국가7급 08·09] [국가9급 08] [법원9급 18]

105 (○) 대법원 1992.6.23, 92 도682; 2009.8.20, 2008도8213

106 검사가 피의자를 구속기소한 후 다시 피의자를 소환하여 공범들과의 조직 구성 및 활동 등에 관한 신문을 하면서 피의자신문조서가 아닌 일반적인 진술조서의 형식으로 조서를 작성한 경우에는 그 진술의 임의성이 인정되는 경우라면 미리 피의자에게 진술거부권을 고지하지 않았더라도 유죄 인정의 증거로 사용할 수 있다. [국가7급 12·16] [법원9급 10]

106 (✕) '더라도' → '다면', '있다' → '없다'
미리 피의자에게 진술거부권을 고지하지 않았다면 위법수집증거에 해당하므로, 유죄 인정의 증거로 사용할 수 없다(대법원 2009.8.20, 2008도8213)

107 피의자에게 진술거부권을 행사할 수 있음을 알려 주고 그 행사 여부를 질문했더라도 그것에 대한 피의자의 답변이 자필로 기재되어 있지 않은 사법경찰관 작성의 피의자신문조서는 특별한 사정이 없는 한 증거능력이 없다. [국가9급 17]

107 (○) 대법원 2014.4.10, 2014도1779

108 사법경찰관이 「형사소송법」 제215조 제2항을 위반하여 영장 없이 물건을 압수한 경우라도, 그러한 압수 직후 피고인으로부터 그 압수물에 대한 임의제출동의서를 작성받았고 그 동의서를 작성받음에 사법경찰관에 의한 강요나 기망의 정황이 없었다면, 그 압수물은 임의제출의 법리에 따라 유죄의 증거로 할 수 있다. [경찰채용 23 2차] [국가7급 11 변형]

108 (✕)

> **해설+** 형사소송법 제215조 제2항은 "사법경찰관이 범죄수사에 필요한 때에는 검사에게 신청하여 검사의 청구로 지방법원 판사가 발부한 영장에 의하여 압수, 수색 또는 검증을 할 수 있다."고 규정하고 있는바, 사법경찰관이 위 규정을 위반하여 영장 없이 물건을 압수한 경우 그 압수물은 물론 이를 기초로 하여 획득한 2차적 증거 역시 유죄 인정의 증거로 사용할 수 없는 것이고, 이와 같은 법리는 헌법과 형사소송법이 선언한 영장주의의 중요성에 비추어 볼 때 위법한 압수가 있은 직후에 피고인으로부터 작성받은 그 압수물에 대한 임의제출동의서도 특별한 사정이 없는 한 마찬가지라고 할 것이다(대법원 2010.7.22, 2009도14376).

109 사법경찰관이 압수·수색영장을 제시하여 압수·수색을 실시하고 그 집행을 종료한 후 영장의 유효기간 내에 종전의 영장을 제시하고 동일한 장소 또는 목적물에 대하여 다시 압수·수색한 경우 그 압수물은 위법수집증거로서 증거능력이 배제된다. [국가9급 17 변형]

109 (○) 앞서 발부받은 압수·수색영장의 유효기간이 남아 있다고 하여 이를 제시하고 다시 압수·수색을 할 수는 없다(대법원 1999.12.1, 99모161).

110 수사기관이 피의자 甲의 공직선거법 위반 범행을 영장 범죄사실로 하여 발부받은 압수·수색영장의 집행 과정에서 乙, 丙 사이의 대화가 녹음된 녹음파일을 압수하여 乙, 丙의 공직선거법 위반 혐의사실을 발견하였다면, 위 녹음파일은 임의로 제출받거나 별도의 압수·수색영장을 발부받지 않았다 하더라도 乙과 丙에 대한 유죄의 증거로 사용할 수 있다.

[국가9급 14] [법원9급 17]

110 (×) '있다' → '없다'
그 녹음파일은 압수·수색영장에 의하여 압수할 수 있는 물건 내지 전자정보로 볼 수 없으므로, 피고인들의 공소사실에 대해서는 증거능력이 부정된다(대법원 2014.1.16, 2013도7101)

111 선거관리위원회 위원·직원이 관계인에게 진술이 녹음된다는 사실을 미리 알려 주지 아니한 채 진술을 녹음하였다면, 그와 같은 조사절차에 의하여 수집한 녹음파일 내지 그에 터 잡아 작성된 녹취록은 「형사소송법」 제308조의2에서 정하는 '적법한 절차에 따르지 아니하고 수집한 증거'에 해당하여 원칙적으로 유죄의 증거로 쓸 수 없다.

[경찰채용 15] [법원9급 17]

111 (○) 대법원 2014.10.15, 2011도3509

비교 선관위 직원이 질문을 하기 전 진술거부권 불고지 시에는 증거능력이 인정된다(대법원 2014.1.16, 2013도5441)

112 기본권의 본질적 영역에 대한 보호는 국가의 기본적 책무이고 사인 간의 공개되지 않은 대화에 대한 도청 및 감청을 불법으로 간주하는 「통신비밀보호법」의 취지 등을 종합적으로 고려하면 제3자가 권한 없이 개인의 전자우편을 무단으로 수집한 것은 비록 그 전자우편 서비스가 공공적 성격을 가지는 것이라고 하더라도 증거로 제출하는 것이 허용될 수 없다.

[경찰채용 23 2차]

112 (×)

해설+ 국민의 인간으로서의 존엄과 가치를 보장하는 것은 국가기관의 기본적인 의무에 속하는 것이고 이는 형사절차에서도 당연히 구현되어야 하는 것이지만, 국민의 사생활 영역에 관계된 모든 증거의 제출이 곧바로 금지되는 것으로 볼 수는 없으므로 법원으로서는 효과적인 형사소추 및 형사소송에서의 진실발견이라는 공익과 개인의 인격적 이익 등의 보호이익을 비교형량하여 그 허용 여부를 결정하여야 한다(대법원 2010.9.9, 2008도3990 등 참조). … 제3자가 위와 같은 방법으로 이 사건 전자우편을 수집한 행위는 … 전자우편을 발송한 피고인의 사생활의 비밀 내지 통신의 자유 등의 기본권을 침해하는 행위에 해당한다는 점에서 일응 그 증거능력을 부인하여야 할 측면도 있어 보이나, 이 사건 전자우편은 ○○시청의 업무상 필요에 의하여 설치된 전자관리시스템에 의하여 전송·보관되는 것으로서 그 공공적 성격을 완전히 배제할 수는 없다고 할 것이다. 또한 이 사건 형사소추의 대상이 된 행위는 구 공직선거법에 의하여 처벌되는 공무원의 지위를 이용한 선거운동행위로서 공무원의 정치적 중립의무를 정면으로 위반하고 이른바 관권선거를 조장할 우려가 있는 중대한 범죄에 해당한다. … 이 사건 전자우편을 이 사건 공소사실에 대한 증거로 제출하는 것은 허용되어야 할 것이고, 이로 말미암아 피고인의 사생활의 비밀이나 통신의 자유가 일정 정도 침해되는 결과를 초래한다 하더라도 이는 피고인이 수인하여야 할 기본권의 제한에 해당한다고 보아야 할 것이다(대법원 2013.11.28, 2010도12244).

113 수사기관으로부터 통신제한조치의 집행을 위탁받은 통신기관 등이 집행에 필요한 설비가 없을 때에는 수사기관에 설비의 제공을 요청하여야 하는데, 그러한 요청 없이 통신제한조치허가서에 기재된 사항을 준수하지 아니한 채 통신제한조치를 집행하였더라도, 그러한 집행으로 취득한 전기통신의 내용 등은 유죄 인정의 증거로 할 수 있다. [경찰채용 17 1차]

113 (×) '있다' → '없다'
적법한 절차를 따르지 아니하고 수집한 증거에 해당하므로(제308조의2), 이는 유죄 인정의 증거로 할 수 없다(대법원 2016.10.13, 2016도8137).

114 사법경찰관이 피의자를 긴급체포하면서 영장 없이 체포현장에서 물건을 압수한 후 압수수색영장을 청구하여 이를 발부받지 아니하고도 즉시 반환하지 아니한 압수물이라고 하더라도, 피고인이 이를 증거로 함에 동의하면 유죄 인정의 증거로 사용할 수 있다. [국가7급 12]

114 (×) '있다' → '없다'(대법원 2009.12.24, 2009도11401)

115 경찰이 피고인의 집에서 20m 떨어진 곳에서 피고인을 체포한 후 피고인의 집안을 수색하여 칼과 합의서를 압수하였고, 적법한 시간 내에 압수수색영장을 청구하여 발부받지 않은 경우, 위 칼과 합의서를 기초로 한 2차 증거인 '임의제출동의서', '압수 조서 및 목록', '압수품 사진'은 원칙적으로 피고인에 대한 유죄 인정의 증거로 삼을 수 없다. [법원9급 18]

115 (○) 대법원 2009.12.24, 2009도11401; 2009.3.12, 2008도11437

116 수사기관이 영장 또는 감정처분허가장을 발부받지 아니한 채 피의자의 동의 없이 피의자의 신체로부터 혈액을 채취하고 사후에도 지체 없이 영장을 발부받지 않았다면, 그 혈액 중 알코올농도에 관한 감정의뢰회보는 원칙적으로 유죄의 증거로 사용할 수 없다. [경찰채용 16] [국가9급 14·18] [국가9급개론 18]

116 (○) 대법원 2011.5.13, 2009도10871; 2012.11.15, 2011도15258

117 음주운전의 의심이 있는 자가 운전 중 교통사고를 내고 의식을 잃은 채 병원 응급실로 호송되자 출동한 경찰관이 영장 없이 의사로 하여금 채혈 후 작성하게 한 혈중알코올농도에 관한 감정서는 증거능력이 없다. [국가7급 12]

117 (○) 지문에서 '영장 없이'라 함은 사전영장 및 사후영장을 모두 발부받지 않았음을 전제한 것이다(대법원 2011.4.28, 2009도2109).

118 경찰관이 이른바 전화사기죄 범행의 혐의자를 긴급체포하면서 그가 보관하고 있던 다른 사람의 주민등록증, 운전면허증 등을 영장 없이 압수한 것은 적법한 압수로서 위 혐의자의 점유이탈물횡령죄 범행에 대한 증거로 사용할 수 있다. [경찰채용 15 변형]

118 (○) 제217조 제1항에 의한 경우로서 적법한 압수이다(대법원 2008.7.10, 2008도2245).

119 사법경찰관이 피의자 소유의 쇠파이프를 피의자의 주거지 앞마당에서 발견하였으면서도 그 소유자, 소지자 또는 보관자가 아닌 피해자로부터 임의로 제출받는 형식으로 압수한 쇠파이프는 위법수집증거로서 증거능력이 배제된다. [경찰간부 22 유사] [국가9급 17 변형]

119 (○)

> **해설+** 형사소송법 제218조는 "사법경찰관은 소유자, 소지자 또는 보관자가 임의로 제출한 물건을 영장 없이 압수할 수 있다"고 규정하고 있는바, 위 규정을 위반하여 소유자, 소지자 또는 보관자가 아닌 자로부터 제출받은 물건을 영장 없이 압수한 경우 그 '압수물' 및 '압수물을 찍은 사진'은 이를 유죄 인정의 증거로 사용할 수 없는 것이고, 헌법과 형사소송법이 선언한 영장주의의 중요성에 비추어 볼 때 피고인이나 변호인이 이를 증거로 함에 동의하였다고 하더라도 달리 볼 것은 아니다(대법원 2010.1.28, 2009도10092).

120 공판준비 또는 공판기일에서 이미 증언을 마친 증인을 검사가 소환한 후 이를 일방적으로 번복시키는 방식으로 작성한 진술조서는 그 후 원진술자인 종전 증인이 다시 법정에 출석하여 증언을 하면서 그 진술조서의 성립의 진정함을 인정하더라도 증거능력이 없다. [국가7급 10] [국가9급개론 18]

120 (○) 공판중심주의를 침해하는 위법수집증거이다(대법원 2013.8.14, 2012도13665).

121 검사가 공판준비 또는 공판기일에서 이미 증언을 마친 증인에게 수사기관에 출석할 것을 요구하여 그 증인을 상대로 위증의 혐의를 조사한 내용을 담은 피의자신문조서는 원칙적으로 증거능력이 있다. [법원9급 14]

121 (×) '있다' → '없다' 이러한 진술조서는 피고인이 증거로 할 수 있음에 동의하지 아니하는 한 증거능력이 없다(대법원 2013.8.14, 2012도13665).

122 수사기관이 피고인 아닌 자를 상대로 수집한 증거가 위법수집증거에 해당하면 원칙적으로 이를 피고인에 대한 유죄 인정의 증거로 삼을 수 없다. [국가7급 12] [법원9급 18]

122 (○) 대법원 2011.6.30, 2009도6717

123 유흥주점 업주인 피고인이 성매매업을 하면서 금품을 수수하였다고 하여 기소된 사안에서, 경찰이 피고인 아닌 甲, 乙을 사실상 강제연행하여 불법체포한 상태에서 받은 자술서 및 진술조서가 위법수사로 얻은 진술증거에 해당하더라도, 이를 피고인에 대한 유죄 인정의 증거로 삼을 수 있다.

[경찰채용 22 1차]

123 (×)

> **해설+** 형사소송법 제308조의2는 "적법한 절차에 따르지 아니하고 수집한 증거는 증거로 할 수 없다."고 규정하고 있는데, 수사기관이 헌법과 형사소송법이 정한 절차에 따르지 아니하고 수집한 증거는 유죄 인정의 증거로 삼을 수 없는 것이 원칙이므로, 수사기관이 피고인 아닌 자를 상대로 적법한 절차에 따르지 아니하고 수집한 증거는 원칙적으로 피고인에 대한 유죄 인정의 증거로 삼을 수 없다. … 유흥주점 업주와 종업원인 피고인들이 영업장을 벗어나 시간적 소요의 대가로 금품을 받아서는 아니되는데도, 이른바 '티켓영업' 형태로 성매매를 하면서 금품을 수수하였다고 하여 기소된 경우, 경찰이 피고인 아닌 甲, 乙을 사실상 강제연행하여 불법체포한 상태에서 甲, 乙 간의 성매매 행위나 피고인들의 유흥업소 영업행위를 처벌하기 위하여 甲, 乙에게서 자술서를 받고 甲, 乙에 대한 진술조서를 작성한 경우, 위 각 자술서와 진술조서는 헌법과 형사소송법이 규정한 체포·구속에 관한 영장주의 원칙에 위배하여 수집된 것으로서 수사기관이 피고인 아닌 자를 상대로 적법한 절차에 따르지 아니하고 수집한 증거에 해당하여 형사소송법 제308조의2에 따라 증거능력이 부정되므로, 이를 피고인들에 대한 유죄 인정의 증거로 삼을 수 없다(대법원 2011.6.30, 2009도6717).

124 위법하게 수집된 증거는 피고인이 증거로 함에 동의하더라도 증거능력이 인정되지 않는 것이 원칙이다.

[법원9급 15]

124 (○) 대법원 2013.3.14, 2010도2094

125 「형사소송법」상 영장주의 원칙을 위반하여 수집되거나 그에 기초한 증거로서 그 절차 위반행위가 적법절차의 실질적인 내용을 침해하는 정도에 해당하는 경우에도, 이러한 증거를 피고인이나 변호인의 증거동의가 있다면 증거로 사용할 수 있다.

[경찰채용 12]

125 (×) '있다' → '없다'(대법원 2012.11.15, 2011도15258)

126 수사기관이 증거수집 과정에서 절차를 위반한 경우라 하더라도, 그 절차 위반행위가 적법절차의 실질적인 내용을 침해하는 것이 아니고, 오히려 그 증거의 증거능력을 배제하는 것이 형사사법의 정의를 실현하려 한 취지에 반하는 결과를 초래하는 예외적인 경우에는 증거능력이 인정될 수 있다.

[법원9급 15]

126 (○) 대법원 2007.11.15, 2007도3061 전원합의체

127 위법수집증거배제법칙이란 증거를 수집하는 과정에서 경미한 절차규정의 위반이 있더라도 증거로서 배제된다는 것을 의미한다. [국가9급 10]

127 (×) '의미한다' → '의미하는 것은 아니다'
위법수집증거배제법칙은 경미한 위법이 아닌 중대한 위법이 있는 경우에 적용된다.

128 위법수집증거배제법칙에 대한 예외를 인정하기 위해서는 예외적인 경우에 해당한다고 볼 만한 구체적이고 특별한 사정이 존재한다는 점을 검사가 증명하여야 한다. [국가9급 21] [소방간부 23]

128 (○) 대법원 2011.4.28, 2009도10412

129 영장담당판사가 발부한 압수·수색영장에 법관의 서명이 있다면 비록 날인이 없다고 하더라도 그 압수·수색영장은 「형사소송법」이 정한 요건을 갖추지 못하였다고 볼 수는 없다. [국가9급 21]

129 (×)

해설+ 압수·수색영장에는 피의자의 성명, 죄명, 압수할 물건, 수색할 장소, 신체, 물건, 발부 연월일, 유효기간과 그 기간을 경과하면 집행에 착수하지 못하며 영장을 반환하여야 한다는 취지 그 밖에 대법원규칙으로 정한 사항을 기재하고 영장을 발부하는 법관이 서명날인하여야 한다(형사소송법 제219조, 제114조 제1항 본문). 이 사건 영장은 법관의 서명날인란에 서명만 있고 날인이 없으므로, 형사소송법이 정한 요건을 갖추지 못하여 적법하게 발부되었다고 볼 수 없다(대법원 2019.7.11, 2018도20504).

보충 그런데도 원심이 이와 달리 이 사건 영장이 법관의 진정한 의사에 따라 발부되었다는 등의 이유만으로 이 사건 영장이 유효라고 판단한 것은 잘못이다. 그러나 … 이 사건 영장이 형사소송법이 정한 요건을 갖추지 못하여 적법하게 발부되지 못하였다고 하더라도, 그 영장에 따라 수집한 이 사건 파일 출력물의 증거능력을 인정할 수 있다. 이에 기초하여 획득한 2차적 증거인 위 각 증거 역시 증거능력을 인정할 수 있다(위 판례).

130 법관의 서명날인란에 서명만 있고 날인이 없는 영장은 「형사소송법」이 정한 요건을 갖추지 못하여 적법하게 발부되었다고 볼 수 없으므로, 비록 판사의 의사에 기초하여 진정하게 영장이 발부되었다는 점이 외관상 분명하고 의도적으로 적법절차의 실질적인 내용을 침해한다거나 영장주의를 회피할 의도를 가지고 이 영장에 따른 압수·수색을 하였다고 보기 어렵다 하더라도, 이 영장에 따라 압수한 파일 출력물과 이에 기초하여 획득한 2차적 증거인 피의자신문조서도 유죄 인정의 증거로 사용할 수 없다.

[경찰채용 22 1차] [경찰경채 23 변형]

130 (×)

해설+ 이 사건 영장에는 야간집행을 허가하는 판사의 수기와 날인, 그 아래 서명날인란에 판사 서명, 영장 앞면과 별지 사이에 판사의 간인이 있으므로, 판사의 의사에 기초하여 진정하게 영장이 발부되었다는 점은 외관상 분명하다. 당시 수사기관으로서는 영장이 적법하게 발부되었다고 신뢰할 만한 합리적인 근거가 있었고, 의도적으로 적법절차의 실질적인 내용을 침해한다거나 영장주의를 회피할 의도를 가지고 이 사건 영장에 따른 압수·수색을 하였다고 보기 어렵다. 이 사건 영장의 내용과 형식, 발부 경위와 수사기관의 압수·수색 경위 등에 비추어 보면, 수사기관이 이 사건 영장을 발부받아 그에 기초하여 이 사건 파일 출력물을 압수한 것이 위법수집증거의 증거능력을 부정함으로써 달성하려는 목적을 실질적으로 침해한다고 보기도 어렵다. … 요컨대 이 사건 영장이 형사소송법이 정한 요건을 갖추지 못하여 적법하게 발부되지 못하였다고 하더라도, 그 영장에 따라 수집한 이 사건 파일 출력물의 증거능력을 인정할 수 있다. 이에 기초하여 획득한 2차적 증거인 위 각 증거 역시 증거능력을 인정할 수 있다(대법원 2019.7.11, 2018도20504).

131 참고인으로 조사를 받으면서 수사기관으로부터 진술거부권을 고지받지 않았다면 그 진술조서는 위법수집증거로서 증거능력이 없다. [국가9급개론 18]

131 (×)

해설+ 진술거부권 고지의 대상이 되는 피의자의 지위는 수사기관이 조사대상자에 대한 범죄혐의를 인정하여 수사를 개시하는 행위를 한 때에 인정되는 것이다(대법원 2011.11.10, 2011도8125).

132 수사기관이 피의자의 범의를 명백하게 하기 위하여 A를 참고인으로 조사하는 과정에서 진술거부권을 고지하지 않고 진술조서를 작성하였는데, 추후 계속된 수사를 통하여 A가 피의자와 공범관계에 있을 가능성이 인정되었다면 A에 대한 위 조사 당시 A는 이미 피의자의 지위에 있었다고 볼 수 있으므로 A에 대한 위 진술조서는 증거능력이 없다. [변호사 22]

132 (×)

해설+ 피의자에 대한 진술거부권 고지는 피의자의 진술거부권을 실효적으로 보장하여 진술이 강요되는 것을 막기 위해 인정되는 것인데, 이러한 진술거부권 고지에 관한 형사소송법 규정내용 및 진술거부권 고지가 갖는 실질적인 의미를 고려하면 수사기관에 의한 진술거부권 고지대상이 되는 피의자 지위는 수사기관이 조사대상자에 대한 범죄혐의를 인정하여 수사를 개시하는 행위를 한 때 인정되는 것으로 보아야 한다. 따라서 이러한 피의자 지위에 있지 아니한 자에 대하여는 진술거부권이 고지되지 아니하였더라도 진술의 증거능력을 부정할 것은 아니다(대법원 2011.11.10, 2011도8125).

보충 피고인들이 중국에 있는 甲과 공모한 후 중국에서 입국하는 乙을 통하여 필로폰이 들어있는 곡물포대를 배달받는 방법으로 필로폰을 수입하였다고 하여 주위적으로 기소되었는데 검사가 乙에게서 곡물포대를 건네받아 피고인들에게 전달하는 역할을 한 참고인 丙에 대한 검사 작성 진술조서를 증거로 신청한 경우, 피고인들과 공범관계에 있을 가능성만으로 丙이 참고인으로서 검찰조사를 받을 당시 또는 그 후라도 검사가 丙에 대한 범죄혐의를 인정하고 수사를 개시하여 피의자 지위에 있게 되었다고 단정할 수 없고, 검사가 丙에 대한 수사를 개시할 수 있는 상태이었는데도 진술거부권 고지를 잠탈할 의도로 피의자 신문이 아닌 참고인 조사의 형식을 취한 것으로 볼 만한 사정도 기록상 찾을 수 없으며, 오히려 피고인들이 수사과정에서 필로폰이 중국으로부터 수입되는 것인지 몰랐다는 취지로 변소하였기 때문에 피고인들의 수입에 관한 범의를 명백하게 하기 위하여 丙을 참고인으로 조사한 것이라면, 丙은 수사기관에 의해 범죄혐의를 인정받아 수사가 개시된 피의자의 지위에 있었다고 할 수 없고 참고인으로서 조사를 받으면서 수사기관에게서 진술거부권을 고지받지 않았다는 이유만으로 그 진술조서가 위법수집증거로서 증거능력이 없다고 할 수 없다(위 판례).

133 변호인 아닌 자와의 접견이 제한된 상태에서 피의자신문조서가 작성되었다는 것만으로는 자백에 임의성이 없는 것으로 볼 수 없다. [경찰채용 14]

133 (○) 대법원 1984.7.10, 84도846

134 군검사가 피고인을 뇌물수수 혐의로 기소한 후 형사사법공조절차를 거치지 아니한 채 외국에 현지 출장하여 그곳에서 우리나라 국민인 뇌물공여자를 상대로 작성한 참고인 진술조서에 대해서는 위법수집증거배제법칙이 적용된다고 할 수 없다. [국가9급 17 변형]

134 (○) 경미한 위법에 의한 경우이므로 위법수집증거는 아니다(대법원 2011.7.14, 2011도3809).

보충 다만, 특신상태가 부정되어 증거능력은 없다(동 판례)

135 검찰관이 형사사법공조절차를 거치지 아니한 채 외국으로 현지출장을 나가 참고인진술조서를 작성한 경우 조사 대상자가 우리나라 국민이고 조사에 스스로 응함으로써 조사의 방식이나 절차에 강제력이나 위력은 물론 어떠한 비자발적 요소도 개입될 여지가 없었고 피고인과 해당 국가 사이에 국제법상 관할의 원인이 될 만한 아무런 연관성이 없다면 위 참고인진술조서는 위법수집증거라고 할 수 없다. [경찰승진 22 변형] [변호사 23]

135 (○)

해설+ 검찰관이 피고인을 뇌물수수 혐의로 기소한 후, 형사사법공조절차를 거치지 아니한 채 과테말라공화국에 현지출장하여 그곳 호텔에서 뇌물공여자 甲을 상대로 참고인 진술조서를 작성한 경우, 검찰관의 甲에 대한 참고인조사가 증거수집을 위한 수사행위에 해당하고 그 조사장소가 우리나라가 아닌 과테말라공화국의 영역에 속하기는 하나, 조사의 상대방이 우리나라 국민이고 그가 조사에 스스로 응함으로써 조사의 방식이나 절차에 강제력이나 위력은 물론 어떠한 비자발적 요소도 개입될 여지가 없었음이 기록상 분명한 이상, 이는 서로 상대방 국민의 여행과 거주를 허용하는 우호국 사이에서 당연히 용인되는 우호국 국가기관과 그 국민 사이의 자유로운 의사연락의 한 형태에 지나지 않으므로 어떠한 영토주권 침해의 문제가 생겨날 수 없고, 더욱이 이는 우리나라와 과테말라공화국 사이의 국제법적 문제로서 피고인은 그 일방인 과테말라공화국과 국제법상 관할의 원인이 될 만한 아무런 연관성도 갖지 아니하므로, 피고인에 대한 국내 형사소송절차에서 위와 같은 사유로 인하여 위법수집증거배제법칙이 적용된다고 볼 수 없다(대법원 2011.7.14, 2011도3809).

136 사법경찰관이 체포 당시 외국인인 피고인에게 영사통보권을 지체 없이 고지하지 않았다면 피고인에게 영사조력이 가능한지 여부나 실질적인 불이익이 있었는지 여부와 상관없이 국제협약에 따른 피고인의 권리나 법익을 본질적으로 침해하였다고 볼 수 있으므로, 체포나 구속 이후 수집된 증거와 이에 기초한 증거들은 유죄 인정의 증거로 사용할 수 없다. [경찰채용 23 1차]

136 (×) 수사기관이 피고인에게 영사통보권 등을 고지하지 않았더라도 그로 인해 피고인에게 실질적인 불이익이 초래되었다고 볼 수 없어 피고인에게 영사통보권 등을 고지하지 않은 사정이 수사기관의 증거수집이나 이후 공판절차에 상당한 영향을 미쳤다고 보기 어려우므로, 절차위반의 내용과 정도가 중대하거나 절차 조항이 보호하고자 하는 외국인 피고인의 권리나 법익을 본질적으로 침해하였다고 볼 수 없어 체포나 구속 이후 수집된 증거와 이에 기초한 증거들은 유죄 인정의 증거로 사용할 수 있다(대법원 2022.4.28, 2021도17103).

판례 사법경찰관이 인도네시아 국적의 외국인인 피고인을 출입국관리법 위반의 현행범인으로 체포하면서 소변과 모발을 임의제출받아 압수하였고, 소변검사 결과에서 향정신성의약품인 MDMA(일명 엑스터시) 양성반응이 나오자 피고인은 출입국관리법 위반과 마약류 관리에 관한 법률 위반(향정) 범행을 모두 자백한 후 구속되었는데, 피고인이 검찰수사 단계에서 자신의 구금사실을 자국 영사관에 통보할 수 있음을 알게 되었음에도 수사기관에 영사기관 통보를 요구하지 않은 경우, 사법경찰관이 체포 당시 피고인에게 영사통보권 등을 지체 없이 고지하지 않았으므로 체포나 구속 절차에 영사관계에 관한 비엔나협약(Vienna Convention on Consular Relations, 1977.4.6. 대한민국에 대하여 발효된 조약 제594호) 제36조 제1항 (b)호를 위반한 위법이 있으나, 제반 사정을 종합하면 피고인이 영사통보권 등을 고지받았더라도 영사의 조력을 구하였으리라고 보기 어렵고, 수사기관이 피고인에게 영사통보권 등을 고지하지 않았더라도 그로 인해 피고인에게 실질적인 불이익이 초래되었다고 볼 수 없어 피고인에게 영사통보권 등을 고지하지 않은 사정이 수사기관의 증거수집이나 이후 공판절차에 상당한 영향을 미쳤다고 보기 어려우므로, 절차위반의 내용과 정도가 중대하거나 절차 조항이 보호하고자 하는 외국인 피고인의 권리나 법익을 본질적으로 침해하였다고 볼 수 없어 체포나 구속 이후 수집된 증거와 이에 기초한 증거들은 유죄 인정의 증거로 사용할 수 있다(동 판례).

137 세관공무원이 우편물 통관검사절차에서 압수·수색영장 없이 진행한 우편물의 개봉, 시료채취, 성분분석과 같은 검사의 결과는 원칙적으로 증거능력이 없다.

[국가9급 17]

137 (×) '없다' → '있다'
행정조사의 성격을 가지는 것으로서 압수·수색영장 없이 진행되었다 하더라도 특별한 사정이 없는 한 위법하다고 볼 수 없다(대법원 2013.9.26, 2013도7718).

138 범행 현장에서 지문채취 대상물에 대한 지문채취가 먼저 이루어지고, 수사기관이 그 이후에 지문채취 대상물을 적법한 절차에 의하지 아니한 채 압수하였다면 위와 같이 채취된 지문은 위법하게 압수한 지문채취 대상물로부터 획득한 2차적 증거에 해당하여 위법수집증거이다.

[경찰채용 15] [법원9급 13]

해설+ 승낙수색·승낙검증에 의하여 유류물을 압수한 사안으로서, 지문은 위법하게 압수한 지문채취 대상물로부터 획득한 2차적 증거에 해당하지 아니함이 분명하여(독수과실이 아님), 위법수집증거라고 할 수 없다(대법원 2008.10.23, 2008도7471).

138 (×) '위법수집증거이다' → '위법수집증거라고 할 수 없다'

139 피해자의 신고를 받고 현장에 출동한 경찰서 과학수사팀 소속 경찰관이 피해자가 범인과 함께 술을 마신 테이블 위에 놓여 있던 맥주컵에서 지문 6점을, 맥주병에서 지문 2점을 각각 현장에서 직접 채취하고 난 후 지문채취 대상물을 적법한 절차에 의하지 아니한 채 압수한 경우에 채취된 지문은 위법하게 압수한 지문채취 대상물로부터 획득한 2차적 증거에 해당하므로 위법수집증거에 해당한다.

[경찰채용 11]

139 (×) '하므로' → '하지 아니함이 분명하여, '해당한다' → '해당하지 않는다'
지문은 위법하게 압수한 지문채취 대상물로부터 획득한 2차적 증거에 해당하지 아니함이 분명하여 위법수집증거라고 할 수 없다(대법원 2008.10.23, 2008도7471).

140 피고인에게 불리한 증거인 증인이 주신문의 경우와 달리 반대신문에 대하여는 답변을 하지 아니하는 등 진술내용의 모순이나 불합리를 그 증인신문 과정에서 드러내어 이를 탄핵하는 것이 사실상 곤란하였고, 그것이 피고인 또는 변호인에게 책임 있는 사유에 기인한 것이 아닌 경우와 같이 실질적 반대신문권의 기회가 부여되지 아니한 채 이루어진 증인의 법정진술은 특별한 사정이 존재하지 아니하는 이상 위법한 증거로서 증거능력을 인정하기 어렵다.

[법원9급 23]

> **판례** 형사소송법은 제161조의2에서 피고인의 반대신문권을 포함한 교호신문제도를 규정하는 한편, 제310조의2에서 법관의 면전에서 진술되지 아니하고 피고인에 의한 반대신문의 기회가 부여되지 아니한 진술에 대하여는 원칙적으로 그 증거능력을 부여하지 아니함으로써 형사재판에서 증거는 법관의 면전에서 진술·심리되어야 한다는 직접주의와 피고인에게 불리한 증거에 대하여 반대신문할 수 있는 권리를 원칙적으로 보장하고 있는데, 이러한 반대신문권의 보장은 피고인에게 불리한 주된 증거의 증명력을 탄핵할 수 있는 기회가 보장되어야 한다는 점에서 형식적·절차적인 것이 아니라 실질적·효과적인 것이어야 한다. 따라서 피고인에게 불리한 증거인 증인이 주신문의 경우와 달리 반대신문에 대하여는 답변을 하지 아니하는 등 진술내용의 모순이나 불합리를 그 증인신문과정에서 드러내어 이를 탄핵하는 것이 사실상 곤란하였고, 그것이 피고인 또는 변호인에게 책임 있는 사유에 기인한 것이 아닌 경우라면, 관계 법령의 규정 혹은 증인의 특성 기타 공판절차의 특수성에 비추어 이를 정당화할 수 있는 특별한 사정이 존재하지 아니하는 이상, 이와 같이 실질적 반대신문권의 기회가 부여되지 아니한 채 이루어진 증인의 법정진술은 위법한 증거로서 증거능력을 인정하기 어렵다. 이 경우 피고인의 책문권 포기로 그 하자가 치유될 수 있으나, 책문권 포기의 의사는 '명시적'인 것이어야 한다(대법원 2022.3.17, 2016도17054).

141 피고인이 범행 후 피해자에게 전화를 걸어오자 피해자가 증거를 수집하려고 그 전화 내용을 녹음한 경우, 그 녹음테이프가 피고인 모르게 녹음된 것이라 하여 이를 위법하게 수집된 증거라고 할 수 없다.

[경찰채용 16] [국가9급 16]

142 '악'과 같은 대화가 아닌 사람의 목소리를 녹음하거나 청취하는 행위가 개인의 사생활의 비밀과 자유 또는 인격권을 중대하게 침해하여 사회통념상 허용되는 한도를 벗어난 것이 아니라면 위와 같은 목소리를 들었다는 진술을 형사절차에서 증거로 사용할 수 있다.

[국가9급 21]

143 대통령비서실장인 피고인이 대통령의 뜻에 따라 정무수석비서관실과 교육문화수석비서관실 등 수석비서관실과 문화체육관광부에 문화예술진흥기금 등 정부의 지원을 신청한 개인 · 단체의 이념적 성향이나 정치적 견해 등을 이유로 한국문화예술위원회 · 영화진흥위원회 · 한국출판문화산업진흥원이 수행한 각종 사업에서 이른바 좌파 등에 대한 지원배제를 지시하였다는 직권남용권리행사방해의 공소사실로 기소된 경우, 특별검사가 검찰을 통하여 또는 직접 청와대로부터 넘겨받아 법원에 제출한 '청와대 문건'은 위법수집증거가 아니다.

143 (○) '대통령기록물 관리에 관한 법률'을 위반하거나 공무상 비밀을 누설하여 수집된 것으로 볼 수 없어 위법수집증거가 아니므로 증거능력이 있다(대법원 2020.1.30, 2018도2236 전원합의체).

144 사문서위조 · 위조사문서행사 및 소송사기로 이어지는 일련의 범행에 대하여 피고인을 형사소추하기 위해서는 이 사건 업무일지가 반드시 필요한 증거로 보이므로, 설령 그것이 제3자에 의하여 절취된 것으로서 위 소송사기 등의 피해자 측이 이를 수사기관에 증거자료로 제출하기 위하여 대가를 지급하였다 하더라도, 공익의 실현을 위하여는 이 사건 업무일지를 범죄의 증거로 제출하는 것이 허용되어야 하고, 이로 말미암아 피고인의 사생활 영역을 침해하는 결과가 초래된다 하더라도 이는 피고인이 수인하여야 할 기본권의 제한에 해당된다. [국가9급 18] [법원9급 13]

144 (○) 대법원 2008.6.26, 2008도1584

145 제3자가 공갈목적을 숨기고 피고인의 동의하에 찍은 나체 사진은 피고인의 사생활의 비밀을 침해하므로 형사소추상 반드시 필요한 증거라고 하더라도 피고인에 대한 간통죄의 유죄의 증거로 사용할 수는 없다. [국가9급 14]

145 (×) '없다' → '있다'
공익의 실현을 위하여는 그 사진을 범죄의 증거로 제출하는 것이 허용되어야 한다(대법원 1997.9.30, 97도1230).

146 판례는 고소인이 피고인의 주거에 침입하여 절취한 증거물의 증거능력을 인정하였다. [법원9급 16]

146 (○) 대법원 2010.9.9, 2008도3990

147 독수의 과실이론이란 위법하게 수집된 증거에 의하여 발견된 제2차 증거의 증거능력을 배제하는 이론이다. [경찰채용 15]

147 (○) 독수독과론에 대한 설명으로서 옳다.

148 수사기관이 헌법과 형사소송법이 정한 절차에 따르지 아니하고 수집한 증거는 물론, 이를 기초로 하여 획득한 2차적 증거 역시 유죄 인정의 증거로 삼을 수 없는 것이 원칙이다. [법원9급 10]

148 (○) 대법원 2007.11.15, 2007도3061 전원합의체

149 적법절차를 위반한 수사행위에 기초하여 수집한 증거라도 적법절차에 위배되는 행위의 영향이 차단되거나 소멸되었다고 볼 수 있는 상태에서 수집한 것이라면 유죄 인정의 증거로 사용할 수 있다. [국가9급 15·18]

149 (○) 독수과실의 예외에 해당하는 2차적 증거의 증거능력은 인정된다(대법원 2013.3.14, 2010도2094).

150 수사기관이 사전에 영장을 제시하지 않은 채 구속영장을 집행한 다음 공소제기 후에 이루어진 피고인의 법정진술은 이른바 2차적 증거로서 위법수집증거의 배제원칙에 따라 증거능력이 없다는 것이 판례이다. [법원9급 16]

150 (✕) '없다' → '있다'
유죄 인정의 증거로 삼을 수 있는 예외적인 경우에 해당한다(대법원 2009.4.23, 2009도526). 소위 독수과실의 예외이론이 적용되는 경우이다.

151 진술거부권을 고지하지 않은 상태에서 임의로 행해진 피고인의 자백을 기초로 한 2차적 증거 중 피고인 및 피해자의 법정진술은 공개된 법정에서 임의로 이루어진 것이라면 유죄의 증거로 삼을 수 있다. [국가7급 10]

151 (○) 대법원 2009.3.12, 2008도11437

152 강도 현행범으로 체포된 피고인에게 진술거부권 고지 없이 강도 범행에 대한 자백을 받은 후 40여 일이 지난 후에 피고인이 변호인의 충분한 조력을 받으면서 공개된 법정에서 임의로 자백한 경우, 법정에서의 피고인의 자백은 위법수집증거라 할 수 없다. [경찰채용 12·15]

152 (○) 예외적으로 유죄 인정의 증거로 사용할 수 있는 2차적 증거에 해당한다(대법원 2009.3.12, 2008도11437).

153 강도 현행범으로 체포된 피고인이 진술거부권을 고지받지 아니한 채 자백을 하고, 이후 40여 일이 지난 후에 변호인의 충분한 조력을 받으면서 공개된 법정에서 임의로 자백한 경우에 법정에서의 피고인의 자백은 증거로 사용할 수 있다. [경찰채용 15]

153 (○) 대법원 2009.3.12, 2008도11437

154 검사 또는 사법경찰관이 영장 발부의 사유로 된 범죄 혐의사실과 무관한 별개의 증거를 압수하였을 경우 이는 원칙적으로 유죄 인정의 증거로 사용할 수 없다. [법원9급 17]

154 (○) 대법원 2016.3.10, 2013도11233

155 수사기관이 영장에 따라 압수·수색하는 과정에서 영장 발부의 사유로 된 범죄 혐의사실과 무관한 별개의 증거를 압수하였다가 피압수자에게 환부한 다음 임의제출받아 다시 압수한 경우, 그 압수물의 제출에 임의성이 있다는 점에 관하여 검사가 합리적 의심을 배제할 수 있을 정도로 증명하면 그 증거능력이 인정된다. [국가7급 16] [국가9급 18] [국가9급개론 18·21] [법원9급 17]

155 (○) 대법원 2016.3.10, 2013도11233

156 「형사소송법」 제217조 제2항과 제3항에 위반하여 압수·수색영장을 발부받지 않았을 뿐만 아니라 확보한 압수물을 즉시 반환하지도 않은 경우, 피고인이 위 압수물을 증거로 함에 동의하더라도 증거능력이 부인된다. [국가7급 22]

156 (○) 대법원 2009.12.24, 2009도11401

---

5 전문법칙

I 의의

대표유형

(○)

"甲이 乙을 살해하는 것을 목격했다."라는 丙의 말을 들은 丁이 丙의 진술내용을 증언하는 경우, 甲의 살인 사건에 대하여는 전문증거이지만, 丙의 명예훼손 사건에 대하여는 전문증거가 아니다. [경찰간부 18]

해설+ 甲의 살인 사건에 있어서는 원진술의 내용인 사실이 요증사실이므로 전문증거이지만, 丙의 명예훼손 사건에 있어서는 원진술의 존재 자체가 요증사실이므로 원본증거이다(대법원 2008.11.13, 2008도8007).

대표유형

제3자가 피고인으로부터 건축허가 담당 공무원이 외국연수를 가므로 사례비를 주어야 한다는 말을 들었다는 취지로 한 진술은 피고인에 대한 알선수재죄에 있어 전문증거에 해당하므로 피고인의 부동의에도 불구하고 증거능력이 인정되기 위해서는 형사소송법 제311조 내지 제316조에서 정한 사유가 인정되어야 한다. [경찰채용 23 2차 변형] [법원9급 22]

(×)

해설+ 타인의 진술을 내용으로 하는 진술이 전문증거인지 여부는 요증사실과의 관계에서 정하여지는바, 원진술의 내용인 사실이 요증사실인 경우에는 전문증거이나, 원진술의 존재 자체가 요증사실인 경우에는 본래증거이지 전문증거가 아니다. 공소외 2는 전화를 통하여 피고인으로부터 2005. 8.경 건축허가 담당 공무원이 외국연수를 가므로 사례비를 주어야 한다는 말과 2006. 2.경 건축허가 담당 공무원이 4,000만 원을 요구하는데 사례로 2,000만 원을 주어야 한다는 말을 들었다는 취지로 수사기관, 제1심 및 원심 법정에서 진술하였음을 알 수 있는데, 피고인의 위와 같은 원진술의 존재 자체가 이 사건 알선수재죄에 있어서의 요증사실이므로, 이를 직접 경험한 공소외 2가 피고인으로부터 위와 같은 말들을 들었다고 하는 진술들은 전문증거가 아니라 본래증거에 해당된다(대법원 2008.11.13, 2008도8007).

157 영장제도나 적법절차를 규정하고 있는 헌법 규정에 위반하는 경우는 전문증거에 해당한다. [국가9급 12]

157 (×) '전문증거' → '위법수집증거'(제308조의2)

158 전문증거는 허위일 위험성이 많을 뿐만 아니라 자백강요의 방지라는 인권보장을 위하여 증거능력을 인정하지 않는다. [국가9급 12]

158 (×) '전문증거' → '임의성 없는 자백'(제309조)

159 피해자의 상해 부위를 촬영한 사진은 비진술증거로서 전문법칙이 적용되지 않는다. [경찰채용 12]

159 (○) 대법원 2007.7.26, 2007도3906
전문증거는 진술증거이어야 한다.

160 범행의 현장을 촬영한 현장사진은 비진술증거에 해당하므로, 사진 가운데 촬영일자 부분 역시 전문법칙이 적용되지 않는다. [군무원9급 22]

160 (×)

> **해설+** 현장사진의 전문법칙 적용 여부에 대하여 ㉠ 학설에서는 비진술증거설도 있으나 대체로는 전문법칙을 적용한다는 입장이 다수학설이다(진술증거설과 검증조서유추설). 진술증거설은 현장사진도 진술증거로 보아 전문법칙을 적용한다는 것이고, 검증조서유추설은 현장사진은 비진술증거이기는 하나 조작의 위험이 있으므로, 검증조서에 준하여 전문법칙을 적용한다는 입장이다(검증조서유추설은 작성주체에 따라 제311조, 제312조 제6항, 제313조 제1항·제2항 적용). ㉡ 판례는 현장사진은 비진술증거라는 입장(비진술증거설)이면서도 현장사진의 촬영일자 부분은 전문증거에 해당된다는 판시를 하고 있다. 따라서 판례의 입장에 의하더라도 현장사진의 촬영일자 부분은 전문법칙이 적용될 수 있다.

> **판례** 사진을 촬영한 제3자가 그 사진을 이용하여 피고인을 공갈할 의도였다고 하더라도 사진의 촬영이 임의성이 배제된 상태에서 이루어진 것이라고 할 수는 없으며, 그 사진은 범죄현장의 사진으로서 피고인에 대한 형사소추를 위하여 반드시 필요한 증거로 보이므로, 공익의 실현을 위하여는 그 사진을 범죄의 증거로 제출하는 것이 허용되어야 하고, … 피고인이 이 사건 사진의 촬영일지 부분에 대하여 조작된 것이라고 다툰다고 하더라도 이 부분은 전문증거에 해당되어 별도로 증거능력이 있는지를 살펴보면 족한 것이다(대법원 1997.9.30, 97도1230).

161 현장사진 중 '사진 가운데에 위치한 촬영일자' 부분이 조작된 것이라고 다투는 경우, 위 '현장사진의 촬영일자'는 전문법칙이 적용된다. [경찰간부 23]

161 (○) 대법원 1997.9.30, 97도1230

162 피고인이 수표를 발행하였으나 예금부족 또는 거래정지처분으로 지급되지 아니하게 하였다는 부정수표단속법위반의 공소사실을 증명하기 위하여 제출되는 수표는 그 서류의 존재 또는 상태 자체가 증거가 되는 것이어서 증거물인 서면에 해당하고 어떠한 사실을 직접 경험한 사람의 진술에 갈음하는 대체물이 아니다. [법원9급 17]

162 (○) 대법원 2015.4.23, 2015도2275

163 甲이 수표를 발행하였으나 예금부족으로 지급되지 아니하게 하였다는 부정수표단속법위반의 공소사실을 증명하기 위하여 제출되는 수표는 증거물인 서면에 해당한다. [경찰간부 22]

163 (○)

> **해설+** 피고인이 수표를 발행하였으나 예금부족 또는 거래정지처분으로 지급되지 아니하게 하였다는 부정수표단속법위반의 공소사실을 증명하기 위하여 제출되는 수표는 그 서류의 존재 또는 상태 자체가 증거가 되는 것이어서 증거물인 서면에 해당하고 어떠한 사실을 직접 경험한 사람의 진술에 갈음하는 대체물이 아니므로, 증거능력은 증거물의 예에 의하여 판단하여야 하고, 이에 대하여는 형사소송법 제310조의2에서 정한 전문법칙이 적용될 여지가 없다(대법원 2015.4.23, 2015도2275).

164 甲이 진술 당시 술에 취하여 횡설수설하였다는 것을 확인하기 위하여 제출된 甲의 진술이 녹음된 녹음테이프는 전문증거에 해당한다. [경찰승진 22]

해설+ 진술내용의 진실성이 아니라, 진술 당시 술에 취하여 횡설수설 하였다는 것을 확인하기 위하여 제출된 진술증거는, 원진술자의 심리적·정신적 상황을 증명하기 위한 정황증거에 불과하므로, 전문법칙이 적용되는 전문증거에 해당하지 아니한다.

165 전문증거는 원진술자의 심리적·정신적 상황을 증명하기 위한 정황증거로 사용한 경우, 전문법칙은 적용되지 않는다. [국가9급 12]

166 전문증거인지 여부는 요증사실과의 관계에서 정하여지는바, 원진술의 내용인 사실이 요증사실인 경우에는 전문증거이나, 원진술의 존재 자체가 요증사실인 경우에는 본래증거이지 전문증거가 아니다. [법원승진 14]

167 어떤 진술이 기재된 서류가 그 내용의 진실성이 범죄사실에 대한 직접증거로 사용될 때 전문증거가 되는 경우, 그와 같은 진술을 하였다는 것 자체 또는 그 진술의 진실성과 관계없는 간접사실에 대한 정황증거로 사용될 때는 반드시 전문증거가 되는 것은 아니다. [경찰채용 14] [국가9급 16] [법원9급 16]

168 A가 피해자들을 흉기로 살해하면서 "이것은 신의 명령을 집행하는 것이다."라고 말하였는데 이 말을 들은 B가 법정에서 A의 정신상태를 증명하기 위해 그 내용을 증언하는 경우, 이 진술은 전문증거에 해당하지 않는다. [경찰채용 23 2차]

해설+ 원진술자의 심리적·정신적 상태를 증명하기 위하여 원진술자의 말을 인용하는 경우, 즉 원진술자의 진술을 그 내용의 진실성과 관계없는 간접사실에 대한 정황증거로 사용하는 경우에는 반드시 전문증거가 되는 것은 아니다(대법원 2000.2.25, 99도1252).

169 甲이 법정에서 '피고인이 체육관 부지를 공시지가로 매입하게 해 주고 방송국과의 시설이주 협의도 2개월 내로 완료하겠다고 말하였다'고 진술한 경우, 피고인의 이러한 원진술의 존재 자체가 피고인에 대한 사기죄 또는 변호사법 위반죄 사건에 있어서의 요증사실이므로 이러한 사건에서 甲의 위와 같은 진술은 전문증거라고 볼 수 없다. [법원승진 14]

169 (○) 대법원 2012.7.26, 2012도2937

170 "甲이 도둑질 하는 것을 보았다"라는 乙의 발언사실을 A가 법정에서 증언하는 경우, 乙의 명예훼손 사건에 대한 전문증거로서 전문법칙이 적용된다. [국가9급 18] [국가9급개론 18]

170 (×) '적용된다' → '적용되지 않는다'

해설+ 원진술의 존재 자체가 요증사실인 경우에는 본래증거이지 전문증거가 아니다(대법원 2012. 7.26, 2012도2937).

171 A에 대한 사기죄로 공소제기된 甲의 공판에서 甲이 자신의 처에게 보낸 "내가 A를 속여 투자금을 받았는데 그 돈을 송금한다."라는 내용의 문자메시지가 증거로 제출되었다면 이 메시지는 전문증거에 해당한다. [경찰채용 22 2차]

171 (○) 甲이 자신의 처에게 보낸 자신의 범죄를 시인하는 내용의 문자메시지는 원진술 내용의 진실이 요증사실이므로, 전문증거에 해당한다.

172 어떤 진술이 기재된 서류가 어떠한 내용의 진술을 하였다는 사실 자체에 대한 정황증거로 사용될 것이라는 이유로 서류의 증거능력을 인정한 다음 그 사실을 다시 진술 내용이나 그 진실성을 증명하는 간접사실로 사용하는 경우에 그 서류는 전문증거에 해당한다. [경찰채용 21 1차]

172 (○)

해설+ 어떤 진술이 기재된 서류가 그 내용의 진실성이 범죄사실에 대한 직접증거로 사용될 때는 전문증거가 되지만, 그와 같은 진술을 하였다는 것 자체 또는 진술의 진실성과 관계없는 간접사실에 대한 정황증거로 사용될 때는 반드시 전문증거가 되는 것이 아니다. 그러나 어떠한 내용의 진술을 하였다는 사실 자체에 대한 정황증거로 사용될 것이라는 이유로 서류의 증거능력을 인정한 다음 그 사실을 다시 진술 내용이나 그 진실성을 증명하는 간접사실로 사용하는 경우에 그 서류는 전문증거에 해당한다. 서류가 그곳에 기재된 원진술의 내용인 사실을 증명하는 데 사용되어 원진술의 내용인 사실이 요증사실이 되기 때문이다. 이러한 경우 형사소송법 제311조부터 제316조까지 정한 요건을 충족하지 못한다면 증거능력이 없다(대법원 2019.8.29, 2018도14303 전원합의체).

173 증인 A가 제1심 법정에서 "피해자 乙로부터 '피고인 甲이 나를 추행했다'는 취지의 말을 들었다."고 진술하였는데, 이러한 A의 진술을 피해자 乙의 진술에 부합한다고 보아 피해자의 진술 내용의 진실성을 증명하는 '간접사실'로 사용하는 경우 A의 진술은 전문증거에 해당하지 아니한다.

[국가7급 22 변형]

173 (×)

> **해설+** 다른 사람의 진술을 내용으로 하는 진술이 전문증거인지는 요증사실이 무엇인지에 따라 정해진다. 다른 사람의 진술, 즉 원진술의 내용인 사실이 요증사실인 경우에는 전문증거이지만, 원진술의 존재 자체가 요증사실인 경우에는 본래증거이지 전문증거가 아니다. 어떤 진술 내용의 진실성이 범죄사실에 대한 직접증거로 사용될 때는 전문증거가 되지만, 그와 같은 진술을 하였다는 것 자체 또는 진술의 진실성과 관계없는 간접사실에 대한 정황증거로 사용될 때는 반드시 전문증거가 되는 것이 아니다. 그러나 어떠한 내용의 진술을 하였다는 사실 자체에 대한 정황증거로 사용될 것이라는 이유로 진술의 증거능력을 인정한 다음 '그 사실을 다시 진술 내용이나 그 진실성을 증명하는 간접사실로 사용하는 경우'에 그 진술은 전문증거에 해당한다. 그 진술에 포함된 원진술의 내용인 사실을 증명하는 데 사용되어 원진술의 내용인 사실이 요증사실이 되기 때문이다. 이러한 경우 형사소송법 제311조부터 제316조까지 정한 요건을 충족하지 못한다면 증거능력이 없다(대법원 2019. 8.29, 2018도13792 전원합의체; 2021.2.25, 2020도17109).

> **보충** 증인 양○○의 제1심 법정진술 중 "피해자로부터 '피고인이 추행했다'는 취지의 말을 들었다."는 진술이 피해자의 진술에 부합한다고 보아 양○○의 위 진술을 피해자의 진술 내용의 진실성을 증명하는 간접사실로 사용할 경우, 양○○의 진술은 전문증거에 해당한다. 그런데 형사소송법 제310조의2, 제316조 제2항의 요건을 갖추지 못하므로 증거능력이 없다.

174 "피해자로부터 '피고인이 자신을 추행했다.'는 취지의 말을 들었다."는 A의 진술을 "피고인이 자신을 추행했다."는 피해자의 진술 내용의 진실성을 증명하는 간접사실로 사용하는 경우에는 전문증거에 해당하지 않는다.

[경찰채용 22 2차]

174 (×) 피해자의 진술 내용의 진실성을 증명하는 간접사실로 사용하는 경우에는 전문증거에 해당한다(피해자의 진술을 원진술로 하는 전문진술에 해당하므로 제316조 제2항이 적용됨).

175 어떠한 내용의 진술을 하였다는 사실 자체에 대한 정황증거로 사용될 것이라는 이유로 서류의 증거능력을 인정한 다음 그 사실을 다시 진술 내용이나 그 진실성을 증명하는 간접사실로 사용하는 경우에는 그 서류는 전문증거에 해당한다.

[변호사 21]

175 (○) 대법원 2019.8.29, 2018도14303 전원합의체

176 공판기일에 공판정에서 행한 감정인의 진술은 원칙적으로 증거능력이 인정된다.

[국가9급 09 변형]

176 (○) 공판정에서의 진술은 '원본증거'일 뿐이어서 전문법칙이 적용되지 아니하므로, 별도로 위법하게 수집된 증거라는 등의 사유가 없는 한, 그 증거능력이 인정된다.

177 현행범을 체포한 경찰관의 진술이라 하더라도 범행을 목격한 부분에 관하여는 여느 목격자의 진술과 다름없이 증거능력이 있으며, 다만 그 증거의 신빙성만 문제가 된다. [국가7급 21] [해경승진 23 변형]

177 (○)

해설+ 목격자로서의 법정진술은 원본증거에 해당하므로 당연히 증거능력이 있다. "현행범을 체포한 경찰관의 진술이라 하더라도 범행을 목격한 부분에 관하여는 여느 목격자와 다름없이 증거능력이 있고, 다만 그 증거의 신빙성만 문제되는 것이라 할 것이며, 위와 같은 경찰관의 체포행위를 도운 자가 범인의 범행을 목격하였다는 취지의 진술은 그 사람이 경찰정보원이라 하더라도 그 증거능력을 부인할 아무런 이유가 없다(대법원 1995.5.9, 95도535)."

비교 다만, 피고인을 현행범으로 체포한 것이 아니라, 피고인을 피의자신문에 의하여 조사한 경찰관이 증인으로 나서 피고인이 경찰조사 당시 임의로 자백하였다는 취지로 증언한 내용은, 피고인이 이를 부인하였다면 제312조 제3항에 따라 그 증거능력이 없다. "피고인이 경찰조사 시 범행을 자백하였고 그에 따라 범행사실을 확인하였다는 조사경찰관의 증언이나 같은 내용의 동인에 대한 검사 작성의 참고인 진술조서는, 피고인이 경찰에서의 진술을 부인하는 이상 증거능력이 없다(대법원 1979.5.8, 79도493)."

178 현행범을 체포한 경찰관의 진술이라 하더라도 범행을 목격한 부분에 관하여는 여느 목격자의 진술과 다름없이 증거능력이 있다. [경찰채용 20 2차]

178 (○)

해설+ 현행범을 체포한 경찰관의 진술이라 하더라도 범행을 목격한 부분에 관하여는 여느 목격자와 다름없이 증거능력이 있고, 다만 그 증거의 신빙성만 문제되는 것이라 할 것이며, 위와 같은 경찰관의 체포행위를 도운 자가 범인의 범행을 목격하였다는 취지의 진술은 그 사람이 경찰정보원이라 하더라도 그 증거능력을 부인할 아무런 이유가 없다 할 것이므로, 원심이 피고인을 현행범으로 체포한 경찰관 S와 위 체포행위를 도운 공소외 Y의 수사기관에서의 각 진술 및 법정에서의 각 증언이 증거능력이 있다고 판단한 것은 정당하다 할 것이고, 소론이 지적하는 당원의 판례(대법원 1982.2.23, 81도3324)는 피고인을 현행범으로 체포한 것이 아니라 용의자로 검거하여 조사한 경찰관이 증인으로 나서 피고인이 경찰조사 당시 임의로 자백하였다는 취지로 증언한 내용으로서 이 사건과 사안을 달리함이 명백하여 이 사건에 원용할 수 없다 할 것이다(대법원 1995.5.9, 95도535).

179 정보통신망을 통하여 공포심이나 불안감을 유발하는 글을 반복적으로 상대방에게 도달하게 하는 행위를 하였다는 공소사실에 대하여 휴대전화기에 저장된 문자정보가 그 증거가 되는 경우, 그 문자정보는 범행의 직접적인 수단이고 경험자의 진술에 갈음하는 대체물에 해당하지 않으므로, 「형사소송법」 제310조의2에서 정한 전문법칙이 적용되지 않는다. [경찰채용 16]

179 (○) 대법원 2008.11.13, 2006도2556

180 「정보통신망 이용촉진 및 정보보호 등에 관한 법률」에 의하면 정보통신망을 통하여 공포심을 유발하는 글을 반복적으로 상대방에게 도달케 하는 행위를 처벌하고 있는데, 검사가 위 죄에 대한 증거로 휴대전화기에 저장된 문자정보를 촬영한 사진을 법원에 제출한 경우, 해당 증거에 대해서는 피고인이 성립 및 내용의 진정을 부인하면 증거능력이 부정된다.

[경찰채용 19 1차]

180 (✕) 정보통신망을 이용하여 공포심이나 불안감을 유발하는 글을 반복적으로 상대방에게 도달하게 하였다는 공소사실에 대하여 휴대전화기에 저장된 문자정보는 범행의 직접적인 수단이 되는 것이므로 전문법칙이 적용될 여지가 없다(대법원 2010.2.25, 2009도13257).

181 약식절차에서는 전문법칙이 적용되지 않는다. [국가9급 08]

181 (○) 약식절차는 서면심리에 의하므로 전문법칙이 적용되지 않는다.

182 전문증거라도 당사자가 동의한 경우에는 전문법칙이 적용되지 않으며, 증인의 신용성을 탄핵하기 위한 탄핵증거로 제출된 경우에도 전문법칙이 적용되지 않는다.

[경찰채용 22 2차]

182 (○) 전문증거라도 당사자가 동의한 경우에는 전문법칙이 적용되지 않아 증거능력이 부여되고, 증거능력 없는 전문증거는 탄핵증거로 사용할 수 있다.

▌Ⅱ 법원 또는 법관의 면전조서

183 공판준비 또는 공판기일에 피고인이나 피고인 아닌 자의 진술을 기재한 조서와 법원 또는 법관의 검증의 결과를 기재한 조서는 증거로 할 수 있다.

[경찰채용 12] [국가9급개론 18]

183 (○) 제311조 참조.

184 증인신문조서가 증거보전절차에서 증인 甲의 증언내용을 기재한 것으로, 피의자였던 피고인이 당사자로 참여하여 자신의 범행사실을 시인하는 전제하에 위 증인에게 반대신문한 내용이 기재되어 있다면, 위 조서 중 피의자의 진술기재 부분은 「형사소송법」 제311조 소정의 법원 또는 법관의 조서로서 증거능력이 인정된다.

[법원9급 12]

184 (✕) '인정된다' → '인정되지는 않는다'
공판준비 또는 공판기일에 피고인 등의 진술을 기재한 조서도 아니고, 반대신문과정에서 피의자가 한 진술에 관한 한 형사소송법 제184조에 의한 증인신문조서도 아니다(대법원 1984.5.15, 84도508).

185   판사가 형사소송법 제184조에 의한 증거보전절차로 증인신문을 하는 경우, 증거보전에 의해 작성된 조서는 형사소송법 제315조(당연히 증거능력이 있는 서류)에 의해 절대적 증거능력이 인정된다.   [군무원9급 21]

185 (×) 제315조가 아니라 제311조에 의하여 증거능력이 인정된다.

Ⅲ 피의자신문조서

1. 검사 작성 피의자신문조서

 대표유형

검사 작성의 피의자신문조서는 공판준비 또는 공판기일에서 원진술자의 진술에 의하여 실질적 진정성립이 인정되고 그 진술이 특히 신빙할 수 있는 상태하에서 행하여졌음이 증명되면 이를 증거로 사용할 수 있다.   [법원9급 10 변형]

(×) 2020.2.4. 개정에 의하여 제312조 제1항의 내용이 아래와 같이 변경되었다. 지문은 구법에 의한 것이어서 현행법상 틀린 것이다.

보충 [구법 제312조 제1항] 검사가 피고인이 된 피의자의 진술을 기재한 조서는 적법한 절차와 방식에 따라 작성된 것으로서 피고인이 진술한 내용과 동일하게 기재되어 있음이 공판준비 또는 공판기일에서의 피고인의 진술에 의하여 인정되고, 그 조서에 기재된 진술이 특히 신빙할 수 있는 상태하에서 행하여졌음이 증명된 때에 한하여 증거로 할 수 있다.
[구법 제312조 제2항] 제1항에도 불구하고 피고인이 그 조서의 성립의 진정을 부인하는 경우에는 그 조서에 기재된 진술이 피고인이 진술한 내용과 동일하게 기재되어 있음이 영상녹화물이나 그 밖의 객관적인 방법에 의하여 증명되고, 그 조서에 기재된 진술이 특히 신빙할 수 있는 상태하에서 행하여졌음이 증명된 때에 한하여 증거로 할 수 있다.
[개정 제312조 제1항] 검사가 작성한 피의자신문조서는 적법한 절차와 방식에 따라 작성된 것으로서 공판준비, 공판기일에 그 피의자였던 피고인 또는 변호인이 그 내용을 인정할 때에 한정하여 증거로 할 수 있다. 〈개정 2020.2.4., 시행 2022.1.1.〉
※ 구법 제312조 제2항은 이에 따라 삭제됨

186   검사가 작성한 피의자신문조서는 적법한 절차와 방식에 따라 작성된 것으로서 공판준비, 공판기일에 그 피의자였던 피고인 또는 변호인이 그 내용을 인정할 때에 한정하여 증거로 할 수 있다.   [국가9급개론 22]

186 (○) 2020.2.4. 개정 제312조 제1항(2022.1.1. 시행)의 내용이다.

187   검사 작성 피의자신문조서와 참고인진술조서, 경찰 작성 참고인진술조서에 있어서 진술한 내용과 동일하게 기재되어 있다는 실질적 진정성립은 영상녹화물 기타 객관적 방법에 의해 증명할 수 있다.   [경찰채용 12 변형]

187 (×)

해설+ 참고인진술조서에 대해서는 맞는 내용이다(제312조 제4항). 2020.2.4. 개정으로 제312조 제2항은 삭제되었으므로, 검사 작성 피의자신문조서에 대해서는 틀린 내용이다.

188 검찰에 송치되기 전에 검사가 작성한 구속 피의자에 대한 피의자신문조서도 작성주체에 따라 전문법칙의 예외를 인정하는 「형사소송법」상의 규정 체계에 따르는 한 적법한 검사 작성의 피의자신문조서로 볼 수밖에 없다.

[해경승진 23]

188 (×)

> **해설+** 검찰에 송치되기 전에 구속피의자로부터 받은 검사 작성의 피의자신문조서는 극히 이례에 속하는 것으로, 그와 같은 상태에서 작성된 피의자신문조서는 내용만 부인하면 증거능력을 상실하게 되는 사법경찰관 작성의 피의자신문조서상의 자백 등을 부당하게 유지하려는 수단으로 악용될 가능성이 있어, 그렇게 했어야 할 특별한 사정이 보이지 않는 한 송치 후에 작성된 피의자신문조서와 마찬가지로 취급하기는 어렵다(대법원 1994.8.9, 94도1228).

189 조서 말미에 피고인의 서명만 있고 간인이 없는 검사 작성의 피고인에 대한 피의자신문조서에 대해, 간인이 없는 것이 피고인이 간인을 거부하였기 때문이라는 취지가 조서 말미에 기재되었다면, 그 조서의 증거능력을 인정할 수 있다.

[국가9급개론 18]

189 (×) '있다' → '없다'

> **해설+** 간인이 없는 검사 작성의 피고인에 대한 피의자신문조서는 적법한 절차와 방식에 따라 작성된 것으로 볼 수 없어 그 증거능력이 없다고 할 것이고, 그 날인이나 간인이 없는 것이 피고인이 그 날인이나 간인을 거부하였기 때문이어서 그러한 취지가 조서 말미에 기재되었다고 하여 달리 볼 것은 아니다(대법원 1999.4.13, 99도237).

190 검사가 작성한 피의자신문조서에 대해 피고인이 내용을 부인하는 경우에는 바로 증거능력이 부인된다.

[국가9급 10 변형]

190 (○)

> **해설+** 공판준비, 공판기일에 그 피의자였던 피고인 또는 변호인이 그 내용을 인정할 때에 한정하여 증거로 할 수 있다(개정 제312조 제1항).

191 공범으로서 별도로 공소제기된 다른 사건의 피고인 甲에 대한 수사과정에서 담당 검사가 피의자인 甲과 그 사건에 관하여 대화하는 내용과 장면을 녹화한 비디오테이프에 대한 법원의 검증조서는 피의자신문조서에 준하여 그 증거능력을 가려야 한다.

[법원9급 12]

191 (○) 피의자신문조서에 해당하므로 진술거부권 불고지 시 위법수집증거에 해당한다(대법원 1992.6.23, 92도682).

192 사법연수생인 검사 직무대리가 작성한 피의자신문조서는 「형사소송법」 제312조 제1항의 요건을 갖추고 있는 한 검사가 작성한 피의자신문조서와 마찬가지로 그 증거능력이 인정된다. [국가9급 13]

192 (○) 대법원 2010.4.15, 2010도1107
검사 직무대리로 인정된다(검찰청법 제32조, 단 합의부사건 ×).

193 검사 작성의 피의자신문조서에 작성자인 검사의 기명날인 또는 서명이 되어 있지 아니한 경우, 피고인이 법정에서 그 피의자신문조서에 대하여 진정성립과 임의성을 인정하면 증거능력을 인정할 수 있다. [경찰채용 18 2차]

193 (×)

해설+ 형사소송법 제57조 제1항은 공무원이 작성하는 서류에는 법률에 다른 규정이 없는 때에는 작성년월일과 소속공무소를 기재하고 서명날인(현 기명날인 또는 서명)하여야 한다고 규정하고 있는 바, 그 서명날인은 공무원이 작성하는 서류에 관하여 그 기재 내용의 정확성과 완전성을 담보하는 것이므로 검사 작성의 피의자신문조서에 작성자인 검사의 서명날인이 되어 있지 아니한 경우 그 피의자신문조서는 공무원이 작성하는 서류로서의 요건을 갖추지 못한 것으로서 위 법규정에 위반되어 무효이고 따라서 이에 대하여 증거능력을 인정할 수 없다고 보아야 할 것이며, 그 피의자신문조서에 진술자인 피고인의 서명날인이 되어 있다거나, 피고인이 법정에서 그 피의자신문조서에 대하여 진정성립과 임의성을 인정하였다고 하여 달리 볼 것은 아니다(대법원 2001.9.28, 2001도4091).

194 형사소송법 제57조 제1항은 "공무원이 작성하는 서류에는 법률에 다른 규정이 없는 때에는 작성 연월일과 소속 공무소를 기재하고 기명날인 또는 서명하여야 한다."라고 규정하고 있다. 여기에서 '법률의 다른 규정'에 검찰사건사무규칙은 포함되지 않는다. [국가9급 23]

194 (○)

해설+ 검찰사건사무규칙은 검찰청법 제11조의 규정에 따라 각급 검찰청의 사건의 수리·수사·처리 및 공판수행 등에 관한 사항을 정함으로써 사건사무의 적정한 운영을 기함을 목적으로 하여 제정된 것으로서 그 실질은 검찰 내부의 업무처리지침으로서의 성격을 가지는 것이므로, 이를 형사소송법 제57조의 적용을 배제하기 위한 '법률의 다른 규정'으로 볼 수 없다(대법원 2007.10.25, 2007도4961).

195 검사 이외의 수사기관이 작성한 피의자신문조서도 검사가 이를 근거로 개괄적으로 질문한 사실이 있는 때에는 검사 작성의 피의자신문조서로서 증거능력이 인정될 수 있다. [국가7급 11]

195 (×) '있다' → '없다'
증거능력 유무는 검사 이외의 수사기관이 작성한 피의자신문조서와 마찬가지 기준에 의하여 결정되어야 할 것이어서, 내용을 부인하는 이상 유죄의 증거로 삼을 수 없다(대법원 2003.10.9, 2002도4372).

보충 제312조 제1항의 개정으로 그 증거능력 인정요건이 제312조 제3항과 동일하게 되었다. 따라서 이제는 의미가 크지 아니한 내용이다.

196 검사 작성의 피고인이 된 피의자신문조서가 초본의 형식으로 제출된 경우에, 피의자신문조서초본은 피의자신문조서 원본 중 가려진 부분의 내용이 가려지지 않은 부분과 분리 가능하고 당해 공소사실과 관련성이 없는 경우에만, 그 피의자신문조서의 원본이 존재하거나 존재하였을 것, 피의자신문조서의 원본 제출이 불능 또는 곤란한 사정이 있을 것, 원본을 정확하게 전사하였을 것 등 3가지 요건을 전제로 피고인에 대한 검사 작성의 피의자신문조서 원본과 동일하게 취급할 수 있다. [국가7급 11 변형]

196 (○) 대법원 2002.10.22, 2000도5461

197 검사가 피의자신문조서를 작성함에 있어 피의자에게 그 조서의 기재내용을 알려 주지 아니하였다 하더라도 그 사실만으로는 피의자신문조서의 증거능력이 없다고 할 수 없다. [해경승진 23]

197 (○) 피의자신문조서를 작성함에 있어 피고인들에게 그 조서의 기재내용을 알려 주지 아니하였다 하더라도 그 사실만으로는 피의자신문조서의 증거능력이 없다고 할 수 없다(대법원 1993.5.14, 93도486).

> **유사** 형사소송법 제244조의 규정에 비추어 수사기관이 피의자신문조서를 작성함에 있어서는 그것을 열람하게 하거나 읽어 들려야 하는 것이나 그 절차가 비록 행해지지 안 했다 하더라도 그것만으로 그 피의자신문조서가 증거능력이 없게 된다고는 할 수 없고 같은 법 제312조 소정의 요건을 갖추게 되면 그것을 증거로 할 수 있다(대법원 1988.5.10, 87도2716).

> **보충** 위와 같은 과거의 대법원 판례들은 2007년 개정 제312조 제1항(적법한 절차와 방식에 따라 작성될 것)하에서 그대로 유지되기 어렵다는 견해가 통설에 속한다. 따라서 출제 자체가 다소 적절하지 못한 측면이 있다. 물론, 수험에서는 새로운 판례가 나오기 전까지는 위 판례대로 문제를 풀어야 한다.

2. 검사 이외의 수사기관 작성 피의자신문조서

🔗 대표유형

경찰과 검찰에서 甲은 범행을 모두 부인하였고, 乙은 범행을 모두 자백하였는데, 사법경찰관 작성의 乙에 대한 피의자신문조서는 甲이 그 내용을 부인하면 甲에 대한 유죄의 증거로 사용할 수 없다. [변호사 21]

(○)

해설+ 형사소송법 제312조 제3항은 검사 이외의 수사기관이 작성한 당해 피고인에 대한 피의자신문조서를 유죄의 증거로 하는 경우뿐만 아니라 검사 이외의 수사기관이 작성한 당해 피고인과 공범관계에 있는 다른 피고인이나 피의자에 대한 피의자신문조서를 당해 피고인에 대한 유죄의 증거로 채택할 경우에도 적용되는바, 당해 피고인과 공범관계가 있는 다른 피의자에 대한 검사 이외의 수사기관 작성의 피의자신문조서는 그 피의자의 법정진술에 의하여 그 성립의 진정이 인정되더라도 당해 피고인이 공판기일에서 그 조서의 내용을 부인하면 증거능력이 부정된다(대법원 2004.7.15, 2003도7185 전원합의체; 2008.9.25, 2008도5189; 2014.4.10, 2014도1779).

198 검사 이외의 수사기관이 작성한 피의자신문조서가 적법한 절차와 방식에 따라 작성된 것으로서 공판기일에 그 피의자였던 피고인이 그 내용을 인정한 때에는 증거로 할 수 있다. [경찰채용 18 2차] [국가7급 08]

198 (○) 제312조 제3항

199 사법경찰관이 작성한 피의자신문조서는 피고인의 실질적 진정성립으로 증거능력이 인정된다. [국가9급 10]

200 검사 이외의 수사기관 작성의 피의자신문조서는 공판준비 또는 공판기일에 그 피의자였던 피고인이나 변호인이 그 내용을 인정할 때에 한하여 증거로 할 수 있는바, '그 내용을 인정할 때'라 함은 피의자신문조서의 기재 내용이 진술 내용대로 기재되어 있다는 의미가 아니고 그와 같이 진술한 내용이 실제 사실과 부합한다는 것을 의미한다. [경찰채용 15]

201 공소사실이 최초로 심리된 제1심 제4회 공판기일부터 피고인이 공소사실을 일관되게 부인하여 경찰 작성 피의지신문조서의 진술내용을 인정하지 않는 경우, 제1심 제4회 공판기일에 피고인이 위 서증의 내용을 인정한 것으로 공판조서에 기재된 것은 착오기재 등으로 보아 위 피의자신문조서의 증거능력을 부정하여야 한다. [법원9급 23] [해경승진 22 변형]

> **해설+** 공소사실이 최초로 심리된 제1심 제4회 공판기일부터 피고인이 공소사실을 일관되게 부인하여 경찰 작성 피의자신문조서의 진술내용을 인정하지 않는 경우, 제1심 제4회 공판기일에 피고인이 위 서증의 내용을 인정한 것으로 공판조서에 기재된 것은 착오기재 등으로 보아 위 피의자신문조서의 증거능력을 부정하여야 하고, 이와 반대되는 원심판단에 법리오해의 위법이 있다(대법원 2010.6.24, 2010도5040).

> **유사** 피고인은 검찰 이래 원심법정에 이르기까지 이 사건 공소사실 중 감금의 점에 대하여 부인하고 있으므로, 이는 감금 부분에 대하여 자백한 취지가 포함되어 있는 경찰 작성의 피의자신문조서의 진술내용을 인정하지 않는 것이라고 보아야 할 것이고, 한편 기록에 편철된 증거목록을 보면 제1심 제1회 공판기일에서 피고인이 경찰 작성의 피의자신문조서의 내용을 인정한 것으로 기재되어 있으나, 이는 착오 기재이었거나 아니면 피고인이 그와 같이 진술한 사실이 있었다는 것을 내용인정으로 조서를 잘못 정리한 것으로 이해될 뿐 이로써 위 피의자신문조서가 증거능력을 가지게 되는 것은 아니다(대법원 2001.9.28, 2001도3997).

202 변호인이 그 내용을 인정한 것으로, 적법한 절차와 방식에 따라 작성된 사법경찰관 작성의 피의자신문조서는 증거능력이 인정된다. [국가9급 09]

203 「형사소송법」 제312조 제3항은 사법경찰관이 작성한 당해 피고인에 대한 피의자신문조서를 유죄의 증거로 하는 경우뿐만 아니라 사법경찰관이 작성한 당해 피고인과 공범관계에 있는 다른 피고인이나 피의자에 대한 피의자신문조서를 당해 피고인에 대한 유죄의 증거로 채택할 경우에도 적용된다.

[경찰채용 18 1차]

203 (○) 대법원 2004.7.15, 2003도7185 전원합의체

204 당해 피고인과 공범관계에 있는 공동피고인에 대해 검사 이외의 수사기관이 작성한 피의자신문조서는 그 공동피고인의 법정진술에 의하여 성립의 진정이 인정되더라도 당해 피고인이 공판기일에서 그 조서의 내용을 부인하면 증거능력이 부정된다.

[경찰채용 16] [국가7급 09·11] [국가9급 11·18] [국가9급개론 18] [법원14]

204 (○) 제312조 제3항이 적용되므로 피고인이 그 내용을 부인하면 증거능력이 인정될 수 없다(대법원 2010.1.28, 2009도10139).

205 「형사소송법」 제312조 제3항은 검사 이외의 수사기관이 작성한 당해 피고인 甲에 대한 피의자신문조서를 유죄의 증거로 하는 경우에만 적용되고 甲과 공범관계에 있는 다른 피의자 乙에 대한 피의자신문조서에는 적용되지 않으므로, 乙에 대한 사법경찰관 작성의 피의자신문조서는 甲이 공판기일에서 그 조서의 내용을 부인하더라도 乙의 법정진술에 의하여 그 성립의 진정이 인정되면 증거로 할 수 있다.

[경찰채용 21 2차]

205 (×)

해설+ 형사소송법 제312조 제3항은 검사 이외의 수사기관이 작성한 당해 피고인에 대한 피의자신문조서를 유죄의 증거로 하는 경우뿐만 아니라, 검사 이외의 수사기관이 작성한 당해 피고인과 공범관계에 있는 다른 피고인이나 피의자에 대한 피의자신문조서를 당해 피고인에 대한 유죄의 증거로 채택할 경우에도 적용된다. 따라서 당해 피고인과 공범관계에 있는 공동피고인에 대해 검사 이외의 수사기관이 작성한 피의자신문조서는 그 공동피고인의 법정진술에 의하여 성립의 진정이 인정되더라도 당해 피고인이 공판기일에서 그 조서의 내용을 부인하면 증거능력이 부정된다(대법원 2009.10.15, 2009도1889).

206 피고인과 공범관계가 있는 다른 피의자에 대하여 검사 이외의 수사기관이 작성한 피의자신문조서는 그 피의자의 법정진술에 의하여 성립의 진정이 인정되는 등 「형사소송법」 제312조 제4항의 요건을 갖춘 경우라면 해당 피고인이 공판기일에서 그 조서의 내용을 부인하여도 이를 유죄 인정의 증거로 사용할 수 있다. [법원9급 21]

206 (×)

> **해설+** 당해 피고인과 공범관계에 있는 공동피고인에 대해 검사 이외의 수사기관이 작성한 피의자신문조서는 그 공동피고인의 법정진술에 의하여 성립의 진정이 인정되더라도 당해 피고인이 공판기일에서 그 조서의 내용을 부인하면 증거능력이 부정된다. 그리고 이러한 경우 그 **공동**피고인이 법정에서 경찰 수사 도중 피의자신문조서에 기재된 것과 같은 내용으로 진술하였다는 취지로 증언하였다고 하더라도, 이러한 증언은 원진술자인 공동피고인이 그 자신에 대한 경찰 작성의 피의자신문조서의 진정성립을 인정하는 취지에 불과하여 위 조서와 분리하여 독자적인 증거가치를 인정할 것은 아니므로, 앞서 본 바와 같은 이유로 위 조서의 증거능력이 부정되는 이상 위와 같은 증언 역시 이를 유죄 인정의 증거로 쓸 수 없다고 보아야 한다(대법원 2009.10.15, 2009도1889).

207 피고인 甲이 공판정에서 공동피고인인 공범 乙에 대한 사법경찰관 작성 피의자신문조서의 내용을 부인하면 乙이 법정에서 그 조서의 내용을 인정하더라도 그 조서를 피고인 甲의 공소사실에 대한 증거로 사용할 수 없다. [경찰채용 18 2차]

207 (○)

> **해설+** 형사소송법 제312조 제3항은 검사 이외의 수사기관이 작성한 당해 피고인에 대한 피의자신문조서를 유죄의 증거로 하는 경우뿐만 아니라 검사 이외의 수사기관이 작성한 당해 피고인과 공범관계에 있는 다른 피고인이나 피의자에 대한 피의자신문조서를 당해 피고인에 대한 유죄의 증거로 채택할 경우에도 적용된다. 따라서 당해 피고인과 공범관계가 있는 다른 피의자에 대하여 검사 이외의 수사기관이 작성한 피의자신문조서는, 그 피의자의 법정진술에 의하여 그 성립의 진정이 인정되는 등 형사소송법 제312조 제4항의 요건을 갖춘 경우라고 하더라도 당해 피고인이 공판기일에서 그 조서의 내용을 부인한 이상 이를 유죄 인정의 증거로 사용할 수 없다(대법원 2009.7.9, 2009도2865).

208 행위자가 아닌 법인 또는 개인이 양벌규정에 따라 기소된 경우, 검사 이외의 수사기관이 행위자에 대하여 작성한 피의자신문조서는 행위자가 그 내용을 인정한 경우에라도 당해 피고인인 법인 또는 개인이 그 내용을 부인하는 경우에는 「형사소송법」 제312조 제3항이 적용되어 증거능력이 없고, 「형사소송법」 제314조를 적용하여 증거능력을 인정할 수도 없다.

[변호사 21]

208 (○)

해설+ 형사소송법 제312조 제3항은 검사 이외의 수사기관이 작성한 해당 피고인에 대한 피의자신문조서를 유죄의 증거로 하는 경우뿐만 아니라 <u>검사 이외의 수사기관이 작성한 해당 피고인과 공범관계에 있는 다른 피고인이나 피의자에 대한 피의자신문조서를 해당 피고인에 대한 유죄의 증거로 채택할 경우에도 적용된다.</u> 따라서 해당 피고인과 공범관계가 있는 다른 피의자에 대하여 검사 이외의 수사기관이 작성한 피의자신문조서는 그 피의자의 법정진술에 의하여 성립의 진정이 인정되는 등 형사소송법 제312조 제4항의 요건을 갖춘 경우라도 <u>해당 피고인이 공판기일에서 그 조서의 내용을 부인한 이상 이를 유죄 인정의 증거로 사용할 수 없고,</u> 그 당연한 결과로 위 피의자신문조서에 대하여는 사망 등 사유로 인하여 법정에서 진술할 수 없는 때에 예외적으로 증거능력을 인정하는 규정인 형사소송법 제314조가 적용되지 아니한다. 그리고 이러한 법리는 공동정범이나 교사범, 방조범 등 공범관계에 있는 자들 사이에서뿐만 아니라, <u>법인의 대표자나 법인 또는 개인의 대리인, 사용인, 그 밖의 종업원 등 행위자의 위반행위에 대하여 행위자가 아닌 법인 또는 개인이 양벌규정에 따라 기소된 경우, 이러한 법인 또는 개인과 행위자 사이의 관계에서도 마찬가지로 적용된다</u>(대법원 2020.6.11, 2016도9367).

209 사법경찰관이 작성한 양벌규정 위반 행위자의 피의자신문조서가 적법한 절차와 방식에 따라 작성된 것이지만, 공판기일에 양벌규정에 의해 기소된 사업주가 그 내용을 증거로 함에 동의하지 않고 그 내용을 부인하였다면 증거로 할 수 없다.

[국가9급 22]

209 (○)

해설+ 양벌규정은 법인의 대표자나 법인 또는 개인의 대리인, 사용인, 그 밖의 종업원 등 행위자가 법규위반행위를 저지른 경우, 일정 요건하에 이를 행위자가 아닌 법인 또는 개인이 직접 법규위반행위를 저지른 것으로 평가하여 행위자와 같이 처벌하도록 규정한 것으로서, 이때의 법인 또는 개인의 처벌은 행위자의 처벌에 종속되는 것이 아니라 법인 또는 개인의 직접책임 내지 자기책임에 기초하는 것이기는 하다. 그러나 <u>양벌규정에 따라 처벌되는 행위자와 행위자가 아닌 법인 또는 개인 간의 관계는, 행위자가 저지른 법규위반행위가 사업주의 법규위반행위와 사실관계가 동일하거나 적어도 중요 부분을 공유한다는 점에서 내용상 불가분적 관련성을 지닌다고 보아야 하고, 따라서 형법 총칙의 공범관계 등과 마찬가지로 인권보장적인 요청에 따라 형사소송법 제312조 제3항이 이들 사이에서도 적용된다고 보는 것이 타당하다</u>(대법원 2020.6.11, 2016도9367).

210　형사소송법 제312조 제3항은 검사 이외의 수사기관이 작성한 해당 피고인과 공범관계에 있는 다른 피고인이나 피의자에 대한 피의자신문조서를 해당 피고인에 대한 유죄의 증거로 채택할 경우에도 적용되는데, 이때 공범에는 형법 총칙의 공범 이외에 필요적 공범관계에 있는 자들도 포함된다.

[변호사 22]

해설+　형사소송법 제312조 제3항은 검사 이외의 수사기관이 작성한 해당 피고인에 대한 피의자신문조서를 유죄의 증거로 하는 경우뿐만 아니라 검사 이외의 수사기관이 작성한 해당 피고인과 공범관계에 있는 다른 피고인이나 피의자에 대한 피의자신문조서를 해당 피고인에 대한 유죄의 증거로 채택할 경우에도 적용된다. … 그리고 이러한 법리는 공동정범이나 교사범, 방조범 등 공범관계에 있는 자들 사이에서뿐만 아니라, 서로 대향된 행위의 존재를 필요로 할 뿐 각자의 구성요건을 실현하고 별도의 형벌 규정에 따라 처벌되는 강학상 필요적 공범 내지 대향범 관계에 있는 자들 사이에서도 적용된다. 이는 필요적 공범 내지 대향범의 경우 형법 총칙의 공범관계와 마찬가지로 어느 한 피고인이 자기의 범죄에 대하여 한 진술이 나머지 대향적 관계에 있는 자가 저지른 범죄에도 내용상 불가분적으로 관련되어 있어 목격자, 피해자 등 제3자의 진술과는 본질적으로 다른 속성을 지니고 있음을 중시한 것이다(대법원 2020.6.11, 2016도9367).

보충　나아가 형사소송법 제312조 제3항은 양벌규정에 따라 처벌되는 행위자와 행위자가 아닌 법인 또는 개인 간의 관계에서도 형법 총칙의 공범관계 등과 마찬가지로 적용된다(위 판례).

211　검사 이외의 수사기관이 작성한 피의자신문조서의 증거능력에 관한 「형사소송법」 제312조 제3항은 당해 사건에서 작성한 피의자신문조서뿐만 아니라 별개 사건에서 작성한 피의자신문조서에 대해서도 적용되므로, 피의자였던 피고인이 별개 사건에서 작성된 피의자신문조서의 내용을 부인하는 이상 그 조서는 당해 사건에 대한 유죄의 증거로 할 수 없다.

[경찰채용 21 2차]

212　"검거 당시 피고인이 범행사실을 순순히 자백하였다."라는 경찰관의 법정 증언은 피고인이 공판정에서 범행을 부인하는 이상 증거능력이 인정되지 않는다.

[국가7급 16]

보충　내용부인이 나오면 판례에 의해 제312조 제3항을 적용하고, 특신상태가 나오면 조문에 의해 제316조 제1항을 적용한다.

Ⅳ 진술조서

원진술자가 검사가 작성한 진술조서의 실질적 진정성립을 부인하는 경우에는 그 조서에 기재된 진술이 원진술자가 진술한 내용과 동일하게 기재되어 있음이 영상녹화물이나 그 밖의 객관적인 방법에 의하여 증명되지 않더라도, 피고인 또는 변호인이 공판준비 또는 공판기일에 그 기재내용에 관하여 원진술자를 신문할 수 있었고 그 조서에 기재된 진술이 특히 신빙할 수 있는 상태하에서 행하여졌음이 증명된 때에 한하여 증거로 할 수 있다. [법원승진 08 변형]

(×) '증명되지 않더라도' → '증명되고'
실질적 진정성립에 관하여는 원진술자의 공판준비 또는 공판기일에서의 진술이나 영상녹화물 또는 그 밖의 객관적인 방법에 의하여 증명되어야 진술조서의 증거능력을 인정할 수 있다.

213 검사 또는 사법경찰관이 피고인이 아닌 자의 진술을 기재한 조서는 적법한 절차와 방식에 따라 작성된 것으로서 그 조서가 검사 또는 사법경찰관 앞에서 진술한 내용과 동일하게 기재되어 있음이 원진술자의 공판준비 또는 공판기일에서의 진술이나 영상녹화물 또는 그 밖의 객관적인 방법에 의하여 증명되고, 그 조서에 기재된 진술이 특히 신빙할 수 있는 상태하에서 행하여졌음이 증명된 때에 한하여, 피고인 또는 변호인이 공판준비 또는 공판기일에 그 기재 내용에 관하여 원진술자를 신문할 수 있었던 때에는 증거로 할 수 있다. [법원9급 14] [법원승진 08]

213 (○) 제312조 제4항 참조.

214 참고인진술조서는 피고인 또는 변호인이 공판준비 또는 공판기일에 원진술자에 대하여 반대신문할 수 있었어야 그 증거능력을 인정받을 수 있기 때문에 반드시 참고인에 대한 증인신문 후에 참고인진술조서에 대한 증거조사를 하여야 한다. [군무원9급 22]

214 (×) 참고인진술조서는 피고인 또는 변호인이 공판준비 또는 공판기일에 그 기재내용에 관하여 원진술자가 반대신문할 수 있도록 기회만 주면 족하고, 반드시 반대신문이 실제로 이루어져야 하는 것은 아니다.

해설+ 제312조 【검사 또는 사법경찰관의 조서 등】 ④ 검사 또는 사법경찰관이 피고인이 아닌 자의 진술을 기재한 조서는 적법한 절차와 방식에 따라 작성된 것으로서 그 조서가 검사 또는 사법경찰관 앞에서 진술한 내용과 동일하게 기재되어 있음이 원진술자의 공판준비 또는 공판기일에서의 진술이나 영상녹화물 또는 그 밖의 객관적인 방법에 의하여 증명되고, 피고인 또는 변호인이 공판준비 또는 공판기일에 그 기재내용에 관하여 원진술자를 신문할 수 있었던 때에는 증거로 할 수 있다.

비교 다만, 피고인에게 불리한 증거인 증인이 주신문의 경우와 달리 반대신문에 대하여는 답변을 하지 아니하는 등 진술내용의 모순이나 불합리를 증인신문과정에서 드러내어 이를 탄핵하는 것이 사실상 곤란하였고, 그것이 피고인 또는 변호인에게 책임 있는 사유에 기인한 것이 아닌 경우, 증인의 법정진술은 위법수집증거가 된다는 판례도 있다(단, 피고인의 명시적인 책문권 포기가 있으면 하자 치유).

보충 피고인에게 불리한 증거인 증인이 주신문의 경우와 달리 반대신문에 대하여는 답변을 하지 아니하는 등 진술내용의 모순이나 불합리를 그 증인신문과정에서 드러내어 이를 탄핵하는 것이 사실상 곤란하였고, 그것이 피고인 또는 변호인에게 책임 있는 사유에 기인한 것이 아닌 경우라면, … 특별한 사정이 존재하지 아니하는 이상, 이와 같이 실질적 반대신문권의 기회가 부여되지 아니한 채 이루어진 증인의 법정진술은 위법한 증거로서 증거능력을 인정하기 어렵다. 이 경우 피고인의 책문권 포기로 그 하자가 치유될 수 있으나, 책문권 포기의 의사는 명시적인 것이어야 한다(대법원 2022.3.17. 2016도17054).

215 외국에 거주하는 참고인 A와의 전화 대화내용을 문답형식으로 기재한 검찰주사보 작성의 수사보고서는 「형사소송법」 제312조 제4항이 적용되기 위하여 그 진술을 기재한 서류에 그 진술자의 서명 또는 날인이 있어야 한다.

[경찰채용 12 변형]

215 (○) 대법원 1999.2.26, 98도2742

216 참고인과의 전화 대화내용을 문답형식으로 기재한 사법경찰리 작성의 수사보고서는 진술자의 서명 또는 날인이 없어 「형사소송법」 제312조 제4항의 진술기재서류가 아니므로 제314조가 적용될 수 없지만, 피고인이 증거로 함에 동의한 경우에는 증거로 사용할 수 있다.

[경찰채용 18 2차]

216 (○)

해설+ 외국에 거주하는 참고인과의 전화 대화내용을 문답형식으로 기재한 검찰주사보 작성의 수사보고서는 전문증거로서 형사소송법 제310조의2에 의하여 제311조 내지 제316조에 규정된 것 이외에는 이를 증거로 삼을 수 없는 것인데, 위 수사보고서는 제311조, 제312조, 제315조, 제316조의 적용대상이 되지 아니함이 분명하므로, 결국 제313조(현 제312조 제4항)의 진술을 기재한 서류에 해당하여야만 제314조의 적용 여부가 문제될 것인바, 제313조가 적용되기 위하여는 그 진술을 기재한 서류에 그 진술자의 서명 또는 날인이 있어야 한다(대법원 1999.2.26, 98도2742). 다만, 증거능력 없는 서류라도 피고인이 증거로 함에 동의한 경우에는 증거능력이 인정된다.

217 사법경찰관이 피의자 아닌 자의 진술을 기재한 조서를 작성함에 있어서 진술자의 성명을 가명으로 기재하였다면 그 이유만으로도 그 조서는 적법한 절차와 방식에 따라 작성되었다고 할 수 없고, 공판기일에 원진술자가 출석하여 자신의 진술을 기재한 조서임을 확인함과 아울러 그 조서의 실질적 진정성립을 인정하고 나아가 그에 대한 반대신문이 이루어졌다고 하더라도 그 증거능력이 인정되지 않는다.

[경찰채용 21 2차]

217 (×)

해설+ 특정범죄신고자 등 보호법 등에서처럼 명시적으로 진술자의 인적 사항의 전부 또는 일부의 기재를 생략할 수 있도록 한 경우가 아니라 하더라도, 진술자와 피고인의 관계, 범죄의 종류, 진술자 보호의 필요성 등 여러 사정으로 볼 때 상당한 이유가 있는 경우에는 수사기관이 진술자의 성명을 가명으로 기재하여 조서를 작성하였다고 해서 그 이유만으로 그 조서가 '적법한 절차와 방식'에 따라 작성되지 않았다고 할 것은 아니다. 그러한 조서라도 공판기일 등에 원진술자가 출석하여 자신의 진술을 기재한 조서임을 확인함과 아울러 그 조서의 실질적 진정성립을 인정하고 나아가 그에 대한 반대신문이 이루어지는 등 형사소송법 제312조 제4항에서 규정한 조서의 증거능력 인정에 관한 다른 요건이 모두 갖추어진 이상 그 증거능력을 부정할 것은 아니라고 할 것이다(대법원 2012.5.24, 2011도7757).

218 진술조서의 경우 검사 작성 및 사법경찰관 작성의 조서 사이에 증거능력을 인정하기 위한 요건에 차이가 없으며, 개정 「형사소송법」에서는 적법한 절차와 방식, 실질적 진정성립 외에 원진술자에 대한 반대신문의 기회가 보장된 때, 진술조서의 증거능력을 인정할 수 있다고 규정하여 반대증인에 대한 반대신문의 기회보장이라는 피고인의 가장 중요한 권리를 보장하고 있다.
[경찰채용 11]

218 (○) 제312조 제4항 참조.

219 원진술자 본인의 진술에 의한 실질적 진정성립의 인정은 공판준비 또는 공판기일에서 한 명시적인 진술에 의하여야 하지만, 원진술자가 실질적 진정성립에 대하여 이의하지 않았고 조서작성절차와 방식의 적법성을 인정하였다면 실질적 진정성립을 인정한 것으로 볼 수 있다.
[법원9급 18 변형]

219 (×) 원진술자가 실질적 진정성립에 대하여 이의하지 않았다거나 조서작성절차와 방식의 적법성을 인정하였다는 것만으로 실질적 진정성립까지 인정한 것으로 보아서는 아니 된다(구법 제312조 제1항에 대한 판례로는 대법원 2013.3.14, 2011도8325).

220 원진술자가 법정에서 증인으로 나와 진술조서의 기재 내용을 열람하거나 고지받지 못한 채 단지 검사나 재판장의 신문에 대하여 수사기관에서 사실대로 진술하였다는 취지의 증언만을 하고 있을 뿐이라면, 그 진술조서는 증거능력을 인정할 수 없다.
[경찰승진 22]

220 (○)

해설+ 피고인이 사법경찰리 작성의 공소외인에 대한 피의자신문조서, 진술조서 및 검사 작성의 피고인에 대한 피의자신문조서 중 위 공소외인의 진술기재 부분을 증거로 함에 부동의하였고, 원진술자인 위 공소외인이 제1심 및 항소심에서 증인으로 나와 그 진술기재의 내용을 열람하거나 고지받지 못한 채 단지 검사나 재판장의 신문에 대하여 수사기관에서 사실대로 진술하였다는 취지의 증언만을 하고 있을 뿐이라면, 그 피의자신문조서와 진술조서는 증거능력이 없어 이를 유죄의 증거로 삼을 수 없다(대법원 1994.11.11, 94도343).

221 사법경찰관 작성의 피해자에 대한 진술조서가 피해자의 화상으로 인한 서명불능을 이유로 입회하고 있던 피해자의 동생에게 대신 읽어 주고 그 동생으로 하여금 서명날인하게 하는 방법으로 작성되었다면, 이는 「형사소송법」 제312조 제4항 소정의 형식적 요건을 구비한 서류로서 증거로 사용할 수 있다.
[경찰승진 22]

221 (×)

해설+ 사법경찰관 작성의 피해자에 대한 진술조서가 피해자의 화상으로 인한 서명불능을 이유로 입회하고 있던 피해자의 동생에게 대신 읽어 주고 그 동생으로 하여금 서명날인하게 하는 방법으로 작성된 경우, 이는 형사소송법 제312조 제4항 소정의 형식적 요건을 결여한 서류로서 증거로 사용할 수 없다(대법원 1997.4.11, 96도2865).

222 진술조서에 대하여 증거조사가 완료된 후 원진술자가 조서성립의 진정 인정을 번복하더라도 이미 인정된 조서의 증거능력이 당연히 상실되는 것은 아니다.

[국가7급 11 변형]

223 검사가 피의자 아닌 자의 진술을 기재한 조서에 대하여 그 원진술자가 공판기일에서 그 조서의 내용과 다른 진술을 하거나 변호인 또는 피고인의 반대신문에 대하여 아무런 답변을 하지 아니하였다 하여 곧 증거능력 자체를 부정할 사유가 되지는 아니한다.

[경찰승진 22]

> **보충** 다만, 2007년 개정 제312조 제4항에 의하여 진술조서의 증거능력 인정요건으로서 반대신문권의 보장이 규정된 만큼, 위 판례가 향후에도 유지될지는 미지수이다.

> **보충** [동 판례에서 참고할 논점] ㉠ 증인이 반대신문에 대하여 묵비함으로써 진술내용의 모순이나 불합리를 드러내는 것이 사실상 불가능한 경우, 그 증인의 진술증거의 증명력 유무(한정소극): 반대신문권의 보장은 형식적·절차적인 것이 아니라 실질적·효과적인 것이어야 하므로, 증인이 반대신문에 대하여 답변을 하지 아니함으로써 진술내용의 모순이나 불합리를 드러내는 것이 사실상 불가능하였다면, 그 사유가 피고인이나 변호인에게 책임 있는 것이 아닌 한 그 진술증거는 법관의 올바른 심증형성의 기초가 될 만한 진정한 증거가치를 가진다고 보기 어렵다 할 것이고, 따라서 이러한 증거를 채용하여 공소사실을 인정함에 있어서는 신중을 기하여야 한다. ㉡ 검사 작성의 진술조서에 대하여 원진술자가 공판기일에서 그 성립의 진정을 인정하면서도 그 진술조서상의 진술내용을 탄핵하려는 변호인의 반대신문에 대하여 묵비한 것이 피고인 또는 변호인의 책임 있는 사유에 기인한 것이라고 인정할 수 없는 경우, 그 진술기재는 반대신문에 의한 증명력의 탄핵이 제대로 이루어지지 아니한 것이므로 그 신빙성을 선뜻 인정하기 어렵다(동 판례).

> **비교** 피고인에게 불리한 증거인 증인이 주신문의 경우와 달리 반대신문에 대하여는 답변을 하지 아니하는 등 진술내용의 모순이나 불합리를 증인신문 과정에서 드러내어 이를 탄핵하는 것이 사실상 곤란하였고, 그것이 피고인 또는 변호인에게 책임 있는 사유에 기인한 것이 아닌 경우, 증인의 법정진술의 증거능력 유무(원칙적 소극): 형사소송법은 제161조의2에서 피고인의 반대신문권을 포함한 교호신문제도를 규정하는 한편, 제310조의2에서 법관의 면전에서 진술되지 아니하고 피고인에 의한 반대신문의 기회가 부여되지 아니한 진술에 대하여는 원칙적으로 그 증거능력을 부여하지 아니함으로써, 형사재판에서 증거는 법관의 면전에서 진술·심리되어야 한다는 직접주의와 피고인에게 불리한 증거에 대하여 반대신문할 수 있는 권리를 원칙적으로 보장하고 있는데, 이러한 반대신문권의 보장은 피고인에게 불리한 주된 증거의 증명력을 탄핵할 수 있는 기회가 보장되어야 한다는 점에서 형식적·절차적인 것이 아니라 실질적·효과적인 것이어야 한다. 따라서 피고인에게 불리한 증거인 증인이 주신문의 경우와 달리 반대신문에 대하여는 답변을 하지 아니하는 등 진술내용의 모순이나 불합리를 그 증인신문 과정에서 드러내어 이를 탄핵하는 것이 사실상 곤란하였고, 그것이 피고인 또는 변호인에게 책임 있는 사유에 기인한 것이 아닌 경우라면, 관계 법령의 규정 혹은 증인의 특성 기타 공판절차의 특수성에 비추어 이를 정당화할 수 있는 특별한 사정이 존재하지 아니하는 이상, 이와 같이 실질적 반대신문권의 기회가 부여되지 아니한 채 이루어진 증인의 법정진술은 위법한 증거로서 증거능력을 인정하기 어렵다. 이 경우 피고인의 책문권 포기로 그 하자가 치유될 수 있으나, 책문권 포기의 의사는 명시적인 것이어야 한다(대법원 2022.3.17, 2016도17054).

224 수사기관의 피의자신문 시에 동석한 신뢰관계인이 피의자를 대신하여 진술한 부분이 조서에 기재되어 있다면, 피의자였던 피고인 또는 변호인이 공판준비 또는 공판기일에 그 내용을 인정할 때에 한하여 증거로 할 수 있다.

[경찰승진 23]

224 (×)

> **해설+** 동석한 사람이 피의자를 대신하여 진술한 부분이 조서에 기재되어 있다면 그 부분은 피의자의 진술을 기재한 것이 아니라 동석한 사람의 진술을 기재한 조서에 해당하므로, 그 사람에 대한 진술조서로서의 증거능력을 취득하기 위한 요건을 충족하지 못하는 한 이를 유죄 인정의 증거로 사용할 수 없다(대법원 2009.6.23, 2009도1322).

225 원진술자가 자신에 대한 검사 작성의 진술조서의 실질적 진정성립을 부인하는 경우 검사는 영상녹화물이나 조사관 또는 조사 과정에 참여한 통역인 등의 증언의 방법으로 실질적 진정성립을 증명할 수 있다.

[국가7급 16] [국가9급 17·18] [국가9급개론 18] [법원9급 18]

225 (×) '있다' → '없다'

> **해설+** '영상녹화물이나 그 밖의 객관적인 방법'은 피고인의 진술을 과학적·기계적·객관적으로 재현해 낼 수 있는 방법만을 의미한다(구법 제312조 제2항에 대한 판례로는 대법원 2016.2.18, 2015도16586).

226 공동피고인인 절도범과 그 장물범의 경우 피고인이 증거로 함에 동의한 바 없는 공동피고인에 대한 검사 작성의 피의자신문조서는 공동피고인의 증언에 의하여 그 성립의 진정이 인정되지 아니하는 한 피고인의 공소범죄사실을 인정하는 증거로 할 수 없다.

[국가9급 15]

226 (○)

> **해설+** (○) 공동피고인인 절도범과 그 장물범은 서로 다른 공동피고인의 범죄사실에 관하여는 증인의 지위에 있다 할 것이므로(공범자 아닌 공동피고인이라는 의미), 피고인이 증거로 함에 동의한 바 없는 공동피고인에 대한 피의자신문조서는 공동피고인(원진술자)의 증언에 의하여 그 성립의 진정이 인정되지 아니하는 한 피고인의 공소 범죄사실을 인정하는 증거로 할 수 없다(대법원 1982.6. 22, 82도898; 1982.9.14, 82도1000 등). 공동피고인에 대한 경찰 및 검찰 피의자신문조서 중 공동피고인이 원심 판시 별지 '범죄일람표 3' 순번 1 내지 5 기재와 같이 그가 절취한 각 수표를 피고인 2를 통하여 교환한 사실이 있다는 진술기재 부분은 공동피고인의 제1심법정에서의 증언에 의하여 실질적 진정성립이 인정되지 아니하여 증거능력이 없다(대법원 2006.1.12 2005도7601).

> **보충** 공범자 아닌 제3자에 대한 피의자신문조서는 검사 작성이든 사법경찰관 작성이든 '피고인 아닌 자의 진술을 기재한 조서'(제312조 제4항)로 본 판례이다. 즉, (공범자 아닌) 공동피고인에 대한 피의자신문조서에 대해서는 제312조 제4항이 적용되므로, 원진술자의 진술(또는 영상녹화물 그 밖의 객관적 방법)에 의한 실질적 진정성립의 인정이 필요하다(위 판례).

227 공동피고인인 절도범과 그 장물범은 서로 다른 공동피고인의 범죄사실에 관하여는 증인의 지위에 있다 할 것이므로, 피고인이 증거로 함에 동의한 바 없는 공동피고인에 대한 피의자신문조서는 공동피고인의 증언에 의하여 그 성립의 진정이 인정되지 아니하는 한 피고인의 공소 범죄 사실을 인정하는 증거로 할 수 없다.

[법원9급 14]

227 (○) 대법원 2006.1.12 2005 도7601

228 절도범과 그 장물범이 공동피고인인 경우, 검사가 절도범에 대해 수사단계에서 작성한 피의자 신문조서 중 '내가 절취한 수표를 장물범을 통하여 교환한 사실이 있다'는 진술기재 부분은 장물범이 이를 증거로 함에 동의한 바 없다면, 절도범을 법정에서 증인으로 신문하는 등의 방법에 의하여 실질적 진정성립이 인정되어야 장물범에 대하여 증거능력이 인정될 수 있다.

[국가7급 21]

228 (○)

해설+ (공범자 아닌) 공동피고인에 대한 피의자신문조서는 제312조 제4항에 의하여 원진술자의 진술(또는 객관적 방법)에 의하여 실질적 진정성립이 인정되어야 한다(또한 피고인·변호인의 반대신문권의 보장과 원진술의 특신상태를 요함). "공동피고인인 절도범과 그 장물범은 서로 다른 공동피고인의 범죄사실에 관하여는 증인의 지위에 있다 할 것이므로, 피고인이 증거로 함에 동의한 바 없는 (공범자 아닌) 공동피고인에 대한 피의자신문조서는 공동피고인의 증언에 의하여 그 성립의 진정이 인정되지 아니하는 한 피고인의 공소 범죄사실을 인정하는 증거로 할 수 없다(대법원 2006. 1.12, 2005도7601)."

229 乙에 대한 수사기관 작성 진술조서가 증거로 제출된 경우 피고인 甲이 그 피의자신문조서를 증거로 함에 동의하지 않더라도 乙이 다른 사건의 공판절차에서 당해 조서의 진정성립을 인정하면 그 조서는 甲사건의 공소사실에 대한 증거능력이 있다.

[국가7급 15 변형]

229 (×) '있다' → '있다고 할 수 없다'
반드시 원진술자가 현재의 사건에 증인으로 출석하여 그 서류의 성립의 진정을 인정하여야 증거능력이 인정된다(대법원 1999.10.8, 99 도3063).

230 수사기관이 원진술자의 진술을 기재한 조서는 그 내용을 피고인이 부인하고 원진술자의 법정출석 및 반대신문이 이루어지지 못하였다면 이를 주된 증거로 하여 공소사실을 인정할 수 없는 것이 원칙이지만, 피고인이 이에 대해 증거동의한 경우에는 그렇지 아니하다. [경찰채용 12]

230 (×) '에는 그렇지 아니하다' → '에도 마찬가지이다'
증거동의가 있다면 증거능력은 인정되지만, 원진술자의 법정출석 및 반대신문이 이루어지지 못한 이상 구체적이지 못한 참고인진술조서의 증명력을 인정할 수는 없다(대법원 2006.12.8, 2005도9730).

> **해설+** 수사기관이 원진술자의 진술을 기재한 조서는 원본 증거인 원진술자의 진술에 비하여 본질적으로 낮은 정도의 증명력을 가질 수밖에 없다는 한계를 지니는 것이고, 특히 원진술자의 법정출석 및 반대신문이 이루어지지 못한 경우에는 그 진술이 기재된 조서는 법관의 올바른 심증 형성의 기초가 될 만한 진정한 증거가치를 가진 것으로 인정받을 수 없는 것이 원칙이다. 따라서 피고인이 공소사실 및 이를 뒷받침하는 수사기관이 원진술자의 진술을 기재한 조서 내용을 부인하였음에도 불구하고, 원진술자의 법정출석과 피고인에 의한 반대신문이 이루어지지 못하였다면, 그 조서에 기재된 진술이 직접 경험한 사실을 구체적인 경위와 정황의 세세한 부분까지 정확하고 상세하게 묘사하고 있어 구태여 반대신문을 거치지 않더라도 진술의 정확한 취지를 명확히 인식할 수 있고 그 내용이 경험칙에 부합하는 등 신빙성에 의문이 없어 조서의 형식과 내용에 비추어 강한 증명력을 인정할 만한 특별한 사정이 있거나, 그 조서에 기재된 진술의 신빙성과 증명력을 뒷받침할 만한 다른 유력한 증거가 따로 존재하는 등의 예외적인 경우가 아닌 이상, 그 조서는 진정한 증거가치를 가진 것으로 인정받을 수 없는 것이어서 이를 주된 증거로 하여 공소사실을 인정하는 것은 원칙적으로 허용될 수 없다. 이는 원진술자의 사망이나 질병 등으로 인하여 원진술자의 법정출석 및 반대신문이 이루어지지 못한 경우는 물론 수사기관의 조서를 증거로 함에 피고인이 동의한 경우에도 마찬가지이다(대법원 2006.12.8, 2005도9730).

> **보충** 증거동의에 의하여 증거능력이 인정되어도, 이를 주된 증거로 하여 공소사실을 인정할 수 없다는 판례이다(증명력 부정).

231 수사기관이 참고인의 진술을 기재한 조서는 그 내용을 피고인이 부인하고 참고인의 법정출석 및 반대신문이 이루어지지 못하였다면 이를 주된 증거로 하여 공소사실을 인정할 수 없는 것이 원칙이지만 피고인이 이에 대해 증거동의한 경우에는 그렇지 아니하다. [경찰승진 23]

231 (×) 진술조서의 원진술자의 법정출석 및 반대신문이 이루어지지 못하는 경우에는 (그 증거능력이 인정된다 하더라도) 그 증명력은 부정되는 것이 원칙이다.

> **판례** 수사기관이 원진술자의 진술을 기재한 조서는 원본증거인 원진술자의 진술에 비하여 본질적으로 낮은 정도의 증명력을 가질 수밖에 없다는 한계를 지니는 것이고, 특히 원진술자의 법정출석 및 반대신문이 이루어지지 못한 경우에는 그 진술이 기재된 조서는 법관의 올바른 심증형성의 기초가 될 만한 진정한 증거가치를 가진 것으로 인정받을 수 없는 것이 원칙이다. 따라서 피고인이 공소사실 및 이를 뒷받침하는 수사기관이 원진술자의 진술을 기재한 조서내용을 부인하였음에도 불구하고, 원진술자의 법정출석과 피고인에 의한 반대신문이 이루어지지 못하였다면, 그 조서에 기재된 진술이 직접 경험한 사실을 구체적인 경위와 정황의 세세한 부분까지 정확하고 상세하게 묘사하고 있어 구태여 반대신문을 거치지 않더라도 진술의 정확한 취지를 명확히 인식할 수 있고 그 내용이 경험칙에 부합하는 등 신빙성에 의문이 없어 조서의 형식과 내용에 비추어 강한 증명력을 인정할 만한 특별한 사정이 있거나, 그 조서에 기재된 진술의 신빙성과 증명력을 뒷받침할 만한 다른 유력한 증거가 따로 존재하는 등의 예외적인 경우가 아닌 이상, 그 조서는 진정한 증거가치를 가진 것으로 인정받을 수 없는 것이어서 이를 주된 증거로 하여 공소사실을 인정하는 것은 원칙적으로 허용될 수 없다. 이는 원진술자의 사망이나 질병 등으로 인하여 원진술자의 법정출석 및 반대신문이 이루어지지 못한 경우는 물론 수사기관의 조서를 증거로 함에 피고인이 동의한 경우에도 마찬가지이다(대법원 2006.12.8, 2005도9730).

232 「형사소송법」 제312조 제4항에서 '특히 신빙할 수 있는 상태'란 진술내용이나 조서작성에 허위개입의 여지가 거의 없고, 진술내용의 신빙성이나 임의성을 담보할 구체적이고 외부적인 정황이 있는 것을 말한다.

[국가9급 13]

232 (○) 대법원 2012.7.26, 2012도2937

233 원진술자의 공판정 진술이 불가능한 경우, 참고인진술조서를 유죄의 증거로 사용하기 위하여 조서에 기재된 참고인의 진술이 '특히 신빙할 수 있는 상태하에서 행하여졌음'에 대한 증명은 소송법적 사실에 대한 증명에 해당하기에 합리적인 의심의 여지를 배제할 정도가 아니라 그러할 개연성이 있다는 정도로만 증명하면 충분하다.

[군무원9급 22]

233 (×)

> **해설+** 형사소송법이 원진술자 또는 작성자(이하 '참고인'이라 한다)의 소재불명 등의 경우에 참고인이 진술하거나 작성한 진술조서나 진술서에 대하여 증거능력을 인정하는 것은, 형사소송법이 제312조 또는 제313조에서 참고인 진술조서 등 서면증거에 대하여 피고인 또는 변호인의 반대신문권이 보장되는 등 엄격한 요건이 충족될 경우에 한하여 증거능력을 인정할 수 있도록 함으로써 직접심리주의 등 기본원칙에 대한 예외를 인정한 데 대하여 다시 중대한 예외를 인정하여 원진술자 등에 대한 반대신문의 기회조차 없이 증거능력을 부여할 수 있도록 한 것이므로, 그 경우 참고인의 진술 또는 작성이 '특히 신빙할 수 있는 상태하에서 행하여졌음에 대한 증명'은 단지 그러할 개연성이 있다는 정도로는 부족하고 합리적인 의심의 여지를 배제할 정도에 이르러야 한다(대법원 2014.2.21, 2013도12652).

234 사법경찰관(조사자)이 공소제기 전에 피고인 아닌 타인(원진술자)을 조사한 후 원진술자가 법정에 출석하여 수사기관에서 한 진술을 부인하는 취지로 증언하였더라도 그 진술이 특히 신빙할 수 있는 상태하에서 행하여진 때에는 원진술자의 진술을 내용으로 하는 조사자의 증언을 증거로 할 수 있다.

[소방간부 23]

234 (×)

> **해설+** 형사소송법 제316조 제2항은 "피고인 아닌 자의 공판준비 또는 공판기일에서의 진술이 피고인 아닌 타인의 진술을 그 내용으로 하는 것인 때에는 원진술자가 사망, 질병, 외국거주, 소재불명, 그 밖에 이에 준하는 사유로 인하여 진술할 수 없고, 그 진술이 특히 신빙할 수 있는 상태하에서 행하여졌음이 증명된 때에 한하여 이를 증거로 할 수 있다"고 규정하고 있고, 같은 조 제1항에 따르면 위 '피고인 아닌 자'에는 공소제기 전에 피고인 아닌 타인을 조사하였거나 그 조사에 참여하였던 자(이하 '조사자'라고 한다)도 포함된다. 따라서 조사자의 증언에 증거능력이 인정되기 위해서는 원진술자가 사망, 질병, 외국거주, 소재불명, 그 밖에 이에 준하는 사유로 인하여 진술할 수 없어야 하는 것이라서 원진술자가 법정에 출석하여 수사기관에서 한 진술을 부인하는 취지로 증언한 이상 원진술자의 진술을 내용으로 하는 조사자의 증언은 증거능력이 없다(대법원 2008.9.25, 2008도6985).

235 검사는 피의자가 아닌 자가 공판준비 또는 공판기일에서 조서가 자신이 검사 또는 사법경찰관 앞에서 진술한 내용과 동일하게 기재되어 있음을 인정하지 아니하는 경우, 그 부분의 성립의 진정을 증명하기 위하여 영상녹화물의 조사를 신청할 수 있다. [경찰채용 18 1차]

> **보충** 피고인 아닌 피의자의 경우에는 규칙 제134조의2 제1항 참조.

235 (○) 규칙 제134조의3 제1항

236 피고인이 아닌 피의자의 진술에 대한 영상녹화물의 조사를 신청하는 경우 검사는 영상녹화를 시작하고 마친 시각과 조사장소 등을 기재한 서면을 제출하여야 한다. [법원9급 12 변형]

> **보충** 규칙 제134조의2 【영상녹화물의 조사 신청】 ① 검사는 피고인이 아닌 피의자의 진술을 영상녹화한 사건에서 피고인이 아닌 피의자가 그 조서에 기재된 내용이 자신이 진술한 내용과 동일하게 기재되어 있음을 인정하지 아니하는 경우 그 부분의 성립의 진정을 증명하기 위하여 영상녹화물의 조사를 신청할 수 있다. 〈개정 2020.12.28.〉
> ② 삭제 〈2020.12.28.〉
> ③ 제1항의 영상녹화물은 조사가 개시된 시점부터 조사가 종료되어 피의자가 조서에 기명날인 또는 서명을 마치는 시점까지 전과정이 영상녹화된 것으로, 다음 각 호의 내용을 포함하는 것이어야 한다.
> 1. 피의자의 신문이 영상녹화되고 있다는 취지의 고지
> 2. 영상녹화를 시작하고 마친 시각 및 장소의 고지
> 3. 신문하는 검사와 참여한 자의 성명과 직급의 고지
> 4. 진술거부권·변호인의 참여를 요청할 수 있다는 점 등의 고지
> 5. 조사를 중단·재개하는 경우 중단 이유와 중단 시각, 중단 후 재개하는 시각
> 6. 조사를 종료하는 시각
> ④ 제1항의 영상녹화물은 조사가 행해지는 동안 조사실 전체를 확인할 수 있도록 녹화된 것으로 진술자의 얼굴을 식별할 수 있는 것이어야 한다.
> ⑤ 제1항의 영상녹화물의 재생 화면에는 녹화 당시의 날짜와 시간이 실시간으로 표시되어야 한다.
> ⑥ 삭제 〈2020.12.28.〉
>
> 제134조의3 【제3자의 진술과 영상녹화물】 ① 검사는 피의자가 아닌 자가 공판준비 또는 공판기일에서 조서가 자신이 검사 또는 사법경찰관 앞에서 진술한 내용과 동일하게 기재되어 있음을 인정하지 아니하는 경우 그 부분의 성립의 진정을 증명하기 위하여 영상녹화물의 조사를 신청할 수 있다.
> ② 검사는 제1항에 따라 영상녹화물의 조사를 신청하는 때에는 피의자가 아닌 자가 영상녹화에 동의하였다는 취지로 기재하고 기명날인 또는 서명한 서면을 첨부하여야 한다.
> ③ 제134조의2 제3항 제1호부터 제3호, 제5호, 제6호, 제4항, 제5항은 검사가 피의자가 아닌 자에 대한 영상녹화물의 조사를 신청하는 경우에 준용한다.

> **보충** 이외에도 피고인이 된 피의자의 진술을 영상녹화한 사건에서 피고인이 그 조서에 기재된 내용이 피고인이 진술한 내용과 동일하게 기재되어 있음을 인정하지 아니하는 경우의 영상녹화물 증거조사 규정이 삭제되었다(참고로 별도의 서면 첨부는 이 경우 필요했었음). 이는 2020.2.4. 형사소송법 개정으로 검사 작성 피고인이 된 피의자신문조서의 진정성립 증명을 위한 영상녹화물 조사가 허용되지 않게 됨에 따른 것이다.

> **보충** 검사의 영상녹화물 증거조사 신청 시 별도의 서면 첨부가 필요한 경우는 피의자 아닌 자가 공판준비 또는 공판기일에서 조서의 실질적 진정성립을 인정하지 아니하는 경우인데(규칙 제134조의3), 이 경우 검사는 피의자 아닌 자가 영상녹화에 동의하였다는 취지로 기재하고 기명날인 또는 서명한 서면을 첨부하여야 한다(동조 제2항).

> **요약** ① 피고인이 된 피의자 진술에 대한 영상녹화물 증거조사: 실질적 진정성립의 대체증명 용도로는 폐지(기억환기용은 존치)
> ② 피고인이 아닌 피의자 진술에 대한 영상녹화물 증거조사 신청의 방식: 별도의 서면 첨부 不要
> ③ 피의자 아닌 자 진술에 대한 영상녹화물 증거조사 신청의 방식: 영상녹화 동의서면 첨부 要

236 (×) 구 규칙에 의하면, 피고인이 된 피의자의 진술에 대한 영상녹화물의 조사를 신청하는 경우 검사는 위 서면을 제출하여야 하고, 피고인 아닌 피의자 또는 피의자 아닌 자의 진술에 대한 영상녹화물의 조사를 신청하는 경우에는 위 서면 제출을 요하지 아니하였다(따라서 구 규칙에 의하면, '서면의 제출은 요하지 않는다'로 되어야 하므로 위 지문은 틀린 것임, 구 규칙 제134조의2 제6항). 또한 2020.12.28. 개정 규칙에 의하더라도 영상녹화를 시작하고 마친 시각 및 장소의 고지 부분은, 영상녹화물 내에 녹화된 내용으로 존재해야 하는 것이지 이에 관한 별도의 서면 첨부가 필요한 것은 아니다. 따라서 대법원규칙의 개정과 관계없이 지문은 틀린 것이다.

237 검사 또는 사법경찰관리가 피의자를 조사하는 도중에 영상녹화의 필요성이 발생한 때에는 그 시점에서 진행 중인 조사를 중단하고, 중단한 조사를 다시 시작하는 때부터 조서에 기명날인 또는 서명을 마치는 시점까지의 모든 과정을 영상녹화해야 한다. [경찰경채 23]

237 (O) 검사규 제45조 제1항 후단 및 경수규 제43조 제1항 단서 참조.

해설+ **검찰사건사무규칙 제45조 【영상녹화】** ① 검사는 법 제221조 제1항 또는 제244조의2 제1항에 따라 피의자 또는 피의자가 아닌 사람을 영상녹화하는 경우 해당 조사의 시작부터 종료 시까지의 전 과정을 영상녹화하며, 조사 도중 영상녹화의 필요성이 발생한 경우에는 그 시점에서 진행 중인 조사를 종료하고, 그 다음 조사의 시작부터 종료 시까지의 전 과정을 영상녹화한다.

경찰수사규칙 제43조 【영상녹화】 ① 사법경찰관리는 법 제221조 제1항 또는 제244조의2 제1항에 따라 피의자 또는 피의자가 아닌 사람을 영상녹화하는 경우 그 조사의 시작부터 조서에 기명날인 또는 서명을 마치는 시점까지의 모든 과정을 영상녹화해야 한다. 다만, 조사 도중 영상녹화의 필요성이 발생한 때에는 그 시점에서 진행 중인 조사를 중단하고, 중단한 조사를 다시 시작하는 때부터 조서에 기명날인 또는 서명을 마치는 시점까지의 모든 과정을 영상녹화해야 한다.

238 법원은 검사가 영상녹화물의 조사를 신청한 경우 이에 관한 결정을 함에 있어 피고인 또는 변호인으로 하여금 그 영상녹화물이 적법한 절차와 방식에 따라 작성되어 봉인된 것인지 여부에 관한 의견을 진술하게 하여야 한다. 다만, 이 절차에는 원진술자가 참여할 필요가 없다. [경찰채용 18 1차 변형]

238 (×) 원진술자도 의견진술권이 있다.

보충 **규칙 제134조의4 【영상녹화물의 조사】** ① 법원은 검사가 영상녹화물의 조사를 신청한 경우 이에 관한 결정을 함에 있어 원진술자와 함께 피고인 또는 변호인으로 하여금 그 영상녹화물이 적법한 절차와 방식에 따라 작성되어 봉인된 것인지 여부에 관한 의견을 진술하게 하여야 한다.

239 법원은 공판준비 또는 공판기일에서 봉인을 해체하고 영상녹화물의 전부 또는 일부를 재생하는 방법으로 조사하여야 한다. 이때 영상녹화물은 그 재생과 조사에 필요한 전자적 설비를 갖춘 법정 외의 장소에서는 이를 재생할 수 없다. [경찰채용 18 1차]

239 (×)

해설+ **규칙 제134조의4 【영상녹화물의 조사】** ③ 법원은 공판준비 또는 공판기일에서 봉인을 해체하고 영상녹화물의 전부 또는 일부를 재생하는 방법으로 조사하여야 한다. 이때 영상녹화물은 그 재생과 조사에 필요한 전자적 설비를 갖춘 법정 외의 장소에서 이를 재생할 수 있다.

240 기억환기를 위한 영상녹화물의 조사는 검사 또는 피고인의 신청이 있는 경우에 한한다. [법원9급 12]

240 (×) '피고인' → 삭제(규칙 제134조의5 제1항)

241 피고인 또는 피고인 아닌 자의 진술을 내용으로 하는 영상녹화물은 공판준비 또는 공판기일에 피고인 또는 피고인이 아닌 자가 진술함에 있어서 기억이 명백하지 않은 사항에 관하여 기억을 환기시켜야 할 필요가 있다고 인정되는 때에 한하여 검사 및 피고인에게 재생하여 시청하게 할 수 있다.

[경찰채용 12]

241 (×) '검사 및 피고인에게 재생하여 시청하게 할 수 있다' → '피고인 또는 피고인 아닌 자에게만 이를 재생하여 시청하게 하여야 한다'(규칙 제134조의5 제1항)

242 피의자 또는 참고인의 진술을 녹화한 수사기관의 영상녹화물은 진술조서의 실질적 진정성립의 증명을 위한 대체수단 및 진술자의 기억환기를 위한 보조수단으로서 의미를 지닐 뿐이다.

[국가9급 12 변형]

242 (○) 제312조 제4항, 제318조의2 제2항

243 수사기관이 참고인을 조사하는 과정에서 작성한 영상녹화물은 다른 법률에서 달리 규정하고 있는 등의 특별한 사정이 없는 한, 공소사실을 직접 증명할 수 있는 독립적인 증거로 사용할 수 없다.

[국가7급 16]

243 (○) 대법원 2014.7.10, 2012도5041

244 사법경찰관이 14세의 성폭력범죄 피해자를 조사하면서 진술내용과 조사과정을 촬영한 영상물에 수록된 성폭력범죄 피해자의 진술은 조사과정에 동석하였던 신뢰관계 있는 자의 진술에 의하여 성립의 진정함이 인정된 때에 증거로 할 수 있다.

[국가7급 12 변형]

244 (×) 과거의 판례는 이러하였으나(대법원 2010.1.28, 2009도12048), 이후 헌법재판소의 위헌결정이 내려졌다. 즉, "성폭법 제30조 제6항 중 '제1항에 따라 촬영한 영상물에 수록된 피해자의 진술은 공판준비기일 또는 공판기일에 조사과정에 동석하였던 신뢰관계에 있는 사람 또는 진술조력인의 진술에 의하여 그 성립의 진정함이 인정된 경우에 증거로 할 수 있다' 부분 가운데 19세 미만 성폭력범죄 피해자에 관한 부분은 헌법에 위반된다(헌법재판소 2021.12.23, 2018헌바524)." 헌법재판소는 위 규정이 원진술자에 대한 피고인의 반대신문권을 실질적으로 배제하여 피고인의 방어권을 과도하게 제한하는 것으로, 과잉금지원칙에 반한다고 본 것이다.

해설+ 성폭력처벌법 제30조의2【영상녹화물의 증거능력 특례】① 제30조 제1항에 따라 19세미만피해자등의 진술이 영상녹화된 영상녹화물은 같은 조 제4항부터 제6항까지에서 정한 절차와 방식에 따라 영상녹화된 것으로서 다음 각 호의 어느 하나의 경우에 증거로 할 수 있다.
1. 증거보전기일, 공판준비기일 또는 공판기일에 그 내용에 대하여 피의자, 피고인 또는 변호인이 피해자를 신문할 수 있었던 경우. 다만, 증거보전기일에서의 신문의 경우 법원이 피의자나 피고인의 방어권이 보장된 상태에서 피해자에 대한 반대신문이 충분히 이루어졌다고 인정하는 경우로 한정한다.
2. 19세미만피해자등이 다음 각 목의 어느 하나에 해당하는 사유로 공판준비기일 또는 공판기일에 출석하여 진술할 수 없는 경우. 다만, 영상녹화된 진술 및 영상녹화가 특별히 신빙(信憑)할 수 있는 상태에서 이루어졌음이 증명된 경우로 한정한다.
　　가. 사망
　　나. 외국거주
　　다. 신체적, 정신적 질병·장애
　　라. 소재불명
　　마. 그 밖에 이에 준하는 경우
② 법원은 제1항 제2호에 따라 증거능력이 있는 영상녹화물을 유죄의 증거로 할지를 결정할 때에는 피고인과의 관계, 범행의 내용, 피해자의 나이, 심신의 상태, 피해자가 증언으로 인하여 겪을 수 있는 심리적 외상, 영상녹화물에 수록된 19세미만피해자등의 진술내용 및 진술태도 등을 고려하여야 한다. 이 경우 법원은 전문심리위원 또는 제33조에 따른 전문가의 의견을 들어야 한다.

245 「성폭력범죄의 처벌 등에 관한 특례법」 제30조에 의하면 성폭력범죄의 피해자가 19세 미만인 경우 피해자의 진술 내용과 조사 과정을 영상녹화하여야 하는데, 해당 영상물에 수록된 피해자의 진술은 공판준비기일 또는 공판기일에 피해자의 진술에 의하여 성립의 진정이 증명되면 증거능력이 인정된다. [경찰채용 19 1차]

245 (×)

> **보충** 성폭력처벌법 제30조 【19세미만피해자등 진술 내용 등의 영상녹화 및 보존 등】 ① 검사 또는 사법경찰관은 19세미만피해자등의 진술내용과 조사과정을 영상녹화장치로 녹화(녹음이 포함된 것을 말하며, 이하 "영상녹화"라 한다)하고, 그 영상녹화물을 보존하여야 한다.
>
> 제30조의2 【영상녹화물의 증거능력 특례】 ① 제30조 제1항에 따라 19세미만피해자등의 진술이 영상녹화된 영상녹화물은 같은 조 제4항부터 제6항까지에서 정한 절차와 방식에 따라 영상녹화된 것으로서 다음 각 호의 어느 하나의 경우에 증거로 할 수 있다.
> 1. 증거보전기일, 공판준비기일 또는 공판기일에 그 내용에 대하여 피의자, 피고인 또는 변호인이 피해자를 신문할 수 있었던 경우. 다만, 증거보전기일에서의 신문의 경우 법원이 피의자나 피고인의 방어권이 보장된 상태에서 피해자에 대한 반대신문이 충분히 이루어졌다고 인정하는 경우로 한정한다.
> 2. 19세미만피해자등이 다음 각 목의 어느 하나에 해당하는 사유로 공판준비기일 또는 공판기일에 출석하여 진술할 수 없는 경우. 다만, 영상녹화된 진술 및 영상녹화가 특별히 신빙(信憑)할 수 있는 상태에서 이루어졌음이 증명된 경우로 한정한다.
>   가. 사망
>   나. 외국거주
>   다. 신체적, 정신적 질병·장애
>   라. 소재불명
>   마. 그 밖에 이에 준하는 경우
> ② 법원은 제1항 제2호에 따라 증거능력이 있는 영상녹화물을 유죄의 증거로 할지를 결정할 때에는 피고인과의 관계, 범행의 내용, 피해자의 나이, 심신의 상태, 피해자가 증언으로 인하여 겪을 수 있는 심리적 외상, 영상녹화물에 수록된 19세미만피해자등의 진술내용 및 진술태도 등을 고려하여야 한다. 이 경우 법원은 전문심리위원 또는 제33조에 따른 전문가의 의견을 들어야 한다.

V 진술서

246 조세범칙조사를 담당하는 세무공무원이 피고인이 된 혐의자 또는 참고인에 대하여 심문한 내용을 기재한 조서는 「형사소송법」 제313조에 따라 공판준비 또는 공판기일에서 작성자·진술자의 진술에 따라 성립의 진정함이 증명되고, 나아가 그 진술이 특히 신빙할 수 있는 상태 아래에서 행하여진 때에 한하여 증거능력이 인정된다. [경찰경채 23]

246 (○)

> **해설+** 조세범칙조사를 담당하는 세무공무원은 특별사법경찰관리에 해당하지 아니하므로 위 조사 또한 수사과정에 해당하지 아니한다. 따라서 위 조서는 제313조 제1항의 수사과정 외에서 피고인 또는 피고인 아닌 자의 진술을 기재한 서류에 해당한다.

> **판례** 조세범칙조사를 담당하는 세무공무원이 피고인이 된 혐의자 또는 참고인에 대하여 심문한 내용을 기재한 조서는 검사·사법경찰관 등 수사기관이 작성한 조서와 동일하게 볼 수 없으므로 형사소송법 제312조에 따라 증거능력의 존부를 판단할 수는 없고, 피고인 또는 피고인이 아닌 자가 작성한 진술서나 그 진술을 기재한 서류에 해당하므로 형사소송법 제313조에 따라 공판준비 또는 공판기일에서 작성자·진술자의 진술에 따라 성립의 진정함이 증명되고 나아가 그 진술이 특히 신빙할 수 있는 상태 아래에서 행하여진 때에 한하여 증거능력이 인정된다(대법원 2022.12.15, 2022도8824).

1. 수사과정에서 작성한 진술서(제312조 제5항)

> ### 🔗 대표유형
>
> 사법경찰관의 수사과정에서 피의자가 작성한 진술서의 증거능력은 제313조에 의해 성립의
> 진정이 증명되면 증거로 할 수 있다.　　　　　　　　　　　　　　　　　　　[경찰채용 14·18]

(×) '있다' → '없다'

해설+ 피의자의 진술을 녹취 내지 기재한 서류 또는 문서가 수사기관에서의 조사과정에서 작성된 것이라면, 제312조 제5항이 적용되므로 위 진술서는 피의자신문조서와 달리 볼 수 없다(대법원 2010.5.27, 2010도1755). 제313조는 수사과정 외에서 작성된 진술서 및 진술기재서류에 적용되는 조항이다.

247 사법경찰관이 피의자를 조사하는 과정에서 「형사소송법」 제244조에 의하여 피의자신문조서에 기재함이 마땅한 피의자의 진술내용을 진술서의 형식으로 피의자로 하여금 기재하여 제출케 한 경우에는 그 진술서의 증거능력 유무는 검사 이외 수사기관이 작성한 피의자신문조서와 마찬가지로 결정하여야 한다.　　　　　　　　　　　　　　　　　　　　　　　[법원9급 10]

247 (○) 제1항부터 제4항까지의 규정은 피고인 또는 피고인이 아닌 자가 수사과정에서 작성한 진술서에 관하여 준용한다(제312조 제5항). 따라서 위 진술서의 증거능력 유무는 제312조 제2항(현 제3항)에 따라 결정되어야 한다(대법원 1982.9.14, 82도1479 전원합의체).

248 피의자의 진술을 녹취 내지 기재한 서류 또는 문서가 수사기관에서의 조사과정에서 작성된 것이지만 그것이 진술서라는 형식을 취하였다면 피의자신문조서와 달리 보아야 한다.　　　　　　　　　　　　　[경찰채용 18 1차]

248 (×)

> **해설+** 피의자의 진술을 녹취 내지 기재한 서류 또는 문서가 수사기관에서의 조사 과정에서 작성된 것이라면, 그것이 '진술조서, 진술서, 자술서'라는 형식을 취하였다고 하더라도 피의자신문조서와 달리 볼 수 없다(대법원 2009.8.20, 2008도8213).

249 피고인이 검사 이외의 수사기관에서 범죄혐의로 조사받는 과정에서 작성하여 제출한 진술서는 그 형식 여하를 불문하고 당해 수사기관이 작성한 피의자신문조서와 달리 볼 수 없다.　　　　　　　　　　[국가7급 08 변형]

249 (○) 제312조 제5항에 의하여 제312조 제3항이 적용된다(대법원 2006.1.13, 2003도6548).

250 피고인이 아닌 자가 수사과정에서 진술서를 작성하였지만 수사기관이 그에 대한 조사과정을 기록하지 아니한 경우에는 특별한 사정이 없는 한 적법한 절차와 방식에 따라 작성되었다고 할 수 없으므로 증거능력을 인정할 수 없다.　　　　　　[국가7급 16] [국가9급개론 18] [법원9급 18]

250 (○) 제312조 제5항에 의하여 제312조 제4항이 적용되므로 작성절차와 방식의 적법성이 요구된다(대법원 2015.4.23, 2013도3790).

251 사법경찰관이 피의자를 조사하는 경우와는 달리 피의자가 아닌 자를 조사하는 경우에는 조사과정의 진행경과를 확인하기 위하여 필요한 사항을 조서에 기록하거나 별도의 서면에 기록한 후 수사기록에 편철할 것을 요하지 않으므로, 사법경찰관이 그 조사과정을 기록하지 아니하였더라도 다른 특별한 사정이 없는 한 피의자 아닌 자가 조사과정에서 작성한 진술서는 증거로 할 수 있다.

[경찰채용 21 2차]

251 (×)

해설+ 검사 또는 사법경찰관이 피의자가 아닌 자를 조사하는 경우에는 피의자를 조사하는 경우와 마찬가지로 조사장소에 도착한 시각, 조사를 시작하고 마친 시각, 그 밖에 조사과정의 진행경과를 확인하기 위하여 필요한 사항을 조서에 기록하거나 별도의 서면에 기록한 후 수사기록에 편철하여야 한다고 규정하고 있다. 이와 같이 수사기관으로 하여금 피의자가 아닌 자를 조사할 수 있도록 하면서도 그 조사과정을 기록하도록 한 취지는 수사기관이 조사과정에서 피조사자로부터 진술증거를 취득하는 과정을 투명하게 함으로써 그 과정에서의 절차적 적법성을 제도적으로 보장하려는 데 있다. 따라서 수사기관이 수사에 필요하여 피의자가 아닌 자를 조사하는 과정에서 그 진술을 청취하여 증거로 남기는 방법으로 진술조서가 아닌 진술서를 작성·제출받는 경우에도 그 절차는 준수되어야 할 것이다. 이러한 형사소송법의 규정 및 그 입법 목적 등을 종합하여 보면, 피고인이 아닌 자가 수사과정에서 진술서를 작성하였지만 수사기관이 그에 대한 조사과정을 기록하지 아니하여 형사소송법 제244조의4 제3항, 제1항에서 정한 절차를 위반한 경우에는, 특별한 사정이 없는 한 '적법한 절차와 방식'에 따라 수사과정에서 진술서가 작성되었다 할 수 없으므로 그 증거능력을 인정할 수 없다(대법원 2015.4.23, 2013도3790).

252 수사기관이 피의자를 조사하는 경우에는 그 조사과정을 기록하여야 하나 피의자가 아닌 자를 조사하는 과정에서 그 진술을 청취하여 증거로 남기는 방법으로 진술조서가 아닌 진술서를 작성·제출받는 경우에는 그 절차를 준수할 것을 요하지 아니한다.

[경찰채용 19 2차]

252 (×) 수사기관으로 하여금 피의자가 아닌 자를 조사할 수 있도록 하면서도 그 조사과정을 기록하도록 한 취지는 수사기관이 조사과정에서 피조사자로부터 진술증거를 취득하는 과정을 투명하게 함으로써 그 과정에서의 절차적 적법성을 제도적으로 보장하려는 데 있다. 따라서 수사기관이 수사에 필요하여 피의자가 아닌 자를 조사하는 과정에서 그 진술을 청취하여 증거로 남기는 방법으로 진술조서가 아닌 진술서를 작성·제출받는 경우에도 그 절차는 준수되어야 할 것이다(대법원 2015.4.23, 2013도3790). 또한 제244조의4 제3항 참조.

해설+ **제244조의4【수사과정의 기록】** ① 검사 또는 사법경찰관은 피의자가 조사장소에 도착한 시각, 조사를 시작하고 마친 시각, 그 밖에 조사과정의 진행경과를 확인하기 위하여 필요한 사항을 피의자신문조서에 기록하거나 별도의 서면에 기록한 후 수사기록에 편철하여야 한다.
② 제244조 제2항 및 제3항은 제1항의 조서 또는 서면에 관하여 준용한다.
③ 제1항 및 제2항은 피의자가 아닌 자를 조사하는 경우에 준용한다.

제244조【피의자신문조서의 작성】 ① 피의자의 진술은 조서에 기재하여야 한다.
② 제1항의 조서는 피의자에게 열람하게 하거나 읽어 들려주어야 하며, 진술한 대로 기재되지 아니하였거나 사실과 다른 부분의 유무를 물어 피의자가 증감 또는 변경의 청구 등 이의를 제기하거나 의견을 진술한 때에는 이를 조서에 추가로 기재하여야 한다. 이 경우 피의자가 이의를 제기하였던 부분은 읽을 수 있도록 남겨두어야 한다.
③ 피의자가 조서에 대하여 이의나 의견이 없음을 진술한 때에는 피의자로 하여금 그 취지를 자필로 기재하게 하고 조서에 간인한 후 기명날인 또는 서명하게 한다.

253 경찰관이 피고인이 아닌 자의 주거지·근무지를 방문한 곳에서 진술서 작성을 요구하여 제출받은 경우 등 그 진술서가 경찰서에서 작성한 것이 아니라 작성자가 원하는 장소를 방문하여 받은 것이라면, 형사소송법 제244조의4(수사과정의 기록) 제1항 규정이 적용되지 않는다. [법원9급 23]

> **해설+** 제244조의4 【수사과정의 기록】 ① 검사 또는 사법경찰관은 피의자가 조사장소에 도착한 시각, 조사를 시작하고 마친 시각, 그 밖에 조사과정의 진행경과를 확인하기 위하여 필요한 사항을 피의자신문조서에 기록하거나 별도의 서면에 기록한 후 수사기록에 편철하여야 한다.
> ② 제244조 제2항 및 제3항은 제1항의 조서 또는 서면에 관하여 준용한다.
> ③ 제1항 및 제2항은 피의자가 아닌 자를 조사하는 경우에 준용한다.

> **보충** 경찰관이 입당원서 작성자의 주거지·근무지를 방문하여 입당원서 작성경위 등을 질문한 후 진술서 작성을 요구하여 이를 제출받은 이상 형사소송법 제312조 제5항이 적용되어야 한다. 따라서 형사소송법 제244조의4에서 정한 절차를 준수하지 않았다면 위 증거의 증거능력은 인정되지 않는다(대법원 2022.10.27, 2022도9510).

254 압수조서의 '압수경위'란에 피고인이 범행을 저지르는 현장을 목격한 사법경찰관 및 사법경찰리의 진술이 담겨 있고, 그 하단에 피고인의 범행을 직접 목격하면서 위 압수조서를 작성한 사법경찰관 및 사법경찰리의 각 기명날인이 들어가 있다면, 위 압수조서 중 '압수경위'란에 기재된 내용은 「형사소송법」 제312조 제5항에서 정한 '피고인이 아닌 자가 수사과정에서 작성한 진술서'에 준하는 것으로 볼 수 있다. [국가7급 21]

> **해설+** 피고인이 지하철역 에스컬레이터에서 휴대전화기의 카메라를 이용하여 성명불상 여성 피해자의 치마 속을 몰래 촬영하다가 현행범으로 체포되어 성폭력범죄의 처벌 등에 관한 특례법 위반(카메라등이용촬영)으로 기소된 경우, 피고인은 공소사실에 대해 자백하고 검사가 제출한 모든 서류에 대하여 증거로 함에 동의하였는데, 그 서류들 중 체포 당시 임의제출 방식으로 압수된 피고인 소유 휴대전화기(이하 '휴대전화기')에 대한 압수조서의 '압수경위'란에 '지하철역 승강장 및 게이트 앞에서 경찰관이 지하철범죄 예방·검거를 위한 비노출 잠복근무 중 검정 재킷, 검정 바지, 흰색 운동화를 착용한 20대 가량 남성이 짧은 치마를 입고 에스컬레이터를 올라가는 여성을 쫓아가 뒤에 밀착하여 치마 속으로 휴대폰을 집어넣는 등 해당 여성의 신체를 몰래 촬영하는 행동을 하였다'는 내용이 포함되어 있고, 그 하단에 피고인의 범행을 직접 목격하면서 위 압수조서를 작성한 사법경찰관 및 사법경찰리의 각 기명날인이 들어가 있으므로, 위 압수조서 중 '압수경위'란에 기재된 내용은 피고인이 범행을 저지르는 현장을 직접 목격한 사람의 진술이 담긴 것으로서 형사소송법 제312조 제5항에서 정한 '피고인이 아닌 자가 수사과정에서 작성한 진술서'에 준하는 것으로 볼 수 있고, 이에 따라 휴대전화기에 대한 임의제출절차가 적법하였는지에 영향을 받지 않는 별개의 독립적인 증거에 해당하여, 피고인이 증거로 함에 동의한 이상 유죄를 인정하기 위한 증거로 사용할 수 있을 뿐 아니라 피고인의 자백을 보강하는 증거가 된다고 볼 여지가 많다(대법원 2019.11.14, 2019도13290).

253 (×) 검사 또는 사법경찰관이 피고인이 아닌 자의 진술을 기재한 조서의 증거능력이 인정되려면 '적법한 절차와 방식에 따라 작성된 것'이어야 한다는 법리는 피고인이 아닌 자가 수사과정에서 작성한 진술서의 증거능력에 관하여도 적용된다.

254 (○)

255 경찰관이 현행범인 체포 당시 피의자로부터 임의제출 방식으로 압수한 휴대전화기에 대하여 작성한 압수조서 중 압수경위란에 피의자의 범행을 목격한 사람의 진술이 기재된 경우, 이는 「형사소송법」 제312조 제5항에서 정한 '피고인이 아닌 자가 수사과정에서 작성한 진술서'에 준하는 것으로 볼 수 있지만, 휴대전화기에 대한 임의제출절차가 적법하지 않다면 위 압수조서에 기재된 피의자의 범행을 목격한 사람의 진술 역시 피의자가 증거로 함에 동의하더라도 유죄를 인정하기 위한 증거로 사용할 수 없다.

255 (×)

[경찰채용 21 2차 유사] [경찰승진 22]

해설+ 휴대전화기에 대한 압수조서 중 '압수경위'란에 기재된 상기의 내용은, 피고인이 이 부분 공소사실과 같은 범행을 저지르는 현장을 직접 목격한 사람의 진술이 담긴 것으로서 형사소송법 제312조 제5항에서 정한 '피고인이 아닌 자가 수사과정에서 작성한 진술서'에 준하는 것으로 볼 수 있고, 이에 따라 이 사건 <u>휴대전화기에 대한 임의제출절차가 적법하였는지 여부에 영향을 받지 않는 별개의 독립적인 증거에 해당하므로, 피고인이 증거로 함에 동의한 이상 유죄를 인정하기 위한 증거로 사용할 수 있을 뿐 아니라 이 부분 공소사실에 대한 피고인의 자백을 보강하는 증거가 된다고</u> 볼 여지가 많다(대법원 2019.11.14, 2019도13290).

2. 그 밖의 과정에서 작성한 진술서(제313조 제1항·제2항)

 대표유형

(×)

「형사소송법」 제313조에 따르면 피고인이 작성한 진술서는 공판준비나 공판기일에서의 피고인의 진술에 의하여 그 성립의 진정함이 증명된 때에만 증거로 할 수 있고, 피고인이 그 성립의 진정을 부인한 경우에는 증거로 할 수 있는 방법은 없다. [국가9급 21]

해설+ 피고인이 작성한 진술서는 공판준비나 공판기일에서의 피고인의 진술에 의하여 그 성립의 진정함이 증명된 때에만 증거로 할 수 있다(제313조 제1항 본문). 그러나 진술서의 작성자가 공판준비나 공판기일에서 그 성립의 진정을 부인하는 경우에는 <u>과학적 분석결과에 기초한 디지털포렌식 자료, 감정 등 객관적 방법으로 성립의 진정함이 증명되는 때에는 증거로 할 수 있다</u>(제313조 제2항 본문).

256 디지털 저장매체에 저장된 로그파일의 원본이 아니라 그 복사본의 일부 내용을 요약·정리하는 방식으로 새로운 문서파일이 작성된 경우에 피고인이 증거사용에 동의하지 않은 상황에서 새로운 문서파일에 대해 진술증거로서 증거능력을 인정하기 위해서는 로그파일 원본과의 동일성이 인정되는 외에 전문법칙에 따라 성립의 진정이 증명되어야 한다. [경찰채용 19 1차 변형]

(O) 대법원 2015.8.27, 2015도3467

보충 이후 2016년 5월 개정에 따라 진술에 의하여 성립의 진정이 부인되는 경우에도, 과학적 분석결과에 기초한 디지털포렌식 자료, 감정 등 객관적 방법으로 그 성립의 진정이 증명된 경우에는 증거로 할 수 있게 되었다.

제313조【진술서등】 ① 전2조의 규정 이외에 피고인 또는 피고인이 아닌 자가 작성한 진술서나 그 진술을 기재한 서류로서 그 작성자 또는 진술자의 자필이거나 그 서명 또는 날인이 있는 것(피고인 또는 피고인 아닌 자가 작성하였거나 진술한 내용이 포함된 문자·사진·영상 등의 정보로서 컴퓨터용디스크, 그 밖에 이와 비슷한 정보저장매체에 저장된 것을 포함한다)은 공판준비나 공판기일에서의 그 작성자 또는 진술자의 진술에 의하여 그 성립의 진정함이 증명된 때에는 증거로 할 수 있다. 단, 피고인의 진술을 기재한 서류는 공판준비 또는 공판기일에서의 그 작성자의 진술에 의하여 그 성립의 진정함이 증명되고 그 진술이 특히 신빙할 수 있는 상태하에서 행하여진 때에 한하여 피고인의 공판준비 또는 공판기일에서의 진술에 불구하고 증거로 할 수 있다. 〈개정 2016.5.29.〉
② 제1항 본문에도 불구하고 진술서의 작성자가 공판준비나 공판기일에서 그 성립의 진정을 부인하는 경우에는 과학적 분석결과에 기초한 디지털포렌식 자료, 감정 등 객관적 방법으로 성립의 진정함이 증명되는 때에는 증거로 할 수 있다. 다만, 피고인 아닌 자가 작성한 진술서는 피고인 또는 변호인이 공판준비 또는 공판기일에 그 기재 내용에 관하여 작성자를 신문할 수 있었을 것을 요한다. 〈개정 2016.5.29.〉

257 A가 B와의 개별면담에서 대화한 내용을 피고인 甲에게 불러 주었고, 그 내용이 기재된 甲의 업무수첩이 그 대화내용을 증명하기 위한 진술증거인 경우에는 피고인이 작성한 진술서에 대한 「형사소송법」 제313조 제1항에 따라 증거능력을 판단해야 한다. [경찰채용 23 2차]

257 (X) A의 원진술을 甲이 듣고 甲의 업무수첩에 기재한 것이므로, 업무수첩은 전문진술(피고인 아닌 A의 진술을 원진술로 하는 甲의 전문진술, 제316조 제2항)을 기재한 서류(피고인 甲의 진술서, 제313조 제1항·제2항)에 해당한다(재전문서류). 따라서 '피고인이 작성한 진술에 대한 제313조 제1항에 따라 증거능력을 판단'한다는 부분은 틀렸고, 우선 전문진술에 대한 증거능력의 예외규정인 제316조 제2항이 적용되어야 한다.

판례 어떤 진술이 기재된 서류가 그 내용의 진실성이 범죄사실에 대한 직접증거로 사용될 때는 전문증거가 되지만, 그와 같은 진술을 하였다는 것 자체 또는 진술의 진실성과 관계없는 간접사실에 대한 정황증거로 사용될 때는 반드시 전문증거가 되는 것이 아니다. 그러나 어떠한 내용의 진술을 하였다는 사실 자체에 대한 정황증거로 사용될 것이라는 이유로 서류의 증거능력을 인정한 다음 그 사실을 다시 진술내용이나 그 진실성을 증명하는 간접사실로 사용하는 경우에 그 서류는 전문증거에 해당한다. 서류가 그곳에 기재된 원진술의 내용인 사실을 증명하는 데 사용되어 원진술의 내용인 사실이 요증사실이 되기 때문이다. 이러한 경우 형사소송법 제311조부터 제316조까지 정한 요건을 충족하지 못한다면 증거능력이 없다. … 제18대 대통령 박근혜(이하 '전 대통령')가 피고인 2에게 말한 내용에 관한 피고인 2의 업무수첩 등에는 '전 대통령이 피고인 2에게 지시한 내용'(이하 '지시사항 부분')과 '전 대통령과 개별 면담자가 나눈 대화내용을 전 대통령이 단독면담 후 피고인 2에게 불러 주었다는 내용'(이하 '대화내용 부분')이 함께 있다. 첫째, 피고인 2의 진술 중 지시사항 부분은 전 대통령이 피고인 2에게 지시한 사실을 증명하기 위한 것이라면 원진술의 존재 자체가 요증사실인 경우에 해당하여 본래증거이고 전문증거가 아니다. 그리고 피고인 2의 업무수첩 중 지시사항 부분은 형사소송법 제313조 제1항에 따라 공판준비나 공판기일에서 그 작성자인 피고인 2의 진술로 성립의 진정함이 증명된 경우에는 진술증거로 사용할 수 있다. 둘째, 피고인 2의 업무수첩 등의 대화내용 부분이 전 대통령과 개별 면담자 사이에서 대화한 내용을 증명하기 위한 진술증거인 경우에는 전문진술로서 형사소송법 제316조 제2항에 따라 원진술자가 사망, 질병, 외국거주, 소재불명 그 밖에 이에 준하는 사유로 진술할 수 없고 그 진술이 특히 신빙할 수 있는 상태에서 한 것임이 증명된 때에 한하여 증거로 사용할 수 있다. 이 사건에서 피고인 2의 업무수첩 등은 이 요건을 충족하지 못한다. 따라서 피고인 2의 업무수첩 등은 전 대통령과 개별 면담자가 나눈 대화내용을 추단할 수 있는 간접사실의 증거로 사용하는 것도 허용되지 않는다. 이를 허용하면 대화내용을 증명하기 위한 직접증거로 사용할 수 없는 것을 결국 대화내용을 증명하는 증거로 사용하는 결과가 되기 때문이다(대법원 2019.8.29, 2018도13792 전원합의체).

PART 04 공판

258 「형사소송법」 제313조 제1항 단서의 특신상태는 증거능력의 요건에 해당하므로 검사가 그 존재에 대하여 구체적으로 주장·입증하여야 하는 것이지만, 이는 소송상의 사실에 관한 것이므로, 엄격한 증명을 요하지 아니하고 자유로운 증명으로 족하다. [경찰채용 23 1차]

258 (○)

> **해설+** 피고인의 자필로 작성된 진술서의 경우에는 서류의 작성자가 동시에 진술자이므로 진정하게 성립된 것으로 인정되어 형사소송법 제313조 단서에 의하여 그 진술이 특히 신빙할 수 있는 상태에서 행하여진 때에는 증거능력이 있고, 이러한 특신상태는 증거능력의 요건에 해당하므로 검사가 그 존재에 대하여 구체적으로 주장·입증하여야 하는 것이지만, 이는 소송상의 사실에 관한 것이므로, 엄격한 증명을 요하지 아니하고 자유로운 증명으로 족하다(대법원 2001.9.4, 2000도1743).

259 피고인의 진술을 피고인 아닌 자가 녹음한 경우, 피고인이 해당 녹음테이프를 증거로 할 수 있음에 동의하지 않은 이상 녹음테이프에 녹음된 피고인의 진술내용을 증거로 사용하기 위해서는 「형사소송법」 제313조 제1항 단서에 따라 공판준비 또는 공판기일에서 진술자인 피고인의 진술에 의하여 녹음테이프에 녹음된 진술내용이 자신이 진술한 대로 녹음된 것임이 증명되고, 나아가 그 진술이 특히 신빙할 수 있는 상태하에서 행하여진 것임이 인정되어야 한다. [경찰채용 23 1차]

259 (×)

> **해설+** 피고인과 상대방 사이의 대화 내용에 관한 녹취서가 공소사실의 증거로 제출되어 녹취서의 기재 내용과 녹음테이프의 녹음 내용이 동일한지에 대하여 법원이 검증을 실시한 경우에, 증거자료가 되는 것은 녹음테이프에 녹음된 대화 내용 자체이고, 그중 피고인의 진술내용은 실질적으로 형사소송법 제311조, 제312조의 규정 이외에 피고인의 진술을 기재한 서류와 다름없어, 피고인이 녹음테이프를 증거로 할 수 있음에 동의하지 않은 이상 녹음테이프에 녹음된 피고인의 진술내용을 증거로 사용하기 위해서는 형사소송법 제313조 제1항 단서에 따라 공판준비 또는 공판기일에서 작성자인 상대방의 진술에 의하여 녹음테이프에 녹음된 피고인의 진술내용이 피고인이 진술한 대로 녹음된 것임이 증명되고 나아가 그 진술이 특히 신빙할 수 있는 상태하에서 행하여진 것임이 인정되어야 한다(대법원 2012.9.13, 2012도7461).

260 압수된 디지털 저장매체로부터 출력한 문건을 진술증거로 사용하는 경우, 그 기재 내용의 진실성에 관하여는 전문법칙이 적용되므로 공판준비나 공판기일에서의 그 작성자 또는 진술자의 진술 또는 과학적 분석결과에 기초한 디지털포렌식 자료나 감정 등의 객관적 방법에 의하여 성립의 진정함이 증명되어야 이를 증거로 할 수 있다. [국가7급 15 변형] [법원9급 16 변형]

260 (○) 대법원 2013.6.13, 2012 도16001 및 제313조 제항·제2항 참조

261 피해자가 남동생에게 도움을 요청하면서 피고인으로부터 당한 공갈 등 피해 내용을 담아 보낸 문자메시지를 촬영한 사진은 「형사소송법」 제313조에 규정된 '피해자의 진술서'에 준하는 것으로 보아야 한다. [경찰채용 12]

261 (○) 대법원 2010.11.25, 2010도8735

262 감금된 피해자 A가 甲으로부터 풀려나는 당일 남동생 B에게 도움을 요청하면서 甲이 협박한 말을 포함하여 공갈 등 甲으로부터 피해를 입은 내용을 문자메시지로 보낸 경우, 이 문자메시지의 내용을 촬영한 사진은 A의 진술서로 볼 수 없다. [경찰간부 22]

262 (×)

> 해설+ 이 사건 문자메시지는 피해자가 피고인으로부터 풀려난 당일에 남동생에게 도움을 요청하면서 피고인이 협박한 말을 포함하여 공갈 등 피고인으로부터 피해를 입은 내용을 문자메시지로 보낸 것이므로, 이 사건 문자메시지의 내용을 촬영한 사진은 증거서류 중 피해자의 진술서에 준하는 것으로 취급함이 상당하다(대법원 2010.11.25, 2010도8735).

263 甲은 휴대전화기를 이용하여 A에게 공포심을 유발하는 글을 반복적으로 도달하게 한 혐의로 정보통신망이용촉진및정보보호등에관한법률위반죄로 기소되었다. 검사는 乙이 甲의 부탁을 받고 甲의 휴대전화기를 보관하고 있다는 사실을 알고 乙에게 부탁하여 甲의 휴대전화기를 임의제출받았다. 한편 A는 B의 휴대전화기에 "甲으로부터 수차례 협박 문자메시지를 받았다"는 내용의 문자메시지를 발송하였다. B의 휴대전화기에 저장된 문자메시지는 본래증거로서 「형사소송법」 제310조의2가 정한 전문법칙이 적용될 여지가 없다. [국가9급 17]

263 (×) '적용될 여지가 없다' → '적용된다'
문자메시지의 내용을 촬영한 사진은 피해자의 진술서에 준하는 것으로 취급함이 상당하다(대법원 2010.11.25, 2010도8735).

Ⅵ 수사기관의 검증조서(제312조 제6항)

🔗 **대표유형**

경찰의 검증조서 가운데 범행 부분은 부동의하고 현장상황 부분에 대해서만 동의하는 것도 가능하고, 그 효력은 동의한 부분에 한하여 발생한다. [국가7급 21]

(○) 대법원 1990.7.24, 90도1303

264 피고인이 제1심 법정에서 경찰의 검증조서 가운데 범행 부분만 부동의하고 현장상황 부분에 대해서는 모두 증거로 함에 동의하였다면, 해당 검증조서 가운데 현장상황 부분만을 증거로 채용한 판결에 잘못이 없다. [경찰승진 22]

264 (○) 대법원 1990.7.24, 90도1303

265 사법경찰관이 수사의 경위 및 결과를 내부적으로 보고하기 위하여 수사보고서를 작성하면서 그 수사보고서에 검증의 결과와 관련한 기재를 하였더라도 그 수사보고서를 두고 「형사소송법」 제312조 제1항(현행 제312조 제6항)이 규정하고 있는 '검사 또는 사법경찰관이 검증의 결과를 기재한 조서'라고 할 수는 없다. [경찰채용 16]

265 (○) 수사보고서는 실황조사서에 해당하지 않아 증거로 할 수 없다(대법원 2001.5.29, 2000도2933).

266 상해사건 피해자의 피해부위에 대해 사법경찰리가 작성한 수사보고서는 진술서로 볼 수는 없고 검증조서로 보아야 한다. [경찰간부 22]

266 (×)

> **해설＋** 수사보고서에 검증의 결과에 해당하는 기재가 있는 경우, 그 기재 부분은 검찰사건사무규칙 제17조에 의하여 검사가 범죄의 현장 기타 장소에서 실황조사를 한 후 작성하는 실황조서 또는 사법경찰관리집무규칙 제49조 제1항, 제2항에 의하여 사법경찰관이 수사상 필요하다고 인정하여 범죄현장 또는 기타 장소에 임하여 실황을 조사할 때 작성하는 실황조사서에 해당하지 아니하며, 단지 수사의 경위 및 결과를 내부적으로 보고하기 위하여 작성된 서류에 불과하므로 그 안에 검증의 결과에 해당하는 기재가 있다고 하여 이를 형사소송법 제312조 제1항(현 제312조 제6항)의 '검사 또는 사법경찰관이 검증의 결과를 기재한 조서'라고 할 수 없을 뿐만 아니라 이를 같은 법 제313조 제1항의 '피고인 또는 피고인이 아닌 자가 작성한 진술서나 그 진술을 기재한 서류'라고 할 수도 없고, 같은 법 제311조, 제315조, 제316조의 적용대상이 되지 아니함이 분명하므로 그 기재 부분은 증거로 할 수 없다(대법원 2001.5.29, 2000도2933).

267 사법경찰관 사무취급이 범죄현장에서 긴급하게 작성한 후 사후영장을 받지 않은 실황조사서는 증거능력이 인정된다. [국가9급 09]

267 (×) '인정된다' → '부정된다' (대법원 1984.3.13, 83도3006)

> **보충** 범죄장소에서의 긴급검증인데, 사후영장이 없으므로 위법수집증거에 해당한다.

268 사고발생 직후 사고장소에서 사법경찰관 사무취급이 작성한 실황조서가 긴급을 요하여 판사의 영장 없이 작성된 것이어서 「형사소송법」 제216조 제3항에 의한 검증에 해당한다면, 이 조서는 적법한 절차에 따라 작성된 것이므로 특별한 사유가 없는 한 증거능력이 있다. [경찰채용 18 2차]

268 (×)

> **해설＋** 사법경찰관 사무취급이 작성한 실황조서가 사고발생 직후 사고장소에서 긴급을 요하여 판사의 영장 없이 시행된 것으로서 형사소송법 제216조 제3항에 의한 검증에 따라 작성된 것이라면 사후영장을 받지 않는 한 유죄의 증거로 삼을 수 없다(대법원 1989.3.14, 88도1399).

269 사법경찰관 사무취급이 작성한 실황조사서가 사고발생 직후 사고장소에서 긴급을 요하여 판사의 영장 없이 시행된 것으로서 「형사소송법」 제216조 제3항에 의한 검증에 따라 작성된 것이라면 사후영장을 받지 않는 한 유죄의 증거로 삼을 수 없다. [국가9급 22]

269 (○) 대법원 1989.3.14. 88도1399

270 사법경찰관이 작성한 검증조서는 작성자의 진술에 따라 성립의 진정이 증명된 경우에 증거능력이 인정된다. [국가9급 10]

270 (○) 제312조 제6항 참조.

271 검사 또는 사법경찰관이 검증의 결과를 기재한 조서는 적법한 절차와 방식에 따라 작성된 것으로서 공판준비 또는 공판기일에서의 피고인의 진술에 따라 그 성립의 진정함이 증명된 때에는 증거로 할 수 있다. [경찰채용 12·18 2차 유사]

271 (×) '피고인' → '작성자'(제312조 제6항)

> **해설+** 제312조【검사 또는 사법경찰관의 조서 등】⑥ 검사 또는 사법경찰관이 검증의 결과를 기재한 조서는 적법한 절차와 방식에 따라 작성된 것으로서 공판준비 또는 공판기일에서의 <u>작성자의 진술</u>에 따라 그 성립의 진정함이 증명된 때에는 증거로 할 수 있다.

272 사법경찰관 작성의 검증조서에 대하여 피고인이 증거로 함에 동의만 하였을 뿐 공판정에서 검증조서에 기재된 진술내용 및 범행을 재연한 부분에 대하여 그 성립의 진정 및 내용을 부인하고 있다면 그 부분은 증거능력을 인정할 수 없다. [법원승진 14]

272 (○) 대법원 1988.3.8, 87도2692

273 검증조서에 첨부된 사진은 검증조서와 일체를 이루는 것이지만, 사법경찰관 작성의 검증조서 중 피고인 진술 기재부분 및 범행재연의 사진 부분에 대하여 원진술자이며 행위자인 피고인에 의한 진정함의 인정이 없더라도 전체로서 증거능력이 없어지는 것은 아니다. [국가9급 12]

273 (×) '더라도' → '으면', '없어지는 것은 아니다' → '없다'
원진술자이며 행위자인 피고인에 의하여 진술 및 범행재연의 진정함이 인정되지 아니하는 경우 그 부분은 증거능력이 없다(대법원 1988. 3.8, 87도2692).

274 사법경찰관이 적법한 절차와 방식에 따라 작성한 검증조서에 피의자 아닌 자의 진술이 기재된 경우, 그 진술이 영상녹화물에 의하여 증명되고 공판기일에서 작성자인 사법경찰관의 진술에 따라 그 성립의 진정함이 증명된 때에는 증거로 할 수 있다. [경찰채용 22 2차]

> **해설+** 수사기관 검증조서에 피의자 아닌 자의 진술이 기재되어 있다면, 제312조 제6항이 아닌 제312조 제4항이 적용된다. 따라서 실질적 진정성립 인정의 주체는 작성자인 사법경찰관이 아니라 원진술자인 피의자 아닌 자이어야 한다.

275 사법경찰관이 작성한 검증조서에 피의자이던 피고인이 검사 이외의 수사기관 앞에서 자백한 범행내용을 현장에 따라 진술·재연한 내용이 기재되고 그 재연 과정을 촬영한 사진이 첨부되어 있다면, 그러한 사진은 피고인이 공판정에서 그 진술내용 및 범행재연의 상황을 모두 부인하는 이상 증거능력이 없다. [경찰채용 19 1차]

> **해설+** 사법경찰관 작성의 검증조서에 대하여 피고인이 증거로 함에 동의만 하였을 뿐 공판정에서 검증조서에 기재된 진술내용 및 범행을 재연한 부분에 대하여 그 성립의 진정 및 내용을 인정한 흔적을 찾아 볼 수 없고 오히려 이를 부인하고 있는 경우에는 그 증거능력을 인정할 수 없고, 위 검증조서 중 범행에 부합되는 피고인의 진술을 기재한 부분과 범행을 재연한 부분을 제외한 나머지 부분만을 증거로 채용하여야 한다(대법원 1998.3.13, 98도159).

▊ Ⅶ 증거능력에 대한 예외(제314조)

🔗 **대표유형**

증인이 '소재불명이거나 그 밖에 이에 준하는 사유로 인하여 진술할 수 없는 때'에 해당한다고 인정할 수 있으려면 증인의 법정 출석을 위한 가능하고도 충분한 노력을 다하였음에도 불구하고 부득이 증인의 법정 출석이 불가능하게 되었다는 사정이 있어야 하며, 이는 검사가 증명하여야 한다. [국가9급 17]

276 당해 피고인과 공범관계가 있는 다른 피의자에 대한 검사 이외의 수사기관 작성 피의자신문조서에 대하여는 사망 등 사유로 인하여 법정에서 진술할 수 없는 때에 예외적으로 증거능력을 인정하는 규정인 「형사소송법」 제314조가 적용되지 아니한다. [경찰채용 18 1차] [법원9급 13]

277 피고인 甲이 사업주(실질적 경영귀속주체)인 사업체의 종업원 乙이 법규위반행위를 하여 甲이 양벌규정에 의하여 기소되고 사법경찰관이 작성한 乙에 대한 피의자신문조서가 증거로 제출되었으나 甲이 이를 내용부인 취지로 부동의하였고 재판진행 중 乙이 지병으로 사망한 경우, 위 피의자신문조서는 「형사소송법」 제314조에 의해 증거능력이 인정될 수 있다. [변호사 23]

277 (×)

해설+ 형사소송법 제312조 제3항은 검사 이외의 수사기관이 작성한 해당 피고인에 대한 피의자신문조서를 유죄의 증거로 하는 경우뿐만 아니라 검사 이외의 수사기관이 작성한 해당 피고인과 공범관계에 있는 다른 피고인이나 피의자에 대한 피의자신문조서를 해당 피고인에 대한 유죄의 증거로 채택할 경우에도 적용된다. 따라서 해당 피고인과 공범관계가 있는 다른 피의자에 대하여 검사 이외의 수사기관이 작성한 피의자신문조서는 그 피의자의 법정진술에 의하여 성립의 진정이 인정되는 등 형사소송법 제312조 제4항의 요건을 갖춘 경우라도 해당 피고인이 공판기일에서 그 조서의 내용을 부인한 이상 이를 유죄 인정의 증거로 사용할 수 없고, 그 당연한 결과로 위 피의자신문조서에 대하여는 사망 등 사유로 인하여 법정에서 진술할 수 없는 때에 예외적으로 증거능력을 인정하는 규정인 형사소송법 제314조가 적용되지 아니한다. 그리고 이러한 법리는 공동정범이나 교사범, 방조범 등 공범관계에 있는 자들 사이에서뿐만 아니라, 법인의 대표자나 법인 또는 개인의 대리인, 사용인, 그 밖의 종업원 등 행위자의 위반행위에 대하여 행위자가 아닌 법인 또는 개인이 양벌규정에 따라 기소된 경우, 이러한 법인 또는 개인과 행위자 사이의 관계에서도 마찬가지로 적용된다고 보아야 한다(대법원 2020.6.11, 2016도9367).

⊘ **사례**

[278-1~2] 甲은 관급공사를 수주받기 위하여 공무원 乙에게 뇌물을 제공하고, 乙은 그 뇌물을 받은 혐의로 함께 기소되어 공동피고인으로 재판을 받고 있다. 검사는 사법경찰관 작성의 공범 甲에 대한 피의자신문조서와 乙에 대한 진술조서 및 乙의 진술을 적법하게 녹화한 영상녹화물을 증거로 제출하였다. 甲에 대한 피의자신문조서에는 甲이 乙에게 뇌물을 제공했다고 자백한 사실이 기재되어 있다.

278-1 乙에 대한 진술조서는 乙에 대한 피의자신문조서로 보아야 한다. [경찰간부 22]

278-1 (○)

해설+ 피의자의 진술을 녹취 내지 기재한 서류 또는 문서가 수사기관에서의 조사과정에서 작성된 것이라면 그것이 진술조서, 진술서, 자술서라는 형식을 취하였다 하더라도 당해 수사기관이 작성한 피의자신문조서와 달리 볼 수 없다(대법원 2007.10.25, 2007도6129).

278-2 만약 공판이 진행되던 중 甲이 사망한 경우에는 甲에 대한 피의자신문조서는 특신상태만 증명되면 乙의 공소사실을 증명하는 증거로 사용할 수 있다.

[경찰간부 22]

278-2 (×)

> **해설+** 형사소송법 제312조 제2항(현 제3항)은 검사 이외의 수사기관이 작성한 당해 피고인에 대한 피의자신문조서를 유죄의 증거로 하는 경우뿐만 아니라 검사 이외의 수사기관이 작성한 당해 피고인과 공범관계에 있는 다른 피고인이나 피의자에 대한 피의자신문조서를 당해 피고인에 대한 유죄의 증거로 채택할 경우에도 적용되는바, 당해 피고인과 공범관계가 있는 다른 피의자에 대한 검사 이외의 수사기관 작성의 피의자신문조서는 그 피의자의 법정진술에 의하여 그 성립의 진정이 인정되더라도 당해 피고인이 공판기일에서 그 조서의 내용을 부인하면 증거능력이 부정되므로 그 당연한 결과로 그 피의자신문조서에 대하여는 사망 등 사유로 인하여 법정에서 진술할 수 없는 때에 예외적으로 증거능력을 인정하는 규정인 형사소송법 제314조가 적용되지 아니한다(대법원 2004.7.15, 2003도7185 전원합의체).

279 피고인의 사용인이 위반행위를 하여 피고인이 양벌규정에 따라 기소된 경우, 사용인에 대하여 사법경찰관이 작성한 피의자신문조서에 대하여는 그 사용인이 사망하여 진술할 수 없더라도 「형사소송법」 제314조가 적용되지 않는다.

[국가7급 21]

279 (○)

> **해설+** 피고인과 공범관계가 있는 다른 피의자에 대하여 검사 이외의 수사기관이 작성한 피의자신문조서에 대해서는 형사소송법 제314조가 적용되지 아니한다. 이러한 법리는 법인의 대표자나 법인 또는 개인의 대리인, 사용인, 그 밖의 종업원 등 행위자의 위반행위에 대하여 행위자가 아닌 법인 또는 개인이 양벌규정에 따라 기소된 경우, 이러한 법인 또는 개인과 행위자 사이의 관계에서도 마찬가지로 적용된다(대법원 2020.6.11, 2016도9367).

280 「형사소송법」 제312조 소정의 조서나 같은 법 제313조 소정의 서류를 반드시 우리나라의 권한 있는 수사기관 등이 작성한 조서 및 서류에만 한정하여 볼 것은 아니고, 외국의 권한 있는 수사기관 등이 작성한 조서나 서류도 같은 법 제314조 소정의 요건을 모두 갖춘 것이라면 이를 유죄의 증거로 삼을 수 있다.

[법원9급 13]

280 (○) 대법원 1997.7.25, 97도1351

281 「형사소송법」 제314조의 '외국거주'라 함은 진술을 요할 자가 외국에 있다는 것만으로는 부족하고, 그를 공판정에 출석시켜 진술하게 할 모든 수단을 강구하는 등 가능하고 상당한 수단을 다하더라도 그 진술을 요할 자를 법정에 출석하게 할 수 없는 사정이 있는 예외적인 경우를 말한다.

[국가9급 17 변형]

281 (○) 대법원 2016.2.18, 2015도17115

282 진술을 요할 자가 외국에 있고 그를 공판정에 출석시켜 진술하게 할 가능하고 상당한 모든 수단을 다하더라도 출석하게 할 수 없는 경우는 「형사소송법」 제314조에 규정된 '진술을 요할 자가 사망·질병·외국거주·소재불명, 그 밖에 이에 준하는 사유로 진술할 수 없는 때'에 해당된다.

[법원9급 16]

282 (O) 대법원 2008.2.28, 2007도10004

283 증인으로 채택하여 국내의 주소지 등으로 소환하였으나 소환장이 송달불능되었고, 미국으로 출국하여 그곳에 거주하고 있음이 밝혀져 다시 미국 내 주소지로 증인소환장을 발송하자, 제1심법원에 경위서를 제출하면서 장기간 귀국할 수 없음을 통보한 경우는 「형사소송법」 제314조에 규정된 '진술을 요하는 자가 사망, 질병, 외국거주, 소재불명 그 밖에 이에 준하는 사유로 인하여 진술할 수 없는 때'에 해당한다.

[경찰채용 14]

283 (O) 대법원 2007.6.14, 2004도5561

284 일본에 거주하는 사람을 증인으로 채택하여 환문코자 하였으나 외교통상부로부터 현재 일본 측에서 형사사건에 대하여는 양국 형법체계상의 상이함을 이유로 송달에 응하지 않고 있어 그 송달이 불가능하다는 취지의 회신을 받은 경우는 제314조 "사망·질병·외국거주·소재불명 그밖에 이에 준하는 사유로 인하여 진술할 수 없는 때"에 해당한다.

[법원9급 12]

284 (O) 대법원 1987.9.8, 87도1446

285 진술을 요할 자가 법원의 소환에 계속 불응하고, 구인하여도 구인장이 집행되지 아니하는 등 법정에서의 신문이 불가능한 상태의 경우는 「형사소송법」 제314조에 규정된 '진술을 요할 자가 사망·질병·외국거주·소재불명, 그 밖에 이에 준하는 사유로 진술할 수 없는 때'에 해당된다.

[법원9급 16]

285 (O) 송달불능 + 소재수사에도 구인불능 = 소재불명 그밖에 이에 준하는 사유(대법원 2005.9.30, 2005도2654)

286 원진술자가 법원의 소환에 불응할 뿐만 아니라 보복이 두려워 주소를 옮김으로써 구인장이 집행되지 아니한 사정은 「형사소송법」 제314조 '진술할 수 없는 때'에 해당한다.

[국가7급 10 변형]

286 (O) 대법원 1986.2.5, 85도2788

287 진술을 요할 자가 중풍·언어장애 등 장애등급 3급 5호의 장애로 인하여 법정에 출석할 수 없었고, 그 후 신병을 치료하기 위하여 속초로 간 후에는 그에 대한 소재탐지가 불가능하게 된 경우는 제314조 "사망·질병·외국거주·소재불명 그밖에 이에 준하는 사유로 인하여 진술할 수 없는 때"에 해당한다. [법원9급 12]

287 (○) 대법원 1999.5.14, 99도202

288 진술을 요할 자들이 모두 일정한 주거가 없이 전전유전하는 넝마주이 등으로서 그 소재를 알기 어려운 경우는 제314조 '진술할 수 없는 때'에 해당한다. [법원승진 11]

288 (○) 대법원 1968.6.18, 68도488

289 증인의 주소지가 아닌 곳으로 소환장을 보내 송달불능이 되자 그곳을 중심으로 한 소재탐지 끝에 소재불능회보를 받은 경우에는 「형사소송법」 제314조에서 말하는 원진술자가 공판정에서 진술할 수 없는 때라고 할 수 없다.

289 (○) 대법원 2006.12.22, 2006도7479

290 1심에서 송달불능이 된 증인을 항소심에서 다시 증인으로 채택하여 소환함에 있어서 1심에서 송달불능된 주소로만 소환하고 기록상 용이하게 알 수 있는 다른 주소로 소환하지 아니한 경우는 「형사소송법」 제314조에 규정된 '진술을 요하는 자가 사망, 질병, 외국거주, 소재불명 그 밖에 이에 준하는 사유로 인하여 진술할 수 없는 때'에 해당한다. [경찰채용 14]

290 (×) '해당한다' → '해당한다고 할 수 없다'(대법원 1973.10.31, 73도2124)

291 법정에 출석한 증인이 「형사소송법」 제148조(근친자의 형사책임과 증언거부), 제149조(업무상 비밀과 증언거부) 등에서 정한 바에 따라 정당하게 증언거부권을 행사하여 증언을 거부한 경우는 「형사소송법」 제314조(증거능력에 대한 예외)의 '그 밖에 이에 준하는 사유로 인하여 진술할 수 없는 때'에 해당하지 아니한다. [경찰채용 12] [법원9급 16·17]

291 (○) 대법원 2012.5.17, 2009도6788 전원합의체

292 법정에 증인으로 출석한 변호사가 증언할 내용이 「형사소송법」 제149조에서 정한 업무상 위탁을 받은 관계로 알게 된 사실로서 타인의 비밀에 관한 것에 해당하여 증언을 거부한 경우는 「형사소송법」 제314조의 '그 밖에 이에 준하는 사유로 인하여 진술할 수 없는 때'에 해당하지 아니한다.

[경찰채용 18 2차]

> **해설+** 현행 형사소송법 제314조의 문언과 개정 취지, 증언거부권 관련 규정의 내용 등에 비추어 보면, 법정에 출석한 증인이 형사소송법 제148조, 제149조 등에서 정한 바에 따라 정당하게 증언거부권을 행사하여 증언을 거부한 경우는 형사소송법 제314조의 '그 밖에 이에 준하는 사유로 인하여 진술할 수 없는 때'에 해당하지 아니한다(대법원 2012.5.17, 2009도6788 전원합의체).

292 (○)

293 수사기관에서 진술한 참고인이 법정에서 증언을 거부하여 피고인이 반대신문을 하지 못한 경우, 정당하게 증언거부권을 행사한 것이 아니라도 피고인이 증인의 증언거부 상황을 초래하였다는 등의 특별한 사정이 없는 한 「형사소송법」 제314조의 '그 밖에 이에 준하는 사유로 인하여 진술할 수 없는 때'에 해당하지 않으므로 수사기관에서 그 증인의 진술을 기재한 서류는 증거능력이 없다.

[경찰채용 21 2차] [국가7급 20]

293 (○) 대법원 2019.11.21, 2018도13945 전원합의체

294 수사기관에서 진술한 참고인이 법정에서 증언을 거부하여 피고인이 반대신문을 하지 못한 경우에는 증인이 정당하게 증언거부권을 행사한 것이 아니라면 「형사소송법」 제314조의 '그 밖에 이에 준하는 사유로 인하여 진술할 수 없는 때'에 해당한다고 보아야 한다.

[법원9급 21]

> **해설+** 수사기관에서 진술한 참고인이 법정에서 증언을 거부하여 피고인이 반대신문을 하지 못한 경우에는 정당하게 증언거부권을 행사한 것이 아니라도, 피고인이 증인의 증언거부 상황을 초래하였다는 등의 특별한 사정이 없는 한 형사소송법 제314조의 '그 밖에 이에 준하는 사유로 인하여 진술할 수 없는 때'에 해당하지 않는다고 보아야 한다(대법원 2019.11.21, 2018도13945 전원합의체).

294 (×)

295 수사기관에서 진술한 참고인이 법정에서 증언을 거부하여 피고인이 반대 신문을 하지 못한 경우, 정당하게 증언거부권을 행사한 것이 아니라면 피고인이 증인의 증언거부 상황을 초래하였다는 등의 특별한 사정이 있더라도 「형사소송법」 제314조의 '그 밖에 이에 준하는 사유로 인하여 진술할 수 없는 때'에 해당하지 않는다. [경찰승진 22]

> **해설+** 피고인이 증인의 증언거부 상황을 초래하였다는 등의 특별한 사정이 있다면, 제314조의 '그밖에 이에 준하는 사유로 인하여 진술할 수 없는 때'에 해당할 수 있다. 따라서 해당 전문서류의 증거능력이 인정될 수 있다. "수사기관에서 진술한 참고인이 법정에서 증언을 거부하여 피고인이 반대신문을 하지 못한 경우에는 정당하게 증언거부권을 행사한 것이 아니라도, 피고인이 증인의 증언거부 상황을 초래하였다는 등의 특별한 사정이 없는 한 형사소송법 제314조의 '그 밖에 이에 준하는 사유로 인하여 진술할 수 없는 때'에 해당하지 않는다고 보아야 한다(대법원 2019.11.21, 2018도13945 전원합의체).

296 피고인이 증거서류의 진정성립을 묻는 검사의 질문에 대하여 진술거부권을 행사하여 진술을 거부한 경우 「형사소송법」 제314조에 규정된 진술을 요할 자가 '그 밖에 이에 준하는 사유로 진술할 수 없는 때'에 해당된다. [국가7급 15] [법원9급 16]

297 공판기일에 진술을 요하는 자가 노인성 치매로 인한 기억력 장애 등으로 진술할 수 없는 상태일 때 「형사소송법」 제314조에 규정된 '진술을 요할 자가 사망·질병·외국거주·소재불명, 그 밖에 이에 준하는 사유로 진술할 수 없는 때'에 해당된다. [법원9급 16]

298 성추행을 당한 후 스트레스증후군을 앓고 있어서 증언을 하게 되면 질환이 악화될 수 있다는 사정은 「형사소송법」 제314조에 의한 전문법칙의 예외를 인정할 수 있는 경우이다. [국가7급 10]

299 원진술자가 유아로서 공판정에서 진술을 하면서 증인신문 당시 일정한 사항에 대해 기억이 나지 않는다고 하여 재현불가능하게 된 사정은 「형사소송법」 제314조에 의한 전문법칙의 예외를 인정할 수 있는 경우이다.　[국가7급 10]

299 (○) 대법원 2006.4.14, 2005도9561

300 6세 11개월 된 여아인 원진술자가 증인신문 당시 일정한 사항에 관하여 기억이 나지 않는다는 취지로 진술하는 경우는 제314조 '진술할 수 없는 때'에 해당한다.　[국가9급 17 유사] [법원승진 11]

300 (○) 대법원 1999.11.26, 99도3786

301 피해자가 증인으로 소환받고도 출산을 앞두고 있다는 사유로 출석하지 아니한 경우는 「형사소송법」 제314조에 규정된 '진술을 요하는 자가 사망, 질병, 외국거주, 소재불명 그 밖에 이에 준하는 사유로 인하여 진술할 수 없는 때'에 해당한다.　[경찰채용 14]

301 (×) '해당한다' → '해당한다고 할 수 없다'
사망, 질병, 외국거주 기타 사유로 인하여 진술을 할 수 없는 때에 해당한다고 할 수 없다(대법원 1999. 4.23, 99도915).

302 「형사소송법」 제314조에 따라 참고인의 소재불명 등의 경우에 그 참고인이 진술하거나 작성한 진술조서나 진술서에 대하여 증거능력을 인정하는 경우 참고인의 진술 또는 작성이 '특히 신빙할 수 있는 상태하에서 행하여졌음에 대한 증명'은 그러할 개연성이 있다는 정도에 이르러야 한다.　[법원9급 17]

302 (×) '개연성이 있다는 정도' → '개연성이 있다는 정도로는 부족하고 합리적인 의심의 여지를 배제할 정도'(대법원 2014.2.21, 2013도12652)

303 「형사소송법」 제314조의 '특신상태'와 관련된 법리는 원진술자의 소재불명 등을 전제로 하고 있는 「형사소송법」 제316조 제2항의 '특신상태'에 관한 해석과 동일하다.　[국가9급개론 18]

303 (○)

해설+ 형사소송법 제314조가 참고인의 소재불명 등의 경우에 그 참고인이 진술하거나 작성한 진술조서나 진술서에 대하여 증거능력을 인정하는 것은, 형사소송법이 제312조 또는 제313조에서 참고인 진술조서 등 서면증거에 대하여 피고인 또는 변호인의 반대신문권이 보장되는 등 엄격한 요건이 충족될 경우에 한하여 증거능력을 인정할 수 있도록 함으로써 직접심리주의 등 기본원칙에 대한 예외를 인정한 데 대하여 다시 중대한 예외를 인정하여 원진술자 등에 대한 반대신문의 기회조차 없이 증거능력을 부여할 수 있도록 한 것이므로, 그 경우 참고인의 진술 또는 작성이 '특히 신빙할 수 있는 상태하에서 행하여졌음에 대한 증명'은 단지 그러할 개연성이 있다는 정도로는 부족하고 합리적인 의심의 여지를 배제할 정도에 이르러야 한다. 이러한 형사소송법 제314조의 '특신상태'와 관련된 법리는 마찬가지로 원진술자의 소재불명 등을 전제로 하고 있는 형사소송법 제316조 제2항의 '특신상태'에 관한 해석에도 그대로 적용된다(대법원 2014.4.30, 2012도725).

VIII 당연히 증거능력 있는 서류(제315조)

대표유형

변호사가 피고인에 대한 법률자문 과정에 작성하여 피고인에게 전송한 전자문서를 출력한 법률의견서는 '업무상 필요로 작성한 통상문서'에 해당하지 않는다.　　　　　　[국가7급 20]

---

304 특별한 자격이 없이 범칙물자에 대하 시가감정업무에 4∼5년 종사해 온 세관공무원이 세관에 비치된 기준과 수입신고서에 기재된 가격을 참작하여 작성한 감정서는 '공무원의 직무상 증명할 수 있는 사항에 관하여 작성한 문서'에 해당하지 않는다.　　　　　　[국가7급 20] [법원9급 18]

304 (×)

> **해설+** 특별한 자격이 있지는 아니하나 범칙물자에 대한 시가감정업무에 4∼5년 종사해온 세관공무원이 세관에 비치된 기준과 수입신고서에 기재된 가격을 참작하여 작성한 감정서는 공무원이 그 직무상 작성한 공문서라 할 것이므로 피고인의 동의 여부에 불구하고 형사소송법 제315조 제1호에 의하여 당연히 증거능력이 있다고 할 것이며 또 그 증명력에 무슨 하자가 있다고도 할 수 없다(대법원 1985.4.9, 85도225).

---

305 일본 세관공무원이 작성한 필로폰에 대한 범칙물건감정서 등본, 분석의뢰서, 분석회답서 등본은 당연히 증거능력 있는 서류이다. [경찰채용 15] [국가9급 14]

305 (○) 제315조 제1호의 공권적 증명문서(대법원 1984.2.28, 83도3145)

---

306 국립과학수사연구소장 작성의 감정의뢰회보서는 「형사소송법」 제315조에 의하여 당연히 증거능력이 인정된다.　　　　　　[경찰채용 15]

306 (○) 대법원 1982.9.14, 82도1504

---

307 검사의 공소장은 「형사소송법」 제315조에 의해서 당연히 증거능력이 인정된다.　　　　　　[경찰채용 11] [국가9급 11]

307 (×) '인정된다' → '인정되지는 않는다'

> **해설+** (수사기관 작성 문서로서 제315조 제1호의 공권적 증명문서에 해당하지 아니하며) 그 기재 내용이 실체적 사실인정의 증거자료가 될 수는 없다(대법원 1978.5.23, 78도575).

308 육군과학수사연구소 실험분석관이 작성한 감정서는 「형사소송법」 제315조
에 의하여 당연히 증거능력이 인정된다. [경찰채용 15]

> **해설+** 공권적 증명문서에 해당하지 아니하므로, 증거로 함에 동의하지 아니하는 경우에는 증거능
> 력이 없다(대법원 1976.10.12, 76도2960).

308 (×) '인정된다' → '인정되지
는 않는다'

309 미국 범죄수사대(CID), 연방수사국(FBI)의 수사관들이 작성한 수사보고서
및 피고인이 위 수사관들에 의한 조사를 받는 과정에서 작성하여 제출한
진술서는 피고인이 그 내용을 부인하는 이상 증거로 쓸 수 없다.
[경찰경채 23] [국가9급 09 변형] [해경승진 22 변형]

309 (○) 대법원 2006.1.13, 2003
도6548
공권적 증명문서에 해당하지 아니
한다.

310 상업장부나 항해일지, 진료일지 또는 이와 유사한 금전출납부 등과 같이
범죄사실의 인정 여부와는 관계없이 자기에게 맡겨진 사무를 처리한 내역
을 그때그때 계속적, 기계적으로 기재한 문서는 사무처리내역을 증명하기
위하여 존재하는 문서로서 당연히 증거능력이 인정된다. [경찰채용 16]

310 (○) 제315조 제2호의 업무상
통상문서(대법원 1996.10.17, 94도
2865 전원합의체).

311 성매매업소 업주가 성매매를 전후하여 영업상 참고하기 위해 고객정보를
입력한 메모리카드에 기재된 내용은 당연히 증거능력 있는 서류이다.
[국가7급 15] [국가9급 14] [법원9급 18]

311 (○) 제315조 제2호의 업무상
통상문서(대법원 2007.7.26, 2007
도3219)

312 의사가 작성한 진단서는 업무상 필요에 의하여 순서적, 계속적으로 작성되는
것이고 그 작성이 특히 신빙할 만한 정황에 의하여 작성된 문서이므로 당연
히 증거능력이 인정되는 서류라고 할 수 있다. [국가9급 18] [국가9급개론 18]

312 (×) 진단서는 개별적으로 작
성되는 것이어서 특히 신용할 만한
정황에 의하여 작성된 문서라고 볼
수 없고, 진술서와 같이 제313조
제1항에 의하여 증거능력이 문제
될 뿐이다.

313 보험사기 사건에서 건강보험심사평가원이 수사기관의 의뢰에 따라 수사기관이 보내 온 자료를 토대로 입원진료의 적정성에 대한 의견을 제시하는 내용의 '건강보험심사 평가원의 입원진료 적정성 여부 등 검토의뢰에 대한 회신'은 「형사소송법」 제315조 제3호의 '기타 특히 신용할 만한 정황에 의하여 작성된 문서에 해당된다. [법원9급 18]

313 (×) 해당된다 → 해당하지 않는다(대법원 2017.12.5, 2017도12671).

314 피고인에 대한 당해 사건이 아닌 다른 사건의 공판조서는 기타 특히 신용할 만한 정황에 의하여 작성된 문서로 「형사소송법」 제315조 제3호의 당연히 증거능력이 있는 서류에 해당하여 그 증거능력이 인정된다. [국가9급 14] [법원9급 17]

314 (○) 제315조 제3호의 기타 특신문서(대법원 2005.4.28, 2004도4428)

315 다른 피고인에 대한 형사사건의 공판조서 중 일부인 증인 신문조서는 '기타 특히 신용할 만한 정황에 의하여 작성된 문서'에 해당한다. [국가7급 20]

315 (○) 헌법재판소 2013.10.24, 2011헌바79

316 구속적부심사절차에서 피의자를 심문하고 그 진술을 기재한 구속적부심문조서는 당연히 증거능력 있는 서류이다. [국가9급 14] [법원9급 18]

316 (○) 제315조 제3호의 기타 특신문서(대법원 2004.1.16, 2003도5693)

317 군법회의판결사본(교도소장이 교도소에 보관 중인 판결등본을 사본한 것)은 특히 신용할 만한 정황에 의하여 작성된 문서라고 볼 여지가 있으므로 피고인이 증거로 함에 부동의하거나 그 진정성립의 증명이 없다는 이유로 그 증거능력을 부인할 수 없다. [경찰채용 11 변형]

317 (○) 군법회의판결사본은 제315조 제3호의 기타 특신문서에 해당한다(대법원 1981.11.24, 81도2591).

318 대한민국 주중국 대사관 영사가 작성한 사실확인서 중 공인 부분을 제외한 나머지 부분이 영사의 공무수행 과정 중 작성되었지만 공적인 증명보다는 상급자 등에 대한 보고를 목적으로 하는 것이더라도, 그 부분은 「형사소송법」 제315조 제3호의 '기타 특히 신용할 만한 정황에 의하여 작성된 문서'에 해당한다. [변호사 21]

318 (×) 제315조 제1호의 '공무원의 직무상 증명할 수 있는 사항에 관하여 작성한 문서' 또는 제3호의 '기타 특히 신뢰할 만한 정황에 의하여 작성된 문서라고 볼 수 없으므로 증거능력이 없다(대법원 2007.12. 13, 2007도7257).

319 주민들의 진정서 사본은 피고인이 증거로 함에 동의하지 않고 기록상 원본의 존재나 그 진정성립을 인정할 아무런 자료도 없을 뿐 아니라 「형사소송법」 제315조 제3호의 규정사유도 없으므로 이를 증거로 할 수 없다. [국가9급 09 변형]

> **보충** 나아가 제313조 제1항 본문에 의하여 피고인 아닌 자의 진술서에 해당할 수는 있으나, 성립의 진정이 인정되지 않아 증거능력이 부정된다.

319 (○) 대법원 1983.12.13, 83도2613
기타 특신문서에 해당하지 아니한다.

320 체포·구속인접견부는 특히 신용할 만한 정황에 의하여 작성된 문서로서 「형사소송법」 제315조 제2호, 제3호에 규정된 '당연히 증거능력이 있는 서류'에 해당된다. [국가9급 16]

320 (×) '해당된다' → '해당되지 않는다'
체포·구속인접견부는 유치장의 안전과 질서를 위태롭게 하는 것을 방지하기 위한 목적으로 작성되는 서류로 보일 뿐이다(대법원 2012. 10.25, 2011도5459).

▌ Ⅸ 전문진술

대표유형

공소제기 전 피고인을 피의자로 신문한 사법경찰관이 그 진술내용을 법정에서 진술한 경우 「형사소송법」 제316조 제1항의 적용대상이 될 수 없다. [경찰채용 14]

(×) '없다' → '있다'
조사자증언은 전문진술로서 제316조 제1항의 적용대상이 될 수 있다.

321 「형사소송법」 제316조에 규정된 '그 진술이 특히 신빙할 수 있는 상태하에서 행하여진 때'라 함은 그 진술을 하였다는 것에 허위개입의 여지가 거의 없고, 그 진술내용의 신빙성이나 임의성을 담보할 구체적이고 외부적인 정황이 있는 경우이어야만 한다. [경찰채용 15]

321 (○) 대법원 2000.3.10, 2000도159

322 전문의 진술을 증거로 함에 있어서는 전문진술자가 원진술자로부터 진술을 들을 당시 원진술자가 증언능력에 준하는 능력을 갖춘 상태에 있어야 할 것이다.

[경찰채용 15]

322 (○) 대법원 2006.4.14, 2005도9561

323 피고인 아닌 자의 공판준비 또는 공판기일에서의 진술이 피고인 아닌 타인의 진술을 그 내용으로 하는 것인 때에는 원진술자가 사망, 질병 기타 사유로 인하여 진술할 수 없고 그 진술이 특히 신빙할 수 있는 상태하에서 행하여진 때에 한하여 이를 증거로 할 수 있는데, 여기서 말하는 피고인 아닌 자에는 공동피고인이나 공범자는 포함되지 아니한다.

[경찰채용 15] [경찰채용 23 1차 변형]

323 (×) '포함되지 아니한다' → '포함된다'

해설+ 여기서 말하는 피고인 아닌 자라고 함은 제3자는 말할 것도 없고 공동 피고인이나 공범자를 모두 포함한 다(대법원 2007.2.23, 2004도8654).

324 만약 A종중의 대표자 C가 친구 D에게 'A종중은 甲에게 X토지에 관한 근저당권설정행위에 대하여 동의하여 준 일이 없다'고 말하였고, D가 甲의 횡령행위에 대한 제1심 공판절차에 증인으로 출석하여 C로부터 들었다고 하면서 C가 말해준 위 내용을 진술하였다면, 이러한 D의 법정진술은 甲의 동의가 없는 한 甲에 대한 유죄의 증거로 쓸 수 없다.

[변호사 21]

324 (×)

해설+ D의 진술은 피고인 아닌 자의 진술을 원진술로 하는 전문진술에 해당한다. 이에 대해서는 "피고인 아닌 자의 공판준비 또는 공판기일에서의 진술이 피고인 아닌 타인의 진술을 그 내용으로 하는 것인 때에는 원진술자가 사망, 질병, 외국거주, 소재불명 그 밖에 이에 준하는 사유로 인하여 진술할 수 없고, 그 진술이 특히 신빙할 수 있는 상태하에서 행하여졌음이 증명된 때에 한하여 이를 증거로 할 수 있다(제316조 제2항)." 따라서 피고인의 증거동의가 없다고 하더라도, 제316조 제2항의 요건을 갖춘 경우에는 증거로 할 수 있다.

325 만약 甲이 피의자신문을 받으면서 사법경찰관 P에게 'A종중으로부터 X토지에 관한 근저당권설정행위에 대하여 동의를 받은 일이 없다'고 진술하였고, P가 甲의 횡령행위에 대한 제1심 공판절차에 증인으로 출석하여 甲이 피의자 조사과정에서 위와 같이 진술하였다고 진술하였다면, 이러한 P의 법정진술은 甲의 동의가 없다고 하더라도 甲의 위 진술이 특히 신빙할 수 있는 상태하에서 행하여졌음이 증명된 때에 한하여 甲에 대하여 증거능력이 있다. [변호사 21]

> **해설+** P의 진술을 소위 조사자 증언이라고 하는데, 이는 피고인의 진술을 원진술로 하는 전문진술에 해당한다. 이에 대해서는 "피고인이 아닌 자(공소제기 전에 피고인을 피의자로 조사하였거나 그 조사에 참여하였던 자를 포함한다)의 공판준비 또는 공판기일에서의 진술이 피고인의 진술을 그 내용으로 하는 것인 때에는 그 진술이 특히 신빙할 수 있는 상태하에서 행하여졌음이 증명된 때에 한하여 이를 증거로 할 수 있다(제316조 제1항)."

> **보충** 만약 '피고인의 그 내용을 부인하였다'고 출제되면 제312조 제3항에 의하여 접근할 것

325 (O)

---

326 피해자가 제1심 법정에서 수사기관에서의 진술조서에 대해 실질적 진정성립을 부인하는 취지로 진술하였다면, 이후 피해자가 사망하였더라도 피해자를 조사하였던 조사자에 의한 수사기관에서 이루어진 피해자의 진술을 내용으로 하는 제2심 법정에서의 증언은 증거능력이 없다. [경찰채용 23 2차]

> **해설+** 조사자의 증언에 증거능력이 인정되기 위해서는 원진술자가 사망, 질병, 외국거주, 소재불명, 그 밖에 이에 준하는 사유로 인하여 진술할 수 없어야 하는 것이라서(제316조 제2항), 원진술자가 법정에 출석하여 수사기관에서 한 진술을 부인하는 취지로 증언한 이상 원진술자의 진술을 내용으로 하는 조사자의 증언은 증거능력이 없다(대법원 2008.9.25, 2008도6985).

326 (O)

---

327 참고인의 진술을 내용으로 하는 조사자의 증언은, 그 참고인이 법정에 출석하여 조사 당시의 진술을 부인하는 취지로 증언하였더라도, 그 진술이 '특히 신빙할 수 있는 상태하에서 행하여졌음'이 증명되면 증거능력이 인정된다. [국가9급 23]

> **해설+** 조사자의 증언에 증거능력이 인정되기 위해서는 원진술자가 사망, 질병, 외국거주, 소재불명, 그 밖에 이에 준하는 사유로 인하여 진술할 수 없어야 하는 것이라서, 원진술자가 법정에 출석하여 수사기관에서 한 진술을 부인하는 취지로 증언한 이상 원진술자의 진술을 내용으로 하는 조사자의 증언은 증거능력이 없다(대법원 2008.9.25, 2008도6985).

327 (×)

328 피고인 아닌 자의 공판기일에서의 진술이 피고인 아닌 타인의 진술을 그 내용으로 하는 경우, 「형사소송법」 제316조 제2항이 요구하는 특히 신빙할 수 있는 상태하에서 행하여졌음에 대한 증명은 단지 그러한 개연성이 있다는 정도로 족하며, 합리적인 의심의 여지를 배제하는 정도에 이를 필요는 없다. [경찰간부 23]

328 (×)

해설+ 이러한 경우 참고인의 진술 또는 작성이 '특히 신빙할 수 있는 상태하에서 행하여졌음에 대한 증명'은 단지 그러할 개연성이 있다는 정도로는 부족하고 합리적인 의심의 여지를 배제할 정도에 이르러야 한다. 나아가 이러한 법리는 원진술자의 소재불명 등을 전제로 하고 있는 형사소송법 제316조 제2항의 경우에도 그대로 적용된다(대법원 2017.7.18, 2015도12981,2015전도218).

Ⅹ 재전문

🔗 대표유형

(○) 대법원 2000.3.10, 2000도159

「형사소송법」은 전문진술에 대하여 제316조에서 실질상 단순한 전문의 형태를 취하는 경우에 한하여 예외적으로 그 증거능력을 인정하는 규정을 두고 있을 뿐, 재전문진술이나 재전문진술을 기재한 조서에 대하여는 달리 그 증거능력을 인정하는 규정을 두고 있지 아니하고 있으므로, 피고인이 증거로 하는 데 동의하지 아니하는 한 이를 증거로 할 수 없다. [경찰채용 15]

329 피고인의 진술을 그 내용으로 하는 전문진술이 기재된 조서는 「형사소송법」 제312조 내지 제314조의 규정에 의하여 각 그 증거능력이 인정될 수 있는 경우에 해당하여야 함은 물론, 나아가 「형사소송법」 제316조 제1항의 규정에 따라 피고인의 진술이 특히 신빙할 수 있는 상태하에서 행하여진 때에는 이를 증거로 할 수 있다. [국가9급개론 22]

329 (○)

해설+ 전문진술이나 전문진술을 기재한 조서는 형사소송법 제310조의2의 규정에 의하여 원칙적으로 증거능력이 없으나, 다만 피고인 아닌 자의 공판준비 또는 공판기일에서의 진술이 피고인의 진술을 그 내용으로 하는 것인 때에는 형사소송법 제316조 제1항의 규정에 따라 그 진술이 특히 신빙할 수 있는 상태하에서 행하여진 때에 한하여 이를 증거로 할 수 있고, 그 전문진술이 기재된 조서는 형사소송법 제312조 내지 314조의 규정에 의하여 그 증거능력이 인정될 수 있는 경우에 해당하여야 함은 물론 나아가 형사소송법 제316조 제1항의 규정에 따른 위와 같은 조건을 갖춘 때에 예외적으로 증거능력을 인정하여야 할 것이다(대법원 2000.3.10, 2000도159).

보충 사법경찰관 사무취급 작성의 윤○○에 대한 진술조서 중 피고인의 진술을 내용으로 하는 부분은 "피고인이 휴대폰을 훔쳐간 것으로 의심하는 말을 피해자로부터 들은 후에 피고인과 전화통화를 하였는데, '공소외인과 함께 공장에 들어갔다가 사용할 목적으로 자신이 휴대폰을 훔쳐 가지고 나왔다'고 피고인이 얘기하였다"는 내용으로서, 위 진술조서에는 진술자인 윤○○의 서명무인이 있고 공판기일에서의 윤○○의 진술에 의하여 그 성립의 진정함이 증명되었으므로 형사소송법 제313조 제1항(현 제312조 제4항)의 규정에 따른 요건을 갖추었다 할 것이고, 또한 피고인이 위와 같은 진술을 하게 된 경위에 비추어 볼 때, 피고인의 진술은 특히 신빙할 수 있는 상태에서 행하여진 것으로 판단되므로 형사소송법 제316조 제1항의 규정에 따른 요건을 갖추었다 할 것이어서 결국 위 진술조서 중 피고인의 진술을 내용으로 하는 부분은 증거능력이 있다(위 판례).

330 성폭력 피해아동이 어머니에게 진술한 내용을 어머니가 상담원에게 전한 후, 상담원이 그 내용을 검사 면전에서 진술하여 작성된 진술조서는 이른 바 '재전문진술을 기재한 조서'로서, 피고인이 동의하지 않는 한 증거능력 이 인정되지 않는다. [경찰승진 22]

> **해설+** 형사소송법은 전문진술에 대하여 제316조에서 실질상 단순한 전문의 형태를 취하는 경우 에 한하여 예외적으로 그 증거능력을 인정하는 규정을 두고 있을 뿐, 재전문진술이나 재전문진술을 기재한 조서에 대하여는 달리 그 증거능력을 인정하는 규정을 두고 있지 아니하고 있으므로, 피고인 이 증거로 하는 데 동의하지 아니하는 한 형사소송법 제310조의2의 규정에 의하여 이를 증거로 할 수 없다(대법원 2000.3.10, 2000도159).

330 (○)

331 재전문진술을 기재한 조서도 동의의 대상이 된다. [국가7급 21]

331 (○) 대법원 2004.3.11, 2003 도171

332 재전문진술이나 재전문진술을 기재한 조서는 증거능력이 인정되지 않으며, 나아가 설령 피고인이 증거로 하는 데 동의한 경우라 하더라도 증거로 할 수 없다. [국가9급 22]

> **해설+** 재전문진술이나 재재전문서류는 제316조의 적용대상이 아니므로 전문법칙의 예외가 인정 되지 않지만, 증거동의에 의하여 증거능력이 부여될 수는 있다. "형사소송법은 전문진술에 대하여 제316조에서 실질상 단순한 전문의 형태를 취하는 경우에 한하여 예외적으로 그 증거능력을 인정하 는 규정을 두고 있을 뿐, 재전문진술이나 재전문진술을 기재한 조서에 대하여는 달리 그 증거능력을 인정하는 규정을 두고 있지 아니하고 있으므로, 피고인이 증거로 하는 데 동의하지 아니하는 한 형사소송법 제310조의2의 규정에 의하여 이를 증거로 할 수 없다(대법원 2004.3.11, 2003도171)."

332 (×)

333 재전문진술 또는 이를 기재한 조서는 그에 대해 예외적으로나마 증거능력 을 인정하는 규정이 없으므로, 피고인이나 변호인의 증거동의가 있더라도 유죄 인정의 증거로 사용할 수 없다. [군무원9급 23]

> **해설+** 형사소송법은 전문진술에 대하여 제316조에서 실질상 단순한 전문의 형태를 취하는 경우 에 한하여 예외적으로 그 증거능력을 인정하는 규정을 두고 있을 뿐, 재전문진술이나 재전문진술을 기재한 조서에 대하여는 달리 그 증거능력을 인정하는 규정을 두고 있지 아니하고 있으므로, 피고인 이 증거로 하는 데 동의하지 아니하는 한 형사소송법 제310조의2의 규정에 의하여 이를 증거로 할 수 없다(대법원 2000.3.10, 2000도159).

333 (×)

334 甲이 乙로부터 들은 피고인 A의 진술내용을 수사기관이 진술조서에 기재하여 증거로 제출하였다면, 그 진술조서 중 피고인 A의 진술을 기재한 부분은 乙이 증거로 하는 데 동의하지 않는 한 「형사소송법」 제310조의2의 규정에 의하여 이를 증거로 할 수 없다. [경찰채용 21 1차]

334 (×)

> **해설+** 위 재재전문서류에 대한 증거동의의 주체는 (이 경우) 피고인이다. "형사소송법은 전문진술에 대하여 제316조에서 실질상 단순한 전문의 형태를 취하는 경우에 한하여 예외적으로 그 증거능력을 인정하는 규정을 두고 있을 뿐, 재전문진술이나 재전문진술을 기재한 조서에 대하여는 달리 그 증거능력을 인정하는 규정을 두고 있지 아니하고 있으므로, 피고인이 증거로 하는 데 동의하지 아니하는 한 형사소송법 제310조의2의 규정에 의하여 이를 증거로 할 수 없다(대법원 2004.3.11, 2003도171)."

335 A는 살인현장을 목격한 친구 B가 "甲이 길가던 여자를 죽였다."고 말한 내용을 자필 일기장에 작성하였고, 훗날 이 일기장이 甲의 살인죄 공판에 증거로 제출된 경우, 이 일기장은 형사소송법 제313조 제1항의 진술기재서(류)에 해당된다. [경찰채용 22 2차]

335 (×) 일기장은 수사과정 외에서 A(사인)가 살인현장 목격자 B(피고인 아닌 자)의 진술을 기재한 서류에 해당하므로, B의 원진술에 대한 A의 전문진술이 기재된 서류인 재전문서류에 해당한다. 따라서 제316조 제2항과 제313조 제1항의 요건을 충족하여야 증거로 사용할 수 있다.

> **보충** **진술기재서(류)와 재전문서류의 구별**
> 두 서류 모두 작성자와 진술자가 일치하지 않는다는 공통점이 있으나, 아래와 같은 차이가 있다.
> ㉠ 진술기재서(류): 타인의 진술을 기재한 서류로, 이에 대한 원진술자의 서명·날인이 있는 것을 말한다. 원진술자의 확인이 있으므로 단순한 전문증거의 형태에 속한다.
> > **예** 대화녹음도 진술자 음성의 동일성이 확인되면 진술자의 자필·서명·날인과 마찬가지이므로, 이 진술기재서(류)에 포함된다.
> ㉡ 재전문서류: 타인의 진술이 기재된 서류인 점에서 진술기재서(류)와 동일하나, 원진술자의 서명·날인이 없는 것을 말한다. 전형적으로는 ⓐ 전문진술자에 대해 수사기관이 참고인 조사를 작성한 진술조서(전문진술자의 서명 등은 있으나 원진술자의 서명 등이 없음)나, ⓑ 원진술자의 진술을 작성자가 듣고(전문하고, 1차 전문), 그 내용을 작성자가 서류로 만든 것(전문서류, 2차 전문)(원진술자의 서명·날인이 없음) 등이 이에 해당한다. 원진술자의 확인절차가 결여되어 있으므로 전문진술이 기재된 서류로서 재전문증거에 속한다. 요컨대, 재전문서류에는 원진술자의 확인이 없다.
>
> **연습** 살인현장을 목격한 친구 B가 "甲이 길 가던 여자를 죽였다."고 A에게 말한 경우, ㉠ 이를 A가 공판정에서 증언하는 때에는 전문진술에 해당하고(제316조 제2항), ㉡ 수사기관이 A에 대한 참고인 조사를 통해 작성한 진술조서는 재전문서류에 해당한다(제316조 제2항, 제312조 제4항). 만약, A가 자필로 일기장에 기재한 경우, ㉢ B가 여기에 서명 또는 날인을 해주었다면 이는 진술기재서(류)에 해당하나(제313조 제1항), ㉣ B가 이에 대한 서명 또는 날인을 해주지 않은 보통의 일기장이라면 이는 재전문서류에 해당한다(제316조 제2항, 제313조 제1항).

XI 진술의 임의성

336 기록상 진술증거의 임의성에 관하여 의심할 만한 사정이 나타나 있는 경우에는 법원은 직권으로 그 임의성 여부에 관하여 조사를 하여야 하고, 임의성이 인정되지 아니하여 증거능력이 없는 진술증거는 피고인이 증거로 함에 동의하더라도 증거로 삼을 수 없다. [경찰채용 18 1차] [국가9급개론 18] [법원9급 13]

336 (O) 증거능력의 요건은 법원의 직권조사사항이다(대법원 2006. 11.23, 2004도7900).

XII 전문법칙 관련문제

🔗 대표유형

대화 내용을 녹음한 파일 등 전자매체는 대화 내용을 녹음한 원본이거나 원본으로부터 복사한 사본일 경우 복사과정에서 편집되는 등의 인위적 개작 없이 원본의 내용 그대로 복사된 사본임이 증명되어야 한다. [국가9급 16]

(O)

보충 최량증거법칙: 원본과의 동일성을 요한다(대법원 2007.3.15, 2006도8869).

🔗 대표유형

사인(私人)이 피고인 아닌 사람과의 대화내용을 녹음한 녹음테이프는 원본으로서 공판준비나 공판기일에서 원진술자의 진술에 의하여 녹음된 각자의 진술내용이 자신이 진술한 대로 녹음된 것이라는 점이 인정되더라도 피고인이 동의하지 않는다면 증거로 사용할 수 없다. [국가9급 16]

(✕) '없다' → '있다'
피고인 아닌 자의 진술을 기재한 서류에 해당되므로, 피고인의 증거 동의가 없어도 제313조 제1항 본문에 따라 원진술자의 진술에 의하여 성립의 진정이 인정되면 증거로 할 수 있다.

337 디지털 녹음기로 녹음한 내용이 콤팩트디스크에 다시 복사되어 그 콤팩트디스크에 녹음된 내용을 담은 녹취록이 증거로 제출된 사안에서, 위 콤팩트디스크가 현장에서 녹음하는 데 사용된 디지털 녹음기의 녹음내용 원본을 그대로 복사한 것이라는 입증이 없는 이상, 그 콤팩트디스크의 내용이나 이를 녹취한 녹취록의 기재는 증거능력이 없다. [경찰채용 14]

337 (O) 대법원 2007.3.15, 2006도8869

338 범행의 직접적인 수단이 된 문자정보가 저장된 휴대전화기의 화면을 촬영한 사진이 증거로 제출된 경우, 이를 증거로 사용하려면 문자정보가 저장된 휴대전화기를 법정에 제출할 수 없거나 그 제출이 곤란한 사정이 있고, 그 사진의 영상이 휴대전화기의 화면에 표시된 문자정보와 정확하게 같다는 사실이 증명되어야 한다. [경찰특공대 22 변형] [국가7급 16] [국가9급개론 18]

338 (O) 대법원 2008.11.13, 2006도2556

보충 다만, 위 문자정보는 범행의 직접적인 수단이고, 경험자의 진술에 갈음하는 대체물에 해당하지 않으므로 전문법칙은 적용되지 아니한다.

339 압수물인 디지털 저장매체로부터 출력한 문건을 증거로 사용하려면 디지털 저장매체 원본에 저장된 내용과 출력한 문건의 동일성이 인정되어야 하고, 이를 위해서는 디지털 저장매체 원본이 압수된 이후 문건 출력에 이르기까지 변경되지 아니하였음이 담보되어야 한다. [경찰채용 14·17 2차]

339 (O) 대법원 2013.6.13, 2012도16001

340 대화내용을 녹음한 녹음테이프가 원본으로부터 복사한 사본일 경우, 그 녹음테이프의 증거능력이 인정되기 위해서는 복사 과정에서 편집되는 등의 인위적 개작 없이 원본의 내용 그대로 복사된 사본임이 증명되어야 한다. [국가7급 16]

340 (O) 대법원 2014.8.26, 2011도6035

341 디지털 저장매체 원본을 대신하여 저장매체에 저장된 자료를 '하드카피' 또는 '이미징'한 매체로부터 출력한 문건의 경우에는 디지털 저장매체 원본과 '하드카피' 또는 '이미징'한 매체 사이에 자료의 동일성도 인정되어야 한다. [국가7급 15]

341 (O) 대법원 2013.6.13, 2012도16001

342 전자문서를 수록한 파일 등의 경우에는 원본임이 증명되거나 혹은 원본으로부터 복사한 사본일 경우에는 복사 과정에서 편집되는 등 인위적 개작 없이 원본의 내용 그대로 복사된 사본임이 증명되어야만 하고, 그러한 증명이 없는 경우에는 쉽게 그 증거능력을 인정할 수 없다. 이때 원본 동일성은 증거능력의 요건에 해당하므로 검사가 그 존재에 대하여 구체적으로 주장·증명하여야 한다. [변호사 21]

342 (O)

해설+ 증거로 제출된 전자문서 파일의 사본이나 출력물이 복사·출력 과정에서 편집되는 등 인위적 개작 없이 원본 내용을 그대로 복사·출력한 것이라는 사실은 전자문서 파일의 사본이나 출력물의 생성과 전달 및 보관 등의 절차에 관여한 사람의 증언이나 진술, 원본이나 사본 파일 생성 직후의 해시(Hash)값 비교, 전자문서 파일에 대한 검증·감정 결과 등 제반 사정을 종합하여 판단할 수 있다. 이러한 원본 동일성은 증거능력의 요건에 해당하므로 검사가 그 존재에 대하여 구체적으로 주장·증명해야 한다(대법원 2018.2.8, 2017도13263).

343 압수된 디지털 저장매체로부터 출력한 문건을 진술증거로 사용하는 경우에 그 기재 내용의 진실성에 관하여는 전문법칙이 적용된다.

[국가7급 15] [국가9급 16]

343 (○) 대법원 2013.6.13, 2012도16001

344 서류에 기재된 진술내용의 진실성이 범죄사실에 대한 직접증거로 사용되는 경우는 전문증거가 되나, 압수된 디지털 저장매체로부터 출력한 문건을 진술증거로 사용하는 경우는 그 기재 내용의 진실성에 관하여 전문법칙이 적용되지 않는다.

[국가7급 16]

344 (✕) '적용되지 않는다' → '적용된다'
디지털 저장매체로부터 출력한 문건의 내용의 진실성에 관하여는 전문법칙이 적용되므로, 성립의 진정의 증명이 필요하게 된다(대법원 2013.2.15, 2010도3504).

345 컴퓨터 디스켓에 들어 있는 문건이 증거로 사용되는 경우 그 컴퓨터 디스켓은 그 기재의 매체가 다를 뿐 실질에 있어서는 피고인 또는 피고인 아닌 자의 진술을 기재한 서류와 크게 다를 바 없고, 압수 후의 보관 및 출력과정에 조작의 가능성이 있으며, 기본적으로 반대신문의 기회가 보장되지 않는 점 등에 비추어 그 기재내용의 진실성에 관하여는 전문법칙이 적용된다.

[국가9급 21]

345 (○) 대법원 1999.9.3, 99도2317

346 압수된 디지털 저장매체로부터 출력한 문건을 진술증거로 사용하는 경우 그 기재내용의 진실성에 관하여는 전문법칙이 적용되므로, 「형사소송법」 제313조 제1항에 따라 공판준비나 공판기일에서의 그 작성자 또는 진술자의 진술에 의하여 그 성립의 진정함이 증명된 경우에는 이를 증거로 사용할 수 있다.

[경찰채용 14 변형] [국가7급 15 변형] [법원9급 17 변형]

346 (○) 대법원 2013.6.13, 2012도16001
또한 2016.5.29. 제313조 개정으로 진술서에 대하여 객관적 방법에 의한 대체증명이 가능하게 되었다 (동조 제2항 본문).

347 대화내용 녹취서가 공소사실의 증거로 제출되어 그 녹취서 기재내용과 녹음테이프 녹음내용의 동일 여부에 관해 법원이 검증을 실시한 경우, 피고인의 증거동의가 없는 이상, 녹음테이프 검증조서 기재 중 피고인의 진술내용을 증거로 사용하려면 공판준비 또는 공판기일에서 녹음테이프에 녹음된 피고인 진술내용이 피고인이 진술한 대로 녹음된 것임이 증명되고 나아가 그 진술이 특히 신빙할 수 있는 상태하에서 행해진 것임이 인정되어야 한다.

[국가9급 12] [법원9급 16 유사]

347 (○) 대법원 2008.12.24, 2008도9414

348 디지털 녹음기로 피고인과의 대화를 녹음한 후 저장된 녹음파일 원본을 컴퓨터에 복사하고 디지털 녹음기의 파일 원본을 삭제한 뒤 다음 대화를 다시 녹음하는 과정을 반복하여 작성한 녹음파일 사본과 해당 녹취록의 경우, 복사과정에서 편집되는 등의 인위적 개작 없이 원본내용 그대로 복사된 것으로서 대화자들이 진술한 대로 녹음된 것이 인정되고, 제반 상황에 비추어 그 진술이 특히 신빙할 수 있는 상태하에서 행하여진 것으로 인정된다면 그 녹음파일 사본과 녹취록의 증거능력은 인정된다. [경찰채용 14]

348 (○) 형사소송법 제313조 제1항 단서에 따라 공판준비 또는 공판기일에서 작성자인 상대방의 진술에 의하여 녹음테이프에 녹음된 피고인의 진술내용이 피고인이 진술한 대로 녹음된 것임이 증명되고 나아가 그 진술이 특히 신빙할 수 있는 상태하에서 행하여진 것인이 입정된다(대법원 2012.9.13, 2012도7461).

349 피고인과 A의 대화를 녹음한 녹취록에 관하여 피고인이 위 녹취록에 대하여 부동의 한 사건에서, A가 위 대화를 자신이 녹음하였고 위 녹취록의 내용이 다 맞다고 1심 법정에서 진술하였을 뿐 그 이외에 위 녹취록에 그 작성자가 기재되어 있지 않을 뿐만 아니라 검사는 위 녹취록 작성의 토대가 된 위 대화내용을 녹음한 원본 녹음테이프 등을 증거로 제출하지도 아니하는 경우, 위 녹취록의 기재는 증거능력이 없어 이를 증거로 사용할 수 없다. [국가9급 16]

349 (○) 대법원 2011.9.8, 2010도7497

350 피고인과의 대화내용을 녹음한 보이스펜 자체에 대하여는 증거동의가 있었지만 그 녹음내용을 재녹음한 녹음테이프, 녹음테이프의 음질을 개선한 후 재녹음한 시디 및 녹음테이프의 녹음내용을 풀어 쓴 녹취록 등에 대하여는 증거로 함에 부동의하였다면, 극히 일부의 청취가 불가능한 부분을 제외하고는 보이스펜, 녹음테이프 등에 녹음된 대화내용과 녹취록의 기재가 일치하는 것으로 확인되고 그 진술이 특히 신빙할 수 있는 상태하에서 행하여진 것으로 인정되더라도 이를 증거로 사용할 수 없다. [경찰채용 14]

350 (×) '더라도' → '되면', '없다' → '있다'
보이스펜에 대한 증거동의가 있었고, 보이스펜, 녹음테이프 등에 녹음된 대화내용과 녹취록의 기재가 일치함이 확인되며, 특신상태도 인정되어 증거로 사용할 수 있다(대법원 2008.3.13, 2007도10804).

351 수사기관 아닌 사인(私人)이 피고인 아닌 사람과의 대화내용을 녹음한 녹음테이프는 피고인의 증거동의가 없는 이상 그 증거능력을 부여하기 위해서는, 첫째 녹음테이프가 원본이거나 인위적 개작 없이 원본내용 그대로 복사된 사본일 것, 둘째 「형사소송법」 제313조 제1항에 따라 공판준비나 공판기일에서 원진술자의 진술에 의하여 녹음테이프에 녹음된 각자의 진술내용이 자신이 진술한 대로 녹음된 것이라는 점이 인정되어야 한다. [경찰채용 14]

351 (○) 대법원 2011.9.8, 2010도7497

352 사인(私人)이 피고인 아닌 사람과의 대화내용을 녹음한 녹음테이프에 대해 법원이 그 진술 당시 진술자의 상태 등을 확인하기 위하여 작성한 검증조서는 법원의 검증 결과를 기재한 조서로서 「형사소송법」 제311조에 의하여 증거로 할 수 있다. [국가9급 09 변형·16]

352 (○) 대법원 2008.7.10, 2007도10755

353 인위적 조작이 가해지지 않은 것을 전제로, 수사기관 아닌 사인(私人)이 피고인 아닌 자와의 대화내용을 촬영한 비디오테이프를 시청한 후, 원진술자가 비디오테이프의 모습과 음성을 확인하고 자신과 동일인이라고 진술한 것은 그 진술내용이 자신이 진술한 대로 녹음된 것이라는 취지의 진술을 한 것으로 보아야 한다. [국가9급 12]

353 (○) 대법원 2004.9.13, 2004도3161

354 수사기관이 아닌 사인이 피고인 아닌 사람들 간의 대화내용을 촬영한 비디오테이프는 수사과정에서 피고인이 아닌 자가 작성한 진술서에 관한 규정이 준용된다. [경찰채용 18 2차]

354 (×)

해설+ 수사기관이 아닌 사인(私人)이 피고인 아닌 사람과의 대화내용을 촬영한 비디오테이프는 형사소송법 제311조, 제312조의 규정 이외에 피고인 아닌 자의 진술을 기재한 서류와 다를 바 없으므로, 피고인이 그 비디오테이프를 증거로 함에 동의하지 아니하는 이상 그 진술 부분에 대하여 증거능력을 부여하기 위하여는, 첫째 비디오테이프가 원본이거나 원본으로부터 복사한 사본일 경우에는 복사과정에서 편집되는 등 인위적 개작 없이 원본의 내용 그대로 복사된 사본일 것, 둘째 형사소송법 제313조 제1항에 따라 공판준비나 공판기일에서 원진술자의 진술에 의하여 그 비디오테이프에 녹음된 각자의 진술내용이 자신이 진술한 대로 녹음된 것이라는 점이 인정되어야 할 것인바, 비디오테이프는 촬영대상의 상황과 피촬영자의 동태 및 대화가 녹화된 것으로서, 녹음테이프와는 달리 피촬영자의 동태를 그대로 재현할 수 있기 때문에 비디오테이프의 내용에 인위적인 조작이 가해지지 않은 것이 전제된다면, 비디오테이프에 촬영, 녹음된 내용을 재생기에 의해 시청을 마친 원진술자가 비디오테이프의 피촬영자의 모습과 음성을 확인하고 자신과 동일인이라고 진술한 것은 비디오테이프에 녹음된 진술내용이 자신이 진술한 대로 녹음된 것이라는 취지의 진술을 한 것으로 보아야 한다(대법원 2004.9.13, 2004도3161).

355 진술자의 진술내용을 보충하기 위해 검증조서나 감정서에 첨부된 사진은 진술증거의 일부를 이루는 보조수단으로, 진술증거인 검증조서나 감정서와 일체로 증거능력이 판단된다. [군무원9급 22]

355 (○)

해설+ 진술의 일부인 사진은 사진이 진술자의 진술내용을 보충하기 위하여 진술증거의 일부로 사용되는 경우이다. 예를 들어 검증조서나 감정서에 사진이 첨부되는 경우나 참고인이 사진을 이용하여 진술을 하고 이를 진술조서에 첨부한 경우이다. 진술의 일부인 사진의 증거능력은 진술증거의 일부를 이루는 보조수단에 불과하므로, 사진의 증거능력도 진술증거인 검증조서나 감정서 등과 일체적으로 판단된다고 할 것이다.

6 당사자의 동의와 증거능력

(O) 대법원 1983.3.8, 82도2873

🔗 대표유형

피고인의 증거동의의 의사표시가 검사가 제시한 모든 증거에 대하여 증거로 함에 동의한다는 방식으로 이루어진 것이라도 증거동의의 효력이 인정된다.　　　　　　[국가7급 20]

(O) 대법원 1999.8.20, 99도2029

🔗 대표유형

증거동의의 의사표시는 증거조사가 완료되기 전까지 취소 또는 철회할 수 있으나, 일단 증거조사가 완료된 뒤에는 취소 또는 철회가 인정되지 아니한다.　　　　[국가7급 16]

356　검사와 피고인이 증거로 할 수 있음을 동의한 서류 또는 물건은 진정한 것으로 인정한 때에는 증거로 할 수 있다.　　　　　　[경찰채용 15] [국가9급 11]

356 (O) 제318조 제1항

357　「형사소송법」 제318조 제1항은 전문증거 금지의 원칙에 내한 에외로서 반대신문권을 포기하겠다는 피고인의 의사표시에 의하여 서류 또는 물건의 증거능력을 부여하려는 규정이다.　　　　　　[경찰채용 15] [국가9급 11]

357 (O) 대법원 1983.3.8, 82도2873

358　수사기관이 영장주의에 위반하여 수집하였거나 불법감청으로 수집한 증거물은 비록 피고인이나 변호인이 이를 증거로 함에 동의하였다 하더라도 이를 유죄 인정의 증거로 쓸 수 없다는 것이 판례이다.　　　　　[법원9급 16]

358 (O) 대법원 2010.10.14, 2010도9016

359　피의자를 긴급체포할 때 압수한 물건에 관하여 「형사소송법」 관련 규정에 의한 압수·수색영장을 발부받지 않고도 즉시 반환하지 않은 경우, 그 후 피고인이나 변호인이 이를 증거로 함에 동의하였더라도 증거능력이 인정되지 않는다.　　　　　[경찰채용 14] [법원9급 11]

359 (O) 대법원 2009.12.24, 2009도11401

360 소유자, 소지자 또는 보관자가 아닌 자로부터 제출받은 물건을 영장 없이 압수한 경우 그 '압수물' 및 '압수물을 찍은 사진'은 이를 유죄 인정의 증거로 사용할 수 없는 것이지만, 피고인이나 변호인이 이를 증거로 함에 동의하였다면 유죄 인정의 증거로 사용할 수 있다.　　　　　[경찰채용 12]

360 (×) '있다' → '없다'(대법원 2010.1.28, 2009도10092).

361 검사가 유죄의 자료로 제출한 증거들이 그 진정성립이 인정되지 아니하고 이를 증거로 함에 상대방의 동의가 없더라도, 이는 유죄사실을 인정하는 증거로 사용하는 것이 아닌 이상 공소사실과 양립할 수 없는 사실을 인정하는 자료로 쓸 수 있다.　　　　　[경찰채용 13] [국가9급 09]

361 (○) 대법원 1981.12.22, 80도1547; 1994.11.11, 94도1159

362 유죄의 자료가 되는 것으로 제출된 증거의 반대증거 서류에 대하여는 그것이 유죄사실을 인정하는 증거가 되는 것이 아닌 이상 반드시 그 진정성립이 증명되지 아니하거나 이를 증거로 함에 있어서의 상대방의 동의가 없다고 하더라도 증거판단의 자료로 할 수 있다.　　　　　[법원9급 12 변형]

362 (○) 대법원 1981.12.22, 80도1547

363 피고인이나 변호인이 무죄에 관한 자료로 제출한 서증 가운데 도리어 유죄임을 뒷받침하는 내용이 있다 하여도 법원은 상대방의 원용이나 동의가 없는 한 그 서류의 진정성립 여부 등을 조사하고 아울러 그 서류에 대한 피고인이나 변호인의 의견과 변명의 기회를 준 다음이 아니면 그 서증을 유죄 인정의 증거로 쓸 수 없다.　　　　　[경찰채용 13]

363 (○) 증거공통의 원칙이란 증거의 증명력은 그 제출자나 신청자의 입증취지에 구속되지 않는다는 것을 의미하고 증서의 증거능력이나 증거에 관한 조사절차를 불필요하게 할 수 있는 힘은 없다(대법원 1989.10.10, 87도966).

364 증거로 함에 대한 동의의 주체는 당사자와 변호인으로서 피고인의 명시적인 의사표시에 반한 변호인의 증거동의에 의해서도 증거의 증거능력은 인정된다.　　　　　[국가7급 12] [국가9급 11 유사]

364 (×) '인정된다' → '부정된다' 변호인은 피고인의 명시한 의사에 반하지 아니하는 한 피고인을 대리하여 이를 할 수 있다(대법원 1999. 8.20, 99도2029)

365 피고인이 증거로 함에 동의하지 아니한다고 명시적인 의사표시를 한 경우 이외에는 변호인은 서류나 물건에 대하여 증거로 함에 동의할 수 있고 이 경우 변호인의 동의에 대하여 피고인이 즉시 이의하지 아니하는 경우에 변호인의 동의로 증거능력이 인정된다. [법원9급 11·18]

365 (○) 대법원 1988.11.8, 88도 1628; 1999.8.20, 99도2029

366 피고인이 사법경찰관 작성의 피해자진술조서를 증거로 동의함에 있어서 그 동의가 법률적으로 어떠한 효과가 있는지를 모르고 한 것이었다고 주장하더라도 변호인이 그 동의 시 공판정에 재정하고 있으면서 피고인이 하는 동의에 대하여 아무런 이의나 취소를 한 사실이 없다면 그 동의에 무슨 하자가 있다고 할 수 없다. [경찰채용 16 변형]

366 (○) 대법원 1983.6.28, 83 도1019

367 피고인이 출석한 공판기일에서 증거로 함에 부동의한다는 의견이 진술된 경우에도 그 후 피고인이 출석하지 아니한 공판기일에 변호인만이 출석하여 종전 의견을 번복하여 증거로 함에 동의하였다면 이는 특별한 사정이 없는 한 효력이 있다. [경찰채용 14·16]

367 (×) '있다' → '없다'

보충 변호인의 증거동의: 피고인의 묵시적 의사에 반하여 행사할 수 있는 독립대리권에 불과하다(대법원 2013.3.28, 2013도3).

368 증거동의는 명시적으로 하여야 하므로 피고인이 신청한 증인의 전문진술에 대하여 피고인이 별 의견이 없다고 진술한 것만으로는 그 증언을 증거로 함에 동의한 것으로 볼 수 없다. [국가7급 16]

368 (×) '없다' → '있다' 그 증언을 증거로 함에 동의한 것으로 볼 수 있으므로 이는 증거능력 있다(대법원 1983.9.27, 83도 516)(묵시적 동의).

369 피고인이 신청한 증인의 증언이 피고인 아닌 타인의 진술을 그 내용으로 하는 전문진술인 경우, 피고인이 그 증인의 증언에 대하여 별 의견이 없다고 진술하였더라도 이를 피고인이 증거로 함에 동의한 것으로 볼 수 없다.

[소방간부 23]

에설+ 피고인이 신청한 증인의 증언이 피고인 아닌 타인의 진술을 그 내용으로 하는 전문진술이라고 하더라도 피고인이 그 증언에 대하여 별 의견이 없다고 진술하였다면, 그 증언을 증거로 함에 동의한 것으로 볼 수 있으므로 이는 증거능력 있다(대법원 1983.9.27, 83도516).

369 (×)

370 피고인의 증거동의 의사표시가 하나하나의 증거에 대하여 「형사소송법」상의 증거조사방식을 거쳐 이루어진 것이 아니라 검사가 제시한 모든 증거에 대하여 증거로 함에 동의한다는 방식으로 이루어졌더라도 증거동의의 효력이 있다.

[국가7급 16]

370 (○) 포괄적 동의도 가능하다 (대법원 1983.3.8, 82도2873).

371 개개의 증거에 대하여 개별적인 증거조사방식을 거치지 아니하고 검사가 제시한 모든 증거에 대하여 피고인이 증거로 함에 일괄적으로 동의한다는 방식의 증거동의도 효력이 있다.

[경찰채용 17 2차] [국가9급 09]

371 (○) 모든 증거에 대하여 피고인이 증거로 함에 동의한다는 방식으로 이루어진 것이라 하여도 증거동의로서의 효력을 부정할 이유가 되지 못한다(대법원 1983.3.8, 82도2873).

372 조서의 일부에 대한 증거동의는 허용되지 않는다. [국가9급 11]

에설+ 증거동의의 대상인 서류 또는 진술의 내용이 가분(可分)인 때에는 그 일부에 대한 증거동의도 가능하다(대법원 1984.10.10, 84도1552).

372 (×) '허용되지 않는다' → '허용된다'

373 검사 작성의 피고인 아닌 자에 대한 진술조서에 관하여 피고인이 공판정진술과 배치되는 부분은 부동의한다고 진술한 것은 조사 내용의 특정부분에 관하여 증거로 함에 동의한다는 특별한 사정이 있는 때와는 달리 그 조서를 증거로 함에 동의하지 아니한다는 취지로 해석하여야 한다.

[경찰채용 16]

373 (○) 대법원 1984.10.10, 84도1552

374 피고인이 공소사실을 부인하고 있는 상황에서 검사가 신청한 증인의 법정 진술이 전문증거로서 증거능력이 없는 경우, 피고인 또는 변호인에게 의견을 묻는 등의 적절한 방법으로 그러한 사정에 대하여 고지가 이루어지지 않은 채 증인신문이 진행되었다면, 피고인이 그 증거조사 결과에 대하여 별 의견이 없다고 진술하였더라도 증인의 법정증언을 증거로 삼는 데에 동의한 것으로 볼 수 없다. [경찰채용 22 1차]

해설+ 피고인이 새마을금고 이사장 선거와 관련하여 대의원 甲에게 자신을 지지해 달라고 부탁하면서 현금 50만 원을 제공하였다고 하여 새마을금고법 위반으로 기소되었는데, 검사는 사법경찰관 작성의 공범 甲에 대한 피의자신문조서 및 진술조서를 증거로 제출하고, 검사가 신청한 증인 乙은 법정에 출석하여 '甲으로부터 피고인에게서 50만 원을 받았다는 취지의 말을 들었다'고 증언한 경우, 甲이 법정에 출석하여 위 피의자신문조서 및 진술조서의 성립의 진정을 인정하였더라도 피고인이 공판기일에서 그 조서의 내용을 모두 부인한 이상 이는 증거능력이 없고, 한편 제1심 및 원심 공동피고인인 甲은 원심에 이르기까지 일관되게 피고인으로부터 50만 원을 받았다는 취지의 공소사실을 부인한 사실에 비추어 원진술자 甲이 사망, 질병, 외국거주, 소재불명 그 밖에 이에 준하는 사유로 인하여 진술할 수 없는 때에 해당하지 아니하여 甲의 진술을 내용으로 하는 乙의 법정증언은 전문증거로서 증거능력이 없으며, 나아가 피고인은 일관되게 甲에게 50만 원 자체를 교부한 적이 없다고 주장하면서 적극적으로 다툰 점, 이에 따라 사법경찰관 작성의 甲에 대한 피의자신문조서 및 진술조서의 내용을 모두 부인한 점, 乙의 법정증언이 전문증거로서 증거능력이 없다는 사정에 대하여 피고인 또는 변호인에게 의견을 묻는 등의 적절한 방법으로 고지가 이루어지지 않은 채 증인신문이 진행된 다음 증거조사 결과에 대한 의견진술이 이루어진 점, 乙이 위와 같이 증언하기에 앞서 원진술자 甲이 피고인으로부터 50만 원을 제공받은 적이 없다고 이미 진술한 점 등을 종합하면 피고인이 乙의 법정증언을 증거로 삼는 데에 동의하였다고 볼 여지는 없고, 乙의 증언에 따른 증거조사 결과에 대하여 별 의견이 없다고 진술하였더라도 달리 볼 수 없으므로, 결국 사법경찰관 작성의 甲에 대한 피의자신문조서 및 진술조서와 乙의 전문진술은 증거능력이 없다(대법원 2019.11.14, 2019도11552).

375 피고인의 변호인이 증거부동의 의견을 밝힌 고발장을 첨부문서로 포함하고 있는 검찰주사보 작성의 수사보고가 수사기관이 첨부한 자료를 통하여 얻은 인식·판단·추론이거나 자료의 단순한 요약에 불과하더라도, 피고인이 증거에 동의하여 증거조사가 행하여졌다면 그 수사보고에 대한 증거동의의 효력은 첨부된 고발장에도 당연히 미친다고 볼 것이므로 이를 유죄의 증거로 삼을 수 있다. [경찰채용 22 1차]

해설+ 고발장에 피고인 측의 증거부동의가 있다면, 이를 첨부문서로 포함하고 있는 수사보고에 대한 증거동의가 있다 하더라도, 그 증거동의의 효력은 위 고발장에 미친다고 볼 수 없다. "검찰관이 공판기일에 제출한 증거 중 뇌물공여자 甲이 작성한 고발장에 대하여 피고인의 변호인이 증거부동의 의견을 밝히고, 같은 고발장을 첨부문서로 포함하고 있는 검찰주사보 작성의 수사보고에 대하여는 증거에 동의하여 증거조사가 행하여졌는데, 수사기관이 수사과정에서 수집한 자료를 기록에 현출시키는 방법으로 자료의 의미, 성격, 혐의사실과의 관련성 등을 수사보고의 형태로 요약·설명하고 해당 자료를 수사보고에 첨부하는 경우, 수사보고에 기재된 내용은 수사기관이 첨부한 자료를 통하여 얻은 인식·판단·추론이거나 자료의 단순한 요약에 불과하여 원 자료로부터 독립하여 공소사실에 대한 증명력을 가질 수 없고, 피고인이나 변호인도 수사보고의 증명력을 위와 같은 취지로 이해하여 공소사실을 부인하면서도 수사보고의 증거능력을 다투지 않은 것으로 보이는 등의 제반 사정에 비추어, 위 고발장은 군사법원법에 따른 적법한 증거신청·증거결정·증거조사 절차를 거쳤다고 볼 수 없거나 공소사실을 뒷받침하는 증명력을 가진 증거가 아니므로 이를 유죄의 증거로 삼을 수 없다(대법원 2011.7.14, 2011도3809)."

376 필요적 변호사건이라 하여도 피고인이 재판거부의 의사를 표시하고 재판장의 허가 없이 퇴정하고 변호인마저 이에 동조하여 퇴정해 버렸다면, 법원은 피고인이나 변호인의 재정 없이도 심리판결할 수 있고 이 경우 피고인의 진의와는 관계없이 증거동의가 있는 것으로 간주된다.

[경찰채용 14] [국가7급 16] [국가9급 14 유사] [법원9급 18]

376 (○) 대법원 1991.6.28, 91도865

377 피고인이 공시송달의 방법에 의한 공판기일의 소환을 2회 이상 받고도 출석하지 않아 소송촉진 등에 관한 특례법에 따라 피고인의 출정 없이 증거조사를 하는 경우에는, 증거동의를 간주할 수 없다. [법원9급 16]

377 (×) '를 간주할 수 없다' → '가 간주된다'
제318조 제2항에 따른 피고인의 증거동의가 있는 것으로 간주된다 (대법원 2011.3.10, 2010도15977).

378 피고인의 출정 없이 증거조사를 할 수 있는 경우에 피고인 및 그 대리인이나 변호인이 모두 출정하지 아니한 때에는 동의가 있는 것으로 간주한다.

[법원9급 16]

378 (○) 제318조 제2항

> **정리** 증거동의의 의제: 피고인의 불출석재판(제318조 제2항), 간이공판절차의 특칙(제318조의3)

379 피고인의 출정 없이 증거조사를 할 수 있는 경우에 피고인이 출정하지 아니한 때에는 피고인이 증거로 함에 동의한 것으로 간주할 수 없다.

[경찰채용 12]

379 (×) '없다' → '있다'(제318조 제2항)

380 피고인의 출정 없이 증거조사를 할 수 있는 경우에 피고인이 출정하지 아니한 때에는 당사자의 동의가 있는 것으로 간주하고, 대리인 또는 변호인이 출정한 때에는 당사자의 동의가 있는 것으로 간주하지 아니한다.

[법원9급 11]

380 (○) 제318조 제2항 참조.

381 간이공판절차의 결정이 있는 사건의 증거에 관하여는 전문증거에 대해 증거동의가 있는 것으로 간주하는 것은 피고인이 공판정에서 공소사실을 자백한 이상 전문증거에 대한 반대신문권을 포기한 것으로 볼 수 있고 간이공판절차를 통한 재판의 신속을 도모할 필요 등에서 인정되는 것이므로, 설령 검사, 피고인 또는 변호인이 증거로 함에 이의를 표시하였다 하더라도 마찬가지로 증거동의가 의제된다. [법원9급 12]

381 (×) '표시하였다 하더라도 마찬가지로 증거동의가 의제된다' → '표시하였다면 그러하지 아니하다'(제318조의3)

382 증거동의는 구두변론 종결 시까지 철회할 수 있다. [법원9급 18]

> **해설+** 증거조사를 완료한 뒤에는 취소 또는 철회가 인정되지 않는다(대법원 2010.7.15, 2007도5776).

382 (×) '있다' → '없다'

383 피고인이 불출석으로 증거동의가 의제된 경우라도 아직 증거조사가 완료되지 않았다면 차후 공판기일에 피고인이 출석하여 증거동의를 철회할 수 있다. [국가7급 14]

383 (○) 대법원 2005.4.28, 2004도4428

384 변호인은 피고인의 명시적 의사에 반하지 않는 한 대리하여 동의할 수 있으며, 이에 대해 즉시 이의를 제기하지 아니한 피고인은 증거조사 완료 전이라도 동의를 취소할 수 없다. [국가9급 09]

384 (×) '없다' → '있다' 증거동의의 의사표시는 증거조사가 완료되기 전까지 취소 또는 철회할 수 있다(대법원 2007.7.26, 2007도3906).

385 증거동의는 반대신문과 관계있는 증거를 대상으로 하는 것이므로 모든 전문증거는 증거동의의 대상이 되지만 물건은 증거동의의 대상이 될 수 없고 관련성만 인정되면 증거로 사용할 수 있다. [경찰간부 22]

385 (×) 판례는 비진술증거인 증거물도 증거동의의 대상이 된다고 본다(대법원 2007.7.26, 2007도3906).

386 증거동의의 의사표시는 증거조사가 완료된 뒤에는 취소할 수 없다. [법원9급 17]

386 (○) 대법원 2015.8.27, 2015도3467

387 증거동의의 의사표시는 증거조사가 완료되기 전까지 취소 또는 철회할 수 있으나, 일단 증거조사가 완료된 뒤에는 취소 또는 철회가 인정되지 아니하므로 취소 또는 철회 전에 이미 취득한 증거능력은 상실되지 아니한다.

[경찰채용 16 변형] [법원9급 11]

387 (○) 대법원 1983.4.26, 83도267; 1996.12.10, 96도2507; 2015.8.27, 2015도3467

388 약식명령에 불복하여 정식재판을 청구한 피고인이 정식재판 절차의 제1심에서 2회 불출정하여 증거동의가 간주된 후 증거조사를 완료한 이상, 비록 피고인이 항소심에 출석하여 간주된 증거동의를 철회 또는 취소한다는 의사표시를 하더라도 그로 인하여 적법하게 부여된 증거능력이 상실되는 것은 아니다.

[경찰채용 12·14·16] [국가9급 17·18] [법원9급 18]

388 (○) 제1심에서 증거동의 간주 후 증거조사를 완료한 이상, 항소심에서 증거동의 철회·취소 의사표시를 하여도 증거능력이 상실되지 않는다(대법원 1999.8.20, 99도2029; 1996.12.10, 96도2507; 2010.7.15, 2007도5776).

389 약식명령에 불복하여 정식재판을 청구한 피고인이 정식재판절차에서 2회 불출정하여 법원이 피고인의 출정 없이 증거조사를 하는 경우에는 피고인의 증거동의가 간주되며, 피고인은 증거조사가 완료되기 전까지 철회 또는 취소할 수 없다.

[소방간부 23]

389 (×)

해설+ 약식명령에 불복하여 정식재판을 청구한 피고인이 정식재판절차의 제1심에서 2회 불출정하여 형사소송법 제318조 제2항에 따른 증거동의가 간주된 후 증거조사를 완료한 이상, 간주의 대상인 증거동의는 증거조사가 완료되기 전까지 철회 또는 취소할 수 있으나 일단 증거조사를 완료한 뒤에는 취소 또는 철회가 인정되지 아니하는 점, 증거동의 간주가 피고인의 진의와는 관계없이 이루어지는 점 등에 비추어, 비록 피고인이 항소심에 출석하여 공소사실을 부인하면서 간주된 증거동의를 철회 또는 취소한다는 의사표시를 하더라도 그로 인하여 적법하게 부여된 증거능력이 상실되는 것이 아니다(대법원 2010.7.15, 2007도5776).

7 탄핵증거

🔗 대표유형

검사가 제출한 사법경찰관 작성의 피고인에 대한 피의자신문조서는 그 내용을 부인한 이상 증거능력이 없지만 임의성이 있으면 탄핵증거로 사용할 수 있으며 탄핵증거로 사용하려면 엄격한 증거조사를 거쳐야 한다.

[법원9급 10]

(×) '거쳐야 한다' → '거쳐야 할 필요가 없다'
법정에서 이에 대한 탄핵증거로서의 증거조사는 필요한 것이다(대법원 2005.8.19, 2005도2617).

390 탄핵증거로 사용될 수 있는 전문증거에는 전문서류만이 포함되며 전문진술은 제외된다.

[국가9급 17]

390 (×) '전문서류만이 포함되며 전문진술은 제외된다' → '전문서류와 전문진술이 포함된다'

해설+ 전문증거로서 증거로 할 수 없는 서류나 진술이라도, 상대방의 증거동의 여부와 관계없이 탄핵증거로 사용할 수 있다(제318조의2 제1항).

391 전문서류에 서명날인이 없는 경우는 그 진술내용의 진실성과 정확성이 인정되지 않으므로 탄핵증거로 사용될 수 없다. [군무원9급 22]

> **판례** 유죄의 자료가 되는 것으로 제출된 증거의 반대증거 서류에 대하여는 그것이 유죄사실을 인정하는 증거가 되는 것이 아닌 이상 반드시 그 진정성립이 증명되지 아니하거나 이를 증거로 함에 있어서의 상대방의 동의가 없다고 하더라도 증거판단의 자료로 할 수 있다(대법원 1981.12.22, 80도1547).

391 (×) 진술자의 서명·날인이 없어 형식적 진정성립조차 인정되지 아니하는 전문서류가 탄핵증거가 될 수 있는가에 대하여는 부정설(위 지문의 내용, 多)과 긍정설이 대립하고, 판례는 긍정설의 입장이다.

392 탄핵증거는 유죄증거에 관한 소송법상의 엄격한 증거능력을 요하지 아니한다. [법원9급 16]

392 (○) 대법원 1985.5.14, 85도441

393 「형사소송법」제318조의2에 규정된 이른바 탄핵증거는 범죄사실을 인정하는 증거가 아니어서 엄격한 증거능력을 요하지 아니하는 것이다. [경찰채용 16]

393 (○) 대법원 1996.1.26, 95도1333

394 유죄증거에 대하여 반대증거로 제출된 진술기재서류는 유죄사실 인정의 증거가 되는 것이 아닌 이상 그 성립의 진정이 인정될 것을 요하지 않는다. [국가7급 15]

394 (○) 대법원 1972.1.31, 71도2060

395 탄핵증거로 사용되기 위해서는 상대방이 증거로 함에 동의함을 요한다. [국가9급 17]

395 (×) '요한다' → '요하지 않는다' 증거능력 없는 전문증거도 탄핵증거가 될 수 있다(제318조의2 제1항).

396 검사가 유죄의 자료로 제출한 사법경찰관 작성의 甲에 대한 피의자신문조서와 甲이 작성한 자술서들은 甲이 그 내용을 부인하는 이상 증거능력이 없으나, 그것이 임의로 작성된 것이 아니라고 의심할 만한 사정이 없는 한 甲의 법정에서의 진술을 탄핵하기 위한 반대증거로 사용할 수 있다.
[경찰채용 16] [국가7급 15 변형] [국가9급 13 변형] [법원9급 16 변형] [법원승진 10 변형] [변호사 21 변형]

396 (○) 대법원 1998.2.27, 97도1770; 2005.8.19, 2005도2617

397 검사가 유죄의 자료로 제출한 사법경찰리 작성의 피고인에 대한 피의자신문조서는 피고인이 그 내용을 부인하는 이상 증거능력이 없지만, 그것이 임의로 작성된 것이 아니라고 하더라도 피고인의 법정에서의 진술을 탄핵하기 위한 반대증거로는 사용할 수 있다. [경찰채용 21 1차]

> **해설+** 임의성 없는 진술은 탄핵증거로 사용할 수 없다. "검사가 유죄의 자료로 제출한 사법경찰리 작성의 피고인에 대한 피의자신문조서는 피고인이 그 내용을 부인하는 이상 증거능력이 없으나, 그것이 임의로 작성된 것이 아니라고 의심할 만한 사정이 없는 한 피고인의 법정에서의 진술을 탄핵하기 위한 반대증거로 사용할 수 있다(대법원 2005.8.19, 2005도2617)."

398 자백배제법칙(「형사소송법」 제309조)에 의하여 임의성이 없어 증거능력이 없는 자백이라도 탄핵증거로는 사용할 수 있다. [경찰채용 15]

398 (×) '있다' → '없다'

> **해설+** 자백배제법칙에 위반한 자백은 그 사용을 철저히 제한할 필요가 있으므로, 탄핵증거로도 사용할 수 없다는 것이 통설이다.

399 기록상 진술증거의 임의성에 관하여 의심할 만한 사정이 나타나 있는 경우에는 법원은 직권으로 그 임의성 여부에 관하여 조사를 하여야 하고, 임의성이 인정되지 아니하여 증거능력이 없는 진술증거는 피고인이 증거로 함에 동의하더라도 증거로 삼을 수 없으며, 피고인의 법정에서의 진술을 탄핵하기 위한 탄핵증거로도 사용할 수 없다. [법원9급 22]

399 (○)

> **해설+** 기록상 진술증거의 임의성에 관하여 의심할 만한 사정이 나타나 있는 경우에는 법원은 직권으로 그 임의성 여부에 관하여 조사를 하여야 하고, 임의성이 인정되지 아니하여 증거능력이 없는 진술증거는 피고인이 증거로 함에 동의하더라도 증거로 삼을 수 없다(대법원 2006.11.23, 2004도7900). 또한 탄핵증거는 증거능력 없는 전문증거의 경우이고 임의성 없는 진술은 포함될 수 없다(대법원 2005.8.19, 2005도2617).

400 위법수집증거는 탄핵증거로도 사용할 수 없다. [국가9급 10]

400 (○)

> **해설+** 탄핵증거는 전문증거를 전제로 하는 것이고, 전문증거는 증거능력이 인정되는 경우에도 위법수집증거에 해당하는 때에는 그 증거능력을 인정할 수 없다.

401 공판준비 또는 공판기일에서 이미 증언을 마친 증인을 검사가 소환한 후 피고인에게 유리한 그 증언 내용을 추궁하여 이를 일방적으로 번복시키는 방식으로 작성한 진술조서는 탄핵증거로 사용할 수 없다. [경찰채용 14]

401 (○) 명시적인 판례는 없으나, 판례(대법원 2013.8.14, 2012도13665)의 취지를 토대로 판단하면 옳은 지문이다.

402 피고인의 진술을 내용으로 하는 영상녹화물을 공판준비 또는 공판기일에서의 피고인진술의 증명력을 다투기 위하여 증거로 할 수 있다. [경찰채용 18 1차] [국가7급 09]

402 (×) '있다' → '없다' 피고인 또는 피고인 아닌 자가 공판준비 또는 공판기일에 진술함에 있어 기억환기용으로만 활용할 수 있다(제318조의2 제2항).

403 탄핵증거는 진술의 증명력을 감쇄하기 위해서뿐만 아니라 범죄사실 또는 그 간접사실의 인정증거로서도 허용된다. [경찰채용 18 1차] [국가7급 16 변형] [국가9급 17]

403 (×) '허용된다' → '허용되지 않는다'

해설+ 범죄사실 또는 그 간접사실의 인정의 증거로서는 허용되지 않는다(대법원 1996.9.6, 95도2945; 2012.10.25, 2011도5459).

404 탄핵증거는 적극적으로 범죄사실의 존부를 증명하기 위한 증거가 아니므로 엄격한 증명이 필요 없고, 전문법칙의 적용이 없다. 따라서 증거의 증명력을 감쇄하거나 간접사실 인정의 증거로만 사용될 뿐 범죄사실 인정의 증거로서 허용되지 않는다. [법원승진 10]

404 (×) '감쇄하거나 간접사실 인정의 증거로만 사용될 뿐 범죄사실' → '감쇄하기 위하여 인정되는 것이고 범죄사실 또는 그 간접사실'(대법원 2012.10.25, 2011도5459) 간접사실 인정의 증거로 사용될 수 없다.

405 검사가 피고인의 부인진술을 탄핵하기 위해 신청한 체포·구속인접견부 사본은 피고인의 진술의 증명력을 다투기 위한 탄핵증거가 될 수 있다. [법원9급 16]

405 (×) '있다' → '없다'

해설+ 피고인의 부인진술을 탄핵한다는 것이므로 결국 '검사에게 입증책임이 있는 공소사실 자체를 입증하기 위한 것'에 불과하므로 탄핵증거로 볼 수 없다(대법원 2012.10.25, 2011도5459).

406 검사가 탄핵증거로 신청한 체포·구속인접견부 사본이 피고인의 부인(否認) 진술을 탄핵하기 위한 것이라면, 결국 검사에게 입증책임이 있는 공소사실 자체를 입증하기 위한 것에 불과하므로, 피고인 진술의 증명력을 다투기 위한 탄핵증거로 볼 수 없다. [국가7급 23]

406 (O) 대법원 2012.10.25, 2011 도5459

407 탄핵증거의 제출에 있어서 상대방에게 이에 대한 공격방어의 수단을 강구할 기회를 사전에 부여하여야 한다. [경찰채용 15·18 1차]

407 (O) 대법원 2005.8.19, 2005 도2617
탄핵증거의 증거신청 시 입증취지 명시가 필요한 이유이다.

408 탄핵증거의 제출에 있어서는 증명력을 다투고자 하는 증거의 어느 부분에 의하여 진술의 어느 부분을 다투려고 한다는 것을 사전에 상대방에게 알려야 한다. [경찰채용 18 1차] [국가9급 17]

408 (O) 대법원 2005.8.19, 2005 도2617

409 피고인이 내용을 부인하여 증거능력이 없는 사법경찰리 작성의 피의자신문조서가 당초 증거 제출 당시 탄핵증거라는 입증취지를 명시하지 아니하였다면 탄핵증거로서의 증거조사절차가 대부분 이루어졌더라도 위 피의자신문조서를 피고인의 법정 진술에 대한 탄핵증거로 사용할 수 없다. [경찰채용 15·18 1차]

409 (×) '없다' → '있다'
피의자신문조서를 피고인의 법정 진술에 대한 탄핵증거로 사용할 수 있다(대법원 2005.8.19, 2005도 2617).

410 탄핵증거는 엄격한 증거조사를 거칠 필요가 없으며, 법정에서 이에 대한 탄핵증거로서의 증거조사도 필요하지 않다. [국가7급 15]

410 (×) '도 필요하지 않다' → '는 필요하다'
법정에서 탄핵증거로서의 증거조사는 필요하다(대법원 2005.8.19, 2005도2617).

411 탄핵증거도 증거인 이상 법정에서의 조사는 반드시 필요하고, 이때의 증거조사는 상당하다고 인정되는 방법으로 실시할 수 있다. [법원승진 10]

411 (O) 대법원 2005.8.19, 2005 도2617

412 법정에서 증거로 제출된 바가 없어 전혀 증거조사가 이루어지지 아니한 채 수사기록에만 편철되어 있는 증거를 피고인의 진술을 탄핵하는 증거로 사용할 수는 없다. [경찰채용 21 1차]

413 증거목록에 기재되지 않았고 증거결정이 있지 아니하였다 하더라도 공판 과정에서 그 입증취지가 구체적으로 명시되고 제시까지 된 이상 각 서증들에 대하여 탄핵증거로서의 증거조사는 이루어졌다고 해야 한다. [국가9급 13 변형]

8 자백의 보강법칙

 대표유형

피고인의 공판정에서의 자백에는 자백의 보강법칙이 적용되지 않는다. [법원9급 15]

해설+ 보강이 필요한 제310조의 자백은 공판정 자백이나 공판정 외의 자백을 불문한다(대법원 1960.6.22, 4292 형상1043).

 대표유형

공범인 공동피고인의 법정에서의 자백은 피고인의 자백에 대한 보강증거가 된다. [국가7급 09]

414 '자백보강법칙'은 법관이 허위의 자백을 신뢰함으로써 발생할 수 있는 오판의 위험을 방지하고 자백의 진실성을 담보하여 인권침해를 예방함에 그 목적이 있다. [국가9급 10]

415 전문법칙은 피고인이 임의로 한 증거능력과 신용성이 있는 자백이라도 전문증거가 없으면 유죄로 인정할 수 없다는 원칙을 말한다. [국가9급 12]

416 자백보강법칙은 법관의 심증형성이 자백에 편중되는 것을 방지하기 위해 자유심증주의에 대한 예외를 인정한 것이다. [국가9급 10]

416 (○)

> **해설+** 법관이 '피고인은 유죄'라는 심증을 얻었다 하더라도 자백 외에는 별도의 보강증거가 없다면, 법관은 피고인에게 자신의 심증대로 유죄의 판결을 할 수 없게 된다.

417 피고인의 공판정 자백에 대해서도 자백의 보강법칙은 적용된다. [법원9급 17 변형]

417 (○) 통설과 판례의 입장이다 (대법원 1981.7.7, 81도1314).

418 「형사소송법」 제310조의 '피고인의 자백'에는 공범인 공동피고인의 진술은 포함되지 않으며, 이러한 공동피고인의 진술은 독립한 증거능력이 있다. [국가7급 15]

418 (○) 대법원 1992.7.28, 92도917
공범자의 자백은 보강증거를 필요로 하지 아니한다.

419 「형사소송법」 제310조에서 말하는 피고인의 자백에는 공범인 공동피고인의 진술은 포함되지 않으며, 이러한 공동피고인의 진술에 대하여는 피고인의 반대신문권이 보장되어 있어 독립한 증거능력이 있다. [경찰승진 22]

419 (○) 대법원 1992.7.28, 92도917

420 공범인 공동피고인의 공판정에서의 자백은 이에 대한 피고인의 반대신문권이 보장되어 있어 증인으로 신문한 경우와 다를 바 없으므로, 피고인들 간에 이해관계가 상반되는 경우를 제외하고는 독립한 증거능력이 있다. [소방간부 23]

420 (×)

> **해설+** 공동피고인의 자백은 이에 대한 피고인의 반대신문권이 보장되어 있어 증인으로 신문한 경우와 다를 바 없으므로 독립한 증거능력이 있고, 이는 피고인들 간에 이해관계가 상반된다고 하여도 마찬가지라 할 것이다(대법원 2006.5.11, 2006도1944).

421 휴대전화기의 카메라를 이용하여 성명불상 여성 피해자의 치마 속을 몰래 촬영하다가 현행범으로 체포된 피고인이 공소사실에 대해 자백한바, 현행범 체포 당시 임의제출 방식으로 압수된 피고인 소유 휴대전화기에 대한 압수조서의 '압수경위'란에 기재된 피고인의 범행을 직접 목격한 사법경찰관의 진술내용은 피고인의 자백을 보강하는 증거가 된다.　　　[국가9급 22]

421 (○)

해설+　피고인이 지하철역 에스컬레이터에서 휴대전화기의 카메라를 이용하여 성명불상 여성 피해자의 치마 속을 몰래 촬영하다가 현행범으로 체포되어 성폭력범죄의 처벌 등에 관한 특례법 위반(카메라등이용촬영)으로 기소된 경우, 체포 당시 임의제출 방식으로 압수된 피고인 소유 휴대전화기에 대한 압수조서 중 '압수경위'란에 기재된 내용은 피고인이 범행을 저지르는 현장을 직접 목격한 사람의 진술이 담긴 것으로서 형사소송법 제312조 제5항에서 정한 '피고인이 아닌 자가 수사과정에서 작성한 진술서에 준하는 것으로 볼 수 있고, 이에 따라 휴대전화기에 대한 임의제출절차가 적법하였는지에 영향을 받지 않는 별개의 독립적인 증거에 해당한다(대법원 2019.11.14, 2019도13290).

422 甲과 乙은 공동으로 공원에서 술에 취하여 잠을 자고 있는 피해자 丙의 손목시계를 절취하였다는 공소사실로 기소되어 공동피고인으로 재판을 받고 있다. 공판정에서 甲은 공소사실을 자백하고 있으나, 乙은 공소사실을 부인하고 있다. 甲의 진술은 乙에 대한 범죄사실을 인정하는 데 있어서 증거로 쓸 수 있다.　　　[경찰채용 16]

422 (○) 대법원 1990.10.30, 90도1939

423 甲과 乙은 공동으로 공원에서 술에 취하여 잠을 자고 있는 피해자 丙의 손목시계를 절취하였다는 공소사실로 기소되어 공동피고인으로 재판을 받고 있다. 공판정에서 甲은 공소사실을 자백하고 乙도 공소사실을 자백한 경우, 피고인 甲의 유죄를 인정하기 위한 증거로서 공범자 乙의 자백에 대한 보강증거의 요부는 법관의 자유심증에 맡긴다.　　　[경찰채용 16 변형]

423 (○) 대법원 1985.3.9, 85도951

424 공동피고인의 자백은 이에 대한 피고인의 반대신문권이 보장되어 있어 증인으로 신문한 경우와 다를 바 없으므로 독립한 증거능력이 있고, 이는 피고인들 간에 이해관계가 상반된다고 하여도 마찬가지이다.

[경찰승진 23 변형] [법원9급 17·23 변형]

424 (○) 대법원 2006.5.11, 2006도1944

425 특수절도죄의 공범자인 공동피고인 乙이 피고인으로서 공판정에서 자백진술을 하면 그 진술은 피고인 甲에 대한 유죄의 증거로 사용할 수 있다.

[변호사 21 변형]

425 (○)

해설+ 판례에 의하면, 공동피고인의 자백은 이에 대한 피고인의 반대신문권이 보장되어 있어 증인으로 신문한 경우와 다를 바 없으므로 독립한 증거능력이 있다(대법원 1987.7.7, 87도973). 즉, 甲과 乙은 특수절도죄의 공동피고인 관계이므로, 乙이 피고인으로서 공판정에서 한 자백진술은 甲에 대한 유죄의 증거로 사용할 수 있다.

426 보강증거는 증거가치에 있어서 자백과 독립된 증거여야 하므로 피고인의 자백을 내용으로 하는 피고인이 아닌 자의 진술은 보강증거가 될 수 없다.

[법원9급 15]

426 (○) 대법원 2008.2.14, 2007도10937

427 피고인이 범행을 자인하는 것을 들었다는 피고인 아닌 자의 진술내용은 「형사소송법」 제310조의 피고인의 자백에는 포함되지 아니하므로 피고인의 자백의 보강증거로 될 수 있다.　[경찰채용 13·23 1차 변형] [법원9급 21]

427 (×)

해설+ 피고인이 범행을 자인하는 것을 들었다는 피고인 아닌 자의 진술내용은 형사소송법 제310조의 피고인의 자백에는 포함되지 아니하나 이는 피고인의 자백의 보강증거로 될 수 없다(대법원 2008.2.14, 2007도10937).

428 피고인이 범행을 자인하는 것을 들었다는 피고인 외의 제3자의 진술이 기재된 검찰 진술조서는 피고인의 자백에 대한 보강증거로 사용할 수 없다.

[국가7급 16] [국가9급개론 18]

428 (○) 대법원 2008.2.14, 2007도10937

429 甲과 乙은 공동으로 공원에서 술에 취하여 잠을 자고 있는 피해자 丙의 손목시계를 절취하였다는 공소사실로 기소되어 공동피고인으로 재판을 받고 있다. 공판정에서 甲은 공소사실을 자백하고 있으나, 乙은 공소사실을 부인하고 있다. 甲이 범행을 자백하는 것을 들었다는 丁의 진술내용은 「형사소송법」 제310조의 피고인의 자백에는 포함되지 아니하나 이는 피고인의 자백의 보강증거로는 될 수 있다.

[경찰채용 16]

429 (×) '있다' → '없다'
피고인이 범행을 자인하는 것을 들었다는 피고인 아닌 자의 진술내용은 형사소송법 제310조의 피고인의 자백에는 포함되지 아니하나 이는 피고인의 자백의 보강증거로 될 수 없다(대법원 2008.2.14, 2007도10937).

430 피고인이 업무추진 과정에서 지출한 자금내역을 기입한 수첩의 기재내용은 피고인의 자백에 대한 보강증거가 될 수 없다. [경찰채용 11]

430 (×) '없다' → '있다'

> **해설+** 증거능력이 있는 한 피고인의 금전출납을 증명할 수 있는 별개의 증거라고 할 것인즉 자백에 대한 보강증거가 될 수 있다(대법원 1996.10.17, 94도2865 전원합의체).

431 「형사소송법」 제310조 소정의 '피고인의 자백'에 공범인 공동피고인의 진술은 포함되지 아니하므로 공동피고인의 진술은 다른 공동피고인에 대한 범죄사실을 인정하는 증거로 할 수 있을 뿐만 아니라 공범인 공동피고인들의 각 진술은 상호간에 서로 보강증거가 될 수 있다. [법원9급 12]

431 (○) 대법원 1990.10.30, 90도1939

432 자백에 대한 보강증거는 범죄사실의 전부 또는 중요부분을 인정할 수 있는 정도가 되지 아니하더라도 피고인의 자백이 가공적인 것이 아닌 진실한 것임을 인정할 수 있는 성도만 되면 족할 뿐만 아니라, 직접증거가 아닌 간접증거나 정황증거도 보강증거가 될 수 있다.

[경찰채용 11 변형·13] [법원9급 14 변형·15]

432 (○) 대법원 2002.1.8, 2001도1897; 2008.5.29, 2008도2343; 2011.1.27, 2010도1191
보강증거의 필요범위에 관한 진실성담보설의 판례이다.

433 자백에 대한 보강증거는 범죄사실의 전부 또는 중요부분을 인정할 수 있는 정도이어야 하고 자백과 보강증거가 서로 어울려서 전체로서 범죄사실을 인정할 수 있어야 한다. [국가7급 16]

433 (×)

> **해설+** '정도이어야 하고' → '정도가 되지 아니하더라도 피고인의 자백이 가공적인 것이 아닌 진실한 것임을 인정할 수 있는 정도만 되면 족하고'(대법원 2002.1.8, 2001도1897)

434 2021.10.19. 채취한 소변에 대한 검사결과 메스암페타민 성분이 검출된 경우, 위 소변검사결과는 2021.10.17. 메스암페타민을 투약하였다는 자백에 대한 보강증거가 될 수는 있지만, 각 투약행위에 대한 자백의 보강증거는 별개의 것이어야 하므로, 같은 달 13. 메스암페타민을 투약하였다는 자백에 대한 보강증거는 될 수 없다. [변호사 22]

> **보충** 원심이 피고인의 자백에 대한 보강증거로 삼을 수 없다고 판단한 대구광역시 보건환경연구원장 작성의 시험성적서는 2000.10.19. 21:50경 피고인으로부터 채취한 소변을 검사한 결과 메스암페타민 성분이 검출되었다는 취지의 검사결과를 기재한 것이고, 그와 같은 검사결과에 의하여 검출된 메스암페타민 성분은 주로 피고인이 2000.10.17. 투약한 메스암페타민에 의한 것으로 보이기는 하지만, 피고인이 2000.10.13. 메스암페타민을 투약함으로 인하여 피고인의 체내에 남아 있던 메스암페타민 성분도 그에 포함되어 검출되었을 가능성을 배제할 만한 합리적 근거가 없으므로 위 소변검사결과가 오로지 2000.10.17. 투약행위로 인한 것이라기보다는 2000.10.13. 투약행위와 2000.10.17. 투약행위가 결합되어 나온 것으로 보아야 할 것이어서 그 결과는 위 각 투약행위에 대한 보강증거로 될 수 있다고 할 것이다(동 판례).

> **비교** 소변검사 결과는 1995.1.17.자 투약행위로 인한 것일 뿐 그 이전의 4회에 걸친 투약행위(1994. 6.중순, 같은 해 7.중순, 같은 해 10.중순, 같은 해 11.20.)와는 무관하고, 압수된 약물도 이전의 투약행위에 사용되고 남은 것이 아니므로, 위 소변검사 결과와 압수된 약물은 결국 피고인이 투약습성이 있다는 점에 관한 정황증거에 불과하다 할 것인바, 피고인의 습벽을 범죄구성요건으로 하며 포괄1죄인 상습범에 있어서도 이를 구성하는 각 행위에 관하여 개별적으로 보강증거를 요구하고 있는 점에 비추어 보면 투약습성에 관한 정황증거만으로 향정신성의약품관리법위반죄의 객관적 구성요건인 각 투약행위가 있었다는 점에 관한 보강증거로 삼을 수는 없다(대법원 1996.2.13, 95도1794).

435 공소장에 기재된 대마 흡연일자로부터 한 달 후 피고인의 주거지에서 압수된 대마 잎은 비록 피고인의 자백이 구체적이고 그 진실성이 인정된다고 하더라도 피고인의 자백에 대한 보강증거가 될 수 없다. [변호사 22]

> **해설+** 기소된 대마 흡연일자로부터 한 달 후 피고인의 주거지에서 압수된 대마잎도 피고인의 자백에 대한 보강증거가 된다(대법원 2007.9.20, 2007도5845).

436 자백에 대한 보강증거는 범죄사실 전부나 그 중요부분의 전부에 일일이 그 보강증거를 필요로 하는 것이며, 간접증거 내지 정황증거는 보강증거가 될 수 없다. [국가9급 16]

434 (×) 2000.10.19. 채취한 소변에 대한 검사결과 메스암페타민 성분이 검출된 경우, 위 소변검사결과는 2000.10.17. 메스암페타민을 투약하였다는 자백에 대한 보강증거가 될 수 있음은 물론 같은 달 13. 메스암페타민을 투약하였다는 자백에 대한 보강증거도 될 수 있다(대법원 2002.1.8, 2001도1897).

435 (×)

436 (×) '없다' → '있다'
직접증거가 아닌 간접증거나 정황증거도 보강증거가 될 수 있다(대법원 2007.5.31, 2007도1419).

437 뇌물수수자가 무자격자인 뇌물공여자로 하여금 건축공사를 하도급 받도록 알선하고 그 하도급계약을 승인받을 수 있도록 하였으며, 공사와 관련된 각종의 편의를 제공한 사실을 인정할 수 있는 증거들은 뇌물공여자의 자백에 대한 보강증거가 될 수 있다. [경찰채용 17 2차]

437 (○) 대법원 1998.12.22, 98도2890

438 2010.2.18. 01:35경 자동차를 타고 온 피고인으로부터 필로폰을 건네받은 후 피고인이 위 차량을 운전해 갔다고 한 甲의 진술과 2010.2.20. 피고인으로부터 채취한 소변에서 나온 필로폰 양성 반응은, 피고인이 2010.2.18. 02:00경의 필로폰 투약으로 정상적으로 운전하지 못할 우려가 있는 상태에 있었다는 도로교통법위반 공소사실부분에 대한 자백을 보강하는 증거가 되기에 충분하다. [경찰채용 12·17 2차]

438 (○) 대법원 2010.12.23, 2010도11272

439 '가정불화로 유아를 살해하였다'는 공소사실에 내하여 낙태를 시키려고 한 정황적 사실은 보강증거가 될 수 있다. [경찰승진 15 변형]

439 (○) 대법원 1960.3.18, 4292형상880

440 피고인이 자신이 거주하던 다세대주택의 여러 세대에서 7건의 절도행위를 한 것으로 기소되었는데 그중 4건은 범행장소인 구체적 호수가 특정되지 않은 사안에서, 위 4건에 관한 피고인의 범행 관련 진술이 매우 사실적·구체적·합리적이고 진술의 신빙성을 의심할 만한 사유도 없어 자백의 진실성이 인정되므로, 피고인의 집에서 해당 피해품을 압수한 압수조서와 압수물 사진은 위 자백에 대한 보강증거가 된다. [경찰채용 17 2차]

440 (○) 대법원 2008.5.29, 2008도2343

441 피고인이 甲과 합동하여 乙의 재물을 절취하려다가 미수에 그쳤다는 내용의 공소사실을 자백한 사안에서, 피고인을 현행범으로 체포한 乙의 수사기관에서의 진술과 현장사진이 첨부된 수사보고서는 피고인 자백에 대한 보강증거가 될 수 없다. [경찰채용 17 2차] [국가7급 16]

441 (×) '될 수 없다' → '된다' 피고인의 자백의 진실성을 담보하기에 충분한 보강증거가 된다(대법원 2011.9.29, 2011도8015).

보충 또한 재산죄와 관련하여 압수된 피해품의 존재도 보강증거가 될 수 있다.

442 피고인 甲이 위조신분증을 제시 · 행사하였다고 자백하는 때에 그 위조신분증이 제출된 경우 피고인의 자백에 대한 보강증거가 될 수 있다.

[국가7급 14] [국가9급개론 18]

442 (O) 대법원 1983.2.22, 82도3107

443 피고인 丙이 간통사실을 자백하는 때에, 그 범행 시점에 가출과 외박이 잦아 의심을 하게 되었다는 남편의 진술조서가 제출된 경우 피고인의 자백에 대한 보강증거가 될 수 있다.

[국가7급 14]

443 (O) 대법원 1983.5.10, 83도686

444 피고인 丁이 반지를 편취하였다고 자백하는 때에, 피고인으로부터 반지를 매입하였다는 참고인의 진술이 제출된 경우 피고인의 자백에 대한 보강증거가 될 수 있다.

[국가7급 14]

444 (O) 대법원 1985.11.12, 85도1838

445 자동차등록증에 차량의 소유자가 피고인으로 등록 · 기재된 것이 피고인이 그 차량을 운전하였다는 사실의 자백 부분에 대한 보강증거가 될 수 있고 결과적으로 피고인의 무면허운전이라는 전체 범죄사실의 보강증거로 충분하다.

[경찰채용 16]

445 (O) 대법원 2000.9.26, 2000도2365

446 자동차등록증에 차량의 소유자가 피고인으로 등록 · 기재된 것이 피고인이 그 차량을 운전하였다는 사실의 자백 부분에 대한 보강증거는 될 수 있지만 피고인의 무면허운전이라는 전체 범죄사실의 보강증거가 될 수는 없다.

[국가9급 22]

446 (×)

해설+ 자동차등록증에 차량의 소유자가 피고인으로 등록 · 기재된 것이 피고인이 그 차량을 운전하였다는 사실의 자백 부분에 대한 보강증거가 될 수 있고 결과적으로 피고인의 무면허운전이라는 전체 범죄사실의 보강증거로 충분하다(대법원 2000.9.26, 2000도2365).

447 뇌물공여의 상대방인 공무원이 뇌물을 수수한 사실을 부인하면서도 그 일시 경에 뇌물공여자를 만났던 사실 및 공무에 관한 청탁을 받기도 한 사실 자체는 시인하였다면, 이는 뇌물을 공여하였다는 뇌물공여자의 자백에 대한 보강증거가 될 수 있다. [경찰채용 16]

447 (○) 대법원 1995.6.30, 94도993

448 피고인 乙이 주거침입의 범행을 자백하는 때에, 주거침입행위의 동기에 관한 참고인의 전문진술이 제출된 경우 피고인의 자백에 대한 보강증거가 될 수 있다. [국가7급 14]

448 (✕) '있다' → '없다'
침입동기에 관한 정황증거에 지나지 않으므로 보강증거가 될 수 없다(대법원 1990.12.7, 90도2010).

449 고의는 자백만으로도 인정할 수 있다. [법원9급 17]

449 (○)

450 확정판결은 엄격한 의미의 범죄사실과는 구별되는 것이어서 피고인의 자백만으로서도 그 존부를 인정할 수 있다. [경찰채용 11]

450 (○) 대법원 1983.8.23, 83도820

451 전과에 관한 사실을 보강증거 없이 피고인의 자백만으로 이를 인정한 경우에는 법령위반에 해당하므로 상소이유가 된다. [법원9급 14]

451 (✕) '상소이유가 된다' → '상소이유에 해당하지 않는다'

해설+ 전과에 관한 사실은 엄격한 의미에서의 범죄사실과는 구별되고, 피고인의 자백만으로서도 이를 인정할 수 있다(대법원 1981.6.9, 81도1353).

452 피고인의 습벽을 범죄구성요건으로 하며 포괄일죄인 상습범에 있어서도 이를 구성하는 각 행위에 관하여 개별적으로 보강증거가 필요하다.
[경찰채용 12] [법원9급 11 유사]

452 (○) 대법원 1983.7.26, 83도1448,83감도266

보충 포괄일죄 중에서도 상습범은 독립된 가중처벌규정이다.

453 피고인의 습벽을 범죄구성요건으로 하며 포괄일죄인 상습범에 있어서는 이를 구성하는 각 행위에 관하여 개별적으로 보강증거를 요구하고 있는 것이 아니라 포괄적으로 보강증거를 요구한다. [경찰승진 22]

> **해설+** 소변검사 결과는 1995.1.17.자 투약행위로 인한 것일 뿐 그 이전의 4회에 걸친 투약행위와는 무관하고, 압수된 약물도 이전의 투약행위에 사용되고 남은 것이 아니므로, 위 소변검사 결과와 압수된 약물은 결국 피고인이 투약습성이 있다는 점에 관한 정황증거에 불과하다 할 것인바, 피고인의 습벽을 범죄구성요건으로 하며 포괄1죄인 상습범에 있어서도 이를 구성하는 각 행위에 관하여 개별적으로 보강증거를 요구하고 있는 점에 비추어 보면 투약습성에 관한 정황증거만으로 향정신성의약품관리법위반죄의 객관적 구성요건인 각 투약행위가 있었다는 점에 관한 보강증거로 삼을 수는 없다(대법원 1996.2.13, 95도1794).

454 피고인의 습벽을 범죄구성요건으로 하며 포괄일죄인 상습범에 있어서도 이를 구성하는 각 행위에 관하여 개별적으로 보강증거를 요구하고 있는 점에 비추어 보면, 투약습성에 관한 정황증거만으로 향정신성의약품관리법위반죄의 객관적 구성요건인 각 투약행위가 있었다는 점에 관한 보강증거로 삼을 수는 없다. [법원9급 23]

> **해설+** 소변검사 결과는 1995.1.17.자 투약행위로 인한 것일 뿐 그 이전의 4회에 걸친 투약행위와는 무관하고, 압수된 약물도 이전의 투약행위에 사용되고 남은 것이 아니므로, 위 소변검사 결과와 압수된 약물은 결국 피고인이 투약습성이 있다는 점에 관한 정황증거에 불과하다 할 것인바, 피고인의 습벽을 범죄구성요건으로 하며 포괄1죄인 상습범에 있어서도 이를 구성하는 각 행위에 관하여 개별적으로 보강증거를 요구하고 있는 점에 비추어 보면, 투약습성에 관한 정황증거만으로 향정신성의약품관리법위반죄의 객관적 구성요건인 각 투약행위가 있었다는 점에 관한 보강증거로 삼을 수는 없다(대법원 1996.2.13, 95도1794).

455 실체적 경합범은 실질적으로 수죄이므로 각 범죄사실에 관하여 자백에 대한 보강증거가 있어야 한다. [경찰채용 13]

456 피고인 甲이 乙로부터 필로폰을 매수하면서 그 대금을 乙이 지정하는 은행계좌로 송금한 사실에 대한 압수·수색·검증영장 집행보고는 피고인 甲의 필로폰 매수행위와 실체적 경합범 관계에 있는 필로폰 투약행위에 대한 보강증거가 될 수 있다. [국가9급 16]

457 제1심법원이 증거의 요지에서 피고인의 자백을 뒷받침할 만한 보강증거를 거시하지 않았음에도, 항소심이 적법하게 증거조사를 마쳐 채택한 증거들로 피고인의 자백을 뒷받침하기에 충분한 경우 제1심법원의 판단을 유지한 것은 정당하다. [경찰채용 15]

457 (×) '정당하다' → '정당하지 않다'
제310조, 제361조의5 제1호 위반을 이유로 파기하고 자판(대법원 2007. 11.29, 2007도7835)

458 자백보강법칙은 일반형사사건은 물론이고 간이공판절차와 약식명령절차 및 즉결심판사건에도 적용된다. [국가9급 10]

458 (×) '즉결심판사건' → 삭제
[즉결심판에 관한 절차법(이하 '즉심법') 제10조]
자백보강법칙은 간이공판절차와 약식명령절차에는 적용된다.

459 즉결심판절차에는 불이익한 자백의 증거능력에 관한 「형사소송법」 제310조가 적용되지 아니한다. [법원9급 12]

459 (○) 즉심법 제10조 참조.

460 소년보호사건에서는 피고인의 자백만을 증거로 범죄사실을 인정할 수 있다. [국가9급개론 18] [법원9급 17]

460 (○) 소년보호사건은 형사소송절차가 아니므로 자백보강법칙이 적용되지 아니한다(대법원 1982.10.15, 82모36).

461 통상의 형사공판절차는 물론 간이공판절차나 약식명령절차, 즉결심판에는 자백보강법칙이 적용되나, 소년보호사건에는 자백보강법칙이 적용되지 않으므로 자백만으로도 유죄 인정이 가능하다. [해경승진(경장) 23]

461 (×)

해설+ 자백보강법칙은 일반형사소송절차에는 모두 적용되므로 간이공판절차, 약식명령절차에는 적용된다. 다만, 즉결심판절차에서는 명시적으로 즉결심판에 관한 절차법에서 형사소송법 제310조의 적용을 배제하고 있으므로 이에는 적용된다고 볼 수 없다. 또한, 일반형사소송절차가 아닌 소년보호사건에서도 자백보강법칙이 적용되지 않는다(대법원 1982.10.15, 82모36).

[462-1~4] 피해자 A에 대한 강도 사건에서 甲은 정범으로, 乙은 교사범으로 기소되어 甲과 乙 모두 공동피고인으로 재판을 받고 있다. 공판정에서 甲은 乙이 시켜서 A에 대한 범행을 했다고 자백한 반면, 乙은 甲에게 교사한 적이 없다고 부인하였다. 증인 丙은 공판정에서 사건 발생 직후 甲으로부터 "乙이 시켜서 A에 대한 범행을 했다."는 말을 들었다고 증언하였다. 법원은 甲의 진술과 丙의 증언에 신빙성이 있다고 판단하고 있으나 甲의 자백 외에는 다른 증거가 없다.

462-1 법원은 甲의 자백만으로 乙에게 유죄를 선고할 수 있다.　　[경찰간부 22]

462-1 (○) 공범자의 자백은 별도의 보강증거가 필요 없다.

462-2 甲이 丙에게 한 진술의 특신상태가 증명되면 丙의 증언은 甲의 범죄사실을 입증하는 증거로 사용할 수 있다.　　[경찰간부 22]

462-2 (○) 전문진술자 丙의 증언이 피고인 甲의 진술을 원진술로 하고 있으므로, 제316조 제1항의 적용을 받아 원진술의 특신상태가 인정되면 이를 증거로 할 수 있다.

해설+ 제316조【전문의 진술】① 피고인이 아닌 자(공소제기 전에 피고인을 피의자로 조사하였거나 그 조사에 참여하였던 자를 포함한다)의 공판준비 또는 공판기일에서의 진술이 피고인의 진술을 그 내용으로 하는 것인 때에는 그 진술이 특히 신빙할 수 있는 상태하에서 행하여졌음이 증명된 때에 한하여 이를 증거로 할 수 있다.

462-3 甲의 범죄사실에 대한 丙의 증언에 증거능력이 인정되면 법원은 丙의 증언을 기초로 甲에게 유죄를 선고할 수 있다.　　[경찰간부 22]

462-3 (×)

해설+ 丙의 공판정 증언은 피고인 甲의 자백 자체는 아니지만, 피고인 甲의 자백을 내용으로 하는 진술에 불과하므로, 피고인 甲의 자백에 대한 보강증거가 될 수 없다. "피고인이 범행을 자인하는 것을 들었다는 피고인 아닌 자의 진술내용은 형사소송법 제310조의 피고인의 자백에는 포함되지 아니하나 이는 피고인의 자백의 보강증거로 될 수 없다(대법원 1981.7.7, 81도1314).

462-4 丙의 증언은 乙의 범죄사실을 입증하는 증거로 사용할 수 없다.　　[경찰간부 22]

462-4 (○)

해설+ 乙의 혐의에 대해서, 丙의 진술은 甲(피고인 아닌 자)의 진술을 원진술로 하는 전문진술에 해당하므로, 제316조 제2항이 적용된다. 그런데 甲은 공판정에 출석하여 재판을 받고 있으므로, 전문진술의 필요성이 결여되어 그 증거능력이 인정되지 아니한다.

제316조【전문의 진술】② 피고인 아닌 자의 공판준비 또는 공판기일에서의 진술이 피고인 아닌 타인의 진술을 그 내용으로 하는 것인 때에는 원진술자가 사망, 질병, 외국거주, 소재불명 그 밖에 이에 준하는 사유로 인하여 진술할 수 없고, 그 진술이 특히 신빙할 수 있는 상태하에서 행하여졌음이 증명된 때에 한하여 이를 증거로 할 수 있다.

9 공판조서의 증명력

463 공판기일의 소송절차로서 공판조서에 기재된 것은 그 조서만으로써 증명한다.

[법원9급 08]

463 (○) 제56조 참조.

464 공판조서의 기재가 명백한 오기인 경우를 제외하고는 공판기일의 소송절차로서 공판조서에 기재된 것은 조서만으로써 증명하여야 하나, 그 증명력은 공판조서 이외의 자료에 의한 반증이 허용되는 상대적인 것이다.

[국가7급 09 변형] [법원9급 11·18]

464 (×) '반증이 허용되는 상대적인 것이다' → '반증이 허용되지 않는 절대적인 것이다'(대법원 2002.7.12, 2002도2134; 2005.10.28, 2005도5996).

465 공판조서에 기재되지 않은 소송절차는 공판조서 이외의 자료에 의한 증명이 허용되므로 공판조서에 피고인에 대하여 인정신문을 한 기재가 없다면 같은 조서에 피고인이 공판기일에 출석하여 공소사실신문에 대하여 이를 시정하고 있는 기재가 있다 하더라도 인정신문이 있었던 사실이 추정된다고 할 수는 없다.

[법원9급 23]

465 (×)

해설+ 공판조서에 기재되지 아니한 소송절차는 공판조서 이외의 자료에 의한 증명이 허용된다. 이는 소송법적 사실에 관한 증명이므로 자유로운 증명으로 족하다. 다만, 공판조서에 기재되지 아니하였다고 하여 그 소송절차의 부존재가 추정되는 것은 아니고, 법원이 통상 행하는 소송절차인 경우에는 당해 절차가 적법하게 행하여졌다는 점이 사실상 추정된다(적법한 소송절차의 사실상 추정).

보충 공판조서에 피고인에 대하여 인정신문을 한 기재가 없다 하여도 같은 조서에 피고인이 공판기일에 출석하여 공소사실신문에 대하여 이를 시정하고 있는 기재가 있으니 인정신문이 있었던 사실이 추정된다 할 것이고, 다만 조서의 기재에 이 점에 관한 누락이 있었을 따름인 것이 인정된다(대법원 1972.12.26, 72도2421).

466 증거목록도 공판조서의 일부인 이상 검사 제출의 증거에 관한 피고인의 동의 또는 진정성립 여부 등에 관한 의견이 증거목록에 기재된 경우에는 명백한 오기가 아닌 이상 그 기재 내용도 절대적인 증명력을 갖는다.

[법원9급 18]

466 (○) 대법원 2012.6.14, 2011도12571

467 피고인이 변호인과 함께 출석한 공판기일의 공판조서에 검사가 제출한 증거에 대하여 동의한다는 기재가 되어 있다면 이는 피고인이 증거동의를 한 것으로 보아야 하고, 그 기재는 절대적인 증명력을 가진다. [국가7급 16]

467 (○) 대법원 2016.3.10, 2015도19139

468 공판조서에 재판장이 판결서에 의하여 판결을 선고하였음이 기재되어 있다면 검찰서기의 판결서 없이 판결선고되었다는 내용의 보고서가 있더라도 공판조서의 기재내용이 허위라고 판정할 수 없다. [국가7급 20]

468 (○) 대법원 1983.10.25, 82도571

469 배타적 증명력이 인정되는 공판조서라 할지라도 공판조서 이외의 자료에 의한 반증이 허용되지 않는다는 것을 의미하는 것은 아니다. [국가9급 11]

> 해설+ 공판조서 이외의 자료에 의한 반증이 허용되지 않는 절대적인 것이다(대법원 2002.7.12, 2002도2134).

469 (×) '의미하는 것은 아니다' → '의미한다'

470 피고인에게 증거조사결과에 대한 의견을 묻고 증거조사를 신청할 수 있음을 고지하였을 뿐만 아니라 최종의견 진술의 기회를 주었는지 여부와 같은 소송절차에 관한 사실은 공판조서에 기재된 대로 공판절차가 진행된 것으로 증명되고 다른 자료에 의한 반증은 허용되지 않는다. [법원9급 23]

> 해설+ 피고인에게 증거조사결과에 대한 의견을 묻고 증거조사를 신청할 수 있음을 고지하였을 뿐만 아니라 최종의견 진술의 기회를 주었는지 여부와 같은 소송절차에 관한 사실은 공판조서에 기재된 대로 공판절차가 진행된 것으로 증명되고 다른 자료에 의한 반증은 허용되지 않는다(대법원 1990.2.27, 89도2304).

470 (○)

471 배타적 증명력이 인정되는 것은 공판기일의 소송절차로서 공판조서에 기재된 것에 한한다. [국가9급 11]

471 (○) 제56조

472 공판기일 외의 증인신문·검증에 대하여는 공판조서의 배타적 증명력이 인정되지 않는다. [경찰채용 22 1차]

472 (○)

> **해설+** 공판조서의 배타적 증명력은 공판기일의 소송절차에 한한다(제56조). 따라서 공판기일 외의 증인신문조서나 검증조서는 그 증거능력은 인정되나, 증명력에 대해서는 공판기일의 증거조사를 거쳐 법관의 자유심증에 따라 판단되어야 한다.

473 공판기일의 소송절차로서 공판조서에 기재된 것은 물론 공판조서에 기재되지 않은 사항이라 하더라도 자유심증주의의 예외로서 배타적 증명력이 인정된다. [경찰경채 23]

473 (×)

> **해설+** 공판조서의 배타적 증명력은 공판기일의 소송절차로서 공판조서에 기재된 사항에 대하여만 미친다. 공판조서에 기재되지 아니한 사항은 공판조서 외의 자료에 의한 증명이 허용되고, 이는 소송법적 사실에 관한 증명이므로 자유로운 증명으로 족하다.

474 공판조서에 기재되지 않은 사항에 대하여 그 부존재가 증명되는 것은 아니다. [국가9급 11]

474 (○) 자유심증주의에 의하고, 적법한 소송행위의 존재가 사실상 추정되는 것이다.

475 공판조서의 기재사항이 불분명하거나 서로 다른 내용이 기재된 공판조서가 병존하는 경우에는 배타적 증명력이 배제된다. [국가9급 11]

475 (○) 역시 자유심증주의에 의한다.

476 동일한 사항에 관하여 두 개의 서로 다른 내용이 기재된 공판조서가 병존하는 경우에 그중 어느 쪽이 진실한 것으로 볼 것인지는 법관의 자유로운 심증에 따를 수밖에 없다. [국가7급 20]

476 (○) 대법원 1988.11.8, 86도1646

477 당해 공판기일에 열석하지 아니한 판사가 재판장으로서 서명날인한 공판조서는 소송법상 무효라 할 것이므로 당해 공판기일에 있어서의 소송절차를 증명할 수 없다. [국가7급 09] [법원9급 18]

477 (○) 대법원 1983.2.8, 82도2940
중대한 방식위반으로서 무효이므로 배타적 증명력이 인정되지 아니한다.

▶

CHAPTER 03 | 재판

1 재판의 기본개념

001 재판의 선고 또는 고지는 주심 판사가 하고, 판결을 선고함에는 이유의 요지를 설명하고 주문을 낭독하여야 한다. [법원9급 21]

> **해설+** 제43조 【동전】 재판의 선고 또는 고지는 재판장이 한다. 판결을 선고함에는 주문을 낭독하고 이유의 요지를 설명하여야 한다.

001 (✕)

002 종국재판이 외부적으로 성립한 경우, 종국재판을 한 법원은 그 재판을 철회하거나 변경할 수 없다. [국가9급 23]

> **보충** (나아가) 외부적 성립 이전이라 하더라도 주문을 낭독하여 외부적으로 표시된 이상 특별한 사정이 있는 경우에만 그 변경선고가 가능하다.

> **보충** 판결선고절차에 있어서 주문을 낭독하였다 하더라도 아직 외부적으로 성립한 것은 아니므로 재판의 구속력은 발생하지 아니하였다는 점에서 주문의 내용의 정정이 가능하다. 다만 주문을 낭독한 것만으로는 아직 외부적 성립 이전이기는 하나, 주문을 낭독하여 외부적으로 표시된 이상 재판서에 기재된 주문과 이유를 잘못 낭독하거나 설명하는 등 실수가 있거나 판결내용에 잘못이 있음이 발견된 경우와 같이 특별한 사정이 있는 경우에만 변경선고가 가능하다(대법원 2022.5.13, 2017도3884).

002 (○) 주문낭독과 이유요지 설명 등의 모든 절차를 마쳐 종국재판이 외부적으로 성립한 경우에는 –재판서의 경정결정절차 정도를 제외하고는– 그 내용을 철회·변경할 수 없다.

003 「형사소송법」 제38조의 규정에 의하면 재판은 법관이 작성한 재판서에 의하여야 하고, 같은 법 제41조의 규정에 의하면 재판서에는 재판한 법관의 서명날인을 하여야 하나, 재판장이 서명날인할 수 없는 때에는 다른 법관이 서명날인하지 않더라도 「형사소송법」 제383조 제1호 소정의 판결에 영향을 미친 법률 위반에 해당하지 않는다. [법원9급 21]

> **해설+** 형사소송법 제38조의 규정에 의하면, 재판은 법관이 작성한 재판서에 의하여야 하고, 같은 법 제41조의 규정에 의하면 재판서에는 재판한 법관이 서명날인을 하여야 하며 재판장이 서명날인할 수 없는 때에는 다른 법관이 그 사유를 부기하고 서명날인하도록 되어 있으므로, 이러한 법관의 서명날인이 없는 재판서에 의한 판결은 같은 법 제383조 제1호 소정의 판결에 영향을 미친 법률위반으로서 파기사유가 된다(대법원 1990.2.27, 90도145).

003 (✕)

004 판결서에는 기소한 검사의 관직, 성명과 변호인의 성명을 기재하여야 하나, 공판에 관여한 검사의 관직과 성명은 기재할 필요가 없다. [법원9급 21]

004 (×) 판결서에는 <u>기소한 검사와 공판에 관여한 검사의 관직, 성명과 변호인의 성명을 기재하여야</u> 한다(제40조 제3항).

005 감정유치장은 기명날인으로 대신할 수 있다. [국가7급 10]

005 (×) '있다' → '없다'

> **해설+** 감정유치장은 서명날인에 갈음하여 기명날인할 수 없는 재판서에 속한다(법 제41조 제3항, 규칙 제25조의2).

006 군판사가 재판서에 다른 군판사의 인영을 날인한 경우 파기사유에 해당하지 아니한다.

006 (×)

> **해설+** 군사법원법 제72조에 의하면 재판은 재판관인 군판사가 작성한 재판서로 하여야 하고, 제75조에 의하면 재판서에는 <u>재판한 재판관이 서명날인하여야</u> 하며(제1항), 재판장 외의 재판관이 서명날인할 수 없을 때에는 재판장이 그 사유를 부기하고 서명날인하여야 하므로(제2항), 이러한 <u>재판관의 서명날인이 없는 재판서에 의한 판결은 군사법원법 제442조 제1호가 정한 '판결에 영향을 미친 법률의 위반이 있는 때'에 해당하여 파기되어야</u> 한다(대법원 2020.11.26, 2020도12358). 이는 서명한 재판관의 인영이 아닌 다른 재판관의 인영이 날인되어 있는 경우에도 마찬가지이다(대법원 2021.4.29, 2021도2650).

007 누범 해당 범죄가 일부임을 간과하고 전부에 대해 누범가중을 한 제1심판결에 대해 원심이 이를 파기하지 않고 이유에서만 경정을 한 조치는 적법한 재판서의 경정에 해당한다.

007 (×)

> **해설+** 법원은 '재판서에 잘못된 계산이나 기재, 그 밖에 이와 비슷한 잘못이 있음이 분명한 때'에는 경정결정을 통하여 위와 같은 재판서의 잘못을 바로잡을 수 있다(규칙 제25조 제1항). 그러나 <u>이미 선고된 판결의 내용을 실질적으로 변경하는 것은 위 규정에서 예정하고 있는 경정의 범위를 벗어나는 것으로서 허용되지 않는다</u>(대법원 2017.4.26, 2016도21439). 그리고 경정결정은 이를 주문에 기재하여야 하고, 판결이유에만 기재한 경우 경정결정이 이루어졌다고 할 수 없다(대법원 2015.6.11, 2015도2435; 2021.1.28, 2017도18536; 2021.4.29, 2021도26).

008 항소심이 제1심의 재판서에 대한 경정결정을 하면서 제1심이 선고한 판결의 내용을 실질적으로 변경하는 것은 허용되지 않는다. [국가9급 23]

008 (○)

> **해설+** 법원은 '재판서에 잘못된 계산이나 기재, 그 밖에 이와 비슷한 잘못이 있음이 분명한 때'에는 경정결정을 통하여 위와 같은 재판서의 잘못을 바로잡을 수 있다(규칙 제25조 제1항). 그러나 이미 선고된 판결의 내용을 실질적으로 변경하는 것은 위 규정에서 예정하고 있는 경정의 범위를 벗어나는 것으로서 허용되지 않는다. 그리고 경정결정은 이를 주문에 기재하여야 하고, 판결 이유에만 기재한 경우 경정결정이 이루어졌다고 할 수 없다(대법원 2021.1.28, 2017도18536).

2 종국재판

Ⅰ 유죄판결

🔗 대표유형

유죄판결을 선고하면서 판결이유에 범죄사실, 증거의 요지, 법령의 적용 중 어느 하나를 전부 누락한 경우 판결에 영향을 미친 법률위반에 해당한다. [국가9급 15] [법원9급 18]

(○) 대법원 2012.6.28, 2012도4701

> **정리** 유죄판결에 명시될 이유(제323조 제1항·제2항): 사/요/법, 주

009 유죄판결을 선고하면서 판결이유에 명시해야 할 내용 중 어느 하나를 전부 누락했더라도 그것만으로 파기사유에 해당하지는 않는다. [군무원9급 23]

009 (×)

> **해설+** 형사소송법 제323조 제1항에 따르면, 유죄판결의 판결이유에는 범죄사실, 증거의 요지와 법령의 적용을 명시하여야 하는바, 유죄판결을 선고하면서 판결이유에 이 중 어느 하나를 전부 누락한 경우에는 형사소송법 제383조 제1호에 정한 판결에 영향을 미친 법률위반으로서 파기사유가 된다(대법원 2012.6.28, 2012도4701).

010 재산형의 가납을 명하는 경우, 형의 선고와 동시에 판결로써 선고하여야 한다. [군무원9급 21]

010 (○) 제334조 제2항

> **해설+** 제334조 【재산형의 가납판결】 ① 법원은 벌금, 과료 또는 추징의 선고를 하는 경우에 판결의 확정 후에는 집행할 수 없거나 집행하기 곤란할 염려가 있다고 인정한 때에는 직권 또는 검사의 청구에 의하여 피고인에게 벌금, 과료 또는 추징에 상당한 금액의 가납을 명할 수 있다.
> ② 전항의 재판은 형의 선고와 동시에 판결로써 선고하여야 한다.
> ③ 전항의 판결은 즉시로 집행할 수 있다.

011 포괄일죄의 관계에 있는 공소사실에 대하여는 그 일부가 무죄로 판단되는 경우에도 이를 판결 주문에 따로 표시할 필요가 없으므로, 이를 판결주문에 표시한 경우에는 판결에 영향을 미친 위법사유에 해당한다.

[경찰채용 21 1차]

011 (×)

> **해설+** 포괄일죄의 관계에 있는 공소사실에 대하여는 그 일부가 무죄로 판단되는 경우에도 이를 판결 주문에 따로 표시할 필요가 없으나 이를 판결 주문에 표시하였다 하더라도 판결에 영향을 미친 위법사유가 되는 것은 아니다(대법원 1993.10.12, 93도1512).

012 포괄일죄의 일부에 대하여는 유죄의 증거가 없고 나머지 부분에 대하여 공소시효가 완성된 경우, 피고인에게 유리한 무죄를 주문에 표시하고 면소부분은 이유에서만 설시하면 족하다.

[경찰채용 21 1차] [국가9급 17 변형]

012 (○) 포괄일죄나 상상적 경합과 같은 소송법상 일죄에 대한 무죄판결을 판시하는 방법은 "피고인은 무죄"라는 하나의 주문만 내리는 것이다(대법원 1977.7.12, 77도1320).

013 공문서위조죄에서 위조의 수단과 방법, 뇌물죄에서 공무원의 직무범위, 상해죄에서 상해의 부위와 정도 등은 유죄판결 이유에 명시하여야 한다.

[국가9급 09]

013 (○) 대법원 1979.11.13, 79도1782; 1982.9.28, 80도2309; 1982.12.28, 82도2588

014 상해죄에 있어서 신체의 완전성을 해하는 행위와 그로 인한 상해의 부위와 정도가 증거에 의하여 명백하게 확정되어야 하고, 상해부위에 관하여 판시 없는 상해죄의 인정은 위법하다.

[국가7급 10]

014 (○) 대법원 2002.11.8, 2002도5016

015 유죄판결의 판결이유의 설시에 관하여 공모공동정범의 공모에 대해서는 모의의 구체적인 일시, 장소, 내용 등을 상세하게 설시할 필요는 없고, 범행에 관하여 의사의 합치가 성립되었다는 것만을 설시하면 된다.

[국가7급 14]

015 (○) 대법원 2008.11.13, 2006도755

016 교사범, 방조범의 범죄사실 적시에 있어서 정범의 범죄구성요건이 되는 사실기재가 없더라도 교사범, 방조범의 사실적시만 있다면 죄가 되는 사실로 충분하다. [국가7급 10] [국가9급 09 변형]

> **해설+** 정범의 범죄구성요건이 되는 사실 전부를 적시하여야 하고, 이 기재가 없는 교사범, 방조범의 사실적시는 죄가 되는 사실의 적시라고 할 수 없다(대법원 1981.11.24, 81도2422).

016 (×) '충분하다' → '충분하지 않다'

017 범죄의 일시·장소와 방법은 범죄의 구성요건이 아닐 뿐만 아니라 이를 구체적으로 명확히 인정할 수 없는 경우에는 개괄적으로 설시할 수 있다. [국가7급 10]

017 (○) 대법원 1986.8.19, 86도1073

018 양형의 조건이 되는 사유에 관하여는 이를 판결에 일일이 명시하지 아니하여도 위법이 아니다. [국가7급 10]

> **해설+** 형사소송법 제39조가 재판에 이유를 명시하라는 취지는 처단형을 정할 때에 그 양형의 조건이 되는 사유까지를 설시하라는 취지가 아니므로 원심이 그 이유설시에 있어서 "이 사건에 나타난 양형의 조건들을 참작하여 보면, 원심 피고인에 대하여 선고한 양형은 적절하고 따라서 위 항소논지는 이유 없다"라고만 기재하였다 하여 잘못이 아니다(대법원 1975.10.25, 75도2580).

018 (○)

019 증거의 요지를 명시할 때 어느 증거의 어느 부분에 의하여 범죄사실을 인정하였느냐 하는 이유까지 설명할 필요는 없고, 어떤 증거에 의하여 어떤 범죄사실을 인정하였는가를 알 수 있을 정도로 증거의 중요 부분을 표시하면 된다. [국가7급 14] [국가9급 09 변형]

019 (○) 대법원 2000.3.10, 99도5312

020 판결에 범죄사실에 대한 증거를 설시함에 있어 어느 증거의 어느 부분에 의하여 어느 범죄사실을 인정한다고 구체적으로 설시하지 아니하였다 하더라도 그 적시한 증거들에 의하여 범죄사실을 인정할 수 있으면 이를 위법한 증거설시라고 할 수 없으므로, 항소심판결이 '피고인의 법정 진술과 적법하게 채택되어 조사된 증거들'로만 기재된 제1심판결의 증거의 요지를 그대로 인용하였다고 하여 위법하다고 할 수 없다. [법원9급 18]

> **해설+** '증거의 요지'는 적어도 어떤 증거에 의하여 어떤 범죄사실을 인정하였는가를 알아볼 정도로 증거의 중요부분을 표시하여야 하고, "피고인의 법정진술과 적법하게 채택되어 조사된 증거들"로만 기재된 제1심판결의 증거의 요지를 그대로 인용한 항소심판결은 증거 없이 그 범죄사실을 인정하였거나 형사소송법 제323조 제1항을 위반한 위법을 저지른 것이라고 아니할 수 없다(대법원 2000. 3.10, 99도5312).

020 (×)

021 판결의 범죄사실에 대한 증거를 설시함에 있어서는 어느 증거의 어느 부분에 의하여 어느 범죄사실을 인정한다고 구체적으로 설시하지 아니하고, 또 범죄사실에 배치되는 증거들에 관하여 이를 배척한다는 취지의 판단이나 이유를 설시하지 아니하여도 잘못이라 할 수 없다. [경찰승진 23]

021 (○) 대법원 1987.10.13, 87도1240

022 사실인정에 배치되는 증거에 대한 판단은 반드시 판결이유에 기재하여야 하므로 이를 기재하지 않은 때에는 항소 또는 상고이유가 될 수 있다. [국가7급 21]

022 (×)

해설+ 증거의 요지에 관해서는 범죄될 사실을 증명할 적극적 증거를 명시하면 족하고, 범죄사실 인정에 배치되는 소극적 증거까지 거시하여 판단할 필요는 없다. "사실인정에 배치되는 증거에 대한 판단을 반드시 판결이유에 기재하여야 하는 것은 아니므로 피고인이 알리바이를 내세우는 증인들의 증언에 관한 판단을 하지 아니하였다 하여 위법이라 할 수 없다(대법원 1982.9.28, 82도1798,82감도368)."

023 사실인정에 배치되는 증거에 대한 판단을 반드시 판결이유에 기재하여야 하는 것은 아니므로 피고인의 알리바이를 내세우는 증인들의 증언에 관한 판단을 하지 아니하였더라도 위법이 아니다. [국가9급 15] [소방간부 23 변형]

023 (○) 대법원 1982.9.28, 82도1798,82감도368

024 사기죄의 법률적용에 있어서 형법 제347조만을 적시하고 그것이 동조 제1항에 해당하는 범죄인지 제2항에 해당하는 범죄인지를 밝히지 않았다면 위법이다. [국가9급 15]

024 (×) '위법이다' → '위법이 아니다'
조는 밝히되 항은 밝히지 않아도 된다(대법원 1971.8.31, 71도1334).

025 법령의 적용은 유죄판결 이유에 명시하여야 할 사항이지만 공동정범을 인정하면서 형법 제30조를 명시하지 않았더라도 판결 이유설시 자체에 비추어 실행의 분담을 한 공동정범을 인정함이 명백하다면 판결에 영향을 미친 위법이 있다고 할 수 없다. [국가7급 21]

025 (○)

해설+ 원심판결이 피고인이 "타인들과 공동하여" 재물을 손괴하고 사람들의 신체를 상해하였다고 판시함으로써 형법 제30조를 적용하고 있음이 판결서에 비추어 명백한 이상, 같은 법조의 적용을 명시하지 않았더라도, 법령을 잘못 적용하여 판결에 영향을 미친 위법이 있다고 볼 수 없다(대법원 1990.4.27, 90도527).

026 공정증서원본부실기재죄로 공소제기된 피고인이 당해 등기가 실체적 권리관계에 부합하는 유효한 등기라고 주장하는 경우, 그 주장이 받아들여지지 아니하는 경우에는 유죄의 선고를 하는 것으로 부족하고 그에 대한 판단을 판결이유 중에 명시하여야 한다. [국가7급 14]

027 유죄판결 이유에서 그에 대한 판단을 명시하여야 할 '형의 감면의 이유되는 사실'에는 형의 필요적 감면사유뿐만 아니라 임의적 감면사유도 이에 포함된다. [법원9급 18]

028 유죄판결을 함에 있어서 형의 가중 또는 감면의 이유되는 사실의 진술이 있는 때에는 이에 대한 판단을 명시해야 하므로, 임의적 감경사유인 자수의 주장에 대하여 판단을 하지 아니하는 것은 위법하다. [국가9급 14·17] [법원9급 18]

029 피해자의 이익을 위하여 필요하다고 인정할 때에는 피해자의 청구가 있는 경우에 한하여 피고인의 부담으로 판결공시의 취지를 선고할 수 있다. [법원9급 14]

▌Ⅱ 무죄판결

030 무죄판결의 경우, 공소사실에 부합하는 증거를 배척하는 취지를 합리적 범위 내에서 판결이유에 기재하여야 하고, 만일 주문에서 무죄를 선고하고도 그 판결이유에는 이에 관한 아무런 판단도 기재하지 않았다면 항소 또는 상고이유가 될 수 있다. [국가7급 21]

031 상상적 경합범의 관계에 있는 두 죄 중, 한 죄는 사면되어 면소판결의 대상이고 나머지 죄는 무죄일 경우, 주문에서 무죄로 판시한다. [법원9급 12]

031 (○) 대법원 1996.4.12, 95도2312

032 폐지된 형벌 관련 법령이 당초부터 위헌·무효인 경우, 그 법령을 적용하여 공소제기된 피고사건에 대하여 법원은 면소판결을 하여야 한다. [국가7급 14]

032 (×) '면소판결 → '무죄판결'

해설+ 당해 법령을 적용하여 공소가 제기된 피고사건에 대하여는 형사소송법 제325조에 따라 무죄를 선고하여야 한다(대법원 2013.5.16, 2011도2631 전원합의체).

033 법원은 범죄 후 법령의 개폐로 그 형이 폐지되었을 경우 실체적 재판에 앞서 면소판결을 선고하여야 하며, 이에 관하여 무죄로서의 실체적 재판을 하는 것은 위법이다. [국가7급 23]

033 (○) 범죄 후 법령의 개폐로 그 형이 폐지되었을 경우 면소판결을 선고하여야 함에도, 이에 관하여 무죄로서의 실체적 재판을 한 원심판결은 위법하다(대법원 2010. 7.15, 2007도7523).

034 기소된 공소사실에 대한 적용법조가 헌법재판소의 위헌결정으로 소급하여 실효된 경우, 법원은 당해 법조를 적용하여 기소한 피고 사건에 대하여 무죄를 선고하여야 한다. [국가9급 18] [법원9급 16]

034 (○) 대법원 2006.6.9, 2006도1955

035 간통사건에 대한 유죄판결이 간통죄에 대한 헌법재판소의 종전 합헌결정 이전에 확정된 경우, 이 판결에 대한 재심개시결정이 간통죄에 대한 헌법재판소의 위헌결정일 이후에 확정되었다면 재심심판법원은 무죄판결을 하여야 한다. [국가9급 23]

035 (×) 간통사건에 대한 유죄판결이 간통죄에 대한 헌법재판소의 종전 합헌결정 이전에 확정된 경우, 재심심판법원은 면소판결을 하여야 한다.

해설+ 형사소송법 제326조 제4호는 '범죄 후의 법령개폐로 형이 폐지되었을 때'를 면소판결을 선고하여야 하는 경우로 정하고 있으므로, 종전 합헌결정일 이전의 범죄행위에 대하여 재심개시결정이 확정되었는데 그 범죄행위에 적용될 법률 또는 법률의 조항이 위헌결정으로 헌법재판소법 제47조 제3항 단서에 의하여 종전 합헌결정일의 다음 날로 소급하여 효력을 상실하였다면 범죄행위 당시 유효한 법률 또는 법률의 조항이 그 이후 폐지된 경우와 마찬가지이므로 법원은 형사소송법 제326조 제4호에 해당하는 것으로 보아 면소판결을 선고하여야 하는 점에 비추어 보면, 공소사실 기재 범행일이 종전 합헌결정일 이전이고, 구 형법 제241조가 위 위헌결정으로 인하여 종전 합헌결정일의 다음 날인 2008.10.31.로 소급하여 효력을 상실하므로 공소사실을 심판하는 제1심은 형사소송법 제326조 제4호에 따라 면소판결을 선고하여야 한다 (대법원 2019.12.24, 2019도15167).

036 재심이 개시된 사건에서 형벌에 관한 법령이 재심판결 당시 폐지되었다 하더라도 그 폐지가 당초부터 헌법에 위배되어 효력이 없는 법령에 대한 것이었다면 「형사소송법」 제325조 전단이 규정하는 '범죄로 되지 아니한 때'의 무죄사유에 해당한다. [국가9급 16]

036 (○) 대법원 2010.12.16, 2010도5986 전원합의체

037 헌법재판소는 집회 및 시위에 관한 법률 중 '국회의사당'에 관한 부분은 헌법에 합치되지 아니한다는 헌법불합치 결정을 선고하였고[헌법재판소 2018.5.31, 2013헌바322, 2016헌바354, 2017헌바360, 398, 471, 2018헌가3, 4, 9(병합)] 국회는 헌법재판소가 정한 시한까지 위 법률조항을 개정하지 않았다면, 법원은 당해 조항이 적용되어 공소가 제기된 피고사건에 대해서는 면소판결을 선고하여야 한다.

> **보충** 관할경찰서장이 '국회의사당'이 집시법 제11조 제1호에 정해진 시위금지장소라는 이유로 같은 법 제20조 제1항 제1호에 의하여 해산명령을 하고 집회참가자가 이에 따르지 않았다는 내용의 해산명령불응죄(집시법 제24조 제5호, 제20조 제2항)의 경우, 집시법 제20조 제2항, 제1항과 결합하여 앞서 본 바와 같이 헌법불합치결정으로 소급하여 효력을 상실한 집시법 제11조 제호를 구성요건으로 하므로 해산명령불응 부분 피고사건 역시 범죄가 되지 아니한 때에 해당한다(동 판례).

037 (×) 위 헌법불합치결정은 형벌에 관한 법률조항에 대한 위헌결정이라 할 것이고, 헌법재판소법 제47조 제3항 본문에 따라 형벌에 관한 법률조항에 대하여 위헌결정이 선고된 경우 그 조항은 소급하여 효력을 상실하므로, 법원은 당해 조항이 적용되어 공소가 제기된 피고사건에 대하여 형사소송법 제325조 전단에 따라 무죄를 선고하여야 한다(대법원 2020.5.28, 2019도8453; 2020.6.4, 2018도17454; 2020.7.9, 2019도2757; 2020.11.26, 2019도9694 등).

038 원심판결 선고 후 헌법재판소가 원심판결 대상인 법률조항에 대하여 헌법불합치결정을 선고하면서 개정시한을 정하여 입법개선을 촉구하였는데도 그 시한까지 법률개정이 이루어지지 않은 경우, 위 법률조항은 소급하여 효력을 상실하므로 이를 적용하여 공소가 제기된 피고사건에 대하여는 무죄를 선고하여야 한다. [변호사 22]

038 (○) 대법원 2011.6.23, 2008도7562 전원합의체

039 피고사건에 대하여 무죄 또는 면소의 판결을 선고할 때에는 판결공시의 취지를 선고할 수 있다. [법원9급 14]

> **해설+** 면소판결일 때에는 임의적 공시이나(형법 제58조 제3항), 무죄판결일 때에는 선고하여야 한다(형법 제58조 제2항).

039 (×)

040 재심에서 무죄의 선고를 한 때에는 그 판결을 관보와 그 법원소재지의 신문지에 기재하여 공고할 수 있다. [법원9급 14]

040 (×) '공고할 수 있다' → '공고하여야 한다'(제440조)

041 재심에서 무죄의 선고를 한 때 무죄를 선고받은 자가 원하지 아니하는 경우에는 재심무죄판결을 공시하지 아니할 수 있다. [국가9급개논 22]

041 (○) 제440조

▐ Ⅲ 공소기각의 재판

1. 공소기각결정

 대표유형

공소장 기재사실 자체에 대한 판단으로 그 사실 자체가 죄가 되지 아니함이 명백한 경우는 공소기각판결을 한다. [국가9급 17]

(×) '공소기각판결' → '공소기각결정'
법원은 공소기각결정을 고지하여야 한다(제328조 제1항 제4호).

042 공소제기 이후 피고인이 사망하거나 피고인인 법인이 존속하지 아니하게 된 경우에는 공소기각판결을 한다. [국가9급 10·17] [법원9급 10·18]

042 (×) '공소기각판결' → '공소기각결정'
법원은 공소기각결정을 고지하여야 한다(제328조 제1항 제2호).

043 「형사소송법」 제328조 제1항 제4호가 공소기각결정의 사유로 정하고 있는 '공소장에 기재된 사실이 진실하다 하더라도 범죄가 될 만한 사실이 포함되지 아니한 때'란 공소장 기재사실 자체에 대한 판단으로 그 사실 자체가 죄가 되지 아니함이 명백한 경우를 말한다. [법원9급 10·15]

043 (○) 대법원 2014.5.16, 2012도12867

044 공소장에 기재된 사실이 진실하다 하더라도 범죄가 될 만한 사실이 포함되지 아니하는 때에는 무죄판결을 하여야 한다. [군무원9급 22]

해설+ 328조 【공소기각의 결정】 ① 다음 경우에는 결정으로 공소를 기각하여야 한다.
1. 공소가 취소되었을 때
2. 피고인이 사망하거나 피고인인 법인이 존속하지 아니하게 되었을 때
3. 제12조 또는 제13조의 규정에 의하여 재판할 수 없는 때
4. 공소장에 기재된 사실이 진실하다 하더라도 범죄가 될 만한 사실이 포함되지 아니하는 때

044 (×) 공소장에 기재된 사실이 진실하다 하더라도 범죄가 될 만한 사실이 포함되지 아니하는 때에는 공소기각결정을 하여야 한다(328조 제4호).

045 공소장 기재사실 자체가 법률상 범죄를 구성하지 아니함이 명백하여 공소
장변경 등의 절차에 의하더라도 그 공소가 유지될 여지가 없는 경우에는
공소기각결정을 하여야 한다. [소방간부 23]

> **해설+** 제328조【공소기각의 결정】① 다음 경우에는 결정으로 공소를 기각하여야 한다.
> 4. 공소장에 기재된 사실이 진실하다 하더라도 범죄가 될 만한 사실이 포함되지 아니하는 때
>
> **보충** 형사소송법 제328조 제1항 제4호에 "공소장에 기재된 사실이 진실하다 하더라도 범죄가
> 될 만한 사실이 포함되지 아니한 때"라고 함은 공소장 기재사실 자체가 일견하여 법률상 범죄를
> 구성하지 아니함이 명백하여 공소장의 변경 등 절차에 의하더라도 그 공소가 유지될 여지가 없는 형식
> 적 소송요건의 흠결이라고 볼 수 있는 경우를 뜻한다고 할 것이다(대법원 1977.9.28, 77도2603).

2. 공소기각판결

 대표유형

친고죄에 대하여 고소가 없거나 고소가 취소된 경우, 그 수단으로 사용된 또는 그에 수반하
여 저질러진 비친고죄의 점을 따로 떼어내어 공소를 제기한 때는 공소기각판결을 하여야
한다. [법원9급 13 변형]

046 피고인에 대하여 재판권이 없는 때에는 판결로써 공소기각의 선고를 하여
야 한다. [법원9급 10·15]

047 국회의원의 면책특권에 속하는 행위에 대한 공소제기가 있는 경우, 피고인
에 대한 재판권이 없는 경우에 해당하므로 공소기각판결을 하여야 한다. [국가7급 21]

048 친고죄에서 공범 중 일부에 대하여만 처벌을 구하고 나머지에 대하여는 처
벌을 원하지 않는 내용의 고소를 하였다가 공소제기 전에 고소를 취소한
경우는 공소기각판결을 한다. [국가9급 17]

> **해설+** 최초의 고소도 무효인 고소에 해당할 뿐만 아니라, 공범 중 1인에 대한 고소취소는 고소인
> 의 의사와 상관없이 다른 공범에 대하여도 효력이 있다(대법원 2009.1.30, 2008도7462).

045 (○) 제328조 제1항 제4호
참조.

(○) 대법원 2002.5.16, 2002도
51 전원합의체

046 (○) 제327조 제1호 참조.

047 (×) 재판권이 아닌 공소권이
없는 것이다(대법원 1992.9.22, 91
도3317).

048 (○)

049 친고죄의 공범 3명 가운데 1명에 대한 고소는 다른 2명에게도 효력이 미치지만, 1명에 대한 고소취소는 나머지 2명에 대하여 효력이 미치지 아니한다.

[군무원9급 22]

> **해설+** 제233조【고소의 불가분】친고죄의 공범 중 그 1인 또는 수인에 대한 고소 또는 그 취소는 다른 공범자에 대하여도 효력이 있다.

049 (×) 친고죄의 고소불가분의 원칙(제233조)에 의하여 친고죄의 공범 3명 가운데 1명에 대한 고소는 다른 2명에게도 효력이 미치고, 1명에 대한 고소취소는 나머지 2명에게도 효력이 미친다.

050 상대적 친고죄의 경우, 신분관계에 있는 자에 대한 피해자의 고소취소는 비신분자에게도 효력이 있다.

[해경승진 23]

050 (×) 상대적 친고죄의 경우에는 모두 신분관계 있을 때에만 고소불가분의 원칙이 적용되고, 일부만 신분관계 있을 때에는 고소불가분의 원칙이 적용되지 아니한다.

051 검사의 공소제기가 소추재량을 현저히 일탈하였다고 판단되는 경우에는 공소기각판결을 할 수 있다.

[국가9급 18] [국가9급개론 18] [법원9급 18]

051 (○) 대법원 1999.12.10, 99도577

052 범의를 가지지 아니한 자에 대하여 수사기관이 사술이나 계략 등을 써서 범의를 유발케 하여 범죄인을 검거하는 함정수사에 기하여 공소를 제기한 때는 공소기각판결을 하여야 하는 경우이다. [국가9급개론 18] [법원9급 13 변형]

052 (○) 대법원 2008.10.23, 2008도7362

053 소년법에 따라 보호처분을 받은 사건과 동일한 사건에 대하여 다시 공소제기가 되었다면 공소기각의 결정을 하여야 한다.

053 (×) '공소기각의 결정' → '공소기각의 판결'

054 소년법 제30조의 보호처분을 받은 사건과 동일한 사건에 대하여 다시 공소제기가 되었다면 동조의 보호처분은 확정판결이 아니고 따라서 기판력도 없으므로 이에 대하여 면소판결을 할 것이 아니라 공소제기절차가 동법 제47조의 규정에 위배하여 무효인 때에 해당한 경우이므로 공소기각의 판결을 하여야 한다. [국가9급 10 변형·18] [법원9급 16·18]

054 (○) 공소제기절차가 소년법 규정에 위배하여 무효인 때에 해당한 경우이므로 공소기각의 판결을 하여야 한다(대법원 1985.5.28, 85도21).

055 검사가 공소를 취소한 경우에는 공소기각결정을 하여야 하고, 공소기각결정이 확정된 후 그 범죄사실에 대해 다른 중요한 증거가 발견되지 않았음에도 다시 공소가 제기된 때에는 공소기각판결을 하여야 한다.

[국가9급 18] [법원9급 13 변형·18]

055 (○) 제327조 제4호, 제328조 제1항 제1호, 제329조 참조.

056 수표발행자가 수표발행 후 예금부족으로 인하여 제시기일에 지급되지 아니하게 하였으나 제1심판결 선고 전에 부도수표가 회수된 경우는 공소기각판결을 한다.

[국가9급 17]

056 (○) 대법원 2009.12.10, 2009도9939

057 제1심판결 선고 전에 공범에 의하여 부도수표가 회수된 경우 공소기각의 판결을 하여야 한다.

[법원9급 16]

057 (○) 대법원 2005.10.7, 2005도4435

058 군인이 군사기지 및 군사시설 보호법 제2조 제1호의 군사기지에서 군인을 폭행 또는 협박한 경우에는 피해자의 명시한 의사에 반하여 공소를 제기할 수 없다.

058 (×)

해설+ 군형법 제60조의6에서 군사기지 및 군사시설 등에서 군인을 폭행한 경우에는 폭행죄에서의 반의사불벌죄 규정인 형법 제260조 제3항을 적용하지 않는 특례를 규정하고 있으므로, 이 사건 공소사실 중 폭행 부분의 공소를 기각할 수 없다(대법원 2020.3.12, 2019도15117).

Ⅳ 면소판결

 대표유형

(○)

상습범으로서 포괄일죄의 관계에 있는 여러 개의 범죄사실 중 일부에 대하여 유죄판결이 확정되어 상습범으로 처단된 후 그 확정판결의 사실심판결 선고 전에 저질러진 나머지 범행에 대해 공소가 제기된 때에는 면소판결을 선고하여야 한다. [국가9급 17] [국가9급개론 21]

해설+ 상습범으로서 포괄적 일죄의 관계에 있는 여러 개의 범죄사실 중 일부에 대하여 유죄판결이 확정된 경우에, 그 확정판결의 사실심판결 선고 전에 저질러진 나머지 범죄에 대하여 새로이 공소가 제기되었다면 그 새로운 공소는 확정판결이 있었던 사건과 동일한 사건에 대하여 다시 제기된 데 해당하므로 이에 대하여는 판결로써 면소의 선고를 하여야 한다(대법원 2004.9.16, 2001도3206 전원합의체).

059 경범죄처벌법에 의하여 통고처분을 받고 범칙금을 납부한 후 그 범칙행위와 동일한 범죄사실로 다시 공소가 제기된 때는 공소기각판결을 하여야 하는 경우이다. [법원9급 13 변형]

> **해설+** 기판력은 이 사건 공소사실의 전부에 미치게 되므로 면소판결(제326조)을 하여야 한다(대법원 1990.3.9, 89도1046).

059 (×) '공소기각판결' → '면소판결'

060 공소의 시효가 완성된 범죄사실에 관하여 공소가 제기되었을 때는 공소기각판결을 한다. [법원9급 10·18]

060 (×) '공소기각판결' → '면소판결'(제326조 제3호)

061 공소장변경절차에 의하여 변경된 공소사실에 대한 법정형을 기준으로 공소제기 당시 이미 공소시효가 완성된 경우는 공소기각판결을 한다. [국가9급 17]

> **해설+** 변경된 공소사실에 대한 법정형을 기준으로 하면 공소제기 당시 이미 공소시효가 완성된 경우에는 면소판결을 선고하여야 한다(대법원 2013.7.26, 2013도6182,2013전도123).

061 (×) '공소기각판결' → '면소판결'

062 면소판결의 사유인 사면이 있을 때란 일반사면이 있을 때를 말하는 것이므로, 특별사면 이전에 저지른 것으로 공소제기된 공소사실은 면소판결의 대상에 해당하지 아니한다. [법원9급 16]

062 (○) 대법원 2000.2.11, 99도2983

063 재심대상판결이 확정된 후에 형 선고의 효력을 상실케 하는 특별사면이 있었던 사건에 대하여 재심개시결정이 확정되어 재심심판절차를 진행하는 법원은 면소판결이 아니라 실체에 관한 유·무죄 등의 판단을 해야 한다. [국가7급 23]

> **해설+** 재심대상판결 확정 후에 형 선고의 효력을 상실케 하는 특별사면이 있었다고 하더라도, 재심개시결정이 확정되어 재심심판절차를 진행하는 법원은 그 심급에 따라 다시 심판하여 실체에 관한 유·무죄 등의 판단을 해야지, 특별사면이 있음을 들어 면소판결을 하여서는 아니 된다(대법원 2015.5.21, 2011도1932 전원합의체).

063 (○)

064 甲이 1997.12.9. 부정수표단속법 위반죄로 징역 6월의 선고를 받은 후 1998. 3.13. 특별사면을 받았는데, 사면 이전에 행한 동법 위반행위를 이유로 다시 공소가 제기된 경우는 면소판결을 한다. [국가7급 11]

064 (×) '면소판결을 한다' → (특별사면의 경우이므로) '면소판결의 대상에 해당하지 아니한다'(대법원 2000.2.11, 99도2983)

065 면소의 판결이 선고된 때에는 구속영장은 효력을 잃는다. [국가9급 10]

065 (○) 제331조 참조.

066 면소판결을 하는 경우 몰수형도 선고할 수 없다. [법원9급 18]

066 (○) 대법원 1992.7.28, 92도700

3 재판의 확정과 효력

> 🔗 **대표유형**
>
> 과실로 교통사고를 발생시켰다는 각 '교통사고처리 특례법 위반죄'와 고의로 교통사고를 낸 뒤 보험금을 청구하여 수령하거나 미수에 그쳤다는 '사기 및 사기미수죄'는 서로 행위태양이 전혀 다르고, 그 기본적 사실관계가 동일하다고 볼 수 없으므로, 위 전자에 관한 확정판결의 기판력이 후자에 미친다고 할 수 없다. [경찰채용 14]

(○) 공소사실의 동일성이 인정되지 않으므로 공소장변경도 불가하고 기판력도 인정되지 않는다(대법원 2010.2.25, 2009도14263).

> 🔗 **대표유형**
>
> 포괄일죄의 관계에 있는 범행의 일부에 대하여 판결이 확정된 경우에는 그 판결확정 시를 기준으로 그 이전에 이루어진 범행에 대하여는 확정판결의 기판력이 미쳐 면소의 판결을 선고하여야 할 것이다. [법원9급 14]

(×) '판결확정 시' → '사실심판결 선고 시'

해설+ 포괄일죄의 관계에 있는 범행의 일부에 대하여 판결이 확정된 경우, 확정판결의 기판력이 미치는 기준시점은 판결확정 시가 아니라 사실심판결 선고 시가 된다(대법원 2014.1.16, 2013도11649).

067 대법원판결에 대하여도 판결의 정정이 허용되므로 그 선고로써 확정되는 것이 아니라 판결정정신청기간의 경과, 정정판결 또는 정정신청기각의 결정에 의하여 확정된다. [군무원9급 22]

해설+ 제400조 【판결정정의 신청】① 상고법원은 그 판결의 내용에 오류가 있음을 발견한 때에는 직권 또는 검사, 상고인이나 변호인의 신청에 의하여 판결로써 정정할 수 있다.

제401조 【정정의 판결】① 정정의 판결은 변론 없이 할 수 있다.
② 정정할 필요가 없다고 인정한 때에는 지체 없이 결정으로 신청을 기각하여야 한다.

판례 대법원판결은 그 선고로써 확정되는 것이고 본법 제400조 소정의 판결정정신청기간을 기다릴 필요가 없다 할 것이다(대법원 1967.6.2, 67초22).

067 (×) 대법원의 판결에 대하여도 판결의 정정이 허용되므로(제400조, 제401조), 종래에는 판결 정정신청기간의 경과나 정정판결 또는 정정신청기각의 결정에 의하여 확정된다는 견해가 있었으나(종래의 다수설), 대법원판결도 제400조 소정의 판결정정신청기간(10일)을 기다릴 필요가 없이 선고와 동시에 확정된다는 견해가 현재의 통설과 판례(대법원 1967.6.2, 67초22)의 입장이다.

068 일사부재리의 효력을 인정함으로써 재판의 권위를 유지할 수 있는 장점도 있고, 형사사법기관의 업무와 비용을 증가시키는 단점도 있다. [국가7급 08]

해설+ 여러 번의 절차를 거치지 아니하게 되므로 형사사법기관의 업무와 비용이 줄어드는 장점이 있다.

068 (×) '업무와 비용을 증가시키는 단점' → '업무와 비용이 줄어드는 장점'

069 대한민국헌법 제13조 제1항에서 규정하고 있는 이중처벌금지의 원칙에서 '처벌'은 원칙적으로 범죄에 대한 형벌부과를 의미하고, 국가가 행하는 일체의 제재나 불이익처분이 모두 여기에 포함되는 것은 아니다. [국가9급 23] [변호사 23 변형]

해설+ 헌법은 제13조 제1항에서 "모든 국민은 … 동일한 범죄에 대하여 거듭 처벌받지 아니한다." 라고 규정하여 이른바 이중처벌금지의 원칙 내지 일사부재리의 원칙을 선언하고 있다. 이는 한번 판결이 확정되면 그 후 동일한 사건에 대해서는 다시 심판하는 것이 허용되지 않는다는 원칙을 말한다. 여기에서 '처벌'이란 원칙적으로 범죄에 대한 국가의 형벌권 실행으로서의 과벌을 의미하고, 국가가 행하는 일체의 제재나 불이익처분이 모두 여기에 포함되는 것은 아니다(대법원 2017.8.23, 2016도5423).

069 (○)

070 유·무죄의 실체재판에는 일사부재리의 효력이 인정되고, 약식명령과 즉결심판도 확정되면 유죄판결과 동일한 효력이 인정되므로 일사부재리의 효력이 인정된다. [국가9급 13]

070 (○) 확정판결에는 정식재판에서 선고된 유죄판결, 무죄판결 및 면소판결뿐만 아니라, 약식명령이나 즉결심판 등이 모두 포함된다.

071 면소판결이 확정된 경우에는 일사부재리의 효력이 인정된다. [국가9급 10] [국가9급개론 18]

071 (○) 면소판결은 형식재판임에도 불구하고 기판력 내지 일사부재리의 효력이 발생한다.

072 즉결심판이 확정되면 유죄판결과 동일한 효력을 가지므로 기판력이 발생한다. [국가9급 08] [법원9급 17 변형]

072 (○) 즉심법 제16조 참조.

073 범칙금 납부에도 일사부재리의 효력이 인정된다. [국가9급 10]

073 (○) 대법원 1986.2.25, 85도2664

074 공소기각의 판결이나 결정에 대해서는 기판력이 인정되지 않는다.

[국가9급 08]

074 (○) 이와 같은 형식재판에는 기판력이 발생하지 아니한다.

075 검사의 불기소처분에는 확정재판에 있어서의 확정력과 같은 효력이 없어 일단 불기소처분을 한 후에도 공소시효가 완성되기 전이면 언제라도 공소를 제기할 수 있다.

[경찰채용 14·16]

075 (○) 대법원 2009.10.29, 2009도6614

076 구(舊) 행형법상의 징벌은 형법 법령에 위반한 행위에 대한 형사책임과 그 목적, 성격을 달리하는 것이 아니므로, 징벌을 받은 뒤에 형사처벌을 하는 것은 일사부재리의 원칙에 반하는 것이다.

[경찰채용 16]

해설+ 형법 법령에 위반한 행위에 대한 형사책임과는 그 목적, 성격을 달리하는 것이므로 징벌을 받은 뒤에 형사처벌을 한다고 하여 일사부재리의 원칙에 반하는 것은 아니다(대법원 2000.10.27, 2000도3874).

076 (×) '반하는 것이다' → '반하는 것은 아니다'

077 과태료를 납부한 후에 다시 형사처벌을 하는 것은 일사부재리의 원칙에 반하는 것이 아니다.

[국가9급개론 18]

077 (○) 행정벌에 지나지 아니하는 과태료의 부과처분은 확정판결의 범주에 속하지 아니한다.

078 피고인이 동일한 행위에 관하여 외국에서 형사처벌을 과하는 확정판결을 받았다 하더라도 이런 외국판결은 우리나라에서는 기판력이 없으므로 여기에 일사부재리의 원칙이 적용될 수 없다.

[경찰채용 16] [국가9급 15]

078 (○) 대법원 1979.4.10, 79도831

079 피고인이 성명을 모용한 경우 기판력은 피모용자에게 미치지 않는다.

[국가9급개론 18]

079 (○) 대법원 1992.4.24, 92도490

080 기판력의 범위를 정하는 기본적 사실관계의 동일성은 범행 장소와 시간, 수단, 방법 및 상대방이나 행위의 태양뿐만 아니라 피해법익과 죄질을 고려하여 판단하여야 한다. [국가9급 13]

081 포괄일죄와 과형상 일죄에 속하는 범죄사실에는 일사부재리의 효력이 인정된다. [국가9급 13]

082 검사가 일죄의 일부만을 공소제기하고 법원이 일죄의 일부에 대해서만 유죄판결을 하였다면 그 판결의 기판력은 일죄의 일부에만 미친다. [국가9급 10]

> **해설+** 그 판결의 기판력은 공소사실의 동일성이 인정되는 일죄의 전부에까지 미친다.

083 甲이 1982.4.16. 무면허의료행위로 인한 의료법 위반으로 약식기소되어 1982.7.7. 약식명령을 고지받고 1982.7.29. 확정되었는데, 1982.1.30.부터 1982.6.17. 사이에 같은 장소에서 무면허의료행위를 하였다는 사실로 다시 공소가 제기된 경우는 면소판결을 한다. [국가7급 11]

084 확정판결을 받은 범죄사실과 그 확정판결의 사실심판결 선고 전에 저질러진 범죄사실이 상습범으로서 포괄일죄에 해당하는 것으로 평가될 수 있다고 하더라도, 그 확정판결의 기판력이 그 전에 저질러진 범죄사실에까지 미치기 위하여는 그 확정판결에서 당해 피고인이 상습범으로 공소제기되어 처단되었어야 하고 상습범이 아닌 기본 구성요건의 범죄로 처단된 데에 그친 경우에는 설령 그 확정판결을 받은 범죄사실과 그 전에 저질러진 범죄사실을 종합하여 비로소 모두가 상습범으로서의 포괄적 일죄에 해당하는 것으로 판단된다고 하더라도 그 확정판결의 기판력이 그 사실심판결 선고 전에 저질러진 범죄사실에 미치는 것으로 볼 수 없다. [법원9급 14]

085 종전의 확정판결에서 조세범 처벌법 위반죄로 처단되는 데 그친 사건의 범죄사실이 뒤에 공소가 제기된 사건과 종합하여 특정범죄 가중처벌 등에 관한 법률 위반의 포괄일죄에 해당하는 것으로 판단된다면, 조세범 처벌법 위반에 대한 확정판결의 기판력이 그 사실심판결 선고 전의 특정범죄 가중처벌 등에 관한 법률 위반 범죄사실에 미친다. [국가7급 23]

085 (×)

> **해설+** 확정판결의 기판력이 미치는 범위는 확정된 사건 자체의 범죄사실과 죄명을 기준으로 정하는 것이 원칙이므로, 그 전의 확정판결에서 조세범 처벌법 제10조 제3항 각 호의 위반죄로 처단되는 데 그친 경우에는, 확정된 사건 자체의 범죄사실이 뒤에 공소가 제기된 사건과 종합하여 특정범죄 가중처벌 등에 관한 법률 제8조의2 제1항 위반의 포괄일죄에 해당하는 것으로 판단된다 하더라도, 뒤늦게 앞서의 확정판결을 포괄일죄의 일부에 대한 확정판결이라고 보아 기판력이 사실심판결 선고 전의 법률조항 위반 범죄사실에 미친다고 볼 수 없다(대법원 2015.6.23, 2015도2207).

086 사기죄에 있어서 동일한 피해자에 대하여 수회에 걸쳐 기망행위를 하여 금원을 편취한 경우, 그 범의가 단일하고 범행방법이 동일하다면 사기죄의 포괄일죄만이 성립한다고 할 것이나, 포괄일죄의 중간에 별종의 범죄에 대한 확정판결이 끼어 있다면 그로 인해 사기죄의 포괄적 범죄는 둘로 나뉘는 것이다. [경찰채용 14] [경찰승진 23]

086 (×) '둘로 나뉘는 것이다' → '둘로 나뉘는 것은 아니다'
포괄적 범죄가 둘로 나뉘는 것은 아니라 할 것이고, 또 이 경우에는 그 확정판결 후의 범죄로서 다루어야 한다(대법원 2002.7.12, 2002도2029).

087 상상적 경합관계에 있는 1죄에 대한 확정판결의 기판력은 다른 죄에 대하여도 미친다. [법원9급 17] [변호사 23]

087 (○) 대법원 2009.4.9, 2008도5634

088 배임죄와 사문서위조죄가 상상적 경합관계에 있는 경우, 사문서위조죄에 대한 확정판결의 기판력이 배임죄 부분에까지 미친다. [군무원9급 22]

088 (○) 상상적 경합은 공소사실의 단일성이 인정되므로, 그 일부 범죄에 대한 유죄판결 등의 확정판결의 기판력은 상상적 경합의 나머지 범죄에도 미친다.

> **판례** 회사 명의의 합의서를 임의로 작성·교부한 행위에 대하여 약식명령이 확정된 사문서위조 및 그 행사죄의 범죄사실과 그로 인하여 회사에 재산상 손해를 가하였다는 업무상 배임의 공소사실은 그 객관적 사실관계가 하나의 행위이므로 1개의 행위가 수개의 죄에 해당하는 경우로서 형법 제40조에 정해진 상상적 경합관계에 있다. 형법 제40조의 상상적 경합관계의 경우에는 그중 1죄에 대한 확정판결의 기판력은 다른 죄에 대하여도 미친다(대법원 2009.4.9, 2008도5634).

089 甲이 업무방해죄로 공소제기되어 유죄판결이 확정된 후 그 업무방해행위와 상상적 경합의 관계에 있는 명예훼손행위에 대하여 공소가 제기된 경우는 면소판결을 한다. [국가7급 11]

089 (O) 확정판결의 기판력이 미친다고 할 것이어서 면소판결을 선고하여야 한다(대법원 2007.2.23, 2005도10233).

090 동일인 대출한도 초과대출 행위로 인하여 상호저축은행에 손해를 가힘으로써 상호저축은행법 위반죄와 업무상 배임죄가 모두 성립한 경우, 양 죄는 상상적 경합관계에 있으므로 그중 1죄에 대한 확정판결의 기판력은 다른 죄에 대하여도 미친다. [국가7급 14]

090 (O) 대법원 2011.2.24, 2010도13801

091 회사의 대표이사가 업무상 보관하던 회사 자금을 빼돌려 횡령한 다음 그중 일부를 더 많은 장비납품 등의 계약을 체결할 수 있도록 해달라는 취지의 묵시적 청탁과 함께 배임증재에 공여한 경우, 위 횡령의 점에 대하여 약식명령이 확정되었다고 하더라도 그 기판력이 배임증재의 점에는 미치지 아니한다. [경찰승진 22] [경찰채용 14] [국가7급 14]

091 (O) 범의 및 행위의 태양과 보호법익을 달리하는 별개의 행위로 위 횡령의 점에 대하여 약식명령이 확정되었다고 하더라도 그 기판력이 배임증재의 점에는 미치지 아니한다(대법원 2010.5.13, 2009도13463).

092 피고인이 공소사실의 내용이 된 사기범행과 관련하여 유사 수신행위의 규제에 관한 법률에서 금지하고 있는 유사수신행위를 하였다는 범죄사실로 이미 유죄의 확정판결을 받았다면 다시 사기죄로 처벌할 수 없다. [국가9급 15]

092 (✕) '없다' → '있다'
기본적 사실관계에 있어서 동일하다고 볼 수 없어, 확정판결의 효력이 사기 공소사실에 미치지 아니한다(대법원 2006.3.23, 2005도9678).

093 甲이 술에 취해 주점에 찾아와 그곳 손님들에게 시비를 거는 등 영업을 방해하였다는 사실 때문에 경범죄처벌법 위반으로 구류 5일의 즉결심판을 받아 확정되었는데, 같은 일시·장소에서 손님인 피해자 乙과 시비를 벌이다 그를 폭행하여 사망케 하였다는 사실로 다시 공소가 제기된 경우는 면소판결을 한다. [국가7급 11]

093 (O) 양 사실의 기초가 되는 사회적 사실관계가 기본적인 점에서 동일하기 때문에 이 사건 공소사실에 대하여는 이미 확정판결이 있었다고 보아야 한다(대법원 1990.3.9, 89도1046).

094 범칙행위와 같은 시간과 장소에서 이루어진 행위라 하더라도 범칙행위의 동일성을 벗어난 형사범죄행위에 대하여는 범칙금의 납부에 따라 확정판결에 준하는 일사부재리의 효력이 미치지 아니한다.   [경찰채용 16]

094 (○) 대법원 2012.9.13, 2012 도6612

095 경범죄처벌법위반자가 통고처분을 받고 범칙금을 납부한 경우에는 기판력이 인정되지 않는다.   [국가9급 08]

095 (×) '않는다' → '않는 경우가 있다'

해설+ 범칙행위와 같은 시간과 장소에서 이루어진 행위라 하더라도 범칙행위의 동일성을 벗어난 형사범죄행위에 대하여는 범칙금의 납부에 따라 확정판결에 준하는 일사부재리의 효력이 미치지 아니한다(대법원 2012.9.13, 2012도6612).

096 같은 일시·장소에서 도로교통법상 안전운전의무 위반의 범칙행위와 교통사고처리 특례법 위반의 범죄행위를 한 경우 안전운전의무 불이행을 이유로 통고처분을 받아 범칙금을 납부한 자를 교통사고처리 특례법 위반죄로 처벌하더라도 이중처벌에 해당하지 않는다.   [국가9급 15]

096 (○) 대법원 1983.7.12, 83 도1296

097 근접한 일시·장소에서 각각 '음주소란'과 '흉기휴대협박행위'를 한 경우 '음주소란'에 대하여 경범죄처벌법상 통고처분을 받아 범칙금을 납부한 자를 '흉기휴대협박행위'에 대하여 폭력행위 등 처벌에 관한 법률 위반죄로 처벌하더라도 이중처벌에 해당하지 않는다.   [국가9급 15]

097 (○) 대법원 2012.9.13, 2012 도6612

098 유죄의 확정판결의 기판력의 시적 범위는 사실심리의 가능성이 있는 최후의 시점인 판결선고 시를 기준으로 결정한다.   [국가9급 08]

098 (○) 대법원 1983.4.26, 82 도2829,82감도612

099 상습범으로 공소제기된 피고사건이 항소된 경우 기판력의 기준시점은 항소심판결 선고 시이다.   [법원9급 17]

099 (○) 대법원 1983.4.26, 82 도2829,82감도612

100 항소인의 항소이유서 미제출을 이유로 한 항소심의 항소기각결정이 확정된 경우의 판결의 기판력이 미치는 시간적 한계는 항소이유서 제출기간 만료 시이다. [국가7급 10]

> **해설+** 사실심리의 가능성이 있는 최후시점은 항소기각결정 시라고 보는 것이 옳다(대법원 1993.5.25, 93도836)

101 포괄일죄의 관계에 있는 범행 일부에 관하여 약식명령이 확정되었다면 그 약식명령의 발령 시를 기준으로 하여 그 전의 범행에 대하여는 면소판결을 하고, 그 이후의 범행에 대해서만 1개의 범죄로 처벌하여야 한다. [국가7급 14]

101 (○) 대법원 1994.8.9, 94도1318

102 항소이유서 미제출을 이유로 항소법원이 항소기각결정을 하여 피고인이 상고하였으나 대법원이 상고를 기각한 경우, 기판력의 기준시점은 항소기각결정 시이다. [국가7급 14]

102 (○) 대법원 1993.5.25, 93도836

103 상습범(선행범죄)으로 유죄확정판결을 받은 사람이 그 후 동일한 습벽에 의해 범행을 저질렀는데(후행범죄) 선행범죄의 유죄확정판결(재심대상판결)에 대하여 재심이 개시된 경우, 선행범죄와 후행범죄는 재심대상판결에 의하여 동일성이 없는 별개의 상습범이 되므로 선행범죄에 대한 공소제기의 효력은 후행범죄에 미치지 않는다. [국가7급 20]

103 (○)

> **해설+** 상습범으로 유죄의 확정판결(이하 앞서 저질러 재심의 대상이 된 범죄를 '선행범죄'라 한다)을 받은 사람이 그 후 동일한 습벽에 의해 범행을 저질렀는데(이하 뒤에 저지른 범죄를 '후행범죄'라 한다) 유죄의 확정판결에 대하여 재심이 개시된 경우, 동일한 습벽에 의한 후행범죄가 재심대상판결에 대한 재심판결 선고 전에 저질러진 범죄라 하더라도 재심판결의 기판력이 후행범죄에 미치지 않는다. 재심심판절차에서 선행범죄, 즉 재심대상판결의 공소사실에 후행범죄를 추가하는 내용으로 공소장을 변경하거나 추가로 공소를 제기한 후 이를 재심대상사건에 병합하여 심리하는 것이 허용되지 않으므로 재심심판절차에서는 후행범죄에 대하여 사실심리를 할 가능성이 없다. 또한 재심심판절차에서 재심개시결정의 확정만으로는 재심대상판결의 효력이 상실되지 않으므로 재심대상판결은 확정판결로서 유효하게 존재하고 있고, 따라서 재심대상판결을 전후하여 범한 선행범죄와 후행범죄의 일죄성은 재심대상판결에 의하여 분단되어 동일성이 없는 별개의 상습범이 된다. 그러므로 선행범죄에 대한 공소제기의 효력은 후행범죄에 미치지 않고 선행범죄에 대한 재심판결의 기판력은 후행범죄에 미치지 않는다. 만약 재심판결의 기판력이 재심판결의 선고 전에 선행범죄와 동일한 습벽에 의해 저질러진 모든 범죄에 미친다고 하면, 선행범죄에 대한 재심대상판결의 선고 이후 재심판결 선고 시까지 저지른 범죄는 동시에 심리할 가능성이 없었음에도 모두 처벌할 수 없다는 결론에 이르게 되는데, 이는 처벌의 공백을 초래하고 형평에 반한다(대법원 2019.6.20, 2018도20698 전원합의체).

104 상습범으로 유죄의 확정판결을 받은 사람이 그 후 동일한 습벽에 의해 후행범죄를 저질렀는데 유죄의 확정판결에 대하여 재심이 개시된 경우, 동일한 습벽에 의한 후행범죄가 재심대상판결에 대한 재심판결 선고 전에 범하여졌다면 재심판결의 기판력이 후행범죄에 미친다.   [법원9급 22]

해설+ 상습범으로 유죄의 확정판결을 받은 사람이 그 후 동일한 습벽에 의해 후행범죄를 저질렀는데 유죄의 확정판결에 대하여 재심이 개시된 경우, 동일한 습벽에 의한 후행범죄가 재심대상판결에 대한 재심판결 선고 전에 저지른 범죄라면 <u>재심판결의 기판력이 후행범죄에 미치지 않는다</u>(대법원 2019.6.20, 2018도20698 전원합의체).

105 가정폭력처벌법에 따른 보호처분의 결정이 확정된 경우에는 원칙적으로 가정폭력행위자에 대하여 같은 범죄사실로 다시 공소를 제기할 수 없으나, 보호처분은 확정판결이 아니고 따라서 기판력도 없으므로, 보호처분을 받은 사건과 동일한 사건에 대하여 다시 공소제기가 되었다면 이에 대해서는 면소판결을 할 것이 아니라 공소제기의 절차가 법률의 규정에 위배하여 무효인 때에 해당한 경우이므로 형사소송법 제327조 제2호의 규정에 의하여 공소기각의 판결을 하여야 한다.   [법원9급 22]

해설+ 가정폭력처벌법에 따른 보호처분의 결정이 확정된 경우에는 원칙적으로 가정폭력행위자에 대하여 같은 범죄사실로 다시 공소를 제기할 수 없으나(가정폭력처벌법 제16조), 보호처분은 확정판결이 아니고 따라서 기판력도 없으므로, 부호처분을 받은 사건과 동일한 사건에 대하여 다시 공소제기가 되었다면 이에 대해서는 면소판결을 할 것이 아니라 공소제기의 절차가 법률의 규정에 위배하여 무효인 때에 해당한 경우이므로 형사소송법 제327조 제2호의 규정에 의하여 <u>공소기각의 판결</u>을 하여야 한다(대법원 2017.8.23, 2016도5423).

4　**소송비용 및 기타 절차**

106 피고인의 경제적 사정으로 소송비용을 납부할 수 없는 때에도 형의 선고를 하는 때에는 피고인에게 소송비용의 전부 또는 일부를 부담하게 하여야 한다.   [법원9급 21]

해설+ **제186조【피고인의 소송비용부담】**① 형의 선고를 하는 때에는 피고인에게 소송비용의 전부 또는 일부를 부담하게 하여야 한다. 다만, <u>피고인의 경제적 사정으로 소송비용을 납부할 수 없는 때에는 그러하지 아니하다.</u>

106 (×) 제186조 제1항

107 제192조 제1항에 따라 재판으로 소송절차가 종료되는 경우에 피고인 아닌 자에게 소송비용을 부담하게 하는 결정에 대하여는 즉시항고를 할 수 있다.

[국가7급 23]

> **해설+** **제192조【제삼자부담의 재판】** ① 재판으로 소송절차가 종료되는 경우에 피고인 아닌 자에게 소송비용을 부담하게 하는 때에는 직권으로 결정을 하여야 한다.
> ② 전항의 결정에 대하여는 즉시항고를 할 수 있다.

108 소송비용의 부담을 명하는 재판에 그 금액을 표시하지 아니한 때에는 검사의 신청에 따라 법원이 산정한다.

[법원9급 21]

> **해설+** **제194조【부담액의 산정】** 소송비용의 부담을 명하는 재판에 그 금액을 표시하지 아니한 때에는 집행을 지휘하는 검사가 산정한다.

109 고소 또는 고발에 의하여 공소를 제기한 사건에 관하여 피고인이 무죄 또는 면소의 판결을 받은 경우에 고소인 또는 고발인에게 고의 또는 중대한 과실이 있는 때에는 그 자에게 소송비용의 전부 또는 일부를 부담하게 할 수 있다.

[법원9급 21]

107 (○) 제192조 제1항·제2항 참조.

108 (×)

109 (○) 고소인등의 소송비용부담에 관한 제188조의 내용이다.

2024 - 2025
백광훈
통합 핵지총 ○×
형사소송법

CHAPTER 01 | **상소**

1 상소의 의의와 종류

001 상소의 종류에는 항소 · 상고 및 항고가 있는데, 그중에서 결정에 대한 상
소는 항고이다. [법원9급 15]

001 (○) 제402조

2 상소권

🔗 **대표유형**

공시송달의 방법으로 피고인이 불출석한 가운데 공판절차가 진행되고 판결이 선고되었으
며, 피고인으로서는 공소장부본 등을 송달받지 못한 관계로 공소가 제기된 사실은 물론이
고 판결선고사실에 대하여 알지 못한 나머지 항소기간 내에 항소를 제기하지 못한 경우에
는, 이와 같은 항소기간의 도과는 피고인의 책임질 수 없는 사유에 기인한 것으로 봄이 상
당하다. [법원9급 14]

(○) 대법원 2007.1.12, 2006모
691

002 피고인의 배우자, 직계친족, 형제자매 또는 원심의 대리인이나 변호인은
피고인을 위하여 상소할 수 있다. [경찰채용 12]

002 (○) 제341조 제1항 참조.

003 피고인의 배우자, 직계친족, 형제자매 또는 원심의 대리인이나 변호인은
피고인을 위하여 상소할 수 있지만, 피고인의 명시한 의사에 반하여 하지
못하고, 피고인의 동의를 얻어 상소를 취하할 수 있다. [법원9급 22]

003 (○) 제341조, 제351조

해설+ 제341조【동전】① 피고인의 배우자, 직계친족, 형제자매 또는 원심의 대리인이나 변호인
은 피고인을 위하여 상소할 수 있다.
② 전항의 상소는 피고인의 명시한 의사에 반하여 하지 못한다.

제351조【상소의 취하와 피고인의 동의】피고인의 법정대리인 또는 제341조에 규정한 자는 피고
인의 동의를 얻어 상소를 취하할 수 있다.

비교 제340조【당사자 이외의 상소권자】피고인의 법정대리인은 피고인을 위하여 상소할 수
있다.

004 피고인의 법정대리인과 변호인은 피고인의 이익을 위하여 그의 명시한 의 사에 반하여서도 상소를 제기할 수 있다. [국가9급 10]

004 (×)

> **해설+** 법정대리인은 피고인의 명시한 의사에 반하여 상소를 제기할 수 있으나, 변호인은 피고인의 명시한 의사에 반하지 아니하는 범위 내에서 상소를 제기할 수 있다(제340조, 제341조 제2항).

005 피고인의 법정대리인은 피고인의 명시한 의사에 반하지 아니하는 한 상소를 취하할 수 있다. [군무원9급 22]

005 (×) 상소취하는 종속대리권 으로서 반드시 <u>피고인의 동의</u>를 받아야 한다(제351조).

> **해설+** 제351조【상소의 취하와 피고인의 동의】피고인의 법정대리인 또는 제341조에 규정한 자는 <u>피고인의 동의를 얻어 상소를 취하할 수 있다.</u>

006 변호인, 대리인은 고유의 상소권이 인정되지 않으므로 피고인의 상소권이 소멸된 후에는 상소를 제기할 수 없다. [법원9급 16]

006 (○) 대법원 1998.3.27, 98 도253

007 변호인은 독립한 상소권자로서 피고인의 상소권이 소멸한 후에도 상소를 제기할 수 있다. [경찰채용 15] [국가7급 11 유사]

007 (×) '있다' → '없다'

> **해설+** 변호인은 피고인의 상소권이 소멸된 후에는 상소를 제기할 수 없다(대법원 1998.3.27, 98 도253; 1986.7.12, 86모24).

008 형사소송에서는 판결등본이 당사자에게 송달되는 여부에 관계없이 공판정에서 판결이 선고된 날부터 상소기간이 기산되며, 이는 피고인이 불출석한 상태에서 재판을 하는 경우에도 마찬가지이다. [국가9급 21]

008 (○) 대법원 2002.9.27, 2002 모6

009 「형사소송법」 제338조(상소권자)의 규정에 의하여 상소할 수 있는 자가 자기 또는 대리인이 책임질 수 없는 사유로 인하여 상소의 제기기간 내에 상소를 하지 못한 때에는 상소권회복의 청구를 할 수 있다. [법원9급 10]

009 (○) 제345조

010 자기 또는 대리인이 책임질 수 없는 사유로 상소 제기기간 내에 상소를 하지 못한 경우에는 우선 상소권회복의 청구를 하고, 그로부터 상당한 기간 내에 상소를 제기하여도 적법하다. [법원9급 23]

> **해설+** 제346조【상소권회복 청구의 방식】① 상소권회복을 청구할 때에는 제345조의 사유가 해소된 날부터 상소 제기기간에 해당하는 기간 내에 서면으로 원심법원에 제출하여야 한다. ③ 상소권회복을 청구한 자는 그 청구와 동시에 상소를 제기하여야 한다.

010 (×) 상소권회복청구를 하는 동시에 상소를 제기하여야 한다(제346조 제3항).

011 재정신청인이 자기 또는 대리인이 책임질 수 없는 사유로 인하여 재정신청 기각결정에 대한 재항고 제기기간을 준수하지 못한 경우, 형사소송법 제345조(상소권회복청구권자)에 따라 재항고권 회복을 청구할 수 있다. [국가9급 23]

> **해설+** 제345조【상소권회복청구권자】제338조 내지 제341조의 규정에 의하여 상소할 수 있는 자는 자기 또는 대리인이 책임질 수 없는 사유로 인하여 상소의 제기기간 내에 상소를 하지 못한 때에는 상소권회복의 청구를 할 수 있다.

011 (○) 재정신청인이 자기 또는 대리인이 책임질 수 없는 사유로 인하여 재정신청 기각결정에 대한 재항고 제기기간을 준수하지 못한 경우에는 형사소송법 제345조에 따라 재항고권 회복을 청구할 수도 있다(대법원 2015.7.16, 2013모2347 전원합의체).

012 상소권을 포기한 후 상소제기기간이 도과하기 전에 상소포기의 효력을 다투면서 상소를 제기한 자는 원심 또는 상소심에서 그 상소의 적법 여부에 대한 판단과는 별도로 상소권회복청구를 할 수 있다. [법원9급 14]

> **해설+** 원심 또는 상소심에서 그 상소의 적법 여부에 대한 판단을 받으면 되고, 별도로 상소권회복청구를 할 여지는 없다(대법원 2004.1.13, 2003모451).

012 (×) '있다' → '없다'

013 상고를 포기한 후 그 포기가 무효라고 주장하는 경우 상고제기기간이 경과하기 전에는 상고포기의 효력을 다투면서 상고를 제기하여 그 상고의 적법 여부에 대한 판단을 받으면 되고, 별도로 상소권회복청구를 할 여지는 없다. [법원9급 10]

013 (○) 대법원 1999.5.18, 99모40

014 상고를 포기한 후 그 포기가 무효라고 주장하는 경우, 상고제기기간이 경과하기 전이라면 상소권회복청구를 하여 상소권회복 후 상고의 적법 여부에 대한 판단을 받아야 한다. [군무원9급 23]

014 (×)

> **해설+** 상소권회복은 자기 또는 대리인이 책임질 수 없는 사유로 인하여 상소제기기간 내에 상소를 하지 못한 사람이 이를 청구하는 것이고, 상고를 포기한 후 그 포기가 무효라고 주장하는 경우 상고제기기간이 경과하기 전에는 상고포기의 효력을 다투면서 상고를 제기하여 그 상고의 적법 여부에 대한 판단을 받으면 되고, 별도로 상소권회복청구를 할 여지는 없다(대법원 1999.5.18, 99모40).

015 상소권회복은 피고인 등이 책임질 수 없는 사유로 상소제기기간을 준수하지 못하여 소멸한 상소권을 회복하기 위한 것일 뿐, 상소의 포기로 인하여 소멸한 상소권까지 회복하는 것이라고 볼 수는 없다. [법원승진 13]

015 (○) 대법원 2002.7.23, 2002모180

016 상소의 포기·취하가 없음에도 불구하고 있는 것으로 오인되거나 그 효력이 없음에도 그 효력이 있는 것으로 간과되어 사건이 종국된 경우에 그 포기·취하의 부존재나 무효를 주장하는 자는 상소권회복의 신청을 할 수 있다. [법원9급 10]

016 (×) '있다' → '없다' 상소심절차속행신청을 하여야 할 뿐(규칙 제154조 제1항) 상소권회복신청을 할 수는 없다.

017 상소권을 포기한 자가 상소제기기간이 도과한 다음에 상소포기의 효력을 다투는 한편 자기 또는 대리인이 책임질 수 없는 사유로 인하여 상소제기기간 내에 상소를 하지 못하였다고 주장하는 경우, 상소를 제기함과 동시에 상소권회복청구를 할 수 있다. [국가7급 21]

017 (○)

> **해설+** 상소권을 포기한 자가 상소제기기간이 도과한 후에 상소포기의 효력을 다투는 경우, 상소제기와 함께 상소권회복청구를 할 수 있다. "상소권회복은 자기 또는 대리인이 책임질 수 없는 사유로 인하여 상소제기기간 내에 상소를 하지 못한 사람이 이를 청구하는 것이므로, ⊙ 상소권을 포기한 후 상소제기기간이 도과하기 전에 상소포기의 효력을 다투면서 상소를 제기한 자는 원심 또는 상소심에서 그 상소의 적법 여부에 대한 판단을 받으면 되고, 별도로 상소권회복청구를 할 여지는 없다고 할 것이나, ⓒ 상소권을 포기한 후 상소제기기간이 도과한 다음에 상소포기의 효력을 다투는 한편 자기 또는 대리인이 책임질 수 없는 사유로 인하여 상소제기기간 내에 상소를 하지 못하였다고 주장하는 사람은 상소를 제기함과 동시에 상소권회복청구를 할 수 있고, 그 경우 상소포기가 부존재 또는 무효라고 인정되지 아니하거나 자기 또는 대리인이 책임질 수 없는 사유로 인하여 상소제기기간을 준수하지 못하였다고 인정되지 아니한다면 상소권회복청구를 받은 원심으로서는 상소권회복청구를 기각함과 동시에 상소기각결정을 하여야 한다(대법원 2004.1.13, 2003모451).

018 제1심판결에 대하여 피고인 또는 검사가 항소하여 항소법원이 판결을 선고한 후에는 상고법원으로부터 사건이 환송 또는 이송되는 경우 등을 제외하고는 항소법원이 다시 항소심소송절차를 진행하여 판결을 선고할 수 없다. 따라서 항소심판결이 선고되면 제1심판결에 대한 항소권이 소멸되어 제1심판결에 대한 항소권회복청구와 항소는 적법하다고 볼 수 없다.

[법원9급 18]

018 (○) 이는 제1심재판 또는 항소심재판이 소송촉진 등에 관한 특례법이나 형사소송법 등에 따라 피고인이 출석하지 않은 가운데 불출석재판으로 진행된 경우에도 마찬가지이다(대법원 2017.3.30, 2016모2874).

019 제1심판결에 대하여 검사의 항소에 의한 항소심판결이 선고된 후, 피고인이 동일한 제1심판결에 대하여 항소권회복청구를 하는 경우, 이는 적법하다고 볼 수 없어 법원은 「형사소송법」 제347조 제1항에 따라 결정으로 이를 기각하여야 한다.

[국가7급 21]

019 (○)

해설+ 제1심판결에 대하여 피고인 또는 검사가 항소하여 항소법원이 판결을 선고한 후에는 상고법원으로부터 사건이 환송 또는 이송되는 경우 등을 제외하고는 항소법원이 다시 항소심 소송절차를 진행하여 판결을 선고할 수 없다. 따라서 항소심판결이 선고되면 제1심판결에 대한 항소권이 소멸되어 제1심판결에 대한 항소권회복청구와 항소는 적법하다고 볼 수 없다. 이는 제1심 재판 또는 항소심 재판이 소송촉진 등에 관한 특례법이나 「형사소송법」 등에 따라 피고인이 출석하지 않은 가운데 불출석 재판으로 진행된 경우에도 마찬가지이다. 따라서 제1심판결에 대하여 검사의 항소에 의한 항소심판결이 선고된 후 피고인이 동일한 제1심판결에 대하여 항소권회복청구를 하는 경우 이는 적법하다고 볼 수 없어 「형사소송법」 제347조 제1항에 따라 결정으로 이를 기각하여야 한다(대법원 2017.3.30, 2016모2874).

020 수감 중인 피고인을 대리하여 법원결정정본을 수령한 교도소장이 1주일이 지난 뒤에 그 사실을 피고인에게 알림으로써 항고 제기기간 내에 항고장을 제출할 수 없게 된 경우는 상소권회복의 사유에 해당한다.

[국가9급 15]

020 (○) 대법원 1991.5.6, 91모32

021 교도소장 등 교도관이 법원의 결정정본을 송달받고 상소기간이 지난 뒤에 그 사실을 재소자인 피고인에게 알렸기 때문에 피고인이나 그 배우자가 소정 기간 내에 항고장을 제출할 수 없게 된 것이라면 상소권회복신청은 인용할 여지가 있다.

[법원9급 10]

021 (○) 대법원 1991.5.6, 91모32

022 부적법한 공시송달에 의해 피고인의 진술 없이 공판절차를 진행하여 판결이 선고되고, 동 판결등본이 공시송달되었으나 피고인이 판결선고사실을 알지 못하여 상소제기기간 내에 상소를 하지 못한 경우는 상소권회복의 사유에 해당한다. [국가9급 15]

022 (○) 대법원 1984.9.28, 83모55

023 제1심이 공시송달의 방법으로 진행되어 피고인이 공소제기사실이나 판결선고사실을 전혀 몰랐다면, 피고인이 제1심판결에 대한 항소를 법정기간 내에 제기하지 못한 것은 피고인이 책임질 수 없는 사유로 인한 때에 해당한다. [법원9급 18]

023 (○) 대법원 1985.2.23, 83모37,38

024 소송촉진 등에 관한 특례법 제23조에 따라 피고인이 불출석한 상태에서 재판이 진행되어 유죄판결이 선고된 것도 모른 채 상소제기기간이 도과된 경우는 상소권회복의 사유에 해당한다. [국가9급 15]

024 (○) 대법원 1986.2.12, 86모3

025 피고인이 소송계속 중인 사실을 알면서도 법원에 거주지변경신고를 하지 않은 경우에는, 잘못된 공시송달에 터 잡아 피고인의 진술 없이 공판이 진행되고 피고인이 출석하지 않은 기일에 판결이 선고되었더라도, 피고인이 자기 또는 대리인이 책임질 수 없는 사유로 상소제기기간을 준수하지 못한 것으로 볼 수 없다. [법원9급 21]

025 (×)

해설+ 피고인이 소송이 계속 중인 사실을 알면서도 법원에 거주지변경신고를 하지 않았다 하더라도, 잘못된 공시송달에 터 잡아 피고인의 진술 없이 공판이 진행되고 피고인이 출석하지 않은 기일에 판결이 선고된 이상, 피고인은 자기 또는 대리인이 책임질 수 없는 사유로 상소제기기간 내에 상소를 하지 못한 것으로 봄이 타당하다(대법원 2014.10.16, 2014모1557).

026 피고인이 상피고인의 기망에 의하여 항소권을 포기하였음을 항소제기기간 도과 이후 비로소 알게 된 경우, 이러한 사정은 「형사소송법」 제345조의 '책임질 수 없는 사유'에 해당한다. [국가7급 21]

026 (×) 책임질 수 없는 사유에 해당한다고 볼 수 없다(대법원 1984.7.11, 84모40).

027 상소권회복청구에서 상소권자 또는 그 대리인이 단순히 질병으로 입원하였기에 상소하지 못하였다는 것은 상소권회복의 사유에 해당하지 아니한다.

[법원9급 18]

028 공소제기 후 이사한 피고인이 신주소지를 법원에 제출하지 않아 소송서류가 송달되지 아니하여 공판기일에 출석하지 못하고 판결선고사실을 알지 못한 채 상소제기기간이 도과된 경우는 상소권회복의 사유에 해당한다.

[국가9급 15]

> **해설+** 주소지를 옮길 때에는 자기의 새로운 주소지를 법원에 신고하거나 기타 소송진행 상태를 알 수 있는 방법을 강구하여야 한다(대법원 2008.3.10, 2007모795).

029 「소송촉진 등에 관한 특례규칙」 제19조 제2항의 규정에 의하면, 공시송달의 방법으로 소환한 피고인이 불출석하는 경우 다시 공판기일을 지정하고 공시송달의 방법으로 피고인을 재소환한 후 그 기일에도 피고인이 불출석하여야 비로소 피고인의 불출석 상태에서 재판절차를 진행할 수 있다.

[경찰승진 23]

> **해설+** 소송촉진 등에 관한 특례규칙 제19조 【불출석피고인에 대한 재판】 ① 피고인에 대한 송달불능보고서가 접수된 때로부터 6월이 경과하도록 제18조 제2항 및 제3항의 규정에 의한 조치에도 불구하고 피고인의 소재가 확인되지 아니한 때에는 그 후 피고인에 대한 송달은 공시송달의 방법에 의한다. ② 피고인이 제1항의 규정에 의한 공판기일의 소환을 2회 이상 받고도 출석하지 아니한 때에는 법 제23조의 규정에 의하여 피고인의 진술 없이 재판할 수 있다.

030 「소송촉진 등에 관한 특례규칙」에 따르면 제1심 공판절차에서 공시송달의 방법으로 소환한 피고인이 불출석하는 경우, 사형·무기 또는 장기 10년이 넘는 징역이나 금고에 해당하는 사건이 아니라면, 다시 공판기일을 지정하고 공시송달의 방법으로 피고인을 재소환한 후 그 기일에도 피고인이 불출석하여야 비로소 피고인의 불출석 상태에서 재판절차를 진행할 수 있다. [국가7급 23]

> **해설+** 소송촉진 등에 관한 특례규칙 제19조 【불출석피고인에 대한 재판】 ① 피고인에 대한 송달불능보고서가 접수된 때로부터 6월이 경과하도록 제18조 제2항 및 제3항의 규정에 의한 조치에도 불구하고 피고인의 소재가 확인되지 아니한 때에는 그 후 피고인에 대한 송달은 공시송달의 방법에 의한다. ② 피고인이 제1항의 규정에 의한 공판기일의 소환을 2회 이상 받고도 출석하지 아니한 때에는 법 제23조의 규정에 의하여 피고인의 진술 없이 재판할 수 있다.

031 형사피고사건으로 법원에 재판이 계류 중인 자는 공소제기 당시의 주소지나 그 후 신고한 주소지를 옮긴 때는 자기의 신주소지를 법원에 제출한다거나 기타 소송진행 상태를 알 수 있는 방법을 강구하여야 하고, 만일 이러한 조치를 취하지 않았다면 소송서류가 송달되지 아니하여 공판기일에 출석하지 못하거나 판결선고사실을 알지 못하여 상고기간을 도과하는 등 불이익을 받는 책임을 면할 수 없다. [법원9급 14]

031 (○) 대법원 2008.3.10, 2007모795

032 상소권회복의 청구는 사유가 종지한 날로부터 상소의 제기기간에 상당한 기간 내에 서면으로 원심법원에 제출하여야 하며, 그 청구와 동시에 상소를 제기하여야 한다. [법원9급 18] [법원승진 13]

032 (○) 제346조 제1항·제3항 참조.

033 상소권회복의 청구를 받은 법원은 청구의 허부에 관한 결정을 하여야 하며, 이 결정에 대하여는 즉시항고를 할 수 없다. [경찰채용 17 1차] [법원승진 13]

033 (×) '없다' → '있다'(제347조 제2항)

034 상소권회복의 청구가 있는 때에는 법원은 결정을 할 때까지 재판의 집행을 정지하는 결정을 할 수 있는데, 이러한 집행정지의 결정을 한 경우에 피고인의 구금을 요하고 구속사유를 구비한 때에는 구속영장을 발부하여야 한다. [법원승진 13]

034 (○) 구법에서는 필요적 정지였으나, 2007년 개정에 의하여 임의적 집행정지제도로 바뀌었다(제348조).

035 상소권회복의 청구가 있는 때에는 법원은 이에 대한 결정을 할 때까지 재판의 집행을 정지하는 결정을 하여야 한다. 따라서 벌금을 납부하지 아니하여 노역장 유치의 집행을 당한 자도 상소권회복의 청구에 대한 결정을 할 때까지 일단은 석방되어야 한다. [법원9급 23]

035 (×) 상소권회복청구의 경우, 법원의 재판집행정지는 필요적이 아니라 임의적 결정에 의한다(제348조 제1항).

해설+ 제348조【상소권회복청구와 집행정지】① 상소권회복의 청구가 있는 때에는 법원은 전조의 결정을 할 때까지 재판의 집행을 정지하는 결정을 할 수 있다.
② 전항의 집행정지의 결정을 한 경우에 피고인의 구금을 요하는 때에는 구속영장을 발부하여야 한다. 단, 제70조의 요건이 구비된 때에 한한다.

3 상소의 이익

🔗 대표유형

피고인은 면소판결에 대하여 상소를 제기할 수 없지만, 공소기각판결에 대하여는 무죄를 주장하며 상소를 제기할 수 있다.   [국가9급 10]

(×) 피고인은 두 경우 모두 상소의 이익이 없다.

036 양형부당을 이유로 상고할 수 없는 원심판결에 대하여 피고인은 누범가중을 하지 아니한 위법을 주장하여 상고할 수 있다.   [국가7급 09]

> **해설+** 누범가중을 하지 아니한 것은 피고인에게 유리한 것이므로 불이익하지 아니한 재판에 대하여 상소권을 가질 수 없다(대법원 2012.12.27, 2012도11200).

036 (×) '있다' → '없다'

037 피고인이 벌금의 실형에 징역형의 집행유예를 주장하는 경우에는 상소이익이 부정된다.   [국가9급 11]

037 (○) 징역형은 벌금형에 비하여 무거운 형이므로 상소의 이익이 없어 상소를 제기할 수 없다.

038 검사는 법령의 정당한 적용을 청구할 임무를 가지므로 위법을 시정하기 위하여 재판의 이유만을 다투기 위하여 상소할 수 있다.   [국가7급 09]

038 (×) '있다' → '없다'
불복은 재판의 주문에 관한 것이어야 한다(대법원 1993.3.4, 92모21).

039 재판의 주문뿐만 아니라 판결의 이유만을 다투기 위하여도 피고인은 상소할 수 있다.   [국가7급 15]

039 (×) '있다' → '없다'
불복은 재판의 주문에 관한 것이어야 한다(대법원 1993.3.4, 92모21).

040 검사는 유죄판결에도 중한 죄나 중한 형을 구하는 상소뿐만 아니라 피고인의 이익을 위하여 상소할 수 있다.   [국가9급 11]

040 (○) 검사의 객관의무

041 피고인은 자기에게 불리한 재판에 대하여만 상소할 수 있으나, 검사는 피고인의 이익을 위하여도 상소할 수 있다.   [법원9급 16]

041 (○) 대법원 1997.8.22, 97도1211; 1993.3.4, 92모21

042 형의 면제판결에 대해서 피고인은 상소할 수 있다. [국가7급 10]

042 (O) 형의 면제판결도 유죄판결의 일종이므로 피고인은 상소의 이익이 있다.

043 피고인은 원심의 무죄판결에 대하여 면소, 공소기각의 재판을 구하는 상소는 제기할 수 없다. [국가9급 11]

043 (O) 무죄판결에 대하여는 상소의 이익을 인정하지 아니한다.

044 공소기각의 판결이 있으면 유죄판결의 위험으로부터 벗어나는 것이므로 피고인은 무죄를 주장하여 상소할 수 없다. [국가7급 15] [법원9급 15]

044 (O) 상소의 이익이 없다(상소이익결여설)(대법원 1997.8.22, 97도1211; 2008.5.15, 2007도6793).

045 무죄판결에 따른 기판력을 확보하기 위하여 피고인은 공소기각판결에 대하여 무죄를 주장하여 상소할 수 있다. [국가7급 09]

해설+ 불이익한 재판이라고 할 수 없어서 이에 대하여 피고인은 상소권이 없다(대법원 2008.5.15, 2007도6793).

045 (×) '있다' → '없다'

046 면소판결이 있으면 실체판결청구권이 없는 것이므로 피고인은 무죄를 주장하여 상소할 수 없다. [국가7급 15] [국가9급 11 변형·18] [법원9급 18]

046 (O) 면소판결에 대하여는 실체판결을 구하여 상고할 수 없다(대법원 1984.11.27, 84도2106; 2004.9.24, 2004도3532).

047 공소사실에 대해서 모두 공소시효가 완성되었다는 이유로 면소판결이 선고된 경우 피고인은 범죄혐의가 없음을 이유로 무죄판결을 구하는 상소를 제기할 수 없다. [국가9급 17]

047 (O) 대법원 2005.9.29, 2005도4738

048 형벌에 관한 법령이 재심판결 당시 폐지되었다 하더라도 그 '폐지'가 당초부터 헌법에 위배되어 효력이 없는 법령에 대한 것이었다면 무죄사유에 해당하는 것으로 면소 사유에 해당한다고 할 수 없다. 그러나 면소를 선고한 판결에 대하여 무죄의 실체 판결을 구하는 상고를 할 수 없는 것이 원칙이므로 면소판결에 대한 피고인의 상고를 기각한 것은 정당하다.

[경찰채용 12]

048 (×) '정당하다' → '부당하다' 무죄의 선고를 하여야 하므로 면소를 선고한 판결에 대하여 상고가 가능하다(대법원 2010.12.16, 2010도5986 전원합의체).

049 제1심판결에 대하여 피고인은 상소권을 포기하였는데 검사만이 양형이 가볍다는 이유로 항소하였다가 이유 없다고 기각된 항소심판결에 대하여 피고인은 상소할 수 없다.

[국가7급 15]

049 (○) 피고인에게 불이익한 판결이라고 할 수 없어 피고인은 상고권이 없다(대법원 1986.9.5, 86도1919).

050 검사만이 양형부당으로 항소한 사건에 대한 항소기각판결에 대하여 피고인은 상고를 제기할 수 없다.

[국가7급 09]

050 (○) 대법원 1981.8.25, 81도2110

4 상소의 제기와 포기 · 취하

🔗 **대표유형**

상소의 제기 · 포기 · 취하는 서면으로 하며 공판정에서 구술로써 할 수 없다.

[국가7급 21]

(×) 상소의 제기는 반드시 서면으로 하고(제343조 제1항), 상소의 포기 또는 취하는 서면이나 공판정에서의 구술로써 가능하다(제352조).

051 원심법원은 항고가 이유 있다고 인정하더라도 심급제의 속성상 사건기록을 항고심법원에 송부하여야 하고, 스스로 결정을 경정할 수는 없다.

[법원9급 23]

해설+ 제408조【원심법원의 갱신결정】① 원심법원은 항고가 이유 있다고 인정한 때에는 결정을 경정하여야 한다.
② 항고의 전부 또는 일부가 이유 없다고 인정한 때에는 항고장을 받은 날로부터 3일 이내에 의견서를 첨부하여 항고법원에 송부하여야 한다.

051 (×) 판결에 대한 상소절차에서는 원심법원이 원판결을 고칠 수 없으나, 결정에 대한 항고절차에서는 원심법원이 원결정을 고칠 수 있다. 이러한 원심법원의 경정결정은 재도의 고안이라고도 한다. 제408조 참조.

052 상소의 제기, 상소의 포기 및 취하는 원심법원에 하여야 한다. [국가7급 10]

> **해설+** 제353조【상소포기 등의 관할】상소의 포기는 원심법원에, 상소의 취하는 상소법원에 하여야 한다. 단, 소송기록이 상소법원에 송부되지 아니한 때에는 상소의 취하를 원심법원에 제출할 수 있다.

052 (×) '취하' → 삭제
상소의 취하는 상소법원에 하는 것이 원칙이다(제353조).

053 상소의 포기와 취하는 상소법원에 하는 것이 원칙이다. [국가9급 10]

> **해설+** 상소의 포기는 원심법원에 하는 것이 원칙이다(제353조).

053 (×) '포기' → 삭제

054 상소의 포기는 원심법원에, 상소의 취하는 상소법원에 하여야 한다. 단, 소송기록이 상소법원에 송부되지 아니한 때에는 상소의 취하를 원심법원에 제출할 수 있다. [경찰채용 12]

054 (○) 제353조 참조.

055 상소의 제기는 서면에 의하여야 하고, 구술에 의한 상소는 허용되지 않는다. [법원9급 16]

> **해설+** 제343조 제1항의 상소제기와는 달리 상소포기는 공판정에서 구술로써 할 수 있는 예외가 인정된다(제352조).

055 (○)

056 형사소송법 제343조 제2항에서 "상소의 제기기간은 재판을 선고 또는 고지한 날로부터 진행한다."고 규정하고 있으므로, 형사소송에 있어서는 판결등본이 당사자에게 송달되는 여부에 관계없이 공판정에서 판결이 선고된 날로부터 상소기간이 기산되며, 이는 피고인이 불출석한 상태에서 재판을 하는 경우에도 마찬가지이다. [법원9급 14 변형·23]

056 (○) 대법원 2002.9.27, 2002모6

057 상소의 제기기간은 재판을 선고 또는 고지한 날로부터 진행한다. [경찰채용 12]

057 (○) 제343조 제2항 참조.

058 상소제기기간은 항소 및 상고의 경우 7일이며 즉시항고의 경우에도 7일이다. [경찰채용 13 변형]

058 (○) 제358조(항소제기기간), 제374조(상고기간), 제405조(즉시항고의 제기기간)

059 상소제기기간을 재판서송달일이 아닌 재판선고일로부터 계산하는 것은 과잉으로 국민의 재판청구권을 침해한다. [경찰채용 13]

해설+ 과잉으로 국민의 재판청구권을 제한한다고 할 수 없다(헌법재판소 1995.3.23, 92헌바1).

059 (×) '침해한다' → '제한한다고 할 수 없다'

060 상소제기기간은 기간계산의 일반원칙에 따라 초일을 산입하지 않고 익일부터 계산하여야 한다. [경찰채용 13]

060 (○) 제66조 제1항

061 상소제기기간의 말일이 공휴일 또는 토요일에 해당하는 날은 상소기간에 산입하지 아니한다. [경찰채용 13]

061 (○) 제66조 제3항

062 사형 또는 무기징역이나 무기금고의 형을 선고받은 피고인은 그 판결에 대하여는 상소의 포기를 할 수 없다. [경찰채용 12]

062 (○) 제349조 참조.

063 사형, 무기징역, 무기금고 등 중형을 선고한 판결이라 하더라도 피고인 측은 상소를 포기할 수 있다. [법원9급 16]

해설+ 사형·무기의 선고판결에 대하여는 피고인 측의 상소포기가 금지된다(제349조 단서).

063 (×) '있다' → '없다'

064 피고인의 법정대리인은 피고인이 한 상소에 대하여 피고인의 동의가 없더라도 상소를 취하할 수 있다. [경찰채용 12]

보충 상소취하: 피고인과 법정대리인의 상호 동의 要

064 (×) '있다' → '없다' 제351조 참조.

065 피고인의 법정대리인은 피고인의 동의를 얻어 상소를 취하할 수 있다.

[경찰채용 15] [국가7급 11]

065 (○) 제351조

066 법정대리인이 있는 피고인이 상소의 포기 또는 취하를 함에는 법정대리인의 동의를 얻어야 한다. 단 법정대리인의 사망 기타 사유로 인하여 그 동의를 얻을 수 없는 때에는 예외로 한다.

[경찰채용 12]

066 (○) 제350조 참조.

067 법정대리인이 있는 피고인이 상소의 포기 또는 취하를 함에는 법정대리인의 동의를 얻어야 하므로, 미성년자인 피고인이 상고제기 후 법정대리인인 친권자의 동의 없이 상고취하를 하였다면 친권자의 동의를 얻을 수 없는 때를 제외하고는 그 효력이 없다.

[소방간부 23]

067 (○) 제350조 참조.

해설+ 제350조 【상소의 포기등과 법정대리인의 동의】 법정대리인이 있는 피고인이 상소의 포기 또는 취하를 함에는 법정대리인의 동의를 얻어야 한다. 단, 법정대리인의 사망 기타 사유로 인하여 그 동의를 얻을 수 없는 때에는 예외로 한다.

5 일부상소

🔗 대표유형

경합범 중 일부에 대하여 무죄, 일부에 대하여 유죄를 선고한 제1심판결에 대하여 검사만이 무죄부분에 대하여 항소를 한 경우, 피고인과 검사가 항소하지 아니한 유죄판결 부분은 항소기간이 지남으로써 확정되므로, 항소심에서 이를 파기할 때에는 유죄부분만을 파기하여야 한다.

[국가9급 16]

(×) '유죄부분' → '무죄부분'
무죄부분만을 파기하여야 한다(대법원 2010.11.25, 2010도10985).

068 상소는 재판의 일부에 대하여 할 수 있다.

[경찰채용 12]

068 (○) 제342조 제1항 참조.

069 경합범으로 공소제기된 사실에 대하여 일부무죄, 일부유죄의 판결이 선고되었는데 검사만이 무죄부분에 대하여 항소를 한 경우, 피고인과 검사가 항소하지 아니한 유죄부분은 항소기간이 지남으로써 확정되고, 무죄부분만 항소심의 심판대상이 된다.

[국가9급 11] [법원9급 12]

069 (○) 가분적 판결에 대하여 일부상소가 이루어진 경우로서 검사가 상소한 무죄부분만이 심판의 대상이 된다(대법원 2010.11.25, 2010도10985).

070 항소장에 경합범으로서 2개의 형이 선고된 죄 중 일죄에 대한 형만을 기재하고 나머지 일죄에 대한 형을 기재하지 아니하였다면 항소이유서에서 그 나머지 일죄에 대하여 항소이유를 개진하였더라도 판결 전부에 대한 항소로 볼 수는 없다. [법원9급 22]

070 (×)

> **해설+** 판례는 상소의 범위 판단에 있어서(일부상소·전부상소) 상소장뿐만 아니라 상소이유서도 고려하는 입장이다(상소장·상소이유서기준설, 소수설·판례). "항소장에 경합범으로서 2개의 형이 선고된 죄 중 일죄에 대한 형만을 기재하고 나머지 일죄에 대한 형을 기재하지 아니하였다 하더라도 항소이유서에서 그 나머지 일죄에 대하여도 항소이유를 개진한 경우에는 판결 전부에 대한 항소로 봄이 상당하다(대법원 2004.12.10, 2004도3515)."

071 경합범 중 일부에 대하여 무죄, 일부에 대하여 유죄를 선고한 항소심판결에 대하여 검사만이 무죄부분에 대하여 상고를 한 경우 상고심에 계속된 사건은 무죄판결 부분에 대한 공소뿐이라 할 것이므로 상고심에서 이를 파기할 때에는 무죄부분만을 파기할 수밖에 없다. [법원9급 13]

071 (○) 대법원 2010.11.25, 2010 도10985

072 수개의 마약류 관리에 관한 법률 위반으로 기소된 사안에서 선고된 일부유죄, 일부무죄의 제1심법원 판결에 대하여 검사만 무죄부분에 대해서 항소한 경우, 항소심에서 이를 파기할 때에는 유죄로 확정된 부분까지 심리하여 위 무죄부분과 함께 형을 선고하여야 한다. [국가7급 14]

072 (×) '유죄로 확정된 부분까지 심리' → '무죄부분만 판단' 전형적인 일부상소의 경우로서 무죄부분만 일부판단한다(대법원 2010. 11.25, 2010도10985).

073 甲은 사기죄와 절도죄의 경합범으로 기소되어 사기에 대해서는 징역 2년의 유죄를, 절도에 대해서는 무죄판결을 받았다. 이에 검사는 무죄판결에 대하여 상소하였고, 상소법원은 원심판결을 파기하고 환송하였다. 판례는 검사만 일부무죄부분에 대하여 상고를 제기한 때에는 일부상소의 법리에 따라 상소가 제기된 일부만 파기해야 한다고 한다. [국가9급 12]

073 (○) 대법원 2010.11.25, 2010 도10985

074 甲은 사기죄와 절도죄의 경합범으로 기소되어 사기에 대해서는 징역 2년의 유죄를, 절도에 대해서는 무죄판결을 받았다. 이에 검사는 무죄판결에 대하여 상소하였고, 상소법원은 원심판결을 파기하고 환송하였다. 일부파기설은 동시에 판결하여 1개의 형을 선고할 수 있었던 죄는 상호 과형상 불가분의 관계에 있어 상소불가분의 원칙이 적용되어야 한다고 한다.

[국가9급 12]

074 (×) '적용되어야 한다' → '적용되지 않는다'
전부파기설의 논거이다. 판례는 무죄부분만을 파기할 수밖에 없다는 일부파기설을 취한다(대법원 2010. 11.25, 2010도10985).

075 수개의 공소사실이 금고 이상의 형에 처한 확정판결 전후의 것이어서 확정판결 전의 공소사실과 확정판결 후의 공소사실에 대하여 따로 유죄를 선고하여 두 개의 형을 정한 제1심판결에 대하여 피고인만이 확정판결 전의 유죄판결 부분에 대하여 항소한 경우, 항소심에 계속된 사건은 확정판결 전의 유죄판결 부분뿐이므로 항소심이 심리·판단하여야 할 범위는 확정판결 전의 유죄판결 부분에 한정된다.

[국가7급 20]

075 (○) 대법원 2018.3.29, 2016도18553

076 상소는 재판의 일부에 대하여 할 수 있으며, 일부에 대한 상소는 그 일부와 불가분의 관계에 있는 부분에 대하여도 효력이 미친다.

[경찰채용 15] [법원9급 10]

076 (○) 제342조

077 상소장의 불복범위란에 '재판의 일부에 대하여서만 상소한다'는 기재가 없는 한 검사의 청구대로 되지 아니한 판결 전부에 대하여 상소한 것으로 보아야 한다.

[소방간부 23]

077 (○)

해설+ 검사가 제출한 항소장의 불복의 범위란에 재판의 일부에 대하여서만 상소한다는 기재가 없는 한 검사의 청구대로 되지 아니한 판결 전부에 대하여 상소한 것이라고 보아야 할 것이고, 검사가 항소장에 판결주문을 기재함에 있어 재판의 일부를 기재하지 아니하였다 하여 무죄부분에 대하여는 항소하지 아니한 것이라고 단정한 것은 성급한 조치이다(대법원 1991.11.26, 91도1937).

078 일부에 대한 상소는 그 일부와 불가분의 관계에 있는 부분에 대하여도 효력이 미친다.

[국가7급 11]

078 (○) 제342조 제2항 참조.

079 불가분의 관계에 있는 재판의 일부만을 불복대상으로 삼은 경우 그 상소의 효력은 상소불가분의 원칙상 피고사건 전부에 미쳐 그 전부가 상소심에 이심된다. [국가9급 12]

079 (○) 대법원 2008.11.20, 2008도5596 전원합의체

080 단순일죄 또는 과형상 일죄의 일부상소는 허용되지 않는다. [법원9급 12]

080 (○) 대법원 2001.2.9, 2000도5000; 2008.10.23, 2008도4852

081 1심이 단순일죄의 관계에 있는 공소사실의 일부에 대하여만 유죄를 인정한 경우에 피고인만이 항소하여도 그 항소는 그 일죄의 전부에 미쳐서 항소심은 무죄부분에 대하여도 심판할 수 있다 할 것이다. [국가9급 16] [법원9급 10·13]

081 (○) 대법원 1991.6.25, 91도884; 2001.2.9, 2000도5000

082 포괄적 일죄의 관계에 있는 공소사실 중 일부 유죄, 나머지 무죄의 판결에 대하여 검사만이 무죄부분에 대한 상고를 하고 피고인은 상고하지 아니한 경우에 유죄부분도 상고심의 심판대상이 된다. [법원9급 13]

082 (○) 대법원 1989.4.11, 86도1629; 1985.11.12, 85도1998

083 상상적 경합관계에 있는 두 죄에 대하여 한 죄는 무죄, 한 죄는 유죄가 선고되어 검사만 무죄부분에 대하여 상소하였더라도 유죄부분도 상소심의 심판대상이 된다. [국가7급 10]

083 (○) 일죄의 일부에 대하여는 일부상소가 허용되지 아니한다(대법원 2005.1.27, 2004도7488; 2007.6.1, 2005도7523; 2008.12.11, 2008도8922).

084 동일한 사실관계에 대하여 서로 양립할 수 없는 법조를 적용하여 주위적·예비적으로 공소제기된 사건에서 예비적 공소사실만 유죄로 인정되고 그 부분에 대하여 피고인만 상소한 경우, 주위적 공소사실은 상소심의 심판대상에 포함되지 않는다. [국가9급 13·18]

084 (×) '포함되지 않는다' → '포함된다'
주위적 공소사실까지 함께 상소심의 심판대상에 포함된다(대법원 2006.5.25, 2006도1146). 상소불가분의 원칙

085 형의 집행유예, 노역장 유치일수 등의 부수적 주문은 주형의 주문과 일체를 이루는 것이므로, 부수적 주문에 대하여만 독립하여 상소를 할 수 없다.

[국가9급 13]

086 포괄일죄 중 유죄부분에 대하여 피고인만이 상소하였을 뿐 무죄부분에 대하여 검사가 상소를 하지 않은 경우 상소심은 무죄부분에 대하여 심리, 판단할 수 없다.

[국가9급 13] [법원9급 12]

086 (○)

> **해설+** 포괄일죄에 대한 일부상소는 인정되지 아니하고, 이 경우 전부상소·전부이심이 되나, 피고인의 이익을 위하여 일부판단만 하여야 한다(대법원 1991.3.12, 90도2820; 2010.1.14, 2009도12934). 이를 소위 편면적 공방대상론이라 한다.

087 제1심법원이 공소사실의 동일성이 인정되는 범위 내에서 공소가 제기된 범죄사실에 포함된 보다 가벼운 범죄사실을 유죄로 인정하면서 법정형이 보다 가벼운 다른 법조를 적용하여 피고인을 처벌하고, 유죄로 인정된 부분을 제외한 나머지 부분에 대하여는 범죄의 증명이 없다는 이유로 판결이유에서 무죄로 판단한 경우, 피고인만이 유죄 부분에 대하여 항소하고 검사는 무죄로 판단된 부분에 대하여 항소하지 아니한 경우에도, 그 죄 전부가 피고인의 항소와 상소불가분의 원칙으로 인하여 항소심에 이심되었으므로 무죄 부분도 항소심의 심판대상이 된다.

[법원9급 13·23]

087 (✕) 공소사실의 동일성이 인정되는 경우에는 불가분의 관계에 있으므로, 그 일부에 대한 피고인의 항소가 제기되면 전부상소로서 전부가 이심되나, 피고인의 이익을 위하여 피고인이 항소를 제기한 부분만 판단대상으로 삼아야 한다(편면적 공방대상론).

> **판례** 제1심법원이 공소사실의 동일성이 인정되는 범위 내에서 공소가 제기된 범죄사실에 포함된 보다 가벼운 범죄사실을 유죄로 인정하면서 법정형이 보다 가벼운 다른 법조를 적용하여 피고인을 처벌하고, 유죄로 인정된 부분을 제외한 나머지 부분에 대하여는 범죄의 증명이 없다는 이유로 판결이유에서 무죄로 판단한 경우, 그에 대하여 피고인만이 유죄 부분에 대하여 항소하고 검사는 무죄로 판단된 부분에 대하여 항소하지 아니하였다면, 비록 그 죄 전부가 피고인의 항소와 상소불가분의 원칙으로 인하여 항소심에 이심되었다고 하더라도 무죄 부분은 심판대상이 되지 않는다. 따라서 그 부분에 관한 제1심판결의 위법은 형사소송법 제361조의4 제1항 단서의 '직권조사사유' 또는 같은 법 제364조 제2항에 정한 '항소법원은 판결에 영향을 미친 사유에 관하여는 항소이유서에 포함되지 아니한 경우에도 직권으로 심판할 수 있다'는 경우에 해당하지 않으므로, 항소심법원이 직권으로 심판대상이 아닌 무죄 부분까지 심리한 후 이를 유죄로 인정하여 법정형이 보다 무거운 법조를 적용하여 처벌하는 것은 피고인의 방어권 행사에 불이익을 초래하는 것으로서 허용되지 않는다. 이는 제1심판결에 무죄로 판단된 부분에 대한 이유를 누락한 잘못이 있다고 하더라도 동일하다(대법원 2008.9.25, 2008도4740).

CHAPTER 01 상소 **627**

088 공소가 제기된 범죄사실의 전부가 인정되지 않고 그에 포함된 가벼운 범죄사실만 공소장 변경 없이 직권으로 인정할 수 있는 경우에 현저히 정의와 형평에 반하지 않는 한 축소사실의 유죄판결을 하지 않고 무죄판결을 할 수도 있다. [군무원9급 22]

088 (○)

> **해설+** 법원은 공소사실의 동일성이 인정되는 범위 내에서 공소가 제기된 범죄사실에 포함된 보다 가벼운 범죄사실이 인정되는 경우에 심리의 경과에 비추어 피고인의 방어권 행사에 실질적 불이익을 초래할 염려가 없다고 인정되는 때에는 공소장이 변경되지 않았더라도 직권으로 공소장에 기재된 공소사실과 다른 범죄사실을 인정할 수 있지만, 이와 같은 경우라고 하더라도 공소가 제기된 범죄사실과 대비하여 볼 때 실제로 인정되는 범죄사실의 사안이 중대하여 공소장이 변경되지 않았다는 이유로 이를 처벌하지 않는다면 적정절차에 의한 신속한 실체적 진실의 발견이라는 형사소송의 목적에 비추어 현저히 정의와 형평에 반하는 것으로 인정되는 경우가 아닌 한 법원이 직권으로 그 범죄사실을 인정하지 아니하였다고 하여 위법한 것이라고까지 볼 수는 없다(<u>축소사실 인정은 예외적 의무</u>, 대법원 2010.12.16, 2010도5986 전원합의체).

089 상상적 경합관계에 있는 수죄에 대하여 제2심에서 모두 무죄가 선고되었고, 이에 검사가 무죄부분 전부에 대하여 상고하였으나 그중 일부무죄부분(A)에 대하여는 이를 상고이유로 삼지 않은 경우, 상고심은 그 무죄부분(A)에까지 나아가 판단할 수 없고, 상고심으로부터 다른 무죄부분(B)에 대한 원심판결이 잘못되었다는 이유로 사건을 파기환송받은 원심도 그 무죄부분(A)에 대하여 다시 심리·판단하여 유죄를 선고할 수 없다. [변호사 21]

089 (○) 소위 편면적 공방대상론이 나타난 판례이다(대법원 2008.12.11, 2008도8922).

090 포괄일죄의 일부만이 유죄로 인정된 경우 그 유죄부분에 대하여 피고인만이 항소하였을 뿐 공소기각으로 판단된 부분에 대하여 검사가 항소를 하지 않았다면, 유죄 이외에 공소기각으로 판단된 부분에 대하여는 항소심이 심판할 수 없다. [국가7급 12]

090 (○) 대법원 2010.1.14, 2009도12934

091 포괄일죄의 일부만이 유죄로 인정되어 피고인만이 유죄부분에 대하여 상소하고 검사는 무죄부분에 대하여 상소하지 않은 경우, 상소불가분의 원칙에 의하여 무죄부분도 상소심에 이심되므로 상소심은 그 무죄 부분에 대하여 유죄의 판단을 할 수 있다. [군무원9급 22]

091 (×)

> **해설+** 환송 전 항소심에서 포괄일죄의 일부만이 유죄로 인정된 경우 그 유죄부분에 대하여 피고인만이 상고하였을 뿐 무죄부분에 대하여 검사가 상고를 하지 않았다면 상소불가분의 원칙에 의하여 무죄부분도 상고심에 이심되기는 하나 그 부분은 이미 당사자 간의 공격방어의 대상으로부터 벗어나 사실상 심판대상에서부터도 벗어나게 되어 상고심으로서도 그 무죄부분에까지 나아가 판단할 수 없는 것이고, 따라서 상고심으로부터 위 유죄부분에 대한 항소심판결이 잘못되었다는 이유로 사건을 파기환송받은 항소심은 그 무죄부분에 대하여 다시 심리판단하여 유죄를 선고할 수 없다(<u>편면적 공방대상론</u>, 대법원 1991.3.12, 90도2820).

092 필수적 몰수 · 추징에 관한 부분만을 불복대상으로 삼아 상소한 경우라도 상소제기가 부적법하다고 할 수 없다. [국가7급 10]

093 피고인이 몰수 또는 추징에 관한 부분만을 불복대상으로 삼아 상소를 제기하였다 하더라도 상소심으로서는 이를 적법한 상소제기로 다루어야 하므로 상소의 효력은 그 불복범위인 몰수 또는 추징에 관한 부분에 한정된다. [국가9급 18] [법원9급 12]

해설+ 상소의 효력은 그 부분과 불가분의 관계에 있는 본안에 관한 판단 부분에까지 미쳐 그 전부가 상소심으로 이심된다(대법원 2008.11.20, 2008도5596 전원합의체)

094 상소심에서 원심의 주형 부분을 파기하는 경우, 부가형인 징벌적 성질을 띠고 있는 몰수 또는 추징을 제외한 나머지 주형 부분만을 파기할 수 있다. [국가9급 12]

해설+ 주형 부분을 파기하는 경우 부가형인 몰수 또는 추징 부분도 함께 파기하여야 한다(대법원 2009.6.25, 2009도2807).

095 유죄판결과 동시에 배상명령이 선고된 경우, 피고인이 유죄판결에 대해서 상소를 제기하지 않고 배상명령에 대해서만 독립적으로 상소를 제기하는 것은 허용되지 않는다. [국가7급 14]

096 형법 제37조 전단의 경합범 관계에 있는 죄에 대하여 일부는 유죄, 일부는 무죄를 선고한 원심판결에 대하여 피고인은 상소하지 아니하고, 검사만이 무죄부분에 한정하지 아니하고 전체에 대하여 상소한 경우에 무죄부분에 대한 검사의 상소만 이유 있는 때에도 원심판결의 유죄부분은 무죄부분과 함께 파기되어야 하므로 상소심으로서는 원심판결 전부를 파기하여야 한다. [국가9급 16·18]

097 형법 제37조 전단의 경합범(판결이 확정되지 아니한 수개의 죄)에 대하여 항소심이 일부유죄, 일부무죄의 판결을 하고, 그 판결에 대하여 피고인과 검사 모두 상고하였으나 무죄부분에 대한 검사의 상고만 이유 있는 경우, 대법원은 무죄부분만 파기하면 된다. [국가7급 14]

097 (×) '무죄부분만 파기하면 된다' → '유죄부분도 무죄부분과 함께 파기하여야 한다'(대법원 2011.2.24, 2010도15989)

098 수개의 범죄사실에 대하여 항소심이 일부는 유죄, 일부는 무죄의 판결을 하고, 그 판결에 대하여 피고인 및 검사 쌍방이 상고를 제기하였으나, 유죄부분에 대한 피고인의 상고는 이유 없고 무죄부분에 대한 검사의 상고만 이유 있는 경우, 항소심이 유죄로 인정한 죄와 무죄로 인정한 죄가 형법 제37조 전단의 경합범 관계에 있다면 항소심판결의 유죄부분도 무죄부분과 함께 파기되어야 한다. [국가9급 16]

098 (○) 대법원 2002.7.26, 2001도4947

099 甲은 사기죄와 절도죄의 경합범으로 기소되어 사기에 대해서는 징역 2년의 유죄를, 절도에 대해서는 무죄판결을 받았다. 이에 甲은 유죄판결에 대하여, 검사는 무죄판결에 대하여 각각 상소하였다. 상소심은 검사의 상소에 대해서만 이유를 인정하고서 파기자판을 하고자 한다. 쌍방이 일부상소한 때에는 각자로서는 일부상소이지만 전체로서는 전부상소한 것에 해당한다. [국가9급 12]

099 (○) 대법원 2000.11.28, 2000도2123

100 甲은 사기죄와 절도죄의 경합범으로 기소되어 사기에 대해서는 징역 2년의 유죄를, 절도에 대해서는 무죄판결을 받았다. 이에 甲은 유죄판결에 대하여, 검사는 무죄판결에 대하여 각각 상소하였다. 상소심은 검사의 상소에 대해서만 이유를 인정하고서 파기자판을 하고자 한다. 판례는 항소심이 유죄로 인정한 죄와 무죄로 인정한 죄가 형법 제37조 전단의 경합범관계에 있다면 항소심판결의 유죄부분도 무죄부분과 함께 파기되어야 한다고 한다. [국가9급 12]

100 (○) 대법원 2000.11.28, 2000도2123

101 원심이 두 개의 죄를 경합범으로 보고 한 죄는 유죄, 다른 한 죄는 무죄를 각각 선고하자 검사가 무죄부분에 대하여만 불복하여 상고한 경우, 위 두 죄가 상상적 경합관계에 있다면 유죄부분도 상고심의 심판대상이 된다.

[국가9급 13] [법원9급 10]

101 (○) 대법원 1980.12.9, 80도384 전원합의체

6 불이익변경금지의 원칙

🔗 대표유형

피고인만의 상고에 의하여 원심판결을 파기하고 사건을 항소심에 환송한 경우 환송 전 원심판결과의 관계에서도 불이익변경금지의 원칙이 적용된다.

[법원9급 15]

(○) 대법원 1992.12.8, 92도2020

🔗 대표유형

제1심에서 별개사건으로 징역 1년에 집행유예 2년과 징역 1년 6월의 형을 선고받은 두 사건을 항소심이 병합심리하여 경합범으로 처단하면서 징역 2년을 선고한 것은 불이익변경금지원칙에 반한다.

[국가9급 09 변형]

(×) '반한다' → '반하지 않는다'
불이익변경금지의 원칙에 어긋나지 아니한다(대법원 2001.9.18, 2001도3448).

102 불이익변경금지원칙은 피고인이 또는 피고인을 위해 항소 또는 상고한 사건에서 상소심이 일체의 중형을 선고하지 못한다는 원칙을 말한다.

[법원9급 10]

102 (×) '일체의 중형을 선고하지 못한다' → '불이익하게 판단하지 못한다'

해설+ 불이익 여부는 형에 관하여 비교·판단하여야 한다(대법원 1977.3.22, 77도67).

103 피고인만이 상고한 상고심에서 원심판결을 파기하고 사건을 항소심에 환송한 경우 환송 후 원심판결은 환송 전 원심판결과의 관계에서 불이익변경금지의 원칙이 적용되지 않으므로, 환송 후 원심판결이 환송 전 원심판결에서 선고하지 아니한 몰수를 새로이 선고하는 것은 불이익변경금지원칙에 위배되지 아니한다.

[경찰채용 19 1차]

103 (×)

해설+ 피고인만의 상고에 의하여 상고심에서 원심판결을 파기하고 사건을 항소심에 환송한 경우에는 환송 전 원심판결과의 관계에서도 불이익변경금지의 원칙이 적용되어 그 파기된 항소심판결보다 중한 형을 선고할 수 없다. 환송 후 원심판결이 환송 전 원심판결에서 선고하지 아니한 몰수를 새로이 선고하는 것은 불이익변경금지의 원칙에 위배된다(대법원 1992.12.8, 92도2020).

104 재심사건에서도 불이익변경금지의 원칙이 적용된다. [법원9급 15]

104 (○) 제439조

105 재심사건은 상소사건이 아니므로 불이익변경금지의 원칙이 적용되지 아니한다. [법원9급 12]

105 (×) '적용되지 아니한다' → '적용된다'

해설+ 제439조【불이익변경의 금지】 재심에는 원판결의 형보다 무거운 형을 선고하지 못한다.

106 피고인이 정식재판을 청구한 사건에 대하여는 약식명령의 형보다 중한 종류의 형을 선고하지 못한다. [국가9급 18 변형] [국가9급개론 18 변형] [법원9급 15 변형]

106 (○) 제457조의2 제1항

107 불이익변경금지의 원칙은 피고인만이 상소한 사건에 있어서 원심의 형보다 중한 형을 선고할 수 없다는 것에 불과하고, 그 형이 같은 이상 원심이 인정한 죄보다 중한 죄를 인정하였다 하더라도 불이익변경금지의 원칙에 위배되지 아니한다. [경찰채용 16 변형]

107 (○) 대법원 1981.12.8, 81도2779

108 제1심에서 징역 1년에 처하되 형의 집행을 면제한다는 판결을 선고한 데 대하여 피고인만이 항소한 경우, 항소심이 위 피고인에 대해 징역 8월에 집행유예 2년을 선고하였다면 이는 위법하다. [해경승진 23]

108 (×) 형집행유예는 형집행면제에 비하여 불이익하다 할 수 없다.

판례 관할관의 확인조치에 의하여 변경된 육군본부 보통군법회의의 판결로서 그 내용은 피고인을 징역 1년에 처하되 그 형의 집행을 면제한다는 것이고, 한편 원심판결은 피고인을 징역 8월에 처하되, 위 판결확정일로부터 2년간 위 형의 집행을 유예한다는 것인바, 무릇 불이익변경원칙의 적용에 있어서는 이를 개별적, 형식적으로 고찰할 것이 아니라 전체적, 실질적으로 고찰하여 결정하여야 할 것인데 형의 집행유예의 판결은 소정 유예기간을 특별한 사유 없이 경과한 때에는 그 형의 선고의 효력이 상실되나 형의 집행면제는 그 형의 집행만을 면제하는 데 불과하여, 전자가 후자보다 피고인에게 불이익한 것이라 할 수 없다(대법원 1985.9.24, 84도2972 전원합의체).

109 항소심이 유기징역형을 선택한 제1심보다 중하게 무기징역형을 선택하였다면 선고한 형이 중하게 변경되지 아니하였더라도 불이익변경금지의 원칙에 반한다.　　　　　　　　　　　　　　　　　　[경찰채용 18] [국가7급 11]

109 (×) '반한다' → '반하지 않는다'(대법원 1999.2.5, 98도4534)

110 제1심판결에 대하여 피고인만이 항소한 사건에서 항소심이 검사의 공소장변경신청을 받아들여 그 변경된 적용법률에 따라 판결을 선고한 경우에는 그 선고된 항소심의 형이 제1심의 그것보다 무겁다고 하더라도 불이익변경금지의 원칙에 위배되지 아니한다.　　　　　　　　　　[국가9급 16]

110 (×) '위배되지 아니한다' → '위배된다'
무겁게 변경된 경우에는 동 원칙에 위배된다(대법원 1999.10.8, 99도3225).

111 피고인이 상고한 상고심으로부터 파기환송받은 항소심이 공소장변경에 의해 새로운 범죄사실을 유죄로 인정하면서 파기된 항소심판결의 형보다 중한 형을 선고하였다면 이 원칙에 반한다.　　　　　　　　[국가7급 11]

111 (○) 대법원 1980.3.25, 79도2105

112 파기환송 또는 파기이송 후의 환송 혹은 이송받은 법원은 다시 계속 심리하는 것이어서 상소심이라고 할 수 없으므로 불이익변경금지원칙이 적용되지 않는다.　　　　　　　　　　　　　　[국가9급 10] [법원9급 10]

112 (×) '적용되지 않는다' → '적용을 받는다'(대법원 1964.9.17, 64도298 전원합의체)

113 환송 후 원심이, 환송 전 원심판결에서 인정한 범죄사실 중 일부를 무죄로 판단하고 나머지 부분만 유죄로 판단하면서 이에 대하여 환송 전 원심판결과 동일한 형을 선고한 것은 불이익변경금지원칙에 위반된다.

113 (×)

해설+ 피고인만의 상고에 의한 상고심에서 원심판결을 파기하고 사건을 항소심에 환송한 경우 불이익변경금지 원칙은 환송 전 원심판결과의 관계에서도 적용되어 환송 후 원심법원은 파기된 환송 전 원심판결보다 중한 형을 선고할 수 없다(대법원 1992.12.8, 92도2020 등). … 위 법률조항의 문언이 '원심판결의 형보다 중한 형'으로의 변경만을 금지하고 있을 뿐이고, 상소심은 원심법원이 형을 정함에 있어서 전제로 삼았던 사정이나 견해에 반드시 구속되는 것이 아닌 점 등에 비추어 보면, 피고인만이 상소한 사건에서 상소심이 원심법원이 인정한 범죄사실의 일부를 무죄로 인정하면서도 피고인에 대하여 원심법원과 동일한 형을 선고하였다고 하여 그것이 불이익변경금지 원칙을 위반하였다고 볼 수 없다(대법원 2003.2.11, 2002도5679).

114 피고인의 상고에 의하여 상고심에서 원심판결을 파기하고 사건을 항소심에 환송한 경우에 그 항소심에서는 환송 전 원심판결과의 관계에서도 불이익변경금지의 원칙이 적용되지만, 환송 후의 원심에서 이루어진 공소장변경에 따라 그 항소심이 새로운 범죄사실을 유죄로 인정하는 경우에는 그러하지 아니한다. [경찰채용 21 1차]

114 (×)

> **해설+** 피고인만의 상고에 의하여 상고심에서 원심판결을 파기하고 사건을 항소심에 환송한 경우에는 환송 전 원심판결과의 관계에서도 불이익변경금지의 원칙이 적용되어 그 파기된 항소심판결보다 중한 형을 선고할 수 없고 환송 후 원심판결이 환송 전 원심판결에서 선고하지 아니한 몰수를 새로이 선고하는 것도 불이익변경금지의 원칙에 위배된다(대법원 1992.12.8, 92도2020).

115 피고인과 검사 쌍방이 항소했으나 법원이 피고인의 항소만을 받아들여 원심판결 전부를 파기하고 피고인의 형량을 다시 정해야 하는 경우에도 불이익변경금지원칙이 적용된다. [국가9급 14]

115 (○) 대법원 1998.9.25, 98도2111

116 피고인과 검사 쌍방이 항소하였으나 검사가 항소부분에 대한 항소이유서를 제출하지 아니하여 결정으로 항소를 기각하여야 하는 경우에는 항소심은 불이익변경금지의 원칙에 따라 제1심판결의 형보다 중한 형을 선고하지 못한다. [경찰채용 14]

116 (○) 대법원 1998.9.25, 98도2111

117 검사와 피고인 쌍방이 항소하였으나 검사의 항소가 항소이유서 미제출로 인하여 기각되더라도 불이익변경금지원칙은 적용되지 않는다. [국가9급 22]

117 (×)

> **해설+** 피고인과 검사 쌍방이 항소하였으나 검사가 항소 부분에 대한 항소이유서를 제출하지 아니하여 결정으로 항소를 기각하여야 하는 경우에는 실질적으로 피고인만이 항소한 경우와 같게 되므로 항소심은 불이익변경금지의 원칙에 따라 제1심판결의 형보다 중한 형을 선고하지 못한다(대법원 1998.9.25, 98도2111).

118 피고인만 항소한 항소심판결에 대해 검사만 상고한 경우 상고심에서도 불이익변경금지의 원칙이 적용된다. [국가9급 18] [국가9급개론 18]

118 (○) 대법원 1957.10.4, 4290형비상1

119 피고인만의 상고에 의하여 상고심에서 원심판결을 파기하고 사건을 항소심에 환송한 경우에 그 항소심에서는 환송 전 원심판결과의 관계에서는 불이익변경금지원칙이 적용되지만, 환송 후 항소심에서 적법한 공소장변경으로 인하여 새로운 범죄사실을 유죄로 인정하는 경우에는 적용되지 않는다.

[경찰간부 18]

119 (×) '적용되지 않는다' → '적용된다'

> **해설+** 이러한 법리는 환송 후의 원심에서 적법한 공소장변경이 있어 이에 따라 그 항소심이 새로운 범죄사실을 유죄로 인정하는 경우에도 마찬가지이다(대법원 2014.8.20, 2014도6472).

120 검사가 피고인의 이익을 위하여 상소한 경우에도 불이익변경금지의 원칙이 적용된다.

[경찰채용 11]

120 (○) 대법원 1971.5.24, 71도574

121 불이익변경금지원칙은 검사가 피고인에게 더 불이익한 재판을 구하기 위하여 상소한 사건에서는 적용되지 않는다.

[법원9급 14]

121 (○) 제368조, 제396조

122 법원이 유죄판결을 선고하면서 신상정보 제출의무 등의 고지를 누락한 잘못이 있더라도 상급심 법원에서 신상정보 제출의무 등을 새로 고지하는 것은 형을 피고인에게 불리하게 변경하는 경우에 해당되지 아니한다.

[경찰경채 23]

122 (○)

> **해설+** 법원이 유죄판결을 선고하면서 고지를 누락한 잘못이 있더라도 그 법원은 적법한 내용으로 다시 신상정보 제출의무를 고지할 수 있고, 상급심 법원도 그 사유로 판결을 파기할 필요 없이 적법한 내용의 신상정보 제출의무 등을 새로 고지함으로써 잘못을 바로잡을 수 있으며, 나아가 상급심 법원에서 이와 같이 신상정보 제출의무 등을 새로 고지하더라도 형을 피고인에게 불리하게 변경하는 경우에 해당되지 아니한다(대법원 2014.12.24, 2014도13529).

123 검사만 상소한 사건이나 검사와 피고인 모두 상소한 사건에 대하여는 불이익변경금지의 원칙이 적용되지 않는다.

[경찰채용 13] [국가7급 08 유사]

123 (○) 대법원 2007.6.28, 2005도7473

124 검사와 피고인 쌍방이 항소한 사건에 대하여는 불이익변경금지의 원칙이 적용되지 않는다.

[국가9급 11]

124 (○) 대법원 1999.10.8, 99도3225

125 피고인과 검사 쌍방이 상소한 결과 검사의 상소가 받아들여져 원심판결 전부가 파기됨으로써 피고인의 형량 전체를 다시 정해야 하는 경우에는 불이익변경금지의 원칙이 적용되지 않는다. [국가7급 10·12] [국가9급 12]

125 (○) 대법원 2008.11.13, 2008도7647

126 피고인과 검사 쌍방이 상소한 결과 검사의 상소가 받아들여져 원심판결 전부가 파기됨으로써 피고인에 대한 형량 전체를 다시 정해야 하는 경우에는 불이익변경금지의 원칙이 적용되지 않지만 사건이 경합범에 해당하는 경우에는 개개 범죄별로 불이익변경의 여부를 판단하여야 한다. [경찰채용 16]

126 (×) '판단하여야 한다' → '판단할 것은 아니다'(대법원 2007.6.28, 2005도7473)

127 검사만이 양형부당을 이유로 항소한 경우에 항소심이 직권으로 심사하여 제1심의 양형보다 가벼운 형을 선고하는 것은 위법하다.
[국가9급 11] [법원9급 11]

> **해설+** 제1심판결을 파기하고 제1심의 양형보다 가벼운 형을 정하여 선고할 수 있다(대법원 2010.12.9, 2008도1092).

127 (×) '위법하다' → '위법하지 않다'

128 검사가 일부 유죄, 일부 무죄로 판단한 제1심판결 전부에 대하여 항소하면서 항소장이나 항소이유서에 구체적인 이유를 기재하지 않고 단순히 '양형부당'이라는 문구만 기재한 경우에도 항소심은 제1심판결의 양형의 부당여부에 관하여 심리·판단할 수 있고, 따라서 제1심판결의 유죄 부분의 형이 너무 가볍다는 이유로 파기하고 그보다 무거운 형을 선고할 수 있다.
[국가7급 23]

> **보충** 일부 유죄, 일부 무죄가 선고된 제1심판결 전부에 대하여 검사가 항소하였더라도 검사가 유죄 부분에 대하여는 아무런 항소이유도 주장하지 아니하였다면 (다른 구체적인 이유의 기재 없이 단순히 항소장의 '항소의 범위'란에 '양형부당'이라는 문구 기재) 유죄 부분에 대하여는 법정기간 내에 항소이유서를 제출하지 아니한 경우에 해당하므로, 가사 제1심의 양형에 잘못이 있더라도 그러한 사유는 형사소송법 제361조의4 제1항 단서의 직권조사사유나 같은 법 제364조 제2항의 직권심판사항에 해당한다고 볼 수 없다(대법원 2008.1.31, 2007도8117).

> **보충** 검사가 제1심 유죄판결 또는 일부 유죄, 일부 무죄로 판단한 제1심판결 전부에 대하여 항소하면서, 항소장이나 항소이유서에 단순히 '양형부당'이라는 문구만 기재하였을 뿐 구체적인 이유를 기재하지 않았다면, 이는 적법한 항소이유의 기재라고 볼 수 없다. 한편 검사가 항소한 경우 양형부당의 사유는 직권조사사유나 직권심판사항에 해당하지도 않는다. 그러므로 위와 같은 경우 항소심은 검사의 항소에 의해서든 직권에 의해서든 제1심판결의 양형이 부당한지 여부에 관하여 심리·판단할 수 없고, 따라서 제1심판결의 유죄 부분의 형이 너무 가볍다는 이유로 파기하고 그보다 무거운 형을 선고하는 것은 허용되지 않는다(대법원 2020.8.27, 2020도8615).

128 (×) 검사가 일부 유죄, 일부 무죄로 판단한 제1심판결 전부에 대하여 항소하면서 항소장이나 항소이유서에 단순히 '양형부당'이라는 문구만 기재하였을 뿐 그 구체적인 이유를 기재하지 아니한 경우, 항소심이 제1심판결의 유죄 부분의 형이 너무 가볍다는 이유로 파기하고 그보다 무거운 형을 선고할 수 없다.

129 피고인이 항소심 계속 중 별건 확정판결의 집행에 의하여 수감 중이었으므로 항소심에서의 미결구금일수가 전혀 없음에도 불구하고 착오로 본형에 잘못 산입한 오류를 판결서의 경정을 통하여 시정하는 경우, '당해 판결서의 명백한 오류에 대하여 판결서의 경정을 통하여 그 오류를 시정'하는 것은 피고인에게 유리 또는 불리한 결과를 발생시키거나 피고인의 상소권 행사에 영향을 미치는 것이 아니므로, 여기에 불이익변경금지원칙이 적용될 여지는 없다.

[법원9급 12 변형]

129 (○) 대법원 2007.7.13, 2007도3448

130 피고인만 항소한 경우 제1심법원이 소송비용의 부담을 명하는 재판을 하지 않았음에도 항소심법원이 제1심의 소송비용에 관하여 피고인에게 부담하도록 재판을 하였다면 불이익변경금지원칙에 위배된다.

[경찰채용 12] [국가9급 21] [변호사 21]

130 (×)

해설+ 형벌이 아니고, 실질적 의미에서 형에 준하여 평가되어야 할 것도 아니므로, 소송비용의 부담을 명하는 재판에 대하여는 불이익변경금지원칙이 적용되지 아니한다(대법원 2001.4.24, 2001도872).

131 소송비용의 부담은 피고인에게 부담을 지우는 것으로 실질적인 의미에서 형에 준하여 평가되어야 하므로 불이익변경금지원칙이 적용된다.

[법원9급 21]

131 (×)

해설+ 「형사소송법」 제186조 제1항은 "형의 선고를 하는 때에는 피고인에게 소송비용의 전부 또는 일부를 부담하게 하여야 한다."고 규정하고 있고, 같은 법 제191조 제1항은 "재판으로 소송절차가 종료되는 경우에 피고인에게 소송비용을 부담하게 하는 때에는 직권으로 재판하여야 한다."고 규정하고 있는바, 소송비용의 부담은 형이 아니고 실질적인 의미에서 형에 준하여 평가되어야 할 것도 아니므로 불이익변경금지원칙의 적용이 없다(대법원 2001.4.24, 2001도872).

132 벌금형의 액수가 같고 벌금형에 대한 환형유치기간이 길어졌다 하더라도, 징역형의 형기가 징역 1년에서 징역 10월로 단축된 경우는 불이익변경금지원칙에 위배된다.

[법원9급 13]

132 (×) '위배된다' → '위배되지 않는다'(대법원 1994.1.11, 93도2894)

133 제1심에서 징역형의 집행유예를 선고한 데 대하여 피고인만이 항소한 경우, 제2심이 징역형의 형기를 단축하여 실형을 선고하는 것은 불이익변경금지의 원칙에 위배된다. [경찰채용 18 1차] [국가9급 17] [법원9급 11]

133 (O) 대법원 1965.12.10, 65도826; 2016.3.24, 2016도1131

134 제1심이 실체적 경합범 관계에 있는 공소사실 중 일부에 대하여 재판을 누락한 경우, 항소심으로서는 당사자의 주장이 없더라도 직권으로 제1심의 누락부분을 파기하고 그 부분에 대하여 재판하여야 하고, 이 경우에는 피고인만이 항소하였더라도 제1심의 형보다 중한 형을 선고할 수 있다. [법원9급 22]

134 (×)

> **해설+** 제1심이 실체적 경합범 관계에 있는 공소사실 중 일부에 대하여 재판을 누락한 경우, 항소심으로서는 당사자의 주장이 없더라도 직권으로 제1심의 누락부분을 파기하고 그 부분에 대하여 재판하여야 하고(재판의 누락부분은 상소심의 직권조사사항임), 다만 피고인만이 항소한 경우라면 불이익변경금지의 원칙상 제1심의 형보다 중한 형을 선고하지 못한다(대법원 2009.2.12, 2008도7848).

135 재심대상사건에서 징역형의 집행유예를 선고하였음에도 재심사건에서 원판결보다 주형을 경하게 하고 집행유예를 없앤 경우, 불이익변경금지원칙에 위배된다. [법원9급 21]

135 (O) 대법원 2016.3.24, 2016도1131

136 집행유예의 판결은 소정 유예기간을 특별한 사유 없이 경과한 때에는 그 형의 선고의 효력이 상실되나 형의 집행면제는 그 형의 집행만을 면제하는 데 불과하므로 집행유예의 판결이 형 집행면제보다 피고인에게 불리한 것이라 할 수 없다. [경찰채용 16]

136 (O) 대법원 1985.9.24, 84도2972 전원합의체

137 집행유예가 동시에 선고된 징역형의 판결에 대해 집행유예기간을 연장하는 판결은 불이익변경금지원칙에 위반된다. [법원9급 10]

137 (O) 대법원 1983.10.11, 83도2034

138 피고인만이 항소한 사건에서 징역형에 집행유예를 붙이면서 징역형의 형 기를 늘리면 불이익변경금지원칙에 위반된다. [국가9급 10]

> **해설+** 집행유예가 붙는 때에는 그 집행유예가 취소·실효되는 경우를 예상하여 불이익변경금지 원칙 위배 여부를 판단하여야 한다(대법원 1966.12.8, 66도1319 전원합의체).

138 (○)

139 제1심에서 징역 6월의 선고를 받고 피고인만이 항소한 사건에서 징역 8월 에 집행유예 2년을 선고한 것은 제1심의 형보다 중하므로 불이익변경의 금 지원칙에 위반된다. [법원9급 11]

139 (○) 대법원 1966.12.8, 66 도1319 전원합의체

140 같은 기간의 금고형을 징역형으로 변경하면서 집행유예를 선고하는 것도 불이익변경에 해당하지 않는다. [경찰채용 11]

> **해설+** 대법원 1976.1.27, 75도1543 판결은, 제1심이 피고인에게 금고 6월을 선고한 데 대하여 피고인만이 항소하였음에도 불구하고 원심이 제1심판결을 파기하고 피고인에 대하여 징역 6월에 집행유예 1년을 선고한 것은 피고인에게 불이익하게 변경되었다고 보아야 한다고 판시한 바 있으나, 이는 형기의 변경 없이 집행유예가 선고된 사정을 전체적·실질적으로 고찰하지 않았다는 점에서 대법원 1998.3.26, 97도1716 전원합의체 판결의 취지에 반하는 것임이 분명하므로, 이미 위 전원 합의체 판결에 의해서 대법원 1967.11.21, 67도1185 판결과 대법원 1993.12.10, 93도2711 판결 등이 폐기될 때 함께 폐기된 것으로 봄이 상당하다(대법원 2013.12.12, 2013도6608).

140 (○)

141 징역형의 집행유예가 벌금형에 비하여 반드시 경한 처벌이라고 할 수 없다. [국가9급 13]

141 (○) 대법원 1966.9.27, 66 도1026

142 두 개의 벌금형을 선고한 환송 전 원심판결에 대하여 피고인만이 상고하여 파기 환송되었는데, 환송 후 원심이 징역형의 집행유예와 사회봉사명령을 선고한 것은 불이익변경금지의 원칙에 위배된다.

[국가7급 12] [국가9급 17·18] [국가9급개론 18]

142 (○) 대법원 2006.5.26, 2005 도8607

143 벌금형의 환형유치기간이 징역형의 기간을 초과한다고 하더라도, 벌금형이 징역형보다 경한 형이라고 보아야 한다. [경찰채용 11] [국가9급 21]

143 (O) 대법원 1980.5.13, 80도765

144 징역 10월에 2년간의 집행유예판결을 1천만 원의 벌금형으로 변경하는 것이 불이익변경금지원칙에 위반된다는 것이 대법원의 판례이다. [법원9급 10]

해설+ 불이익변경금지원칙에 위반되지 아니한다(대법원 1990.9.25, 90도1534).

144 (X) '위반된다' → '위반되지 아니한다'

145 제1심에서 별개의 사건으로 징역 1년에 집행유예 2년과 추징금 1천만 원 및 징역 1년 6월과 추징금 1백만 원의 형을 선고받고 항소한 피고인에 대하여 사건을 병합심리한 후 경합범으로 처단하면서 제1심의 각 형량보다 중한 형인 징역 2년과 추징금 1,100만 원을 선고한 것은 불이익변경금지의 원칙에 어긋나지 아니한다. [경찰채용 14]

145 (O) 불이익변경금지의 원칙에 어긋나지 아니한다(대법원 2001.9.18, 2001도3448).

146 제1심에서 징역 2년에 집행유예 3년 및 5억 원 추징을 선고한 제1심판결에 대하여 피고인만이 항소한 상태에서 항소심이 피고인에게 징역 1년에 집행유예 2년 및 6억 원 추징을 선고하였다면 불이익변경금지원칙에 반하지 않는다. [법원9급 12] [법원9급 23 변형]

146 (O) 불이익변경금지원칙에 반하지 않는다(대법원 1998.5.12, 96도2850).

147 제1심이 뇌물수수죄를 인정하여 피고인에게 징역 1년 6월 및 추징 26,150,000원을 선고한 데 대해 피고인만이 항소하였는데, 항소심이 제1심이 누락한 필요적 벌금형 병과규정을 적용하여 피고인에게 징역 1년 6월에 집행유예 3년, 추징 26,150,000원 및 벌금 50,000,000원(미납 시 1일 50,000원으로 환산한 기간 노역장 유치)을 선고한 것은 피고인에게 불이익하게 변경한 것이 아니다. [법원9급 21]

147 (X) 집행유예의 실효나 취소 가능성, 벌금미납 시 노역장 유치 가능성과 그 기간 등을 전체적·실질적으로 고찰하면 원심이 선고한 형은 제1심이 선고한 형보다 무거워 피고인에게 불이익하다(대법원 2013.12.12, 2012도7198).

148 제1심의 징역형의 선고유예의 판결에 대하여 피고인만이 항소한 경우, 제2심이 벌금형을 선고하는 경우는 불이익변경금지원칙에 위배된다.

[국가9급 16] [법원9급 13]

148 (○) 대법원 1999.11.26, 99도3776

149 선고유예판결에서는 그 판결이유에서 선고형을 정해 놓아야 하고, 그 형이 벌금형일 경우에는 벌금액뿐만 아니라 환형유치처분까지 해 두어야 한다.

[소방간부 23]

149 (○)

해설+ 형법 제59조에 의하여 형의 선고를 유예하는 판결을 할 경우에도 선고가 유예된 형에 대한 판단을 하여야 하므로, 선고유예판결에서도 그 판결이유에서는 선고형을 정해 놓아야 하고 그 형이 벌금형일 경우에는 벌금액뿐만 아니라 환형유치처분까지 해 두어야 한다(대법원 2015.1.29, 2014도15120).

150 벌금액수가 동일하나 벌금을 완납하지 아니할 때의 환형유치기간에 있어서 원심의 그것이 제1심의 그것보다 2.5배나 되는 경우는 불이익변경금지원칙에 위배된다.

[법원9급 13]

150 (○) 벌금형 액수는 같으나 노역장 유치기간이 길어졌다면 불이익변경에 해당한다(대법원 1976.11.23, 76도3161).

151 벌금형이 감경되었어도 그 벌금형에 대한 노역장 유치기간이 더 길어졌다면 형이 불이익하게 변경되었다고 보아야 한다. [국가9급 14] [법원9급 12 유사]

151 (×) '보아야 한다' → '볼 수 없다'(대법원 1977.9.13, 77도2114 전원합의체; 2000.11.24, 2000도3945)

152 주형이 동일하더라도 몰수가 새로 부가되는 경우는 불이익변경금지원칙에 위배된다.

[법원9급 13]

152 (○) 대법원 1992.12.8, 92도2020

153 형벌인 몰수에는 불이익변경금지의 원칙이 적용되지만 추징은 몰수에 대신하는 처분이므로 몰수와 달리 그에 관하여 불이익변경금지의 원칙이 적용되지 않는다.

[경찰채용 12] [국가7급 12] [국가9급 16]

153 (×) '적용되지 않는다' → '적용된다'

해설+ 추징도 몰수에 대신하는 처분으로서 몰수와 마찬가지로 형에 준하여 평가하여야 할 것이므로 그에 관하여도 형사소송법 제368조의 불이익변경금지의 원칙이 적용된다(대법원 2006.11.9, 2006도4888).

154 추징도 몰수에 대신하는 처분으로서 몰수와 마찬가지로 형에 준하여 평가하여야 할 것이므로 그에 관하여도 「형사소송법」 제368조의 불이익변경금지의 원칙이 적용된다. [국가7급 10]

154 (○) 대법원 2006.11.9, 2006도4888

155 추징에 관하여도 불이익변경금지원칙이 적용되므로 피고인만이 항소한 사건에서 추징액을 제1심보다 피고인에게 더 불리하도록 변경할 수 없다. [법원9급 11]

155 (○) 대법원 1977.5.18, 77도541

156 피고인이 항소심 선고 이전에 19세에 도달하여 제1심에서 선고한 부정기형을 파기하고 정기형을 선고함에 있어 불이익변경금지원칙 위반 여부를 판단하는 기준은 부정기형의 장기와 단기의 중간형이 되어야 한다. [국가7급 08] [국가9급 14·21]

156 (○) 대법원 2020.10.22, 2020도4140 전원합의체

157 제1심에서 소년임을 이유로 징역 장기 10년, 단기 5년의 부정기형을 선고한데 대하여 피고인만이 항소한 경우, 항소심이 위 피고인이 항소심에 이르러 성년이 되었음을 이유로 제1심 판결을 파기하고 징역 7년을 선고하였다면 이는 위법하다. [해경승진 23]

157 (×) 중간형기준설에 의하여 항소심에서 선고하는 정기형은 징역 7년 6개월을 초과하지 아니하면 위법하지 아니하다.

해설+ 부정기형은 장기와 단기라는 폭의 형태를 가지는 양형인 반면 정기형은 점의 형태를 가지는 양형이므로 불이익변경금지원칙의 적용과 관련하여 양자 사이의 형의 경중을 단순히 비교할 수 없는 특수한 상황이 발생한다. 결국 피고인이 항소심 선고 이전에 19세에 도달하여 부정기형을 정기형으로 변경해야 할 경우 불이익변경금지원칙에 반하지 않는 정기형을 정하는 것은 부정기형과 실질적으로 동등하다고 평가될 수 있는 정기형이 부정기형의 장기와 단기 사이의 어느 지점에 존재하는지를 특정하는 문제로 귀결된다. 이는 정기형의 상한으로 단순히 부정기형의 장기와 단기 중 어느 하나를 택일적으로 선택하는 문제가 아니라, 단기부터 장기에 이르는 수많은 형 중 어느 정도의 형이 불이익변경금지원칙 위반 여부를 판단하는 기준으로 설정되어야 하는지를 정하는 '정도'의 문제이다. 따라서 부정기형과 실질적으로 동등하다고 평가될 수 있는 정기형을 정할 때에는 형의 장기와 단기가 존재하는 특수성으로 인해 발생하는 요소들, 즉 부정기형이 정기형으로 변경되는 과정에서 피고인의 상소권 행사가 위축될 우려가 있는지 여부, 소년법이 부정기형제도를 채택한 목적과 책임주의원칙이 종합적으로 고려되어야 한다. 이러한 법리를 종합적으로 고려하면, 부정기형과 실질적으로 동등하다고 평가될 수 있는 정기형은 부정기형의 장기와 단기의 정중앙에 해당하는 형(예를 들어 징역 장기 4년, 단기 2년의 부정기형의 경우 징역 3년의 형이다. 이하 '중간형'이라 한다)이라고 봄이 적절하므로, 피고인이 항소심 선고 이전에 19세에 도달하여 제1심에서 선고한 부정기형을 파기하고 정기형을 선고함에 있어 불이익변경금지원칙 위반 여부를 판단하는 기준은 부정기형의 장기와 단기의 중간형이 되어야 한다(대법원 2020.10.22, 2020도4140 전원합의체).

보충 피고인만이 항소한 이 사건에서 피고인에게 원심이 선고한 부정기형의 장기인 6년과 단기인 4년의 중간형인 징역 5년을 초과하는 형을 선고할 수 없다(서울고등법원 2022.2.11, 2021노2010).

158 피고인만이 항소한 사건에서 항소심법원이 제1심판결을 파기하고 새로운 형을 선고함에 있어 피고인에 대한 주형에서 그 형기를 감축하고 제1심판결이 선고하지 아니한 압수장물을 피해자에게 환부하는 선고를 추가하였더라도 그것만으로는 피고인에 대한 형이 제1심판결보다 불이익하게 변경되었다고 할 수 없다. [경찰채용 18] [국가9급 16]

158 (○) 대법원 1990.4.10, 90 도16

159 성폭력범죄의 처벌 등에 관한 특례법에 따라 병과하는 수강명령 또는 이수명령은 이른바 범죄인에 대한 사회 내 처우의 한 유형으로서 형벌 자체가 아니라 보안처분의 성격을 가지는 것이지만, 실질적으로는 신체적 자유를 제한하는 것이 되므로, 항소심이 제1심판결에서 정한 형과 동일한 형을 선고하면서 새로 수강명령 또는 이수명령을 병과하는 것은 피고인에게 불이익하게 변경한 것이다. [법원9급 21]

159 (○) 대법원 2018.10.4, 2016 도15961

160 피고인만이 항소한 사건에서 항소심이 제1심판결을 직권으로 파기하고 다른 형은 동일하게 선고하면서 위치추적 전자장치 부착명령의 기간만을 제1심판결보다 장기의 기간으로 부과한 것은 불이익변경금지의 원칙에 위배된다. [국가9급 17]

160 (○) 대법원 2014.3.27, 2013 도9666,2013전도199

161 아동·청소년 대상 성폭력범죄의 피고인에게 '징역 15년 및 5년 동안의 위치추적 전자장치 부착명령'을 선고한 제1심판결을 파기한 후 '징역 9년, 5년 동안의 공개명령 및 6년 동안의 위치추적 전자장치 부착명령'을 선고한 것은 불이익변경금지의 원칙에 위배된다. [경찰채용 18] [국가7급 12]

161 (×) '위배된다' → '어긋나는 것이라고 할 수 없다'
불이익변경금지의 원칙에 어긋나는 것이라고 할 수 없다(대법원 2011. 4.14, 2010도16939,2010전도159).

162 피고인이 준강제추행 범행으로 벌금형의 약식명령을 발령받고 정식재판을 청구하였는데, 제1심이 약식명령에서 정한 벌금형과 동일한 벌금형을 선고하면서 성폭력 치료프로그램 24시간의 이수명령을 병과하였고 원심이 이를 유지한 경우, 이는 전체적·실질적으로 볼 때 피고인에게 불이익하게 변경한 것이므로 허용되지 않는다. [5급승진 17]

162 (○) 대법원 2015.9.15, 2015 도11362

163 피고인만이 항소한 사건에서 법원이 항소심에서 처음 청구된 검사의 전자장치부착 명령청구에 따라 부착명령을 선고하는 것은 불이익변경금지의 원칙에 위배되지 않는다. [경찰채용 12]

163 (○) 대법원 2010.11.25, 2010도9013, 2010전도60

164 피고인만이 항소한 사건에서 항소심이 제1심과 동일한 형을 선고하면서 제1심에서 정한 취업제한기간보다 더 긴 취업제한명령을 부가한 것은 불이익변경금지원칙에 반한다. [국가7급 20] [법원9급 23 변형]

164 (○) 대법원 2019.10.17, 2019도11540

7 파기판결의 기속력

I 파기판결

🔗 대표유형

파기환송을 받은 법원은 그 파기이유로 한 사실상 및 법률상의 판단에 기속되는 것이지만 그에 따라 판단한 판결에 대하여 다시 상고를 한 경우에 그 상고사건을 재판하는 상고법원은 앞서의 파기이유로 한 판단에 기속되지 않는다. [법원9급 13]

(×) '기속되지 않는다' → '기속된다'(대법원 1983.4.18, 83도383)

165 파기판결의 기속력은 하급심뿐 아니라 파기판결을 한 상급심에도 미친다고 해석된다. [경찰채용 12]

165 (○) 대법원 2008.2.28, 2007도5987

166 파기판결의 기속력은 파기판결을 행한 상고법원에 대하여서는 미치지 아니한다. [국가9급 15]

166 (×) '미치지 아니한다' → '미친다'(대법원 2008.2.28, 2007도5987)

167 환송받은 법원에서 공소사실이 변경된 경우 환송받은 법원은 파기판결이 한 사실판단에 기속될 필요가 없다. [국가9급 15]

167 (○) 대법원 2004.4.9, 2004도340

168 환송받은 법원은 환송 후의 심리과정에서 새로운 증거가 제시되어 기속적 판단의 기초가 된 증거관계에 변동이 생긴 때에는 상고법원이 파기이유로 한 사실상 및 법률상의 판단에 기속되지 않는다. [국가9급 15]

168 (○) 사실관계·법령·판례의 변경이 있으면 구속력이 배제된다.

> **해설+** 상고심으로부터 사건을 환송받은 법원은 그 사건을 재판함에 있어서 상고법원이 파기이유로 한 사실상 및 법률상의 판단에 기속되는 것이지만, 환송 뒤 심리과정에서 새로운 증거가 제출되어 기속적 판단의 기초가 된 증거관계에 변동이 생기는 경우에는 그러하지 아니하다(대법원 2003. 2.26, 2001도1314).

169 상고심으로부터 사건을 환송받은 법원은 그 사건을 재판함에 있어서 상고법원이 파기이유로 한 사실상 및 법률상의 판단에 대하여 환송 후의 심리과정에서 새로운 증거가 제시되어 기속적 판단의 기초가 된 증거관계에 변동이 생기지 않는 한 이에 기속된다. [경찰채용 12]

169 (○) 대법원 2003.2.26, 2001도1314

170 몰수형 부분의 위법을 이유로 원심판결 전부가 파기환송된 경우 환송받은 법원은 환송 전 원심이 피고인의 항소를 기각한 것과 달리 피고인의 양형부당의 항소이유를 받아들여 주형을 변경하여 선고할 수 있다. [국가9급 15]

170 (○) 대법원 2004.9.24, 2003도4781

Ⅱ 항소

🔗 **대표유형**

항소인 또는 변호인은 소송기록접수의 통지를 받은 날로부터 20일 이내에 항소이유서를 항소법원에 제출하여야 하는데, 구치소에 있는 피고인이 그 항소이유서의 제출기간 내에 항소이유서를 구치소장 또는 그 직무를 대리하는 자에게 제출한 때에는 항소이유서의 제출기간 내에 제출한 것으로 간주한다. [법원9급 14]

(○) 항소장의 제출과 관련하여 재소자특칙(제344조)이 적용되는데, 재소자특칙은 항소이유서의 제출(제361조의3 제1항 후단)과 상고이유서의 제출(제379조 제1항 후단)에도 준용된다.

🔗 **대표유형**

피고인에게 소송기록접수통지가 되기 전에 변호인의 선임이 있는 때에는 변호인에게도 소송기록접수통지를 하여야 하고, 변호인의 항소이유서 제출기간은 변호인이 이 통지를 받은 날로부터 계산하여야 할 것이다. [경찰승진 22]

(○)

> **해설+** 형사소송법은 항소법원이 항소인인 피고인에게 소송기록접수통지를 하기 전에 변호인의 선임이 있는 때에는 변호인에게도 소송기록접수통지를 하도록 정하고 있으므로(제361조의2 제2항), 피고인에게 소송기록접수통지를 한 다음에 변호인이 선임된 경우에는 변호인에게 다시 같은 통지를 할 필요가 없다. 이는 필요적 변호사건에서 항소법원이 국선변호인을 선정하고 피고인과 그 변호인에게 소송기록접수통지를 한 다음 피고인이 사선변호인을 선임함에 따라 항소법원이 국선변호인의 선정을 취소한 경우에도 마찬가지이다. 이러한 경우 항소이유서 제출기간은 국선변호인 또는 피고인이 소송기록접수통지를 받은 날부터 계산하여야 한다(대법원 2018.11.22, 2015도10651 전원합의체).

대표유형

필요적 변호사건에서 항소법원이 국선변호인을 선정하고 피고인과 국선변호인에게 소송기록접수통지를 한 다음 피고인이 사선변호인을 선임함에 따라 국선변호인의 선정을 취소한 경우 항소법원은 사선변호인에게 다시 소송기록접수통지를 할 의무가 없다.　[법원9급 21]

(○) 대법원 2018.11.22, 2015도10651 전원합의체

대표유형

필요적 변호사건에서 항소법원이 피고인과 국선변호인에게 소송기록접수통지를 하였으나 피고인과 국선변호인이 항소이유서를 제출하지 않고 있는 사이에 항소이유서 제출기간 내에 피고인이 사선변호인을 선임함에 따라 항소법원이 직권으로 기존 국선변호인 선정결정을 취소하였다면, 특별한 사정이 없는 한 새로 선임된 사선변호인에게 소송기록접수통지를 하여 그 변호인에게 항소이유서 작성·제출을 위한 기간을 보장해 주어야 한다.　[경찰승진 22]

(×)

해설+　형사소송규칙 제156조의2 제3항은 항소이유서 제출기간 내에 피고인이 책임질 수 없는 사유로 국선변호인이 변경되면 그 국선변호인에게도 소송기록접수통지를 하여야 한다고 정하고 있는데, 이 규정을 새로 선임된 사선변호인의 경우까지 확대해서 적용하거나 유추적용할 수는 없다. 결국, 형사소송법이나 그 규칙을 개정하여 명시적인 근거규정을 두지 않는 이상 현행 법규의 해석론으로는 필요적 변호사건에서 항소법원이 국선변호인을 선정하고 피고인과 국선변호인에게 소송기록접수통지를 한 다음 피고인이 사선변호인을 선임함에 따라 국선변호인의 선정을 취소한 경우 항소법원은 사선변호인에게 다시 소송기록접수통지를 할 의무가 없다고 보아야 한다(대법원 2018.11.22, 2015도10651 전원합의체).

보충　위 지문은 위 전원합의체 판결의 반대의견(소수의견)이다.

171　강도상해 혐의로 체포된 甲은 수사과정에서 피해자와 원만히 합의하였음에도 불구하고 강도상해죄로 구속기소되어 2016.4.11. 제1심법원에서 징역 1년 6월을 선고받고 항소하고자 한다. 甲뿐만 아니라 검사도 형의 양정이 부당하다는 이유로 항소할 수 있다.　[국가7급 16]

171 (○) 항소권은 검사와 피고인 모두에게 인정된다.

172　항소법원은 항소이유에 포함된 사유에 관하여 심판하되, 판결에 영향을 미친 사유에 관하여는 항소이유서에 포함되지 아니한 경우에도 직권으로 심판할 수 있다.　[법원9급 14]

172 (○) 제364조 제1항(사후심 가미·당사자주의)·제2항(속심원칙·직권주의) 참조.

173　항소장은 반드시 항소법원에 제출하여야 한다.　[법원9급 08]

173 (×) '항소법원' → '원심법원'

해설+　제359조【항소제기의 방식】항소를 함에는 항소장을 원심법원에 제출하여야 한다.

174 제1심 합의부사건의 판결선고에 불복하여 피고인이 제출한 항소장에 항소법원이 지방법원 항소부로 되어 있다면, 이는 항소의 제기가 법률상의 방식에 위배된 것으로서 제1심법원이 항소기각결정을 하여야 한다. [법원승진 12]

> **해설+** 단순한 오기로 취급하여 그 표시에 관계없이 정당한 『관할권 있는 항소법원으로 기록을 송부』한다(법원실무제요). 제357조 참조.

174 (×) '항소기각결정을' → '관할권 있는 항소법원으로 기록을 송부'

175 교도소 또는 구치소에 있는 피고인이 상소기간 내에 상소장을 교도소장, 구치소장 또는 그 직무대리자에게 제출한 때에는 상소기간 내에 상소한 것으로 본다. [법원9급 08]

175 (○) 제344조 제1항 참조.

176 항소를 함에는 항소장을 원심법원에 제출하여야 하나, 원심법원의 허가를 받아 원심법원을 경유하지 아니하고 곧바로 항소법원에 제출할 수 있다. [법원9급 14]

> **해설+** 제359조 【항소제기의 방식】 항소를 함에는 항소장을 원심법원에 제출하여야 한다.

176 (×) '하나' → '한다', '원심법원의 허가를 받아 원심법원을 경유하지 아니하고 곧바로 항소법원에 제출할 수 있다.' → 삭제

177 항소제기기간은 7일이다. [법원9급 11]

177 (○) 제358조 참조.

178 항소의 제기기간은 7일이며, 그 기산일은 제1심판결 선고일의 다음 날이고, 기간의 말일이 공휴일에 해당하는 날은 기간에 산입하지 아니한다. [법원승진 08]

178 (○) 제358조, 제343조 제2항, 제66조 제1항·제3항 참조.

179 항소기간은 판결선고일로부터 10일이다. [법원9급 08]

179 (×) '10일' → '7일' 제358조, 제343조 제2항

180 항소기간 중 피고인의 구속이나 보석, 구속집행정지결정은 소송기록이 항소법원에 도달하기까지는 제1심법원이 이를 하여야 한다. [법원승진 12]

180 (○) 법 제105조, 규칙 제57조 참조.

181 항소의 제기가 법률상의 방식에 위반하거나 항소권 소멸 후인 것이 명백한 때에는 원심법원은 결정으로 항소를 기각하여야 한다. [경찰채용 12]

181 (○) 제360조 제1항

182 항소권 소멸 후인 것이 명백하여 원심법원이 결정으로 항소를 기각한 때에도 즉시항고를 할 수 있고, 즉시항고의 제기기간은 7일이다. [법원9급 11 변형]

182 (○) 제360조 제1항·제2항, 제405조 참조.

183 항소기각결정에 대하여는 즉시항고를 할 수 없다. [경찰채용 12]

해설+ 제360조 【원심법원의 항소기각결정】 ② 전항의 결정에 대하여는 즉시항고를 할 수 있다.

183 (×) '없다' → '있다'

184 항소제기기간은 7일이고, 항소장은 원심법원에 제출되어야 하며, 원심법원은 항소장을 받은 날부터 14일 이내에 소송기록과 증거물을 항소법원에 송부하여야 한다. [법원9급 12]

184 (○) 제358조, 제359조, 제361조 참조.

185 원심법원은 항소장을 받은 날로부터 14일 이내에 소송기록과 증거물을 원심법원에 대응하는 검찰청에 송부하여야 한다. [국가7급 11]

185 (×) '검찰청' → '항소법원'(제361조)

186 상소의 이익이 있는 당사자 여러 명이 적법하게 항소를 제기한 경우에는 최후의 항소장이 제출된 날로부터 2주일 내에 기록을 항소법원으로 송부하여야 하고, 당사자 본인 및 그를 위하여 상소를 제기할 수 있는 자가 따로따로 상소를 제기한 경우에는 먼저 상소장이 제출된 날로부터 위 기간을 기산한다. [법원승진 12]

186 (○) (채용시험에서는 참고만 할 것) 상소기록의 작성·송부 및 반송 등에 관한 예규 제6조 제1호 참조.

187 원칙적으로 원심법원은 항소장을 받은 날로부터 14일 이내에 소송기록과 증거물을 항소법원에 송부하여야 하고, 항소법원은 기록을 송부받은 즉시 항소인과 상대방에게 그 사유를 통지하여야 하며, 통지하지 아니하여 항소인이 항소이유서를 제출하지 못한 상태에서 항소기각의 판결 혹은 결정을 한 경우는 상고이유에 해당한다.
[법원승진 08]

187 (○) 제361조, 제361조의2 제1항, 제361조의3 제1항 참조.

188 항소법원이 기록의 송부를 받은 때에는 즉시 항소인에게 그 사유를 통지하여야 하나, 상대방에게까지 그 사유를 통지하여야 하는 것은 아니다.
[경찰채용 12]

188 (×) '하는 것은 아니다' → '한다'

해설+ 제361조의2【소송기록접수와 통지】① 항소법원이 기록의 송부를 받은 때에는 즉시 항소인과 상대방에게 그 사유를 통지하여야 한다.

189 항소법원이 피고인에게 소송기록접수통지를 함에 있어 2회에 걸쳐 그 통지서를 송달한 경우, 항소이유서 제출기간의 기산일은 최후 송달의 효력이 발생한 날의 다음 날부터이다.
[국가7급 14]

189 (×) '최후' → '최초'
최초 송달의 효력이 발생한 날의 다음 날부터라고 보아야 한다(대법원 2010.5.27, 2010도3377).

190 피고인에게 소송기록접수통지가 되기 전에 사선변호인이 선임된 경우에는 사선변호인에게도 소송기록접수통지를 하여야 하고, 피고인에게 소송기록접수통지가 된 후에 사선변호인이 선임된 경우에는 사선변호인에게 별도로 소송기록접수통지를 하지 않는다.
[법원9급 17]

190 (○) 대법원 2011.5.13, 2010모1741

191 필요적 변호사건에서 법원이 정당한 이유 없이 국선변호인을 선정하지 않고 있는 사이에 피고인 스스로 사선변호인을 선임하였으나 이미 피고인에 대한 항소이유서 제출기간이 도과한 경우에도 법원은 그 사선변호인에게 소송기록접수통지를 해야 한다.
[법원9급 17]

191 (○) 대법원 2009.2.12, 2008도11486

192 항소이유서 제출기간 도과 전 피고인의 청구에 따라 선정된 국선변호인에게 항소법원이 소송기록접수통지를 하지 아니한 채 항소이유서 미제출을 이유로 피고인의 항소를 기각하는 결정을 하고 검사의 항소이유만을 판단하여 판결을 선고하여도 위법한 것은 아니다. [국가7급 12] [법원승진 12]

192 (×) '위법한 것은 아니다' → '위법하다'
국선변호인에게 반드시 접수통지를 하여야 한다(대법원 2011.2.10, 2008도4558).

193 국선변호인 선정 이후 변호인이 없는 다른 사건이 병합된 경우 병합된 사건에 관하여는 그 국선변호인에게 소송기록접수통지를 하지 아니한다. [법원9급 17]

> **해설+** 국선변호인에게 병합된 사건에 관한 소송기록접수통지를 하여야 한다(대법원 2015.4.23, 2015도2046).

193 (×) '하지 아니한다' → '하여야 한다'

194 항소법원이 국선변호인에게 원래의 사건에 대하여 소송기록접수통지를 하였다면 병합된 사건에 관하여 국선변호인에게 소송기록접수통지를 하지 아니하였더라도 위법하다고 할 수 없다. [법원승진 12]

194 (×) '위법하다고 할 수 없다' → '위법하다'(대법원 2010.5.27, 2010도3377)

195 「형사소송규칙」은 항소이유서 제출기간 내에 피고인이 책임질 수 없는 사유로 국선변호인이 변경되면 그 국선변호인에게도 소송기록접수통지를 하여야 한다고 정하고 있는데, 이 규정을 새로 선임된 사선변호인의 경우까지 확대해서 적용하거나 유추적용할 수는 없다. [국가7급 22]

> **해설+** 형사소송규칙 제156조의2 제3항은 항소이유서 제출기간 내에 피고인이 책임질 수 없는 사유로 국선변호인이 변경되면 그 국선변호인에게도 소송기록접수통지를 하여야 한다고 정하고 있는데, 이 규정을 새로 선임된 사선변호인의 경우까지 확대해서 적용하거나 유추적용할 수는 없다(대법원 2018.11.22, 2015도10651 전원합의체).

195 (○)

196 필요적 변호사건에서 항소법원이 국선변호인을 선정하고 피고인과 그 변호인에게 소송기록접수통지를 한 다음 피고인이 사선변호인을 선임함에 따라 항소법원이 국선변호인의 선정을 취소한 경우, 항소이유서 제출기간은 국선변호인의 선정취소를 한 날부터 계산하여야 한다. [경찰채용 18 2차]

196 (×)

> **해설+** 형사소송법은 항소법원이 항소인인 피고인에게 소송기록접수통지를 하기 전에 변호인의 선임이 있는 때에는 변호인에게도 소송기록접수통지를 하도록 정하고 있으므로(제361조의2 제2항), 피고인에게 소송기록접수통지를 한 다음에 변호인이 선임된 경우에는 변호인에게 다시 같은 통지를 할 필요가 없다. 이는 필요적 변호사건에서 항소법원이 국선변호인을 선정하고 피고인과 그 변호인에게 소송기록접수통지를 한 다음 피고인이 사선변호인을 선임함에 따라 항소법원이 국선변호인의 선정을 취소한 경우에도 마찬가지이다. 이러한 경우 항소이유서 제출기간은 국선변호인 또는 피고인이 소송기록접수통지를 받은 날부터 계산하여야 한다(대법원 2018.11.22, 2015도10651 전원합의체).

197 필요적 변호사건에서 국선변호인의 교체가 피고인의 귀책사유에 의하지 아니한 사정으로 이루어진 경우, 항소이유서 제출기간은 새로이 선정된 변호인이 소송기록접수통지를 받은 날부터 20일 이내이다. [소방간부 23]

197 (○)

> **해설+** 국선변호인의 교체가 피고인의 귀책사유에 의하지 아니한 사정으로 이루어진 경우에는 법원은 형사소송규칙 제156조의2 규정을 적용하여 새로이 선정된 국선변호인에게 소송기록접수통지를 하여야 하고, 그 경우 항소이유서 제출기간은 새로이 선정된 변호인이 소송기록접수통지를 받은 날로부터 20일 이내라 할 것이다(대법원 2006.3.9, 2005모304).

198 항소인 또는 변호인은 소송기록접수통지를 받은 날로부터 20일 이내에 항소이유서를 항소법원에 제출하여야 한다. [법원9급 11]

198 (○) 제361조의2 제1항·제2항, 제361조의3 제1항 참조.

199 관공서의 공휴일에 관한 규정 제2조 제11호에 따라 정부에서 수시로 지정하는 임시공휴일은 형사소송법 제66조 제3항에서 정한 공휴일에 해당하지 않으므로 항소이유서 제출기간의 말일이 임시공휴일이더라도 피고인이 그 날까지 항소이유서를 제출하지 아니하였다면 항소이유서가 제출기간 내에 적법하게 제출되었다고 볼 수 없다. [법원9급 22]

해설+ 형사소송법 제361조의2와 제361조의3 제1항에 의하면, 항소법원이 기록의 송부를 받은 때에는 즉시 항소인과 그 상대방에게 통지하여야 하고, 이 통지 전에 변호인의 선임이 있는 때에는 변호인에게도 통지를 하여야 하며, 항소인 또는 변호인은 이 통지를 받은 날로부터 20일 이내에 항소이유서를 제출하도록 되어 있다. 그리고 같은 법 제66조 제3항에 의하면, 시효와 구속의 기간을 제외하고는 기간의 말일이 공휴일 또는 토요일에 해당하는 날은 항소이유서 제출기간에 산입하지 아니하도록 되어 있다. 이때 기간의 말일이 공휴일인지 여부는 '공휴일'에 관하여 규정하고 있는 '관공서의 공휴일에 관한 규정' 제2조 각 호에 해당하는지에 따라 결정되고, 같은 조 제11호가 정한 '기타 정부에서 수시 지정하는 날'인 임시공휴일 역시 공휴일에 해당한다(대법원 2021.1.14, 2020모3694).

보충 피고인이 제1심판결에 대해 항소를 제기하여 2020.7.27. 원심으로부터 소송기록접수통지서를 송달받고 2020.8.18. 항소이유서를 제출하였는데, 원심이 국선변호인을 선정하거나 피고인이 사선변호인을 선임한 바는 없으며, 정부는 2020.7.경 국무회의의 심의·의결, 대통령의 재가 및 관보 게재를 통해 2020.8.17.을 임시공휴일로 지정한 경우, 피고인이 소송기록접수통지를 받은 2020.7.27.부터 계산한 항소이유서 제출기간의 말일인 2020.8.16.은 일요일이고, 다음 날인 2020.8.17. 역시 임시공휴일로서 위 기간에 산입되지 아니하여 그 다음 날인 2020.8.18.이 위 기간의 말일이 되므로, 2020.8.18. 제출된 피고인의 항소이유서는 제출기간 내에 적법하게 제출된 것이다. 이와 달리 보아 피고인의 항소를 기각한 원심결정에는 항소이유서 제출기간에 관한 법리오해의 잘못이 있다(위 판례).

200 이미 항소이유서를 제출하였더라도 항소이유를 추가·변경·철회할 수 있으므로, 항소이유서 제출기간의 경과를 기다리지 않고는 항소사건을 심판할 수 없다고 보아야 한다. [경찰승진 22]

200 (○) 대법원 2018.4.12, 2017도13748

201 항소이유서는 적법한 기간 내에 항소법원에 도달하면 되는 것으로 그 도달은 항소법원의 지배권 안에 들어가 사회통념상 일반적으로 알 수 있는 상태에 있으면 되고 나아가 항소법원의 내부적인 업무처리에 따른 문서의 접수, 결재과정 등을 필요로 하는 것은 아니다. [법원9급 12]

201 (○) 대법원 1997.4.25, 96도3325

202 항소한 피고인이 교도소 또는 구치소에 있는 경우에는 원심법원에 대응한 검찰청검사는 항소법원으로부터 그 사유를 통지받은 날부터 14일 이내에 피고인을 항소법원소재지의 교도소 또는 구치소로 이송하여야 한다.

[경찰승진 23]

202 (O) 제361조의2 제2항·제3항 참조.

해설+ 제361조의2【소송기록접수와 통지】① 항소법원이 기록의 송부를 받은 때에는 즉시 항소인과 상대방에게 그 사유를 통지하여야 한다.
③ 피고인이 교도소 또는 구치소에 있는 경우에는 원심법원에 대응한 검찰청검사는 제1항의 통지를 받은 날부터 14일 이내에 피고인을 항소법원소재지의 교도소 또는 구치소에 이송하여야 한다.

203 피고인이 항소이유서 제출기간 내에 수감 중인 구치소장 등에게 항소이유서를 제출하였더라도 항소이유서 제출기간이 도과된 후에 항소이유서가 법원에 전달되었다면, 항소이유서 제출기간이 준수된 것으로 볼 수 없다.

[법원9급 12]

203 (×) '없다' → '있다'
항소이유서에 대하여도 재소자특칙이 준용된다(제361조의3 제1항 후단).

204 「형사소송법」 제361조의3, 제364조 등의 규정에 의하면 항소심은 피고인 또는 변호인이 법정기간 내에 제출한 항소이유서에 의하여 심판하는 것이므로 항소이유서 제출기간의 경과를 기다리지 아니하고는 항소사건을 심판할 수 없다고 할 것이다.

[변호사 16]

204 (O) 대법원 2015.12.24, 2015도17051; 2014.8.28, 2014도4496

205 피고인이 빈곤 그 밖의 사유로 변호인을 선임할 수 없어 「형사소송법」 제33조 제2항의 규정에 따른 국선변호인 선정청구를 하였으나 그에 관한 결정을 하지 않고 있는 사이에 피고인 스스로 변호인을 선임하였으나 그때는 이미 피고인에 대한 항소이유서 제출기간이 도과해버린 후이어서 그 사선변호인이 피고인을 위하여 항소이유서를 작성·제출할 시간적 여유가 없는 경우에는, 법원은 사선변호인에게 소송기록접수 통지를 함으로써 그 사선변호인이 통지를 받은 날로부터 기산하여 소정의 기간 내에 피고인을 위하여 항소이유서를 작성·제출할 수 있는 기회를 주어야 한다.

[법원9급 12]

205 (O) 대법원 2014.8.28, 2014도4496

206 피고인과 국선변호인이 모두 법정기간 내에 항소이유서를 제출하지 않았다고 하더라도 국선변호인이 항소이유서를 제출하지 않은 데 대해 피고인에게 귀책사유가 있음이 특별히 밝혀지지 않는 한, 항소법원은 종전 국선변호인의 선정을 취소하고 새로운 국선변호인을 선정해 다시 소송기록접수통지를 함으로써 새로운 국선변호인으로 하여금 그 통지를 받은 때로부터 「형사소송법」상 기간 내에 피고인을 위해 항소이유서를 제출하도록 해야 한다. [법원9급 18] [법원승진 12]

206 (○) 대법원 2012.2.16, 2009모1044

207 항소한 검사에게 소송기록접수통지를 하지 않고 원심에 대응하는 고등검찰청 검사에게 그 접수통지를 보내었다 하더라도 검사동일체의 원칙에 따라 그 통지는 적법하다. [법원승진 12]

207 (○) 제62조. 대법원 1966. 12.27, 66도1488

208 항소인이나 변호인이 항소이유서에 항소이유를 특정하여 구체적으로 명시하지 아니하였다고 하더라도 항소이유서가 법정기간 내에 적법하게 제출된 경우에는 결정으로 항소를 기각할 수 없다. [법원9급 22]

> **보충** 비록 검사가 제출한 항소이유서에는 적법한 항소이유가 기재되어 있지 않다고 하더라도 위 항소이유서가 법정의 기간 내에 적법하게 제출된 이상, 이를 항소이유서가 법정의 기간 내에 제출되지 아니한 것과 같이 보아 형사소송법 제361조의4 제1항에 의하여 결정으로 항소를 기각할 수는 없다고 할 것이다. 그럼에도 불구하고, 원심은 검사가 항소이유를 특정하여 구체적으로 명시하지 아니하여 부적법하게 된 위 항소이유서를 법정의 기간 내에 제출하였다고 하더라도 이는 항소이유서가 법정의 기간 내에 제출되지 아니한 경우에 해당하여 형사소송법 제361조의4 제1항에 의하여 항소를 기각할 수 있다고 보아 검사의 항소를 결정으로 기각하고 말았는바, 앞서 본 법리에 비추어 보면 이러한 원심의 결정은 형사소송법 제361조의4 제1항에 관한 법리를 오해하여 재판의 결과에 영향을 끼친 위법이 있음이 분명하므로, 원심결정은 더 이상 유지될 수 없게 되었다(동 판례).

> **보충** 제361조의4【항소기각의 결정】① 항소인이나 변호인이 전조 제1항의 기간 내에 항소이유서를 제출하지 아니한 때에는 결정으로 항소를 기각하여야 한다. 단, 직권조사사유가 있거나 항소장에 항소이유의 기재가 있는 때에는 예외로 한다.
> ② 전항의 결정에 대하여는 즉시항고를 할 수 있다

> **참고** [검사가 제출한 항소이유서에 적법한 항소이유가 기재되어 있지 않다는 의미] 제1심 무죄판결에 대한 검사의 이 사건 항소장에는 '항소의 이유'란에 '사실오인 및 법리오해'라는 문구만 기재되어 있을 뿐 다른 구체적인 항소이유가 명시되어 있지 않음을 알 수 있는바, 위와 같은 항소장의 기재는 적법한 항소이유의 기재에 해당하지 않는다고 봄이 상당하고(대법원 2003.12.12, 2003도2219), 또한 검사가 항소이유서 제출기간 내 제출한 항소이유서에는 제1심판결에 대하여 불복하는 사유로서 형사소송법 제361조의5 소정의 항소이유를 구체적으로 명시한 바가 전혀 없고 단지 항소심에서 공소장변경을 한다는 취지와 변경된 공소사실에 대하여 유죄의 증명이 충분하다는 취지의 주장만 하고 있을 뿐이므로, 이를 적법한 항소이유의 기재라고 볼 수 없다(동 판례).

> **정리** ㉠ 검사의 '사실오인 및 법리오해'라는 항소이유: 적법한 항소이유의 기재 ×, ㉡ 검사가 제출한 항소이유서에 적법한 항소이유가 기재되어 있지 않은 경우: 항소이유서는 제출된 것이므로 항소기각결정 不可

208 (○) 형사소송법 제361조의4 제1항은 항소인이나 변호인이 같은 법 제361조의3 제1항의 기간 내에 항소이유서를 제출하지 아니한 때에는 직권조사사유가 있거나 항소장에 항소이유의 기재가 있는 경우를 제외하고 결정으로 항소를 기각하여야 한다고 규정하고 있으므로, 항소인이나 변호인이 항소이유서에 항소이유를 특정하여 구체적으로 명시하지 아니하였다고 하더라도 항소이유서가 법정의 기간 내에 적법하게 제출된 경우에는 이를 항소이유서가 법정의 기간 내에 제출되지 아니한 것과 같이 보아 형사소송법 제361조의4 제1항에 의하여 결정으로 항소를 기각할 수는 없다(대법원 2006.3.30, 2005모564).

209 항소인 또는 변호인이 법정기간 내에 항소이유서를 제출하였으나 항소이유를 특정하여 구체적으로 명시하지 아니한 경우, 기간 내에 항소이유서가 제출되지 않은 것으로 보아야 하므로 항소법원은 결정으로 항소를 기각하여야 한다. [국가7급 14]

209 (×) '기각하여야 한다' → '기각할 수는 없다'
「형사소송법」제361조의4 제1항에 의하여 결정으로 항소를 기각할 수는 없다(대법원 2006.3.30, 2005모564).

210 검사가 일부유죄, 일부무죄로 판단한 제1심판결 전부에 대하여 항소하면서 항소장이나 항소이유서에 단순히 '양형부당'이라는 문구만 기재하였을 뿐 그 구체적인 이유를 기재하지 않았다면 항소심은 제1심판결의 유죄부분의 형이 너무 가볍다는 이유로 파기하고 그보다 무거운 형을 선고할 수 없다. [법원9급 22]

210 (○)

해설+ 형사소송법 제361조의5 제15호가 "형의 양정이 부당하다고 인정할 사유가 있는 때"를 항소이유로 규정하고 있고, 형사소송규칙 제155조가 "항소이유서 또는 답변서에는 항소이유 또는 답변내용을 구체적으로 간결하게 명시하여야 한다"고 규정하고 있는 점 등에 비추어, 다른 구체적인 이유의 기재 없이 단순히 항소장의 '항소의 범위'란에 '양형부당'이라는 문구가 기재되어 있다고 하여 이를 적법한 항소이유의 기재라고 볼 수는 없다. … 일부유죄, 일부무죄가 선고된 제1심판결 전부에 대하여 검사가 항소하였더라도 검사가 유죄부분에 대하여는 아무런 항소이유도 주장하지 아니하였다면 유죄부분에 대하여는 법정기간 내에 항소이유서를 제출하지 아니한 경우에 해당하므로, 가사 제1심의 양형에 잘못이 있더라도 그러한 사유는 형사소송법 제361조의4 제1항 단서의 직권조사사유나 같은 법 제364조 제2항의 직권심판사항에 해당한다고 볼 수 없다(대법원 2008.1.31, 2007도8117).

211 법원은 즉결심판절차에 의하여 심판하는 경우에도 양형기준을 벗어난 판결을 할 때에는 당해 양형을 하게 된 사유를 합리적이고 설득력 있게 표현하는 방식으로 이유를 기재하여야 한다. [국가7급 22]

211 (×) 양형기준을 벗어난 판결 시 판결서 양형이유 기재의무는 약식명령과 즉결심판에는 적용되지 아니한다. 법원조직법 제81조의7 제2항 참조.

해설+ 법원조직법 제81조의7【양형기준의 효력 등】② 법원이 양형기준을 벗어난 판결을 하는 경우에는 판결서에 양형의 이유를 적어야 한다. 다만, 약식절차 또는 즉결심판절차에 따라 심판하는 경우에는 그러하지 아니하다.

212 피고인이 항소이유서에 '위 사건에 대한 원심판결은 도저히 납득할 수 없는 억울한 판결이므로 항소를 한 것입니다.'라고 기재한 경우 항소심으로서는 이를 제1심판결에 사실의 오인이 있거나 양형부당의 위법이 있다는 항소이유를 기재한 것으로 선해하여 그 항소이유에 대하여 심리를 하여야 한다. [법원9급 12]

212 (○) 대법원 2002.12.3, 2002모265

213 강도상해 혐의로 체포된 甲은 수사과정에서 피해자와 원만히 합의하였음에도 불구하고 강도상해죄로 구속기소되어 2016.4.11. 제1심법원에서 징역 1년 6월을 선고받고 항소하고자 한다. 甲이 제출한 항소이유서에 "위 사건에 대한 원심판결은 도저히 납득할 수 없는 억울한 판결이므로 항소를 한 것입니다."라고만 기재되어 있다면, 항소심이 이를 제1심판결에 사실오인 또는 양형부당의 위법이 있다는 항소이유를 기재한 것으로 선해하여 그에 대해 심리하는 것은 허용되지 않는다. [국가7급 16]

213 (×) '허용되지 않는다' → '허용된다'
그 항소이유에 대하여 심리를 하여야 한다(대법원 2002.12.3, 2002모265).

214 항소인 또는 변호인이 항소이유서에 추상적으로 제1심판결이 부당하다고만 기재함으로써 항소이유를 특정하여 구체적으로 명시하지 아니하였다고 하더라도 항소이유서가 법정의 기간 내에 적법하게 제출된 경우에는 이를 항소이유서가 법정의 기간 내에 제출되지 아니한 것과 같이 보아 형사소송법 제361조의4 제1항에 의하여 결정으로 항소를 기각할 수는 없다. [경찰승진 22]

214 (○) 대법원 2002.12.3, 2002모265

215 항소이유서의 제출을 받은 항소법원은 지체 없이 그 부본 또는 등본을 상대방에게 송달하여야 한다. [경찰채용 12]

215 (○) 제361조의3 제2항

216 항소이유서 부본 또는 등본을 송달받은 상대방은 송달을 받은 날로부터 20일 이내에 답변서를 항소법원에 제출하여야 한다. [경찰채용 12]

216 (×) '20일' → '10일'(제361조의3 제3항)

217 상대방은 항소이유서 부본 또는 등본을 송달받은 날로부터 10일 이내에 답변서를 항소법원에 제출하여야 한다. [법원9급 15]

217 (○) 제361조의3 제3항 참조.

218 피고인이 항소심 제1회 공판기일에 정당한 사유 없이 출정하지 아니한 때에는 피고인의 진술 없이 판결을 할 수 있다. [법원9급 11]

218 (×) '있다' → '없다'
2회 연속으로 불출석하여야 한다.
제365조 제1항·제2항 참조.

219 피고인이 사망한 때에는 항소법원은 공판절차를 거칠 필요 없이 결정으로 공소를 기각하여야 한다. [법원9급 14]

219 (○) 제363조 제1항, 제328조 제1항 참조.

220 피고인이나 변호인이 항소이유서에 포함시키지 아니한 사항을 항소심 공판정에서 진술한 경우, 그 진술에 포함된 주장과 같은 항소이유가 있다고 볼 수 없다. [국가7급 14]

220 (○) 대법원 2014.7.10, 2014도5503

221 제1심법원에서 이미 증거능력이 있었던 증거는 항소심에서도 증거능력이 그대로 유지되어 심판의 기초가 될 수 있고, 다시 증거조사를 할 필요가 없다. [국가7급 20]

221 (○)

해설+ 피고인이 제1심법원에서 공소사실에 대하여 자백하여 제1심법원이 이에 대하여 간이공판절차에 의하여 심판할 것을 결정하고, 이에 따라 제1심법원이 제1심판결 명시의 증거들을 증거로 함에 피고인 또는 변호인의 이의가 없어 형사소송법 제318조의3의 규정에 따라 증거능력이 있다고 보고, 상당하다고 인정하는 방법으로 증거조사를 한 이상, 가사 항소심에 이르러 범행을 부인하였다고 하더라도 제1심법원에서 증거로 할 수 있었던 증거는 항소법원에서도 증거로 할 수 있는 것이므로 제1심법원에서 이미 증거능력이 있었던 증거는 항소심에서도 증거능력이 그대로 유지되어 심판의 기초가 될 수 있고 다시 증거조사를 할 필요가 없다(대법원 1998.2.27, 97도3421).

222 제1심법원에서 증거로 할 수 있었던 증거는 항소법원에서도 증거로 할 수 있으므로 제1심법원에서 이미 증거능력이 있었던 증거는 항소심에서도 증거능력이 그대로 유지되나, 항소심에서 피고인이 범행을 부인하는 경우 그것을 심판의 기초로 하기 위해서는 다시 증거조사를 하여야 한다. [경찰채용 21 2차]

222 (×)

해설+ 가사 항소심에 이르러 범행을 부인하였다고 하더라도 제1심법원에서 증거로 할 수 있었던 증거는 항소법원에서도 증거로 할 수 있는 것이므로 제1심법원에서 이미 증거능력이 있었던 증거는 항소심에서도 증거능력이 그대로 유지되어 심판의 기초가 될 수 있고 다시 증거조사를 할 필요가 없다(대법원 1998.2.27, 97도3421; 2005.3.11, 2004도8313).

223 제1심 법원에서 이미 증거능력이 있었던 증거는 항소심에서도 증거능력이 그대로 유지되어 심판의 기초가 될 수 있고, 다시 증거조사를 할 필요가 없으므로, 항소심법원의 재판장은 증거조사절차에 들어가기에 앞서 제1심의 증거관계와 증거조사결과의 요지를 고지할 필요가 없다. [변호사 21]

223 (×)

> **해설+** 형사소송법 제364조 제3항은 "제1심법원에서 증거로 할 수 있었던 증거는 항소법원에서도 증거로 할 수 있다."라고 정하고 있다. 따라서 제1심법원에서 이미 증거능력이 있었던 증거는 항소심에서도 증거능력이 그대로 유지되어 심판의 기초가 될 수 있고, 다시 증거조사를 할 필요가 없다. 다만 항소법원의 재판장은 증거조사 절차에 들어가기에 앞서 제1심의 증거관계와 증거조사 결과의 요지를 고지하여야 한다(대법원 2018.8.1, 2018도8651).

224 검사 또는 변호인은 항소심의 증거조사가 종료한 후 항소이유의 당부를 판단함에 필요한 사항에 한하여 피고인을 신문할 수 있다. [법원9급 21]

224 (○) 규칙 제156조의6 제1항

225 피고인이 상소를 제기하였다가 그 상소를 취하한 경우, '상소제기 후 상소취하한 때까지의 구금일수 전부'를 본형에 산입할 필요는 없다. [국가7급 12]

225 (×) '산입할 필요는 없다' → '산입하여야 한다'
미결구금일수는 전부 산입한다(대법원 2010.4.16, 2010모179).

226 항소심으로서는 특별한 사정이 없는 한 제1심 증인이 한 진술의 신빙성 유무에 대한 제1심의 판단이 항소심의 판단과 다르다는 이유만으로 이에 대한 제1심의 판단을 함부로 뒤집어서는 안 된다. [법원9급 22]

226 (○) 대법원 2008.1.31, 2007도10869

227 항소심에서 제1심 형량이 적절하다고 판단하여 항소기각의 판결을 선고하는 경우 양형의 조건이 되는 사유는 판결에 일일이 명시하지 아니하여도 위법이 아니다. [국가9급 15]

227 (○) 대법원 1994.12.13, 94도2584

228 항소심이 양형부당을 이유로 제1심판결을 파기하는 경우, 항소심의 판단에 근거가 된 양형자료와 그에 관한 판단내용이 모순 없이 설시되어 있더라도 양형의 조건이 되는 사유에 관하여 일일이 명시하지 않았다면 법령위반에 해당한다. [국가7급 23]

228 (×)

> **해설+** 항소심이 자신의 양형판단과 일치하지 아니한다고 하여 양형부당을 이유로 제1심판결을 파기하는 것이 바람직하지 아니한 점이 있다고 하더라도 이를 두고 양형심리 및 양형판단 방법이 위법하다고까지 할 수는 없다. 그리고 원심의 판단에 근거가 된 양형자료와 그에 관한 판단내용이 모순 없이 설시되어 있는 경우에는 양형의 조건이 되는 사유에 관하여 일일이 명시하지 아니하여도 위법하다고 할 수 없다(대법원 2015.7.23, 2015도3260 전원합의체).

229 검사와 피고인 양쪽이 상소를 제기한 경우, 어느 일방의 상소는 이유 없으나 다른 일방의 상소가 이유 있어 원판결을 파기하고 다시 판결하는 때에는 이유 없는 상소에 대해서는 판결이유 중에서 그 이유가 없다는 점을 적으면 충분하고 주문에서 그 상소를 기각해야 하는 것은 아니다. [변호사 21]

229 (○) 대법원 2020.6.25, 2019도17995

230 검사와 피고인 양쪽이 상소를 제기한 경우, 어느 일방의 상소는 이유 없으나 다른 일방의 상소가 이유 있어 원판결을 파기하고 다시 판결하는 때에는 이유 없는 상소에 대해서도 판결이유 중에서 그 이유가 없다는 점을 적는 것만으로는 부족하고 주문에서 그 상소를 기각해야 한다. [국가7급 21]

230 (×)

> **해설+** 검사와 피고인 양쪽이 상소를 제기한 경우, 어느 일방의 상소는 이유 없으나 다른 일방의 상소가 이유 있어 원판결을 파기하고 다시 판결하는 때에는 이유 없는 상소에 대해서는 판결이유 중에서 그 이유가 없다는 점을 적으면 충분하고 주문에서 그 상소를 기각해야 하는 것은 아니다(대법원 2020.6.25, 2019도17995).

231 항소법원이 항소이유에 포함되지 아니한 사유를 직권으로 심리하여 제1심판결을 파기하고 다시 판결하는 경우, 항소이유에 관한 판단을 따로 설시하여야 한다. [국가7급 14]

231 (×) '한다 → '하는 것은 아니다 항소이유의 당부에 대한 판단을 명시하지 아니하였다고 하여 판단누락이라고 볼 것이 아니다(대법원 2012.9.13, 2010도11338).

232 피고인에게 징역형의 집행유예를 선고한 제1심판결에 대하여 검사만이 그 양형이 너무 가벼워 부당하다는 취지로 항소한 경우, 직권으로 위 양형이 너무 무거워 부당하다고 인정한 다음 제1심판결을 파기하고 벌금형을 선고할 수 있다. [국가7급 12]

232 (○) 대법원 2010.12.9, 2008 도1092

233 상소심에서 피고인의 이익을 위하여 원심판결을 파기하는 경우에 파기이유가 항소 또는 상고한 공동피고인에게 공통되는 때에는 그 공동피고인에 대해서도 원심판결을 파기하여야 한다. [국가7급 09]

233 (○) 제364조의2

234 「형사소송법」 제364조의2(피고인을 위하여 원심판결을 파기하는 경우에 파기의 이유가 항소한 공동피고인에게 공통되는 때에는 그 공동피고인에게 대하여도 원심판결을 파기하여야 한다)의 규정은 공동피고인 사이에서 파기의 이유가 공통되는 해당 범죄사실이 동일한 소송절차에서 병합심리된 경우에만 적용된다. [국가7급 20]

234 (○) 대법원 2019.8.29, 2018 도14303 전원합의체

235 피고인을 위하여 제1심판결을 파기하는 경우에 파기의 이유가 '항소한 공동피고인'에게 공통되는 때에는 그 공동피고인에 대하여도 제1심판결을 파기하여야 하는데, 이때 '항소한 공동피고인'에는 제1심의 공동피고인으로서 자신이 항소한 경우만 해당되고, 제1심의 공동피고인에 대하여 검사만 항소한 경우는 이에 포함되지 않는다. [법원9급 23]

235 (×)

> **해설+** 공동파기 조항은 검사만 항소한 원심의 공동피고인에게도 적용된다. 즉, 제1심의 공동피고인 중 일부 피고인은 항소하였고, 나머지 피고인은 항소하지 아니하였는데 검사가 그에 대하여 항소한 경우, 항소한 피고인의 항소를 받아들여 원심판결을 파기하는 경우에 파기의 이유가 공통되는 때에는, 검사만 항소한 나머지 피고인도 제364조의2의 '항소한 공동피고인'으로 보아 그에 대하여도 원심판결을 파기하여야 한다.

> **판례** 형사소송법 제364조의2는 항소법원이 피고인을 위하여 원심판결을 파기하는 경우에 파기의 이유가 항소한 공동피고인에게 공통되는 때에는 그 공동피고인에 대하여도 원심판결을 파기하여야 함을 규정하였는데, 이는 공동피고인 상호 간의 재판의 공평을 도모하려는 취지이다(대법원 2003.2.26, 2002도6834; 2019.8.29, 2018도14303 전원합의체 참조). 이와 같은 형사소송법 제364조의2의 규정내용과 입법목적·취지를 고려하면, 위 조항에서 정한 '항소한 공동피고인'은 제1심의 공동피고인으로서 자신이 항소한 경우는 물론 그에 대하여 검사만 항소한 경우까지도 포함한다. 원심이 피고인 C에 대하여도 피고인 A·B에 대한 파기이유가 공통되고, 비록 피고인 C에 대하여 검사만 항소하였으나 형사소송법 제364조의2의 '항소한 공동피고인'에 해당한다고 보아, 위 조항에 따라 직권으로 제1심판결 중 피고인 C에 대한 부분을 파기한 후 그 판시와 같이 무죄로 판단한 것에는 법리를 오해한 잘못이 없다.(대법원 2022.7.28, 2021도10579).

236 항소심 변론종결 후 판결선고 전 피해자가 사망한 사정을 추가심리 없이 양형에 반영하여 판결을 선고한 것은 위법하지 않다.

> **해설+** (사실심법원의 양형판단의 내재적 한계가 논점임) ⓘ 양형의 조건에 관한 형법 제51조는 형을 정하는 데 참작할 사항을 정하고 있다. 형을 정하는 것은 법원의 재량사항이므로, 형사소송법 제383조 제4호에 따라 사형·무기 또는 10년 이상의 징역·금고가 선고된 사건에서 양형의 당부에 관한 상고이유를 심판하는 경우가 아닌 이상, 사실심법원이 양형의 기초사실에 관하여 사실을 오인하였다거나 양형의 조건이 되는 정상에 관하여 심리를 제대로 하지 않았다는 주장은 적법한 상고이유가 아니다. 그러나 ⓛ 사실심법원의 양형에 관한 재량도, 범죄와 형벌 사이에 적정한 균형이 이루어져야 한다는 죄형균형원칙이나 형벌은 책임에 기초하고 그 책임에 비례하여야 한다는 책임주의원칙에 비추어 피고인의 공소사실에 나타난 범행의 죄책에 관한 양형판단의 범위에서 인정되는 내재적 한계를 가진다(대법원 2008.5.29, 2008도1816 등). … 피고인이 자신에게 유리한 증거조사결과는 이익으로 원용하고 자신에게 불리한 조사결과에 대하여는 반박할 수 있는 기회를 주기 위해 피고인에게 증거조사의 결과에 대한 의견진술의 기회와 증거신청권을 절차적으로 보장하고 있다(제293조 참조). 한편 피해자의 의견진술에 갈음하는 서면은 피고인에게 취지를 통지하여야 하고 공판정에서 서면의 취지를 명확하게 하여야 한다(규칙 제134조의11 제2항, 제3항). 위와 같은 형사재판의 기본이념과 관련 규정들을 종합하여 볼 때, 사실심 변론종결 후 검사나 피해자 등에 의해 피고인에게 불리한 새로운 양형조건에 관한 자료가 법원에 제출되었다면, 사실심법원으로서는 변론을 재개하여 그 양형자료에 대하여 피고인에게 의견진술 기회를 주는 등 필요한 양형심리절차를 거침으로써 피고인의 방어권을 실질적으로 보장해야 한다(대법원 2021.9.30, 2021도5777).

> **보충** 원심판결에 사실심 변론종결 후 피고인에게 불리한 양형자료(피해자의 사망)가 제출된 경우 사실심법원이 취해야 할 양형심리절차에 관한 법리를 오해하여 필요한 심리를 다하지 아니한 잘못이 있고, 이러한 잘못이 판결에 영향을 미쳤다는 이유로, 제1심(징역 4년)과 날리 징역 9년을 선고한 원심판결을 파기환송한 사례이다.

237 항소법원이 피고인에게 공소가 제기된 범행을 기준으로 형법 제51조가 정한 양형조건으로 포섭되지 않는 별도의 범죄사실에 해당하는 사정에 관하여, 그것이 합리적인 의심을 배제할 정도의 증명력을 갖춘 증거에 의하여 증명되지 않았음에도 핵심적인 형벌가중적 양형조건으로 삼아 형의 양정을 함으로써 피고인에 대하여 사실상 공소가 제기되지 않은 범행을 추가로 처벌한 것과 같은 실질에 이른 경우, 그 부당성을 다투는 피고인의 주장은 적법한 상고이유가 된다. [국가7급 23]

237 (○)

> **해설+** 공소가 제기된 범행에 대한 양형의 조건으로 포섭되지 아니한 별도의 범죄사실이 증명되지 아니하였는데도 핵심적인 형벌가중적 양형조건으로 삼아 형의 양정을 하여 피고인에 대한 사실상 공소가 제기되지 아니한 범행을 추가로 처벌한 것과 같은 실질에 이른 경우에는, 판결에 영향을 미친 법령위반에 해당하므로 이를 다투는 피고인의 주장은 적법한 상고이유에 해당한다.

> **보충** 사실심법원이 피고인에게 공소가 제기된 범행을 기준으로 범행의 동기나 결과, 범행 후의 정황 등 형법 제51조가 정한 양형조건으로 포섭되지 않는 별도의 범죄사실에 해당하는 사정에 관하여 합리적인 의심을 배제할 정도의 증명력을 갖춘 증거에 따라 증명되지 않았는데도 핵심적인 형벌가중적 양형조건으로 삼아 형의 양정을 함으로써 피고인에 대하여 사실상 공소가 제기되지 않은 범행을 추가로 처벌한 것과 같은 실질에 이른 경우에는 단순한 양형판단의 부당성을 넘어 죄형균형원칙이나 책임주의원칙의 본질적 내용을 침해하였다고 볼 수 있다. 따라서 그 부당성을 다투는 피고인의 주장은 이러한 사실심법원의 양형심리와 양형판단 방법의 위법성을 지적하는 것으로 보아 적법한 상고이유라고 할 수 있다(대법원 2020.9.3, 2020도8358).

238　사실심 변론종결 후 검사나 피해자 등에 의해 피고인에게 불리한 새로운 양형조건에 관한 자료가 법원에 제출되었다면, 법원은 변론을 재개하여 그 양형자료에 대하여 피고인에게 의견진술기회를 주는 등 필요한 양형심리절차를 거침으로써 피고인의 방어권을 실질적으로 보장해야 한다. [경찰승진 23]

238 (○) 대법원 2021.9.30, 2021도5777

239　형사사건에 있어 항소법원의 소송계속은 제1심판결에 대한 항소에 의하여 사건이 이심된 때로부터 그 법원의 판결에 대하여 상고가 제기되거나 그 판결이 확정되는 때까지 유지된다 할 것이니, 항소법원은 항소피고사건의 심리 중 또는 판결선고 후 상고제기 또는 판결확정에 이르기까지 수소법원으로서 「형사소송법」 제70조 제1항 각 호의 사유 있는 불구속피고인을 구속할 수 있다. [국가7급 21] [소방간부 23 변형]

239 (○) 대법원 1985.7.23, 85모12

240　항소법원이 구속기간의 만료로 피고인에 대한 구속의 효력이 상실된 후 피고인에 대한 판결을 선고하면서 피고인을 구속하였다 하여 「형사소송법」 제208조의 규정에 위배되는 재구속 또는 이중구속이라 할 수 없다. [경찰채용 23 2차]

240 (○) 법원의 피고인 구속에는 재구속 제한이 적용되지 아니한다.

> **판례**　항소법원은 항소피고사건의 심리 중 또는 판결선고 후 상고제기 또는 판결확정에 이르기까지 수소법원으로서 형사소송법 제70조 제1항 각 호의 사유 있는 불구속 피고인을 구속할 수 있고 또 수소법원의 구속에 관하여는 검사 또는 사법경찰관이 피의자를 구속함을 규율하는 형사소송법 제208조의 규정은 적용되지 아니하므로 구속기간의 만료로 피고인에 대한 구속의 효력이 상실된 후 항소법원이 피고인에 대한 판결을 선고하면서 피고인을 구속하였다 하여 위 법 제208조의 규정에 위배되는 재구속 또는 이중구속이라 할 수 없다(대법원 1985.7.23, 85모12).

▌Ⅲ　상고

🔗 대표유형

강도상해 혐의로 체포된 甲은 수사과정에서 피해자와 원만히 합의하였음에도 불구하고 강도상해죄로 구속기소되어 2016.4.11. 제1심법원에서 징역 1년 6월을 선고받고 항소하고자 한다. 甲이 제1심판결에 대하여 양형부당만을 이유로 항소하였다가 그 항소가 기각된 경우, 甲은 항소심판결에 대하여 법령위반 또는 사실오인이 있다는 것을 이유로 삼아 상고할 수 없다. [국가7급 16]

(○) 대법원 1999.6.25, 98도3927

241　판결 후 형의 폐지나 변경 또는 사면이 있는 때는 상고이유에 해당한다. [법원9급 08]

241 (○) 제383조 참조.

242 재심청구의 사유가 있는 때는 상고이유에 해당한다. [법원9급 08]

242 (○) 제383조 참조.

243 판결에 영향을 미친 헌법·법률·명령 또는 규칙의 위반이 있을 때는 상고이유에 해당한다. [법원9급 08]

243 (○) 제383조 참조.

244 사형, 무기 또는 7년 이상의 징역이나 금고가 선고된 사건에 있어서 중대한 사실의 오인이 있어 판결에 영향을 미친 때 또는 형의 양정이 심히 부당하다고 인정할 현저한 사유가 있는 때는 상고이유에 해당한다. [법원9급 08·18]

244 (×) '7년' → '10년'(제383조)

245 사형·무기 또는 10년 이상의 징역이나 금고가 선고된 사건이 아닌 경우에는 양형부당을 이유로 상고할 수 없지만, 항소심이 양형의 기초사실에 관하여 사실을 오인하였다거나 범행의 동기 및 수법 등 양형의 조건이 되는 제반 정상에 관하여 심리를 제대로 하지 않았음을 이유로 상고할 수 있다. [국가7급 23]

245 (×) 사형·무기 또는 10년 이상의 징역·금고가 선고된 사건이 아닌 경우, 양형부당은 상고이유에 해당하지 아니한다(제383조 제4호).

해설+ 형사소송법 제383조 【상고이유】 다음 사유가 있을 경우에는 원심판결에 대한 상고이유로 할 수 있다.
4. 사형, 무기 또는 10년 이상의 징역이나 금고가 선고된 사건에 있어서 중대한 사실의 오인이 있어 판결에 영향을 미친 때 또는 형의 양정이 심히 부당하다고 인정할 현저한 사유가 있는 때

보충 양형의 조건에 관한 형법 제51조는 형을 정하는 데 참작할 사항을 정하고 있다. 형을 정하는 것은 법원의 재량사항이므로, 형사소송법 제383조 제4호에 따라 사형·무기 또는 10년 이상의 징역·금고가 선고된 사건에서 양형의 당부에 관한 상고이유를 심판하는 경우가 아닌 이상, 사실심법원이 양형의 기초사실에 관하여 사실을 오인하였다거나 양형의 조건이 되는 정상에 관하여 심리를 제대로 하지 않았다는 주장은 적법한 상고이유가 아니다(대법원 2020.9.3, 2020도8358).

246 검사는 항소심의 형의 양정이 가볍다는 사유를 상고이유로 주장할 수 없다. [법원9급 18]

246 (○) 대법원 2010.2.11, 2009도12627

247 상고심은 항소법원 판결에 대한 사후심이므로 항소심에서 심판대상이 되지 않은 사항은 상고심의 심판범위에 들지 않는다. [법원9급 16]

247 (○) 대법원 2000.3.28, 99도2831; 2006.6.30, 2006도2104

248 항소를 포기 또는 취하한 피고인은 항소심의 판결에 대하여 상고할 수 없다. [국가9급 10]

248 (○) 대법원 1981.8.25, 81도2110

249 피고인이 제1심판결에 대하여 양형부당만을 항소이유로 내세운 경우, 이를 일부인용한 항소심판결에 대하여 피고인은 법리오해나 사실오인의 점을 상고이유로 삼을 수 없다. [국가9급 12] [법원9급 18]

249 (○) 대법원 2000.12.8, 99도214

250 제1심판결에 대하여 검사만이 양형부당을 이유로 항소하였을 뿐 피고인은 항소하지 아니한 경우에도 항소심이 검사의 항소를 받아들여 피고인에 대하여 제1심보다 무거운 형을 선고하였다면 피고인으로서는 항소심판결에 대하여 사실오인, 채증법칙 위반, 심리미진 또는 법령위반 등의 사유를 들어 상고이유로 삼을 수 있다. [법원9급 18]

250 (×) '있다' → '없다'(대법원 2009.5.28, 2009도579)

251 제1심법원이 법관의 면전에서 사실을 검토하고 법령을 적용하여 판결한 사유에 대해 피고인이 항소하지 않거나 양형부당만을 항소이유로 주장하여 항소함으로써 죄의 성부에 관한 판단 내용을 인정하는 태도를 보였다면 그에 관한 판단 내용이 잘못되었다고 주장하면서 상고하는 것은 허용될 수 없다. [국가7급 21]

251 (○)

해설+ 상고이유 제한의 법리를 다시 확인한 판례의 내용이다. "제1심 및 항소심과 상고심에 있어 심리절차상의 차이를 공판중심주의 및 실질적 직접심리주의의 정신에 비추어 살펴보면, 제1심법원이 법관의 면전에서 사실을 검토하고 법령을 적용하여 판결한 사유에 대해 피고인이 항소하지 않거나 양형부당만을 항소이유로 주장하여 항소함으로써 죄의 성부에 관한 판단 내용을 인정하는 태도를 보였다면 그에 관한 판단 내용이 잘못되었다고 주장하면서 상고하는 것은 허용될 수 없다고 보아야 한다[대법원 2019.3.21, 2017도16593-1(분리) 전원합의체]."

252 원심법원은 원심법원이 상고기각결정을 하는 경우를 제외하고는 상고장을 받은 날부터 14일 이내에 소송기록과 증거물을 상고법원에 송부하여야 한다. [법원승진 14]

252 (○) 제377조 참조.

253 상고의 제기가 법률상의 방식에 위반하거나 상고권 소멸 후인 것이 명백해 원심법원이 결정으로 상고를 기각한 경우 원심법원은 상고장을 받은 날부터 14일 이내에 소송기록과 증거물을 상고법원에 송부하여야 한다. [법원9급 21]

253 (✕) 제376조 제1항, 제377조

> **해설+** 제376조【원심법원에서의 상고기각결정】① 상고의 제기가 법률상의 방식에 위반하거나 상고권 소멸 후인 것이 명백한 때에는 원심법원은 결정으로 상고를 기각하여야 한다.
> 제377조【소송기록과 증거물의 송부】제376조의 경우를 제외하고는 원심법원은 상고장을 받은 날부터 14일 이내에 소송기록과 증거물을 상고법원에 송부하여야 한다.

254 상고인 또는 변호인은 상고기록접수통지를 받은 날로부터 20일 이내에 상고이유서를 상고법원에 제출하여야 한다. [법원승진 14]

254 (○) 제379조 제1항 참조.

255 상고심의 공판기일에는 피고인의 소환을 요하지 아니한다. [법원9급 14]

> **보충** 다만, 공판기일통지서는 송달하여야 한다.

255 (○) 제389조의2

256 상고법원은 상고장, 상고이유서 기타의 소송기록에 의하여 변론 없이 판결할 수 있다. [법원9급 14]

256 (○) 상고심은 사후심이며 임의적 변론에 의한다. 제390조 제1항 참조.

257 상고법원은 필요한 경우 특정사항에 관하여 변론을 열고 참고인의 진술을 들을 수 있다. [국가9급 18]

257 (○) 제390조 제1항·제2항 참조.

258 상고심은 항소심까지의 소송자료만을 기초로 하여 항소심판결 선고 시를 기준으로 그 당부를 판단하여야 하므로, 직권조사 기타 법령에 특정한 경우를 제외하고는 새로운 증거조사를 할 수 없을 뿐만 아니라 항소심판결 후에 나타난 사실이나 증거는 비록 그것이 상고이유서 등에 첨부되어 있다 하더라도 사용할 수 없다.

[경찰채용 21 2차]

258 (○)

해설+ 형사소송법상 상고인이나 변호인은 소정의 기간 내에 상고법원에 상고이유서를 제출하여야 하고, 상고이유서에는 소송기록과 항소법원의 증거조사에 표현된 사실을 인용하여 그 이유를 명시하여야 한다(제379조 제1항, 제2항). 상고법원은 원칙적으로 상고이유서에 포함된 사유에 관하여 심판하여야 하고(제384조 본문), 상고이유가 있는 때에는 판결로써 항소심판결을 파기하여야 하는데(제391조), 파기하는 경우에도 환송 또는 이송을 통해 항소심으로 하여금 사건을 다시 심리·판단하도록 함이 원칙이며 자판은 예외적으로만 허용된다(제393조 내지 제397조). 또한 상고심은 항소심까지의 소송자료만을 기초로 하여 항소심판결 선고 시를 기준으로 그 당부를 판단하여야 하므로, 직권조사 기타 법령에 특정한 경우를 제외하고는 새로운 증거조사를 할 수 없을 뿐더러 항소심판결 후에 나타난 사실이나 증거의 경우 비록 그것이 상고이유서 등에 첨부되어 있다 하더라도 사용할 수 없다. 위 규정 및 법리를 종합해 보면, 상고심은 항소심판결에 대한 사후심으로서 항소심에서 심판대상으로 되었던 사항에 한하여 상고이유의 범위 내에서 그 당부만을 심사하여야 한다. 그 결과 항소인이 항소이유로 주장하거나 항소심이 직권으로 심판대상으로 삼아 판단한 사항 이외의 사유는 상고이유로 삼을 수 없고 이를 다시 상고심의 심판범위에 포함시키는 것은 상고심의 사후심 구조에 반한다. 이러한 점에서 이른바 '상고이유 제한에 관한 법리'는 형사소송법이 상고심을 사후심으로 규정한 데에 따른 귀결이라고 할 수 있다[대법원 2019.3.21, 2017도16593−1(분리) 전원합의체].

259 법률의 해석·적용을 그르친 나머지 피고인을 유죄로 잘못 인정한 항소심판결에 대하여 검사만이 다른 사유를 들어 상고를 제기하였고 검사의 상고가 피고인의 이익을 위하여 제기된 것이 아님이 명백한 경우라면, 상고법원은 직권으로 심판하여 무죄의 취지로 항소심판결을 파기할 수 없다.

[국가7급 23]

259 (×)

해설+ 상고법원은 판결에 영향을 미친 법률의 위반이 있는 경우에는 상고이유서에 포함되지 아니한 때에도 직권으로 심판할 수 있는바(형사소송법 제384조, 제383조 제1호), 이는 법률의 해석·적용을 그르친 나머지 피고인을 유죄로 잘못 인정한 원심판결에 대하여 피고인은 상고를 제기하지 아니하고 검사만이 다른 사유를 들어 상고를 제기하였고, 검사의 상고가 피고인의 이익을 위하여 제기된 것이 아님이 명백한 경우라 하더라도 마찬가지이다(대법원 2002.3.15, 2001도6730).

260 항소심판결 선고 당시 미성년이었던 피고인이 상고 이후에 성년이 되었다고 하여 항소심의 부정기형의 선고가 위법이 되는 것은 아니다.

[법원9급 16]

260 (○) 대법원 1998.2.27, 97도3421

261 항소심판결 선고 당시 미성년이었던 피고인이 상고 이후에 성년이 되었다면 항소심의 부정기형의 선고는 위법하게 되는 것이고, 이는 판결에 영향을 미친 법률위반이 있는 때에 해당하므로 상고인 또는 변호인이 이를 상고이유로 삼지 않았다 하더라도 상고법원은 직권으로 심판할 수 있다.

[법원승진 14]

261 (×) '선고는 위법하게 ~ 있다' → '선고가 위법이 되는 것은 아니다'
항소심의 부정기형의 선고가 위법이 되는 것은 아니다(대법원 1998. 2.27, 97도3421).

262 항소심이 몰수나 추징을 선고하지 아니하였음을 이유로 파기하는 경우 항소심판결의 유죄부분 전부를 파기하는 것이 아니라 그 부분만 특정하여 파기하여야 한다.

[법원9급 16]

262 (×)

해설+ 주형과 몰수 또는 추징을 선고한 항소심판결 중 몰수 또는 추징부분에 관해서만 파기사유가 있을 때에는 대법원이 그 부분만을 파기할 수 있으나(대법원 1992.7.28, 92도700 등), 이 사건의 경우처럼 항소심이 몰수나 추징을 선고하지 아니하였음을 이유로 파기하는 경우에는 항소심판결에 몰수나 추징부분이 없어 그 부분만 특정하여 파기할 수 없으므로 원심판결의 유죄부분 전부를 파기하여야 한다(대법원 2005.10.28, 2005도5822)(대법원 2014.5.16, 2014도1547).

263 피고인의 이익을 위하여 원심판결을 파기하는 경우에 파기의 이유가 상고한 공동피고인에 공통되는 때에는 그 공동피고인에 대하여도 원심판결을 파기하여야 한다.

[법원9급 14]

263 (○) 제392조 참조.

264 제1심판결에 대한 상고는 그 사건에 대한 항소가 제기된 때에는 그 효력을 잃는다.

[법원9급 21] [법원승진 12]

264 (○) 비약적 상고는 항소가 제기되면 그 효력을 잃는다(제373조 본문).

265 제1심 판결에 대한 비약적 상고사건은 대법원이 관할한다. [군무원9급 21]

265 (○) 제372조 참조.

해설+ 제372조【비약적 상고】다음 경우에는 제1심판결에 대하여 항소를 제기하지 아니하고 상고를 할 수 있다.
1. 원심판결이 인정한 사실에 대하여 법령을 적용하지 아니하였거나 법령의 적용에 착오가 있는 때
2. 원심판결이 있은 후 형의 폐지나 변경 또는 사면이 있는 때

266 제1심법원이 결정으로 인정한 사실에 대해 법령을 적용하지 않았거나 법령의 적용에 착오가 있는 경우, 그 결정은 비약적 상고의 대상이 된다.

[국가9급개론 23]

266 (×) 비약적 상고는 제1심판결에 대하여 할 수 있다. 따라서 제1심법원의 결정에 대하여는 비약적 상고가 허용되지 아니한다.

267 비약적 상고는 제1심판결이 인정한 사실에 대하여 법령을 적용하지 않았거나 법령의 적용에 착오가 있는 때 또는 제1심판결이 있은 후 형의 폐지나 변경 또는 사면이 있는 때에 제기할 수 있다.

[법원9급 23]

해설+ 제372조 【비약적 상고】 다음 경우에는 제1심판결에 대하여 항소를 제기하지 아니하고 상고를 할 수 있다.
1. 원심판결이 인정한 사실에 대하여 법령을 적용하지 아니하였거나 법령의 적용에 착오가 있는 때
2. 원심판결이 있은 후 형의 폐지나 변경 또는 사면이 있는 때

267 (○) 비약적 상고사유는 법령적용의 위법과 판결 후 형의 폐지·변경 또는 사면의 2가지로 규정되어 있다(제372조).

268 '제1심판결이 인정한 사실에 대하여 법령을 적용하지 아니하거나 법령의 적용에 착오가 있는 때'라 함은, 제1심판결이 인정한 사실이 옳다는 것을 전제로 하여 볼 때 그에 대한 법령을 적용하지 아니하거나 법령의 적용을 잘못한 경우를 말하는 것이다.

[법원9급 23]

해설+ 형사소송법 제372조에 의하면 비약적 상고는 제1심판결이 그 인정한 사실에 대하여 법령을 적용하지 아니하였거나 법령의 적용에 착오가 있는 때 또는 제1심판결이 있은 후 형의 폐지나 변경 또는 사면이 있는 때에 제기할 수 있다. 여기서 말하는 '제1심판결이 인정한 사실에 대하여 법령을 적용하지 아니하거나 법령의 적용에 착오가 있는 때'라 함은 제1심판결이 인정한 사실이 옳다는 것을 전제로 하여 볼 때 그에 대한 법령을 적용하지 아니하거나 법령의 적용을 잘못한 경우를 말한다(대법원 2020.7.9, 2020도4161).

268 (○)

269 피고인이 비약적 상고를 제기한 후 검사가 항소를 제기하면 피고인의 비약적 상고는 효력을 잃는데, 그와 같이 효력이 없어진 비약적 상고에 항소로서의 효력을 부여할 수 없다.

[법원9급 23]

해설+ 형사소송법 제372조, 제373조 및 관련 규정의 내용과 취지, 비약적 상고와 항소가 제1심판결에 대한 상소권 행사로서 갖는 공통성, 이와 관련된 피고인의 불복의사, 피고인의 상소권 보장의 취지 및 그에 대한 제한의 범위와 정도, 피고인의 재판청구권을 보장하는 헌법합치적 해석의 필요성 등을 종합하여 보면, 제1심판결에 대하여 피고인은 비약적 상고를, 검사는 항소를 각각 제기하여 이들이 경합한 경우 피고인의 비약적 상고에 상고의 효력이 인정되지는 않더라도, 피고인의 비약적 상고가 항소기간 준수 등 항소로서의 적법요건을 모두 갖추었고, 피고인이 자신의 비약적 상고에 상고의 효력이 인정되지 않는 때에도 항소심에서는 제1심판결을 다툴 의사가 없었다고 볼 만한 특별한 사정이 없다면, 피고인의 비약적 상고에 항소로서의 효력이 인정된다고 보아야 한다(대법원 2022.5.19, 2021도17131,2021전도170 전원합의체).

269 (×)

Ⅳ 항고

🔗 대표유형

항고는 즉시항고 외에는 재판의 집행을 정지하는 효력이 없다. 단, 원심법원 또는 항고법원은 결정으로 항고에 대한 결정이 있을 때까지 집행을 정지할 수 있다.   [법원9급 17 변형]

(○) 제409조

🔗 대표유형

수소법원을 구성하는 재판장 또는 수명법관의 재판에 대한 준항고만이 허용되고 검사의 청구에 의하여 영장을 발부하는 지방법원판사가 한 영장발부의 재판에 대하여는 준항고가 허용되지 않는다.   [국가7급 21]

(○)

해설+ 수임판사나 수탁판사의 재판은 준항고의 대상이 아니다. "검사의 체포영장 또는 구속영장 청구에 대한 지방법원판사의 재판은 형사소송법 제402조의 규정에 의하여 항고의 대상이 되는 '법원의 결정'에 해당하지 아니하고, 제416조 제1항의 규정에 의하여 준항고의 대상이 되는 '재판장 또는 수명법관의 구금 등에 관한 재판'에도 해당하지 아니한다(대법원 2006.12.18, 2006모646)."

---

270 즉시항고는 이를 허용하는 명문의 규정이 있는 때에만 제기할 수 있다.   [법원9급 15]

270 (○) 즉시항고는 명문의 규정이 있는 경우에만 인정된다.

271 즉시항고의 제기기간은 7일로 한다.   [법원9급 15 변형]

271 (○) 제405조 참조.

272 즉시항고의 제기기간 내와 그 제기가 있는 때에는 재판의 집행은 정지된다.   [법원9급 17]

272 (○) 제410조

273 재정신청에 관한 법원의 공소제기결정에 대하여는 재항고가 허용되지 않는다.   [법원9급 17]

273 (○) 제262조 제4항 전단

274 법원이 사건을 국민참여재판으로 진행하기로 하는 결정 또는 배제하기로 하는 결정에 대해서는 즉시항고를 할 수 있다. [국가9급 17]

> **해설+** 법원의 국민참여재판배제결정 – 즉시항고 ○, 법원이 국민참여재판으로 진행하기로 하는 결정 – 즉시항고 ×(국참법 제9조 제3항, 대법원 2009.10.23, 2009모1032)

274 (×) '으로 진행하기로 하는 결정 또는' → '을'

275 상소기각결정과 법원 또는 지방법원판사의 구속집행정지결정에 대해서는 즉시항고할 수 있다. [국가7급 16]

> **해설+** 상소기각결정에 대하여는 즉시항고할 수 있으나(제360조 제2항, 제362조 제2항, 제376조) 구속집행정지결정에 대한 즉시항고 규정은 헌법재판소의 위헌결정(헌법재판소 2012.6.27, 2011헌가36)으로 삭제되었다.

275 (×)

276 체포 · 구속영장의 기각결정에 대해서는 항고 또는 준항고의 방법으로 불복할 수 없다. [경찰채용 18] [국가9급 10]

> **해설+** 항고(제402조)는 법원의 결정에 대한 것이고, 준항고(제416조 제1항)는 재판장 또는 수명법관의 (구금 등에 관한) 재판에 대한 것인데, 체포·구속영장청구를 기각한 결정은 관할 지방법원판사, 즉 수임판사가 내리는 것이다(대법원 2006.12.18, 2006모646).

276 (○)

277 구속영장청구에 대한 재판에 대하여는 준항고를 할 수 있다. [국가9급 14]

> **해설+** 형사소송법 제402조의 규정에 의하여 항고의 대상이 되는 '법원의 결정'에 해당하지 아니하고, 제416조 제1항의 규정에 의하여 준항고의 대상이 되는 '재판장 또는 수명법관의 구금 등에 관한 재판'에도 해당하지 아니한다(대법원 2006.12.18, 2006모646).

277 (×) '있다' → '없다'

278 지방법원 판사가 한 압수영장 발부의 재판, 국민참여재판으로 진행하기로 한 법원의 결정, 법원의 감정을 위한 피고인유치결정, 법원의 관할에 관한 결정은 모두 보통항고의 대상에 해당하지 않는다. [국가7급 10 변형]

> **해설+** 법원의 감정을 위한 피고인유치결정은 보통항고의 대상이 된다(제403조 제2항). 다만, 압수영장 발부의 재판(대법원 1997.9.29, 97모66), 국민참여재판으로 진행하기로 한 법원의 결정(대법원 2009.10.23, 2009모1032) 및 법원의 관할에 관한 결정(제403조)은 보통항고의 대상이 아니다.

278 (×)

279 법원의 관할 또는 판결 전의 소송절차에 관한 결정에 대하여는 특히 즉시항고를 할 수 있는 경우 외에는 항고를 하지 못한다. 그러나 관할이전의 신청을 기각한 결정은 피고인의 방어권을 침해할 가능성이 있는 결정이므로 즉시항고는 불가능하더라도 보통항고로서 불복할 수 있다. [법원9급 23]

279 (✕) 법원의 관할이전신청 기각결정에 대하여는 즉시항고·보통항고 모두 불가하다. 제402조, 제403조 제1항 참조.

> **해설+** 제402조【항고할 수 있는 재판】법원의 결정에 대하여 불복이 있으면 항고를 할 수 있다. 단, 이 법률에 특별한 규정이 있는 경우에는 예외로 한다.
>
> 제403조【판결 전의 결정에 대한 항고】① 법원의 관할 또는 판결 전의 소송절차에 관한 결정에 대하여는 특히 즉시항고를 할 수 있는 경우 외에는 항고를 하지 못한다.

> **보충** 법원의 관할 또는 판결 전의 소송절차에 관한 결정에 대하여는 특히 즉시항고를 할 수 있는 경우 외에는 항고를 하지 못한다(형사소송법 제403조 제1항). 그런데 관할이전의 신청을 기각한 결정에 대하여 즉시항고를 할 수 있다는 규정이 없으므로, 원심결정에 대하여 재항고인이 불복할 수 없다(대법원 2021.4.2, 2020모2561). 대법원 2013.1.24, 2012모1393 참조.

280 체포·구속적부심사에 대한 법원의 기각결정에 대하여는 항고하지 못하지만, 보증금납입조건부 석방결정에 대하여는 항고할 수 있다. [국가9급 21]

280 (○) 제214조의2 제8항, 대법원 1997.8.27, 97모21

281 구속적부심사청구에 대하여 법원은 기각결정과 석방결정, 보증금납입조건부 석방결정을 할 수 있으며, 검사와 피의자는 이와 같은 법원의 결정에 대하여 항고할 수 없다. [경찰승진 22]

281 (✕)

> **해설+** 구속적부심사청구에 대하여 법원은 기각결정과 석방결정, 보증금납입조건부 석방결정을 할 수 있으며, 기각결정과 석방결정에 대하여는 항고할 수 없으나 보증금납입조건부 석방결정에 대하여는 항고할 수 있다(대법원 1997.8.27, 97모21).

282 구속적부심사 청구에 대한 법원의 기각결정 및 석방결정에 대해서는 항고할 수 없지만, 보증금납입조건부 석방결정에 대해서는 피의자나 검사가 그 취소의 실익이 있으면 「형사소송법」제402조에 의하여 항고할 수 있다. [경찰채용 23 2차]

282 (○) 구속적부심에서의 법원의 기각결정·석방결정에 대하여는 불복할 수 없고, 보증금납입조건부 피의자 석방결정에 대하여는 검사와 피의자 모두 보통항고할 수 있다.

> **판례** 형사소송법 제402조의 규정에 의하면, 법원의 결정에 대하여 불복이 있으면 항고를 할 수 있으나 다만 같은 법에 특별한 규정이 있는 경우에는 예외로 하도록 되어 있는바, 체포 또는 구속적부심사절차에서의 법원의 결정에 대한 항고의 허용 여부에 관하여 같은 법 제214조의2 제7항은 제2항과 제3항의 기각결정 및 석방결정에 대하여 항고하지 못하는 것으로 규정하고 있을 뿐이고 제4항에 의한 석방결정(보증금납입조건부 피의자 석방결정)에 대하여 항고하지 못한다는 규정은 없을 뿐만 아니라 … 기소 후 보석결정에 대하여 항고가 인정되는 점에 비추어 그 보석결정과 성질 및 내용이 유사한 기소 전 보증금납입조건부 석방결정에 대하여도 항고할 수 있도록 하는 것이 균형에 맞는 측면도 있다 할 것이므로, 같은 법 제214조의2 제4항의 석방결정에 대하여는 피의자나 검사가 그 취소의 실익이 있는 한 같은 법 제402조에 의하여 항고할 수 있다(대법원 1997.8.27, 97모21).

283 법원은 피고인이 도망하거나 죄증을 인멸할 염려가 있다고 믿을 만한 충분한 이유가 있는 때에는 직권으로 보석을 취소할 수 있으며, 이러한 보석취소결정에 대하여는 항고할 수 있다. [국가9급 21]

283 (○) 제102조 제2항 제2호, 제403조

284 관할이전의 신청을 기각한 법원의 결정에 대해서는 불복이 가능하다.

284 (×)

해설+ 법원의 <u>관할 또는 판결 전의 소송절차에 관한 결정에 대하여는 특히 즉시항고를 할 수 있는 경우 외에는 항고를 하지 못한다</u>(형사소송법 제403조 제1항). 그런데 관할이전의 신청을 기각한 결정에 대하여 <u>즉시항고를 할 수 있다는 규정이 없으므로</u>, 원심결정에 대하여 재항고인이 불복할 수 없다(대법원 2021.4.2, 2020모2561).

285 국민참여재판으로 진행하기로 하는 제1심법원의 결정에 대하여 항고할 수 없다. [국가9급 14]

285 (○) 대법원 2009.10.23, 2009모1032

286 소송비용부담결정에 대하여 즉시항고할 수 있으나 보석허가결정은 보통항고만 가능하다. [국가7급 16 변형]

286 (○) 제192조 제2항, 제402조, 제403조

287 공소장변경허가결정과 국선변호인선임청구 기각결정에 대해서는 보통항고할 수 있다. [국가7급 16]

287 (×) '있다' → '없다'
두 결정 모두 항고의 대상이 될 수 없다.

해설+ 제403조【판결 전의 결정에 대한 항고】① 법원의 관할 또는 판결 전의 소송절차에 관한 결정에 대하여는 특히 즉시항고를 할 수 있는 경우 외에는 항고하지 못한다.

288 항고를 함에는 항고장을 원심법원에 제출하여야 한다. [국가9급 14]

288 (○) 제406조

289 항고는 즉시항고 외에는 재판의 집행을 정지하는 효력이 없으므로 원심법원 또는 항고법원이 결정으로 항고에 대한 결정이 있을 때까지 집행을 정지할 수 없다. [국가9급 21] [법원9급 23 변형]

289 (×) 제409조

> **해설+** 제409조【보통항고와 집행정지】 항고는 즉시항고 외에는 재판의 집행을 정지하는 효력이 없다. 단, 원심법원 또는 항고법원은 결정으로 항고에 대한 결정이 있을 때까지 집행을 정지할 수 있다.

290 항고의 제기가 법률상의 방식에 위반하거나 항고권 소멸 후인 것이 명백한 때에는 원심법원은 결정으로 항고를 기각하여야 한다. [법원9급 17]

290 (○) 제407조 제1항

291 변호인과의 접견교통권의 침해와 구금장소의 임의변경에 대해서는 준항고가 허용된다. [국가7급 16]

291 (○) 제416조, 제417조

292 수사기관 등이 부당하게 법무법인 소속 변호사의 피의자에 대한 접견이나 피의자신문 참여를 제한 내지 거부하는 처분을 하였다면, 그러한 처분의 직접 상대방은 당해 법무법인이라고 할 것이고, 따라서 「형사소송법」 제427조에 의하여 그 처분의 취소 또는 변경을 청구할 수 있는 자는 당해 법무법인이라고 할 것이므로, 법무법인 소송 담당변호사 개인에게는 그 처분의 취소 또는 변경을 청구할 수 있는 준항고인 적격이 있다고 할 수 없다. [해경승진 22]

292 (○)

> **해설+** 수사기관 등이 부당하게 법무법인 소속 변호사의 피의자에 대한 접견이나 피의자신문 참여를 제한 내지 거부하는 처분을 하였다면, 그러한 처분의 직접 상대방은 당해 법무법인이라고 할 것이고, 따라서 형사소송법 제417조에 의하여 그 처분의 취소 또는 변경을 청구할 수 있는 자는 당해 법무법인이라고 할 것이므로, 법무법인 소속 담당변호사 개인에게는 그 처분의 취소 또는 변경을 청구할 수 있는 준항고인 적격이 있다고 할 수 없다(대법원 2010.1.7, 2009모796).

> **보충** 변호사법 제50조 제1항은 "법무법인은 법인명의로 업무를 수행하며 그 업무를 담당할 변호사를 지정하여야 한다. 다만, 구성원 아닌 소속 변호사에 대하여는 구성원과 공동으로 지정하여야 한다.", 제6항은 "담당변호사는 지정된 업무를 수행할 때에 각자가 그 법무법인을 대표한다."고 규정하고 있는바, 이러한 각 규정을 종합해 보면, 법무법인 소속 변호사가 담당변호사로 지정되어 법무법인의 업무를 수행하는 경우에 있어서는 당해 법무법인이 형사소송법 제34조, 제243조의2 제1항 소정의 변호인으로서 피의자에 대한 접견교통권 또는 피의자신문참여권을 가진다(위 판례).

293 변호인으로 선임된 L이 피의자신문 절차에서 인정신문을 시작하기 전에 검사에게 피의자 甲의 수갑을 해제하여 달라고 계속 요구하였으나 검사가 도주, 자해, 다른 사람에 대한 위해 등의 위험이 없음에도 L의 요구를 거부한 경우, 검사의 거부조치에 대해서 L은 「형사소송법」 제417조의 준항고를 제기할 수 있다. [변호사 21]

293 (○)

해설+ 형사소송법 제417조는 검사 또는 사법경찰관의 '구금에 관한 처분'에 불복이 있으면 법원에 그 처분의 취소 또는 변경을 청구할 수 있다고 규정하고 있다. 검사 또는 사법경찰관이 보호장비 사용을 정당화할 예외적 사정이 존재하지 않음에도 구금된 피의자에 대한 교도관의 보호장비 사용을 용인한 채 그 해제를 요청하지 않는 경우에, 검사 및 사법경찰관의 이러한 조치를 형사소송법 제417조에서 정한 '구금에 관한 처분'으로 보지 않는다면 구금된 피의자로서는 이에 대하여 불복하여 침해된 권리를 구제받을 방법이 없게 된다. 따라서 검사 또는 사법경찰관이 구금된 피의자를 신문할 때 피의자 또는 변호인으로부터 보호장비를 해제해 달라는 요구를 받고도 거부한 조치는 형사소송법 제417조에서 정한 '구금에 관한 처분'에 해당한다고 보아야 한다(대법원 2020.3.17, 2015모2357).

294 구금된 피의자는 원칙적으로 보호장비 착용을 강제당하지 않을 권리를 가진다. 검사는 조사실에서 피의자를 신문할 때 해당 피의자에게 특별한 사정이 없는 이상 교도관에게 보호장비의 해제를 요청할 의무가 있다. [해경승진(경위) 22]

294 (○)

해설+ 구금된 피의자는 형집행법 제97조 제1항 각 호에 규정된 사유에 해당하지 않는 이상 보호장비 착용을 강제당하지 않을 권리를 가진다. 검사는 조사실에서 피의자를 신문할 때 해당 피의자에게 그러한 특별한 사정이 없는 이상 교도관에게 보호장비의 해제를 요청할 의무가 있고, 교도관은 이에 응하여야 한다(대법원 2020.3.17, 2015모2357).

보충 「형의 집행 및 수용자의 처우에 관한 법률」에 의하면, 수용자의 인권은 최대한 존중되어야 하고(제4조), 미결수용자는 무죄의 추정을 받으며 그에 합당한 처우를 받아야 하며(제79조), 교도관은 '이송·출정, 그 밖에 교정시설 밖의 장소로 수용자를 호송하는 때', 수용자가 '도주·자살·자해 또는 다른 사람에 대한 위해의 우려가 큰 때', '위력으로 교도관 등의 정당한 직무집행을 방해하는 때', '교정시설의 설비·기구 등을 손괴하거나 그 밖에 시설의 안전 또는 질서를 해칠 우려가 큰 때' 중 어느 하나에 해당하는 경우에만 보호장비를 사용할 수 있고(제97조 제1항), 그 경우에도 교도관은 필요한 최소한의 범위에서 보호장비를 사용하여야 하며, 그 사유가 소멸하면 사용을 지체 없이 중단하여야 한다(제99조 제1항)(위 판례).

295 수사기관의 압수물환부에 관한 처분의 취소를 구하는 준항고에서는 통상의 항고소송과 마찬가지로 그 이익이 있을 것을 요한다. [국가9급 17]

295 (○) 대법원 2015.10.15, 2013모1970

296 수사기관의 압수물의 환부에 관한 처분의 취소를 구하는 준항고는, 소송 계속 중 그것으로써 달성하고자 하는 목적이 이미 이루어졌거나 시일의 경과 또는 그 밖의 사정으로 인하여 그 이익이 상실된 경우에는 부적법하게 된다. [국가7급 16]

296 (○) 대법원 2015.10.15, 2013 모1970

297 검사가 수사과정에서 압수 · 수색영장의 청구 등 강제처분을 위한 조치를 취하지 아니한 것 자체를 준항고로써 불복할 수 없다. [국가9급 14]

297 (○) 대법원 2007.5.25, 2007 모82

298 검사가 수사과정에서 압수 · 수색영장의 청구 등 강제처분을 위한 조치를 취하지 아니함으로써 증거를 확보하지 못하고 불기소처분을 하였다면, 고소인이나 고발인은 그 불기소처분에 대하여 재정신청이나 검찰항고로써 불복할 수 있으나 압수 · 수색영장의 청구 등 강제처분을 위한 조치를 취하지 아니한 것 그 자체를 '압수에 관한 처분'으로 보아 준항고를 할 수는 없다. [경찰채용 21 2차]

298 (○) 대법원 2007.5.25, 2007 모82

299 준항고인이 전체 압수 · 수색 과정을 단계적 · 개별적으로 구분하여 각 단계의 개별 처분의 취소를 구할 경우 준항고법원은 구분된 개별 처분의 위법이나 취소 여부를 판단할 것이 아니라 당해 압수 · 수색 과정 전체를 하나의 절차로 파악하여 그 과정에서 나타난 위법이 압수 · 수색 절차 전체를 위법하게 할 정도로 중대한지 여부에 따라 전체적으로 압수 · 수색 처분을 취소할 것인지를 가려야 한다. [경찰채용 17 1차 변형] [법원9급 21]

299 (○)

해설+ 준항고인이 전체 압수·수색 과정을 단계적·개별적으로 구분하여 각 단계의 개별 처분의 취소를 구하더라도 준항고법원으로서는 특별한 사정이 없는 한 그 구분된 개별 처분의 위법이나 취소 여부를 판단할 것이 아니라 당해 압수·수색 과정 전체를 하나의 절차로 파악하여 그 과정에서 나타난 위법이 압수·수색 절차 전체를 위법하게 할 정도로 중대한지 여부에 따라 전체적으로 그 압수·수색 처분을 취소할 것인지를 가려야 할 것이다(대법원 2015.7.16, 2011모1839 전원합의체).

300 준항고는 그 대상이 되는 재판의 고지나 수사기관의 처분이 있는 날로부터 7일 이내에 하도록 「형사소송법」에 명기하고 있다. [국가7급 21]

300 (×)

해설+ 법관(재판장·수명법관)의 재판에 대한 준항고는 재판의 고지 있는 날로부터 7일 이내에 하여야 하나(제416조 제3항), <u>수사기관의 처분에 대한 준항고는 청구기간의 제한이 없으므로 준항고의 이익이 있는 시점까지는 언제든지 제기할 수 있다.</u>

---

301 재판장의 재판에 대한 준항고의 청구는 재판의 고지 있는 날로부터 7일 이내에 하여야 한다. [국가9급 23]

301 (○) 제416조 제3항

해설+ 제416조【준항고】① 재판장 또는 수명법관이 다음 각 호의 1에 해당한 재판을 고지한 경우에 불복이 있으면 그 법관소속의 법원에 재판의 취소 또는 변경을 청구할 수 있다.
1. 기피신청을 기각한 재판
2. 구금, 보석, 압수 또는 압수물환부에 관한 재판
3. 감정하기 위하여 피고인의 유치를 명한 재판
4. 증인, 감정인, 통역인 또는 번역인에 대하여 과태료 또는 비용의 배상을 명한 재판
③ 제1항의 청구는 재판의 고지 있는 날로부터 <u>7일 이내에</u> 하여야 한다.

비교 이에 비하여 수사기관의 처분에 대한 준항고(제417조)는 기간의 제한이 없다.

---

302 검사가 제1심결정에 대해 항고하면서 상세한 항고이유서를 첨부하여 제출하였는데, 검사가 「형사소송법」 제412조(검사는 항고사건에 대하여 의견을 진술할 수 있다)에 따라 별도로 의견을 진술하지 아니한 상태에서 항고심이 소송기록접수통지서를 송달한 다음 날 항고를 기각한 것은 위법이다. [국가7급 20]

302 (×)

해설+ 검사가 제1심결정에 대해 항고하면서 항고이유서를 첨부하였는데 항고심인 원심법원이 검사에게 소송기록접수통지서를 송달한 다음 날 항고를 기각한 경우, 검사가 항고장에 상세한 항고이유서를 첨부하여 제출함으로써 의견진술을 하였으므로 형사소송법 제412조에 따라 별도로 의견을 진술하지 아니한 상태에서 원심이 항고를 기각하였더라도 그 결정에 위법이 없다(대법원 2012.4.20, 2012모459).

---

303 피고인의 항소대리권자인 배우자가 피고인을 위하여 항소한 경우에도 소송기록접수통지는 항소인인 피고인에게 하여야 하는데, 피고인이 적법하게 소송기록접수통지서를 받지 못하였다면 항소이유서 제출기간이 지났다는 이유로 항소기각결정을 하는 것은 위법하다. [법원9급 23]

303 (○)

해설+ 피고인의 항소대리권자인 배우자가 피고인을 위하여 항소한 경우(형사소송법 제341조)에도 소송기록접수통지는 항소인인 피고인에게 하여야 하는데(형사소송법 제361조의2), 피고인이 적법하게 소송기록접수통지서를 받지 못하였다면 항소이유서 제출기간이 지났다는 이유로 항소기각결정을 하는 것은 위법하다(대법원 2018.3.29, 2018모642).

304 「형사소송법」 제416조, 제417조의 준항고에 관한 결정에 대하여는 재판에 영향을 미친 헌법, 법률, 명령, 규칙의 위반이 있음을 이유로 하는 때에 한하여 대법원에 즉시항고할 수 있는바, 이는 동법 제419조, 제415조에 의한 재항고에 해당한다. [국가7급 21]

304 (O) 준항고법원의 결정에 대하여는 법령위반사유에 한하여 (별도의 항고를 거침이 없이) 대법원에 재항고 가능하다(대법원 1983.5.12, 83모12).

CHAPTER 02 | 비상구제절차

1 재심

🔗 대표유형

「형사소송법」제420조 제5호에 정한 무죄 등을 인정할 '증거가 새로 발견된 때'란 재심대상이 되는 확정판결의 소송절차에서 발견되지 못하였거나 또는 발견되었다 하더라도 제출할 수 없었던 증거를 새로 발견하였거나 비로소 제출할 수 있게 된 때를 말한다.

[경찰채용 15]

(○) 대법원 2009.7.16, 2005모472 전원합의체

🔗 대표유형

「형사소송법」제420조 제5호의 '무죄 등을 인정할 명백한 증거'에 해당하는지 여부는 새로 발견된 증거만을 독자적 · 고립적으로 고찰하여 그 증거가치만으로 판단하여야 한다.

[국가9급 16]

(✕) '판단하여야 한다' → '판단할 것이 아니다'

해설+ 재심대상이 되는 확정판결을 선고한 법원이 사실인정의 기초로 삼은 증거들 가운데 새로 발견된 증거와 유기적으로 밀접하게 관련되고 모순되는 것들은 함께 고려하여 평가하여야 한다(대법원 2009.7.16, 2005모472 전원합의체).

001 구체적 정의의 실현이라는 관점에서 인정되는 재심 및 비상상고는 확정판결의 기판력을 배제하기 위한 예외적 장치로 볼 수 있다. [국가7급 08]

001 (○) 통설의 입장이다.

002 재심의 대상은 유죄의 확정판결과 항소 또는 상고의 기각판결이다.

[경찰채용 14·17 2차] [법원9급 17]

002 (○) 제420조, 제421조 참조.

003 유죄의 확정판결과 달리 항소 또는 상고의 기각판결은 재심의 대상이 될 수 없다. [법원9급 21]

003 (✕)

해설+ 형사재판에서 재심은 유죄의 확정판결(제420조)과 유죄판결에 대한 항소 또는 상고를 기각한 확정판결(제421조 제1항)을 그 대상으로 한다.

004 특별사면으로 형 선고의 효력이 상실된 유죄의 확정판결도 「형사소송법」 제420조 '유죄의 확정판결'에 해당하여 재심청구의 대상이 될 수 있다.

[경찰채용 16] [법원9급 18]

004 (○) 대법원 2015.5.21, 2011 도1932 전원합의체

005 항소심의 유죄판결에 대하여 상고가 제기되어 상고심 재판이 계속되던 중 피고인이 사망하여 공소기각결정이 확정된 경우는 재심절차의 전제가 되는 유죄의 확정판결이 존재하는 경우에 해당하지 않는다.

[경찰채용 17 1차] [국가9급 17] [법원9급 18]

005 (○) 대법원 2013.6.27, 2011 도7931

006 면소판결을 대상으로 한 재심청구는 적법하다.

006 (×)

해설+ [대통령긴급조치 제9호 위반에 대한 면소판결에 재심을 구하는 사건] 형사재판에서 재심은 형사소송법 제420조, 제421조 제1항의 규정에 의하여 유죄 확정판결 및 유죄판결에 대한 항소 또는 상고를 기각한 확정판결에 대하여만 허용된다. 면소판결은 유죄 확정판결이라 할 수 없으므로 면소판결을 대상으로 한 재심청구는 부적법하다(대법원 2014.4.25, 2013재도29; 2018.5.2, 2015모 3243; 2021.4.2, 2020모2071).

007 항소심에서 파기되어 버린 제1심판결에 대해서도 재심을 청구할 수 있다.

[법원9급 17]

007 (×) '있다' → '없다'(대법원 2004.2.13, 2003모464)

008 판결이 위헌·위법사유로 당연무효인 경우 형식적 확정력이 인정될 수 없어 재심의 대상이 될 수 없으므로 이에 대한 재심청구는 부적법하다.

[군무원9급 21]

008 (×) 판결이 위헌·위법사유로 당연무효라 하더라도 판결이 성립한 이상 형식적 확정력은 인정되므로, 그 위헌·위법상태를 바로잡기 위하여 재심의 대상에 해당한다.

판례 '여순사건' 당시 내란 및 국권문란 혐의로 군법회의에 회부되어 사형을 선고받고 그 판결에 따라 사형이 집행된 피고인들의 유족들이 그 후 위 판결(이하 '재심대상판결'이라 한다)에 대해 재심을 청구하여 재심개시결정이 있게 되자 검사가 재항고를 한 경우, 재심대상판결의 판결서는 발견되지 않았으나 판결의 존재와 판결서의 존재는 구별되는 것이고, 재심대상판결의 존재, 즉 판결의 선고와 확정사실은 계엄지구사령부 사령관 명의로 작성된 고등군법회의명령 제3호 문서(이하 '판결집행명령서'라 한다), 당시의 언론보도, 진실·화해를 위한 과거사 정리위원회의 여순사건 진실규명결정서 등 다른 자료를 통하여 인정할 수 있는 점, 재심대상판결의 판결서 원본이 작성되었으나 사변 등으로 멸실·분실되었을 가능성이 있고, 설령 처음부터 판결서가 작성되지 않았더라도 판결이 선고되고 확정되어 집행된 사실이 인정되는 이상 판결의 성립을 인정하는 데에는 영향이 없는 점, 여순사건 당시 선포된 계엄령과 그 계엄령 선포에 따라 설치된 군법회의에 대하여 법적 근거와 절차 등의 위헌·위법논란이 있으나, 대한민국헌법(1948.7.17. 제정된 것, 제헌헌법) 제64조, 제76조 제2항, 제100조 아래 이루어진 계엄선포 상황에서 국가공권력에 의한 사법작용으로서 군법회의를 통한 판결이 선고된 이상 그 근거법령이나 절차, 내용 등이 위헌·위법하다고 평가되어 판결이 당연무효가 되는 것은 별론으로 하고 판결의 성립을 부정할 수는 없는 점, 또한 판결이 위와 같은 위헌·위법사유로 당연무효라고 하더라도 그것이 성립한 이상 형식적 확정력은 인정되고, 오히려 그러한 중대한 위헌·위법상태를 바로잡기 위하여 재심의 대상이 될 수 있다고 보아야 하며, 이러한 판결에 대하여 재심을 통한 구제를 긍정하는 것이 유죄의 확정판결에 중대한 하자가 있는 경우 피고인의 이익을 위하여 이를 바로잡는다는 재심제도의 존재목적에도 부합하는 점 등을 종합하면, 유죄의 확정판결로서 재심의 대상이 되는 재심대상판결이 존재한다고 본 원심판단은 정당하다(대법원 2019.3.21, 2015모2229 전원합의체).

009 약식명령에 대하여 정식재판청구가 이루어지고 그 후 진행된 정식재판절차에서 유죄판결이 선고되어 확정된 경우, 재심사유가 존재한다고 주장하는 피고인 등은 효력을 잃은 약식명령이 아니라 유죄의 확정판결을 대상으로 재심을 청구하여야 한다.

[법원9급 14]

009 (○) 대법원 2013.4.11, 2011도10626

010 약식명령에 대하여 정식재판청구가 이루어지고 그 후 진행된 정식재판절차에서 유죄판결이 선고되어 확정된 경우, 재심사유가 존재한다고 주장하는 피고인은 약식명령을 대상으로 재심을 청구하여야 한다. [국가9급 16]

010 (×) '약식명령' → '유죄의 확정판결'

해설+ 유죄의 확정판결을 대상으로 재심을 청구하여야 한다(대법원 2013.4.11, 2011도10626).

011 약식명령에 대하여 정식재판절차에서 유죄판결이 선고되어 확정된 경우 피고인 등은 약식명령이 아니라 유죄의 확정판결을 대상으로 재심을 청구하여야 하나, 피고인 등이 약식명령에 대하여 재심을 청구하여 재심개시결정이 확정되었다면 재심절차를 진행하는 법원은 재심이 개시된 대상을 유죄의 확정판결로 변경할 수 있다. [경찰채용 19 2차]

011 (×)

> **해설+** 약식명령에 대하여 정식재판청구가 이루어지고 그 후 진행된 정식재판절차에서 유죄판결이 선고되어 확정된 경우, 재심사유가 존재한다고 주장하는 피고인 등은 효력을 잃은 약식명령이 아니라 유죄의 확정판결을 대상으로 재심을 청구하여야 한다. 그런데도 피고인 등이 약식명령에 대하여 재심의 청구를 한 경우, 법원으로서는 재심의 청구에 기재된 재심을 개시할 대상의 표시 이외에도 재심청구의 이유에 기재된 주장 내용을 살펴보고 재심을 청구한 피고인 등의 의사를 참작하여 재심청구의 대상을 무엇으로 보아야 하는지 심리·판단할 필요가 있다. 그러나 법원이 심리한 결과 재심청구의 대상이 약식명령이라고 판단하여 그 약식명령을 대상으로 재심개시결정을 한 후 이에 대하여 검사나 피고인 등이 모두 불복하지 아니함으로써 그 결정이 확정된 때에는, 그 재심개시결정에 의하여 재심이 개시된 대상은 약식명령으로 확정되고, 그 재심개시결정에 따라 재심절차를 진행하는 법원이 재심이 개시된 대상을 유죄의 확정판결로 변경할 수는 없다. 이 경우 그 재심개시결정은 이미 효력을 상실하여 재심을 개시할 수 없는 약식명령을 대상으로 한 것이므로, 그 재심개시결정에 따라 재심절차를 진행하는 법원으로서는 심판의 대상이 없어 아무런 재판을 할 수 없다 (대법원 2013.4.11, 2011도10626).

012 원판결의 증거가 된 서류 또는 증거물이 민사확정판결에 의하여 위조되거나 변조된 것임이 증명된 때는 재심의 사유에 해당한다. [국가9급 22]

012 (×)

> **해설+** 원판결의 증거가 된 서류 또는 증거물이 확정판결에 의하여 위조되거나 변조된 것임이 증명된 때에는 재심사유에 해당하나(제420조 제1호), 여기서 확정판결은 증거위조·변조죄의 유죄판결을 의미하므로 민사확정판결이 아닌 형사확정판결을 말한다.

013 원판결의 이유에서 증거로 인용된 증언이 나중에 확정판결에 의하여 허위인 것이 증명되더라도, 다른 증언에 의하여 '죄로 되는 사실'이 유죄로 인정되면 재심사유에 해당하지 않는다. [경찰채용 12]

013 (×)

> **해설+** '다른 증언에 의하여 '죄로 되는 사실'이 유죄로 인정되면 재심사유에 해당하지 않는다' → "죄로 되는 사실'이 유죄로 인정될 것인지에 관계없이 형사소송법 제420조 제2호의 재심사유가 있다'(대법원 2012.4.13, 2011도8529).

014 재심이유 중에서 '원판결의 증거된 증언이 확정판결에 의하여 허위인 것임이 증명된 때'라 함은 원판결의 증거된 증언을 한 자가 그 재판과정에서 자신의 증언과 반대되는 취지의 증언을 한 다른 증인을 위증죄로 고소하였다가 그 고소가 허위임이 밝혀져 무고죄로 유죄의 확정판결을 받은 경우를 포함한다.

[경찰채용 13]

014 (×) '포함한다' → '포함되지 아니한다'
무고죄로 유죄의 확정판결을 받은 경우는 위 재심사유에 포함되지 아니한다(대법원 2005.4.14, 2003도1080).

015 「형사소송법」 제420조 제4호의 "원판결의 증거된 재판이 확정재판에 의하여 변경된 때"의 "원판결의 증거된 재판"이라 함은 원판결의 이유 중에서 증거로 채택되어 죄로 되는 사실을 인정하는 데 인용된 다른 재판을 뜻한다.

[변호사 21]

015 (○)

> **해설+** 같은 조 제4호 소정의 "원판결의 증거된 재판"이라 함은 원판결의 이유 중에서 증거로 채택되어 죄로 되는 사실을 인정하는 데 인용된 타의 재판을 뜻한다고 할 것인바, 재항고인이 내세우는 원판결의 공동피고인에 대한 항소심 및 상고심 판결이 원판결 이유 중에 증거로 채택되지 아니하였음은 기록상 뚜렷하므로 이 논지 또한 채택할 수 없다(대법원 1986.8.28, 86모15).

016 「형사소송법」 제420조 제7호의 재심사유 해당 여부를 판단함에 있어 사법경찰관 등이 범한 직무에 관한 죄가 사건의 실체관계에 관계된 것인지 여부나 당해 사법경찰관이 직접 피의자에 대한 조사를 담당하였는지 여부는 고려할 사정이 아니다.

[경찰채용 15·16·17 1차]

016 (○) 실체관계에 관계된 것인지 여부나 당해 사법경찰관이 직접 피의자에 대한 조사를 담당하였는지 여부는 고려할 사정이 아니다(대법원 2008.4.24, 2008모77).

017 재심개시절차에서는 「형사소송법」에서 규정하고 있는 재심사유가 있는지 여부만을 판단하여야 하고, 나아가 재심사유가 재심대상판결에 영향을 미칠 가능성이 있는가의 실체적 사유는 고려하여서는 아니 된다.

[국가9급개론 22]

017 (○)

> **해설+** 형사소송법상 재심절차는 재심개시절차와 재심심판절차로 구별되는 것이므로, 재심개시절차에서는 형사소송법을 규정하고 있는 재심사유가 있는지 여부만을 판단하여야 하고, 나아가 재심사유가 재심대상판결에 영향을 미칠 가능성이 있는가의 실체적 사유는 고려하여서는 아니 된다(대법원 2008.4.24, 2008모77).

018 형벌에 관한 법령이 당초부터 헌법에 위배되어 법원에서 위헌·무효라고 선언한 경우도 「형사소송법」 제420조 제5호의 재심사유인 '무죄 등을 인정할 증거가 새로 발견된 때'에 해당한다. [법원9급 18]

019 친고죄에서 담당공무원이 고소취소장을 접수받은 후 기록에 첨부하지 않는 바람에 유죄의 판결이 선고되고 그 판결이 확정되었다는 사실이 뒤늦게 확인되었다면, 공소기각을 인정할 명백한 증거가 새로 발견된 것으로서 재심사유가 된다. [경찰채용 21 1차]

해설+ 형사소송법 제420조 제5호는 유죄의 선고를 받은 자에 대하여 무죄 또는 면소를, 형의 선고를 받은 자에 대하여 형의 면제 또는 원판결이 인정한 죄보다 경한 죄를 인정할 명백한 증거가 발견된 때에는 재심을 청구할 수 있다고 규정하고 있고, 위 법조 소정의 '원판결이 인정한 죄보다 경한 죄'라 함은 원판결이 인정한 죄와는 별개의 죄로서 그 법정형이 가벼운 죄를 말하는 것이므로, 동일한 죄에 대하여 공소기각을 선고받을 수 있는 경우는 여기에서의 경한 죄에 해당하지 않는다(대법원 1997.1.13, 96모51).

020 「형사소송법」 제420조 제5호의 '형의 면제를 인정할 명백한 증거가 새로 발견될 때'에서 '형의 면제'는 형의 필요적 면제만을 의미하고 임의적 면제는 해당하지 않는다. [경찰채용 15]

021 재심사유인 '증거가 새롭게 발견된 때'의 증거는 법원뿐만 아니라 재심을 청구한 피고인에게도 새로워야 한다. [경찰채용 12]

022 피고인이 새로운 증거를 발견하였다고 하여 재심을 청구한 경우 재심대상판결의 소송절차 중에 그러한 증거를 제출하지 못한 데 피고인의 과실이 있는 경우에는, 그 증거에 대해서는 신규성이 부인된다. [경찰채용 15]

023 피고인이 증거 있음을 알면서 고의·과실 등 귀책사유로 인하여 증거를 제출하지 아니한 경우라도 법원에게 새로운 증거라면 그 증거의 발견을 재심사유로 삼을 수 있다. [군무원9급 22]

> **판례** 형사소송법 제420조 제5호에 정한 무죄 등을 인정할 '증거가 새로 발견된 때'란 재심대상이 되는 확정판결의 소송절차에서 발견되지 못하였거나 또는 발견되었다 하더라도 제출할 수 없었던 증거를 새로 발견하였거나 비로소 제출할 수 있게 된 때를 말한다. 증거의 신규성을 누구를 기준으로 판단할 것인지에 대하여 위 조항이 그 범위를 제한하고 있지 않으므로 그 대상을 법원으로 한정할 것은 아니다. … 따라서 피고인이 재심을 청구한 경우 재심대상이 되는 확정판결의 소송절차 중에 그러한 증거를 제출하지 못한 데 과실이 있는 경우에는 그 증거는 위 조항에서의 '증거가 새로 발견된 때'에서 제외된다고 해석함이 상당하다(대법원 2009.7.16, 2005모472 전원합의체).

...

023 (×) 증거가 피고인 등 재심청구인에게 새로운 것이어야 하는가에 대하여 학설은 필요설, 불요설(多), 절충설이 대립하고, 판례는 절충설을 취하여 피고인에게 원칙적으로 신규성은 요구되지 아니하지만, 재심대상판결의 소송절차에서의 증거미제출에 피고인의 고의·과실이 있다면 증거의 신규성이 부정된다고 본다.

024 신증거에 의한 재심이유에서 의미하는 증거의 명백성이라 함은 새로운 증거가 확정판결을 파기할 고도의 가능성 내지 개연성이 인정되는 것을 말한다. 이러한 명백성의 판단방법에 관하여 변경된 판례는 새로 발견된 증거만을 독립적으로 고찰하여 그 증거가치만으로 재심의 개시여부를 판단할 것이 아니라 사실인정의 기초로 삼은 증거들 가운데에서 새로 발견된 증거와 유기적으로 밀접하게 관련되고 모순되는 것들은 함께 고려하여 평가하여야 하고, 그 결과 단순히 재심대상이 되는 유죄의 확정판결에 대하여 그 정당성이 의심되는 수준을 넘어 그 판결을 그대로 유지할 수 없을 정도로 고도의 개연성이 인정되는 경우라면 그 새로운 증거는 '명백한 증거'에 해당한다고 보고 있다. [경찰채용 13]

> **보충** 종합평가 + 재평가 = 고도의 개연성(명백성)

024 (○) 대법원 2009.7.16, 2005모472 전원합의체

025 공범자 중 일부에 대하여는 무죄, 다른 일부에 대하여는 유죄의 확정판결이 있는 경우, 무죄확정판결의 증거자료를 자기의 증거자료로 하지 못하였고 또 새로 발견된 것이 아닌 한 무죄확정판결 자체만으로는 새로운 증거에 해당하지 않는다. [경찰채용 17 2차] [국가7급 16]

025 (○) 공범자에 대한 모순된 판결만으로는 재심사유로 인정되지 아니하고, 이것이 자기의 무죄 등을 인정할 명백한 증거에 해당하여야 한다(대법원 1984.4.13, 84모14).

026 재심의 청구는 형의 집행을 종료하거나 형의 집행을 받지 아니하게 된 때에도 할 수 있다. [법원9급 14]

026 (○) 제427조 참조.

027 재심청구는 피고인이었던 자의 사망 후에도 할 수 있다. [법원9급 16]

(O) 재심제도는 오류를 시정하고 정의를 실현하기 위함에 그 취지가 있다(제424조).

028 대법원이 제2심판결을 파기자판한 경우 재심청구는 원판결을 선고한 대법원에 하여야 한다. [법원승진 11]

028 (O) 원판결은 대법원의 파기자판인 것이어서 재심청구를 대법원에 하여야 한다(대법원 1961.12.4, 4294형항20).

029 제1심확정판결에 대한 재심청구사건의 판결이 있은 후에는 항소기각판결에 대하여 다시 재심을 청구하지 못한다. [국가7급 12]

029 (O) 재심판결에 대하여 상소하면 되기 때문이다. 제421조 제2항 참조.

030 재심의 청구는 형의 집행을 정지하는 효력이 없다. 다만, 관할법원에 대응한 검찰청 검사는 재심청구에 대한 재판이 있을 때까지 형의 집행을 정지할 수 있다. [경찰채용 14] [법원9급 14]

030 (O) 재심청구 시 검사에 의한 임의적 집행정지만이 가능하다. 제428조 참조.

031 재심청구를 받은 군사법원은 먼저 재판권 유무를 심사하여 군사법원에 재판권이 없다고 판단되면 재심개시절차로 나아가지 말고 곧바로 사건을 군사법원법 제2조 제3항에 따라 같은 심급의 일반법원으로 이송하여야 한다. [법원9급 17]

031 (O) 대법원 2015.5.21, 2011도1932 전원합의체

032 재심의 청구에 대하여 결정을 함에는 청구한 자와 상대방의 의견을 들어야 한다. 단, 유죄선고를 받은 자의 법정대리인이 청구한 경우에는 유죄의 선고를 받은 자의 의견을 들어야 한다. [경찰채용 14]

032 (O) 제432조 참조.

033 재심청구인이 재심의 청구를 한 후 청구에 대한 결정이 확정되기 전에 사망한 경우라도 재심청구절차는 재심청구인의 사망으로 당연히 종료하게 되는 것은 아니다.   [경찰채용 16·17 1차] [법원9급 18]

033 (×) '되는 것은 아니다' → '된다'
재심청구절차는 재심청구인의 사망으로 당연히 종료하게 된다(대법원 2014.5.30, 2014모739).

034 당사자가 재심청구의 이유에 관한 사실조사신청을 한 경우 법원은 이 신청에 대해서 판단을 하여야 하고, 신청을 배척하는 경우에는 당사자에게 이를 고지하여야 한다.   [국가7급 21]

034 (×)

해설+ 재심개시절차의 결정절차적 성질에도 불구하고 재심청구를 받은 법원은 필요한 때에는 사실을 조사할 수 있으므로(제37조 제3항) 합의부원에게 재심청구의 이유에 대하여 사실조사를 명하거나 다른 법원 판사에게 이를 촉탁할 수 있다(제431조 제1항). 다만 소송당사자에게 사실조사신청권이 있는 것이 아니므로 당사자가 재심청구의 이유에 관한 사실조사신청을 한 경우에도 이는 단지 법원의 직권발동을 촉구하는 의미밖에 없는 것이므로, 법원은 이 신청에 대하여는 재판을 할 필요가 없고, 설령 법원이 이 신청을 배척하였다고 하여도 당사자에게 이를 고지할 필요가 없다(대법원 2021.3.12, 2019모3554).

보충 제432조 【재심에 대한 결정과 당사자의 의견】 재심의 청구에 대하여 결정을 함에는 청구한 자와 상대방의 의견을 들어야 한다. 단, 유죄의 선고를 받은 자의 법정대리인이 청구한 경우에는 유죄의 선고를 받은 자의 의견을 들어야 한다.

035 재심의 청구를 받은 법원은 당사자가 재심청구의 이유에 관한 사실조사신청을 한 경우에 그 신청에 대해 재판을 하여야 한다.   [군무원9급 23]

035 (×)

해설+ 재심의 청구를 받은 법원은 필요하다고 인정한 때에는 형사소송법 제431조에 의하여 직권으로 재심청구의 이유에 대한 사실조사를 할 수 있으나, 소송당사자에게 사실조사신청권이 있는 것이 아니다. 그러므로 당사자가 재심청구의 이유에 관한 사실조사신청을 한 경우에도 이는 단지 법원의 직권발동을 촉구하는 의미밖에 없는 것이므로, 법원은 이 신청에 대하여는 재판을 할 필요가 없고, 설령 법원이 이 신청을 배척하였다고 하여도 당사자에게 이를 고지할 필요가 없다(대법원 2021.3.12, 2019모3554).

036 제433조에 따라 재심의 청구가 법률상의 방식에 위반하거나 청구권의 소멸 후인 것이 명백하여 이를 기각하는 결정에 대하여는 즉시항고가 허용되지 않는다.   [국가7급 23]

036 (×) 제433조, 제437조 참조

해설+ 제433조 【청구기각 결정】 재심의 청구가 법률상의 방식에 위반하거나 청구권의 소멸 후인 것이 명백한 때에는 결정으로 기각하여야 한다.

제437조 【즉시항고】 제433조, 제434조 제1항, 제435조 제1항과 전조 제1항의 결정에 대하여는 즉시항고를 할 수 있다.

037 재심의 청구가 이유 없다고 인정하여 결정으로 기각한 경우라도 다른 재심 청구권자는 동일한 이유로서 다시 재심을 청구할 수 있다.   [국가7급 10]

038 재심의 청구는 취하할 수 있고, 재심의 청구를 취하한 자는 동일한 이유로써 다시 재심을 청구할 수 있다.   [경찰간부 18] [경찰채용 14]

해설+ 재심청구는 재심의 제1심판결 선고 전까지 취하할 수 있으나, 재심청구를 취하한 자는 동일한 이유로써 다시 재심을 청구하는 것이 금지된다(제429조 제2항).

039 재심청구의 대상이 된 원판결의 심리에 관여한 법관이 재심청구사건을 심판하더라도 제척 또는 기피사유에 해당하지 않는다.   [국가9급 17]

040 재심절차에서는 공소취소가 불가능하다.   [법원9급 16]

041 재심이 개시된 사건에서 법령이 변경된 경우 범죄사실에 대하여 적용하여야 할 법령은 재심판결 당시의 법령이 아닌 재심대상판결 당시의 법령이지만, 법령을 해석할 때에는 재심판결 당시를 기준으로 하여야 한다.

    [경찰채용 12 유사] [국가7급 12]

해설+ 재심판결 당시의 법령을 적용하여야 하며, 법령을 해석함에 있어서도 재심판결 당시를 기준으로 하여야 한다(대법원 2010.12.16, 2010도5986 전원합의체; 2013.7.11, 2011도14044).

042 경합범 관계에 있는 수개의 범죄사실에 대하여 1개의 형을 선고한 확정판결 중 일부에 재심사유가 있는 경우에는 그 판결 전부에 대하여 재심개시결정을 하여야 한다.   [경찰채용 12]

043 경합범 관계에 있는 수개의 범죄사실을 유죄로 인정하여 한 개의 형을 선고한 불가분의 확정판결에서 그중 일부의 범죄사실에 대해서만 재심청구의 이유가 있는 것으로 인정된 경우에는 그 일부에 대해서만 재심개시의 결정을 하여야 하고 양형을 위해 필요한 범위에 한하여 나머지 범죄사실을 심리할 수 있다. [국가9급 17]

043 (×) '일부에 대해서만' → '판결 전부에 대하여'(대법원 2016.3.24, 2016도1131)

044 경합범 관계에 있는 수개의 범죄사실을 유죄로 인정하여 한 개의 형을 선고한 불가분의 확정판결에서 그중 일부의 범죄사실에 대하여만 재심청구의 이유가 있는 것으로 인정된 경우에는 형식적으로는 1개의 형이 선고된 판결에 대한 것이어서 그 판결 전부에 대하여 재심개시의 결정을 할 수밖에 없지만, 비상구제수단인 재심제도의 본질상 재심사유가 없는 범죄사실에 대하여는 재심개시결정의 효력이 그 부분을 형식적으로 심판의 대상에 포함시키는데 그치므로 재심법원은 그 부분에 대하여는 이를 다시 심리하여 유죄인정을 파기할 수 없고 다만 그 부분에 관하여 새로이 양형을 하여야 하므로 양형을 위하여 필요한 범위에 한하여만 심리를 할 수 있을 뿐이다. [법원9급 14]

044 (○) 대법원 2001.7.13, 2001도1239

045 경합범 관계에 있는 수개의 범죄사실 중 일부 범죄사실에 대하여 재심청구의 이유가 있어 재심개시결정이 있는 경우, 재심법원은 나머지 범죄사실에 대하여도 재심사유가 있다고 보아 심리 후 무죄판결을 선고할 수 있다.

045 (×)

해설+ 경합범 관계에 있는 수개의 범죄사실을 유죄로 인정하여 한 개의 형을 선고한 불가분의 확정판결에서 그중 일부의 범죄사실에 대하여만 재심청구의 이유가 있는 것으로 인정된 경우에는 형식적으로는 1개의 형이 선고된 판결에 대한 것이어서 그 판결 전부에 대하여 재심개시의 결정을 할 수밖에 없지만, 비상구제수단인 재심제도의 본질상 재심사유가 없는 범죄사실에 대하여는 재심개시결정의 효력이 그 부분을 형식적으로 심판의 대상에 포함시키는데 그치므로 재심법원은 그 부분에 대하여는 이를 다시 심리하여 유죄인정을 파기할 수 없고, 다만 그 부분에 관하여 새로이 양형을 하여야 하므로 양형을 위하여 필요한 범위에 한하여만 심리를 할 수 있을 뿐이다(대법원 2021. 7.8, 2021도2738).

046 경합범 관계에 있는 수개의 범죄사실을 유죄로 인정하여 한 개의 형을 선고한 불가분의 확정판결에서 그중 일부의 범죄사실에 대하여만 재심청구의 이유가 있는 것으로 인정되었으나 그 판결 전부에 대하여 재심개시의 결정을 한 경우, 불이익변경금지원칙이 적용되어 원판결의 형보다 중한 형을 선고하지 못한다. [국가9급 21]

046 (○) 대법원 2014.11.13, 2014도10193

047 특별사면으로 형 선고의 효력이 상실된 유죄의 확정판결에 대하여 재심개시결정이 이루어져 재심심판법원이 심급에 따라 다시 심판한 결과 무죄로 인정되는 경우에는 면소판결을 선고하여야 한다. [경찰채용 17 1차] [국가9급 17]

047 (×) '면소판결' → '무죄판결' 무죄를 선고하여야 한다(대법원 2015.10.29, 2012도2938).

048 특별사면으로 형 선고의 효력이 상실된 유죄의 확정판결에 대하여 재심개시결정이 이루어져 재심심판법원이 심급에 따라 다시 심판한 결과 무죄로 인정되는 경우라면 무죄를 선고하여야 하겠지만, 그와 달리 유죄로 인정되는 경우에는, 재심심판법원으로서는 '피고인에 대하여 다시 형을 선고한다'는 주문을 선고할 수밖에 없다. [경찰채용 16]

048 (×) '다시' → 삭제, '선고한다' → '선고하지 아니한다' '피고인에 대하여 형을 선고하지 아니한다'는 주문을 선고할 수밖에 없다(대법원 2015.10.29, 2012도2938).

049 특별사면으로 형 선고의 효력이 상실된 유죄의 확정판결에 대하여 재심개시결정이 이루어져 재심심판법원이 심급에 따라 다시 심판한 결과 유죄로 인정되는 경우에는 원판결보다 중하지 아니한 형을 선고하여야 한다. [군무원9급 22]

049 (×) 특별사면을 받았으므로 원판결보다 중하지 아니한 형을 선고하여서는 아니 되고, 형을 선고하지 아니한다고 선고하여야 한다.

> **판례** 특별사면으로 형 선고의 효력이 상실된 유죄의 확정판결에 대하여 재심개시결정이 이루어져 재심심판법원이 심급에 따라 다시 심판한 결과 무죄로 인정되는 경우라면 무죄를 선고하여야 하겠지만, 그와 달리 유죄로 인정되는 경우에는, 피고인에 대하여 다시 형을 선고하거나 피고인의 항소를 기각하여 제1심판결을 유지시키는 것은 이미 형 선고의 효력을 상실하게 하는 특별사면을 받은 피고인의 법적 지위를 해치는 결과가 되어 이익재심과 불이익변경금지의 원칙에 반하게 되므로, 재심심판법원으로서는 '피고인에 대하여 형을 선고하지 아니한다.'는 주문을 선고할 수밖에 없다(대법원 2015.10.29, 2012도2938).

050 유죄의 확정판결 등에 대해 재심개시결정이 확정된 후 재심심판절차가 진행되면 확정판결은 효력을 잃게 된다.

> **해설+** 재심개시결정의 확정에 의하여 재심심판절차의 진행이 있는 정도로는 부족하고, 재심판결이 확정되어야 재심대상판결인 확정판결이 효력을 상실한다. "유죄의 확정판결에 대하여 재심개시결정이 확정되어 법원이 그 사건에 대하여 다시 심판을 한 후 재심의 판결을 선고하고 그 재심판결이 확정된 때에는 종전의 확정판결은 당연히 효력을 상실한다(대법원 2017.9.21, 2017도4019).

051 재심개시결정이 확정되면 재심대상판결인 원판결의 효력이 상실된다.

[군무원9급 21]

051 (×)

> **해설+** 재심개시 여부를 심리하는 절차의 성질과 판단범위, 재심개시결정의 효력 등에 비추어 보면, 유죄의 확정판결 등(재심대상판결)에 대해 재심개시결정이 확정된 후 재심심판절차가 진행 중이라는 것만으로는 확정판결의 존재 내지 효력을 부정할 수 없고, 재심개시결정이 확정되어 법원이 그 사건에 대해 다시 심리를 한 후 재심의 판결을 선고하고 그 재심판결이 확정된 때에 종전의 확정판결이 효력을 상실한다. 재심의 취지와 특성, 형사소송법의 이익재심원칙과 재심심판절차에 관한 특칙 등에 비추어 보면, 재심심판절차에서는 특별한 사정이 없는 한 검사가 재심대상사건과 별개의 공소사실을 추가하는 내용으로 공소장을 변경하는 것은 허용되지 않고, 재심대상사건에 일반 절차로 진행 중인 별개의 형사사건을 병합하여 심리하는 것도 허용되지 않는다(대법원 2019. 6.20, 2018도20698 전원합의체).

052 재심판결이 확정됨에 따라 원판결이나 그 부수처분의 법률적 효과가 상실되고 형 선고가 있었다는 기왕의 사실 자체의 효과가 소멸하는 것은 재심의 본질상 당연한 것으로서, 원판결의 효력 상실 그 자체로 인하여 피고인이 어떠한 불이익을 입는다 하더라도 이를 두고 재심에서 보호되어야 할 피고인의 법적 지위를 해치는 것이라고 볼 것은 아니다. [국가7급 22] [법원9급 21]

052 (○)

> **해설+** 원판결이 선고한 집행유예가 실효 또는 취소됨이 없이 유예기간이 지난 후에 새로운 형을 정한 재심판결이 선고되고, 재심판결의 확정에 따라 원판결이 효력을 잃게 되는 결과 집행유예의 법률적 효과까지 없어졌으나 재심판결의 형이 원판결의 형보다 중하지 않은 경우, 불이익변경금지원칙이나 이익재심원칙에 반하지 아니한다(대법원 2018.10.25, 2018도13150).

053 원판결이 선고한 집행유예가 실효 또는 취소됨이 없이 그 유예기간이 지난 후에 새로운 형을 정한 재심판결이 선고되었다면 비록 그 재심판결의 형이 원판결의 형보다 중하지 않더라도 불이익변경금지원칙에 반한다.

[국가7급 20]

053 (×)

해설+ 원판결이 선고한 집행유예가 실효 또는 취소됨이 없이 유예기간이 지난 후에 새로운 형을 정한 재심판결이 선고되는 경우에도, 그 유예기간 경과로 인하여 원판결의 형 선고 효력이 상실되는 것은 원판결이 선고한 집행유예 자체의 법률적 효과로서 재심판결이 확정되면 당연히 실효될 원판결 본래의 효력일 뿐이므로, 이를 형의 집행과 같이 볼 수는 없고, 재심판결의 확정에 따라 원판결이 효력을 잃게 되는 결과 그 집행유예의 법률적 효과까지 없어진다 하더라도 재심판결의 형이 원판결의 형보다 중하지 않다면 불이익변경금지의 원칙이나 이익재심의 원칙에 반한다고 볼 수 없다(대법원 2018.2.28, 2015도15782).

054 재심판결의 확정에 따라 원판결이 효력을 잃게 되는 결과, 원판결에서 선고된 집행유예의 법률적 효과까지 없어진다 하더라도 재심판결의 형이 원판결의 형보다 중하지 않다면 불이익변경금지의 원칙에 반한다고 볼 수 없다.

[경찰채용 21 1차]

054 (○) 대법원 2018.2.28, 2015도15782

055 상습범인 선행범죄(A)로 유죄의 확정판결을 받은 사람이 그 후 동일한 습벽에 의해 다시 후행범죄(B)를 저질렀는데 유죄의 확정판결에 대하여 재심이 개시된 경우에, 동일한 습벽에 의한 후행범죄(B)가 선행범죄(A)에 대한 재심판결 선고 전에 저지른 범죄라 하더라도 재심판결의 기판력은 후행범죄(B)에 미치지 않는다.

[변호사 21]

055 (○)

해설+ 상습범으로 유죄의 확정판결(이하 앞서 저질러 재심의 대상이 된 범죄를 '선행범죄'라 한다)을 받은 사람이 그 후 동일한 습벽에 의해 범행을 저질렀는데(이하 뒤에 저지른 범죄를 '후행범죄'라 한다) 유죄의 확정판결에 대하여 재심이 개시된 경우, 동일한 습벽에 의한 후행범죄가 재심대상판결에 대한 재심판결 선고 전에 저질러진 범죄라 하더라도 재심판결의 기판력이 후행범죄에 미치지 않는다. 재심심판절차에서 선행범죄, 즉 재심대상판결의 공소사실에 후행범죄를 추가하는 내용으로 공소장을 변경하거나 추가로 공소를 제기한 후 이를 재심대상사건에 병합하여 심리하는 것이 허용되지 않으므로 재심심판절차에서는 후행범죄에 대하여 사실심리를 할 가능성이 없다. 또한 재심심판절차에서 재심개시결정의 확정만으로는 재심대상판결의 효력이 상실되지 않으므로 재심대상판결은 확정판결로서 유효하게 존재하고 있고, 따라서 재심대상판결을 전후하여 범한 선행범죄와 후행범죄의 일죄성은 재심대상판결에 의하여 분단되어 동일성이 없는 별개의 상습범이 된다. 그러므로 선행범죄에 대한 공소제기의 효력은 후행범죄에 미치지 않고 선행범죄에 대한 재심판결의 기판력은 후행범죄에 미치지 않는다. 만약 재심판결의 기판력이 재심판결의 선고 전에 선행범죄와 동일한 습벽에 의해 저질러진 모든 범죄에 미친다고 하면, 선행범죄에 대한 재심대상판결의 선고 이후 재심판결 선고 시까지 저지른 범죄는 동시에 심리할 가능성이 없었음에도 모두 처벌할 수 없다는 결론에 이르게 되는데, 이는 처벌의 공백을 초래하고 형평에 반한다(대법원 2019.6.20, 2018도20698 전원합의체).

056 재심판결에서 피고인에게 또다시 집행유예를 선고할 경우 그 집행유예기간의 시기는 재심대상판결의 확정일이 아니라 재심판결의 확정일로 보아야 한다. [군무원9급 21]

056 (○)

> **해설+** 우리 형법이 집행유예기간의 시기에 관하여 명문의 규정을 두고 있지는 않지만, 형사소송법 제459조가 "재판은 이 법률에 특별한 규정이 없으면 확정한 후에 집행한다."라고 규정한 취지나 집행유예제도의 본질 등에 비추어 보면 집행유예를 함에 있어 그 집행유예기간의 시기는 집행유예를 선고한 판결 확정일로 하여야 한다. 피고인이 재심대상판결에서 정한 집행유예의 기간 중 특정범죄 가중처벌 등에 관한 법률 위반(보복협박등)죄로 징역 6개월을 선고받아 그 판결이 확정됨으로써 위 집행유예가 실효되고 피고인에 대하여 유예된 형이 집행되었는데, 재심판결인 원심판결에서 새로이 형을 정하고 원심판결 확정일을 기산일로 하는 집행유예를 다시 선고한 경우, 재심판결에서 피고인에게 또다시 집행유예를 선고할 경우 그 집행유예기간의 시기는 재심대상판결의 확정일이 아니라 재심판결의 확정일로 보아야 하고, 그로 인하여 재심대상판결이 선고한 집행유예의 실효효과까지 없어지더라도, 재심판결이 확정되면 재심대상판결은 효력을 잃게 되는 재심의 본질상 당연한 결과이므로, 재심판결에서 정한 형이 재심대상판결의 형보다 중하지 않은 이상 불이익변경금지원칙이나 이익재심원칙에 반하지 않는다고 본 원심판결이 정당하다(대법원 2019.2.28, 2018도13382).

2 비상상고

 대표유형

비상상고의 신청권자는 검찰총장에 한한다. [법원9급 15]

(○) 재심 – 검사, 유죄를 선고받은 자 등(제424조), 비상상고 – 검찰총장(제441조)

057 재심은 확정된 유죄판결을 대상으로 하지만, 비상상고는 확정된 모든 판결을 대상으로 한다. [법원9급 15]

057 (○) 재심 – 확정된 유죄판결(제420조), 비상상고 – 확정된 모든 판결(제441조)

058 비상상고의 판결은 파기자판의 경우 이외에는 그 효력이 피고인에게 미치지 아니한다. [군무원9급 23]

058 (○) 제447조 참조.

> **해설+** 제446조 【파기의 판결】 비상상고가 이유 있다고 인정한 때에는 다음의 구별에 따라 판결을 하여야 한다.
> 1. 원판결이 법령에 위반한 때에는 그 위반된 부분을 파기하여야 한다. 단, 원판결이 피고인에게 불이익한 때에는 원판결을 파기하고 피고사건에 대하여 다시 판결을 한다.
> 2. 원심소송절차가 법령에 위반한 때에는 그 위반된 절차를 파기한다.
>
> 제447조 【판결의 효력】 비상상고의 판결은 전조 제1호 단행의 규정에 의한 판결 외에는 그 효력이 피고인에게 미치지 아니한다.

059 비상상고제도는 법령 해석·적용의 통일성을 도모하려는 제도로서, 상급심의 파기판결에 의해 효력을 상실한 재판도 「형사소송법」 제441조에 따른 비상상고의 대상이 될 수 있다. [국가7급 22] [군무원9급 23 변형]

059 (×)

해설+ 형사소송법 제441조는 "검찰총장은 판결이 확정한 후 그 사건의 심판이 법령에 위반한 것을 발견한 때에는 대법원에 비상상고를 할 수 있다."라고 규정하고 있다. 상급심의 파기판결에 의해 효력을 상실한 재판의 법령위반 여부를 다시 심사하는 것은 무익할 뿐만 아니라, 법령의 해석·적용의 통일을 도모하려는 비상상고제도의 주된 목적과도 부합하지 않는다. 따라서 <u>상급심의 파기판결에 의해 효력을 상실한 재판은 위 조항에 따른 비상상고의 대상이 될 수 없다</u>(대법원 2021.3.11, 2019오1).

060 재심 및 비상상고의 관할은 원판결을 선고한 법원이다. [법원9급 15]

060 (×) '및 비상상고' → 삭제
재심 – 원판결을 선고한 법원(제423조), 비상상고 – 대법원(제441조)

061 재심 및 비상상고의 청구시기는 제한이 없다. [법원9급 15]

061 (○) 재심 – 제한 없음(제427조), 비상상고 – 제한 없음

062 「형사소송법」 제441조에서 정한 비상상고의 사유인 '그 사건의 심판이 법령에 위반한 때'의 의미와 관련하여 단순히 법령적용의 전제사실을 오인함에 따라 법령위반의 결과를 초래한 것과 같은 경우도 여기에 해당한다.

062 (×)

해설+ 형사소송법이 정한 비상상고이유인 '그 사건의 심판이 법령에 위반한 때'란 확정판결에서 <u>인정한 사실을 변경하지 아니하고 이를 전제로 한 '실체법의 적용에 관한 위법 또는 그 사건에서의 절차법상의 위배'가 있는 경우</u>를 뜻한다. 단순히 그 법령을 적용하는 과정에서 '전제가 되는 사실을 오인함'에 따라 법령위반의 결과를 초래한 것과 같은 경우에는 이를 이유로 비상상고를 허용하는 것이 법령의 해석·적용의 통일을 도모한다는 비상상고 제도의 목적에 유용하지 않으므로 <u>'그 사건의 심판이 법령에 위반한 때'에 해당하지 않는다고 해석하여야 한다</u>(대법원 1962.9.27, 62오1; 2005.3.11, 2004오2; 2021.3.11, 2018오2).

063 비상상고가 이유 없다고 인정한 때에는 판결로써 이를 기각하여야 한다. [군무원9급 23]

063 (○) 제445조 참조.

해설+ 제445조【기각의 판결】비상상고가 이유 없다고 인정한 때에는 판결로써 이를 기각하여야 한다.

CHAPTER 03 | 재판의 집행과 형사보상

🔗 대표유형

판결 전 미결구금일수는 그 전부가 법률상 당연히 본형에 산입하게 되었으므로 판결에서 별도로 미결구금일수 산입에 관한 사항을 판단할 필요가 없다.

[국가7급 15] [국가9급개론 21]

(○) 대법원 2009.12.10, 2009도 11448

🔗 대표유형

형사보상을 받을 자가 다른 법률에 따라 손해배상을 청구하는 것은 금지된다.

[국가9급 21]

(×) 형사보상 및 명예회복에 관한 법률(이하 '형보법') 제6조 제1항

보충 형사보상 및 명예회복에 관한 법률 제6조 【손해배상과의 관계】① 이 법은 보상을 받을 자가 다른 법률에 따라 손해배상을 청구하는 것을 금지하지 아니한다.
② 이 법에 따른 보상을 받을 자가 같은 원인에 대하여 다른 법률에 따라 손해배상을 받은 경우에 그 손해배상의 액수가 이 법에 따라 받을 보상금의 액수와 같거나 그보다 많을 때에는 보상하지 아니한다. 그 손해배상의 액수가 이 법에 따라 받을 보상금의 액수보다 적을 때에는 그 손해배상 금액을 빼고 보상금의 액수를 정하여야 한다.
③ 다른 법률에 따라 손해배상을 받을 자가 같은 원인에 대하여 이 법에 따른 보상을 받았을 때에는 그 보상금의 액수를 빼고 손해배상의 액수를 정하여야 한다.

001 사형, 징역, 금고 또는 구류의 선고를 받은 자가 도망하거나 도망할 염려가 있는 때 또는 현재지를 알 수 없는 때에는 검사가 직접 형집행장을 발부하여 구인할 수 있다.

[군무원9급 22]

001 (○) 제473조 제3항 참조.

해설+ 제473조 【집행하기 위한 소환】① 사형, 징역, 금고 또는 구류의 선고를 받은 자가 구금되지 아니한 때에는 검사는 형을 집행하기 위하여 이를 소환하여야 한다.
② 소환에 응하지 아니한 때에는 검사는 형집행장을 발부하여 구인하여야 한다.
③ 제1항의 경우에 형의 선고를 받은 자가 도망하거나 도망할 염려가 있는 때 또는 현재지를 알 수 없는 때에는 소환함이 없이 형집행장을 발부하여 구인할 수 있다.

002 2개 이상의 형을 집행하는 경우에 자격상실, 자격정지, 벌금, 과료와 몰수 외에는 무거운 형을 먼저 집행하여야 하지만, 검사는 법원의 허가를 얻어 무거운 형의 집행을 정지하고 다른 형의 집행을 할 수 있다. [국가7급 23]

해설+ 제462조【형집행의 순서】2 이상의 형을 집행하는 경우에 자격상실, 자격정지, 벌금, 과료와 몰수 외에는 무거운 형을 먼저 집행한다. 다만, 검사는 소속 장관의 허가를 얻어 무거운 형의 집행을 정지하고 다른 형의 집행을 할 수 있다.

002 (×) 형집행의 주체는 검사이 다(검사주의, 제460조 제1항 본문). 형집행의 순서는 중형우선집행원 칙이 적용되나(제462조 본문), 법 무부장관의 허가에 의하여 중형 집 행정지 후 경형 우선 집행의 예외 가 인정된다(동조 단서).

003 심신의 장애로 의사능력이 없는 상태에 있는 때에는 심신장애가 회복될 때 까지 검사의 지휘에 의하여 사형, 징역, 금고 또는 구류의 집행을 정지한다. [군무원9급 22]

해설+ 제463조【사형의 집행】사형은 법무부장관의 명령에 의하여 집행한다.

제469조【사형집행의 정지】① 사형선고를 받은 사람이 심신의 장애로 의사능력이 없는 상태이거나 임신 중인 여자인 때에는 법무부장관의 명령으로 집행을 정지한다.
② 제1항에 따라 형의 집행을 정지한 경우에는 심신장애의 회복 또는 출산 후에 법무부장관의 명령에 의하여 형을 집행한다.

제460조【집행지휘】① 재판의 집행은 그 재판을 한 법원에 대응한 검찰청검사가 지휘한다. 단, 재판의 성질상 법원 또는 법관이 지휘할 경우에는 예외로 한다.

제470조【자유형집행의 정지】① 징역, 금고 또는 구류의 선고를 받은 자가 심신의 장애로 의사능력이 없는 상태에 있는 때에는 형을 선고한 법원에 대응한 검찰청검사 또는 형의 선고를 받은 자의 현재지를 관할하는 검찰청검사의 지휘에 의하여 심신장애가 회복될 때까지 형의 집행을 정지한다.

제471조【동전】① 징역, 금고 또는 구류의 선고를 받은 자에 대하여 다음 각 호의 1에 해당한 사유가 있는 때에는 형을 선고한 법원에 대응한 검찰청검사 또는 형의 선고를 받은 자의 현재지를 관할하는 검찰청검사의 지휘에 의하여 형의 집행을 정지할 수 있다.
1. 형의 집행으로 인하여 현저히 건강을 해하거나 생명을 보전할 수 없을 염려가 있는 때
2. 연령 70세 이상인 때
3. 잉태 후 6월 이상인 때
4. 출산 후 60일을 경과하지 아니한 때
5. 직계존속이 연령 70세 이상 또는 중병이나 장애인으로 보호할 다른 친족이 없는 때
6. 직계비속이 유년으로 보호할 다른 친족이 없는 때
7. 기타 중대한 사유가 있는 때
② 검사가 전항의 지휘를 함에는 소속 고등검찰청검사장 또는 지방검찰청검사장의 허가를 얻어야 한다.

003 (×) ㉠ 사형은 징역·금고·구 류와는 달리 법무부장관의 명령에 의하여 집행하고(제463조), 그 집 행정지 역시 법무부장관의 명령에 의한다(제469조 제1항). 이에 비하 여 ㉡ 징역·금고·구류는 검사의 형 집행지휘서에 의하여 집행하고(제 460조), 그 필요적 집행정지 역시 검사의 지휘에 의한다(제470조 제 1항).
cf. 징역·금고·구류의 임의적 집 행정지도 검사의 지휘에 의하나(제 471조 제1항), 소속 고등검찰청 검 사장 또는 지방검찰청 검사장의 허 가를 요한다(동조 제2항).

004 구금되지 아니한 당사자에 대하여 검사는 그 형의 집행을 위하여 당사자를 소환할 수 있고, 당사자가 소환에 응하지 아니한 때에는 형집행장을 발부하여 구인할 수 있는데, 형집행장의 집행에 관하여는 형사소송법상 구속의 사유(제70조)나 구속이유의 고지(제72조)에 관한 규정이 준용되지 않는다.

[국가7급 23]

해설+ 벌금형에 따르는 노역장 유치는 실질적으로 자유형과 동일한 것으로서 그 집행에 대하여는 자유형의 집행에 관한 규정이 준용된다(형사소송법 제492조). 구금되지 아니한 당사자에 대하여 형의 집행기관인 검사는 그 형의 집행을 위하여 당사자를 소환할 수 있고, 당사자가 소환에 응하지 아니한 때에는 형집행장을 발부하여 구인할 수 있다(형사소송법 제473조). 형사소송법 제475조는 이 경우 형집행장의 집행에 관하여 형사소송법 제1편 제9장에서 정하는 피고인의 구속에 관한 규정을 준용한다고 규정하고 있고, 여기서 '피고인의 구속에 관한 규정'은 '피고인의 구속영장의 집행에 관한 규정을 의미한다고 할 것이므로, 형집행장의 집행에 관하여는 구속의 사유에 관한 형사소송법 제70조나 구속이유의 고지에 관한 형사소송법 제72조가 준용되지 아니한다(대법원 2013.9.12, 2012도2349).

005 기피신청에 의하여 소송진행이 정지된 기간은 미결구금일수에 산입되지 않는다.

[국가9급개론 17]

해설+ 기피신청으로 인하여 공판절차가 정지된 상태의 구금기간도 판결선고 전의 구금일수에는 산입되어야 한다(대법원 2005.10.14, 2005도4758).

006 피고인에 대한 감정유치기간은 미결구금일수에 산입되지 않는다.

[국가9급개론 17]

해설+ 제172조【법원 외의 감정】⑧ 제3항의 유치(감정유치)는 미결구금일수의 산입에 있어서는 이를 구속으로 간주한다.

007 구속 중인 피고인에 대하여 감정유치장이 집행되어 피고인이 유치되어 있는 기간은 법원의 구속기간에 산입하지 않지만 미결구금일수의 산입에 있어서는 구속으로 간주한다.

[법원9급 21]

008 판결선고 후 판결확정 전 구금일수는 판결선고 당일의 구금일수를 포함하여 전부를 본형에 산입한다. [국가9급개론 17]

008 (○) 제482조 제1항

009 「형사소송법」에 근거한 판결선고 후 판결확정 전 구금일수는 전부를 본형에 산입하지만 형법에 근거한 판결선고 전의 구금일수는 법원의 재량으로 일부를 본형에 산입할 수 있다. [군무원9급 22]

> **해설+** 형사소송법 제482조 【판결확정 전 구금일수 등의 산입】 ① 판결선고 후 판결확정 전 구금일수(판결선고 당일의 구금일수를 포함한다)는 전부를 본형에 산입한다.
>
> 형법 제57조 【판결선고전구금일수의 통산】 ① 판결선고 전의 구금일수는 그 전부 또는 일부를 유기징역, 유기금고, 벌금이나 과료에 관한 유치 또는 구류에 산입한다.

009 (×) 모두 전부 산입하여야 한다. 형사소송법 제482조 제1항 및 형법 제57조 제1항 참조.

010 피고인이 상소제기 후 상소취하한 때까지의 구금일수에 관하여는 「형사소송법」 제482조 세2항을 유추적용하여 그 전부를 본형에 산입하여야 한다. [국가7급 15]

010 (○) 대법원 2010.4.16, 2010모179

011 정식재판청구기간을 도과한 약식명령에 기하여 피고인을 노역장에 유치한 후 정식재판청구권회복결정에 따라 사건을 공판절차에 의하여 심리하는 경우, 법원은 노역장 유치기간을 미결구금일수로 보아 이를 본형에 산입할 수 있다. [국가9급개론 17]

011 (×) '있다' → '없다'
그 유치기간은 형법 제57조가 규정한 미결구금일수에 해당하지 아니한다(대법원 2007.5.10, 2007도2517).

012 미결구금기간이 확정된 징역 또는 금고의 본형기간을 초과한 결과가 생겼다고 하여 위법하다고 할 수 없다. [국가7급 15]

012 (○) 대법원 1989.10.10, 89도1711

013 검사가 형을 집행함에 있어 무죄로 확정된 사건에서의 미결구금일수를 유죄가 확정된 다른 사건의 형기에 산입하지 않는다고 하더라도 헌법상의 행복추구권이나 평등권을 침해하였다고 볼 수 없다. [국가7급 23]

> **해설+** 검사가 형을 집행함에 있어 판결에서 산입을 명한 당해 사건의 미결구금일수나 그 사건에서 상소와 관련하여 형사소송법 제482조에 의하여 당연히 산입되는 미결구금일수를 제외하고는 다른 사건에서의 미결구금일수는 법률상 산입할 근거도 없고, 또한 구속은 원칙적으로 구속영장이 발부된 범죄사실에 대한 것이어서 그로 인한 미결구금도 당해 사건의 형의 집행과 실질적으로 동일하다고 보아 그 미결구금일수를 형에 산입하려는 것이므로, 그와 같은 제도의 취지에 비추어 보면 확정된 형을 집행함에 있어 무죄로 확정된 다른 사건에서의 미결구금일수를 산입하지 않는다고 하여 헌법상의 행복추구권이나 평등권을 침해하였다고 볼 수도 없다(대법원 1997.12.29, 97모112).

013 (O)

014 벌금형이 확정된 사람이 납부명령이나 납부독촉을 받고도 일정한 기간 내에 벌금을 완납하지 아니할 경우 검사는 민사집행법에 의한 강제집행 또는 국세징수법에 의한 체납처분 절차를 진행하여 벌금액을 강제로 징수할 수 있다. [법원9급 18]

014 (O) 제477조 참조.

015 피고인의 차명재산이라는 이유만으로 제3자 명의로 등기되어 있는 부동산에 관하여 피고인에 대한 추징판결을 곧바로 집행하는 것이 허용되지 아니한다.

> **해설+** 피고인이 범죄행위를 통하여 취득한 불법수익 등을 철저히 환수할 필요성이 크더라도 추징의 집행 역시 형의 집행이므로 법률에서 정한 절차에 따라야 하고, 피고인이 제3자 명의로 부동산을 은닉하고 있다면 적법한 절차를 통하여 피고인 명의로 그 등기를 회복한 후 추징판결을 집행하여야 한다(대법원 2021.4.9, 2020모4058).

015 (O)

016 사법경찰관리가 벌금형을 받은 사람에 대한 노역장 유치의 집행을 위하여 구인하려면 검사로부터 발부받은 형집행장을 상대방에게 제시하여야 한다. [법원9급 18]

016 (O) 대법원 2010.10.14, 2010 도8591

017 사법경찰관리가 노역장 유치의 집행을 위하여 벌금미납자를 구인하는 것은 사법경찰관의 직무범위 안에 속하므로, 그 상대방에게 형 집행장을 제시할 필요가 없다. [국가7급 15]

> **보충** 형집행장 제시 없는 긴급집행은 구속규정을 준용한다(제475조).

017 (×) '제시할 필요가 없다' → '제시하여야 한다'(대법원 2013.9.12, 2012도2349)

018 500만 원 이하의 벌금형이 확정된 벌금미납자로서 경제적 능력이 없는 사람은 검사의 납부명령일부터 30일 이내에 노역장 유치를 대체하는 사회봉사를 신청할 수 있는 제도가 마련되어 있다. [법원9급 18]

018 (○) 벌금미납자의 사회봉사 집행에 관한 특례법 제4조, 동법 시행령 제2조

019 재판의 해석에 대한 의의신청에 대한 법원의 결정은 즉시항고의 대상이지만, 검사의 재판집행에 대한 이의신청에 대한 법원의 결정에는 즉시항고를 할 수 없다. [군무원9급 22]

> **해설+** 제488조【의의신청】형의 선고를 받은 자는 집행에 관하여 재판의 해석에 대한 의의가 있는 때에는 재판을 선고한 법원에 의의신청을 할 수 있다.
>
> 제489조【이의신청】재판의 집행을 받은 자 또는 그 법정대리인이나 배우자는 집행에 관한 검사의 처분이 부당함을 이유로 재판을 선고한 법원에 이의신청을 할 수 있다.
>
> 제491조【즉시항고】① 제487조 내지 제489조의 신청이 있는 때에는 법원은 결정을 하여야 한다. ② 전항의 결정에 대하여는 즉시항고를 할 수 있다.

019 (×) 재판의 해석에 대한 의의(疑義)신청(제488조)에 대한 법원의 결정과 검사의 재판집행에 대한 이의신청(제489조)에 대한 법원의 결정(제491조 제1항) 모두 즉시항고의 대상이다(동조 제2항).

020 재판은 확정한 후에 집행하는 것이 원칙이므로 법원이 징역형의 집행유예를 함에 있어 그 집행유예기간의 시기(始期)는 집행유예를 선고한 판결 확정일로 하여야 하고, 법원이 판결 확정일 이후의 시점을 임의로 선택할 수는 없다. [국가7급 23]

> **해설+** 우리 형법이 집행유예기간의 시기(始期)에 관하여 명문의 규정을 두고 있지는 않지만 형사소송법 제459조가 "재판은 이 법률에 특별한 규정이 없으면 확정한 후에 집행한다."고 규정한 취지나 집행유예제도의 본질 등에 비추어 보면 집행유예를 함에 있어 그 집행유예기간의 시기는 집행유예를 선고한 판결 확정일로 하여야 하고 법원이 판결 확정일 이후의 시점을 임의로 선택할 수는 없다(대법원 2002.2.26, 2000도4637).

020 (○)

021 헌법은 형사피의자 또는 형사피고인으로서 구금되었던 자가 법률이 정하는 불기소처분을 받거나 무죄판결을 받은 때에는 법률이 정하는 바에 의하여 국가에 정당한 보상을 청구할 수 있음을 규정한다. [경찰간부 18]

021 (○) 헌법 제28조

022 「형사소송법」에 따라 면소(免訴) 또는 공소기각(公訴棄却)의 재판을 받아 확정된 피고인이 면소 또는 공소기각의 재판을 할 만한 사유가 없었더라면 무죄재판을 받을 만한 현저한 사유가 있었을 경우에도 국가에 대하여 구금에 대한 보상을 청구할 수 있다. [경찰간부 18 변형]

022 (○) 형보법 제26조 제1항

023 미결구금을 당하여 이 법에 따라 보상을 청구할 수 있는 자가 그 청구를 하지 아니하고 사망한 경우, 그 상속인이 이를 청구할 수 있다. [국가9급 21]

023 (○) 형보법 제3조 제1항

024 형사보상청구는 무죄재판이 확정된 사실을 안 날부터 3년, 무죄재판이 확정된 때부터 5년 이내에 하여야 한다. [경찰간부 15] [경찰채용 12]

> **정리** 형사보상청구: 안3 / 확5

024 (○) 형보법 제8조

025 보상의 청구가 이유 있을 때에는 보상결정을 하여야 하고, 그 보상결정에 대하여는 1주일 이내에 즉시항고를 할 수 있다. [경찰채용 12·18]

> **보충** 보상청구기각결정에 대하여도 같다.

025 (○) 형보법 제20조 제1항

026 1개의 재판으로 경합범의 일부에 대하여 무죄재판을 받고 다른 부분에 대하여 유죄재판을 받았던 경우에는 법원은 재량으로 보상청구의 전부 또는 일부를 기각할 수 있다. [국가9급 21]

026 (○) 형보법 제4조 제3호

027 구금에 대한 보상을 할 때에는 그 구금일수에 따라 1일당 보상청구의 원인이 발생한 연도의 최저임금법에 따른 일급 최저임금액 이상 대통령령으로 정하는 금액 이하의 비율에 의한 보상금을 지급한다. [경찰채용 12]

027 (○) 형보법 제5조 제1항

028 형사보상법에 따른 보상을 받을 자가 같은 원인에 대하여 다른 법률에 따라 손해배상을 받은 경우에 그 손해배상의 액수가 이 법에 따라 받을 보상금의 액수와 같거나 그보다 많을 때에는 보상하지 아니한다. 그 손해배상의 액수가 이 법에 따라 받을 보상금의 액수보다 적을 때에는 그 손해배상금액을 빼고 보상금의 액수를 정하여야 한다. [경찰간부 18 변형]

028 (○) 형보법 제6조 제2항

029 법원은 형사보상결정이 확정되었을 때에는 2주일 내에 보상결정의 요지를 관보에 게재하여 공시하여야 한다. 이 경우 보상결정을 받은 자의 신청이 있을 때에는 그 결정의 요지를 신청인이 선택하는 두 종류 이상의 일간신문에 각각 한 번씩 공시하여야 하며 그 공시는 신청일부터 30일 이내에 하여야 한다. [법원9급 14]

029 (○) 형보법 제25조 제1항 참조.

030 치료감호법 제7조에 따라 치료감호의 독립청구를 받은 피치료감호청구인의 치료감호사건이 범죄로 되지 아니하거나 범죄사실의 증명이 없는 때에 해당되어 청구기각의 판결을 받아 확정된 경우에도 국가에 대하여 구금에 대한 보상을 청구할 수 있다. [경찰채용 12]

030 (○) 형보법 제26조 제1항 참조.

CHAPTER 04 | 특별절차

1 약식절차

🔗 대표유형

벌금, 구류, 과료 또는 몰수에 처할 수 있는 사건에 대하여 검사는 공소의 제기와 동시에 서면으로 약식명령을 청구할 수 있다.　　　　　　　　[경찰채용 18] [국가9급 10]

(×) '구류' → 삭제(제448조 제1항)

보충　약식절차는 공소장일본주의, 공소장변경(단, 정식재판절차에서는 가능) 및 전문법칙 적용 ×

🔗 대표유형

피고인이 약식명령에 대하여 정식재판을 청구한 사건과 다른 사건이 병합된 경우, 심리 결과 하나의 벌금형으로 처단하면서 약식명령의 형보다 중한 벌금형을 선고한 것은 불이익변경금지의 원칙에 위배된다.　　　　[경찰채용 18] [국가9급 17·18] [국가9급개론 18]

(×) '위배된다' → '어긋나는 것이 아니다'
불이익변경금지의 원칙에 어긋나는 것이 아니다(대법원 2016.5.12, 2016도2136).

001　약식명령의 청구는 공소의 제기와 동시에 서면으로 하여야 한다. [법원9급 13]

001 (○) 제449조 참조.

002　지방법원은 그 관할에 속한 사건에 관하여 공판절차가 진행 중이더라도 상당한 이유가 있는 경우에는 공판절차를 중단하고 약식명령으로 피고인을 벌금, 과료 또는 몰수에 처할 수 있다.　　　　　　　　　　　　　[법원9급 10]

002 (×) '있다' → '없다'
약식절차는 검사의 청구가 필수이다(제448조).

003　법원사무관등은 약식명령청구가 있는 사건을 「형사소송법」 제450조의 규정에 따라 공판절차에 의하여 심판하기로 한 때에는 즉시 그 취지를 검사, 피고인, 변호인에게 통지하여야 한다.　　　　　　　　　　　[국가7급 21]

003 (×)

해설+　공판절차회부결정은 피고인·변호인이 아닌 검사에게 통지하여야 하고(규칙 제172조 제1항), 통지를 받은 검사는 공소장부본을 법원에 제출하여야 하며(동조 제2항), 법원은 그 공소장부본을 정식재판의 제1회 공판기일 전 5일까지 피고인·변호인에게 송달하여야 한다(동조 제3항).

004 약식명령의 청구가 있는 경우에 그 사건이 약식명령으로 할 수 없거나 약식명령으로 하는 것이 적당하지 아니하다고 인정한 때에는 공판절차에 의하여 심판하여야 한다. [경찰채용 15]

005 지방법원은 그 관할에 속한 사건에 대하여 검사의 청구가 있는 때에는 공판절차 없이 약식명령으로 피고인을 벌금, 과료 또는 몰수에 처할 수 있으나, 그 사건이 약식명령으로 할 수 없거나 약식명령으로 하는 것이 적당하지 아니하다고 인정할 때에는 검사의 청구를 기각하여야 한다. [경찰채용 21 2차]

005 (×)

> **해설+** 지방법원은 그 관할에 속한 사건에 대하여 검사의 청구가 있는 때에는 공판절차 없이 약식명령으로 피고인을 벌금, 과료 또는 몰수에 처할 수 있으나(제448조 제1항), 그 사건이 약식명령으로 할 수 없거나 약식명령으로 하는 것이 적당하지 아니하다고 인정한 때에는 공판절차에 의하여 심판하여야 한다(제450조).

006 약식명령의 청구가 있는 경우에 그 사건이 약식명령으로 할 수 없거나 약식명령으로 하는 것이 적당하지 아니하다고 인정한 때에는 청구를 기각하여야 한다. [국가7급 16]

006 (×) '청구를 기각' → '공판절차에 의하여 심판'(제450조)

007 검사가 약식명령을 청구함에 있어서는 공소장부본을 첨부할 것을 요하지 아니하나, 법원이 약식명령청구사건을 공판절차에 의하여 심판하기로 하고 그 취지를 검사에게 통지한 때에는 5일 이내에 피고인 수에 상응한 공소장부본을 법원에 제출하여야 한다. [경찰채용 21 2차]

007 (○) 약식명령청구를 받은 법원이 공판절차에 회부하였을 경우에 검사는 공소장부본을 제출하여야 한다. 이는 피고인 또는 변호인에게 송달하기 위함이다(규칙 제172조 제1항·제2항).

> **보충** 이와 달리 약식명령에 대하여 정식재판청구가 있는 경우에 법원은 지체 없이 검사 또는 피고인에게 그 사유를 통지하여야 하는데(제453조 제3항), 이때 공소장부본을 송달할 필요는 없다. 피고인에게는 이미 약식명령서가 송달되어 있기 때문이다.

> **정리** 공소장부본 송달은 공판절차회부 시 要, 정식재판청구 시 不要

CHAPTER 04 특별절차 **703**

008 약식명령 청구사건을 공판절차에 의하여 심판할 경우, 공소장부본을 피고인에게 송달하지 않았다 하더라도 검사와 피고인이 공판기일에 출석하여 피고인을 신문하고 피고인도 이에 대하여 이의를 제기함이 없이 신문에 응하고 변론을 하였다면 이러한 하자는 모두 치유된다. [국가7급 22]

해설+ 법원은 약식명령의 청구가 있는 경우에 그 사건이 약식명령을 할 수 없거나 약식명령으로 하는 것이 부적당하다고 인정한 때에는 공판절차에 의하여 심판하여야 하고(형사소송법 제450조), 법원이 약식명령 청구사건을 공판절차에 의하여 심판하기로 함에 있어서는 사실상 공판절차를 진행하면 되고, 특별한 형식상의 결정을 할 필요는 없으며, 제1심법원이 피고인에 대하여 다시 인정신문을 하고 위 공소장에 기하여 피고인 신문을 하는 등 제2회 공판기일을 진행한 것은 위 약식명령 청구에 대하여 공판절차회부를 하여 그 공판절차를 진행한 것으로 볼 수 있다 할 것이다. 형사소송규칙에 의하면, 공판절차회부를 한 때에는 법원사무관 등은 즉시 검사에게 그 취지를 통지하여야 하고(형사소송규칙 제172조 제1항), 그 통지서를 받은 검사는 5일 이내에 피고인 수에 상응하는 공소장부본을 법원에 제출하여야 하며(위 규칙 제172조 제2항), 법원은 공소장부본이 제출되면 제1회 공판기일 전 5일까지 이를 피고인에게 송달하여야 하도록 규정하고 있고(위 규칙 제172조 제3항), 이 사건의 경우 기록상 공소장부본을 피고인에게 송달하였음을 인정할 자료가 없으나, 검사와 피고인이 공판기일에 출석하여 피고인을 신문하고 피고인도 이에 대하여 이의를 제기하지 아니하고 신문에 응하고 변론을 한 이상 이러한 하자는 모두 치유되었다고 할 것이다(대법원 2003.11.14, 2003도2735).

008 (○)

009 검사는 약식명령의 청구와 동시에 약식명령을 하는 데 필요한 증거서류 및 증거물을 법원에 제출하여야 하고, 법원은 그 청구가 있는 날로부터 14일 이내에 약식명령을 하여야 한다. [국가7급 16]

009 (○) 규칙 제170조, 제171조

010 약식명령으로 과할 수 있는 형은 벌금·과료·몰수에 한정된다. [법원9급 16]

010 (○) 제448조 제1항

011 지방법원은 그 관할에 속한 사건에 대하여 검사의 청구가 있는 때에는 공판절차 없이 약식명령으로 피고인을 벌금, 구류, 과료 또는 몰수에 처할 수 있다. [경찰채용 12] [국가9급 18] [국가9급개론 18]

011 (×) '구류' → 삭제
구류에 처할 수는 없다. 제448조 제1항 참조.

012 법원은 약식명령으로 추징을 할 수 없다.   [국가7급 21]

> **해설+** 제448조【약식명령을 할 수 있는 사건】① 지방법원은 그 관할에 속한 사건에 대하여 검사의 청구가 있는 때에는 공판절차 없이 약식명령으로 피고인을 벌금, 과료 또는 몰수에 처할 수 있다.
> ② 전항의 경우에는 <u>추징 기타 부수의 처분을 할 수 있다.</u>

012 (×) 제448조

013 지방법원은 그 관할에 속한 사건에 대하여 검사의 청구가 있는 때에는 공판절차 없이 약식명령으로 피고인을 벌금, 과료 또는 몰수에 처할 수 있으나, 이 경우 추징 기타 부수의 처분을 할 수 없다.   [법원9급 21]

> **해설+** 지방법원은 그 관할에 속한 사건에 대하여 검사의 청구가 있는 때에는 공판절차 없이 약식명령으로 피고인을 벌금, 과료 또는 몰수에 처할 수 있고(제448조 제1항), 이 경우에는 <u>추징 기타 부수의 처분을 할 수 있다</u>(동조 제2항).

013 (×)

014 관할위반·공소기각·면소·무죄를 선고하는 것은 약식명령으로 할 수 없다.   [법원9급 16]

014 (○) 제448조 제1항

015 약식명령에 의하여 면소, 공소기각 또는 관할위반의 재판을 할 수는 없으나 무죄의 재판을 할 수는 있다.   [군무원9급 22]

> **해설+** 형사소송법 제448조【약식명령을 할 수 있는 사건】① 지방법원은 그 관할에 속한 사건에 대하여 검사의 청구가 있는 때에는 공판절차 없이 약식명령으로 피고인을 벌금, 과료 또는 몰수에 처할 수 있다.
> ② 전항의 경우에는 추징 기타 부수의 처분을 할 수 있다.

015 (×) 약식명령에 의하여 과할 수 있는 형은 벌금·과료·몰수에 한하고(제448조 제1항), <u>추징 기타 부수처분을 할 수 있을 뿐이다</u>(동조 제2항). 따라서 약식명령으로 징역·금고·구류 등 자유형을 과할 수 없으며, <u>무죄·면소·공소기각·관할위반의 재판도 할 수 없다.</u>

016 약식절차에서는 공소장변경이 허용되지 아니하므로, 포괄일죄에 해당하는 각각 따로 청구된 약식명령의 범죄사실이 포괄일죄의 관계에 있다고 하더라도, 나중에 제기된 약식명령청구에 전후로 기소된 각 범죄사실 전부를 포괄일죄로 처벌하여 줄 것을 신청하는 공소장변경의 취지가 포함되어 있다고 볼 수 없다.   [법원9급 21]

016 (○) 약식절차에서는 공소장변경이 허용되지 아니하므로, 약식명령청구에 공소장변경을 청구하는 취지가 포함되어 있다고 볼 수 없다.

017 약식절차에서 자백배제법칙은 적용되지만 자백보강법칙과 전문법칙은 적용되지 않는다. [국가9급 18] [국가9급개론 18]

017 (×) 자백배제법칙, 자백보강법칙 및 위법수집증거배제법칙은 약식절차에서도 적용된다.

018 위법수집증거배제법칙과 자백배제법칙은 물론 「형사소송법」 제312조 제3항 및 제313조를 제외한 「형사소송법」상 전문증거에 대한 규정도 약식절차에 모두 적용된다. [경찰승진 23]

> **해설+** 증거재판주의, 자유심증주의, 자백배제법칙, 위법수집증거배제법칙 및 자백보강법칙은 약식절차에도 적용되지만, 서면심리원칙인 약식절차에서는 공판절차를 전제한 전문법칙(제311조~제316조), 증거동의(제318조) 규정이 적용되지 아니한다.

018 (×)

019 약식명령에는 범죄사실, 적용법령, 주형, 증거의 요지 등과 함께 정식재판을 청구할 수 있음을 명시하여야 한다. [법원9급 13]

019 (×) '증거의 요지' → 삭제 (제451조)

020 약식명령의 고지는 검사와 피고인에 대한 재판서의 송달에 의하여 하고, 피고인에게 변호인이 있는 경우에도 변호인에게 약식명령 등본을 송달해야 하는 것은 아니다. [경찰채용 19 2차] [법원9급 18]

020 (○) 제452조, 대법원 2017. 7.27, 2017모1557

021 약식명령의 고지는 검사와 피고인에 대한 재판서의 송달 또는 다른 적당한 방법으로 하여야 한다. [해경승진 23]

> **해설+** 제452조【약식명령의 고지】약식명령의 고지는 검사와 피고인에 대한 재판서의 송달에 의하여 한다.

021 (×) 약식명령의 고지는 검사와 피고인에 대한 재판서의 송달에 의하여야 하고(제452조), 다른 적당한 방법에 의할 수 없다.

022 약식명령의 고지는 검사와 피고인에 대한 재판서의 송달에 의하도록 규정하고 있으므로 약식명령은 그 재판서를 피고인에게 송달함으로써 효력이 발생하고, 변호인이 있는 경우에는 반드시 변호인에게 약식명령 등본을 송달해야 한다. [경찰채용 18 1차]

022 (×)

해설+ 형사소송법 제452조에서 약식명령의 고지는 검사와 피고인에 대한 재판서의 송달에 의하도록 규정하고 있으므로, 약식명령은 그 재판서를 피고인에게 송달함으로써 효력이 발생하고, 변호인이 있는 경우라도 반드시 변호인에게 약식명령 등본을 송달해야 하는 것은 아니다. 따라서 정식재판 청구기간은 피고인에 대한 약식명령 고지일을 기준으로 하여 기산하여야 한다. 변호인이 정식재판청구서를 제출할 것으로 믿고 피고인이 스스로 적법한 정식재판의 청구기간 내에 정식재판청구서를 제출하지 못하였더라도 그것이 피고인 또는 대리인이 책임질 수 없는 사유로 인하여 정식재판의 청구기간 내에 정식재판을 청구하지 못한 때에 해당하지 않는다(대법원 2017.7.27, 2017모1557).

023 약식명령에 대한 정식재판 청구기간은 피고인에 대한 약식명령 고지일을 기준으로 기산한다. [경찰채용 19 1차]

023 (○) 제453조 제1항

해설+ 제453조 【정식재판의 청구】 ① 검사 또는 피고인은 약식명령의 고지를 받은 날로부터 7일 이내에 정식재판의 청구를 할 수 있다. 단, 피고인은 정식재판의 청구를 포기할 수 없다.

024 약식명령의 고지는 검사와 피고인에 대한 재판서의 송달에 의하여 하고, 피고인은 물론 검사도 약식명령의 고지를 받은 날로부터 7일 이내에 정식재판의 청구를 할 수 있다. [법원9급 10]

024 (○) 제452조, 제453조 참조.

025 약식명령은 그 재판서를 피고인에게 송달함으로써 효력이 발생하고, 변호인이 있는 경우라도 반드시 변호인에게 약식명령 등본을 송달해야 하는 것은 아니다. 따라서 정식재판 청구기간은 피고인에 대한 약식명령 고지일을 기준으로 하여 기산하여야 한다. [경찰채용 18]

025 (○) 대법원 2017.7.27, 2017모1557

026 검사 또는 피고인은 약식명령의 고지를 받은 날로부터 7일 이내에 정식재판의 청구를 할 수 있다. 단, 피고인은 정식재판의 청구를 포기할 수 없다. [경찰채용 12 변형] [법원9급 13]

026 (○) 제453조 제1항 참조.

보충 약식명령(벌/과/몰): 14+7 / 포기 ×: 고/환/약/진/상(사무)

027 「형사소송법」제453조에 의하면 피고인은 재판의 신속을 위해 정식재판의 청구를 포기할 수 있다. [경찰채용 19 1차]

027 (×) 제453조 제1항

해설+ **제453조【정식재판의 청구】**① 검사 또는 피고인은 약식명령의 고지를 받은 날로부터 7일 이내에 정식재판의 청구를 할 수 있다. 단, 피고인은 정식재판의 청구를 포기할 수 없다.

028 약식명령은 법원의 명령에 해당하므로 이에 대한 불복은 이의신청과 준항고에 의한다. [국가7급 21]

028 (×)

해설+ 약식명령에 대하여 불복이 있는 자는 정식재판의 청구를 할 수 있다(제453조 제1항).

029 약식명령에 대한 정식재판의 청구가 법령상의 방식에 위반하거나 청구권의 소멸 후인 것이 명백한 때에는 결정으로 기각하여야 한다. [경찰채용 12]

029 (○) 제455조 제1항 참조.

보충 정식재판청구기각결정에 대하여는 즉시항고가 가능하다.

030 확정된 약식명령은 확정판결과 동일한 효력이 있으므로, 기판력과 집행력이 발생한다. [경찰채용 12] [법원9급 15]

030 (○)

해설+ 약식명령은 유죄의 확정판결과 동일한 효력이 있으므로(제457조) 기판력과 집행력이 발생하고, 재심 또는 비상상고의 대상이 될 수 있다.

031 공소시효가 완성된 사실을 간과한 채 피고인에 대하여 약식명령을 발령하여 확정된 경우는 판결에 관한 법령의 위반에 해당하므로 비상상고의 대상이 된다. [국가9급개론 23]

031 (○)

해설+ 공소시효가 완성된 사실을 간과한 채 피고인에 대하여 약식명령을 발령한 원판결은 법령을 위반한 잘못이 있고, 또한 피고인에게 불이익하다고 할 것인바, 이 점을 지적하는 이 사건 비상상고는 이유가 있다(대법원 2006.10.13, 2006오2).

032 약식명령의 기판력이 미치는 시적 범위는 약식명령의 송달 시를 기준으로 하여야 한다. [국가9급개론 18] [법원9급 14]

> **해설+** 그 기판력의 시적 범위를 판결절차와 달리 하여야 할 이유가 없으므로 그 발령 시를 기준으로 하여야 한다(대법원 1984.7.24, 84도1129).

033 포괄일죄의 관계에 있는 범행 일부에 관하여 약식명령이 확정된 경우, 피고인에 대한 약식명령 고지일을 기준으로 하여 그 전의 범행에 대하여는 면소판결하여야 한다. [경찰채용 19 1차]

033 (×)

> **해설+** 유죄의 확정판결의 기판력의 시적 범위 즉 어느 때까지의 범죄사실에 관하여 기판력이 미치느냐의 기준시점은 사실심리의 가능성이 있는 최후의 시점인 판결선고 시를 기준으로 하여 가리게 되고, 판결절차 아닌 약식명령은 그 고지를 검사와 피고인에 대한 재판서 송달로써 하고 따로 선고하지 않으므로 약식명령에 관하여는 그 기판력의 시적 범위를 약식명령의 송달 시를 기준으로 할 것인가 또는 그 발령 시를 기준으로 할 것인지 이론의 여지가 있으나 그 기판력의 시적 범위를 판결절차와 달리 하여야 할 이유가 없으므로 그 발령 시를 기준으로 하여야 한다(대법원 1984.7.24, 84도1129).

034 포괄일죄의 일부에 대하여 약식명령이 확정된 때에는 그 명령의 발령 시까지 행하여진 행위에 대하여는 기판력이 미치므로 그 행위에 대하여 공소가 제기되면 면소판결을 하여야 한다. [법원9급 15]

034 (○) 대법원 2013.6.13, 2013 도4737

035 약식명령에 대한 정식재판청구권자가 자신이 책임질 수 없는 사유로 정식재판 청구기간 내에 정식재판청구를 하지 못한 때에는 정식재판청구권의 회복을 구할 수 있다. [경찰간부 18]

035 (○) 제345조, 제458조 제1항

036 「형사소송법」은 상소할 수 있는 자는 자기 또는 대리인이 책임질 수 없는 사유로 상소 제기기간 내에 상소를 하지 못한 경우에는 상소권회복의 청구를 할 수 있도록 정하고 있으나, 약식명령에 대하여 정식재판을 청구하는 경우에는 정식재판회복의 청구를 할 수 있는 규정을 두고 있지 않다. [법원9급 23]

036 (×) 정식재판청구권회복의 청구는 상소권회복의 청구 규정을 준용한다(제352조, 제458조 참조).

> **해설+** **제345조【상소권회복 청구권자】** 제338조부터 제341조까지의 규정에 따라 상소할 수 있는 자는 자기 또는 대리인이 책임질 수 없는 사유로 상소 제기기간 내에 상소를 하지 못한 경우에는 상소권회복의 청구를 할 수 있다.
>
> **제458조【준용규정】** ① 제340조 내지 제342조, 제345조 내지 제352조, 제354조의 규정은 정식재판의 청구 또는 그 취하에 준용한다.

037 변호인이 정식재판청구서를 제출할 것으로 믿고 피고인이 스스로 적법한 정식재판의 청구기간 내에 정식재판청구서를 제출하지 못하였더라도 그것이 피고인 또는 대리인이 책임질 수 없는 사유로 인하여 정식재판의 청구기간 내에 정식재판을 청구하지 못한 때에 해당하지 않는다. [경찰채용 18]

037 (○) 대법원 2007.1.12, 2006모658

038 정식재판청구권회복결정이 부당하더라도 이미 그 결정이 확정되었다면, 정식재판청구사건을 처리하는 법원으로서는 정식재판청구권회복청구가 적법한 기간 내에 제기되었는지 여부나 그 회복사유의 존부 등에 대하여는 살펴볼 필요 없이 통상의 공판절차를 진행하여 본안에 관하여 심판하여야 한다. [법원9급 14]

038 (○) 대법원 2005.1.17, 2004모351

039 약식명령에 대한 정식재판의 청구는 제1심판결 선고 전까지 이를 취하할 수 있다. [법원9급 13]

039 (○) 제454조 참조.

040 정식재판의 청구는 정식재판의 제1회 공판기일 전까지만 취하할 수 있다. [군무원9급 21]

040 (×) 정식재판의 청구는 제1심 판결선고 전까지 취하할 수 있다(제454조).

041 정식재판의 청구는 일부상소와 같이 공소불가분의 원칙에 반하지 않는 한 약식명령의 일부에 대하여도 할 수 있다. [군무원9급 21]

041 (○) 정식재판의 청구는 일부상소와 같이 공소불가분의 원칙에 반하지 아니하는 한 약식명령의 일부에 대하여도 할 수 있다(제458조 제1항, 제342조).

042 정식재판청구를 취하한 자는 그 사건에 대하여 다시 정식재판청구를 하지 못한다. [법원9급 11]

042 (○) 취하 시 재청구는 금지된다. 제458조, 제354조 참조.

043 법정대리인이 있는 피고인이 정식재판청구를 취하함에는 법정대리인의 동의를 얻어야 하는데, 법정대리인의 사망 기타 사유로 인하여 그 동의를 얻을 수 없는 때에는 예외로 한다. [법원9급 14]

> **보충** 상소취하: 피고인과 법정대리인의 상호 동의 要

043 (O) 제458조 제1항, 제350조 참조.

044 약식명령에 대하여 정식재판을 청구한 피고인이 공판기일에 불출석하고, 정당한 사유 없이 다시 출석하지 아니하면 법원은 피고인의 출석 없이 판결을 선고할 수 있다. [법원승진 12]

044 (O) 제458조 제2항, 제365조 참조.

045 피고인이 정식재판을 청구한 사건에 대하여는 약식명령의 형보다 중한 형을 선고하지 못한다. [법원9급 18]

045 (X) 형사소송법 개정으로 중한 종류의 형을 선고하지 못할 뿐 중한 형을 선고하지 못하는 것은 아니다. 제457조의2 참조.

046 약식명령에 대하여 검사가 정식재판을 청구한 사건에 대하여 법원은 약식명령의 형보다 중한 종류의 형을 선고하지 못한다. [국가9급 13 변형]

> **해설+** 검사만이 상소한 사건이나 검사와 피고인 쌍방이 상소한 사건에 대하여는 불이익변경금지의 원칙이 적용되지 아니한다(대법원 1999.10.8, 99도3225).

046 (X) '선고하지 못한다' → '선고할 수 있다'

047 피고인이 약식명령에 불복하여 정식재판을 청구한 사건에서 죄명이나 적용법조가 약식명령의 경우보다 불이익하게 변경되었다고 하더라도 선고한 형이 약식명령과 같거나 약식명령보다 가벼운 경우에는 불이익변경금지의 원칙에 위배된 조치라고 할 수 없다. [국가9급 18] [국가9급개론 18] [법원9급 15]

047 (O) 대법원 2013.2.28, 2011도14986

048 약식명령으로 벌금형을 선고받은 피고인만이 정식재판을 청구한 경우, 벌금형만 선고할 수 있고 징역형의 집행유예를 선고할 수 없기 때문에 법관의 양형결정권을 침해한다. [국가9급 13]

> **해설+** 불이익변경금지의 원칙은 피고인의 상소권 또는 약식명령에 대한 정식재판청구권을 보장하려는 것이다(대법원 2005.10.28, 2005도5822).

048 (X) '침해한다' → '침해한다고 볼 수는 없다'

049 약식명령에 대해 피고인만 정식재판을 청구한 경우, 법원은 약식명령의 형보다 중한 종류의 형을 선고하지 못하기 때문에 검사는 공소사실의 동일성이 인정된다고 하더라도 법정형에 유기징역형만 있는 죄의 공소사실을 예비적으로 추가하는 공소장변경을 할 수 없다. [국가7급 16]

해설+ 불이익변경금지원칙 등을 이유로 공소장변경을 불허할 것은 아니다(대법원 2013.2.28, 2011도14986).

049 (×) '없다' → '있다'

050 피고인이 정식재판을 청구한 사건에 대하여는 약식명령의 형보다 중한 종류의 형을 선고하지 못한다. 피고인이 정식재판을 청구한 사건에 대하여 약식명령의 형보다 중한 형을 선고하는 경우에는 판결서에 양형의 이유를 적어야 한다. [경찰채용 18]

050 (○) 제457조의2

051 약식명령에 대하여 정식재판을 청구한 사건에서 다른 사건을 병합심리한 후 경합범으로 처단하면서 약식명령의 형량보다 중한 형을 선고하더라도 불이익변경금지의 원칙에 위배되지 않는다. [경찰채용 14] [국가7급 08]

051 (○) 대법원 2003.5.13, 2001도3212

052 피고인만이 약식명령에 대하여 정식재판을 청구한 사건과 공소가 제기된 다른 사건을 병합하여 심리한 결과 형법 제37조 전단의 경합범 관계에 있어 하나의 벌금형으로 처단하는 경우, 약식명령에서 정한 벌금형보다 중한 벌금형을 선고하더라도 불이익변경금지원칙에 반하지 않는다. [국가7급 20]

052 (○) 대법원 2004.8.20, 2003도4732

053 약식명령을 받고 피고인만이 정식재판을 청구한 사건에서 검사의 공소장 변경신청이 허가되어 법정형에 유기징역형만 규정되어 있는 범죄사실이 인정된 경우에는 법원은 벌금형을 선고할 수 있다. [군무원9급 22]

053 (O)

> **해설+** 공소사실의 동일성이 인정되므로 검사의 공소장변경신청은 허가되어야 하고, 피고인만 정식재판을 청구한 사건이므로 형종상향금지원칙(아래 판례가 나오던 당시에는 불이익변경금지원칙이었음)을 적용하여 벌금형을 선고한다.

> **보충** 약식명령에 대하여 피고인만이 정식재판을 청구하였는데, 검사가 당초 사문서위조 및 위조사문서행사의 공소사실로 공소제기하였다가 제1심에서 사서명위조 및 위조사서명행사의 공소사실을 예비적으로 추가하는 내용의 공소장변경을 신청한 경우, … 공소사실의 동일성이 있다고 보이고, 나아가 피고인에 대하여 사서명위조와 위조사서명행사의 범죄사실이 인정되는 경우에는 비록 사서명위조죄와 위조사서명행사죄의 법정형에 유기징역형만 있다 하더라도 형사소송법 제457조의2에서 규정한 불이익변경금지원칙이 적용되어 벌금형을 선고할 수 있다(대법원 2013.2.28, 2011도14986).

> **보충** 불이익변경금지원칙 등을 이유로 공소장변경을 불허할 것은 아닌데도, 이를 불허한 채 원래의 공소사실에 대하여 무죄를 선고한 제1심판결을 그대로 유지한 원심의 조치에 공소사실의 동일성이나 공소장변경에 관한 법리오해의 위법이 있다고 한 사례이다.

054 검사가 약식명령에 대한 정식재판을 청구한 사건이 정식기소된 사건과 병합되어 심리되었고, 제1심이 정식재판청구 사건의 일부 범죄와 정식기소된 사건의 범죄에 대하여 징역형을 선택한 것은 적법하다.

054 (O)

> **해설+** 피고인뿐만 아니라 검사가 피고인에 대한 약식명령에 불복하여 정식재판을 청구한 사건에 있어서는 형사소송법 제457조의2에서 정한 '약식명령의 형보다 중한 종류의 형을 선고하지 못한다'는 형종상향의 금지원칙이 적용되지 않는다. 따라서 원심이 검사가 정식재판을 청구한 이 사건에서 형종상향의 금지원칙을 적용하지 않고 징역형을 선택한 제1심판결을 그대로 유지한 데에 어떠한 잘못이 있다고 할 수 없다(대법원 2020.12.10, 2020도13700).

> **보충** 형사소송법 개정 전 정식재판청구 사건에 대한 불이익변경금지원칙에 관한 "검사가 정식재판을 청구한 사건에서는 불이익변경금지의 원칙이 적용되지 않는다."는 법리(대법원 2011.4.14, 2010도17636)가, 형사소송법 개정 후 정식재판청구 사건에 대한 형종상향의 금지원칙에서도 동일하게 적용됨을 최초로 확인한 사례이다.

055 피고인이 절도죄 등으로 벌금 300만 원의 약식명령을 발령받은 후 정식재판을 청구하였는데, 제1심법원이 정식재판청구 사건을 통상절차에 의해 공소가 제기된 다른 점유이탈물횡령 등 사건들과 병합한 후 각 죄에 대해 모두 징역형을 선택한 다음 경합범으로 처단하여 징역 1년 2월을 선고하는 것은 형종상향금지의 원칙을 위반하는 것이라고 할 수 없다. [경찰채용 21 2차]

055 (×)

> **해설+** 피고인이 절도죄 등으로 벌금형의 약식명령을 발령받은 후 정식재판을 청구하였는데, 제1심법원이 위 정식재판청구 사건을 통상절차에 의해 공소가 제기된 다른 점유이탈물횡령 등 사건들과 병합한 후 각 죄에 대해 모두 징역형을 선택한 다음 경합범으로 처단한 징역형을 선고하자, 피고인과 검사가 각 양형부당을 이유로 항소한 경우, 제1심판결 중 위 정식재판청구 사건 부분은 형사소송법 제457조의2 제1항에서 정한 형종상향금지의 원칙을 위반한 잘못이 있다(대법원 2020.1.9, 2019도15700).

056 약식명령은 정식재판의 청구에 의하여 판결이 있는 때에는 그 효력을 잃는다. [국가9급 18] [국가9급개론 18] [법원9급 11·18]

056 (○) 제456조 참조.

2 즉결심판절차

> 🔗 **대표유형**
>
> 즉결심판절차에 있어서 판사는 피고인에게 피고사건의 내용과 「형사소송법」 제283조의2에 규정된 진술거부권이 있음을 알리고 변명할 기회를 주어야 한다. [국가9급 16]

(○) 즉심법 제9조 참조.

> 🔗 **대표유형**
>
> 즉결심판에 대하여 피고인의 정식재판청구가 있었음에도 검사가 정식재판이 청구된 즉결심판 사건에 대하여 법원에 사건기록과 증거물을 송부하지 아니하고 그와 동일성 있는 범죄사실에 대하여 약식명령을 청구하였다고 하여, 공소제기의 절차가 법률의 규정에 위반하여 무효인 때에 해당하거나 공소가 제기된 사건에 대하여 다시 공소가 제기되었다고 할 수 없다. [경찰채용 19 유사·21 2차]

(×)

> **해설+** 즉결심판에 관한 절차법 제14조 제1항, 제3항, 제4항 및 「형사소송법」 제455조 제3항에 의하면, 경찰서장의 청구에 의해 즉결심판을 받은 피고인으로부터 적법한 정식재판의 청구가 있는 경우 경찰서장의 즉결심판청구는 공소제기와 동일한 소송행위이므로 공판절차에 의하여 심판하여야 한다(대법원 2012.3.29, 2011도8503). 즉결심판에 대하여 피고인의 정식재판청구가 있는 경우 경찰서는 검찰청으로, 검찰청은 법원으로 정식재판청구서를 첨부한 사건기록과 증거물을 그대로 송부하여야 하고 검사의 별도의 공소제기는 필요하지 아니한데도 검사가 정식재판을 청구한 즉결심판 사건에 대하여 법원에 사건기록과 증거물을 그대로 송부하지 아니하고 즉결심판이 청구된 위반 내용과 동일성 있는 범죄사실에 대하여 약식명령을 청구하였다는 이유로, 이 사건 공소제기절차는 법률의 규정에 위반하여 무효인 때에 해당하거나 공소가 제기된 사건에 대하여 다시 공소가 제기되었을 때에 해당한다(대법원 2017.10.12, 2017도10368).

대표유형

경찰서장의 청구에 의해 즉결심판을 받은 피고인으로부터 적법한 정식재판의 청구가 있는 경우 경찰서장의 즉결심판청구는 공소제기와 동일한 소송행위이므로 공판절차에 의하여 심판하여야 한다. [경찰채용 19 2차]

(○) 대법원 2017.10.12, 2017도10368

057 즉결심판절차의 대상은 20만 원 이하의 벌금, 구류 또는 과료에 처할 사건인데, 법정형에 벌금, 구류 또는 과료가 단일형이 아니라 선택형으로 규정되어 있는 범죄도 즉결심판 대상사건이 될 수 있다. [경찰채용 13]

057 (○) 즉심법 제2조

058 즉결심판의 대상은 20만 원 이하의 벌금 또는 구류나 몰수에 처할 범죄사건이다. [경찰채용 14]

058 (×) '몰수' → '과료' 즉심법 제2조 참조.

059 지방법원, 지원 또는 시·군법원의 판사는 즉결심판절차에 의하여 피고인에게 20만 원 이하의 벌금, 구류 또는 과료에 처할 수 있다. [경찰간부 18] [경찰채용 15]

059 (○) 즉심법 제2조

060 지방법원 또는 그 지원의 판사는 소속지방법원장의 명령을 받아 소속법원의 관할사무와 관계없이 즉결심판청구사건을 심판할 수 있다. [경찰채용 16·17 1차]

060 (○) 즉심법 제3조의2

061 경범죄처벌법상 통고처분이 이루어진 경우 검사가 동일한 범칙행위에 대하여 공소를 제기할 수 있다.

061 (×)

> **해설+** 경찰서장으로부터 범칙금 통고처분을 받은 사람은 통고처분서를 받은 날부터 10일 이내에 범칙금을 납부하여야 하고, 위 기간에 범칙금을 납부하지 않은 사람은 위 기간의 마지막 날의 다음 날부터 20일 이내에 통고받은 범칙금에 20/100을 더한 금액을 납부하여야 한다(경범죄처벌법 제8조 제1항, 제2항). 동 제8조 제2항에 따른 납부기간에 범칙금을 납부하지 않은 사람에 대하여 경찰서장은 지체 없이 즉결심판을 청구하여야 하고(동 제9조 제1항 제2호), 즉결심판이 청구되더라도 그 선고 전까지 피고인이 통고받은 범칙금에 50/100을 더한 금액을 납부하고 그 증명서류를 제출하였을 경우에는 경찰서장은 즉결심판청구를 취소하여야 한다(동 제9조 제2항). 이와 같이 통고받은 범칙금을 납부한 사람은 그 범칙행위에 대하여 다시 처벌받지 않는다(동 제8조 제3항, 제9조 제3항). 위와 같은 규정 내용과 통고처분제도의 입법 취지를 고려하면, 「경범죄 처벌법」상 범칙금제도는 범칙행위에 대하여 형사절차에 앞서 경찰서장의 통고처분에 따라 범칙금을 납부할 경우 이를 납부하는 사람에 대하여는 기소를 하지 않는 처벌의 특례를 마련해 둔 것으로 법원의 재판절차와는 제도적 취지와 법적 성질에서 차이가 있다(대법원 2012.9.13, 2012도6612 등). 또한 범칙자가 통고처분을 불이행하였더라도 기소독점주의의 예외를 인정하여 경찰서장의 즉결심판청구를 통하여 공판절차를 거치지 않고 사건을 간이하고 신속·적정하게 처리함으로써 소송경제를 도모하되, 즉결심판 선고 전까지 범칙금을 납부하면 형사처벌을 면할 수 있도록 함으로써 범칙자에 대하여 형사소추와 형사처벌을 면제받을 기회를 부여하고 있다. 따라서 경찰서장이 범칙행위에 대하여 통고처분을 한 이상, 범칙자의 위와 같은 절차적 지위를 보장하기 위하여 통고처분에서 정한 범칙금 납부기간까지는 원칙적으로 경찰서장은 즉결심판을 청구할 수 없고, 검사도 동일한 범칙행위에 대하여 공소를 제기할 수 없다. 또한 범칙자가 범칙금 납부기간이 지나도록 범칙금을 납부하지 아니하였다면 경찰서장이 즉결심판을 청구하여야 하고, 검사는 동일한 범칙행위에 대하여 공소를 제기할 수 없다(대법원 2020.4.29, 2017도13409; 대법원 2020.7.29, 2020도4738). 나아가 특별한 사정이 없는 이상 경찰서장은 범칙행위에 대한 형사소추를 위하여 이미 한 통고처분을 임의로 취소할 수 없다(대법원 2021.4.1, 2020도15194).

062 경찰서장이 범칙행위에 대하여 통고처분을 한 경우, 통고처분에서 정한 범칙금 납부기간까지는 원칙적으로 경찰서장은 즉결심판을 청구할 수 없지만, 검사는 통고처분에서 정한 범칙금 납부기간이 지나지 않더라도 동일한 범칙행위에 대하여 공소를 제기할 수 있다고 보아야 한다. [경찰승진 22]

062 (×)

> **해설+** 경찰서장이 범칙행위에 대하여 통고처분을 한 이상, 범칙자의 위와 같은 절차적 지위를 보장하기 위하여 통고처분에서 정한 범칙금 납부기간까지는 원칙적으로 경찰서장은 즉결심판을 청구할 수 없고, 검사도 동일한 범칙행위에 대하여 공소를 제기할 수 없다. 또한 범칙자가 범칙금 납부기간이 지나도록 범칙금을 납부하지 아니하였다면 경찰서장이 즉결심판을 청구하여야 하고, 검사는 동일한 범칙행위에 대하여 공소를 제기할 수 없다(대법원 2021.4.1, 2020도15194).

063 경찰서장은 즉결심판의 청구와 동시에 즉결심판을 함에 필요한 서류 또는 증거물을 검사에게 제출하여야 한다. [경찰간부 18] [경찰채용 14]

063 (×) '검사' → '판사' 즉심법 제4조 참조.

064 판사는 사건이 즉결심판을 할 수 없거나 즉결심판절차에 의하여 심판함이 적당하지 아니하다고 인정할 때에는 결정으로 즉결심판의 청구를 기각하여야 하며, 이 경우 경찰서장은 7일 이내에 사건을 관할 지방검찰청 또는 지청의 장에게 송치하여야 한다. [경찰채용 15]

064 (×) '7일 이내에' → '지체 없이'(즉심법 제5조)

065 판사가 사건이 즉결심판을 할 수 없다고 인정하여 즉결심판청구를 기각하는 결정을 내린 경우에 경찰서장은 검사의 승인을 얻어 정식재판을 청구할 수 있다. [경찰채용 13]

065 (×) '검사의 승인을 얻어 정식재판을 청구할 수 있다' → '지체 없이 사건을 관할 지방검찰청 또는 지청의 장에게 송치하여야 한다'(즉심법 제5조)

066 즉결심판청구가 기각되어 경찰서장이 사건을 관할 지방검찰청으로 송치하였으나, 검사가 이를 즉결심판에 대한 피고인의 정식재판청구가 있는 사건으로 오인하여 그 사건기록을 법원에 송부하였다. 법원은 검사에 의한 공소제기가 있는 것으로 판단하고 제1회 공판기일을 진행하였다. 검사에 의한 공소장의 제출이 없으므로 소송행위로서의 공소제기가 성립되었다고 할 수 없다(다른 소송조건은 충족을 전제함). [국가9급 14]

066 (○) 대법원 2003.11.14, 2003도2735

067 위 제1회 공판기일의 인정신문 진행 중 공소제기절차상의 문제점이 드러나 이를 검토하기 위하여 공판기일이 연기되었다. 그 후 검사는 약식명령을 청구하는 공소장을 법원에 제출하였고, 법원은 별도의 공판절차회부 없이 이 공소장에 의하여 인정신문 등 공판절차를 다시 진행하였다. 약식명령을 청구하는 공소장이 제출되었다고 하여 위 지문의 기록송부행위가 기록송부 시로 소급해서 공소제기의 소송행위로 성립되는 것은 아니다(다른 소송조건은 충족을 전제함). [국가9급 14]

067 (○) 하자의 치유문제는 발생하지 않는다(대법원 2003.11.14, 2003도2735).

068 위 제1회 공판기일의 인정신문 진행 중 공소제기절차상의 문제점이 드러나 이를 검토하기 위하여 공판기일이 연기되었다. 그 후 검사는 약식명령을 청구하는 공소장을 법원에 제출하였고, 법원은 별도의 공판절차회부 없이 이 공소장에 의하여 인정신문 등 공판절차를 다시 진행하였다. 공판절차를 진행한 법원은 유무죄의 실체판단을 하여야 한다(다른 소송조건은 충족을 전제함). [국가9급 14]

068 (○) 재심법원으로서는 이에 기하여 유·무죄의 실체판단을 하여야 한다(대법원 2003.11.14, 2003도2735).

069 원래 공소제기가 없었음에도 피고인의 소환이 이루어지는 등 사실상의 소송계속이 발생한 상태에서 검사가 약식명령을 청구하는 공소장을 제1심법원에 제출하고 위 공소장에 기하여 공판절차를 진행한 경우, 제1심법원으로서는 이에 기하여 유·무죄의 실체판단을 하여야 한다. [국가7급 22] [법원9급 23]

069 (○)

해설+ 원래 공소제기가 없었음에도 피고인의 소환이 이루어지는 등 사실상의 소송계속이 발생한 상태에서 검사가 약식명령을 청구하는 공소장을 제1심법원에 제출하여 이때 비로소 적법한 공소제기가 있게 되었다고 할 수 있고, … 법원으로서는 추후 제출된 공소장에 의한 적법한 공소제기에 기하여 실체심리를 진행하였으므로 이에 기하여 유·무죄의 실체판단을 하였어야 한다(대법원 2003. 11.14, 2003도2735).

보충 그런데 제1심은 검사의 착오에 의한 최초의 기록송부에 공소제기의 의사가 있다고 보아 공소제기가 성립하였으나 검사의 공소장 제출이 없으므로 이는 공소제기로서 무효라는 이유로 공소기각의 판결을 선고하였고, 원심도 같은 이유로 공소제기의 절차가 법률의 규정에 위반하여 무효인 때에 해당한다고 보고, 추후 공소장의 제출로서 이러한 하자가 치유되지 않는다는 이유로 제1심을 그대로 유지한 것은 공소제기에 관한 법리를 오해한 위법이 있고 이는 판결결과에 영향을 미쳤다고 할 것이다(위 판례).

070 즉결심판청구를 받은 판사는 필요하다고 인정할 때에는 적당한 방법에 의하여 재정하는 증거에 한하여 조사할 수 있고, 사법경찰관이 작성한 피의자신문조서에 대하여 피고인이 내용을 인정하지 않더라도 증거로 사용할 수 있다. [경찰간부 18] [경찰채용 17 1차 유사] [법원승진 10 유사]

070 (○) 즉심법 제9조 제2항, 제10조

071 즉결심판절차에 의한 심리와 재판의 선고는 공개된 법정에서 행하되, 그 법정은 경찰관서(해양경찰관서)에 설치되어야 한다. [경찰채용 11 변형] [해경승진 22]

071 (✕) 경찰관서(해양경찰관서) 이외의 장소에 설치한다(즉심법 제7조 제1항).

해설+ 즉결심판에 관한 절차법 제7조 【개정】 ① 즉결심판절차에 의한 심리와 재판의 선고는 공개된 법정에서 행하되, 그 법정은 경찰관서(해양경찰관서를 포함한다) 외의 장소에 설치되어야 한다.

072 즉결심판절차에서는 유죄의 선고뿐만 아니라 무죄, 면소 또는 공소기각의 선고를 할 수 있다. [경찰채용 14]

072 (○) 즉심법 제11조 제1항·제5항 참조.

073 즉결심판절차에서 변호인의 출석은 임의적이며 요건이 아니고 자백배제법칙과 위법수집증거배제법칙은 즉결심판에서도 적용된다. [경찰채용 11]

073 (○) 통설의 태도이다.

074 즉결심판절차에서 전문법칙과 자백보강법칙은 적용되지 않는다. [해경승진(경위) 22]

> **해설+** 즉결심판에 관한 절차법 제10조【증거능력】즉결심판절차에 있어서는 형사소송법 제310조, 제312조 제3항 및 제313조의 규정은 적용하지 아니한다.
>
> **보충** 전문법칙은 서면심리에 의하는 즉결심판절차, 약식절차 및 증거동의가 의제되는 간이공판절차에는 적용되지 아니한다.

074 (○) 즉결심판절차에 있어서는 제310조(자백의 보강법칙), 제312조 제3항(사법경찰관 작성 피의자신문조서의 증거능력) 및 제313조(진술서의 증거능력)의 규정은 적용하지 아니한다(즉심법 제10조).

075 즉결심판을 청구할 때에는 사전에 피고인에게 즉결심판의 절차를 이해하는 데 필요한 사항을 서면 또는 구두로 알려 주어야 한다. [경찰승진 22] [경찰채용 17 1차]

075 (○) 즉심법 제3조 제3항

076 즉결심판에서 벌금 또는 과료를 선고하는 경우에는 피고인이 출석하지 아니하더라도 심판할 수 있다. [경찰승진 22] [경찰채용 15] [법원승진 10]

076 (○) 즉심법 제8조의2 제1항 참조.

077 즉결심판에 있어서 피고인의 출석은 개정요건이므로 벌금 또는 과료를 선고하는 경우에 피고인이 출석하지 아니한 때에는 피고인의 진술을 듣지 아니하고 형을 선고할 수 없다. [국가9급 22]

> **해설+** 즉결심판에 관한 절차법 제8조의2【불출석심판】① 벌금 또는 과료를 선고하는 경우에는 피고인이 출석하지 아니하더라도 심판할 수 있다.

077 (×) 즉심법 제8조의2 제1항

078 즉결심판절차에서 피고인의 불출석심판청구를 법원이 허가하여 피고인의 출석 없이 심판하는 경우에는 구류형을 선고할 수 없다. [법원승진 10]

078 (○) 즉심법 제8조의2 제1항 참조.

079 즉결심판사건에서 피고인에게 구류를 선고하는 경우에는 피고인의 출석 없이 심판할 수 있다. [경찰승진 23]

> **해설+** 즉결심판에 관한 절차법 제8조의2 【불출석심판】 ① 벌금 또는 과료를 선고하는 경우에는 피고인이 출석하지 아니하더라도 심판할 수 있다.
> ② 피고인 또는 즉결심판출석통지서를 받은 자(이하 "被告人등"이라 한다)는 법원에 불출석심판을 청구할 수 있고, 법원이 이를 허가한 때에는 피고인이 출석하지 아니하더라도 심판할 수 있다.
> **형사소송법 제277조 【경미사건 등과 피고인의 불출석】** 다음 각 호의 어느 하나에 해당하는 사건에 관하여는 피고인의 출석을 요하지 아니한다. 이 경우 피고인은 대리인을 출석하게 할 수 있다.
> 3. 장기 3년 이하의 징역 또는 금고, 다액 500만원을 초과하는 벌금 또는 구류에 해당하는 사건에서 피고인의 불출석허가신청이 있고 법원이 피고인의 불출석이 그의 권리를 보호함에 지장이 없다고 인정하여 이를 허가한 사건. 다만, 제284조에 따른 절차를 진행하거나 판결을 선고하는 공판기일에는 출석하여야 한다.
> **즉결심판에 관한 절차법 제7조 【개정】** ③ 제1항 및 제2항의 규정에 불구하고 판사는 상당한 이유가 있는 경우에는 개정 없이 피고인의 진술서와 제4조의 서류 또는 증거물에 의하여 심판할 수 있다. 다만, 구류에 처하는 경우에는 그러하지 아니하다.
>
> **보충** 구류에 처하는 경우에는 불개정심판에 의한 즉결심판도 허용되지 아니한다(즉심법 제7조 단서).

079 (×) 벌금·과료를 선고하는 즉결심판사건에 있어서는 직권에 의한 불출석심판이 가능하나(즉심법 제8조의2 제1항), 청구에 의한 불출석심판(동조 제2항)에 있어서 구류의 즉결심판이 즉일선고되는 경우에는 불출석심판이 허용되지 아니한다(형사소송법 제277조 제3호).

080 불개정심판은 피고인의 출석을 요하지 않는다는 점에서 불출석심판과 같으나 개정을 요하지 않는다는 점에서 개정을 요하는 불출석심판과 다르다. [법원승진 10]

080 (○) 즉심법 제7조 제3항, 제8조의2 제1항 참조.

081 판사는 상당한 이유가 있는 경우에는 개정 없이 피고인의 진술서와 경찰서장이 제출한 서류 또는 증거물에 의하여 심판할 수 있으나, 이 경우 벌금 또는 과료는 선고할 수 있지만 구류를 선고할 수는 없다. [경찰채용 15]

081 (○) 즉심법 제7조 제3항

082 판사는 상당한 이유가 있는 경우 개정 없이 피고인의 진술서와 경찰서장이 제출한 서류 또는 증거물에 의하여 심판할 수 있으나 피고인을 구류에 처할 경우에는 개정해야 한다. [경찰채용 16]

082 (○) 즉심법 제7조 제1항·제3항

083 즉결심판에서는 심리의 신속을 위하여 기존 제출된 증거 외에 새로운 증거 조사를 할 수 없다. [법원승진 10]

083 (×) '없다' → '있다' 재정하는 증거에 한하여 조사할 수 있다(즉심법 제9조 제2항).

084 판사는 즉결심판절차에서 구류의 선고를 받은 피고인이 일정한 주소가 없거나 또는 도망할 염려가 있을 때에는 5일을 초과하지 아니하는 기간 경찰서 유치장에 유치할 것을 명령할 수 있다. 다만, 이 기간은 선고기간을 초과할 수 있다. [경찰채용 15]

084 (×) '있다' → '없다' 선고기간을 초과하지 아니하는 범위 내에서 5일 내 유치명령이 가능하다(즉심법 제17조 제1항).

085 판사는 구류선고를 받은 피고인이 일정한 주소가 없거나 도망할 염려가 있는 때에는 7일을 초과하지 아니한 범위 내에서 경찰서 유치장에 유치할 것을 명할 수 있다. [경찰채용 14]

085 (×) '7일' → '5일' 즉심법 제17조 제1항 참조.

086 유죄의 즉결심판서에는 피고인의 성명 기타 피고인을 특정할 수 있는 사항, 주문, 범죄사실과 적용법조를 명시하고 판사가 서명·날인하여야 한다. [경찰채용 15]

086 (○) 즉심법 제12조 제1항 참조.

087 즉결심판이 확정된 때에는 확정판결과 동일한 효력이 있고, 즉결심판은 정식재판의 청구기간의 경과, 정식재판청구권의 포기 또는 그 청구의 취하에 의하여 확정되며 정식재판청구를 기각하는 재판이 확정된 때에도 같다. [경찰채용 11·15]

087 (○) 즉심법 제16조 참조.

088 즉결심판은 정식재판의 청구기간의 경과, 정식재판청구권의 포기 또는 그 청구의 취하에 의하여 확정판결과 동일한 효력이 생기지만, 정식재판청구를 기각하는 재판이 확정된 때에는 그러하지 아니하다. [경찰승진 22]

088 (×) 즉심법 제16조

해설+ 즉결심판에 관한 절차법 제16조【즉결심판의 효력】즉결심판은 정식재판의 청구기간의 경과, 정식재판청구권의 포기 또는 그 청구의 취하에 의하여 확정판결과 동일한 효력이 생긴다. 정식재판청구를 기각하는 재판이 확정된 때에도 같다.

089 즉결심판의 판결이 확정된 때에는 즉결심판서 및 관계 서류와 증거는 관할 지방검찰청에서 이를 보존한다. [경찰채용 11]

089 (×) '관할 지방검찰청' → '관할 경찰서 또는 지방해양경비안전관서' 즉심법 제13조 참조.

090 즉결심판의 판결이 확정된 때에는 지체 없이 즉결심판서 및 관계 서류와 증거를 관할지방검찰청의 장에게 송치하여야 한다. [해경승진 23]

090 (×) 즉결심판이 확정되면 즉결심판서 등은 관할경찰서 또는 지방해양경찰관서가 보존한다(즉심법 제13조).

해설+ 즉결심판에 관한 절차법 제13조【즉결심판서등의 보존】즉결심판의 판결이 확정된 때에는 즉결심판서 및 관계 서류와 증거는 관할경찰서 또는 지방해양경찰관서가 이를 보존한다.

보충 사건을 관할지방검찰청 또는 지청의 장에게 송치하는 경우는 판사가 즉결심판청구를 기각하는 결정을 하는 때이다(즉심법 제5조 제2항).

즉결심판에 관한 절차법 제5조【청구의 기각등】② 제1항의 결정이 있는 때에는 경찰서장은 지체 없이 사건을 관할지방검찰청 또는 지청의 장에게 송치하여야 한다.

091 즉결심판절차에 있어서 형의 집행은 경찰서장이 하고 그 집행결과를 지체 없이 검사에게 보고하여야 한다. [국가9급 16]

091 (○) 즉심법 제18조 제1항

092 즉결심판에 대한 정식재판청구권자는 피고인과 경찰서장이다. [경찰채용 11]

092 (○) 즉심법 제14조 제1항·제2항 참조.

093 정식재판을 청구하고자 하는 피고인은 즉결심판의 선고·고지를 받은 날부터 7일 이내에 정식재판청구서를 경찰서장에게 제출하여야 한다. [경찰채용 18] [국가9급 16]

093 (○) 즉심법 제14조 제1항 참조.

094 즉결심판절차에서 피고인이 정식재판을 청구하는 경우, 즉결심판의 선고 · 고지를 받은 날부터 7일 이내에 정식재판청구서를 경찰서장에게 제출하여야 하며, 이를 받은 경찰서장은 지체 없이 판사에게 송부하여야 한다.

[국가9급 22]

094 (○) 즉심법 제14조 제1항

095 즉결심판절차에서 피고인이 정식재판을 청구하는 경우, 즉결심판의 선고 · 고지를 받은 날부터 7일 이내에 정식재판청구서를 경찰서장에게 제출하여야 하며, 이를 받은 경찰서장은 지체 없이 검사에게 송부하여야 한다.

[경찰채용 12]

095 (✕) '검사' → '판사' 즉심법 제14조 제1항 참조.

096 지방법원, 지원 또는 시 · 군법원의 판사는 정식재판청구서를 받은 날부터 7일 이내에 경찰서장에게 정식재판청구서를 첨부한 사건기록과 증거물을 송부하고, 경찰서장은 지체 없이 관할 지방검찰청 또는 지청의 장에게 이를 송부하여야 하며, 그 검찰청 또는 지청의 장은 지체 없이 관할법원에 이를 송부하여야 한다.

[경찰승진 22]

096 (○) 즉심법 제14조 제3항

097 즉결심판을 받은 피고인이 정식재판청구를 함으로써 공판절차가 개시된 경우에는 통상의 공판절차와 달리 국선변호인의 선정에 관한 「형사소송법」 제283조의 규정이 적용되지 않는다.

[국가9급 16]

해설+ 즉결심판에 관한 절차법상 그 적용을 배제하는 규정이 없으므로 적용된다 할 것이다(대법원 1997.2.14, 96도3059).

097 (✕) '적용되지 않는다' → '적용된다'

098 피고인이 경범죄처벌법 위반으로 즉결심판에 회부되었다가 정식재판을 청구한 경우, 정식재판청구로 제1회 공판기일 전에 사건 기록 및 증거물이 관할법원에 송부된다고 하여 그 이전에 이미 적법하게 제기된 경찰서장의 즉결심판청구의 절차가 위법하게 된다고 볼 수 없다.

[경찰채용 21 2차]

098 (○) 대법원 2011.1.27, 2008도7375

099 즉결심판에 대하여 피고인만이 정식재판을 청구한 경우에도 불이익변경금지의 원칙이 적용된다. [경찰채용 12]

099 (○) 대법원 1999.1.15, 98도2550

100 피고인만이 정식재판청구를 한 경우 형종불이익변경금지원칙이 적용되는데, 정식재판에서 다른 일반사건을 병합하여 경합범으로 징역형을 선고하는 것은 법령위반에 해당한다. [군무원9급 22]

100 (○)

> **해설+** 제457조의2 제1항의 형종상향금지원칙은 피고인이 정식재판을 청구한 사건과 다른 사건이 병합·심리되는 경우에도 정식재판청구사건에 대하여는 그대로 적용된다.

> **보충** 피고인이 절도죄 등으로 벌금형의 약식명령을 발령받은 후 정식재판을 청구하였는데, 제1심법원이 위 정식재판청구사건을 통상절차에 의해 공소가 제기된 다른 점유이탈물횡령 등 사건들과 병합한 후 각 죄에 대해 모두 징역형을 선택한 다음 경합범으로 처단한 징역형을 선고하자, 피고인과 검사가 각 양형부당을 이유로 항소한 경우, 제1심판결 중 위 정식재판청구사건 부분에는 형사소송법 제457조의2 제1항에서 정한 형종상향금지의 원칙을 위반한 잘못이 있다(대법원 2020.1.9, 2019도15700).

101 「형사소송법」 제457조의2 제1항에서 정한 형종상향의 금지원칙은 피고인만이 정식재판을 청구한 사건과 다른 사건이 병합·심리된 다음 경합범으로 처단되는 경우에도 정식재판을 청구한 사건에 대하여는 그대로 적용된다. [국가7급 22]

101 (○)

> **해설+** 형사소송법 제457조의2 제1항은 "피고인이 정식재판을 청구한 사건에 대하여는 약식명령의 형보다 중한 종류의 형을 선고하지 못한다."라고 규정하여 정식재판청구사건에서의 형종상향금지의 원칙을 정하고 있다. 위 형종상향금지의 원칙은 피고인이 정식재판을 청구한 사건과 다른 사건이 병합·심리된 후 경합범으로 처단되는 경우에도 정식재판을 청구한 사건에 대하여 그대로 적용된다(대법원 2020.3.26, 2020도355).

102 즉결심판에 대하여 피고인만이 정식재판을 청구한 사건에 대하여는 즉결심판의 형보다 중한 종류의 형을 선고하지 못한다.

[경찰채용 11 변형] [군무원9급 22] [해경승진 22]

보충 제457조의2는 형종상향금지원칙을 규정하고 있으나, 이것이 즉결심판에 대한 피고인의 정식재판청구사건에서 그대로 적용된다는 판례는 아직 없다.

보충 즉결심판에 관한 절차법 제14조 제1항 및 제2항의 규정에 의하면, 피고인 및 경찰서장은 즉결심판에 불복하는 경우 정식재판을 청구할 수 있고, 같은 법 제19조의 규정에 의하면 즉결심판절차에 있어서 위 법에 특별한 규정이 없는 한 그 성질에 반하지 아니한 것은 형사소송법의 규정을 준용하도록 하고 있으며, 한편 형사소송법 제453조 및 제457조의2의 규정에 의하면 검사 또는 피고인은 약식명령에 불복하는 경우 정식재판을 청구할 수 있되, 피고인이 정식재판을 청구한 사건에 대하여는 약식명령의 형보다 무거운 형을 선고하지 못하도록 하고 있는바, 약식명령에 대한 정식재판청구권이나 즉결심판에 대한 정식재판청구권 모두 벌금형 이하의 형벌에 처할 범죄에 대한 약식의 처벌절차에 의한 재판에 불복하는 경우에 소송당사자에게 인정되는 권리로서의 성질을 갖는다는 점에서 동일하고 그 절차나 효력도 유사한 점 등에 비추어, 즉결심판에 대하여 피고인만이 정식재판을 청구한 사건에 대하여도 즉결심판에 관한 절차법 제19조의 규정에 따라 형사소송법 제457조의2 규정을 준용하여, 즉결심판의 형보다 무거운 형을 선고하지 못한다(대법원 1999.1.15, 98도2550).

103 피고인이 즉결심판에 대해 정식재판을 청구했으나 검사가 법원에 사건기록과 증거물을 그대로 송부하지 않고 즉결심판이 청구된 위반내용과 동일성 있는 범죄사실에 대해 약식명령을 청구한 경우, 법원은 검사의 청구에 대해 공소기각판결을 선고해야 한다.

[군무원9급 23]

해설+ 피고인이 즉결심판에 대하여 정식재판청구를 한 경우 검사가 법원에 사건기록과 증거물을 그대로 송부하지 않고 즉결심판이 청구된 위반내용과 동일성 있는 범죄사실에 대하여 약식명령을 청구하면, 법원은 공소가 제기된 사건에 대하여 다시 공소가 제기되었을 때에 해당한다는 이유로 공소기각판결을 선고하여야 한다(대법원 2019.11.29, 2017모3458).

3 소년형사절차

 대표유형

18세 미만의 소년에 대해서는 벌금형을 선고할 때 노역장 유치의 선고를 하지 못하므로 이를 간과하여 18세 미만의 소년에 대해 노역장 유치의 선고를 한 판결이 확정되었다고 하더라도 집행할 수는 없다.

[법원9급 18]

104 소년형사절차에서 검사는 소년에 대한 피의사건을 수사한 결과 보호처분에 해당하는 사유가 있다고 인정한 경우에는 사건을 관할 소년부에 송치할 수 있다.

[경찰채용 12]

해설+ 소년부로의 송치는 모두 필요적이다(소년법 제49조 제1항).

102 (○) 판례는 즉결심판에 대하여 정식재판을 청구한 사건에 있어서도 불이익변경금지의 원칙이 적용된다는 입장이다.

103 (○)

(○) 소년법 제62조

104 (×) '송치할 수 있다' → '송치하여야 한다'

105 검사는 소년과 소년의 친권자 · 후견인 등 법정대리인의 동의가 없더라도 피의자에 대하여 범죄예방자원봉사위원의 선도, 소년의 선도 · 교육과 관련된 단체 · 시설에서의 상담 · 교육 · 활동 등에 해당하는 선도 등을 받게 하고, 피의사건에 대한 공소를 제기하지 아니할 수 있다.   [경찰채용 20 2차]

해설+ 소년법 제49조의3【조건부 기소유예】검사는 피의자에 대하여 다음 각 호에 해당하는 선도(善導) 등을 받게 하고, 피의사건에 대한 공소를 제기하지 아니할 수 있다. 이 경우 소년과 소년의 친권자 · 후견인 등 법정대리인의 동의를 받아야 한다.
1. 범죄예방자원봉사위원의 선도
2. 소년의 선도 · 교육과 관련된 단체 · 시설에서의 상담 · 교육 · 활동 등

105 (×) 검사가 선도조건부 기소유예를 하는 소년과 법정대리인의 동의를 받아야 한다(소년법 제49조의3).

106 법원은 소년에 대한 피고사건을 심리한 결과 보호처분에 해당할 사유가 있다고 인정하면 결정으로써 사건을 관할 소년부에 송치하여야 한다.   [경찰간부 18]

106 (○) 소년법 제50조

107 형벌법령에 저촉되는 행위를 한 10세 이상 14세 미만의 소년이 있는 때 경찰서장은 직접 관할 소년부에 송치하여야 한다.   [경찰채용 17 2차]

107 (○) 소년법 제4조 제2항

108 소년법 제43조의 보호처분결정에 대한 항고를 제기할 수 있는 기간은 7일로 한다.   [경찰채용 18]

108 (○) 소년법 제43조 제2항

109 18세 미만인 소년에게는 벌금 · 과료 미납에 대한 노역장 유치선고를 하지 못한다. 다만, 판결선고 전 구속되었거나 보호사건의 조사 · 심리를 위하여 소년분류심사원에 위탁되었던 때에는 그 구속 또는 위탁의 기간에 해당하는 기간은 노역장에 유치된 것으로 보아 미결구금일수에 통산된다.   [경찰채용 17 2차 변형]

109 (○) 소년법 제62조

110 「소년법」 제18조 제1항 제3호에 따른 소년분류심사원에 위탁하는 임시조치에 따른 위탁기간은 「형법」 제57조 제1항의 판결선고 전 구금일수에 포함되지 않는다. [경찰채용 20 2차]

해설+ 소년법 제61조【미결구금일수의 산입】제18조 제1항 제3호의 조치가 있었을 때에는 그 위탁기간은 「형법」 제57조 제1항의 판결선고 전 구금일수(拘禁日數)로 본다.

110 (×) 소년분류심사원 위탁기간은 미결구금일수로 본다(소년법 제61조).

111 소년이 법정형으로 장기 2년 이상의 유기형에 해당하는 죄를 범한 경우에는 그 형의 범위에서 장기와 단기를 정하여 선고한다. 다만, 장기는 10년, 단기는 5년을 초과하지 못한다. [경찰간부 18]

111 (○) 소년법 제60조 제1항

112 소년 피고인에 대해서도 형의 집행유예나 선고유예를 선고할 수 있고, 이 경우에는 부정기형도 선고할 수 있다. [경찰간부 18]

해설+ 소년법 제60조【부정기형】① 소년이 법정형으로 장기 2년 이상의 유기형(有期刑)에 해당하는 죄를 범한 경우에는 그 형의 범위에서 장기와 단기를 정하여 선고한다. 다만, 장기는 10년, 단기는 5년을 초과하지 못한다.
③ 형의 집행유예나 선고유예를 선고할 때에는 제1항을 적용하지 아니한다.

112 (×) '도 선고할 수 있다' → '을 선고하지 아니한다'

113 소년피고인에 대하여는 형의 집행유예가 허용되지 않는다. [경찰채용 17 2차]

113 (×) '허용되지 않는다' → '허용된다'
허용되지 아니한다는 규정은 없다.

114 성폭력범죄를 범한 소년법상 소년에 대하여 형의 선고를 유예하는 경우에는 반드시 보호관찰을 명하여야 한다. [경찰간부 18]

114 (○) 성폭법 제16조 제1항

115 징역 또는 금고를 선고받은 소년에 대하여는 특별히 설치된 교도소 또는 일반 교도소 안에 특별히 분리된 장소에서 그 형을 집행한다. 다만, 소년이 형의 집행 중에 23세가 되면 일반 교도소에서 집행할 수 있다. [경찰채용 20 2차]

해설+ 소년법 제63조【징역·금고의 집행】징역 또는 금고를 선고받은 소년에 대하여는 특별히 설치된 교도소 또는 일반 교도소 안에 특별히 분리된 장소에서 그 형을 집행한다. 다만, 소년이 형의 집행 중에 23세가 되면 일반 교도소에서 집행할 수 있다.

115 (○) 소년법 제63조

4 배상명령절차와 범죄피해자구조제도

> **🔗 대표유형**
>
> 배상신청기간은 제1심 또는 제2심 공판의 변론이 종결될 때까지이다.　[법원9급 16]

（○）소촉법 제26조 제1항·제5항 참조.

> **🔗 대표유형**
>
> 배상신청을 각하하거나 그 일부를 인용한 재판에 대하여 신청인은 동일한 배상신청은 할 수 없으나, 불복신청은 할 수 있다.　[경찰채용 20 2차]

（×）배상명령신청 각하나 일부인용 재판에 대하여 <u>신청인은 불복을 신청할 수 없다</u>（소촉법 제32조 제4항）.

해설+ 소송촉진 등에 관한 특례법 제32조【배상신청의 각하】① 법원은 다음 각 호의 어느 하나에 해당하는 경우에는 결정(決定)으로 배상신청을 각하(却下)하여야 한다.
1. 배상신청이 적법하지 아니한 경우
2. 배상신청이 이유 없다고 인정되는 경우
3. 배상명령을 하는 것이 타당하지 아니하다고 인정되는 경우
② 유죄판결의 선고와 동시에 제1항의 재판을 할 때에는 이를 유죄판결의 주문에 표시할 수 있다.
③ 법원은 제1항의 재판서에 신청인 성명과 주소 등 신청인의 신원을 알 수 있는 사항의 기재를 생략할 수 있다.
④ <u>배상신청을 각하하거나 그 일부를 인용(認容)한 재판에 대하여 신청인은 불복을 신청하지 못하며, 다시 동일한 배상신청을 할 수 없다.</u>

> **🔗 대표유형**
>
> 피해자는 피고사건의 범죄행위로 인하여 발생한 피해에 관하여 다른 절차에 따른 손해배상청구가 법원에 계속 중일 때에는 배상신청을 할 수 없으며, 배상신청은 민사소송에서의 소의 제기와 동일한 효력이 있다.　[법원9급 11]

（○）소촉법 제26조 제7항·제8항

116　일정한 유형의 범죄사건에 대하여 유죄를 선고할 경우에 피해자의 신청이 없어도, 법원은 직권으로 범죄행위로 인하여 피해자에게 발생한 손해를 배상하도록 가해자인 피고인에게 명령할 수 있다.　[법원9급 15·16]

116 （○）소촉법 제25조 제1항 참조.

117　법원은 직권에 의하여 또는 피해자나 그 상속인의 신청에 의하여 피고사건의 범죄행위로 인하여 발생한 직접적인 물적 피해와 치료비 손해 및 위자료의 배상을 명할 수 있다.　[경찰채용 13] [법원9급 10 변형]

117 （○）소촉법 제25조 제1항

728　PART 05 상소·비상구제절차·특별절차

118 배상명령절차의 취지는 간편하고 신속한 피해자의 피해회복에 있다.

[경찰간부 18]

118 (O) 대법원 2013.10.11, 2013
도9616

119 배상명령에 의한 손해배상의 범위는 피고인과 피해자 사이에 합의가 없으면 피고사건의 범죄행위로 인하여 발생한 직접적인 물적 피해와 치료비손해에 한정된다.

[국가9급 09]

119 (X) '한정된다' → '한정되지
않는다'
정신적 손해인 위자료의 배상을 명
할 수도 있다(직/치/위)(소촉법 제
25조 제1항).

120 배상신청사건은 형사소송기록에 합철하되 형사소송기록 표지 사건번호란 위에 "배상신청 사건번호"를, 피고인란 아래에 "배상신청인"을 각 기재하고, 배상신청 사건번호란 상단에 "배상명령"이라고 주인하며 직권에 의하여 배상명령을 하는 경우에는 독립된 사건으로 취급하지 아니한다.

[법원승진 09]

120 (O) 배상신청에 관한 예규
제5조 제1항·제2항

121 검사는 배상명령 대상사건으로 공소를 제기한 경우에는 지체 없이 피해자 또는 그 법정대리인에게 배상신청을 할 수 있음을 통지하여야 한다.

[경찰채용 13]

121 (O) 소촉법 제25조의2

122 배상명령의 대상이 되는 범죄에는 중상해죄, 폭행치사상죄, 과실치사상죄, 존속폭행치사상죄 등이 있다.

[경찰채용 12]

보충 존속 대상범죄는 제외

122 (X) '존속폭행치사상죄' →
삭제
존속폭행치사상의 죄는 제외한다
(소촉법 제25조 제1항 제1호).

123 배상명령신청은 제1심 또는 제2심 변론종결될 때까지 사건이 계속된 법원에 신청할 수 있다.

[경찰채용 13]

123 (O) 소촉법 제26조 제1항

124 배상명령제도는 공판절차를 거친 경우에만 허용되고, 즉결심판청구의 경우에는 허용되지 아니한다. [법원9급 13]

> **해설+** 소송촉진 등에 관한 특례법 제25조【배상명령】① 제1심 또는 제2심의 형사공판절차에서 다음 각 호의 죄 중 어느 하나에 관하여 유죄판결을 선고할 경우, 법원은 직권에 의하여 또는 피해자나 그 상속인(이하 "피해자"라 한다)의 신청에 의하여 피고사건의 범죄행위로 인하여 발생한 직접적인 물적(物的) 피해, 치료비 손해 및 위자료의 배상을 명할 수 있다.

124 (○) 배상명령제도는 제1심 또는 제2심의 형사공판절차에서 유죄판결을 선고할 경우에 허용된다(소촉법 제25조 제1항).

125 배상명령신청은 서면으로 함이 원칙이나, 피해자가 당해 형사사건의 증인으로 출석한 경우에는 구술로 신청을 할 수도 있다. [법원9급 10]

125 (○) 소촉법 제26조

126 피해자가 증인으로 법정에 출석한 경우에는 말로써 배상을 신청할 수 있다. [법원9급 16]

126 (○) 소촉법 제26조 제1항·제5항

127 범죄행위로 인하여 재산상 이익을 침해당한 피해자가 이미 그 재산상 피해의 회복에 관한 채무명의를 가지고 있는 경우에도 이와 별도로 배상명령을 신청할 이익이 있다. [국가7급 23]

> **해설+** 배상명령제도는 범죄행위로 인하여 재산상 이익을 침해당한 피해자로 하여금 당해 형사소송절차 내에서 신속히 그 피해를 회복하게 하려는 데 그 주된 목적이 있으므로 피해자가 이미 그 재산상 피해의 회복에 관한 채무명의를 가지고 있는 경우에는 이와 별도로 배상명령신청을 할 이익이 없다(대법원 1982.7.27, 82도1217).

> **보충** 소송촉진 등에 관한 특례법 제26조【배상신청】⑦ 피해자는 피고사건의 범죄행위로 인하여 발생한 피해에 관하여 다른 절차에 따른 손해배상청구가 법원에 계속 중일 때에는 배상신청을 할 수 없다.

127 (×)

128 법원은 배상신청이 있는 때에는 신청인에게 공판기일을 알려야 한다. [법원9급 11 변형]

128 (○) 소촉법 제29조 제1항

129 법원은 배상신청이 있을 때에는 신청인에게 공판기일을 알려야 하며, 신청인이 공판기일을 통지받고도 출석하지 아니한 경우에는 제1회에 한하여 반드시 다시 공판기일을 정하여 통지하여야 한다. [경찰채용 13]

129 (×) '제1회에 한하여 반드시 다시 공판기일을 정하여 통지하여야 한다' → '신청인의 진술 없이 재판할 수 있다'(소촉법 제29조 제2항)

130 법원은 배상신청이 있을 때에는 신청인에게 공판기일을 알려야 하며, 신청인이 공판기일을 통지받고도 출석하지 아니하였을 때에는 신청인의 진술 없이 재판할 수 있다. [경찰간부 18] [법원승진 10]

130 (○) 소촉법 제29조

131 법원은 배상명령으로 인하여 공판절차가 현저히 지연될 우려가 있다고 인정되는 경우에는 배상명령을 하여서는 아니 된다. [국가7급 23]

131 (○) 소촉법 제25조 제3항 제4호 참조.

해설+ 소송촉진 등에 관한 특례법 제25조 【배상명령】 ① 제1심 또는 제2심의 형사공판절차에서 다음 각 호의 죄 중 어느 하나에 관하여 유죄판결을 선고할 경우, 법원은 직권에 의하여 또는 피해자나 그 상속인(이하 "피해자"라 한다)의 신청에 의하여 피고사건의 범죄행위로 인하여 발생한 직접적인 물적(物的) 피해, 치료비 손해 및 위자료의 배상을 명할 수 있다.
1. 「형법」 제257조 제1항, 제258조 제1항 및 제2항, 제258조의2 제1항(제257조 제1항의 죄로 한정한다)·제2항(제258조 제1항·제2항의 죄로 한정한다), 제259조 제1항, 제262조(존속폭행치사상의 죄는 제외한다), 같은 법 제26장, 제32장(제304조의 죄는 제외한다), 제38장부터 제40장까지 및 제42장에 규정된 죄
2. 「성폭력범죄의 처벌 등에 관한 특례법」 제10조부터 제14조까지, 제15조(제3조부터 제9조까지의 미수범은 제외한다), 「아동·청소년의 성보호에 관한 법률」 제12조 및 제14조에 규정된 죄
3. 제1호의 죄를 가중처벌하는 죄 및 그 죄의 미수범을 처벌하는 경우 미수의 죄
② 법원은 제1항에 규정된 죄 및 그 외의 죄에 대한 피고사건에서 피고인과 피해자 사이에 합의된 손해배상액에 관하여도 제1항에 따라 배상을 명할 수 있다.
③ 법원은 다음 각 호의 어느 하나에 해당하는 경우에는 배상명령을 하여서는 아니 된다.
1. 피해자의 성명·주소가 분명하지 아니한 경우
2. 피해금액이 특정되지 아니한 경우
3. 피고인의 배상책임의 유무 또는 그 범위가 명백하지 아니한 경우
4. 배상명령으로 인하여 공판절차가 현저히 지연될 우려가 있거나 형사소송절차에서 배상명령을 하는 것이 타당하지 아니하다고 인정되는 경우

132 배상명령의 신청인은 공판절차를 현저히 지연시키지 아니하는 범위에서 재판장의 허가를 받아 소송기록을 열람할 수 있다. 이때 법원의 허가를 받지 못한 때에는 불복신청이 가능하다. [경찰채용 13]

132 (×) '허가를 받지 못한 때에는 불복신청이 가능하다' → '허가를 하지 아니한 재판에 대하여는 불복(不服)을 신청하지 못한다'(소촉법 제30조)

133 배상명령의 피해금액이 특정되지 아니한 때에는 배상명령을 하여서는 아니 된다. [법원9급 08 변형]

133 (○) 소촉법 제25조 제3항

134 피고인의 배상책임 유무 또는 그 범위가 명백하지 아니한 때에는 배상명령을 하여서는 아니 되고, 그와 같은 경우에는 소송촉진 등에 관한 특례법 제32조 제1항에 따라 배상명령신청을 기각하여야 한다. [법원9급 21]

> **해설+** 소송촉진 등에 관한 특례법 제25조 제1항의 규정에 의한 배상명령은 피고인의 범죄행위로 피해자가 입은 직접적인 재산상 손해에 대하여 피해금액이 특정되고 피고인의 배상책임 범위가 명백한 경우에 한하여 피고인에게 배상을 명함으로써 간편하고 신속하게 피해자의 피해회복을 도모하고자 하는 제도로서, 위 특례법 제25조 제3항 제3호의 규정에 의하면 피고인의 배상책임의 유무 또는 그 범위가 명백하지 아니한 경우에는 배상명령을 하여서는 아니 되고, 그와 같은 경우에는 위 특례법 제32조 제1항에 따라 배상명령신청을 각하하여야 한다(대법원 2013.10.11, 2013도9616).

134 (×) 배상신청이 적법하지 아니하거나, 이유 없다고 인정되는 경우 또는 배상명령을 하는 것이 타당하지 아니하다고 인정되는 경우에는, 결정으로 이를 각하하여야 한다(소촉법 제32조 제1항).

135 피고인이 재판과정에서 배상신청인과 민사적으로 합의하였다는 내용의 합의서를 제출하였을지라도 그 합의서 내용만으로는 피고인의 민사책임에 관한 구체적인 합의내용을 알 수 없다면 사실심법원은 배상신청인이 처음 신청한 금액을 바로 인용할 수 없다. [경찰채용 20 2차]

> **해설+** 소송촉진 등에 관한 특례법 제25조 제1항의 규정에 의한 배상명령은 피고인의 범죄행위로 피해자가 입은 직접적인 재산상 손해에 대하여 피해금액이 특정되고 피고인의 배상책임 범위가 명백한 경우에 한하여 피고인에게 배상을 명함으로써 간편하고 신속하게 피해자의 피해회복을 도모하고자 하는 제도로서, 위 특례법 제25조 제3항 제3호의 규정에 의하면 피고인의 배상책임의 유무 또는 그 범위가 명백하지 아니한 경우에는 배상명령을 하여서는 아니 되고, 그와 같은 경우에는 위 특례법 제32조 제1항에 따라 배상명령신청을 각하하여야 한다. 이러한 취지에 비추어 볼 때, 피고인이 재판과정에서 배상신청인과 민사적으로 합의하였다는 내용의 합의서를 제출하였고, 합의서 기재내용만으로는 배상신청인이 변제를 받았는지 여부 등 피고인의 민사책임에 관한 구체적인 합의내용을 알 수 없다면, 사실심법원으로서는 배상신청인이 처음 신청한 금액을 바로 인용할 것이 아니라 구체적인 합의내용에 관하여 심리하여 피고인의 배상책임의 유무 또는 그 범위에 관하여 살펴보는 것이 합당하다(대법원 2013.10.11, 2013도9616).

135 (○)

136 법원은 유죄판결을 할 경우에도 배상명령을 함이 상당하지 않다고 인정되는 경우에는 배상명령신청에 대하여 각하하여야 한다. [법원9급 10 변형]

136 (O) 소촉법 제32조 제1항

137 무죄·면소 또는 공소기각의 재판을 할 때에도 배상명령을 할 수 있다. [법원9급 16]

137 (×) '있다' → '없다'

해설+ 배상명령은 오로지 유죄판결을 선고할 경우에 행하는 부대소이다(소촉법 제25조 제1항).

138 배상명령은 긴급을 요하는 경우 유죄판결 선고 이전에도 할 수 있으며, 가집행할 수 있음을 선고할 수도 있다. [국가9급 09]

138 (×) '이전에도 할 수 있으며' → '와 동시에 하여야 하고' 소촉법 제31조 제1항·제3항 참조.

139 피고인이 사기 피해자와 합의하여 합의서가 제출된 후 실제 피해변제를 하지 않은 경우라면 법원은 배상명령을 내릴 수 없다.

139 (×)

해설+ 제1심 또는 제2심의 형사공판절차에서 사기죄 등에 관하여 유죄판결을 선고할 경우, 법원은 직권 또는 피해자 등의 신청에 의하여 피고사건의 범죄행위로 인하여 발생한 직접적인 물적 피해, 치료비 손해 및 위자료의 배상을 명할 수 있고, 피고인과 피해자 사이에 합의된 손해배상액에 관하여도 배상을 명할 수 있다(소촉법 제25조 제1항, 제2항). … 원심이 피고인에게 합의된 손해배상액 27,500,000원에 대한 배상명령을 선고한 것은 정당하다(대법원 2021.7.8, 2021도4944).

140 배상명령신청을 각하하거나 그 일부만을 인용한 재판에 대하여 신청인은 불복을 신청하거나, 민사소송절차에 의한 손해배상을 청구할 수 있다. [국가9급 09]

140 (×) '있다' → '없다'(소촉법 제32조 제4항)

해설+ 배상명령신청 각하나 일부인용재판에 대하여 신청인은 불복을 신청할 수 없고, 이 경우 재배상명령신청도 금지된다.

141 피고인은 유죄판결에 대하여 상소를 제기함이 없이 배상명령에 대해서만 상소제기기간 내에 「형사소송법」 규정에 따른 즉시항고를 할 수 있다. [국가9급 09]

141 (O) 소촉법 제33조 제5항 본문 참조.

142 피고인은 유죄판결에 대하여 상소를 제기하지 아니하고 배상명령에 대하여만 상소 제기기간에 형사소송법에 따른 즉시항고를 할 수 있고, 즉시항고 제기 후 상소권자의 적법한 상소가 있는 경우에는 즉시항고는 취하된 것으로 본다. [국가7급 23]

해설+ 소송촉진 등에 관한 특례법 제33조 【불복】 ⑤ 피고인은 유죄판결에 대하여 상소를 제기하지 아니하고 배상명령에 대하여만 상소 제기기간에 「형사소송법」에 따른 즉시항고(卽時抗告)를 할 수 있다. 다만, 즉시항고 제기 후 상소권자의 적법한 상소가 있는 경우에는 즉시항고는 취하된 것으로 본다.

142 (○) 소촉법 제33조 제5항 참조.

143 피고인은 배상명령에 대하여 즉시항고를 할 수 있는데, 이 즉시항고는 제기기간이 7일 이내이다. [법원9급 08]

143 (○) 소촉법 제33조 제5항 본문, 형사소송법 제358조

144 상소심에서 원심의 유죄판결을 파기하고 무죄·면소 또는 공소기각의 재판을 할 때에는 원심의 배상명령을 취소해야 하나 이를 하지 않더라도 취소된 것으로 본다. [법원9급 08]

144 (○) 소촉법 제33조 제2항

145 상소심에서 원심판결을 유지하는 경우에도 원심의 배상명령을 취소하거나 변경할 수 있다. [경찰채용 12]

145 (○) 소촉법 제33조 제4항

146 상소심에서 원심의 유죄판결을 파기하고 피고사건에 대하여 무죄, 면소 또는 공소기각의 재판을 할 때에는 원심의 배상명령을 취소하여야 한다. [경찰채용 20 2차]

해설+ 소송촉진 등에 관한 특례법 제33조 【불복】 ② 상소심에서 원심(原審)의 유죄판결을 파기하고 피고사건에 대하여 무죄, 면소(免訴) 또는 공소기각(公訴棄却)의 재판을 할 때에는 원심의 배상명령을 취소하여야 한다. 이 경우 상소심에서 원심의 배상명령을 취소하지 아니한 경우에는 그 배상명령을 취소한 것으로 본다.

146 (○) 소촉법 제33조 제2항

147 확정된 배상명령이 기재된 유죄판결서의 정본은 집행력 있는 민사판결 정본과 동일한 효력이 있다. [법원9급 15]

147 (○) 소촉법 제34조 제1항 참조.

148 확정된 배상명령 또는 가집행선고가 있는 배상명령이 기재된 유죄판결서의 정본은 「민사집행법」에 따른 강제집행에 관하여는 집행력 있는 민사판결 정본과 동일한 효력이 있다. [경찰채용 20 2차]

148 (○) 소촉법 제34조 제1항

해설+ 소송촉진 등에 관한 특례법 제34조【배상명령의 효력과 강제집행】 ① 확정된 배상명령 또는 가집행선고가 있는 배상명령이 기재된 유죄판결서의 정본은 「민사집행법」에 따른 강제집행에 관하여는 집행력 있는 민사판결 정본과 동일한 효력이 있다.

149 검사는 피의자와 범죄피해자 사이에 형사분쟁을 공정하고 원만하게 해결하여 범죄피해자가 입은 피해를 실질적으로 회복하는 데 필요하다고 인정하면 당사자의 신청 또는 직권으로 수사 중인 형사사건을 형사조정에 회부할 수 있다. [국가7급 12]

149 (○) 범죄피해자 보호법 제41조 제1항 참조.

2024 – 2025
백광훈
통합 핵지총 ○×
형사소송법

판례색인

판례색인

| 헌법재판소 |